安吉县人大志

《安吉县人大志》编纂委员会　编

方志出版社
Publishing House of Local Records

图书在版编目(CIP)数据

安吉县人大志 /《安吉县人大志》编纂委员会编.
--北京 : 方志出版社, 2021.10
ISBN 978-7-5144-4876-4

Ⅰ.①安… Ⅱ.①安… Ⅲ.①地方各级人民代表大会
—工作概况—安吉县 Ⅳ.①D624.554

中国版本图书馆 CIP 数据核字(2021)第 241193 号

安吉县人大志

编　　者:《安吉县人大志》编纂委员会
责任编辑: 丛　珺

出 版 者: 方志出版社
地址　北京市朝阳区潘家园东里 9 号 (国家方志馆 4 层)
邮编　100021
网址　http://www.zgfzcb.cn
发　　行: 方志出版社图书经销中心
电话 (010) 67110500
经　　销: 各地新华书店
设计排版: 杭州美迪图文设计有限公司
印　　刷: 浙江海虹彩色印务有限公司

开　　本: 889×1194　　1/16
印　　张: 50.375
字　　数: 1197 千字
版　　次: 2021 年 10 月第 1 版　2021 年 10 月第 1 次印刷
印　　数: 0001～1200 册

ISBN 978-7-5144-4876-4　　定价: 360.00 元

《安吉县人大志》编纂委员会

名誉主任：张锡荣　吴向明　梁为民

主　　任：陆为民

副 主 任：吴佩勋　王爱民　孙　松　黄先国　俞立安　梁蕴伟
王　捷　徐　勇　王一明　楼　军

委　　员：鲍亚红　徐存林　吴有才　施　霞　盛文明　黎逢林
谭丽丽　叶　安　韩金苗　莫　骄　顾小宝　林立辉

《安吉县人大志》编纂委员会办公室

主　任：楼　军（兼）

副主任：周长青　孟振华　沈晓波

成　员：李鹏飞　盛少华

《安吉县人大志》编纂委员会编辑室

主　　编：郑濂生

执行主编：朱国平

副 主 编：林天标

编　　务：王美珍

绿水青山就是
金山银山

◆1982年12月8日，浙江省人大常委会主任铁瑛（右三）到安吉考察

◆1996年10月1日，浙江省委书记、省人大常委会主任李泽民（中）到安吉天荒坪电站慰问

◆2009年4月27日，浙江省委书记、省人大常委会主任赵洪祝（右四）到安吉考察

◆2017年4月28日，浙江省委书记车俊（左）视察安吉余村

◆1951年5月16日，安吉县第四届第一次各界人民代表会议全体代表合影

◆1953年6月，孝丰县城关镇人民代表普选动员大会会场

◆1951年，孝丰县第三届第一次各界人民代表会议代表通讯录

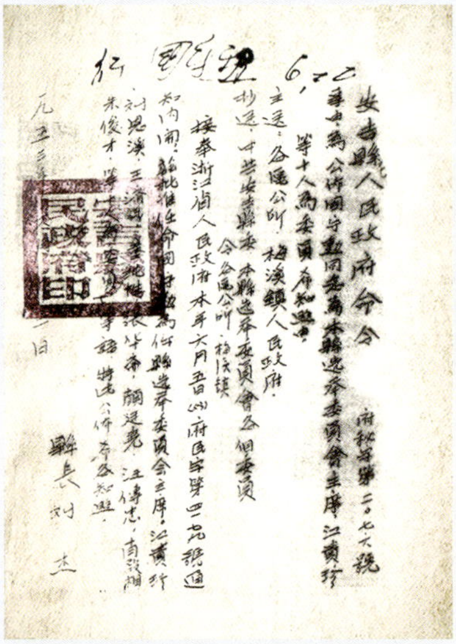

◆1953年，安吉县人民政府公布选举委员会令

◆1954年7月21日，安吉县首届人大一次会议全体代表合影

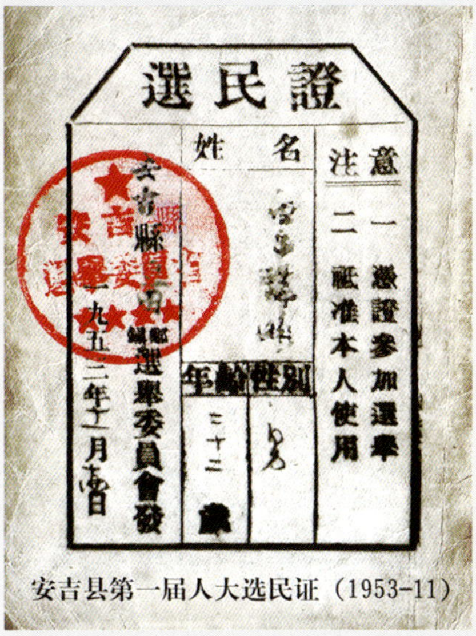

◆1953年的选民证

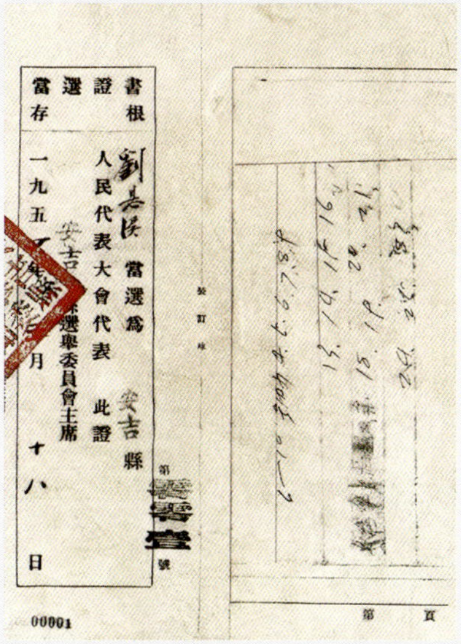

◆1957年的001号人大代表当选证存根

◆1955年12月9日，安吉县第一届人大第四次会议全体代表合影

◆1956年12月16日，孝丰县第二届人大第一次会议全体代表合影

◆1958年6月1日，安吉县第三届人大第一次会议全体代表合影

◆1958年6月2日，孝丰县第三届人大第一次会议全体代表合影

◆1959年12月16日，安吉县第三届人大第二次会议全体代表合影

◆1981年7月14日，安吉县第七届人大常委会组成成员合影

安吉县人民代表大会
常务委员会文件

安人大字【1981】 1 号

安吉县人民代表大会常务委员会
关于启用印章的通知

各公社、镇，各委、局、办，各县属企事业单位：

浙江省人大常委会颁发的“安吉县人民代表大会常务委员会”印章，自一九八一年七月十六日启用，特此通知。

印模

一九八一年七月十五日

抄送：梅溪电厂，康山煤矿，南湖林场，嘉兴地区行署，县委各部、委、办，各区委。

◆1981年7月15日，安吉县人大常委会1号文件启用“安吉县人民代表大会常务委员会”印章

◆安吉县第七届人大常委会主任吕济广（左一）参加人大会议讨论

◆1984年8月26日，安吉县第八届人大常委会组成成员合影

◆1993年3月26日，安吉县第十一届人大第一次会议开幕式

◆安吉县第十一届人大第一次会议老干部小组在讨论

◆安吉县第十一届人大第一次会议投票选举县人大常委会主任、副主任等

◆1998年3月16日，参加安吉县第十二届人大第一次会议的代表们步入会场

◆安吉县第十二届人大第一次会议上县人大常委会主任张锡荣（中）宣布大会开幕

◆2002年3月6日，安吉县第十二届人大第五次会议第三代表团在讨论

◆安吉县第十二届人大第五次会议主席团成员在讨论

◆2005年3月8日，参加安吉县第十三届人大第三次会议的代表步入会场

◆安吉县人大常委会主任钱坤方在第十三届人大第三次会议主席台上听取大会发言

◆安吉县第十三届人大第四次会议第五代表团讨论现场

◆2008年1月13日，安吉县第十四届人大第二次会议会议开幕式

◆安吉县第十四届人大第二次会议上县人大常委会主任唐中祥在作会前动员讲话

◆安吉县第十四届人大第二次会议代表们在听取三个报告

◆2007年1月27日，安吉县人大第十四届常委会组成人员合影

◆2009年1月12日，安吉县第十四届人大第三次会议期间，小记者们在采访县人大常委会主任唐中祥（左二）

◆安吉县第十四届人大第三次会议第四代表团在讨论

◆2011年11月12日，安吉县第十四届人大第五次会议上县人大常委会主任吴向明在主席台审查政府工作报告

◆2012年2月14日，参加安吉县第十五届人大第一次会议代表列队进入会场

◆安吉县第十五届人大第一次会议会场

◆安吉县第十五届人大第一次会议代表依次投票

◆2014年1月24日，安吉县第十五届人大第三次会议上县人大常委会主任梁为民在投票

◆2012年2月18日，安吉县第十五届人大常委会组成人员合影

◆2012年2月16日，安吉县第十五届人大会议全体代表合影

◆2017年2月15日，安吉县第十六届人大第一次会议会场

◆参加县第十六届人大第一次会议的代表步入会场

◆县第十六届人大第一次会议大会工作人员在分发选票

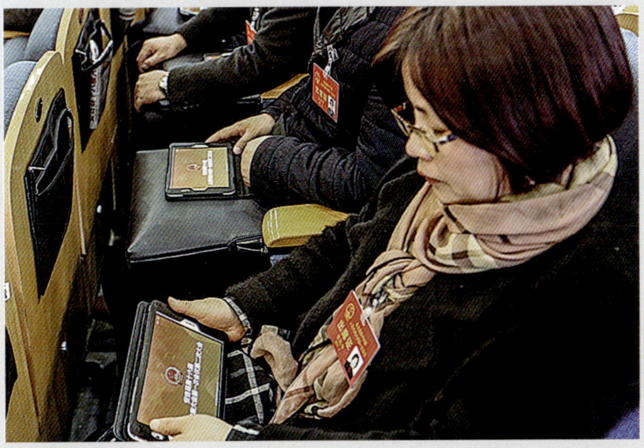

◆县第十六届大会第一次会议代表首次使用电子表决器表决

◆县第十六届人大常委会主任陆为民向新当选的县监察委员会成员颁发任命书

◆2017年2月18日，安吉县第十六届人大第一次会议上新当选领导向宪法宣誓

◆2017年2月18日，安吉县第十六届人大常委会组成人员合影

◆2017年2月17日，安吉县第十六届人大会议全体代表合影

◆2013年8月14日，安吉县第十五届人大常委会第十四次主任会议讨论常委会有关读书会事项

◆2017年8日25日，安吉县第十六届人大常委会第五次会议对中策橡胶轮胎生产基地项目开展专题询问

◆2019年6月25日，安吉县第十六届人大常委会三十六次主任会议通过了《关于规范五星级人大代表联络站运行的工作标准》

◆2014年4月2日，安吉县第十五届人大常委会第十七次会议决定设立递铺等四个街道工作委员会

◆2017年2月18日，安吉县第十六届人大常委会第一次会议讨论决定县监察委人事任命

◆2019年10月29日，安吉县第十六届人大常委会第二十六次会议通过《关于调整“3·25生态日”为“8·15生态文明日”的决定》

◆2018年8月21日，县人大法制（内务司法）委员会视察县检察院司法体制改革及生态检察工作

◆2017年6月19日，县人大财政经济委员会调研中小企业发展情况

◆2019年5月16日，县人大社会建设委员会视察残疾人就业情况

◆2019年9月29日，县人大常委会教科文卫工作委员会调研媒体融合工作

◆2017年5月30日，县人大常委会农业与农村工作委员会评议林业局工作动员会

◆2017年7月20日，县人大常委会城建环资工作委员会视察县重点建设项目

◆2019年12月31日，县人大常委会代表与选举任免工作委员会听取重点议案建议考核件办理情况报告

◆2018年10月16日，全国人大代表团到安吉考察全国首个行政争议调解中心

◆2018年5月8日，南宁市西乡塘区人大常委会到安吉开展食品安全专题调研

◆2019年10月24日，天津市人大考察团到安吉考察

◆2019年6月17日，余杭区径山镇与递铺街道缔结“人大友好乡镇”签约仪式

◆2019年10月30日，吉林省人大代表团到安吉考察

◆2018年9月13日，香港全国人大代表团考察鲁家村

◆2019年7月15日，安吉县人大代表参加渔业资源增殖放流活动

◆2003年11月11日，安吉县人大代表首期培训班

◆2018年6月1日，“六一”儿童节，县人大代表为小学生授课

◆2019年10月10日，人大代表在孝丰镇下汤村开展“不忘初心、牢记使命”主题教育包乡走村活动

◆2018年3月9日，千名人大代表开展乡村植树彩化活动

◆2020年4月29日，山川乡人大代表视察山川乡霞大线改扩建工程

◆2004年7月23日，安吉县开展人大代表与政府负责人“双向约见”活动

◆2003年5月13日，县人大常委会视察“非典”防治工作

◆2003年11月8日，昆铜乡县人大代表开展述职评议活动

◆2011年12月5日，梅溪镇人大代表视察梅高线改造扩建工程项目

◆2013年10月4日，杭垓镇人大干部为敬老院老人准备慰问品

◆2019年9日11日，县人大常委会三大水库污染源特定问题调查组在听取污染源问题情况汇报

◆2018年4月7日，“剿灭劣Ⅴ类水　共护水更清河更美　递铺人大代表在行动”活动启动

◆2020年3月9日，孝源街道人大开展“问政面对面”创建全国文明城市专题活动

◆2019年10月31日，安吉县人大代表第二期电视问政节目现场

◆朱岳年（左二）与村民们在一起交谈

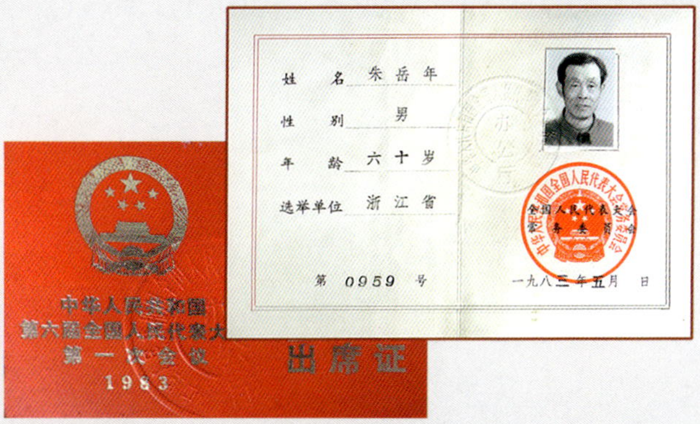
中华人民共和国
第六届全国人民代表大会
第一次会议
1983
出席证

姓名 朱岳年
性别 男
年龄 六十岁
选举单位 浙江省
第 0959 号
一九八三年五月 日

◆1983年4月，省第六届人大第一次会议上朱岳年当选为第六届全国人民代表大会代表

国务院决定
授予宇巧珍同志
全国劳动模范称
号
第01453号

中华人民共和国国务院
一九八九年九月

◆国务院授予宇巧珍全国劳动模范称号证书

◆浙江省人大代表、全国劳动模范宇巧珍

◆湖州市人大代表、省特级教师、全国五一劳动奖章获得者吴仲华（右一）

◆吴仲华获得的浙江省特级教师证书、全国优秀教育工作者称号和全国五一劳动奖状

◆浙江省人大代表、全国三八红旗手、全国绿化劳模潘世珍

◆安吉县人大代表、全国三八红旗手裘丽琴（右二）参加天安门广场国庆70周年彩巡

◆市人大代表、2017年“中国好人榜”人物谷红卫（右三）

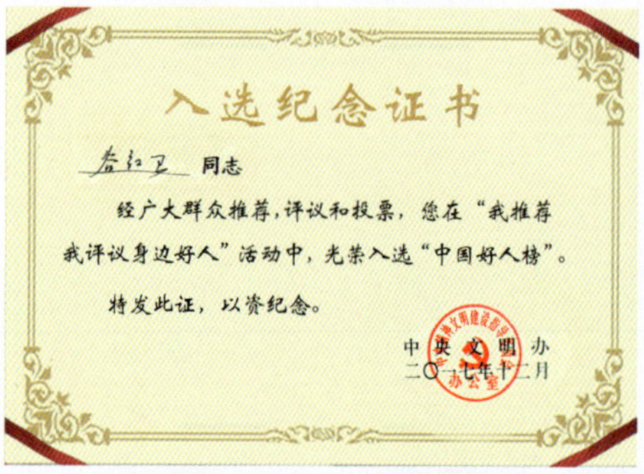

入选纪念证书

谷红卫 同志

经广大群众推荐，评议和投票，您在“我推荐我评议身边好人”活动中，光荣入选“中国好人榜”。

特发此证，以资纪念。

中央文明办
二〇一七年十二月

◆谷红卫入选2017年“中国好人榜”纪念证书

国家科学技术进步奖

证书

为表彰国家科学技术进步奖获得者，特颁发此证书。

项目名称：猪健康养殖的饲用抗生素替代关键技术及应用

奖励等级：二等

获奖者：杨彩梅

2019年12月18日

证书号：2019-J-203-2-02-R04

◆杨彩梅获国家科学技术进步奖二等奖

◆县人大常委会委员、博士生导师、浙江惠嘉生物科技股份有限公司研究院院长杨彩梅

◆省人大代表雷红琴（畲族）在作履职情况报告

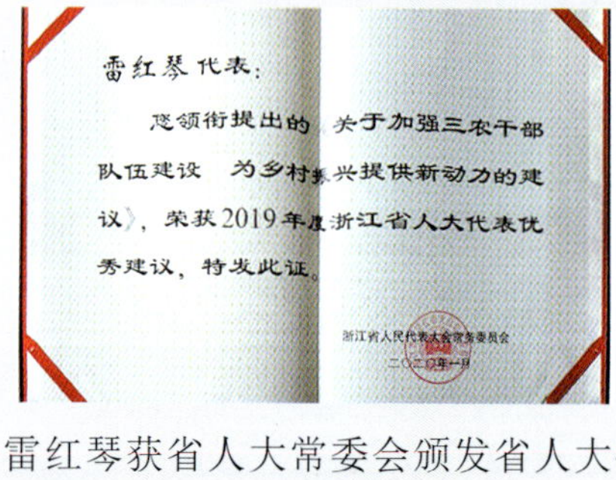

雷红琴代表：

您领衔提出的《关于加强三农干部队伍建设 为乡村振兴提供新动力的建议》，荣获2019年度浙江省人大代表优秀建议，特发此证。

浙江省人民代表大会常务委员会

◆雷红琴获省人大常委会颁发省人大代表优秀建议证书

中共安吉县委（决定）

安委发〔2010〕1号

中共安吉县委
关于开展向林萍同志学习的决定
（2010年1月6日）

2009年12月31日晚，林萍同志在联系村道建设扫尾工程途中，因劳累过度，不幸殉职，年仅44岁。

林萍，女，汉族，1965年5月出生于安吉县梅溪镇石龙村，1985年12月加入中国共产党，1995年3月担任石龙村村委委员，1998年3月担任石龙村党支部委员，2002年3月任石龙村党支部书记，2007年11月任石龙村党委书记，2009年8月兼任梅溪镇党委委员。林萍同志是湖州市第一届人大代表，县第十二届党代表，2006年12月当选县“十佳”村干部。

林萍同志的一生是平凡的一生，也是为党和人民群众勤奋

◆2010年1月6日，中共安吉县委发〔2010〕1号《关于开展向林萍同志学习的决定》的文件

◆2009年12月12月31日，人大代表、省“金牛奖”特别奖获得者林萍因劳累过度倒在了村道建设的巡查路上不幸殉职，省领导作出批示，“林萍同志……是一位深受群众拥戴的优秀基层干部”

◆2011年1月24日，安吉县第十四届人大第五次会议上县人大常委会领导和受表彰的优秀人大代表合影

◆2016年1月12日，安吉县第十五届人大第五次会议为县人大先进小组颁奖

◆2016年1月12日，安吉县第十五届人大第五次会议上受表彰的县人大先进代表小组、优秀县人大代表合影

◆县第十六届人大第三次会议预备会议上为优秀县人大代表颁奖（一）

◆县第十六届人大第三次会议预备会议上为优秀县人大代表颁奖（二）

◆县第十六届人大第三次会议预备会议上为先进县人大代表小组颁奖

2003年9月13日，县第十三届人大常委会第六次会议通过了《关于设立“3·25”生态日的决定》开创了地方设立生态日的先河。

◆2003年11月3日，安吉县人民政府在生态广场设“生态日”永久性标志

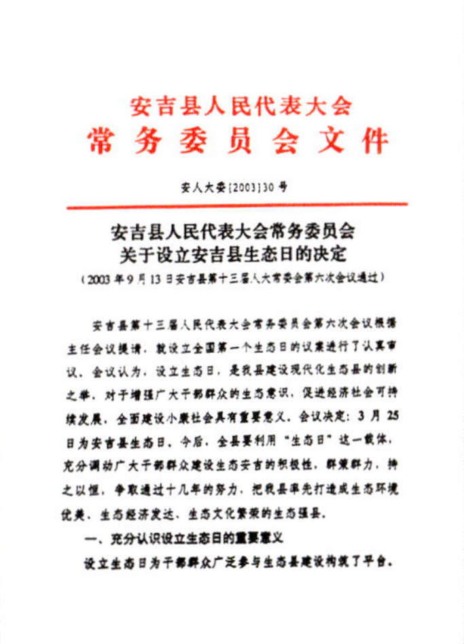

安吉县人民代表大会
常务委员会文件

安人大委[2003]30号

安吉县人民代表大会常务委员会
关于设立安吉县生态日的决定
（2003年9月13日安吉县第十三届人大常委会第六次会议通过）

安吉县第十三届人民代表大会常务委员会第六次会议根据主任会议提请，就设立全国第一个生态日的议案进行了认真审议。会议认为，设立生态日，是我县建设现代化生态县的创新之举，对于增强广大干部群众的生态意识，促进经济社会可持续发展，全面建设小康社会具有重要意义。会议决定：3月25日为安吉县生态日。今后，全县要利用“生态日”这一载体，充分调动广大干部群众建设生态安吉的积极性，群策群力，持之以恒，争取通过十几年的努力，把我县率先打造成生态环境优美、生态经济发达、生态文化繁荣的生态强县。

一、充分认识设立生态日的重要意义

设立生态日为干部群众广泛参与生态县建设构筑了平台。

◆2003年9月13日，县人大常委会审议通过《关于设立安吉县生态日的决定》，决定每年的3月25日为安吉县“生态日”

◆2004年3月25日，浙江安吉•全国第一个“生态日”活动启动

◆2004年3月24日，“生态日”活动特邀嘉宾、香港“地球之友”总干事吴方笑微女士（左一）为安吉实验初中学生上生态课

◆2004年3月25日，“生态日”活动组织机关干部捡拾垃圾

◆2004年3月25日，县领导与嘉宾在“生态日”纪念林植树

◆2017年3月25日，第十四个“生态日”启动仪式

2019年1月12日，县人大常委会第29次主任会议决定在全县范围内开展“正能量人物选树活动”，塑雕立像现已实现全县乡镇全覆盖。

◆中共安吉独立支部创始人方铁成（右二）（递铺街道）

◆高级农技师、第六届全国人大代表朱岳年（右一）（昌硕街道）

◆悬壶济世金文济（灵峰街道）

◆抗日英雄徐大毛（孝源街道）

◆近代林学开拓者陈嵘（梅溪镇）

◆对越自卫反击战烈士金爱民（梅溪镇）

◆对越自卫反击战烈士熊建祥（天子湖镇）

◆艺术大师吴昌硕（左）（鄣吴镇）

◆中国工程院院士、生药学家楼之岑（孝丰镇）

◆“白茶之父”刘益民（右）和“安吉白茶第一人”盛振乾（左）（溪龙乡）

◆红军烈士吴山喜（右一）（杭垓镇）

◆著名国画家、教育家潘渭滨（孝丰镇）

◆全国绿化劳模杨继舜（报福镇）

◆全国军属模范董彩宝（中）（上墅乡）

◆一代赤脚医生（章村镇）

◆人民卫士李雄文（天荒坪镇）

◆国家一级飞行员、全国劳模朱志勤（上墅乡）

◆临安县抗日民主政府县长沈子球（山川乡）

2020年5月28日，安吉建成全省首个综合性人大主题公园。

◆安吉县人大主题公园正门

◆安吉县人大发展历程墙

◆安吉县人大主题公园出园处

◆洛四房村宪法广场

2017年7月14日，安吉县第十六届人大常委会举行第九次主任会议通过《关于在我县街道推行“议政会”制度的意见》，在全市率先探索建立街道议政会工作制度。

◆2020年1月16日，昌硕街道第一届议政会第五次会议召开

◆2020年7月29日，孝源街道第一届议政会第六次会议召开

◆2019年6月18日，递铺街道议政员到浙北第一支部开展党建活动

◆2018年2月2日，灵峰街道第一届议政会第二次会议召开

2019年5月25日，安吉县第十六届人大常委会第三十六次主任会议，通过了《县人大常委会关于规范五星级人大代表联络站运行的工作标准》，至年底实现全县五星级代表联络站全覆盖。

◆梅溪镇人大代表联络站开展民生实事项目督查工作

◆递铺街道代表联络站开展主题接待日活动

◆章村镇人大工作联络站征集电视问政线索

◆孝源街道工委代表联络站主题接待日活动

◆2018年6月26日，《安吉县人大志》编纂委员会工作会议召开

◆2020年11月9日，《安吉县人大志》初审会召开

◆2021年2月5日，《安吉县人大志》专家评审会召开

序

《安吉县人大志》历经三载，反复提炼，数易其稿，总纂终成。这是我县人大里程中的一件大事，值得庆贺。

人民代表大会制度历经70年的风雨洗礼、发展实践，地方人大及其常委会也走过了40载岁月，如今已进入新的全面发展的历史时期。实践充分证明，只有坚持党的领导，坚持和完善人民代表大会制度，才会政治昌明，国家兴盛，社会安定，人民幸福。

1954年3月，安吉、孝丰两县普选工作全部完成，各乡镇分别召开人民代表大会，建立乡镇人民政府，开始行使基层国家权力机关的职能。同年7月，安吉、孝丰两县分别召开了全县第一届人民代表大会第一次全体会议，确立了全县经济社会发展由人民当家作主的社会制度。

1981年，在安吉县第七届人民代表大会第一次全体会议上设立了常务委员会，安吉县人民代表大会工作开始步入了一个健康、有序的发展轨道，这是安吉县人民代表大会制度发展历程中的一个重要的里程碑。在中共安吉县委的领导下，县人大常委会紧紧围绕全县发展大局，认真履行宪法和法律赋予的各项职权，充分发挥地方国家权力机关的作用，积极探索、创新实践，为推进我县经济、政治、文化、社会以及生态文明建设，作出了积极的贡献，充分体现了人民代表大会制度推动社会进步的强大的优越性和旺盛的生命力。

盛世修志，泽惠无穷。《安吉县人大志》以习近平新时代中国特色社会主义思想为指导，坚持辩证唯物主义和历史唯物主义的观点，以严谨、求实的编纂思路，广泛征集散存于各部门和个人手中的相关资料，认真研讨，反复求证，力求纵述历史翔实全面、横陈现状准确客观、体例设置科学规范、表述观点文风朴实。通过编纂人员辛勤劳作，一部集资料性、思想性、科学性、严谨性和实用性于一体的珍贵文献即将付梓面世。该志全面呈述了人民代表大会制度在安吉建立、完善、发展的历程，充分展示了人民代表大会制度在我县的生动实践。

编纂过程中，得到了有关部门、离退休老干部以及社会各界人士的支持和帮助，在此，我谨表示衷心的感谢！

安吉县人大常委会党组书记、主任 陆朝

2021年10月1日

凡　例

一、以马克思列宁主义、毛泽东思想、邓小平理论、“三个代表”重要思想、科学发展观、习近平新时代中国特色社会主义思想为指导，坚持辩证唯物主义和历史唯物主义的立场观点和方法，实事求是、全面客观地记述安吉县人民代表大会的历史和现状。

二、采用述、记、志、图、表、录等体裁。按编、章、节、目设置，首冠概述、大事记，正文设6编24章，随文附表。

三、立足当代，详近略远。时间上限自1949年10月安吉县、孝丰县第一届各界人民代表会议召开，部分内容因事而异，如行政区域等少数事物尽可能往前追溯；下限至2019年12月（其中孝丰县1958年11月并入安吉县），人物、丛录、大事记及代表大会、常委会会议、主任会议、决议选载延至搁笔。

四、编下撰有概述，章下有无题简述，节下有小序，或陈述原委，或简述内容，或引导阅读。

五、用现代语体文规范表述，力求文风朴实，注重史实，语言流畅，言简意赅。

六、1949年4月安吉解放前，或使用公元纪年，或沿用历史纪年加注公元纪年；1949年4月安吉解放后，采用公元纪年。

七、公元纪年和具有统计意义的数字，使用阿拉伯数字；习惯用语、专用名称中的数字，则使用汉字。

八、地名、单位名称等沿用历史名称，必要时注今名；法律法规名称、文件标题、特定称谓，首次用全称括注简称，之后用简称。

九、设人物简介和人物名录，不设人物传记；人物简介中人大常委会主任、副主任按任职先后排序。

十、资料采编自县人大常委会办公室、县地方志编纂室、县档案馆、县委组织部、各乡镇（街道）人大及相关书籍、报刊档案，以及当事人、知情人回忆记录等，经考订后载入，一般不注明出处。

目　　录

第三编　县人民代表大会常务委员会

第四编　乡镇人民代表大会

第五编　人　物

第六编　丛　录

概　　述

一

安吉县隶属浙江省湖州市，全国文明城市，素有“中国第一竹乡”“中国白茶之乡”“中国椅业之乡”“中国书画之乡”之称。地处浙江西北部，天目山北麓，县域面积1886平方公里。县境位于北纬30°23′～30°53′，东经119°14′～119°53′之间。西界安徽宁国、广德，北邻长兴，东接德清、湖州市郊，南连余杭、临安。商合杭高铁、杭长高速穿境而过，省道S11线、S04线贯穿县境东西和南北。2019年，辖8个镇3个乡4个街道209个行政村(社区)和1个国家级旅游度假区、1个省级经济开发区、1个省际承接产业转移示范区，户籍人口47.22万人。

安吉，生态优美，环境宜居。境内“七山一水两分田”，山清水秀，风光旖旎，拥有竹林101万亩、海拔1587米的浙北第一高峰龙王山和总面积1244公顷的安吉小鲵自然保护区；共有河道1663条，总长度1553公里，各类水库、山塘4545座，总库容4.35亿立方米。多年来，全县森林覆盖率、林木绿化率均保持在70%以上，空气质量优良率常年保持在85%以上，地表水、饮用水、出境水达标率均为100%，被誉为气净、水净、土净的三净之地。是全国首个生态县、中国首个联合国人居奖获得县，是“两山”理论诞生地、美丽乡村发源地、绿色发展先行地。

安吉，历史悠久，人文荟萃，是古越国重要活动地和秦故鄣郡治所在地，境内上马坎旧石器文化遗址，将浙江境内人类历史提前到距今80万年前。汉灵帝中平二年(185)建县，县名取自《诗经唐风·无衣》“安且吉兮”。全县拥有全国文物保护单位4个，数量居全省各县(区)第一，文物蕴藏量居全国县(区)前十位，非物质文化遗产数量在全省名列前茅。境内地域文化丰富，竹文化、茶文化、昌硕文化、移民文化相互交融。千百年来，造就了三国东吴名将朱治、朱然、朱绩，南朝文学家吴均，南宋目录学家陈振孙，明代“吴门四进士”吴麟、吴龙、吴维岳、吴维京，近代艺术大师吴昌硕，以及书画名家诸文韵、诸乐三，现代著名林学家陈嵘等名家巨匠。

安吉，是中共党组织活动较早的县域，也是革命活动丰富的地区。1927年春，中共浙江省委派安吉籍地下党员方铁城到孝丰开辟党的工作。方来时摇着串铃，乔装成拔牙的游方郎中，在孝丰老石坎走街串巷，发展当地进步青年加入中国共产党，建立孝丰老石坎支部。同年秋天，方铁城返回安吉方家上，在递铺一带发展党员，建立安吉独立支部。1939年春夏之交，新成立的秘密组织中国共产党安吉工作委员会入驻晓墅三社(今梅溪镇石龙村)。当年12月，建立三社支部，次年9月，因党员增多，撤销三社支部，分建南社支部、北社支部，并建立了一支70余人的抗日自卫土枪队。从此，三社燃起了革命的火种，并迅速蔓延，成为安吉抗战时期的革命摇篮。土枪队员搜集国民党逃兵失散的枪支弹药，修理土枪，自制檀树大炮，开展军事训练，宣传抗日救亡，夜间巡逻放哨，在维护社会治安、壮大党组织力量、打击土匪保护人民群众等方面起到了重要作用。1945 年 2 月至 6 月，粟裕坐镇孝丰指挥天目山反顽战役，当地百姓箪食壶浆以迎新四军，积极提供后勤保障，为新四军三战三捷作出了贡献。天目山反顽战役是抗日战争时期发生在浙江境内最大的反顽自卫战役，主战场在今安吉境内孝丰一带。

安吉，改革创新，绿色崛起。改革开放以后，安吉的生态文明建设取得巨大成绩，工业经济实现量和质的飞跃，社会保障、居民生活、文化建设等方面都取得长足的进展。安吉的“中国美丽乡村建设”，在发展经济的同时，又兼顾生态保护，其模式被专家、学者誉为“安吉模式”。这既是一种社会现象和经济现象，也是一种文化现象，体现了安吉人民的开拓创新精神和历届县委、县人大、县政府对历史、对子孙后代高度负责的态度。

二

1949 年 4 月 30 日和 5 月 1 日，安吉、孝丰先后解放，6 月 1 日两县成立人民政府，6 月 5 日，中共安吉县委和中共孝丰县委同时成立。解放初期，百废待兴，面对社会混乱局面，两县县委按照中央、中共浙江省委和第九地方委员会的指示要求，迅速建立各级人民民主政权、地方武装和民兵组织，建立工会、农会、青年团和妇联组织。

1949 年 9 月 16 日新华社发表题为《迅速召开各界人民代表会议》的社论，要求各级地方政府迅速成立各界人民代表会议筹备委员会。1949 年 9 月 29 日中国人民政治协商会议第一次全体会议通过的《中国人民政治协商会议共同纲领》规定：“中华人民共和国的国家政权属于人民。人民行使国家政权的机关为各级人民代表大会和各级人民政府。各级人民代表大会由人民用普选方法产生之。各级人民代表大会选举各级人民政府。”新中国成立初期，新的社会制度刚刚建立，国内局部地区军事行动仍在继续，人民群众尚未充分组织起来，实行普选召开人民代表大会的条件还未成熟，《纲领》规定：“在普选的地方人民代表大会召开以前，由地方各界人民代表会议逐步地代行人民代表大会的职权。”安吉、孝丰两县县委、县政府根据《纲领》的有关规定和中共浙江省委《关于普遍开好市县各界人民代表会议的指示》，随即成立各界人民代表会议筹备委员会，制定召开第一次县各界人民代表会议的具体细则，各乡镇按界别分配代表名额。两县同时于 1949 年 10 月召开各界人民代表会议第一次会议，建立各界人民代表会议制度。1950 年 4 月孝丰县第二次各界人民代表会议选举产生各界人民代表会议常务委员会，1950 年 10 月安吉县第三次各界人民代表会议选举产生各界人民代表会议常务委员会。常务委员会一般设主席 1 名，副主席 2 名，秘书长 1 名，委员若干名。1950 年 10 月，孝丰县推选 1 名副主席驻会主持日常工作，安吉县第四至第八次会议不设主席，第八次会议仅设副主席 1 名。常务委员会为县各界人民代表会议闭会期间协助政府传达决议和推进工作的常设机构，代表各界人民代表会议行使职权。常务委员会在土地改革、抗灾度荒、兴修水利、发展农业生产、粮食征购、抗美援朝、镇压反革命、国家税收、动员青年参军、安置复员军人、拥军优属等工作中，听取和反映人民群众意见，宣传党和国家政策法令，协助和监督人民政府推行各项工作。

安吉县于1949年10月至1953年5月共召开会议8次，孝丰县于1949年10月至1953年1月共召开会议8次。出席会议的代表分别由党政部门邀请和单位推荐产生，各阶层人士均占有一定比例。代表来自农民、工人、干部、军人、教师、地方绅士等各界别。民主人士和开明人士由县人民政府邀请，其他代表由行政村的农民协会推选，县人民政府代表由县长、副县长兼任；县各机关、人民团体、部门和组织的代表各自选派。历次会议贯彻一系列社会改革工作的有关政策、法令，在反霸斗争、土地改革、镇压反革命、抗美援朝、“三反”、“五反”等运动中起到很大作用，提高了人民群众的政治积极性。会议充分发扬民主，开展批评与自我批评，代表们能大胆地对政府以往工作提出批评，提案逐次增加。通过各界人民代表会议，加强了人民群众与人民政府的密切联系，加强了工人阶级的领导，巩固了人民民主专政，推动了各项工作。

1953年5月，两县开始普选基层人民代表，各乡镇召开乡镇人民代表大会，依法选举出席县第一届人民代表大会代表，1954年3月结束。1954年7月，两县同时召开县第一届人民代表大会第一次会议，至此，县各界人民代表会议完成其历史使命。各界人民代表会议制度的建立，对于提高人民群众的觉悟、推进基层政权建设、恢复和发展国民经济发挥了十分重要的作用，为1954年过渡到人民代表大会制度积累了经验，奠定了基础。

三

人民代表大会制度是中华人民共和国的根本政治制度，中华人民共和国的一切权利属于人民。人民按照法律规定选举产生自己的代表，组成人民代表大会行使国家权力。人民代表为国家权力机关组成人员，代表人民的利益和意志，行使管理国家事务的权力，履行人民当家作主的职责。

1954年春，安吉、孝丰两县68个乡镇在普选的基础上召开第一届人民代表大会，建立乡镇国家权力机关。每个乡镇普选产生人大代表20—40名。乡镇人民代表大会由乡镇政府召集，由乡镇党委主持，选举乡镇政府委员会组成人员，选举出席县人民代表大会代表。同年7月，安吉、孝丰两县召开第一届人民代表大会第一次会议。孝丰县自1954年7月第一届第一次会议至1958年11月并入安吉县，共召开会议6次。安吉县至1966年5月历经六届县人民代表大会。1966年“文化大革命”开始后，地方各级人民代表大会不能依法召开会议，县人民代表大会停止活动。党的十一届三中全会以后，人民代表大会制度恢复，并得到进一步完善。1981年7月，安吉县第七届人民代表大会第一次会议召开，选举产生县人大常委会主任、副主任、委员，从此县人民代表大会逐步走上健康发展的轨道，至2020年5月县第十六届人民代表大会第四次会议，历经十届。1954年7月至2020年5月，安吉、孝丰两县共召开县人民代表大会58次，其中安吉县52次、孝丰县6次。

县人民代表大会选举前，设立选举委员会、代表资格审查委员会。选举委员会主持县人民代表大会代表的选举，贯彻执行有关选举的法律法规，以保障选举工作顺利进行；代表资格审查委员会，审查已选出或补选的县人民代表是否具有当选资格，并向县人民代表大会及其常务委员会提出报告。

县人民代表大会举行会议前先召开预备会议，预备会议选举会议主席团和秘书长，听取代表资格审查委员会关于代表资格审查报告或代表变化情况报告，划分代表团，通过执行主席分组名单，通过大会秘书处、代表资格审查委员会、财政预决算审查委员会、议案审查委员会组成人员名单和会议议程，以及制定议事规则等。主席团决定和通过主席团常务主席、执行主席人选，主持全体会议，决定会议日程，表决议案办法、议案截止时间、副秘书长人选；提名县人民代表大会选举的县人大常委会组成人员、县人民政府正副县长、县人民法院院长、县人民检察院检察长和市人大代表人选；主持会议选举，决定代表提出的议案、罢免案、质询案的办理意见，向会议提出各项决定的草案，发布会议公告。

县人民代表大会每次会议均举行若干次全体会议，听取和审议有关工作报告；对县域内政治、经济、教育、科学、文化、卫生、环境和资源保护、民政等工作的重大事项和重要事件作出决议决定；审议通过县人民政府工作报告、县国民经济和社会发展计划执行情况及国民经济和社会发展计划草案报告、县财政预算执行情况和财政预算草案报告、县人大常委会工作报告、县人民法院工作报告、县人民检察院工作报告；选举县人民政府县长、副县长，选举县人民法院院长、县人民检察院检察长，选举市人民代表大会代表，选举县人民代表大会常务委员会组成人员。从 2017 年 2 月安吉县第十六届人民代表大会起，选举县监察委员会主任。历届县人民代表大会会议均设立议案审查委员会，对代表提交大会的议案进行审查、分类，确定重点议案，提出办理意见。

历次县人民代表大会，依法行使地方国家权力机关的职责，完成了各个历史时期的应有使命，对于动员全县人民围绕党的总路线、总任务和安吉县各个历史时期的奋斗目标，推动全县经济建设和社会发展、加强民主法治建设、坚持生态立县战略、加快推进中心城市建设、建设中国美丽乡村、促进水资源可持续保护和利用、统筹区域环境综合治理等方面，发挥了积极的作用。

四

安吉县第一至第六届人民代表大会，孝丰县第一至第三届人民代表大会，与全国各地一样，未设常设机关；按照 1954 年颁布实施的《中华人民共和国宪法》，选举产生县人民委员会。县人民委员会既是县级国家行政机关，同时又行使县人民代表大会常设机关的职权。1981 年 7 月 14 日安吉县第七届人民代表大会第一次会议选举产生安吉县人大常委会，自此，安吉县县级国家权力机关与行政机关分设。县人大常委会为县人民代表大会的常设机关，对本级人民代表大会负责并报告工作。常委会组成人员在当届人大代表中选举产生，县第七届至第十届人大常委会，每届任期 3 年；自第十一届开始，每届任期 5 年。县人大常委会，每届有较为固定的组织机构和组成人员，在县级国家权力机关中处于核心地位。

县人大常委会根据工作需要召开常委会会议和主任会议，常委会会议一般每两个月至少召开一次，主任会议一般每月至少召开一次，重要决议决定遵循民主集中制原则。常委会会议和主任会议一般邀请县人民政府、县政协、县人民法院、县人民检察院的领导和与会议议题有关的政府部门负责人，县人大常委会各委、室负责人，以及部分县人大代表列席；主任会议由常委会主任、副主任组成，处理常委会的重要日常工作。

安吉县人大常委会负责全县人大各项组织工作，包括领导和主持县人大代表的选举，召集县人大会议，领导县人大各办事机构工作，组织代表开展活动，依法补选市人民代表大会出缺的代表和罢免个别人大代表，确保宪法、法律、行政法规和上级人大及其常委会决议的遵守和执行，讨论、决定县域内的政治、经济、法制、教育、科学、文化、卫生、环境和资源保护、民政等工作的重大事项，决定对县国民经济计划和社会发展计划、预算的部分变更，决定授予地方性的荣誉称号。在县人民代表大会闭会期间，决定地方国家权力机关、行政机关、监察机关、审判机关、检察机关工作人员人事任免；通过听取和审议县人民政府、县人民法院和县人民检察院工作报告，开展执法检查，组织视察调查和评议，督办人大代表、人民群众来信来访，督办民生实事工程，组织个案监督，设立代表监督窗等形式，监督县人民政府、县监察委员会、县人民法院、县人民检察院的工作，受理人民群众对国家机关及其工作人员的申诉意见，撤销县人民政府不适当的决定和命令。

安吉县人大常委会设立后，不断加强自身建设，根据工作性质和工作内容，在不同的历史时期，始终抓好政治建设、思想建设、组织建设、作风建设和纪律建设，把制度建设贯穿其中；加强信息宣传和理论研究，逐步建立和健全县人大常委会的正常工作制度，更好地发挥国家权力机关的作用，努力为社会主义经济文明、政治文明、文化文明、社会文明和生态文明建设服务；对县内重大事件作出重要决议决定，为安吉县依法治县和生态立县提供法制保障。1997 年 8 月 26 日安吉县第十一届人大常委会第三十五次会议，作出《关于实施〈安吉县饮用水水源保护区污染防治管理暂行办法〉的决议》；2003 年 7 月 22 日安吉县第十三届人大常委会第四次会议，作出《关于生态县建设的决议》；2003 年 9 月 13 日安吉县第十三届人大常委会第六次会议，作出《关于设立安吉县生态日的决定》；2008 年 2 月 1 日安吉县第十四届人大常委会第九次会议，作出《关于〈安吉县域总体规划（2006—2020）〉的决议》；2012 年 3 月 26 日安吉县第十五届人大常委会第一次会议，作出《关于同意调整部分乡镇行政区划的决议》；2017 年 7 月 25 日安吉县第十六届人大常委会第四次会议，作出《会议全力推进“城中村”改造，共促优雅竹城建设的决定》。

随着人民代表大会制度的不断完善，全县乡镇（街道）人大工作得到加强。1990 年 3 月，全县各乡镇设立人民代表大会主席团，大部分乡镇设主席团常务主席。常务主席一般由同级党委书记兼任，不设副主席，其中丰食溪乡和赤坞乡设主席团专职主席，至 1993 年 3 月，全县所有乡镇均设主席团常务主席。乡镇人民代表大会主席团，由本级人民代表大会在代表中选举产生，主持本级人民代表大会会议，在会议期间行使法律规定的职权。1996 年 1 月起，全县各乡镇设人大主席，部分乡镇设副主席。

县人大按照《中华人民共和国地方各级人民代表大会和地方各级人民政府组织法》第三

十条规定和根据《中共中央转发全国人大常委会党组关于加强县乡人大工作和建设的若干意见的通知》《中共浙江省委关于认真贯彻落实中央文件精神加强县乡人大工作的若干意见》，根据工作需要，先后设立3个专门委员会。2017年2月，设立县人大法制（内务司法）委员会和县人大财政经济委员会，并通过两个专门委员会的组成人员。2019年1月，设立县人大社会建设委员会，县人大法制（内务司法）委员会更名为安吉县人大监察和司法（法制）委员会。各专门委员会在本级人民代表大会及其常务委员会领导下，研究、审议和拟订有关议案；对属于本级人民代表大会及其常务委员会职权范围内同本委员会有关的问题，进行调查研究，提出建议。县人大各专门委员会围绕各自的工作，依法履职，强化监督，有效地完成了各项工作。

安吉县人大常委会在中共安吉县委的领导下，组织结构不断完善，制度建设逐步加强，监督工作全面推进，代表工作成效显著；以宪法和法律为依据，以人大代表为主体，以履行法定职责和推进民主法治建设为己任，以促进经济社会发展和社会进步为宗旨，切实行使重大事项决定权、“一府一委两院”监督权、国家机关工作人员人事任免权，积极开展人大工作。在实践中，注重调查研究，反映社情民意，依靠和发挥人大代表的作用，不断探索，开拓创新，与时俱进；坚持党的领导，充分发挥民主集中制原则，集体决定问题，集体行使权力，积极履行宪法和法律赋予的神圣职责，为推动安吉县经济文明、政治文明、文化文明、社会文明、生态文明和“两山”实践发挥了重要作用。

大 事 记

1949 年

4 月 30 日 安吉解放。

5 月 1 日 孝丰解放。

10 月 13—14 日 安吉县第一次各界人民代表会议在城郊区(今安城村)召开,出席代表 132 人。

10 月 17—20 日 孝丰县第一次各界人民代表会议在苕源镇(今孝丰镇)召开,出席代表 100 人。

1950 年

4 月 1—3 日 安吉县第二次各界人民代表会议在城郊区召开,出席代表 130 人。

4 月 1—5 日 孝丰县第二次各界人民代表会议在城关镇召开,出席代表 122 人。选举并组成县各界人民代表会议常务委员会,选举常务委员会主席、副主席。

5 月 安吉、孝丰两县人民法院建立。

10 月 21—25 日 孝丰县第三次各界人民代表会议在城关镇召开,出席代表 143 人。开始设立代表提案程序,设立提案审查委员会。制定、修正《提案审查委员会组织简则(规程)和提案处理办法》;选举并组成县土地改革委员会。

10 月 21—26 日 安吉县第三次各界人民代表会议在城关镇召开,出席代表 90 人。选举并组成县各界人民代表会议常务委员会,选举常务委员会主席、副主席。

1951 年

3 月 省民政厅指令,安吉县委、县政府迁址梅溪镇。

4 月 26—29 日 孝丰县第四次各界人民代表会议在城关镇召开,出席代表 147 人。

5 月 12—17 日 安吉县第四次各界人民代表会议在梅溪镇召开,出席代表 150 人。开始设立代表提案程序,设立提案审查委员会。制定、修正《提案审查委员会组织简则(规程)和提案处理办法》;会议制定了各界人民代表会议常务委员会与代表的联系办法。

7 月 孝丰县人民检察署建立。

11 月 2—7 日 安吉县第五次各界人民代表会议在梅溪镇召开,出席代表 200 人。

11 月 3—7 日 孝丰县第五次各界人民代表会议在城关镇召开,出席代表 236 人。选举并组成护林委员会和文教卫生委员会。

1952 年

3 月 27—29 日 安吉县第六次各界人民代表会议在梅溪镇召开，出席代表 132 人。

5 月 1—4 日 孝丰县第六次各界人民代表会议在城关镇召开，出席代表 161 人。

6 月 25—28 日 安吉县第七次各界人民代表会议在梅溪镇召开，出席代表 150 人。

10 月 1—7 日 孝丰县第七次各界人民代表会议在城关镇召开，出席代表 180 人。

1953 年

1 月 18—21 日 孝丰县第八次各界人民代表会议在城关镇召开，出席代表 159 人。

4 月 人民代表实行全面普选制度。安吉、孝丰两县及各乡镇成立选举委员会和选举办公室。县、区设立普选人民法庭，专门受理选举中的违法案件。

5 月 3—7 日 安吉县第八次各界人民代表会议在梅溪镇召开，出席代表 143 人。

6 月 孝丰县在郭孝区鹤溪乡、安吉县在板桥乡进行人民代表普选试点工作。

是年 安吉、孝丰两县开展首次人口普查和选民登记，标准时间为 6 月 30 日 24 时。普查结果：两县总人口为 213166 人(男 118788，女 94378 人)。

1954 年

3 月 安吉、孝丰两县普选工作全部完成，两县共选出县人大代表 243 人，乡镇人民代表 2207 人。各乡镇分别召开人民代表大会，民主选举正、副乡长，组成乡镇人民政府。建立乡镇人民代表大会制度，开始行使基层国家权力机关的职能。

7 月 15—19 日 孝丰县首届人民代表大会第一次会议在城关镇召开，出席代表 97 人。会议讨论《中华人民共和国宪法(草案)》；选举出席省首届人大代表 3 名。

7 月 16—20 日 安吉县首届人民代表大会第一次会议在梅溪镇召开，出席代表 94 人。会议讨论《中华人民共和国宪法(草案)》；选举出席省首届人民代表大会代表 2 名。

12 月 22—25 日 安吉县一届人大二次会议在梅溪镇召开，出席代表 85 人。

1955 年

2 月 12—14 日 孝丰县一届人大二次会议在城关镇召开，出席代表 86 人。

7 月 19—22 日 安吉县一届人大三次会议在梅溪镇召开，出席代表 79 人。

9 月 安吉县人民检察院建立。

11 月 14—18 日 孝丰县一届人大三次会议在城关镇召开，出席代表 92 人。会议决定将孝丰县人民政府改为孝丰县人民委员会；选举县长、副县长、县人民委员会委员和县人民法院院长。

12 月 5—9 日 安吉县一届人大四次会议在梅溪镇召开，出席代表 89 人。会议决定将安吉县人民政府改为安吉县人民委员会；选举县长、副县长、县人民委员会委员和县人民法院院长。

1956年

12月10—13日 安吉县二届人大一次会议在梅溪镇召开，出席代表119人。选举县长、副县长、县人民委员会委员和县人民法院院长。

12月13—16日 孝丰县二届人大一次会议在城关镇召开，出席代表113人。选举县长、副县长、县人民委员会委员和县人民法院院长。

1957年

6月26—30日 孝丰县二届人大二次会议在城关镇召开，出席代表91人。大会补选一名副县长。

8月19—23日 安吉县二届人大二次会议在梅溪镇召开，出席代表101人。

1958年

5月27—6月1日 安吉县三届人大一次会议在梅溪镇召开，出席代表122人。选举县长、副县长、县人民委员会委员和县人民法院院长；选举出席省第二届人大代表2人。

5月29日—6月2日 孝丰县三届人大一次会议在城关镇召开，出席代表116人。选举县长、副县长、县人民委员会委员和县人民法院院长；选举出席省二届人大代表3人。

9月 安吉、孝丰两县始建11个人民公社。

11月21日 国务院批准撤销孝丰县建制，其行政区域划归安吉县，县机关迁驻递铺镇。

1959年

12月13—16日 安吉县三届人大二次会议在递铺镇召开，出席代表188人。选举县长、副县长和出席省第二届人大代表。

1960年

6月8日 安吉县委发出《关于成立政法党组的通知》。

1961年

8月 调整人民公社规模，将10个大公社分建为38个公社。

12月24—28日 县四届人大一次会议在递铺镇召开，出席代表223人。大会选举县长、副县长、县人民委员会委员和县人民法院院长。

是年 县、区普选人民法庭撤销，选举中的违法案件由当地人民法庭受理。

1962年

2月10日 省、地委批准安吉设丰城、梅溪、永太、青山、南湖和递铺6个区，管辖34个公社，丰城、梅溪、递铺和晓墅四镇为县直属单位。

1963年

12月27—31日　县五届人大一次会议在递铺镇召开，出席代表267人。会议选举县长、副县长、县人民委员会委员和县人民法院院长。

1964年

8月13—15日　县五届人大二次会议在递铺镇召开，出席代表287人。选举出席省三届人大代表4名。

是年　开展第二次人口普查，标准时间为6月30日24时。普查结果：全县总人口为284875人（男153290人，女131585人）。

1966年

5月18—21日　县六届人大一次会议在递铺镇召开，出席代表244人。大会选举县长、副县长、县人民委员会委员和县人民法院院长。

5月　“文化大革命”开始，全县人大工作被迫停止。

1967年

3月6日　由中国人民解放军6283部队和安吉县人武部组织成立安吉县生产办公室。

12月24日　中国人民解放军驻安吉部队支左联络站成立中国人民解放军安吉县军事管制组，对安吉县公检法实行军事管制。

1968年

3月28日　安吉县革命委员会成立，由当地驻军代表、干部代表和群众代表组成三结合的领导班子，设主任1人（暂缺）、副主任5人。

1969年

4月26日　安吉县革委会建立党的核心小组。

9月　县革委会增设人民保卫组，取代公检法等机构。

1972年

9月　恢复县人民法院和丰城、南湖、梅溪人民法庭。

1973年

3月1日　撤销县人民保卫组，撤销对检察院、公安局的军事管制。

1975年

6月17日　驻安吉支左部队撤回。

1978 年

5 月 恢复县人民检察院建制。

1980 年

1 月 人民公社革命委员会改为人民公社管理委员会。

8 月 14 日 成立县、公社(镇)两级选举委员会,开始由选民依法直接并实行差额选举产生县、公社(镇)两级的人民代表。

12 月 公社(镇)相继召开第七届人民代表大会,选举公社管理委员会及组成人员和正、副主任。

1981 年

1 月 8 日 县委批准同意全县各公社第七届人民代表大会选举产生的公社管理委员会及组成人员和正、副主任。

7 月 10—14 日 县人民代表大会制度恢复。县第七届人民代表大会第一次会议在递铺镇召开,出席代表 237 人。决定将县革命委员会改称县人民政府。首次依法选举产生了县人民代表大会常务委员会及其办事机构,下设办公室,处理日常工作;选举县第七届人大常委会主任、副主任;选举县长、副县长、县人民法院院长和县人民检察院检察长。

1982 年

7 月 24 日 县委、县人大和县政府决定,建立群众来访日制度。

12 月 8 日 省人大常委会主任铁瑛到安吉考察。

是年 开展第三次人口普查,标准时间为 7 月 1 日 0 时。普查结果:全县总人口为 402949 人(男 210621 人,女 192328 人)。

1983 年

3 月 12—16 日 县七届人大二次会议在递铺镇召开,出席代表 231 人。会议选举省六届人大代表 8 名。

4 月 在浙江省第六届人民代表大会第一次会议上,安吉凤凰山乡双一村朱岳年当选为第六届全国人大代表。

8 月 撤销嘉兴地区,划分嘉兴、湖州两个省辖市,安吉县隶属湖州市。

12 月 11—13 日 县七届人大三次会议在递铺镇召开,出席代表 223 人。会议选举出席市一届人大代表 65 名。

12 月 开始进行社政分设工作,撤销公社管理委员会,建立乡人民政府。

1984 年

8 月 20—26 日 县八届人大一次会议在递铺镇召开,出席代表 284 人。通过《处理议案和代表意见暂行办法》;常委会下设法制、财经、城乡建设、科教文卫4个组;规定每年召集一次人民代表大会,并向大会报告常委会工作;主持下一届人大代表的选举。会议选举县人大常委会主任、副主任、委员;选举县长、副县长、县人民法院院长和县人民检察院检察长。

9月29日 县人大常委会召开第二次会议,通过《关于建立代表小组和开展活动的暂行办法》。

1985年

5月15—18日 县八届人大二次会议在递铺镇召开,出席代表281人。通过《关于建立代表小组和开展活动的暂行办法》;会议罢免了一名副县长。

7月 撤销孝丰、梅溪、晓墅3个乡建制,其辖区并入所在镇。

7月 县人大常委会召开第八次会议,作出《关于加强法制宣传教育普及法律常识的决议》。

1986年

4月14—18日 县八届人大三次会议在递铺镇召开,出席代表279人。

7月 撤销安城乡建制,建立安城镇。

1987年

5月25—30日 县九届人大一次会议在递铺镇召开,出席代表260人。决定常委会下设法制、财经、教科文卫3个工作委员会。选举县人大常委会主任、副主任、委员;选举县长、副县长、县人民法院院长和县人民检察院检察长。

11月 县人大建立工会组织。

1988年

4月7—12日 县九届人大二次会议在递铺镇召开,出席代表259人。会议选举出席湖州市二届人大代表56人。

1989年

3月30日—4月4日 县九届人大三次会议在递铺镇召开,出席代表257名。会议补选湖州市二届人大代表7名。

5月24—27日 县九届人大常委会召开第十四次会议,审议通过《关于安吉县实施九年制义务教育规划的决议》。

7月 报福乡撤乡建镇,辖境不变。

9月25—28日 县人大常委会召开第十六次会议,通过《关于坚决清理整顿公司和开展反贪污受贿投机倒把斗争的决议》和《关于坚决开展"扫黄"斗争和清理整顿文化市场的决议》。

12月21—23日 县人大常委会召开第十八次会议，任命胡伟为县人民政府副县长。

1990年

2月21—23日 县人大常委会召开第十九次会议，通过关于接受徐序培辞去县长职务的决定，任命胡伟为代理县长。

3月 全县17个乡镇设人大常务主席，其中有2个乡镇设专职常务主席，15个乡镇的常务主席由党委书记兼任。

4月15—20日 县十届人大一次会议在递铺镇召开，出席代表280人。选举县人大常委会主任、副主任、委员；选举县长、副县长；选举县人民法院院长和县人民检察院检察长。

5月24—26日 县十届人大常委会召开第一次会议，审议通过《县人民代表大会常务委员会议事规则》和《第十届人民代表大会代表工作办法》，审议通过《设立县人大常委会法制工作委员会、财经工作委员会、科教文卫工作委员会、代表工作和议案督办工作委员会及组成人员的决定》和《设立区人大工作联络员的决定》。

8月21—23日 县十届人大常委会召开第三次会议，任命张志中为副县长。

10月29—31日 县人大常委会召开第四次会议，审议通过县人大常委会《关于开展1990年执法检查的决定》和《县人大工作联络员工作职责的决定》。

12月24—25日 县人大常委会召开人大工作经验交流会。

是年 开展第四次人口普查工作，以7月1日0时为标准时间。普查结果：全县总人口为430543人（男性223582人，女性206961人）。

1991年

2月23日 县委批复县人大党组《关于当前我县乡镇人大工作几点意见的报告》，尚未设专职人大常务主席的15个乡镇全部设专职人大常务主席。

3月29日—4月2日 县人大十届二次会议在递铺镇召开，出席代表280人。

5月25日 县人大常委会召开第八次会议，会议作出《关于全县实施法制宣传教育第二个五年规划的决议》。

5月 县人大常委会组织人民代表对公安派出所（含森林派出所）、工商所、财税所及人民法庭的执法情况进行检查评议。

7月12日 县人大常委会召开安吉县人大常委会成立十周年纪念大会。

7月27日 县人大常委会召开第九次会议，通过《关于将县人大常委会代表工作和议案督办工作委员会改为县人大常委会代表工作委员会的决定》。

1992年

3月26—31日 县十届人大三次会议在递铺镇召开，出席代表276人。大会补选县人大常委会副主任。

7月28—30日 县人大常委会召开第十六次会议，原则同意《递铺镇城镇建设和县经济开发区的总体规划》。

7月 经浙江省民政厅批准，山河乡更名为天荒坪镇。

8月7日 县人大常委会召开信访工作会议。

9月24—26日 县人大常委会召开第十七次会议，通过《关于山河乡改为天荒坪镇有关问题的决定》和《关于调整部分乡(镇)行政区域后有关问题的决定》。明确撤并乡(镇)、村的“人民代表大会代表资格继续有效”。

9月 撤销白水湾乡建制，辖境并入天荒坪镇；撤销姚村乡和皤溪乡建制，两乡合并名为永和乡，乡人民政府设于皤溪村；撤销荆湾乡建制，辖境并入梅溪镇。至此，全县共有7个建制镇、22个建制乡。

11月28—30日 县人大常委会召开第十八次会议。接受胡伟辞去县长职务的请求；任命谈月明为副县长、代理县长。

12月3日 县人大常委会召开现行宪法颁布实施十周年座谈会。

1993年

1月12—13日 县人大常委会召开第十九次会议，决定接受张志中辞去副县长职务的辞呈。

3月26—31日 县十一届人大一次会议在递铺镇召开，出席代表297人。选举县人大常委会主任、副主任、委员；选举县长、副县长；选举县人民法院院长和县人民检察院检察长；选举出席湖州市三届人大代表53人。

4月22—23日 县十一届人大常委会召开第一次会议，审议通过《县人民代表大会常务委员会议事规则》；通过《关于设立代表资格审查委员会的决定》《关于设立县人大常委会法制、财经、教科文卫、代表工作委员会及其组成人员的决定》和《关于设立县人大代表中心组的决定》。

7月13—14日 县人大常委会召开第三次会议，通过《关于加强农业基础地位、加快发展优质高产高效农业的决议》；任命孟刚为副县长。

1994年

1月27日 县人大常委会召开人大代表工作经验交流会。

3月2—7日 县人大常委会组织人大代表对乡镇及单位开展“二五”普法的情况进行视察。

3月16—17日 县人大常委会召开第八次会议，审议通过《关于组织人大代表对公安司法机关开展执法评议的决定》。

3月28日—4月1日 县十一届人大二次会议在递铺镇召开，出席代表293人。会议补选湖州市三届人大代表10名。

7月25—26日 县人大常委会召开第十次会议，审议通过《安吉县人大常委会关于组织开展人大常委会任命干部述职评议的决定》。

11月8日 杭垓乡撤乡建镇。

12 月 5—6 日　县人大常委会召开第十三次会议，听取和审议《深入实施“科教兴县”战略、推动我县经济再上新台阶的汇报》。

1995 年

1 月 25－26 日　县人大常委会召开第十四次会议，决定接受谈月明辞去县长职务的请求，任命戚才祥为代理县长。

2 月 13 日　县人大常委会召开人大新闻宣传工作座谈会。

3 月 13－17 日　县十一届人大三次会议在递铺镇召开，出席代表 289 人。大会选举戚才祥为县长。

6 月 19－20 日　县人大常委会召开第十七次会议，决定任命孙觉民为副县长。

7 月 17 日　县人大常委会召开第十八次会议，决定免去王继祥副县长职务。

7 月 31 日　召开全县乡镇人大主席会议。

8 月 30 日—9 月 1 日　县人大常委会召开第十九次会议。听取和审议县人大常委会任命的 13 名干部的述职汇报，根据民意调查情况进行评议。

9 月 19—20 日　县人大常委会召开第二十次会议，审议通过《关于撤销丰食溪乡，并入递铺镇，凤凰山乡余墩村划归递铺镇管辖的议案》，会议作出《关于调整递铺镇行政区域后有关问题的决定》。

1996 年

3 月 4—5 日　县人大常委会召开第二十三次会议，任命崔双根为县人民检察院代理检察长。

3 月 19—22 日　县十一届人大四次会议在递铺镇召开，出席代表 286 人。会议通过《安吉县国民经济和社会发展“九五”计划和 2010 年远景规划纲要的决议》；会议接受孟刚副县长和县人民检察院检察长的辞呈，选举崔双根为县人民检察院检察长。

5 月　县人大常委会召开第二十四次会议，听取和审议了县政府《关于同级财政审计情况的报告》。从这一年起，县人大常委会依法开展了对同级财政审计工作的监督。

9 月 9—10 日　县人大常委会召开第二十六次会议，听取县人大常委会任命的 6 名干部的述职报告，并根据民意调查情况进行评议。

10 月 1 日　省委书记、省人大常委会主任李泽民到安吉天荒坪电站慰问。

10 月 15 日　省人大常委会副主任王启东在安吉赋石参加省科协常委会。

11 月 26—27 日　县人大常委会召开第二十八次会议，通过《关于实行依法治县的决议》。

12 月　章村乡撤乡建镇，良朋乡撤乡建镇。

1997 年

3 月 11—14 日　县十一届人大五次会议在递铺镇召开，出席代表 283 人。

3月28日 县人大常委会召开第三十一次会议。决定接受孙觉民辞去副县长职务的请求。

4月1日 县人大常委会召开纪念《中华人民共和国全国人民代表大会和地方各级人民代表大会代表法》实施5周年座谈会，开展法律知识竞赛。

5月23日 省人大常委会副主任杨彬到安吉检查。

6月 全县各乡镇开始设立专职人大主席。

7月9日 县人大常委会召开第三十四次会议。任命宿竞平、胡震涛为副县长。

8—10月 县人大常委会在全县范围内组织开展以《中华人民共和国全国人民代表大会和地方各级人民代表大会选举法》《中华人民共和国地方各级人民代表大会和地方各级人民政府组织法》和《中华人民共和国全国人民代表大会和地方各级人民代表大会代表法》为主要内容的法律知识竞赛。

8月 鄣吴乡撤乡建镇。

9月4日 县人大常委会召开第三十六次会议。决定接受戚才祥辞去县长职务的辞呈，任命钱坤方为代理县长。

10月 县人大常委会召开第三十七次会议，通过《关于实施〈安吉县科教兴县战略“九五”实施纲要〉的决议》。

11月10日 县人大常委会召开第三十八次会议。决定接受陈国强辞去副县长职务的请求；任命王勤、吴向明、董立新为副县长；任命陆根发为县人民法院代理院长。

12月18日 县人大常委会召开第三十九次会议。决定接受崔双根辞去县人民检察院检察长职务，任命王余庆为县人民检察院代理检察长。

1998年

3月16—21日 县十二届人大一次会议在递铺镇召开，出席代表222人。会议作出《关于全面实行殡葬改革的决议》；选举县人大常委会主任、副主任、委员；选举县长、副县长；选举县人民法院院长和县人民检察院检察长。

4月28日 县人大常委会召开全县乡镇人大专职正、副主席会议。省人大常委会副主任孔祥有作《中华人民共和国全国人民代表大会和地方各级人民代表大会代表法》及《浙江省实施〈代表法〉办法》知识讲座。

6月2日 县十二届人大常委会第4次主任会议决定，每月10日为“人大代表接待日”。

9月11日 县人大常委会召开省市县人大代表法制培训暨乡镇人大工作会议。省人大常委会代表委员会办公室主任李志申作《中华人民共和国全国人民代表大会和地方各级人民代表大会代表法》及《浙江省实施〈代表法〉办法》知识讲座。

12月24—25日 县十二届人大常委会召开第七次会议，任命李慧英为副县长。

1999年

1月15日 撤销塘浦乡并入递铺镇，撤销赤坞乡并入孝丰镇；天荒坪镇下扇村、三官乡荷花塘村、南北庄乡安乐村划归递铺镇。

3月16—19日 县十二届人大二次会议在递铺镇召开，出席代表219人。会议作出《关于加快实施“绿色工程”的决议》。

4月—10月 县人大常委会组织全县各级人大代表对县人民法院工作进行评议。

7月27—28日 县人大常委会召开第十二次会议。决定免去胡震涛副县长职务。

7—11月 县人大常委会组织县人大代表对其任命的县林业局、县建设与环保局、县文化与体育局的3位局长进行评议。

11月18日 县人大常委会召开第十四次会议，听取了县林业局、县建设与环保局、县文化与体育局的3位局长的述职评议整改情况的汇报。

2000年

1月12—13日 县人大常委会召开第十五次会议，任命蓝晓光为副县长。

1月17日 撤销凤凰山乡、三官乡、南北庄乡并入递铺镇，撤销下汤乡并入孝丰镇，撤销南北湖乡并入高禹乡，撤销晓墅镇并入梅溪镇。撤销港口乡，霞泉、碧门2个行政村划入递铺镇；港口、西鹤、东坞、五鹤4个行政村并入天荒坪镇；天荒坪镇的水口、梅坑2个行政村划入递铺镇。

1月28日 县人大常委会召开第十六次会议，审议通过《关于递铺、孝丰等五乡镇行政区划调整后有关事项的决定》。

3月14—17日 县十二届人大三次会议在递铺镇召开，出席代表215人。大会补选县人大常委会委员2人。

4月29日 县人大常委会召开第十八次会议。审议通过《县人大常委会评议工作规定》《关于加强对财政经济工作监督的规定》《关于公民旁听县人大常委会会议的办法（试行）》和《县第十二届人大常委会议事规则（修正案）》。

4—9月 县人大常委会组织县人大代表对县公安局执法工作进行评议。

8月8日 县人大常委会召开第二十次会议。决定免去王勤副县长职务，任命杨六顺为副县长。

8月21—22日 县人大常委会召开第二十一次会议。批准县人民政府《关于县生态农业示范县建设规划》。

是年 开展第五次人口普查，以11月1日0时为标准时间。普查结果：安吉常住人口432156人（男性223715人，女性208441人）。

2001年

1月2日 省人大常委会主任李泽民到安吉，看望在安吉的省人大代表、林业大户潘世珍。

1月10日 县人大常委会召开第二十四次会议。决定免去李慧英副县长职务。

1月 高禹乡撤乡建镇。

2月25—28日 县十二届人大四次会议在递铺镇召开，出席代表213人。通过《关于加快实施“生态立县——生态经济强县”的决议》。

3月12日 县人大常委会召开第二十六次会议。任命王金龙为副县长，免去蓝晓光的副县长职务。

4月22日 “2001中国·安吉白茶节”在安吉竹种园召开，省人大常委会原常务副主任许行贯、副主任李志雄等领导出席。

4—11月 县人大常委会组织各级人大代表评议县质量技术监督局的行政执法工作；对县教委主任、县计生委主任和县农业局局长进行评议。

5月9—10日 县人大常委会召开第二十七次会议，作出《安吉县人大常委会关于进一步实施依法治县的决议》；任命何国华为副县长。

7月18日 撤销安城镇并入递铺镇，撤销西亩乡并入良朋镇。

7月21—22日 县人大常委会召开第二十九次会议。决定任命杨新新为副县长，免去宿竞平副县长职务。

2002年

1月10日 县人大常委会召开第三十三次会议。免去杨六顺副县长职务。

3月5—7日 县十二届人大五次会议在递铺镇召开，出席代表210人。大会作出《关于创建最佳人居环境的决议》。

4月29—30日 县人大常委会召开第三十五次会议。决定县人大常委会财政经济工作室更名为县人大常委会财政经济工作委员会，县人大常委会法制工作室更名为县人大常委会法制工作委员会，县人大常委会人事代表工作室更名为县人大常委会人事代表工作委员会，县人大常委会教科文卫工作室更名为县人大常委会教科文卫民侨工作委员会；增设县人大常委会农业环境保护工作委员会。

8月7—9日 县人大常委会分片召开全县乡镇人大工作交流会。

10月17日 县人大常委会召开第三十八次会议。任命劳红武为副县长；决定接受钱坤方辞去县长职务，任命劳红武为代理县长。

10月30日 召开全县乡镇人大工作会议，省人大常委会副主任孔祥有就《中华人民共和国全国人民代表大会和地方各级人民代表大会选举法》和《中华人民共和国地方各级人民代表大会和地方各级人民政府组织法》等法律知识作讲座。

11月19—20日 县人大常委会召开第三十九次会议。决定免去董立新副县长职务。

12月11日 县人大常委会召开第四十次会议。任命金凯、章其祥为副县长；决定接受陆根发辞去县人民法院院长职务，任命张建乐为县人民法院代理院长；决定接受王余庆辞去县人民检察院检察长职务，任命沈亮为县人民检察院代理检察长。

2003年

1月13日 县人大常委会召开第四十一次会议，听取和审议通过县人民政府《关于我县创建最佳人居环境工作情况的报告》。

3月4—10日 县十三届人大一次会议在县行政中心召开，出席代表231名。大会选举县人大常委会主任、副主任、委员；选举县长、副县长；选举县人民法院院长和县人民检察院检察长；选举出席湖州市五届人大代表55名。

4月22—23日 县第十三届人大常委会召开第二次会议。审议批准《安吉城市总体规划(2002—2020)》和《安吉城市近期建设规划(2002—2005)》。

6月5—6日 省人大常委会副主任俞国行到安吉考察。

6月26—27日 县人大常委会召开第三次会议。决定就工业园区建设、农业"两个体系"建设向县人民政府发送审议意见书。

7月22日 县人大常委会召开第四次会议。作出《关于生态县建设的决议》；决定免去杨新新副县长职务。

8月11日 全国人大常委会委员、教科文卫副主任、民进中央常务副主席张怀西到安吉调研。

8月28—29日 县人大常委会召开第五次会议，决定就《中华人民共和国劳动法》贯彻执行工作向县人民政府发送审议意见书。

9月13日 县人大常委会召开第六次会议，作出《安吉县人大常委会关于设立安吉县生态日的决定》，从2004年起，将每年的3月25日定为"生态日"；会议任命任文霞为副县长。

11月19日 全国人大常委会委员、全国环资委副主任、民盟中央副主席冯之浚一行到安吉考察。

12月12日 撤销永和乡、缫舍乡并入杭垓镇。

是年 省、市、县、乡镇四级人大联动，开展《中华人民共和国劳动法》执法检查，将工资支付、安全生产和劳动合同签订作为重点检查内容，将中小民营企业列为重点检查对象。执法检查效果得到了省、市人大的高度评价。

2004年

1月3—7日 县十三届人大二次会议在县行政中心召开，出席代表225人。

3月25日 "浙江安吉·全国第一个'生态日'活动"在生态广场举行启动仪式。

4月27—28日 县人大常委会召开第十一次会议。会议审议通过《安吉县人大常委会任命干部述职评议工作方案》《安吉县人大常委会监督司法机关工作的规定》《安吉县人大常委会监督意见书试行办法》《安吉县人大常委会关于进一步提高常委会会议质量的意见》。

7月27日 县委召开全县人大工作会议，专题研究和部署全县人大工作。县委书记、县人大常委会主任钱坤方在会上作《进一步加强和改善党对人大工作的领导，努力开创我县人大工作新局面》的主题报告；县委出台《关于进一步加强人大工作的意见》。

10月26—27日 县人大常委会召开第十四次会议。会议组织学习中共中央总书记胡锦涛在首都各界纪念全国人民代表大会成立50周年大会上的讲话和党的十六届四中全会精神。

11 月 25—26 日 县人大常委会召开第十五次会议。会议听取县劳动与社会保障局局长和县环保局局长关于述职评议整改情况的报告,并对两位局长进行投票测评。

2005 年

1 月 14 日 省人大常委会副主任李志雄到安吉就生态县建设进行调研。

2 月 22 日 县人大常委会召开第十八次会议。会议决定接受劳红武辞去县长职务,任命唐中祥为副县长、代理县长。

3 月 8—12 日 县十三届人大三次会议在县行政中心召开,出席代表 223 人。会议选举唐中祥为县长。

4 月 28 日 县人大常委会召开第十九次会议,审议通过《安吉县人大常委会关于设立"人大代表监督窗"的试行意见》。

5 月 30 日 县人大常委会召开第二十次会议。会议决定免去朱仲华副县长职务,任命徐国晟为副县长。

6 月 13 日 省人大常委会副主任徐宏俊率省人大常委会检查组到安吉进行生态建设和环境执法跟踪检查。

8 月 29—30 日 县人大常委会召开第二十二次会议,讨论通过《安吉县人大常委会任命的国家机关工作人员信任度测评暂行办法》《安吉县人大常委会关于组建代表专业小组和开展代表专业小组活动的意见》《安吉县人大常委会任免国家机关工作人员暂行办法》。

9 月 27—28 日 县人大常委会召开第二十三次会议。会议对县国土资源局、县教育局、县交通局 3 位局长进行述职评议,对未列为本次述职评议对象的其他 23 名人大常委会任命的干部进行信任度测评。

10 月 22 日 "2005 中国・安吉生态文化节"在晚上隆重开幕,省人大常委会副主任葛圣平、副省长茅临生启动象征开幕的焰火按钮。

11 月 3 日 省人大常委会副主任俞国行到安吉调研。

11 月 24 日 县人大常委会召开第二十四次会议。会议决定免去任文霞副县长职务。

2006 年

1 月 20 日 县人大常委会召开第二十六次会议。审议通过《安吉县可持续发展实验区总体规划》《安吉县人大常委会"代表论坛"暂行办法》。

2 月 21—24 日 县十三届人大四次会议在县行政中心召开,出席代表 220 人。

11 月 9 日 县人大常委会召开第三十二次会议。会议决定任命单锦炎、章春华为副县长;会议决定接受钱坤方辞去县人大常委会主任的职务,决定接受唐中祥辞去县长的职务;决定任命吴向明为县人大常委会代理主任,决定任命单锦炎为副县长、代理县长。

11 月 20 日 县人大常委会召开第三十三次会议。会议决定任命凌建荣、王少华为副县长;决定接受沈亮辞去县人民检察院检察长的职务,任命王武良为县人民检察院代理检察长。

是年 在全省率先制定连任代表建议人选提名标准及提名程序。

是年 在媒体开设“代表论坛”，组织人大代表就本县改革、发展、稳定的重要话题展开讨论，建言献策。全年共组织四期代表论坛，议题分别是工业强县、新农村建设、构建和谐社会和文化大县建设，代表言论年终被编纂成集。

2007 年

1 月 10 日 县人大常委会召开第三十五次会议。会议决定免去章其祥副县长职务。

1 月 23—27 日 县十四届人大一次会议在县行政中心召开，出席代表 232 人。大会选举县十四届人大常委会主任、副主任、委员；选举县长、副县长；选举县人民法院院长和县人民检察院检察长。

2 月 12 日 县第十四届人大常委会召开第一次会议。会议决定任命章春华为副县长。

9 月 27—28 日 县人大常委会召开第五次会议。决定任命邵振润为副县长。

2008 年

1 月 13—15 日 县十四届人大二次会议在县行政中心召开，出席代表 232 人。大会通过《关于建设“中国美丽乡村”的决议》。

2 月 1 日 县人大常委会召开第九次会议。同意县人民政府将《安吉县域总体规划(2006—2020)》报请市政府审批。

7 月 25 日 县人大常委会召开第十二次会议。会议审议通过《安吉县人大常委会关于加强部门预算监督的暂行办法》。

11 月 25—26 日 县人大常委会召开第十四次会议。会议通过《关于安吉县国家可持续发展实验区建设规划的决议》。

是年 县人大常委会组织了 6 期书面论坛，近百位代表就有关议题展开讨论，建言献策。

2009 年

1 月 6 日 县人大常委会召开第十六次会议。决定任命黄培林为副县长；决定免去叶海珍、王少华副县长职务。

1 月 12—14 日 县十四届人大三次会议在县行政中心召开，出席代表 226 人。

5 月 27 日 县人大常委会召开第十八次会议。会议决定接受徐国晟辞去副县长职务，接受张建乐辞去县人民法院院长的职务；决定任命张建乐、徐礼明为副县长；任命王怡为县人民法院代理院长。

6 月 17 日 省委书记、省人大常委会主任赵洪祝到安吉柏腾光电公司考察。

9 月 28 日 县人大常委会召开第二十次会议。会议审议了县政府关于县十四届人大三次会议大会议案《建立长效管理机制，深化中国美丽乡村建设》办理工作。

11 月 27 日 县人大常委会召开第二十一次会议。审议通过《安吉县人大常委会关于加强乡镇人大工作联系和指导的办法(试行)》。

2010年

1月8日 由全国人大代表、省人大常委会党组副书记、副主任王永明率领的全国人大代表团到安吉视察。

1月18—20日 县十四届人大四次会议在县行政中心召开，出席代表223人。大会通过《关于促进水资源可持续保护和利用的决议》；选举王怡为县人民法院院长。

6月5日 县人大常委会组织部分人大代表和部门、乡镇、企业、群众代表在县城生态广场举办"'6·5'世界环境日'保护生态环境·共铸竹乡精彩'守法承诺"活动。

9月29日 县人大常委会召开第二十七次会议。决定任命任烽为副县长。

10月30日 全国人大常委会委员、全国人大教科文卫副主任、民进中央副主席王佐书到上墅教育集团调研。

是年 开展第六次人口普查，以11月1日0时为标准时间。普查结果：全县常住人口466552人，十年间增加34396人，增长7.96%。其中，男性237940人，女性228612人，总人口性别比为104.08；60岁及以上71422人，占15.31%。

2011年

1月12日 县人大常委会召开第三十次会议。会议决定接受唐中祥辞去县人大常委会主任职务；决定吴向明为县人大常委会代理主任。

1月22—24日 县十四届人大五次会议在县行政中心召开，出席代表220人。大会选举吴向明为县十四届人大常委会主任。

7月27日 县人大常委会召开第三十四次会议。会议决定任命任贵明为副县长，免去钱波、金凯、凌建荣的副县长职务。

11月30日 县人大常委会召开第三十七次会议。决定接受单锦炎辞去县长职务；决定接受王武良辞去县人民检察院检察长职务；决定任命王树、钱洪文为副县长；决定任命王树为代理县长；决定周晓杨为县人民检察院代理检察长。

11月 进行县、乡(镇)两级人大换届选举，本次县、乡(镇)两级人大同步换届选举是《中华人民共和国全国人民代表大会和地方各级人民代表大会选举法》第五次修改后，第一次实行城乡按相同人口比例选举人大代表的换届选举。

2012年

2月14—18日 县十五届人大一次会议在县行政中心召开，出席代表233人。大会通过《关于深入推进生态文明示范建设的决议》。大会选举县人大常委会主任、副主任、委员；选举县长、副县长；选举县人民法院院长和县人民检察院检察长。

2月29日 省人大常委会副主任程渭山率省市有关负责人到安吉走访调研，了解安吉经济社会发展以及"十二五"规划实施情况。

3月2日 县十五届人大常委会召开第一次会议。会议作出《关于同意调整部分乡镇行政区划的决议》。

4月10日 由安徽省委书记、省人大常委会主任张宝顺带领的安徽省党政代表团到安吉考察。

5月29日 撤销高禹镇和良朋镇，两镇合并称天子湖镇；撤销昆铜乡，并入梅溪镇。

8月17日 县人大常委会召开第四次会议。会议决定任命黄亮为副县长。

9月9日 省委书记、省人大常委会主任赵洪祝就安吉县荣获2012年“联合国人居奖”作出批示：希望以此为动力，继续注重生态保护和绿色发展，不断改善群众生活居住环境，推进生态文明建设取得新成效。

9月18日 全省加强村级便民服务、村务监督和村级集体经济建设现场会在安吉召开，省委书记、省人大常委会主任赵洪祝出席，并考察东浜社区村级便民服务中心建设。

是日 全省生态文明建设试点现场会在安吉召开，省委书记、省人大常委会主任赵洪祝出席。

11月27日 县人大常委会召开第六次会议。审议通过《关于增加选任人民陪审员名额的决定》。

2013年

1月21—24日 县第十五届人民代表大会第二次会议在县行政中心召开，出席代表233人。会议通过《关于统筹区域环境综合治理的决议》。

5月7日 全国人大财经委调研组到安吉专题调研新农村建设和小城镇建设。

5月13—14日 县第十五届人大代表第二期培训班在县委党校举办，全县67名基层一线新任代表参加培训。

5月28日 县人大常委会召开第十一会议。决定免去罗林泉的副县长职务。

7月8—11日 县人大常委会开展首个“主任接待代表周”活动。

7月25日 县人大常委会召开第十二次会议。会议听取和审议《安吉县人大常委会关于加强代表工作的决定》和《关于修改安吉县人大常委会议事规则》等有关制度的议案。

9月26日 县人大常委会召开第十三次会议。决定任命陈江为副县长。

是年 在实现部门预算“全覆盖”的基础上，县人大常委会进一步强化监督，将非税等收入全部纳入到部门预算编制中，对部门预算实行“全口径”预算管理。

2014年

1月22—24日 县十五届人大三次会议在县行政中心召开，出席代表237人。会议通过了《关于设立环境综合治理“集中推进日”的决定》，决定将每个月第四个星期的星期三确定为环境综合治理“集中推进日”。

2月18日 递铺、孝源、昌硕、灵峰四大街道挂牌成立。

2月19日 省人大常委会副主任程渭山一行到安吉调研“五水共治”工作，重点视察西苕溪水环境治理情况。

4月2日 县人大常委会召开第十七次会议。决定设立安吉县人大常委会递铺街道工作委员会、安吉县人大常委会昌硕街道工作委员会、安吉县人大常委会灵峰街道工作委员会和安吉县人大常委会孝源街道工作委员会。决定任命刘艳梅、赵成忠为副县长;决定免去陈江、徐礼明的副县长职务。

7月2日 人大常委会办公室发《关于"人大代表联络站"建设有关事项的通知》《人大代表联络站工作规则》和《人大代表联络站接待群众流程图》。

7月3日 县人大常委会召开第十九次会议。会议决定任命沈铭权、郦东为副县长;决定免去黄亮的副县长职务,决定接受王树辞去县长职务;决定沈铭权为代理县长。

9月22日 县人大常委会召开第二十一次会议。决定任命陆建卫为副县长。

2015年

1月19日 县人大常委会召开第二十四次会议。任命何承明为副县长。

1月26—29日 县十五届人大四次会议在县行政中心召开,出席代表230人。选举沈铭权为县长。在此次会议上,有两位公民通过自主申请并经资格审查,旁听县人民代表大会的全体会议。这是安吉首次有公民参与县人民代表大会旁听,旁听公民提出关于加大中心集镇烟花爆竹限放力度等方面的3条意见建议。

3月12日 县人大常委会组织对全县绿化造林及毁林开垦整治工作进行专项督查。

5月20日 省人大常委会副主任冯明率队到安吉调研民宿建设工作。

5月22日 县人大常委会召开第二十六次会议,专题听取和审议县人民政府关于《安吉县环境功能区划》及其编制情况的汇报,会议同意批准该方案并发出审议意见。

5月中下旬 县人大视察组对全县农整工作开展专题视察调研,形成《安吉县农村土地综合整治工作的成效及下一步思考》调研报告。

5—7月 县人大常委会分两个调研组对全县公、检、法、司四部门的规范司(执)法、严格司(执)法、廉洁司(执)法等工作情况开展调研。

6月9日 由全国人大常委会委员、中国科学院科技政策与管理科学研究所所长王毅等组成的专家组,就湖州国家生态文明先行示范区建设到安吉调研。

6月15日 省人大常委会副主任程渭山率队到安吉调研农业面源污染治理与河长制落实工作。

6月18日 县人大常委会召开全县乡镇、街道人大工作座谈会。

7月23日 县人大常委会召开第二十七次会议。任命张小莹为副县长。

8月31日 县委人大工作会议召开,下发《中共安吉县委关于进一步加强人大工作和建设,充分发挥人大作用的意见》。

8月 县人大常委会组织视察城市污水治理工作,提出做好县城外集镇污水治理,加快城乡供排水一体化体制改革的建议。

9月24日 县人大常委会召开第二十八次会议。会议听取和审议6名审判员、4名检察员的履职情况报告和县人大常委会履职评议小组关于对被评议审判员、检察员履职情况的评议报告，并进行了测评。

9月 县人大常委会组织人大代表专题督查“已治理河流”，并根据代表建议向政府发出监督意见书。

10月20日 县十五届人大常委会召开第37次主任会议，专题听取和审议科技创新工作。

是年 县人大首次启用议案、建议网上办理系统，实行议案、建议的“一站式”办理。

2016年

1月7日 县人大常委会召开第三十一次会议。会议作出设立“5·26”爱路日的决定。

1月12—15日 县十五届人大五次会议在县行政中心召开，出席代表227人。

1月23日 县人大常委会组织开展“履职找短板·献计促发展”专项活动。共查找各层面“短板”问题91项，提出相关意见建议131条。

3月24日 县人大常委会召开第三十二次会议。会议上，首次举行新任命国家工作人员向宪法宣誓仪式。

3月25日 省人大常委会副主任袁荣祥到安吉专题调研美丽乡村建设。

4月 县人大常委会组织开展大气污染防治专项执法检查，并发出审议意见书。

7月1日 省人大代表湖州2组、市人大代表安吉3组实地视察安吉交通工作。

7月28日 县人大常委会召开第三十四次会议。会议决定设立安吉县人大常委会城乡建设与环境资源保护工作委员会；决定将安吉县人大常委会农业环境保护工作委员会更名为安吉县人大常委会农业与农村工作委员会。会议决定任命陈瑶为副县长；决定免去郦东的副县长职务。

8月22日 县人大常委会召开第三十五次会议。决定任命陈永华为副县长；决定接受沈铭权辞去县长职务；决定任命陈永华为代理县长。

9月12日 在浙全国人大代表第一组到安吉，就休闲旅游产业发展、美丽乡村建设、生态文明建设等工作开展调研。

11月24日 省人大常委会副主任王辉忠率调研组到安吉调研人大工作。

12月2日 县人大常委会召开第三十八次会议。决定任命杨建新为副县长；决定免去钱洪文、张云威的副县长职务；决定沈芳君代理县人民法院院长，陈章代理县人民检察院检察长。

2017年

2月15—18日 县十六届人大一次会议在县行政中心召开，出席代表233人。大会选举县十六届人大常委会主任、副主任、委员；选举县长、副县长；选举县监察委员会主任；选举县人民法院院长和县人民检察院检察长。在这次会议上，实现了“四个首次”：首次启用电子表决；首次选举产生县监察委员会主任；首次在大会上向宪法宣誓；首次决定设立法制（内务司法）委员会和财政经济委员会。选出出席市八届人大代表63名。

3月15日 黑龙江省人大常委会副主任孙永波率代表团到安吉考察。

3月16日 县人大预算及国库支付实时在线监督平台正式开通启用，从而形成对预算执行的全程监督。

3月19日 湖北省洪湖市委书记、市人大常委会主任张远梅率党政代表团到安吉考察美丽乡村建设。

3月27日 县十六届人大常委会召开第3次主任会议，讨论《关于听取和审议全县剿灭劣Ⅴ类水工作情况报告的实施方案》和《关于在全县各级人大代表中开展“剿灭劣Ⅴ类水、共护水更清河更美”主题活动方案》。

是日 县人大常委会组织专题视察“剿灭劣Ⅴ类水”工作情况。

3月29日 县十六届人大常委会召开第二次会议。决定任命张小莹、陈瑶为副县长。

3月30日 全国人大常委会委员、财经委主任委员李盛霖率队到安吉，就传统产业转型升级、推进供给侧结构性改革、加快制造业转型升级等进行考察。

3月 县人大常委会向全县各级人大代表发出“当好绿色理念的传播者、当好水清河美的捍卫者、当好生态建设的实践者”倡议书。

4月1日 县人大常委会对代表提出的涉农林类议案、建议进行“回头看”督查。

4月10日 县人大常委会在法院、检察院和交通局等政府部门中设立36名代表联络员，指导和督查本部门办理代表议案建议。

4月11日 省人大常委会副主任袁荣祥到安吉调研小城镇环境综合整治工作。

4月28日 江苏省镇江市丹徒区人大考察团到安吉考察。

4月 县人大常委会组织分条线对“最多跑一次”改革工作开展调研督察。各乡镇（街道）人大也同步开展。

4月 县人大常委会出台《关于加强联系代表工作的实施意见》，明确联系方式、渠道、数量和具体要求。

5月4日 县人民法院分别在诉讼服务中心、执行局和4个人民法庭设立人大代表工作联络中心（站）。

5月15日 湖州市人大常委会党组书记、主任胡菁菁率队到安吉调研人大工作。

5月26日 县人大常委会举办县第十六届人大代表培训班。

6月13日 由贵州省遵义市人大常委会副主任朱庆跃带领的人大代表团，到安吉考察生态经济和践行“两山”理论的经验做法。

6月16日 县人大常委会在各乡镇、街道人大和全县各级代表中部署开展新一轮“比拼履职·争做表率”主题实践活动。

6月 县人大常委会在灵峰街道试点街道议政会制度。

6月 县人大常委会组织专题调研全县物业管理工作，形成《关于提升全县物业管理工作水平的调研报告》。

7月13日 县人大常委会印发《关于做好乡镇预算审查及乡镇民主参与式预算审查工作的通知》，在11个乡镇全面启动乡镇民主参与式预算审查工作。

7月14日 县十六届人大常委会第9次主任会议召开，会议讨论通过《关于在我县街道推行“议政会”制度的意见》，在全市率先探索街道议政会工作，四个街道确定议政员186名，先后召开街道议政会。

7月25日 县人大常委会召开第四次会议。通过《关于全力推进“城中村”改造，共促优雅竹城建设的决定》；决定任命王海稳为副县长，免去张小莹的副县长职务。

8月1日 县人大常委会组织视察文化工作，提出要持续推进文化产业发展，要着力打响特色文化品牌等意见建议。

8月25日 县人大常委会召开第五次会议，对中策橡胶轮胎生产基地项目进行专题询问。这是县人大常委会首次开展专题询问。通过《安吉国家生态文明建设示范县规划(2016—2020)》。

8月30日 县人大常委会设立研究室，下设人大工作研究中心。

9月1日 县人大常委会组织视察旧城改造和老旧小区改造工作。

9月2日 湖北省荆州市委书记、市人大常委会主任杨智率团到安吉考察美丽乡村建设。

9月15日 县人大常委会召开第六次会议，通过《关于实施县政府民生实事项目人大代表票决制的决定》。

9月20日 县人大常委会协助全国人大宪法和法律委员会调研组开展《中华人民共和国农民专业合作社法(修订草案)》立法调研。

9月20—21日 全国人大宪法和法律委员会副主任委员安建带领调研组到安吉就《中华人民共和国农民专业合作社法(修订草案)》有关问题进行调研。

10月11日 由省人大常委会副主任厉志海带队的省人大常委会督查组到安吉，就市、县两级人大贯彻落实中央18号文件和省委有关文件精神情况进行专题督查和调研省重点工程长龙山抽水蓄能电站项目及信访工作。

10月23日 县人大常委会出台《关于进一步推进法院执行工作的意见》。

10月 县人大常委会向全县各级人大代表公开征集2018年县政府民生实事项目线索，共征集涉及竹产业发展、综合管廊建设、智慧小区建设等线索34条。

11月8日 全省人大民族、侨务工作座谈会暨培训班在安吉召开，省人大常委会党组副书记、副主任毛光烈出席，省人大民族华侨委员会主任委员吴顺江主持。

11月20日 市委常委、宣传部部长，市人大代表范庆瑜到灵峰街道，与市、县人大代表和选民代表们互动交流，开展“深入代表联络站，宣讲十九大精神”活动。

12月5日 省人大常委会副主任袁荣祥到安吉县巡查苕溪流域水环境治理工作。

12月7—8日 县人大常委会在县卫计局召开县卫计局部门预算编制民主恳谈会，试点开展部门民主参与式预算审查工作。

12月14日 县委书记沈铭权专题调研人大工作。

是年 县人大将代表联络站由42个整编成24个，做到“一站一特色”和常态化、规范化运行，全年完成创建五星级代表联络站9个。

2018年

1月9日　县人大常委会召开第八次会议。会议听取和审议了市八届人大代表述职报告，并对市人大代表进行了述职测评；审议通过了县人民政府关于提请审议《安吉县生态保护红线划定方案》的议案。

2月5—7日　县十六届人大二次会议在县行政中心召开，出席代表232人。会议表决通过《关于在全县农村地区逐步推行禁售禁放烟花爆竹的议案》为大会议案。

3月9日　县人大组织发动全县各级人大代表开展"城乡彩化美化"主题活动，各级代表共参与1700余人次，种植苗木3000余株。

4月20日　县人大常委会召开第18次主任会议，通过《〈安吉县人大志〉编纂方案》。

4月24日　县人大干部综合素质提升培训班第1期在厦门大学开班。

5月15日　省人大常委会副主任史济锡带队到安吉调研。

5月18日　以"互联网＋司法服务"为主题的第九届长三角地区法院工作会议在安吉召开，省人大常委会党组书记、副主任王辉忠致辞。

5月23日　县人大常委会召开第十一次会议。会议通过《关于提请对赋石水库、老石坎水库和凤凰水库污染源开展特定问题调查的议案》。

5月　县人大常委会办公室启动《安吉县人大志》编纂工作。

6月8日　县人大常委会组织开展首次代表问政会。

6月14日　县人大常委会组织专题调研"城中村"改造工作。

7月9—13日　主任分散接待代表，各副主任带领相关部门分赴各代表联络站，共接待23名代表、选民，收集问题23项。

9月13日　以马逢国为团长的香港特别行政区第十三届全国人大代表团到安吉视察，全国人大常委会副秘书长郭振华，省人大常委会副书记、副主任李卫宁等领导陪同。

9月14日　县人大常委会组织召开工作布置会。会议对《中共安吉县委关于建立县人民政府向县人大常委会报告国有资产管理情况制度的意见（讨论稿）》起草情况进行了说明。

9月17日　县委书记沈铭权以人大代表身份，走进天荒坪镇人大代表联络站，与人大代表和群众面对面座谈，听取美丽乡村建设经营、观光农业发展等意见建议。

9月21—22日　全国人大民族委员会副主任委员吴仕民一行到安吉调研。

9月27日　县人大常委会召开第十四次会议。会议决定免去乐叶俊的副县长职务。

9月29日　县委副书记、县长陈永华以人大代表身份，走进天子湖镇人大代表联络站，与代表和选民面对面座谈。

10月8日　安吉县人大常委会主任陆为民以人大代表身份走进递铺街道人大代表联络站，与代表和选民面对面交流。

10月11日　由省人大常委会副主任厉志海带队的省人大常委会督查组到安吉就市、县两级人大贯彻落实中央18号文件和省委有关文件精神情况进行专题督查，调研省重点工程长龙山抽水蓄能电站项目，以及信访工作。

10月30日 县人大常委会召开第24次主任会议。听取和讨论了县林业局关于安吉县县树县花评选情况的报告。

10月31日 县人大常委会召开第十五次会议。决定任命潘鸣、杜尉栋为副县长。

11月8—10日 全省人大民族、侨务工作座谈会暨培训班在安吉召开，省人大民族华侨委员会主任委员吴顺江主持，省人大常委会党组副书记、副主任毛光烈出席。

11月21日 县人大常委会组织专题调研县人民法院工作。

11月22日 县人大常委会组织专题调研县人民检察院工作。

12月22日 省人大常委会副主任刘力伟带队到安吉调研天子湖通用机场有关情况。

12月25日 县人大常委会召开第28次主任会议。会议讨论通过《〈湖州市文明行为促进条例〉宣传贯彻情况监督方案》。

12月27日 县人大常委会召开第十七次会议，听取和审议员额法官、员额检察官述职报告，并对员额法官、员额检察官进行测评。

是年 预算编制工作实现5个首次：首次全面编列一般公共预算支出明细(类款项)，首次编制国有资本经营预算草案，首次编制政府重大投资项目资金安排及项目相关情况说明，首次报告经批准举借债务的规模、结构、使用和偿还情况，首次在县人民代表大会上提交全部64个部门108个预算单位的预算草案供人大代表审查，进一步提高预算编制的规范性、完整性、透明性。

2019年

1月2—3日 省人大常委会副主任李学忠在安吉开展“三服务”调研。

1月12日 县人大常委会第29次主任会议召开，决定在全县范围内开展“正能量人物选树活动”，试点定在溪龙乡。

是日 县人大常委会召开第十九次会议。决定接受杨绍军辞去副县长职务的请求。

1月22—23日 县十六届人大三次会议在县行政中心召开，出席代表226人。会议决定设立县人大社会建设委员会，并将县人大法制(内务司法)委员会更名为县人大监察和司法(法制)委员会。

2月26日 县人大常委会组织专题调研全县扫黑除恶工作。

2月 相继召开乡镇人民代表大会和街道议政会，并在会议上实现落实环境报告制度和落实民生实事项目代表票决制两项制度在县乡两级人民代表大会上的全覆盖。

3月1日 县人大常委会根据市人大统一部署，组织专题检查全县贯彻执行《中华人民共和国防洪法》情况。

3月14日 县人大常委会组织专题视察文明城市创建工作。

3月15日 县人大常委会召开第二十次会议。会议审议通过《关于奋力推动我县民营经济高质量发展的决议》；会议决定任命陈小龙为副县长；决定柏建华为县监察委员会代理主任。

3 月　县人大启动预算联网监督系统建设，扩大人大代表对财政预算的监督面。

4 月 4 日　县人大常委会组织赴孝丰镇潴口溪村视察美丽乡村建设工作。

4 月 12 日　县人大常委会组织赴灵峰街道，就该街道扫黑除恶专项斗争工作进行专题调研。

4 月 22—26 日　县人大常委会举办人大干部综合素质提升班。

5 月 6 日　县人大常委会受市人大常委会委托，开展《中华人民共和国水污染防治法》执法检查。

5 月 10 日　县人大常委会召开第二十一次会议，审议通过《安吉县人大常委会财政专项资金监督办法》。

5 月 27 日　县人大常委会在县新闻中心演播大厅创新举办首次人大代表电视问政，深入探索人大监督履职的新载体和新模式。

5 月 31 日　县人大常委会召开第二十二次会议。会议决定任命项侃文为副县长。

6 月 14 日　县人大常委会在溪龙乡组织召开全县乡镇（街道）人大选树“正能量典型人物”现场会。

6 月 15 日　县人大启动代表议案建议办理“回头看”活动。此次代表议案建议办理“回头看”工作共梳理议案建议 115 件。

6 月 25 日　县人大常委会第 36 次主任会议召开，通过《县人大常委会关于规范五星级人大代表联络站运行的工作标准》。至月底，全县 24 个人大代表联络站，实现五星级建设的已有 19 个。

6 月　县人大常委会根据《2019 年重点建设（民生实事）项目进展情况视察、调研与评价工作方案》要求，成立 7 个专项视察调研组，利用 3 个月时间，对全县 110 个重点建设（民生实事）项目的服务、建设进度、存在问题、下一步加快建设和落实的对策措施等方面开展视察调研。

6 月　县人大常委会根据《关于对县人力社保局、市生态环境局安吉分局行政处罚案件办理情况开展评审的工作方案》要求，启动对县人力社保局、市生态环境局安吉分局行政处罚案件办理情况的评审工作。

6—9 月　县人大常委会组织开展消除农村集体经济薄弱村的调研工作。

7 月 3 日　召开乡镇（街道）人大半年度工作交流会，决定启动安吉人大主题公园项目工程。

7 月 8—9 日　县人大常委会组织赴安徽广德和宁国两县，分别与两地人大和相关部门一起实地踏看了县域上游过境河道水质情况和污染源情况，并就下一步整治、监管、补偿等工作交换了意见建议。

7 月 11 日　县人大常委会组织赴孝丰镇调研小城镇环境综合整治工作。

7 月 19 日　市人大调研组到安吉调研生活垃圾精准分类工作。

7月22日 县人大常委会召开第二十三次会议。会议审议通过《关于修订〈安吉县人大常委会任免国家机关工作人员办法〉的决定》和《安吉县人大常委会关于加强支出预算、政策和预算绩效监督的暂行办法》。

8月6日 县人大常委会集中视察“最多跑一次”改革工作。

8月8日 县人大办发布关于向社会各界公开征集《安吉县人大志》资料的公告。公告明确了征集内容范围、征集方法及要求等事宜。

8月30日 县人大常委会召开第二十四次会议。会议审议通过《安吉县人大常委会关于加快推进城乡生活垃圾精准分类的决定》;会议决定任命管永丰为副县长,决定免去何承明、王海稳、陈瑶的副县长职务。

9月12日 县人大常委会集中视察全县全国文明城市创建工作。

9月29日 县人大常委会党组召开常委会及机关“不忘初心、牢记使命”主题教育工作会议,部署推进主题教育各项工作。

9月 县人大常委会组织17位担任市、县领导干部的人大代表进代表联络站开展接待活动。

10月9日 市委常委、宣传部部长范庆瑜以市人大代表身份,走进灵峰街道人大代表中心联络站,面对面与选民交流,主动听取基层声音。

10月15日 县人大常委会组织赴孝源街道调研扫黑除恶专项斗争工作。

10月29日 县人大常委会召开第二十六次会议。会议审议通过《关于调整“3·25生态日”为“8·15生态文明日”的决定》;决定接受陈永华提出的辞去县长职务的请求,决定任命宋波为副县长、代理县长。

11月2日 县委召开人大工作会议。县委副书记、代理县长宋波主持会议。县委书记沈铭权讲话。

11月19日 县人大常委会组织专题视察全县农作物秸秆综合利用试点项目建设工作情况。

11月21日 县人大常委会召开第二十七次会议。听取和审议县人大常委会特定问题调查委员会所作的《关于安吉县赋石、老石坎、凤凰三大水库污染源特定问题调查的报告》;会议审议通过《安吉县人大常委会关于加强县人民检察院开展公益诉讼工作的决定》。

12月3日 县委书记沈铭权专题调研全县人大工作。

12月4日 在全省人大教科文卫工作座谈会上,县人大作题为《唱响时代主旋律·凝聚发展正能量——安吉县人大开展正能量典型人物选树活动的主要做法》的经验介绍。

是年 县人大分三个层面开展了民营经济高质量发展调研审议工作,形成《我县民营经济高质量发展的思考》调研报告。

是年 全县24个人大代表联络站五星级代表联络站全覆盖,完成“五岗示范”“智慧人大”等品牌建设全覆盖。

2020 年

1 月 18 日 县人大常委会召开第二十九次会议。决定接受杨建新、王捷辞去副县长职务的请求;决定任命陈悦、沈鑫钰为副县长。

5 月 8—9 日 县十六届人大四次会议在县行政中心召开,出席代表 230 人。会议选举宋波为县长;补选了三名人大常委会副主任;选举县监察委主任;会议通过《关于调整环境综合治理“集中推进日”为生态文明建设“集中推进日”的决议》。

5 月 28 日 安吉人大主题公园举行开园仪式。

第一编

各界人民代表会议

1949年9月29日中国人民政治协商会议第一次全体会议通过的《中国人民政治协商会议共同纲领》规定:“中华人民共和国的国家政权属于人民。人民行使国家政权的机关为各级人民代表大会和各级人民政府。各级人民代表大会由人民用普选方法产生之。各级人民代表大会选举各级人民政府。”新中国成立初期,新的社会制度刚刚建立,国内局部地区军事行动仍在继续,人民群众尚未充分组织起来,实行普选召开人民代表大会的条件还未成熟,《纲领》规定:“在普选的地方人民代表大会召开以前,由地方各界人民代表会议逐步地代行人民代表大会的职权。”安吉、孝丰两县同于1949年10月召开各界人民代表会议第一次会议,建立各界人民代表会议制度。1953年5月两县开始普选,1954年3月结束。1954年7月,两县同时召开县第一届人民代表大会第一次会议,至此,县各界人民代表会议完成其历史使命。各界人民代表会议制度的建立,对于提高人民群众的觉悟、推进基层政权建设、恢复和发展国民经济发挥了重要作用,为1954年过渡到人民代表大会制度积累了经验,奠定了基础。

第一章　代　表

中央人民政府《县各界人民代表会议组织通则》第三条明确规定县各界人民代表会议代表资格：凡反对帝国主义、封建主义、官僚资本主义，赞成共同纲领，年满十八岁之人民，除患精神病及剥夺公权者外，不分民族、阶级、性别、信仰，均可当选为各界人民代表会议代表。安吉、孝丰两县县委遵照第九地委就各县召开各界人民代表会议提出的具体意见，对参会代表条件予以明确：一是在群众中有一定威信，能联系一部分群众的；二是能忠实地反映群众的意见，又能把决议传达下去的；三是正当的工商业人士中较公正的；四是青年工人和农民中要求进步、有培养前途的。

第一节　代表产生

1949年9月，新华社发表《迅速召开各界人民代表会议》的文章，安吉、孝丰两县县委即着手各界人民代表会议的有关筹备工作。

1949—1953年期间的县各界人民代表会议代表，分别由党政部门邀请和单位推荐产生，各阶层人士均占有一定比例。安吉县和孝丰县各界人民代表会议代表均由农民、工人、干部、军人、教师、地方绅士等各界人士按照一定比例组成。民主人士和开明人士由县人民政府邀请，其他代表由行政村的农民协会推选，县人民政府代表由县长、副县长兼任；县各机关、人民团体、部门和组织的代表各自选派。

县各界人民代表会议代表，从名额分配到代表产生，均考虑代表界别和结构，以体现代表的广泛性和代表性。

第二节　代表名单

县各界人民代表会议，安吉县仅存一至三次会议代表名单，孝丰县缺第五次会议代表名单。

安吉县第一次会议代表名单

梅溪区代表：严金贵　沈庆山　周绍文　刘能弟　厉中财　张秀英　蔡心坦　姜东升　周敬乐　黄金芳　戴天赐　汤松林　朱小星　吴齐顺　金兰发　李文达　张炳荣　缪安财　任清秀　徐章娣　陶菊弟　董菊生　朱锦高　章　群　方乐仁　黄金芳　李忠山　张立娣

城郊区代表：蔡家麟　郑昌其　彭正明　陈王氏　刘阿珍　曹发娣　吴金娥　张德财

卢立秋　李国相　刘存心　袁承兆　刘复中　毛九林　邹光耀　游根远
童玉山　樊文宣　邹本汉　罗叶希　张增荣　缪维瑞　郭德祥　赵　青

递铺区代表：张竹山　赵秀其　陈翠堂　张子耀　邬杏林　张子松　李　引　唐观光
徐家虎　陶正春　张阿文　汤光友　雷子美　施　林　何茂祥　马纪法
陈小荣　徐廿六　张富珍　张瑞环　朱玉琴　陈贞一　陈启文　黄　斌

安吉一中代表：章申赛　汪静涛　姚荣昌　顾克敏　陈春香　张蓉莺

南湖区代表：徐吉和　王桂英　陈有山　胡玉琳　徐黄氏　秦宗臣　陈家华　黄长寿
魏安祥　程玉坤　彭世春　许东海

昆铜区代表：张道法　陈家仁　戚　杨　葛云龙　金阿四　丁瑞明　杨春林　徐开源
刘昌明　孔惠明　林步云　徐福满　李拥治　陈作梅　殷金文　包中心
方云亮　许百金　郭金龙　吴阿莲　朱克家　辛候忠　刘应贵　谢发娣
唐凤英　周月娥　李桂英　王从娣　冷风鸣　楼阿宝　范水林　张金宝
凌海宝　楼金平　钟金宝　卢新福　张树华

安吉县第二次会议代表名单

梅溪区代表：郑九皋　吴昌权　陈四毛　吴曙初　罗义镛　董大民　范绍权　叶仁义
潘阿云　陈立方　雷永如　彭代中　吴国祥　萧少有　徐和章　杨之松
陈云生　汪秀璋　李寿方　吴文宝　张索本　李金斗　潘富华　李凤英
丁素珍　吴有弟　焦有佳　蒋富珍

昆铜区代表：李桂生　袁生旗　卢实秋　庄家振　张星洪　吴　璋　周连根　张福珍
徐金才　李光才　陈祥法　陈法春　朱扶廷　何贵成　戚　杨

递铺区代表：陈庚生　徐柏祥　方中柏　罗礼平　傅良福　张贤德　胡根泰　周祥林
黄传本　张徐生　朱炳朝　吴声良　王立安　李世荣　陈阿宝　朱小炳
张友声　冯国林　夏宝文　陈桂花　张明珠　陈贞一　辛阿春　丁秋亭
王秉来

城郊区代表：刘振华　汪学勤　刘俊青　李兴隆　胡心德　潘松寿　方维太　戴学文
戴春喜　彭义明　鳌光瑞　张贵云　孙小娥　王银珍　蔡嘉麟

南湖区代表：鲁其宪　汪金印　曹有财　姚玉甫　贾国友　方渭滨　杨长盛　桂丹池
王金仓　刘斯来　马成峰　李长有　陈易民　余明岳　郭木义　余心善
何正清　王良贵　陈秀忠　舒小娥　张美英　叶佩兰

工商界代表：马正送　董菊生　王兰亭

政府代表：张瑞祥　国守勋　谢密之　刘玉芬　郑　昆　华胡枫　张瑞华　王德华

党员代表：翟作标　王春兰　万　京

群团代表：杨品华　段文英

安吉县第三次会议代表名单

递铺区代表：潘荣森　彭文奎　池志贤　蔡成裕　李作仁　屠财法　谢春田　朱修林
陈启文　章德行　丁秋庭　叶驳声　俞则云　徐伯翔　陈庚生　陈鸿钩

洪名驹　胡从林　陈文臻
南湖区代表:沈雪山　洪金福　熊行富　戴福海　彭世明　卢兴金　任雪候　黄承孝
魏福来　朱克夷
城郊区代表:陈安业　郭嗣安　丁开月　吴长发　兰汉友　吕天炎　曹庭金　章吉生
戴国璋　周红梅　胡子连　陈小亭
昆铜区代表:陈乃鸿　张　渭　彭肇得　杨阿巧　阚之忠　张兴红　陈志学　汪希强
颜得贵　戴天赐　寿益平　何昌业　金兰亭　王兰庭　金阿四　陈吉杨
余守仁　潘金林　林主冈　叶则中　卢实秋　罗礼平
县政府代表:安成夫　刘玉芬　张瑞祥　郑　昆　国守勋　张华斋　王玉亭　杨立德
翟作标　许秀芬
县　委　代　表:李英才　刘福祥　肖　凉　孟宪松　蔡长生　陈永绪　刘兴禄　陈文彬
刘能之　杨常华　梁立德　赵公津　李光远　金玉山　段文英　张桂英
房玉兰

孝丰县第一次会议代表名单

金茗区代表:李洪森　王有银　彭秀珍　范建芳　李金台　项汉蛟　刘　金　严志柏
盛彩云　李岩生　周乾宝　陈　浩　李春福　陈裕宝　吴克勤　王冬花
梁全荣　吴福娥
城关镇代表:王文彬　张义芳　李阿春　张家朴　王财生　王阿娥　裘忱钧　林吉珍
朱荣生　罗永年　潘大坤　诸瑞芳　王佐根　周岐昌　王幼凤　程绍颐
蒋知廉　段祥道　杨立功　李　坤　程邦贵　刘勉之　王阿毛　严水善
聂怀功
郭孝区代表:方永丰　徐昌富　黄彩娣　周百寒　潘玉为　李永富　程木根　郑张喜
程德根　蒋兰花　李其海　徐莲英　徐荣华　储春明　孙正祥　王鸣遥
黄代有　沈文忠　周金荣
青山区代表:毛大姐　胡盛法　胡土根　王松根　马苏泉　蒋锡桂　张发荣　卢子金
彭　振　沈桂香　蔡金真　孔先根　黄香姣　徐大生　温启明
永太区代表:吴贤标　胡从利　赖在宝　明家季　苏安林　沈伯驹　华玉英　王立民
蒋祖高　张可发　王东山　万土根　鲁发根　王子英　王炳荣　邱立堂
马海仙　张志扬　吴金连

孝丰县第二次会议代表名单

党　员　代　表:谢润生　刘　坚　段基厚　岳启玉　程邦贵　刘德芳　王显恩　王中和
刘淑汉　刘怀宝　张志柏　高青祥　刘庆理　聂怀功
民主人士代表:钱柏权　周其仁　潘丁成　程绍颐　许州州　陈　浩　潘正三
吴子容　诸仲廉
商　界　代　表:张正芳　罗永年　唐志仁　程明顺　程怀仁　李根生　周百寒　吴桂之
王洪昌

教育界代表：陈顺来　徐道荣　潘大坤　郭浩然　盛雄师　叶维成　周友昌　周行洲
潘明扬

工人代表：周孝琴　程炳贵　何懿松　何有奎　夏钱奎　杜志茂　楼林宝　徐宏德
王佐云　何龙海　田德友　张维任　叶生奎　陈有娣

农民代表：翁好满　孙水芳　朱金田　杨秋焕　费阿荣　俞阿胜　李小美　盛小珍
邱金花　祝才发　方明华　梅春晨　储春桂　李心田　程清华　邱立德
章荣庭　金阿龙　吴根土　竺明海　张根富　张孝顺　杨金发　严森林
贾长沙　戴有才　叶民友　沈国先　鲍柏莲　洪金发　林根荣　盛彩云
王洪喜　张仙英　陈银和　郭善新　董奋发　夏阿毛　张福英　陈章勇
叶兴旺　王阿娥　杨林先　窦非禄　朱才富　贾约志　沈伯娣　丁家根
孙振祥　陈亨才　鲁桂娣　于则万　刘胜刚　笪明海

孝丰县第三次会议代表名单

青山区代表：潘阿毛　王志贵　陈金鹤　王胜荣　完美娇　朱爱娥　卢孝荣　吴子容
俞先木　聂怀功　蒋良勤　陈有法　朱佩珍　王小囡　潘诗法　储春砚
汪　傅　丁邦和　沈志年　章阿才　朱小花　李锡泉　钱伯权　潘市公
刘明皓　朱万云　何小春　庞魏烈　杨阿金　唐庆国

金茗区代表：金传贵　陈　浩　俞兆娥　菜根荣　王明启　江德贵　郎明娥　奚盛坤
成苗红　张秀云　叶金娣　余金治　张金贵　姚大奶　王家璧　赵如龙
林香娥　朱用生　杨彩娥　盛彩云　马永贵　杨含清　叶维成　胡荣章
蒋和锦　胡秉祥　余桂寅　王元坤　程绍颐　张金贵　侯阿毛　朱西先
张春秋　陈炳生　赵水娣

永太区代表：赖在宝　严六三　李阿英　葛天华　邹应根　吴振明　王小毛　李忠寿
黄天柱　夏尚忠　万土根　王桂英　周岐昌　王尹甫　杜木生　余有莲
朱小五　马忠瑞　萧殿相　童渭娣　解忠德　施淳善　奚金贵　周志琴

郭孝区代表：梅亚青　单妙根　卢正焕　徐小水　蒋成兴　曹爱珍　宣芝瑞　姚阿义
潘兰珍　樊兆洪　储茂林　应玉华　钱有存　汪忠艺　雷文轩　刘兴元
叶生音　王中福　盛世音　王裕贵　孙月发　赵才喜　马有根　诸廷秀
周道新　诸仲廉　章秀桂　马丙匀

城关镇代表：王先富　陈夏梅　郑德坤　王阿四　王世称　刘炳建　郑阿来　董岳芳
陆玉庆　陆金木　罗永年　凌琢如　许一飞　王干庭　汪观诚　潘　瑞
王玉林　陈小珍　殷秋鸿　陈顺来　潘大坤　姬荣贵　高耀元

独立代表：陈华文　金铁臣

党员代表：强世贤　张政一　段基厚　刘德芳　程邦贵　宋元田　刘　坚　李　坤
刘怀宝　高吉祥　刘恩厚　张惠成　王中和　王德俊　孙宝琛　王宪思
史济民

解放军代表：俞绍南　高善义

工 人 代 表:徐良泉　汪　乡　王佐根　葛瑞龙　彭孝成　庞魏烈　王员田　杜志茂
朱宝郎　项治金　朱　诚
农 民 代 表:吴根土　李顺觉　程传云　施春瑞　马阿狗　祝财法　张正文　解贵德
雷更浩　厉国盛　叶连尖　吕　元　姚原丰　邵道明　吴　锦　徐含清
孙正祥　刘胜刚　徐常福

孝丰县第四次会议代表名单

党 员 代 表:强世贤　张正一　段基厚　刘德芳　程邦贵
县政府代表:刘　坚　宋元田　李　坤　刘怀宝　高吉祥　刘恩厚　张惠成
解放军代表:金铁臣　陈华文
区 域 代 表:萧殿相　张春秋　聂怀功　马永贵　盛世音
工 人 代 表:姬荣贵　叶维成　陆金水　陆玉庆　段秋鸿　汪观诚　高耀元　王阿四
江得贵　朱永生　沈志年　汪先传　李锡泉　庞魏烈　葛天华
农 民 代 表:王校囡　俞先木　潘阿毛　王志贵　陈金鹤　王涨荣　陈有法　卢孝荣
丁邦和　杨阿金　蒋良勤　朱万云　张金贵(茅山乡)　姚大奶　蔡根荣
张金贵(紫岭乡)　余金治　侯阿毛　王明启　朱西先　余桂寅　王元坤
王家璧　杨含清　胡荣章　金陆贵　杜木生　邹应根　严大三　赖在宝
王尹甫　马忠瑞　施淳喜　吴金贵　解贵德　王小毛　孙月发　刘兴元
姚何义　卢正焕　樊兆洪　叶生音　赵才喜　储茂林　徐小水　蒋成兴
汪忠艺　王忠福　郑阿来　董岳芳　郑德坤　王先富
青 年 代 表:王中和　王世偁　马丙匀　储春砚　成苗洪　吴振明　单妙根
妇 女 代 表:完美娇　戴富英　朱爱娥　朱佩珍　朱小花　盛彩云　叶金娣　杨彩娥
郎明娥　林香娥　王桂英　童渭娣　李阿英　于有连　朱小五　马有根
应玉华　潘兰珍　章秀桂　曹爱珍　梅亚清　陈小贞　潘　瑞　陈夏梅
赵水娣　王德俊
文教界代表:潘大坤　陈顺来　陈炳生　刘明皓　潘市公　蒋和锦　胡炳祥　周岐昌
万土根　周道新　钱有成
工商界代表:凌琢如　王玉林　许一飞　王干廷　罗永年　唐爱国　赵如龙　李志寿
潘文轩
人武部代表:章阿才　夏尚忠　孙月发　王裕贵
烈军属代表:黄天柱　刘炳连　张秀云　潘诗法　诸廷秀

孝丰县第六次会议代表名单

叶维成　潘大坤　刘根法　程绍颐　陈　浩　郎立山　柯学举　姚大奶
朱长生　王天宝　王金洪　周　南　张秀云　蒋荣华　郭洪林　肖洪有
钱洪涛　汤春佳　徐顺佳　叶金娣　汤秀芳　黄桂娣　朱桂荣　程家和
黄七金　严志柏　王正贤　谢龙翔　胡怀纪　邱德和　彭贯鑫　江德球
刘水金　董土顺　季昌福　朱西先　卓建林　谢普根　黄永贵　李顺觉

吴树标　徐金水　程裕宝　章　勤　韩世芳　丁有生　章炳林　查松林
方福生　周炳荣　梅才德　楼长生　王天福　蒋红宝　应吉林　曹祥瑞
王刚宝　章连登　李洪法　施伯荣　林仁法　马生灿　刘财德　王良田
郭呈祥　章德源　方家荣　施夏珍　何小春　马其良　夏彩凤　凌永工
庞光达　王叶成　王珍佳　唐德甫　鲍先财　周木荣　施文勋　颜同福
刘明皓　陶金花　俞在东　陈光忠　李义荣　李裕新　袁恒贵　张方元
吴阿荣　王忠根　王仁孝　叶荣祥　詹福有　黄文水　罗金贵　罗金培
陈长法　诸仲廉　邹应根　汪梦贤　吴有火　刘顺彬　孙有庆　张光岩
陈荣生　汪士荣　王素珍　杨竣成　胡正荣　涂　杰　裘彩英　方九英
陶素英　严荣贵　李节贵　明乐顺　黄文举　段宝和　吴金贵　陆云州
余立明　黄建奎　陶洪元　汪木林　徐普际　马有生　赖在宝　张可发
有明岳　姜大生　万土根　周岐昌　黄锡耕　许润生　丁尔昌　李心田
张桂英　余秀英　王有法　陈龙妹　石柏荣　巩德修　陈居南　郑吉江
刘水柏　周荣生　周雪贞　王干庭　罗永年　王秋生　余植秀　梅祥寿
费财兴　裘忱钧　程　达　丁崇福　王瑞年　姬荣贵　刘长根　陈其萍
李德宝　王世称　陈有娣　方洪庆　江　鹤　王阿娥　王银宝　黄天贵
张正一　刘乃欣　强世贤　程邦贵　李　坤　张惠成　刘怀宝　刘恩厚
高吉祥　陈德昌　宋元田　刘德芳　王春英　王德俊　陈绍茂　罗信民
孙祚君　王光奎　胡宗宝　董岳芳　王金法　韩荣华　郭洪林　兰洪泰
程家和　杨兆坤　黄七斤　蓝世顺　王于忠　周文金　钱江涛　余桂宝
李中廷　章丽芳　方林娥　王坤法　蒋仁宝　刘才德　刘朋皓　陈有法
顾培松　顾金水　章爱珍　汪盛宝　王和香　黄廷奎　余春生　王金宝
李祚新　马有根　邱岩泉　蒋成兴　李秀贞　王成荣　张万元　尹桂顺
吴阿贵　江福生　王火根　卢正焕　安祖轮　江海法　陈荣生　戴富贵
王阿林　邵菊花　程荣发

孝丰县第七次会议代表名单

永太区代表：张金贵　顾菊香　段宝和　赵天禄　王惠荣　邵道彬　王宝林　胡孝坤
程清万　程大富　黄廷奎　严荣贵　解春香　王文娥　林小老　吴贤标
诸福良　余立民　蔡炳银　周岐昌　章九妹　王长根　刘根生　刘家宽
王仁山　邱尚泽　金海银　王文举　郝忠荣　李忠寿　吴金桂

青山区代表：徐水根　王菊英　李阿水　章炳林　杨根生　王振祥　郑仙财　万小娥
王喜庆　应成根　周炳荣　谢复兴　蒋关法　丁邦和　闵之武　邱五妹
朱仁林　顾浩金　吴小卓　蒋荣发　郦长水　陈有法　沈桂香　方照盛
蔡水章　李瑞珍　王天福　林仁发　黄水木　曹祥瑞　方桂林　胡妙珍
刘财德　应吉祥　丁有生　马其良　王达三　张德茂　贾芝珊

金茗区代表：王金水　浦炳珊　章荣庆　蓝成根　李陆法　黄米金　黄昌海　姚大奶

张金贵　刘水金　季昌福　邱德和　彭关鑫　章以生　胡怀继　沈国喜
黄永贵　徐金水　贾方利　徐四喜　吴支勤　李金水　谢桃英　吴福娥
汤春佳　叶性成　秦家兴　盛彩英　郭金宝　王西囡　田明朝　周敬福
严志柏　颜梅花　卓银娥　楼荣炳

郭孝区代表:石有记　蒋成兴　涂　杰　范培富　沈有金　史志廷　王生佳　袁恒贵
陆正兴　徐莲英　丁曰有　叶荣祥　罗金培　唐克章　马锡英　孙石祥
江海法　程荣发　徐小水　乌万春　王金宝　黄火英　辛义明　俞秋凤
王自来　叶光明　陈荣生　戴忠发　李义荣　史一平　孙双美

城关镇代表:叶维成　江　鹤　胡条宝　刘永柏　陈琪庠　杜金水　陈立君　陈绍茂
王怀江　王文彬　姬荣贵　王瑞年　何长水　董岳芳　王阿娥　周文木
王干庭　罗永年　林献庭　裘忱钧　程柏椿　巩德修

孝丰县第八次会议代表名单

工人代表:胡宗贵　杜金水　刘永柏　陈立君　陈琪庠　王干庭　鲍仙财　蒋荣法
楼荣炳　王金法　浦炳珊

解放军代表:费子根　俞　俊

转业军人代表:陆正兴　邓长水　王西囡　诸福良

工商界代表:林献廷　凌琢如　程柏椿　罗永年　涂　杰　谢馥兴　秦家兴

企业界代表:贾芝珊

文教界代表:施永祥　周岐昌　李义荣　史一平　高志成　叶维成　姜土根

自由职业代表:王瑞年　王文彬

区域代表:干百义　吴　锦　彭　振　严区长

妇女代表:王阿娥　黄花友　俞秋凤　王生佳　万小娥　王菊英　沈桂香　汤春佳
顾梅花　顾菊香　黄春香

农民代表:何长水　董芳芳　丁曰有　沈有金　江海法　王克成　乌万春　蒋成兴
罗金培　徐小水　石友记　袁恒贵　范培富　陈荣发　辛义明　孙正祥
叶荣祥　胡妙珍　闵志武　王振祥　应成根　王喜户　周炳荣　杨根洁
方桂林　王水木　王天福　章炳林　曹祥瑞　刘财德　吴小卓　林仁发
陈有法　方照盛　蔡九章　李阿水　黄昌海　李传法　黄米金　刘水金
吴克勤　周红福　章月生　黄永贵　彭关鑫　章荣庆　沈国喜　蓝成根
吴怀记　贾财利　要大奶　余立民　王仁山　王宝林　赵天禄　林小老
刘泉宽　王长根　胡寿坤　郝忠荣　黄文举　程清华　段宝和　吴金贵
邵建斌　黄廷奎　金海银

荣誉军人代表:陈荣生　应金祥　郭金宝　程大富

烈军属代表:周文木　马锡英　丁邦和　盛彩芸　吴贤标

合作社代表:戴惠法　徐正明　张金贵

团员代表:朱顺林

青 年 代 表:李金水　刘根生

工商联代表:李忠寿

列 席 代 表:丁有生　徐志全　刘恩厚　巩德修　石贞恩　宋元田　刘德芳　张家朴　程邦贵　姬荣贵　刘乃欣　孙祚君　赵守斌　王学荣

特 邀 代 表:诸仲廉　陈　浩

第二章　会　议

1949年至1953年，安吉、孝丰两县县乡两级每年均召开各界人民代表会议，会议贯彻一系列社会改革工作的有关政策、法令，在反霸斗争、土地改革、镇压反革命、抗美援朝、“三反”、“五反”等运动中起到很大作用，提高了人民群众的政治积极性。会议充分发扬民主，开展批评与自我批评，代表们能大胆地对政府以往工作提出批评，代表提案逐次增加。通过各界人民代表会议，加强了人民群众与人民政府的密切联系，加强了工人阶级的领导，巩固了人民民主专政，提高了两县人民的政治觉悟，推动了各项工作。

第一节　历次会议

1949年10月至1953年5月，安吉县共召开各界人民代表会议8次，第一至第二次会址在城郊区，第三次会址在城关镇(今安城)，其余在梅溪镇；孝丰县共举行会议8次，会址在苕源镇(1950年改称城关镇，今孝丰镇)。

安吉县历次各界人民代表会议

第一次会议　1949年10月13日至14日举行，出席代表132人。大会主席团由11人组成，副县长谢密之作《四个月政府工作报告》，县长翟作标根据省委关于剿匪、反霸、减租、征粮、生产自救、组织群众六大任务，提出今后的四点施政方针：一是减租反霸，把70%的农民组织起来，建立各种群众组织，包括农协会、妇女会、青年会、职工会、儿童团、民兵、自卫队等；二是肃清匪特，建立群众武装，一个区建一个中队，县建立大队；三是合理负担，一年征粮一次；四是发展生产，首先发展工商业，促进城乡物资交流。

第二次会议　1950年4月1日至3日举行，出席代表130人。副县长谢密之作《五个半月的政府工作报告》，县长翟作标作《今后施政方针的意见》的报告，会议通过《关于贯彻执行六大禁令制定八项守约的决议》《一九五〇年生产计划的决议》《关于一九五〇兴修水利的决议》和《关于推销土产度荒增产的决议》。

第三次会议　1950年10月21日至26日举行，出席代表90人。会议同意县人民政府《关于六个月来的工作报告》和县委《今后任务的报告》；通过会议各项决议。会议着重讨论征粮、减租、土改等工作，并作出相应决议；选举并组成县各界人民代表会议常务委员会。此次会议代表，干部比例过高，农民代表仅24人，未达到适当的比例。

第四次会议　1951年5月12日至17日举行，出席代表150人。会议听取和讨论县人民政府《关于六个月工作概况和今后工作任务的报告》《土地改革的总结报告》；动员各界人民积极投入农业生产、抗美援朝、镇压反革命运动；开展城乡物资交流、互助互济活动；改选常务委员会，制定各界人民代表会议常务委员会与代表联系办法。会议成立抗美援朝安吉分会和农业生产研究委员会、土产交流研究委员会、劳资关系研究委员会、税收问题研究委员会、文化研究委员会5个专门委员会。

第五次会议 1951年11月2日至7日举行，出席代表200人。会议着重讨论“继续进行抗美援朝运动”“加强农村工作，提高农业产量”“加强政权建设，巩固人民民主专政”等工作。

第六次会议 1952年3月27日至29日举行，出席代表132人。会议号召代表带头搞好农业生产互助组，兴修水利，发展农业生产，开展“三反”“五反”运动。

第七次会议 1952年6月25日至28日举行，出席代表150人。会议号召搞好防洪、抗旱及农业生产，巩固农业互助组，开展城乡物资交流，宣布结束“五反”运动。

第八次会议 1953年5月3日至7日举行，出席代表143人。会议确定第二季度农村工作的总方针和任务，听取《关于提案执行情况的报告》；讨论通过县人民政府《关于过去十个月的工作与今后任务的报告》；会议作出《关于认真贯彻婚姻法的决议》《关于普遍实行民兵制的决议》《关于加强农业生产的决议》3项决议。

孝丰县历次各界人民代表会议

第一次会议 1949年10月17日至20日举行，出席代表100人。会议提出和讨论关于清剿国民党残余武装、反霸、减租、征粮、组织农会、发展生产等6项任务；县委书记谢润生根据“六大任务”向大会提出施政方针和任务要求，同时诚恳希望党外朋友提出批评意见。

第二次会议 1950年4月1日至5日举行，出席代表122人。会议听取县人民政府县长刘坚《孝丰县人民政府关于半年来的工作及今后任务》的报告，提出今后的任务及1950年全年生产计划。提出春耕生产和度荒是压倒一切的中心任务；宣传生产发家、劳动光荣；提倡劳动互助，奖励劳动模范；做好土地改革的思想和组织准备工作；选举并组成县各界人民代表会议常务委员会。

第三次会议 1950年10月21日至25日举行，出席代表143人。县委书记谢润生向大会提出今后的施政方针和解决减租与合理负担两个问题。会议要求迅速实行减租减息，做好征粮和秋冬农业生产工作；作出《关于团结一致共同努力完成今后任务的决议》《关于减租问题的决议》《关于土地定产的决议》3项决议；选举并组成县土地改革委员会。

第四次会议 1951年4月26日至29日举行，出席代表147人。会议主要议题：以生产为中心，贯彻全县1951年生产计划，继续贯彻镇压反革命和大力开展抗美援朝群众性运动。会议作出《关于完成1951年生产任务的决议》《关于积极投入抗美援朝的决议》和《关于坚决镇压反革命运动的决议》等3项决议。

第五次会议 1951年11月3日至7日举行，出席代表236人。会议号召继续开展抗美援朝运动、发展农业和手工业生产、加强政权建设等工作，选举并组成护林委员会和文教卫生委员会。

第六次会议 1952年5月1日至4日举行，出席代表161人。会议贯彻有关爱国增产、防疫卫生与“三反”“五反”运动等方面的政策。

第七次会议　1952年10月1日至7日举行，出席代表180人。会议讨论有关开展城乡物资交流、民主建政、爱国增产和爱国卫生等工作。

第八次会议　1953年1月18日至21日举行，出席代表159人。会议听取民主建政工作情况报告；作出《关于〈孝丰县人民政府三个月来的主要工作情况简要总结及今后任务的报告〉的决议》《关于举办义仓的决议》《关于民主建政工作报告的决议》《关于提案审查报告的决议》《关于继续加强抗美援朝的决议》《关于全县贯彻婚姻法运动的决议》等6项决议。

第二节　代表提案

县各界人民代表会议通过代表提案的方式，向县人民政府反映社情民意和人民群众的意见、建议和要求。各界人民代表会议孝丰县于1950年10月第三次会议、安吉县于1951年5月第四次会议始有代表提案程序，并设立提案审查委员会。提案审查委员会负责代表提案的收集、整理和审查工作；会议结束后，对提案进行分类，提出处理意见，交有关部门办理并答复提案人。此后，两县制定、修正提案审查委员会组织简则（规程）和提案处理办法。能够办而急需办的即行办理；凡需请示上级，本县不能立即决定的请示上级答复后再办；条件不成熟或不需即办的缓办；凡询问性的作解释处理；与政策、法令有抵触不能办的不办。至1953年5月，两县累计办理提案1652件。

第三节　会议决议

县各界人民代表会议对有关报告和重大事项作出相应决议，以动员全县人民贯彻会议精神。本节选录若干决议名录和若干决议，内容涉及生产、减租、兴修水利、抗美援朝、提案审查、贯彻婚姻法、实行兵役制等方面。

一、决议名录

安吉县各界人民代表会议决议

《关于贯彻执行六大禁令制定八项守约的决议》（1950年4月3日安吉县第二次各界人民代表会议通过）

《关于一九五〇年生产计划的决议》（1950年4月3日安吉县第二次各界人民代表会议通过）

《关于一九五〇年兴办水利的决议》（1950年4月3日安吉县第二次各界人民代表会议通过）

《关于推销土产度荒增产的决议》（1950年4月3日安吉县第二次各界人民代表会议通过）

《关于团结一致共同努力完成今后任务的决议》（1950年4月3日安吉县第二次各界人民代表会议通过）

《关于认真贯彻婚姻法的决议》（1953年5月7日安吉县第八次各界人民代表会议通过）

《关于普遍实行民兵制的决议》(1953年5月7日安吉县第八次各界人民代表会议通过)

《关于加强农业生产的决议》(1953年5月7日安吉县第八次各界人民代表会议通过)

孝丰县各界人民代表会议决议

《关于团结一致共同努力完成今后任务的决议》(1950年10月25日孝丰县第三次各界人民代表会议通过)

《关于减租问题的决议》(1950年10月25日孝丰县第三次各界人民代表会议通过)

《关于土地定产的决议》(1950年10月25日孝丰县第三次各界人民代表会议通过)

《关于完成1951年生产任务的决议》(1951年4月29日孝丰县第四次各界人民代表会议通过)

《关于积极投入抗美援朝的决议》(1951年4月29日孝丰县第四次各界人民代表会议通过)

《关于坚决镇压反革命运动的决议》(1951年4月29日孝丰县第四次各界人民代表会议通过)

《关于举办义仓的决议》(1953年1月21日孝丰县第八次各界人民代表会议通过)

《关于〈孝丰县人民政府三个月来的主要工作情况简要总结及今后任务的报告〉的决议》(1953年1月21日孝丰县第八次各界人民代表会议通过)

《关于民主建政工作报告的决议》(1953年1月21日孝丰县第八次各界人民代表会议通过)

《关于提案审查报告的决议》(1953年1月21日孝丰县第八次各界人民代表会议通过)

《关于继续加强抗美援朝的决议》(1953年1月21日孝丰县第八次各界人民代表会议通过)

《关于全县贯彻婚姻法运动的决议》(1953年1月21日孝丰县第八次各界人民代表会议通过)

二、决议选载

安吉县各界人民代表会议决议选载

关于贯彻执行六大禁令制定八项守约的决议

(1950年4月3日安吉县第二次各界人民代表会议通过)

省府公布的六大禁令是保护国家人民利益、巩固社会革命秩序、密切人民政府与广大群众联系的主要制度,我们完全拥护并坚决执行,为更有力地贯彻六大禁令,特制定八项守约。

一、做到不持县人民政府正式公文绝不捕人(现行犯人可捕)。

二、做到有事请示,批准就去办,办完即报告。

三、做到不打人,不骂人,不经县人民法院判决、不经省人民政府批准不杀人。

四、做到人民诉状、检举密告书等均由人民法院依法处理。

五、做到不贪污,不浪费。

六、做到不揭省人民政府布告、文告,不向人民私要一粒米、一文钱。

七、做到爱护公粮公物(公共房舍、树林等一切公产)及一切国家资产自动保护看管。

八、做到爱护人民胜利斗争果实,不私占,不盗卖。

关于一九五〇年生产计划的决议

（1950 年 4 月 3 日安吉县第二次各界人民代表会议通过）

我们全体代表听取了县人民政府过去工作报告及今后生产任务的报告后，经过小组讨论与大会发言，我们完全同意，并加以补充修正，对安吉 1950 年农业生产作如下决议：

一、响应上级人民政府为完成胜利巩固胜利，1950 年农业生产要维持恢复发展生产，力争增产一成，并以农业生产为中心，结合副业生产。安吉系农村环境，且为产米区，往年水灾旱灾较轻谷类丰收，去年因水灾旱灾减收，故今年必须力争扩大耕种面积，增产一成才能恢复农业经济。

二、不违农时及早春耕，大量开荒，多种早熟物。需要开荒 3000 亩（熟荒消灭，生荒续开），春耕于 5 月上旬（古历四月底）完成，耕完三遍（2 月底耕二遍，3 月 20 日前后三遍耕完），4 月初插秧，积肥力争增加三分之一，除草四遍，麦豆除二遍，加强除虫和换代的优良稻种精种实验。

三、每个乡村各家各户订出生产节约度荒施肥增产计划，有计划地有步骤地进行生产。

我们全体代表一致表示，决心回村后，一定配合各种会议，利用各种机会，深入宣传大会决议，并自己首先订出生产度荒增产计划，带领推动别人坚决在人民政府领导下，保证今年增产一成。

关于一九五〇年兴办水利的决议

（1950 年 4 月 3 日安吉县第二次各界人民代表会议通过）

我们全体代表在上级政府的领导下共开了三天会议，我们听取了政府关于农业增产一成及生产任务的报告。

兴办水利成为当前生产运动的重要一环，打破靠天吃饭的封建迷信落后思想，农业生产要科学指导兴办水利，向自然界作斗争。我们代表完全响应这一号召，这是国家长期建设有关于广大人民生计与我们利益的，我们经过详细研讨，全体代表一致决议如下：

我们代表保证决心兴办水利，修补斗堤、堤头，防洪除患。今春在上级政府领导和帮助下，将全县斗堤坝修好，良田不受水灾，确保增产。

计划：

每乡每村每户订出生产计划，要订出兴修水利计划来。我们全体代表一致表示决心，回村后配合农会召开各种会议，投入到兴办水利任务中，进行广泛深入的宣传动员，告诉广大群众今年修筑堤坝，细算精作，马上筹备动工，并保证以身作则起带头作用，在上级政府领导下之下，坚决向大自然作斗争，为完成光荣兴办水利确保增产而奋斗。

关于推销土产度荒增产的决议

（1950 年 4 月 3 日安吉县第二次各界人民代表会议通过）

我们全体代表在讨论开展大生产运动及研讨推销土产工作中，认为今年安吉县供销合作总社是为安吉人民服务并扶助人民土产推销的机构，收购毛料，供给人民必需品，使山地人民生活资料有了保证。我们全体代表一致决议：

一、打破群众对合作社之顾虑与误解，合作经济是我们今后发展方向，过去伪政府举办合作社是为官僚赚款，是以欺诈群众，进行低价买高价卖，进行垄断；今天合作社是为人民服务推销土产，供给必需品并扶助群众合作经济发展的。

二、收购土产以毛料为主，应大量推销，于清明换回大宗粮食，度荒生产。

三、茶叶推销之门已开，合作社兼营代销，将安吉采茶地点放三社等地，迅即整理茶树，准备采摘、泡制、大量出口，换回食米。

四、集够资本，动员富有者办合作社，加强大量推销，并逐步发展，进行合作生产。

我们全体代表一致表示决心，回村大力宣传决议，并保证起带头和核心作用，集资合股成立合作社进行土产推销工作，以达生产度荒，打下今秋明春推销土产举办合作事业基础，为发展生产而奋斗。

孝丰县各界人民代表会议决议选载

关于团结一致共同努力完成今后任务的决议

（1950 年 4 月 5 日孝丰县第二次各界人民代表会议通过）

大会听取了县人民政府半年来的工作总结及今后工作任务的报告后，经过全体代表热烈讨论认为，第一次各界人民代表会议所决议的六大任务，半年来经过上级政府的正确领导，解放军的协助，各界人民的一致努力，以及本县各级干部的艰苦奋斗，对剿匪、反霸、减租、合理负担等工作，基本完成了任务，获得很大成绩。股匪已被肃清，封建统治势力基本已被打倒，保甲制已被彻底取消，封建剥削已被减轻，人民生产积极性已大大提高，广大人民在政治上已成为孝丰的主人，给今后大生产运动建设民主繁荣的新孝丰打下了有力的基础，同时我们认为，对政府报告中提出的今后任务及一九五〇年全年生产计划作出如下决议：

一、春耕生产。度荒工作是压倒一切的中心环节，必须深入贯彻中央人民政府政务院、华东军政委员会关于春耕生产指示中的八大原则和土地改革的基本政策，打破各界人民对生产所存在的一切顾虑，养成劳动光荣、生产发家、懒汉可耻的好作风，贯彻执行全县生产计划，不误农时精耕细作，多积肥施肥，兴修水利，开垦荒地，实行劳动互助，合理解决主顾关系，保护牲畜，厉行生产节约，以生产自救度过灾荒。力争农业增产一成，为全县增产食粮三百万斤而奋斗。

二、加强财经工作，支援解放军迅速解放舟山、台湾，最后消灭残敌，巩固人民胜利，更有力地进行和平建设，改善人民生活。因此，必须加强税收，保证不逃税，不漏税，彻底清理公粮尾欠，充实国库，克服国家财政困难。整理摊贩，管理行商，掌握市场。普遍组织供销合作社，深入解释保护工商业政策，打破各工商业者顾虑，大力投资供销合作事业，减低成本，产销各种土特产，保护山林，维持本县人民经济命脉，以求得人民经济生活逐渐改善，力求城乡物资交流繁荣市场。

三、准备土地改革。我们认为实行土地改革废除封建剥削制度，是民主改革的重大步骤，应进行充分准备。首先学习中央人民政府和华东军政委员会有关土地改革的各项指示和政策，使全体人民都了解土地改革的政策、方法与步骤，肃清散匪、特务，揭发流言，进一步巩固人民革命秩序，整理与加强农民组织，建立乡政权，登记土地人口，做好必要的准备工作。

四、坚决贯彻中学工读、小学民办的方针，继续维持原有学校教育及社会文化教育，继续提高人民文化水平，培养建国人才。

以上各项是代表全县人民当前最迫切的利益和要求，是全县人民急需完成的迫切任务。我们认为上述各项任务是艰巨的，是光荣的，必须全县人民立即紧张动员起来，特别是摆在面前的春耕生产与度荒任务更是季节性的，是不容迟缓的压倒一切的中心，因此我们决议：号召全体人民团结一致，共同努力，上述任务一定能够胜利完成。

关于减租问题的决议

（1950 年 10 月 25 日孝丰县第三次各界人民代表会议通过）

入秋以来，广大农民已提出了减租的要求，同时，华东军政委员会公布了《新区农村减租条例》，我们全县目前又须迅速做好减租，转入计算负担，完成秋征，为此，本届会议根据华东军政委员会公布之《新区农村减租条例》精神及我县之实际情况和各地之议租经验，经全体代表协商，一致通过作出下列各项决议，以俾今秋在全县范围内准确执行减租。

一、凡地主、旧式富农及公田、祠堂、庙宇、教会等出租之土地，不论定租活租一律按照实产量三七分租（业主三成，佃户七成），但原租额不超过百分之三十者，得按二八分租（业主二成，佃户八成）。

二、凡贫苦的烈军属、鳏寡孤独、手工业者等小土地出租者所出租之土地及民办学校的学田，一般应按四六分租（业主四成，佃户六成），或对半分租，但原租额不超过百分之四十者，不得提高。个别的可经业佃双方协商自行解决。

三、凡属地主，在减租前一律不得收租。

四、减租后，地主出租土地在五十亩以下者，得按照规定收租，并按照一定负担自行缴纳农业税。

五、凡出租土地在五十亩以上的地主，在未缴农业税前，仍不得收租。应由土地所在地的乡农会代收保存，俟缴公粮后，除给地主留下明春吃粮外，其余仍由乡农会保存，以备土改中没收分配。

六、以上指出的分租，应按今年实产量计算，但计农业税仍按照常年应产量照分租成数计算负担。

关于民主建政工作报告的决议

（1953 年 1 月 21 日孝丰县第八次各界人民代表会议通过）

会议听取了刘局长关于《民主建政工作报告》后，一致同意关于继续贯彻第一届各界人民代表会议常务委员会第五次扩大会议作出的《关于举办义仓的决议》的决议。由于党与政府的正确领导，及我县广大群众的辛勤努力，五二年农业丰收已获得很大成绩，在“增产与节约并重”的原则下省吃俭用，节约储粮，为今后防止灾荒及农业增产创造有利条件。为此，根据第五次常务委员会扩大会议《关于举办义仓的决议》，全体代表一致同意继续贯彻并交由政府切实执行。

关于继续加强抗美援朝的决议

（1953 年 1 月 21 日孝丰县第八次各界人民代表会议通过）

会议听取了刘政委《目前形势的报告》和刘局长关于《继续加强抗美援朝》的报告后，全体代表一致认为，两年来轰轰烈烈的抗美援朝运动已取得了辉煌的成绩。事实证明抗美援朝斗争在过去不但没有引起我国经济恢复与改革工作的中断，相反地保证了祖国的安全，推动和完成了各项改革工作，给大规模的经济建设创造了条件。目前国家已进入了大规模经济建设的新时期，为了保卫祖国的建设，巩固国防而必须广泛深入普遍地加强抗美援朝的爱国主义教育，开展大规模的抗美援朝运动，做好拥军优属，保证农业增产丰收，来反对和制止美帝国主义继续扩大侵朝战争。因此，全体代表一致决议：必须保证动员一切人力、物力继续加强抗美援朝，支援中国人民志愿军在朝鲜的正义行动，为取得抗美援朝斗争的彻底胜利而努力。

第三章　常务委员会

1950年4月，孝丰县设立各界人民代表会议常务委员会。1950年10月，安吉县设立各界人民代表会议常务委员会。常务委员会一般设主席1名，副主席2名，秘书长1名，委员若干名。安吉县第四至第八次会议不设主席，第八次会议仅设副主席1名。常务委员会为县各界人民代表会议闭会期间协助政府传达决议和推进工作的常设机构，代表各界人民代表会议行使职权。

第一节　产生与职权

一、产生

1950年4月孝丰县第二次各界人民代表会议选举产生各界人民代表会议常务委员会，报经浙江省人民政府临安专员公署批准。1950年10月安吉县第三次各界人民代表会议选举产生各界人民代表会议常务委员会，报经浙江省人民政府临安专员公署批准。1950年10月，孝丰县推选1名副主席驻会主持日常工作。两县常务委员会遇有重要工作，由主席通知，不定期地召开会议，并邀请有关人士列席。

二、职权

县各界人民代表会议常务委员会为县各界人民代表会议闭会期间协助政府传达决议和推进工作的常设机构，代表各界人民代表会议行使职权：协商并提出对县政府的建议；联系代表，协助政府动员人民进行各种工作；负责进行各界代表会议的准备工作。1951年8月18日，政务院公布《关于县各界人民代表会议常务委员会职权的补充规定》，进一步明确其职权：组织与推动县人民代表在各种场合，以各种方式，传达人民代表会议的决议及县人民政府政策、法令，并协助推行；经常地联系人民代表会议代表、民主党派、人民团体、民主人士，并经过他们广泛地联系人民，协助政府人员动员人民做好各项工作，有计划地收集各方面意见，及时建议政府采择；接受人民的建议、询问、要求、申诉与批评，负责加以适当的处理，务使各方意见有着落、有交代；负责进行县人民民主统一战线工作，加强各民主党派、人民团体和民主人士的团结与合作；组织座谈会和学习会；学习与办理省（行署区）协商委员会委托事项与建议；负责进行下届各界人民代表会议的准备工作。常务委员会在土地改革、抗灾度荒、兴修水利、发展农业生产、粮食征购、抗美援朝、镇压反革命、国家税收、动员青年参军、安置复员军人、拥军优属等工作中，听取和反映人民群众意见，宣传党和国家政策法令，协助和监督人民政府推行各项工作，起到重要作用。

第二节　组成人员

1950年4月孝丰县第二次各界人民代表会议始设常务委员会，主席、副主席、秘书长均为常务委员，1950年10月安吉县第三次各界人民代表会议始设常务委员会。

安吉县第三次各界人民代表会议常务委员会

主　　　席：翟作标
副　主　席：安成夫　董菊生
秘　书　长：刘玉芬(回族)
常 务 委 员：国守勋　郑　坤　张瑞祥　陈永绪　胡　枫　吉太寿　余守仁　罗礼平
　　　　　　施宝华(女)　丁秋庭　寿一平

安吉县第四次各界人民代表会议常务委员会

主　　　席：翟作标
副　主　席：安成夫　董菊生
秘　书　长：刘玉芬(回族)
常 务 委 员：国守勋　郑　坤　张瑞祥　陈永绪　胡　枫　吉太寿　余守仁　罗礼平
　　　　　　施宝华(女)　丁秋庭　寿一平　崔成秀(女)　王禹成　朱清标
　　　　　　刘　杰　王澄涛(原名王佃荣)　陈世业　田秀峰　解荣品　李岳清

安吉县第五次各界人民代表会议常务委员会

副　主　席：安成夫　董菊生
秘　书　长：刘玉芬(回族)
常 务 委 员：国守勋　郑　坤　张瑞祥　陈永绪　胡　枫　吉太寿　余守仁　罗礼平
　　　　　　施宝华(女)　丁秋庭　寿一平　崔成秀(女)　王禹成　朱清标
　　　　　　刘　杰　王澄涛(原名王佃荣)　陈世业　田秀峰　解荣品　李岳清
新增常务委员：6人，名单不详

安吉县第六次各界人民代表会议常务委员会

副　主　席：安成夫　董菊生
秘　书　长：刘玉芬(回族)
常 务 委 员：同第五次会议

安吉县第七次各界人民代表会议常务委员会

副　主　席：安成夫　董菊生
秘　书　长：刘玉芬(回族)
常 务 委 员：同第六次会议
新增常务委员：沈永法　董云明(女)

安吉县第八次各界人民代表会议常务委员会

副　主　席：董菊生

秘　书　长：刘玉芬（回族）
常务委员：同第七次会议

孝丰县第二次各界人民代表会议常务委员会

主　　席：刘　坚
副 主 席：段基厚　程绍颐
常务委员：杨金发　彭贯之　杜志茂　潘大坤　程邦贵　刘德芳　谢润生
史济民　崔成秀（女）　章荣庭

孝丰县第三次各界人民代表会议常务委员会

主　　席：谢润生
副 主 席：刘　坚　程绍颐
常务委员：刘德芳　程邦贵　杨金法　章荣庭　杜志茂　史济民　潘大坤
崔成秀（女）　段基厚　宋元田　李　坤　余招娥（女）
潘正三　王干庭

孝丰县第四次各界人民代表会议常务委员会

主　　席：刘　坚
副 主 席：段基厚　程绍颐
常务委员：强世贤　姬荣贵　王仲和　王德俊（女）　宋元田　李　坤
刘德芳　程邦贵　潘大坤　王干庭　王尹甫　杨含清　王涨荣
马有根（女）

孝丰县第五次各界人民代表会议常务委员会

主　　席：段基厚
副 主 席：强世贤　程绍颐
常务委员：姬荣贵　王德俊（女）　宋元田　李　坤　刘德芳　程邦贵
刘怀宝　朱治国　刘乃欣　周岐昌　王干庭　王涨荣　杨彩娥（女）
刘水金　王成荣　王小毛

孝丰县第六次各界人民代表会议常务委员会

主　　席：段基厚
副 主 席：强世贤　程绍颐
常务委员：姬荣贵　王德俊（女）　宋元田　李　坤　刘德芳　程邦贵
刘怀宝　朱治国　刘乃欣　周岐昌　王干庭　王涨荣　杨彩娥（女）
刘水金　王成荣　王小毛　查松林　戴富贵　陈先忠

孝丰县第七次各界人民代表会议常务委员会

主　　席：强世贤
副 主 席：刘德芳　程绍颐
常务委员：刘乃欣　宋元田　李　坤　程邦贵　高吉祥　巩德修　姬荣贵
刘怀宝　丁曰有　刘水金　王宝林　周炳荣　徐水根　赵水娣（女）

吴福娥(女)　　周岐昌　王千庭　陆正信

孝丰县第八次各界人民代表会议常务委员会

主　　　席:强世贤

副　主　席:刘德芳　程绍颐

常 务 委 员:刘乃欣　宋元田　李　坤　程邦贵　高吉祥　巩德修　姬荣贵

刘怀宝　丁曰有　刘水金　王宝林　周炳荣　徐水根　赵水娣(女)

吴福娥(女)　　周岐昌　王千庭　陆正信

安吉、孝丰两县各界人民代表会议常务委员会主席、副主席任职时间一览表

表 1—3—1

县别	职　务	姓　名	籍　贯	工作单位	任　　期
安吉县	主　席	翟作标	山东沂水	县人民政府	1950.10—1951.11
	副主席	安成夫	山东蒙阴	县人民政府	1950.11—1952.12
		董菊生	浙江安吉	县工商联合会(筹)	1950.10—1954.7
孝丰县	主　席	刘　坚	山东泰安	县人民政府	1950.4—1950.10 1951.4—1951.11
		谢润生	山东博山	县人民政府	1950.10—1951.4
		段基厚	山东沂水	县人民政府	1951.11—1952.10
		强世贤	山东泰安	县人民政府	1952.10—1953.1
	副主席	段基厚	山东沂水	县人民政府	1950.4—1950.10 1951.4—1951.11
		程绍颐	浙江安吉	驻会专职委员	1950.4—1954.7
		刘　坚	山东泰安	县人民政府	1950.10—1951.4
		刘德芳	山东沂南	县公安局	1952.10—1953.5
		强世贤	山东泰安	县人民政府	1951.11—1952.10

第二编

县人民代表大会

1954 年 7 月，安吉县在普选的基础上召开第一届人民代表大会第一次会议，至 1966 年 5 月历经六届。1966 年“文化大革命”开始后，地方各级人民代表大会不能依法召开会议，县人民代表大会停止活动。1981 年 7 月，县第七届人民代表大会第一次会议召开，选举产生县人大常委会主任、副主任、委员，从此县人民代表大会逐步走上健康发展的轨道，至 2020 年 5 月县第十六届人民代表大会第四次会议，历经十届。1954 年 7 月至 2020 年 5 月，安吉、孝丰两县共召开县人民代表大会 58 次，其中安吉县 52 次，孝丰县 6 次。

第一章　代表选举

中华人民共和国的一切权利属于人民，人民按照法律规定选举产生自己的代表，组成人民代表大会行使国家权力。人民代表为国家权力机关组成人员，代表人民的利益和意志，行使管理国家事务的权力，履行人民当家作主的职责。安吉县人大代表选举工作始终贯彻加强领导、发扬民主、依法办事的原则，每届代表选举均设立选举机构，精心部署安排，每次选举均先进行试点，然后全县铺开，历次选举均在规定时间内完成。

第一节　选举机构

安吉、孝丰两县历届人民代表大会选举前，均设立选举委员会、代表资格审查委员会。选举委员会主持县人民代表大会代表的选举，贯彻执行有关选举的法律法规，以保障选举工作顺利进行；代表资格审查委员会，审查已选出或补选的县人民代表是否具有当选资格，并向县人民代表大会及其常务委员会提出报告。

一、县人民代表大会选举委员会

安吉县第一至第六届、孝丰县第一至第三届人民代表大会代表选举，遵照中央人民政府1953年制定的《中华人民共和国选举法》，选举委员会由党委、政府任命；自第七届安吉县人民代表大会设立常务委员会始，按照1979年修订的《中华人民共和国选举法》，选举委员会由县人大常委会任命，并接受县人大常委会领导。选举委员会的主要职责为：规定选举日期，制定选举工作方案，部署、检查选举工作；根据人口分布状况和应选代表人数，划分选区，分配代表名额；任命选区选举工作领导小组和选举工作领导小组成员；培训县乡两级选举工作骨干，印制宣传资料、报表、选民证和代表证；进行选民登记，审查选民资格，公布选民名单；受理对选民名单不同意见的申诉，并作出决定，确定选民资格后颁发选民证；受理选举工作中有关违法行为和破坏活动的检举、控告，接待来信来访；确定和公布正式代表候选人名单；指导乡镇选举委员会工作；确定选举结果是否有效，公布当选代表名单；管理、使用选举经费；选举工作结束后，文件、资料整理归档，写出选举工作总结报告。

历届县人民代表大会选举委员会组成人员

县人民代表大会选举委员会名单，安吉县缺第一、第四、第八届名单，孝丰县缺第二届名单。

安吉县第二届人民代表大会选举委员会

主　　　席：国守勋

委　　　员：刘玉芬　徐亚辉　江贵珍　李连荣　高继兴　朱清标　吕济广　张建民
刘能之　刘春松　英瑞胜　刘　健　徐柏祥　潘友观

安吉县第三届人民代表大会选举委员会

主　　　席：国守勋

委　　　员：黄甫瑞　刘福祥　郑曰文　黄阿根　舒荣芳　吴静伟　高继兴　华绍庭
俞志庭　张存业

安吉县第五届人民代表大会选举委员会

主　　　任：孙延成

委　　　员：李进民　国守勋　刘洪德　范加庆　陈伯青　王春英　王金祥　舒荣芳
战洪盛

安吉县第六届人民代表大会选举委员会

主　　　任：孙延成

委　　　员：孟宪嵩　张瑞祥　国守勋　牟顺先　周　南　王广荣　陶忠贵　周美湘
邱正基　章世根　何庸才　罗永年

安吉县第七届人民代表大会选举委员会

主　　　任：卢继荣

副　主　任：李慧斐　沈荣林　黄立中

委　　　员：王根富　赵祥昆　王云山　应广根　宇巧珍　张健联　陈　浩　夏家林
陈伯青　朱岳年　陈永新

安吉县第九届人民代表大会选举委员会

主　　　任：朱长胜

副　主　任：魏厚多　邹人龙　赵大正　黄少伟

委　　　员：王光奎　陈伯青　胡培坤　郑晓力　肖金莲　陆桂荣　陈文祥　吴双龙
黄阿根　洪兴林

安吉县十届人民代表大会选举委员会

主　　　任：朱长胜

副　主　任：邹人龙　黄汉文　肖金莲　钱致礽

委　　　员：陈伯青　郭远友　陈文祥　包方根　洪兴林　任金娥　金启文　牟月娥
魏小仙

办公室主任：陈伯青（兼）

办公室副主任：王志进　童如林

安吉县十一届人民代表大会选举委员会

主　　　任：张锡荣

副　主　任：肖金莲　戚才祥　钱致礽

委　　　员：丁根云　王美凤　毛双六　叶德宝　任金娥　阮观其　宋晓方　胡玉明
洪兴林　洪甫岩　陈伯青　梁为民　夏贤发

办 公 室 主 任：叶德宝(兼)
办公室副主任：王志进　童如林

安吉县十二届人民代表大会选举委员会

主　　　　任：肖金莲
副　　主　　任：李世华　丁丽枝
委　　　　员：毛双六　冯越强　朱　群　李晓明　吴继平　孟国良　俞文斌　洪兴林
　　　　　　　奚林根　唐　华　曹炳达　董才宝　潘工武
办 公 室 主 任：李晓明(兼)
办公室副主任：华佩玲　程维新

安吉县十三届人民代表大会选举委员会

主　　　　任：崔双根
副　　主　　任：丁丽枝　万尧平　曾庆山
委　　　　员：冯越强　朱顺利　张为华　张吉祺　杨忠义　李晓明　吴婉芳　洪兴林
　　　　　　　桂安心　夏贤发　黄培林　韩永泉
办 公 室 主 任：丁丽枝(兼)

安吉县第十四届人民代表大会选举委员会

主　　　　任：周小平
副　　主　　任：丁丽枝　韩金苗　戴先才
委　　　　员：王　伟　叶　安　石一婷　吴伟东　吴婉芳　汪秋鸿　张吉祺　杨路侠
　　　　　　　胡忠辉　赵德清　夏贤发　徐兴南　徐国美　黄　勇　黄跃进
办 公 室 主 任：丁丽枝(兼)
办公室副主任：李振华　程维新　孙　莉　王　伟　吴国兴

安吉县第十五届人民代表大会选举委员会

主　　　　任：周小平
副　　主　　任：喻晓鸣　韩金苗　杨绍军
委　　　　员：王宏娟　王昌慧　叶　安　孙　松　肖永平　汪秋鸿　周雪逵　孟国良
　　　　　　　赵双勤　钟传声　徐　渊　徐兴南　徐国美　黄　勇　黄跃进　梁蕴伟
办 公 室 主 任：喻晓鸣(兼)

安吉县第十六届人民代表大会选举委员会

主　　　　任：陆为民
副　　主　　任：周小平
委　　　　员：王　兵　王　捷　王卓良　卞敏峰　华建伟　刘承娟　杨忠义　杨绍军
　　　　　　　肖永平　余再鸣　陈方良　罗学良　赵双勤　赵德忠　胡秀义　徐　勇
　　　　　　　徐存林　黄跃进　梁蕴伟　韩金苗　傅爱国　鲍亚红　戴先才
办 公 室 主 任：黄跃进
办公室副主任：王　兵　谭丽丽　卞敏峰　石定一

孝丰县第一届人民代表大会选举委员会

主　　　席：程邦贵

委　　　员：王德俊　甘洁夫　周岐昌　段祥道　姬荣贵　黄加安　程绍颐　汤金富　刘勉之　罗永年

孝丰县第三届人民代表大会选举委员会

主　　　席：杨　仁

委　　　员：冯舜范　张琴韵　许庆三　邵太平　凌琢如　蒋培根

二、县人民代表大会代表资格审查委员会

早期的代表资格审查委员会，在举行县人民代表大会时设立，并在主席团领导下开展工作。1986 年 12 月《中华人民共和国地方各级人民代表大会和地方各级人民政府组织法》修订后，县人大常委会代表资格审查委员会人选由县人大常委会主任会议从县人大常委会组成人员中提名，经县人大常委会通过。1987 年 8 月 14 日，安吉县第九届人大常委会第二次会议通过《关于设立代表资格审查委员会的决定》。

历届县人民代表大会代表资格审查委员会组成人员

第七届人民代表大会代表资格审查委员会

主 任 委 员：李慧斐

副主任委员：黄立中　王根富

委　　　员：叶甲申　沈阿生　吴仲华　罗永年　张健联　张建民　夏家林　黄光荣

第八届人民代表大会代表资格审查委员会

主 任 委 员：王培民

副主任委员：王根富　刘春松

委　　　员：王玉瑞　王蒙友　卢云土　陈玲珠　杨泽中　薛长松

第九届人民代表大会代表资格审查委员会

主 任 委 员：邹人龙

副主任委员：陈伯青

委　　　员：牟月娥　吴仲华　洪兴林

第十届人民代表大会代表资格审查委员会

主 任 委 员：陈永新

副主任委员：钱致礽　戚才祥

委　　　员：王美凤　吴仲华　陈伯青　洪兴林

第十一届人民代表大会代表资格审查委员会

主 任 委 员：肖金莲

副主任委员：钱致礽

委　　　员：叶德宝　潘工武　俞文斌　杨茂坤　洪兴林

第十二届人民代表大会代表资格审查委员会

主 任 委 员:崔双根

副主任委员:沈新勇　丁丽枝

委　　　员:夏贤发　洪兴林　李晓明　周厚积

第十三届人民代表大会代表资格审查委员会

主 任 委 员:周小平

副主任委员:丁丽枝　万尧平　曾庆山

委　　　员:胡忠辉　夏贤发　徐兴南　黄先国　黄跃进

第十四届人民代表大会代表资格审查委员会

主 任 委 员:周小平

副主任委员:喻晓鸣

委　　　员:王卓良　杨绍军　汪秋鸿　孟国良　徐兴南　黄跃进　韩金苗

第十五届人民代表大会代表资格审查委员会

主 任 委 员:周小平

副主任委员:黄跃进

委　　　员:吴国兴　罗学良　罗绍鸿　赵德忠　徐存林　韩金苗　鲍亚红

第十六届人民代表大会代表资格审查委员会

主 任 委 员:俞立安

副主任委员:谭丽丽

委　　　员:王　兵　林立辉　莫　骄　顾小宝　徐存林　楼　军　鲍亚红　黎逢林

第二节　选举工作

第一届人大代表选举　1953年1月13日,中央人民政府委员会第二十次会议讨论通过《关于召开全国人民代表大会及地方各级人民代表大会的决议》;3月,中央人民政府颁布《中华人民共和国全国人民代表大会及地方各级人民代表大会选举法》,决定在全国范围内进行普选。5月,中共浙江省委要求在10月前做好全省基层选举工作。安吉也随之在全县开展相关工作,成立选举委员会。5月16日,组织由15人组成的选举工作队开展乡(镇)选举试点工作,按照宣传动员、划分选民区,人口调查和选民登记、选民公布、审查选民资格、协商确定候选人,召开选举大会三个步骤选举产生基层人民代表。各乡镇召开乡镇人民代表大会,依法选举出席县第一届人民代表大会代表100名。其中,妇女代表16名,占代表总数的16%;中共党员代表41名,占代表总数的41%;民主人士代表5名,占代表总数的5%;群众代表54名,占代表总数的54%。

第二届人大代表选举　按照《中华人民共和国全国人民代表大会及地方各级人民代表大会选举法》和《关于1956年选举工作的指示》精神,安吉县成立县第二届人民代表大会选举委员会,下设办公室,抽调骨干组成选举工作队进行选举试点工作。举办培训班进行选举工作培训。各乡镇分别召开乡镇人民代表大会，依法选举出席县第二届人民代表大会代表134人。其中，妇女代表27名，占代表总数的20.15%；中共党员代表66名，占代表总数的49.25%；民主人士代表6名，占代表总数的4.48%；群众代表62名，占代表总数的46.27%。

第三届人大代表选举 遵照国务院《关于1958年选举工作的指示》精神和省人民委员会对第三届县乡两级人大代表换届选举工作部署，1958年4月，县人民委员会召开会议，制定选举工作计划，成立选举委员会，下设办公室，分批陆续开展选举工作。以乡镇为单位，培训骨干，进行广泛宣传，划分选区，登记选民，审查选民资格，召开选举大会。各乡镇分别召开乡镇人民代表大会，依法选举出席县第三届人民代表大会代表129名。其中，妇女代表28人，占代表总数的21.71%；中共党员代表71名，占代表总数的55.04%；民主人士代表12名，占代表总数的9.30%；群众代表46名，占代表总数的35.66%。

第四届人大代表选举 1960年11月23日，中共安吉县委印发《1960年选举工作意见》，要求各公社在1961年1月底前开好社员代表大会选举县第四届人民代表大会代表。1960年11月，在递铺公社进行基层选举试点工作；12月中旬开展第一批安城、青山、梅溪、塘浦、晓墅5个公社的选举，次年1月上旬前结束；次年1月中旬开展第二批南湖、丰城、永太、报福4个公社的选举，月底前完成。选举工作分三步进行。第一步，建立组织，制定计划，训练干部，划分选区，宣传发动。与此同时，做好选民登记，选民资格审查，公布选民名单等具体工作。第二步，在充分发扬民主的基础上，酝酿协商代表候选人，动员选民积极参加选举，选举社员代表。第三步，开好社员代表大会，选举公社管理委员会组成人员和出席县人民代表大会的代表。本次基层选举依法选举产生县第四届人民代表284名。其中，妇女代表84名，占代表总数的29.58%；中共党员代表173名，占代表总数的60.92%；民主人士代表28名，占代表总数的9.86%；群众代表83名，占代表总数的29.23%。

第五届人大代表选举 1963年4月4日，中共安吉县委印发《关于1963年选举工作意见》，要求各公社、镇6月份完成基层选举工作，选举出席县第五届人民代表大会代表。县委于1963年3月在双建公社先行试点，4月全面展开，6月结束。选举工作分“两批三阶段”进行，第一批17个农业为主的公社，4月上旬开展，月底前结束；第二批15个山区公社和4个镇，4月中旬开展，5月上旬结束。选举第一阶段为建立组织，制定计划，训练干部，划分选区，全面开展宣传教育，同时做好选民登记、选民资格审查、公布选民名单等具体工作；第二阶段为自上而下提名协商代表候选人，动员选民积极参选；第三阶段召开公社、镇人民代表大会，选举公社、镇人民委员会和出席县第五届人民代表大会代表。本次选举工作，全县33个公社、4个镇的基层选举中，共有选民140373人，参加投票选民136217人，参选率97.04%。依法选举产生基层代表3737名。选举产生县第五届人民代表大会代表300名。其中，妇女代表85名，占代表总数的28.33%；中共党员代表162名，占代表总数的54%；民主人士代表30名，占代表总数的10%；群众代表108名，占代表总数的36%。

第六届人大代表选举 遵照省人民委员会“第六届县市以下各级人民代表大会的选举应在1966年3月底前完成”的指示，安吉县第六届人民代表大会基层选举工作于1965年11月在双建公社先行试点，1966年1月陆续展开，5月10日全部结束。成立由县委副书记、县委常委、副县长参加的县基层选举工作领导小组及其办公室，统筹全县选举工作。各公社、镇及生产大队也成立选举工作领导班子，具体负责选举工作。各公社、镇分别确定一个选区进行试点，总结经验，以点带面推动选举工作。本次选举工作，全县 33 个公社、4 个镇共有选民 156629 人，参加投票选民 147867 人，参选率 97.81％。依法选举产生基层代表 3716 名。选举产生县第六届人民代表大会代表 303 名。其中，妇女代表 87 名，占代表总数的 28.71％；中共党员代表 151 名，占代表总数的 49.83％；民主人士代表 30 名，占代表总数的 9.90％；群众代表 122 名，占代表总数的 40.26％。

第七届人大代表选举　1980 年 9 月，遵照全国五届人大二次会议通过的《中华人民共和国全国人民代表大会及地方各级人民代表大会选举法》和省人大常委会选举实施细则规定，经县委提名通过成立县选举委员会及选举委员会筹备办公室，并在全县设立选举办事处 39 个，作为县选举委员会派出机构，主持所属单位选举工作，全县划分选区 125 个。由 2 名副书记带队分别到双建公社和递铺镇进行试点，摸索经验，在试点第一阶段工作基础上，召开全县选举工作会议，全面启动全县换届选举工作。本次换届选举，全县登记选民 234553 人，参加投票选民 228828 人，参选率 97.59％。依法选举产生县七届人民代表 237 名，当选率 97.13％；选举产生社、镇人民代表 5960 名，当选率 97.95％。

第八届人大代表选举　1984 年 3 月，遵照宪法和选举法的规定，按照全国人大常委会、省人大常委会《关于县乡两级人民代表大会代表选举时间的决定》，县人大常委会开展县乡两级人民代表大会换届选举工作。先后召开会议 4 次，组织学习有关选举工作的法律法规和文件，研究决定有关事项。成立县、乡（镇）选举委员会及办事机构。在南北庄乡进行选举工作试点的基础上，4 月下旬，县委召开由 800 余人参加的选举工作会议，具体部署全县选举工作。5 月中旬，召开各选举办事处、乡（镇）选举委员会主任会议，交流选举工作经验。选举委员会办公室先后编印选举工作简报 8 期，指导选举工作。全县换届选举从 3 月底开始到 6 月底结束，历时 3 个月。是年，全县总人口 410603 人，登记选民 270236 人，参加投票选民 265093 人，参选率 98.09％。依法选举产生县第八届人大代表 287 名，当选率 97.29％；选举产生乡镇人民代表 3663 名，当选率 99.40％。在当选的县人大代表中，工农代表保持一定比例，妇女、知识分子、少数民族、侨眷代表的比例比上届有所提高。代表的年龄明显下降，平均年龄为 41.4 岁，其中 35 岁以下的中青年代表 92 名，占总数的 32.06％。文化程度大大提高，具有大、中专文化程度的 70 名，占代表总数的 24.39％。

第九届人大代表选举　1987 年 1 月中旬至 4 月中旬，安吉县开展县乡两级人民代表大会换届选举工作，成立县、乡（镇）选举委员会和办公室。6 个区和省南湖劳改管教支队设立选举办事处，各村和居委会共成立 579 个选举工作组和 3595 个选民小组，配备县、区乡（镇）选举领导班子和选举工作人员 5274 名。县选举委员会先后召开全体会议 5 次，召集选举工作会议 3 次，召开县选举办公室工作人员会议 12 次。印发选举工作简报 12 期，及时交流和指导选举工作。全县选举工作，从塘浦乡试点着手，采取“以点带面，指导全县”的方法，在认真做好宣传发动、培训骨干、选民登记、提名推荐和协商确立代表候选人基础上，进行投票选举。1986 年底全县总人口 420220 人，登记选民 290776 人，占总人口数的 69.20％，参加投票选民

281310 人，参选率 96.74%。依法选举产生县第九届人民代表 260 名，当选率 100%；选举产生乡镇人民代表 1742 名(缺额 1 名)，当选率 99.94%。

第十届人大代表选举 1989 年 10 月，按照选举法、地方组织法和浙江省选举实施细则等有关法律的规定，县九届人大常委会第十八次会议作出全县换届选举的决定。成立县选举委员会及其办公室，在 6 个区和南湖劳改管教支队设立选举办事处。32 个乡镇分别设立选举委员会，并由各乡镇确定成立选举领导小组及办事机构。在县委的统一领导下，各级党委加强对换届选举工作的领导，县、乡(镇)选举委员会及其办事机构较好地发挥职能作用。县人大常委会先后召开会议 3 次，认真研究并提出换届选举的指导思想、方法步骤及选举中的有关问题。在组织试点的基础上，召开有 200 余人参加的全县人大换届选举工作会议。1989 年底，全县总人口 429025 名，登记选民 315037 人，占人口总数的 73.4%。共划分 133 个县级选区和 1015 个乡镇级选区，参加投票选民 302510 人，参选率 96.02%。按照确定的 280 名县人大代表名额和 2085 名乡镇人大代表名额，依法选举产生县十届人大代表 280 名，乡镇人大代表 2085 名，当选率均为 100%。

第十一届人大代表选举 1992 年 10 月，按照选举法、地方组织法、代表法和浙江省选举实施细则等有关法律法规的规定，县十届人大常委会第十七次会议作出《关于县乡两级人民代表大会代表换届选举的决定》。成立县选举委员会及其办事机构，制定换届选举工作计划，并组织力量在港口乡进行试点。在试点成功的基础上，召开县换届选举工作会议，对全县换届选举工作作动员部署。县人大常委会和各选举委员会及其办事机构，分工明确，责任落实，分片检查联络，紧紧抓住发扬民主和依法办事这个关键，对换届选举各个阶段工作进行精心指导，发现问题，及时帮助解决和纠正，保证全县换届选举工作顺利进行。本次换届选举，全县共有选民 326627 人，占人口总数的 73.28%。共划分 135 个县级选区和 1062 个乡镇级选区，参加投票选民 316077 人，参选率 96.77%。依法选举产生县第十一届人大代表 297 名，乡镇人大代表 2196 名，分别占应选代表的 99.00%和 99.81%。

第十二届人大代表选举 1997 年 10 月 15 日县十一届人大常委会第三十七次会议依法作出《关于做好县人民代表大会代表换届选举的决定》。成立县选举委员会及其办公室，制定换届选举工作计划，1997 年 10 月底在孝丰镇进行县人大代表换届选举试点工作。12 月 5 日，县委召开全县换届选举工作会议，全县换届选举工作全面展开。本次县人大代表换届选举是选举法、地方组织法修改后的第一次，工作量大，涉及面广，时间紧，任务重；还面临着代表名额减少，县乡换届不同步，下岗人员和流动人员增多等新情况。通过加强领导，精心组织，明确职能，全县上下思想统一，县人大代表换届选举工作井然有序。本次换届选举，全县登记选民 339066 人，占人口总数的 75.77%。共划分选区 108 个，参加投票选民 333163 人，参选率 98.26%。依法选举产生县第十二届人大代表 222 名，当选率 99.11%。

第十三届人大代表选举 2002 年 11 月 20 日，县十二届人大常委会第三十九次会议依法作出《关于做好县十三届人民代表大会代表换届选举工作的决定》。成立县选举委员会及其办事机构，制定换届选举工作计划。县人大常委会根据安吉县城镇化进程加快、流动人口大量增加等实际情况，及时向省人大常委会提出增加县人大代表名额的要求，县人大代表名额由十二届的224名增加到十三届233名。全县换届选举工作自2002年11月开始至2003年1月结束，历时50余天，经过组织准备和宣传发动、选民登记、推荐协商和确立候选人名单、投票选举、总结五个阶段。本次换届选举，全县共划分选区106个，登记选民363630人，占人口总数的79.41％。参加投票选民349625人，参选率96.15％。依法选举产生县第十三届人大代表232名，当选率99.57％。

第十四届人大代表选举　2006年是宪法修改后第一个县乡两级同步换届选举年，按照中央和省、市的统一部署，遵照选举法及浙江省选举实施细则的有关规定，县十三届人大常委会第三十一次会议作出《关于县乡两级人民代表大会代表换届选举的决定》。及时组建县乡两级选举工作机构，加强宣传发动和骨干业务培训，指导乡镇合理划分选区，及时张贴公告，依法投票选举。全县换届选举工作从2006年11月上旬开始到12月下旬结束，历史50余天，始终把坚持党的领导、充分发扬民主、严格依法办事这三条原则有机结合。本次换届选举，全县共有选民364242人，占人口总数的79.83％。共划分县代表选区102个，乡镇代表选区438个，参加投票选民362150人，参选率99.42％。依法选举产生县第十四届人大代表232名(缺额1名)，当选率99.57％。依法选举产生乡镇人大代表928名(缺额1名)，当选率99.89％。

第十五届人大代表选举　2011年10月20日，县十四届人大常委会第三十六次会议依法作出《关于县乡两级人民代表大会代表换届选举的决定》。本次县乡两级人大换届选举是选举法第五次修改后，第一次实行城乡按相同人口比例选举人大代表的换届选举。县人大常委会及时成立县选举委员会及其办事机构，制定换届选举工作计划，各乡镇设立选举委员会及其办事机构。11月10日，县委召开全县换届选举工作动员大会，对县乡两级人大换届选举工作进行专门研究和部署。同时，成立县乡两级人大换届选举工作联席会议组织，及时了解和掌握换届选举进展情况，加强换届期间相关工作的沟通协商。全县换届选举工作从2011年10月开始到12月下旬结束，历时60余天，将坚持党的领导、充分发挥发扬民主、严格依法办事三条原则贯穿于换届选举工作的始终。本次换届选举，全县共有选民402955人，占人口总数的86.76％。共划分县代表选区101个，乡镇代表选区422个。参加投票选民387099人，参选率96.07％。依法选举产生县第十五届人大代表233名，乡镇人大代表936名，当选率均为100％。

第十六届人大代表选举　2016年10月12日县十五届人大常委会第三十七次会议依法作出《关于县乡两级人民代表大会代表换届选举的决定》。成立县、乡镇(街道)选举机构和分片联系督导小组，下发指导文件，设立新闻发言人，组织业务培训，保障全过程规范有序推进。广泛开展宣传发动，充分调动广大选民行使民主权利的积极性，有效提升参选率。抓牢程序节点，扎实抓好选区划分、选民登记、提名推荐和投票选举等工作环节，严把代表政治关、素质关、结构关。深入开展警示教育，严格监督责任落实，确保换届工作风清气正。全县换届选举工作从2016年10月开始到12月中旬结束，历时60余天。本次换届选举，全县登记选民415939人，占人口总数的89.38％。全县共划分县代表选区107个，乡镇代表选区300个。参加投票选民398693人，参选率95.85％。依法选举产生县第十六届人大代表233名，当选率100％。依法选举产生乡镇人大代表674名，当选率99.85％。

附：

安吉县第一届人民代表大会代表选举办法

第一条　本办法依据《中华人民共和国全国人民代表大会及地方各级人民代表大会选举法》(以下简称选举法)，参照中央选举委员会关于基层选举工作的指示精神，结合我县具体情况制定之。

第二条　县人民代表大会代表名额：按选举法第十条之规定及本县具体情况，确定县人民代表大会代表名额为130名。各乡镇应选举人民代表大会之代表名额：根据各乡镇人口情况，各阶级、各阶层情况及照顾人民代表大会的广泛的代表性，每乡镇选举人民代表3—4名，最多不得超过5名，并由选举委员会具体分配之。县人民武装部及公安队选举县人民代表1名，包括在县人民代表大会代表名额之内。

第三条　凡居住安吉县境内年满十八周岁之中华人民共和国公民，不分民族、种族、性别、职业，社会出身、宗教信仰、教育程度、财产状况和居住期限，均得当选为县人民代表大会之代表。凡有下列情形之一者，无当选县人民代表大会代表之权利：

(一)依法尚未改变成分的地主阶级分子；

(二)依法被剥夺政治权利的反革命分子；

(三)其他依法被剥夺权利者；

(四)精神病患者。

第四条　县人民代表大会代表由各乡镇人民人民代表大会选举产生。县人民武装部及公安队出席县人民代表大会之代表，由县人民武装部及公安队单独选举。

第五条　县人民代表大会代表候选人，由各乡镇或选举单位提出之。中国共产党组织、各人民团体和乡镇人民代表大会之代表，均得按选举区域或选举单位联合或单独提出县人民代表大会代表候选人名单。一般可采取中国共产党组织、乡镇人民政府委员会及各人民团体的代表共同协商的办法提出代表候选人名单，经乡镇人民代表大会代表酝酿同意并征询群众意见后，即为代表候选人正式名单，并于选举前由县选举委员会公布之。

第六条　代表候选人的提名，应注意到县人民代表大会的广泛的人民代表性，即注意到各阶层都在人民代表大会中有和其社会地位相当的代表名额，尤其注意到妇女的代表名额。

第七条　代表候选人的名额，一般应与当选代表人数相等，即各乡镇或选举单位，应选出代表几人，就提几个代表候选人。

第八条　凡居住本县境内之公民，均得按乡镇或选举单位被提名为县人民代表大会之代表候选人，但每一代表候选人只得在一个乡镇或选举单位应选。

第九条　县人民代表大会代表的选举，采取举手代投票的方法。可能时也得采用无记名投票的方法。选举时由各乡镇人民代表大会主席团主持之。

第十条　县人民代表大会代表的选举，须有各乡镇人民代表大会代表过半数的出席始得举行。代表候选人获得出席代表半数以上选票时始得当选。

第十一条　县人民代表大会代表的选举，选举人可按代表候选人名单投票，亦可另选自己愿选的任何公民。

第十二条　县人民代表大会代表的选举工作，应在1944年5月底办理完竣。由县选举委员会登记当选之代表，公布名单，并发给当选证书。

第十三条　本办法由安吉县选举委员会通过，报上级人民政府批准后施行之。

第三节　代表名单

孝丰县自1953年5月在鹤溪乡开展试点普选至1958年5月第三届人民代表大会第一次会议召开，共选举产生3届人民代表大会代表；1958年11月并入安吉县，其第三届县人民代表大会代表转为安吉县第三届人民代表大会代表。安吉县自1953年5月在乌山乡开展试点普选至2017年2月第十六届人民代表大会第一次会议召开，共选举产生16届人民代表大会代表，其中第五届、第六届代表名单缺失。

孝丰县第一届人民代表大会代表名单(96名)

农民代表(46名)

李洪森　王有银　彭有珍　范建芳　项汉蛟　刘　金　周乾宝　陈裕宝
吴克勤　王冬花　梁全荣　吴福娥　张加朴　严水善　聂怀功　方永丰
徐昌富　程木根　郑张喜　李其海　许荣华　储春明　孙正祥　黄代有
沈文忠　周金荣　胡盛法　胡士根　王松根　马苏泉　蔡金真　孔先根
黄香姣　徐大生　翁启明　胡从利　赖在宝　明家季　苏安林　王立民
张可发　王东山　刘发根　邱立堂　马海仙　吴金连

党员代表(3名)

李金台　王炳荣　张志扬

人民代表(3名)

严志柏　王传根　程德根

女代表(8名)

盛彩云　王阿娥　诸瑞芳　吴新娣　蒋兰花　徐莲英　毛大姐　沈桂香
华玉英　王子英

手工业代表(1名)

李岩生

特邀代表(1名)

陈　浩

工人代表(3名)

李春福　王财生　王阿毛

医务代表(6名)

王文彬　裘忱钧　蒋锡桂　张发荣　卢子金　蒋祖高

店员代表(1 名)

张义芳

学生代表(1 名)

林吉珍

小贩代表(1 名)

朱荣生

工商代表(2 名)

罗永年　周伯寒

文教代表(2 名)

潘大坤　周岐昌

文艺代表(1 名)

王幼凤

爱国人士代表(9 名)

程绍颐　高吉祥　严子青　蒋知廉　段祥道　杨立功　李　坤　程邦贵

刘勉之

青年代表(1 名)

潘玉为

科学代表(1 名)

王鸣遥

政府代表(1 名)

彭　振

军属代表(1 名)

吴贤标

教员代表(1 名)

沈伯驹

教育代表(1 名)

万土根

孝丰县第二届人民代表大会代表名单(119 名)

县级机关(12 名)

刘乃欣　张志扬　宋元田　段祥道　徐志全　严金生　孙祚君　吴　锦

王鸣遥　程绍颐　马志明　张惠成　程邦贵　罗信民　严子柏

山河乡代表(4 名)

查松林　徐志贤　俞仙妹　胡土根

手工业者代表(3 名)

李阿春　李岩生　历洪启

人民法院代表(1名)

　　王春英

医生代表(4名)

　　王文彬　蒋祖高　蒋锡柱　陈　浩

工商联代表(1名)

　　王干庭

西圩乡代表(4名)

　　王俊荣　何水林　王志英　王仁山

杭垓乡代表(5名)

　　许金山　王立民　明家秀　吴贤标　蒋秀英

下汤乡代表(4名)

　　陈裕宝　吴金英　钱正金　鲁法根

教育界代表(4名)

　　蒋和锦　万土根　周岐昌　沈伯驹

港口乡代表(4名)

　　阮子金　杨菊香　成贵生　章锡珍

山川乡代表(2名)

　　张福金　裘宝凤

工会代表(2名)

　　王佐根　王阿毛

报福乡代表(6名)

　　戚茂贵　徐仁佳　李春福　毛迁标　罗金妹　郭武荣

章村乡代表(4名)

　　吴福娥　方冬英　项志贵　林小毛

汤口乡代表(4名)

　　盛来云　刘水金　杨竟发　张桂英

溪鹤乡代表(1名)

　　金耀生

妇联代表(1名)

　　诸瑞芳

文艺代表(1名)

　　王幼凤

西亩乡代表(5名)

　　邱福娣　户增寿　鲍月英　魏小根　孙正祥

茅山乡代表(1名)

　　杨穆英

塘浦乡代表(4 名)

张发荣　马友根　谢金根　傅高升

赤坞乡代表(4 名)

陈茂先　李其海　陈菊芳　郭忠信

城郊乡代表(4 名)

王阿娥　沈文忠　严水善　江克法

施善乡代表(4 名)

王良田　江声红　张志诚　何小春

皈山乡代表(4 名)

何荣富　吴顺英　任修如　汪士荣

工商代表(3 名)

罗永年　周伯寒　张文生

青山乡代表(1 名)

俞财东

鄣吴乡代表(5 名)

黄顺芳　黄月英　魏德根　王正明　黄顺娣

姚村乡代表(4 名)

俞炳根　王法娣　王启成　周来英

水口乡代表(5 名)

顾　文　毛月珍　沈金林　王苗道　朱春华

双舍乡代表(3 名)

赖在宝　魏长贵　吴伯才

城关镇代表(1 名)

陈炳法

共青团代表(1 名)

张家朴

孝丰县第三届人民代表大会代表名单(127 名)

县级机关代表:(12 名)

杨　仁　胡德松　任潘芳　张文生　张家朴　刘乃欣

屈恒亭　石贞恩　程邦贵　马志明　张志扬　王春英

工人代表(6 名)

王阿毛　蒋培根　孙秋元　王佐根　俞在东　李春福

工商界代表(2 名)

罗永年　凌琢如

居民代表(1 名)

林桂花

手工业代表(3名)

邹太平　施炳祥　李岩生

农民代表(85名)

阮小金　张菊香　金耀生　张金福　成贵生　罗信民　韦杏林　王苗道
沈桂香　朱春华　宋世华　胡月娟　徐志贤　毛大姐　林文昌　何小春
王学龙　陈祝南　王正明　黄舜娣　冯石发　何生宝　唐克章　彭　根
仇振寿　邱福娣　潘文才　祝水金　干柏万　何荣府　吴顺英　汪士荣
黄彩娣　孙瑞成　陈菊芳　方惠奇　严六三　王仁孝　胡苗福　谢金枝
杨守仁　方照盛　蔡兰花　陈可松　王俊荣　杨志清　雷阿花　鲁洪宝
陈一华　魏长英　鲁振华　孟新法　曹兴治　施传法　段祥道　姚祖云
王法弟　周腊英　王启成　朱子江　陈龙妹　戴炳根　明乐盛　王水根
李自福　赵杏花　刘水金　张桂英　潘及洪　汪盛宝　陈　浩　黄海云
戚茂贵　王福荣　徐仁佳　罗金妹　金行木　陈土根　陈裕宝　郑喜英
荣炳法　鲁发根　徐志全　赖美珍　沈文忠

中医代表(1名)

蒋瑞柱

西医代表(1名)

蒋祖高

中西医代表(2名)

陈　浩　裘忱钧

科技代表(2名)

吴致中　王文彬

教师代表(5名)

蒋和锦　沈伯驹　史一平　万土根　潘大坤

复员军人代表(1名)

徐　青

小商代表(1名)

周伯寒

军属代表(2名)

吴贤标　姜克法

学生代表(1名)

雷菊花

下放干部代表(1名)

张健联

艺人代表(1名)

王幼凤

安吉县第一届人民代表大会代表名单(100 名)

革命干部代表(18 名)

张华斋　李守仁　戴玉华　谢安喜　赵遵满　范延林　刘福祥　国守勋
解永品　邹庆轩　袁洪才　许秀芬　刘玉芬　舒荣芳　江桂珍　刘恩溪
肖喜枝　王星三

工人代表(4 名)

王炳法　段如皋　王阿林　陈景阳

农民代表(48 名)

刘水林　赵连城　王慧姬　徐金良　徐根生　朱吉娣　何朝贵　吴来庆
潘长有　张财富　符延庆　余秀林　杨彩娥　王长法　王杏娣　梅兴发
俞凤祥　陈禹祥　李银娣　陈民安　李小美　孙明德　陈治国　韩可贵
朱梅花　王　浩　胥光卿　胡其旺　李正华　汪志清　俞金龙　李福蓉
王长根　王义忠　王家有　白植珍　郑国喜　江瑞林　何士林　金建娣
王光鸿　董苗子　吕小根　焦友甲　赵祥云　李成义　姚振民　韩建成

科学技术代表(2 名)

李自新　胡瑞仁

船民代表(2 名)

唐修祥　孙国英

小商代表(2 名)

沈永法　王庭鸣

学生代表(1 名)

徐舞珍

民主人士代表(7 名)

赵凤林　王济民　汪顺昌　胡光守　朱清标　黄述白　俞雪明

文化教育代表(1 名)

卢　竟

军属代表(2 名)

孙鸿魁　张道理

党员代表(3 名)

高继兴　陈荣根　韩世瑞

蚕民代表(2 名)

张传章　蒋阿茶

复员军代表人(1 名)

毛顺富

转业军代表人(1 名)

何长杰

教育代表(1名)

童纯性

西医代表(1名)

乔国楹

中医代表(1名)

张建民

手工业者代表(1名)

应德宏

茶农代表(2名)

方良荣　洪桂楼

安吉县第二届人民代表大会代表名单(134名)

山岭乡代表(3名)

钱兰女　王天有　徐火林

张义乡代表(5名)

白植珍　李明桂　刘廷凤　陈秀裔　邱正基

晓墅镇代表(8名)

肖林俭　杨腊梅　严汉照　乐声岭　俞宪明　陈景阳　苏遗贵　徐觉人

梅溪镇代表(14名)

胡涤若　蒋时亮　施有贵　徐百安　沈永法　汪顺昌　郑令然　沈阿福

汤如如　陈洪宝　余守仁　魏　瞰　王济民　李忠民

昆铜乡代表(7名)

江瑞林　王建泉　蕉有甲　沈正奎　蒋钰英　张有根　王静涛

溪龙乡代表(4名)

弗仁义　张道礼　肖喜枝　陈永康

板桥乡代表(5名)

吕小根　沈有信　洪贵楼　李洪运　高云霞

南湖乡代表(4名)

桂金连　和光耀　俞金龙　华绍庭

三铜乡代表(6名)

余惠林　施政康　李银娣　李文雄　超传兴　韩世瑞

良溪乡代表(8名)

卢发娣　张桂花　汪传孝　方美发　宋传家　王玉亭　俞关松　国守勋

高禹乡代表(9名)

皇甫瑞　胥志卿　宋权民　陈小英　胡其胜　徐云瑞　太政荣　徐爱珍

余永生

三官乡代表(7名)

孙鸿魁　张金娥　郑铭道　吴来庆　胡如芳　彭瑞仙　江桂珍

双建乡代表(8名)

张公木　汪志清　郑志来　蒋福英　胡振太　朱宝兴　陶杏珍　杜培坤

三合乡代表(9名)

毛仁府　王立安　陈安骅　祝瑞香　胡光宁　宋小毛　顾润库　解永品
高继兴

双城乡代表(9名)

卢　竞　汪桂英　胡福寿　王庭鸣　叶文华　陈国良　赵连城　刘玉芬
乔国楹

递铺镇代表(10名)

郑霞静　缪镇长　童炳荣　杨仙佳　朱春宝　叶水法　张建民　童纯性
朱清标　施荣芳

荆民乡代表(5名)

张克昌　童益琴　沈凤珍　姚振民　陈馥堂

邮电局代表(1名)

朱善和

航管站代表(1名)

何立常

专卖处代表(1名)

丁纪妹

保险公司代表(1名)

邱和谐

卫生科代表(1名)

徐光杰

贸易公司代表(1名)

张怀寿

税务局代表(2名)

王德公　许端礼

粮食局代表(1名)

沈家功

人民委员会代表(1名)

刘能之　徐亚瑞

安吉中学代表(1名)

陈延林

专业社代表(2 名)

杨立德　王传中

安吉县第三届人民代表大会代表名单(129 名)

高禹乡代表(9 名)

余永生　华绍庭　蒋伯阳　刘正贵　胥志耶　高明中　徐爱贞　郭杏芝　李家生

张义乡代表(6 名)

国守勋　白植珍　叶　萍　徐光后　陈秀裔　张桂花

良溪乡代表(5 名)

俞关松　周家才　卢发娣　陶阿东　弗秀珍

双城乡代表(9 名)

姜立贤　王德荣　吴光焱　张永如　陈四良　江桂英　叶文华　许端礼　王秀珍

三官乡代表:(9 名)

解荣品　吴静慧　程金贵　胡如芳　张金娥　吴来庆　胡瑞仁　程芝芳　李行德

三铜乡代表(5 名)

郑曰文　吴金生　李银娣　张秀英　楼玉民

三岭乡代表(3 名)

钟水珍　何土根　金松林

双建乡代表(8 名)

俞志庭　蒋福英　陶杏珍　王金忠　胡正太　张连生　朱岳年　楼阿美

三合乡代表(9 名)

杨俊峰　高继兴　英瑞胜　施方正　祝瑞香　宋小毛　张传章　陈安铧　盛洪武

晓墅镇代表(11 名)

舒荣芳　徐觉人　刘信成　陈景阳　姚习清　俞宪明　严汉照　苏遗贵　肖林俭　杨腊梅　乐声岭

递铺镇代表(10 名)

张建民　孙奕明　朱清标　童纯姓　杨仁德　郑霞静　陈乃东　黄永原　董炳荣　凌平扶

荆民乡代表(5 名)

韩秉鸣　张克昌　童学勤　姚振明　杨玉珍

南湖乡代表(5 名)

王静涛　乔四楹　俞金龙　胡光耀　李光珍

昆铜乡代表(8名)

钟元贞　韩世瑞　皇甫瑞　江祥云　焦有甲　郭　明　江瑞林　王占泉

板桥乡代表(4名)

吕小根　赵四荣　高世发　张瑞祥

溪龙乡代表(4名)

肖喜枝　鲁长富　董鹤青　张玉英

梅溪镇代表(19名)

徐百祥　张有生　汤松林　肖德良　蒋时亮　施有贵　徐百安　王济民
金学度　沈永法　吴学云　张阿奎　叶复生　郑令然　魏　瞰　胡涤若
张炳南　汪顺昌　刘玉芬

安吉县第四届人民代表大会代表名单(284名)

章村公社代表(8名)

马来勇　史一平　李岩生　柯衫娥　林旺喜　李自福　刘玉芬　蒋铭显

汤口公社代表(7名)

姚大奶　刘水金　雷宝春　黄志扬　陈伯青　吴臧娥　陈土根

丰城镇代表(9名)

杨　仁　林桂花　王阿毛　蒋培根　吴桂姣　王文彬　凌琢如　郭福迎
王广思

上市公社代表(7名)

沈浩毛　董彩宝　顾炳其　徐之元　倪玲珍　许阿香　卜全松

青山公社代表(6名)

韦杏林　万子林　周根法　蔡金妹　王老四　楼玉民

永太公社代表(8名)

赖　业　姚佑源　龚水根　蒋祖高　陈龙妹　潘竹渲　杨宗仁　叶文玉

西圩公社代表(6名)

黄月英　何贵良　竺之仙　丁根花　华绍文　王春英

姚村公社代表(4名)

刘洪德　王金池　胡孝坤　赵玉林

磻溪公社代表(5名)

金性仁　洪伯顺　马志明　戴炳根　戴春林

双舍公社代表(5名)

姚应财　魏长英　王永昌　陈玉妹　刘春生

报福公社代表(9名)

陈　浩　万土根　金则木　吴小平　罗金妹　何家贵　蔡引娣　王福荣
王美姣

畈山公社代表(9 名)

姚思根　黄朝绿　王银霞　郑道葱　吴致中　徐昌富　郁荣秀　王根发

赵　诚

赤坞公社代表(6 名)

郑福娣　王兴连　王绍刚　章金花　陆惠潮　潘天才

丰城公社代表(8 名)

罗永年　裘忱钧　王水佳　梅才玉　张雅士　诸治中　唐阿忠　俞凤英

下汤公社代表(7 名)

刘振汉　丁有文　王佐根　潘大坤　田炳荣　秦桂香　孟根生

港口公社代表(5 名)

蒋雪柱　程五权　杨菊香　孔庆林　汤光明

山川公社(3 名)

吕济光　杨长友　项享年

山河公社代表(6 名)

范加庆　蒋和锦　徐志贤　童小妹　陆有花　李福林

良溪公社代表(8 名)

乔国楹　皇甫瑞　徐成启　魏居莲　邓志明　叶长胜　刘贻铭　谢安喜

西亩公社代表(6 名)

郑曰文　储芙蓉　邱福娣　沈伯驹　黄伯泉　何友珍

郭吴公社代表(7 名)

吕清善　江普贵　王正年　张春芳　王正明　杨妙金　胡长松

高禹公社代表(7 名)

徐火生　余永生　段英甫　祝国绿　汪海清　丁根娣　胥志卿

南湖公社代表(8 名)

郑瑞林　丁有娣　王家有　何光跃　李光珍　吴国荣　毕兴隆　费秀珍

晓市公社代表(8 名)

吴芳葵　沈加功　谢秋云　李永海　王济民　高世发　乐声岑　徐觉人

昆铜公社代表(7 名)

江瑞林　汪金林　方桂珍　焦有甲　李明远　汤　钧　刘希才

荆民公社代表(10 名)

郑霞静　梁长元　沈凤珍　杨金囡　张宝泉　陈福兴　周陆生　李祝如

汪秀珍　钱金发

梅溪公社代表(9 名)

冯步雯　赵瑞芳　舒荣芳　金莲娣　郑今然　吴洪斗　冷运贵　白植珍

王国政

晓市镇代表(8 名)

梁晋才　陈景阳　杨腊梅　郝永莲　严汉熙　苏遗贵　俞宪明　解荣品

梅溪镇代表(11 名)

叶如槐　张有生　王光奎　徐伯翔　吴学云　胡水珍　张阿奎　张健民
汪顺昌　杨兴年　孟雪艳

双建公社代表(10 名)

刘乃欣　何土根　蒋章荣　朱岳年　李显德　卢立生　沈桂凤　李相民
俞志祥　余志耀

递铺公社代表(11 名)

韩世瑞　张传章　祝瑞香　张文章　毛祥珍　张甫珍　黄金品　王凤娥
沈德法　颜廷尧　丁柏春

塘浦公社代表(9 名)

谢金枝　邵和菊　方照盛　张柳凤　曹惠松　王素珍　姚武成　屈恒亭
周伯寒

递铺镇代表(10 名)

童纯性　金学度　徐伯安　俞月娥　朱清标　高银凤　郭连珍　俞碧君
王荣芳　王幼凤

安城公社代表(13 名)

钦秋芳　王长贵　余元根　张永如　陆炳发　朱吉娣　李进民　叶文华
江桂英　林长松　潘世珍　吴光裕　许端礼

溪龙公社代表(8 名)

张胜林　鲁长富　赵国荣　张玉英　游芳远　陈金娥　杜庆才　敖明国

华丰公社代表(6 名)

欧文盛　俞桂菊　李银娣　尹法荣　楼阿英　张瑞祥

三官公社代表(7 名)

张早娣　潘明生　刘自山　韩成明　邹人龙　刘世凤　邵振新

马家公社代表(3 名)

彭兰珍　胡瑞仁　李阿引

安吉县第七届人民代表大会代表名单(237 名)

递铺镇代表(27 名)

徐志全　王其昌　冯伯泉　胡仁平　邱正基　周文良　叶绍旭　俞碧君
王家苗　梁荣生　周林龙　叶甲申　张复明　沈家功　吴仲华　钱致礽
黄立中　裘爱宝　杨正生　陈伯青　卢继荣　姬传胜　杨　晓　吴春明
李　明　王云山　刘在山

梅溪镇代表(14 名)

臧则云　刘洪才　许秀芬　汤爱国　翁鸿祥　陆守志　李慧斐　徐鹏飞

张建民　谈必贵　何其芳　宇巧珍　朱纪民　仇炳祥

晓墅镇代表(7名)

朱齐国　周　勇　薛长松　陈汉朝　徐法林　李永泉　姚克明

丰城镇代表(15名)

孙其瑞　张国华　沈荣林　金仙灿　马苗凤　张国春　谷忠林　王培民

陈　浩　韦阿平　罗永年　郭友福　尚玉榜　潘大坤　单苗根

递铺公社代表(7名)

徐云祥　张遵强　王梅竹　方成荣　胡星星　赵小毛　何根苗

华丰公社代表(6名)

余志耀　楼阿妹　王天有　冯松林　尹发荣　陈永新

塘浦公社代表(7名)

曹炳达　杨通宝　黄良根　方玲娥　张林法　郑日文　王兴荣

三官公社代表(6名)

何朝贵　王德荣　钟志秀　李发苗　李文娥　李富生

凤凰山公社代表(8名)

徐火林　陈财玉　赵祥昆　卢云土　陈金财　朱岳年　张健联　黄云火

梅溪公社代表(7名)

汪希强　王青云　王太林　李树早　刘玉芬　李昌松　陈明梅

晓墅公社代表(7名)

徐觉人　缪安和　朱长胜　赵　珩　周在会　于顺英　王乐民

溪龙公社代表(4名)

叶树强　马朝德　李发英　杨阿根

昆铜公社代表(6名)

张春香　江祥云　梅金章　诸吉富　童初平　沈阿生

安城公社代表(10名)

吴仕连　邹人龙　李根尧　彭世宁　施其礼　张增荣　李双喜　郑明根

宣九成　陈秀珍

荆民公社代表(3名)

王荣和　彭春兰　黄家谟

山河公社(7名)

洪西凯　杨泽中　金仙苗　胡彩华　陈根利　夏家林　章时强

青山公社代表(3名)

林正佳　李冬宝　王永生

港口公社(5名)

黄光荣　陈天学　王玉瑞　蔡家铭　陈玲珠

山川公社代表(2名)

侯金富　夏晓恒

上市公社代表(7名)

袁永年　李田妹　翁桥荣　江坤寿　李根顺　丁永高　丁邦吉

赤坞公社代表(5名)

王福庆　骆夏林　王梦友　王根善　许开诚

报福公社代表(8名)

朱高明　杨金法　俞金贵　胡彩华　陈　浩　尉阿全　蒋和强　裴登宝

皈山公社代表(5名)

王小宝　沈忠根　王火根　王鸣遥　诸美琴

章村公社代表(7名)

储海林　熊德龙　张声亮　谢安喜　章品山　黄米根　陈锦水

下汤公社代表(5名)

吴　锦　田炳荣　于有莲　王清富　王根富

丰城公社代表(7名)

王瑞华　王生佳　沈文忠　肖火根　王金荣　孙锡周　王光奎

高禹公社代表(6名)

周家财　诸家炳　叶金祥　潘大炤　柏爱珍　姜怀玉

鄣吴公社代表(5名)

鲁小年　许本利　江国胜　储茂云　范建明

南湖林场代表(3名)

袁扬林　杨　良　方锡录

良溪公社代表(5名)

王业成　张连荣　金吉文　吴志荣　张桂花

南湖公社代表(5名)

刘春松　王成才　邵金美　任广凯　邹如意

西亩公社代表(4名)

余幸来　王小香　叶西来　黄文水

永太公社代表(5名)

金逸良　于惠英　季长水　祝月英　施长发

姚村公社代表(2名)

吕济广　蔡惟廷

皤溪公社代表(3名)

金传康　张小英　余炳根

双舍公社代表(4名)

张荷花　孟家长　钟相斌　龚正道

安吉县第八届人民代表大会代表名单(284名)

递铺镇代表(26名)

边卫平　陆连芬　吕济广　杨莉莉　树秀花　俞碧君　叶建平　张健联
王家祥　王培民　孙立权　王柏林　谢秀永　屠雪娟　张礼英　聂怀功
张绮蕴　叶兆旭　俞珍宝　柳　青　徐美丽　刘玉芬　宋金森　闵彩珍
张　缨　吴益天

安吉驻军(3名)

严贵发　章昌贵　潘德洪

康山煤矿(3名)

许金奎　张福明　蔡怀英

凤凰山乡代表(9名)

毛素珍　赵祥昆　俞卫华　袁世渔　袁菊花　卢云土　江秋帆　裘庆荣
卢长宝

南北庄乡代表(6名)

陈永新　徐苗虎　尹德宝　郎成西　王桂林　孙卫珍

三官乡代表(8名)

邹人龙　陈文祥　黄国兴　吴梦林　向明福　鲁孝珊　沈水钰　刘根美

塘铺乡代表(8名)

王以震　马文娣　缪照根　朱元寿　诸正才　王加炘　张银娥　闻云青

丰食溪乡代表(9名)

施立成　杨大法　胡德松　诸小琴　王永和　应阿友　金晓龙　雷小毛
陈国荣

梅溪镇代表(18名)

杨学坤　刘洪才　章彩明　陈炳水　柏阿兰　程根莲　姜国栋　陈如青
韩丽娜　程安鼎　汪　云　王　健　周为民　丁吉军　蒋惠政　龚性白
马永敖　方正洪

梅溪电厂代表(2名)

周宝贵　归兆熙

晓墅镇代表(7名)

章国荣　陈海潮　管必昌　徐伯安　路国群　李永泉　薛长松

梅溪乡代表(8名)

魏厚多　陈道松　王太林　韩前相　卢旦华　何春娣　吕秀芳　竺培跃

荆湾乡代表(4名)

郑福海　杨宪华　周安民　姚英豪

晓墅乡代表(9名)

朱长胜　徐觉人　杨步生　姜柏华　钱水根　卢顺龙　王金荣　陈富珍

杨根法

昆铜乡代表(7 名)

张加德　江祥云　孙法林　孙志明　汤纯豪　邹纪良　刘祥珍

溪龙乡代表(5 名)

刘国富　蔡宝金　肖如年　邬锡根　徐筱萍

安城乡代表(12 名)

王孝荣　叶顺喜　李文传　李文奎　李百云　宋晓方　宋春友　邬庙生
罗桂英　郑安全　郭远有　楼丽萍

良朋乡代表(6 名)

夏涧水　刘春松　康寿琪　刘金根　宋本元　金杜萍

南北湖乡代表(5 名)

王有根　喻金太　胡勤志　张国贞　李光珍

高禹乡代表(7 名)

诸家炳　胡正东　陈公岳　孙水生　李　峰　施月珍　汪其荣

鄣吴乡代表(5 名)

陈羽平　袁秀琴　陈金海　范建明　汪永富

西亩乡代表(6 名)

方学庭　王乃平　马海清　梅长龙　周伯英　丁邦荣

南湖林场代表(5 名)

石宝新　蒋朝倞　王敬礼　袁杨林　应莲凤

杭垓乡代表(6 名)

张焕明　徐人良　戴昌林　朱金贤　雷连根　王金法

磻溪乡代表(4 名)

邵忠宝　余业发　潘公度　张福元

姚村乡代表(4 名)

汪秀林　方年福　俞兰萍　潘苗新

缫舍乡代表(4 名)

王木法　刘发智　朱小苟　沈庆仁

孝丰镇代表(17 名)

葛定位　周小平　黄　彤　张庭三　王根富　邵常惠　王继祥　吴岩福
赵大正　顾银生　姚惜时　谷忠林　马　丹　傅瑞宝　杨自清　张正潮
卢雪梅

孝丰乡代表(8 名)

丁文珍　王光奎　王伦纪　孙锡周　沈慰祖　胡培坤　胡忠辉　陈永高

下汤乡代表(6 名)

张小德　洪甫岩　王清富　田炳荣　周瑞莲　周德土

报福乡代表(10 名)

陈伯青　兰方明　丁木林　陈秋玲　胡珍华　徐序培　高根富　王志福
杨继舜　陈彩珍

皈山乡代表(4 名)

杨　晓　黄世平　薛生康　许祝来

章村乡代表(8 名)

李伯琴　孙云平　李元良　孟国良　周爱琴　袁　浩　阙东娥　雷绍林

赤坞乡代表(7 名)

周松盛　李世忠　潘鸿基　汪玉文　王　冰　许加兴　王蒙友

白水湾乡代表(3 名)

黄少伟　刘明珍　桑玉林

山河乡代表(7 名)

吴春明　杨泽中　陈素珍　曹美容　宋海山　周亚鸿　潘荣华

山川乡代表(4 名)

李建国　朱亚祥　章念生　俞水芳

上墅乡代表(9 名)

江坤寿　尹阿祥　马浩根　袁兴根　黄宣富　朱云佳　丁邦吉　沈冬英
赵　林

港口乡代表(5 名)

马永新　王玉瑞　方水根　王坤贵　陈玲珠

安吉县第九届人民代表大会代表名单(260 名)

直属机关代表(12 名)

陈永新　陈汉潮　吴岩福　吴仲华　张性龙　钱致礽　陆尚元　邹明旺
周志勇　陈　荣　胡　伟　陈妙海

递铺镇代表(13 名)

蔡怀英　张福明　陈雪祥　叶兆旭　刘　皓　张正潮　陆增堃　邱杏英
李积松　范世明　李思勖　徐庆水　周林龙

三官乡代表(7 名)

吴梦林　鲁晓珊　邹人龙　杨自福　吴吉林　黄国兴　洪金莲

凤凰山乡代表(8 名)

李自成　陈桂林　肖金莲　卢云土　裘庆荣　祝芳兰　卢长宝　陈法初

丰食溪乡代表(8 名)

周荣林　陈国荣　沈德法　王秀娣　陈学余　沈端华　张士林　王金龙

塘铺乡代表(8 名)

杨通宝　应成杰　徐有祥　虞国兴　缪照根　王以震　傅继逵　王加忻

南北庄乡代表(5名)

朱德宝　冯越强　徐苗虎　聂金友　郎成西

梅溪镇代表(20名)

毛寒宝　刘洪才　黄阿根　王　健　岳可敬　曾晗晖　杨学坤　金荣庭
董维静　沈阶明　韩丽娜　方正洪　甘庆海　陈永忠　魏厚多　方幼卿
杨学让　高殿宏　黄　勇　黄兆东

溪龙乡代表(4名)

肖如年　周小凤　韩勋龙　邬锡根

安城镇代表(12名)

罗桂英　边卫平　王少元　李成秀　郭远友　李世泽　洪甫岩　金禄荣
许　勇　张金城　王佩玲　李文传

晓墅镇代表(15名)

倪志明　夏高富　任大江　方仁学　许端礼　林妙国　钱松婷　朱长胜
卢顺龙　王乐明　王金荣　姜柏华　夏家林　卢小莲　沈美华

昆铜乡代表(7名)

王开源　杨根法　沈阿生　谢锦男　林崇逊　朱双凤　诸崇祥

荊湾乡代表(6名)

美喜英　周志斌　万顺宗　周安民　桂安心　赵万清

良朋乡代表(8名)

刘春松　康寿琪　余建国　董才宝　沙金贵　曹素珍　宋本元　杨仁义

南北湖乡代表(6名)

王有根　唐兆花　杜修清　龚国富　陈文祥　杜培英

鄣吴乡代表(5名)

陈羽平　裘明发　陈金海　范建明　汪和平

高禹乡代表(7名)

诸家炳　陈泽亮　胡其昌　陈公岳　孙惠宝　施月珍　胡正东

西亩乡代表(5名)

王乃平　方学庭　梅长云　温安仁　黄金富

南湖林场代表(6名)

王其中　石利华　孙加校　黄国钧　宋富强　梅洪金

孝丰镇代表(19名)

丁忠法　王复庆　王伦继　胡培坤　魏永富　王忠校　王惠祥　万云镇
张德娣　孟国良　洪兴林　杨泽中　张如生　王继祥　赵大正　王光奎
郭忠阳　王秀华　童民乐

下汤乡代表(5名)

刘双金　周德土　周世定　张小德　徐志英

畈山乡代表(4名)

傅代顺　项治佩　张金华　孙贤华

赤坞乡代表(6名)

高　峰　王　冰　王阿毛　金玉成　胡雪平　李必林

报福乡代表(9名)

陈彩珍　雷玉春　丁木林　徐序培　尉阿金　郭达昌　赵海清　陈绍春　黄禹成

章村乡代表(8名)

方文龙　郑贵清　崔双根　李元良　沈潜法　张明旺　王春福　黄米根

杭垓乡代表(8名)

宋海贤　章好珍　方　正　汪宝东　章炳生　马开华　徐有娣　王根富

缫舍乡代表(4名)

何招根　水厚明　王木法　孟新发

磻溪乡代表(3名)

张建国　余业发　吴　行

姚村乡代表(3名)

李国利　俞兰萍　王坤政

上墅乡代表(9名)

王苗道　沈冬英　袁新根　王小祥　王志福　张苗忠　陈伯青　张声荣　姜望钊

白水湾乡代表(5名)

王法根　王瑞福　陈光荣　杨路侠　应钦强

山河乡代表(7名)

翁维申　牟月娥　鲍焕斋　吴经奎　谢初西　宋海山　陈根元

港口乡代表(5名)

马永新　徐海良　方水根　王曰明　张康全

山川乡代表(3名)

竺志良　赵建平　史水琴

安吉县第十届人民代表大会代表名单(280名)

递铺镇代表(27名)

张正潮　陈汉潮　何锡其　吴仲华　姚博初　钱致礽　周志勇　袁　浩　王元松　周金火　唐焕良　王金根　任金娥　陈妙海　潘有观　张福明　方金林　章桂仙　严新华　吴岩福　陆增堃　彭阿祥　唐世麟　喻家增　马友根　陈逸民　柴志良

丰食溪乡代表(8名)

陈国荣　陈能华　郑国顺　童初平　王金龙　张洪法　徐秋生　汤玲娣

凤凰山乡代表(8 名)

桑玉林　卢云土　李若金　何贵良　陈法初　卢长宝　李荣兴　陈吉良

南北庄乡代表(6 名)

胡正东　吴向明　王国良　徐苗虎　吴金龙　张汝昌

三官乡代表(7 名)

缪照根　洪金莲　鲁孝珊　陈高华　邹人龙　杨志清　塘松木

塘浦乡代表(8 名)

潘桂林　邵　宝　周永根　何小凤　杨通宝　何云仙　潘德泽　徐裕华

梅溪镇代表(23 名)

杨学坤　毛寒宝　陈永新　刘国平　王　健　汤爱国　黄阿根　李旺根
路竹叶　董维静　程根莲　程安鼎　蒋芸源　方正洪　张荣德　王青云
甘庆海　桂本元　徐金根　韩前相　吴阿凤　黄　勇　金纪元

荆湾乡代表(6 名)

毛金明　程康华　朱长胜　章文宝　姚英豪　万顺宗

晓墅镇代表(16 名)

任大江　倪志明　夏高富　丁祖江　李永泉　林妙国　刘训平　卢顺龙
王乐民　王金荣　何光富　李德喜　黎德祥　马善新　卢小莲　夏家林

昆铜乡代表(8 名)

汤纯豪　张福才　朱如楠　谢锦男　王开源　朱明金　李金祥　王法娥

溪龙乡代表(5 名)

刘桂山　詹修安　周小凤　孙文江　郧锡根

安城镇代表(12 名)

张七金　罗荣提　周彩芳　黄庭国　张德运　王赟胜　张丰年　郭远友
王允昌　郑兴明　戎冬生　李文厚

南北湖乡代表(6 名)

王成才　张根喜　潘玉镜　赵家裕　李明春　唐兆花

良朋乡代表(8 名)

康寿琪　董才宝　余建国　汪德胜　叶长胜　邱立贵　张金凤　杨仁义

西亩乡代表(6 名)

王洪潮　胡　伟　王乃平　丁处水　丁长法　黄金富

鄣吴乡代表(6 名)

邱其良　陈羽平　裘明发　王柏林　孙五四　邹明旺

高禹乡代表(7 名)

方学庭　吴怀朝　吴世珍　周学安　诸家炳　姜洪祥　施月珍

杭垓乡代表(9 名)

张小德　余　强　郭忠良　胡超群　汪宝东　俞新民　王金法　周森林

魏小毛

磻溪乡代表(4名)

李国利　余业发　项炳清　陈文祥

姚村乡代表(3名)

陈天明　俞兰萍　潘贵清

缫舍乡代表(5名)

曾庆山　孟新发　张荣梅　梅立春　钟相文

孝丰镇代表(22名)

孟国良　邹水凤　叶参生　蒋位超　蔡益炎　魏永富　王惠祥　王忠校

王昌年　洪兴林　童民乐　王继祥　张如生　蒋小龙　姚越健　赵明明

丁忠法　郭忠阳　陈养玲　王秀华　冯玉泉

下汤乡代表(5名)

李志根　刘双全　周德土　施国荣　徐志英

报福镇代表(9名)

沈潜法　陈彩珍　雷宝春　丁木林　徐序培　尉阿金　胡珍华　陶紫南

李宗喜

章村乡代表(8名)

赵田庄　王水根　雷绍林　叶文玉　李之良　张旺民　李苗荣　张水根

皈山乡代表(6名)

曾贵昌　华亚青　张金华　孙君华　张光林　肖金莲

赤坞乡代表(6名)

张永生　刘协秉　王阿毛　陈根水　周小平　高　峰

白水湾乡代表(4名)

胡建生　黄德荣　蔡贤新　邱洪义

山河乡代表(7名)

俞仙正　徐树春　谢初西　应荣富　章时强　鲍焕斋　李帮其

上墅乡代表(9名)

黄宣富　邱森苗　袁兴根　沈东英　王小祥　吴金钱　陈伯青　姜望钊

李苗芳

港口乡代表(6名)

张金水　陈志根　王美凤　方水根　竺跃根　吴长根

山川乡代表(4名)

卢成宝　杜爱香　周杏根　戚才祥

南湖林场代表(6名)

马树平　支洪芳　田佰平　池化义　宋富强　谢仲明

安吉县第十一届人民代表大会代表名单(297名)

递铺镇代表(31名)

陈吾根　章桂仙　卢惠英　张正潮　曹彩娥　崔双根　邱杏英　唐世麟
喻家增　董国能　王柏林　马根法　张吉祺　陈久生　周树荣　陆增堃
钱致礽　姚博初　任金娥　郑兴军　章晓梅　杨路侠　汪长生　赵云中
路国民　吴春明　何浩培　吴哲勇　何锡其　汤立楣　张天玉

丰食溪乡代表(9名)

胡宝金　谈月明　夏长林　王美凤　方金连　殷贤林　凌小苟　童初平
周荣林

凤凰山乡代表(8名)

李训卫　毛素珍　吴仲华　李令法　李若金　邓又新　蔡森荣　黄志明

南北庄乡代表(7名)

郎成西　张荷花　俞跃龙　许建平　冯越强　吴向明　胡正东

三官乡代表(8名)

王桂林　徐伟民　柴培良　周承义　盛国民　杨林根　王继祥　鲁孝珊

塘浦乡代表(17名)

黄国兴　何云仙　蒋　葵　邵　宝　周泽元　潘桂林　闻云青　陆吉福
金利勤　高相增　陈永新　李进民　杨学坤　王阿毛　吴国本　李旺根
王则文

梅溪镇代表(22名)

路竹叶　许传忠　宇巧珍　程安鼎　厉和民　陆文忠　刘忠敏　王青云
罗绍权　谈立德　周乾坤　路国平　陈仁义　黄兆东　陈百良　程康华
朱长胜　章文宝　赵万清　杨根法　尚东林　龚国富

晓墅镇代表(17名)

李永泉　罗小福　夏高福　钱乐乐　汪力群　桂根娣　郑新华　王乐民
刘桂山　李永祥　张金华　黎德祥　马善新　卢小莲　任大江　杨茂坤
黄　勇

溪龙乡代表(5名)

宋有田　叶树强　严柏松　叶德宝　杨步生

昆铜乡代表(8名)

陈巧林　姜国栋　王开源　董洪潮　张宝林　钱早云　肖其成　周重凯

安城镇代表(12名)

汪申华　王允昌　张七金　刘刚强　郑兴明　吴岩福　蔡如意　方木金
郑吉潮　杨宪华　樊应荣　刘水萍

孝丰镇代表(24名)

孟国良　叶参生　邹水凤　蔡益炎　程东英　王惠祥　王昌年　王忠校

洪兴林　胡炳福　张如生　金福根　朱利顺　王志红　姚越健　王晋献
朱寿昌　高志平　吴伯庆　周厚积　王秀华　陈养玲　张孟华　李伯琴

皈山乡代表(4名)

李志根　朱文龙　徐冬英　陆为民

赤坞乡代表(7名)

赵海清　黄世平　周小平　王根芳　吴小敏　应国平　郑水仙

下汤乡代表(6名)

吴小贵　洪甫岩　曾桂昌　朱阿明　施国荣　徐兴南

报福镇代表(10名)

兰木青　沈潜法　陈彩珍　黎志贵　王永芳　汤罗佳　徐序培　吴永宁
胡忠辉　陶紫南

章村乡代表(8名)

赵田庄　卢成富　肖金莲　雷绍林　林世祥　李元良　张旺民　李苗荣

南北湖乡代表(6名)

陈祥平　吴志荣　何明星　俞文斌　邓水苗　王志秀

鄣吴乡代表(7名)

杨家良　查　卫　毛双六　江小毛　方五九　王金莲　范建明

西亩乡代表(6名)

王长明　胡　伟　黄培林　丁处水　任贵荣　黄金富

良朋乡代表(9名)

将本有　戚才祥　钱元明　余建国　姜旭珍　汪德胜　笪竞超　杨仁义
方和云

高禹乡代表(8名)

吴怀朝　邹明旺　陈泽亮　朱雨青　沈军玉　陈甫和　刘春松　李乐平

缫舍乡代表(5名)

王庆有　田桂平　陈秉良　费罗坤　陈贵清

杭垓乡代表(9名)

余　强　徐青芳　绕新星　汪保东　吴建平　陈国强　韦志龙　魏小毛
张建国

永和乡代表(8名)

陈科元　范胜云　王忠平　陈天明　吴双龙　陈山林　胡剑英　宿卫平

天荒坪镇代表(11名)

李建国　吴林根　翁廷秀　应荣富　谢初西　姚建国　程年珠　方立立
张金水　汪士才　陈宝生

港口乡代表(6名)

王阿芳　王建平　李建华　胡建生　张锡荣　施锡财

山川乡代表(4 名)

施惠琴　朱青云　潘工武　吴明芳

上墅乡代表(9 名)

王九林　张宝旺　袁新根　王小祥　吴金钱　黄宣富　王志强　陈伯青
李苗芳

南湖林场代表(6 名)

应忆航　夏兴明　马树平　涂小迪　谢仲明　陈如伟

安吉县第十二届人民代表大会代表名单(222 名)

递铺镇代表(36 名)

周和民　陆为民　马友根　李令法　朱彩芳　潘工武　陈学余　姚国强
吕文才　范志平　张明星　黄根生　陈爱荣　钱致礽　毛利林　章桂珍
许佳余　张锡梅　孙水娣　毛秋华　唐世麟　张书启　王新良　李　歆
王金龙　姚良根　桂安心　董才宝　龚有明　路国民　何继乔　余　强
朱利顺　吴志明　王急雨　胡爱群

凤凰山乡代表(6 名)

李训卫　肖金莲　蔡胜荣　龚国富　王洪潮　方连珠

南北庄乡代表(5 名)

胡雪平　陆根发　聂金友　叶根木　曾美凤

三官乡代表(5 名)

张金水　王余庆　钱卫星　王岗连　洪金莲

塘浦乡代表(6 名)

董洪潮　崔双根　夏建民　朱朝勤　宓苗荣　张福金

梅溪镇代表(22 名)

徐长喜　徐扬坤　潘世良　杨根法　赖建强　陈文来　李树义　李美红
刘　志　刘冬玖　柳木根　陈华民　后建强　赵新明　金利勤　陆文中
许传忠　姚锦友　李旺根　易国文　茅吴昆　郑明珠

晓墅镇代表(12 名)

李永泉　汪建林　舒国平　徐永明　杨步生　徐永发　夏贤发　缪有立
费建荣　王　勤　周天平　陈家富

昆铜乡代表(6 名)

任大江　姜国栋　陈巧林　赵德明　韦勇杰　王安心

溪龙乡代表(4 名)

施安龙　王志进　严柏松　胡建生

安城镇代表(9 名)

刘根法　任大能　吴岩福　程三腊　刘刚强　刘水萍　陈　荣　田忠根
戴春荣

南北湖乡代表(5 名)

刘水华　李晓明　何明星　胡国良　徐世明

良朋镇代表(5 名)

曾庆山　戚才祥　汪国顺　黄志祥　陈德清

西亩乡代表(5 名)

陈炎青　丁丽枝　钟建明　徐洪金　董毓芳

郭吴镇代表(5 名)

干永福　吴双龙　罗金寿　王光红　朱有云

高禹乡代表(6 名)

戴正华　叶德宝　彭改英　沈军玉　谢诗祥　叶　飞

南湖监狱代表(3 名)

钱章鸣　冯　健　王恩林

杭垓镇代表(6 名)

邵忠宝　吴聿明　任志明　陈永进　胡正坚　尹长根

永和乡代表(4 名)

徐人良　王维宝　张培新　张汉夫

缫舍乡代表(4 名)

陈天明　冯越强　王庆友　陈桂清

孝丰镇代表(18 名)

叶参生　杨六顺　章荣福　沈少屏　蔡益炎　王昌年　王惠祥　徐永方
孙铭临　洪兴林　张福英　蒋文彬　宋荣堂　汤徐阳　吴钧强　周厚积
王秀华　陈养玲

下汤乡代表(5 名)

黄先国　宋兴岳　周世定　洪甫岩　黄文德

报福镇代表(7 名)

池建华　徐序培　陈宝良　陈彩珍　韦冬宝　黄贵明　戴树根

章村镇代表(6 名)

赵田庄　朱方基　李仁德　张刚星　李元良　章银良

皈山乡代表(4 名)

王开成　张孟平　沈新勇　李香莲

赤坞乡代表(5 名)

马洪飞　刘　飞　应国平　孟国良　胡道珍

天荒坪镇代表(8 名)

蒋小龙　程年珠　王瑞福　俞传信　潘明池　汪玲芳　毛家林　陈宝生

上墅乡代表(6 名)

王九林　钱坤方　黄宣富　朱微微　王志强　洪月初

港口乡代表(5 名)

王阿芳　张锡荣　盛可勇　汪士才　诸明亮

山川乡代表(4 名)

竺志良　施炳良　沈银娥　谢月祥

安吉县第十三届人民代表大会代表名单(232 名)

递铺镇代表(74 名)

方连珠　何荣根　李令法　肖金莲　楼刚强　方　军　陈新龙　陈锡旺
侯献荣　马友根　尹德宝　冯越强　聂金友　竺正祥　夏祥忠　朱学明
吴向明　严晓福　张明星　王岗连　杨汉孝　王纯刚　周泽元　王官仁
陆为民　黄学熙　方成荣　朱康永　李洪顺　夏建民　陈晓春　黄先国
成　峰　吴国仁　沈　亮　施连平　夏双林　周　云　王卓良　陈爱婷
冷明贵　丁丽枝　方立祥　郑兴明　王振宇　杜国华　王恭平　范和中
吕文才　朱朝勤　李志德　郑云法　胡国良　刘和平　黄先贵　王水凤
张　敏　巴卫珍　邱景奇　沈乐学　陈贤琴　邵常惠　高红云　吕卫兵
唐世麟　王新良　童达吉　汪秋鸿　陈建华　童初平　胡　伟　郑继农
李　刚　俞建英

梅溪镇代表(31 名)

朱仲华　陈华民　夏贤发　黄跃进　刘树林　朱国炎　伍水荣　林运森
蒋水珍　沈美龙　周天平　李树意　魏益兴　赵新明　黄常明　刘有珍
李建华　孙荣娣　陈显永　潘建平　申屠荣法　王美珍　舒国平　王　平
朱翠玉　朱芬兰　陈永凯　宋建平　潘月株　江文峰　章宣军

昆铜乡代表(8 名)

刘　军　徐兴南　周小平　赵德明　毛金明　江铭新　周重凯　黄　勇

溪龙乡代表(5 名)

严柏松　叶海珍　方忠华　张锡荣　徐建初

良朋镇代表(12 名)

吴　洁　汪国顺　俞立安　刘吾乐　黄建勋　吴朝春　何长发　劳红武
徐洪金　董毓芳　梁为民　万尧平

南湖监狱代表(3 名)

钱章鸣　冯　建　黄慧芳

高禹镇代表(9 名)

何顺喜　王红根　彭改英　陈秀青　梅梓华　刘书琴　江新燕　方顺元
刘益国

鄣吴镇代表(5 名)

万爱梅　王光红　吴双龙　朱有云　韩建忠

杭垓镇代表(6 名)

杜小华　莫新民　唐　华　项刚华　陈勇进　吴聿民

永和乡代表(7 名)

楼钱荣　梁发苗　杨路侠　徐四维　徐和义　卢启祥　曾庆山

缫舍乡代表(3 名)

蒋先敏　张英才　薛生和

孝丰镇代表(28 名)

石明章　叶理中　徐人良　周世定　秦道成　裘三根　唐加根　许立新
黄根凤　王昌年　王惠祥　沈铭权　孙铭临　陈必正　周遂明　詹建平
汤豪杰　王贵荣　竺建根　傅　霞　程金兰　李慧英　谢立莉　赵西民
张福才　周树荣　黄阿五　蔡益炎

报福镇代表(8 名)

朱青云　陈彩珍　胡忠辉　张建乐　黎志贵　严建明　李培祥　姚秀贵

章村镇代表(8 名)

高启生　楼金桥　胡正坚　王根元　郑金虎　蒋立球　章银根　崔双根

皈山乡代表(3 名)

赵子云　王金良　张金华

天荒坪镇代表(12 名)

宫　华　任大能　吴林根　夏秀娥　俞传信　楼　亮　王加根　褚明亮
王建平　孙　松　钱坤方　张培新

上墅乡代表(6 名)

张惠玲　丁满英　王九林　马小勇　鲍俞林　杨培法

山川乡代表(4 名)

吴毅能　张吉祺　陈水木　刘阶庆

安吉县第十四届人民代表大会代表名单(232 名)

递铺镇代表(77 人)

方连珠　何荣根　王振宇　李令法　楼刚强　方玉成　陈锡旺　施振高
马有根　王卓良　汪士财　聂金友　温兴元　王国梁　张月伟　夏祥忠
吴向明　柴玖英　李诗武　陶建军　潘元清　杨汉孝　喻晓鸣　鲁健民
赵怀君　王官仁　王玉根　金良生　郑国顺　郭吉成　涂正良　李洪顺
杨长海　李亚财　王武良　吴国仁　程有平　夏双林　施连平　任　烽
周道财　冷明贵　金明义　徐礼明　杨绍军　王赟胜　童初平　杜国华
严海嫣　周和民　李志德　郑云法　郑信荣　王国朝　吕文才　祝海燕
张加勇　姚良才　陈贤琴　周德勇　陶爱英　周智红　方钦江　胥雪萍
陶文娟　潘永林　乐叶都　马珠莲　王新良　童达吉　吴向武　陈建华
董荣珍　郑伟中　樊华成　刘正林　王贵荣

梅溪镇代表(31 名)

伍水荣　朱国炎　任元琳　黄常明　吴文林　沈群娣　李建华　饶久福
黄跃进　林运森　周小平　王列兵　刘金娥　李小四　苏湘琴　张安龙
林长根　张镇洋　舒国平　潘月株　孙　颖　朱承强　李伯来　江文峰
江雅莉　汪秋鸿　郑继农　张利民　林炳毅　朱永恒　蒋水珍

溪龙乡代表(4 名)

万爱梅　张惠玲　方忠华　严柏松

昆铜乡代表(7 名)

毛如庆　黄友花　陈法友　郑继学　周重凯　江铭新　梁瑞荣

良朋镇代表(11 名)

王凌峰　汪国顺　黄志祥　孙　松　邱立兆　吴朝春　郑安全　单锦炎
康洪亮　舒朝芳　陈作云

高禹镇代表(11 名)

胡卫红　杨东霞　杨景来　何顺喜　韩金苗　王　树　刘建国　刘智建
孟建洲　陈秀青　周雪逵

南湖监狱代表(3 名)

王文彬　施志仁　黄慧芳

鄣吴镇代表(4 名)

韦文生　陶紫正　王光红　张国胜

杭垓镇代表(15 名)

李建人　张传杰　张为华　徐兴南　张建仁　杨通才　卢梅花　徐四维
王金水　刘苗根　吴聿明　杨荣强　杨烈民　朱　琳　程水珍

孝丰镇代表(28 名)

周遂明　余水龙　黄映红　陈苗根　王阿毛　唐加根　程品良　林荣根
杨忠义　赵西民　吴伟东　江正瑞　金朝鑫　王付华　王财华　刘宏伟
王宇平　谢立莉　程金兰　孟国良　陈秋玲　陈秀芳　李晓良　张华忠
章安民　吴烈虎　杨路侠　陈天顺

报福镇代表(8 名)

宋焕新　吴星星　张建乐　陈彩珍　严建明　黎志贵　程　平　陈文渊

章村镇代表(7 名)

吴旭东　胡正坚　章银根　吴西良　王根元　朱叶青　罗绍鸿

皈山乡代表(4 名)

胡美丽　崔双根　郎有富　马武明

天荒坪镇代表(10 名)

韩树根　卢力明　陈华民　袁亚玲　翁廷秀　俞传信　卢琴芳　王建平
杨福良　王秀耀

上墅乡代表(7名)

戴先才　范水宝　唐中祥　王九林　沈长明　鲍俞林　施根祥

山川乡代表(5名)

陈方良　殷志龙　张吉祺　陈水木　赵奔月

安吉县第十五届人民代表大会代表名单(233名)

递铺镇代表(72名)

王江林　何荣根　陈亚军　胡美丽　楼刚强　朱学星　陈锡旺　李亚财
王国朝　邵洪基　周盛东　涂正良　丁　毅　鲁健民　江　斌　施纪法
李诗武　彭建伟　乐叶俊　温兴元　李晓林　吴德强　王官仁　胡森水
涂苏浙　程有平　刘刚强　冷明贵　陆为民　朱　兵　张康钱　王世新
田忠根　徐存林　朱仁斌　罗绍鸿　曾美凤　吴向明　柴久英　肖家青
谷卫强　张志龙　高成虎　徐建荣　钟正星　姚良才　陈建华　郑云法
严海嫣　周和民　马友根　胡益法　周　全　周智红　夏　旦　樊锡宏
叶　锋　陈贤琴　方钦江　陶爱英　张　敏　张加勇　郑　敏　方　莉
史艳红　李建华　王卓良　陶文娟　王　琳　吴向武　郭忠良　樊华成

梅溪镇代表(25名)

李志能　汪钟鸣　黄石祥　王传根　张利民　黄跃进　林炳毅　郑继农
魏益兴　李建华　张秋生　卢成宝　刘民祥　黄益丽　伍水荣　沈建国
沈群娣　刘金娥　姜　平　王美珍　舒国平　沈　渊　戴建国　江雅丽
陈　胜

昆铜乡代表(9名)

周小平　赵德忠　管永丰　黄友花　陈法有　郑继学　周重凯　汪庆意
王显林

溪龙乡代表(5名)

单锦炎　孙　莉　干永海　邬士林　杜传义

良朋镇代表(12名)

梁为民　汪国顺　张美容　林天标　张斗志　刘武乐　邬如锦　董宝华
肖汪水　罗民钢　华兴民　夏毓富

高禹镇代表(15名)

王红根　胡卫红　陈良田　徐树成　卞贤喜　李更正　黄慧芳　陈秀青
姚海康　韩金苗　王一明　谢裕宏　张　敏　钱　伟　施志仁

鄣吴镇代表(6名)

王　怡　陈小龙　韦文生　王光红　徐建国　朱有云

杭垓镇代表(18名)

周晓杨　俞兰萍　项用明　梁仁芬　吴国富　张　超　潘建刚　吴国兴
梅明星　刘雪琴　王有富　何红明　宣加强　杨希洲　黄先国　龚继生

何存根　张亚芬

孝丰镇代表(23 名)

李晓良　黄根凤　何承明　窦长胜　张传杰　华金宝　黄映红　石明章
王宏光　叶国平　赵西民　俞立松　金朝鑫　元伟人　林荣根　程品良
马志斌　黄月明　陈秀芳　程金兰　胡彩芳　王小刚　王立力

报福镇代表(9 名)

王爱民　罗学良　戎露波　张世根　陈彩珍　陈龙标　杨忠勇　程　平
李广宇

章村镇代表(9 名)

孙　松　朱叶青　雷红琴　王长林　程和平　杨存贵　陈文渊　杨建超
周汉龙

皈山乡代表(5 名)

杨路侠　王直一　周立智　林　君　蔡生荣

天荒坪镇代表(11 名)

王　树　吴林根　翁建林　陈华民　俞传信　徐　伟　方庆华　楼云珠
盛文明　丁建生　凌云海

上墅乡代表(9 名)

王九林　楼培德　王红缨　沈长明　鲍亚红　李苗松　范水宝　朱丽英
梁蕴伟

山川乡代表(5 名)

汪金明　高安兵　笪百祥　赵奔月　麻江云

安吉县第十六届人民代表大会代表名单(233 名)

递铺街道代表(35 名)

陆为民　余云颖　吴玑南　裘丽琴　郑火明　温兴元　贺胜平　毛金标
李　霞　林月华　崔百顺　雷雪芳　刘有才　张康钱　韩寨琴　程有平
田忠根　汪小华　莫　骄　曹　勇　蔡风华　施海燕　黎逢林　曾云峰
周利群　王国朝　江　斌　鲁健民　周哲敏　娄云红　李升阳　王江林
傅世泽　顾小宝　陆卫东

孝源街道代表(6 名)

陈　章　徐正军　马家斌　沈　洁　周盛东　黄承文

昌硕街道代表(33 名)

吴佩勋　胡阿毛　卢　英　吴智敏　丁自云　廖水琴　王少玮　陈亚军
陈贤琴　胡惠芳　肖秋萍　周智红　方钦江　李建华　符海滨　叶浩进
巴卫珍　杨　曾　楼亚芳　方　旦　王秀清　张　敏　朱小平　夏建强
郑　敏　夏　旦　严　铁　沈国梁　胡益法　许芳田　章健勇　冷明珠
黄卫琴

灵峰街道代表(9名)

张加勇　鲍高峰　叶鸣岗　施　霞　俞伟国　俞亚琴　李亚财　朱新平
钟正星

梅溪镇代表(31名)

李文星　何明华　张利民　沈　琪　张吉林　马洪亮　沈永甜　林炳毅
刘粉义　胡亚泉　沈群娣　缪平水　汪庆意　陈双龙　唐朱阳　冯爱萍
黄益丽　舒国平　章军平　孙爱江　楼　军　沈芳君　何春香　谢传超
熊志明　钱　群　杨彩梅　王显林　江利勇　何　君　郑文虎

溪龙乡代表(6名)

杨新初　刘小洁　唐宝城　韩金苗　李云峰　黄定瑞

天子湖镇代表(25名)

陈永华　谢连贵　尹碧锃　包成义　邓水苗　夏元凤　胡朝阳　卞贤喜
宋惠琴　叶贤锋　刘世传　胡卫红　李新武　张斗志　王宏之　程双凤
马长友　钱公平　董毓芳　王　梅　程益欢　毛自树　卢　方　张光胜
张　敏

鄣吴镇代表(7名)

黄先国　张　超　徐建国　黄潮洪　张　慧　唐爱菊　徐存林

杭垓镇代表(18名)

赵德清　胡红芳　史　英　夏　丽　吴国欢　俞兆松　谭丽丽　程传法
潘建刚　邵纪清　罗书霞　赖大东　肖开东　魏　韦　梅明星　何伟锋
宣加强　何红明

报福镇代表(9名)

王爱民　贺　苗　高前进　王　兵　高彬波　戴　艺　周　颖　程　驰
朱爱玲

孝丰镇代表(21名)

吕　立　肖家青　祝　青　赵西民　赵森华　杜培生　潘如忠　杨旺清
莫荣平　蔡明玉　周丽平　谷炳方　王宏光　施　宏　沈　利　刘旭国
马志彬　裘卫星　尉黄富　谢慧芳　王海燕

章村镇代表(8名)

俞立安　吴仕荣　唐春燕　叶　安　程和平　王金土　盛琦丽　章本建

天荒坪镇代表(11名)

沈铭权　郎文火　翁建林　夏中金　邵林峰　盛文明　朱泽明　游如珍
林立辉　边月明　章春霞

上墅乡代表(8名)

梁蕴伟　康锡刚　卢永琴　张国栋　蔡松鹤　徐　勇　施根祥　肖建忠

山川乡代表(6名)

孙　松　周　挺　费美红　鲍亚红　吴丹妮　朱　毅

第二章　代表大会

安吉、孝丰两县第一届人民代表大会每年举行2次大会，从第二届起每年举行1次大会。举行大会前先召开预备会议，预备会议选举大会主席团和秘书长，听取代表资格审查委员会关于代表资格审查报告或代表变化情况报告，划分代表团，通过执行主席分组名单，通过有关组织成员名单和会议议程，以及制定议事规则等。大会主席团推选主席团常务主席，决定副秘书长人选。县人民代表大会会议由主席团主持，人民代表大会每次会议均举行若干次全体会议，听取和审议有关工作报告和有关提交会议审议表决的议案报告及说明，对重要事件作出决定、决议，选举产生县级国家机关工作人员，审议通过各项工作报告。会议期间安排若干次代表团活动，审议有关工作报告和讨论酝酿有关事宜。

第一节　历次会议

1954年7月至1966年5月安吉县历经6届县人民代表大会，召开县人民代表大会12次。孝丰县召开县人民代表大会6次，1958年11月并入安吉县。1966年“文化大革命”开始后，地方各级人民代表大会不能依法召开会议，县人民代表大会停止活动。1981年7月县第七届人民代表大会第一次会议至2020年5月县第十六届人民代表大会第四次会议，历经10届，召开县人民代表大会40次。

第一届县人民代表大会　安吉县召开4次会议，会址在梅溪；孝丰县召开3次会议，会址在城关。

安吉县第一次会议　1954年7月16日至20日举行，出席代表94人。会议讨论《中华人民共和国宪法(草案)》；听取和审议县人民政府《过去一年(1953年下半年及1954年上半年)来工作情况和今后任务的报告》；审查和批准县人民政府《关于1954年财政预算(草案)的报告》，并通过相应决议；向毛泽东主席、中国人民解放军、中国人民志愿军、浙江省人民政府谭主席分别致电，向全县烈军属、转业军人、复员军人发慰问信；选举产生出席省首届人民代表大会代表。

附1:向毛主席致敬电

敬爱的毛主席：万岁！

我们浙江省安吉县首届一次人民代表大会于1954年7月16日隆重开幕，经过五天会议，已于今日胜利闭幕。

这次会议，在充分发扬民主的基础上，总结了我县一年来的工作，确定了全县人民今后的任务，并选出了出席省首届一次人民代表大会的代表。

会议中，全体代表带来了全县人民对您——我们敬爱的领袖的无限感激与爱戴的心情。全体代表深切感到，我县一年来各项事业的巨大成就，人民的经济、文化生活的改善和提高，这主要是由于您及中国共产党的正确领导，是在总路线的光辉照耀下而获得的。对于新中国在您的英明领导下，展开了大规模的经济建设的光明前途，我们感到无比兴奋、光荣。

我县地处杭嘉湖水稻丰产地区，因而更要坚决地担负起光荣的建设任务，我们向您保证：永远牢牢地记住您的指示，坚决贯彻总路线，开展以互助合作为中心的农业增产运动，生产更多的粮食和工业原料，以支援国家的社会主义工业化；争取在1957年达到全县基本合作化，为建设我们伟大的社会主义国家而努力。

我们谨代表全县十万人民，向您，向中国共产党中央，向中央人民政府，致崇高的敬礼！

浙江省安吉县首届一次人民代表大会全体代表

1954年7月20日

附2：向中国人民解放军致敬电

中国人民解放军朱总司令并转全体指战员同志们：

我们浙江省安吉县首届一次人民代表大会隆重举行并于今日胜利闭幕了。我们一致认为：我们安吉县一年来各项工作所获得的巨大成就，是与中国人民解放军的英勇斗争分不开的，你们保卫了祖国社会主义建设事业，保卫了世界和平，当会议胜利闭幕之际，我们谨代表全县人民向你们致以衷心的敬意和感谢！

目前美帝国主义还威胁着祖国的安全，我们誓以继续贯彻总路线，争取农业生产丰收，多打粮食，支援国家的社会主义工业化，以巩固国防，更加做好拥军优属工作等实际行动来作你们的后盾，为保卫与建设我们伟大的祖国而奋斗！

中国人民解放军万岁！

毛主席万岁！

朱总司令万岁！

浙江省安吉县首届一次人民代表大会全体代表

1954年7月20日

附3：向中国人民志愿军致敬电

中国人民志愿军彭总司令员并转全体指战员同志：

我们浙江省安吉县首届一次人民代表大会代表，谨代表全县人民以无限热忱向你们——在抗美援朝斗争中建立了伟大功勋的光荣可爱的中国人民志愿军致以崇高的敬意！

我们势必加紧社会主义建设和社会主义改造事业，全力支援你们。谨祝你们在帮助英勇的朝鲜人民重建和平生活中，在坚决遵守停战协定，提高警惕，防止敌人的任何袭击和破坏活动斗争中，获得更大的胜利！

浙江省安吉县首届一次人民代表大会全体代表

1954年7月20日

附4:致全县烈属、军属、转业军人、复员军人的慰问信

全县革命烈士家属、革命军人家属、转业军人、复员军人同志们:

我们安吉县首届一次人民代表大会经过五天时间已胜利闭幕。我们深刻体会到,一年来,在毛主席、中国共产党和中央人民政府的领导下,各方面工作都取得很大成就,这些成绩都和中国人民解放军和中国人民志愿军英勇保卫祖国和平与安全分不开的。

我们深切地关怀着你们,全体代表在会议上热烈地讨论了优待抚恤和慰问你们的事情,将号召全县人民以最大的努力来做好对你们的优抚工作。这是全县人民的意志,也是全县人民的责任。

当大会胜利闭幕之际,我们谨代表全县人民,向你们致以最热烈而亲切的慰问!

浙江省安吉县首届一次人民代表大会全体代表

1954年7月20日

附5:致浙江省人民政府主席谭震林电

浙江省人民政府谭主席:

安吉县首届一次人民代表大会已于今日胜利闭幕。全体代表听取并讨论了张华斋县长关于本县一年来的工作情况及今后任务的报告,一致认为,一年来各方面都取得了很大成就,这些成就是由于毛主席、中国共产党和中央人民政府的正确领导,以及你和浙江省人民政府直接领导的结果。

大会讨论今后的任务,一致认为必须根据张华斋县长报告中所提出的,继续贯彻总路线,开展以互助合作为中心的农业增产运动,大力发展互助合作,开展宪法草案的宣传,巩固人民民主制度,加强财经工作,为争取农业生产丰收和打好互助合作大发展的基础而努力,为建设社会主义而奋斗。谨代表全县人民向你及浙江省人民政府致敬!

浙江省安吉县首届一次人民代表大会全体代表

1954年7月20日

安吉县第二次会议　1954年12月22日至25日举行,出席代表85人。会议传达第一届全国人民代表大会第一次会议精神,作出推行农业互助合作、掀起粮食征购高潮、支援中国人民解放军保卫祖国解放台湾等3项决议。

安吉县第三次会议　1955年7月19日至22日举行,出席代表79人。会议作出关于政府工作报告、巩固农业生产合作社、贯彻粮食定产定购定销、肃清反革命分子和议案审查报告等5项决议。

安吉县第四次会议　1955年12月5日至9日举行,出席代表89人。会议传达全国发展国民经济第一个五年计划草案和毛主席关于农业合作化问题的指示;决定县人民政府改为县人民委员会;选举产生安吉县第一届人民委员会县长、副县长、委员;选举产生安吉县人民法院院长。

孝丰县第一次会议　1954年7月15日至19日举行,出席代表97人。会议讨论《中华人民共和国宪法(草案)》;选举出席省首届人民代表大会代表;作出开展以互助合作为中心的农业增产运动、实行粮食计划收购与计划供应、开展爱国造林和封山育林等决议。

孝丰县第二次会议　1955年2月12日至14日举行,出席代表86人。会议传达省首届人民代表大会第一次会议精神,作出坚决反对美蒋共同防御条约、一定要解放台湾、开展义务兵役制宣传、动员群众参加反对美国使用原子武器的签名运动等决议。

孝丰县第三次会议　1955年11月14日至18日举行,出席代表92人。会议作出拥护全国发展国民经济第一个五年计划、执行毛泽东主席关于农业合作化问题的指示、拥护兵役法和完成兵员征集工作等决议;决定县人民政府改为县人民委员会;选举产生孝丰县人民委员会县长、副县长、委员;选举产生孝丰县人民法院院长。

第二届县人民代表大会　安吉县召开两次会议,会址在梅溪;孝丰县召开两次会议,会址在城关。

安吉县第一次会议　1956年12月10日至13日举行,出席代表119人。会议作出巩固提高农业合作社、开展增产节约和贯彻粮食征购定销政策等决议;选举产生安吉县第二届人民委员会县长、副县长、委员;选举安吉县人民法院院长。

安吉县第二次会议　1957年8月19日至23日举行,出席代表101人。会议肯定农业、手工业合作化和资本主义工商业改造的成就,认为必须进行社会主义教育运动,贯彻勤俭办社和民主办社的方针及开展增产节约运动。

孝丰县第一次会议　1956年12月13日至16日举行,出席代表113人。会议要求全县以农业生产为中心,开展增产节约运动,做好合作社收益分配和经营管理工作,进行冬季整社,改进领导作风,掀起社会主义建设高潮;选举产生孝丰县第二届人民委员会县长、副县长、委员;选举孝丰县人民法院院长。

孝丰县第二次会议　1957年6月27日至7月2日举行,出席代表91人。会议学习毛泽东《关于正确处理人民内部矛盾的问题》的讲话,进行批评与自我批评;号召全县人民超额完成1957年农业生产任务;会议补选一名副县长。

第三届县人民代表大会　安吉县召开两次会议,孝丰县召开一次会议。

第一次会议　安吉于1958年5月27日至6月1日在梅溪举行,出席代表122人。会议传达《全国农业发展纲要(修正草案)》;贯彻鼓足干劲、力争上游、多快好省地建设社会主义总路线,要求以整风精神,促进农业、工业和各项建设事业全面“大跃进”,并作出相应决议;选举产生安吉县第二届人民委员会县长、副县长、委员;选举安吉县人民法院院长;选举产生出席省第二届人民代表大会代表。孝丰县于1958年5月29日至6月2日在城关举行,出席代表116人。会议以整风为纲,贯彻鼓足干劲、力争上游、多快好省地建设社会主义总路线,要求全县人民为提前实现农业发展纲要,完成1958年国民经济计划而奋斗;选举产生孝丰县第二届人民委员会县长、副县长、委员;选举孝丰县人民法院院长;选举产生出席省第二届人民代表大会代表。

第二次会议　孝丰并入安吉后,于1959年12月13日至16日在递铺举行,出席代表188人。会议讨论确定1960年国民经济计划和工作任务,作出进一步开展增产节约运动等4项决议；补选县长、副县长和出席省第二届人民代表大会代表。

第四届人民代表大会　仅召开1次会议，会址在递铺。

1961年12月24日至28日举行，出席代表223人。会议总结三年来社会主义建设事业的成就和经验，讨论确定1962年经济建设任务，动员全县人民争取1962年农业生产和其他各项社会主义建设事业在调整中求得发展；选举产生县第四届人民委员会县长、副县长、委员；选举县人民法院院长；补选出席省第二届人民代表大会代表。

第五届县人民代表大会　召开两次会议，会址在递铺。

第一次会议　1963年12月27日至31日举行，出席代表267人。会议审议县人民委员会工作报告，作出相应决议；号召全县人民继续团结一致，艰苦奋斗，贯彻以农业为基础、以工业为主导的发展国民经济总方针，继续开展增产节约运动及社会主义教育运动；选举产生县第五届人民委员会县长、副县长、委员；选举县人民法院院长。

第二次会议　1964年8月13日至15日举行，出席代表287人。会议总结上半年工作经验，动员全县人民再接再厉，奋发图强，为夺取政治战线和思想战线的新胜利和国民经济进一步全面好转而奋斗；选举出席省第三届人民代表大会代表。

第六届县人民代表大会　仅召开1次会议，会址在递铺。

1966年5月18日至21日举行，出席代表244人。会议交流和讨论突出政治、活学活用毛主席著作的经验；要求以毛泽东思想为指导，把学习毛主席著作和农业生产推向新高潮；选举产生县第六届人民委员会县长、副县长、委员；选举县人民法院院长。

第七届县人民代表大会　召开3次会议，会址在递铺。

第一次会议　1981年7月10日至14日举行，出席代表237人。会议总结“文化大革命”的教训，批判“左”倾错误，号召全县人民恢复实事求是的优良传统，发展安定团结的政治局面；提出政府工作的中心任务，动员和组织全县人民把经济建设和各项工作搞上去；决定将县革命委员会改为县人民政府，设置县人民代表大会常务委员会及其办事机构；选举产生县第七届人民代表大会常务委员会主任、副主任、委员；选举产生县第七届人民政府县长、副县长；选举县人民法院院长和县人民检察院检察长。

第二次会议　1983年3月12日至16日举行，出席代表231人。会议号召全县人民解放思想，立志改革，勇于创新，贯彻执行“调整、改革、整顿、提高”的八字方针，不断提高经济效益，改善人民物质文化生活；审议通过《关于进一步开展全民义务植树运动的决议》。选举产生出席省第六届人民代表大会代表。

第三次会议　1983年12月11日至13日举行，出席代表223人。会议提出要以提高经济效益为中心，把经济建设推向前进；坚决抵制和消除精神污染，加强社会主义精神文明建设；加强法制教育，打击刑事和经济犯罪活动；搞好机构改革，加强政权建设。会议选举产生出席湖州市首届人民代表大会代表。

第八届县人民代表大会　召开3次会议，会址在递铺。

第一次会议　1984年8月20日至26日举行，出席代表284人。会议要求全县加快改革步伐，调动各方面积极性，把各项改革措施付诸实施；在经济工作中，抓好体制改革和对外开放两件大事，促进商品生产发展，疏通流通渠道，提高经济效益，振兴安吉经济。会议选举产生县第八届人民代表大会常委会主任、副主任、委员；选举产生县第八届人民政府县长、副县长；选举县人民法院院长和县人民检察院检察长。

第二次会议　1985年5月15日至18日举行，出席代表281人。会议提出继续进行经济体制改革，扩大企业自主权；调整农村产业结构，加速农村经济向专业化、商品化、现代化方向发展；积极发展乡村企业，扩大横向经济联系；大力发展文化教育事业。会议罢免一名副县长。

第三次会议　1986年4月14日至18日举行，出席代表279人。会议要求把改革放在首位，加强农业基础地位，努力发展工业和乡镇企业，普及法律常识教育，发展文化、教育、卫生、体育事业。

第九届县人民代表大会　召开3次会议，会址在递铺。

第一次会议　1987年5月25日至30日举行，出席代表260人。会议提出今后三年要坚持稳步发展经济的方针，深入改革经济体制，巩固发展安定团结的政治局面，加快农业发展步伐；作出《关于〈第七个五年计划和第七个五年计划报告〉的决议》；选举产生县第九届人民代表大会常委会主任、副主任、委员；选举产生县第九届人民政府县长、副县长；选举县人民法院院长和县人民检察院检察长。

第二次会议　1988年4月7日至12日举行，出席代表259人。会议提出坚决执行进一步稳定经济、深化改革的方针，继续强化农业基础，充分利用自然资源优势，发掘企业内部潜力，加快乡镇企业和开发农业的步伐，努力发展外向型经济；加强社会主义民主和法制建设。会议选举出席湖州市第二届人民代表大会代表。

第三次会议　1989年3月30日至4月4日举行，出席代表257人。会议听取和审议县人民政府工作报告；听取和审议县计划经济委员会《1988年国民经济和社会发展计划执行情况及1989年国民经济和社会发展计划(草案)的报告》；听取和审议县财政局《1988年财政决算和1989年财政预算报告(草案)》；听取和审议县人大常委会工作报告、县人民法院工作报告和县人民检察院工作报告；通过上述6个报告的决议；选举曾晗晖为安吉县第九届人大常委会委员；补选湖州市第二届人民代表大会代表7名。

第十届人民代表大会　召开3次会议，会址在递铺。

第一次会议　1990年4月15日至20日举行，出席代表280人。会议听取和审议县人民政府工作报告；听取和审议县人民政府《1989年国民经济和社会发展计划执行情和1990年国民经济和社会发展计划(草案)的报告》；听取和审议县财政局《1989年财政决算和1990年财政预算(草案)的报告》；听取和审议县九届人大常委会工作报告、县人民法院工作报告和县人民检察院工作报告；通过上述6个报告的决议；选举产生县第十届人民代表大会常务委员会主任、副主任、委员；选举产生县第十届人民政府县长、副县长；选举县人民法院院长、县人民检察院检察长。

第二次会议　1991年3月29日至4月2日举行，出席代表280人。会议听取和审议县人民政府工作报告；听取和审议县人民政府《安吉县国民经济和社会发展十年规划和第八个五年计划纲要(草案)的报告》;听取和审议县计划经济委员会《1990 年国民经济和社会发展计划执行情况及 1991 年国民经济和社会发展计划(草案)的报告》;听取和审议县财政局《1990 年财政决算和 1991 年财政预算(草案)的报告》;听取和审议县人大常委会工作报告、县人民法院工作报告和县人民检察院工作报告;通过上述 7 个报告的决议。

第三次会议　1992 年 3 月 26 日至 31 日举行,出席代表 276 人。会议听取和审议县人民政府工作报告;听取和审议县计划经济委员会《1991 年国民经济和社会发展计划执行情况及 1992 年国民经济和社会发展计划(草案)的报告》;听取和审议县财政局《1991 年财政决算和 1992 的财政预算(草案)的报告》;听取和审议县人大常委会工作报告、县人民法院工作报告和县人民检察院工作报告;通过上述 6 个报告的决议;选举张锡荣为安吉县人大常委会副主任。

第十一届人民代表大会　召开 5 次会议,会址在递铺。

第一次会议　1993 年 3 月 26 日至 31 日举行,出席代表 297 人。会议听取和审议县人民政府工作报告;听取和审议县计划经济委员会《1992 年国民经济和社会发展计划执行情况及 1993 年国民经济和社会发展计划(草案)的报告》;听取和审议县财政局《1992 年财政决算和 1993 年财政预算(草案)的报告》;听取和审议县人民政府《关于调整国民经济和社会发展十年规划和第八个五年计划纲要主要经济指标的报告》;听取和审议县十届人大常委会工作报告、县人民法院工作报告和县人民检察院工作报告;通过上述 7 个报告的决议;选举产生县第十一届人民代表大会常务委员会主任、副主任、委员;选举产生县第十一届人民政府县长、副县长;选举县人民法院院长和县人民检察院检察长;选举产生出席湖州市第三届人民代表大会代表 53 名。

第二次会议　1994 年 3 月 28 日至 4 月 1 日举行,出席代表 293 人。会议听取和审议县人民政府工作报告;听取和审议县计划经济委员会《1993 年国民经济和社会发展计划执行情况及 1994 年计划安排的报告》;听取和审议县财政局《1993 年财政预算执行情况和 1994 年财政安排意见的报告》;听取和审议县人大常委会工作报告、县人民法院工作报告和县人民检察院工作报告;通过上述 6 个报告的决议;补选出席湖州市第三届人民代表大会代表 10 名。

第三次会议　1995 年 3 月 13 日至 17 日举行,出席代表 289 人。会议听取和审议县人民政府工作报告;听取和审议县计划经济委员会《1994 年国民经济和社会发展计划执行情况和 1995 年国民经济和社会发展计划(草案)的报告》;听取和审议县财政局《1994 年财政决算和 1995 年财政预算(草案)的报告》;听取和审议县人大常委会工作报告、县人民法院工作报告和县人民检察院工作报告;通过上述 6 个报告的决议;选举戚才祥为安吉县人民政府县长。

第四次会议　1996 年 3 月 19 日至 22 日举行,出席代表 286 人。会议听取和审议县人民政府工作报告;听取和审议县计划经济委员会《1995 年国民经济和社会发展计划执行情况和 1996 年国民经济和社会发展计划(草案)的报告》;听取和审议县财政局《1995 年财政预算执行情况和 1996 年财政预算(草案)的报告》;听取和审议县人民代表大会财政预算审查委员会《1995 年财政预算执行情况和 1996 年财政预算(草案)的审查报告》;听取和审议县人大常委会工作报告、县人民法院工作报告和县人民检察院工作报告;通过上述 7 个报告的决议和《关于〈安吉县国民经济和社会发展“九五”计划和2010年远景规划纲要〉的决议》。会议听取县人大常委会代表资格审查委员会《安吉县十一届人民代表大会代表变动情况的报告》;决定接受王继祥、杨茂坤、邹明旺的辞职报告;选举崔双根为县人民检察院检察长。

第五次会议　1997年3月11日至14日举行,出席代表283人。会议听取和审议县人民政府工作报告;听取和审议县计划经济委员会《1996年国民经济和社会发展计划执行情况和1997年国民经济和社会发展计划(草案)的报告》;听取和审议县财政局《1996年财政预算执行情况和1997年财政预算(草案)的报告》;听取和审议县人民代表大会财政预算审查委员会《1996年财政预算执行情况和1997年财政预算(草案)的审查报告》;听取和审议县人大常委会工作报告、县人民法院工作报告和县人民检察院工作报告;通过上述7个报告的决议。会议听取县人大常委会代表资格审查委员会《安吉县十一届人民代表大会代表变动情况的报告》。

第十二届人民代表大会　召开5次会议,会址在递铺。

第一次会议　1998年3月16日至21日举行,出席代表222人。会议听取和审议县人民政府工作报告;听取和审议县计划经济委员会《1997年国民经济和社会发展计划执行情况和1998年国民经济和社会发展计划(草案)的报告》;听取和审议县财政局《1997年财政预算执行情况和1998年财政预算(草案)的报告》;听取和审议县人民代表大会财政预算审查委员会《1997年财政预算执行情况和1998年财政预算(草案)审查报告》;听取和审议县人大常委会工作报告、县人民法院工作报告和县人民检察院工作报告;通过上述7个报告的决议和《关于全面实行殡葬改革的决议》。会议听取县人大常委会代表资格审查委员会《安吉县十二届人民代表大会代表资格审查报告》;选举产生县第十二届人民代表大会常务委员会主任、副主任、委员;选举产生县第十二届人民政府县长、副县长;选举县人民法院院长和县人民检察院检察长。

第二次会议　1999年3月16日至19日举行,出席代表219人。会议听取和审议县人民政府工作报告;听取和审议县计划经济委员会《1998年国民经济和社会发展计划执行情况和1999年国民经济和社会发展计划(草案)的报告》;听取和审议县财政局《1998年财政预算执行情况和1999年财政预算(草案)的报告》;听取和审议县人大常委会工作报告、县人民法院工作报告和县人民检察院工作报告;通过上述6个报告的决议和《关于加快实施“绿色工程”的决议》。

第三次会议　2000年3月13日至17日举行,出席代表215人。会议听取和审议县人民政府工作报告;听取和审议县计划经济委员会《1999年国民经济和社会发展计划执行情况和2000年国民经济和社会发展计划(草案)的报告》;听取和审议县财政局《1999年财政预算执行情况和2000年财政预算(草案)的报告》;听取和审议县人大常委会工作报告、县人民法院工作报告和县人民检察院工作报告;通过上述6个报告的决议;选举朱利顺、何继乔为安吉县第十二届人大常委会委员;增选陈长华为市第四届人民代表大会代表。

第四次会议　2001年2月25日至28日举行,出席代表213人。会议听取和审议县人民政府工作报告;听取和审议县计划经济委员会《2000年国民经济和社会发展计划执行情况和

2001年国民经济和社会发展计划(草案)的报告》;听取和审议县财政局《2000年财政预算执行情况和2001年财政预算(草案)的报告》;听取和审议县人大常委会工作报告、县人民法院工作报告和县人民检察院工作报告;通过上述6个报告的决议及《安吉县国民经济和社会发展第十个五年计划纲要的决议》;会议作出《关于加快实施"生态立县——生态经济强县"的决议》。

第五次会议　2002年3月5日至7日举行,出席代表210人。会议听取和审议县人民政府工作报告;听取和审议县发展计划委员会《2001年国民经济和社会发展计划执行情况和2002年国民经济和社会发展计划(草案)的报告》;听取和审议县财政局《2001年财政预算执行情况和2002年财政预算(草案)的报告》;听取和审议县人大常委会工作报告、县人民法院工作报告和县人民检察院工作报告;通过上述6个报告的决议;会议作出《关于"创建最佳人居环境"的决议》。

第十三届人民代表大会　召开4次会议,会址在递铺。

第一次会议　2003年3月4日至10日举行,出席代表231人。会议听取和审议代县人民政府工作报告;听取和审议县发展计划委员会《关于安吉县2002年国民经济和社会发展计划执行情况及2003年国民经济和社会发展计划(草案)的报告》;听取和审议县财政局《关于2002年全县财政预算执行情况和2003年全县财政预算(草案)的报告》;听取和审议县人大常委会工作报告、县人民法院工作报告和县人民检察院工作报告;通过上述6个报告的决议;选举产生安吉县第十三届人大常委会主任、副主任、委员;选举产生安吉县第十三届人民政府县长、副县长;选举县人民法院院长和县人民检察院院长;选举产生出席湖州市第五届人民代表大会代表55名,其中市属代表11名,县属代表44名。

第二次会议　2004年3月3日至7日举行,出席代表225人。会议听取和审议县人民政府工作报告;听取和审议县发展计划委员会《关于安吉县2003年国民经济和社会发展计划执行情况和2004年国民经济和社会发展计划(草案)的报告》;听取和审议县财政局《关于安吉县2003年财政预算执行情况和2004年财政预算(草案)的报告》;听取和审议县人大常委会工作报告、县人民法院工作报告和县人民检察院工作报告;通过上述6个报告的决议。会议听取代表议案处理意见的报告,决定将《以梅溪镇为中心统一进行城镇规划》《整合教育资源,提高安吉三中办学水平》《加大矿山整治力度》3件议案列为大会议案;选举周遂明、侯献荣为安吉县第十三届人民代表大会常务委员会委员。

第三次会议　2005年3月8日至12日举行,出席代表223人。会议听取和审议县人民政府工作报告;审查《安吉县2004年国民经济和社会发展计划执行情况和2005年国民经济和社会发展计划(草案)的书面报告》《安吉县2004年财政预算执行情况和2005年财政预算(草案)的书面报告》;听取和审查县人大常委会工作报告、县人民法院工作报告和县人民检察院工作报告;通过上述6个报告的决议;会议选举唐中祥为安吉县人民政府县长。

第四次会议　2006年2月21日至24日举行,出席代表220人。会议听取和审议县人民政府工作报告;审查《安吉县2005年国民经济和社会发展计划执行情况和2006年国民经济和社会发展计划(草案)的书面报告》和《安吉县2005年财政预算执行情况和2006年财政预算(草案)的书面报告》;听取和审查县人大常委会工作报告、县人民法院工作报告和县人民检察院工作报告;通过上述6个报告的决议;会议作出《关于安吉县国民经济和社会发展第十一个五年规划纲要的决议》。

第十四届人民代表大会　召开5次会议,会址在递铺。

第一次会议　2007年1月23日至27日举行,出席代表232人。会议听取和审查县人民政府工作报告;审查《安吉县2006年国民经济和社会发展计划执行情况和2007年国民经济和社会发展计划(草案)的书面报告》《安吉县2006年财政预算执行情况和2007年财政预算(草案)的书面报告》;听取和审查县人大常委会工作报告、县人民法院工作报告和县人民检察院工作报告;通过上述6个报告的决议及《关于加快推进中心城市建设打造山区新型城市化样板区的决议》;选举产生安吉县第十四届人大常委会主任、副主任、委员;选举产生安吉县第十四届人民政府县长、副县长;选举县人民法院院长和县人民检察院检察长;选举产生出席湖州市第六届人民代表大会代表57名。

第二次会议　2008年1月13日至15日举行,出席代表230人。会议听取和审查县人民政府工作报告;审查《安吉县2007年国民经济和社会发展计划执行情况和2008年国民经济和社会发展计划(草案)的书面报告》《安吉县2007年财政预算执行情况和2008年财政预算(草案)的书面报告》;听取和审查县人大常委会工作报告、县人民法院工作报告和县人民检察院检察长工作报告;通过上述6个报告的决议及《关于建设"中国美丽乡村"的决议》。

第三次会议　2009年1月12日至14日举行,出席代表226人。会议听取和审查县人民政府工作报告;审查《安吉县2008年国民经济和社会发展计划执行情况和2009年国民经济和社会发展计划(草案)的书面报告》《安吉县2008年财政预算执行情况和2009年财政预算(草案)的书面报告》;听取和审查县人大常委会工作报告、县人民法院工作报告和县人民检察院工作报告;通过上述6个报告的决议。

第四次会议　2010年1月18日至20日举行,出席代表223人。会议听取和审查县人民政府工作报告;审查《安吉县2009年国民经济和社会发展计划执行情况和2010年国民经济和社会发展计划(草案)的书面报告》和《安吉县2009年财政预算执行情况和2010年财政预算(草案)的书面报告》;听取和审查县人大常委会工作报告、县人民法院工作报告和县人民检察院工作报告;通过上述6个报告的决议及《关于促进水资源可持续保护和利用的决议》;补选王怡为县人民法院院长;补选陈文渊、周遂明为安吉县第十四届人民代表大会常务委员会委员。

第五次会议　2011年1月22日至24日举行,出席代表220人。会议听取和审查县人民政府工作报告、县人大常委会工作报告、县人民法院工作报告和县人民检察院工作报告;听取《安吉县国民经济和社会发展第十二个五年规划纲要(草案)编制情况的报告》;审查《安吉县国民经济和社会发展第十二个五年规划纲要(草案)》;审查《安吉县2010年国民经济和社会发展计划执行情况和2011年国民经济和社会发展计划(草案)的报告》《安吉县2010年财政预算执行情况和2011年财政预算(草案)的报告》;通过上述6个报告的决议;决定批准《安吉县国民经济和社会发展第十二个五年规划纲要》;选举吴向明为安吉县第十四届人大常委会主任,黄根凤为安吉县第十四届人大常委会副主任；表彰先进县人大代表小组和优秀县人大代表。

第十五届人民代表大会 召开5次会议，会址在递铺。

第一次会议 2012年2月14日至18日举行，出席代表233人。会议听取和审查县人民政府工作报告、县人大常委会工作报告、县人民法院工作报告和县人民检察院工作报告；审查《安吉县2011年国民经济和社会发展计划执行情况和2012年国民经济和社会发展计划草案的报告》《安吉县2011年财政预算执行情况和2012年财政预算草案的报告》；通过上述6个报告的决议及《关于深入推进生态文明示范建设的决议》；选举产生安吉县第十五届人大常委会主任、副主任、委员；选举产生安吉县第十五届人民政府县长、副县长；选举县人民法院院长和县人民检察院检察长；选举产生出席市第七届人民代表大会代表64名。

第二次会议 2013年1月15日至18日举行，出席代表231人。会议听取和审查县人民政府工作报告、县人大常委会工作报告、县人民法院工作报告和县人民检察院工作报告；审查《安吉县2012年国民经济和社会发展计划执行情况和2013年国民经济和社会发展计划草案的报告》《安吉县2012年财政预算执行情况和2013年财政预算草案的报告》；通过上述6个报告的决议及《关于统筹区域环境综合治理的决议》。

第三次会议 2014年1月22日至24日举行，出席代表227人。会议听取和审查县人民政府工作报告、县人大常委会工作报告、县人民法院工作报告和县人民检察院工作报告；审查《安吉县2013年国民经济和社会发展计划执行情况和2014年国民经济和社会发展计划草案的报告》《安吉县2013年财政预算执行情况和2014年财政预算草案的报告》；通过上述6个报告的决议及《关于设立环境综合治理"集中推进日"的决定》；补选叶鸣岗、孙邦军、李培祥、吴有才、陈建华、周国平为安吉县第十五届人民代表大会常务委员会委员。

第四次会议 2015年1月27日至29日举行，出席代表230人。会议听取和审查县人民政府工作报告、县人大常委会工作报告、县人民法院工作报告和县人民检察院工作报告；审查《安吉县2014年国民经济和社会发展计划执行情况和2015年国民经济和社会发展计划草案的报告》《安吉县2014年财政预算执行情况和2015年财政预算草案的报告》；通过上述6个报告的决议；选举沈铭权为安吉县人民政府县长。

第五次会议 2016年1月13日至15日举行，出席代表227人。会议听取和审查县人民政府工作报告、县人大常委会工作报告、县人民法院工作报告和县人民检察院工作报告；听取《安吉县国民经济和社会发展第十三个五年规划纲要（草案）编制情况的报告》；审查《安吉县2015年国民经济和社会发展计划执行情况和2016年国民经济和社会发展计划（草案）的报告》《安吉县2015年财政预算执行情况和2016年财政预算（草案）的报告》《安吉县国民经济和社会发展第十五个五年规划纲要（草案）》；通过上述7个报告的决议。

第十六届县人民代表大会 至2020年5月召开4次会议，会址在递铺。

第一次会议 2017年2月15日至18日举行，出席代表233人。会议听取和审查县人民政府工作报告、县人大常委会工作报告、县人民法院工作报告和县人民检察院工作报告；审查《安吉县2016年国民经济和社会发展计划执行情况和2017年国民经济和社会发展计划（草案）的报告》；审查《安吉县2016年财政预算执行情况和2017年财政预算（草案）的报告》；通过上述6个报告的决议。会议选举产生安吉县第十六届人大常委会主任、副主任、委员；选举产生安吉县第十六届人民政府县长、副县长；选举县监察委员会主任、县人民法院院长和县人民检察院检察长；选举产生出席市第八届人民代表大会市属代表12人，县属代表51人。会议作出《关于设立安吉县第十六届人民代表大会法制（内务司法）委员会和财政经济委员会的决定》，并通过专门委员会组成人员名单。

第二次会议　2018年2月5日至7日举行，出席代表232人。会议听取和审查县人民政府工作报告、县人大常委会工作报告、县人民法院工作报告和县人民检察院工作报告；审查《安吉县2017年国民经济和社会发展计划执行情况和2018年国民经济和社会发展计划（草案）的报告》；审查《安吉县2017年财政预算执行情况和2018年财政预算（草案）的报告》；审查《安吉县2017年度环境状况和环境保护目标完成情况的报告》；通过上述7个报告的决议。会议补选陈秀宽、徐伟为安吉县第十六届人民代表大会常务委员会委员。会议票决“农村公路提质70公里以上，改造危桥10座以上”“完成安吉三小、少体校、育星培智学校迁建主体工程”“完成全县智慧健康系统信息化改造提升，完成社区卫生服务站改造提30家”“实施农村饮水安全提升工程，新增受益人口5500人以上”“完成困难残疾人生活补贴4400人，重度残疾人护理补贴3800人；完成应急救护技能培训1.3万人，新增公共自动体外心脏除颤器4个”“新增养老机构床位300张以上”“新增放心农贸市场4家，三星级农贸市场2家，完成天荒坪农贸市场改造提升工程”“完成垃圾分类示范小区10个”“完成小区雨污分流改造工程2个”“完成物联网安防小区建设60个”为2018年安吉县人民政府民生实事项目。会议票决《关于在全县农村地区逐步推行禁售禁放烟花爆竹的议案》为大会议案。

第三次会议　2019年1月22日至23日举行，出席代表226人。会议听取和审查县人民政府工作报告、县人大常委会工作报告、县人民法院工作报告和县人民检察院工作报告；审查《安吉县2018年国民经济和社会发展计划执行情况和2019年国民经济和社会发展计划（草案）的报告》；审查《安吉县2018年财政预算执行情况和2019年财政预算（草案）的报告》；审查《安吉县2018年度环境状况和环境保护目标完成情况的报告》；通过上述7个报告的决议。会议补选吴有才、潘明亮、刘小翔、徐启龙、朱红星、孙传国、万勇、潘安国为安吉县第十六届人民代表大会常务委员会委员。会议票决“全县60周岁（含）以上老年人免费接种流感疫苗工程”“完成20个老旧小区雨污分流改造工程”“完成农村公路改造提升60公里（含联网公路），危桥改造7座”“完成60个物联网安防小区建设”“完成困难残疾人生活补贴3500人，重度残疾人护理补贴4200人”“完成7个农贸市场提升改造”“西苕溪流域生态修复工程（城区流域、塘浦段至荆湾段流域）”“完成6个乡镇（街道）‘污水零直排区’建设”“完成3个农村饮用水安全提升项目，新增受益人口1.34万人”“‘电子社保卡’便民服务项目”为2019年安吉县人民政府民生实事项目。会议通过《关于设立、更名有关专门委员会的决定》，通过有关专门委员会组成人员名单。

第四次会议　2020年5月8日至9日举行，出席代表227人。会议听取和审查县人民政府工作报告、县人大常委会工作报告、县人民法院工作报告、县人民检察院工作报告；审查、批准《安吉县2019年国民经济和社会发展计划执行情况的报告和2020年国民经济和社会发展计划》;审查、批准《安吉县2019年财政预算执行情况和2020年财政预算草案的报告》;通过上述6个报告的决议。会议审查《安吉县2019年度环境状况和环境保护目标完成情况报告》;票决2020年度安吉县人民政府民生实事项目;选举陈悦、沈鑫钰为安吉县人民政府副县长。

第二节　组织机构

安吉县人民代表大会每次会议前举行预备会议,通过会议主席团成员、秘书长及大会秘书处、代表资格审查委员会、财政预决算审查委员会、议案审查委员会组成人员名单,通过会议议程和其他有关事项。主席团决定和通过主席团常务主席、执行主席人选,主持全体会议,决定会议日程,表决议案办法、议案截止时间、副秘书长人选;提名县人民代表大会选举的县人大常委会组成人员、县人民政府正副县长、县人民法院院长、县人民检察院检察长和市人大代表人选;主持会议选举,决定代表提出的议案、罢免案、质询案的办理意见,向会议提出各项决定的草案,发布会议公告。主席团常务主席对属于主席团职权范围内的事项向主席团提出建议,对会议议程作必要调整,召开代表团团长会议就议案和有关报告的重大问题听取代表团审议意见,并将讨论情况和意见向主席团报告。自十六届人大四次会议始,大会不专设财政预决算审查委员会,其职能由县人大财政经济委员会承担。部分届次名单缺失。

一、大会主席团

安吉县历次人民代表大会主席团名单

第一届人民代表大会第四次会议

主席团(11人):

吕小根　朱清标　吴来庆　谷忠林　李小美　范延林　舒荣芳　许秀芬　卢　兢　刘玉芬　韩世瑞

第二届人民代表大会第四次会议

主席团(15人):

国守勋　王玉亭　刘玉芬　李进民　黄甫瑞　韩世瑞　英瑞生　舒荣芳　张桂花　童纯性　吴来庆　祝瑞香　朱清标　吕小根　张建民

第五届人民代表大会第一次会议

主席团(21人):

刘乃欣　孙延成　张瑞祥　李进民　国守勋　邱正基　祝瑞香　董彩宝　张有生　罗永年　蒋和锦　马志明　赖　业　王春英　李祝如　叶文玉　孙玉秀　潘有官　吴　璋　郎兴根　屈恒亭

第五届人民代表大会第二次会议

主席团(21人)：

刘乃欣 孙延成 李进民 国守勋 张瑞祥 屈恒亭 马志明 王春英 赖 业
吴 璋 罗永年 蒋和锦 傅小寿 余志耀 殷水根 孙玉秀 陈伯青 臧则云
董彩宝 张有生 郎兴根

第七届人民代表大会第二次会议

主席团(31人)：

王云山 王根富 方锡录 卢继荣 叶甲申 江坤寿 宇巧珍 刘玉芬 刘春松
吕济广 朱岳年 谷忠林 吴 景 吴仕连 吴仲华 陈 浩 邱正基 余幸来
林正佳 周文良 周 勇 金传康 钟志秀 夏晓恒 徐志全 钱致礽 黄立中
黄光荣 谢安喜 潘大坤 臧则云

第七届人民代表大会第三次会议

主席团(25人)：

王根富 王其昌 卢继荣 叶甲申 江坤寿 宇巧珍 刘春松 吕济广 朱岳年
吴 景 吴仕连 吴仲华 陈 浩 余幸来 林正佳 周文良 周 勇 金逸良
杨泽中 钟志秀 夏晓恒 黄立中 黄光荣 潘大坤 臧则云

第八届人民代表大会第一次会议

主席团(29人)：

王稼祥 王培民 王根富 石宝新 卢云土 边卫平 江坤寿 刘玉芬 刘发智
刘春松 吕济广 朱长胜 宋海山 谷忠林 陈永新 邵常惠 张礼英 杨泽中
郭远有 胡德松 胡忠辉 赵大正 章昌贵 康寿琪 屠雪娟 黄少伟 韩前相
雷绍林 魏厚多

常务主席(5人)：

王家祥 王培民 吕济广 朱长胜 魏厚多

第八届人民代表大会第二次会议

主席团(27人)：

王光奎 王稼祥 王培民 王根富 王继祥 卢云土 朱长胜 刘发智 刘春松
江坤寿 吕济广 邹人龙 汪 云 张礼英 李伯琴 陈伯青 杨泽中 姜伯华
赵大正 胡德松 黄少伟 章昌贵 屠雪娟 韩前相 雷绍林 蔡怀英 魏厚多

常务主席(7人)：

王家祥 朱长胜 王培民 魏厚多 邹人龙 黄少伟 赵大正

第八届人民代表大会第三次会议

主席团(27人)：

王光奎 王稼祥 王培民 王根富 王继祥 卢云土 朱长胜 刘发智 刘春松
江坤寿 吕济广 邹人龙 汪 云 张礼英 李伯琴 陈伯青 杨泽中 姜伯华
赵大正 胡德松 黄少伟 章昌贵 屠雪娟 韩前相 雷绍林 蔡怀英 魏厚多

常务主席(7 人)：

王家祥　朱长胜　王培民　魏厚多　邹人龙　黄少伟　赵大正

第九届人民代表大会第一次会议

主席团(27 人)：

王光奎　王复庆　王根富　卢云土　刘春松　朱长胜　朱双凤　许端礼　牟月娥
邹人龙　李思勗　宋海山　宋海贤　肖金莲　汪法根　陈　荣　陈伯青　张福明
杨泽中　郭远有　胡　伟　赵大正　洪兴林　钱致礽　梅洪金　雷宝春　魏厚多

常务主席(6 人)：

陈　荣　朱长胜　胡　伟　魏厚多　邹人龙　赵大正

第九届人民代表大会第二次会议

主席团(29 人)：

王金龙　王复庆　王继祥　王根富　方文龙　毛寒宝　卢云土　朱长胜　牟月娥
刘春松　许端礼　李思勗　邹人龙　肖金莲　吴仲华　宋海山　宋海贤　汪法根
陈　荣　陈永新　陈伯青　郭远有　赵大正　胡　伟　洪兴林　钱致礽　黄阿根
梅洪金　魏厚多

常务主席(7 人)：

陈　荣　朱长胜　胡　伟　邹人龙　肖金莲　赵大正　陈永新

第九届人民代表大会第三次会议

主席团(27 人)：

王金龙　王复庆　王根富　方文龙　毛寒宝　卢云土　朱长胜　牟月娥　刘春松
许端礼　李思勗　邹人龙　肖金莲　吴仲华　宋海山　宋海贤　汪法根　陈　荣
陈永新　陈伯青　郭远有　赵大正　胡　伟　洪兴林　钱致礽　黄阿根　魏厚多

常务主席(7 人)：

陈　荣　朱长胜　胡　伟　邹人龙　肖金莲　赵大正　陈永新

第十届人民代表大会第一次会议

主席团(27 人)：

王金龙　王金根　卢云土　叶文玉　朱长胜　任金娥　孙文江　吴仲华　肖金莲
邱立贵　余　强　邹人龙　宋富强　张如生　张荣梅　陈永新　陈伯青　胡　伟
洪兴林　柴志良　钱致礽　徐序培　唐焕良　郭远有　黄阿根　黄宣富　戚才祥

常务主席(7 人)：

王金根　朱长胜　唐焕良　邹人龙　陈永新　肖金莲　钱致礽

第十届人民代表大会第二次会议

主席团(29 人)：

王允昌　王金龙　王金根　王美凤　卢云土　叶文玉　朱长胜　华亚青　任金娥
孙文江　吴仲华　肖金莲　余　强　邵　宝　邱立贵　邹人龙　宋富强　张荣梅
陈永新　陈伯青　周小平　洪兴林　赵家裕　柴志良　钱致礽　徐序培　唐焕良
黄宣富　戚才祥

常务主席(6人)：

王金根　朱长胜　唐焕良　陈永新　肖金莲　钱致礽

第十届人民代表大会第三次会议

主席团(29人)：

王允昌　王金龙　王金根　王美凤　卢云土　叶文玉　朱长胜　华亚青　任金娥
吴仲华　肖金莲　余　强　邵　宝　邱立贵　邹人龙　宋富强　张荣梅　张锡荣
陈永新　陈伯青　周小平　洪兴林　柴志良　钱致礽　徐序培　唐焕良　黄宣富
戚才祥　韩前相

常务主席(6人)：

王金根　朱长胜　唐焕良　陈永新　肖金莲　钱致礽

第十一届人民代表大会第一次会议

主席团(27人)：

王允昌　王乐民　王志红　王美凤　叶德宝　朱长胜　任大江　任金娥　李伯琴
肖金莲　应忆航　吴仲华　张金水　张建国　张锡荣　陈永新　陈伯青　邵　宝
胡　伟　洪兴林　费罗坤　钱元明　钱致礽　徐序培　谈月明　盛国民　戚才祥

常务主席(8人)：

胡　伟　朱长胜　谈月明　戚才祥　张锡荣　陈永新　肖金莲　钱致礽

第十一届人民代表大会第二次会议

主席团(31人)：

王乐民　王志红　叶德宝　朱长胜　任大江　任金娥　李伯琴　肖金莲　应忆航
应荣福　吴仲华　吴岩福　吴双龙　张金水　张建国　张锡荣　邵　宝　杨茂坤
周小平　胡　伟　洪兴林　洪甫岩　俞文斌　费罗坤　谈月明　钱元明　钱致礽
徐序培　崔双根　戚才祥　潘工武

常务主席(7人)：

胡　伟　张锡荣　谈月明　戚才祥　陈永新　肖金莲　钱致礽　洪甫岩

第十一届人民代表大会第三次会议

主席团(29人)：

王乐民　王志红　叶德宝　朱长胜　任大江　任金娥　李伯琴　肖金莲　应忆航
应荣福　吴仲华　吴岩福　吴双龙　张金水　张锡荣　邵　宝　杨茂坤　周小平
费罗坤　洪甫岩　洪兴林　俞文斌　谈月明　钱元明　钱致礽　徐序培　宿卫平
盛国民　潘工武

常务主席(5人)：

谈月明　张锡荣　肖金莲　钱致礽　洪甫岩

第十一届人民代表大会第四次会议

主席团(29人)：

王乐民　王志红　叶德宝　朱长胜　肖金莲　应忆航　应荣福　吴仲华　吴岩福

吴双龙　陈天明　张锡荣　张宝林　李旺根　邵　宝　杨根法　孟国良　周小平
周厚积　费罗坤　洪甫岩　洪兴林　俞文斌　谈月明　钱致礽　徐序培　童初平
程年珠　潘工武

常务主席(5人)：

谈月明　张锡荣　肖金莲　钱致礽　洪甫岩

第十一届人民代表大会第五次会议

主席团(29人)：

王乐民　王志红　叶德宝　朱长胜　宇巧珍　肖金莲　应忆航　应荣福　吴仲华
吴岩福　吴双龙　陈天明　张锡荣　张宝林　李旺根　邵　宝　杨根法　孟国良
周小平　周厚积　洪甫岩　洪兴林　俞文斌　谈月明　钱致礽　徐序培　童初平
程年珠　潘工武

常务主席(5人)：

谈月明　张锡荣　肖金莲　钱致礽　洪甫岩

第十二届人民代表大会第一次会议

主席团(33人)：

干永福　王　勤　王瑞福　毛秋华　叶德宝　朱微微　杨六顺　李元良　李旺根
肖金莲　吴双龙　吴岩福　沈新勇　张培新　张锡荣　陆为民　陈华民　邵忠宝
孟国良　施炳良　洪兴林　洪甫岩　钱坤方　钱致礽　钱章鸣　徐永方　徐杨坤
徐序培　戚才祥　崔双根　蒋小龙　舒国平　潘工武

常务主席(9人)：

戚才祥　张锡荣　钱坤方　徐永方　肖金莲　钱致礽　洪甫岩　崔双根　沈新勇

第十二届人民代表大会第二次会议

主席团(31人)：

丁丽枝　王　勤　王瑞福　毛秋华　叶德宝　任大能　李元良　李旺根　李晓明
肖金莲　吴双龙　沈新勇　张培新　张锡荣　陈华民　邵忠宝　周厚积　孟国良
胡正坚　施炳良　洪兴林　姜国栋　钱坤方　钱章鸣　徐永方　徐杨坤　夏贤发
戚才祥　崔双根　黄先国　舒国平

常务主席(9人)：

戚才祥　张锡荣　钱坤方　徐永方　肖金莲　崔双根　胡正坚　陈华民　沈新勇

第十二届人民代表大会第三次会议

主席团(29人)：

丁丽枝　王　勤　王瑞福　毛秋华　叶德宝　任大能　李元良　李旺根　李晓明
肖金莲　吴双龙　沈新勇　张培新　张锡荣　陆为民　陈华民　周厚积　孟国良
胡正坚　洪兴林　姜国栋　钱坤方　钱章鸣　徐永方　徐杨坤　夏贤发　戚才祥
崔双根　黄先国

常务主席（9 人）：

戚才祥　张锡荣　钱坤方　徐永方　肖金莲　崔双根　胡正坚　陈华民　沈新勇

第十二届人民代表大会第四次会议

主席团（31 人）：

丁丽枝　王　勤　毛秋华　叶德宝　任大能　李元良　李旺根　李晓明　朱利顺
肖金莲　何继乔　吴双龙　张培新　张锡荣　陆为民　陈华民　周厚积　孟国良
杨根法　胡正坚　洪兴林　姜国栋　钱坤方　钱章鸣　徐永方　徐序培　徐杨坤
夏贤发　戚才祥　崔双根　黄先国

常务主席（9 人）：

戚才祥　张锡荣　钱坤方　徐永方　王　勤　肖金莲　崔双根　胡正坚　陈华民

第十二届人民代表大会第五次会议

主席团（29 人）：

丁丽枝　王　勤　毛秋华　叶德宝　朱利顺　任大能　李元良　李旺根　李晓明
肖金莲　吴双龙　何继乔　张培新　张锡荣　陈华民　陈炎青　邵忠宝　周厚积
胡正坚　洪兴林　姜国栋　钱坤方　徐人良　徐杨坤　夏贤发　黄先国　戚才祥
崔双根　舒国平

常务主席（8 人）：

戚才祥　钱坤方　王　勤　张锡荣　肖金莲　崔双根　胡正坚　陈华民

第十三届人民代表大会第一次会议

主席团（33 人）：

丁丽枝　万尧平　方忠华　王纯刚　叶理中　刘树林　朱仲华　劳红武　吴双龙
吴向明　宋建平　张吉祺　张培新　张锡荣　张惠玲　沈铭权　肖金莲　陆为民
陈华民　周小平　周树荣　俞立安　胡正坚　候献荣　唐　华　夏贤发　莫雨民
钱坤方　崔双根　梁为民　黄先国　黄建勋　黄根凤

常务主席（12 人）：

钱坤方　劳红武　叶理中　莫雨民　梁为民　张锡荣　肖金莲　崔双根　胡正坚
陆为民　陈华民　吴向明　周小平

第十三届人民代表大会第二次会议

主席团（33 人）：

丁丽枝　万尧平　方忠华　王纯刚　伍水荣　吴向明　宋建平　何长发　张吉祺
张培新　张惠玲　张锡荣　沈铭权　陆为民　陈华民　陈彩珍　周小平　周树荣
赵子云　胡正坚　胡忠辉　候献荣　唐　华　夏贤发　徐兴南　莫雨民　钱坤方
崔双根　梁为民　黄建勋　黄跃进　梅梓华　童达吉

常务主席（6 人）：

钱坤方　吴向明　周小平　崔双根　胡正坚　陈华民

第十三届人民代表大会第三次会议

主席团(33 人):

丁丽枝　万尧平　方忠华　方连珠　王纯刚　任大能　伍水荣　吴向明　宋建平
何长发　张吉祺　张培新　张锡荣　汪国顺　沈铭权　陆为民　陈华民　周小平
周树荣　周遂明　杨路侠　赵子云　胡正坚　胡忠辉　候献荣　夏贤发　徐兴南
钱坤方　崔双根　梁为民　黄建勋　黄跃进　梅梓华

常务主席(6 人):

钱坤方　吴向明　周小平　崔双根　胡正坚　陈华民

第十三届人民代表大会第四次会议

主席团(33 人):

丁丽枝　万尧平　王纯刚　王卓良　王振宇　方忠华　伍水荣　任大能　杨路侠
吴向明　何长发　沈铭权　宋建平　张吉祺　张培新　张锡荣　陆为民　陈水木
陈华民　周小平　周树荣　周遂明　胡正坚　胡忠辉　赵子云　候献荣　夏贤发
钱坤方　徐兴南　黄建勋　黄跃进　崔双根　梁为民

常务主席(6 人):

钱坤方　吴向明　周小平　崔双根　胡正坚　陈华民

第十四届人民代表大会第一次会议

主席团(35 人):

王　树　王列兵　王卓良　王振宇　方忠华　伍水荣　刘宏伟　杨忠义　杨路侠
李晓良　吴向明　吴聿明　汪国顺　宋焕新　张为华　张加勇　张吉祺　张惠玲
陈华民　陈作云　陈法友　周小平　周遂明　郑继农　胡正坚　俞传信　徐礼明
徐兴南　唐中祥　陶紫正　黄跃进　崔双根　韩金苗　韩树根　童达吉

常务主席(9 人):

唐中祥　吴向明　周小平　崔双根　胡正坚　陈华民　陶紫正　张为华　杨路侠

第十四届人民代表大会第二次会议

主席团(31 人):

王　树　王列兵　王卓良　王国梁　王振宇　刘宏伟　吴向明　吴烈虎　宋焕新
张为华　张加勇　李建人　李晓良　杨忠义　杨绍军　杨路侠　汪秋鸿　陈华民
陈作云　陈法友　周小平　孟国良　郑继农　唐中祥　徐礼明　徐兴南　陶紫正
黄跃进　喻晓鸣　韩金苗　戴先才

常务主席(7 人):

唐中祥　吴向明　周小平　陶紫正　陈华民　张为华　杨路侠

第十四届人民代表大会第三次会议

主席团(31 人):

王　树　王列兵　王卓良　王振宇　王凌峰　刘宏伟　吴向明　宋焕新　张为华
张加勇　李建人　李晓良　杨忠义　杨绍军　杨路侠　汪秋鸿　陈华民　陈法友

陈秀青　陈彩珍　周小平　孟国良　郑继农　唐中祥　徐礼明　徐兴南　陶紫正
黄跃进　喻晓鸣　韩金苗　戴先才

常务主席(7 人)：

唐中祥　吴向明　周小平　陶紫正　陈华民　张为华　杨路侠

第十四届人民代表大会第四次会议

主席团(31 人)：

王　树　王列兵　王卓良　王凌峰　王振宇　刘宏伟　冷明贵　吴向明　宋焕新
张为华　张加勇　张华忠　李建人　李晓良　杨绍军　杨路侠　汪秋鸿　陈华民
陈法友　周小平　周遂明　孟国良　罗绍鸿　郑继农　唐中祥　徐兴南　陶紫正
黄跃进　喻晓鸣　韩金苗　戴先才

常务主席(7 人)：

唐中祥　吴向明　周小平　陶紫正　陈华民　张为华　杨路侠

第十四届人民代表大会第五次会议

主席团(31 人)：

王　树　王列兵　王卓良　王振宇　刘宏伟　吴向明　宋焕新　张为华　张加勇
李建人　李晓良　杨绍军　杨路侠　汪秋鸿　陈文渊　陈华民　陈法友　周小平
周遂明　孟国良　孟建洲　罗绍鸿　郑云法　郑继农　唐中祥　郭吉成　徐兴南
黄跃进　喻晓鸣　韩金苗　戴先才

常务主席(6 人)：

唐中祥　吴向明　周小平　陈华民　张为华　杨路侠

第十五届人民代表大会第一次会议

主席团(36 人)：

王一明　王小刚　王有富　王卓良　王爱民　史艳红　乐叶俊　华金宝　孙　松
李晓良　杨路侠　吴向明　何承明　肖家青　汪钟鸣　张加勇　张传杰　陆为民
陈文渊　陈华民　陈法友　罗绍鸿　周小平　单锦炎　郑继农　胡森水　姜　平
徐　伟　徐树成　黄先国　黄根凤　黄跃进　梅明星　梁为民　笪百祥　韩金苗

常务主席(10 人)：

单锦炎　吴向明　梁为民　周小平　陈华民　杨路侠　黄根凤　王爱民　孙　松
黄先国

第十五届人民代表大会第二次会议

主席团(38 人)：

王有富　王卓良　王爱民　乐叶俊　戎露波　孙　松　杨路侠　李更正　李晓良
吴向明　吴国兴　肖家青　汪钟鸣　张加勇　张传杰　陆为民　陈文渊　罗学良
罗绍鸿　周小平　周盛东　单锦炎　胡森水　赵德忠　姜　平　徐　伟　徐存林
徐树成　徐建荣　梅明星　黄先国　黄根凤　黄跃进　笪百祥　梁为民　韩金苗
鲍亚红

常务主席(8 人)：

单锦炎　梁为民　周小平　杨路侠　王爱民　黄根凤　孙　松　黄先国

第十五届人民代表大会第三次会议

主席团(33 人)：

王爱民　乐叶俊　邬如锦　江雅丽　孙　松　李培祥　杨路侠　肖家青　吴向明
冷明贵　张加勇　张传杰　张　超　陆为民　陈文渊　罗学良　周小平　周盛东
郑继农　单锦炎　赵德忠　胡森水　夏　丹　徐存林　徐树成　黄先国　黄根凤
黄跃进　梅明星　梁为民　韩金苗　鲍亚红　戴建国

常务主席(8 人)：

单锦炎　梁为民　周小平　杨路侠　王爱民　黄根凤　孙　松　黄先国

第十五届人民代表大会第四次会议

主席团(37 人)：

王爱民　叶鸣岗　乐叶俊　戎露波　朱学星　邬如锦　孙邦军　孙　松　李培祥
杨路侠　肖家青　吴有才　吴向明　张加勇　张传杰　张　超　陆为民　陈文渊
张秀青　罗学良　周小平　周国平　周盛东　郑继农　单锦炎　赵德忠　胡森水
徐存林　徐树成　黄先国　黄根凤　黄跃进　梅明星　梁为民　韩金苗　鲍亚红
戴建国

常务主席(8 人)：

单锦炎　梁为民　周小平　杨路侠　王爱民　黄根凤　孙　松　黄先国

第十五届人民代表大会第五次会议

主席团(34 人)：

王爱民　叶鸣岗　乐叶俊　戎露波　邬如锦　孙邦军　孙　松　李建华　李培祥
杨路侠　肖家青　吴向明　张加勇　陆为民　陈文渊　罗学良　周小平　周国平
周盛东　郑继农　单锦炎　赵德忠　徐存林　徐树成　高安兵　黄先国　黄根凤
黄跃进　梅明星　梁为民　韩金苗　鲁健民　鲍亚红　戴建国

常务主席(8 人)：

单锦炎　梁为民　周小平　杨路侠　王爱民　黄根凤　孙　松　黄先国

第十六届人民代表大会第一次会议

主席团(32 人)：

马洪亮　王爱民　尹碧锃　吕　立　孙　松　杨彩梅　杨新初　肖秋萍　吴佩勋
吴智敏　何伟锋　谷炳方　沈铭权　张加勇　陆卫东　陆为民　周盛东　赵德清
俞立安　施　宏　祝　青　夏中金　徐存林　黄先国　梅明星　盛文明　符海滨
章军平　梁蕴伟　韩金苗　鲍亚红　黎逢林

常务主席(8 人)：

沈铭权　陆为民　吴佩勋　王爱民　孙　松　黄先国　俞立安　梁蕴伟

第十六届人民代表大会第二次会议

主席团(46 人)：

马洪亮　王爱民　尹碧锃　叶　安　吕　立　孙　松　李文星　杨彩梅　杨新初
肖秋萍　吴佩勋　吴智敏　何伟锋　谷炳方　冷明珠　沈铭权　张加勇　陆卫东
陆为民　陈永华　林立辉　周盛东　郑　敏　赵德清　俞立安　施　霞　祝　青
莫　骄　夏　丹　夏中金　顾小宝　徐存林　黄先国　黄承文　梅明星　盛文明
符海滨　章军平　梁蕴伟　韩金苗　程益欢　楼　军　鲍亚红　鲍高峰　谭丽丽
黎逢林

常务主席(11 人)：

沈铭权　陈永华　陆为民　赵德清　吕　立　吴佩勋　王爱民　孙　松　黄先国
俞立安　梁蕴伟

第十六届人民代表大会第三次会议

主席团(44 人)：

王爱民　尹碧锃　叶　安　吕　立　孙　松　杨彩梅　肖秋萍　吴佩勋　吴智敏
何伟锋　冷明珠　沈　洁　沈铭权　张加勇　陆卫东　陆为民　陈永华　陈秀宽
林立辉　赵德清　俞立安　施　霞　莫　骄　夏　旦　顾小宝　徐　伟　徐存林
徐启龙　黄先国　黄承文　梅明星　盛文明　符海滨　章军平　梁蕴伟　韩金苗
程益欢　温兴元　楼　军　鲍亚红　鲍高峰　谭丽丽　黎逢林　潘明亮

常务主席(11 人)：

沈铭权　陈永华　陆为民　赵德清　吕　立　吴佩勋　王爱民　孙　松　黄先国
俞立安　梁蕴伟

第十六届人民代表大会第四次会议

主席团(44 人)

王一明　尹碧锃　叶　安　朱　伟　孙　松　杨彩梅　肖秋萍　吴有才　吴智敏
冷明珠　沈铭权　宋　波　张加勇　陆卫东　陆为民　陈秀宽　林立辉　赵晓光
柏建华　贺　苗　施　霞　莫　骄　夏　旦　夏中金　顾小宝　徐　伟　徐　勇
徐卫勇　徐存林　徐启龙　唐春燕　黄先国　梅明星　盛文明　章军平　梁蕴伟
韩金苗　程益欢　楼　军　鲍亚红　鲍高峰　谭丽丽　熊国斌　黎逢林

常务主席(9 人)

沈铭权　宋　波　陆为民　徐卫勇　柏建华　朱　伟　孙　松　黄先国　梁蕴伟

孝丰县历次人民代表大会主席团名单

第一届人民代表大会第二次会议

主席团(11 人)：

刘乃欣　程邦贵　段祥道　石贞恩　张义芳　张发荣　王志英　诸瑞芳　程邦贵
罗永年　周岐昌

第二届人民代表大会第一次会议

主席团(15人):

陈裕宝　王佐根　王春英　张志扬　王干庭　王戴英　程邦贵　马志明　俞炳根　程绍颐　宋元田　刘乃欣　周岐昌　段祥道　王文彬

第三届人民代表大会第一次会议

主席团(12人):

王佐根　段祥道　陈春妹　孙秋元　程邦贵　马志明　王春英　张承朴　任潘芳　林文昌　刘乃欣　张志扬

二、大会秘书处

历次县人民代表大会秘书处名单

第七届人民代表大会第二次会议

秘 书 长:王根富

副秘书长:黄立中　赵祥昆

第七届人民代表大会第三次会议

秘 书 长:王根富

副秘书长:黄立中

第八届人民代表大会第一次会议

秘 书 长:王培民

副秘书长:胡培坤　陈伯青　陈文祥

第八届人民代表大会第二次会议

秘 书 长:王培民

副秘书长:陈伯青　王光奎　胡培坤

第八届人民代表大会第三次会议

秘 书 长:王培民

副秘书长:陈伯青　王光奎　胡培坤

第九届人民代表大会第一次会议

秘 书 长:胡　伟(兼)

副秘书长:黄汉文　陈伯青　章晓梅

第九届人民代表大会第二次会议

秘 书 长:邹人龙(兼)

副秘书长:陈伯青　章晓梅　肖荣林

第九届人民代表大会第三次会议

秘 书 长:邹人龙(兼)

副秘书长:陈伯青　章晓梅　肖荣林

第十届人民代表大会第一次会议
秘　书　长:唐焕良(兼)
副秘书长:戚才祥　陈伯青　章晓梅　包方根
第十届人民代表大会第二次会议
秘　书　长:陈永新(兼)
副秘书长:叶德宝　胡玉明　姚良根　柴培良
第十届人民代表大会第三次会议
秘　书　长:陈永新(兼)
副秘书长:叶德宝　胡玉明　姚良根　丁根云
第十一届人民代表大会第一次会议
秘　书　长:戚才祥(兼)
副秘书长:叶德宝　胡玉明　姚良根　丁根云
第十一届人民代表大会第二次会议
秘　书　长:肖金莲(兼)
副秘书长:叶德宝　郑伟中　姚良根　董才宝
第十一届人民代表大会第三次会议
秘　书　长:肖金莲(兼)
副秘书长:叶德宝　郑伟中　刘国富　董才宝
第十二届人民代表大会第一次会议
秘　书　长:徐永方(兼)
副秘书长:李晓明　奚林根　李世华　董才宝
第十二届人民代表大会第二次会议
秘　书　长:崔双根(兼)
副秘书长:李晓明　杨六顺　李世华　池建华
第十二届人民代表大会第三次会议
秘　书　长:崔双根(兼)
副秘书长:李晓明　杨六顺　李世华　池建华
第十二届人民代表大会第四次会议
秘　书　长:崔双根(兼)
副秘书长:万尧平　黄培林　张为华　李世华　李晓明
第十二届人民代表大会第五次会议
秘　书　长:崔双根(兼)
副秘书长:万尧平　黄培林　张为华　曾庆山　李晓明
第十三届人民代表大会第一次会议
秘　书　长:崔双根(兼)
副秘书长:万尧平　黄培林　张为华　曾庆山　李晓明

第十三届人民代表大会第二次会议

秘 书 长:周小平(兼)

副秘书长:万尧平　赵德清　杨路侠　戴先才　张孟蛟

第十三届人民代表大会第三次会议

秘 书 长:周小平(兼)

副秘书长:赵德清　韩金苗　杨路侠　戴先才　张孟蛟

第十三届人民代表大会第四次会议

秘 书 长:周小平(兼)

副秘书长:赵德清　韩金苗　杨路侠　戴先才　张孟蛟

第十四届人民代表大会第一次会议

秘 书 长:周小平(兼)

副秘书长:任贵明　韩金苗　杨路侠　杨绍军　吴婉芳

第十四届人民代表大会第二次会议

秘 书 长:周小平(兼)

副秘书长:任贵明　韩金苗　孙　松　杨绍军　高安兵

第十四届人民代表大会第三次会议

秘 书 长:周小平(兼)

副秘书长:任贵明　韩金苗　孙　松　杨绍军　赵怀君

第十四届人民代表大会第四次会议

秘 书 长:周小平(兼)

副秘书长:任贵明　韩金苗　孙　松　杨绍军　高安兵

第十四届人民代表大会第五次会议

秘 书 长:周小平(兼)

副秘书长:任贵明　韩金苗　孙　松　杨绍军　胡百顺

第十五届人民代表大会第一次会议

秘 书 长:周小平(兼)

副秘书长:崔星星　韩金苗　孙　松　杨绍军　杨奎强

第十五届人民代表大会第二次会议

秘 书 长:周小平(兼)

副秘书长:崔星星　赵德忠　张　慧　吴国兴　王昌慧

第十五届人民代表大会第三次会议

秘 书 长:周小平(兼)

副秘书长:崔星星　赵德忠　张　慧　吴有才　宋焕新

第十五届人民代表大会第四次会议

秘 书 长:周小平(兼)

副秘书长:崔星星　赵德忠　张　慧　吴有才　宋焕新

第十五届人民代表大会第五次会议

秘 书 长:周小平(兼)

副秘书长:梁蕴伟　赵德忠　张　慧　王　兵　戴先才

第十六届人民代表大会第一次会议

秘 书 长:吴佩勋(兼)

副秘书长:梁蕴伟　赵德忠　杨绍军　王　兵　戴先才

第十六届人民代表大会第二次会议

秘 书 长:吴佩勋(兼)

副秘书长:王一明　楼　军　郑继农　梁蕴伟　徐　伟　金枫涛

第十六届人民代表大会第三次会议

秘 书 长:吴佩勋(兼)

副秘书长:王一明　楼　军　郑继农　梁蕴伟　徐　伟　金枫涛

第十六届人民代表大会第四次会议

秘 书 长:孙　松(兼)

副秘书长:王一明　楼　军　郑继农　徐　伟　金枫涛

三、财政预决算审查委员会

安吉县历次人民代表大会财政预决算审查委员会名单

第七届人民代表大会第二次会议财政预决算审查委员会

主任委员:刘玉芬

副主任委员:谷忠林　王云山　朱岳年

委　　员:沈家功　金传康　周文良　施其礼　周志秀　钱致礽　潘大坤

第八届人民代表大会第一次会议财政预决算审查委员会

主任委员:刘玉芬

副主任委员:赵大正　王光奎

委　　员:王永和　江秋帆　吴春明　蔡怀英

第八届人民代表大会第二次会议财政预决算审查委员会

主任委员:邹人龙

副主任委员:赵大正　王光奎

委　　员:王永和　汪　云　边卫平　吴春明　姜柏华　蔡怀英

第八届人民代表大会第三次会议财政预决算审查委员会

主任委员:邹人龙

副主任委员:赵大正　王光奎

委　　员:王永和　汪　云　边卫平　吴春明　姜柏华　蔡怀英

第九届人民代表大会第一次会议财政预决算审查委员会
主 任 委 员:邹人龙
副主任委员:王光奎　陈永新
委　　　员:张正潮　陆尚元　杨学坤　周志勇　龚国富　蔡怀英
第九届人民代表大会第二次会议财政预决算审查委员会
主 任 委 员:陈永新
副主任委员:黄阿根　王光奎
委　　　员:王继祥　卢云生　牟月娥　张正潮　陆尚元　岳可敬　龚国富
第九届人民代表大会第三次会议财政预决算审查委员会
主 任 委 员:陈永新
副主任委员:黄阿根　王光奎
委　　　员:卢云生　牟月娥　张正潮　张如生　陆尚元　岳可敬　龚国富
第十届人民代表大会第一次会议财政预决算审查委员会
主 任 委 员:陈永新
副主任委员:黄阿根　赵家裕
委　　　员:杨学坤　吴岩福　张正潮　邵　宝　姚越健　董才宝
第十届人民代表大会第二次会议财政预决算审查委员会
主 任 委 员:陈永新
副主任委员:赵家裕　邹人龙
委　　　员:杨学坤　吴岩福　张正潮　张金水　邵　宝　姚越健　黄阿根　董才宝
第十届人民代表大会第三次会议财政预决算审查委员会
主 任 委 员:陈永新
副主任委员:黄阿根
委　　　员:卢云土　邹人龙　杨学坤　吴岩福　张正潮　张金水　邵　宝　周小平
陈汉朝　陈国荣　姚越健　董才宝　蒋小龙
第十一届人民代表大会第一次会议财政预决算审查委员会
主 任 委 员:陈永新
副主任委员:吴岩福　冯越强
委　　　员:朱雨清　张正潮　陆增堃　邵　宝　赵田庄　路国平
第十一届人民代表大会第二次会议财政预决算审查委员会
主 任 委 员:洪甫岩
副主任委员:吴岩福
委　　　员:朱雨清　张正潮　陆增堃　邵　宝　赵田庄　路国平
第十一届人民代表大会第三次会议财政预决算审查委员会
主 任 委 员:洪甫岩
副主任委员:吴岩福

委　　　员:朱雨清　张正潮　陆增堃　邵　宝　赵田庄　路国平

第十一届人民代表大会第四次会议财政预决算审查委员会

主 任 委 员:洪甫岩

副主任委员:吴岩福　洪兴林

委　　　员:张宝林　吴仲华　陆为民　邵　宝　赵田庄　孟国良

第十一届人民代表大会第五次会议财政预决算审查委员会

主 任 委 员:洪甫岩

副主任委员:吴岩福　洪兴林

委　　　员:张宝林　张正潮　吴仲华　陆为民　邵　宝　赵田庄

第十二届人民代表大会一次会议财政预决算审查委员会

主 任 委 员:洪甫岩

副主任委员:洪兴林　吴岩福

委　　　员:毛利林　李旺根　赵田庄　钟建明　桂安心　徐人良　唐世麟　程年珠

第十二届人民代表大会第二次会议财政预决算审查委员会

主 任 委 员:胡正坚

副主任委员:洪兴林

委　　　员:任大能　李旺根　陆为民　罗金寿　赵田庄　唐世麟　黄宣富

第十二届人民代表大会第三次会议财政预决算审查委员会

主 任 委 员:胡正坚

副主任委员:洪兴林

委　　　员:任大能　李旺根　陆为民　罗金寿　赵田庄　唐世麟　黄宣富

第十二届人民代表大会第四次会议财政预决算审查委员会

主 任 委 员:胡正坚

副主任委员:洪兴林

委　　　员:任大能　李旺根　陆为民　罗金寿　赵田庄　唐世麟　黄宣富

第十二届人民代表大会第五次会议财政预决算审查委员会

主 任 委 员:胡正坚

副主任委员:洪兴林

委　　　员:任大能　李旺根　汪国顺　陆为民　陈永进　徐人良　唐世麟

第十三届人民代表大会第一次会议财政预决算审查委员会

主 任 委 员:胡正坚

委　　　员:王纯刚　伍水荣　张惠玲　赵子云　胡忠辉　俞建英　唐世麟
梅梓华　黄先国　楼钱荣

第十三届人民代表大会二次会议财政预决算审查委员会

主 任 委 员:崔双根

委　　　员:王纯刚　冯越强　伍水荣　何长发　张惠玲　赵子云　胡忠辉

俞建英　梁苗发　梅梓华

第十三届人民代表大会第三次会议财政预决算审查委员会

主 任 委 员:崔双根

委　　　员:王纯刚　冯越强　任大能　伍水荣　何长发　赵子云　胡忠辉
俞建英　梁苗发　梅梓华

第十三届人民代表大会常委会四次会议财政预决算审查委员会

主 任 委 员:崔双根

委　　　员:王纯刚　王卓良　冯越强　任大能　伍水荣　何长发　项刚华
赵子云　胡忠辉　俞建英

第十四届人民代表大会第一次会议财政预决算审查委员会

主 任 委 员:崔双根

委　　　员:毛如庆　刘正林　杨长海　张传杰　张惠玲　郑伟中　孟国良
孟建洲　章安民　童达吉　童初平　戴先才

第十四届人民代表大会第二次会议财政预决算审查委员会

主 任 委 员:杨路侠

委　　　员:毛如庆　刘正林　杨长海　张传杰　陈方良　郑伟中　孟国良
孟建洲　章安民　童达吉

第十四届人民代表大会常委会第三次会议财政预决算审查委员会

主 任 委 员:杨路侠

委　　　员:毛如庆　刘正林　杨长海　张传杰　陈方良　郑伟中　孟国良
孟建洲　罗绍鸿　童达吉

第十四届人民代表大会第四次会议财政预决算审查委员会

主 任 委 员:杨路侠

委　　　员:万爱梅　刘正林　张传杰　陈方良　郑伟中　孟国良　孟建洲
祝海燕　胡美丽　童达吉

第十四届人民代表大会第五次会议财政预决算审查委员会

主 任 委 员:杨路侠

委　　　员:万爱梅　刘正林　张传杰　陈方良　郑伟中　孟国良　孟建洲
祝海燕　胡美丽　童达吉

第十五届人民代表大会第一次会议财政预决算审查委员会

主 任 委 员:杨路侠

委　　　员:王红缨　吴向武　肖家青　张　超　林天标　罗学良　周盛东
夏　旦　徐建荣　笪百祥　窦长胜　戴建国

第十五届人民代表大会第二次会议财政预决算审查委员会

主 任 委 员:杨路侠

委　　　员:王红缨　吴向武　张　超　林天标　罗学良　周盛东　胡美丽

　　　　夏　旦　徐建荣　笪百祥　窦长胜　戴建国

第十五届人民代表大会第三次会议财政预决算审查委员会

主 任 委 员:杨路侠

委　　　员:王红缨　王直一　李培祥　张　超　陈建华　林天标　罗学良
　　　　　周盛东　夏　旦　徐建荣　窦长胜

第十五届人民代表大会第四次会议财政预决算审查委员会

主 任 委 员:杨路侠

委　　　员:王长林　王红缨　王直一　李培祥　吴向武　张　超　林天标
　　　　　罗学良　周盛东　徐建荣　窦长胜

第十五届人民代表大会第五次会议财政预决算审查委员会

主 任 委 员:杨路侠

委　　　员:李培祥　吴向武　张　超　范水宝　罗学良　周立智　周盛东
　　　　　徐建荣　窦长胜　樊锡宏

第十六届人民代表大会第一次会议财政预决算审查委员会

主 任 委 员:梁蕴伟

委　　　员:马洪亮　陈贤琴　周盛东　施　宏　夏中金　徐存林　楼明星
　　　　　韩金苗　程益欢　黎逢林

第十六届人民代表大会第二次会议财政预决算审查委员会

主 任 委 员:梁蕴伟

委　　　员:马洪亮　陈秀宽　陈贤琴　周盛东　夏中金　徐存林　楼明星
　　　　　韩金苗　程益欢　黎逢林

第十六届人民代表大会第三次会议财政预决算审查委员会

主 任 委 员:梁蕴伟

委　　　员:陈秀宽　陈贤琴　施　霞　莫　骄　徐存林　徐启龙　楼明星
　　　　　韩金苗　程益欢　黎逢林

四、议案审查委员会

安吉县历次人民代表大会议案审查委员会名单

第七届人民代表大会第一次会议议案审查委员会

主 任 委 员:朱长胜

副主任委员:吕济广　诸家炳　徐法林

委　　　员:王光奎　王鸣遥　王德荣　刘玉芬　邹人龙　陈永新　陈伯青
　　　　　吴春明　郑曰文　姬传胜　赵祥昆

第七届人民代表大会第二次会议议案审查委员会

主 任 委 员:江坤寿

副主任委员:陈伯青　赵祥昆

委　　　员:王光奎　王德荣　陈永新　张遵强　郑曰文　金仙灿

第八届人民代表大会第一次会议议案审查委员会

主 任 委 员:魏厚多

副主任委员:邹人龙　张礼英

委　　　员:汪秀林　宋晓方　吴益天　陈永新　杨　晓　周为民　洪甫岩

立　权　聂怀功　蔡宝金

第八届人民代表大会第二次会议议案审查委员会

主 任 委 员:魏厚多

副主任委员:章昌贵　张礼英

委　　　员:江秋帆　孙立权　吴益天　陈永新　杨泽中　雷绍林

第八届人民代表大会第三次会议议案审查委员会

主 任 委 员:魏厚多

副主任委员:章昌贵　张礼英

委　　　员:江秋帆　孙立权　吴益天　陈永新　杨泽中　雷绍林

第十三届人民代表大会第二次会议议案审查委员会

组　　　长:周小平

副　组　长:王卓良　朱国炎　何长发　梁发苗　周遂明　任大能

第十三届人民代表大会第三次会议议案审查委员会

主 任 委 员:周小平

委　　　员:丁丽枝　万爱梅　王九林　朱国炎　刘阶庆　吴聿明　杨路侠　周遂明

第十三届人民代表大会第四次会议议案审查委员会

主 任 委 员:周小平

委　　　员:丁丽枝　万爱梅　王九林　王卓良　朱国炎　周遂明　项刚华　杨路侠

第十四届人民代表大会第一次会议议案审查委员会

主 任 委 员:周小平

委　　　员:王卓良　卢力明　朱国炎　周遂明　郑安全　喻晓鸣

第十四届人民代表大会第二次会议议案审查委员会

主 任 委 员:周小平

委　　　员:王卓良　孙　松　朱国炎　吴聿明　周遂明　郑安全　喻晓鸣

第十四届人民代表大会第三次会议议案审查委员会

主 任 委 员:周小平

委　　　员:王卓良　孙　松　吴旭东　吴聿明　郑安全　黄友花　喻晓鸣

第十四届人民代表大会第四次会议议案审查委员会

主 任 委 员:周小平

委　　　员:王卓良　卢力明　孙　松　朱国炎　吴聿明　周遂明　郑安全　喻晓鸣

第十四届人民代表大会第五次会议议案审查委员会

主 任 委 员:周小平

委　　　员:王卓良　卢力明　孙　松　朱国炎　吴聿明　周遂明　郑安全　喻晓鸣

第十五届人民代表大会第一次会议议案审查委员会

主 任 委 员:周小平

委　　　员:何红明　汪钟鸣　张传杰　罗绍鸿　姚海康　黄跃进　盛文明

第十五届人民代表大会第二次会议议案审查委员会

主 任 委 员:周小平

委　　　员:何红明　汪钟鸣　张传杰　罗绍鸿　姚海康　黄跃进　盛文明

第十五届人民代表大会第三次会议议案审查委员会

主 任 委 员:周小平

委　　　员:叶鸣岗　李更正　何红明　汪钟鸣　张传杰　胡美丽　黄跃进　盛文明

第十五届人民代表大会第四次会议议案审查委员会

主 任 委 员:周小平

委　　　员:叶鸣岗　李更正　何红明　张传杰　周立智　胡美丽　黄跃进　盛文明

第十五届人民代表大会第五次会议议案审查委员会

主 任 委 员:周小平

委　　　员:叶鸣岗　李更正　何红明　张传杰　胡美丽　黄跃进　盛文明

第十六届人民代表大会第一次会议议案审查委员会

主 任 委 员:俞立安

委　　　员:王宏之　俞兆松　夏　旦　盛文明　章军平　温兴元　谭丽丽

第十六届人民代表大会第二次会议议案审查委员会

主 任 委 员:俞立安

委　　　员:王宏之　俞兆松　夏　旦　盛文明　章军平　温兴元　谭丽丽

第十六届人民代表大会第三次会议议案审查委员会

主 任 委 员:俞立安

委　　　员:夏　旦　黄承文　盛文明　盛琦丽　章军平　温兴元　谭丽丽

第十六届人民代表大会第四次会议议案审查委员会

主 任 委 员:孙　松

委　　　员:王雪尧　夏　旦　徐　渊　盛琦丽　章军平　温兴元　谭丽丽

第三章　大会选举

安吉、孝丰两县历届人民代表大会选举时，选举县人民政府县长、副县长，选举县人民法院院长、县人民检察院检察长，选举市人民代表大会代表。1981年7月安吉县第七届人民代表大会起，选举县人民代表大会常务委员会组成人员。2017年2月县第十六届人民代表大会起，选举县监察委员会主任。县人民代表大会常务委员会组成人员、县监察委员会主任、市人民代表大会代表由县人民代表大会代表选举产生；县人民政府县长、副县长，县人民法院院长、县人民检察院检察长，在各个不同历史时期，有选举产生的，有上级任命的。县第七届人民代表大会开始，换届时均由县人民代表大会选举产生，届中任职的副县长，有的上级任命，有的选举产生。

第一节　选举办法

安吉县人民代表大会凡有选举任务的各届各次会议均制定选举办法。选举办法就选举的法律依据、需要选举产生的国家机关工作人员、市人民代表大会代表的人数、选举中的具体规定和要求，作出全面具体的规定，以供选举时操作。选举办法的内容大致相同，其中每届一次会议的选举办法最为全面。本节选录县十五届一次会议通过的选举办法。

安吉县第十五届人民代表大会第一次会议选举办法

（2012年2月15日安吉县第十五届人民代表大会第一次会议第二次大会通过）

一、根据《中华人民共和国全国人民代表大会和地方各级人民代表大会选举法》《中华人民共和国地方各级人民代表大会和地方各级人民政府组织法》，结合我县实际，制定本办法。

二、本次会议选举：安吉县第十五届人民代表大会常务委员会主任1名，副主任6名，委员18名；安吉县人民政府县长1名，副县长6名；安吉县人民法院院长1名；安吉县人民检察院检察长1名；安吉县出席湖州市第七届人民代表大会代表64名，其中市属名额13名，县属名额51名。

选举工作由大会主席团主持。

三、县人民代表大会常务委员会主任、县人民政府县长、县人民法院院长、县人民检察院检察长的候选人人数，一般应各多1名，进行差额选举；如果提名的候选人只有1名，也可以等额选举。县人民代表大会常务委员会副主任和县人民政府副县长的候选人人数应比应选人数各多1名，进行差额选举。县人民代表大会常务委员会委员的候选人数比应选人数多2名，进行差额选举。出席湖州市第七届人民代表大会代表候选人的名额比应选人数多五分之一，即多 13 名，进行差额选举。各职候选人按姓名笔画为序排列。

四、县人民代表大会常务委员会组成人员，县人民政府县长、副县长，县人民法院院长，县人民检察院检察长的候选人，由大会主席团或代表十人以上联合提名，但均不得超过各职候选人的应选名额；出席湖州市第七届人民代表大会代表的候选人，由市级和县级政党、各人民团体联合或单独提名推荐或代表十人以上联名推荐。

主席团提名的候选人，由主席团负责书面向代表介绍情况；代表十人以上联合提出的各职候选人，由提名者填写《代表联合提名候选人登记表》，向主席团提出，并如实介绍候选人的情况，说明推荐理由，由主席团将代表联名提出的候选人情况简介印发给代表。代表联合提名各项候选人的截止时间为 2 月 16 日 10 时整。提名登记表在截止时间以前送交大会秘书处组织组的，提名方为有效。在确定正式候选人以前，联名者如果要求撤销提名，并以书面方式提出，大会主席团应予同意。被代表联合提名的某职候选人，如果不愿意被提名的，应当尊重被提名人的意愿，大会主席团可以不将其列入候选人名单，并向联合提名的代表予以说明。

县人民代表大会常务委员会组成人员的候选人，必须从本届县人民代表大会代表中提名；其余各职候选人，不限于本届县人民代表大会代表。

五、大会主席团将依法提出的各职候选人名单，提交全体代表酝酿、讨论。如果提名的候选人数符合本办法规定的差额数，由大会主席团提交全体代表酝酿、讨论后，进行选举。如果提名的候选人数超过本办法规定的差额数，由主席团提交全体代表酝酿、讨论后，进行预选。

六、预选以代表团为单位进行。参加预选会议的代表超过该代表团全体代表的半数，方可进行预选。预选工作由大会主席团委托各代表团团长主持，预选监票人由各代表团在不是各职候选人的代表中推荐产生，预选工作人员由大会秘书处指定。

预选采用无记名投票方式进行。预选选票由大会秘书处统一印制。

各代表团预选情况，由预选工作主持人和监票人签字后，报大会秘书处汇总，向大会主席团报告。由主席团根据候选人得票多少的顺序，确定正式候选人名单，提交大会选举。

七、本次会议选举，采用无记名投票方式，分三次全体会议进行。第一次选举县人民代表大会常务委员会主任、县人民政府县长、县人民法院院长、县人民检察院检察长、出席湖州市第七届人民代表大会代表；第二次选举县人民代表大会常务委员会副主任、县人民政府副县长；第三次选举县人民代表大会常务委员会委员。选举结果分三次宣布。每次选举都采用分别画票、一次投票、分别计票的办法。

八、出席本次会议的代表，对确定的正式候选人可以投赞成票、反对票、弃权票，也可以另选其他代表或者选民。代表画写选票时，对候选人表示赞成的，在其姓名上面的空格内画“○”；表示反对的画“×”，弃权的不画任何符号；另选他人的，在选票后面的空长方格内写上要选人的姓名，并在其姓名上面的空格内画“○”，只写姓名不画“○”的无效。若某空格内所画符号不符合规定或辨认不清的，该符号作无效处理。每张选票所选的人数，等于或少于应选人数的为有效票，多于应选人数的为无效票。

九、大会选举时，参加投票选举的代表必须超过全体代表的半数方可进行。每次投票结束后，监票人当众启封票箱，清点投票张数。收回的选票等于或少于发出的选票，选举有效；

多于发出的选票，选举无效，应重新进行选举。各职候选人获得全体代表过半数的赞成票，始得当选。获得过半数赞成票的候选人人数超过应选名额时，以得赞成票多的当选。如遇得票相等不能确定当选人时，就得票相等的候选人再次投票，以得赞成票多的当选。

如果县人民代表大会常务委员会主任、县人民政府县长、县人民法院院长、县人民检察院检察长的候选人未获得全体代表过半数选票时，应再次进行选举，候选人仍为第一次选举未当选的候选人。

如果县人民代表大会常务委员会副主任、委员，县人民政府副县长，出席湖州市第七届人民代表大会代表的当选人名额少于应选名额时，不足名额由本次大会另行选举。另行选举时，由大会主席团根据第一次投票时得票多少的顺序和本办法的规定，确定候选人，进行差额选举。

未当选的县人民代表大会常务委员会副主任的正式候选人，可以依法再提名为县人民代表大会常务委员会委员候选人和依法列入正式候选人名单。

十、大会选举设总监票人 1 名，由大会主席团在不是各职候选人的代表中提名；设监票人 14 名，由各代表团从本团不是各职候选人的代表中各推选 2 名。总监票人、监票人名单由大会主席团提请大会通过。总监票人、监票人在大会主席团领导下，对选举工作全过程进行监督。选举工作人员由大会秘书处指定，在监票人监督下进行工作。

十一、大会选举设投票箱一只，不设流动票箱。投票顺序是：首先总监票人、监票人投票，接着主席团成员投票，最后代表按照规定路线依次投票。因故未出席会议的代表，不能委托他人代为投票。

十二、计票完毕，由总监票人向大会报告各职候选人得票情况，再由大会主持人宣布各职选举的当选人名单。

十三、当选的县人民检察院检察长，需报经湖州市人民检察院检察长提请湖州市人民代表大会常务委员会批准。

十四、选举过程中遇有本办法未作规定的其他事项，由大会主席团依法决定；需由大会决定的，提请大会决定。

十五、本办法经安吉县第十五届人民代表大会第一次会议通过后实施。

第二节　选举产生的国家机关工作人员

县人民代表大会选举产生的县人大常委会主任、副主任，县人民政府（人民委员会）县长、副县长，县人民法院院长，县人民检察院检察长，县监察委员会主任。

一、选举产生的县人大常委会主任、副主任

1981 年 7 月，设立安吉县人大常委会，县人大常委会主任、副主任均由县人民代表大会选举产生。

第七届人民代表大会常委会(1981.7—1984.8)

主　任：吕济广　　安吉县第七届人民代表大会第一次会议当选

副主任:刘玉芬　安吉县第七届人民代表大会第一次会议当选
王根富　安吉县第七届人民代表大会第一次会议当选
江坤寿　安吉县第七届人民代表大会第一次会议当选
谷忠林　安吉县第七届人民代表大会第一次会议当选

第八届人民代表大会常委会(1984.8—1987.5)

主　任:朱长胜　安吉县第八届人民代表大会第一次会议当选
副主任:魏厚多　安吉县第八届人民代表大会第一次会议当选
邹人龙　安吉县第八届人民代表大会第一次会议当选
黄少伟　安吉县第八届人民代表大会第一次会议当选
赵大正　安吉县第八届人民代表大会第一次会议当选

第九届人民代表大会常委会(1987.5—1990.4)

主　任:朱长胜　安吉县第九届人民代表大会第一次会议当选
副主任:邹人龙　安吉县第九届人民代表大会第一次会议当选
肖金莲　安吉县第九届人民代表大会第一次会议当选
赵大正　安吉县第九届人民代表大会第一次会议当选
陈永新　安吉县第九届人民代表大会第一次会议当选

第十届人民代表大会常委会(1990.4—1993.3)

主　任:朱长胜　安吉县第十届人民代表大会第一次会议当选
副主任:肖金莲　安吉县第十届人民代表大会第一次会议当选
陈永新　安吉县第十届人民代表大会第一次会议当选
钱致礽　安吉县第十届人民代表大会第一次会议当选
张锡荣　安吉县第十届人民代表大会第三次会议当选

第十一届人民代表大会常委会(1993.3—1998.3)

主　任:张锡荣　安吉县第十一届人民代表大会第一次会议当选
副主任:肖金莲　安吉县第十一届人民代表大会第一次会议当选
钱致礽　安吉县第十一届人民代表大会第一次会议当选
洪甫岩　安吉县第十一届人民代表大会第一次会议当选

第十二届人民代表大会常委会(1998.3—2003.3)

主　任:张锡荣　安吉县第十二届人民代表大会第一次会议当选
副主任:肖金莲　安吉县第十二届人民代表大会第一次会议当选
崔双根　安吉县第十二届人民代表大会第一次会议当选
胡正坚　安吉县第十二届人民代表大会第一次会议当选
陈华民　安吉县第十二届人民代表大会第一次会议当选

第十三届人民代表大会常委会(2003.3—2007.1)

主　任:钱坤方　安吉县第十三届人民代表大会第一次会议当选
副主任:吴向明　安吉县第十三届人民代表大会第一次会议当选

周小平　　安吉县第十三届人民代表大会第一次会议当选
崔双根　　安吉县第十三届人民代表大会第一次会议当选
胡正坚　　安吉县第十三届人民代表大会第一次会议当选
陈华民　　安吉县第十三届人民代表大会第一次会议当选

第十四届人民代表大会常委会(2007.1—2012.2)

主　任:唐中祥　　安吉县第十四届人民代表大会第一次会议当选
吴向明　　安吉县第十四届人民代表大会第五次会议当选
副主任:吴向明　　安吉县第十四届人民代表大会第一次会议当选
周小平　　安吉县第十四届人民代表大会第一次会议当选
陶紫正　　安吉县第十四届人民代表大会第一次会议当选
陈华民　　安吉县第十四届人民代表大会第一次会议当选
张为华　　安吉县第十四届人民代表大会第一次会议当选
杨路侠　　安吉县第十四届人民代表大会第一次会议当选
黄根凤　　安吉县第十四届人民代表大会第五次会议当选

第十五届人民代表大会常委会(2012.2—2017.2)

主　任:梁为民　　安吉县第十五届人民代表大会第一次会议当选
副主任:周小平　　安吉县第十五届人民代表大会第一次会议当选
杨路侠　　安吉县第十五届人民代表大会第一次会议当选
王爱民　　安吉县第十五届人民代表大会第一次会议当选
黄根凤　　安吉县第十五届人民代表大会第一次会议当选
孙　松　　安吉县第十五届人民代表大会第一次会议当选
黄先国　　安吉县第十五届人民代表大会第一次会议当选

第十六届人民代表大会常委会(2017.2—　　)

主　任:陆为民　　安吉县第十六届人民代表大会第一次会议当选
副主任:吴佩勋　　安吉县第十六届人民代表大会第一次会议当选
王爱民　　安吉县第十六届人民代表大会第一次会议当选
孙　松　　安吉县第十六届人民代表大会第一次会议当选
黄先国　　安吉县第十六届人民代表大会第一次会议当选
俞立安　　安吉县第十六届人民代表大会第一次会议当选
梁蕴伟　　安吉县第十六届人民代表大会第一次会议当选
王　捷　　安吉县第十六届人民代表大会第四次会议当选
徐　勇　　安吉县第十六届人民代表大会第四次会议当选
王一明　　安吉县第十六届人民代表大会第四次会议当选

二、选举产生的县人民政府(人民委员会)县长、副县长

1949年6月,安吉、孝丰两县成立县人民政府,县长、副县长由省委、地委任命。安吉县

自1955年12月第一届人民代表大会第四次会议起，孝丰县自1955年11月第一届人民代表大会第三次会议起，县长、副县长由人民代表大会选举产生，并将县人民政府改称县人民委员会。1958年11月，孝丰县并入安吉县。1968年3月，建立由干部代表、军队代表和群众代表组成的县革命委员会，革委会主任、副主任均由省委任命。1981年7月，县革命委员会改为县人民政府，恢复选举制。1984年4月，县机关机构改革，对县人民政府领导成员作出调整，徐序培为代理县长，叶兆旭、朱家炳、张嘉德为副县长。1984年8月起，每届县人民政府县长、副县长由县人民代表大会选举产生，届中任职的副县长有的由上级任命，有的由选举产生。

安吉县第一届人民委员会(1955.12—1956.12)

县　长：张华斋　　安吉县第一届人民代表大会第四次会议当选
副县长：国守勋　　安吉县第一届人民代表大会第四次会议当选
　　　　谷忠林　　安吉县第一届人民代表大会第四次会议当选

安吉县第二届人民委员会(1956.12—1958.5)

县　长：国守勋　　安吉县第二届人民代表大会第一次会议当选
副县长：刘玉芬　　安吉县第二届人民代表大会第一次会议当选
　　　　王玉亭　　安吉县第二届人民代表大会第一次会议当选
　　　　李进民　　安吉县第二届人民代表大会第一次会议当选
　　　　皇甫瑞　　安吉县第二届人民代表大会第一次会议当选

安吉县第三届人民委员会(1958.5—1961.12)

县　长：国守勋　　安吉县第三届人民代表大会第一次会议当选
　　　　刘乃欣　　安吉县第三届人民代表大会第二次会议当选
副县长：刘玉芬　　安吉县第三届人民代表大会第一次会议当选
　　　　皇甫瑞　　安吉县第三届人民代表大会第一次会议当选
　　　　屈恒亭　　安吉县第三届人民代表大会第二次会议当选
　　　　王光奎　　安吉县第三届人民代表大会第二次会议当选

安吉县第四届人民委员会(1961.12—1963.12)

县　长：刘乃欣　　安吉县第四届人民代表大会第一次会议当选
副县长：李进民　　安吉县第四届人民代表大会第一次会议当选
　　　　刘玉芬　　安吉县第四届人民代表大会第一次会议当选
　　　　皇甫瑞　　安吉县第四届人民代表大会第一次会议当选
　　　　屈恒亭　　安吉县第四届人民代表大会第一次会议当选

安吉县第五届人民委员会(1963.12—1966.5)

县　长：孙延成　　安吉县第五届人民代表大会第一次会议当选
副县长：张瑞祥　　安吉县第五届人民代表大会第一次会议当选
　　　　李进民　　安吉县第五届人民代表大会第一次会议当选
　　　　国守勋　　安吉县第五届人民代表大会第一次会议当选

屈恒亭　　安吉县第五届人民代表大会第一次会议当选

安吉县第六届人民委员会(1966.5—1968.3)

县　长:徐法林　　安吉县第六届人民代表大会第一次会议当选
副县长:张瑞祥　　安吉县第六届人民代表大会第一次会议当选
张健联　　安吉县第六届人民代表大会第一次会议当选
牟顺先　　安吉县第六届人民代表大会第一次会议当选

安吉县第七届人民政府(1981.7—1984.8)

县　长:朱长胜　　安吉县第七届人民代表大会第一次会议当选
副县长:邹人龙　　安吉县第七届人民代表大会第一次会议当选
张健联　　安吉县第七届人民代表大会第一次会议当选
沈荣林　　安吉县第七届人民代表大会第一次会议当选
徐法林　　安吉县第七届人民代表大会第一次会议当选
朱家炳　　安吉县第七届人民代表大会第一次会议当选

安吉县第八届人民政府(1984.8—1987.5)

县　长:徐序培　　安吉县第八届人民代表大会第一次会议当选
副县长:叶兆旭　　安吉县第八届人民代表大会第一次会议当选
朱家炳　　安吉县第八届人民代表大会第一次会议当选
张嘉德　　安吉县第八届人民代表大会第一次会议当选
王以震　　安吉县第八届人民代表大会第一次会议当选

安吉县第九届人民政府(1987.5—1990.4)

县　长:徐序培　　安吉县第九届人民代表大会第一次会议当选
副县长:叶兆旭　　安吉县第九届人民代表大会第一次会议当选
朱家炳　　安吉县第九届人民代表大会第一次会议当选
王以震　　安吉县第九届人民代表大会第一次会议当选
桂安心　　安吉县第九届人民代表大会第一次会议当选

安吉县第十届人民政府(1990.4—1993.3)

县　长:胡　伟　　安吉县第十届人民代表大会第一次会议当选
副县长:王继祥　　安吉县第十届人民代表大会第一次会议当选
王以震　　安吉县第十届人民代表大会第一次会议当选
陈国强　　安吉县第十届人民代表大会第一次会议当选
章晓梅　　安吉县第十届人民代表大会第一次会议当选

安吉县第十一届人民政府(1993.3—1998.3)

县　长:谈月明　　安吉县第十一届人民代表大会第一次会议当选
戚才祥　　安吉县第十一届人民代表大会第三次会议当选
副县长:王继祥　　安吉县第十一届人民代表大会第一次会议当选
陈国强　　安吉县第十一届人民代表大会第一次会议当选

章晓梅　　安吉县第十一届人民代表大会第一次会议当选
胡玉明　　安吉县第十一届人民代表大会第一次会议当选
王金龙　　安吉县第十一届人民代表大会第一次会议当选

安吉县第十二届人民政府(1998.3—2003.3)

县　长:钱坤方　　安吉县第十二届人民代表大会第一次会议当选
副县长:王　勤　　安吉县第十二届人民代表大会第一次会议当选
宿竞平　　安吉县第十二届人民代表大会第一次会议当选
吴向明　　安吉县第十二届人民代表大会第一次会议当选
董立新　　安吉县第十二届人民代表大会第一次会议当选
王龙生　　安吉县第十二届人民代表大会第一次会议当选

安吉县第十三届人民政府(2003.3—2007.1)

县　长:劳红武　　安吉县第十三届人民代表大会第一次会议当选
唐中祥　　安吉县第十三届人民代表大会第三次会议当选
副县长:朱仲华　　安吉县第十三届人民代表大会第一次会议当选
杨新新　　安吉县第十三届人民代表大会第一次会议当选
金　凯　　安吉县第十三届人民代表大会第一次会议当选
章其祥　　安吉县第十三届人民代表大会第一次会议当选
黄培林　　安吉县第十三届人民代表大会第一次会议当选
张为华　　安吉县第十三届人民代表大会第一次会议当选
叶海珍　　安吉县第十三届人民代表大会第一次会议当选

安吉县第十四届人民政府(2007.1—2012.2)

县　长:单锦炎　　安吉县第十四届人民代表大会第一次会议当选
副县长:陆为民　　安吉县第十四届人民代表大会第一次会议当选
徐国晟　　安吉县第十四届人民代表大会第一次会议当选
金　凯　　安吉县第十四届人民代表大会第一次会议当选
叶海珍　　安吉县第十四届人民代表大会第一次会议当选
凌建荣　　安吉县第十四届人民代表大会第一次会议当选
王少华　　安吉县第十四届人民代表大会第一次会议当选

安吉县第十五届人民政府(2012.2—2017.2)

县　长:王　树　　安吉县第十五届人民代表大会第一次会议当选
沈铭权　　安吉县第十五届人民代表大会第四次会议当选
副县长:凌建荣　　安吉县第十五届人民代表大会第一次会议当选
徐礼明　　安吉县第十五届人民代表大会第一次会议当选
任　烽　　安吉县第十五届人民代表大会第一次会议当选
任贵明　　安吉县第十五届人民代表大会第一次会议当选
钱洪文　　安吉县第十五届人民代表大会第一次会议当选

张云威　　安吉县第十五届人民代表大会第一次会议当选

安吉县第十六届人民政府(2017.2—　　)

县　长:陈永华　　安吉县第十六届人民代表大会第一次会议当选

副县长:乐叶俊　　安吉县第十六届人民代表大会第一次会议当选

任贵明　　安吉县第十六届人民代表大会第一次会议当选

何承明　　安吉县第十六届人民代表大会第一次会议当选

杨建新　　安吉县第十六届人民代表大会第一次会议当选

杨绍军　　安吉县第十六届人民代表大会第一次会议当选

王　捷　　安吉县第十六届人民代表大会第一次会议当选

陈　悦　　安吉县第十六届人民代表大会第四次会议当选

沈鑫钰　　安吉县第十六届人民代表大会第四次会议当选

孝丰县第一届人民委员会(1955.11—1956.12)

县　长:刘乃欣　　孝丰县第一届人民代表大会第一次会议当选

副县长:程邦贵　　孝丰县第一届人民代表大会第一次会议当选

宋元田　　孝丰县第一届人民代表大会第一次会议当选

张志扬　　孝丰县第一届人民代表大会第一次会议当选

孝丰县第二届人民委员会(1956.12—1958.5)

县　长:程邦贵　　孝丰县第二届人民代表大会第一次会议当选

副县长:张志扬　　孝丰县第二届人民代表大会第一次会议当选

宋元田　　孝丰县第二届人民代表大会第一次会议当选

段祥道　　孝丰县第二届人民代表大会第一次会议当选

秦树功　　孝丰县第二届人民代表大会第二次会议当选

孝丰县第三届人民委员会(1958.5—1959.11)

县　长:程邦贵　　孝丰县第三届人民代表大会第一次会议当选

副县长:张志扬　　孝丰县第三届人民代表大会第一次会议当选

三、选举产生的县人民法院院长

1950年5月,安吉、孝丰两县均建立县人民法院,院长、副院长由上级任命。安吉县自1955年12月县一届人大四次会议起,孝丰县自1955年11月县一届人大三次会议起,县人民法院院长经县人民代表大会选举产生后由上级任命,副院长仍由上级直接任命。1958年11月,孝丰县并入安吉县,其县人民法院工作人员转入安吉县人民法院。1966年冬,县人民法院工作受到"文化大革命"冲击。1967年12月,由中国人民解放军浙江省安吉县公检法军事管制小组实行军事管制,1968年6月改称中国人民解放军浙江省安吉县公安机关军事管制组。1973年2月,终止军事管制,恢复县人民法院,院长、副院长由上级任命。1981年7月县七届人大一次会议开始,恢复选举制,院长经县人民代表大会选举产生后由县人大常委会任命,代理院长、副院长由县人大常委会直接任命。

安吉县选举产生的人民法院院长

谷忠林　　安吉县第一届人民代表大会第二次会议当选
邱正基　　安吉县第一届人民代表大会第四次会议当选
邱正基　　安吉县第二届人民代表大会第一次会议当选
郑曰文　　安吉县第三届人民代表大会第一次会议当选
郑曰文　　安吉县第四届人民代表大会第一次会议当选
郑曰文　　安吉县第五届人民代表大会第一次会议当选
郑曰文　　安吉县第六届人民代表大会第一次会议当选
郑曰文　　安吉县第七届人民代表大会第一次会议当选
夏家林　　安吉县第八届人民代表大会第一次会议当选
夏家林　　安吉县第九届人民代表大会第一次会议当选
吴向明　　安吉县第十届人民代表大会第一次会议当选
吴向明　　安吉县第十一届人民代表大会第一次会议当选
陆根法　　安吉县第十二届人民代表大会第一次会议当选
张建乐　　安吉县第十三届人民代表大会第一次会议当选
张建乐　　安吉县第十四届人民代表大会第一次会议当选
王　怡　　安吉县第十四届人民代表大会第四次会议当选
王　怡　　安吉县第十五届人民代表大会第一次会议当选
沈芳君　　安吉县第十六届人民代表大会第一次会议当选

孝丰县选举产生的人民法院院长

孟庆华　　孝丰县第一届人民代表大会第三次会议当选
孟庆华　　孝丰县第二届人民代表大会第一次会议当选
武继琢　　孝丰县第三届人民代表大会第一次会议当选

四、选举产生的县人民检察院检察长

1951 年 7 月，建立孝丰县人民检察署，1955 年改称孝丰县人民检察院。1955 年 9 月，建立安吉县人民检察院。两县检察长、副检察长均由上级任命。1958 年 11 月，孝丰县并入安吉县，其人民检察院工作人员转入安吉县人民检察院。1966 年冬，县人民检察院受到“文化大革命”冲击。1967 年 12 月，由中国人民解放军浙江省安吉县公检法军事管制小组实行军事管制。1973 年 2 月，终止军事管制。1978 年 5 月，恢复县人民检察院。在县人民代表大会制度恢复前，检察长、副检察长由上级任命。1981 年 7 月县七届人大一次会议开始，检察长由人民代表大会选举产生，并报市人民检察院提请市人大常委会批准。代理检察长由县人大常委会决定，副检察长由县人大常委会任命。

施其礼　　安吉县第七届人民代表大会第一次会议当选
邹明旺　　安吉县第八届人民代表大会第一次会议当选
邹明旺　　安吉县第九届人民代表大会第一次会议当选

邹明旺　　安吉县第十届人民代表大会第一次会议当选
邹明旺　　安吉县第十一届人民代表大会第一次会议当选
崔双根　　安吉县第十一届人民代表大会第四次会议当选
王余庆　　安吉县第十二届人民代表大会第一次会议当选
沈　亮　　安吉县第十三届人民代表大会第一次会议当选
王武良　　安吉县第十四届人民代表大会第一次会议当选
周晓杨　　安吉县第十五届人民代表大会第一次会议当选
陈　章　　安吉县第十六届人民代表大会第一次会议当选

五、选举产生的县监察委员会主任

2017年2月安吉县成立县监察委员会，主任由县人民代表大会选举产生，副主任、委员由人大常委会任命。

杨新初　　安吉县第十六届人民代表大会第一次会议当选
柏建华　　安吉县第十六届人民代表大会第四次会议当选

第四章　大会决议

安吉县人民代表大会运用决议的形式，决定县域内政治、经济、教育、科学、文化、卫生、环境和资源保护、民政、民俗等工作的重大事项。对县人民政府工作报告、县国民经济和社会发展计划执行情况及国民经济和社会发展计划草案报告、县财政预算执行情况和财政预算草案报告、县人大常委会工作报告、县人民法院工作报告、县人民检察院工作报告作出审查批准决议。这些决议，对于动员全县人民围绕党的总路线、总任务和安吉县各个历史时期的奋斗目标，推动全县经济建设和社会发展、坚持生态立县战略、加快推进中心城市建设、建设中国美丽乡村、促进水资源可持续保护和利用、统筹区域环境综合治理等方面具有不可替代的作用。

第一节　决议名录

孝丰县人民代表大会决议

《关于开展以互助合作为中心的农业生产运动的决议》（1954 年 7 月 19 日孝丰县第一届人民代表大会第一次会议通过）

《关于实行粮食计划收购与计划供应的决议》（1954 年 7 月 19 日孝丰县第一届人民代表大会第一次会议通过）

《关于开展爱国造林和封山育林的决议》（1954 年 7 月 19 日孝丰县第一届人民代表大会第一次会议通过）

《关于坚决反对美蒋共同防御条约，一定要解放台湾的决议》（1955 年 2 月 14 日孝丰县第一届人民代表大会第二次会议通过）

《关于开展义务兵役制宣传和动员群众参加反对美国使用原子武器签名运动的决议》（1955 年 2 月 14 日孝丰县第一届人民代表大会第二次会议通过）

《关于拥护全国发展国民经济第一个五年计划的决议》（1955 年 12 月 18 日孝丰县第一届人民代表大会第三次会议通过）

《关于执行毛主席关于农业合作化问题指示的决议》（1955 年 12 月 18 日孝丰县第一届人民代表大会第三次会议通过）

《关于拥护兵役法和完成兵员征集工作的决议》（1955 年 12 月 18 日孝丰县第一届人民代表大会第三次会议通过）

《关于开展增产节约运动的决议》（1957 年 6 月 30 日孝丰县第二届人民代表大会第二次会议通过）

《关于中小学学生毕业问题的决议》(1957年6月30日孝丰县第二届人民代表大会第二次会议通过)

《关于认真贯彻“鼓足干劲,力争上游,多快好省地建设社会主义”总路线的决议》(1958年5月29日孝丰县第三届人民代表大会第一次会议通过)

《关于大办地方工业的决议》(1958年5月29日孝丰县第三届人民代表大会第一次会议通过)

两县合并前安吉县人民代表大会决议

《关于安吉县过去一年(1953年下半年及1954年上半年)来工作情况和今后任务的决议》(1954年7月20日安吉县第一届人民代表大会第一次会议通过)

《关于安吉县1954年财政预算决议》(1954年7月20日安吉县第一届人民代表大会第一次会议通过)

《关于推行农业互助合作的决议》(1954年12月25日安吉县第一届人民代表大会第二次会议通过)

《关于掀起粮食征购高潮的决议》(1954年12月25日安吉县第一届人民代表大会第二次会议通过)

《关于支援中国人民解放军保卫祖国解放台湾的决议》(1954年12月25日安吉县第一届人民代表大会第二次会议通过)

《关于巩固农业生产合作社的决议》(1955年7月22日安吉县第一届人民代表大会第三次会议通过)

《关于贯彻粮食定产定购定销的决议》(1955年7月22日安吉县第一届人民代表大会第三次会议通过)

《关于肃清反革命分子的决议》(1955年7月22日安吉县第一届人民代表大会第三次会议通过)

《关于开展增产节约的决议》(1956年12月13日安吉县第二届人民代表大会第一次会议通过)

《关于贯彻粮食征购定销政策的决议》(1956年12月13日安吉县第二届人民代表大会第一次会议通过)

《关于〈安吉县人民委员会关于第一届人民代表大会以来的工作情况及1957年(重点今冬明春)任务的报告〉及中共安吉县委韩世瑞代表所作的〈政治制度报告〉的决议》(1956年12月13日安吉县第二届人民代表大会第一次会议通过)

《关于进一步发展农业生产与巩固提高合作社的决议》(1956年12月13日安吉县第二届人民代表大会第一次会议通过)

《关于在全县范围内掀起一个建设社会主义总路线的宣传教育运动,进一步调动全县人民的社会主义积极性,促进生产大跃进的决议》(1958年6月1日安吉县第三届人民代表大会第一次会议通过)

两县合并后县人民代表大会决议

《关于进一步开展增产节约运动的决议》(1959 年 12 月 6 日安吉县第三届人民代表大会第二次会议通过)

《关于进一步开展全民义务植树运动的决议》(1983 年 3 月 16 日安吉县第七届人民代表大会第二次会议通过)

《关于〈第七个五年计划和第七个五年计划报告〉的决议》(1987 年 5 月 30 日安吉县第九届人民代表大会第一次会议通过)

《〈关于调整国民经济和社会发展十年规划和第八个五年计划纲要主要经济指标的报告〉的决议》(1993 年 3 月 31 日安吉县第十一届人民代表大会第一次会议通过)

《关于〈安吉县国民经济和社会发展"九五"计划和 2010 年远景规划纲要〉的决议》(1996 年 3 月 21 日安吉县第十一届人民代表大会第四次会议通过)

《关于全面实行殡葬改革的决议》(1998 年 3 月 21 日安吉县第十二届人民代表大会第一次会议通过)

《关于加快实施"绿色工程"的决议》(1999 年 3 月 19 日安吉县第十二届人民代表大会第二次会议通过)

《关于加快实施"生态立县——生态经济强县"的决议》(2001 年 2 月 28 日安吉县第十二届人民代表大会第四次会议通过)

《关于安吉县国民经济和社会发展第十个五年计划纲要的决议》(2001 年 2 月 28 日安吉县第十二届人民代表大会第四次会议通过)

《关于创建最佳人居环境的决议》(2002 年 3 月 7 日安吉县第十二届人民代表大会第五次会议通过)

《关于加快推进中心城市建设，打造山区新型城市样板区的决议》(2007 年 1 月 27 日安吉县第十四届人民代表大会第一次会议通过)

《关于建设"中国美丽乡村"的决议》(2008 年 1 月 15 日安吉县第十四届人民代表大会第二次会议通过)

《关于促进水资源可持续保护和利用的决议》(2010 年 1 月 20 日安吉县第十四届人民代表大会第四次会议)

《关于深入推进生态文明示范建设的决议》(2012 年 2 月 18 日安吉县第十五届人民代表大会第一次会议通过)

《关于统筹区域环境综合治理的决议》(2013 年 1 月 18 日安吉县第十五届人民代表大会第二次会议通过)

《关于设立环境综合治理"集中推进日"的决定》(2014 年 1 月 24 日安吉县第十五届人民代表大会第三次会议通过)

《关于安吉县国民经济和社会发展第十三个五年规划纲要编制情况报告的决议》(2015 年 1 月 15 日安吉县第十五届人民代表大会第五次会议通过)

《关于安吉县2017年度环境状况和环境保护目标完成情况报告的决议》(2018年2月7日安吉县第十六届人民代表大会第二次会议通过)

《关于安吉县2018年度环境状况和环境保护目标完成情况报告的决议》(2019年1月23日安吉县第十六届人民代表大会第三次会议通过)

《关于调整环境综合治理"集中推进日"为生态文明建设"集中推进日"的决议》(2020年5月9日安吉县第十六届人民代表大会第四次会议通过)

第二节 决议选载

关于《安吉县人民委员会关于第一届人民代表大会以来的工作情况及1957年(重点今冬明春)任务的报告》及中共安吉县委韩世瑞代表所作的《政治制度报告》的决议

(1956年12月13日安吉县第二届人民代表大会第一次会议通过)

安吉县第二届人民代表大会第一次会议同意国守勋副县长代表上一届安吉县人民委员会所作的《安吉县人民委员会关于第一届人民代表大会以来的工作情况及1957年(重点今冬明春)工作任务的报告》,并对二年来工作取得的巨大成就,表示满意。同时对中共安吉县委韩世瑞代表所作的《政治制度报告》,全体代表一致表示坚决拥护。

会议认为,今后安吉县人民委员会必须领导全县人民,紧密团结在中国共产党的周围,树立艰苦朴素的作风和走群众路线的方法,为胜利完成和超额完成1957年各项任务而奋斗。

关于进一步发展农业生产与巩固提高合作社的决议

(1956年12月13日安吉县第二届人民代表大会第一次会议通过)

我县自贯彻毛主席关于农业合作化问题的指示和中共中央七届六中全会(扩大)的决议以后,批判了右倾保守思想,迅速地消除了"坚决收缩"错误方针的思想影响;贯彻了"全面规划,加强领导"的方针,因而农业合作化运动在全县范围内积极稳步地、正常健康地、迅速地开展起来。目前全县入社农户已占总农户的99%,实现了完全社会主义性质的高级合作化,完成了农业社会主义改造的历史任务,使社会主义革命取得了决定性的胜利,农业生产取得了很大的成绩。

全体代表一致认为,由于农业合作化的实现,新的社会主义性质的生产关系的建立,促进了生产力的进一步发展,带来了大规模的技术改革和进一步发展农业生产的新要求,为此,在农业生产方面,今后必须坚决贯彻"确保粮食增产,同时增产油料,大力发展林业生产,积极发展桑、茶特产和养畜业、渔业和其他副业生产,开展多种经营,全面发展生产"的方针,做到因地制宜地贯彻这一方针,制定全面发展农业生产的规划,把计划建立在积极可靠的基础上,组织实现;在合作化方面,应继续贯彻勤俭办社和民主办社的方针,在今冬明春生产中积极整顿巩固现有社,积极改进农业生产合作社的经营管理和财务管理,认真搞好1956年分配决算,切实处理好社内各项遗留的经济关系问题,以进一步巩固提高合作社的质量和进一步发挥广大社员的社会主义劳动热情和生产积极性。并通过整社把广大社员建设社会主义的积极性引导到生产上来，依靠合作社的力量，努力挖掘生产潜力，突击全面地完成冬种计划，大力开展规模宏大的群众性的冬修水利和积肥运动，加强春花培育和冬季治螟等工作，领导全县人民以战斗的姿态和百折不挠的精神，克服一切困难，掀起群众性的冬季生产高潮，出色地完成和超额完成冬、春季各项生产任务，为1957年大面积增产全面丰收，打下坚实可靠的基础，为增加生产，增加收入，逐步提高人民群众生活，支援国家工业化建设而奋斗。

关于进一步开展全民义务植树运动的决议

（1983年3月16日安吉县第七届人民代表大会通过）

安吉县第七届人民代表大会第二次会议认为，植树造林，绿化祖国，是振兴中华，造福子孙的伟大事业，是治理山河，维护、改善生态环境和人民生存条件的一项重大战略措施，是社会主义物质文明与精神文明建设的重要内容。在新的一年里，我们应当在这个方面做出新成绩，开创新局面。

县人民政府要认真贯彻全民义务植树工作会议精神，加强具体工作领导。要运用各种形式的宣传，不断提高干部群众对植树造林，绿化祖国的重大战略意义的认识，进一步动员全县人民积极参加义务植树运动。要从安吉的实际出发，制定义务植树规划，发展育苗基地，育足苗木，加强养护管理，健全责任制度，实行奖惩办法，巩固绿化成果。

会议号召，全县人民积极行动起来，以高度的爱国热情，人人动手，年年植树，使我县全民植树运动一年比一年好，一年比一年扎实，为绿化安吉的山河大地而共同奋斗。

关于全面实行殡葬改革的决议

（1998年3月21日安吉县第十二届人民代表大会第一次会议通过）

安吉县第十二届人民代表大会第一次会议认真审议了安吉县人民政府《关于切实加强殡葬改革，全面推行火葬的议案》。大会认为，加强殡葬改革，全面实现火葬，是加强社会主义精神文明建设的需要。大会根据《中华人民共和国殡葬管理条例》《浙江省殡葬管理条例》和我县实际情况，对全面实行殡葬改革作如下决议：

一、充分认识殡葬改革的重要性和紧迫性。殡葬改革是我们党和国家一贯倡导的一项社会改革，是造福子孙后代、利国利民的一件大事。对于保护土地资源和生态环境，促进经济和社会协调发展，促进社会主义精神文明建设具有重要意义。改革开放以来，我县经济与社会各项事业都得到了快速发展，人民生活水平得到显著提高。为推进我县都市“后花园”建设，促进物质文明和精神文明协调发展，实行殡葬改革已势在必行。

二、加强宣传教育，形成殡葬改革的良好氛围，加强殡葬改革，实行遗体火化，要认真做好广泛的宣传教育工作，普及科学文化知识，破除封建迷信，实行移风易俗的丧葬新风尚。机关、团体、企事业单位和城乡各级基层组织，应当加强本辖区、本单位的人员进行殡葬改革的宣传教育。共产党员、各级政府领导干部要模范带头执行《安吉县殡葬管理实施办法》，主动参与殡葬改革，以实际行动树立科学、文明、节俭办丧事的社会新风尚。对积极推行殡葬改革，取得显著成绩的单位和个人，各级、各单位应当给予表彰和奖励。对违反殡葬改革有关规定的，要坚决查处，绝不姑息迁就。

三、加强领导，狠抓落实，确保殡葬改革落到实处。殡葬改革是一项移风易俗的社会改革，是一项复杂的社会系统工程，又是一件破旧立新的大事，是意识形态领域里的一场深刻革命。这项改革涉及千家万户，任务艰巨。为此，各级、各部门应根据《浙江省殡葬管理条例》和《安吉县殡葬管理实施办法》，认真实施好殡葬改革，并将它纳入当地国民经济与社会发展总体规划；要加强领导，狠抓落实，建立殡葬改革目标管理责任制。从 1998 年 4 月 1 日零时起，全县行政区域全部划为火化区，死亡人员一律实行火化，各乡镇要确保本辖区内火化率达到 100%。

四、各级、各部门要相互配合，齐抓共管，形成合力。殡葬改革涉及方方面面，各乡镇、各部门要形成合力，齐抓共管。各有关职能部门更要紧密配合，通力协作，充分发挥各自的作用；要及时掌握动态，做好各种应急准备；要做到有法必依，执法必严，违法必究。同时，要加强执法监督工作，增强行政执法的权威，确保殡葬改革顺利进行。

关于加快实施“绿色工程”的决议

（1999 年 3 月 19 日安吉县第十二届人民代表大会第二次会议通过）

安吉县第十二届人民代表大会第二次会议认真审议了安吉县人民政府《关于加快实施“绿色工程”的议案》。大会认为，实施“绿色工程”是我县经济、社会可持续发展的必然要求。大会根据环保法、森林法、公路法、土地管理法、水土保持法、矿产资源法、水污染防治法、城市规划法、村庄集镇规划建设条例等法律法规和我县实际，就加快实施“绿色工程”作如下决议：

一、统一思想，充分认识实施“绿色工程”的重要意义

“绿色工程”是以改善生态环境，提高人民群众生活质量，发展生态旅游业，促进经济社会可持续发展为目的，以绿化为重点，以治理保护生态环境、合理开发资源、发展绿色产品为主要内容，由政府依法组织实施，全社会共同参与的系统工程。实施“绿色工程”是搞好旅游生态化的基础，是建设旅游大县，实现经济、社会可持续发展的重要举措。“绿色工程”是一项人心所向、造福子孙后代的重大工程，对于实现我县跨世纪发展目标具有重要意义。

二、突出重点，扎扎实实实施“绿色工程”

要坚持经济效益、社会效益和生态效益相统一和统一规划、突出重点、分步实施的原则，按照“加速治理、严格保护、合理开发、永续利用”的总体要求，认真组织实施“绿色工程”，要年年有新的发展。各级政府要采取强有力的措施，做好“绿色工程”建设与管理工作，并在人力、物力、财力等方面提供保证。要加快生态公益林建设步伐，县内交通干道两侧分水岭以内区域、重点风景名胜区和自然保护区范围内实行封山育林；努力提高重点城镇绿化率，高等级公路、通主要旅游景点公路及沿线村庄要逐步建设绿化带；进一步加强西苕溪水质保护、矿业管理和水土保持工作，尽快实现省级和国家级生态县目标。

三、广泛宣传，动员全社会共同参与“绿色工程”

要坚持政府组织实施与全社会共同参与相结合的原则，认真实施“绿色工程”。要通过多

种形式，大力宣传实施“绿色工程”的重要性，真正在全社会形成重视绿色环境、保护绿色环境、建设绿色环境的强大声势和浓厚氛围。全县各级干部要以身作则，在实施“绿色工程”中，充分发挥模范带头作用。全县人民要关心、支持和积极参与“绿色工程”。对积极参与“绿色工程”，并取得显著成绩的单位和个人，各级、各部门应给予表彰和奖励。对蓄意阻挠、破坏“绿色工程”的行为，要依法严肃查处。

四、加强领导，确保“绿色工程”顺利实施

“绿色工程”是一项系统工程，任务十分艰巨。各级、各部门应结合实际，制定“绿色工程”实施规划，根据有关法律、法规，将它纳入当地国民经济与社会发展的总体规划，加强领导，精心组织，狠抓落实，建立实施“绿色工程”目标管理责任，并加强监督、检查。各机关、团体、企事业单位每年都要围绕实施“绿色工程”确定目标和任务，明确分工，各司其职。要制定出台实施“绿色工程”的相关政策，筹集、管理、使用好“绿色工程”建设资金。要依靠科技进步，不断运用法律手段，加快“绿色工程”实施步伐。

关于加快实施“生态立县——生态经济强县”的决议

（2001 年 2 月 28 日安吉县第十二届人民代表大会第四次会议第三次大会通过）

安吉县第十二届人民代表大会第四次会议认真审议了安吉县人民政府《关于加快实施“生态立县——生态经济强县”的议案》。大会认为，实施“生态立县——生态经济强县”是我县走有自己特色的强县之路和促进我县经济、社会可持续发展的必然要求。大会根据有关法律法规和我县实际，就加快实施“生态立县——生态经济强县”作如下决议：

一、统一思想，充分认识实施“生态立县——生态经济强县”的重要意义。实施“生态立县——生态经济强县”是以良好的生态环境为基础，以建设生态经济强县为核心，以生态工业、生态农业、生态旅游和生态城镇为支撑产业，以自然、经济和社会快速和谐发展为目标的系统工程。实施“生态立县——生态经济强县”是充分发挥我县比较优势，增强区域竞争力的需要；是实现经济、社会可持续发展的重要举措，它对加快推进我县提前基本实现农业和农村现代化进程，初步把安吉建设成为经济繁荣、特色鲜明、科教发达、生活富裕、环境优美、社会文明的社会主义新竹乡，具有十分重要的意义。

二、突出重点，扎扎实实实施“生态立县——生态经济强县”。要坚持生态特色，壮大支柱产业的原则，按照高起点、高标准的要求，统一规划，分步推进，做到年年有新的进展，各级政府要切实把生态工业、生态农业、生态旅游和生态城镇作为生态经济强县的四大支柱产业，采取强有力的措施，走好“生态立县——生态经济强县”的路子。要着力改造传统产业，培育高新技术产业和绿色企业，提升特色产业；抓好无公害农产品生产工程、特色效益农业工程和农田生态工程；加强生态环境的保护和建设，抓好生态旅游景区网点建设和生态旅游文化建设；强化主要城镇的特色定位，加快城镇基础设施建设，重视抓好城镇绿化和环保事业。

三、广泛宣传，动员全社会共同参与“生态立县——生态经济强县”建设。要通过多种形式，大力宣传实施“生态立县——生态经济强县”的重要性，切实增强全县人民的环境保护意识和生态经济意识，真正在全社会形成重视环境保护、发展生态经济的强大声势和浓厚氛围。

全县各级干部要在实施“生态立县——生态经济强县”的过程中，身体力行，起到应有的积极作用。全县人民要关心、支持并积极投身于“生态立县——生态经济强县”建设。

四、加强领导，确保“生态立县——生态经济强县”的顺利实施。“生态立县——生态经济强县”是一项长期的系统工程，任务十分艰巨。各级、各部门应结合自身实际，不断完善各项相关的政策措施，科学制定具体的实施办法，并将其纳入当地国民经济和社会发展的总体规划，加强领导，精心组织，狠抓落实。各机关、团体、企事业单位每年都要围绕实施“生态立县——生态经济强县”的目标和任务，切实履行好自己的职责。要依靠科技进步，提高生态经济效益，不断加快实施“生态立县——生态经济强县”的步伐。严格依法办事，善于运用法律手段，为实施“生态立县——生态经济强县”提供必要的保障。

关于创建最佳人居环境的决议

（2002 年 3 月 7 日安吉县第十二届人民代表大会第五次会议通过）

安吉县第十二届人民代表大会第五次会议认真审议了安吉县人民政府《关于创建最佳人居环境的议案》。会议认为，创建最佳人居环境是我县对“生态立县——生态经济强县”发展路子的坚持和深化，既符合安吉实际，又顺应时代发展趋势，是实现我县经济社会跨越式发展和可持续发展的内在要求。大会根据有关法律的规定和我县实际，就创建最佳人居环境作如下决议：

一、统一思想，充分认识创建最佳人居环境的重要意义

创建最佳人居环境是坚持以人为本，促进经济社会可持续发展，以自然优美的生态环境、配套优先的基础设施环境、高效优质的服务环境、稳定安全的治安环境、祥和舒适的生活环境为内容，由政府引导、全社会共同参与的一项整体性、协调性、综合性工作。创建最佳人居环境是“生态立县——生态经济强县”的重要内容，是实现经济社会跨越式发展和可持续发展的重要举措，是实践“三个代表”重要思想，提高人民群众生活质量的具体行为。它对加速推进我县经济社会跨越式发展，具有十分重要的意义。

二、形成合力，全力推进最佳人居环境创建工作

要坚持以人为本、可持续发展的原则，统一规划，突出重点，分步实施，做到整体协调发展。各级政府要高起点搞好规划的编制与实施；加大投入，加快基础设施和公共设施建设，完善城市功能；深化农村“双整治”工作，努力提高城乡居民的素质，促进经济社会协调健康发展。

三、广泛宣传，积极动员全社会共同参与最佳人居环境建设

要通过多种形式，加大宣传力度，发挥舆论宣传作用，大力宣传最佳人居环境建设的重要意义和先进典型，进一步把各方面的力量调动起来，凝聚起来，发挥出来，把安吉的资源利用起来，优势挖掘出来，形成人人参与、共同努力的良好建设氛围。

四、加强领导，确保最佳人居环境建设顺利进行

创建最佳人居环境是一项整体性、协调性、综合性的工作，需要全县上下共同努力。各级各部门结合自身实际，科学制定具体的实施办法，并将其纳入当地国民经济和社会发展的总体规划，加强领导，精心组织，狠抓落实。各机关、团体、企事业单位要围绕“创建最佳人居环

境”的目标和任务，切实履行好自己的职责。要创新工作机制，加速推进最佳人居环境建设步伐。严格依法办事，为创建最佳人居环境创造良好的法制环境。

关于建设“中国美丽乡村”的决议

（2008 年 1 月 15 日安吉县第十四届人民代表大会第二次会议通过）

安吉县第十四届人民代表大会第二次会议认真审议了安吉县人民政府向大会提交的《关于建设“中国美丽乡村”的议案》。会议认为，建设“中国美丽乡村”，符合安吉实际，顺应时代发展趋势，既是对我县新农村建设整体化实施、品牌化经营的有益探索，又是提升我县新农村建设水平的内在要求。大会就建设“中国美丽乡村”作如下决议：

一、统一思想，充分认识建设“中国美丽乡村”的重要意义

建设“中国美丽乡村”是在打造“中国竹乡”和“全国生态县”基础上的又一项创举，它以“村村优美、家家创业、处处和谐、人人幸福”为目标，是整体提升安吉新农村建设水平、整体推进安吉农村物质文明、精神文明、政治文明、和生态文明的一项系统工程。建设“中国美丽乡村”，是全面落实科学发展观的具体行动，是实现“富民强县和谐安吉”的重要举措，也是惠及全县人民的一项幸福工程。

二、广泛宣传，积极营造全社会共同参与的工作氛围

在提高思想认识的基础上，通过多种方式，发挥舆论的宣传导向作用，大力宣传建设“中国美丽乡村”的时代背景、现实基础及其重大意义和先进典型。进一步整合各类资源，把全县人民的积极性充分调动起来，做到人人参与建设，个个献计献策，努力形成全社会合力共建美好家园的良好氛围。

三、形成合力，全力推进建设“中国美丽乡村”

要按照科学发展观的要求，统一规划，分步实施，突出主题，全面覆盖。高起点编制具有安吉特色的建设“美丽乡村”整体规划，高标准制定切实可行的行动纲要；加强领导，明确工作职责，狠抓工作落实；坚持因地制宜，注重发挥优势，全面实施环境提升、产业提升、服务提升和素质提升四大工程；加快制定出台政策保障措施和机制，稳步推进建设“中国美丽乡村”建设步伐。

关于促进水资源可持续保护和利用的决议

（2010 年 1 月 20 日安吉县第十四届人民代表大会第四次会议）

安吉县第十四届人民代表大会第四次会议认真审议了安吉县人民政府向大会提交的《关于促进水资源可持续保护和利用的议案》。会议认为，促进水资源可持续保护和利用，既符合安吉实际，又顺应时代发展的趋势，是实施生态立县战略，创建中国美丽乡村，加快推进县域经济、社会协调发展的内在要求。大会根据有关法律的规定和我县实际，就促进水资源可持续保护和利用作如下决议：

一、统一思想，充分认识水资源可持续保护和利用的重要意义

水是生命之源，水资源是人类生存发展的母体资源、战略性资源，是生态与环境的重要控

制因素，在保持和改善生态环境，推动经济社会发展中起着主导性的作用。促进水资源可持续保护和利用是立足我县生态良好、资源丰富等优势，抢占区域水资源战略高地，应对未来经济社会发展的必由之路，是实现“富民强县和谐安吉”的重要举措，对推进我县经济社会又好又快发展具有十分重要的意义。

二、广泛宣传，大力营造全民上下重视水资源保护利用的氛围

运用各种手段，通过多种方式，精心设计宣传载体，发挥舆论导向作用，进一步强化和渗透水环境、水安全、水经济、水价值理念，教育引导各级干部群众充分认识水资源在经济发展中的战略地位，切实增强水资源保护、利用的忧患意识，将水资源可持续保护和利用理念转化为全县人民的自觉行动，努力形成全员参与、全员行动的良好氛围。

三、形成合力，全力推进水资源可持续保护和利用

坚持以人为本、人水和谐的科学治水观，将水资源保护、利用、开发列入全县经济社会重要发展战略，统筹规划，优化实施，用好存量，抓好增量，量质并举，开源与节流并重，社会效益与经济效益并驱，以打造长三角高品质原生态水源地为目标，大力实施生态水源、品质水源、效益水源、品牌水源四大工程，抓好“蓄、净、用”三个环节，做优保护水源、经营水源文章。加强组织领导，明确工作职责，狠抓工作落实；抓紧制定水资源保护利用战略规划，强化水资源战略地位；深化水资源运行机制改革，理顺水资源管理体制，切实提高水资源综合利用率；加快制定出台相关政策，完善保障措施，促进水资源保护和利用。

关于深入推进生态文明示范建设的决议

（2012年2月18日安吉县第十五届人民代表大会第一次会议通过）

安吉县第十五届人民代表大会第一次会议审议了县人民政府向大会提交的《关于深入推进生态文明示范建设的议案》。会议认为，生态文明建设是经济、社会和自然的协调发展，人与自然的和谐共生，是一个地区加快发展的环境支撑，是县域可持续竞争力的充分体现，更是推进经济社会跨越发展的必然选择。大会根据有关法律的规定和我县实际，就深入推进生态文明示范建设作如下决议：

一、深化认识，深刻领会推进生态文明示范建设的重大意义

建设生态文明示范，就是要建设以资源环境承载力为基础、以自然规律为准则、以可持续发展为目标的资源节约型、环境友好型社会，实现人与自然和谐相处、协调发展。在新的发展阶段，深入推进安吉生态文明示范建设，是充分发挥我县生态优势、加快转变经济发展方式、推动经济社会又好又快发展的重要内容。必须深刻领会和把握生态文明示范建设的丰富内涵，更加自觉地把生态文明示范建设纳入经济社会发展的目标任务和具体实践。

二、突出重点，不断加快推进生态文明示范建设步伐

生态文明示范建设是一项长期而艰巨的任务，要遵循自然生态系统的发展规律，自觉维护自然系统的完整性、和谐性和平衡性，突出生态规律、生态资本、生态效益“三优先”，正确处理经济发展与环境保护的关系，生态建设与产业发展的关系；坚持优化城乡空间布局，着力突破事关经济转型、环境改善、生态文化、城市建设和生态制度等重点，实施重大示范项目带动，

人才科技创新推动，推进生态文明示范建设；注重立足当前，着眼长远，统筹推进生态意识文明、生态行为文明、生态制度文明、生态环境文明和生态人居文明的全面发展。

三、狠抓落实，为深入推进生态文明示范建设提供有力保障

要将生态文明示范建设目标、任务纳入国民经济和社会发展规划，根据生态文明示范建设的各项任务，及时研究和解决生态文明示范建设中遇到的新情况、新问题，进一步明确职能，层层落实责任制；要着眼形成制度完善、法制健全、监管有序的资源节约和环境保护体制机制，创新社会管理，综合运用法律、经济、技术和必要的行政手段，充分调动各方力量，形成政府主导、部门分工协作的良好氛围；要大力弘扬生态文化，培育全社会生态文明意识，发展壮大生态文明建设社会力量。

关于设立环境综合治理“集中推进日”的决定

（2014 年 1 月 24 日安吉县第十五届人民代表大会第三次会议通过）

安吉县第十五届人民代表大会第三次会议审议了县人民政府向大会提交的《关于设立环境综合治理“集中推进日”的议案》。

会议认为，设立环境综合治理“集中推进日”，是在扎实推进“三改一拆”“四边三化”和省委重点部署的“五水共治”战略行动中，立足安吉实际、实现全民参与的创新举措，是加快区域环境综合治理、深入拓展“520”行动的有力抓手，是营造浓厚氛围、树立整治示范的有效途径。

会议决定，将每个月第四个星期三确定为环境综合治理“集中推进日”。

会议要求，要加大对环境综合治理“集中推进日”的宣传力度，在全社会倡导生态文明的生活方式和理念，促进城乡居民主动参与“六治”工作。要强化机制，进一步加大对“集中推进日”的督查推动力度，确保各责任主体明确职责范围，强势推进环境综合治理工作，努力实现我县城乡环境与经济社会全面、协调、可持续发展。

会议号召，要以环境综合治理“集中推进日”为抓手，紧紧围绕“无违建”“零污染”两大目标，从解决群众普遍关心、与群众生活息息相关的环境问题入手，通过进一步创新工作机制，实现覆盖整个县域的环境综合整治提升，再创环境竞争新优势，全力提升生态文明建设新成效，加快从生态文明全国试点到全国示范的跨越，真正实现富裕美丽幸福“三个安吉”。

关于调整环境综合治理“集中推进日”为生态文明建设“集中推进日”的决议

（2020 年 5 月 9 日安吉县第十六届人民代表大会第四次会议通过）

安吉县第十六届人民代表大会第四次会议听取和审议了县人民政府《关于调整环境综合治理“集中推进日”为生态文明建设“集中推进日”的议案》。

会议认为，自安吉县第十五届人民代表大会第三次会议作出《关于设立环境综合治理“集中推进日”的决定》以来，全县上下扎实推进“三改一拆”“四边三化”“五水共治”等各项工作，立足安吉实际，加快区域环境综合治理，各项工作取得了丰硕的成果。

会议指出，党的十八大把生态文明建设纳入中国特色社会主义事业总体布局，安吉县作为“两山”理论诞生地，生态文明建设先行地，在思想认识和工作实践中更是要争做先锋，争当

表率，将环境综合治理“集中推进日”调整为生态文明建设“集中推进日”，能够更好地涵盖生态文明建设各项工作，更加契合中央和上级党委政府对生态文明建设的工作要求。

会议决定，将环境综合治理“集中推进日”调整为生态文明建设“集中推进日”。

会议要求，生态文明是安吉靓丽的品牌和重要的竞争潜力，加强生态文明建设，是全县各乡镇（街道）、部门义不容辞的历史责任和必须完成好的政治任务。各乡镇（街道）、部门要牢固树立和践行“绿水青山就是金山银山”理论，在县委的坚强领导下，进一步完善机制，落实责任，在更高层面、更宽领域整合提升生态文明建设相关内容，全面推进中国最美县域建设。

会议号召，生态文明建设是全县人民共同参与、共同建设、共同享有的事业，全县上下要紧密团结在以习近平同志为核心的党中央周围，以习近平生态文明思想为指引，积极践行新发展理念，着力构建“环境共享、责任共担、污染共治、生态共建”的良好氛围，再接再厉，顺势而为，乘胜前进，高质量建成中国最美县域，为奋力打造“重要窗口”的县域样本，为全面展示新时代美丽中国的县域窗口而努力奋斗！

第五章　议案和建议

历届县人民代表大会会议均设立议案审查委员会，对代表提交大会的议案进行审查、分类，确定重点议案，提出办理意见。县第一届至第六届代表大会会议期间，代表议案为一事一案，可以1人提出，也可以数人联合提出。县第七届、第八届人大会议期间，代表议案为1人提出3人以上附议。1986年12月修正后的《中华人民共和国地方各级人民代表大会和地方各级人民政府组织法》将“代表3人以上附议”改为“县级以上的地方各级人民代表大会代表10以上联名”。1987年5月25日县九届人大一次会议通过《关于处理议案和代表意见的暂行办法》，对议案办理作出具体规定。

第一节　议案接受办理

安吉县历次人民代表大会均设立议案审查委员会，对收到的议案进行审查分类，主要有工交邮电类、农业经济类、财贸经济类、社会发展类、政法类、民生保障类、城乡建设类、生态环境类、特色产业类、工业经济类、基础设施类等类别，每次会议均确定重点议案若干，交相关部门办理。

县七届人大第一次会议期间，收到代表议案884件。其中，人民议案672件，公民意见172件。经大会议案审查委员会决定，分别提交有关部门和单位处理。截至1982年3月10日，处理完毕840件，占议案和意见总数的99.5%。已处理的代表议案和意见中，属于改进政府工作方面的40件，民政4件，工交邮电297件，基本建设44件，农林水135件，财政金融45件，计划物质33件，粮食购销11件，农副产品收购53件，宣传文教卫83件，计划生育10件，工商行政管理11件，人事劳动48件，政法26件。在交政府办理的554件议案中，属于可以办到的189件，占34.12%；属于一时办不到，需要调查研究，创造条件才能办到的299件，占53.97%；属于不符合政策和上级规定的，需要解释的66件，占11.91%。

县七届人大二次会议期间，收到代表议案和意见171件。其中，议案157件，意见14件。按照大会关于议案处理的决议，经大会议案审查委员会决定，分别送交有关部门和单位处理。截至1983年12月，处理完毕152件，占议案总数的96.82%。在办理的议案中，解决或基本解决的40件，占总数的23.39%；需要省、市有关部门帮助，创造条件才能办到的59件，占总数的34.50%；暂时不具备条件或不符合政策规定的72件，占总数的42.11%。多数代表对议案的办理和答复比较满意。

县七届人大三次会议期间，收到代表议案和意见95件，经大会议案审查委员会决定，分别送交有关部门和单位处理。截至1984年8月，办理并答复代表的92件，占总数的

96.84%。代表对议案、意见答复和办理情况总体表示满意。

县八届人大一次会议期间，收到代表议案45件，意见和建议299件。经大会议案审查委员会审查决定，分别交县政府办理的339件，交人民法院办理的2件，总工会办理的2件，人大常委会办理的1件。截至1984年9月，办理完毕和正在办理的219件，占总数的63.66%；受条件限制一时无法办理的125件，占总数的36.34%。

县八届人大二次会议期间，收到代表议案建议250件。经大会议案审查委员会决定，分别送交县人民政府、县人民法院、县人民检察院和人大常委会办公室办理。绝大多数单位在规定期限内将办理意见答复有关代表。

县八届人大三次会议期间，收到代表议案建议290件。经大会议案审查委员会决定，分别送交县人民政府、县人民法院、县人民检察院和县人大常委会办公室办理。绝大多数部门和单位在规定期限内书面答复代表，及时做好代表议案建议的办理工作，但还存在进度不快、答复草率、效果不佳等情况。

县九届人大一次会议期间，收到代表议案142件，建议和意见159件。经大会议案审查委员会审查决议，分别送交有关部门和单位办理。截至1988年4月，142件议案办理中，解决和基本解决的40件，占议案总数的28.17%；正在解决或列入计划逐步解决的65件，占总数的45.77%；按现行政策规定，不属于本县职权范围或根据当时地方财力状况无力解决的37件，占总数的26.06%。

县九届人大二次会议期间，收到代表议案96件，建议和意见128件。经大会议案审查委员会审查决定，分别交县人民政府及所属部门办理的议案93件，意见117件；人大办议案2件，意见2件；县委办、县法院、县纪委、县委组织部、县委宣传部办理的议案1件，意见9件。截至1988年11月，绝大多数部门和单位在规定期限内将办理的意见答复有关代表。

县九届人大三次会议期间，收到代表议案75件。经大会议案审查委员会审查决定，将其中72件议案交县人民政府办理。截至1989年11月，72件代表议案全部办理完毕。从办理结果看，解决或基本解决的19件，占办理总数的26.39%；正在解决或列入计划和近期规划的20件，占办理总数的27.78%；受条件限制待会后研究解决的23件，占办理总数的31.94%；供有关部门在工作中研究参考的10件，占办理总数的13.8%。

县十届人大一次会议期间，收到代表议案191件，意见建议72件。经大会议案审查委员会审查决定，交县人民政府及下属部门、单位办理的议案189件，意见建议64件；另外2件议案、8件意见交人大常委会办事机构和有关部门办理。截至1990年12月，191件代表议案中，解决或基本解决的66件，占议案总数的34.55%；正在解决或列入规划的68件，占总数的35.60%；因当时条件限制，需待会后解决或作参考的57件，占总数的29.84%。从收到的101份“议案办理征求意见”的反馈情况看，代表表示满意或基本满意的93份；对不满意的8件议案，有关承办单位进一步征求意见，改进承办措施，尽最大努力使办理工作让代表满意。

县十届人大二次会议期间，收到代表议案99件，意见建议47件。经大会议案审查委员会审查决定，将其中10件列为重要议案，与其他议案建议一并交县人民政府办理。截至1992年2月，99件议案中，办理完毕的46件，占议案总数的46.46%；基本得到落实正在办理的23件，占总数的23.23%；受条件限制待日后办理的30件，占总数的30.30%。

县十届人大三次会议期间，收到代表议案114件，意见建议45件。经大会议案审查委员会审查决定，将114议案意见全部办理完毕。其中，基本得到落实的77件，占总数的67.54%；受条件限制或其他原因尚待落实的37件，占总数32.46%。

县十一届人大一次会议期间，收到代表议案133件。其中，工交邮电类55件，财贸金融类12件，农业经济类27件，科教文卫类21件，政治类11件，其他7件。收到建议、批评、意见66件。其中，工交邮电类17件，财贸金融类10件，农业经济类17件，教科文卫类13件，政法类5件，其他4件。经大会议案审查委员会审查决定，送交有关部门和单位办理。截至1994年3月，133件议案全部办理完毕，解决或基本解决的92件，占69.17%；受条件限制或其他原因尚待会后落实的41件，占30.83%。

县十一届人大二次会议期间，收到代表议案84件。其中，工交邮电类32件，财贸金融类11件，农业经济类16件，教科文卫类13件，政法类6件，其他6件。收到建议和意见37件。其中，工交邮电类11件，财贸金融类11件，农业经济类7件，教科文卫类3件，其他5件。经大会议案审查委员会审查决定，送交有部门和单位办理。会议期间还收到代表来信2件，经大会秘书长阅批，交有关部门处理。截至1995年2月，送交办理的118件议案建议中，解决和基本解决的61件，占51.69%；正在解决或列入计划逐步解决的37件，占31.36%；属于不符合政策和上级规定需要解释的20件，占16.95%。

县十一届人大三次会议期间，收到代表议案90件。其中，工交邮电类34件，农业经济类24件，财贸经济类9件，社会发展类13件，政法类4件，其他6件。收到建议意见37件。其中，工交邮电类4件，农业经济类10件，财贸经济类5件，社会发展类11件，政法类3件，其他4件。经大会议案审查委员会审查决定，送有关部门和单位办理。截至1995年7月，所有议案、意见全部办结。在127件议案建议中，落实和基本落实的58件，占总数的45.67%；受条件限制待以后落实解决的69件，占54.33%。3件重要议案基本落实。

县十一届四次会议期间，收到代表议案124件。其中，工交邮电类42件，农业经济类23件，财贸经济类4件，社会发展类39件，政法类5件，其他11件。收到建议和意见34件。其中，工交邮电类4件，农业经济类3件，财贸经济类2件，社会发展类17件，政法类2件，其他6件。经大会议案审查委员会审查决定，送交有关部门和单位办理。截至1996年7月16日，所有议案、意见、建议全部办理答复完毕。在158件议案建议中，落实解决的79件，占50.00%；受条件限制待以后落实解决的79件，占50.00%。特别是梅溪引水工程等7件重要议案，县人民政府在资金十分紧张的情况下，千方百计克服困难，件件予以落实。

县十一届人大五次会议期间，收到代表议案103件，意见建议18件，其中4件议案列为重要议案。经大会议案审查委员会审查决定，送交有关部门和单位办理。截至1997年7月底，所有议案、意见和建议全部在规定时间内办理完毕。在121件议案建议中，落实的48件，占39.67%；正在落实的51件，占42.15%；受条件限制待以后落实解决的22件，占18.18%。

县十二届人大一次会议期间，收到代表议案129件。其中，工交邮电类40类，农业经济类23件，社会发展类41件，财贸经济类10件，政法类1件，其他14件。收到建议、批评和意见24件。其中，工交邮电类3件，农业经济类4件，社会发展类8件，财贸经济类5件，政法类1件，其他3件。经大会议案审查委员会审查决定，送交有关部门和单位办理。经各承办单位共同努力，全部在规定期限内办理完毕。在153件议案建议中，落实解决的72件，占总数的47.05%；基本解决的39件，占25.49%；暂时不具备条件或不符合政策规定的42件，占27.45%。

县十二届人大二次会议期间，收到代表议案115件。其中，工交邮电类39件，农业经济类22件，财贸经济类13件，社会发展类27件，政法类3件，其他11件。收到建议、批评和意见12件。其中，工交邮电类3件，农业经济类3件，财贸经济类4件，社会发展类2件。经大会议案审查委员会审查决定，送交有关部门和单位处理。经各承办单位共同努力，所有议案、意见全部在规定期限内办理完毕。在115件议案中，落实解决的56件，占48.70%；正在办理的30件，占26.09%；受条件限制待以后落实解决的29件，占25.22%。

县十二届人大三次会议期间，收到代表议案96件。其中，工交邮电类36件，农业经济类11件，财贸经济类10件，社会发展类32件，政法类2件，其他5件。收到建议、批评和意见22件。其中，工交邮电类2件，农业经济类5件，社会发展类12件，其他3件。经大会议案审查委员会审查决定，送交有关部门和单位办理。所有议案和意见均在规定期限内答复完毕，在96件议案中，落实解决的52件，占54.17%；正在办理的17件，占17.71%；受条件限制待以后落实解决的27件，占28.13%。

县十二届人大四次会议期间，收到代表议案79件。其中，工交邮电类35件，农业经济类8件，财贸经济类2件，农业经济类2件，社会发展类4件，政法类1件，其他1件。经大会议案审查委员会审查决定，送交有关部门和单位办理。所有议案均在规定期限内答复完毕，落实解决的27件，占34.18%；基本解决的31件，占39.24%；受条件限制待以后解决的21件，占26.58%。

县十二届人大五次会议期间，收到代表议案68件。其中，工交邮电类35件，农业经济类6件，财贸经济类5件，社会发展类20件，政法类1件，其他1件。收到建议意见18件。其中，工交邮电类7件，社会发展类6件，政法类2件，其他3件。经大会议案审查委员会审查决定，送交有关部门和单位办理。所有议案和意见均在规定期限内答复完毕，在67件县政府办理的议案中，落实解决的32件，占47.76%；基本解决的21件，占31.34%；受条件限制待以后解决的14件，占20.90%。

县十三届人大一次会议期间，收到代表议案159件。其中，工交邮电类72件，农业经济类26件，财贸经济类4件，社会发展类54件，政法类3件。收到建议、意见36件。其中，工交邮电6件，农业经济类8件，财贸经济类3件，社会发展类13件，政法类2件，其他4件。经大会议案审查委员会审查决定，送交有关部门和单位办理。所有议案和意见均在规定期限内答复完毕，在159件议案中，落实解决的79件，占49.69%；基本解决的56件，占35.22%；受条件限制待以后解决的24件，占15.09%。其中要求兴建兰田村中心桥议案，代表起初对承办单位答复不满意，常委会领导召集有关乡镇和部门负责人进行督办，及时落实建议资金，大桥在年底前竣工，代表对此表示满意。

县十三届人大二次会议期间，收到代表议案 89 件，建议 24 件。按照《安吉县人民代表大会常务委员会关于办理代表议案、建议、批评和意见的办法》的规定，5 件代表议案合并成 3 件，经大会表决作为大会议案，其他 84 件代表议案均转为建议。3 件大会议案在人代会后由县人大常委会直接交县政府办理，108 件建议在 4 月 5 日代表建议交办会上，由县政府交 25 个部门承办。经县人民政府及各承办部门的积极努力，2 件大会议案和 108 件代表建议均在法律规定的 3 个月期限内答复完毕，1 件大会议案《关于要求加大对安吉三中建设投入的议案》，按法律规定经县政府办公室报告，县人大常委会同意延长至 6 个月内办结。从 108 件代表建议的答复和落实情况看，基本落实解决的 56 件，占办结议案的 51.85%；正在解决或列入近期规划解决的 39 件，占 36.11%；受条件限制待日后创造条件解决的 13 件，占 12.04%。根据代表对答复情况的反馈意见，有 3 件建议办理被代表反馈为不满意。

县十三届人大三次会议期间，收到代表议案 88 件，建议 40 件。按照《安吉县人民代表大会常务委员会关于办理代表议案、建议、批评和意见的办法》的规定，4 件代表议案合并成 2 件，经大会表决作为大会议案，其他 84 件代表议案均转为建议。2 件大会议案在人代会后由县人大常委会直接交县政府办理，122 件代表建议由县政府交有关部门承办，另 2 件代表建议交其他单位办理。经县政府和各承办部门的积极努力，2 件大会议案和 124 件代表建议均在法定期限内答复完毕。从 124 件代表建议的答复和落实情况看，落实解决的 67 件，占办结议案的 54.03%；基本落实解决的 36 件，占 29.03%；受条件限制待日后创造条件解决的 14 件，占 11.29%；不符合政策规定，需要解释的 7 件，占 5.65%。对 1 件代表反馈不满意的建议直接向有关部门发回重办。

县十三届人大会议期间，收到代表议案 57 件，建议 34 件。按照《安吉县人民代表大会常务委员会关于办理代表议案、建议、批评和意见的办法》的规定，1 件代表议案经大会表决作为大会议案，其他 56 件代表议案均转为建议。90 件代表建议由县政府交 22 个部门承办，代表对答复的结果比较满意。

县十四届人大一次会议期间，收到代表议案 147 件，建议 44 件。按照《安吉县人民代表大会常务委员会关于办理代表议案、建议、批评和意见的办法》的规定，1 件代表议案经大会表决作为大会议案，其他 146 件议案均转为建议。1 件大会议案直接交县人民政府办理，190 件建议均在法定期限内作书面答复。在 191 件议案和建议中，从建议答复和落实情况看，落实解决或基本解决的 68 件，占总数的 35.60%；正在解决或列入计划逐步解决的 97 件，占总数的 50.79%；受条件限制或其他原因需待以后解决的 22 件，占 11.52%；无法解决或留作参考的 4 件，占 2.09%。根据代表对办理情况征询意见表反馈，6 件不满意建议，通过第二次重新答复，代表表示满意。

县十四届人大二次会议期间，收到代表议案 67 件。其中，基础设施建设类 21 件，工交邮电类 11 件，农业经济类 11 件，社会事业类 21 件，环保类 2 件，其他 1 件。收到建议意见 24 件。其中，基础设施类 9 件，农业经济类 3 件，社会事业类 9 件，环保类 1 件，其他 2 件。按照《安吉县人民代表大会常务委员会关于办理代表议案、建议、批评和意见办法》的规定，经大会表决，其中 1 件议案作为大会议案直接交县人民政府办理，66 件议案作为建议处理。90 件建议中，其中2件建议在大会期间现场办理完毕，其余88件建议转交县人民政府由49个部门承办。经县人民政府和各承办部门的积极努力，88件建议均在规定期限内答复完毕。从91件代表议案建议的答复、落实和代表对办理情况征询意见表反馈的情况看，代表对办理工作表示满意。

县十四届人大三次会议期间，收到代表议案72件。其中，基础设施类23件，工业经济类7件，农业经济类10件，社会事业类28件，环保类3件，其他1件。收到代表建议26件。其中，基础设施类2件，工业经济类3件，农业经济类5件，社会事业类11件，环保类4件，其他1件。按照《安吉县人民代表大会常务委员会关于办理代表议案、建议、批评和意见办法》的规定，经大会表决，其中1件议案作为大会议案直接交县人民政府办理，71件议案作为建议处理。在97件建议中，94件由县人民政府交38个部门承办，人大常委会直接办理1件，转交其他部门办理2件。经县人民政府和各承办单位的积极努力，98件议案建议均在法定期限内作出书面答复。在98件议案和建议中，从答复、落实和代表对办理情况征询意见的反馈情况看，满意的69件，占70.41%；基本满意的29件，占29.59%。

县十四届人大四次会议期间，共收到代表议案62件。其中，基础设施类18件，工业经济类4件，农业经济类13件，社会事业类19件，环保类6件，其他2件。收到代表建议33件。其中，基础设施类10件，工业经济类4件，农业经济类10件，社会事业类6件，环保类3件。按照《安吉县人民代表大会常务委员会关于办理代表议案、建议、批评和意见办法》的规定，经大会表决，其中1件议案作为大会议案直接交县人民政府办理。其他61件议案转为建议，与33件建议一并由县人民政府交41个部门承办。闭会期间，收到建议1件，交县人民政府办理。经县人民政府和各承办单位的积极努力，96件议案建议均在法定期间内办理完毕。从议案建议答复和落实情况看，解决或基本解决的31件，占总数的32.29%；正在解决或已被采纳列入计划逐步解决的50件，占总数的52.08%；受条件限制或其他原因需待以后解决的14件，占14.58%；无法解决或留作参考的1件，占1.04%。

县十四届人大五次会议期间，收到代表议案55件。其中，基础设施类16件，工业经济类1件，农业经济类9件，社会事业类22件，环保类6件，其他1件。收到代表建议33件。其中，基础设施类4件，工业经济类1件，农业经济类6件，社会事业类21件，环保类1件。按照《安吉县人民代表大会常务委员会关于办理代表议案、建议、批评和意见办法》的规定，经大会表决，其中1件议案作为大会议案直接交县人民政府办理，54件转为建议处理。闭会期间收到建议2件，交县人民政府办理。90件议案建议中，转交县人民政府由57个部门承办的86件，转交其他部门办理的4件。经过县人民政府和各承办单位的积极努力，90件议案建议均在法定期限内答复完毕。从议案建议的答复和落实情况看，落实解决或基本解决的34件，占总数的37.78%；正在解决或已被采纳列入计划逐步解决的32件，占总数的35.56%；受条件限制或其他原因待以后解决的22件，占24.44%；无法解决或留作参考的2件，占总数的2.22%。

县十五届人大一次会议期间，收到代表议案124件。其中，基础设施类28件，工业经济类4件，农业经济类11件，社会事业类77件，环保类4件。收到建议25件。其中，基础设施类3件,工业经济类1件,农业经济类1件,社会事业类19件,环保类1件。闭会期间收到建议2件。按照《安吉县人民代表大会常务委员会关于办理代表议案、建议、批评和意见办法》的规定,经大会表决,其中1件议案作为大会议案直接交县人民政府办理,其余转为建议处理。交县人民政府办理的142件建议,由县人民政府根据反馈的问题,按照职责分工交60家单位分别进行主办或会办。142件建议面商率100%,按期办结率100%,代表均表示满意或基本满意。其中,落实解决或基本解决的61件,占总数的42.96%;正在解决或已被采纳列入计划逐步解决的59件,占41.55%;受条件限制或其他原因需待以后解决的17件,占11.97%,无法解决或留作参考的5件,占3.52%。

县十五届人大二次会议期间,收到代表议案84件。其中,基础设施类24件,生态休闲类19件,农业经济类16件,社会事业类16件,工业经济类9件。收到建议25件。其中,基础设施类10件,社会事业类6件,农业经济类4件,生态休闲类4件,其他1件。经大会议案审查委员会审查,认为84件议案中没有合适的议案作为大会议案,全部转为代表建议,其中102件建议转县人民政府交48家单位分别进行主办或会办。在各承办部门的共同努力下,102件交县人民政府所属部门和单位承办的建议面商率100%,按期办结率100%,代表均表示满意或基本满意。在102件交县政府办理的建议中,落实解决或基本解决的35件,占总数的34.31%;正在解决或列入计划逐步解决的50件,占49.02%;受条件限制或其他原因需待以后解决的17件,占16.67%。

县十五届人大三次会议期间,收到代表议案55件。其中,基础设施类8件,环保治理类14件,社会事业类21件,工业经济类2件,其他10件。收到建议15件。其中,基础设施类3件,社会事业类3件,环保治理类5件,其他4件。经大会议案审查委员会审查,55件议案中没有合适的议案作为大会议案,全部转为代表建议。转交县人民政府研究处理的代表建议66件,转交其他有关部门办理的代表建议4件。经过县人民政府和各承办单位的共同努力,70件代表建议均在法定期限内作出书面答复。从代表建议的答复和落实方面看,落实解决或基本解决的16件,占22.86%;正在解决或列入计划逐步解决的48件,占68.58%;受条件受限或其他原因需待以后解决的6件,占8.57%。代表对办理答复的满意率72.86%,基本满意率27.14%。

县十五届人大四次会议期间,收到代表议案83件。其中,工业经济类4件,特色产业类11件,城乡环境类38件,民生保障类28件,其他2件。收到代表建议42件。其中,特色产业类2件,城乡环境类21件,民生保障类14件,其他5件。按照《安吉县人民代表大会常务委员会关于代表议案和建议、批评、意见办理办法》相关规定,经大会议案审查委员会审查,将125件议案、建议全部作为建议处理,其中,转交县人民政府办理的建议119件,转交其他部门办理的建议6件。经过县人民政府和各承办单位的共同努力,125件建议均在法定期限内答复完毕。在交县人民政府办理的119件建议中,落实解决或基本解决的34件,占28.57%;正在解决或列入计划逐步解决的77件,占64.71%;受条件限制或其他原因需待以后解决的8件,占6.72%。代表对建议办理工作表示满意的85件,占71.43%;表示基本满意的34件,占28.57%。

县十五届人大五次会议期间,收到代表议案77件,建议30件,共107件。其中,工业经济类 1 件，生态环境类 18 件，城乡建设类 31 件，特色产业类 14 件，民生保障类 25 件，其他 18 件。按照《安吉县人民代表大会常务委员会关于代表议案和建议、批评、意见办理办法》相关规定，经大会表决，其中 1 件议案作为大会议案直接交县人民政府办理。106 件作为建议处理，其中转交县人民政府办理的建议 89 件，转交其他部门办理的建议 17 件。由县政府办理的 90 件议案建议均按规定期限书面或网上平台办理答复，落实解决或基本解决的 33 件，占 36.67%；正在解决或列入计划逐步解决的 51 件，占 56.67%；受条件限制或其他原因需待以后解决的 5 件，占 5.56%；无法解决或留作参考的 1 件，占 1.11%。代表对议案、建议办理表示满意的 65 件，占 72.22%；表示基本满意的 25 件，占 27.77%。

县十六届人大一次会议期间，收到代表议案 79 件，建议 54 件，共 133 件。其中，工业经济类 9 件，生态环境类 29 件，城乡建设类 35 件，民生保障类 40 件，特色产业类 17 件，其他 3 件。按照《安吉县人民代表大会常务委员会关于代表议案和建议、批评、意见办理办法》相关规定，经议案审查委员会审查，将 133 件议案、建议全部作为建议处理。其中，转交县人民政府研究处理的建议 131 件，转交其他有关部门办理的建议 2 件。经县人民政府和各承办单位的共同努力，133 件建议均在法定期限内作出书面答复，从建议答复和落实情况看，落实解决或基本解决的 43 件，占 32.33%；正在解决或列入计划逐步解决的 70 件，占 52.63%；受条件限制或其他原因需待以后解决的 16 件，占 12.03%；无法解决或留作参考的 4 件，占 3.01%。面商率 100%，按期办结率 100%，二次办理后答复满意率 100%，其中 2 件建议一次办理结果代表不满意，交部门二次办理，经二次办理后为满意。

县十六届人大二次会议期间，收到代表议案 87 件，建议 47 件，共 134 件。其中，工业经济类 5 件，生态环境类 23 件，城乡建设类 42 件，民生保障类 42 件，特色产业类 13 件，其他 9 件。按照《安吉县人民代表大会常务委员会关于代表议案和建议、批评、意见办理办法》相关规定，经大会表决，其中 1 件议案作为大会议案直接交县人民政府办理，其余议案均转为建议办理。经各承办单位的共同努力，截至 2018 年 12 月底，134 件议案、建议面商率、按期办结率、代表满意率均达 100%。落实解决或基本解决的 44 件，占 32.84%；正在解决或列入计划逐步解决的 74 件，占 55.22%；受条件限制或其他原因需待以后解决的 14 件，占 10.45%；无法解决或留作参考的 2 件，占 1.49%。同时，对闭会期间的 10 件议案、建议都予以认真办理。

县十六届人大三次会议期间，收到代表议案 80 件，建议 54 件，共 134 件。其中，民生保障类 45 件，城乡建设类 43 件，生态环境类 16 件，特色产业类 12 件，工业经济类 8 件，其他 10 件。按照《安吉县人民代表大会常务委员会关于代表议案和建议、批评、意见办理办法》相关规定，经审查，80 件议案中没有合适的议案作为大会议案，全部转为代表建议。其中，交县委工作部门办理 3 件，县人民政府及其工作部门办理 129 件，县监委办理 1 件，县人大办理 1 件。截至 2019 年 7 月 12 日，134 件议案建议均办结。从建议答复和落实情况看，落实解决或基本解决的 45 件，占 33.58%；正在解决或列入计划逐步解决的 79 件，占 58.96%；受条件件限制留作参考的 10 件，占 7.46%。代表对建议办理工作表示满意的 128 件，占 95.52%；表示基本满意的 6 件，占 4.48%。

县十六届人大四次会议期间，收到代表议案 58 件，建议 64 件，共 122 件。其中，民生保障类 42 件，城乡建设类 42 件，经济发展类 22 件，生态环境类 14 件，其他 2 件。按照《安吉县人民代表大会常务委员会关于代表议案和建议、批评、意见办理办法》相关规定，经大会议案审查委员会审查，58 件议案没有合适的议案作为大会议案，全部转为代表建议。122 件建议交由相关部门在规定时间内按规定程序承办处理，并答复代表。

第二节　重点议案名录

安吉县历次人民代表大会均收到来自不同界别的县人大代表议案，内容涉及环境保护、社会发展、城市建设、基础设施、道路交通、特色产业、民生实事，以及科技、文化、教育、卫生等领域的重大事项。

安吉县历次人民代表大会重要议案一览表

表 2—5—1

序号	届次	议案标题	提出者
1	七届一次	关于解决城镇居民吃菜问题的提案	倪炳祥等代表
2	七届一次	关于要求增设农村商业网点问题的提案	金逸良等代表
3	七届一次	关于要求解决部分中小学生入学困难问题的提案	姜和祥 、赵珩
4	七届一次	关于要求解决潘乐坞水库大坝渗漏问题的提案	陈金才等代表
5	七届二次	关于要求改善农村饮用水条件的提案	沈文忠等代表
6	七届二次	关于大力推广节柴灶的提案	冯伯泉等代表
7	八届一次	关于要求进一步完善生产责任制，开发荒山问题的议案	施月珍等代表
8	八届一次	要求减轻粮食农药残毒，保障人民身体健康问题的议案	三官等地代表
9	八届一次	关于要求抓紧搞好我县城镇建设总体规划的议案	宋金森等 4 名代表
10	八届一次	关于进一步落实知识分子政治生活待遇问题的议案	赵大正等 4 名代表
11	八届一次	关于要求增加教育投资，改善办学条件，普及初中教育的议案	王志福等 8 名代表
12	八届二次	关于要求治理污水污染，保持自然生态平衡问题的议案	不详
13	八届二次	关于开展尊师重教活动，迎接“教师节”的议案	不详
14	八届二次	关于加强路政管理，减少车祸问题的议案	不详
15	八届二次	关于加强生产队一级领导力量的议案	不详
16	八届二次	关于解决公共汽车站脏、乱、差问题的议案	不详
17	八届二次	关于要求提高邮电通讯质量解决打电话难的议案	不详

续表 2—5—1

序号	届次	议案标题	提出者
18	八届二次	关于清理部门办公司、商店(门市部)问题的议案	不详
19	八届二次	关于加强蔬菜工作解决居民吃菜贵问题的议案	不详
20	八届二次	关于正确执行公费医疗制度的议案	不详
21	八届二次	关于建造白水湾、刘家塘公路大桥的议案	不详
22	八届二次	关于加强法制宣传教育的议案	不详
23	八届三次	关于加强保护林业管理问题的议案	报福等地代表
24	八届三次	关于方便山区人民发展交通问题的议案	方年福等 8 名代表
25	九届三次	关于赋石水库渠道经费筹措问题的议案	陈桂林等代表
26	九届三次	关于赋石水库渠道负担对淹没区村委有区别或减免的议案	何招根等代表
27	九届三次	关于要求合理负担赋石渠道工程款的问题的议案	王惠祥等代表
28	九届三次	关于赋石渠道工程用工摊派的意见	金玉成等代表
29	九届三次	老石坎、山河纸厂污水处理问题的议案	卢云土等代表
30	九届三次	因老石坎造纸厂污染水质,要求解决塘浦乡人民生活用水的议案	徐友祥等代表
31	九届三次	要求治理县化肥厂柠檬酸厂污水问题的议案	杨通宝等代表
32	十届一次	关于要求解决建造梅溪、晓墅电视差转台的议案	杨学坤、倪志明等 25 名代表
33	十届一次	要求新建递铺镇第三小学的议案	彭阿祥等 12 名代表
34	十届一次	关于要求卫生部门合理收取计划生育四项手术费的议案	陈国荣等 10 名代表
35	十届一次	关于要求对贫困村在资金、税收应予优惠的议案	王国良等 10 名代表
36	十届一次	关于要求扩建梅溪小木桥的议案	韩前相、杨学坤、王青山等 36 名代表
37	十届一次	关于要求将乌山渡仍由交通局管理的议案	任大江等 13 名代表
38	十届一次	关于要求修建后溪桥公路和滚水坎的议案	缪照根、张洪法等 21 名代表
39	十届一次	关于要求加高青山庙水库的议案	刘桂山等代表
40	十届一次	关于要求提高小水电电价和降低贷款利息的议案	卢成宝等 11 名代表
41	十届一次	关于要求加强山林管理的议案	汪保东等 10 名代表
42	十届一次	关于要求加强老石坎、缫舍移民山管理的议案	郑国顺等 11 名代表
43	十届一次	关于要求认真清理企业人员进机关事业单位,压缩行政经费的议案	陈国荣等 10 代表

续表 2—5—1

序号	届次	议案标题	提出者
44	十届一次	关于要求县政府对电枪控制的议案	姜法祥等 10 名代表
45	十届二次	关于要求综合治理三官乡荷花塘村油车坞新河口的议案	唐松木等 12 名代表
46	十届二次	关于要求解决文山会海问题的议案	童初平等 10 名代表
47	十届二次	关于建造梅溪小木桥的议案	王健等 14 名代表
48	十届二次	关于要求控制用电枪捕鱼的议案	姜红祥等 10 名代表
49	十届二次	关于要求县政府执行省厅文件提高小水电价格的议案	卢成宝、赵田庄、赵小平等 35 名代表
50	十届二次	关于要求制定殡葬措施和建立梅溪公墓的议案	杨学坤等 14 名代表
51	十届二次	关于要求县公安局对破坏农业生产的案件狠狠打击的议案	程康法等 10 名代表
52	十届二次	关于明确管理职责，落实年修资金，搞好递铺河道治理的议案	张正潮等 10 名代表
53	十届二次	关于要求维护学校办学权益的议案	程安丁等 10 名代表
54	十届二次	关于县地防站可并入卫生防疫站的议案	王金龙等 14 名代表
55	十届三次	关于要求狠抓县委〔1990〕114 号文件的落实的议案	卢成宝等 10 名代表
56	十届三次	关于要求解决安吉民生化工厂污水问题的议案	罗荣提等 10 名代表
57	十届三次	关于要求政法机关追究拐骗妇女一案的议案	陶紫南等 11 名代表
58	十届三次	关于要求延伸梅溪小木桥至南北湖平桥航道的议案	李明清等 10 名代表
59	十届三次	关于要求开发旅游事业，重视开发灵峰寺古迹的议案	邱洪义等 10 名代表
60	十二届一次	关于切实加强殡葬改革，全面推行火葬的议案	县人民政府
61	十二届二次	关于加快实施“绿色工程”的议案	县人民政府
62	十二届二次	关于鹤鹿溪村土地整改项目实施的议案	夏建民等 10 名代表
63	十二届二次	关于新建中国竹子博物馆的议案	赵田庄等 11 名代表
64	十二届二次	关于进一步制定统一严格殡改制度，巩固殡改成果的议案	董毓芳等 11 名代表
65	十二届二次	关于加强山区教育师资问题的议案	陈桂清等 10 名代表
66	十二届四次	关于加快实施“生态立县——生态经济强县”的议案	县人民政府
67	十二届四次	关于全民动员清除白色污染的议案	赵田庄等 10 名代表
68	十二届四次	关于要求增设递铺至永和固定班车的议案	吴聿明等 10 名代表
69	十三届一次	关于要求抓紧搞好梅溪新大桥与主街道接通工程的议案	潘建平等 12 名代表

续表 2－5－1

序号	届次	议案标题	提出者
70	十三届一次	关于要求解决建成区失地农民社会保障问题的议案	楼刚强等 11 名代表
71	十三届一次	关于要求增加 04 省道马家渡至良朋段人行道的议案	郑兴民等 11 名代表
72	十三届二次	关于要求以梅溪镇、晓墅镇为中心统一进行城镇规划的议案	毛金明等 10 名代表
73	十三届二次	关于要求整合教育资源，提高安吉三中办学水平的议案	徐人良、梁发苗、竺建根等 32 名代表
74	十三届二次	关于要求加大矿山整治力度的议案	宋建平等 11 名代表
75	十三届三次	以加快工业经济发展为抓手，实施三年冲百强奋斗目标的议案	石明章、宫华、楼刚强等 33 名代表
76	十三届三次	关于要求解决农村通公交问题的议案	方立祥等 11 名代表
77	十三届四次	要求启动“低收入地区农民致富工程”的议案	吴毅能等 10 名代表
78	十四届一次	关于加快推进中心城市建设，打造山区新型城市化样板区的议案	县人民政府
79	十四届一次	关于加快工业平台建设，打造先进特色制造业集聚区的议案	汪国顺等 10 名代表
80	十四届二次	关于建设中国美丽乡村的议案	县人民政府
81	十四届二次	关于进一步优化发展环境，为加快推进平台建设和项目落地营造良好氛围的议案	方连珠、杨长海等 25 名代表
82	十四届三次	关于建立健全长效管理机制，科学经营村庄，确保中国美丽乡村建设持续推进的议案	周逐明等 11 名代表
83	十四届四次	关于促进水资源可持续保护和利用的议案	县人民政府
84	十四届四次	关于加大违法建筑整治查处力度的议案	罗绍鸿等 10 名代表
85	十四届五次	关于提高截污能力，完善城乡污水处理设施建设的议案	孟建洲等 16 名代表
86	十五届一次	关于深入推进生态文明示范建设的议案	县人民政府
87	十五届二次	关于统筹区域环境综合治理的议案	县人民政府
88	十五届三次	关于设立环境综合治理“集中推进日”的议案	县人民政府
89	十五届五次	关于加快中心城区建设，做实做美优雅竹城的议案	夏旦等 10 名代表
90	十六届二次	关于在全县农村地区逐步推行禁售烟花爆竹的议案	盛文明 11 名代表
91	十六届四次	关于调整环境综合治理“集中推进日”为生态文明建设“集中推进日”的议案	县人民政府

第三节　个案办理结果

本节选录若干重点议案办理情况，主要内容为人民群众普遍关心的民生问题。

第七届人民代表大会议案办理

1.《关于解决城镇居民吃菜问题的议案》(由倪炳祥等代表联名提出)

办理结果：县财办、县供销社等单位根据国务院〔1981〕86号文件和省府〔1981〕20号文件规定，深入实际，调查研究，主要采取以下措施：一是扩大蔬菜种植基地，全县由500亩扩大到800亩；二是研究落实蔬菜基地政策和亏损补贴；三是加强经营管理，改进供应办法，成立4个批发部，扩大5个门市部，1981年在气候恶劣的情况下，4个镇蔬菜基地收获37781担(1889050千克)，外地调入1万担(50万千克)，供应量比1980年增加13.8%，基本解决城镇居民吃菜问题。

2.《关于要求增设农村商业网点问题的议案》(由金逸良等代表联名提出)

办理结果：县供销社积极配合有关部门，认真做好规划调整工作。到1981年底，全县商业网点扩大到657个，平均每个公社21.9个，每个大队2.6个，平均每553人有1个供销购销点。

3.《关于要求解决部分中小学生入学困难问题的议案》(由蒋和祥、赵珩联名提出)

办理结果：县教育部门根据"三个一点"的精神，积极采取补给办法：一是发动群众办学自筹一些资金。1981年全县25个公社自筹办学资金11.82万元，地方财政拨款5万元，教育部门投资46.32万元；共修建危房8814平方米，扩建教室44个，拆建教室34个，添置课桌凳895套，既保证在校学生正常教学，又促进小学普及教育。二是在学校条件允许的情况下，让一部分未被录取的中小学生到校随班学习。

4.《关于要求解决潘乐坞水库大坝渗漏问题的议案》(由陈金才等代表联名提出)

办理结果：县水利局组织专门技术人员开展实地勘察，及时会同凤凰山公社的三个受益大队，研究维修方案和维修负担问题，通过共同努力，相互协作，于1982年3月完成水库大坝维修任务。

5.《关于要求改善农村饮用水条件的议案》(由沈文忠等代表联名提出)

办理结果：县卫生局根据议案要求，及时组织技术人员分赴乡镇、村开展深入调查研究，总结出山川公社自力更生解决自来水的经验，印发给镇农村社队。县人民政府召开农村改善饮水条件经验交流会，收效显著。至1983年3月，全县饮上自来水人口有89000余人。

6.《关于大力推广节柴灶的议案》(由冯伯泉、徐志全等代表联名提出)

办理结果：县沼气办公室专门召开会议，研究落实措施，从安吉实际出发，决定分公社举办技术培训班，由点到面逐步推广。通过上下共同努力，至1983年12月，全县建成沼气池2032个，节柴灶1610个，铜管热水器4700余个。三项建设一年可节省用柴1067万担(53350万千克)，相当于10692亩薪炭林。

第八届人民代表大会议案

1.《关于要求进一步完善生产责任制，开发荒山问题的议案》(由施月珍等代表联名提出)

办理结果：县人民政府对此非常重视，在全县农村工作会议上就此作出专题布置。1984年12月，召开全县完善林业生产责任制工作会议，学习贯彻《中华人民共和国森林法》，强调依法治林，进一步布置落实山林责任制，延长山林承包期，使山林承包责任制得到完善。

2.《要求减轻粮食农药残毒，保障人民身体健康问题的议案》(由三官、杭垓等地代表联名提出)

办理结果：县农业局高度重视该议案的办理，采取三方面的措施：一是在全县建立179个农药配药站，对农药施用的品种、数量和方法进行辅导，要求各乡镇进一步健全植保队伍，普及植保知识；二是决定从1984年10月1日起在全县停止供应有机氯等极毒农药；三是积极宣传，搞好综合农药施用量和次数，降低粮食中的农药残留量。

3.《关于要求抓紧搞好我县城镇建设总体规划的议案》(由宋金森等4名代表联名提出)

办理结果：县人民政府十分重视该议案的办理，召集县城镇规划领导小组及规划办公室认真研究，递铺镇城市总体规划经县人大常委会第三次会议通过，待湖州市人民政府批准后即可付诸实施。孝丰、梅溪和晓墅3个镇规划开始着手编制。对代表们要求加强城镇公共卫生设施建设，落实环卫所归属管理及充实环卫工人队伍等决议，县人大常委会于1985年1月进行专题视察，县人民政府作专题研究，决定将环卫所划归县城乡建设环境保护局管理，涉及人员、经费等问题由该局统一安排解决。

4.《关于进一步落实知识分子政治生活待遇问题的议案》(由赵大正等4名代表联名提出)

办理结果：县人民政府十分重视发挥知识分子的作用，不断提高他们的政治和生活待遇。1984年下半年以来，县机关发展的党员中具有大专文化程度的占68.4%，为鼓励各种人才到贫困地区去工作，县人民政府决定从1985年1月起，对到南北湖、高禹、缫舍、皤溪等贫困地区工作的乡干部、教师，每人每月发放地区补贴5元；县卫生局对去基层医院工作的卫校毕业见习人员，给予享受正式人员的工资待遇；县人事局为引进人才，每年春节期间召开回乡度假大专学生座谈会，并致信其家长，动员他们回家乡发展。

5.《关于要求增加教育投资，改善办学条件，普及初中教育的议案》(由王志福、罗桂英等8名代表联名提出)

办理结果：县人民政府高度重视教育工作，在积极向上争取的基础上，教育经费投入逐年增加，成为地方财政支出的重要组成部分。及时制定县人民政府安政发〔1985〕3号文件，决定从1985年开始，各乡教育经费实行包干，专款专用，并征集教育事业费附加，开展勤工俭学，多方筹集办学经费，以逐步改善办学条件。

6.《关于加强保护林业管理问题的议案》(由报福、章村等地代表联名提出)

办理结果：县林业局高度重视该议案的办理，县八届人大三次会议后，组织专门人员，认真开展调研工作，多次召开专题会议进行研究，主要采取四项措施落实议案办理：一是结合森林法实施细则开展宣传学习，使广大群众知法、守法，增强干部群众的法制意识；二是修改完善竹木管理办法；三是积极推广专职护林和群众护林相互结合的林业管理新经验；四是进一步搞好森林派出所建设，严厉打击破坏山林犯罪活动。

7.《关于方便山区人民发展交通问题的议案》（由方年福、刘发智等 8 名代表联名提出）

办理结果：县交通局对该议案办理工作非常重视，县八届人大三次会议后，成立议案办理工作专门组织，及时组织人员开展实地调研，并就该路段存在的实际问题有针对性地制定实施方案：一是针对章村浮塘至安徽孔夫关公路安吉境内路段养护差的问题，要求章村乡养路队加强对该路段的养护，确保安全通车；二是就河千乌贵岭段公路事故频发问题向市公路段反映，并着手修建防护措施；三是要求修建高山桐皇山公路问题，交通部门于年前着手开始测量，争取早日动工。

第九届人民代表大会议案

1.《关于贷款买奖票是否符合政策的议案》（由吴经奎等 10 名代表联名提出）

办理结果：县人民银行立即对此问题进行研究，并派出金融管理股 2 名工作人员赴山河、港口两地进行调整。经查，个别企业用公款垫买储蓄奖票的问题是存在的。这种做法是极其错误的，信用社及企业双方都有一定的责任，公款买奖票不仅造成信用社储蓄存款的虚假现象，违反了国家储蓄政策，而且不利于企业资金周转，违反财务制度，必须予以纠正。县人民银行会同有关职能部门对此事作出严肃处理，纠正了这一现象。

2.《关于加强农业领导，发展粮食生产的议案》（由王复庆等 10 名代表联名提出）

办理结果：县供销社高度重视该议案的办理，采取三条措施认真搞好农资专营工作，发展粮食生产。一是加强对农资专营工作的领导，从县到乡镇相应成立农资专营领导小组（协调小组），并分别由分管副县长和各乡镇分管副乡镇长担任组长；二是加强对供销社干部职工的教育，从思想上、行动上重视和落实农资专营工作的要求；三是制定农资专营制度和纪律，并以县联社〔1989〕30 号文件下发，加强对农资专营工作的监督。

3.《关于要求加强孝丰邮电局的职业道德教育的议案》（由张如生等 10 名代表联名提出）

办理结果：县邮电局非常重视该议案的办理，成立专门调查组进行调查分析，孝丰支局话务员在服务态度、礼貌用语等问题上存在的“冷、硬、慢”现象，认为其原因有思想政治教育不够的原因，有设备落后接转电话和接通低率的原因，也有劳动力不足，职工本身素质的原因。为此，县邮电局采取四项措施加以改进：一是加强思想政治工作，开展“多说一句”活动，把信誉第一、用户至上、人民邮电为人民服务宗旨贯穿于整个生产活动的始终，教育职工对人民要有高度负责的态度，向社会提供优质服务；二是坚持“国家、地方、集体、个人”一起上的建设方针，尽早改变孝丰通信落后状况；三是尽快解决孝丰支局劳动力不足问题，并着手采取有效措施对职工进行培训，提高业务技能；四是改选班组长，加强班组建设和管理。

4.《关于乱占地建坟必须采取措施，特别是要建立孝丰公墓问题的议案》（由王志福等 10 名代表联名提出）

办理结果：县民政局高度重视该议案的办理，及时答复代表：一是县殡仪馆和县公墓已经县人民政府和县编委正式批准建立，具体负责管理有关殡葬改革专项事务；二是县青山公墓已经上级批准征用土地 176.5 亩，基础土建工程已竣工，可开始为丧户服务；三是计划下半年拟定《安吉县坟地审批制度》，并提请县人大、县政府作出移风易俗、加强殡葬改革管理，实行火葬、土葬等有关决议；四是积极帮助重点乡镇推行公墓，改革土葬。

5.《关于赋石水库移民山管理工作的议案》(由许勇等代表联名提出)

办理结果：县林业局重视该议案的办理，为加强赋石水库移民山的管护工作，于1989年3月成立库区移民山护林大队，直接负责移民山的管护工作，库区山林管理明显好转。同时，护林大队加强与森林派出所、上下游乡镇的联系，建立健全山林管理制度，切实保护好库区山林。

6.《关于老石坎、山河纸厂污水处理问题的议案》(由卢云土等代表联名提出)

办理结果：县城建环保局重视该议案的办理，为加快山河溪污染防治和老石坎碱回收工程的实施，县城建环保局及时制定《山河溪水污染现状及防治方案》，报县人民政府审批。老石坎造纸总厂浓黑液碱回收装置，已在1989年8月底完成试运行。山河分厂已开始逐步削减自制浆能力，1989年减少三分之一，约2000吨。在总厂碱回收运行正常后，逐步停止制浆。横路纸厂也将逐步限制其自制浆能力，直至停止制浆。通过以上措施，老石坎、山河纸厂水污染问题得到较大改观。

第十届人民代表大会议案

1.《关于要求处理山河造纸厂污水问题的议案》(由俞仙正等11名代表联名提出)

办理结果：县环保局高度重视该议案的办理，通过实地查看、走访座谈了解情况，并形成治理方案报县人民政府。县人民政府早在1984年就合并了老石坎和山河两个纸厂，投资700万元增设碱回收工程。因山河纸厂未停浆，问题未能彻底解决。县人民政府在1989年批转了《山河浒溪污染现状及防治方案》，削减山河纸厂三分之一自制浆。从1987年起，化学物品耗量每年削减5%，天荒坪电站上马后消除山河纸厂污染源，严格控制浒溪沿线新建污染水体的建设项目等，以彻底改变浒溪的水质污染，改善人民生活。

2.《关于要求修好三官后溪桥至丰食溪滚水坝公路的议案》(由缪照根等10名代表联名提出)

办理结果：县交通局十分重视该议案的办理，已将此路的修建列入县乡公路规划网内，由于工程量大投资多，致前几年一直未作安排。为了尽快接通此路，县交通局坚持“民办公助”的原则，具体分两步：第一步在1990年组织沿线群众进行一次整修，以解燃眉之急，所需资金交通部门将适当补助；第二步争取市县财政和交通部门补助及依靠乡村集资等办法，并承担部分投劳，决定于1990年至1991年两年修通此路。

3.《关于抓好医疗卫生工作中的治理整顿问题的议案》(由施国荣等11名代表联名提出)

办理结果：县卫生局非常重视该议案的办理，对代表反映的卫生改革中存在的问题，成立专门调查组，实地检查，了解情况和问题，针对这些问题，采取综合治理措施，先后制定治理整顿工作若干规定，对医生业余服务、医疗收费、个体开业、医德医风等方面制定相应的规范，通过半年多的治理整顿，全县医疗秩序有了明显好转。

4.《关于要求改善浑泥港水质，解决南北湖乡群众饮用水问题的议案》(由潘玉锦等10名代表联名提出)

办理结果：县卫生局十分重视该议案的办理，为此，组织技术人员多次赴南北湖进行实地调查和检测，制定全面的改水方案。同时向上级有关部门争取到一些改水材料，改水所涉及的资金问题按照民办公助的原则予以解决，决定在当年年底前完成改水任务。

5.《关于要求解决县金属制品厂及县罐头食品厂污水问题的议案》(由汤珍娣等10名代表联名提出)

办理结果:县环保局高度重视该议案的办理,组织专门技术人员进行实地调查,走访了解污染情况。经查,县经委按县人民政府安政发〔1988〕27号文件精神,于1988年召开协调会解决过这个问题。县金属制品厂在县环保局的监督下,从1989年先后投资10万元,配备了较完善的电镀废水治理设施,经县环保监测站数次抽样监测分析,其电镀废水排放浓度达到国家标准,有关指标达到国标GB5084—85中二类标准。为解决企业管理漏洞可能造成的污水问题,县环保局继续加大监测力度,加强源头治理,确保人民生活质量和安全。

第十一届人民代表大会议案

1.《为治理好递铺镇脏、乱、差,要求成立机构,明确职责,解决经费的议案》(由崔双根、张正潮等20名代表联名提出)

办理结果:县人民政府高度重视该议案的办理,1993年7月19日,县政府召开递铺镇创建文明城镇领导小组会议,制定《递铺镇创建文明城镇实施意见》,县领导谈月明、戚才祥、郑晓力等出席会议并提出具体要求。一要统一思想认识,坚持两个文明一起抓的方针;二要突出以抓管理为重点,抓环境卫生为突破口,促进城镇的综合治理;三要各方配合,通力合作,形成齐抓共管的局面;四要大力加强创建文明城镇活动的舆论宣传,齐心协力把递铺镇建设成为经济文化繁荣、生活富裕安定、环境整洁优美的文明城镇。

2.《关于要求增加对毛竹低产林改造投入的议案》(由陈天明等10名代表联名提出)

办理结果:县林业局高度重视该议案的办理,组织专题调研,并就此采取必要措施:一是对计划内进行毛竹低改的,按每亩80元标准贷款贴息;二是对完成竹子任务的乡,每亩奖励4元;三是对丰产高效示范林建设分别予以每亩30元至120元不等的补助;四是推广永和乡建设毛竹丰产林工程,设立5万元奖励基金;五是开展毛竹重点村高效毛竹林生产竞赛活动,奖励额度6万元至7万元。通过以上各种扶优政策,进一步调动山区群众培育毛竹、开发毛竹的积极性。

3.《关于加强矿山资源管理,合力开采,保护资源的议案》(由李旺根等12名代表联名提出)

办理结果:县矿产资源监督管理办公室高度重视该议案的办理,组织人员对安吉北部石灰岩的开发利用情况进项专题调查。1996年上半年,在全县范围内开展矿业秩序治理整顿,取得明显成效。并就进一步加强矿山管理工作采取措施:一是加大矿山资源法律法规的宣传,不断增强广大干部群众的法制意识;二是强化采矿权管理,加强监督,严格执法,坚决制止乱采滥挖、无证开采、破坏资源等违法行为;三是加强部门之间的协调,形成齐抓共管的局面,以确保矿业持续、健康、稳定发展。

4.《关于加强陈嵘陵园建设　提高安吉知名度的议案》(由郑新华等10名代表联名提出)

办理结果:县林业局高度重视该议案的办理,多次专题研究陈嵘陵园建设事项,并就此采取措施:一是加强陵园基础设施建设,修缮、充实纪念室及收藏内容,管理、保护风景森林资源;二是在省级竹子森林公园基础上,积极申报国家级竹子公园,更好地发挥和建设这一历史人文景观;三是加强宣传,不断提高陈嵘及安吉的社会影响力和知名度。

5.《关于要求尽快解决梅溪地区饮水问题的议案》(由陆文忠等12名代表联名提出)

办理结果:县人民政府非常重视该议案的办理,在调查研究的基础上,决定从晓墅乐平寺引水到晓墅、梅溪,并成立由分管副县长任总指挥的引水工程指挥部。各部门密切配合,县人大加强督办。1997年10月28日,总投资700余万元的引水工程竣工通水,梅溪地区人民喝上了干净的饮用水。

6.《关于要求制定〈西苕溪水源保护规定〉及水污染防治规划的议案》(由朱长胜等12名代表联名提出)

办理结果:县人民政府高度重视该议案的办理,按照国家、省、市对太湖流域水污染防治的统一部署,在对全县区域内工业水污染源详细调查、监测分析的基础上,确定全县向水体排污企事业单位限期治理的名单,责令这些单位在1998年12月31日前进行达标治理,到期完不成治理任务的,依法实行停产治理和关闭。为此,关闭或取缔国务院规定的属于15类小企业或生产装置15家(套),并严格控制15类小企业不准新建。同时,县政府责成环保站尽快制定孝丰、递铺、晓墅(梅溪)3个城镇水污染地的防护办法及措施。1997年6月5日,县政府召开环保工作会议,就贯彻国务院《关于进一步治理淮河和太湖的决定》,落实安政法〔1997〕第72号文件的各项治理任务进行动员部署,把西苕溪水质保护作为重要民生实事抓紧、抓实、抓好。

第十二届人民代表大会议案

1.《关于全民动员清除白色污染的议案》(由赵田庄等10名代表联名提出)

办理结果:县人民政府高度重视该议案的办理,成立专项整治工作领导小组,多次召开会议进行专题研究,结合实际制定《关于"白色污染"防治工作实施方案》,全民动员,营造全社会整治工作良好氛围,不断加大联合执法力度,及时表彰先进,鞭策后进,通过半年多上下共同努力,"白色污染"治理取得阶段性成果,议案办理得到代表的充分肯定。

2.《关于要求增设递铺至永和固定班车的议案》(由吴聿明等10名代表联名提出)

办理结果:县交通局接到这个议案后非常重视,专门成立领导机构和工作小组,认真研究全县道路客运市场一些亟待解决的问题,如运力档次低及安全性能差、客运班线和运力布局不合理等问题,决定着力解决。经过对全县道路客运市场状况反复多次调查后,形成比较完善的客运运力结构调整和布局调整方案,将开通县城到主要乡镇的直达班车,同时淘汰主干线农用客车。2001年9月在杭垓、章村、报福等地先行试点,全县调整年内完成。

3.《关于要求解决梅溪镇姚斗村群众饮水问题的议案》(由陆文忠等12位代表联名提出)

办理结果:县人民政府接到此议案后十分重视,5月20日晚,县长钱坤方和副县长王金龙携县府办、县财政局、县建设与环保局、县卫生局、梅溪镇等单位主要负责人赴梅溪镇就该村改水问题进行现场办公。当场落实铺设梅溪至姚斗村改水总管所需资金42万元,并要求确保7月底前完成总管道铺设安装。并希望姚斗村积极动员群众筹资,引水到户,确保村民能喝上自来水。截至2001年8月,完成总管铺设工程,部分村民喝上自来水,引水到户工作继续进行。围绕梅溪镇姚斗村多年的饮水问题,得到彻底解决。

4.《关于要求对安城城墙等历史文化保护开发的议案》(由田中根等11名代表联名提出)

办理结果:县旅游局高度重视该议案的办理,将安城城墙修复列为2001年旅游工作的重点之一，并积极开展以下工作：一是密切配合安城镇政府制定安城城墙修复和保护的可行性研究报告和实施方案，指导具体业务，修复工程分期进行；二是修复工程资金缺口问题，县旅游局将该工程列为重点招商项目，列入《安吉县旅游招商项目专辑》，积极开展对外招商引资活动；三是加大宣传力度，扩大影响力和知名度；四是从全县生态旅游整体规划出发，优先考虑编排古城墙旅游线路。

5.《关于要求整治县城空气污染的议案》(由胡雪平等10名代表联名提出)

办理结果：县建设与环保局对县城的大气环境治理非常重视，1999年由县政府办牵头，环保、工商、劳动、卫生等七部门联合对递铺镇燃煤炉灶进行综合治理，初见成效。但因燃料问题没有得到妥善解决，有些炉灶为了自身的经济利益，仍在使用一些劣质煤或竹木屑，使烟尘污染没有得到彻底根除。针对这种情况，2000年经县政府同意，根据安吉实际情况，在没有完成县城管道燃气供应系统前，在县城范围内推行使用洁净煤，2001年下半年投入使用。同时，进一步加强管理，使烟尘污染得到明显减轻。

6.《关于进一步优化我县投资环境的议案》(由陈贵青等11名代表联名提出)

办理结果：县监察局高度重视该议案的办理，采取以下主要措施：一是进一步完善审批办证服务中心功能，2001年窗口工作人员由16名增加到56名，职能由20项增加到74项，并完善领导机构，任命一名常务副主任常驻中心，规范办证工作，确保职能到位，提高办事效率，提高服务水平；二是大力开展建设运输市场专项整治活动，成立专门机构，制定建设运输工程招投标有关规定，严格按规定管理建设运输市场，取得明显成效；三是适时建立行政效能监察中心，强化效能监察工作，有力促进经济快速、健康发展。

第十三届人民代表大会议案

1.《关于要求以梅溪镇晓墅为中心进行城集规划的议案》(由毛金明等10名代表联名提出)

办理结果：县政府召集县政府办、县建设局、县国土局、县发改委、县经贸委、园区办、梅溪镇、昆铜乡、溪龙乡等部门和乡镇负责人专题研究梅溪(昆铜、溪龙)地区城镇总体规划编制工作，并形成县政府专题会议纪要。成立工作领导小组，委托湖州市规划设计院进行规划设计，召开梅溪(昆铜、溪龙)地区城镇总体规划评审会，2004年底，完成该总体规划的编制并组织实施。

2.《关于要求加大对安吉三中建设投入的议案》(由徐人良、梁发苗、竺建根等32名代表联名提出)

办理结果：县政府高度重视安吉三中的建设工作，在师资队伍建设、财政投入方面给予全方位的倾斜和扶持，将安吉三中按照省二级重点中学的标准进行建设。三年来，在硬件设施方面累计投入2047万元，新增校园面积17436.23平方米。先后完成一批学生公寓、综合楼、办公楼等基础设施建设及配套实施建设，使安吉三中的建设迈上了一个新的台阶。三年来，县财政补助安吉三中基建资金累计230万元。

3.《关于要求加大矿山整治力度的议案》(由宋建平等11名代表联名提出)

办理结果：县政府将矿山整治工作作为生态县建设的一项基础性工作来抓，采取有力措施推进整治工作：一是成立以分管副县长为组长，相关部门主要领导为成员的整顿和规范矿产资源开发秩序领导小组，印发《安吉县人民政府关于全面整顿和规范矿产资源开发秩序的实施意见》；二是坚决关闭破坏环境、污染严重、不具备安全生产条件的矿山经营企业，其中2005年关闭7家，2006年关闭4家；三是积极开展废弃矿山的治理工作，2003年至2006年，全县共复绿复垦废弃矿山13座，投入资金252.8万元；四是严格采矿权的审批管理，其中2004年注销采矿许可证矿山企业5家，7家新设置采矿权全部实行拍卖、挂牌公开出让。2005年，矿石加工废水和固废处置基本达标，规模开采矿山基本完成矿石加工粉尘治理。2006年，启动市绿色矿山试点工作。

4.《关于要求解决农村通公交问题的议案》(由方立祥等11名代表联名提出)

办理结果：县政府将解决农村通公交问题，实现城乡公交一体化作为统筹城乡协调发展，加快城乡一体化步伐的重要内容，及时成立由县人民政府副县长任组长的乡镇公交一体化工作领导小组，制定《安吉县客运市场结构调整实施意见》和《安吉县城乡公交一体化实施方案》，确定递铺、天荒坪、高禹、孝丰、杭垓、梅溪6个客运区域和城市、城乡、乡村三级公交网络布局，完成6个客运区域的结构调整工作和城乡公交一体化工作，共投放107辆中级型双开门空调公交车，开通一级城市公交线路8条，二级城乡公交线路9条，三级乡村公交线路80条，行政村班车通达率100%，实现“村村通公交”的目标。

5.《关于以加快工业经济为抓手，实现三年冲百强奋斗目标的议案》(由石明章、宫华、楼刚强等33名代表联名提出)

办理结果：县政府将此议案办理工作融入县委、县政府“一年强基础、两年上水平、三年冲百强”的奋斗目标之中，面对资源要素制约的困难，全县上下通过开展各种形式的讨论学习与座谈调研，坚定信心，创新破难，进一步形成加快发展工业的共识。在“努力缓解土地紧张矛盾”方面，通过积极筹措建设用地指标、积极盘活存量土地、积极督促违法用地补办审批手续、想方设法解决中小企业用地等手段解决实际困难，在“加大金融对工业经济支持的力度”方面，县政府采取制定有关金融支持工业发展的文件、花大力气构建银企合作平台、着手增强外埠银行分支机构、为企业融资提供更多平台等措施加以努力解决。同时对机关效能建设提出更高要求，不断优化投资发展的软环境建设。

6.《关于要求启动低收入地区农民致富工程的议案》(由吴毅能等10名代表联名提出)

办理结果：该议案具有很强的针对性，涉及全县社会主义新农村建设的许多方面，要实现低收入地区农民真正达到致富的目标，还有很长一段路要走。为此，县政府在前期办理过程中，着重从政策扶持的角度出发，制定完善了一批促进低收入地区农村致富的政策措施，形成全社会关心和关注低收入地区农民致富强收的氛围。

7.《关于要求加强村庄环境建设长效管理的建设》(由唐加根等10名代表联名提出)

办理结果：县建设局高度重视该建议的办理工作，将它作为推进新型村庄建设和提升生态村创建水平的重要抓手，成立相应机构，组织专门人员开展实施调研，采取“垃圾处置规划编制、卫生考核办法出台、经费分摊方法和补偿机制确定”等三项措施，通过近3个月的垃圾收运处置系统运作，取得比较明显的成效，建议办理工作得到代表的充分肯定。

8.《关于“村改居”有关问题的议案》(由李志德等 10 名代表联名提出)

办理结果:县农办接到该议案后,通过召开座谈会、调查走访等形式,充分了解代表所反映的问题,认识到撤村建居是城市化发展中一项全新的工作,让农民融入城镇管理体系真正成为居民,在政策上有一个不断磨合、完善的过程,确实产生了一些问题。承办部门与村民代表、支部书记座谈听取意见,多次到外地参观考察,经过近半年的努力,形成了初步意见和材料上报,得到县委县政府的重视。2005 年,两办制定《关于进一步明确和完善撤村建居工作若干政策的意见》,代表反映的问题基本得到落实解决。

第十四届人民代表大会议案

1.《关于加快工业平台建设,打造先进特色制造业集聚区的议案》(由汪国顺等 10 名代表联名提出)

办理结果:县政府非常重视,第一次常务会议专题研究大会议案,按照县领导领衔办理的要求由常务副县长陆为民牵头,县政府办、县发改委、县经贸委、开发区、县规划与建设局、县交通局、县水利局、县国土资源局、县财政局等相关部门参与办理。在前期办理过程中,县政府就坚持围绕县委“平台建设、招商引资、项目落地”的工业经济推进要求,有效整合各类要素,将优势资源向园区集中,优惠政策向园区倾斜,优质服务向园区配套,努力营造举全县之力建设工业平台的氛围。为此,有关职能部门开展大量工作,落实相关措施,向政府提出办理建议。最后县政府形成了创新破难调规划、集中财力建平台、充实力量强推进、形成合力抓落实的四点办理答复意见。2007 年 4 月 13 日,常务副县长陆为民率有关部门与汪国顺等人大代表进行面商,并向代表们详细介绍大会议案办理情况,与会代表对县政府办理该议案的各项措施表示满意。

2.《关于改造老石坎至孝丰自来水输水管道的议案》(由陈天顺等 10 名代表联名提出)

办理结果:县城管局对该议案办理非常重视,在认真分析建议的基础上,认为该输水主管道已运行 20 余年,大大超过钢筋砼管道的使用管理年限,存在管道老化、漏水严重、维护难度大等问题,极易发生爆管事故。立即会同孝丰镇政府、孝丰水厂编制孝丰输水管网改造方案报县政府同意后组织实施,部分立项、图纸设计等前期工作基本完成。

3.《关于进一步优化经济发展环境,为加快推进平台建设和项目落地营造良好氛围的议案》(由方连珠、杨长海等 25 名代表联名提出)

办理结果:县政府非常重视,第十一次常务会议专题研究大会议案,按照县领导领衔办理的要求由常务副县长陆为民负责牵头办理,副县长凌建荣协助办理,县政府办、县监察局、县政法委、县委组织部、县发改委、县经贸委、县行政服务中心、县公安局、县规划与建设局、县城管局、县国土资源局等相关部门参与办理。在办理过程中,县政府专门组织相关部门进行认真研究,并成立相应工作机构,积极抓好议案所涉及内容的落实。针对议案反映的建设运输市场问题,政府加大招标力度、打击力度、宣传力度,建立长效管理机制,形成规范有序的运输市场环境;针对议案反映的机关部门“中梗阻”问题,实施县级机关涉企中层岗位分类评议,创新监察手段,强化审批监管,健全投诉机制,强化监督考核,有效提升机关效能建设;针对部分项目土地圈而不用、占多用少、建好不用等问题,通过加大对闲置土地的清理,对强对项目的批后监管，加强对用地考核，有效提高土地利用效率。2008 年 4 月 25 日，常务副县长陆为民率有关部门负责人与方连珠、杨长海等 25 名人大代表进行面商，并向代表们详细介绍大会议案办理情况，与会代表对县政府办理该议案的各项措施表示满意。大会议案答复件经县政府第十二次常务会议讨论通过后以县政府名义答复代表。

4.《关于要求解决孝丰交通中心附近雨天大量积水问题的建议》(由金朝鑫等 10 名代表联名提出)

办理结果：承办单位孝丰镇政府对该建议办理非常重视，在认真分析建议的基础上，决定对孝丰路路段和东山排洪渠进行改造建设，同时敦促部分地块的建设单位加快建设，尽快贯通和疏导城镇防洪渠道，着重解决积水问题，完成孝丰路和东山路排洪渠改造工程。

5.《关于建立健全长效管理机制，科学经营村庄，确保中国美丽乡村建设持续推进的议案》(由周遂明等 11 名代表联名提出)

办理结果：县政府高度重视，第十九次常务会议进行专题研究，按照县领导领衔办理的要求由分管农业的副县长负责牵头办理，县农办、县委宣传部(文明办)、县规划与建设局、县环保局、县城管局、县旅游局、县卫生局等相关部门参与办理。在办理过程中，县政府组织相关部门到不同类型的乡镇和村进行调研，充分听取和征求各方面意见，并根据近几年的实践，综合中国美丽乡村创建实际，形成初步答复意见。县政府第二十一次常务会议就大会议案办理情况再次听取汇报，最后形成“明确长效管理的基本要求、健全长效管理的工作机制、保障长效管理的经费落实、强化长效管理的监督考核、完善长效管理的奖励方式、探索科学经营村庄的新路子”等 6 条办理答复意见，并以县政府名义印发文件答复代表。2009 年 10 月，以县委办公室、县政府办公室名义印发《安吉县村庄环境卫生长效管理实施意见》，明确村庄环境卫生长效管理的标准、资金筹措方法和考核、奖励办法等。

6.《关于加大对平原斗区美丽乡村建设政策扶持的建议》(由张利民等 10 名代表联名提出)

办理结果：县农办对该建议高度重视，积极开展调研工作，制定并印发《关于推进平原斗区建设“中国美丽乡村”工作意见》，2009 年 9 月 5 日，县委、县政府在溪龙乡召开“平原斗区‘中国美丽乡村’工作推进会”，明确由县、乡镇两级财政对安城、荆湾、溪龙、南北湖、里沟等 38 个村的集中安置区基础设施建设给予适当支持，并倾斜财政支农政策，上浮美丽乡村考核奖励标准。

7.《关于加大对竹制品企业污染水排放的执法力度，确保竹制品企业污水全部进入污水厂处置的议案》(由俞传信等 10 名代表联名提出)

办理结果：县环境保护局对该议案非常重视，在认真分析议案的基础上，认真开展调研工作，并将议案的答复意见向分管副县长作专题汇报，由县政府组织在全县开展“竹木制品行业污染和烟尘污染专项治理行动”，协助政府对专项行动的动态跟踪，及时反馈意见，不断加大治理力度，有效改善了竹制品企业废水直排和省道沿线黑烟乱显现象。

8.《关于加强违法建筑查处管理的议案》(由罗绍鸿等 10 名代表联名提出)

办理结果：县政府对此高度重视，在第二十九次政府常务会议上对议案办理工作进行专题研究，专门成立以县长单锦炎为组长，县委、县政府分管领导为副组长，各相关部门主要领导为成员的“查处违法建筑领导小组”。同时，强化督查考核，把违法建筑整治的工作成效列入当年乡镇、部门考核的重要内容。2010年1月25日，县政府专题召开“全县违法建筑专项整治工作动员大会”，对专项整治工作作出整体部署，明确整治时限、工作重点和目标。4月24日、9月6日，县人大常委会对违法建筑专项整治工作进行实地视察督办，进一步推动了大会议案办理工作。通过全县上下共同努力，专项整治行动取得明显成效。

9.《关于提高截污能力，完善城乡污水处理设施建设的议案》(由孟建洲等16名代表联名提出)

办理结果：县政府对此高度重视，按照大会议案反映内容，认真研究采取专项措施，狠抓工作落实，不断加大城乡环境保护力度。先后成立以县长任组长的重金属行业整治提升工作领导小组，以县委副书记任组长的竹拉丝(染色)产业整治提升工作领导小组，以分管副县长任组长的农村环境连片整治工作领导小组和城乡污水管网建设工作领导小组，统一协调指导全县面上的城乡环境保护管理和城乡污水处理设施建设工作，并把这几项工作纳入政府重要工作抓紧抓实抓好。2011年3月4日、5月7日、5月9日、5月23日、6月20日，县委、县政府先后召开全县城乡污水管网建设和农村环境连片整治工作会议、全县环境管理工作会议、竹拉丝(染色)产业集中整治专项行动动员大会等。经过半年多努力，大会议案办理工作取得明显成效。

第十五届人民代表大会议案

1.《关于加强劳动保障监察工作，切实维护劳动者合法权益的建议》(由10名代表联名提出)

办理结果：县人力社保局对该建议办理非常重视，注重个案办理与统筹办理相结合，成立专门组织认真开展调研，多次召开专题会议进行讨论研究，确立以点带面、统筹兼顾办理工作的基本原则。先后深入工业园区、行政村(社区)组织开展企业人力资源干部、企业劳动争议调解员业务培训，发放《法律法规汇编》和《企业用工管理温馨提示》等资料，进行有针对性的宣传，并就维护劳动者合法权益开展执法检查，使广大劳动者合法权益得到较好的维护。

2.《关于要求搬迁味全(安吉)牧场的建议》(由10名代表联名提出)

办理结果：灵峰度假区高度重视该建议的办理工作，考虑到该牧场属于合资企业，租赁合同尚未到期，因此，办理工作牵涉面广，历史遗留问题复杂，需要县政府协调相关部门协商解决。对此，度假区管委会专门组织辖区内县、镇两级人大代表，对牧场进行现场调查，对村民进行上门走访，就企业与村民矛盾进行专题调研，形成整体搬迁牧场的专题报告，引起上级部门的重视，为促成牧场整体搬迁打下扎实的基础，也为该建议的办理创造了条件。

3.《关于切实做好部队退役士兵安置问题的建议》(由舒国平等10名代表联名提出)

办理结果：县民政局对该建议办理非常重视，按照工作要求，通过走访人大代表、召开面谈会等形式，主动与人大代表面对面进行交流，局分管领导几次与舒国平等代表进行面商，详细解释省市针对退役士官的相关政策，实事求是地向他们汇报安吉县针对实际情况制定的措施及安吉退役士官的安置情况，特别说明安吉县在安置退役士官问题上力争做到能够解决的立即解决，暂时不具备条件的也积极创造条件解决的事实情况，得到了代表们的充分理解。

4.《关于要求加强对11省道递孝路段非机动车驶入机动车道的违章行为进行整治的议案》(由元伟人等10名代表联名提出)

办理结果：县公安局对此高度重视，在认真分析议案的基础上，积极开展实地调研工作，多次召开专题研究工作会议，制定《加强路面巡查整治、合理设置信号灯时间和抓好安全行车宣传教育的整治工作实施意见》，采取多管齐下的措施，加大执法管控力度，有效改善了递孝路段非机动车驶入机动车道的违章现象。

5.《关于加快中心城区建设，做实做美优雅竹城的议案》(由夏旦等10名代表联名提出)

办理结果：县政府高度重视该议案的办理工作，把对该议案的办理工作作为提升城市品位，深化中国美丽乡村一项重要抓手，县政府专门成立领导小组，多次进行专题研究，制定《加快优雅竹城建设五年行动计划》，提出城市更新、城市贯通、城市环境、城市服务、城市发展工程，在2016年计划完成建设城市道路10条，老小区改造10个，旧城区块改造4个，新建污水管网10公里，改建污水管网5公里，管网清淤10公里，通过一系列建设和管理工作，积极有效地推进大会议案落实。

6.《关于要求调整殡葬礼炮应用的建议》(由朱仁斌等10名代表联名提出)

办理结果：县民政局非常重视该建议的办理，立即组织专题研究，此建议的办理涉及公安、城管等部门，民政局会同公安、交通、城管等部门赴外地学习，联名开展了殡葬礼炮专项整治活动，各成员单位各司其职，联合执法，除了取缔丧葬电子炮车外，还对丧葬乐队、抛撒冥纸等丧葬陋习进行集中整治，县政府及时制定具体实施意见，对殡葬礼炮等应用作出强制性规范措施，有效改变了丧葬陋习，建议办理得到代表充分肯定。

7.《关于增设晓南线(梅高线)道路安全防护设施的建议》(由谢裕宏等10名代表联名提出)

办理结果：县交通局对该建议办理非常重视，组织人员开展实地调研，在认真分析调研的基础上，立即委托县交通设计院对梅高线全线交通安全标识标牌设置进行设计，及时将设计方案与人大代表进行面商，共投资41万元进行防护设施完善改造。同时，县交通局还对其他道路安全设施状况进行梳理，并提出完善方案，逐步加以跟进落实。

第十六届人民代表大会议案办理

1.《关于在全县农村逐步推行禁售禁放烟花爆竹的议案》(由盛文明等11名代表联名提出)

办理结果：县政府高度重视该议案的办理，多次召集县公安局、县安监局、县综合行政执法局、县消防大队等部门深入调研，并进行专题研究。按照“政府牵头、属地管理、部门联动、全民参与”的原则，成立由副县长何承明，副县长、公安局局长杨建新任组长，29个部门为成员单位的县禁止销售燃放烟花爆竹工作领导小组。加强统筹协调，确保精力集中，推进有力。构建宣传引导体系，开展高密度、多层次、全方位的宣传活动。同时，加强基层力量联动，打造信息互通、资源共享、全民参与的双禁工作格局。组建小区物业劝导队、志愿者劝导队等5支队伍，开展春节期间“双禁”万人大巡防活动，做到及时发现，高效处置。通过上下共同努力，全县农村禁售禁放烟花爆竹工作取得明显成效，议案办理得到代表充分肯定。

2.《关于要求优化安吉县城乡医保系统的议案》(由唐朱阳等12名代表联名提出)

办理结果：县人社局高度重视该议案的办理，采取以下措施予以改进和完善：一是完善城乡医保信息系统，加强与银行合作，对信息系统功能进行完善，通过系统调整，使所有乡镇(街道)、村(社区)工作人员能够查询到银行签约人员信息，方便老百姓签约信息的查询；二是加强职工医保和城乡医保数据对比，便于各乡镇(街道)、村(社区)对当年度参加城乡医保人员数据的掌握，防止脱保现象发生；三是加强社银合作，继续增加线下"全功能制卡"网点，开通线上社保卡申请功能；四是拓宽掌上服务功能，开发手机自助签约功能，完善查询功能。该议案办理工作得到代表的充分肯定。

3.《关于农村生活污水处理长效管理的议案》(由汪庆意等10名代表联名提出)

办理结果：县人民政府高度重视该议案办理，坚持"污水治理，规划先行"的工作要求，按照轻重缓急、先易后难的原则，2014年委托省环科院编制完成《安吉县农村生活污水治理总体规划2014—2016年》，制定《安吉县农村生活污水治理三年行动计划》，制定财政奖补、规范项目建设、检查、督查、验收等12个政策文件，分年度、分批次、分片区推进建设，确保建设一批，见效一批，移交一批。同时，按照农村生活污水治理"五位一体"的运维管理机制，县生态环境局负责全县农村生活污水治理设施运维的技术指导。乡镇(街道)和村负责农村生活污水治理管网的运维，农户负责庭院内管网、隔油池的清掏，农家乐、民宿等经营性主体则自行负责污水收集治理，初步形成动力、微动力、无动力集中与分散相结合三大处理模式。2015年，经县政府第三十三次常务会议讨论通过，印发《安吉县农村生活污水治理设施运行维护管理办理》，明确县政府、乡镇(街道)、行政村、农户、第三方运维单位的主要职责，建立县域农村生活污水治理设施运行维护管理体系，以确保农村生活污水处置得到有效管理。

4.《关于启动西溪上游河道治理工作的议案》(由马志彬等11名代表联名提出)

办理结果：县水利局高度重视该议案的办理，2018年度，启动《安吉县域美丽河道综合整治规划》编制工作，计划于2019年7月前完成规划编制，规划主要任务包括整治河岸，提高规划区的防洪排涝能力及河长制要求的有关任务。西溪纳入规划中，县水利局将根据西溪整治规划，有计划地实施西溪上游河道的治理工作。

5.《关于加大对重大水源地赋石水库"出红线，保水源"的政策扶持力度的议案》(由宣加强等12名代表联名提出)

办理结果：县政府高度重视该议案的办理，就议案中提出"关于在杭垓缫舍中心村边规划一块土地用于农户安置问题"的建议，县资源规划局开展安吉县新增建设用地需求调查和建立年度项目储备库工作，经与杭垓镇人民政府多次沟通衔接，确定将重大水源地移民安置工程项目作为"首批优先民生保障类项目"纳入安吉县2020年度新增建设用地项目储备库。县资源规划局将根据新一轮国土空间规划成果，切实做好政策处理工作，有效保障搬迁安置等民生工程，为全县未来经济社会发展提供有效的要素资源及政策保障，确保县重大水源地保护工作落到实处。

6.《关于加大对竹产业扶持力度的议案》(由梅明星等12名代表联名提出)

办理结果:县自然资源规划局高度重视该议案的办理,主要采取以下措施加大对竹产业扶持力度:一是大力支持竹材初级加工点建设,把小微园区作为竹产业发展的重要内容在全县有关产竹重点乡镇进行规划设置;二是大力推动竹笋产业转型升级,加强安吉竹笋、安吉竹林鸡等特色农产品的地理标志原产地保护,并制定相关奖励政策;三是探索建设标准型"笋初级加工示范点",推动竹笋产业绿色发展;四是加快竹林区道路建设,将林道补助标准从每公里10万元提高到每公里20万元;五是创新探索毛竹价格指数保险,在全国首创"毛竹收购价格指数保险"业务,以此稳定竹材市场价格,保护竹农经营竹林的积极性。

第三编

县人民代表大会常务委员会

1981年7月14日，安吉县第七届人民代表大会第一次会议选举产生安吉县人大常委会。自此，安吉县县级国家权力机关与行政机关分设。县人大常委会设立后，在中共安吉县委的领导下，组织结构不断完善，制度建设逐步加强，监督工作全面推进，代表工作成效显著；以宪法和法律为依据，以人大代表为主体，以履行法定职责和推进民主法制建设为己任，以促进经济社会发展和社会进步为宗旨，切实行使重大事项决定权、监督权和人事任免权，积极开展人大工作。在实践中，注重调查研究，反映社情民意，依靠和发挥人大代表的作用，不断探索，开拓创新，与时俱进；坚持党的领导，充分发挥民主集中制原则，集体决定问题，集体行使权力，积极履行宪法和法律赋予的神圣职责，为推动安吉县政治文明、物质文明、精神文明、生态文明建设和“两山”实践发挥了不可替代的作用。

第一章　组织机构

安吉县第一至第六届人民代表大会，孝丰县第一至第三届人民代表大会，与全国各地一样，未设常设机关；按照1954年颁布实施的《中华人民共和国宪法》，选举产生县人民委员会。县人民委员会既是县级国家行政机关，同时又行使县人民代表大会常设机关的职权。自1981年7月县第七届人民代表大会始，遵照修改后的《中华人民共和国宪法》和《中华人民共和国地方各级人民代表大会和地方各级人民政府组织法》的规定，设立常务委员会，为县人民代表大会的常设机关，对本级人民代表大会负责并报告工作。常委会组成人员在当届人大代表中选举产生，县第七届至第十届人大常委会，每届任期3年；自第十一届开始，每届任期5年。县人大常委会，每届有较为固定的组织机构和组成人员，在县级国家权力机关中处于核心地位，并依法行使其职权。

第一节　常委会党组

1981年7月，建立安吉县人大常委会党组，为中国共产党在地方国家权力机关中设立的党组织，是人大常委会的领导核心。党组一般设书记1名，党组成员若干名，第七届至第十届、第十六届设副书记1名。主要活动方式是党组会议，由党组书记召集和主持。党组职责是：传达贯彻中共中央和地方各级党委的重要文件和重要会议精神，以及决议、决定，对人大工作进行宏观思考和决策；讨论人大常委会和人大机关的重要工作，讨论人事任免和人事安排事项；讨论人大机关思想政治工作的重大问题，组织人大机关中心小组政治学习，指导人大机关党支部工作；负责人大常委会机关的统战工作，团结非党干部群众。

历届中共安吉县人大常委会党组成员

第七届县人大常委会党组（1981.8—1984.9）

书　　记：吕济广

副 书 记：刘玉芬

成　　员：王根富　江坤寿　谷忠林

第八届县人大常委会党组（1984.9—1987.5）

书　　记：朱长胜

副 书 记：魏厚多

成　　员：邹人龙　陈伯青　王光奎

第九届县人大常委会党组（1987.5—1990.4）

书　　记：朱长胜

副 书 记:邹人龙

成　　员:陈永新　肖金莲

第十届县人大常委会党组:(1990.4—1993.3)

书　　记:朱长胜

副 书 记:张锡荣(1992.5 任)

成　　员:陈永新　肖金莲

第十一届县人大常委会党组(1993.3—1998.3)

书　　记:张锡荣

成　　员:肖金莲　洪甫岩　叶德宝　吴岩福

第十二届县人大常委会党组(1998.3—2003.3)

书　　记:张锡荣

成　　员:肖金莲　崔双根　胡正坚　李晓明

第十三届县人大常委会党组(2003.3—2007.1)

书　　记:吴向明

成　　员:周小平　崔双根　胡正坚　万尧平

第十四届县人大常委会党组(2007.1—2012.2)

书　　记:吴向明

成　　员:周小平　陶紫正　张为华　杨路侠　韩金苗

第十五届县人大常委会党组(2012.2—2017.2)

书　　记:梁为民

成　　员:周小平　杨路侠　黄根凤　孙　松　黄先国　赵德忠

第十六届县人大常委会党组(2017.2—　　)

书　　记:陆为民

副 书 记:吴佩勋

成　　员:孙　松　黄先国　俞立安　梁蕴伟　徐　勇(2020.5 任)
王一明(2020.5 任)　　楼　军

第二节　常务委员会

县人大常委会设主任 1 名,副主任和委员各若干名,均由县人民代表大会选举产生;下设办公室及各工作委员会(组),处理日常工作。县人大常委会组成人员不担任县人民政府、县人民法院、县人民检察院的职务。

历届县人大常委会组成人员

第七届人大常委会(1981.7—1984.8)

主　　任:吕济广

副 主 任:刘玉芬(回族)　王根富　江坤寿　谷忠林

委　　员:王云山　叶甲申　朱岳年　刘春松　杨泽中　邱正基　陈　浩
周文良　钱致礽　潘大坤

第八届人大常委会(1984.8—1987.5)

主　　任:朱长胜

副 主 任:魏厚多　邹人龙　黄少伟　赵大正

委　　员:王光奎　王继祥　卢云土　汪　云　张礼英(女)　陈伯青　杨泽中
姜柏华　章昌贵　屠雪娟(女)　雷绍林(畲族)　蔡怀英(女)

第九届人大常委会(1987.5—1990.4)

主　　任:朱长胜

副 主 任:邹人龙　肖金莲　赵大正　陈永新

委　　员:方文龙　王金龙　王继祥　卢云土　牟月娥(女)　汪法根　吴仲华
陈伯青　洪兴林　郭远有　钱致礽　黄阿根　曾晗晖(1989.4 补选)

第十届人大常委会(1990.4—1993.3)

主　　任:朱长胜

副 主 任:肖金莲(女)　陈永新　钱致礽　张锡荣(1992.3 任)

委　　员:王允昌　王金龙　王美凤(女)　卢云土　华亚青(女)　吴仲华　张荣梅
陈伯青　邵　宝　周小平　赵家裕　洪兴林　戚才祥

第十一届人大常委会(1993.3—1998.3)

主　　任:张锡荣

副 主 任:肖金莲(女)　钱致礽　洪甫岩

委　　员:王乐民　王志红(女)　叶德宝　杨茂坤(1995.11 辞)　吴仲华　吴岩福
应荣富　邵　宝　周小平　洪兴林　俞文斌　费罗坤
潘工武

第十二届人大常委会(1998.3—2003.3)

主　　任:张锡荣

副 主 任:肖金莲(女)　崔双根　胡正坚　陈华民

委　　员:丁丽枝(女)　王瑞福(1999 年死亡)　毛秋华　叶德宝　李元良　李旺根
李晓明　沈新勇(2000.8 辞)　张培新　周厚积　孟国良(2001.3 辞)
施炳良(1999.9 辞)　洪兴林　姜国栋　夏贤发　徐杨坤
朱利顺(2000.3 补选)　何继乔(2000.3 补选)

第十三届人大常委会(2003.3—2007.1)

主　　任:钱坤方(2003.3—2006.11)

代理主任:吴向明(2006.11—2007.1)

副 主 任:吴向明(2003.3—2006.11)　周小平　崔双根　胡正坚　陈华民

委　　员：丁丽枝（女）　万尧平　王纯刚　方忠华　宋建平　张吉祺　张培新　周树荣
　　　　胡忠辉　夏贤发　徐兴南　黄先国（2003.4 辞）　黄建勋　黄跃进
　　　　曾庆山（2003.4 辞）　周遂明（2004.3 补选）　侯献荣（2004.3 补选）

第十四届人大常委会（2007.1—2012.2）

主　　任：唐中祥（2007.1—2011.1）
　　　　吴向明（2011.1—2012.2）

副 主 任：吴向明（2007.1—2011.1）　周小平　陶紫正（2007.1—2011.1）　陈华民
　　　　张为华　杨路侠　黄根凤（2011.1—2012.2）

委　　员：王列兵　王卓良　王振宇　杨绍军　汪秋鸿　张加勇
　　　　张惠玲（女，2007.3 免）　陈法友　郑继农　孟国良　徐兴南　黄跃进
　　　　韩金苗　喻晓鸣　陈文渊（2010.1 补选）　周遂明（2010.1 补选）

第十五届人大常委会（2012.2—2017.2）

主　　任：梁为民

副 主 任：周小平　杨路侠　王爱民　黄根凤　孙　松　黄先国

委　　员：吴国兴　汪钟鸣　张加勇　张传杰　陈文渊　罗学良　罗绍鸿（女）
　　　　周盛东　郑继农　赵德忠　胡森水（2015.11 辞）　徐存林　徐树成
　　　　黄跃进　梅明星　笪百祥　韩金苗　鲍亚红　叶鸣岗（2014.1 补选）
　　　　孙邦军（2014.1 补选）　李培祥（2014.1 补选）　吴有才（2014.1 补选）
　　　　陈建华（2014.1—2014.7）　周国平（2014.1 补选）

第十六届人大常委会（2017.2—　　）

主　任：陆为民

副主任：吴佩勋（2017.2—2020.5）
　　　王爱民（2017.2—2020.5）
　　　孙　松　黄先国　俞立安（2017.2—2020.5）　梁蕴伟　王　捷（2020.5—　　）
　　　徐　勇（2020.5—　　）　王一明（2020.5—　　）

委　员：王　兵　叶　安　杨彩梅　肖秋萍　吴志敏　谷炳方　冷明珠
　　　张加勇　陆卫东　林立辉　周盛东　施　霞　莫　骄　夏　旦
　　　顾小宝　徐存林　黄承文　梅明星　盛文明　章军平　韩金苗
　　　程益欢　楼　军　鲍亚红　鲍高峰　谭丽丽　黎逢林
　　　陈秀宽（2018.2 补选）　徐　伟（2018.2 补选）

第三节　工作机构

县人大常委会设立办公室及各工作委员会，处理日常工作。1981 年 11 月，设立人大办公室。1984 年 10 月，设立法制组、财经组、科教文卫组和城乡建设组。1990 年 5 月，设立代表工作与议案督办工作委员会。随着工作职能的转变和工作需要，各工作委员会多有更名。

2017 年 11 月，设立研究室。2019 年 1 月，设立社会建设委员会。

一、办公室

1981 年 11 月设立。2011 年 7 月，设立信访科。

主　任：汪传忠　　(1981.11—1984.4)
　　　　陈伯青　　(1984.4—1990.4)
　　　　叶德宝　　(1990.5—1995.11)
　　　　李晓明　　(1996.4—2000.8)
　　　　万尧平　　(2000.8—2004.12)
　　　　韩金苗　　(2004.12—2012.3)
　　　　赵德忠　　(2012.3—2017.2)
　　　　楼　军　　(2017.2—　　)
副主任：王美凤　　(1984.11—1990.4)
　　　　杨茂坤　　(1990.8—1993.3)
　　　　李晓明　　(1993.9—1996.4)
　　　　华佩玲　　(1996.9—1998.3)
　　　　万尧平　　(1997.5—2000.8)
　　　　李佩玲　　(1998.3—1998.6)
　　　　陈和福　　(1998.6—2001.11)
　　　　李振华　　(2001.11—2007.4)
　　　　程维新　　(2001.11—2009.5)
　　　　孙　莉　　(2003.4—2010.2)
　　　　秦光明　　(2007.4—2009.5)
　　　　赵德忠　　(2009.5—2012.3)
　　　　卞敏峰　　(2010.2—2013.12)
　　　　朱浚氲　　(2013.12—2016.9)
　　　　谭丽丽　　(2012.12—2017.2)
　　　　顾小宝　　(2017.1—2017.3)
　　　　王小平　　(2017.2—2019.9)
　　　　沈晓波　　(2017.2—2019.12)
　　　　孟振华　　(2019.9—　　)
　　　　周长青　　(2019.12—　　)
信访科科长(副科级)：谭丽丽(2011.7—2012.2)
　　　　　　　　　　韩雪峰(2013.5—2016.4)
研究室主任：楼　军(兼，2017.11—　　)
研究室副主任：吴　欣(2017.11—　　)

二、法制工作委员会

1984 年 10 月，设立法制组。1987 年 6 月，改设法制工作委员会。1998 年 3 月，改设法制工作室。2002 年 4 月，改设法制工作委员会。2017 年 2 月，撤销法制工作委员会，另设法制(内务司法)委员会。

组　长：魏厚多　(1984.10—1987.5)
主　任：郭远有　(1987.6—1990.4)
　　　　陈伯青　(1990.5—1993.3)
　　　　潘工武　(1993.3—1998.4)
　　　　夏贤发　(1998.4—2007.1)
　　　　汪秋鸿　(2007.1—2012.2)
　　　　鲍亚红　(2012.3—　　)
副组长：章昌贵　(1984.10—1987.5)
副主任：洪兴林　(1987.6—1990.4)
　　　　潘工武　(1993.1—1993.3)
　　　　陈金山　(1987.7—2003.4)
　　　　赵德忠　(2005.8—2009.5)
　　　　王凌霄　(2015.6—2016.9)

三、财政经济工作委员会

1984 年 10 月，设立财经组。1987 年 6 月，改设财政经济工作室。2002 年 4 月，改设财政经济工作委员会。2017 年 2 月，撤销财政经济工作委员会，另设财政经济委员会。

组　长：邹人龙　(1984.10—1987.5)
副组长：王继祥　(1984.10—1987.5)
主　任：黄阿根　(1987.6—1990.4)
　　　　赵家裕　(1990.5—1991.7)
　　　　吴岩福　(1993.3—1995.11)
　　　　洪兴林　(1995.11—2003.3)
　　　　胡忠辉　(2003.3—2007.1)
　　　　孟国良　(2007.1—2012.3)
　　　　罗学良　(2012.3—2017.2)
　　　　徐存林　(2017.2—　　)
副主任：王继祥　(1987.6—1988.8)
　　　　黄　斌　(1998.6—2003.4)
　　　　李成锋　(2014.4—2015.12)
　　　　王小平　(2015.12—2017.3)

韩金苗　　（2017.2—　　）
莫　骄　　（2019.1—　　）

四、教科文卫民侨工作委员会

1984年10月，设立科教文卫组。1987年6月，改设科教文卫工作委员会。1998年3月，改设教科文卫工作室。2002年4月，改设教科文卫民侨工作委员会。2017年3月，改设教科文卫工作委员会。

组　长：赵大正　　（1984.10—1987.5）
主　任：肖金莲　　（1987.6—1990.4）
王允昌　　（1990.5—1993.3）
俞文斌　　（1993.3—1998.4）
朱利顺　　（1998.4—2003.3）
黄跃进　　（2003.3—2012.3）
韩金苗　　（2012.3—2017.3）
莫　骄　　（2017.3—2019.1）
施　霞　　（2019.5—　　）
副组长：陈伯青　　（1984.10—1987.5）
副主任：钱致礽　　（1987.6—1990.4）
俞文斌　　（1993.1—1993.3）
黄家贵　　（1998.12—2003.4）
石定一　　（2014.4—2017.3）
任强松　　（2017.3—2019.9）
王小平　　（2019.9—　　）

五、农业与农村工作委员会

1984年10月，设立城乡建设组。1987年6月撤销城乡建设组。2002年4月，设立农业环境保护工作委员会。2016年7月，撤销农业环境保护工作委员会，设立农业与农村工作委员会、城乡建设与环境资源保护工作委员会。

城乡建设组组长：黄少伟　　（1984.10—1987.5）
副组长：王光奎　　（1984.10—1987.5）
农业环境保护工作委员会主任：徐兴南　　（2003.3—2012.3）
徐存林　　（2012.3—2016.7）
副主任：王　伟　　（2002.10—2003.3）
张七金　　（2003.4—2007.1）
高岳林　　（2013.12—2016.7）
农业与农村工作委员会主任：徐存林　　（2016.7—2017.3）

顾小宝　（2017.3—2019.1）
盛文明　（2019.4—　）
副主任：高岳林　（2016.7—2019.12）

六、城乡建设与环境资源保护工作委员会

1984年10月，设立城乡建设组。1987年6月撤销城乡建设组。2002年4月，设立农业环境保护工作委员会。2016年7月，撤销农业环境保护工作委员会，设立农业与农村工作委员会、城乡建设与环境资源保护工作委员会。

城乡建设与环境资源保护工作委员会主任：林立辉　（2017.3—2019.9）
黎逢林　（2019.12—　）
副主任：任建灵　（2016.9—2017.3）
石定一　（2017.3—2018.7）
王　炜　（2018.7—2019.9）
任强松　（2019.9—　）

七、代表与选举任免工作委员会

1990年5月，设立代表工作与议案督办工作委员会。1991年7月，撤销代表工作与议案督办工作委员会，设立代表工作委员会。1998年3月，更名为人事代表工作委员会。2017年3月，更名为代表与选举任免工作委员会。

主　任：王美凤　（1990.5—1993.3）
杨茂坤　（1993.3—1995.10）
丁丽枝　（1995.11—2007.1）
喻晓明　（2007.1—2012.3）
黄跃进　（2012.3—2017.2）
谭丽丽　（2017.3—　）
副主任：杨茂坤　（1993.1—1993.3）
项亚青　（1998.6—1998.11）
王洪潮　（1998.12—2003.4）
王　伟　（2003.4—2007.4）
徐　渊　（2007.4—2012.5）
朱浚氲　（2012.2—2013.12）
卞敏峰　（2013.12—　）

第二章　会议

县人大常委会会议分常委会会议和主任会议，常委会会议一般每两个月至少召开一次，主任会议一般每月至少召开一次，重要决议决定遵循民主集中制原则。常委会会议和主任会议一般邀请县人民政府、县政协、县人民法院、县人民检察院的领导和与会议议题有关的政府部门负责人，县人大常委会各委、室负责人，以及部分县人大代表列席；主任会议由常委会主任、副主任组成，处理常委会的重要日常工作。

第一节　常委会会议

县人大常委会会议听取和审议县人民政府、县人民法院、县人民检察院的工作报告，内容涉及财政收支、粮食“三挂钩”、农业生产、国民经济和社会发展计划、实施九年制义务教育、精神文明建设、普法教育贯彻实施、农业生产、工业经济运行、治安工作、个体私营经济发展、财政预算执行、部门预算编制、“科教兴县”战略实施、城市总体规划、粮食储存、减轻企业负担、土地利用总体规划、依法治县、殡葬改革落实情况、重点工程建设、旅游业发展、企业产权制度改革、工业平台、工业园区建设、农业标准化生产体系建设、农产品质量安全体系建设、生态县建设、新农村提升（中国美丽乡村建设）、农业法及相关法律法规贯彻落实、水污染防治“一法一条例”贯彻落实、乡镇区域规划编制及批准乡镇区域规划等。县人大常委会会议决定决议重大问题，任免国家机关工作人员，开展行政执法、司法评议和人大常委会任命的国家机关工作人员述职评议，传达上级人大常委会会议精神、文件等。1981 年 7 月至 2020 年 5 月共召开常委会议 306 次。其中，第七届 18 次，第八届 19 次，第九届 20 次，第十届 20 次，第十一届 41 次，第十二届 42 次，第十三届 36 次，第十四届 40 次，第十五届 39 次，第十六届 31 次。因资料缺失，若干次会议未录入。

第七届人大常委会会议

第二次会议　1981 年 9 月 15 日至 17 日召开。会议学习讨论中共十一届六中全会精神；决定任命县人民政府工作人员 18 人；研究讨论下阶段工作，着重讨论人大代表小组划分和人大代表视察工作。

第三次会议　1982 年 1 月 15 日至 17 日召开。会议传达贯彻第五届全国人民代表大会第四次会议精神；讨论《安吉县城镇卫生管理条例》；审议通过《安吉县城镇建设征用土地和拆迁房屋的规定（试行）》；决定县人民政府、县人大常委会有关人事任免事项。

第四次会议　1982 年 3 月 11 日至 14 日召开。会议听取和审议县人民政府《关于 1981 年国民经济计划执行情况和 1982 年经济社会发展计划安排的报告》；听取和审议县人民政府《关于县七届人大一次会议议案办理情况的汇报》；视察递铺镇开展文明礼貌月活动和基建土地管理情况；会议期间参加植树造林活动。

第五次会议　1982年7月召开。会议听取县人民政府《关于贯彻执行国务院〔1982〕82号文件情况的汇报》。明确指出，某些社队不考虑长远利益，滥挖黄沙，毁地毁堤，河道设障，大批农田面临洪水袭击的危险。坚决支持政府采取有力措施，制止滥挖黄沙、擅自占用良田建房和破坏山林等问题。

第六次会议　1982年9月召开。会议听取县基本建设委员会《关于对〈安吉县城镇建设征用土地和拆迁房屋的规定（试行）〉执行情况的汇报》。在肯定成绩的基础上指出，某些国家机关、企事业单位在建设征用土地中存在着征少用多、未征就用、非法租赁等严重违反本规定的错误做法，以及个别人侵占国家和集体土地进行非法买卖等违法行为。会议指出，土地是人民生活和生产必不可少的活动基地。保护耕地是国家的基本国策。安吉人多地少，土地是关系到全县四十万人口生存的大问题，必须引起各级政府和领导的高度重视。要大张旗鼓地进行保护耕地、节约用地的国策教育；要发动群众对各单位建设用地情况进行彻底传查，多占多用的土地要坚决退出或罚款处理，严重的要绳之党纪、政纪和国法。

第七次会议　1983年1月10日至12日召开。会议传达第五届全国人民代表大会第五次会议精神，学习《中华人民共和国宪法》；听取和审议县司法局《关于全县法制宣传教育情况和普及法律常识规划》；讨论研究代表视察问题；决定县人民政府有关人事任免事项。

第八次会议　1983年2月26日至27日召开。会议听取县七届人大二次会议筹备工作情况的汇报，决定会议日期和其他有关事项；讨论《安吉县人大常委会1982年工作报告》。

第十次会议　1983年5月29日至31日召开。会议传达省第六届人民代表大会第一次会议精神，学习省长李丰平在省六届人大一次会议上所作的上一届人民政府工作报告；听取县人大常委会办公室《关于县七届人大二次会议传达贯彻情况的汇报》；听取并讨论县公安局《关于我县社会治安情况的汇报》；听取和审议县交通局《关于交通方面议案处理和交通安全管理情况的汇报》；听取和审议递铺镇人民政府《关于递铺镇环境卫生和饮食卫生管理情况的汇报》；听取和审议县卫生局《关于1983年我县卫生事业经费计划安排情况的汇报》。

第十一次会议　1983年7月25日至27日召开。会议传达学习第六届全国人民代表大会第一次会议精神；讨论学习国务院总理赵紫阳在六届全国人大一次会议上所作的《政府工作报告》；讨论学习全国人大常委会委员长彭真在六届全国人大一次会议上的讲话和《中共中央关于全党开展学习〈邓小平文选〉的通知》精神。

第十二次会议　（时间不详）会议学习全国人大常委会《关于严惩严重危害社会治安的犯罪分子的决定》和省人大常委会《贯彻执行全国人大常委会〈关于严惩严重危害社会治安的犯罪分子的决定〉的决议》；听取并批准县公安局《关于我县打击刑事犯罪活动情况的报告》。会议明确指出，坚决打击和严惩严重犯罪活动，对加强社会主义法制，争取社会治安尽快好转，保证四化建议顺利进行，均有重大意义。会议作出《坚决贯彻执行全国人大常委会〈关于严惩严重危害社会治安的犯罪分子的决定〉的决议》。

第十三次会议　（时间不详）会议听取《关于召开县七届人大三次会议筹备情况的汇报》，讨论研究县七届人大三次会议议程和有关事项。会议要求，全体代表要胸怀全局，放眼未来，履行好职责，按照民主集中制的原则，选举好湖州市第一届人民代表大会代表，认真审议《安吉县 1984 年国民经济发展计划》；为加强社会主义精神文明建设，消除精神污染，振兴安吉经济而献计献策。

第十四次会议　1984 年 3 月 9 日至 11 日召开。会议听取和审议县人事局《关于我县政社分设情况的汇报》；听取和审议县公安局《关于我县打击严重刑事犯罪活动情况的汇报》；研究通过《关于县乡两级人民代表大会选举工作的决定》；决定县人民政府有关人事任免事项。

第十六次会议　（时间不详）会议听取和审议县财税局《关于我县 1983 年财政决算和 1984 年财政预算（草案）安排的报告》。会议对政府和财税部门坚决贯彻国民经济“调整、整顿、改革、提高”的方针，狠抓省府《关于加强税收工作的决定》和《关于加强城乡集市贸易税收管理的布告》的宣传贯彻，开展财务、税收大检查，圆满完成 1983 年财税收支任务，实现七届人大三次会议决议中提出的“确保当年财政收支平衡，略有结余”的要求，表示满意。会议原则同意关于 1984 年财政预算安排，同时提出适当增加教育、卫生、交通事业经费的建议。指出，财政经济工作要促进企业改革，提高经济效益；财税部门要加强对各项事业经费使用的监督，要杜绝挪用、滥用、浪费等事件的发生，使之发挥应有的效益。

第八届人大常委会会议

第一次会议　1984 年 8 月 27 日至 28 日召开。会议组织学习《中华人民共和国宪法》《地方各级人民代表大会和地方各级人民政府组织法》的有关章节，学习中共中央〔1984〕8 号、9 号文件，传达省委书记王芳、省人大常委会主任李丰平在市、县人大常委会负责人座谈会上的讲话要点；讨论决定关于召开县人大常委会第二次会议有关事项。

第二次会议　1984 年 10 月 9 日至 11 日召开。会议传达湖州市一届人大二次会议精神；听取县司法局《关于我县法制宣传教育情况的汇报》；听取县人大常委会《关于南北湖乡洪水灾害后开展生产自救重建家园情况的视察报告》；听取县人民政府办公室《关于对县八届人大一次会议代表议案和意见办理情况的汇报》；听取县民政局《关于全县生产救灾情况的汇报》；听取县司法局《关于法制宣传工作的情况和今后工作打算的汇报》；决定县人大常委会、县人民政府有关人事任免事项。

第三次会议　1984 年 12 月 11 日至 14 日召开。会议组织学习中共中央《关于经济体制改革的决定》和《中华人民共和国森林法》；听取和讨论县林业局《关于〈森林法〉的贯彻情况和〈森林法〉贯彻实施的意见》，并作出《关于认真学习、贯彻执行〈中华人民共和国森林法〉的决议》。会议听取县财税局《关于全县 1—10 月份财政预算执行情况和第二步利改税贯彻落实的情况汇报》；听取县公安局《关于我县社会治安和去冬今春公安工作的安排的汇报》；决定县人大常委会、县人民政府、县人民法院和县人民检察院有关人事任免事项。

第四次会议　1985 年 2 月 1 日至 2 日召开。会议审议通过《安吉县递铺镇总体规划》；讨论通过《安吉县人大常委会 1985 年工作报告》。会议前的 1 月 29 日至 31 日，县人大常委会就春节物资供应与市场管理情况、城镇环境卫生与饮食卫生情况，组织对递铺、梅溪、孝丰、晓墅 4 个县属镇进行视察。

第五次会议　1985 年 4 月 10 日至 12 日召开。会议听取和审议县乡镇企业局《关于乡村企业发展情况的汇报》;听取和审议县计划生育委员会《关于〈浙江省计划生育条例〉贯彻执行情况的汇报》;听取和审议县财政局《关于1985年财政收支安排情况的汇报》;听取和审议县人民政府《安吉县八届人大一次会议议案、意见办理结果的汇报》;讨论通过《安吉县第八届人民代表大会第二次会议上所作的人大常委会工作报告》;补选湖州市人大代表;讨论通过《关于认真学习贯彻执行〈浙江省计划生育条例〉的决议》。

第六次会议　1985年5月13日至14日召开。会议听取和审议《关于县八届人大二次会议筹备工作情况汇报》;研究决定安吉县第八届人民代表大会第二次会议有关事项;主持召开县人大代表小组活动经验交流会。

第七次会议　1985年7月15日至18日召开。会议听取和审议县司法局《关于我县法制宣传教育和普及法律常识的意见汇报》并作出决议;听取和审议县教育局《关于贯彻实施〈浙江省九年制义务教育条例〉贯彻情况和意见的汇报》并作出决议;决定县人民政府有关人事任免事项。

第八次会议　1985年9月14日至16日召开。会议听取和审议县人民检察院《关于1984年12月5日在昆铜乡管城村发生的非法拘禁案的侦查终结报告和我县检察监督方面情况的汇报》;听取和审议县人民法院《关于我县今年一月以来经济犯罪审判情况的汇报》;听取和审议县卫生局《关于我县药品管理和清查、处理假药情况的汇报》;听取和审议县人民政府《关于对县八届人大二次会议代表议案、意见办理情况的汇报》;听取县财税局《关于我县1985年财政预算收支情况和意见的汇报》。

第九次会议　1985年10月17日至18日召开。会议组织学习中共中央《关于认真学习和宣传党的全国代表会议文件的通知》,学习胡耀邦、邓小平、陈云、李先念等中央领导在党的全国代表会议上的讲话;听取县人大常委会党组《关于开展整党的集体对照检查报告》;听取和审议县物价局《关于我县物价管理情况的汇报》,并作出《关于加强物价管理与监督检查的决议》;会议作出《关于梅溪、晓墅、孝丰撤乡并镇中有关问题的决定》。

第十次会议　1985年12月16日至20日召开。会议听取和审议县人民政府《关于我县今年经济体制改革情况的汇报》;听取和审议县工商局《关于贯彻国务院清理和整顿公司情况的汇报》;听取和审议县人民政府《关于推广节柴灶情况的汇报》并作出决议;听取和审议县审计局《关于我县审计工作情况的汇报》;听取和审议县人大科教文卫组《关于对我县贯彻九年制义务教育进行视察的建议》并作出决议;决定县人民政府有关人事任免事项。

第十一次会议　1986年2月19日至21日召开。会议学习贯彻中共中央〔1986〕1号文件;听取和审议县人民政府《关于1986年国民经济和社会发展计划安排情况的汇报》;听取和审议县农业局《关于贯彻执行土地管理法规情况的汇报》;听取和审议《县人大常委会1986年工作要点》;审查通过《关于加强与"一府两院"的工作联系制度》;作出《关于建立主任接待人民代表日制度的决定》;讨论通过《关于召开县第八届人民代表大会第三次会议的决定》。

第十二次会议　1986年3月31日至4月1日召开。会议讨论通过《安吉县人大常委会1985年工作报告》;听取和审议县人民政府《关于县八届人大二次会议代表议案、意见和建议办理情况的汇报》;听取和审议县人大常委会《关于县八届人大三次会议筹备情况的汇报》;补选湖州市人大代表1名。

第十三次会议　1986年5月28日至31日召开。会议传达学习国务院“七五”计划报告和省市人大会议精神；听取和审议县人民检察院《关于打击经济领域犯罪活动情况的汇报》；分别听取和审议县农业局、县水利农机局关于《强化农业基础思想，搞好为农业服务工作情况的汇报》；听取和审议县司法局《关于开展普法教育情况的汇报》；决定县人民政府有关人事任免事项。

第十四次会议　1986年7月28日至31日召开。会议学习《中华人民共和国民法通则》；听取和审议县人民政府《1986年上半年贯彻中共中央关于“巩固、消化、补充、改善”八字方针情况的汇报》；听取和审议全县工业、粮食、商业情况的汇报；听取和审议《关于〈食品卫生法〉贯彻实施视察情况的汇报》；审议安城乡改为安城镇等有关事项。

第十五次会议　1986年9月23日至26日召开。会议传达学习中共中央文件和全国人大常委会委员长彭真讲话精神；听取和审议县公安局《关于〈中华人民共和国治安管理处罚条例〉贯彻实施情况的汇报》并作出决议；听取和审议县人民政府《关于1986年财政预算情况的汇报》；听取和审议县人民政府《关于城镇建设(重点递铺镇规划)实施情况的汇报》。

第十六次会议　1986年11月26日至29日召开。会议听取和审议县乡镇企业局《关于乡镇企业情况的汇报》；听取和审议县人民政府《关于县八届人大三次会议代表议案、意见办理情况的汇报》；讨论决定对计划生育工作进行视察；讨论通过换届选举等有关事项。

第十七次会议　1987年1月29日至23日召开。会议传达中共中央〔1987〕1号、2号文件；听取和审议县人民政府《关于1986年政府工作情况的汇报》；听取和审议县人大常委会《关于县级机关执法、依法办事检查情况的汇报》；审议县人民政府《关于要求追加1986年度预算支出指标的报告》；通过区选举办事处、乡镇选举委员会名单；讨论通过各乡镇人民代表和县人民代表名额分配方案及换届选举有关事项；决定有关人事任免事项。

第十八次会议　1987年3月19日至21日召开。会议传达学习全国人大《关于加强法制教育维护安定团结的决定》并作出决议；听取和审议县人民政府《关于1987年国民经济和社会发展计划安排情况的汇报》；讨论通过《安吉县人大常委会工作报告(草案)》；审议通过《关于召开县九届人大一次会议的决定》。

第十九次会议　1987年5月8日至9日召开。会议听取和审议县人民政府《关于1986年财政决算和1987年财政预算情况的汇报》；讨论通过《安吉县人大常委会工作报告》；听取选举工作情况总结和大会选举工作情况的汇报；讨论通过县九届人大一次会议有关事项。

第九届人大常委会会议

第一次会议　1987年6月25日至27日召开。会议讨论通过《县九届人大常委会下半年工作要点》；讨论通过《县九届人大代表小组和代表活动暂行办法》；作出《关于设立法制、财政经济、科教文卫工作委员会的决定》《关于区设代表联络员的决定》《关于改进人事任免表决办法的决定》。

第二次会议　1987年8月11日至14日召开。会议听取和审议县人民政府《关于农业生产情况的汇报》；听取和审议县物价局《关于物价工作情况的汇报》；讨论通过《关于开展以宪法为核心的执法检查的决定》;讨论通过县人大常委会《关于设立代表资格审查委员会的决定》;讨论通过《关于开展以宪法为核心的执法检查的决定》;决定县人民政府有关人事任免事项。

第三次会议　1987年10月21日至24日召开。会议听取和审议县人民政府《关于执法检查情况的汇报》;听取和审议县人民法院、县人民检察院《执法检查情况的汇报》;听取和审议县财税局《关于1987年财政预算执行情况和预算外资金管理情况的汇报》;决定县人民政府有关人事任免事项。

第四次会议　1987年12月14日至18日召开。会议传达学习中共十三大文件精神;听取和审议县人民政府《关于1987年工作情况的汇报》;听取和审议县人民政府《关于县九届人大一次会议议案、意见和建议办理情况的汇报》。

第五次会议　1988年2月6日至8日召开。会议传达学习中共中央总书记赵紫阳在嘉兴、宁波、苏州视察讲话精神;听取和审议县人民政府《关于认真抓紧查处执法检查中反映较大的几个问题》并作出决议;听取和审议县人民政府《关于普法教育情况的汇报》;听取和审议县人民政府《关于1988年财政收支预算安排情况的报告》;审议通过县人大常委会财政经济工作室《关于召开县九届人大二次会议的决定》。

第六次会议　1988年3月21日至22日召开。会议听取和审议县计划委员会《关于1988年国民经济和社会发展计划安排情况的汇报》;听取和审议县人大常委会工作报告;讨论通过县九届人大二次会议有关事项;决定县人民政府有关人事任免事项。

第七次会议　1988年5月19日至20日召开。会议听取和审议县人大常委会财政经济工作委员会《关于农业视察情况的汇报》;听取和审议县人民政府《关于乡镇企业发展情况的汇报》;听取和审议县科学技术委员会《关于"星火计划"实施情况的汇报》;决定县人民政府有关人事任免事项。

第八次会议　1988年7月11日至13日召开。会议传达学习中共中央〔1988〕5号文件和省委〔1988〕6号文件精神;听取和审议县计划生育委员会《关于计划生育情况的汇报》;听取和审议县教育局《关于〈义务教育法〉贯彻实施情况的汇报》;审议通过《安吉县人大常委会议事规则》。

第九次会议　1988年8月16日至17日召开。会议传达学习中共中央政治局第九次会议精神;听取和审议县人民政府《关于天荒坪抽水蓄能电站筹建情况的汇报》;审议县人大常委会《关于执法检查的实施意见》;决定县人民政府有关人事任免事项。

第十次会议　1988年10月10日至12日召开。会议听取和审议县经济委员会《关于全民、二轻企业贯彻〈企业法〉和深化改革情况的汇报》;听取和审议县财税局《关于财政预算执行情况的汇报》;听取和审议县公安局《关于当前社会治安情况的汇报》。

第十二次会议　1989年2月22日至25日召开。会议审议通过《安吉县人大常委会1989年工作要点》;讨论通过《关于召开县第九届人民代表大会第三次会议的决定》。

第十三次会议　1989年3月21日至22日召开。会议听取和审议县人民政府《关于1988年财政决算和1989年财政预算安排情况的汇报》;听取和审议县计划委员会《关于1989

年国民经济和社会发展计划安排情况的汇报》;讨论通过县人大常委会工作报告;决定县人民政府有关人事任免事项。

第十四次会议　1989年5月24日至27日召开。会议听取和审议县水利农机局《关于贯彻〈水法〉、河道和水利设施管理情况的汇报》;听取和审议县财贸办公室《关于支农物资专营情况的汇报》;听取和审议县人民银行《关于加强货币调控和支持工农业生产情况的汇报》;听取和审议县保险公司《关于社会保险事业情况的汇报》;听取和审议县教育局《关于实施〈义务教育法〉情况的汇报》并作出决议。

第十五次会议　1989年7月24日至26日召开。会议听取和审议县农业局《关于加强农业生产情况的汇报》;听取和审议县土地管理局《关于实施〈土地管理法〉和查处非法占用土地情况的汇报》;听取和审议县人民检察院《关于打击经济领域犯罪、贪污受贿情况的汇报》;听取和审议县监察局《关于监察工作情况的汇报》;决定县人民政府有关人事任免事项。

第十六次会议　1989年在9月25日至28日召开。会议听取和审议县文化与广播电视局《关于文化市场管理情况的汇报》;听取和审议县公安局《关于社会治安情况的汇报》;听取和审议县物价局《关于整顿不合理收费情况的汇报》;审议通过《关于坚决清理整顿公司和开展反贪污受贿投机倒把斗争的决议》和《关于坚决开展"扫黄"斗争和清理整顿文化市场的决议》;审议通过《关于报福乡改建制镇后有关问题的决定》。

第十七次会议　1989年11月16日至18日召开。会议听取和审议县工业局《关于〈全民工业企业法〉贯彻实施情况的汇报》;听取和审议县城乡建设环境保护局《关于〈环境保护法〉贯彻实施情况的汇报》;审议通过《关于1990年县乡(镇)两级换届选举的决定》《关于确定县乡两级人民代表大会代表名额的决定》和《关于成立县选举委员会及其办公室成员的决定》;讨论通过《关于1990年县乡两级人民代表大会换届选举工作实施意见和有关事项》;决定县人民政府有关人事任免事项。

第十八次会议　1989年12月21日至23日召开。会议听取和审议县人民政府《关于县九届人大三次会议议案办理情况的汇报》;审议通过《关于选举办事处和各乡选举委员会组成人员的决定》;决定任命胡伟为县人民政府副县长。

第十九次会议　1990年2月21日至23日召开。会议听取和审议县人民政府《关于九件实事办理情况的汇报》;听取和审议县人民政府《关于财政计划执行安排情况的汇报》;审议通过《关于召开县第十届人民代表大会第一次会议的决定》。会议表决通过,决定接受徐序培辞去县人民政府县长职务;决定胡伟为县人民政府代理县长。

第二十次会议　1990年4月9日至10日召开。会议听取和审议县人民政府《关于扫"六害"情况的汇报》;讨论通过县第十届人民代表大会第一次会议有关事项。

第十届人大常委会会议

第一次会议　1990年5月24日至26日召开。会议审议通过《安吉县人大常委会1990年工作要点》;审议通过《安吉县人民代表大会常务委员会议事规则》《安吉县第十届人民代表大会代表工作办法》;审议通过《关于设立县人大常委会法制工作委员会、财经工作委员会、科教文卫工作委员会、代表工作和议案督办工作委员会及组成人员的决定》;审议通过《关于安吉县人大常委会代表资格审查委员会及其组成人员的决定》;审议通过《关于设立区人大工作联络员的决定》;决定县人大常委会有关人事任免事项。

第二次会议　1990年6月14日至16日召开。会议听取和审议县人民政府《关于农业生产和科技兴农情况的汇报》;审议通过《关于县第十届人民代表大会第一次会议代表议案处理意见的决定》;决定县人民政府有关人事任免事项。

第三次会议　1990年8月21日至23日召开。会议传达学习中共中央总书记江泽民关于坚持和完善人民代表大会制度问题的谈话精神;分别听取和审议县人民政府和县人民法院《关于〈行政诉讼法〉实施前准备工作情况的汇报》;听取和审议县计划经济委员会《关于"工业经济走出困境,抓速度,促效益"的措施落实情况的汇报》;决定任命张志中为县人民政府副县长;决定县人民法院、县人民检察院有关人事任免事项。

第四次会议　1990年10月29日至31日召开。会议听取和审议县人民政府《关于1990年财政预算执行及清理小金库情况的汇报》;听取和审议县人民检察院《关于严厉打击严重经济犯罪和反贪肃贿情况的汇报》;审议通过《安吉县人大常委会关于开展1990年执法检查的决定》和《关于明确安吉县人大工作联络员工作职责的决定》。

第五次会议　1990年12月27日至29日召开。会议听取和审议县人民政府《关于〈森林法〉贯彻实施情况的汇报》;听取和审议县人民政府《关于医疗卫生改革、管理情况的汇报》;听取和审议县人民政府《关于县十届人大一次会议代表议案、意见和建议办理情况的汇报》;讨论通过《安吉县人大常委会1991年工作要点(草案)》。

第六次会议　1991年2月25日至27日召开。会议听取和审议县人民政府《1990年工作汇报》;讨论通过《安吉县人大常委会1991年工作要点》;审议通过《关于召开县十届人大二次会议的决定》;补选宋富强为湖州市第二届人大代表。

第七次会议　1991年3月20日至21日召开。会议听取和审议县人民政府《关于发展外向型经济情况的汇报》;听取和审议县人民政府《1991年财政预算安排情况的汇报》;审议通过县十届人大二次会议有关事项。

第八次会议　1991年5月23日至25日召开。会议听取和审议县人民政府《关于完善农村双层经营责任制,发展村级集体经济情况和粮食生产、科技兴农情况的汇报》;听取和审议县供销合作社《关于供销工作与支农服务情况的汇报》;听取和审议县司法局《关于"一五"普法执行情况和"二五"普法规划实施意见的报告》,作出《关于在全县实施法制宣传教育第二个五年规划的决议》。

第九次会议　1991年7月25日至27日召开。会议听取和审议县计划经济委员会《关于开展"质量、品种、效益年"活动情况的汇报》;听取和审议县乡镇企业局《关于发展乡镇企业情况的汇报》;听取和审议县教育局《关于贯彻实施九年制义务教育规划情况和提高教育质量情况的汇报》;审议通过县人大常委会《关于开展"三所一庭"执法检查的决定》;审议通过《关于安吉县人大常委会组织人民代表对基层执法单位的执法工作开展评议的决定》;审议通过《关于将县人大常委会代表工作和议案督办工作委员会改为县人大常委会代表工作委员会的决定》。

第十次会议　1991年9月24日至26日召开。会议听取和审议县人民政府《关于1991

年财政预算执行情况的汇报》；听取和审议县人民政府《关于递铺镇城镇总体规划实施情况的汇报》；听取和审议县人民政府《关于〈浙江省计划生育条例〉贯彻实施情况的汇报》；听取和审议县人民政府《关于社会治安综合治理情况的汇报》。

第十一次会议　1991 年 11 月 26 日至 29 日召开。会议听取和审议县人民政府《关于 1991 年国民经济和社会发展计划执行情况的汇报》；听取和审议县人民政府《关于十二件实事落实情况的汇报》；听取和审议县人民政府《关于公路路政管理和建设情况的汇报》；听取和审议县人民政府《关于县十届人大二次会议代表议案办理情况的汇报》；听取和审议县人民政府《关于调整 1991 年财政预算支出情况的报告》。

第十二次会议　1992 年 1 月 22 日至 24 日召开。会议听取和审议县人民政府《关于依靠科技进步，促进经济建设情况的汇报》；听取和审议县人民政府《关于贯彻执行〈水利法〉和第二批电气化试点县进展情况的汇报》；讨论通过《安吉县人大常委会 1991 年工作报告》；决定县十届人大三次会议有关事项；讨论通过《安吉县人大常委会 1992 年工作要点》；审议通过《关于召开县十届人大三次会议的决定》。

第十三次会议　1992 年 2 月 29 日召开。会议审议通过《关于补选 1 名县第十届人民代表大会代表的决定》；审议通过《关于建议增加县十届人大三次会议选举事项议程的决定》；决定荆湾乡增加乡人大代表名额 1 个。

第十四次会议　1992 年 3 月 19 日至 20 日召开。会议听取和审议县人民政府《关于社会治安和反盗窃斗争情况的汇报》；听取和审议县人民政府《关于 1992 年财政预算安排意见的报告》。

第十五次会议　1992 年 5 月 26 日至 28 日召开。会议听取和审议县人民政府《关于开发农业、科技兴农、提高农业整体效益情况的汇报》；听取和审议县人民政府《关于贯彻〈村民委员会组织法〉实施情况和换届选举情况的汇报》；审议通过《关于学习贯彻〈全国人民代表大会和地方各级人民代表大会代表法〉的决议》。

第十六次会议　1992 年 7 月 28 日至 30 日召开。会议听取和审议县人民政府《关于 1992 年上半年经济形势的汇报》；听取和审议《〈递铺镇城市建设总体规划〉修订和〈经济技术开发区规划〉情况的汇报》；听取和审议县人民政府《关于“二五”普法实施情况的汇报》。

第十七次会议　1992 年 9 月 24 日至 26 日召开。会议听取和审议县人民政府《关于 1992 年度财政预算执行情况的汇报》；听取和审议县人民政府《关于引进外资、兴办三资企业、发展外向型经济情况的汇报》；审议通过《关于县乡（镇）两级人民代表大会代表换届选举的决定》《关于成立县选举委员会及其办公室的决定》《关于山河乡改为天荒坪镇有关问题的决定》和《关于调整部分乡镇行政区域后有关问题的决定》。

第十八次会议　1992 年 11 月 28 日至 30 日召开。会议听取和审议县人民政府《关于实施农村初级卫生保健和医疗卫生制度改革情况的汇报》；听取和审议县人民政府《关于县十届人大三次会议代表议案办理情况的汇报》；审议通过《关于七个选举办事处和各乡镇选举委员会组成人员的决定》和《关于确定县乡（镇）人民代表大会代表名额的决定》。会议表决通过，决定接受胡伟辞去县人民政府县长职务，决定任命谈月明为县人民政府副县长；决定谈月明为县人民政府代理县长。

第十九次会议　1993 年 1 月 12 日至 13 日召开。会议听取和审议县人民政府《关于 1992 年国民经济和社会发展计划执行情况和 1993 年国民经济和社会发展计划安排意见的汇报》;听取和审议县人民政府《关于 1992 年财政预算执行情况和 1993 年财政预算安排意见的汇报》;审议通过县人民政府《关于要求调整 1992 年地方财政支出预算指标的议案》,审议通过《关于召开县十一届人大一次会议的决定》。会议表决通过,决定接受张志中辞去县人民政府副县长职务。

第二十次会议　1993 年 3 月 13 日召开。会议听取和审议县人大常委会副主任、县选举委员会主任张锡荣所作的《关于 1993 年县乡(镇)两级人民代表大会代表换届选举工作的总结汇报》;通过县人大常委会副主任、县十届人民代表资格审查委员会主任陈永新所作的《关于县第十一届人民代表资格的审查报告》。

第十一届人大常委会会议

第三次会议会址龙王山,其余会址递铺。

第一次会议　1993 年 4 月 22 日至 23 日召开。会议审议通过《安吉县人民代表大会常务委员会议事规则》《安吉县第十一届人民代表大会代表工作办法》;讨论通过《安吉县人民代表大会常务委员会 1993 年工作要点》;审议通过《关于设立代表资格审查委员会的决定》《关于设立县人大常委会法制、财经、教科文卫、代表工作委员会及其组成人员的决定》《关于设立县人大代表中心组的决定》。

第二次会议　1993 年 5 月 7 日至 8 日召开。会议听取和审议县文化局《关于文化市场执法情况和贯彻〈文物保护法〉加强文物保护情况的汇报》;决定任命县人民政府 32 名委、办主任、局长。

第三次会议　1993 年 7 月 13 日至 14 日召开。会议听取和审议县人民政府《关于发展“一优两高”农业和农业产业结构调整情况的汇报》并作出决议;听取和审议县人民政府《关于贯彻落实〈浙江省查处生产和销售假冒伪劣商品行为条例〉和打假治劣情况的汇报》;审议通过《关于加强农业基础地位加快发展优质高产高效农业的决议》;决定任命孟刚为县人民政府副县长。

第四次会议　1993 年 9 月 14 日至 16 日召开。会议听取和审议县人民政府《关于大力发展乡镇企业情况的汇报》;听取和审议县人民政府《关于个体私营经济发展情况的汇报》;听取和审议县人民政府《关于外向型经济发展情况的汇报》。

第五次会议　1993 年 11 月 16 日至 17 日召开。会议听取和审议县人民政府《关于贯彻中共中央“两个决定”精神,加强社会治安综合治理情况的汇报》;听取和审议县人民政府《关于贯彻党的教育方针,全面提高教育质量情况的汇报》;听取和审议县人民政府《关于贯彻实施〈全民所有制工业企业转换经营机制条例〉,落实企业自主权情况的汇报》。

第六次会议　1993 年 12 月 23 日召开。会议听取和审议县人民政府《关于 1993 年财政预算执行情况的汇报》;听取和审议县人民政府《关于县十一届人大一次会议代表议案、意见办理情况的汇报》;决定增加下汤乡县十一届人大代表名额 1 个。

第七次会议　1994年1月25日召开。会议讨论通过《安吉县人大常委会1994年工作要点》;讨论关于召开县十一届人大二次会议有关事项;决定县人民政府有关人事任免事项。

第八次会议　1994年3月16日至17日召开。会议听取和审议县人民政府《关于1993年财政预算执行情况和1994年财政预算安排情况的汇报》,审议通过《关于要求调整1993年度地方财政预算支出的议案》,决定将1993年度支出预算指标3800万元调整为5304.5万元;听取和审议县司法局《关于"二五"普法教育贯彻实施情况的报告》;听取县人大常委会法制工作委员会《关于"二五"普法贯彻实施情况的调查报告》;审议决定关于召开县十一届人大二次会议有关事项;审议通过《关于组织人民代表对公安司法机关开展执法评议的决定》;依法补选出席湖州市第三届人民代表大会代表1名;决定县人民政府有关人事任免事项。

第九次会议　1994年5月22至24日召开。会议听取和审议县农业局《加强农业基础,加快发展"优高"农业》情况的汇报;听取和审议县计划经济委员会《今年四个月全县工业经济运行概况的汇报》;听取和审议县人大常委会财经工作委员会《关于对农业生产情况的调查报告》和《关于对我县重点工业企业调查与视察情况的汇报》,提出巩固农业基础地位,重视粮食生产和抓好企业内部管理,提高经济运行质量的意见和建议。

第十次会议　1994年7月25日至26日召开。会议听取和审议县公安局《正确把握治安局势,全力维护社会稳定》的报告;听取和审议县工商局《关于今年上半年我县个体私营经济发展情况的汇报》;听取和审议县人大常委会法制工作委员会《关于我县治安情况的调查报告》和县人大财经工作委员会《关于对我县个体私营经济发展情况的调查和视察汇报》;听取和审议县人大常委会《全县执行评议工作的总结报告》;审议通过《安吉县人民代表大会常务委员会关于组织开展人大常委会任命干部述职评议的决定》;决定县人民政府有关人事任免事项。

第十一次会议　1994年9月26日至27日召开。会议听取和审议县人民政府《安吉县1994年度国民经济和社会发展计划执行情况的汇报》;听取和审议县人民政府《关于税制改革和本年度财政预算执行情况的汇报》;审议批准县人民政府提出的《关于追加1994年地方财政"企业政策补贴"退库指标800万元的议案》;听取和审议县人民政府《关于县十一届人大二次会议代表议案、意见办理情况的汇报》。

第十二次会议　1994年10月25日至26日召开。会议听取和审议6个局的局长述职报告并进行评议;决定县人民政府有关人事任免事项。

第十三次会议　1994年12月5日至6日召开。会议听取和审议县教育局《以实际行动认真贯彻落实〈教师法〉》的报告;听取和审议县科学技术委员会《深入实施"科教兴县"战略,推动我县经济再上新台阶》的报告;听取县人大常委会教科文卫工作委员会《关于〈教师法〉实施情况的检查报告》和《关于"科教兴县"战略实施情况的调查报告》;会议作出《关于杭垓乡改建镇后有关问题的决定》;讨论通过《关于增补良朋乡人代会代表名额的决定》。

第十四次会议　1995年1月25日至26日召开。会议听取和审议县人民政府《关于要求批准安吉县城(递铺)城市总体规划的议案及有关总体规划的具体说明》的汇报;讨论通过《县人大常委会1995年工作要点》;审议通过《关于召开县十一届人大三次会议的决定》;决定接受谈月明辞去安吉县人民政府县长职务，决定任命戚才祥为安吉县人民政府副县长；决定戚才祥为安吉县人民政府代理县长；审议通过《关于县人民政府应提请审议的“重大事项”及“决议、决定、审议意见”办理落实情况反馈的规定》和《关于“两院”应提请审议的“重大事项”和应通报的“重要情况”及决定、决议、审议和视察意见办理落实情况反馈的规定》。

第十五次会议　1995年3月6日至7日召开。会议听取和审议县人民政府《关于1994年财政决算和1995年财政预算（草案）的汇报》；审议批准县人民政府《关于要求调整1994年地方财政支出预算的议案》，决定1994年地方财政支出预算指标由5000万元调整为6956.36万元；听取和审议县卫生局《关于我县农村初级卫生保健工作的汇报》；听取和审议县人大常委会教科文卫工作委员会《关于我县农村初保工作的调查报告》；补选戚才祥为湖州市第三届人民代表大会代表。

第十六次会议　1995年5月16日至17日召开。会议听取和审议县农业局《加强领导，统一思想，把农业放在经济工作首位》的报告；听取和审议县土地管理局《关于我县划定基本农田保护区的工作情况汇报》；听取和审议县人大常委会财政经济工作委员会《关于我县农业生产情况的调查报告》；决定县人民政府有关人事任免事项。

第十七次会议　1995年6月19日至20日召开。会议听取和审议县计划经济委员会《关于1—5月份全县工业生产运行情况的汇报》；听取和审议县人大常委会财政经济工作委员会《关于我县重点工业企业调查情况的报告》；听取和审议县城乡建设与环境保护局受县人民政府委托所作的《关于〈环境保护法〉执行情况的汇报》；听取和审议县人大常委会法制工作委员会《关于〈环境保护法〉执行情况的调查报告》；听取和审议县人民政府《关于县十一届人大三次会议代表议案、意见办理情况的汇报》；决定任命孙觉民为安吉县人民政府副县长。

第十八次会议　1995年7月17日召开。会议根据王继祥本人的辞呈，决定免去王继祥安吉县人民政府副县长职务。

第十九次会议　1995年8月30日至9月1日召开。会议听取和审议县人大常委会任命的13名干部的述职汇报，并根据民意调查情况进行评议；会议根据主任会议提议，依法撤销卞敏华县人民检察院检察员职务。

第二十次会议　1995年9月19日至20日召开。会议听取和审议县人民政府《关于我县社会治安综合治理情况的汇报》；听取和审议县人大常委会法制工作委员会《关于我县社会治安综合治理情况的调查报告》；听取和审议县人民检察院《关于惩治贪污贿赂工作情况的汇报》；听取和审议县计划经济委员会《关于1995年国民经济和社会发展情况的汇报》；听取和审议县财政局《关于1995年1—8月财政预算执行情况、清理预算外资金和查处“小金库”情况的汇报》；会议作出《关于调整递铺镇行政区域后有关问题的决定》。

第二十一次会议　1995年11月9日至10日召开。会议听取和审议县工商局《关于我县个体私营经济发展情况的汇报》，听取和审议县人大常委会财政经济工作委员会《关于我县个体私营经济发展情况的调查报告》；听取和审议县劳动人事局《关于〈劳动法〉宣传贯彻执行情况的汇报》；听取和审议县总工会《关于宣传贯彻执行〈工会法〉情况的汇报》；听取和审议县人大常委会财政经济工作委员会《关于我县贯彻实施〈劳动法〉和〈工会法〉情况的调查报告》；听取和审议县人民政府《关于县十一届人大三次会议代表议案办理情况的汇报》;审议通过《关于乡镇人民代表大会换届选举的决定》《关于成立乡镇选举委员会及其组成人员任职的决定》和《关于确定乡镇下一届人民代表大会代表名额的决定》。

第二十二次会议　1996年1月23日至24日召开。会议听取和审议县人民政府《关于国民经济和社会发展"九五"计划和2010年远景规划纲要(草案)的汇报》和《水利建设情况的汇报》;听取和审议县人大常委会财政经济工作委员会《关于赋石渠道配套网络等水利设施建设情况的调查报告》;讨论通过《安吉县人大常委会1996年工作要点》;审议通过《关于召开县十一届人民代表大会第四次会议的决定》;审议通过《关于调整各乡镇县人民代表小组和县代表中心组负责人的决定》。

第二十三次会议　1996年3月4日至5日召开。会议听取和审议县人民政府《关于1995年财政预算执行情况和1996年财政预算安排情况的汇报》;审议通过《安吉县人大常委会1995年工作报告》;审议决定《安吉县第十一届人民代表大会第四次会议有关事项》;听取和审议县人民政府《关于安吉县与贵州省赤水市建立友好县市情况的汇报》;决定接受邹明旺辞去县人民检察院检察长职务;决定崔双根为县人民检察院代理检察长。

第二十四次会议　1996年5月9日至10日召开。会议听取和审议县人民政府《关于建立健全农业投入机制,增加农业投入以及粮田适度规模经营,推行"双田制"情况的汇报》;听取和审议县人民政府《关于贯彻实施〈浙江省基本农田保护条例〉情况的汇报》;听取和审议县人民政府《关于1995年财政决算的汇报》;听取和审议县审计局《关于同级财政审计和〈审计法〉贯彻执行情况的汇报》;听取和审议县人大常委会财政经济工作委员会《关于我县农业投入机制情况的调查报告》和《关于我县基本农田保护情况的调查报告》;审议通过《关于批准安吉县1995年财政决算的决议》;决定县人民政府有关人事任免事项。

第二十五次会议　1996年7月15日至16日召开。会议听取和审议县人民政府《关于加强管理,提高效益,努力搞好重点工业企业工作的汇报》;听取和审议县人民政府《关于乡镇企业生产经营,转换机制情况的汇报》;听取和审议县人民法院《关于经济案件审判和执行情况的汇报》;听取和审议县人大常委会财政经济工作委员会《关于我县重点工业企业情况的调查报告》和《关于我县乡镇企业生产经营和转换机制情况的调查报告》;决定县人民政府有关人事任免事项。

第二十六次会议　1996年9月9日至10日召开。会议听取和审议县人大常委会任命的6名干部的述职报告,并根据民意调查情况进行评议;会议在肯定6名任命干部成绩的同时,对存在的不足提出了整改意见。县委副书记、县长戚才祥,县委副书记钱坤方,县人大常委会主任张锡荣,副县长王金龙,县纪委书记赵卫华分别代表县委、县人大、县政府、县纪委讲话,并提出要求。

第二十七次会议　1996年9月25日至27日召开。会议听取和审议县人民政府《关于贯彻实施〈森林法〉,促进竹类资源培育管理,加快竹类资源开发利用情况的汇报》;听取和审议县人民政府《关于我县"严打"斗争情况的汇报》;听取和审议县人民政府《关于我县"二五"普法工作总结和"三五"普法工作安排的汇报》;听取和审议县人民政府《关于1996年1—7月国民经济和社会发展计划执行情况的汇报》;听取和审议县人民政府《关于1996年1—8月份财政预算执行情况的汇报》;听取和审议县人大常委会财政经济工作委员会《关于我县贯彻〈森林法〉促进竹类资源培育管理,加快竹类资源开发利用情况的调查报告》;听取和审议县人民政府《关于县第十一届人民代表大会第四次会议代表议案、意见、建议办理情况的汇报》;听取和审议县人大常委会代表工作委员会《关于县第十一届人民代表大会第四次会议代表议案、意见、建议办理情况的汇报》;审议通过《关于继续开展法制宣传教育的决议》;决定接受孟刚辞去县人民政府副县长职务;决定县人民政府其他有关人事任免事项。

第二十八次会议　1996年11月26日至27日召开。会议听取和审议县人民政府《安吉县1996—2000年依法治县规划(草案)》;听取和审议县人民政府《关于1996—2000年依法治县规划(草案)的说明》;听取和审议县人民政府《关于贯彻执行〈中华人民共和国治安管理处罚条例〉情况的汇报》;听取和审议县人大常委会法制工作委员会《关于贯彻执行〈中华人民共和国治安管理处罚条例〉情况的调查报告》;听取和审议县人民政府《关于全县文明城镇创建工作情况的汇报》,听取和审议县人大常委会教科文卫工作委员会《关于我县文明城镇建设情况的调查报告》;审议通过《关于实行依法治县的决议》。

第二十九次会议　1997年1月15日至16日召开。会议听取和审议县人民政府《关于〈教育法〉贯彻实施情况的汇报》;听取县人大常委会教科文卫工作委员会《关于我县〈教育法〉贯彻执行情况的调查报告》;听取和审议县人民政府《关于我县旅游资源开发情况的汇报》;听取和审议县人大常委会财政经济工作委员会《关于我县开发旅游资源,推进旅游事业发展情况的调查报告》;讨论通过《安吉县人大常委会1997年工作要点》;审议通过《关于召开县十一届人民代表大会第五次会议的决定》。

第三十次会议　1997年2月20日至21日。会议听取和审议县人民政府《关于加强农村集体资产管理,发展壮大农村集体经济情况的汇报》;听取和审议县人大常委会财政经济工作委员会《关于对部分乡镇、村"加强农村集体资产管理,壮大村级集体经济"情况的调查报告》;听取和审议县人民政府《关于安吉县现代农业园区试点建设情况的汇报》;听取和审议县人民政府《关于良朋乡、章村乡改为建制镇的情况汇报》,审议通过《关于良朋乡、章村乡改为建制镇有关问题的决定》;听取和审议县人民政府《关于1997年县财政预算安排情况的汇报》;审议通过《安吉县人大常委会工作报告》;审议决定县十一届人民代表大会第五次会议有关事项;决定县人民政府有关人事任免事项。

第三十一次会议　1997年3月28日召开。会议表决通过,决定接受孙觉民辞去安吉县人民政府副县长职务;决定县人民政府其他有关人事任免事项。

第三十二次会议　1997年4月24日至25日召开。会议听取和审议县人民政府《关于贯彻执行〈审计法〉情况的汇报和县本级1996年财政预算执行情况审计的工作报告》;听取和审议县人民政府《关于安吉县1996年财政决算的报告》;审议通过《关于批准安吉县1996年财政决算的决议》;听取和审议县人民政府《关于我县绿色食品概况和开发前景的汇报》;听取和审议县人大常委会财政经济工作委员会《关于对我县重点绿色食品开发情况的调查报告》;听取和审议县人民政府《关于贯彻执行〈浙江省计划生育条例〉情况的汇报》;听取和审议县人大常委会教科文卫工作委员会《关于对我县贯彻执行〈浙江省计划生育条例〉情况的调查报告》；决定县人民法院有关人事任免。

第三十三次会议 1997年6月25日至26日召开。会议听取和审议县人民政府《关于企业经营机制转换，加强内部管理，提高经济效益情况的汇报》；听取和审议县人大常委会财政经济工作委员会《关于对我县企业转制，加强管理，提高效益情况的调查报告》；听取和审议县人民政府《关于开放型经济发展情况的汇报》；听取和审议县人大常委会财政经济工作委员会《关于对我县开放型经济发展情况的调查报告》；听取和审议县人民政府《关于文化市场管理情况的汇报》；听取和审议县人大常委会教科文卫工作委员会《关于对我县贯彻执行〈浙江省文化市场管理条例〉情况的调查报告》。

第三十四次会议 1997年7月9日召开。会议决定任命宿竞平、胡震涛为安吉县人民政府副县长。

第三十五次会议 1997年8月26日召开。会议听取和审议县人民政府《关于依法强化水污染防治，切实保护好饮用水水源情况的汇报》；听取和审议县人大常委会财政经济工作委员会《关于对我县饮用水水源保护情况的调查报告》；审议通过《关于实施〈安吉县饮用水水源保护区污染防治管理暂行办法〉的决议》；听取和审议县人民政府《关于县十一届人大五次会议代表议案、意见办理情况的汇报》；听取县人大常委会代表工作委员会《关于县十一届人大会五次会议代表议案、意见办理情况的汇报》。

第三十六次会议 1997年9月4日召开。会议决定任命钱坤方为安吉县人民政府副县长；决定接受戚才祥辞去安吉县人民政府县长职务；决定钱坤方为安吉县人民政府代理县长。

第三十七次会议 1997年10月14日至15日召开。会议听取和审议县人民政府《关于依法治县工作情况的汇报》；听取和审议县人大常委会法制工作委员会《关于依法治县工作进展情况的调查报告》；听取和审议县人民政府《关于制定科教兴县战略“九五”实施纲要的说明》；审议通过《关于实施〈安吉县“科教兴县”战略“九五”实施纲要〉的决议》；听取和审议县人民政府《关于1997年1—9月国民经济和社会发展计划执行情况的汇报》；听取和审议县人民政府《关于1997年1—9月财政预算执行情况的汇报和关于我县预算外资金管理工作的情况汇报》；审议通过《关于鄣吴乡改为建制镇后有关问题的决定》；审议通过《关于做好县人民代表大会代表换届选举的决定》和《关于成立县选举委员会及其办公室的决定》。

第三十八次会议 1997年11月10日召开。会议表决通过，决定接受吴向明辞去安吉县人民法院院长职务；决定陆根发为安吉县人民法院代理院长；决定接受陈国强辞去安吉县人民政府副县长职务；决定任命王勤、吴向明、董立新为安吉县人民政府副县长。

第三十九次会议 1997年12月18日召开。会议听取和审议县人民政府《关于我县贯彻执行〈行政处罚法〉情况的汇报》；听取和审议县人大常委会法制工作委员会《关于对我县执行〈行政处罚法〉情况的调查报告》；听取和审议县人民政府《关于我县“三五”普法宣传教育工作情况的汇报》；听取和审议县人大常委会法制工作委员会《关于对我县“三五”普法工作进展情况的调查报告》；决定接受崔双根辞去安吉县人民检察院检察长职务；决定王余庆为安吉县人民检察院代理检察长。

第四十次会议　1998年2月18日召开。会议听取和审议县人民政府《关于1997年财政预算执行情况和1998年财政预算安排意见的汇报》；听取和审议县人民政府《关于我县旅游总体规划制定情况的汇报》；听取和审议县人大常委会《关于县人大代表换届选举工作总结》；审议通过《关于县第十二届人民代表大会代表资格审查报告》《关于举行县十二届人民代表大会第一次会议的决定》和《安吉县人大常委会1997年工作报告》。

第四十一次会议　1998年3月5日召开。会议讨论通过关于召开安吉县第十二届人民代表大会第一次会议有关事项。

第十二届人大常委会会议

第一次会议　1998年3月25日召开。会议组织学习《宪法》《地方组织法》等法律法规；讨论通过《安吉县人大常委会议事规则》；讨论通过《安吉县人大常委会关于县人民政府应提请审议的"重大事项"和应通报的"重要情况"及"决议、决定、审议意见"办理落实情况反馈的规定》；讨论通过《安吉县人大常委会关于"两院"应提请审议的"重大事项"和应通报的"重要情况"及"决议、决定、审议和视察意见"办理落实情况反馈的规定》；讨论通过《安吉县人大常委会关于加强与人民代表联系的意见》《安吉县人大常委会1998年工作要点》；讨论通过《安吉县人大常委会关于设立代表资格审查委员会的决定》；讨论通过《安吉县人大常委会关于设立工作机构的决定》；讨论通过《安吉县人大常委会关于设立县人民代表中心组和代表小组的决定》。

第二次会议　1998年4月29日至30日召开。会议听取和审议县人民政府《关于1997年全县粮食储存情况和农户家庭储粮情况的汇报》；听取和审议县人大常委会财政经济工作室《关于对我县国家粮库和农民粮食储备情况的视察与调查报告》；听取和审议县人民政府《关于开展治理向企业乱收费乱罚款和各种摊派，减轻企业负担工作情况的汇报》，听取和审议县人大常委会财政经济工作室《关于对减轻企业负担情况的调查报告》；听取和审议县人民政府《关于安吉县1997年财政决算的报告》和《关于县本级1997年财政预算执行情况审计的工作报告》；审议通过《关于批准1997年财政决算的决议》；决定任命胡震涛为安吉县人民政府副县长；决定县人民政府有关人事任免事项。

第三次会议　1998年6月23日至24日召开。会议听取和审议县人民政府《关于我县土地利用总体规划工作情况的汇报》；听取和审议县人民政府《关于我县乡镇区域规划编制工作情况的汇报》；听取和审议县人大常委会财政经济工作室《关于对我县村镇建设规划与土地利用总体规划衔接工作情况的调查报告》，听取和审议县人民政府《关于我县个体私营工业经济运行情况的汇报》；听取县人大常委会财政经济工作室《关于对我县个体私营工业企业发展情况的调查报告》；听取和审议县人民政府《关于我县技术监督行政执法情况的汇报》。

第四次会议　1998年7月17日召开。会议决定县人民政府、县人大常委会、县人民检察院有关人事任免事项。

第五次会议　1998年9月2日至4日召开。会议听取和审议县人民政府《关于我县"三五"普法和依法治县情况的汇报》；听取和审议县人大常委会法制工作室《关于对我县"三五"普法、依法治县工作实施情况的调查报告》；听取和审议县人民法院《关于县人民法院1997年以来民事审判工作情况的汇报》;听取和审议县人民检察院《关于县人民检察院 1996 年以来法纪检察工作情况的汇报》;听取和审议县人民政府《关于县十二届人大一次会议代表议案、意见办理情况的汇报》;听取和审议县人大常委会人事代表工作室《关于县十二届人大一次会议代表议案、意见的汇报》;听取和审议县人民政府《关于我县"一竹三叶"资源开发情况的报告》;听取和审议县人大常委会财政经济工作室《关于对我县"一竹三叶"资源开发情况的调查报告》;听取和审议县人民政府《关于 1998 年上半年国民经济和社会发展计划执行情况的汇报》;听取和审议县人民政府《关于 1998 年 1—7 月财政预算执行情况的汇报》和《关于 1998 年 1—7 月预算外资金管理情况的汇报》;审议通过《关于加强预算外资金管理的决定》;决定县人民政府有关人事任免事项。

第六次会议　1998 年 11 月 3 日至 4 日召开。会议听取和审议县人民政府《关于贯彻执行〈科学技术进步法〉情况的汇报》及县人大常委会教科文卫工作室《关于对我县贯彻执行〈科学技术进步法〉情况的调查报告》;听取和审议县人民政府《关于安吉县教育发展规划及优化教育资源结构情况的汇报》及县人大教科文卫工作室《关于对我县教育发展规划及优化教育资源结构情况的调查报告》;听取和审议县人民政府《关于贯彻执行〈浙江省广播电视管理条例〉情况的汇报》及县人大教科文卫工作室《关于对我县贯彻执行〈浙江省广播电视管理条例〉情况的调查报告》;听取和审议县人民政府《关于县十二届人大一次会议通过的〈关于全面实行殡葬改革的决议〉贯彻执行情况的汇报》及县人大常委会财经工作室《关于对我县贯彻执行〈关于全面实行殡葬改革的决议〉情况的调查报告》;听取和审议县人民政府《关于贯彻执行〈建筑法〉情况的汇报》及县人大财政经济工作室《关于对我县贯彻执行〈建筑法〉情况的调查报告》;听取和审议县人民政府《关于 1998 年 8 八项重点工程建设情况的汇报》;讨论通过《关于 1999 年乡镇人民代表大会换届选举的决定》;讨论通过《关于确定乡镇第十三届人民代表大会代表名额的决定》;讨论通过《关于成立安吉县 1999 年换届选举办公室的决定》;讨论通过《关于各乡镇选举委员会组成人员任职的决定》;决定县人大常委会、县人民法院、县人民检察院有关人事任免事项。

第七次会议　1998 年 12 月 24 日至 25 日召开。会议听取和审议县人民政府《关于我县旅游业发展情况的汇报》;听取和审议县人民政府《关于我县企业产权制度改革工作情况的汇报》;决定任命李慧英为安吉县人民政府副县长。

第八次会议　1999 年 1 月 29 日召开。会议审议通过《安吉县人大常委会 1999 年工作要点》;通过《关于召开县第十二届人民代表大会第二次会议的决定》;审议通过《关于递铺镇、孝丰镇行政区域调整后有关问题的决定》;决定县人民法院有关人事任免事项。

第九次会议　1999 年 3 月 8 日召开。会议审议通过《安吉县人大常委会工作报告》;审议决定安吉县第十二届人民代表大会第二次会议有关事项。

第十次会议　1999 年 4 月 28 日至 29 日召开。会议听取和审议县人民政府《关于部分长期亏损、改革困难的国有、城镇集体企业生产经营管理及改制情况的汇报》及县人大常委会财经工作室对此所作的调查报告;听取和审议县人民政府《关于〈文物保护法〉贯彻实施情况的汇报》及县人大教科文卫工作室对此所作的调查报告;听取和审议县人民政府《关于安吉县

1998年财政决算的汇报》和《关于县本级1999年财政预算执行情况的审计汇报》;审议通过《关于批准安吉县1998年财政决算的决议》;听取和审议县人大常委会法制工作室《关于组织县人大代表评议县人民法院司法工作的汇报》。

第十一次会议　1999年5月31日召开。会议听取和审议县人民政府《关于新〈土地管理法〉学习宣传贯彻执行情况的汇报》及县人大常委会财政经济工作室对此所作的调查报告;听取和审议县人民政府《关于〈水土保持法〉贯彻执行情况的汇报》;审议通过县人民政府《关于县城总体规划调整的报告》;决定县人民政府有关人事任免事项。

第十二次会议　1999年7月27日至28日召开。会议听取和审议县人民政府《关于〈全县农业产业化经营发展规划〉实施情况的汇报》及县人大常委会财政经济工作室对此所作的调查报告;听取和审议县人民政府《关于〈浙江省计划生育条例〉贯彻实施情况的汇报》及县人大常委会教科文卫工作室对此所作的调查报告;听取和审议县人民政府《关于县十二届人大二次会议代表议案、意见和建议办理情况的忙报》及县人大常委会人事代表工作室《关于代表议案、意见和建议督办情况的汇报》;决定免去胡震涛安吉县人民政府副县长职务;决定县人民法院、县人民检察院有关人事任免事项。

第十三次会议　1999年9月15日至17日召开。会议听取县林业局局长、县建设与环保局局长、县文化与体育局局长所作的述职汇报,并进行评议;听取和审议县人民政府《关于安吉县1999年1—8月份国民经济和社会发展计划执行情况的汇报》;听取和审议县人民政府《关于安吉县1999年1—8月份财政预算执行情况及预算外资金使用情况的汇报》和《关于〈税收征管法〉贯彻执行情况的汇报》及县人大常委会财政经济工作室对此所作的调查报告;听取和审议县人民政府《关于实施"绿色工程"情况的汇报》;决定接受施炳良辞去县第十二届人大常委会委员职务,待报县第十二届人民代表大会第三次会议备案。

第十四次会议　1999年11月18日至19日召开。会议听取和审议县人民政府《关于城镇建设和县城规划建设管理有关情况的汇报》及县人大常委会财政经济工作室对此所作的调查报告;听取和审议县人民政府《关于我县农村初级卫生保健工作情况的汇报》及县人大常委会教科文卫工作室对此所作的调查报告;听取和审议县人民法院《关于县人大代表评议县人民法院司法工作整改情况的汇报》;听取县林业局局长、县建设与环保局局长、县文化与体育局局长关于述职评议整改情况的汇报。

第十五次会议　2000年1月12日至13日召开。会议听取和审议县人民政府《关于行政执法责任制实施情况的汇报》及县人大常委会法制工作室对此所作的调查报告;听取和审议县人民检察院《关于〈人民检察院错案追究条例〉执行情况的汇报》;听取县人民政府《关于1999年党风廉政建设和反腐败工作情况的通报》;审议通过《安吉县人大常委会2000年工作要点》;讨论通过《关于召开县第十二届人民代表大会第三次会议的决定》;决定任命蓝晓光为安吉县人民政府副县长。

第十六次会议　2000年1月28日。会议审议通过《关于递铺、孝丰等五乡镇行政区划调整后有关事项的决定》;决定许可对涉嫌犯有职务侵占罪的县第十二届人大代表黄根生采取刑事强制措施。

第十七次会议　2000年2月27日召开。会议讨论《安吉县人大常委会工作报告(初稿)》;审议决定县第十二届人民代表大会第三次会议有关事项;决定县人民政府、县人民法院有关人事任免事项。

第十八次会议　2000年4月29日召开。会议听取和审议县人民政府《关于〈浙江省职工基本养老保险条例〉实施情况的汇报》及县人大常委会财政经济工作室对此所作的调查报告;听取和审议县人民政府《关于安吉县1999年财政决算的汇报》和《关于县本级1999年财政预算执行情况的审计汇报》;审议通过《关于批准安吉县1999年财政决算的决议》;审议通过县人大常委会《关于组织县人大代表评议县公安局执法工作的决定》;审议通过《县人大常委会评议工作规定》《关于加强财政经济工作监督的规定》《关于公民旁听县人大常委会会议的办法(试行)》和《安吉县第十二届人大常委会议事规则(修正案)》。

第十九次会议　2000年6月27日至28日召开。会议听取和审议县人民政府《关于农业产业结构调整及实施种子种苗工程情况的汇报》及县人大常委会教科文卫工作室对此所作的调查报告;听取和审议县人民政府《关于〈产品质量法〉贯彻执行情况的汇报》;审议通过《关于调整安吉县国民经济和社会发展"九五"计划部分主要指标的决定》;审议通过县人民政府《安吉县城镇体系规划》《安吉县城市总体规划》《安吉县生态示范区建设规划》;审议通过《关于组织开展对县人大常委会任命干部述职评议的决定》;决定县人民法院、县人民检察院有关人事任免事项。

第二十次会议　2000年8月8日召开。会议决定任命杨六顺为安吉县人民政府副县长;免去王勤安吉县人民政府副县长职务;决定县人大常委会、县人民政府有关人事任免事项。

第二十一次会议　2000年8月21日至22日召开。会议听取和审议县人民政府《关于县重点国有企业改革发展情况的汇报》及县人大常委会财政经济工作室对此所作的调查报告;听取和审议县人民政府《关于安吉县2000年1—7月份国民经济和社会发展计划执行情况的汇报》;听取和审议县人民政府《关于安吉县2000年1—7月份财政预算执行情况的汇报》;听取和审议县人民政府《关于安吉县"三五"普法及依法治县工作情况的汇报》;听取和审议县人民政府《关于县第十二届人民代表大会第三次会议代表议案、意见和建议办理情况的汇报》及县人大常委会人事代表工作室《关于代表议案、意见和建议督办情况的汇报》;批准县人民政府《关于安吉县生态农业示范县建设规划》;决定县人民政府有关人事任免事项。

第二十二次会议　2000年9月27日至28日召开。会议听取县交通局局长、县卫生局局长所作的述职汇报,并进行评议;听取和审议县公安局《关于县人大代表评议县公安局执法工作整改情况的汇报》;决定县人民法院有关人事任免事项。

第二十三次会议　2000年11月30日至12月1日召开。会议听取和审议县人民政府《关于我县民营经济发展情况的汇报》及县人大常委会财政经济工作室对此所作的调查报告;听取和审议县人民政府《关于〈行政处罚法〉〈行政复议法〉贯彻实施情况的汇报》及县人大常委会法制工作室对此所作的调查报告;听取和审议县人民法院《关于县人大代表评议县人民法院司法工作整改回头看情况的汇报》;听取县交通局局长、县卫生局局长关于述职评议整改情况的汇报。

第二十四次会议　2001年1月10日召开。会议听取和审议县人民政府《关于2000年县财政收入预算超收部分支出安排情况的汇报》；听取县十二届人民代表大会代表资格审查委员会《关于罢免黄根生县十二届人民代表大会代表职务情况的报告》；听取县人大常委会主任会议《关于不许可对县人大代表蒋文彬采取刑事强制措施情况的报告》；审议通过《安吉县人大常委会2001年工作要点》；审议通过《关于召开县第十二届人民代表大会第四次会议的决定》；审议通过《关于授予干永福"优秀局长"称号的决定》；补选凌秋来、黄根凤为湖州市第四届人民代表大会代表；决定免去李慧英安吉县人民政府副县长职务；决定免去张甲宏安吉县公安局局长职务；决定任命沈利剑为安吉县公安局局长。

第二十五次会议　2001年2月14日召开。会议听取和审议县国税局《关于2000年国税征收情况的汇报》；听取和审议县人民政府《关于编制安吉县国民经济和社会发展第十个五年计划纲要情况的汇报》；听取和审议县人民政府《关于2001年财政预算安排情况的汇报》；听取和审议县人民政府《关于高禹乡撤乡建镇有关工作情况的汇报》；讨论通过《关于高禹乡改建高禹镇后有关问题的决议》；审议通过《关于确定安吉县十二届人大四次会议列席人员的决定》；审议通过《安吉县人大常委会关于开展"两项评议"的决定》；决定县人民法院有关人事任免事项。

第二十六次会议　2001年3月12日召开。会议决定任命王金龙为安吉县人民政府副县长；决定免去蓝晓光安吉县人民政府副县长职务。

第二十七次会议　2001年5月9日至10日召开。会议听取和审议县人民政府《关于2001—2005年依法治县规划(草案)说明的汇报》；听取和审议县人民政府《关于安吉县2000年财政决算的汇报》和《关于县本级2000年财政预算执行情况的审计汇报》，审查批准安吉县2000年财政决算；听取和审议县人民政府《关于商贸流通企业改革工作情况的汇报》及县人大常委会财政经济工作室对此所作的调查报告；听取和审议县人民政府《关于加快广播电视通村入户，提高电视收视质量工作情况的汇报》及县人大常委会教科文卫工作室对此所作的调查报告；决定任命何国华为安吉县人民政府副县长；决定县人民法院、县人民检察院有关人事任免事项。

第二十八次会议　2001年7月16日至17日召开。会议听取和审议县人民政府《关于贯彻执行〈建筑法〉情况的汇报》及县人大常委会财经工作室对此所作的调查报告；听取和审议县人民政府《关于〈药品管理法〉贯彻执行情况的汇报》及县人大常委会教科文卫工作室对此所作的调查报告；补选杨仁争为湖州市第四届人民代表大会代表；决定县人民政府、县人民法院有关人事任免事项。

第二十九次会议　2001年8月21日至22日召开。会议听取和审议县人民政府《关于我县贯彻农业"两法"，调整农业产业结构，发展效益农业工作情况的汇报》及县人大常委会财政经济工作室对此所作的调查报告；听取和审议县人民政府《关于安吉县2001年1—7月份国民经济和社会发展计划执行情况的汇报》；听取和审议县人民政府《关于安吉县2001年1—7份财政预算执行情况的汇报》；讨论通过《关于安吉县2002年乡镇人民代表大会换届选举的决定》；讨论通过《关于确定乡镇新一届人民代表大会名额的决定》；讨论通过《关于成立安吉县2002年乡镇人大换届选举办公室的决定》；听取和审议县人民政府《关于县第十二届人民代表大会第四次会议代表议案、意见和建议办理情况的汇报》；听取和审议县人大常委会人事代表工作室《关于代表议案、意见和建议督办情况的汇报》；决定任命杨新新为安吉县人民政府副县长；决定免去宿竞平安吉县人民政府副县长职务。

第三十次会议　2001年9月12日至13日召开。会议听取县教委主任、县计划生育委员会主任、县农业局局长所作的述职汇报，并进行评议；听取和审议县人民政府《关于1—8月份全县招商引资工作情况的汇报》。

第三十一次会议　2001年10月17日至18日召开。会议听取县人民政府《关于开展法制宣传教育第四个五年计划说明的报告》；审议通过《关于进一步开展法制宣传教育的决议》；听取和审议县人民政府《关于2001年八项重点工程实施情况的汇报》；听取和审议县人民政府《关于〈电力法〉贯彻实施及农网建设与改造工作情况的汇报》；听取和审议县人民法院《关于执行工作情况的汇报》；听取和审议县人民检察院《关于查办贪污贿赂案件及法律监督工作情况的汇报》；决定县人民法院有关人事任免事项。

第三十二次会议　2001年11月23日召开。会议听取县质量技术监督局《关于行政执法评议整改工作情况的汇报》；听取县教委主任、县计划生育委员会主任、县农业局局长关于述职评议整改情况的汇报；决定接受孟国良辞去安吉县第十二届人大常委会委员职务；决定县人民政府、县人大常委会、县人民检察院有关人事任免事项。

第三十三次会议　2002年1月10日召开。会议听取和审议县人民政府《关于2001年安吉县财政收入和预算超收部分支出安排情况的汇报》；审议通过《关于召开县第十二届人民代表大会第五次会议的决定》；决定免去杨六顺安吉县人民政府副县长职务。

第三十四次会议　2002年2月21日召开。会议审议通过《安吉县人大常委会2002年工作要点》；审议通过《关于确定安吉县十二届人大五次会议列席人员的决定》；决定县人民政府有关人事任免事项。

第三十五次会议　2002年4月29日至30日召开。会议听取和审议县人民政府《关于贯彻实施〈浙江省城市房屋拆迁管理条例〉情况的汇报》及县人大常委会财政经济工作室对此所作的调查报告；听取和审议县人民政府《关于贯彻实施〈浙江省职工基本养老保险条例〉〈浙江省职工失业保险条例〉和城镇职工基本医疗保险制度改革工作情况的汇报》；听取和审议县人民政府《关于县本级职工基本养老保险基金和职工失业保险基金使用管理情况的审计汇报》；听取和审议县人民政府《关于安吉县2001年财政决算（草案）的汇报》和《关于县本级2001年财政预算执行情况的审计汇报》。会议决定：县人大常委会财政经济工作室更名为县人大常委会财政经济工作委员会，县人大常委会法制工作室更名为县人大常委会法制工作委员会，县人大常委会人事代表工作室更名为县人大常委会人事代表工作委员会，县人大教科文卫工作室更名为县人大教科文卫民侨工作委员会，增设县人大常委会农业环境保护工作委员会；决定县人民检察院有关人事任免事项。

第三十六次会议　2002年6月27日至28日召开。会议听取和审议县人民政府《关于我县招商引资工作情况的汇报》及县人大常委会财政经济工作委员会对此所作的调查报告；听取和审议县人民政府《关于我县贯彻执行省流动人口计划生育管理办法情况的汇报》及县人大常委会教科文卫民侨工作委员会对此所作的调查报告。

第三十七次会议　2002年8月28日至29日召开。会议听取和审议县人民政府《关于安吉县2002年上半年国民经济和社会发展计划执行情况的汇报》；听取和审议县人民政府《关于县2002年上半年财政预算执行情况的汇报》；听取和审议县人民政府《关于普及“十五”教育工作情况的汇报》及县人大常委会教科文卫民侨工作委员会对此所作的调查报告；听取和审议县人民政府《关于“四五”普法和依法治县情况的汇报》及县人大常委会法制工作委员会对此所作的调查报告；听取和审议县人民政府《关于我县社会治安工作情况的汇报》及县人大常委会法制工作委员会对此所作的调查报告；听取和审议县人民政府《关于县第十二届人民代表大会第五次会议代表议案、意见和建议办理情况的汇报》及县人大常委会人事代表工作委员会《关于代表议案、意见和建议督办情况的汇报》；决定县人民法院有关人事任免事项。

第三十八次会议　2002年10月17日召开。会议决定任命劳红武为安吉县人民政府副县长；决定接受钱坤方辞去安吉县人民政府县长职务；决定劳红武为安吉县人民政府代理县长；决定县人大常委会有关人事任免事项。

第三十九次会议　2002年11月19日至20日召开。会议听取县人民政府《关于我县农业增效、农民增收工作情况的汇报》及县人大常委会农业环境保护工作委员会对此所作的调查报告；听取和审议县人民政府《关于2002年重点基础设施工程建设情况的汇报》；审议通过《关于做好县十三届人民代表大会换届选举工作的决定》；审议通过《关于县十三届人民代表大会代表名额分配的决定》；审议通过《关于成立县选举委员会及其办公室的决定》；决定免去董立新安吉县人民政府副县长职务。

第四十次会议　2002年12月11日召开。会议决定任命朱仲华、金凯、章其祥为安吉县人民政府副县长；决定任命张建乐为安吉县人民法院审判委员会委员、副院长；决定任命沈亮为安吉县人民检察院检察委员会委员、副检察长；决定接受陆根发辞去安吉县人民法院院长职务；决定张建乐为安吉县人民法院代理院长；决定接受王余庆辞去安吉县人民检察院检察长职务；决定沈亮为安吉县人民检察院代理检察长。

第四十一次会议　2003年1月13日召开。会议听取和审议县人民政府《关于我县创建最佳人居环境工作情况的报告》及县人大常委会调查组对此所作的调查报告；听取县财政局《关于2002年财政超预算部分支出安排情况的报告》；审议通过《关于召开安吉县第十三届人民代表大会第一次会议的决定》；决定县人民政府有关人事任免事项。

第四十二次会议　2003年2月21日召开。会议听取和审查县十二届人大常委会代表资格审查委员会《关于县十三届人大代表资格的审查报告》；审议通过《关于确定安吉县第十三届人大一次会议列席人员的决定》；讨论提出县十三届人大一次会议有关事项；讨论县十二届人大常委会向县十三届人大一次会议所作的工作报告(征求意见稿)。

第十三届人大常委会会议

第一次会议　2003年3月26日召开。会议审议通过《安吉县人大常委会2003年工作要点》；审议通过《安吉县人大常委会关于加强与人大代表联系的决定》；审议通过《安吉县人大常委会关于设立代表资格审查委员会的决定》;审议通过《安吉县人大常委会关于设立县人大代表中心组和代表小组的决定》;审议通过《安吉县人大常委会讨论决定重大事项的规定》;审议通过《安吉县第十三届人大常委会议事规则》;决定县人大常委会有关人事任免事项;决定许可对涉嫌犯罪的县十三届人大代表夏建民采取强制措施。

第二次会议　2003 年 4 月 22 日至 23 日召开。会议听取和审议县财政局《关于安吉县 2002 年财政决算(草案)的报告》;听取和审议县审计局《关于安吉县 2002 年财政预算执行情况的审计报告》;审议通过《关于批准安吉县 2002 年财政决算的决议》;听取县人民政府《关于〈安吉城市总体规划〉修编情况及成果的报告》;审议同意《安吉城市总体规划(2002—2020)》和《安吉城市近期建设规划(2002—2005)》;决定县人大常委会、县人民政府、县人民检察院有关人事任免事项;同意曾庆山、黄先国辞去安吉县人大常委会委员职务。

第三次会议　2003 年 6 月 26 日至 27 召开。会议听取和审议县人民政府《关于"四五"普法工作和第二轮依法治县工作情况的报告》;听取和审议县人民政府《关于安吉县工业园区建设情况的报告》;听取和审议县人民政府《关于加快提升安吉生态旅游业层次工作情况的报告》;听取和审议县人民政府《关于我县农业标准化生产体系和农产品质量安全体系建设情况的报告》;听取县人大常委会法制、财政经济、教科文卫、农业环境保护四个工作委员会对上述报告的相关调查报告,决定就工业园区建设、农业"两个体系"建设向县人民政府发送审议意见书。

第四次会议　2003 年 7 月 22 日召开。会议审议通过《关于生态县建设的决议》;审议通过《安吉县人大常委会关于加强财政经济工作监督的规定》;审议通过《安吉县人大常委会组成人员守则》;决定免去杨新新安吉县人民政府副县长职务。

第五次会议　2003 年 8 月 28 日至 29 日召开。会议听取县人民政府办公室《关于工业园区建设和农业"两个体系"建设审议意见书落实工作情况的报告》;听取和审议县人民政府《关于我县 2003 年上半年国民经济和社会发展计划执行情况的报告》;听取和审议县人民政府《关于我县 2003 年上半年财政预算执行情况的报告》;听取和审议县人民政府《关于县十三届人大一次会议代表议案、意见、建议办理工作情况的报告》及县人大常委会人事代表工作委员会的相关报告;听取和审议县人民政府《关于贯彻执行〈劳动法〉情况的报告》及县人大常委会法制工作委员会的相关报告,决定就《劳动法》贯彻执行工作向县人民政府发送审议意见书;决定县人民法院、县人民检察院有关人事任免事项。

第六次会议　2003 年 9 月 13 日召开。会议审议通过《安吉县人民代表大会常务委员会关于设立安吉县生态日的决定》,决定 3 月 25 日为安吉县生态日;决定任命任文霞为安吉县人民政府副县长。

第七次会议　2003 年 10 月 30 日至 31 日召开。会议听取和审议县人民政府《关于实施新型农村合作医疗工作情况的报告》;听取和审议县财政局《关于乡镇财政管理工作情况的报告》;听取县人大常委会相关工委的调查报告。

第八次会议　2003 年 12 月 17 日至 19 日召开。会议听取和审议县人民政府《关于创建生态县工作情况(重点是〈安吉生态县建设规划〉和规划说明)的报告》;听取和审议县人民政府《关于城市化进程中土地被征用后农民生活保障情况的报告》;听取和审议县人民政府《关于经济薄弱村脱贫工作的报告》;听取和审议县人民政府《关于〈中小企业促进法〉贯彻实施情况(重点是椅业、竹业两大支柱产业发展情况)的报告》;听取县人大常委会相关工作委员会的调查报告;批准同意《关于杭垓、缫舍、永和两乡一镇行政区划调整方案》;审议通过《安吉县人大常委会办理代表议案和建议、批评、意见的办法》。会议决定暂缓通过《安吉生态县建设规划》,并就此向县人民政府发送审议意见书。

第九次会议　2004年1月8日召开。会议听取和审议县财政局《关于2003年财政收入预算超收部分支出安排情况的报告》;审议通过《关于召开安吉县第十三届人民代表大会第二次会议的决定》;审议通过《关于杭垓镇行政区划调整后镇人民代表大会换届选举的决定》;审议通过《关于成立杭垓镇选举委员会及其组成人员的决定》;审议通过《关于确定杭垓镇第十五届人民代表大会代表名额的决定》;审议通过《安吉县人大常委会2003年工作总结》;决定县人民政府、县人民法院有关人事任免事项。

第十次会议　2004年2月18日召开。会议听取和审议县环保局《安吉县生态县建设规划(草案)》,并批准了这个规划;审议通过《安吉县人大常委会2004年工作要点》;审议通过《安吉县人民代表大会常务委员会工作报告》;审议通过《关于安吉县第十三届人民代表大会第二次会议列席人员名单的决定》;补选董立新为湖州市第五届人民代表大会代表。

第十一次会议　2004年4月27日至28日召开。会议听取和审议县财政局《关于2003年安吉县财政决算的报告》;听取和审议县审计局《关于2003年安吉县财政预算执行情况的审计报告》;批准2003年财政决算;听取和审议县财政局《关于2004年度试点部门预算编制情况的报告》,批准2004年度试点部门预算;审议通过《安吉县人大常委会任命干部述职评议工作方案》;审议通过《安吉县人大常委会监督司法机关工作的规定》;审议通过《安吉县人大常委会监督意见书试行办法》;审议通过《安吉县人大常委会关于进一步提高常委会会议质量的意见》;决定免去沈利剑安吉县公安局局长职务;决定任命章新泉为安吉县公安局局长。

第十二次会议　2004年6月23日召开。会议听取和审议县人民政府《安吉县十三届人大一次会议确定的重点项目进展情况的报告》;听取和审议县环境保护局《安吉县环保法贯彻执行情况的报告》及人大常委会调查组相关调查报告。

第十三次会议　2004年8月23日至24日召开。会议听取和审议县人民政府《安吉县2004年上半年政府工作报告》;听取和审议县发展计划委员会《安吉县2004年上半年国民经济和社会发展计划执行情况及下半年主要工作的报告》;听取和审议县财政局《安吉县2004年上半年财政预算执行情况的报告》;听取和审议县人民政府《关于县十三届人大二次会议议案、代表建议办理情况的报告》;听取和审议县农业和农村工作办公室《农村劳动力培训工作报告》及人大调查组相关调查报告;审议通过《安吉县人大常委会关于县人大代表与"一府两院"负责人"双向约见"试行办法》;表决通过县人民法院有关人事任免。会议对县劳动与社会保障局局长、县环境保护局局长进行述职评议,并投票测评。

第十四次会议　2004年10月26日至27日召开。会议组织学习中共中央总书记胡锦涛在首都各界纪念全国人民代表大会成立50周年大会上的讲话和中共十六届四中全会精神;

听取和审议县人民政府《关于〈食品卫生法〉贯彻实施工作情况的报告》；听取和审议县人民政府《关于民营经济二次创业工作情况的报告》；听取和审议县人民政府《关于接轨上海工作情况的报告》。

第十五次会议　2004年11月25日至26日召开。会议听取县劳动与社会保障局局长、县环境保护局局长关于述职评议整改情况的报告，并对两位局长进行投票测评。会议听取和审议县人民政府《关于行政执法责任制落实情况和行政许可法贯彻实施情况的报告》；听取和审议县人民政府《关于水资源保护工作情况的报告》；听取和审议县财政局《关于我县2004年1—10月份财政预算执行情况的报告》。

第十六次会议　2004年12月17日召开。会议听取和审议《安吉县人大常委会2004年工作总结（讨论稿）》；听取和审议《安吉县人大常委会2005年工作要点（讨论稿）》；表决通过2005年县人大常委会任命的干部述职评议对象，确定县国土资源局局长、县交通局局长、县教育局局长为述职评议对象；决定县人大常委会、县人民政府、县人民法院、县人民检察院有关人事任免事项；补选叶寒冰为湖州市第五届人民代表大会代表。

第十七次会议　2005年1月20日召开。会议审议通过《安吉县人大常委会2004年工作总结》；审议通过《安吉县人大常委会2005年工作要点》；审议通过《安吉县人大常委会关于召开安吉县第十三届人民代表大会第三次会议的决定》；决定县人民政府有关人事任免事项。

第十八次会议　2005年2月22日召开。会议审议通过《安吉县人民代表大会常务委员会工作报告》；审议提出《关于安吉县第十三届人民代表大会第三次会议的有关事项》；审议通过《关于安吉县第十三届人民代表大会第三次会议列席人员的决定》；审议安吉县人民法院《关于选任人民陪审员名额的报告》；决定接受劳红武辞去安吉县人民政府县长职务；决定任命唐中祥为安吉县人民政府副县长；决定唐中祥为安吉县人民政府代理县长。

第十九次会议　2005年4月28日召开。会议听取和审议县财政局《关于2004年安吉县财政决算的报告》；听取和审议县审计局《关于2004年安吉县财政预算执行情况的审计报告》；批准2004年财政决算；听取和审议县公安局《关于“平安安吉”创建工作（重点是〈道路交通安全法〉贯彻实施情况）的报告》；审议通过《安吉县人大常委会关于设立“人大代表监督窗”的试行意见》；决定县人民法院有关人事任免事项。

第二十次会议　2005年5月30日召开。会议听取县公安局《关于对县人大代表钱章鸣采取取保候审强制措施的情况通报》；决定免去朱仲华安吉县人民政府副县长职务；决定任命徐国晟为安吉县人民政府副县长；决定县人民政府其他有关人事任免事项。

第二十一次会议　2005年6月28日召开。会议听取和审议县人民政府《关于工业经济发展情况的工作报告》；听取和审议县人民政府《关于科技工作情况的报告》；听取和审议县人民法院《关于民事审判工作的报告》；听取和审议县人民检察院检《关于反贪污贿赂工作情况的报告》；听取和审议县人民政府办公室《关于〈道路交通安全法贯彻执行情况审议意见书〉整改落实情况的汇报》。

第二十二次会议　2005年8月29日至30日召开。会议听取和审议县人民政府《安吉县2005年上半年经济社会发展情况的报告》；听取和审议县人民政府《生态县建设情况的报告》;听取和审议县发展和改革委员会《安吉县“十五”计划执行情况的报告》和《2005年上半年国民经济和社会发展计划执行情况及下半年主要工作的报告》;听取和审议县财政局《2005年上半年财政预算执行情况的报告》;听取和审议县人民政府《县十三届人大三次会议大会议案、代表建议和意见办理情况的报告》;听取和审议县财政局《关于2005年试点单位部门预算编制报告》;审议通过《安吉县人大常委会任命的国家机关工作人员信任度测评暂行办法》;审议通过《安吉县人大常委会关于组建代表专业小组和开展代表专业小组活动的意见》;审议通过《安吉县人大常委会任免国家机关工作人员暂行办法》;决定县人大常委会、县人民政府有关人事任免事项;决定许可对涉嫌受贿的县第十三届人大代表陈新龙依法采取取保候审强制措施。

第二十三次会议　2005年9月27日至28日召开。会议对县国土资源局局长、县教育局局长、县交通局局长开展述职评议,对未列为本次述职评议对象的其他23名人大常委会任命的干部进行信任度测评;会议听取和审议县人民政府《关于全县流动人口计划生育工作情况的报告》。

第二十四次会议　2005年11月24日召开。会议听取和审议县国土资源局局长、县教育局局长、县交通局局长所作的述职评议整改情况的报告;听取和审议县人民政府《关于统筹城乡发展,促进农民增收情况的报告》;听取和审议县司法局《关于“四五”普法和依法治理情况的报告》;听取和审议县经济贸易委员会《关于“项目推进年”活动重点工业项目推进情况的报告》;决定县人民政府和县人民法院有关人事任免事项;决定免去任文霞安吉县人民政府副县长职务。

第二十五次会议　2005年12月20日召开。会议听取和审议县发展和改革委员会《关于“十五”计划执行情况的有关说明》,同意对部分数据指标作出调整;听取和审议县监察局《安吉县监察工作情况的报告》;审议通过《安吉县人大常委会关于加强财政经济工作监督的规定》;审议通过《关于召开县十三届人民代表大会第四次会议的决定》;审议通过《安吉县人大常委会2005年工作总结(草案)》和《安吉县人大常委会2006年工作要点(草案)》。

第二十六次会议　2006年1月20日召开。会议审议通过《安吉县人大常委会2005年工作总结》和《安吉县人大常委会2006年工作要点》;决定许可对涉嫌犯罪的县第十三届人大代表张明星采取强制措施。

第二十七次会议　2006年2月9日召开。会议审议通过《安吉县人大常委会2005年工作报告》;讨论提交《安吉县十三届人大四次会议审议通过的有关事项》;审议通过《关于确定安吉县十三届人大四次会议列席人员名单的决定》;决定接受张明星辞去安吉县第十三届人民代表大会代表职务。

第二十八次会议　2006年4月26日举行。会议听取和审议县财政局《关于安吉县2005年财政决算的报告》,并通过《关于批准安吉县2005年财政决算的决议》;听取和审议县审计局《关于2005年财政预算执行情况的审计报告》;听取和审议县财政局《2005年部门预算执行情况的报告》;审议通过县人民政府《关于要求新建县检察院技侦及辅助用房的议案》;审议通过县人民政府《安吉县可持续发展实验区总体规划》;审议通过《安吉县人大常委会“代表论坛”暂行办法》;决定县人民政府有关人事任免事项。

第二十九次会议　2006 年 6 月 27 日召开。会议听取和审议县人民政府《关于发展工业经济情况的报告》;听取和审议县人民政府《关于新农村建设情况的报告》;听取和审议县卫生局《关于农村公共卫生工作情况的报告》;听取和审议县人大常委会相关工作委员会对上述报告所作的相关调查报告;听取审议并表决通过县财政局《关于 2006 年部门预算编制情况的报告》;决定县人民法院有关人事任免事项。

第三十次会议　2006 年 8 月 29 日召开。会议听取和审议县人民政府《2006 年上半年全县经济社会发展情况的报告》;听取和审议县发展和改革委员会《2006 年上半年国民经济和社会发展计划执行情况的报告》;听取和审议县财政局《2006 年上半年财政预算执行情况的报告》;听取和审议县人民政府《关于代表议案、建议和意见办理情况的报告》;听取和审议县人民政府《安全生产法贯彻执行情况的报告》;听取审议并批准县人民政府提请的《关于调整县委党校迁建工程投资概算情况的议案》;决定许可对涉嫌犯罪的县十三届人大代表马小勇依法采取取保候审强制措施;决定县人民政府有关人事任免事项。

第三十一次会议　2006 年 10 月 25 日召开。会议分别听取和审议县人民政府、县人民法院、县人民检察院所作的《关于“规范执法行为,促进司法公正”的工作报告》及县人大常委会法制工委所作的相关调查报告;审议通过安吉县人大常委会《关于做好全县县乡两级人民代表大会换届选举的决定》;表决任命安吉县选举委员会组成人员和安吉县各乡镇选择委员会组成人员;审议通过《关于连任县人大代表建议人选的提名标准》。

第三十二次会议　2006 年 11 月 9 日召开。会议决定任命单锦炎、章春华为安吉县人民政府副县长;决定接受钱坤方辞去安吉县人大常委会主任职务;决定接受唐中祥辞去安吉县人民政府县长职务;决定吴向明为安吉县人大常委会代理主任;决定单锦炎为安吉县人民政府代理县长。

第三十三次会议　2006 年 11 月 20 日召开。会议决定任命凌建荣、王少华为安吉县人民政府副县长;决定接受沈亮辞去安吉县人民检察院检察长职务,并依法呈报;决定王武良为安吉县人民检察院代理检察长,报市人大常委会、市人民检察院备案;会议决定县人民检察院其他有关人事任免事项。

第三十四次会议　2006 年 12 月 25 日举行。会议听取和审议县监察局《2006 年行政监察工作情况汇报》;审议通过《安吉县人大常委会 2006 年工作总结》;审议通过《关于召开县十四届人民代表大会第一次会议的决定》。

第三十五次会议　2007 年 1 月 10 日召开。会议讨论《安吉县第十三届人大常委会工作报告(初稿)》;讨论提交《安吉县十四届人大一次会议审议通过的有关事项》;审议通过《关于确定安吉县十四届人大一次会议列席人员名单的决定》;听取县人大常委会代表资格审查委员会《关于县第十四届人大代表资格审查的报告》;决定免去章其祥安吉县人民政府副县长职务。

第三十六次会议　2007 年 1 月 17 日召开。会议审议通过《安吉县第十三届人大常委会工作报告》。

第十四届人大常委会会议

第一次会议　2007年2月12日召开。会议审议通过《安吉县人大常委会2007年工作要点》；审议通过《安吉县人大常委会关于设立代表资格审查委员会的决定》和《安吉县人大常委会关于设立代表中心组和代表小组的决定》；决定任命章春华为安吉县人民政府副县长；决定县人大常委会、县人民政府有关人事任免事项。

第二次会议　2007年3月31日召开。会议审议通过《安吉县人民代表大会常务委员会议事规则》；审议通过《安吉县人民代表大会常务委员会讨论决定重大事项的规定》；审议通过《安吉县人民代表大会常务委员会关于进一步提高常务委员会会议质量的意见》；审议通过《安吉县人民代表大会常务委员会组成人员守则》；审议通过《安吉县人大常务委员会关于组建代表专业小组和开展代表专业小组活动的意见》；审议主任会议《关于任命安吉县人大常务委员会各工作机构组成人员的议案》，决定任命安吉县人大常委会各工作机构组成人员；讨论通过安吉县人大常委会《关于设立部门代表联络员的决定》；决定县人民政府有关人事任免事项。

第三次会议　2007年5月30日召开。会议听取和审议县财政局《关于安吉县2006年财政决算（草案）的报告》；听取和审议县人大常委会财政经济工作委员会《关于2006年财政决算（草案）的初审报告》；通过《关于批准安吉县2006年财政决算的决议》；听取和审议县审计局《关于安吉县2006年财政预算执行情况和其他财政收支情况的审计报告》；听取和审议县财政局《关于2007年部门预算编制情况的报告》；决定县人大常委会、县人民法院、县人民检察院有关人事任免事项。

第四次会议　2007年7月25日召开。会议听取和审议县人民政府《关于我县农民专业合作组织建设与发展情况的报告》；听取和审议县人民政府《我县义务教育均衡发展情况的报告》；听取和审议县人大常委会相关工作委员会对上述报告所作的相关调查报告。

第五次会议　2007年9月27日至28日召开。会议听取和审议县人民政府《关于2007年以来政府工作情况的报告》；听取和审议县发展和改革委员会《2007年以来国民经济和社会发展计划执行情况及下一阶段主要工作的报告》；听取和审议县财政局《2007年以来财政预算执行情况的报告》；听取和审议县人民政府《关于县十四届人大一次会议议案、建议办理情况的报告》；听取和审议县人大常委会人事代表工作委员会《大会议案、代表建议督办情况的报告》；审议县人大常委会《关于我县农民专业合作组织建设与发展和义务教育均衡发展审议意见书落实情况的书面报告》；听取和审议县人民检察院提请的《关于要求确认人民监督员的议案》及县人大常委会法制工作委员会所作的相关情况说明；审议通过《关于确认安吉县人民检察院人民监督员的决定》；决定县人民政府有关人事任免事项。

第六次会议　2007年11月30日召开。会议听取和审议县经济贸易委员会《2007年工业平台建设情况的报告》及县人大常委会财政经济工作委员会所作的相关调研报告；听取和审议县人民法院《关于落实“三项承诺”工作情况的报告》及县人大常委会法制工作委员会所作的相关调研报告；听取和审议县人民检察院《预防职务犯罪工作情况的报告》及县人大常委会法制工作委员会所作的相关调研报告；听取和审议县公安局《关于公安逮捕工作专项检查情况的报告》及县人大常委会法制工作委员会所作的相关调研报告；决定许可县人民检察院对涉嫌受贿的县第十四届人大代表张镇洋采取取保候审强制措施。

第七次会议　2007 年 12 月 20 日召开。会议听取和审议县监察局《2007 年行政监察工作情况汇报》；审议通过《安吉县人大常委会 2007 年工作总结》；讨论《安吉县人大常委会 2008 年工作要点(草案)》和《安吉县人大常委会工作报告(初稿)》；审议通过《关于召开县十四届人民代表大会第二次会议的决定》；补选鲍济波为湖州市第六届人大代表。

第八次会议　2008 年 1 月 5 日召开。会议审议通过《安吉县人大常委会 2008 年工作要点》和《安吉县人大常委会工作报告》；讨论提交《安吉县十四届人大二次会议审议通过的有关事项》；审议通过《关于确定安吉县十四届人大二次会议列席人员名单的决定》。

第九次会议　2008 年 2 月 1 日召开。会议听取和审议县人民政府《关于提请审议安吉县域总体规划(2006—2020)的议案》；听取和审议县规划与建设局《县域总体规划编制情况的报告》；审议通过《安吉县人大常委会关于〈安吉县域总体规划(2006—2020)〉的决议》，同意县人民政府将《安吉县域总体规划(2006—2020)》报请市政府审批。

第十次会议　2008 年 3 月 31 日召开。会议听取和审议县国土资源局《关于闲置土地清理工作情况的报告》及县人大常委会农业环境保护工作委员会所作的相关调查报告；听取审议并批准县人民政府提请的《关于审议 2008 年政府性投资新建项目安排计划的议案》；决定县人民法院有关人事任免事项。

第十一次会议　2008 年 5 月 29 日召开。会议听取和审议县财政局《关于 2007 年部门预算执行情况和 2008 年部门预算编制情况的报告》，批准 2008 年 13 个部门预算；决定授权主任会议和财政经济工作委员会分别审查批准其余 75 个部门(单位)的预算；听取和审议县人民政府《关于我县教育工作情况报告》及县人大常委会教科文卫民侨工作委员会相关调查报告，同时对县教育局工作进行满意度测评。

第十二次会议　2008 年 7 月 25 日召开。会议听取和审议县财政局《关于安吉县 2007 年财政决算(草案)的报告》；听取和审议县审计局《关于安吉县 2007 年财政预算执行情况和其他财政收支情况的审计报告》；听取和审议县人大常委会财政经济工作委员会《关于 2007 年财政决算(草案)的初审报告》；审议通过《关于批准安吉县 2007 年财政决算的决议》；听取和审议县人民政府《关于 2008 年上半年政府工作情况的报告》；听取和审议县发展和改革委员会《关于 2008 年上半年国民经济和社会发展计划执行情况的报告》；听取和审议县财政局《关于 2008 年上半年财政预算执行情况的报告》；审议通过《安吉县人大常委会关于加强部门预算监督的暂行办法》；审议通过《关于认真贯彻落实〈浙江省各级人民代表大会常务委员会规范性文件备案审查规定〉的实施意见》；决定县人民政府有关人事任免事项。

第十三次会议　2008 年 9 月 25 日至 26 日召开。会议听取和审议县人民政府《关于现代家庭工业发展情况的报告》；听取和审议县人民政府《关于建设运输市场整治工作情况的报告》；听取和审议县人民政府《关于县十四届人大二次会议议案、建议办理情况报告》；听取和审议县人民政府《关于新农村提升(中国美丽乡村建设)工作情况的报告》；听取和审议县人民政府《关于人口与计划生育工作情况的报告》；听取和审议县人大常委会相关工作委员会对上述报告所作的相关调查报告；听取和审议县人大常委会《关于大会议案、代表建议督办情况的报告》；听取审议并批准县人民政府提请的《关于2008年新增政府性投资项目的议案》；决定县人民政府、县人民法院有关人事任免事项。

第十四次会议　2008年11月25日至26日召开。会议听取和审议县人民政府《关于“十一五”规划纲要中期评估报告的说明》；审议《“十一五”规划纲要中期评估报告》；审议县人大常委会财政经济工作委员会《关于“十一五”规划纲要中期评估的初审报告》；听取和审议县人民政府《关于生态修复工作情况的报告》；听取和审议县人民政府《关于推进我县企业自主创新工作情况的报告》；听取和审议县人民法院《关于执行工作情况的报告》；听取和审议县人大常委会相关工作委员会对上述报告所作的相关调查报告；听取和审议县人民政府提请的《安吉县国家可持续发展实验区建设规划的议案》；听取和审议县人大常委会教科文卫民侨工作委员会《关于安吉县国家可持续发展实验区建设规划的初审意见》；审议通过《关于安吉县国家可持续发展实验区建设规划的决议》；决定接受蒋水珍辞去安吉县第十四届人民代表大会代表职务；决定许可县人民法院对县第十四届人大代表潘月株采取强制措施。

第十五次会议　2008年12月19日召开。会议听取和审议县监察局《2008年行政监察工作情况的报告》；审议通过《安吉县人大常委会2008年工作总结》；讨论《安吉县人大常委会2009年工作要点》；审议通过《关于召开县十四届人民代表大会第三次会议的决定》。

第十六次会议　2009年1月6日召开。会议审议通过《安吉县人大常委会2009年工作要点》和《安吉县人大常委会2008年工作报告》；讨论提交《安吉县十四届人大三次会议审议通过的有关事项》；决定任命黄培林为安吉县人民政府副县长；决定免去叶海珍、王少华安吉县人民政府副县长职务。

第十七次会议　2009年3月26日召开。会议听取和审议县人民政府《关于我县农业基础设施建设情况报告》和县人大常委会农业环境保护工作委员会所作的相关调研报告；听取和审议县人民政府办公室《关于〈安吉县人大常委会关于生态修复工作的审议意见〉落实情况的报告》；听取和审议县人民政府办公室《关于〈安吉县人大常委会关于国民经济和社会发展第十一个五年规划纲要中期评估报告的审议意见〉落实情况的报告》；决定县人民政府有关人事任免事项。

第十八次会议　2009年5月27日召开。会议听取和审议县财政局《关于2008年部门预算执行情况和2009年部门预算编制情况的报告》，批准县政法委等21个单位2009年部门预算；听取和审议县人民政府《关于我县休闲旅游工作情况的报告》及县人大常委会教科文卫工作委员会所作的相关调查报告；决定接受徐国晟辞去安吉县人民政府副县长职务，接受张建乐辞去安吉县人民法院院长职务；决定任命张建乐、徐礼明为安吉县人民政府副县长；决定王怡为安吉县人民法院代理院长；决定县人大常委会、县人民政府、县人民法院、县人民检察院有关人事任免事项。

第十九次会议　2009年7月27日至28日召开。会议听取和审议县财政局《关于安吉县2008年财政决算(草案)的报告》；听取和审议县审计局《关于安吉县2008年财政预算执行情况和其他财政收支情况的审计报告》；听取和审议县人大常委会财政经济工作委员会《关于

2008年财政决算(草案)的初审报告》;决定批准2008年财政决算;听取和审议县人民政府《关于2009年上半年工作情况的报告》;听取和审议县发展和改革委员会《关于2009年上半年国民经济和社会发展计划执行情况的报告》;听取和审议县财政局《关于2009年上半年财政预算执行情况的报告》;听取和审议县人民政府办公室《关于优化产业结构和企业转型升级情况的报告》;听取和审议县人民政府办公室《关于我县农业法及相关法律法规贯彻落实情况的报告》;书面审议县人大常委会相关调查报告和检查报告。会议表决通过《关于调整县人大常委会人事代表工作委员会组成人员的议案》;决定任命钱波为安吉县人民政府副县长;决定免去章春华安吉县人民政府副县长职务;决定县人大常委会、县人民政府、县人民法院、县人民检察院有关人事任免事项。

第二十次会议　2009年9月28日召开。会议听取和审议县人民政府《关于重点项目推进的报告》;听取和审议县人民政府《关于县十四届人大三次会议议案、建议办理情况的报告》;听取和审议县公安局《关于社会治安工作情况的报告》;听取和审议县人大常委会相关工作委员会对上述报告所作的调查报告;听取和审议县人大常委会人事代表工作委员会《关于大会议案、代表建议督办情况的报告》;审议县人民政府关于县十四届人大三次会议大会议案《建立长效管理机制,深化中国美丽乡村建设》办理工作。

第二十一次会议　2009年11月27日召开。会议听取和审议县人民政府《关于〈安吉县人大常委会关于县重点项目进展情况的审议意见〉落实情况的报告》;听取和审议县农业局受县人民政府委托所作的《关于农业(局)工作情况的报告》及县人大常委会农业环境保护工作委员会所作的相关调查报告,并对县农业局工作进行满意度测评;会议审议通过《安吉县人大常委会关于加强乡镇人大工作联系和指导的办法(试行)》;补选余佰中为湖州市第六届人大代表,报送湖州市人大常委会代表资格审查委员会确认;决定县人民检察院有关人事任免事项。

第二十二次会议　2009年12月15日召开。会议听取和审议县监察局受县人民政府委托所作的《2009年行政监察工作情况的报告》;审议通过《安吉县人大常委会2009年工作总结》;讨论《安吉县人大常委会2010年工作要点》;审议通过《关于召开县十四届人民代表大会第四次会议的决定》。

第二十三次会议　2010年1月8日召开。会议审议通过《安吉县人大常委会2010年工作要点》和《安吉县人大常委会2009年工作报告》;审议决定县十四届人大四次会议有关事项;决定免去王列兵安吉县人民代表大会常务委员会委员职务。

第二十四次会议　2010年3月30日召开。会议听取和审议县人民法院《关于县人民法院立案与涉诉信访工作情况的报告》;听取和审议县人大常委会法制工作委员会《关于县人民法院立案与涉诉信访工作的调查报告》;审议通过《安吉县人民法院关于选任人民陪审员名额的报告》;决定县人大常委会有关人事任免事项。

第二十五次会议　2010年5月25日召开。会议听取和审议县人民政府《关于安吉县水污染防治"一法一条例"贯彻实施情况的报告》;听取和审议县人大常委会农业环境保护工作委员会《关于水污染防治"一法一条例"贯彻实施情况的检查报告》;听取和审议县财政局受县人民政府委托所作的《关于2009年部门预算执行情况和2010年部门预算编制情况的报告》；批准县发展和改革委员会等21个单位2010年部门预算；决定县人民法院有关人事任免事项。

第二十六次会议　2010年7月27日召开。会议听取和审议县财政局受县人民政府委托所作的《关于安吉县2009年财政决算（草案）的报告》；听取和审议县审计局受县人民政府委托所作的《关于安吉县2009年财政预算执行情况和其他财政收支情况的审计工作报告》；听取和审议县人大常委会财政经济工作委员会《关于2009年财政决算（草案）的初审报告》；决定批准2009年财政决算；听取和审议县人民政府《关于2010年上半年工作情况的报告》；听取和审议县发展和改革委员会受县人民政府委托所作的《关于2010年上半年国民经济和社会发展计划执行情况的报告》；听取和审议县财政局受县人民政府委托所作的《关于2010年上半年财政预算执行情况的报告》；决定县人民检察院有关人事任免事项。

第二十七次会议　2010年9月29日召开。会议听取和审议县人民政府《关于2010年重点项目进展情况的报告》；听取和审议县人民政府《关于县十四届人大四次会议议案、建议办理情况的报告》；听取和审议县人大常委会相关工作委员会对上述报告所作的调研报告；听取和审议县人大常委会人事代表工作委员会《关于大会议案、代表建议督办情况的报告》；决定任命任烽为安吉县人民政府副县长。

第二十八次会议　2010年11月26日召开。会议听取和审议县人民政府《关于安吉县食品安全工作情况的报告》；听取和审议县人大常委会教科文卫工作委员会《关于安吉县食品安全工作情况的调研报告》；听取和审议县人民政府《关于安吉县"十二五"规划编制情况的报告》；听取和审议县环境保护局受县人民政府委托所作的《关于县环保局工作情况的报告》；听取和审议县人大常委会农业环境保护工作委员会《关于环保局工作情况的调查报告》，并对县环境保护局工作进行满意度测评；决定县人大常委会、县人民法院有关人事任免事项。

第二十九次会议　2010年12月14日召开。会议听取和审议县监察局受县人民政府委托所作的《2010年行政监察工作情况的报告》；审议通过《安吉县人大常委会2010年工作总结》；讨论《安吉县人大常委会2010年工作要点》；审议通过《关于召开县十四届人民代表大会第五次会议的决定》。

第三十次会议　2011年1月12日召开。会议审议通过《安吉县人大常委会2011年工作要点》和《安吉县人大常委会2010年工作报告》；讨论决定关于召开安吉县第十四届人民代表大会第五次会议有关事项；决定接受唐中祥辞去安吉县人大常委会主任职务；决定接受陶紫正辞去安吉县人大常委会副主任职务；决定吴向明为安吉县人大常委会代理主任；决定县人民政府有关人事任免事项。

第三十一次会议　2011年2月14日召开。会议决定县人民政府、县人民法院、县人民检察院有关人事任免事项。

第三十二次会议　2011年3月29日召开。会议听取和审议县财政局受县人民政府委托所作的《关于2010年部门预算执行情况和2011年部门预算编制情况的报告》；审查批准县发展和经济工作委员会等14个单位2011年部门预算；决定县人民法院有关人事任免事项。

第三十三次会议　2011年5月30日召开。会议听取和审议县人民政府《关于我县“中国美丽乡村”建设情况的报告》；听取和审议县人民政府《关于全县养老保险基金管理工作情况的报告》；听取和审议县人大常委会相关工委对上述报告所作的调查报告；审议通过《安吉县人民代表大会常务委员会议事规则》和《安吉县人民代表大会常务委员会任免国家机关工作人员办法》；决定县人民法院有关人事任免事项。

第三十四次会议　2011年7月27日召开。会议听取和审议县人民政府《关于2011年上半年工作情况的报告》；听取和审议县发展和经济工作委员会受县人民政府委托所作的《关于2011年上半年国民经济和社会发展计划执行情况的报告》；听取和审议县财政局受县人民政府委托所作的《关于2011年上半年财政预算执行情况的报告》；听取和审议县财政局受县人民政府委托所作的《关于安吉县2010年财政决算（草案）的报告》；听取和审议县审计局受县人民政府委托所作的《关于安吉县2010年财政预算执行情况和其他财政收支情况的审计工作报告》；听取和审议县人大常委会财政经济工作委员会《关于安吉县2010年财政决算（草案）的初审报告》；审议通过《关于批准2010年财政决算的决议》；决定任命任贵明为安吉县人民政府副县长；决定免去钱波、金凯、凌建荣安吉县人民政府副县长职务。

第三十五次会议　2011年9月27日召开。会议听取和审议县人民政府《关于2011年县重点项目进展情况的报告》；听取和审议县人民政府《关于安吉县医药卫生体制改革工作情况的报告》；听取和审议县人民政府《关于安吉县十四届人大五次会议议案、建议办理情况的报告》；听取和审议县人大常委会相关工作委员会对上述报告所作的相关调研报告；听取和审议县人大常委会人事代表工作委员会《关于大会议案、代表建议督办情况的报告》。

第三十六次会议　2011年10月20日召开。会议审议通过《安吉县人大常委会关于做好全县县乡两级人民代表大会换届选举的决定》；审议通过《安吉县人大常委会关于连任县人大代表建议人选的提名标准》；审议通过《安吉县人大常委会关于确定乡镇新一届人民代表大会代表名额的决定》；表决任命安吉县选举委员会组成人员和各乡镇选举委员会组成人员；决定县人民检察院有关人事任免事项。

第三十七次会议　2011年11月30日召开。会议听取和审议县人民政府《关于“五五”普法实施情况和“六五”普法规划说明的报告》；分别听取和审议县人民法院、县人民检察院、县公安局、县司法局所作的《关于贯彻落实〈浙江省人大常委会关于加强检察机关法律监督工作的决定〉情况》等4个报告；听取和审议县人大常委会法制工委《关于安吉县贯彻落实〈浙江省人大常委会关于加强检察机关法律监督工作的决定〉的调查报告》；决定接受单锦炎辞去安吉县人民政府县长职务；决定接受王武良辞去安吉县人民检察院检察长职务，报市人民检察院检察长提请市人大常委会批准；决定任命王树、钱洪文为安吉县人民政府副县长；决定王树为安吉县人民政府代理县长；决定周晓杨为安吉县人民检察院代理检察长，报市人大常委会、市人民检察院备案；决定县人民政府和县人民检察院其他有关人事任免事项。

第三十八次会议　2011年12月29日举行。会议听取和审议县人民政府《关于2011年行政监察工作情况的报告》；审议通过《安吉县人大常委会2011年工作总结》；决定县人民政府有关人事任免事项。

第三十九次会议　2012年1月10日召开。会议审议通过《关于召开安吉县第十五届人大一次会议的决定》；讨论《安吉县第十四届人大常委会2011年工作报告（初稿）》；听取和审议县人大常委会代表资格审查委员会《关于安吉县第十五届人大代表资格审查的报告》。

第四十次会议　2012年2月3日召开。会议审议通过《安吉县人大常委会2012年工作建议》；审议通过《安吉县第十四届人大常委会2011年工作报告》；决定县十五届人大一次会议有关事项。

第十五届人大常务委员会会议

第一次会议　2012年3月26日召开。会议审议通过《安吉县人大常委会2012年工作要点》；审议通过《安吉县人大常委会关于设立代表资格审查委员会的决定》；听取和审议县人民政府提请的《关于调整部分乡镇行政区划的议案》；同意撤销高禹镇、良朋镇建制，组建天子湖镇；同意撤销昆铜乡建制，其行政区域建制并入梅溪镇。会议作出《关于同意调整部分乡镇行政区划的决议》，并由县人民政府按照法定程序报批并组织实施。会议决定县人大常委会、县人民政府、县人民法院、县人民检察院有关人事任免事项；补选施志仁为湖州市第七届人民代表大会代表，报请湖州市人大常委会审查确认。

第二次会议　2012年5月29日召开。会议听取和审议县财政局受县人民政府委托所作的《关于2011年部门预算执行情况和2012年部门预算编制情况的报告》；审查批准县发展和经济工作委员会等17个单位2012年部门预算；听取和审议县人民法院《关于民商事审判工作的报告》；听取和审议县人大常委会法制工作委员会《关于县人民法院民商事审判工作情况的调查报告》；决定任命罗林泉为安吉县人民政府副县长；决定县人大常委会、县人民法院、县人民检察院有关人事任免事项。

第三次会议　2012年6月8日召开。会议审议通过《安吉县人民代表大会常务委员会关于做好区划调整后梅溪镇、天子湖镇人民代表大会选举工作的决定》；审议通过《安吉县人民代表大会常务委员会关于成立梅溪镇、天子湖镇选举委员会的决定》；表决任命梅溪镇、天子湖镇选举委员会组成人员。

第四次会议　2012年8月17日召开。会议听取和审议县人民政府《关于2012年上半年工作情况的报告》；审查《2012年上半年国民经济和社会发展计划执行情况的报告》和《2012年上半年财政预算执行情况的报告》；听取和审议县财政局受县人民政府委托所作的《关于安吉县2011年财政决算（草案）的报告》；听取和审议县审计局受县人民政府委托所作的《关于安吉县2011年度财政预算执行和其他财政收支的审计工作报告》；听取和审议县人大常委会财政经济工作委员会《关于安吉县2011年财政决算（草案）的初审报告》；审议通过《关于批准2011年财政决算的决议》；听取和审议县人民政府《关于食品安全法及相关法规执法情况的报告》；听取和审议县人大常委会教科文卫民侨工作委员会《关于安吉县贯彻实施食品安全“一法两规”执法检查的检查报告》；决定任命黄亮为安吉县人民政府副县长；决定县人民检察院有关人事任免事项。

第五次会议　2012年9月27日召开。会议听取和审议县人民政府《关于引导企业专注主业工作情况的报告》；听取和审议县人大常委会财政经济工作委员会《关于引导企业专注主业工作情况的调研报告》；听取和审议县人民政府《关于2012年重点项目进展情况的报告》；听取和审议县人大常委会财政经济工作委员会《关于2012年县重点项目推进情况的调研报告》；对县重点项目进展情况进行评价，并对项目责任部门和项目服务部门的工作进行满意度测评；听取和审议县人民政府《关于县十五届人大一次会议建议办理情况的报告》；听取和审议县人大常委会人事代表工作委员会《关于县十五届人大一次会议建议督办情况的报告》；听取和审议县人民政府提请的《关于要求调整2012年政府投资项目计划的议案》；审议通过《关于同意调整2012年政府投资项目计划的批复》。

第六次会议　2012年11月27日召开。会议听取和审议县人民政府《关于全县文化工作情况的报告》；听取和审议县人大常委会教科文卫民侨工作委员会《关于县文化工作开展情况的调研报告》；听取和审议县人民政府《关于2012年水利建设进展情况的报告》；听取和审议县人大常委会农业环境保护工作委员会《关于县水利工程建设情况的调研报告》；听取和审议县人民法院提请的《关于增加选任人民陪审员名额的议案》；审议通过《关于增加选任人民陪审员名额的决定》；决定县人民法院有关人事任免事项。

第七次会议　2012年12月20日召开。会议听取和审议县人民政府《关于2012年行政监察工作情况的报告》；审议通过《关于召开县第十五届人大一次会议的决定》；审议通过《安吉县人大常委会2012年工作总结》；讨论《安吉县人大常委会2013年工作要点》。

第八次会议　2013年1月7日召开。会议审议通过《安吉县人大常委会2013年工作要点》和《安吉县人大常委会2012年工作报告》；讨论提交《安吉县十五届人大二次会议审议通过的有关事项》；审议通过《关于确定安吉县十五届人大二次会议列席人员名单的决定》；决定县人大常委会、县人民检察院有关人事任免事项；决定接受涂正良辞去安吉县第十五届人民代表大会代表职务。

第九次会议　2013年3月22日召开。会议听取和审议县财政局受县人民政府委托所作的《关于2012年部门预算执行情况和2013年部门预算编制情况的报告》；听取和审议县司法局受县人民政府委托所作的《关于加强人民调解，化解社会矛盾工作情况的报告》；听取和审议县人大常委会法制工作委员会《关于加强人民调解，化解社会矛盾工作情况的调研报告》；决定接受吴国兴、郑继农辞去安吉县第十五届人大常委会委员职务；决定县人民政府、县人民法院、县人民检察院有关人事任免事项。

第十次会议　2013年5月3日召开。会议决定许可县公安局对县第十五届人大代表丁毅依法采取治安拘留。

第十一次会议　2013年5月28日召开。会议听取和审议县人民政府《关于安吉县美丽乡村建设全面提升工作情况的报告》；听取和审议县人大常委会农业环境保护工作委员会《关于安吉县美丽乡村建设扩面提升情况的调研报告》；听取和审议县人民政府《关于安吉县学前教育工作情况的报告》；听取和审议县人大常委会教科文卫民侨工作委员会《关于全县幼儿教育工作情况的调研报告》；决定免去罗林泉安吉县人民政府副县长职务；决定县人大常委会、县人民检察院有关人事任免事项。

第十二次会议　2013年7月25日召开。会议听取和审议县人民政府《关于2013年上半年工作情况的报告》;书面审查《2013 年上半年国民经济和社会发展计划执行情况的报告》和《2013 年上半年财政预算执行情况的报告》;听取和审议县财政局受县人民政府委托所作的《关于安吉县 2012 年财政决算(草案)的报告》;听取和审议县审计局受县人民政府委托所作的《关于安吉县 2012 年度财政预算执行和其他财政收支的审计工作报告》;听取和审议县人大常委会财政经济工作委员会《关于安吉县 2012 年财政决算(草案)的初审报告》;听取和审议县人民政府《关于省际承接产业转移示范区建设情况的报告》;听取和审议县人大常委会财政经济工作委员会《关于省际承接产业转移示范区建设情况的调研报告》;听取和审议县人大常委会主任会议《关于提请审议〈安吉县人民代表大会常务委员会关于加强代表工作的决定(草案)〉的议案》和《关于修改〈安吉县人民代表大会常务委员会议事规则〉等有关制度的议案》;审议通过《关于加强代表工作的决定》;决定县人民政府有关人事任免事项。

第十三次会议　2013 年 9 月 26 日召开。会议听取和审议县人民政府《关于 2013 年重点项目进展情况的报告》;听取和审议县人大常委会财政经济工作委员会《关于 2013 年县重点项目推进情况的调研报告》;听取和审议县人力资源和社会保障局受县人民政府委托所作的《关于县人力资源和社会保障局工作情况的报告》;听取和审议县人大常委会法制工作委员会《关于县人力资源和社会保障局工作评议的调研报告》;听取和审议县食品药品监督管理局受县人民政府委托所作的《关于安吉县食品药品监督管理局工作情况的报告》;听取和审议县人大常委会教科文卫民侨工作委员会《关于县食品药品监督管理局工作评议的调研报告》;会议同时对县人力资源和社会保障局、县食品药品监督管理局工作进行评议。会议听取和审议县人民政府《关于县十五届人大二次会议建议办理情况的报告》;听取和审议县人大常委会人事代表工作委员会《关于县十五届人大二次会议建议督办情况的报告》;听取和审议县人民法院提请的《关于申报人民陪审员倍增计划的议案》;决定接受吴淼水辞去安吉县第十五届人大常委会委员职务,报安吉县第十五届人民代表大会第三次会议备案;决定任命陈江为安吉县人民政府副县长;决定县人民法院有关人事任免事项。

第十四次会议　2013 年 11 月 22 日举行。会议听取和审议县人民政府《关于“十二五”规划执行情况的中期评估报告》;听取和审议县水利局受县人民政府委托所作的《关于全县水利重点工程建设情况的报告》;分别听取和审议县人民法院、县人民检察院所作的《关于贯彻执行〈中华人民共和国刑事诉讼法〉的工作报告》;书面审议县公安局、县司法局《关于贯彻执行〈中华人民共和国刑事诉讼法〉的工作报告》;听取和审议县人民政府《安吉县土地利用总体规划(2013—2020)的报告》;决定许可县人民检察院对县第十五届人大代表陈法有依法采取刑事拘留。

第十七次会议　2014 年 4 月 2 日召开。会议听取和审议县财政局受县人民政府委托所作的《关于 2013 年部门预算执行情况和 2014 年部门预算编制情况的报告》;审查批准县发展和经济工作委员会等 22 个单位 2014 年部门预算。会议决定设立安吉县人大常委会递铺街道工作委员会,安吉县人大常委会昌硕街道工作委员会,安吉县人大常委会灵峰街道工作委员会,安吉县人大常委会孝源街道工作委员会;决定任命上述街道人大工作委员会主任、副主任。会议决定接受沈长明辞去湖州市第七届人民代表大会代表和安吉县第十五届人民代表大会代表职务；决定调整安吉县人大常委会各工作机构组成人员；决定任命刘艳梅、赵成忠为安吉县人民政府副县长；决定免去陈江、徐礼明安吉县人民政府副县长职务；决定县人民法院有关人事任免事项。

第十八次会议　2014年5月23日召开。会议传达学习全国人大常委会委员长张德江《关于加强和改进县级人大工作的调研报告》精神；听取和审议县人民政府《关于安吉县防洪排涝工作情况的报告》；听取和审议县人大常委会农业环境保护工作委员会《关于安吉县防洪排涝工作情况的调研报告》；听取和审议县人民检察院《关于反贪污贿赂工作情况的报告》；听取和审议县人大常委会法制工作委员会《关于安吉县反贪污贿赂工作情况的调研报告》；讨论通过《安吉县人民法院关于提请任命人民陪审员的议案》。

第十九次会议　2014年7月3日召开。会议决定接受陈建华辞去安吉县第十五届人大常委会委员职务，报安吉县第十五届人民代表大会第四次会议备案；决定任命沈铭权、郦东为安吉县人民政府副县长；决定免去黄亮安吉县人民政府副县长职务；决定接受王树辞去安吉县人民政府县长职务，报安吉县第十五届人民代表大会第四次会议备案；决定沈铭权为安吉县人民政府代理县长。

第二十次会议　2014年7月29日召开。会议听取和审议县人民政府《关于2014年上半年工作情况的报告》；听取和审议县财政局受县人民政府委托所作的《关于安吉县2013年财政决算（草案）的报告》；听取和审议县审计局受县人民政府委托所作的《关于安吉县2013年度财政预算执行和其他财政收支的审计工作报告》；听取和审议县人大常委会财政经济工作委员会《关于安吉县2013年财政决算（草案）的初审报告》；听取和审议县发展和经济工作委员会受县人民政府委托所作的《关于2014年上半年国民经济和社会发展计划执行情况的报告》；书面审查和审议县人民政府《关于2014年上半年财政预算执行情况的报告》。

第二十一次会议　2014年9月22日召开。会议听取和审议县人民政府《关于2014年重点项目进展情况的报告》，并对项目责任部门开展满意度测评；听取和审议县住房和建设局、县行政服务中心、县文化广播电视新闻出版局的工作情况报告，并进行工作评议；听取和审议县人民政府《关于大会议案、建议办理情况的报告》；听取和审议县人大常委会主任会议《关于提请审议〈安吉县人民代表大会常务委员会规范性文件备案审查办法（草案）〉的议案》；决定任命陆建卫为安吉县人民政府副县长。

第二十二次会议　2014年11月20日召开。会议听取和审议县人民政府《关于县污水治理阶段性工作情况的报告》；听取和审议县人大常委会农业环境保护工作委员会《关于安吉县污水治理几个重点问题的调研报告》；听取和审议县人民政府《关于安吉县人口和计划生育工作情况的报告》；听取和审议县人大常委会教科文卫民侨工作委员会《关于全县计划生育工作情况的调研报告》；听取和审议县人民政府《关于安吉县城市管理行政执法工作情况的报告》；听取和审议县人大常委会法制工作委员会《关于安吉县城市管理行政执法工作情况的调研报告》；审议通过《安吉县人大常委会街道工作委员会工作规则（试行）》和《关于提请任命县人大常委会各街道工作委员会委员的议案》；决定免去凌建荣安吉县人民政府副县长职务；决定县人民政府、县人民检察院有关人事任免事项。

第二十四次会议　2015年1月19日召开。会议讨论《安吉县第十五届人民代表大会第四次会议工作报告(草案)》;讨论通过《安吉县人大常委会2015年工作要点(草案)》;讨论通过《安吉县第十五届人民代表大会第四次会议有关事项(草案)》;决定任命何承明为安吉县人民政府副县长。

第二十五次会议　2015年3月26日召开。会议听取和审议县财政局受县人民政府委托所作的《关于2014年部门预算执行情况和2015年部门预算编制情况的报告》;审查批准县发展和经济工作委员会等25个单位2015年部门预算;决定县人大常委会、县人民政府、县人民法院、县人民检察院有关人事任免事项。

第二十六次会议　2015年5月22日召开。会议听取和审议县人民政府《关于全县普通中小学教育工作情况的报告》;表决通过《关于批准安吉县环境功能区划实施方案的议案》;决定县人大常委会、县人民政府有关人事任免事项。

第二十七次会议　2015年7月23日召开。会议听取和审议县人民政府《关于2015年上半年工作情况的报告》;听取和审议县财政局受县人民政府委托所作的《关于安吉县2014年财政决算(草案)的报告》;听取和审议县审计局受县人民政府委托所作的《关于安吉县2014年度财政预算执行的审计工作报告》;听取和审议县人大常委会财政经济工作委员会《关于安吉县2014年财政决算(草案)的初审报告》;审议通过《关于批准2014年财政决算的决议》;听取和审议县发展和经济工作委员会受县人民政府委托所作的《关于2015年上半年国民经济和社会发展计划执行情况的报告》;听取和审议县财政局受县人民政府委托所作的《关于2015年县级部门财政预算调整情况的报告》;决定批准2015年县级部门预算调整;书面审查和审议县人民政府《关于2015年上半年财政预算执行情况的报告》;决定任命张小莹为安吉县人民政府副县长;决定免去刘艳梅安吉县政府副县长职务;决定县人大常委会、县人民政府、县人民检察院有关人事任免事项。

第二十八次会议　2015年9月24日召开。会议听取和审议县人民法院6名审判员、县人民检察院4名检察员的履职情况报告和县人大常委会履职评议小组关于对被评议审判员、检察员履职情况的评议报告,并进行测评。会议听取和审议县人民政府《关于2015年重点项目进展情况的报告》;听取和审议县人大常委会财政经济工作委员会《关于2015年县重点项目推进情况的调研报告》,并对项目责任部门和项目服务部门的工作进行满意度测评。会议听取和审议县水利局受县人民政府委托所作的《关于安吉县水利局工作情况的报告》;听取和审议县人大常委会农业环境不工作委员会《关于安吉县水利局工作评议的调研报告》;听取和审议县商务局受县人民政府委托所作的《关于安吉县商务局工作情况的报告》;听取和审议县人常委会财政经济工作委员会《关于安吉县商务局工作评议的调研报告》;同时对县水利局、县商务局工作进行评议。会议听取和审议县公、检、法、司机关工作人员依法履职、公正司(执)法及整改情况的报告;书面审查县人大常委会调研组《关于对县公检法司机关工作人员依法履职、公正司(执)法情况的调研报告》,并进行满意度测评;听取和审议县人民政府《关于县十五届人大四次会议建议办理情况的报告》;听取和审议县人大常委会人事代表工作委员会《关于县十五届人大四次会议建议督办情况的报告》;决定许可县公安局对安吉县第十五届人大代表沈建国采取强制措施；决定县人民政府有关人事任免事项；讨论通过县人民法院《关于提请任命人民陪审员的议案》。

第二十九次会议　2015年11月26日召开。会议听取和审议县人民政府《关于全县农村生活污水治理情况的报告》；听取和审议县人民政府《关于我县“十三五”规划编制工作情况的报告》；听取和审议县人民政府《关于环境综合治理“集中推进日”决定落实情况的报告》。

第三十次会议　2015年12月24日召开。会议听取和审议《关于召开县第十五届人民代表大会第五次会议的决定(草案)》；表决通过《关于召开县第十五届人民代表大会第五次会议的决定》；讨论《安吉县人大常委会2015年工作报告(讨论稿)》；讨论《安吉县人大常委会2016年工作要点(讨论稿)》；听取和审议县监察局受县人民政府委托所作的《关于全县行政监察工作情况的报告》；表决通过县人民政府《关于安吉县2015年地方政府债务限额的议案》；决定县人大常委会有关人事任免事项。

第三十一次会议　2016年1月7日召开。会议审议通过《关于设立“5·26爱路日”的决定》。

第三十二次会议　2016年3月24日召开。会议听取和审议县人民政府《关于全县安全生产工作情况的报告》；听取和审议县人大常委会法制工作委员会《关于全县安全生产工作情况的调研报告》；决定县人大常委会、县人民政府、县人民法院有关人事任免事项；举行新任命工作人员向宪法宣誓仪式。

第三十三次会议　2016年6月23日召开。会议听取和审议县人民政府《关于全县大气污染防治工作情况的报告》；听取和审议县人大常委会农业环境工作委员会《关于全县大气污染防治工作情况的调研报告》。会议决定罢免丁普杰湖州市第七届人民代表大会代表职务；决定接受朱云飞辞去湖州市第七届人民代表大会代表职务；决定县人大常委会、县人民政府、县人民法院有关人事任免事项。

第三十四次会议　2016年7月28日召开。会议听取和审议县人民政府《关于2016年上半年工作情况的报告》；听取和审议县财政局受县人民政府委托所作的《关于2015年财政决算(草案)的报告》；听取和审议县审计局受县人民政府委托所作的《关于2015年财政预算执行和其他财政收支的审计工作报告》；听取和审议县人大常委会财政经济工作委员会《关于2015年财政决算(草案)的初审报告》；审议通过《关于批准2015年财政决算的决议》；决定批准2015年财政决算。会议听取和审议县发展和经济工作委员会受县人民政府委托所作的《关于2016年上半年国民经济和社会发展计划执行情况的报告》；书面审查和审议县人民政府《关于2016年上半年财政预算执行情况的报告》。会议决定设立安吉县人大常委会城乡建设与环境资源保护工作委员会；决定将安吉县人大常委会农业环境保护工作委员会更名为安吉县人大常委会农业与农村工作委员会。会议决定任命陈瑶为安吉县人民政府副县长；决定免去郦东安吉县人民政府副县长职务。

第三十五次会议　2016年8月22日召开。会议决定任命陈永华为安吉县人民政府副县长；决定接受沈铭权辞去安吉县人民政府县长职务；决定陈永华为安吉县人民政府代理县长。

第三十六次会议　2016年9月22日召开。会议听取和审议县人民政府《关于2016年全县重点项目进展情况的报告》;听取和审议县人大常委会财政经济工作委员会《关于2016年全县重点项目推进情况的调研报告》;书面审议县发展和经济工作委员会发、县国土局、县环境保护局、县安全生产监督管理局、县规划局和县供电公司关于服务重点项目推进情况的报告;同时对县重点项目进展情况进行评价,并对项目责任部门和服务项目部门的工作进行满意度测评。会议听取和审议县人民政府《关于县十五届人大五次会议建议办理情况的报告》;听取和审议县人大常委会人事代表工作委员会《关于县十五届人大五次会议建议督办情况的报告》;书面审议县公安局、县人民检察院、县人民法院和县司法局关于机关工作人员依法履职、公正司(执)法重点问题整改情况的报告;决定县人大常委会、县人民政府有关人事任免事项。

第三十七次会议　2016年10月12日召开。会议审议通过《安吉县人大常委会关于县乡两级人民代表大会换届选举的决定》;表决任命安吉县选举委员会组成人员;表决任命安吉县各乡镇选举工作委员会、各街道选举工作委员会组成人员;审议通过《安吉县人大常委会关于连任县人大代表建议人选提名标准》;审议通过《安吉县人大常委会关于确定乡镇新一届人民代表大会代表名额的决定》。

第三十八次会议　2016年12月2日召开。会议听取和审议县人民政府《关于全县卫生计生工作情况的报告》;听取和审议县人大常委会教科文卫民侨工作委员会代表县人大常委会调研组所作的《关于全县卫生计生工作情况的调研报告》;听取和审议县人民政府《关于"六五"普法工作情况和"七五"普法规划说明的报告》;表决通过《关于开展第七个五年法治宣传教育的决议》;决定任命杨建新为安吉县人民政府副县长、公安局局长;决定免去钱洪文、张云威安吉县人民政府副县长职务;决定免去吴佩勋安吉县公安局局长职务;决定接受王怡辞去安吉县人民法院院长、审判委员会委员、审判员职务;决定接受周晓杨辞去安吉县人民检察院检察长、检察委员会委员、检察员职务;决定沈芳君为安吉县人民法院代理院长;决定陈章为安吉县人民检察院代理检察长;决定县人民法院、县人民检察院其他有关人事任免事项。

第三十九次会议　2016年12月23日召开。会议听取和审议县纪委《关于全县行政监察工作情况报告》;书面审议《安吉县人大常委会2016年工作总结》。

第十六届人大常委会会议

第一次会议　2017年2月18日召开。会议决定任命王昌慧、余再鸣为县监察委员会副主任;任命张永玲、郭兆东、邢立东为县监察委员会委员。

第二次会议　2017年3月29日召开。会议听取和审议县财政局受县人民政府委托所作的《关于2017年部门预算编制情况的报告》;听取和审议县人大常委会财政经济工作委员会《关于2017年部门预算的审查报告》;审查批准县教育局等46个单位2017年部门预算。会议审议通过《安吉县人大常委会2017年工作要点》;审议通过《安吉县人民代表大会常务委员会组成人员守则》;表决通过《安吉县第十六届人大常委会代表资格审查委员会组成人员名单》;表决通过《安吉县第十六届人大常委会各工作机构组成人员名单》;决定任命张小莹、陈瑶为安吉县人民政府副县长;决定县人大常委会、县人民政府有关人事任免事项。

第三次会议　2017年5月26日召开。会议听取和审议县人民政府《关于全县剿灭劣Ⅴ类水工作情况的报告》;听取和审议县人大常委会城乡建设与环境资源保护工作委员会代表县人大常委会调研组所作的《关于全县剿灭劣Ⅴ类水工作情况的调研报告》；听取和审议县人民政府《关于全县宗教场所管理工作情况的报告》；听取和审议县人大常委会教科文卫工作委员会代表县人大常委会调研组所作的《关于全县宗教场所管理工作情况的调研报告》；审议通过《关于开展评选表彰优秀县人大代表、优秀县人大代表议案建议、先进县人大代表小组和议案建议办理先进单位的实施意见》；审议通过《关于开展对县人大常委会任命的政府工作部门负责人述职测评的实施意见》；决定接受施宏辞去安吉县第十六届人大常委会委员、安吉县第十六届财政经济工作委员会委员和安吉县第十六届人民代表大会代表职务；决定县人民政府有关人事任免事项。

第四次会议　2017 年 7 月 25 日召开。会议听取和审议县人民政府《关于 2017 年上半年工作情况的报告》；听取和审议县财政局受县人民政府委托所作的《关于 2016 年财政决算（草案）的报告》；听取和审议县审计局受县人民政府委托所作的《关于 2016 年财政预算执行和其他财政收支的审计工作报告》；听取和审议县人大常委会财政经济工作委员会《关于 2016 年财政决算（草案）的初审报告》；听取和审议县发展和经济工作委员会受县人民政府委托所作的《关于 2017 年上半年国民经济和社会发展计划执行情况的报告》；听取和审议县人民政府《关于食品安全监管工作情况的报告》；听取和审议县人大常委会法制（内务司法）委员会代表县人大常委会调研组所作的《关于食品安全监管工作情况的调研报告》；书面审查和审议县人民政府《关于 2017 年上半年财政预算执行情况的报告》；书面审议《土地整治“十三五”规划编制工作情况的报告》；表决通过《关于全力推进“城中村”改造，共促优雅竹城建设的决定》；决定任命王海稳为安吉县人民政府副县长；决定免去张小莹安吉县人民政府副县长职务；决定县人大常委会有关人事任免事项。

第五次会议　2017 年 8 月 25 日召开。会议听取和审议县人民政府《关于 2017 年全县重点项目进展情况的报告》；书面审议县人大常委会调研组《关于 2017 年全县重点项目进展情况的调研报告》；对进度滞缓的中策橡胶轮胎生产基地项目开展专题询问；表决通过《安吉县国家生态文明建设示范县规划（2016—2020）》。

第六次会议　2017 年 9 月 15 日召开。会议听取和审议县人民政府《关于贯彻执行〈城乡规划法〉工作情况的报告》；听取和审议县人大常委会城乡建设与环境资源保护工作委员会代表县人大常委会调研组所作的《关于贯彻执行〈城乡规划法〉工作情况的调研报告》；听取和审议县人民政府《关于县十六届人大一次会议代表议案、建议办理情况的报告》；听取和审议县人大常委会代表与选任工作委员会《关于县十六届人大一次会议代表议案、建议督办情况的报告》；听取和审议县投资促进局受县人民政府委托所作的《关于县投资促进局工作情况的报告》；听取和审议县人大常委会财政经济工作委员会代表县人大常委会工作评议调研组所作的《关于对县投资促进局工作评议的调研报告》；听取和审议县林业局受县人民政府委托所作的《关于县林业局工作情况的报告》；听取和审议县人大常委会农业与农村工作委员会代表县人大常委会工作评议调研组所作的《关于对县林业局工作评议的调研报告》；同时对县投资促进局、县林业局工作进行评议。会议听取和审议县人民法院《关于执行工作情况的报告》；听取和审议县人大常委会法制（内务司法）委员会代表县人大常委会调研组所作的《关于执行工作情况的调研报告》;表决通过《关于实施县政府民生实事项目人大代表票决制的决定》;决定县人民法院有关人事任免事项。

第七次会议　2017年11月23日召开。会议听取和审议县人民政府《关于全县农村生活污水治理运维工作情况的报告》;听取和审议县人大常委会农业与农村工作委员会代表县人大常委会调研组所作的《关于我县农村生活污水治理运维工作情况的调研报告》;听取和审议县人民政府《关于我县职业教育工作情况的报告》;听取和审议县人大常委会教科文卫工作委员会代表县人大常委会调研组所作的《关于我县职业教育工作情况的调研报告》;书面审议县投资促进局、县林业局关于工作评议意见整改落实情况的报告;书面审议县人民政府《关于中策橡胶轮胎生产基地项目专题询问意见反馈落实情况的报告》。会议决定接受王兵辞去安吉县第十六届人大常委会委员、安吉县第十六届人大常委会代表与选举任免工作委员会委员和安吉县第十六届人民代表大会代表职务;决定接受曾云峰辞去安吉县第十六届人大代表职务;决定县人民政府、县人民检察院有关人事任免事项。

第八次会议　2018年1月9日召开。会议表决通过《关于召开县第十六届人民代表大会第二次会议的决定》;听取和审议市八届人大代表述职报告,并对市人大代表进行述职测评;听取和审议县人大常委会任命的政府工作部门负责人述职报告,并对政府工作部门负责人进行述职测评;审议通过县人民政府《关于提请审议〈安吉县生态保护红线划定方案〉的议案》;决定县人大常委会、县人民法院有关人事任免事项。

第九次会议　2018年1月19日召开。会议审议通过《安吉县人大常委会2017年工作报告》;审议通过《安吉县人大常委会2018年工作要点》;审议通过《安吉县第十六届人民代表大会第二次会议有关事项》;书面审议县人民政府《关于2018年民生实事候选项目情况的报告》;决定接受江利勇辞去安吉县第十六届人民代表大会代表职务。

第十次会议　2018年3月23日召开。会议听取和审议县人民政府《关于贯彻执行旅游"一法一条例"工作情况的报告》;听取和审议县人大常委会城乡建设与环境资源保护工作委员会代表县人大常委会调研组所作的《关于我县贯彻执行旅游"一法一条例"工作情况的调研报告》;决定任命姚斌、刘伟栋为安吉县监察委员会委员;决定免去张永玲安吉县监察委员会委员职务;决定县人民检察院有关人事任免事项。

第十一次会议　2018年5月23日召开。会议听取和审议县人民政府《关于〈浙江省社会养老服务促进条例〉执行情况的报告》;听取和审议县人大法制(内务司法)委员会代表县人大常委会调研组所作的《关于〈浙江省社会养老服务促进条例〉执行情况的调研报告》;表决通过《关于提请对赋石水库、老石坎水库和凤凰水库污染源开展特定问题调查的议案》。

第十三次会议　2018年7月23日召开。会议听取和审议县人民政府《关于2018年上半年工作情况的报告》;听取和审议县财政局受县人民政府委托所作的《关于2017年财政决算(草案)的报告》;听取和审议县审计局受县人民政府委托所作的《关于2017年财政预算执行和其他财政收支的审计工作报告》;听取和审议县人大财政经济工作委员会《关于2017年财政决算(草案)的初审报告》;审议通过《关于批准2017年财政决算的决议》;听取和审议县发展和经济工作委员会受县人民政府委托所作的《关于2018年上半年国民经济和社会发展计划执行情况的报告》；书面审查和审议县人民政府《关于2018年上半年财政预算执行情况的报告》；决定县人大常委会、县人民政府、县人民法院有关人事任免事项。

第十四次会议　2018年9月27日召开。会议听取和审议县人民政府《关于"十三五"规划纲要实施情况的中期评估报告》；书面审议县人大常委会财政经济工作委员会《关于"十三五"规划纲要实施情况中期评估报告的审议报告》；听取和审议县人民政府《关于2018年全县重点建设项目进展情况的报告》；书面审议县人大常委会调研组《关于2018年全县重点建设(民生实事)项目进展情况的调研报告》；同时对重点建设项目进展情况进行评价，并对项目责任部门和服务项目部门的工作进行满意度测评。会议听取和审议县科技局受县人民政府委托所作的《关于县科技局工作情况的报告》；听取和审议县人大常委会教科文卫民侨工作委员会代表县人大常委会工作评议调研组所作的《关于对县科技局工作评议的调研报告》；听取和审议县交通运输局受县人民政府委托所作的《关于县交通运输局工作情况的报告》；听取和审议县人大常委会城乡建设与环境资源保护工作委员会代表县人大常委会工作评议调研组所作的《关于对县交通运输局工作评议的调研报告》；同时对县科技局、县交通运输局工作进行评议。会议听取和审议县人民政府《关于县十六届人大二次会议代表议案、建议办理情况的报告》；听取和审议县人大常委会办公室《关于县十六届人大二次会议代表议案、建议督办情况的报告》；书面审议县人民政府《关于2017年度财政预算执行和其他财政收支审计查出问题整改情况的报告》；审议通过《安吉县人大常委会监督审计查出问题整改工作办法》；决定免去乐叶俊县人民政府副县长职务。

第十五次会议　2018年10月31日召开。会议表决通过《关于提请审议确定安吉县县树县花的议案》；决定接受周盛东辞去安吉县第十六届人大常委会委员、安吉县第十六届人大财政经济委员会委员、县第十六届人民代表大会代表职务；决定任命潘鸣、杜尉栋为安吉县人民政府副县长；决定县人大常委会、县人民政府、县人民法院、县人民检察院有关人事任免事项。

第十六次会议　2018年11月26日召开。会议听取和审议县人民政府《关于全县农产品质量安全情况的报告》；听取和审议县人大常委会农业与农村工作委员会代表县人大常委会调研组所作的《关于全县农产品质量安全情况的调研报告》；听取和审议县财政局受县人民政府委托所作的《关于2017年度全县行政事业单位国有资产管理情况的专项报告》；书面审议县人民政府《关于2017年度全县国有资产管理情况的综合报告》及县人大常委会财政经济工作委员会《关于我县国有资产管理情况报告制度建立情况及对首次报告的初步审查报告》；听取和审议县人民政府提请的《关于提请审议2018年安吉县财政预算调整方案(草案)的议案》；听取和审议县财政局受县人民政府委托所作的《关于提请审议〈安吉县2018年财政预算调整方案(草案)〉的议案》的说明；书面审议县人大常委会财政经济工作委员会《关于〈安吉县2018年财政预算调整方案(草案)〉的审查报告》；决定批准《安吉县2018年一般公共预算调整方案和安吉县2018年政府性基金预算调整方案》；书面审议县科技局、县交通运输局关于人大工作评议意见整改落实情况的报告；决定接受谷炳方辞去安吉县第十六届人大常委会委员、安吉县第十六届人民代表大会代表职务；决定接受王宏之辞去安吉县第十六届人大常委会教科文卫工作委员会委员、安吉县第十六届人民代表大会代表职务；决定接受周哲敏辞去安吉县第十六届人大常委会代表与选举任免工作委员会委员、安吉县第十六届人民代表大会代表职务；决定接受叶鸣岗、马洪亮、唐宝城、张超、祝青、胡红芳辞去安吉县第十六届人民代表大会代表职务。

第十七次会议　2018 年 12 月 27 日召开。会议审议通过《关于召开县第十六届人民代表大会第三次会议的决定》；审议通过《安吉县人大常委会 2017 年工作报告》；听取和审议市人大代表述职报告，并对市人大代表进行测评；听取和审议县人大常委会任命的政府工作部门负责人述职报告，并对政府工作部门负责人进行测评；听取和审议员额法官、员额检察官述职报告，并对员额法官、员额检察官进行测评；审议通过《关于县第十六届人民代表大会代表资格的审查报告》；审议通过《关于提请补选徐仲仪为湖州市第八届人大代表的议案》。

第十八次会议　2019 年 1 月 12 日召开。会议听取和审议县人民政府《关于 2018 年政府民生实事项目完成情况的报告》，并对 2018 年政府民生实事项目开展满意度测评；听取和审议县人民政府《关于 2019 年政府民生实事候选项目情况的报告》；决定接受杨绍军辞去安吉县人民政府副县长职务；决定接受杨新初辞去安吉县监察委员会主任、县第十六届人民代表大会代表职务；决定接受俞兆松辞去安吉县第十六届人大常委会代表与选举任免工作委员会委员、县第十六届人民代表大会代表职务；决定接受肖家青辞去安吉县第十六届人民代表大会代表职务；决定接受吴丹妮辞去安吉县第十六届人民代表大会代表职务；决定县人大常委会、县人民政府有关人事任免事项。

第十九次会议　2019 年 1 月 12 日召开。会议审议通过《安吉县第十六届人民代表大会第三次会议有关事项》。

第二十次会议　2019 年 3 月 15 日召开。会议审议通过《安吉县人大常委会 2019 年工作要点》；审议通过《关于奋力推动我县民营经济高质量发展的决议》；听取和审议县自然资源和规划局受县人民政府委托所作的《关于国有自然资源资产管理情况的专项报告》；决定任命柏建华为安吉县监察委员会副主任；决定任命陈小龙为安吉县人民政府副县长；决定柏建华为县监察委员会代理主任；决定县人民法院有关人事任免。

第二十一次会议　2019 年 5 月 10 日召开。会议听取和审议县公安局《关于报请许可对县人大代表王金土依法采取刑事强制措施的报告》；决定许可县公安局对县第十六届人大代表王金土依法采取刑事强制措施；审议通过《安吉县人大常委会财政专项资金监督办法》；决定县人大常委会、县人民检察院有关人事任免。

第二十二次会议　2019 年 5 月 31 日召开。会议听取和审议县人民政府《关于“七五”普法工作情况的报告》；听取和审议县人大常委会监察和司法（法制）委员会代表县人大常委会调研组所作的《关于“七五”普法工作情况的调研报告》；听取和审议县人民政府《关于“五未”土地处置情况的报告》；听取和审议县人大常委会城乡建设与环境资源保护工作委员会代表县人大常委会调研组所作的《关于“五未”土地处置情况的调研报告》；决定任命项侃文为安吉县人民政府副县长；决定县人大常委会、县人民法院、县人民检察院有关人事任免事项。

第二十三次会议　2019 年 7 月 22 日召开。会议听取和审议县人民政府《关于 2019 年上半年工作情况报告》；听取和审议县发展和改革委员会受县人民政府委托所作的《关于 2019

年上半年国民经济和社会发展计划执行情况的报告》；听取和审议县财政局受县人民政府委托所作的《关于2018年财政决算（草案）的报告》；听取和审议县审计局受县人民政府委托所作的《关于2018年财政预算执行和其他财政收支情况的审计工作报告》；听取和审议县人大常委会财政经济工作委员会《关于2018年财政决算（草案）审查结果的报告》；审议通过《安吉县人大常委会关于加强支出预算、政策和预算绩效监督的暂行办法》；审议通过《关于修订〈安吉县人大常委会任免国家机关工作人员办法〉的决定》；书面审议县人民政府《关于2019年上半年财政预算执行情况的报告》；书面审议县人民政府《关于2018年财政专项资金管理和使用情况的工作报告》；决定接受王金土辞去安吉县第十六届人民代表大会代表职务。

第二十四次会议　2019年8月30日召开。会议审议通过《安吉县人民代表大会常务委员会听取和审议县监察委员会专项工作报告办法（试行）》；审议通过《安吉县人大常委会关于加快推进城乡生活垃圾精准分类的决定》；决定任命管永丰为安吉县人民政府副县长；决定免去何承明、王海稳、陈瑶安吉县人民政府副县长职务；决定县人民法院有关人事任免事项。

第二十五次会议　2019年9月25日召开。会议听取和审议县民政局受县人民政府委托所作的《关于县民政局接受人大评议的自查工作报告》；听取和审议县人大社会建设委员会代表县人大常委会工作评议调研组所作的《关于对县民政局工作评议的调研报告》，并对县民政局工作进行评议；听取和审议县审计局受县人民政府委托所作的《关于安吉县2018年度财政预算执行和其他财政收支审计查明问题整改情况的报告》；听取和审议县人民政府《关于县十六届人大三次会议代表议案、建议办理情况的报告》；听取和审议县人大常委会代表与选任工作委员会《关于县十六届人大三次会议代表议案、建议督办情况的报告》；决定县人大常委会、县人民政府有关人事任免事项。

第二十六次会议　2019年10月29日召开。会议审议通过《关于调整“3·25生态日”为“8·15生态文明日”的决定》；决定任命宋波为安吉县人民政府副县长；决定接受陈永华辞去安吉县人民政府县长职务；决定宋波为安吉县人民政府代理县长；决定县人民检察院有关人事任免事项。

第二十七次会议　2019年11月21日召开。会议听取和审议县文体旅游局受县人民政府委托所作的《关于全县文化助推旅游业发展情况的工作报告》及县人大常委会教科文卫工作委员会代表县人大常委会调研组所作的《关于全县文化助推旅游业发展情况的调研报告》；听取和审议县人民政府提请的《关于提请审议〈安吉县2019年一般公共财政支出预算调整方案（草案）〉的议案》；听取和审议县财政局受县人民政府委托所作的《关于〈安吉县2019年一般公共财政支出预算调整方案（草案）〉的议案》的说明；听取和审议县人大常委会财政经济工作委员会《关于〈安吉县2019年一般公共财政支出预算调整方案（草案）〉的审查结果报告》；决定批准《安吉县2019年一般公共财政支出预算调整方案》。会议听取和审议县人大常委会社会建设委员会代表县人大常委会特定问题调查委员会所作的《关于安吉县赋石、老石坎、凤凰三大水库污染源特定问题调查的报告》；审议通过《安吉县人大常委会关于加强县人民检察院开展公益诉讼工作的决定》；听取和审议市人大代表述职报告，并对市人大代表进行测评；决定接受陈永华、梁为民辞去湖州市第八届人民代表大会代表职务；决定接受陈永华、吕立、符海滨、何伟锋、胡朝阳辞去安吉县第十六届人民代表大会代表职务；决定补选宋波、胡朝阳为湖州市第八届人民代表大会代表；决定县人民法院、县人民检察院有关人事任免事项。

第二十八次会议　2019 年 12 月 24 日召开。会议听取和审议县人民政府《关于 2019 年政府民生实事项目完成情况的报告》，并对 2019 年政府民生实事项目开展满意度测评；听取和审议县人民政府《关于 2020 年政府民生实事候选项目情况的报告》；审议通过《安吉县人大常委会 2019 年工作报告》；审议通过《关于安吉县第十六届人民代表大会代表资格的审查报告》；听取和审议县人大常委会任命的政府工作部门负责人述职报告，并对政府工作部门负责人进行测评；听取和审议员额法官、员额检察官述职报告，并对员额法官、员额检察官进行测评；书面审议县民政局《关于工作评议意见整改落实情况的报告》；决定接受沈斌、乔明军辞去湖州市第八届人民代表大会代表职务；决定接受刘小翔辞去安吉县第十六届人民代表大会常务委员会委员、安吉县第十六届人民代表大会代表职务；决定接受黄承文辞去安吉县第十六届人民代表大会常务委员会委员职务；决定接受张敏辞去安吉县第十六届人民代表大会社会建设委员会委员、安吉县第十六届人民代表大会代表职务；决定补选陈发瑶、张曦为湖州市第八届人民代表大会代表；决定免去姚斌安吉县监察委员会委员职务；决定县人大常委会、县人民政府有关人事任免事项。

第二十九次会议　2020 年 1 月 18 日召开。会议审议通过《关于召开县第十六届人民代表大会第四次会议的决定》；决定接受俞立安辞去安吉县第十六届人大常委会代表资格审查委员会主任委员职务；决定接受吴佩勋、王爱民、俞立安辞去安吉县第十六届人大常委会副主任职务；决定接受杨建新、王捷辞去安吉县人民政府副县长职务，并报县第十六届人民代表大会第四次会议备案；决定接受陈小龙辞去湖州市第八届人民代表大会代表职务，并报市人大常委会备案；决定补选吴佩勋、王一明为市第八届人民代表大会代表；决定接受赵德清、吴佩勋、朱红星、黄承文、林月华辞去安吉县第十六届人民代表大会代表职务，并报县第十六届人民代表大会第四次会议备案；决定任命陈悦、沈鑫钰为安吉县人民政府副县长，陈悦为县公安局局长；决定免去杨建新安吉县公安局局长职务；决定县人民法院有关人事任免事项；会议举行新任命国家机关工作人员向宪法宣誓仪式。

第三十次会议　2020 年 3 月 24 日召开。会议听取和审议县人民政府《关于 2019 年地方企业国有资产管理情况的专项报告》；审议《关于县第十六届人民代表大会代表资格的审查报告》；审议《安吉县人大常委会 2020 年工作要点（草案）》；听取和审议县人民政府《关于提请审议设立安吉县“企业集中服务日”的议案》；决定任命王雪尧为安吉县人大常委会社会建设委员会委员；决定任命陈国庆为安吉县人大常委会城乡建设与环境资源保护工作委员会委员；决定任命熊国斌、毛金标为安吉县人大常委会代表与选举任免工作委员会委员；决定免去杨彩梅安吉县人大常委会城乡建设与环境资源保护工作委员会委员职务；决定免去黎逢林、黄承文安吉县人大常委会代表与选举任免工作委员会委员职务；决定免去朱月刚安吉县人民检察院检察员职务。

第三十一次会议　2020 年 4 月 21 日召开。会议审议通过《关于召开县第十六届人民代表大会第四次会议的决定》；审议通过县第十六届人民代表大会第四次会议有关事项。

第二节 主任会议

县人大常委会主任会议提出常委会年度工作要点草案，审议常委会年度工作报告，讨论确定常委会议程，为常委会会议做好准备；分析研究县人民代表大会提出的议案、建议，列出重要议案；听取和审议县人民政府、县人民法院、县人民检察院有关工作报告；研究部署市县人民代表开展会前视察工作，提出代表视察活动；讨论研究县人大常委会有关工作制度、规则、方案等。确定会议次序的主任会以序号区分会次，未知会议次序的主任会议以时间区分会次。部分主任会议资料缺失。

历届县人大常委会主任会议

第七届人大常委会主任会议（资料缺失）

第八届人大常委会主任会议（仅存3次"主任三长"会议）

1985年1月　县人大常委会主持召开第一次"主任三长"联席会议，县人大常委会主任、副主任，县人民政府县长、副县长，县人民法院院长，县人民检察院检察长参加会议。会议互相交流情况和意见，提出建议和要求，拟定《关于加强县人大常委会与县人民政府、县人民法院、县人民检察院的工作联系制度（试行）》。

1986年8月　县人大常委会主持召开"主任三长"联席会议，县人大常委会主任、副主任，县人民政府县长、副县长，县人民法院院长，县人民检察院检察长参加会议。会议互相交流情况和意见，提出建议和要求，县人大常委会就加强农业指导，切实解决农村经济领导不力、服务不够、管理不善和化肥、小农具供应不足等问题要求县政府予以解决。

1987年6月　县人大常委会主持召开"主任三长"联席会议，就认真办理九届人大一次会议代表议案、建议和意见，进行讨论研究，在统一思想认识的基础上，决定在6月15日召开县级机关有关的37个部门负责人会议，进行专门布置落实。

第九届人大常委会主任会议

1989年1月19日至20日会议　回顾总结县人大常委会1988年工作，讨论县人大常委会1989年工作要点；决定2月下旬召开县九届人大常委会第十二次会议，讨论确定会议议题；提议4月上旬举行安吉县第九届人民代表大会第三次会议，建议有关部门提前做好准备；讨论《关于县人大常委会审议人事任免的意见》《关于县人大常委会需要听取和审议的有关重大事项的意见》《关于乡镇人民代表大会主席团设常务主席和认真开好乡镇人民代表大会的意见》，并决定将上述问题的讨论意见，由县人大常委会向县委提出报告，提请县委审议原则批准后，再提请县人大常委会审议通过。

1989年5月11日会议　听取省七届人大代表朱长胜传达省七届人大二次会议精神；讨论确定县人大常委会第十四次会议议题。

1989年6月19日会议　学习邓小平6月9日讲话和李鹏、姚依林在中共中央、国务院召开的各部门负责人会议上的讲话；讨论确定县人大常委会第十五次会议审议议题；研究确定县人大常委会机关近期主要工作。

1989 年 8 月 24 日会议　讨论确定县人大常委会第十六次会议议题；研究确定县人大常委会机关近期主要工作，要求各工作委员会和办公室围绕县人大常委会第十六次会议内容，提前做好调查研究。

1989 年 10 月 18 日会议　讨论确定县人大常委会第十七次会议议题；讨论县乡两级人民代表大会换届选举的有关事宜；讨论确定县人大常委会党组向县委提出的《关于安吉县县乡两级人民代表大会换届选举工作的报告》，初步商讨换届选举工作的计划、步骤、试点等有关事项；决定 11 月初组织安吉的省市人大代表进行视察；讨论决定 1989 年开展执法检查的方法步骤。

第十届人大常委会主任会议

1991 年 4 月 10 日会议　研究讨论县十届人大二次会议提交的 99 件议案、意见，决定将《关于要求综合治理三官乡荷花塘村油车坞新河口的议案》《关于要求解决文山会海问题的议案》等 10 件议案列为重要议案，交县人民政府研究办理；其余 89 件议案、47 件意见和建议由县人民政府交有关部门研究处理并答复代表。会议确定 5 月中旬召开县十届人大常委会第八次会议；讨论确定《安吉县人大常委会 1991 年工作要点》；决定 5 月下旬对农业生产情况组织一次视察。

1991 年 6 月 24 日会议　由县人大常委会主任朱长胜通报到江山、邵武、龙岩考察学习有关经济工作、人大工作的情况；研究决定对派出所、工商所、财税所、人民法庭"三所一庭"开展执法评议活动的有关事项；讨论确定县十届人大常委会第九次会议议题；讨论研究《关于开展安吉县人大常委会成立十周年庆祝活动的决定》。

1991 年 8 月 15 日会议　听取和审议《关于"三所一庭"评议工作情况的汇报》；讨论确定县十届人大常委会第十次会议议题；决定 9 月上旬对全县新设立的乡镇人大主席团常务主席进行一次上岗培训。

1991 年 10 月 5 日会议　研究讨论县人大常委会第四季度工作；传达学习市人大、市委宣传部召开的关于加强人大工作宣传报道会议的精神；讨论通过关于 12 月下旬召开全县人大工作经验交流会的决定；决定 12 月份组织对社会治安综合治理进行一次视察；讨论确定县十届人大常委会第十一次会议议题。

1991 年 11 月 4 日至 5 日会议　听取和审议县监察局《关于治理"三乱"情况的报告》；听取和审议县检察院《关于开展反贪反受贿斗争和实施法律监督情况的汇报》；听取和审议县人民法院《关于人民法院一年来行政诉讼审判工作情况的汇报》。

1991 年 12 月 17 日会议　传达学习省委书记李泽民、省人大常委会主任陈安羽在省人大第十二期法制学习班上的讲话精神；讨论确定《安吉县人大常委会 1992 年工作要点》；讨论确定县十届人大常委会第十二次会议议题。

1992 年 2 月 14 日会议　讨论审议《安吉县人大常委会 1991 年工作报告》；听取和审议县人民检察院《关于安吉县人民检察院 1992 年工作意见的汇报》；讨论确定《关于开好全县乡镇人代会工作的指导意见》；讨论决定关于召开县十届人大常委会第十三次会议有关事项。

1992 年 4 月 8 日会议　回顾总结县十届人大三次会议以来的工作；研究县十届人大三次会议提交的 114 件议案的交办意见，决定将《要求狠抓县委(90)114 号文件的落实》《要求解决安吉民生化工厂污水问题》等 5 件议案列为重要议案，连同其余 109 件交县人民政府办理；讨论确定县十届人大常委会第十五次会议议题；决定 5 月上旬组织县人大代表对农业和农村工作进行一次视察。

1992 年 6 月 23 日会议　通报县人大常委会党组会议精神；通报县人大组织孝丰、报福两镇人大主席，城建、土管两局领导及丰食溪乡乡长赴太仓、江阴等地考察经济技术开发区的情况；讨论确定县人大常委会十六次会议议题。

1992 年 8 月 11 日会议　审议通过《关于乡镇人大主席团开展对本级政府部门、机关单位开展评议活动的决定》，决定山河、丰食溪两乡为试点乡；通报县十届人大三次会议代表议案、意见和建议的办理情况；讨论确定县十届人大常委会第十七次会议议题。

1992 年 10 月 14 日会议　研究部署《关于开展学习贯彻中共十四大会议精神的决定》；讨论决定港口乡选举委员会组成人员的任命；讨论全县换届选举工作实施意见和代表名额分配；讨论研究《关于开展纪念宪法颁布十周年宣传活动的意见》。

1992 年 12 月 8 日会议　研究确定全县换届选举工作议题；研究部署《关于组织在安吉县省人大代表开展会前视察活动的安排》；讨论确定县十届人大常委会第十九次会议议题。

1993 年 2 月 10 日会议　受县人大常委会第十九次会议委托，进一步讨论《安吉县人大常委会 1992 年工作报告》；讨论确定县十届人大常委会第二十次会议议题；听取县选举委员会副主任肖金莲《关于全县换届选举情况的汇报》；讨论《安吉县人大常委会 1993 年工作要点》。

第十一届人大常委会主任会议

第一次会议　1993 年 4 月 3 日召开。会议讨论安吉县第十一届人民代表大会常务委员会主任、副主任分工；讨论《安吉县人大常委会议事规则(草案)》及安吉县第十一届人民代表大会代表资格审查委员会和各工作委员会组成人员初步安排；讨论确定县十一届人大常委会第一次会议议题。

第二次会议　1993 年 4 月 14 日召开。会议明确安吉县第十一届人民代表大会常务委员会主任、副主任分工；讨论确定《安吉县人大常委会议事规则(草案)》及安吉县第十一届人民代表大会代表资格审查委员会和各工作委员会组成人员；讨论决定关于召开县第十一届人大常委会第一次会议的有关事项。

第三次会议　1993 年 4 月 19 日召开。此次会议为新当选的第十一届人大常委会、县人民政府、县人民法院、县人民检察院领导举行的第一次“主任、三长”联席会议。会议通报《安吉县人大常委会 1993 年工作要点》；就《安吉县人大常委会议事规则(草案)》征求“三长”意见；县长谈月明通报《安吉县人民政府 1993 年工作要点》。

第四次会议　1993 年 4 月 28 日召开。会议讨论确定县第十一届人大常委会第二次会议议题；决定在第十一届人大常委会第二次会议前，以县人大常委会教科文卫工作委员会为主，围绕会议审议的议题，会同有关部门、单位分别到递铺、梅溪、孝丰三镇和安城、高禹等乡镇进行调查研究。

第五次会议　1993年6月26日召开。会议讨论决定关于召开县十一届人大常委会第三次会议有关事项；决定县第十一届人民代表大会第三次会议于1993年7月13日至15日在龙王山举行，并确定会议议题；研究乡镇人大主席团专职主席上岗培训及其他有关事项。

第六次会议　1993年8月10日召开。会议研究县第十一届人大常委会第四次会议议题和会前围绕议题进行调查及下次主任会议听取县人民政府有关情况汇报等问题。

第七次会议　1993年8月31日召开。会议听取县人民政府《关于县人民政府在安吉县第十一届人民代表大会第一次会议上提出的1990年要办的13件实事进展情况的汇报》；听取县人民政府办公室代表县人民政府所作的《安吉县第十一届人民代表大会第一次会议代表议案、意见办理情况的汇报》；讨论决定关于召开县十一届人大常委会第四次会议有关事项。

第八次会议　1993年9月27日召开。会议商议县人大常委会及各委室第四季度工作和第九次主任会议审议内容；讨论确定县十一届人大常委会第五次会议议题。

第九次会议　1993年10月26日召开。听取县人民政府《关于反腐败斗争开展情况的汇报》；听取县人民检察院《关于惩治腐败贿赂，打击经济犯罪及执法监督情况的汇报》；讨论决定关于召开县十一届人大常委会第五次会议有关事项。

第十次会议　1993年11月30日召开。会议讨论确定县十一届人大常委会第六次会议议题；人大常委会办公室及各工作委员会总结1993年工作，提出1994年工作的初步设想，形成县人大常委会1994年工作要点初稿；初步讨论县第十一届人民代表大会第二次会议筹备工作。

第十一次会议　1993年12月9日召开。会议听取和审议县房改领导小组受县人民政府委托所作的《关于城镇住房制度改革情况的汇报》；听取和审议县农经委受县人民政府委托所作的《关于〈农业法〉〈农业技术推广法〉学习、宣传、贯彻情况的汇报》；听取和审议县公安局受县人民政府委托所作的《关于安吉县交通秩序整顿情况的汇报》；研究决定关于召开县第十一届人大常委会第六次会议的有关事项；决定于1993年12月23日至25日，组织在安吉的省八届人大代表开展就地视察活动。

第十四次会议　1994年2月16日召开。会议讨论确定县十一届人大常委会第八次会议议题；研究确定人代会筹备工作、司法评议准备工作、“二五”普法调查研究工作等几项主要工作。

第十五次会议　1994年5月3日召开。会议讨论确定县十一届人大常委会第九次会议议题；决定围绕县委提出的“提高经济总量和提高运行质量”两大目标，组织县人大代表对全县部分重点企业开展视察调查活动；决定5月11日至12日召开全县执法评议大会。

第十六次会议　1994年6月9日召开。会议讨论决定关于召开县十一届人大常委会第十次会议有关事项；听取县人大常委会法制工作委员会《关于执法评议整改阶段工作进展情况的汇报》；传达全省代表工作经验交流会精神。

第十七次会议　1994年7月16日召开。会议听取县人民政府《关于县人大常委会(94)1号审议意见落实情况的汇报》；听取县人民法院《关于经济案件办理和执法情况的汇报》；讨论决定有关执法评议工作总结、表彰问题，决定召开执法评议总结、表彰电话会议。

第十八次会议　1994年8月16日召开。会议传达全省评议工作座谈会精神和省委书记李泽民、省长万学远、省人大常委会副主任许行贯在座谈会上的讲话；讨论开展述职评议的工作安排；听取和审议县人民政府有关议案办理情况汇报、预算外资金管理、物价及乡财政体制方面的情况汇报；听取教科文卫工作委员会关于宣传《教师法》的活动安排和代表工作委员会关于乡镇人大专职主席联谊活动安排的有关情况报告。

第十九次会议　1994年8月25日召开。会议确定1994年干部述职对象，并对述职对象开展民意调查；听取县人民政府办公室《关于议案办理情况的汇报》；听取县物价局《关于当前物价工作情况的汇报》；听取县财税局关于乡镇财政体制改革、1994年财政预算执行情况、预算外资金管理情况的汇报和全省财税局长会议精神；讨论确定县十一届人大常委会第十一次会议议题。

第二十次会议　1994年11月1日至2日召开。会议听取县土地管理局《关于贯彻省基本农田保护条例和安吉县基本农田保护区的划分与保护情况的汇报》；听取县物价局和财政部门《关于贯彻落实〈浙江省行政事业性收费管理条例〉情况的汇报》；讨论确定关于召开县十一届人大常委会第十三次会议的有关事项。

第二十一次会议　1994年12月31日召开。会议讨论确定《安吉县人大常委会1995年工作要点》；研究确定《安吉县人大常委会关于县人民政府应提请审议的重大事项和应通报的重要情况及决定、决议、审议意见反馈的规定》和《安吉县人大常委会关于“两院”应提请审议的重大事项和应通报的重要情况及决定、决议、审议和视察意见反馈的规定》；讨论确定县十一届人大常委会第十四次会议议题；研究部署市县人民代表开展会前视察工作；听取和审议县监察局《关于安吉县1994年反腐败斗争和廉政建设情况的通报》。

第二十四次会议　1995年2月9日召开。会议讨论确定县十一届人大常委会第十五次会议议题；要求抓紧做好县第十一届人民代表大会第三次会议的各项筹备工作；决定2月13日上午召开1995年人大新闻工作座谈会，参加对象为县人民政府分管领导，县文化局、县广电局领导和安吉报社、安吉广电中心、安吉电视台等新闻单位的有关人员；决定2月14日召开人大常委会任命的干部述职评议对象座谈会。

第二十五次会议　1995年4月14日召开。会议听取和审议县人大常委会农业情况调查小组《关于递铺区、孝丰区、梅溪区、良朋区、白水湾区农业生产情况的报告》；讨论确定县十一届人大常委会第十六次会议议题。

第二十六次会议　1995年7月13日召开。会议听取和审议县财政局《关于安吉县1995年1—6月份预算执行情况的汇报》；听取和审议县审计局《关于贯彻执行〈审计法〉情况的汇报》。

第二十七次会议　1995年9月12日至13日召开。会议听取和审议县开发区管委会《关于安吉县经济开发区工作情况的汇报》；听取和审议县人民政府《关于1995年安吉县人民政府15件实事办理情况的汇报》；听取和审议县土管局《关于安吉县基本农田保护区调整工作情况的汇报》；讨论确定县十一届人大常委会第二十次会议议题；讨论县人大常委会任命的干部述职评议等有关事项。

第二十八次会议　1995年10月27日召开。会议传达学习省人大常委会主任李泽民在全省人大工作经验交流会上的讲话精神；听取和审议县人民法院《关于安吉县人民法院提请人事任免情况的汇报》；讨论确定县十一届人大常委会第二十一次会议议题；研究部署全县乡镇人大代表换届选举工作。

第二十九次会议　1995年12月18日召开。会议传达学习省第二次信访工作会议精神和市人大代表工作会议精神；讨论《安吉县人大常委会1996年工作要点》，提出修改意见，要求办公室进一步修改后提交县十一届人大常委会第二十二次会议讨论决定；讨论确定县十一届人大常委会第二十二次会议议题。

第三十次会议　1996年4月4日召开。会议初步讨论关于召开县十一届人大常委会第二十四次会议有关事项；研究讨论县第十一届人民代表大会第四次会议议案交办工作；决定4月底或5月初对全县乡镇专职人大主席、副主席进行上岗培训；研究确定县人大常委会任命的干部1996年述职评议对象。

第三十一次会议　1996年4月25日至26日召开。与会人员视察了梅溪青石山、黄杜纱帽山、南北庄黄泥岭冲3个红壤开发示范园区，听取县红壤开发项目办公室《关于安吉县红壤开发项目实施情况的汇报》，对红壤开发工作取得的成绩表示肯定；讨论决定关于召开县十一届人大常委会第二十四次会议有关事项；研究有关人事任免事项，决定提请县十一届人大常委会第二十四次会议审议决议；研究确定召开乡镇人大工作会议的有关事项。

第三十二次会议　1996年6月6日至7日召开。会议听取和审议县卫生局受县人民政府委托所作的《关于〈食品卫生法〉贯彻执行情况的汇报》和县烟草专卖局受县人民政府委托所作的《关于〈烟草专卖法〉贯彻执行情况的汇报》；讨论决定关于召开县十一届人大常委会第二十五次会议有关事项。

第三十三次会议　1996年8月7日至8日召开。与会人员视察了报福深溪流域小水电开发情况，听取和审议县供电局受县人民政府委托所作的《关于〈中华人民共和国电力法〉贯彻执行情况的汇报》；听取和审议县人民银行所作的《关于安吉县金融部门贯彻执行〈中国人民银行法〉和〈商业银行法〉的情况汇报》；听取和审议县人民政府办公室受县人民政府委托所作的《关于县十一届人大四次会议代表议案、意见办理情况的汇报》。

第三十四次会议　1996年7月11日召开。会议讨论决定关于召开县十一届人大常委会第二十七次会议有关事项；会议就县十一届人大常委会第二十六次会议对6名县人大常委会任命的干部述职评议意见反馈工作作出具体安排；会议通报县级机关机构改革后有关人事变动的方案和其他有关事宜；会议讨论决定关于举办代表法知识竞赛活动有关事项。

第三十五次会议　1996年8月16日召开。会议传达学习县委书记谈月明在全县“双田制”改革暨稳定完善山林承包经营责任制会议上的讲话精神；初步讨论关于召开县十一届人大常委会第二十七次会议的有关事项。

第三十六次会议　1996年9月23日召开。会议逐个讨论县人大常委会对6名县人大常委会任命的干部述职评议意见；听取和审议县商业（集团）总公司受县人民政府委托所作的《关于在全县分批推行生猪“定点屠宰，集中检疫，统一纳税，分散经营”工作的情况汇报》；讨论修改将提请第二十七次常委会议审议通过的《安吉县人大常委会关于继续开展法制宣传教育的决议(草案)》。

第三十七次会议 1996年10月23日至25日召开。与会人员视察了安吉县第十一届人民代表大会第四次会议决定的十件实事的组织实施情况,听取县人民政府《关于1996年县人民政府组织实施的十件实事进展情况汇报》;视察了溪龙乡黄杜纱帽山红壤开发示范园区、高禹乡陶土矿和梅溪镇红庙水库、高禹乡邱塘水库、安吉县水土保持试验站的水土保持情况,听取和审议县水利农机局受县人民政府委托所作的《安吉县贯彻实施〈中华人民共和国水土保持法〉基本情况的汇报》;会议听取和审议县财政局受县人民政府委托所作的《关于贯彻执行〈中华人民共和国预算法〉情况的汇报》。

第三十八次会议 1996年12月17日召开。此次会议为"主任三长"会议,县人大常委会主任张锡荣代表县人大常委会总结1996年工作,提出1997年工作思路(初稿),与会人员对1997年工作进行了讨论,并提出了补充意见和建议。会议研究确定县第十一届人民代表大会第五次会议的筹备工作;县人大常委会、县人民政府、县人民法院、县人民检察院围绕进一步加强监督、支持、配合进行工作交流。

第三十九次会议 1996年12月26日召开。会议听取和审议县工商行政与物价管理局受县人民政府委托所作的《安吉县1996年打假治劣工作汇报》;讨论《安吉县人大常委会1997年工作要点(修改稿)》,并作出进一步修改,要求办公室整理后提交县人大常委会讨论;讨论省市县人大代表在县人民代表大会前的工作安排;讨论县人民法院院长吴向明提交的县人民法院人事任免报告。

第四十次会议 1997年1月9日召开。会议听取和审议县公安局受县人民政府委托所作的《关于执行〈中华人民共和国治安管理处罚条例〉整改情况的汇报》。

第十四一次会议 1997年4月4日召开。会议讨论决定关于召开县十一届人大常委会第三十二次会议有关事项;讨论决定关于召开乡镇人大专职主席会议有关事项及其他有关事项。

第四十二次会议 1997年6月3日召开。会议听取和审议县人民检察院《关于1996年以来反贪污贿赂工作情况的汇报》和县监察局受县人民政府委托所作的《关于1996年以来安吉县廉政建设工作情况的汇报》;讨论决定关于召开县十一届人大常委会第三十三次会议有关事项;讨论决定关于举办选举法、组织法和代表法知识竞赛有关事项。

第四十三次会议 1997年8月5日召开。会议听取和审议县人民政府办公室受县人民政府委托所作的《关于县第十一届人民代表大会第五次会议代表议案、意见办理情况的汇报》;讨论开展以选举法为主要内容的法律知识竞赛活动的有关事项;讨论决定关于召开县十一届人大常委会第三十五次会议有关事项及其他有关事项。

第四十四次会议 1997年9月19日召开。会议传达学习《中共浙江省委转发〈浙江省人大党组关于做好1998年人大换届选举工作的报告〉的通知》精神;听取和审议县建设与环保局受县人民政府委托所作的《关于贯彻〈浙江省房屋租赁管理条例〉的情况汇报》;讨论确定县十一届人大常委会第三十七次会议议题;审议鄣吴乡改为建制镇后的有关问题。

第四十五次会议　1997年10月10日召开。会议听取和审议县人民检察院《关于修改后的刑事诉讼法贯彻实施情况的汇报》;听取和审议县人民政府《关于宣传贯彻〈老年人权益保障法〉情况的汇报》;讨论提出《关于实施〈安吉县"科教兴县"战略实施纲要〉的决议(草案)》。

第十二届人大常委会主任会议

第一次会议　1998年3月23日召开。会议研究决定安吉县第十二届人民代表大会常务委员会主任、副主任分工;决定县十二届人大常委会第一次会议于1988年3月25日至26日召开,讨论确定会议议题;新当选的十二届人大常委会主任、副主任作表态发言。

第二次会议　1998年4月7人召开。会议讨论县十二届人大常委会第二次会议有关事项,包括会议议题、会议时间、会议要求县人民政府需要准备的汇报材料和县人大常委会有关工作室需要准备的工作。会议分析研究县十二届人民代表大会提交的议案129件,决定将《关于要求解决西苕溪污水问题的议案》等5件议案列为重要议案,连同其余124件交县人民政府办理。会议原则通过《安吉县第十二届常委会、安吉县人大常委会主任会议1998年审议议题安排》;讨论举办县人大代表小组组长,乡镇人大专职主席、副主席培训,以及举办行政处罚法讲座的有关事宜;讨论组织在安吉的市四届人大代表开展会前视察的有关事宜。

第三次会议　1998年6月2日召开。会议听取和审议县人民法院《关于安吉县人民法院开展纪律作风集中教育整顿阶段性工作情况的汇报》;听取和审议县人民检察院《关于安吉县人民检察院检察队伍集中教育整顿工作情况的汇报》;听取和审议县司法局《关于安吉县司法队伍集中教育整顿情况的汇报》;讨论决定关于召开县十二届人大常委会第三次会议有关事项;讨论提出县人大常委会各工作室组成人员建议名单,提交县十二届人大常委会第三次会议审议;决定每月10日为县人大常委会领导接待代表日,并通过有关接待工作安排。

第四次会议　1998年7月9日召开。会议听取和审议县建设与环境保护局受县人民政府委托所作的《关于我县污染企业污染治理工作情况的汇报》;听取和审议县人民政府办公室受县人民政府委托所作的《关于县十二届人大一次会议代表议案、意见办理情况的汇报》;讨论决定关于召开县十二届人大常委会第四次会议有关事项;讨论决定关于召开全县乡镇人大工作会议有关事项。

第六次会议　1998年8月17日召开。会议传达省人大常委会关于组织省人大代表评议省高级人民法院司法工作的有关问题精神,确定安吉县评议工作实施方案;听取和审议县人大常委会财政经济工作室《关于我县"一竹三叶"资源开发调查情况的汇报》;听取和审议县人大常委会法制工作室《关于对我县依法治县和"三五"普法工作调查情况的汇报》;讨论决定关于召开县十二届人大常委会第五次会议有关事项;对县代表中心组,县代表小组组长、联络员作出调整、充实;讨论决定关于召开省、市人大代表,县人大代表中心组组长,乡镇人大主席、副主席培训会议有关事项。

第八次会议　1998年10月5日召开。会议学习中共中央总书记江泽民《关于打击走私和反腐败问题》的重要讲话;讨论决定关于召开县十二届人大常委会第六次会议有关事项;研究1999年乡镇人大换届选举试点工作有关问题;会议对重阳节期间老干部活动作出安排。

第九次会议　1998年10月21日召开。会议听取和审议县人事劳动局受县人民政府委托所作的《关于我县企业下岗职工基本生活保障和再就业工作情况的汇报》;讨论研究乡镇第十三届人民代表大会换届选举工作的有关问题,决定将《县人大常委会关于乡镇第十三届人民代表大会换届选举的决定(草案)》《县人大常委会关于成立县乡镇第十三届人大换届选举办公室的决定(草案)》《县人大常委会关于确定乡镇第十三届人民代表大会代表名额的决定(草案)》提交县十二届人大常委会第六次会议审议;讨论决定关于召开县十二届人大常委会第六次会议有关事项。

第十次会议　1998年12月8日召开。会议听取和讨论县纪委《关于安吉县1998年1—11月份党风廉政建设和反腐败工作情况的通报》;讨论决定关于召开县十二届人大常委会第七次会议有关事项;对县人大常委会元旦至春节前的有关工作作出安排。

第十二次会议　1999年1月14日召开。会议讨论《安吉县人民代表大会常务委员会1998年工作报告(讨论稿)》及《安吉县人大常委会1999年工作要点》,并提出修改意见;讨论决定在春节前召开乡镇人大专职主席、副主席会议,"主任三长"会议和县十二届人大常委会第八次会议;县人大常委会副主任崔双根通报乡镇人大换届选举工作情况。

第十三次会议　1999年1月21日召开。会议听取县人民法院《关于县人民法院中层干部竞聘工作情况及拟任干部情况的汇报》;讨论《安吉县人大常委会1999年工作要点(草案)》,并提出修改意见;讨论决定关于召开县十二届人大常委会第八次会议有关事项。

第十六次会议　1999年4月12日召开。会议讨论决定关于召开县十二届人大常委会第十次会议有关事项;讨论确定1999年重要议案;对组织县人大代表评议县人民法院司法工作作出部署。

第二十一次会议　1999年8月9日召开。会议讨论决定关于召开县十二届人大常委会第十三次会议有关事项;听取县人大代表评议法院司法工作办公室《关于县人大代表评议意见汇总、整理情况的汇报》,要求人大常委会办公室认真讨论后形成《县人大常委会主任会议关于县人大代表评议县人民法院司法工作的交办意见》,决定8月13日召开县人大代表评议县人民法院司法意见交办会议。

第二十二次会议　1999年12月2日召开。会议听取县人大常委会各工作室关于1999年工作总结和2000年工作的初步打算;总结回顾县人大常委会任命的干部述职评议工作;初步讨论县十二届人大常委会第十五次会议有关事项。

第二十三次会议　1999年12月15日召开。会议学习《中共中央关于转发〈中共最高人民法院党组关于解决人民法院"执行难"问题的报告〉的通知》;听取和审议县人民法院《关于安吉县人民法院1999年执行工作情况的汇报》。

第二十四次会议　1999年12月30日召开。会议讨论《安吉县人大常委会1999年工作总结(讨论稿)》及《安吉县人大常委会2000年工作思路(讨论稿)》;确定县十二届人大常委会第十五次会议有关事项。

第二十六次会议　2000年4月18日召开。会议讨论决定关于召开县十二届人大常委会第十八次会议有关事项;讨论研究《县人大常委会党组关于组织人大代表评议县公安局执法工作的实施方案草案(送审稿)》,对评议公安执法工作的具体要求,提出建议和要求,决定修改后送县委批示；讨论并初步确定县第十二届人民代表大会第三次会议代表重要议案；讨论《安吉县人大常委会关于加强财政经济工作监督的规定（征求意见稿）》，并对部分内容作出修改。

第二十七次会议　2000年5月31日召开。会议听取和审议县公安局《安吉县公安局执法自查自纠情况报告》；听取县人民法院关于人事任免的提请说明，并进行讨论，决定提交县十二届人大常委会第十九次会议审议；讨论决定关于召开县人大常委会第十九次会议有关事项。

第二十八次会议　2000年7月11日召开。会议听取县人民政府办公室受县人民政府委托所作的《关于县第十二届人民代表大会第三次会议代表议案、意见和建议办理情况的汇报》；讨论决定关于召开县人大常委会第二十次会议有关事项；讨论决定关于召开县人大代表评议县公安局执法工作会议和县人大常委会任命干部述职评议动员大会有关事项；对组织在安吉的市人大代表评议市公安局执法工作进行部署。

第三十次会议　2000年9月13日召开。会议听取县人大常委会任命干部述职评议组对县交通局局长、县卫生局局长民意调查情况的汇报，对书面述职干部的述职报告提出处理意见；讨论决定关于召开县十二届人大常委会第二十二次会议有关事项；讨论决定关于召开县、乡镇人大干部学习会的有关事项。

第三十一次会议　2000年11月12日召开。县人大常委会副主任崔双根传达11月6日在湖州召开的全市依法治市工作会议精神，决定起草《关于依法治县的决定（草案）》，并组织开展一次依法治县工作调研活动；对县人大常委会任命的干部书面述职报告进行评议；听取县人大常委会调查组《关于我县民营经济发展和〈行政处罚法〉〈行政复议法〉学习贯彻实施情况的调查情况汇报》；讨论决定关于召开县十二届人大常委会第二十三次会议有关事项，对县第十二届人民代表大会第四次会议的准备工作、县人大常委会2001年工作思路的提出和县人大代表慰问等工作进行初步研究。

2001年6月21日会议　听取和审议县公安局《关于县公安局严打整治工作情况的汇报》；听取和审议县质量技术监督局《关于县质量监督局在行政执法评议中自查自纠情况的报告》；听取行政执法评议办公室《关于行政执法评议调查情况的汇报》，并就有关事项进行研究。

2001年8月9日会议　听取和审议县人民政府办公室受县人民政府委托所作的《关于县十二届人大四次会议两件重要议案办理情况的报告》；听取和审议县人大常委会调查组《关于我县贯彻执行农业"两法"、调整产业结构和效益农业工作调查情况的汇报》；讨论决定关于召开县十二届人大常委会第二十九次会议的议题、日期和列席会议人员等有关事项。

2001年10月9日会议　听取和审议县监察局《关于2001年安吉县廉政建设和反腐败工作情况的报告》；听取和审议县经济技术开发区管委会《关于县经济技术开发区工作情况的报告》；听取和审议县城乡建设与环境保护局《关于城镇建设情况的报告》；听取和审议县交通局《关于交通工作情况的汇报》；研究决定2002年乡镇人大换届选举和县十二届人大常委会第三十一次会议有关事项。会议前一天，县人大常委会主任、副主任、驻会常委在县长钱坤方，副县长吴向明、王龙生及县有关部门负责人陪同下，视察第十二届人民代表大会第四次会议通过的县人民政府八项重点工程建设情况。

2002年8月12日会议　组织学习《党政领导干部选拔任用工作条例》；听取和审议县人民政府办公室受县人民政府委托所作的《关于县十二届人大五次会议代表议案、意见办理情况的报告》；听取和审议县审批办证服务中心受县人民政府委托所作的《关于我县“二轮”审改及审批办证服务中心建设情况的报告》；听取县人大常委会财政经济工作委员会、教科文卫工作委员会、法制工作委员会关于县十二届人大常委会第三十七次会议四个议题的前期调研工作情况汇报；听取县人民法院《关于提请县人大常委会第三十七次会议有关人事任免事项的说明》；研究决定县十二届人大常委会第三十七次会议有关事项。

2002年9月16日会议　听取和审议县水利局受县人民政府委托所作的《关于凤凰水库工程实施情况的汇报》，并现场视察坝址、库区及移民安置点；听取和审议县残疾人联合会受县人民政府委托所作的《依法推进按比例就业，切实保障残疾人合法权益的工作汇报》；讨论县人民代表大会换届选举的有关工作。

2002年12月30日会议　听取和审议县人民政府《关于要求将县重点建设项目基金纳入县财政预算的报告》；听取县妇联《关于我县妇女权益保障法实施情况的报告》及县人大常委会法制工作委员会对此所作的检查报告；研究决定县十二届人大常委会第四十一次会议有关事项；听取县人大常委会人事代表工作委员会《关于人大代表慰问工作和县人大代表换届选举工作有关情况的汇报》。

第十三届人大常委会主任会议

第一次会议　2003年3月14日召开。会议研究决定安吉县第十三届人民代表大会常务委员会主任、副主任分工；讨论《安吉县人大常委会2003年工作要点(草案)》等6项规定草案，决定提交县十三届人大常委会第一次会议审议；讨论决定关于召开县十三届人大常委会第一次会议有关事项。

第三次会议　2003年4月4日召开。会议组织学习中华人民共和国主席胡锦涛在第十届全国人民代表大会第一次会议上的讲话和全国人大常委会委员长吴邦国在第十届全国人民代表大会第一次会议闭幕会上的讲话；讨论决定关于召开县十三届人大常委会第二次会议有关事项。会议研究安吉县第十三届人民代表大会第一次会议重要议案的有关情况，确定《关于要求抓紧搞好梅溪新大桥至街道接通工程的议案》《关于要求解决建成区失地农民社会保障的议案》《关于要求增加04省道(马家渡至良朋)人行道的议案》等3件议案为重要议案，确定《关于要求继续重视白茶产业发展，更好地发挥政府的调控作用的议案》《关于要求加大对经济薄弱村的扶持力度的议案》两件议案为重点督办议案。

第七次会议　2003年7月11日召开。会议讨论《安吉县人大常委会关于加强财政经济工作监督的规定(修改稿)》，决定提交县十三届人大常委会第四次会议审议；讨论确定安吉县人大常委会各工作委员会联系单位；讨论《安吉县人大常委会组成人员守则(草案)》，决定提交县十三届人大常委会第四次会议审议；讨论关于调整2003年安吉县人大常委会会议部分议题事宜；讨论决定关于召开县十三届人大常委会第四次会议有关事项。

第九次会议　2003年8月12日召开。会议听取和审议县人民政府办公室受县人民政府委托所作的《关于建立被征地农民基本生活保障制度工作情况的汇报》；听取县人大常委会人事代表工作委员会《关于安吉县第十三届人民代表大会第一次会议代表议案、意见、建议办理情况的工作汇报》；听取县人大常委会法制工作委员会《关于县人民法院、县人民检察院有关人事任免调查情况汇报和劳动法执法检查情况汇报》；讨论决定关于召开县十三届人大常委会第五次会议有关事项。

第十一次会议　2003年10月9日召开。会议听取和审议县人大常委会农业环境保护工作委员会《关于创建生态县工作调研情况的汇报》，决定向县人民政府发送《安吉县人大常委会主任会议关于创建生态县工作的审议意见书》；听取县人大常委会教科文卫民侨工作委员会《关于农民合作医疗大病统筹工作调研情况的汇报》；听取县人大常委会财政经济工作委员会《关于乡镇财政管理工作调研的汇报》；讨论决定关于召开县十三届人大常委会第七次会议有关事项。

第十二次会议　2003年11月10日召开。会议讨论决定关于召开县十三届人大常委会第八次会议有关事项；讨论县第十三届人民代表大会第二次会议筹备工作有关事项；研究县人大常委会2003年工作总结、县十三届人大二次会议工作报告起草、2004年工作思路调研、开展代表培训和代表述职评议及代表慰问等有关工作；讨论《安吉县人民代表大会常务委员会办理代表议案和建议、批评、意见的办法（征求意见稿）》，决定提交县十三届人大常委会第八次会议审议。

第十三次会议　2003年11月13日召开。会议听取和审议县人民政府《关于杭垓片两乡一镇区划调整工作的汇报》，同意撤销缫舍乡、永和乡并入杭垓镇。

第十七次会议　2004年1月14日召开。会议听取和审议县监察局《关于2003年全县廉政建设工作情况的汇报》；听取和审议县公安局《关于2003年公安工作情况的汇报》；讨论审议《安吉县人民代表大会常务委员会2003年工作报告（草案）》。

第十八次会议　2004年1月14日召开。此次会议为“主任三长”会议，会议听取和审议县人大常委会《关于县人大常委会2003年工作回顾和2004年工作要点的报告》，并就报告草案征求“一府两院”领导意见；县委书记、县人大常委会主任乾坤方在会上讲话。

第十九次会议　2004年2月20日召开。会议听取和审议县财政局《关于安吉县2003年财政预算执行情况和2004年财政预算安排情况的报告》；听取和审议县交通局《关于2004年交通工作的汇报》；听取和审议县人民检察院《关于省市检察长会议精神的汇报》；讨论决定关于召开县十三届人大常委会第二次会议有关事项。

第二十一次会议　2004年3月29日召开。会议讨论《安吉县人大常委会任命干部述职评议工作方案（草案）》《安吉县人大常委会监督司法机关工作的规定（草案）》《〈安吉县人大常委会监督意见书〉试行办法（草案）》和《安吉县人大常委会关于进一步提高常委会会议质量的意见（草案）》，决定提交县十三届人大常委会第十一次会议审议；讨论县人大常委会工作委员会部分委员工作调整，听取县人大常委会法制工作委员会《关于县人民检察院提请的人事任免初审情况汇报》，决定将两项人事任免事项提交县十三届人大常委会第十一次会议审议；讨论《安吉县人大常委会关于加强财政经济工作监督的规定(草案)》,决定广泛听取意见后作进一步修改补充;讨论决定关于召开县十三届人大常委会第十一次会议有关事项;听取关于开展县人大代表述职评议工作和关于全县农资市场价格调整情况的汇报。

第二十四次会议　2004 年 5 月 31 日召开。会议建议将听取和审议县人民政府《关于农村劳动力转移工作情况报告》调整到 8 月进行,将原定于 8 月进行的听取和审议县人民政府《关于生态县建设和环保法贯彻执行情况的报告》调整到 6 月进行。

第二十六次会议　2004 年 6 月 22 日召开。会议听取和审议县人民法院、县人民检察院、县公安局关于刑事诉讼法检查情况的报告;会议期间视察安吉县看守所。

第二十八次会议　2004 年 7 月 22 日召开。会议听取和审议县民族宗教局《关于贯彻执行〈浙江省少数民族权益保障条例〉贯彻实施情况的报告》及县人大常委会教科文卫民侨工作委员会所作的相关调查报告,并决定就落实条例规定向县人民政府发送监督意见书;听取和审议县建设局《关于〈物业管理条例〉贯彻实施情况的报告》及县人大常委会财政经济工作委员会所作的相关调查报告,并提出要求。

第二十九次会议　2004 年 8 月 6 日召开。会议听取和审议县人民检察院《关于 2004 年上半年工作情况的报告》,并就做好下半年工作提出要求;听取县人大常委会法制工作委员会《关于县人民法院部分同志任前情况的调查报告》,并进行研究;讨论《安吉县人大代表与"一府两院"负责人"双向约见"工作实施办法(修改稿)》;讨论决定关于召开县十三届人大常委会十三次会议有关事项。

第三十一次会议　2004 年 9 月 24 日召开。会议听取和审议县劳动和社会保障局受县人民政府委托所作的《关于劳动法执法检查后整改情况的报告》及县人大常委会法制工作委员会所作的《关于全县劳动法执法检查"回头看"情况的调查报告》;听取和审议县农业局受县人民政府委托所作的《关于〈农村土地承包法〉贯彻实施情况的报告》;听取和审议县广播电视局受县人民政府委托所作的《关于〈浙江省广播电视管理条例〉实施情况的报告》,并就做好三项工作提出要求;会议讨论决定关于召开县十三届人大常委会十四次会议有关事项。

第三十三次会议　2004 年 11 月 22 日召开。会议听取和审议县教育局《关于教育布局调整后资源配置工作情况的报告》及县人大常委会教科文卫民侨工作委员会所作的相关调查报告;听取和审议县国土资源局《关于贯彻执行〈土地管理法〉情况的报告》;听取和审议县人民法院《关于执行工作的报告》;听取和审议县财政局《关于安吉县 2004 年 1—10 月份财政预算执行情况的报告》。

第三十四次会议　2005 年 1 月 12 日召开。此次会议为"主任三长",县人大常委会常务副主任吴向明通报县人大常委会 2004 年工作并介绍《安吉县人大常委会 2005 年工作要点(草案)》,并就县人大常委会 2004 年工作和 2005 年工作要点草案征求"一府两院"领导意见;县委书记、县人大常委会主任钱坤方在会上讲话。

第三十五次会议　2005 年 1 月 17 日召开。会议听取县监察局《安吉县廉政建设和反腐败工作情况的报告》;听取县人民政府《关于设立县安全生产监察管理局的情况说明及局长人选介绍》;讨论《安吉县人大常委会 2004 年工作总结(草案)》;讨论《安吉县人大常委会 2005

年工作要点(草案)》;讨论《关于召开安吉县第十届人民代表大会第三次会议的决定(草案)》;讨论决定关于召开县十三届人大常委会第十七次会议有关事项。

2005年4月26日会议　听取县水利局、县经济开发区、县建设局和递铺镇关于城市防洪工程建设河道采砂制砂问题、递铺大桥围堰及黄墅段排渠等情况的汇报,并就加强城市防洪工程建设提出要求。

2005年5月24日会议　听取和审议县林业局《关于贯彻实施〈浙江省森林管理条例〉情况的报告》及县人大常委会农业环境保护工作委员会所作的调查报告;听取和审议县审批办证服务中心《关于中心建设和运行情况的报告》,并提出相关要求;听取和审议县财政局《关于2004年部门预算(试点)执行情况的报告》及县审计局的相关审计报告,并提出要求;听取县委组织部关于有关人事任免对象的情况通报;讨论决定关于召开县十三届人大常委会二十次会议有关事项。

第四十四次会议　2005年7月19日召开。会议听取和审议县建设局《关于实施城市化规划和推进城市化建设工作情况的汇报》;听取和审议县审计局《关于2004—2005年审计工作情况的报告》;听取和审议县水利局《关于西苕溪综合整治工作的报告》;听取和审议县人民政府《关于困难群众救助情况的报告》,并提出相关要求;讨论《安吉县人大常委会任命的国家机关工作人员信任度测评暂行办法》《安吉县人大常委会关于组建代表专业小组和开展代表专业小组活动的意见》《安吉县人大常委会任免国家机关工作人员暂行办法》。

第四十八次会议　2005年10月31日召开。会议听取县民政局受县人民政府委托所作的《社区建设情况报告》;听取县食品监药品监督管理局受县人民政府委托所作的《食品安全网建设情况汇报》;讨论关于县人民法院人事任免相关事项;讨论决定关于召开县十三届人大常委会第二十四次会议有关事项。

第四十九次会议　2005年12月8日召开。会议听取县城市发展总公司受县人民政府委托所作的《关于安吉县城市发展总公司运作情况的报告》;讨论《安吉县人大常委会关于加强财政经济工作监督的规定(修改稿)》,对部分内容提出修改,修改后提交县人大常委会会议审议;研究《安吉县人大常委会关于召开县第十三届人民代表大会第四次会议的决定(草案)》,决定提交县人大常委会会议审议;讨论《安吉县人大常委会2005年工作总结(初稿)》,提出修改意见,决定提交县人大常委会会议审议;讨论决定关于召开县十三届人大常委会第二十五次会议有关事项。

第五十五次会议　2006年7月19日召开。会议听取县人民银行《关于金融机构支持地方经济发展情况的专题汇报》,以及各商业银行、信用社负责人的有关情况汇报。

第五十七次会议　2006年9月27日召开。会议听取和审议县环境保护局《关于建立和完善生态县建设长效管理机制情况的报告》;听取人大工作专辑编撰情况的汇报;讨论决定县乡两级人大换届选举有关事项;讨论决定关于召开县十三届人大常委会第三十一次会议有关事项。

第六十一次会议　2006年11月29日召开。会议听取和审议县教育局《关于安吉县义务教育改革发展情况的报告》;听取和审议县发展和改革委员会《关于2006年度政府投资项目安排说明》,并就此提出要求;听取和审议县选举工作委员会《关于县乡两级人大换届选举工作情况的报告》。

第十四届人大常委会主任会议

第七次会议　2007年5月11日召开。会议听取和审议县财政局《关于安吉县2006年财政决算(草案)的报告》;听取和审议县审计局《关于安吉县2006年财政预算执行情况的审计报告》;听取和审议县人大常委会财政经济工作委员会《关于2006年财政决算(草案)的初审报告》;听取和审议县财政局《关于2007年部门预算编制情况的报告》;听取和审议县发展和改革委员会《关于2007年政府投资项目的安排说明》,原则批准环境监测中心等3个投资额在500万元以上的新增项目;听取和审议县人大常委会代表工作委员会《关于部门代表联络员推荐情况的报告》,决定各部门代表联络员的人选名单;听取县人大常委会人事代表工作委员会《关于县人民法院、县人民检察院提请人事任免的任前考察情况汇报》;讨论县人民检察院提请的人事任免议案;讨论决定关于召开县十四届人大常委会第三次会议有关事项。

第九次会议　2007年6月22日召开。会议听取和审议县安监局《关于安全生产执法检查整改情况的汇报》;听取和审议县财政局《关于新一轮乡镇财政管理体制调整方案的汇报》;听取县人大常委会调研组《关于土地利用课题和政府融资课题的调研情况汇报》;讨论决定关于召开县十四届人大常委会第四次会议有关事项。

第十次会议　2007年8月17日召开。会议听取和审议县农业农村办公室《关于新农村示范区建设工作情况的报告》;听取和审议县发展和改革委员会《关于2007年县重点项目进展情况的报告》。

第十四次会议　2007年10月22日召开。会议听取和审议县人民政府《关于2007年山区新型城市化样板区推进情况的报告》;听取和审议县食品药品监督管理局《关于我县食品安全工作情况的报告》,以及县卫生局、县工商行政管理局所作的补充报告;听取县人民检察院《关于犯罪嫌疑人张镇洋(县人大代表)涉嫌受贿罪案情况报告》及县人大常委会法制工作委员会所作的有关情况说明;讨论决定代表论坛(会议)工作方案;讨论决定关于召开县十四届人大常委会第六次会议有关事项。

第二十次会议　2008年4月28日召开。会议听取和审议县民政局《关于我县农村五保户供养工作情况的报告》;讨论决定《关于对教育工作开展专项评议的实施方案》;讨论决定对县人大常委会2008年有关工作作适当调整;讨论决定关于召开县十四届人大常委会第十一次会议有关事项。

第二十三次会议　2008年6月23日召开。会议听取和审议县公安局受县人民政府委托所作的《关于道路交通事故社会救助工作情况报告》,决定就县道路交通事故社会救助工作向县人民政府发送《监督意见书》;听取和审议县财政局受县人民政府委托所作的《关于2008年部门预算编制工作情况报告》;讨论决定关于召开县十四届人大常委会第十二次会议有关事项。

第二十四次会议　2008年8月18日召开。会议听取和审议县外经贸局受县人民政府委托所作的《关于招商引资工作报告》;听取和审议县国土资源局受县人民政府委托所作的《关于土地利用总体规划编修工作情况报告》;听取和审议县残疾人联合会《关于残疾人就业情况工作报告》;讨论决定关于召开县十四届人大常委会第十三次会议有关事项。

第二十七次会议　2008年10月30日召开。会议听取和审议县财政局受县人民政府委托所作的《关于乡镇化解债务风险情况的报告》;听取和审议县劳动和社会保障局受县人民政府委托所作的《关于我县宣传贯彻实施〈中华人民共和国劳动合同法〉情况的报告》;讨论安吉县第十四届人民代表大会第三次会议的初步安排;讨论决定关于召开县十四届人大常委会第十四次会议有关事项。

第三十四次会议　2009年4月24日召开。会议听取和审议县经贸委(中小企业局)受县人民政府委托所作的《关于一季度工业经济运行情况的工作报告》;听取和审议县气象局《关于〈浙江省气象条例〉贯彻实施情况的报告》;讨论决定关于召开县十四届人大常委会第十八次会议有关事项。

第三十七次会议　2009年5月25日召开。会议听取和审议县财政局受县人民政府委托所作的《关于2008年部门预算执行情况和2009年部门预算编制情况的报告》;听取和审议县发展和改革委员会受县人民政府委托所作的《关于2009年新增政府投资项目情况的报告》;讨论通过《安吉县人大常委会关于对县农业局开展工作评议的实施方案》;讨论通过《安吉县人大常委会关于开展深入学习实践科学发展观进一步提高人大代表履职意识活动方案》;讨论《安吉县人大常委会关于政府性融资审批管理暂行办法(草案)》;讨论有关人事任免提请事项。

第三十八次会议　2009年6月26日召开。县人大常委会常务副主任吴向明传达全省人大工作会议精神;听取和审议县人民政府《关于我县2009年争取落实国家(省)支农资金情况的报告》;听取和审议县人民检察院《关于侦查监督工作情况的报告》;讨论决定关于召开县十四届人大常委会第十九次会议有关事项。

第三十九次会议　2009年8月26日召开。会议听取和审议县体育局《关于我县贯彻落实〈中华人民共和国体育法〉及相关法律法规情况的报告》;讨论决定关于召开县十四届人大常委会第二十次会议有关事项。

第四十次会议　2009年9月22日召开。会议听取和审议县财政局受县人民政府委托所作的《关于提请审议安吉县资产经营有限公司发行公司债券等相关事项的决议》,同意县人民政府授权县财政局逐年收购由安吉县资产经营有限公司代建的安吉县城市河道治理工程(西苕溪整治配套工程)项目相应资产。

第四十一次会议　2009年10月23日召开。会议听取和审议县人民法院《关于县人民法院调解工作情况的报告》;讨论《安吉县人大常务委员会加强乡镇人大工作联系和指导的办法(试行)》;讨论决定关于召开县十四届人大常委会第二十一次会议有关事项。

第四十五次会议　2009年12月29日召开。会议听取和审议县财政局受县人民政府委托所作的《关于县级平台融资情况的报告》和县开发区(递铺镇)、县规划与建设局、县交通局、县环灵峰山建设发展总公司汇报本部门融资情况。

第四十六次会议　2010年3月5日召开。会议听取和审议县审计局受县人民政府委托所作的《安吉县2009年审计工作情况和2010年审计工作思路的报告》；讨论《安吉县2010年乡镇人大工作考核细则》；讨论决定关于召开县十四届人大常委会第二十四次会议有关事项。

第十七次会议　2010年4月22日召开。会议听取和审议县农村信用联社《关于农村信用联社体制改革情况的报告》；听取和审议县财政局受县人民政府委托所作的《关于2009年部门预算执行情况和2010年部门预算编制情况的报告》；讨论通过《关于水污染防治"一法一条例"执法检查的实施方案》；讨论《关于县十四届人大四次会议代表议案建议分工委归口督办的情况》；讨论决定关于召开县十四届人大常委会第二十五次会议有关事项。

第四十九次会议　2010年6月23日召开。会议听取和审议县林业局受县人民政府委托所作的《关于我县生态修复工程实施情况的报告》；听取和审议县司法局受县人民政府委托所作的《关于我县社区矫正工作情况的报告》；讨论县人民检察院关于提请人事任命相关事项；讨论决定关于召开县十四届人大常委会第二十六次会议有关事项。

第五十次会议　2010年8月27日召开。会议听取和审议县文化广播电视新闻出版局受县人民政府委托所作的《关于我县文化工作情况的报告》；听取和审议县人民检察院《关于县人民检察院反渎职侵权工作情况的报告》；讨论决定关于召开县十四届人大常委会第二十七次会议有关事项。

第五十二次会议　2010年10月26日召开。会议听取和审议县公安局受县人民政府委托所作的《关于看守所条例执行情况的报告》；讨论关于提请任免人员考察情况相关事项；讨论决定关于召开县十四届人大常委会第二十八次会议有关事项。

第五十五次会议　2011年2月12日召开，会议讨论有关人事任免事项；讨论决定关于召开县十四届人大常委会第三十一次会议有关事项。

第五十六次会议　2011年3月16日召开。会议听取和审议县财政局受县人民政府委托所作的《关于2010年财政预算执行情况和2011年部门预算编制情况的报告》；讨论通过《关于县人民法院提请任命人员考察情况报告》；讨论《关于县十四届人大五次会议代表议案建议分工委归口督办的情况》；讨论决定关于召开县十四届人大常委会第三十二次会议有关事项。

第五十七次会议　2011年4月21日召开。会议听取和审议县水利局受县人民政府委托所作的《关于〈安吉县水资源保护和开发利用规划〉编制报批及落实情况的汇报》；讨论决定关于召开县十四届人大常委会第三十三次会议有关事项。

第五十八次会议　2011年6月24日召开。会议听取和审议县档案局受县人民政府委托所作的《关于全县档案工作情况的报告》；讨论决定关于召开县十四届人大常委会第三十四次会议有关事项。

第五十九次会议　2011年8月26日召开。会议听取和审议县住房和城乡建设局受县人民政府委托所作的《关于"优雅竹城"推进情况的报告》；听取和审议县人大常委会财政经济工作委员会《关于2011年全县重点项目进展情况的调研报告》；听取县人大常委会人事代表工作委员会《关于确定人大工作联络员的情况汇报》；讨论决定关于召开县十四届人大常委会第三十五次会议有关事项。

第六十次会议　2011年10月19日召开。会议听取和审议县财政局受县人民政府委托所作的《关于财政专项资金绩效评价情况的报告》;听取和审议县行政服务中心受县人民政府委托所作的《关于招投标工作情况的汇报》;讨论有关人事任免事项;讨论决定县十四届人大常委会第三十六次会议有关议题;讨论决定关于成立安吉县县乡两级换届选举联席会议组织有关事项;讨论决定关于召开县十四届人大常委会第三十六次会议有关事项。

第六十一次会议　2011年11月22日召开。会议讨论《关于贯彻实施法制宣传教育和依法治理工作第六个五年规划的决议(草案)》;讨论《关于推荐连任县人大代表情况的报告》;讨论有关人事任免事项;讨论决定关于召开县十四届人大常委会第三十七次会议有关事项。

第六十二次会议　2011年12月12日召开。会议听取县人民政府《关于调整2011年重点建设项目的有关事项》;讨论有关人事任免事项;讨论决定关于召开县十四届人大常委会第三十八次会议有关事项。

第六十三次会议　2012年1月4日召开。会议讨论《安吉县人大常委会2011年工作报告(初稿)》;讨论安吉县第十五届人民代表大会第一次会议筹备方案、筹备组织、日程初步安排等有关事项;讨论决定关于召开县十四届人大常委会第三十九次会议有关事项。

第六十四次会议　2012年1月16日召开。会议提出安吉县第十五届人民代表大会第一次会议日程、议程安排和列席人员名单等事项;讨论决定关于召开县十四届人大常委会第四十次会议有关事项。

第十五届人大常委会主任会议

第一次会议　2012年3月21召开。会议讨论县人民政府《关于乡镇行政体制调整的议案》;确定第十五届人大常委会主任、副主任分工;讨论《安吉县人大常委会2012年工作要点(草案)》;讨论提出安吉县人大常委会代表资格审查委员会组成人员名单;讨论提出人事任免议案;讨论决定关于召开县十五届人大常委会第一次会议有关事项。

第二次会议　2012年5月3日召开。会议听取和审议县财政局受县人民政府委托所作的《关于2011年部门预算执行情况和2012年部门预算编制情况的报告》,审查批准安吉县委办公室等13个单位的部门预算;讨论《安吉县人大常委会各工作机构组成人员名单》及各专业小组名单;讨论《关于"引导企业专注主业"的调研方案》;讨论提出人事任免议案;讨论关于设立部门代表联络员事项;讨论决定关于召开县十五届人大常委会第二次会议有关事项。

第三次会议　2012年8月8日召开。会议书面审议县人民政府《关于农业现代化园区建设情况的报告》;书面审议县人民政府《关于保障性安居工程建设情况的报告》;讨论关于提请人事任免情况事项;讨论决定关于召开县第十五届人大常委会第四次会议有关事项。

第四次会议　2012年9月13日召开。会议听取和审议县公安局受县人民政府委托所作的《关于全县禁毒工作情况的报告》;听取县人大常委会调研组《关于2012年重点项目进展情况的调研报告》;讨论《关于我县贯彻实施食品安全一法两规执法检查的审议意见》;讨论《关于提高县人大常委会会议效率的考察情况汇报》;讨论决定关于召开县十五届人大常委会第五次会议有关事项。

第五次会议　2012年11月20日召开。会议听取和审议县林业局受县人民政府委托所作的《关于全县林业工作推进工作情况的报告》;讨论关于县人民法院人事任免有关事项;讨论关于安吉县第十五届人民代表大会第二次会议筹备工作有关事项；讨论决定关于召开县十五届人大常委会第六次会议有关事项。

第八次会议　2013年3月8日召开。会议讨论《安吉县人大常委会2013年监督工作计划》；讨论关于县委交办调研课题有关事项；讨论县十五届人大二次会议重点建议；讨论《2013年度乡镇人大工作考核细则》；讨论《关于在全县代表中开展“四新”主题实践活动的实施意见》；讨论有关人事任免事项；讨论决定关于召开县十五届人大常委会第九次会议有关事项。

第九次会议　2013年3月21日召开。会议听取和审议县财政局受县人民政府委托所作的《关于2012年部门预算执行情况和2013年部门预算编制情况的报告》，审查批准部分部门预算；讨论有关人事任免事项。

第十次会议　2013年4月26日召开。会议听取和审议县风景与旅游管理委员受县人民政府委托所作的《安吉县旅游工作情况报告》；讨论《2013年部门工作评议方案》；讨论有关人事任免事项。

第十二次会议　2013年6月27日召开。会议听取和审议有关乡镇(开发区)融资债务情况的报告；讨论《关于“十二五”规划执行情况的中期评估方案》；县人民政府办公室、县财政局、县金融办公室、县国土资源局主要负责人列席相关议题。

第十三次会议　2013年7月23日召开。会议听取和审议《安吉县人大常委会有关制度修改草案的议案》。

第十四次会议　2013年8月14日召开。会议听取和审议县民政局受县人民政府委托所作的《关于全县社会救助(民政)工作情况的报告》；讨论县人大常委会读书会有关事项；讨论《关于省际承接产业转移示范区建设情况的审议意见》；讨论有关人事任免事项。

第十五次会议　2013年9月3日召开。会议听取和审议县环境保护局受县人民政府委托所作的《关于全县饮用水水源地保护情况的报告》及县人大常委会农业环境保护工作委员会所作的相关调研报告；听取和讨论《关于对县人力与社会保障局和县食品药品监督管理局工作评议情况的报告》；讨论《2013年全县重点项目进展情况视察调研方案》。

第十六次会议　2013年9月25日召开。会议听取和审议县人大常委会财政经济工作委员会《关于2013年全县重点项目进展情况的调研报告》；讨论有关人事任免事项。

第十七次会议　2013年10月25日召开。会议听取和审议县人民政府《关于全县现代林区建设情况的报告》；讨论县人民政府《关于落实省际承接产业转移示范区安吉分区建设情况审议意见的报告》。

第十八次会议　2013年11月26日召开。听取和讨论县人大常委会农业环境保护工作委员会关于全县区划调整的调研报告；听取和讨论《安吉县第十五届人民代表大会第三次会议筹备方案》。

第十九次会议　2013年12月20日召开。会议讨论《安吉县人大常委会2013年工作总结(初稿)》；讨论《安吉县人大常委会2014年工作要点(初稿)》；讨论通过县十五届人大三次会议筹备方案、县人民代表大会筹备组织、会议日程初步安排等事项；讨论2014年部门工作评议单位；讨论决定关于召开县十五届人大常委会第十五次会议有关事项。

第二十次会议　2014年1月13日召开。会议讨论《安吉县人大常委会2014年工作要点(草案)》和《安吉县人大常委会2013年工作报告(初稿)》;提出安吉县第十五届人民代表大会第三次会议日程、议程安排和列席会议人员名单等大会事项;讨论有关人事任免事项;讨论决定关于召开县十五届人大常委会第十六次会议有关事项。

第二十一次会议　2014年3月12日召开。会议讨论关于设立街道人大工委有关事项;讨论县人大常委会各工作委员会组成人员调整建议名单;讨论县人民代表大会代表中心组组长、小组组长调整建议名单;讨论部门代表联络员调整建议名单;讨论重点建议及提交县领导联系议案、建议;讨论2014年主任接待代表日活动安排;讨论有关人事任免事项。

第二十二次会议　2014年3月20日召开。会议听取和审议县财政局受县人民政府委托所作的《关于2013年部门预算执行情况和2014年部门预算编制情况的报告》,审查批准部分部门预算;讨论有关人事任免事项;讨论决定关于召开县十五届人大常委会第十七次会议有关事项。

第二十三次会议　2014年5月9日召开。会议传达学习全国人大常委会委员长张德江《关于加强和改进县级人大工作的调研报告》精神;讨论《关于2014年全县重点建设项目进展情况视察、调研与评价方案(讨论稿)》;讨论《关于组织开展对县住房和城乡建设局、县行政服务中心、县文化广播电视新闻出版局工作评议的实施方案(讨论稿)》;讨论关于县人大常委会任命的干部任前司法考试有关事项;讨论关于进一步加强联系代表工作有关事项;讨论县人民法院关于提请任命人民陪审员有关事项;讨论决定十五届人大常委会第十八次会议有关事项。

第二十四次会议　2014年6月6日召开。会议讨论县人大常委会农业环境保护工作委员会《关于加强村级组织规范运行监管机制建设的调研报告(讨论稿)》。

第二十五次会议　2014年6月27日召开。会议听取和审议县人民政府《关于省际示范区天子湖区块供水问题落实情况的报告》;听取和审议县人民政府《关于〈中华人民共和国行政复议法〉执行情况的报告》;讨论有关人事任免事项。

第二十六次会议　2014年8月28日召开。会议听取和审议县人民政府《关于全民健身工作情况的报告》;听取县人大常委会调研组《关于对县住房和城乡建设局、县文化广播电视新闻出版局、县行政服务中心部门工作评议前阶段工作情况报告》;讨论《安吉县人大常委会监督司法机关工作办法(试行)(征求意见稿)》《安吉县人大常委会规范性文件备案审查办法(征求意见稿)》。

第二十七次会议　2014年9月17日召开。会议听取和审议县机构编制委员会办公室《关于部门权力清单工作情况的报告》;听取和讨论县人大常委会调研组《关于2014年全县重点项目进展情况的调研报告》。

第二十八次会议　2014年10月23日召开。会议听取县人民政府《关于全县"三公"经费使用情况的报告(讨论稿)》;讨论《安吉县人大常委会街道工作委员会工作规则(讨论稿)》;讨论《关于我县装备制造业发展情况的报告(讨论稿)》;讨论有关人事任免事项。

第二十九次会议　2014年12月26日召开。会议讨论《安吉县人大常委会2014年工作总结(初稿)》和《安吉县人大常委会2015年工作要点(初稿)》;讨论通过安吉县第十五届人民代表大会第四次会议筹备方案、人民代表大会筹备组织、会议日程初步安排等事项;讨论2015年部门工作评议单位;讨论决定关于召开县十五届人大常委会第二十三次会议有关事项。

第三十次会议　2015年1月7日召开。会议讨论《安吉县人大常委会2014年工作总结(讨论稿)》和《安吉县人大常委会2015年工作要点(讨论稿)》;讨论提出安吉县第十五届人民代表大会第四次会议日程、议程安排和列席会议人员名单等大会事项;县人大常委会人事代表工作委员会汇报乡镇人大考核工作情况;讨论有关人事任免事项;讨论决定关于召开县十五届人大常委会第二十四次会议有关事项。

第三十一次会议　2015年2月6日召开。会议听取县人民法院介绍县人大代表李晓明拒不偿还债务相关情况和县人大常委会人事代表工作委员会了解的相关情况,同意对其实行强制执行。

第三十二次会议　2015年3月17日召开。会议听取和审议县财政局受县人民政府委托所作的《关于2014年部门预算执行情况和2015年部门预算编制情况的报告》,审查批准部分部门预算;讨论有关人事任免事项。

第三十三次会议　2015年4月30日召开。会议讨论《县人大常委会对县水利局、县商务局开展部门评议的实施意见(讨论稿)》;讨论《关于2015年深化司法监督工作的实施方案(草案)》;讨论《关于对县人民法院审判员、县人民检察院检察员开展履职评议工作的实施方案》;讨论有关人事任免事项。

第三十五次会议　2015年8月27日召开。会议听取和审议县人民政府《关于全县城市污水治理工作情况的报告》;听取和审议县人民政府《关于社会养老服务体系建设工作情况的报告》;听取和审议县人力与社会保障局和县市场管理监督局受县人民政府委托分别所作的《关于权力清单和责任清单执行情况的报告》;听取和审议县人大常委会法制工作委员会《关于县公检法司机关工作人员依法履职,公正司(执)法调研情况的报告》及反馈意见;听取和审议县人大常委会法制工作委员会《关于县人民法院审判员、县人民检察院检察员履职情况调研评议意见和评议等次建议报告》;讨论确定2015年全县推进滞缓重点项目责任单位询问对象;讨论确定乡镇预算监督试点乡镇;讨论县人民代表大会代表中心组成员、小组成员调整建议名单;讨论有关人事任免事项。

第三十六次会议　2015年9月21日召开。会议听取县人大常委会调研组《关于2015年全县重点项目进展情况的调研报告》;讨论有关人事任免事项。

第三十七次会议　2015年10月20日召开。会议听取和审议县人民政府《关于全县科技创新工作情况的报告》;听取和审议县人民政府《关于科技专项资金使用管理情况的报告》;听取和审议县人民政府《关于全县水利重点工程建设进展情况的报告》。

第三十八次会议　2015年12月22日召开。会议讨论《安吉县人大常委会2015年工作报告(初稿)》和《安吉县人大常委会2016年工作要点(讨论稿)》;讨论通过安吉县第十五届人民代表大会第五次会议筹备方案、人民代表大会筹备组织、会议日程初步安排等事项;讨论有关人事任免事项；讨论决定关于召开县十五届人大常委会第三十次会议有关事项。

第三十九次会议　2015年12月30日召开。会议讨论《安吉县人大常委会2015年工作报告（讨论稿）》和《安吉县人大常委会2016年工作要点（草案）》；讨论提出安吉县第十五届人民代表大会第五次会议日程、议程安排和列席会议人员名单等大会事项；讨论有关人事任免事项；讨论决定关于召开县十五届人大常委会第三十一次会议有关事项。

第四十次会议　2016年2月19日召开。会议讨论确定安吉县第十五届人民代表大会第五次会议重点建议；讨论有关人事任免事项；讨论决定关于召开县十五届人大常委会第三十二次会议有关事项。

第四十一次会议　2016年3月22日召开。讨论有关人事任免事项；讨论确定县十五届人大常委会任命的干部向宪法宣誓仪式相关事项。

第四十二次会议　2016年6月13日召开。会议听取和审议县人民政府《关于加快供销社体制改革，创新农业生产服务的报告》；听取和审议县人民政府《关于教育规划落实情况的报告》；讨论有关人事任免事项；讨论决定关于召开县十五届人大常委会第三十三次会议有关事项。

第四十三次会议　2016年6月23日召开。会议讨论提出《关于提请罢免丁普杰湖州市第七届人民代表大会代表职务的议案》。

第四十四次会议　2016年7月20日召开。会议讨论确定《安吉县十五届人大重点代表建议办理“回头看”活动方案》；讨论有关人事任免事项；讨论决定关于召开县十五届人大常委会第三十四次会议有关事项。

第四十五次会议　2016年8月22日召开。会议讨论有关人事任免事项。

第四十六次会议　2016年8月30日召开。会议听取和审议县人民政府《关于全县残疾人工作情况的报告》；听取县人大常委会财政经济工作委员会《关于审计发现问题整改情况的跟踪督查报告》；听取和审议县人民政府《关于城市污水治理情况的报告》；听取县人大常委会调研组《关于2016年重点项目视察调研情况的报告》；听取和讨论中共安吉县人大常委会党组《关于做好全县县乡两级人民代表大会换届选举工作的意见》；讨论决定县十五届人大常委会第三十六次会议有关事项。

第四十七次会议　2016年9月21日召开。会议传达和学习省委组织部《关于印发〈换届风气监督工作主体责任清单〉的通知》精神；对县第十五届人民代表大会重点代表建议进行“回头看”跟踪督办；听取和审议县人民政府《关于〈关于加快改善县域南部集中供水条件的议案〉〈关于加强我县小区物业管理工作的议案〉办理情况的报告》；听取县人大常委会财政经济工作委员会《关于全县重点项目总体评价情况的报告》。

第四十八次会议　2016年10月12日召开。会议讨论确定县人大常委会第三十七次会议议题；讨论决定安吉县人大常委会新闻发言人；讨论决定县人民代表大会换届选举工作联席会议组成人员名单。

第四十九次会议　2016年10月30日召开。会议听取和审议县人民政府《关于全县水利重点工程建设情况的报告》；听取和讨论《关于开展第七个五年法制宣传教育的决议（草案）》；

听取和讨论《关于安吉县科技创业园二期工程专题询问的审议意见》;讨论决定关于召开县十五届人大常委会第三十八次会议有关事项。

第五十次会议　2016年12月2日召开。会议讨论有关人事任免事项。

第五十一次会议　2016年12月23日召开。会议讨论关于召开安吉县第十六届人民代表大会第一次会议有关事项;讨论决定关于召开县十五届人大常委会第三十九次会议有关事项。

第十六届人大常委会主任会议

第一次会议　2017年2月18日召开。会议听取和讨论有关人事任免事项;讨论决定关于召开县十六届人大常委会第一次会议有关事项;讨论决定县人大常委会主任、副主任分工。

第二次会议　2017年3月13日召开。会议传达学习湖州市第八次党代会精神;听取和讨论《安吉县人大常委会2017年工作要点(讨论稿)》;听取和讨论县人大常委会和人大机关相关工作制度;讨论通过《安吉县人大常委会机关党组工作规则》《安吉县人民代表大会常务委员会主任会议议事规则》《安吉县人大常委会机关公文处理办法》《安吉县人大常委会机关关于加强学习的实施意见》《安吉县人大常委会机关工作人员探望慰问和请假报告办法》《安吉县人大常委会机关公务接待管理办法》《安吉县人大常委会机关信访处理暂行规定》;讨论通过《2017年度安吉县乡镇(街道)人大工作考核细则》;讨论确定2017年重点代表建议;讨论通过县十六届人大代表中心组、代表小组分组方案。会议票选确定县投资促进局、县林业局为2017年部门工作评议对象。

第三次会议　2017年3月27日召开。会议传达学习中共湖州市第八届委员会集中学习(扩大)会议精神;听取和讨论县审计局受县人民政府委托所作的《关于2017年部门预算审查情况的报告》;讨论通过《关于听取和审议全县剿灭劣V类水工作情况报告的实施方案》;讨论通过《关于在全县各级人大代表中开展“剿灭劣V类水,共护水更清河更美”主题活动方案》;讨论通过《对县投资促进局、县林业局开展工作评议的实施方案》;讨论有关人事任免事项;讨论决定关于召开县十六届人大常委会第二次会议有关事项。

第四次会议　2017年4月5日召开。会议听取县人民政府《关于〈浙江省安吉县矿产资源规划(2016—2020年)〉编制情况的报告》,对《浙江省安吉县矿产资源规划(2016—2020年)》表示原则同意,要求按照程序做好相关报批工作。

第五次会议　2017年4月18日召开。会议传达学习全省人大推进“民生实事项目代表票决制”工作现场交流会会议精神;听取和讨论《关于全县档案工作情况的报告》;听取和讨论《安吉县“三位一体”改革工作情况的报告》;讨论通过《关于对“最多跑一次”改革开展调研督查的工作方案》;听取和讨论《关于开展对县人大常委会任命的政府工作部门负责人述职测评的实施意见》;听取和讨论《关于开展评选表彰优秀县人大代表、优秀县人大代表议案建议、先进县人大代表小组和议案建议办理先进单位的实施意见》;讨论通过《关于县人大常委会驻会组成人员本届联系代表工作的实施方案》;讨论通过《关于调整部门代表联络员名单的方案》;讨论通过关于撤销有关常委会文件的相关事项;讨论决定县十六届人大常委会第三次会议有关事项。

第六次会议　2017年5月12日召开。会议听取和讨论县人民政府《关于提请将“安吉县递铺镇第三小学和昌硕文化中心二期(图书馆)PPP项目”财政支出责任纳入政府中长期预算管理的议案》(安政〔2017〕25号)以及县人大常委会财政经济工作委员会关于县人民政府《安政〔2017〕25号议案的初步审查报告》,同意将安吉县递铺镇第三小学和昌硕文化中心二期(图书馆)项目的建设资金列入未来几年县财政预算支出安排。

第七次会议　2017年5月23日召开。会议讨论有关人事任免事项。

第八次会议　2017年6月16日召开。会议听取和讨论《关于示范区安吉分区经济发展工作情况的报告》;听取和讨论《关于全县道路交通安全管理工作情况的报告》;听取和讨论《关于全县土地资源开发利用和管理情况的报告》;讨论通过《2017年全县重点建设项目进展情况视察、调研与评价方案》;听取和讨论《关于提请任命县人大常委会各街道工作委员会委员的议案》;讨论通过《关于安吉县剿灭劣Ⅴ类水工作情况的审议意见》;讨论通过《关于在全县各级人大代表中开展“比拼履职,争做表率”主题实践活动的实施方案》。

第九次会议　2017年7月14日召开。会议听取和讨论《关于〈安吉县土地整治“十三五”规划〉的起草说明》;听取和讨论《关于全力推进“城中村”改造,共促优雅竹城建设的决定(草案)》;讨论通过《关于开展“主任接待代表周”活动方案》;讨论通过《关于在我县街道推行“议政会”制度的意见》;讨论有关人事任免事项;讨论通过关于撤销有关常委会文件的相关事项;听取和讨论各专委会、工委半年度工作情况报告和下半年工作安排;讨论决定县第十六届人大常委会第四次会议有关事项。

第十次会议　2017年8月14日召开。会议听取和讨论《关于中小企业发展情况的报告》;听取和讨论《关于科技创新工作情况的报告》;听取和讨论《关于“民主法治村”建设工作情况的报告》;听取和讨论关于《安吉国家生态文明建设示范县规划(2016－2020)》编制情况说明;听取和讨论对中策橡胶轮胎生产基地项目开展专题询问的工作方案;讨论通过《关于深入推进县乡两级政府民生实事项目人大代表票决制工作的实施意见》;听取和讨论《关于实施县政府民生实事项目人大代表票决制的决定(草案)》;听取和讨论各视察调研小组关于重点建设项目视察调研情况的报告;讨论决定县第十六届人大常委会第五次会议的有关事项。

第十一次会议　2017年9月13日召开。会议讨论有关人事任免事项;讨论决定县第十六届人大常委会第六次会议有关事项。

第十二次会议　2017年10月23日召开。会议听取和讨论《关于水利重点工程建设情况的报告》;听取和讨论《关于小城镇环境综合整治工作情况的报告》;听取和讨论《关于“最多跑一次”改革工作落实情况的报告》;讨论通过《关于进一步推进县人民法院执行工作的意见》;讨论通过《安吉县卫计局民主参与式预算审查工作方案》;听取和讨论有关人事任免事项;讨论决定县十六届人大常委会第七次会议有关事项。

第十三次会议　2017年11月20日召开。会议讨论有关人事任免事项。

第十四次会议　2017年12月25日召开。会议听取和讨论《关于安吉县生态保护红线划定方案的说明》;听取和讨论安吉县第十六届人民代表大会第二次会议筹备方案、活动初步安排、筹备工作组建议名单;听取和讨论《关于2017年度市人大代表及县人大常委会任命的政府工作部门负责人口头述职测评对象抽签情况的报告》；讨论有关人事任免事项。

第十五次会议　2018年1月4日召开。会议传达学习省委书记、省人大常委会主任车俊在省十二届人大常委会第四十六次会议结束时的讲话精神；听取和讨论《安吉县人大常委会2017年工作报告(初稿)》；听取和讨论《安吉县人大常委会2018年工作要点(初稿)》；讨论《关于召开县第十六届人民代表大会第二次会议的决定(草案)》；讨论有关人事任免事项；讨论决定关于召开县十六届人大常委会第八次会议有关事项。

第十六次会议　2018年1月10日召开。会议听取和讨论《关于2018年政府民生实事项目筛选情况的报告》；听取和讨论《关于报请许可对县人大代表江利勇依法采取刑事强制措施的报告》；听取和讨论安吉县第十六届人民代表大会第二次会议日程、议程安排和列席会议人员名单等大会事项；听取和讨论2017年度各乡镇(街道)人大考核情况汇报；讨论决定2017年度优秀县人大代表议案建议和议案建议办理先进单位名单；讨论有关人事任免事项。会议书面审议《安吉县人大常委会2017年工作报告(讨论稿)》；书面审议《安吉县人大常委会2018年工作要点(讨论稿)》；讨论决定关于召开县十六届人大常委会第九次会议有关事项。

第十七次会议　2018年2月28日召开。会议讨论通过关于撤销有关常委会文件的相关事项；讨论确定《关于在全县农村地区逐步推行禁售禁放烟花爆竹的议案》《关于加快提升县城主城区垃圾分类处理的建议》《关于要求确保被拆迁小微企业发展的议案》《关于建设优雅竹城，重建凤凰农贸市场的议案》《关于加强我县毛竹产业保护的议案》《关于要求建立校企联合培育技工人才机制的议案》共6件议案、建议为2018年重点代表议案、建议；讨论通过《2018年安吉县乡镇(街道)人大工作考核细则》；讨论通过《安吉县人大机关联系村建议方案》；讨论有关人事任免事项；讨论决定关于召开县十六届人大常委会第十次会议有关事项。

第十八次会议　2018年4月20日召开。会议听取和讨论《关于贯彻执行〈浙江省台湾同胞投资保障条例〉工作情况的报告》；听取和讨论《关于浙江安吉小鲵国家级自然保护区工作情况的报告》；讨论通过《关于对县公安局、县市场监管局行政处罚案件办理情况开展评审的工作方案》；讨论通过《关于2018年重点建设(民生实事)项目进展情况视察调研与评价的工作方案》；讨论通过《关于对县科技局、县交通运输局开展部门工作评议的实施方案》；听取和讨论《关于组织成立特定问题调查委员会，对赋石水库、老石坎水库和凤凰水库污染源问题开展调查的建议》；讨论通过《关于在全县各级人大代表中继续开展“比拼履职，争做表率”主题实践活动的方案》；讨论通过县人大志编纂方案；讨论决定关于召开县十六届人大常委会第十一次会议有关事项。

第十九次会议　2018年6月26日召开。会议听取《关于森林资源保护和涉林违法犯罪案件查处工作情况的报告》；听取《关于笔架山农业高新园区建设发展情况的报告》；讨论《关于听取和审议“十三五”规划纲要实施情况中期评估报告的实施方案》；讨论《关于开展“主任接待代表周”活动方案》；讨论有关人事任免事项；讨论关于召开县十六届人大常委会第十三次会议有关事项。

第二十次会议　2018年6月26日召开。会议讨论《关于森林资源保护和涉林违法犯罪案件查处工作情况的报告》；讨论《关于笔架山农业高新园区建设发展情况的报告》；讨论通过

《关于听取和审议“十三五”规划纲要实施情况中期评估报告的实施方案》；讨论通过《关于开展“主任接待代表周”活动的方案》；讨论有关人事任免事项；讨论决定关于召开县十六届人大常委会第十三次会议有关事项。

第二十一次会议　2018年7月20日召开。会议听取和讨论有关人事任免事项；听取和讨论各专委会、工委上半年工作情况报告和下半年工作安排。

第二十二次会议　2018年8月22日召开。会议分别听取和讨论县公安局、县市场监管局《关于行政处罚案件办理情况的报告》；听取和讨论县发展和改革委员会《关于国民经济和社会发展第十三个五年规划纲要的中期评估报告》，以及各审议小组对规划纲要和5个专项规划的调研审议报告；听取和讨论县人大常委会各视察调研组关于重点建设项目视察调研情况的汇报；听取和讨论县人民政府政务办公室《关于“最多跑一次”工作落实情况的报告》；听取和讨论县体育局《关于全县体育设施建设和利用情况的报告》；听取和讨论《安吉县人大常委会监督审计查出问题整改工作办法（讨论稿）》；讨论通过《关于开展对员额法官、员额检察官述职测评的实施方案》；讨论决定关于召开县十六届人大常委会第十四次会议有关事项。

第二十三次会议　2018年9月26日召开。会议讨论有关人事任免事项。

第二十四次会议　2018年10月30日召开。会议听取和讨论县住建（规划）局《关于优雅竹城建设发展情况的报告》；听取和讨论县林业局《关于安吉县县树县花评选情况的报告》；讨论有关人事任免事项；讨论决定关于召开县十六届人大常委会第十五次会议有关事项。

第二十五次会议　2018年11月26日召开。会议听取和讨论《关于调整县人大常委会年度议题的报告》；听取和讨论《关于开展县人大常委会任命的政府工作部门负责人述职测评的工作方案》；听取和讨论《关于开展市人大代表述职测评的工作方案》；讨论有关人事任免事项；讨论决定关于召开县十六届人大常委会第十六次会议有关事项。

第二十六次会议　2018年11月30日召开。会议听取和讨论关于召开安吉县第十六届人民代表大会第三次会议相关事项。

第二十七次会议　2018年12月10日召开。会议讨论通过《关于员额法官、员额检察官述职测评工作方案》；听取和讨论关于补选县第十六届人民代表大会代表的相关事项。

第二十八次会议　2018年12月25日召开。会议听取和讨论《关于召开县第十六届人民代表大会第三次会议的决定（草案）》；听取和讨论《安吉县人大常委会2018年工作报告（讨论稿）》；讨论通过《〈湖州市文明行为促进条例〉宣传贯彻情况监督方案》；听取和讨论2018年乡镇（街道）人大工作考核情况汇报；讨论通过2018年先进县人大代表小组和优秀县人大代表名单；听取和讨论《关于提请补选湖州市第八届人大代表的议案》；讨论决定关于召开县十六届人大常委会第十七次会议有关事项。

第二十九次会议　2019年1月12日召开。会议听取和讨论《关于2019年政府民生实事项目筛选情况的报告》；听取和讨论《2018年政府民生实事项目满意度测评工作方案》；决定在全县范围内开展“正能量人物选树活动”，试点在溪龙乡；讨论有关人事任免事项；讨论决定关于召开县十六届人大常委会第十八次会议有关事项。

第三十次会议　2019年1月12日召开。会议听取和讨论安吉县第十六届人民代表大会第三次会议日程、议程安排和列席人员名单等大会事项；讨论决定关于召开县第十六届人大常委会第十九次会议有关事项。

第三十一次会议　2019年2月27日召开。会议传达学习市八届人大四次会议精神；听取和讨论《安吉县人大常委会2019年工作要点(讨论稿)》；听取和讨论《关于奋力推动我县民营经济高质量发展的决议(讨论稿)》；讨论通过《县人大常委会及机关开展“服务企业服务群众服务基层”活动的实施方案》；讨论通过《2019年安吉县乡镇(街道)人大工作考核细则》；讨论有关人事任免事项；讨论决定关于召开县十六届人大常委会第二十次会议有关事项。

第三十二次会议　2019年3月14日召开。会议讨论通过《关于县第十六届人大常委会主任、副主任分工方案》；讨论通过《关于2019年重点建设(民生实事)项目进展情况视察、调研与评价的工作方案》；讨论通过《关于调研和审议我县促进民营经济高质量发展情况的实施方案》；讨论有关人事任免事项。

第三十三次会议　2019年3月15日召开。会议讨论有关人事任免事项。

第三十四次会议　2019年4月29日召开。会议听取和讨论县自然资源和规划局《关于矿产资源管理情况的报告》；听取和讨论县公安局关于提请相关许可的报告；听取和讨论《安吉县人大常委会财政专项资金监督办法(讨论稿)》；讨论通过《关于开展人大代表建议办理工作“回头看”活动的实施方案》；讨论有关人事任免事项；讨论决定关于召开县十六届人大常委会二十一次会议有关事项。

第三十五次会议　2019年5月23日召开。会议听取和讨论有关人事任免事项；讨论决定关于召开县十六届人大常委会第二十二次会议有关事项。

第三十六次会议　2019年6月25日召开。会议听取和讨论县公安局《关于“扫黑除恶”专项斗争工作情况的报告》；听取和讨论市生态环境局安吉分局《关于大气污染防治工作情况的报告》；听取和讨论县人民政府办公室《关于浙江宇翔职业技术学院筹建情况的报告》；听取和讨论《县人大常委会关于加强支出预算、政策和预算绩效监督的暂行办法(讨论稿)》；讨论通过《关于对县民政局开展工作评议的实施方案》；讨论通过《关于对县人力社保局、市生态环境局安吉分局行政处罚案件办理情况开展评审的工作方案》；讨论通过《县人大常委会关于规范五星级人大代表联络站运行的工作标准》；听取和讨论《县人大常委会任免国家机关工作人员办法修订草案(讨论稿)》；听取和讨论《关于提请接受王金土辞去安吉县第十六届人民代表大会代表职务的议案》；讨论通过《县人大机关工作人员探望慰问和请假报告办法》；讨论决定关于召开县十六届人大常委会第二十三次会议有关事项。

第三十七次会议　2019年8月23日召开。会议听取和讨论县人民政府《关于促进民营经济高质量发展情况的报告》；听取和讨论县人民政府《关于2019年重点建设项目和民生实事项目进展情况的报告》及县人大常委会各视察调研组关于重点建设项目和民生实事项目视察调研情况的汇报；听取和讨论县人力社保局、市生态环境局安吉分局《关于行政处罚案件办理情况的报告》及县人大社会建设委员会、县人大常委会城乡建设与环境资源保护工作委员会《关于行政处罚案件办理情况的评审意见》；听取和讨论县人民检察院《关于公益诉讼工作情况的报告》；听取和讨论《安吉县人大常委会听取和审议县监察委员会专项工作报告办法

（试行）（讨论稿）》；讨论通过《安吉县人大常委会关于推进城乡生活垃圾精准分类的监督方案》；听取和讨论《安吉县人大常委会关于加快推进城乡生活垃圾精准分类的决定（讨论稿）》；听取和讨论有关人事任免事项；讨论决定关于召开县十六届人大常委会第二十四次会议有关事项。

第三十八次会议　2019年9月16日召开。会议听取和讨论《关于提请修改“3.25生态日”为“8.15生态文明日”的议案》；讨论通过《〈湖州市市容和环境卫生管理条例〉宣传贯彻情况专项监督方案》；讨论决定关于召开县十六届人大常委会第二十五次会议有关事项。

第三十九次会议　2019年9月25日召开。会议讨论有关人事任免事项。

第四十次会议　2019年10月18日召开。会议听取和讨论县农业农村局《关于白茶原产地保护工作情况的报告》；听取和讨论《安吉县医保局工作情况的报告》；听取和讨论县人民政府办公室《关于2019年人大代表议案建议办理工作“回头看”活动情况的汇报》；听取和讨论县人大常委会特定问题调查委员会《关于赋石、老石坎、凤凰三大水库污染源特定问题调查情况的报告》；听取和讨论有关人事任免事项；讨论决定关于召开县十六届人大常委会第二十六次会议有关事项。

第四十一次会议　2019年10月29日召开。会议讨论有关人事任免事项。

第四十二次会议　2019年10月29日召开。会议讨论有关人事任免事项。

第四十三次会议　2019年11月13日。会议讨论通过《安吉县人大预算联网监督系统相关管理制度》；听取和讨论《安吉县人大常委会关于加强县人民检察院开展公益诉讼工作的决定（讨论稿）》；讨论通过《关于员额法官、员额检察官述职测评的工作方案》；讨论通过《关于开展县人大常委会任命的政府工作部门负责人述职测评工作方案》；讨论通过《关于开展市人大代表述职测评工作方案》；听取和讨论关于代表补选的相关事项；听取和讨论县十六届人大四次会议相关事项；听取和讨论有关人事任免事项；讨论决定关于召开县十六届人大常委会第二十七次会议有关事项。

第四十四次会议　2019年12月16日召开。会议听取和讨论《关于2020年政府民生实事项目筛选情况的报告》；听取和讨论《安吉县人大常委会2019年工作报告（讨论稿）》；讨论通过《安吉县人民代表大会选举产生或表决通过的国家工作人员宪法宣誓办法》；讨论通过《安吉县人民代表大会常务委员会任命或决定任命的国家工作人员宪法宣誓办法》；讨论通过《安吉县人大代表活动经费管理办法》；听取和讨论2019年乡镇（街道）人大工作考核情况汇报；讨论通过2019年优秀议案建议和议案建议办理成绩突出集体和个人名单；听取《关于“两官”述职测评对象基本情况的汇报》；听取和讨论有关人事任免事项；讨论决定关于召开县十六届人大常委会第二十八次会议有关事项。

第四十五次会议　2019年12月24日召开。会议讨论有关人事任免事项。

第四十六次会议　2020年1月18日召开。会议讨论《关于召开县第十六届人民代表大会第四次会议的决定（草案）》；讨论《安吉县人大常委会2020年工作要点（讨论稿）》；听取和讨论有关人事任免事项；讨论决定关于召开县第十六届人大常委会第二十九次会议有关事项。

第四十七次会议　2020年2月26日召开。会议传达中央和省市县委统筹推进新冠肺炎疫情防控和经济社会发展工作部署会议主要精神；听取县发展和改革局《关于全县重点建设项目、服务业企业复工复产情况及下一步工作安排与建议》；听取县经济和信息化局《关于全县工业企业复工复产情况及下一步工作安排的汇报》。

第四十八次会议　2020年3月19日召开。会议听取县人民政府办公室《〈关于提请审议设立安吉县企业集中服务日的议案〉的说明》；听取和讨论《关于在全县各级人大代表中继续开展"比拼履职，争做表率"主题实践活动的方案（讨论稿）》；听取和讨论《2020年度乡镇（街道）人大工作考核细则》；听取和讨论有关人事任免事项；讨论决定关于召开县第十六届人大常委会第三十次会议有关事项。

第四十九次会议　2020年4月21日召开。会议听取《全县新型冠状病毒肺炎疫情防控工作情况的报告》；听取县人民政府《关于"511行动计划"实施情况的报告》；讨论《关于对县综合行政执法局行政处罚案件办理情况开展评审的工作方案（讨论稿）》；讨论《关于开展动物防疫、野生动物保护相关法律法规和决定贯彻实施情况检查的通知（讨论稿）》；讨论《关于明确召开县第十六届人民代表大会第四次会议的决定（草案）》；讨论提出县十六届人大四次会议日程、议程安排和列席会议人员名单等大会事项；讨论决定关于召开县第十六届人大常委会第三十一次会议有关事项。

第三章　职权行使

安吉县人大常委会负责全县人大各项组织工作，包括领导和主持县人大代表的选举，召集县人大会议，领导县人大各办事机构工作，组织代表开展活动，依法补选市人民代表大会出缺的代表和罢免个别人大代表，确保宪法、法律、行政法规和上级人大及其常委会决议的遵守和执行，讨论、决定县域内的政治、经济、法制、教育、科学、文化、卫生、环境和资源保护、民政、民族等工作的重大事项，决定对县国民经济计划和社会发展计划、预算的部分变更，决定授予地方性的荣誉称号。在县人民代表大会闭会期间，决定国家机关工作人员人事任免；监督县"一府一委两院"的工作，受理人民群众对国家机关及其工作人员的申诉意见，撤销县人民政府不适当的决定和命令等。监督职权是人大常委会行使最为频繁的职权，另设《依法监督》一章记述。

第一节　决议与决定

安吉县人大常委会对县域内的政治、经济、教育、文化、科学、卫生、环境和资源保护、民政、民族，以及社会事业带有根本性、全局性、长期性的重大事项和人民群众普遍关心的重大问题，尤其对环境保护、生态建设、国民经济和社会发展方面，在调查研究、广泛听取群众意见的基础上，作出决议、决定，以督促和支持县人民政府做好工作，推动全县社会主义物质文明、政治文明和精神文明建设。"一府两院"年度工作报告决议，见本编第四章第一节，本节不再收录。

一、决议与决定名录

第七届人大常委会决议与决定

《坚决贯彻执行全国人大常委会〈关于严惩严重危害社会治安的犯罪分子的决定〉的决议》(1983年安吉县第七届人大常委会第十二次会议通过)

《关于县乡两级人民代表大会选举工作的决定》(1984年3月11日安吉县第七届人大常委会第十四次会议审议通过)

第八届人大常委会决议与决定

《关于认真学习贯彻执行〈浙江省计划生育条例〉的决议》(1985年4月12日安吉县第八届人大常委会第五次会议通过)

《关于安吉县法制宣传教育和普及法律常识的决议》(1985年7月18日安吉县第八届人大常委会第七次会议通过)

《关于贯彻实施浙江省九年制义务教育条例的决议》(1985年7月18日安吉县第八届人大常委会第七次会议通过)

《关于安吉县物价管理的决议》(1985年10月18日安吉县第八届人大常委会第九次会议通过)

《关于推广节柴灶的决议》(1985年12月20日安吉县第八届人大常委会第十次会议通过)

《关于对安吉县贯彻九年制义务教育进行视察决议》(1985年12月20日安吉县第八届人大常委会第十次会议通过)

《关于加强与“一府两院”的工作联系制度》(1986年2月21日安吉县第八届人大常委会第十一次会议通过)

《关于建立主任接待人民代表日制度的决定》(1986年2月21日安吉县第八届人大常委会第十一次会议通过)

《关于召开县第八届人民代表大会第三次会议的决定》(1986年2月21日安吉县第八届人大常委会第十一次会议通过)

《关于贯彻实施〈中华人民共和国治安管理处罚条例〉的决议》(1986年9月26日安吉县第八届人大常委会第十五次会议通过)

《关于加强法制教育维护安定团结的决定》(1987年3月21日安吉县第八届人大常委会第十八次会议通过)

《关于召开县九届人大一次会议的决定》(1987年3月21日安吉县第八届人大常委会第十八次会议通过)

第九届人大常委会决议与决定

《关于设立法制、财政经济、科教文卫工作委员会的决定》(1987年6月27日安吉县第九届人大常委会第一次会议通过)

《关于改进人事任免表决办法的决定》(1987年6月27日安吉县第九届人大常委会第一次会议通过)

《关于设立代表资格审查委员会的决定》(1987年8月12日安吉县第九届人大常委会第二次会议通过)

《关于开展以宪法为核心的执法检查的决定》(1987年8月12日安吉县第九届人大常委会第二次会议通过)

《关于认真抓紧查处执法检查中反映较大的几个问题的决议》(1988年2月8日安吉县第九届人大常委会第五次会议通过)

《关于召开县人大九届二次会议的决定》(1988年2月8日安吉县第九届人大常委会第五次会议通过)

《关于召开县第九届人民代表大会第三次会议的决定》(1989年2月25日县第九届人民代表大会第十二次会议通过)

《关于实施〈义务教育法〉的决议》(1989年5月27日安吉县第九届人大常委会第十四次会议通过)

《关于坚决清理整顿公司和开展反贪污受贿投机倒把斗争的决议》(1989 年 9 月 28 日安吉县第九届人大常委会第十六次会议通过)

《关于坚决开展“扫黄”斗争和清理整顿文化市场的决议》(1989 年 9 月 28 日安吉县第九届人大常委会第十六次会议通过)

《关于报福乡改建制镇后有关问题的决定》(1989 年 9 月 28 日安吉县第九届人大常委会第十六次会议通过)

《关于 1990 年县乡(镇)两级换届选举的决定》(1989 年 11 月 18 日安吉县第九届人大常委会第十七次会议通过)

《关于确定县乡两级人民代表大会代表名额的决定》(1989 年 11 月 18 日安吉县第九届人大常委会第十七次会议通过)

《关于成立县选举委员会及其办公室成员的决定》(1989 年 11 月 18 日安吉县第九届人大常委会第十七次会议通过)

《关于选举办事处和各乡选举委员会组成人员的决定》(1989 年 12 月 23 日安吉县第九届人大常委会第十八次会议通过)

《关于召开县十届人大一次会议的决定》(1990 年 2 月 27 日安吉县第九届人大常委会第十九次会议通过)

第十届人大常委会决议与决定

《关于设立法制、财经、科教文卫、代表工作和议案督办工作委员会及组成人员的决定》(1990 年 5 月 26 日安吉县第十届人大常委会第一次会议通过)

《关于设立安吉县人大常委会代表资格审查委员会及其组成人员的决定》(1990 年 5 月 26 日安吉县第十届人大常委会第一次会议通过)

《关于设立区人大工作联络员的决定》(1990 年 5 月 26 日安吉县第十届人大常委会第一次会议通过)

《关于县第十届人民代表大会第一次会议代表议案处理意见的决定》(1990 年 6 月 16 日安吉县第十届人大常委会第二次会议通过)

《安吉县人大常委会关于开展 1990 年执法检查的决定》(1990 年 10 月 31 日安吉县第十届人大常委会第四次会议通过)

《关于明确安吉县人大工作联络员工作职责的决定》(1990 年 10 月 31 日安吉县第十届人大常委会第四次会议通过)

《关于召开县十届人大二次会议的决定》(1991 年 2 月 27 日安吉县第十届人大常委会第六次会议通过)

《关于在全县实施法制宣传教育第二个五年规划的决议》(1991 年 5 月 25 日县十届人大常委会第八次通过)

《关于开展“三所一庭”执法检查的决定》(1991 年 7 月 27 日安吉县第十届人大常委会第九次会议通过)

《关于安吉县人大常委会组织人民代表对基层执法单位的执法工作开展评议的决定》(1991

年7月27日安吉县第十届人大常委会第九次会议通过）

《关于将代表工作和议案督办工作委员会改为代表工作委员会的决定》(1991年7月27日安吉县第十届人大常委会第九次会议通过）

《关于召开县十届人大三次会议的决定》(1992年1月24日安吉县第十届人大常委会第十二次会议通过）

《关于补选1名县第十届人民代表大会代表的决定》(1992年2月29日安吉县第十届人大常委会第十三次次会议通过）

《关于建议增加县十届人大三次会议选举事项议程的决定》(1992年2月29日安吉县第十届人大常委会第十三次次会议通过）

《关于学习贯彻〈全国人民代表大会和地方各级人民代表大会代表法〉的决议》(1992年5月28日安吉县第十届人大常委会第十五次会议通过）

《关于县乡(镇)两级人民代表大会代表换届选举的决定》(1992年9月26日安吉县第十届人大常委会第十七次会议通过）

《关于成立县选举委员会及其办公室的决定》(1992年9月26日安吉县第十届人大常委会第十七次会议通过）

《关于山河乡改为天荒坪镇有关问题的决定》(1992年9月26日安吉县第十届人大常委会第十七次会议通过）

《关于调整部分乡镇行政区域后有关问题的决定》(1992年9月26日安吉县第十届人大常委会第十七次会议通过）

《关于七个选举办事处和各乡镇选举委员会组成人员的决定》(1992年11月30日安吉县第十届人大常委会第十八次会议通过）

《关于确定县乡(镇)人民代表大会代表名额的决定》(1992年11月30日安吉县第十届人大常委会第十八次会议通过）

《关于召开县十一届人大一次会议的决定》(1993年1月13日安吉县第十届人大常委会第十九次会议通过）

第十一届人大常委会决议与决定

《关于设立代表资格审查委员会的决定》(1993年4月23日安吉县第十一届人大常委会第一次会议通过）

《关于设立县人大常委会法制、财经、教科文卫、代表工作委员会及其组成人员的决定》(1993年4月23日安吉县第十一届人大常委会第一次会议通过）

《关于设立县人大代表中心组的决定》(1993年4月23日安吉县第十一届人大常委会第一次会议通过）

《关于加强农业基础地位加快发展优质高产高效农业的决议》(1993年7月14日安吉县第十一届人大常委会第三次会议通过）

《关于组织人民代表对公安司法机关开展执法评议的决定》(1994年3月17日安吉县第十一届人大常委会第八次会议通过）

《安吉县人民代表大会常务委员会关于组织开展人大常委会任命干部述职评议的决定》(1994年7月26日安吉县第十一届人大常委会第十次会议通过)

《关于杭垓乡改建镇后有关问题的决定》(1994年12月6日安吉县第十一届人大常委会第十三次会议通过)

《关于增补良朋乡人代会代表名额的决定》(1994年12月6日安吉县第十一届人大常委会第十三次会议通过)

《关于召开县十一届人大三次会议的决定》(1995年1月26日安吉县第十一届人大常委会第十四次会议通过)

《关于调整递铺镇行政区域后有关问题的决定》(1995年9月20日安吉县第十一届人大常委会第二十次会议通过)

《关于乡镇人民代表大会换届选举的决定》(1995年11月10日安吉县第十一届人大常委会第二十一次会议通过)

《关于成立乡镇选举委员会及其组成人员任职的决定》(1995年11月10日安吉县第十一届人大常委会第二十一次会议通过)

《关于确定乡镇下一届人民代表大会代表名额的决定》(1995年11月10日安吉县第十一届人大常委会第二十一次会议通过)

《关于召开县十一届人民代表大会第四次会议的决定》(1996年1月24日安吉县第十一届人大常委会第二十二次会议通过)

《关于调整各乡镇县人民代表小组和县代表中心组负责人的决定》(1996年1月24日安吉县第十一届人大常委会第二十二次会议通过)

《关于批准安吉县1995年财政决算的决议》(1996年5月10日安吉县第十一届人大常委会第二十四次会议通过)

《关于继续开展法制宣传教育的决议》(1996年9月27日安吉县第十一届人大常委会第二十七次会议通过)

《关于实行依法治县的决议》(1996年11月27日安吉县第十一届人大常委会第二十八次会议通过)

《关于召开县十一届人民代表大会第五次会议的决定》(1997年1月16日安吉县第十一届人大常委会第二十九次会议通过)

《关于批准安吉县1996年财政决算的决议》(1997年4月25日安吉县第十一届人大常委会第三十二次会议通过)

《关于实施〈安吉县饮用水水源保护区污染防治管理暂行办法〉的决议》(1997年8月26日安吉县第十一届人大常委会第三十五次会议通过)

《关于实施〈安吉县“科教兴县”战略“九五”实施纲要〉的决议》(1997年10月15日安吉县第十一届人大常委会第三十七次会议通过)

《关于鄣吴乡改为建制镇后有关问题的决定》(1997年10月15日安吉县第十一届人大常委会第三十七次会议通过)

《关于做好县人民代表大会代表换届选举的决定》(1997年10月15日安吉县第十一届人大常委会第三十七次会议通过)

《关于成立县选举委员会及其办公室的决定》(1997年10月15日安吉县第十一届人大常委会第三十七次会议通过)

《关于举行县十二届人民代表大会第一次会议的决定》(1998年2月18日安吉县第十一届人大常委会第四十次会议通过)

第十二届人大常委会决议与决定

《安吉县人大常委会关于设立代表资格审查委员会的决定》(1998年3月25日安吉县第十二届人大常委会第一次会议通过)

《安吉县人大常委会关于设立工作机构的决定》(1998年3月25日安吉县第十二届人大常委会第一次会议通过)

《安吉县人大常委会关于设立县人民代表中心组和代表小组的决定》(1998年3月25日安吉县第十二届人大常委会第一次会议通过)

《关于批准1997年财政决算的决议》(1998年4月30日安吉县第十二届人大常委会第二次会议通过)

《关于加强预算外资金管理的决定》(1998年9月4日安吉县第十二届人大常委会第五次会议通过)

《关于1999年乡镇人民代表大会换届选举的决定》(1998年11月4日安吉县第十二届人大常委会第六次会议通过)

《关于确定乡镇第十三届人民代表大会代表名额的决定》(1998年11月4日安吉县第十二届人大常委会第六次会议通过)

《关于成立安吉县1999年换届选举办公室的决定》(1998年11月4日安吉县第十二届人大常委会第六次会议通过)

《关于各乡镇选举委员会组成人员任职的决定》(1998年11月4日安吉县第十二届人大常委会第六次会议通过)

《关于召开县第十二届人民代表大会第二次会议的决定》(1999年1月29日安吉县第十二届人大常委会第八次会议通过)

《关于递铺镇、孝丰镇行政区域调整后有关问题的决定》(1999年1月29日安吉县第十二届人大常委会第八次会议通过)

《关于批准安吉县1998年财政决算的决议》(1999年4月29日安吉县第十二届人大常委会第十次会议通过)

《关于召开县第十二届人民代表大会第三次会议的决定》(2000年1月13日安吉县第十二届人大常委会第十五次会议通过)

《关于组织县人大代表评议县公安局执法工作的决定》(2000年4月29日安吉县第十二届人大常委会第十八次会议通过)

《关于批准安吉县1999年财政决算的决议》(2000年4月29日安吉县第十二届人大常委会

第十八次会议通过）

《关于调整县国民经济和社会发展“九五”计划部分主要指标的决定》（2000年6月28日安吉县第十二届人大常委会第十九次会议通过）

《关于组织开展对县人大常委会任命干部述职评议的决定》（2000年6月28日安吉县第十二届人大常委会第十九次会议通过）

《关于召开县第十二届人民代表大会第四次会议的决定》（2001年1月10日安吉县第十二届人大常委会第二十四次会议通过）

《关于高禹乡改建高禹镇后有关问题的决议》（2001年2月14日安吉县第十二届人大常委会第二十五次会议通过）

《关于确定安吉县十二届人大四次会议列席人员的决定》（2001年2月14日安吉县第十二届人大常委会第二十五次会议通过）

《县人大常委会关于开展“两项评议”的决定》（2001年2月14日安吉县第十二届人大常委会第二十五次会议通过）

《关于安吉县2002年乡镇人民代表大会换届选举的决定》（2001年8月22日安吉县第十二届人大常委会第二十九次会议通过）

《关于确定乡镇新一届人民代表大会名额的决定》（2001年8月22日安吉县第十二届人大常委会第二十九次会议通过）

《关于成立县2002年乡镇人大换届选举办公室的决定》（2001年8月22日安吉县第十二届人大常委会第二十九次会议通过）

《关于进一步开展法制宣传教育的决议》（2001年10月17日县十二届人大常委会第三十一次会议通过）

《关于确定安吉县十二届人大五次会议列席人员的决定》（2002年2月21日安吉县第十二届人大常委会第三十四次会议通过）

《关于做好县十三届人民代表大会换届选举工作的决定》（2002年11月20日安吉县第十二届人大常委会第三十九次会议通过）

《关于县十三届人民代表大会代表名额分配的决定》（2002年11月20日安吉县第十二届人大常委会第三十九次会议通过）

《关于成立县选举委员会及其办公室的决定》（2002年11月20日安吉县第十二届人大常委会第三十九次会议通过）

《关于确定安吉县第十三届人大一次会议列席人员的决定》（2003年2月21日安吉县第十二届人大常委会第四十二次会议通过）

第十三届人大常委会决议与决定

《安吉县人大常委会关于加强与人大代表联系的决定》（2003年3月26日安吉县第十三届人大常委会第一次会议通过）

《安吉县人大常委会关于设立代表资格审查委员会的决定》（2003年3月26日安吉县第十三届人大常委会第一次会议通过）

《安吉县人大常委会关于设立县人大代表中心组和代表小组的决定》(2003 年 3 月 26 日安吉县第十三届人大常委会第一次会议通过)

《关于批准安吉县 2002 年财政决算的决议》(2003 年 4 月 23 日安吉县第十三届人大常委会第二次会议通过)

《安吉县人大常委会关于生态县建设的决议》(2003 年 7 月 22 日安吉县第十三届人大常委会第四次会议通过)

《安吉县人民代表大会常务委员会关于设立安吉县生态日的决定》(2003 年 9 月 13 日安吉县第十三届人大常委会第六次会议通过)

《关于召开安吉县第十三届人民代表大会第二次会议的决定》(2004 年 1 月 8 日安吉县第十三届人大常委会第九次会议通过)

《关于杭垓镇行政区划调整后镇人民代表大会换届选举的决定》(2004 年 1 月 8 日安吉县第十三届人大常委会第九次会议通过)

《关于成立杭垓镇选举委员会及其组成人员的决定》(2004 年 1 月 8 日安吉县第十三届人大常委会第九次会议通过)

《关于确定杭垓镇第十五届人民代表大会代表名额的决定》(2004 年 1 月 8 日安吉县第十三届人大常委会第九次会议通过)

《关于安吉县第十三届人民代表大会第二次会议列席人员名单的决定》(2004 年 2 月 18 日安吉县第十三届人大常委会第十次会议通过)

《安吉县人大常委会关于召开县第十三届人民代表大会第三次会议的决定》(2005 年 1 月 20 日安吉县第十三届人大常委会第十七次会议通过)

《关于安吉县第十三届人民代表大会第三次会议列席人员的决定》(2005 年 2 月 22 日安吉县第十三届人大常委会第十八次会议通过)

《关于召开县十三届人民代表大会第四次会议的决定》(2005 年 12 月 20 日安吉县第十三届人大常委会第二十五次会议通过)

《关于批准安吉县 2005 年财政决算的决议》(2006 年 4 月 26 日安吉县第十三届人大常委会第二十八次会议通过)

《关于做好全县县乡两级人民代表大会换届选举的决定》(2006 年 10 月 25 日安吉县第十三届人大常委会第三十一次会议通过)

《关于召开县十四届人民代表大会第一次会议的决定》(2006 年 10 月 25 日安吉县第十三届人大常委会第三十四次会议通过)

《关于确定安吉县十四届人大一次会议列席人员名单的决定》(2007 年 1 月 10 日安吉县第十三届人大常委会第三十五次会议通过)

第十四届人大常委会决议与决定

《安吉县人大常委会关于设立代表资格审查委员会的决定》(2007 年 2 月 12 日安吉县第十四届人大常委会第一次会议通过)

《安吉县人大常委会关于设立代表中心组和代表小组的决定》(2007 年 2 月 12 日安吉县第

十四届人大常委会第一次会议通过)

《关于设立部门代表联络员的决定》(2007年3月31日安吉县第十四届人大常委会第二次会议通过)

《关于批准安吉县2006年财政决算的决议》(2007年5月30日安吉县第十四届人大常委会第三次会议通过)

《关于确认安吉县人民检察院人民监督员的决定》(2007年7月28日安吉县第十四届人大常委会第五次会议通过)

《关于确定安吉县十四届人大二次会议列席人员名单的决定》(2008年1月5日安吉县第十四届人大常委会第八次会议通过)

《安吉县人大常委会关于〈安吉县域总体规划(2006—2020)〉的决议》(2008年2月1日安吉县第十四届人大常委会第九次会议通过)

《关于安吉县国家可持续发展实验区建设规划的决议》(2008年11月26日安吉县第十四届人大常委会第十四次会议通过)

《关于召开县十四届人民代表大会第三次会议的决定》(2008年12月19日安吉县第十四届人大常委会第十五次会议通过)

《关于召开县十四届人民代表大会第四次会议的决定》(2009年12月15日安吉县第十四届人大常委会第二十二次会议通过)

《关于召开县十四届人民代表大会第五次会议的决定》(2010年12月14日安吉县第十届人大常委会第二十九次会议通过)

《关于批准2010年财政决算的决议》(2011年7月27日安吉县第十四届人大常委会第三十四次会议通过)

《安吉县人大常委会关于做好全县县乡两级人民代表大会换届选举的决定》(2011年10月20日安吉县第十四届人大常委会第三十六次会议通过)

《安吉县人大常委会关于确定乡镇新一届人民代表大会代表名额的决定》(2011年10月20日安吉县第十四届人大常委会第三十六次会议通过)

第十五届人大常委会决议与决定

《关于同意调整部分乡镇行政区划的决议》(2012年3月26日安吉县第十五届人大常委会第一次会议通过)

《关于做好区划调整后梅溪镇、天子湖镇人民代表大会选举工作的决定》(2012年6月8日安吉县第十五届人大常委会第三次会议通过)

《安吉县人民代表大会常务委员会关于成立梅溪镇、天子湖镇选举委员会的决定》(2012年6月8日安吉县第十五届人大常委会第三次会议通过)

《关于批准2011年财政决算的决议》(2012年8月17日安吉县第十五届人大常委会第四次会议通过)

《关于增加选任人民陪审员名额的决定》(2012年11月27日安吉县第十五届人大常委会第六次会议通过)

《关于召开县第十五届人大一次会议的决定》(2012 年 12 月 20 日安吉县第十五届人大常委会第七次会议通过)

《关于确定安吉县十五届人大二次会议列席人员名单的决定》(2013 年 1 月 7 日安吉县第十五届人大常委会第八次会议通过)

《关于加强代表工作的决定》(2013 年 7 月 25 日安吉县十五届人大常委会第十二次会议通过)

《关于批准 2014 年财政决算的决议》(2015 年 7 月 23 日安吉县第十五届人大常委会第二十七次会议通过)

《关于设立"5·26 爱路日"的决定》(2016 年 1 月 7 日安吉县第十五届人大常委会第三十一次会议通过)

《关于批准 2015 年财政决算的决议》(2016 年 7 月 28 日安吉县第十五届人大常委会第三十四次会议通过)

《安吉县人大常委会关于确定乡镇新一届人民代表大会代表名额的决定》(2016 年 10 月 12 日安吉县第十五届人大常委会第三十七次会议通过)

《关于开展第七个五年法治宣传教育的决议》(2016 年 12 月 2 日安吉县第十五届人大常委会第三十八次会议通过)

第十六届人大常委会决议与决定

《关于全力推进"城中村"改造,共促优雅竹城建设的决定》(2017 年 7 月 25 日安吉县第十六届人大常委会第四次会议通过)

《关于实施县政府民生实事项目人大代表票决制的决定》(2017 年 9 月 15 日安吉县第十六届人大常委会第六次会议通过)

《关于批准 2017 年财政决算的决议》(2018 年 7 月 23 日安吉县第十六届人大常委会第十三次会议通过)

《关于奋力推动我县民营经济高质量发展的决议》(2019 年 3 月 15 日安吉县第十六届人大常委会第二十次会议通过)

《关于修订〈安吉县人大常委会任免国家机关工作人员办法〉的决定》(2019 年 7 月 22 日安吉县第十六届人大常委会第二十三次会议通过)

《安吉县人大常委会关于加快推进城乡生活垃圾精准分类的决定》(2019 年 8 月 30 日安吉县第十六届人大常委会第二十四次会议通过)

《关于调整"3.25 生态日"为"8.15 生态文明日"的决定》(2019 年 10 月 29 日安吉县第十六届人大常委会第二十六次会议通过)

《安吉县人大常委会关于加强县人民检察院开展公益诉讼工作的决定》(2019 年 11 月 21 日安吉县第十六届人大常委会第二十七次会议通过)

二、决定与决议选载

关于实行依法治县的决议

（1996年11月27日安吉县第十一届人大常委会第二十八次会议审议通过）

安吉县第十一届人大常委会第二十八次会议认真学习了党的十四届六中全会精神，讨论了加强社会主义精神文明建设与民主法制建设的关系。会议认为，加强社会主义法制建设，依法治国，是邓小平同志建设有中国特色社会主义理论的重要组成部分，是我们党和政府管理国家和社会事务的重要方针，也是加强社会主义精神文明建设的重要保证。中共安吉县委关于实施依法治县的决定，是贯彻中央、省委和市委“依法治国”“依法治省”“依法治市”方针的重要举措。对于加快我县改革开放和社会主义现代化建设，促进物质文明和精神文明的协调发展，顺利实现“九五”计划和2010年远景目标具有极其重要的意义。会议听取和审议县人民政府关于依法治县的规划，并根据县委提出的依法治县方针，作如下决议：

一、必须坚持以党的基本理论、基本路线和基本方针为指导，以宪法和法律为依据，围绕全党全国工作大局，在县委的领导下，从本县实际出发，大力加强执法、司法、普法和法律监督工作，全面推进各项事业的依法治理，使我县政治生活、经济社会和社会生活的各个方面真正做到有法必依、执法必严、违法必究。积极推进我县的改革、发展、稳定，保障各项事业在社会主义法制的轨道上顺利发展。

二、必须深入开展法制宣传教育，增强全民的法律意识和法制观念。抓好法律宣传教育是实现依法治县的一项基础性工作，也是社会主义精神文明建设的重要内容。要在总结“一五”“二五”普法教育工作的基础上，认真组织实施我县“三五”普法规划，通过继续深入进行以宪法为核心、以基本法律为主要内容的法制宣传教育，进一步增强各级领导干部和全体公民的法律意识和法制观念，不断提高各级干部依法办事、依法管理的能力和水平。要把是否具备法律知识和依法执行公务作为考核、任用公务员的一项重要内容。要抓好企事业单位经营管理人员的法律教育，不断提高他们的依法经营管理水平。要把法律教育列为学生的必修课，在青少年中大力开展法律教育。在全社会形成学法、守法、护法和依法办事的舆论氛围，促进以思想道德修养、科学教育水平、民主法制观念为主要内容的公民素质的全面提高。

三、必须严格依法办事，建立执法责任制，不断提高依法执政、依法司法的水平。依法执政和依法司法是依法治县的核心内容。也是政府工作和司法工作的基本要求。各级政府和各行政部门要加强法制工作，根据依法治县五年目标，进一步明确执法主体，分清执法责任，落实执法岗位、完善执法制度，确保执法的合法性、公正性和依法治县各项措施的落实，各司法机关必须依法司法，秉公办案，依法惩处各类犯罪，维护经济秩序和社会秩序，维护国家利益和集体利益，维护公民、法人和其他组织的合法权益。

四、必须切实抓好法制工作队伍和基层政权、群众自治组织的建设。要加强行政、司法队伍建设，各部门要通过强有力的思想政治工作和专业培训，不断提高执法人员的政治素质和业务素质。同时要严格把好进人关。要严肃查处知法犯法、渎职失职、徇私枉法的行为。根据《地方组织法》和《村民委员会组织法》的有关规定，切实加强基层政权建设，完善群众自治组织，逐步实现基层基础工作管理建设规范化、法制化，把依法治县工作落实到基层。

五、在党的领导下，强化监督机制，保证依法治县任务的实现。各级行政机关要建立健全内部监督制约机制，加强执法工作的监督检查。各级人大要把监督和保证宪法和法律在本行政区的有效实施放在突出的位置，提高监督实效。在依法治县工作中，条块之间、部门之间、单位之间要统筹安排，密切配合，协同动作，齐抓共管，保证依法治县工作的顺利进行。会议号召，全县人民要在中共安吉县委的领导下，共同努力，为实现依法治县的目标，推进和保障我县改革开放、经济技术和各项社会事业全面发展而奋斗。

关于生态县建设的决议

（2003 年 7 月 22 日安吉县第十三届人大常委会第四次会议通过）

安吉县第十三届人民代表大会常务委员会第四次会议认真学习了县委关于生态县建设的决定，审议了县人民政府关于生态县建设的议案。会议认为，近年来，我县坚持走“生态立县”之路，把保护和改善生态环境作为开发建设中的一项基本方针，实现了经济发展和环境保护的“双赢”，已进入加快全面建设小康社会和生态县，提前基本实现现代化的新阶段。建设生态县，打造“绿色安吉”，是贯彻“三个代表”重要思想和党的十六大精神的实际行动，是促进经济社会可持续发展的必然选择，是我县加快建设小康社会，提前基本实现现代化的重要战略举措，是一项功在当代、利在千秋的民心工程，合乎县情，顺应民意，意义重大而深远。会议指出，我们要充分利用优越的自然环境、良好的环境保护和生态建设基础、强劲的经济发展势头等推进生态县建设的有利条件，在县委的领导下，举全县之力，经过十几年的努力，把我县率先建设成为具有比较发达的生态经济、优美的生态环境、和谐的生态家园、繁荣的生态文化、人与自然和谐相处、可持续发展的生态县。会议作出如下决议：

一、统一思想，提高认识，进一步增强全社会可持续发展和生态环境保护意识

建设生态县，发展生态经济，走科技先导型、资源节约型、生态保护型、循环经济型的经济发展之路，有利于从根本上转变经济增长方式，有利于资源的永续利用，有利于生态环境的保护与建设，增强经济发展后劲，使经济社会与资源、环境相协调，实现人与自然的和谐，经济和社会的协调发展。生态环境是承载经济社会发展的基础，已经成为一个国家和地区综合竞争力的重要组成部分。保护和改善生态环境，就是保护和发展生产力，关系到人民群众长远的、根本的利益。要深刻认识生态县建设的重大意义和内涵，梳理全面的发展观，正确处理加快发展经济与保护生态环境、眼前利益和长远利益、局部利益和全局利益的关系，走新型工业化之路，积极巩固经济社会发展和生态环境保护的“双赢”成果。

二、科学规划，认真实施，进一步明确生态县建设的目标和任务

生态县建设是一项事关全局的战略任务，县人民政府要科学编制和组织实施《安吉县生态县建设规划纲要》，明确生态县建设工作的指导思想、基本原则和方针、政策，围绕 2020 年总体目标，分落实启动、推进、提高等各阶段的工作任务，建立符合国家和我县实际的指标评价体系，以人与自然和谐为主线，以加快发展为主题，以提高人民群众生活质量为根本出发点，认真实施

可持续发展战略和保护生态基本国策，不断增强可持续发展的资源保障能力和环境支撑能力，努力形成具有安吉特色的生态经济格局。各乡镇要结合当地实际，编制规划，明确目标任务，积极开展创建生态乡镇活动。要按照不同生态功能区域的要求，因地制宜，分类指导。要把生态县建设目标分解为具体的年度指标，分步实施，有效推进。

三、突出重点，狠抓落实，扎实做好生态县建设工作

生态县建设，是一项宏大的系统工程，必须着眼长远，立足当前，突出重点，狠抓落实，一任接着一任干，一年接着一年抓。要根据生态县建设的现阶段目标，围绕重点领域，认真贯彻实施一批重大建设项目。重点要继续调整产业结构，着力发展生态经济，努力改善生态环境，全力打造生态家园，大力弘扬生态文化。加快城镇生态环境保护基础设施建设，提高全县的污染物出炉能力。建立工业污染源的长效管理机制，下大力气削减污染物排放总量，以创建生态乡镇、生态村为抓手，广泛开展农村面源污染治理和环境综合整治，扩大无公害农产品、绿色食品和有机食品生产基地规模，推广生态农业模式，加强农产品质量安全监管，努力改善农村生态环境。加强水、土地、矿产、旅游等自然资源的永续利用。加快重点生态公益林工程建设，进一步提高森林覆盖率，发挥森林生态效益。在生态县建设中，各乡镇都要从实际出发，每年集中解决一些影响生态环境的突出问题，做到年年有新进展，年年有新成效，力戒形式主义。

四、改革创新，完善制度，为生态县建设提供有效保障

生态县建设，要解放思想，深化改革，以体制创新、科技创新和管理创新为动力。要根据国家法律和生态县建设的实际需要，适时制定和完善相关的决议、决定，进一步健全生态环境保护制度。要建立生态县建设领导负责制和任期目标责任制，实行“一把手”亲自抓，总负责，层层建立责任制。各有关行政主管部门要按照法律法规规定的职责，落实责任，相互配合，齐抓共管，形成合力。要改进和完善对领导干部政绩考核办法，把生态环境保护和建设的成效作为考核各乡镇各部门的工作实绩和干部政绩的重要内容，引入绿色 GDP 概念，不仅要看经济指标，还要看人文指标、资源指标和环境指标。要切实增加适应环境保护和建设的投入，各级政府要把生态县建设资金列入本级预算，并逐年按一定比例增长，充分发挥财政投入在生态环境保护和建设方面的导向作用。要以改革的思路，拓宽投资渠道，通过企业化、产业化、市场化运作，鼓励和支持社会资金投向生态环境保护和建设，逐步建立政府主导、多元投入、市场推进、公众参与的投融资机制。县人民政府要认真研究，逐步建立和健全自然资源和环境补偿机制，进一步完善生态公益林建设补偿政策，建立自然资源与环境有偿使用政策，对资源受益者征收资源开发补偿和生态环境补偿费。加大向欠发达乡镇、重要生态功能区的财政转移支付力度。继续实行鼓励退耕还林和下山脱贫的优惠政策，增加资金投入，加快退耕还林和生态移民的进度。要突出科技创新，积极推广应用环保科技成果、绿色生产技术和循环经济新技术，加强生态县建设人才的培养。要扩大国际国内合作与交流，吸收和借鉴生态文明建设的优秀成果，加快生态县建设步伐。

五、重视宣传，加强管理，为生态县建设创造良好的法制环境

生态县建设，需要全县人民的共同努力，要加大宣传教育力度，特别是加强面向农村的生态环境教育，使生态县建设家喻户晓，深入人心。要建立有效的公众参与机制，广泛开展各类创建

活动，增强公众的生态意识，要使保护生态环境成为公众的自觉行为，不断提高广大干部群众的生态环境保护意识和法制观念，促进生态方式、生活方式和消费观念的转变，动员全县人民积极参与生态县建设，大力发展生态经济，改善生态环境，普及生态环境知识，增强环境保护意识。各级政府、各级各类学校、企事业单位、新闻媒体都要把生态环境教育作为自己义不容辞的责任。生态县建设，需要法治的规范、引导和保障。要强化生态环境保护和管理，依法行政，公正司法，及时制止和查处各类破坏生态环境的违法行为，依法严惩严重破坏资源、污染环境的单位和个人。县、乡镇人民政府要定期向县人大及其常委会、乡镇人大主席团报告生态县、乡镇建设进展情况，接受监督检查。县人大及其常委会要加强对生态环境保护和建设法律法规执行情况的检查监督，保证各项法律法规和县委的决定、县人大常委会的决议在本行政区域内的有效实施，依靠法制扎实推进和保障生态县建设。

关于设立安吉县生态日的决定

（2003 年 9 月 13 日安吉县第十三届人大常委会第六次会议通过）

安吉县第十三届人民代表大会常务委员会第六次会议根据主任会议提请，就设立全国第一个生态日的议案进行了认真审议。会议认为，设立生态日，是我县建设现代化生态县的创新之举，对于增强广大干部群众的生态意识，促进经济社会可持续发展，全面建设小康社会具有重要意义。今后，全县要利用“生态日”这一载体，充分调动广大干部群众建设生态安吉的积极性，群策群力，持之以恒，争取通过十几年的努力，把我县率先打造成生态环境优美、生态经济发达、生态文化繁荣的生态强县。

一、要充分认识建立生态日的重要意义

设立生态日为干部群众广泛参与生态县建设构筑了平台。我县已将生态县建设确立为战略目标，实现这一目标需要动员全县上下参与其中，也需要构筑平台、设计载体让干部群众能够参与其中。设立生态日，就为广大干部群众参与生态县建设搭建了一个很好的平台，对于培育和提高公众的生态保护意识将发挥重要作用。

设立生态日是实践“三个代表”重要思想的具体体现。生态日活动是生态县建设的重要内容。每年通过在生态日前后举办各类形式的活动，可以有针对性地解决一个或几个生态环境保护工作中存在的突出问题，从而不断改善全县人居环境，不断提高人民群众的生活质量，并为子孙后代提供良好的发展基础和永续利用的资源、环境。

确定 3 月 25 日为安吉县生态日具有特殊意义，3 月 25 日是国务院《中国 21 世纪议程》白皮书发表纪念日，这一文件是 1994 年中国政府积极响应 1992 年里约环境与发展大会而制定的世界上第一部包括经济、社会、生态可持续发展等完整内容的重要宣言。它的发表，标志着中国开始走上了可持续发展之路。另外，这一时节最能体现安吉的生态特色。因此，确定 3 月 25 日为安吉生态日，不仅符合县情，而且具有特殊意义。

二、准确把握生态日活动的指导思想、基本原则和主要任务

生态日活动的指导思想是：以“三个代表”重要思想为指导，以人与自然和谐相处为主线，以提高人民群众生活质量为基本出发点，坚定不移地实施可持续发展战略，坚持走生态立县之路，

紧紧围绕全面建设小康社会、加快推进现代化生态县建设目标，努力把安吉建成生态经济强县、生态文化大县、生态人居名县。

生态日活动应遵循的原则是：

——主题鲜明原则。每年的生态日活动都应有一个主题，政府要确定相应的主题词，并围绕主题设计活动内容。确定主题应切合实际，选择公众普遍关注或亟待解决的问题作为年度活动重点。

——循序渐进原则。按照先易后难的顺序，制订生态日活动长远规划，在前期的生态日活动中，着力解决环境整治、行为规范等层面的问题，在后期的生态日活动中，着力解决工作机制、生态方式、生活方式等层面的问题。

——创新特色原则。充分发挥创造性，围绕年度生态日主题，设计内容丰富、内涵丰厚、形式新颖、吸引力强的活动，努力挖掘亮点，做好生态建设与经济发展的结合文章。

——全民参与原则。在发挥政府部门主导作用的前提下，动员和依靠全社会的力量。要营造良好的氛围，使公众能够参与、乐于参与。要通过生态日活动，激发广大干部群众建设生态安吉的热情，并把这种热情转化为建设生态安吉的实际行动。

生态日的主要任务是：

——增强全民生态保护意识。围绕生态县建设，开展形式多样、丰富多彩的宣传教育活动，提高人们珍惜资源和保护环境的自觉性，树立新的经济观、价值观、资源观、生态观和消费观，形成人人关心环境、保护环境的良好风尚。

——增强改善生态环境意识。坚持环境保护和生态建设并重的方针，发挥我县资源环境优势，大力改善生态环境质量，同步推进城乡环境建设，打造城乡协调、山川秀美、生态和谐的新安吉。

——增强发展生态经济意识。调整优化产业结构，积极发展生态农业、生态工业、生态旅游，推动增长方式向资源节约型、城产环保型转变，打绿色牌，走特色路，使生态经济在国民经济中占据主导地位。

——增强打造生态家园意识。将居住环境的改善与生态乡镇、生态村庄、生态家园创建结合起来，建设布局合理、配套完善、人与自然和谐相处的生态家园。

三、认真开展生态日活动

1.精心组织。县政府要切实加强对生态日活动的领导，每年生态日，要根据我县生态建设的实际和人民群众的意愿，确定一个主题。要围绕主题精心设计活动。活动内容力求丰富多彩，让不同年龄、不同文化程度、不同行业的群众都能找到适合自己的活动；活动形式力求生动活泼，体现科学性、教育性、趣味性，让公众在轻松参与的同时，接受生态知识的教育。要善于做结合文章，既要把生态日活动同文明城市创建、村庄环境整治、农业产业结构调整等重点工作结合起来，又要同植树节、爱鸟周、地球日、环境日等结合起来，使生态日活动内涵放大，时间拉长，从而达到更加理想的效果。

2.全民动员。要以生态日为载体，开展多形式、多层次的以普及生态知识和增强环保意识为目的的生态环境教育，积极推动生态知识进学校、进企业、进农村、进社区、进家庭。利用生态日活动加强对公众的生态科普教育，不断提高公众的生态意识，牢固树立起新的环境观念和责任意识；利用生态日活动加强对企业的教育，引导企业不断向生态环保型转变。要吸引全县广大干部群众参与到生态日活动中来，努力把生态意识转化为保护生态环境、建设生态安吉的自觉行动，努力使生态日深入人心，成为普通民众自己的节日。

3.持之以恒。生态县建设是一项长期而艰巨的任务，不可能毕其功于一役，必须一年接着一年抓，一任接着一任干。同样，生态日活动也必须着眼长远，持之以恒。从时间上看，生态日虽然只有短短一天时间，但生态日活动决不能局限于这一天。要以生态日为契机，在一定的时间内，掀起一个宣传生态、保护生态、建设生态的高潮。要对生态日活动作出长远规划，根据安吉县情，从实际出发，分年度及早确定生态日主题，使生态日活动能保持一定的连续性。每年要着力解决一两个不利于生态保护和建设的突出问题，积小成为大成，推动我县建设现代化生态县目标早日实现。

关于《安吉县域总体规划(2006—2020)》的决议

（2008年2月1日安吉县第十四届人大常委会第九次会议通过）

安吉县第十四届人大常委会第九次会议听取和审议了县人民政府提请的《关于要求审查安吉县域总体规划(2006—2020)的议案》及县域总体规划编制情况的报告。

会议认为，《安吉县域总体规划(2006—2020)》指导思想明确，规划内容完整，编制程序严密，提出的县域发展目标和发展策略基本可行。会议认为，科学编制和认真实施县域总体规划，对于统筹全县城乡发展，进一步优化城乡空间布局，加强资源保护和合理利用，实现经济、社会、人口、空间的协调发展和可持续发展，提升县域综合竞争力，具有十分重要的意义。

会议同意县人民政府将《安吉县域总体规划(2006—2020)》报请市政府审批。

关于安吉县国家可持续发展实验区建设规划的决议

（2008年11月26日安吉县第十四届人大常委会第十四次会议通过）

安吉县第十四届人大常委会第十四次会议审议了县人民政府提请审议的《安吉县国家可持续发展实验区建设规划》。

会议认为，规划定位准确，主题鲜明，目标明确，措施到位，保障有力，具有可行性和可操作性。会议决定同意这个规划。请县人民政府以建设国家可持续发展实验区为抓手，进一步推进我县经济、社会、资源、环境的可持续发展。

关于加强代表工作的决定

（2013年7月25日安吉县第十五届人大常委会第十二次会议通过）

人大代表是人民代表大会的主体，代表工作是人大工作的基础，为加强和改进代表工作，更好地支持代表执行代表职务，发挥代表作用，依据宪法和有关法律法规，结合本县实际，作出如下决定：

1.充分保障代表在会议期间依法行使职权。依法开好人民代表大会会议，合理安排会议议程和日程，保证代表有充足的时间集中精力认真审议，充分行使职权。充分发扬民主，鼓励代表畅所欲言，认真听取各方面的意见和建议，尤其是基层代表的意见和建议。坚持差额选举制度和代表联名提名候选人制度，保障代表的政治权益。县级有关部门和单位负责人应到会听取代表意见，回答询问，并根据代表意见认真修改完善有关议案和报告。会议工作机构应认真汇总整理代表审议中提出的意见，交由县人民政府和县人民法院、县人民检察院研究处理。

2.不断提高代表议案、建议提出和审议质量。要通过视察、调研等多种形式，组织代表深入实际，了解社情民意，更好地围绕全县经济社会发展大局，按照法律法规要求提出议案、建议。常委会工作机构要为代表提出议案、建议提供服务和指导，代表中心组和代表小组可组织代表就拟提出的议案、建议开展讨论和交流，进一步提高议案、建议的质量。审议代表议案时，要加强与提议案代表的联系和沟通，认真听取并吸收代表的意见。

3.切实改进代表建议办理和督办工作。主任会议每年确定若干重点建议，由“一府两院”负责人领办。坚持承办单位代表建议办理工作责任制，实行“一把手”负总责，并确定专人具体负责。承办单位要加强与提建议代表的联系，主动听取意见，推动实际问题得到解决和落实。重视闭会期间代表建议的办理，加强代表建议督办工作，常委会主任、副主任牵头督办重点建议，人大工委归口督办代表建议，发挥代表、代表小组和乡镇人大主席团在代表建议办理中的协助督办作用，充分运用人大监督载体对代表建议办理工作进行现场督办和跟踪督办，着力改变建议办理重答复、轻落实和办理答复解释多、措施少的现象。探索开展代表建议办理工作满意度测评，不断提高建议办理工作的质量。

4.进一步密切与代表的联系。有计划、有针对性地邀请代表尤其是基层代表列席常委会会议，或参加常委会组织的调研、视察等重要工作，保证每位基层代表在一届内至少参与1次常委会会议或活动。密切常委会组成人员与代表的联系，尤其是要加强对基层代表的走访联系，常委会驻会委员每年走访联系基层代表不少于10人次。各工作机构组织相关活动和召开有关会议时，根据需要邀请代表参加。坚持常委会主任、副主任接待代表日制度，每月安排一天时间接待代表。对代表在主任接待代表日活动中提出的意见和建议，根据接待主任的要求，由常委会人事代表工作委员会和相关委室做好跟踪督办工作。

5.丰富创新代表联系选民途径方法。代表要通过座谈走访、接待群众等方式，广泛听取和反映人民群众的意见和要求，自觉接受原选区选民和群众的监督。要处理好执行代表职务与开展本职工作的关系，坚持优先执行代表职务原则，积极参加代表中心组和代表小组开展的活动，参加原选区组织的有关代表活动。在县直机关部门的代表每年应回原选区联系选民不少于1次。担任各级领导职务的代表应带头参加活动。代表在联系群众过程中发现问题时，应积极向有关方面反映，但不直接进行处理。常委会工作机构应加强与相关方面的联系协调，积极推动问题的解决。

6.着力增强闭会期间代表活动成效。常委会工作机构要加强对代表中心组和代表小组活动的指导，及时提出活动指导意见。代表中心组和代表小组要科学制定年度活动计划，每年组织代表开展小组活动不少于3次。代表活动以代表小组活动为基本形式，可开展代表中心组集中活动和代表小组联组活动，也可开展同一辖区内各级代表共同参加的活动，探索以代表专业小组的形式开展活动，创新和丰富代表活动形式。代表活动要坚持讲求实效的原则，注重活动质量和成果转化，把代表闭会期间的活动作为代表提出议案和建议、批评、意见等履职活动的重要基础。

7.强化代表依法履行职责的服务和保障。要加强代表培训工作，保证代表在任期内参加培训不少于1次，不断提升代表素质和履职能力。重视代表中心组组长、小组组长和专业小组组长队伍建设，每年开展教育培训，发挥组长的带头示范作用。健全代表组织网络，按照便于组织和开展活动的原则，以乡镇为基本单位建立代表小组，按区域划分组建代表中心组，依据专业特色建好代表专业小组。加强"代表监督窗""人大代表论坛""双向约见""代表进部门"等代表履职平台建设，拓宽代表履职渠道。认真落实保障代表知情权的各项措施，实行重要情况通报制度，县人大常委会及时向代表通报常委会的决定和重要活动，"一府两院"及有关部门主动向代表通报工作和征求意见，向代表寄送有关文件和学习资料，为代表充分履行职责创造条件。开展代表履职登记和评价，加强代表履职先进事迹宣传，把代表履职情况作为争先创优评选、提名连任代表候选人的重要条件。认真贯彻落实县委《关于加强和改进新形势下人大工作的意见》，健全完善代表工作制度体系，促进代表工作的规范化、制度化。

8.努力创造代表履职的良好环境和条件。代表活动和培训经费依法列入财政预算，并随经济社会发展和工作需要逐步提高。代表依法参加代表活动，其所在单位应当支持、提供便利，给予时间保障，并按照正常出勤对待，享受所在单位的工资和其他待遇。发挥好部门代表联络员联系和服务代表履职的作用。支持、保障代表依法执行职务，代表在人民代表大会各种会议上的发言和表决，在闭会期间统一组织的各种执行代表职务活动中的发言不受法律追究。支持代表依法执行代表职务，严格实行对代表进行逮捕、刑事审判或采取其他限制人身自由措施的有关法律规定，坚决查处阻碍、打击报复代表执行职务或侵犯代表合法权益的行为，切实维护代表合法人身权益。

关于设立"5·26爱路日"的决定

（2016年1月7日安吉县第十五届人大常委会第三十一次会议通过）

安吉县第十五届人民代表大会常务委员会第三十一次会议听取和审议了县人民政府提请的《关于设立"5·26爱路日"的议案》。

会议认为，设立"爱路日"是全面落实"两美浙江"和"三个安吉"战略部署的创新之举，对于充分发挥公路对社会环境的积极影响，助推新常态下安吉社会经济建设大发展具有重要意义。

会议决定，5月26日为安吉县"5·26爱路日"。

会议要求，进一步打造安吉交通现代综合体系，升华"5·26爱路日"公路文化内涵，全面倡导社会公众文明出行意识，建设生态安吉"畅、安、舒、美"的公路环境。

社会公众要踊跃投身"5·26爱路日"系列活动，积极参加公路沿线环境净化、绿化、美化、亮化工程建设，自觉规范文明行为，自觉增强爱路护路意识，共同营造天更蓝、水更清、地更洁、路更畅的优美环境。

关于全力推进“城中村”改造，共促优雅竹城建设的决定

（2017年7月25日安吉县第十六届人大常委会第四次会议通过）

县人大常委会认为，“城中村”改造攻坚和建设项目遗留问题“清零”专项行动，是坚决贯彻落实省委“绝不把违法建筑、污泥浊水和脏乱差环境带入全面小康”目标的重要举措，是我县践行“两山”理论样板地和模范生的重要载体，是增添群众幸福感、加强城市竞争力、提高县域美丽度的重要保障，是建设优雅竹城的必由之路，对我县全力推动美丽事业，全面建成小康社会的意义重大。会议指出，专项行动涉及的问题具有长期性、复杂性和艰巨性，需要政府部门以“安吉铁军”的担当迎难而上，需要社会各界以共建共享的理念通力合作，需要广大市民以城市“主人翁”的姿态支持配合。为此，会议作出如下决定：

一、要提高认识，增强先行示范的责任担当。从思想上牢固树立抓好“城中村”改造和建设项目遗留问题“清零”工作的危机感、紧迫感和责任感。“城中村”是“城市之疤”，是城市快速发展的“欠账”，是优雅竹城建设过不去的“坎”。开展改造清零行动是形势所迫，发展所需，群众所盼，已到了刻不容缓的地步。安吉作为“两山”理论诞生地、中国美丽乡村发源地、生态文明建设先行地，更应担负起先行和示范的责任，提振信心，坚定决心，全力以赴，用更高标杆、更硬作风、更优理念加快推进改造工作，加快实现“清零”目标，进一步丰富中国最美县域建设的内涵和意义。

二、要迎难而上，发扬奋力赶超的铁军作风。围绕加快推进改造清零工作，县政府及各责任主体要站在讲政治、讲大局、讲民生的高度，充分发扬“安吉铁军”作风，认真对待，敢于碰硬，百折不挠，奋勇争先，排除一切困难和干扰，全力夺取优异成绩。要加强组织领导，责任传递，协调配合，用严密高效的机制保障推进，努力形成“安吉制度”；要开展督查考核，奖优罚劣，争先竞优，用“拼比争”的工作氛围激励干劲，全力体现“安吉速度”；要坚持行动说话，数字说话，实效说话，用看得见的工作成绩赢得群众满意，全面展示“安吉成效”。

三、要真抓实干，实现群众满意的惠民效果。在改造过程中，坚持从群众利益出发，全盘考虑，科学规划，依法推动，使改造清零行动的社会效益和经济效益得到同步提升。要把改造清零任务同治危拆违、旧城改造、地下管网改造、服务设施完善、公共资源布局调整等群众关注的民生事项有机结合起来，并着力丰富和突显优雅竹城的内涵、特色，提高群众获得感；要坚持规划先行，科学配置，统筹开展，准确把握改造中破与立、点与面、远与近的关系，为城市产业的合理布局和转型升级留足空间；要坚持公开透明原则，公平制定政策，规范程序环节，依法开展工作，切实维护群众合法权益。

四、要举力推进，营造全民参与的良好氛围。改造清零工作离不开全社会关心支持，需要社会各界齐心协力，众志成城，风雨同行。要加强舆论营造，广泛宣传改造清零工作的目的意义，解读政策法规，展示改造带来的实惠和好处，充分调动广大群众参与的积极性，营造社会协同、全民参与、上下联动的浓厚氛围。全县各级人大代表要积极贡献智慧和力量，立足“比拼履职，争做表率”主题实践活动，在改造清零工作中充分发挥引领表率、监督支持、建言献策的作用。县政府要认真贯彻执行本决定，定期向县人大常委会报告落实情况。司法机关要依法服务和保障改造清零工作，为顺利完成目标任务提供良好的法治环境。

关于实施县政府民生实事项目人大代表票决制的决定

（2017 年 9 月 15 日安吉县第十六届人大常委会第六次会议通过）

为贯彻落实党的十八大以来中央重要会议和习近平总书记系列重要讲话精神，进一步履行好县人大及其常委会的重大事项决定权，推进政府民生实事项目决策和实施的科学化、民主化、规范化，拓展人大代表依法履职的途径，加强社会主义民主政治建设，更好地发挥人大代表的主体作用，根据《中华人民共和国各级人民代表大会常务委员会监督法》和中共安吉县委《关于深入推行县乡两级政府民生实事项目人大代表票决制工作的实施意见》（安委办发〔2017〕82 号）的有关精神，经县第十六届人民代表大会常务委员会第六次会议审议，决定提请从县第十六届人民代表大会第二次会议开始，由县人大代表票决确定年度政府民生实事项目，并建立健全各项相关制度，使政府民生实事项目更加精准，切实办实办好，让人民群众得到更多的获得感。

会议认为，对政府民生实事项目实施票决，由人大代表确定项目以及用于这些项目的政府性资金，是人大及其常委会决定重大事项、体现人民当家作主的具体实践，是深化预算管理、扩大政府工作民意基础的有效途径。县政府及其职能部门要广泛征求人大代表和社会各界的意见、建议，切实做好民生实事项目的遴选工作，将确定的候选项目提请县人民代表大会会议审议表决。

会议指出，县政府要抓好民生实事项目的组织实施与检查评估工作，并接受人大代表、人民群众和社会各方面的监督与评判。县人大常委会要实施全过程监督，通过组织人大代表视察等各种有效方式，开展督查和评议工作，推动民生实事项目落到实处，取得实效。

会议要求，县人大代表要积极参与政府民生实事项目的遴选、审议与表决、监督检查与评价检验等各个环节的工作，切实发挥主体作用，真正把人民群众的意愿和需求体现在政府民生实事项目中。县人大常委会办公室、县政府办公室要根据本决定精神，制定具体操作办法，更好地形成项目设置可票决、进展可监督、结果可评议、成效可检验的良性运行机制。

关于奋力推动我县民营经济高质量发展的决议

（2019 年 3 月 15 日安吉县第十六届人大常委会第二十次会议通过）

2018 年 11 月 1 日，习近平总书记在北京人民大会堂主持召开民营企业座谈会并发表重要讲话，指出：支持民营企业发展，是党中央的一贯方针，这一点丝毫不会动摇；在全面建成小康社会、进而全面建设社会主义现代化国家的新征程中，我国民营经济只能壮大、不能弱化，不仅不能“离场”，而且要走向更加广阔的舞台。这一重要讲话为我们推动民营经济健康发展指明了方向。我们要认真学习贯彻习总书记重要讲话精神，不断提高我县民营企业和民营企业家的政治社会地位，为民营经济发展创造更加良好的外部环境，奋力推动我县民营经济高质量发展。为此，作出如下决议：

一、提高民营企业和企业家的政治社会地位。改革开放 40 年来，我县民营经济从无到有、从小到大，已经成为我县经济的重要主体，是我县创业就业的主要领域，技术创新的主体力量，财政税收的重要来源，在建设中国最美县域中发挥着主力军的作用。全社会都要尊重、关心、支持民营企业和民营企业家的创业创新和创造，宣传学习优秀民营企业家的先进事迹和贡献，做到电视里有画面，报纸上有版面，使优秀民营企业家在政府里有说话的分量，在社会上有受尊重的地位，把我县民营经济做得壮壮的，搞得香香的。民营企业家也要继续发扬敢为人先的创新意识，锲而不舍的奋斗精神，敢闯敢干，聚焦实业，做精主业；要加强自我学习，自我教育，自我提升，珍视自己的社会形象，做爱国敬业、守法经营、创业创新、回报社会的典范；要不断提升自身综合素质，提升治理能力，提升绿色发展水平，提升科技创新实力，提升核心竞争力，提升产品质量，提升市场知名度美誉度，提升市场影响力占有率。

二、落实民营经济高质量发展的政策措施。当前，我县民营经济发展面临着产业高端化、智能化、绿色化带来的转型机遇，也面临着消费需求多样化、新型城镇化、国际化经营带来的市场机遇，但同时又面临着创新能力不足、经营成本高、市场准入受限、国际贸易争端等制约因素。针对当前我县民营经济发展中出现的新情况、新矛盾、新问题，我们要以提振民营企业和稳企业为重点，全面落实中央"六个稳"要求，打好稳中求进组合拳。一是要全面落实中央和省市支持民营经济发展的政策措施，切实做好企业减税降费工作，精准出台我县企业减负、小微企业成长、稳定外贸等方面的政策措施，及时把中央和省市县各级对民营企业和企业家的关怀传送到位。二是在融资、财政政策上大力支持民营企业高质量发展。三是在"招大引强攻坚年、亩均改革推进年、营商环境优化年"行动中，给我县民营企业提供更加公平、良好的发展机会和发展空间，给予民营企业更加宽松的准入环境，法无禁止即准入，要以亩均税收为依据，资源要素要向优质企业倾斜。

三、创造民营经济高质量发展的温馨环境。要积极营造亲企、安企、扶企、强企的发展氛围，关心关爱民营企业，通过领导联系、部门结对等工作机制，精准帮扶民营企业，为民营企业发展排忧解难。构建"亲清"新型政商关系，领导干部要敢于与企业家交朋友，倾听他们的反映和诉求，研究解决他们遇到的困难问题，花更多的时间和精力关心民营企业发展和民营企业家成长。要激励民营企业家坚守实业，开展协作互助，构建和衷共济的企业发展环境。要坚持重大经济决策主动问政于企业，探索建立"荣誉企业家"制度。要不断深化"最多跑一次"改革，切实打破各种各样的"卷帘门""玻璃门""旋转门"，在市场准入、审批许可、经营运行、招投标、军民融合等方面，为民营企业创造更加公平竞争的环境。要大力保护民营企业合法权益，坚决打击任何侵犯民营企业产权的行为，做到有求必应，无事不扰，让民营企业安心放心创业干事。

全社会要充分认识民营企业在我县经济社会发展中的重要地位和作用，大力支持民营企业高质量发展，大力弘扬企业家精神，发挥企业家示范作用，造就优秀企业家脱颖而出的良好环境，为奋力开创中国最美县域高质量发展新局面共同努力！

关于加快推进城乡生活垃圾精准分类的决定

（2019年8月30日安吉县第十六届人大常委会第二十四次会议通过）

垃圾分类是习近平总书记高度重视、亲自部署、着力推动的"关键小事"，是全社会高度关注、与每一个老百姓生活息息相关的紧要大事，也是解决当前垃圾处置难题、实现绿色可持续发展的迫切要事，加快推进我县城乡生活垃圾分类，对促进垃圾减量化、资源化、无害化，有着重要深远的意义。安吉作为习近平总书记“两山”理论的发源地，要把推进城乡生活垃圾分类作为深入践行“两山”理论、大力推动绿色发展、助力建设最美县域的重要内容，全力争当垃圾分类、绿色发展的排头兵。为此，县人大常委会作出以下决定：

一、要统一思想，扛起先行示范的使命担当。习近平总书记多次就垃圾分类工作作出重要指示强调：“实行垃圾分类，关系广大人民群众生活环境，关系节约使用资源，也是社会文明水平的一个重要体现。”对于安吉来说，作为“两山”理论的诞生地、中国美丽乡村的发源地、生态文明建设的先行地，更应担负起先行和示范的重任，从提高政治站位、服从服务大局、增进民生福祉的高度，深刻理解生活垃圾分类对于进一步深化我县生态文明建设内涵、打造共建共治共享社会治理格局、推动社会文明程度提升的重大意义，牢固树立做好垃圾分类工作的责任感和使命感，为推进新时代“两山”试验区建设和最美县域高质量发展作出贡献。

二、要强化责任，形成齐抓共管的工作格局。围绕加快推进垃圾分类工作，县政府及各相关责任主体要站在讲政治的高度、以对人民群众负责任的态度，认真对待，常抓不懈，切实把垃圾分类工作落到实处。要强化协同推进，构建组织有效、运作有序、推进有力的工作格局，统筹推进全国文明城市创建、城乡环境卫生整治、生活污水治理等工作。要严格督查考核，强化刚性约束和奖惩机制，加大执法检查和监管考核力度，探索实施信用监管，实施联合惩戒。要以《湖州市市容和环境卫生管理条例》和《湖州市美丽乡村建设条例》中有关垃圾分类条款为依据，促进严格执法，加强反面曝光，形成震慑力、约束力。

三、要把握关键，坚持全程分类的闭环体系。要健全分类投放、分类收集、分类运输、分类处理全过程的工作闭环。要抓实前端，在全面深化限塑令、减少一次性用品使用等源头减量举措的基础上，严格执行垃圾分类标准，推动公众习惯养成；要做实中端，加快建立与生活垃圾分类相衔接的收运网络，加强保洁收运人员培训管理，完善生活垃圾收运登记制度，确保分类后的生活垃圾分类运送；要建实末端，持续完善规划布局，建立健全环卫专业力量和社会力量相结合的资源回收利用体系，加快老旧设施改造提升，加强信息化、高科技手段的运用，不断提高处置能力，确保把生活垃圾处理设施建设好，运维好，监管好。

四、要全员发动，营造全民参与的良好氛围。垃圾分类是一项系统性的工作，需要全社会的群策群力，共同参与。要加强舆论营造，深入开展进机关、进学校、进企业、进社村、进家庭、进商场（市场）、进宾馆（酒店）、进窗口等活动，讲清垃圾分类标准，讲好垃圾分类故事，讲透法规条文要求，使垃圾分类理念家喻户晓，深入人心。全县各级人大代表要积极发挥带头模范作用，从自身做起，带动家人、亲朋和广大群众参与分类工作。工会、团委、妇联、教育等部门要开展好志愿服务、巾帼示范、“小手拉大手”等主题活动；各部门、各行业协会要按职责推进相关领域内单位的垃圾分类工作。县政府要认真贯彻执行本决定，定期向县人大常委会报告落实情况。

关于调整“3·25 生态日”为“8·15 生态文明日”的决定

（2019 年 10 月 29 日安吉县第十六届人大常委会第二十六次会议通过）

安吉县第十六届人大常委会第二十六次会议听取和审议了主任会议关于提请审议《关于调整“3·25 生态日”为“8·15 生态文明日”的决定(草案)》的议案。会议同意这项议案，决定将“3 月 25 日安吉县生态日”调整为“8 月 15 日安吉县生态文明日”。

会议指出，自安吉县第十三届人大常委会第六次会议作出《关于设立安吉县生态日的决定》，决定 3 月 25 日为安吉县生态日以来，每年的这一天，全县上下都积极行动，广泛参与，齐护绿色，共建生态，生态日已深入人心，已成为我们实施生态立县战略的重要载体。

会议认为，当前，生态文明建设已上升至国家战略，与经济、政治、文化、社会建设并列，成为建设中国特色社会主义事业“五位一体”总体布局的重要方面。而 8 月 15 日是时任浙江省委书记习近平同志在余村提出“两山”理论的重要日子，对安吉有重大而深远的意义。因此，安吉作为“两山”理论诞生地、生态文明建设先行地，将“3·25 生态日”调整为“8·15 生态文明日”，有利于更好地贯彻落实习近平总书记关于生态文明建设的新思想、新论断、新要求，进一步提升全县的生态文明建设水平，打造生态文明全国示范；有利于更充分地践行“两山”理论，进一步推进新时代“两山”试验区建设，加快中国最美县域高质量发展；有利于更牢固地树立社会主义生态文明观，进一步推动全民共建共创共享，形成全社会参与生态文明建设的浓厚氛围。

会议要求，全县各级、各部门要围绕中央和省市县委关于生态文明建设的决策部署，结合实际，打造鲜明主题。在每年“8·15 生态文明日”期间，要深入组织开展内容丰富、形式多样、吸引力强、参与面广的宣传教育实践活动。要做好结合文章，既要与生态经济发展、乡村振兴、文明城市创建、环境治理等紧密结合，又要与植树节、地球日、环境日等紧密结合，让生态文明日更有内涵、更具效果。

会议号召，全县广大干部群众要以生态文明日为载体，不断激发保护生态环境、建设生态文明的主动性、积极性，广聚各方力量，营造浓厚的全社会共建氛围。全县人民要深入践行“两山”理论，切实增强生态文明意识，倡导养成绿色生活方式，积极参与地方生态文明建设，为奋力开创中国最美县域高质量发展新局面作出应有的贡献。

关于加强县人民检察院开展公益诉讼工作的决定

（2019 年 11 月 21 日安吉县第十六届人大常委会第二十七次会议通过）

为规范和保障检察机关依法履行提起公益诉讼职能，推进“法治安吉”建设，促进公正司法，保护国家和社会公共利益，根据国家有关法律规定和浙江省委办公厅印发的《进一步加强检察机关法律监督工作的若干意见》，结合本县实际，就加强县人民检察院提起公益诉讼工作作出如下决定：

一、强化检察机关的法律监督职能

第十二届全国人大常委会第二十八次会议，表决通过了《关于修改〈中华人民共和国民事诉讼法〉和〈中华人民共和国行政诉讼法〉的决定》,检察机关提起公益诉讼写入上述两部法律,标志着我国正式确立了检察机关提起公益诉讼的法律制度。检察机关提起公益诉讼是代表国家履行法律监督职能,是国家和人民意志的体现,具有法律权威。

县人民检察院作为国家法律监督机关,要切实增强公益保护的使命感和责任感,在县委的领导下,紧紧围绕中心,服务大局,自觉将公益诉讼置于经济社会发展大局和检察工作全局中谋划和推进,加强生态环境保护。要通过行使检察监督权,督促行政机关依法行政,履行法定职责,督促和支持相关责任单位对侵害国家利益和社会公共利益的行为提起诉讼,确保国家利益和社会公共利益得到有效保护。

二、推动公益诉讼工作有序开展

检察机关提起公益诉讼制度是党中央作出的重要决策,也是促进严格执法、公正司法的必然要求。政府及其工作部门要从贯彻中央精神、全面推进依法治国的高度,深刻认识、全面领会其重要意义,切实增强接受司法监督的自觉性,积极支持和配合检察机关开展公益诉讼工作。

政府有关部门要加强与检察机关的协调配合,建立工作联系机制,共同推进公益诉讼工作顺利开展。相关行政执法单位要向检察机关提供法律监督需要的案件材料和业务信息数据,健全信息共享机制,推进行政执法信息和司法监督信息资源共享;依法依规配合做好公益诉讼案件调查取证、应诉出庭、专家证人鉴定人出庭等工作,并在鉴定评估、业务咨询、政策法规解读方面为检察机关提供专业支持。县政府要加强对检察机关提起公益诉讼工作的资金保障,将公益诉讼所需工作经费纳入财政预算。

三、保障公益诉讼效果

公益诉讼诉前程序是检察机关提起诉讼的必经程序。政府及其工作部门要高度重视检察机关的诉前检察建议,不得以各种理由推脱、迟延落实和反馈。对检察机关提出的督促纠正违法或不当行为、要求依法履职的检察建议,要认真对照、全面自查,按时整改并书面答复。对确属行政不作为或违法行使职权的,应积极主动履行职责或纠正违法行为。对不整改、不纠正的,检察机关应当依法对其提起公益诉讼。

政府及其工作部门要做好答辩应诉和生效裁判落实工作。应当充分尊重检察机关独立行使检察权、审判机关独立行使审判权,不得以任何理由要求检察机关撤诉,不得以任何方式干扰人民法院受理公益诉讼案件。审判机关审理公益诉讼案件后作出的支持公益诉讼请求的裁判决定,相关机关应当全面执行,在规定时限内履行职责。对不履职或者懈怠履职的,依法从严追究责任。要通过公益诉讼,切实维护宪法权威,维护社会公平正义,维护国家利益和社会公共利益。

四、加强对公益诉讼工作的监督

检察机关要审慎行使权力,把握公益核心和监督属性,在法律框架和授权范围内积极稳妥履行职责。要坚持依法规范监督,严守检察监督边界,严格执行民事诉讼法和行政诉讼法的规定,不搞变通和选择性执法,确保司法公正,并主动接受社会各界对公益诉讼工作的监督。检察机关要不断完善内部监督机制,健全内部考核和监督制度。县人大常委会将通过专题审议、执法检查、调研、视察等多种形式,监督和支持县人民检察院依法履职;同时,对行政机关回复与落实县人民检察院的检察建议情况开展监督。

五、营造公益诉讼的良好舆论氛围

检察机关应当采取发布典型案例、以案释法等方式大力宣传公益诉讼工作，对于社会影响较大、人民群众广泛关注的案件，及时发布案件信息，公开案件办理情况，积极回应社会关切。司法行政部门应当把公益诉讼制度纳入普法宣传教育范围，切实增强国家机关工作人员维护国家利益和社会公共利益的意识。各有关单位应当把检察公益诉讼制度作为依法行政的重要内容认真贯彻落实。新闻媒体要通过多种形式，加大对公益诉讼的宣传力度，提高公益诉讼制度的社会知晓度，提升全民的法治意识和公益诉讼意识，营造良好的公益诉讼舆论氛围和社会环境。

第二节　国家机关工作人员任免

安吉县人大常委会按照《中华人民共和国地方各级人民代表大会和地方各级人民政府组织法》赋予的职权，依法任免安吉县国家权力机关、行政机关、审判机关、检察机关、监察机关工作人员。1987 年 6 月 27 日安吉县第九届人大常委会第一次会议作出《关于改进人事任免表决办法的决定》，对须经县人大常委会任免的国家机关工作人员，按照民主集中制的原则进行无记名投票表决，县人大常委会全体组成人员过半数通过方为有效。任免通过后，县人大常委会发文公布，并由县人大常委会主任颁发任命书。县人大常委会任免国家机关工作人员的办法、制度不断完善，2005 年 8 月县第十三届人大常委会第二十二次会议，审议通过《安吉县人大常委会任免国家机关工作人员暂行办法》；2011 年 5 月县第十四届人大常委会第三十三次会议，审议通过《安吉县人民代表大会常务委员会任免国家机关工作人员办法》；2014 年 5 月县第十五届人大常委会第二十三次主任会议，讨论通过《关于县人大常委会任命的干部任前司法考试有关事项》，此后，对县人大常委会任命的国家机关工作人员进行任前司法考试，以增强国家机关工作人员法治观念，提高依法决策、依法行政能力。2019 年 7 月县第十六届人大常委会第二十三次会议，审议通过《关于修订〈安吉县人大常委会任免国家机关工作人员办法〉的决定》；2019 年 12 月县人大常委会第四十四次主任会议讨论通过《安吉县人民代表大会选举产生或表决通过的国家工作人员宪法宣誓办法》。

一、县人大常委会工作人员任免

县人大换届后，县人大常委会根据主任会议提名，任免县人大常委会办公室主任、副主任和各工作委员会主任、副主任；在县人大常委会主任缺位时，由县人大常委会在副主任中推选一人代理主任职务。

第七届人大常委会任免的县人大常委会工作人员

1982 年 1 月 17 日第三次会议上

任命：

汪传忠为安吉县人大常委会办公室主任

第八届人大常委会任免的县人大常委会工作人员

1984 年 10 月 9 日第二次会议上

任命：

陈伯青为安吉县人大常委会办公室主任

1984 年 12 月 14 日第三次会议上

任命：

王美凤为安吉县人大常委会办公室副主任

第九届人大常委会任免的县人大常委会工作人员

1988 年 8 月 16 日第九次会议上

决定接受：

王继祥辞去安吉县第九届人民代表大会常务委员会委员职务

第十届人大常委会任免的县人大常委会工作人员

1990 年 5 月 26 日第一次会议上

任命：

陈伯青为安吉县人大常委会法制工作委员会主任委员

赵家裕为安吉县人大常委会财政经济工作委员会主任委员

王允昌为安吉县人大常委会教科文卫工作委员会主任委员

王美凤为安吉县人大常委会代表工作与议案督办工作委员会主任委员

叶德宝为安吉县人大常委会办公室主任

1990 年 8 月 23 日第三次会议上

任命：

杨茂坤为安吉县人大常委会办公室副主任

1991 年 11 月 29 日第十一次会议上

任命：

陈永新安吉县人大财政经济工作委员会主任委员(兼)

周在义为安吉县梅溪区人大工作联络员

免去：

孙文江安吉县梅溪区人大工作联络员职务

1993年1月13日第十九次会议上

任命：

潘工武为安吉县人大常委会法制工作委员会副主任

俞文斌为安吉县人大常委会教科文卫工作委员会副主任

杨茂坤为安吉县人大常委会代表工作委员会副主任

第十一届人大常委会任免的县人大常委会工作人员

1993年4月23日第一次会议上

任命：

叶德宝为安吉县人大常委会办公室主任

潘工武为安吉县人大常委会法制工作委员会主任委员

吴岩福为安吉县人大常委会财政经济工作委员会主任委员

俞文斌为安吉县人大常委会教科文卫工作委员会主任委员

杨茂坤为安吉县人大常委会代表工作委员会主任委员

1993年9月16日第四次会议上

任命：

李晓明为安吉县人大常委会办公室副主任

1995年11月10日第二十一次会议上

免去：

叶德宝安吉县人大常委会办公室主任职务

吴岩福安吉县人大常委会财政经济工作委员会主任委员职务

杨茂坤安吉县人大常委会代表工作委员会主任委员职务

任命：

洪兴林为安吉县人大常委会财政经济工作委员会主任委员

丁丽枝为安吉县人大常委会代表工作委员会主任委员

1996年5月10日第二十四次次会议上

决定接受：

费罗坤辞去安吉县十一届人大常委会委员职务

任命：

李晓明为安吉县人大常委会办公室主任

1997 年 4 月 25 日第三十二次会议上

任命：

万尧平为安吉县人大常委会办公室副主任

第十二届人大常委会任免的县人大常委会工作人员

1998 年 4 月 30 日第二次会议上

任命：

李晓明为安吉县人大常委会办公室主任

夏贤发为安吉县人大常委会法制工作室主任

洪兴林为安吉县人大常委会财政经济工作室主任

朱利顺为安吉县人大常委会教科文卫工作室主任

丁丽枝为安吉县人大常委会人事代表工作室主任

1998 年 6 月 24 日第三次会议上

免去：

华佩玲安吉县人大常委会办公室副主任职务

任命：

陈和福为安吉县人大常委会办公室副主任

黄　斌为安吉县人大常委会财政经济工作室副主任

项亚青为安吉县人大常委会人事代表工作室副主任

1998 年 7 月 17 日第四次会议上

任命：

陈金山为安吉县人大法制工作室副主任

1998 年 11 月 4 日第六次会议上

免去：

项亚青安吉县人大常委会人事代表工作室副主任职务

1998 年 12 月 25 日第七次会议上

任命：

王洪潮为安吉县人大常委会人事代表工作室副主任

黄家贵为安吉县人大常委会教科文卫工作室副主任

2000 年 8 月 8 日第二十次会议上

决定接受：

沈新勇辞去安吉县第十二届人大常委会委员职务

免去：

李晓明安吉县人大常委会办公室主任职务

任命：

万尧平为安吉县人大常委会办公室主任

2001 年 11 月 23 日第三十二次会议上

决定接受：

孟国良辞去安吉县第十二届人大常委会委员职务

免去：

陈和福安吉县人大常委会办公室副主任职务。

任命：

李振华、程维新为安吉县人大常委会办公室副主任

2002 年 4 月 30 日第三十五次会议上

任命：

洪兴林为安吉县人大常委会财政经济工作委员会主任

黄斌为安吉县人大常委会财政经济工作委员会副主任

夏贤发为安吉县人大常委会法制工作委员会主任

陈金山为安吉县人大常委会法制工作委员会副主任

丁丽枝为安吉县人大常委会人事代表工作委员会主任

王洪潮为安吉县人大常委会人事代表工作委员会副主任

朱利顺为安吉县人大常委会教科文卫民侨工作委员会主任

黄家贵为安吉县人大常委会教科文卫民侨工作委员会副主任

2002 年 10 月 17 日第三十八次会议上

任命：

王伟为安吉县人大常委会农业环境保护工作委员会副主任

第十三届人大常委会任免的县人大常委会工作人员

2003 年 3 月 26 日第一次会议上

任命：

胡忠辉为安吉县人大常委会财政经济工作委员会主任

夏贤发为安吉县人大常委会法制工作委员会主任
黄跃进为安吉县人大常委会教科文卫民侨工作委员会主任
丁丽枝为安吉县人大常委会人事代表工作委员会主任
徐兴南为安吉县人大常委会农业环境保护工作委员会主任

2003 年 4 月 23 日第二次会议上

任命：
万尧平为安吉县人大常委会办公室主任
李振华、程维新、孙莉为安吉县人大常委会办公室副主任
张七金为安吉县人大常委会农业环境保护工作委员会副主任
王伟为安吉县人大常委会人事代表工作委员会副主任
决定接受：
曾庆山、黄先国辞去安吉县人大常委会委员职务

2004 年 12 月 17 日第十六次会议上

免去：
万尧平同安吉县人大常委会办公室主任职务
任命：
韩金苗为安吉县人大常委会办公室主任

2005 年 8 月 30 日第二十二次会议上

任命：
赵德忠为安吉县人大常委会法制工作委员会副主任

2006 年 11 月 9 日第三十二次会议上

决定接受：
钱坤方辞去安吉安吉县人大常委会主任职务
决定：
吴向明为安吉安吉县人大常委会代理主任

第十四届人大常委会任免的县人大常委会工作人员

2007 年 2 月 12 日第一次会议上

任命：
韩金苗为安吉县人大常委会办公室主任
徐兴南为安吉县人大常委会农业环境保护工作委员会主任
黄跃进为安吉县人大常委会教科文卫民侨工作委员会主任

孟国良为安吉县人大常委会财政经济工作委员会主任

喻晓鸣为安吉县人大常委会人事代表工作委员会主任

汪秋鸿为安吉县人大常委会法制工作委员会主任

2007 年 3 月 31 日第二次会议上

决定接受：

张惠玲辞去安吉县人大常委会委员职务

2007 年 5 月 30 日第三次会议上

任命：

程维新、孙莉、秦光明为安吉县人大常委会办公室副主任

赵德忠为安吉县人大常委会法制工作委员会副主任

徐渊为安吉县人大常委会人事代表工作委员会副主任

2009 年 7 月 28 日第十九次会议上

免去：

朱国炎、王伟安吉县人大常委会人事代表工作委员会委员职务

任命：

杨绍军、罗绍鸿、黄友花为安吉县人大常委会人事代表工作委员会委员

2010 年 3 月 30 日第二十四次会议上

免去：

孙莉安吉县人大常委会办公室副主任职务

2010 年 11 月 26 日第二十八次会议上

任命：

卞敏峰为安吉县人大常委会办公室副主任

2011 年 1 月 12 日第三十次会议上

决定接受：

唐中祥辞去安吉县人大常委会主任职务

陶紫正辞去安吉县人大常委会副主任职务

决定：

吴向明为安吉县人大常委会代理主任

第十五届人大常委会任免的县人大常委会工作人员

2012 年 3 月 26 日第一次会议上

免去：

韩金苗安吉县人大常委会办公室主任职务

黄跃进安吉县人大常委会教科文卫民侨工作委员会主任职务

汪秋鸿安吉县人大常委会法制工作委员会主任职务

孟国良安吉县人大常委会财政经济工作委员会主任职务

徐兴南安吉县人大常委会农业环境保护工作委员会主任职务

喻晓鸣安吉县人大常委会人事代表工作委员会主任职务

任命：

赵德忠为安吉县人大常委会办公室主任

鲍亚红为安吉县人大常委会法制工作委员会主任

罗学良为安吉县人大常委会财政经济工作委员会主任

徐存林为安吉县人大常委会农业环境保护工作委员会主任

韩金苗为安吉县人大常委会教科文卫民侨工作委员会主任

黄跃进为安吉县人大常委会人事代表工作委员会主任

2012 年 5 月 29 日第二次会议上

免去：

徐渊安吉县人大常委会人事代表工作委员会副主任职务

任命：

朱浚氲为安吉县人大常委会人事代表工作委员会副主任

2013 年 3 月 22 日第九次会议上

决定接受：

吴国兴、郑继农辞去安吉县人大常委会委员职务

2013 年 5 月 28 日第十一次会议上

任命：

韩雪峰为安吉县人大常委会办公室信访科科长(副科级)

2014 年 4 月 2 日第十七次会议上

任命：

李培祥为安吉县人大常委会递铺街道工作委员会主任

池金豪为安吉县人大常委会递铺街道工作委员会副主任

朱叶楠为安吉县人大常委会递铺街道工作委员会副主任
夏旦为安吉县人大常委会昌硕街道工作委员会主任
吴旭东为安吉县人大常委会昌硕街道工作委员会副主任
施霞为安吉县人大常委会灵峰街道工作委员会主任
冯贵平为安吉县人大常委会灵峰街道工作委员会副主任
黄承文为安吉县人大常委会孝源街道工作委员会主任
周立智为安吉县人大常委会孝源街道工作委员会副主任
李成锋为安吉县人大常委会财政经济工作委员会副主任
石定一为安吉县人大常委会教科文卫民侨工作委员会副主任

2015 年 3 月 26 日第二十五次会议上

免去：

冯贵平安吉县人大常委会灵峰街道工作委员会副主任职务

2015 年 5 月 22 日第二十六次会议上

决定接受：

吴有才辞去安吉县人大常委会委员职务

2015 年 7 月 23 日第二十七次会议上

免去：

周立智安吉县人大常委会孝源街道工作委员会副主任职务

任命：

王凌霄为安吉县人大常委会法制工作委员会副主任
查道胜为安吉县人大常委会孝源街道工作委员会副主任

2015 年 12 月 24 日第三十次会议上

免去：

李成锋安吉县人大常委会财政经济工作委员会副主任职务

2016 年 3 月 24 日第三十二次会议上

任命：

王小平为安吉县人大常委会财政经济工作委员会副主任

2016 年 6 月 23 日第三十三次会议上

免去：

韩雪峰安吉县人大常委会办公室信访科科长(副科级)职务

2016 年 9 月 22 日第三十六次会议上

任命：

黎逢林为安吉县人大常委会递铺街道工作委员会主任

朱平为安吉县人大常委会递铺街道工作委员会副主任

吴正明为安吉县人大常委会孝源街道工作委员会副主任

李锡良为安吉县人大常委会孝源街道工作委员会副主任

干永海为安吉县人大常委会昌硕街道工作委员会副主任

任建灵为安吉县人大常委会城乡建设与环境资源保护工作委员会副主任

决定接受：

叶鸣岗辞去安吉县人大常委会委员职务

李培祥辞去安吉县人大常委会委员职务

免去：

李培祥安吉县人大常委会递铺街道工作委员会主任职务

朱叶楠安吉县人大常委会递铺街道工作委员会副主任职务

查道胜安吉县人大常委会孝源街道工作委员会副主任职务

吴旭东安吉县人大常委会昌硕街道工作委员会副主任职务

朱浚氲安吉县人大常委会办公室副主任职务

王凌霄安吉县人大常委会法制工作委员会副主任职务

第十六届人大常委会任免的县人大常委会工作人员

2017 年 3 月 29 日第二次会议上

免去：

赵德忠安吉县人大常委会办公室主任职务

鲍亚红安吉县人大常委会法制工作委员会主任职务

徐存林安吉县人大常委会农业环境保护工作委员会主任职务

韩金苗安吉县人大常委会教科文卫民侨工作委员会主任职务

罗学良安吉县人大常委会财政经济工作委员会主任职务

黄跃进安吉县人大常委会人事代表工作委员会主任职务

顾小宝、谭丽丽安吉县人大常委会办公室副主任职务

王小平安吉县人大常委会财政经济工作委员会副主任职务

高岳林安吉县人大常委会农业环境保护工作委员会副主任职务

石定一安吉县人大常委会教科文卫民侨工作委员会副主任职务

卞敏峰安吉县人大常委会人事代表工作委员会副主任职务

任命：

楼军为安吉县人大常委会办公室主任

顾小宝为安吉县人大常委会农业与农村工作委员会主任
莫骄为安吉县人大常委会教育科学技术文化卫生工作委员会主任
林立辉为安吉县人大常委会城乡建设与环境资源保护工作委员会主任
谭丽丽为安吉县人大常委会代表与选举任免工作委员会主任
王小平、沈晓波为安吉县人大常委会办公室副主任
高岳林为安吉县人大常委会农业与农村工作委员会副主任
任强松为安吉县人大常委会教育科学技术文化卫生工作委员会副主任
石定一为安吉县人大常委会城乡建设与环境资源保护工作委员会副主任
卞敏峰为安吉县人大常委会代表与选举任免工作委员会副主任

2017 年 7 月 25 日第四次会议上

任命：

马旭东、毛如佳、许万富、余成忠为安吉县人大常委会递铺街道工作委员会委员
王云中、王幸福、林君、马武明、马荣达为安吉县人大常委会孝源街道工作委员会委员
陈贤琴、李建华、郑敏为安吉县人大常委会昌硕街道工作委员会委员
李亚财、朱新平、俞亚琴为安吉县人大常委会灵峰街道工作委员会委员

2017 年 11 月 23 日第七次会议上

决定接受：

王兵辞去安吉县人大常委会委员、安吉县人大常委会代表与选举任免工作委员会委员职务

2018 年 1 月 9 日第八次会议上

任命：

吴欣为安吉县人大常委会研究室副主任

2018 年 7 月 23 日第十三次会议上

免去：

石定一安吉县人大常委会城乡建设与环境资源保护工作委员会副主任职务

任命：

王炜为安吉县人大常委会城乡建设与环境资源保护工作委员会副主任

2018 年 10 月 31 日第十五次会议上

决定接受：

周盛东辞去安吉县第十六届人大常委会委员、安吉县第十六届人大财政经济委员会委员职务

免去：

朱平、池金豪安吉县人大常委会递铺街道工作委员会副主任职务

吴正明安吉县人大常委会孝源街道工作委员会副主任职务

任命：

麻江云为安吉县人大常委会递铺街道工作委员会副主任

吴月成为安吉县人大常委会孝源街道工作委员会副主任

2018 年 11 月 26 日第十六次会议上

决定接受：

谷炳方辞去安吉县第十六届人大常委会委员职务

王宏之辞去安吉县第十六届人大常委会教科文卫工作委员会委员职务

周哲敏辞去安吉县第十六届人大常委会代表与选举任免工作委员会委员职务

2019 年 1 月 12 日第十八次会议上

任命：

陈杰为安吉县人大常委会递铺街道工作委员会委员

吴正明、陈兆辉、何强为安吉县人大常委会孝源街道工作委员会委员

免去：

王幸福、马武明、马荣达安吉县人大常委会孝源街道工作委员会委员职务

2019 年 1 月 12 日第十八次会议上

决定接受：

俞兆松辞去安吉县第十六届人大常委会代表与选举任免工作委员会委员职务

免去：

莫骄安吉县人大常委会教育科学技术文化卫生工作委员会主任职务

顾小宝安吉县人大常委会农业与农村工作委员会主任职务

干永海安吉县人大常委会昌硕街道工作委员会副主任职务

任命：

莫骄为安吉县人民代表大会财政经济委员会副主任委员

郁斌为安吉县人大常委会昌硕街道工作委员会副主任

2019 年 5 月 10 日第二十一次会议上

免去：

施霞安吉县人大常委会灵峰街道工作委员会主任职务

任命：

盛文明为安吉县人大常委会农业与农村工作委员会主任

施霞为安吉县人大常委会教育科学技术文化卫生工作委员会主任

王宏之为安吉县人大常委会递铺街道工作委员会副主任

2019 年 5 月 31 日第二十二次会议上

任命：

沈洁、夏中金、徐启龙为安吉县人大财政经济委员会委员

施明军为安吉县人大常委会教育科学技术文化卫生工作委员会委员

徐渊、戴开林、戴泽万为安吉县人大常委会代表与选举任免工作委员会委员

免去：

施霞、盛文明安吉县人大财政经济委员会委员职务

2019 年 9 月 25 日第二十五次会议上

免去：

林立辉安吉县人大常委会城乡建设与环境资源保护工作委员会主任职务

王小平安吉县人大常委会办公室副主任职务

任强松安吉县人大常委会教育科学技术文化卫生工作委员会副主任职务

王炜安吉县人大常委会城乡建设与环境资源保护工作委员会副主任职务

任命：

林立辉为安吉县人大社会建设委员会副主任委员

应秋平为安吉县人大常委会灵峰街道工作委员会主任

孟振华为安吉县人大常委会办公室副主任

王小平为安吉县人大常委会教育科学技术文化卫生工作委员会副主任

任强松为安吉县人大常委会城乡建设与环境资源保护工作委员会副主任

2019 年 12 月 24 日第二十八次会议上

决定接受：

刘小翔辞去安吉县第十六届人民代表大会常务委员会委员职务

黄承文辞去安吉县第十六届人民代表大会常务委员会委员职务

张敏辞去安吉县第十六届人民代表大会社会建设委员会委员职务

免去：

黎逢林安吉县人大常委会递铺街道工作委员会主任职务

黄承文安吉县人大常委会孝源街道工作委员会主任职务

沈晓波安吉县人大常委会办公室副主任职务

高岳林安吉县人大常委会农业与农村工作委员会副主任职务

任命：

黎逢林为安吉县人大常委会城乡建设与环境资源保护工作委员会主任

熊国斌为安吉县人大常委会递铺街道工作委员会主任
王雪尧为安吉县人大常委会孝源街道工作委员会主任
周长青为安吉县人大常委会办公室副主任

二、县人民政府工作人员任免

县人大换届后，县人民政府在两个月内提请任命新一届组成部门主任、局长，原任职务同时免去。在县人民代表大会闭会期间，县人大常委会根据县长提名，决定任免个别副县长，决定任免县人民政府组成部门主任、局长；根据县人大常委会主任会议提名，在县长缺位时，从副县长中决定代理县长。

第七届人大常委会任免的县人民政府工作人员

1981 年 9 月 17 日第二次会议上

决定任命：

赵祥昆为安吉县民政局局长
王玉瑞为安吉县公安局局长
黄午山为安吉县人事局局长
王阿根为安吉县劳动局局长
吴璋为安吉县农业局局长
姬传胜为安吉县林业局局长
杨峻丰为安吉县工业局局长
张建中为安吉县交通局局长
牟顺先为安吉县农机局局长
王德荣为安吉县财政局局长
沈加功为安吉县粮食局局长
王光奎为安吉县商业局局长
彭忠为安吉县物资局局长
郑道葱为安吉县社队企业局局长
聂怀功为安吉县工商行政管理局局长
陈伯清为安吉县教育局局长
于加升为安吉县卫生局局长
范加庆为安吉县文化局局长

1982 年 1 月 17 日第三次会议上

决定任命：

刘振世为安吉县人民政府办公室主任

1982年7月5日第五次会议上

决定任命：

魏厚多为安吉县经济委员会主任

邹人龙为安吉县计划委员会主任(兼)

诸家炳为安吉县农业委员会主任(兼)

徐法林为安吉县人民政府财贸办公室主任(兼)

张健联为安吉县科学技术委员会主任(兼)

陈伯青为安吉县体育运动委员会主任(兼)

章世根为安吉县供销社主任

徐光厚为安吉县林业局局长

陈永新为安吉县水电局局长

郭远有为安吉县司法局局长

1982年9月23日第六次会议上

决定免去：

陈伯青安吉县教育局局长职务

决定任命：

王明和为安吉县人民政府副县长

陶忠贵为安吉县教育局局长

1983年1月12日第七次会议上

决定任命：

王明和为安吉县经济委员会主任(兼)

1984年4月5日第十五次会议上

决定接受：

朱长胜辞去安吉县人民政府县长职务

决定：

徐序培为安吉县人民政府代理县长

1984年7月23日第十七次会议上

决定任命：

王以震为安吉县人民政府副县长

第八届人大常委会任免的县人民政府工作人员

1984 年 10 月 9 日第二次会议上

决定任命：

周志勇为安吉县人民政府办公室主任

陈永新为安吉县计划委员会主任

赵云中为安吉县经济委员会主任

张福元为安吉县科学技术委员会主任

汪秀林为安吉县计划生育委员会主任

陈文祥为安吉县民政局局长

黄阿根为安吉县劳动局局长

叶德宝为安吉县人事局局长

王永和为安吉县审计局局长

吴双龙为安吉县司法局局长

徐觉人为安吉县乡镇企业局局长

赵传兴为安吉县交通局局长

胡正坚为安吉县林业局局长

宋晓方为安吉县水利农机局局长

江海安为安吉县农业局局长

洪甫岩为安吉县财税局局长

陶岳源为安吉县商业局局长

夏涧水为安吉县粮食局局长

刘振世为安吉县工商行政管理局局长

周送盛为安吉县文化广播电视局局长

江秋帆为安吉县教育局局长

孙立权为安吉县城乡建设环境保护局局长

周金火为安吉县物资局局长

吴岩福为安吉县工业局局长

1984 年 12 月 14 日第三次会议上

决定免去：

周志勇安吉县人民政府办公室主任职务

决定任命：

章晓梅为安吉县人民政府办公室主任

周志勇为安吉县财贸办公室主任

郑兴军为安吉县公安局局长

于惠峰为安吉县卫生局局长

1985 年 12 月 20 日第十次会议上

决定任命：

桂安心为安吉县人民政府副县长

1986 年 2 月 21 日第十一次会议上

决定免去：

叶德宝安吉县人事局局长职务

黄阿根安吉县劳动局局长职务

决定任命：

叶德宝为安吉县劳动人事局局长

1986 年 5 月 31 日第十三次会议上

决定任命：

陈国强为安吉县农村工作委员会主任

1987 年 1 月 23 日第十七次会议上

决定免去：

徐觉人安吉县乡镇企业局局长职务

陈国强安吉县农村工作委员会职务

决定任命：

曹炳达为安吉县计划生育委员会主任

陈文祥为安吉县民政局局长

叶德宝为安吉县劳动人事局局长

王永和为安吉县审计局局长

吴春明为安吉县物价局局长

周金火为安吉县物资局局长

洪甫岩为安吉县财政局局长

刘振世为安吉县工商行政管理局局长

陶岳源为安吉县商业局局长

夏涧水为安吉县粮食局局长

孙立权为安吉县城乡建设环境保护局局长

赵传兴为安吉县交通局局长

潘锋为安吉县乡镇企业局局长

宋晓方为安吉县农机水利局局长

胡正坚为安吉县林业局局长
江秋帆为安吉县教育局局长
毛双六为安吉县文化广播电视局局长
于惠峰为安吉县卫生局局长
吴双龙为安吉县司法局局长
郑兴军为安吉县公安局局长

第九届人大常委会任免的县人民政府工作人员

1987 年 8 月 13 日第二次会议上

决定任命：
章晓梅为安吉县人民政府办公室主任
赵云中为安吉县经济委员会主任
周志勇为安吉县财贸办公室主任

1987 年 10 月 24 日第三次会议上

决定任命：
张福元为安吉县科学技术委员会主任

1988 年 3 月 22 日第六次会议上

决定任命：
徐鹏飞为安吉县经济协作办公室主任

1988 年 5 月 20 日第七次会议上

决定任命：
程德为安吉县土地管理局局长

1988 年 7 月 11 日第八次会议上

决定任命：
方华为安吉县人民政府副县长

1988 年 8 月 16 日第九次会议上

决定接受：
叶兆旭辞去安吉县人民政府副县长职务

1988 年 8 月 17 日第九次会议上

决定任命：

王继祥为安吉县人民政府副县长

1988 年 12 月 24 日第十一次会议上

决定免去：

周志勇安吉县财贸办公室主任职务

夏涧水安吉县粮食局局长职务

叶德宝安吉县劳动人事局局长职务

决定任命：

赵家裕为安吉县计划委员会主任

周志勇为安吉县粮食局局长

丁强为安吉县人民法院副院长

1989 年 7 月 26 日第十五次会议上

决定任命：

王继祥为安吉县计划经济委员会主任(兼)

吴岩福为安吉县工业局局长

奚林根为安吉县农业局局长

1989 年 11 月 18 日第十七次会议上

决定免去：

吴双龙安吉县司法局局长职务

决定任命：

夏贤发为安吉县司法局局长

1989 年 12 月 23 日第十八次会议上

决定任命：

胡伟为安吉县人民政府副县长

1990 年 2 月 23 日第十九次会议上

决定接受：

徐序培辞去安吉县人民政府县长职务

决定：

胡伟为安吉县人民政府代理县长

第十届人大常委会任免的县人民政府工作人员

1990 年 6 月 16 日第二次会议上

决定任命：

胡玉明为安吉县人民政府办公室主任
黄光荣为安吉县劳动人事局局长
张福才为安吉县监察局局长
毛双六为安吉县民政局局长
王勤为安吉县计划生育委员会主任
潘锋为安吉县科学技术委员会主任
冯越强为安吉县审计局局长
桂安心为安吉县文化广电局局长
江秋帆为安吉县教育局局长
李国镇为安吉县卫生局局长
洪甫岩为安吉县财政税务局局长
刘振世为安吉县工商行政管理局局长
周志勇为安吉县粮食局局长
杨路侠为安吉县商业局局长
夏贤发为安吉县司法局局长
郑兴军为安吉县公安局局长
吴春明为安吉县计划经济委员会主任
孙觉民为安吉县对外经济贸易委员会主任
周金火为安吉县物价局局长
陶岳源为安吉县物资局局长
孙立权为安吉县城乡建设环境保护局局长
吴岩福为安吉县工业局局长
吴哲勇为安吉县交通局局长
项生逵为安吉县乡镇企业局局长
陈国强兼安吉县农村经济工作委员会主任
奚林根为安吉县农业局局长
胡正坚为安吉县林业局局长
曹炳达为安吉县水利农机局局长

1990年8月23日第三次会议上

决定任命：
张志中为安吉县人民政府副县长

1990年12月29日第五次会议上

决定免去：
江秋帆安吉县教育局局长职务

1992 年 11 月 30 日第十八次会议上

决定接受：

胡伟辞去安吉县人民政府县长职务

决定任命：

谈月明为安吉县人民政府副县长

决定：

谈月明为安吉县人民政府代理县长

1993 年 1 月 13 日第十九次会议上

决定接受：

张志中辞去安吉县人民政府副县长职务

第十一届人大常委会任免的县人民政府工作人员

1993 年 5 月 8 日第二次会议上

决定任命：

郑伟中为安吉县人民政府办公室主任

姜国栋为安吉县计划经济委员会主任

潘锋为安吉县科学技术委员会主任

奚林根为安吉县农村经济委员会主任

孙觉民为安吉县对外经济贸易委员会主任

王金龙兼安吉县计划生育委员会主任

李孝昌为安吉县经济体制改革办公室主任

黄铁夫为安吉县人民政府经济协作办公室主任

喻运鑫为安吉县公安局局长

张福才为安吉县监察局局长

曹炳达为安吉县司法局局长

毛双六为安吉县民政局局长

冯越强为安吉县财政税务局局长

桂安心为安吉县教育局局长

黄光荣为安吉县劳动人事局局长

王贵荣为安吉县审计局局长

李齐高为安吉县统计局局长

周金火为安吉县物价局局长

余强为安吉县工商行政管理局局长

程德为安吉县土地管理局局长

陶岳源为安吉县物资局局长
杨路侠为安吉县商业局局长
王勤为安吉县农业局局长
胡正坚为安吉县林业局局长
龚有明为安吉县水利农机局局长
戴洪贵为安吉县工业局局长
宋晓方为安吉县城乡建设环境保护局局长
吴哲勇为安吉县交通局局长
项生逵为安吉县乡镇企业局局长
王志进为安吉县文化广电局局长
李国镇为安吉县卫生局局长

1993年7月14日第三次会议上

决定任命：
孟刚为安吉县人民政府副县长

1993年9月14日第四次会议上

决定免去：
吴哲勇安吉县交通局局长职务
决定任命：
王龙生为安吉县交通局局长

1995年6月20日第十七次会议上

决定任命：
孙觉民为安吉县人民政府副县长

1995年7月17日第十八次会议上

决定免去：
王继祥安吉县人民政府副县长职务
王勤安吉县农业局局长职务

1995年11月10日第二十一次会议上

决定免去：
郑伟中安吉县政府办公室主任职务
奚林根安吉县农经委主任职务
程德安吉县土管局局长职务

潘锋安吉县科委主任职务

张福才安吉县监察局局长职务

决定任命：

赵卫华为安吉县监察局局长

郑伟中为安吉县土管局局长

奚林根为安吉县政府办公室主任

路国平为安吉县科委主任

叶树强为安吉县农业局局长

潘洪福为安吉县审计局局长

梁为民为安吉县广电局局长

1996 年 3 月 5 日第二十三次会议上

决定任命：

李建国为安吉县农村经济委员会主任

1996 年 7 月 16 日第二十五次会议上

决定免去：

项生逵安吉县乡镇企业局局长职务

1996 年 9 月 27 日第二十七次会议上

决定接受：

孟刚辞去安吉县人民政府副县长职务

决定任命：

孙觉民兼安吉县对外贸易经济合作局局长

姜国栋为安吉县计划与经济委员会主任

桂安心为安吉县教育委员会主任

杜建华为安吉县人事劳动局局长

宋晓方为安吉县建设与环境保护局局长

胡德法为安吉县乡镇企业局局长

余强为安吉县工商行政与物价管理局局长

王志进为安吉县文化与体育局局长

1997 年 2 月 21 日第三十次会议上

决定免去：

喻运鑫安吉县公安局局长职务

决定任命：

张甲宏为安吉县公安局局长

1997 年 3 月 28 日第三十一次会议上

决定接受：

孙觉民辞去安吉县人民政府副县长职务

决定免去：

孙觉民安吉县对外贸易经济合作局局长职务

1997 年 7 月 9 日第三十四次会议上

决定任命：

宿竞平、胡震涛为安吉县人民政府副县长

1997 年 9 月 4 日第三十六次会议上

决定任命：

钱坤方为安吉县人民政府副县长

决定接受：

戚才祥辞去安吉县人民政府县长职务

决定：

钱坤方为安吉县人民政府代理县长

1997 年 11 月 10 日第三十八次会议上

决定接受：

陈国强辞去安吉县人民政府副县长职务

决定任命：

王勤、吴向明、董立新为安吉县人民政府副县长

1997 年 12 月 18 日第三十九次会议上

决定免去：

赵卫华安吉县监察局局长职务

第十二届人大常委会任免的县人民政府工作人员

1998 年 4 月 30 日第二次会议上

决定任命：

胡震涛为安吉县人民政府副县长

杨六顺为安吉县人民政府办公室主任

黄培林为安吉县计划经济委员会主任

李建国为安吉县农村经济委员会主任
项乐民为安吉县教育委员会主任
路国平为安吉县科学技术委员会主任
喻晓鸣为计划生育委员会主任
张甲宏为安吉县公安局局长
陈玉堂为安吉县监察局局长
冯越强为安吉县财政税务局局长
杜建华为安吉县人事劳动局局长
桂安心为安吉县民政局局长
宋晓方为安吉县建设与环境保护局局长
干永福为安吉县交通局局长
叶树强为安吉县农业局局长
龚有明为安吉县水利农机局局长
兰林富为安吉县林业局局长
杨路侠为安吉县对外经济贸易合作局局长
郎月光为安吉县粮食局局长
王志进为安吉县文化与体育局局长
吴旭为安吉县卫生局局长
余强为安吉县工商行政与物价管理局局长
潘洪福为安吉县审计局局长
毛双六为安吉县统计局局长
郑伟中为安吉县土管局局长
张吉祺为安吉县工业局局长
胡德法为安吉县乡镇企业局局长

1998 年 7 月 17 日第四次会议上

决定免去：

余强安吉县工商行政与物价管理局局长职务

1998 年 9 月 4 日第五次会议上

决定任命：

姚良根为安吉县工商行政与物价管理局局长

1998 年 12 月 25 日第七次会议上

决定任命：

李慧英为安吉县人民政府副县长

1999 年 5 月 31 日第十一次会议上

决定免去：

喻晓鸣安吉县计划生育委员会主任职务

郎月光安吉县粮食局局长职务

叶树强安吉县农业局局长职务

决定任命：

盛迎春为安吉县计划生育委员会主任

喻晓鸣为安吉县粮食局局长

马学定为安吉县农业局局长

1999 年 7 月 28 日第十二次会议上

决定免去：

胡震涛安吉县人民政府副县长职务

2000 年 1 月 13 日第十五次会议上

决定任命：

蓝晓光为安吉县人民政府副县长

2000 年 2 月 27 日第十七次会议上

决定任命：

董才宝为安吉县物价局局长

2000 年 8 月 8 日第二十次会议上

决定任命：

杨六顺为安吉县人民政府副县长

张为华为安吉县人民政府办公室主任

罗学良为安吉县文化与体育局局长

决定免去：

王勤安吉县人民政府副县长职务

杨六顺安吉县人民政府办公室主任职务

黄培林安吉县计划与经济委员会主任职务

宋晓方安吉县城建与环境保护局局长职务

王志进安吉县文化与体育局局长职务

2000 年 8 月 22 日第二十一次会议上

决定任命：

杨路侠为安吉县计划与经济委员会主任

罗安生为安吉县建设与环境保护局局长

2001 年 1 月 10 日第二十四次会议上

决定免去：

李慧英安吉县人民政府副县长职务

张甲宏安吉县公安局局长职务

决定任命：

沈利剑为安吉县公安局局长

2001 年 3 月 12 日第二十六次会议上

决定免去：

蓝晓光安吉县人民政府副县长职务

决定任命：

王金龙为安吉县人民政府副县长

2001 年 5 月 10 日第二十七次会议上

决定任命：

何国华为安吉县人民政府副县长

2001 年 7 月 17 日第二十八次会议上

决定免去：

杨路侠对外贸易经济合作局局长职务

决定任命：

笪百祥为安吉县对外贸易经济合作局局长

2001 年 8 月 22 日第二十九次会议上

决定免去：

宿竞平安吉县人民政府副县长职务

决定任命：

杨新新为安吉县人民政府副县长

2001 年 11 月 23 日第三十二次会议上

决定免去：

潘洪福安吉县审计局局长职务

决定任命：

孙松为安吉县发展计划委员会(物价局)主任(局长)
杨路侠为安吉县经济贸易委员会(粮食局)主任(局长)
项乐民为安吉县教育局局长
路国平为安吉县科学技术局局长
杜建华为安吉县人事局局长
孟国良为安吉县劳动和社会保障局局长
郑伟中为安吉县国土资源局局长
罗安生为安吉县建设局局长
胡伟为安吉县水利局局长
盛迎春为安吉县计划生育局局长
董才宝为安吉县审计局局长
徐亚良为安吉县环境保护局局长

2002年1月10日第三十三次会议上

决定免去：
杨六顺安吉县人民政府副县长职务

2002年2月21日第三十四次会议

决定免去：
罗安生安吉县建设局局长职务
决定任命：
叶新安为安吉县建设局局长

2002年10月17日第三十八次会议上

决定任命：
劳红武为安吉县人民政府副县长
决定接受：
钱坤方辞去安吉县人民政府县长职务
决定：
劳红武为安吉县人民政府代理县长

2002年11月20日第三十九次会议上

决定免去：
董立新安吉县人民政府副县长职务

2002年12月11日第四十次会议上

决定任命：

朱仲华、金凯、章其祥为安吉县人民政府副县长

2003 年 1 月 13 日第四十一次会议上

决定免去：

干永福安吉县交通局局长职务

决定任命：

任烽为安吉县交通局局长

第十三届人大常委会任免的县人民政府工作人员

2003 年 4 月 23 日第二次会议上

决定任命：

项乐民为安吉县人民政府办公室主任

孙松为安吉县发计委主任

杨路侠为安吉县经贸委主任

喻晓鸣为安吉县教育局局长

吴旭为安吉县科学技术局局长

沈利剑为安吉县公安局局长

陈炎青为安吉县监察局局长

桂安心为安吉县民政局局长

赵德富为安吉县司法局局长

吴伟东为安吉县财政局局长

池建华为安吉县人事局局长

孟国良为安吉县劳动和社会保障局局长

曾庆山为安吉县国土资源局局长

叶新安为安吉县建设局局长

任烽为安吉县交通局局长

郑伟中为安吉县水利局局长

黄先国为安吉县农业局局长

兰林富为安吉县林业局局长

笪百祥为安吉县外经贸局局长

罗学良为安吉县文体局局长

徐存林为安吉县卫生局局长

黄根凤为安吉县计生局局长

董才宝为安吉县审计局局长

徐亚良为安吉县环保局局长

毛双六为安吉县统计局局长

2003 年 7 月 22 日第四次会议上

决定免去：

杨新新安吉县人民政府副县长职务

2003 年 9 月 13 日第六次会议上

决定任命：

任文霞为安吉县人民政府副县长

2004 年 1 月 8 日第九次会议上

决定免去：

项乐民安吉县人民政府办公室主任职务

杨路侠安吉县经济贸易委员会主任职务

决定任命：

杨路侠为安吉县人民政府办公室主任

刘树林为安吉县经济贸易委员会主任

2004 年 4 月 28 日第十一次会议上

决定免去：

沈利剑安吉县公安局局长职务

决定任命：

章新泉为安吉县公安局局长

决定免去：

吴旭安吉县科学技术局局长职务

决定任命：

唐华为安吉县科学技术局局长

2005 年 1 月 20 日第十七次会议上

决定任命：

周道明为安吉县安全生产监督管理局局长

2005 年 2 月 22 日第十八次会议上

决定接受：

劳红武辞去安吉县人民政府县长职务

决定任命：

唐中祥为安吉县人民政府副县长

决定：

唐中祥为安吉县人民政府代理县长

2005 年 5 月 30 日第二十次会议上

决定免去：

朱仲华安吉县人民政府副县长职务

决定任命：

徐国晟为安吉县人民政府副县长

孙松为安吉县发展和改革委员会主任

黄根凤为安吉县人口与计划生育局局长

2005 年 8 月 30 日第二十二次会议上

决定任命：

胡国良为安吉县文化广电新闻出版局局长

2005 年 11 月 24 日第二十四次会议上

决定免去：

任文霞安吉县人民政府副县长职务

2006 年 4 月 26 日第二十八次会议上

决定免去：

桂安心安吉县民政局局长职务

毛双六安吉县统计局局长职务

2006 年 8 月 29 日第三十次会议上

决定任命：

黄勇为安吉县民政局局长

林立辉为安吉县统计局局长

2006 年 11 月 9 日第三十二次会议上

决定任命：

单锦炎、章春华为安吉县人民政府副县长

决定接受：

唐中祥辞去安吉县人民政府县长职务

决定：

单锦炎为安吉县人民政府代理县长

2006 年 11 月 20 日第三十三次会议上

决定任命：

凌建荣、王少华为安吉县人民政府副县长

2007 年 1 月 10 日第三十五次会议上

决定免去：

章其祥安吉县人民政府副县长职务

第十四届人大常委会任免的县人民政府工作人员

2007 年 2 月 12 日第一次会议上

决定任命：

章春华为安吉县人民政府副县长

章新泉为安吉县公安局局长

2007 年 3 月 31 日第二次会议上

决定任命：

孙松为安吉县人民政府办公室主任

任烽为安吉县发展和改革委员会主任

乐叶俊为安吉县经济贸易委员会主任

潘永锋为安吉县教育局局长

徐人良为安吉县科学技术局局长

沈卫江为安吉县监察局局长

黄勇为安吉县民政局局长

周雪逵为安吉县司法局局长

吴伟东为安吉县财政局局长

池建华为安吉县人事局局长

吴有才为安吉县劳动和社会保障局局长

彭忠心为安吉县规划与建设局局长

黄根凤为安吉县交通局局长

郑伟中为安吉县水利局局长

张惠玲为安吉县农业局局长

杨国荣为安吉县林业局局长

伍水荣为安吉县对外经济贸易合作局局长

董才宝为安吉县文化广电新闻出版局局长

徐存林为安吉县卫生局局长

黄先贵为安吉县人口与计划生育局局长

张云威为安吉县审计局局长

吴毅能为安吉县环境保护局局长

周道明为安吉县安全生产监督管理局局长

林立辉为安吉县统计局局长

2007 年 9 月 28 日第五次会议上

决定免去：

任烽安吉县发展和改革委员会主任职务

章新泉安吉县公安局局长职务

决定任命：

邵振润为安吉县人民政府副县长

陆为民为安吉县发展和改革委员会主任

吴佩勋为安吉县公安局局长

2008 年 7 月 25 日第十二次会议上

决定任命：

陈作云为安吉县发展和改革委员会主任

决定免去：

陆为民安吉县发展和改革委员会主任职务

2008 年 9 月 26 日第十三次会议上

决定免去：

邵振润安吉县人民政府副县长职务

张云威安吉县审计局局长职务

决定任命：

徐勇为安吉县审计局局长

2009 年 1 月 6 日第十六次会议上

决定免去：

叶海珍、王少华安吉县人民政府副县长职务

决定任命：

黄培林为安吉县人民政府副县长

2009 年 3 月 26 日第十七次会议上

决定免去：

乐叶俊安吉县经济贸易委员会主任职务

2009 年 5 月 27 日第十八次会议上

决定接受：

徐国晟辞去安吉县人民政府副县长职务

决定免去：

潘永锋安吉县教育局局长职务

沈卫江安吉县监察局局长职务

吴伟东安吉县财政局局长职务

周道明安吉县安全生产监督管理局局长职务

决定任命：

张建乐、徐礼明为安吉县人民政府副县长

潘永锋为安吉县经济贸易委员会主任

梁蕴伟为安吉县财政局局长

宋焕新为安吉县教育局局长

杨忠义为安吉县监察局局长

杨长海为安吉县安全生产监督管理局局长

2009 年 7 月 28 日第十九次会议上

决定免去：

章春华安吉县人民政府副县长职务

决定任命：

钱　波为安吉县人民政府副县长

2010 年 9 月 29 日第二十七次会议上

决定任命：

任烽为安吉县人民政府副县长

2011 年 1 月 12 日第三十次会议上

决定免去：

董才宝安吉县文化广电新闻出版局局长职务

2011 年 2 月 14 日第三十一次会议上

决定免去：

吴毅能安吉县环境保护局局长职务

决定任命：

潘永锋为安吉县发展改革与经济委员会主任
伍水荣为安吉县商务局局长
吴有才为安吉县人力资源和社会保障局局长
戴先才为安吉县住房和城乡建设局局长
陈作云为安吉县交通运输局局长
彭忠心为安吉县文化广电新闻出版局局长
崔星星为安吉县环境保护局局长
叶新安为安吉县城市管理行政执法局局长
王长玉为安吉县风景与旅游管理委员会主任
黄伟远为安吉县食品药品监督管理局局长

2011 年 7 月 27 日第三十四次会议上

决定免去：
钱波、金凯、凌建荣安吉县人民政府副县长职务
决定任命：
任贵明为安吉县人民政府副县长

2011 年 11 月 30 日第三十七次会议上

决定任命：
王树、钱洪文为安吉县人民政府副县长
决定接受：
单锦炎辞去安吉县人民政府县长职务
决定：
王树为安吉县人民政府代理县长
决定免去：
潘永锋安吉县发展改革与经济委员会主任职务
崔星星安吉县环境保护局局长职务

2011 年 12 月 29 日第三十八次会议上

决定免去：
黄勇安吉县民政局局长职务
决定任命：
赵双勤为安吉县民政局局长

第十五届人大常委会任免的县人民政府工作人员

2012 年 3 月 26 日第一次会议上

决定免去：

郑伟中安吉县水利局局长职务

决定任命：

吴佩勋为安吉县公安局局长

张慧为安吉县人民政府办公室主任

伍水荣为安吉县发展改革与经济委员会主任

宋焕新为安吉县教育局局长

徐人良为安吉县科学技术局局长

张仲华为安吉县民族宗教事务局局长

王勇为安吉县监察局局长

赵双勤为安吉县民政局局长

周雪逵为安吉县司法局局长

梁蕴伟为安吉县财政局局长

吴有才为安吉县人力资源和社会保障局局长

戴先才为安吉县住房和城乡建设局局长

叶新安为安吉县交通运输局局长

杨绍军为安吉县水利局局长

张惠玲为安吉县农业局局长

杨国荣为安吉县林业局局长

童师祥为安吉县商务局局长

彭忠心为安吉县文化广电新闻出版局局长

王一明为安吉县卫生局局长

黄先贵为安吉县人口和计划生育局局长

徐勇为安吉县审计局局长

王国明为安吉县环境保护局局长

林立辉为安吉县统计局局长

张孟蛟为安吉县风景与旅游管理委员会主任

杨长海为安吉县安全生产监督管理局局长

何承明为安吉县城市管理行政执法局局长

黄伟远为安吉县食品药品监督管理局局长

2012 年 5 月 29 日第二次会议上

决定任命：

罗林泉为安吉县人民政府副县长

2012 年 8 月 17 日第四次会议上

决定任命：

黄亮为安吉县人民政府副县长

2013 年 3 月 22 日第九次会议上

决定免去：

张惠玲安吉县农业局局长职务

决定任命：

凌海明为安吉县农业局局长

2013 年 5 月 28 日第十一次会议上

决定免去：

罗林泉安吉县人民政府副县长职务

决定免去：

杨长海安吉县安全生产监督管理局局长职务

决定任命：

章熙翔为安吉县安全生产监督管理局局长

2013 年 9 月 26 日第十三次会议上

决定任命：

陈江为安吉县人民政府副县长

2014 年 4 月 2 日第十七次会议上

决定免去：

陈江、徐礼明安吉县人民政府副县长职务

决定任命：

刘艳梅、赵成忠为安吉县人民政府副县长

2014 年 7 月 3 日第十九次会议上

决定免去：

黄亮安吉县人民政府副县长职务

决定任命：

沈铭权、郦东为安吉县人民政府副县长

决定接受：

王树辞去安吉县人民政府县长职务

决定：

沈铭权为安吉县人民政府代理县长

2014 年 9 月 22 日第二十一次会议上

决定任命：

陆建卫为安吉县人民政府副县长

2014 年 11 月 20 日第二十二次会议上

决定免去：

凌建荣安吉县人民政府副县长职务

王勇安吉县监察局局长职务

决定任命：

郑志亮为安吉县监察局局长

2015 年 1 月 19 日第二十四次会议上

决定任命：

何承明为安吉县人民政府副县长

2015 年 3 月 26 日第二十五次会议上

决定免去：

赵成忠安吉县人民政府副县长职务

伍水荣安吉县发展改革与经济委员会主任职务

梁蕴伟安吉县财政局局长职务

徐勇安吉县审计局局长职务

何承明安吉县城市管理行政执法局局长职务

决定任命：

赵怀君为安吉县发展改革与经济委员会主任

徐勇为安吉县财政局局长

沈卫江为安吉县审计局局长

乐叶都为安吉县城市管理行政执法局局长

2015 年 5 月 22 日第二十六次会议上

决定免去：

陈方良安吉县民族宗教事务局局长职务

戴先才安吉县住房和城乡建设局局长职务

杨国荣安吉县林业局局长职务

决定任命：

黄先贵为安吉县民族宗教事务局局长

王有富为安吉县住房和城乡建设局局长

吴有才为安吉县林业局局长

王一明为安吉县卫生和计划生育局局长

阚继彦为安吉县市场监督管理局局长

2015 年 7 月 23 日第二十七次会议上

决定免去：

刘艳梅安吉县人民政府副县长职务

周雪逵安吉县统计局局长职务

决定任命：

张小莹为安吉县人民政府副县长

朱昌发为安吉县统计局局长

马洪滨为安吉县规划局局长

2015 年 9 月 24 日第二十八次会议上

决定任命：

张慧兼安吉县人民政府法制办公室主任和安吉县政府外事办公室主任

2016 年 3 月 24 日第三十二次会议上

决定免去：

屠继忠安吉县人民防空办公室主任职务

决定任命：

王有富为安吉县人民防空办公室主任

2016 年 6 月 23 日第三十三次会议上

决定免去：

张慧安吉县政府办公室(安吉县政府法制办公室、安吉县政府外事办公室)主任、安吉县新居民事务局局长职务

张孟蛟安吉县风景与旅游管理委员会主任职务

决定任命：

杨绍军为安吉县政府办公室(安吉县政府法制办公室、安吉县政府外事办公室)主任、安吉县新居民事务局局长

管永丰为安吉县风景与旅游管理委员会主任

2016 年 7 月 28 日第三十四次会议上

决定免去：

郦东安吉县人民政府副县长职务

决定任命：

陈瑶为安吉县人民政府副县长

2016 年 8 月 22 日第三十五次会议上

决定任命：

陈永华为安吉县人民政府副县长

决定接受：

沈铭权辞去安吉县人民政府县长职务

决定：

陈永华为安吉县人民政府代理县长

2016 年 9 月 22 日第三十六次会议上

决定免去：

郑志亮安吉县监察局局长职务

2016 年 12 月 2 日第三十八次会议上

决定任命：

杨建新为安吉县人民政府副县长、公安局局长

决定免去：

钱洪文、张云威安吉县人民政府副县长职务

吴佩勋安吉县公安局局长职务

第十六届人大常委会任免的县人民政府工作人员

2017 年 3 月 29 日第二次会议上

决定任命：

张小莹、陈瑶为安吉县人民政府副县长

杨建新为安吉县公安局局长

郑继农为安吉县政府办公室(安吉县政府法制办公室、安吉县政府外事办公室)主任

施明清为安吉县教育局局长

刘承娟为安吉县科学技术局局长

黄先贵为安吉县民族宗教事务局局长

姜平为安吉县民政局局长

王峰为安吉县司法局局长
徐勇为安吉县财政局局长
顾建强为安吉县人力资源和社会保障局局长
叶新安为安吉县交通运输局局长
戴先才为安吉县水利局局长
杨忠义为安吉县农业局局长
吴有才为安吉县林业局局长
孙莉为安吉县商务局局长
彭忠心为安吉县文化广电新闻出版局局长
肖家青为安吉县卫生和计划生育局局长
沈卫江为安吉县审计局局长
王晶为安吉县环境保护局局长
朱昌发为安吉县统计局局长
管永丰为安吉县风景与旅游管理委员会主任
王有富为安吉县安全生产监督管理局局长
乐叶都为安吉县综合行政执法局(安吉县城市管理局)局长
章熙翔为安吉县市场监督管理局局长
安吉县政府工作部门行政正职原职务自然免去

2017 年 5 月 26 日第三次会议上

决定任命：
童师祥为安吉县发展和改革委员会主任
曾云峰为安吉县经济和信息化委员会主任
马洪滨为安吉县住房和城乡建设局(安吉县规划局)局长、安吉县人民防空办公室主任

2017 年 7 月 25 日第四次会议上

决定免去：
张小莹安吉县人民政府副县长职务
决定任命：
王海稳为安吉县人民政府副县长

2017 年 11 月 23 日第七次会议上

决定免去：
曾云峰安吉县经济和信息化委员会主任职务
决定任命：
高安兵为安吉县经济和信息化委员会主任

2018 年 7 月 23 日第十三次会议上

决定免去：

黄先贵安吉县民族宗教事务局局长职务

决定任命：

李晓敏为安吉县民族宗教事务局局长

2018 年 9 月 27 日第十四次会议上

决定免去：

乐叶俊安吉县人民政府副县长职务

2018 年 10 月 31 日第十五次会议上

决定免去：

刘承娟安吉县科学技术局局长职务

王晶安吉县环境保护局局长职务

王峰安吉县司法局局长职务

叶新安安吉县交通运输局局长职务

决定任命：

潘鸣、杜尉栋为安吉县人民政府副县长

马联国为安吉县科学技术局局长

王晶为安吉县司法局局长

马洪亮为安吉县环境保护局局长

2019 年 1 月 12 日第十八次会议上

决定接受：

杨绍军辞去安吉县人民政府副县长职务

决定免去：

童师祥安吉县发展和改革委员会主任职务

高安兵安吉县经济和信息化委员会主任职务

马洪滨安吉县住房和城乡建设局(安吉县规划局)局长职务

乐叶都安吉县综合行政执法局(安吉县城市管理局)局长职务

杨忠义安吉县农业局局长职务

彭忠心安吉县文化广电新闻出版局局长职务

顾建强安吉县人力资源和社会保障局局长职务

王有富安吉县安全生产监督管理局局长职务

戴先才安吉县水利局局长职务

章熙翔安吉县市场监督管理局局长职务
郑继农安吉县政府法制办公室主任职务
吴有才安吉县林业局局长职务
肖家青安吉县卫生和计划生育局局长职务
朱昌发安吉县统计局局长职务
管永丰安吉县风景与旅游管理委员会主任职务
决定任命：
童师祥为安吉县发展和改革局局长
高安兵为安吉县经济和信息化局局长
王红缨为安吉县人力资源和社会保障局局长
陈志文为安吉县自然资源和规划局局长
马洪滨为安吉县住房和城乡建设局局长
赵双勤为安吉县交通运输局局长
乐叶都为安吉县水利局局长
杨忠义为安吉县农业农村局局长
彭忠心为安吉县文化和广电旅游体育局局长
顾建强为安吉县卫生健康局局长
张军为安吉县退役军人事务局局长
樊锡宏为安吉县应急管理局局长
王有富为安吉县市场监督管理局局长
杨鹤云为安吉县统计局局长
戴先才为安吉县医疗保障局局长
章熙翔为安吉县综合行政执法局(安吉县城市管理局)局长
唐宝城为安吉县大数据发展管理局局长

2019 年 3 月 15 日第二十次会议上

决定任命：
陈小龙为安吉县人民政府副县长

2019 年 5 月 31 日第二十二次会议上

决定任命：
项侃文为安吉县人民政府副县长

2019 年 8 月 30 日第二十四次会议上

决定任命：
管永丰为安吉县人民政府副县长

决定免去：

何承明、王海稳、陈瑶安吉县人民政府副县长职务

2019年9月25日第二十五次会议上

决定免去：

马洪滨安吉县住房和城乡建设局局长职务

决定任命：

李明为安吉县住房和城乡建设局局长

2019年10月29日第二十六次会议上

决定任命：

宋波为安吉县人民政府副县长

决定接受：

陈永华辞去安吉县人民政府县长职务

决定：

宋波为安吉县人民政府代理县长

2019年12月24日第二十八次会议上

决定任命：

沈强为安吉县科学技术局局长

决定免去：

马联国安吉县科学技术局局长职务

三、县人民法院工作人员任免名单

县人大常委会根据县人民法院院长提名，任免县人民法院副院长、庭长、副庭长、审判委员会委员、审判员；在院长缺位时，从副院长中决定代理院长。

第七届人大常委会任免的县人民法院工作人员

1982年7月5日第五次会议上

决定任命：

赵松魁、夏家林为安吉县人民法院审判委员会委员、副院长

郑曰文为安吉县人民法院审判委员会委员

张志粟为安吉县人民法院审判员、审判委员会委员

叶新羽为安吉县人民法院刑事审判庭庭长、审判委员会委员

汪正德为安吉县人民法院民事审判庭庭长

马永敖为安吉县人民法院梅溪人民法庭庭长

王伟启为安吉县人民法院孝丰人民法庭庭长

章申观为安吉县人民法院孝丰人民法庭副庭长

林彩娣为安吉县人民法院递铺人民法庭副庭长

朱品荣、杨万里、肖民芒、张祖玉、朱为水、叶培昌、孟国英为安吉县人民法院审判员

1982 年 9 月 23 日第六次会议上

决定任命：

陈纪庚为安吉县人民法院副院长

江正德、路竹林为安吉县人民法院审判员、审判委员会委员

杨万忠为安吉县人民法院刑事审判庭副庭长

朱品荣为安吉县人民法院梅溪人民法庭副庭长

俞德性为安吉县人民法院审判员、白水湾人民法庭副庭长

吕茂贵、鲁学英、董志健、施吉安、郑兴军、李荣富、杨珠琪、陈耀南为安吉县人民法院审判员

1984 年 3 月 11 日第十四次会议上

决定免去：

朱品荣安吉县人民法院梅溪人民法庭副庭长职务

杨万忠安吉县人民法院刑事审判庭副庭长职务

孟国英安吉县人民法院审判员职务

决定任命：

朱品荣为安吉县人民法院刑事审判庭副庭长

张志粟为安吉县人民法院民事审判庭副庭长

叶培昌为安吉县人民法院杭垓人民法庭副庭长

朱淑珍为安吉县人民法院审判员

第八届人大常委会任免的县人民法院工作人员

1984 年 12 月 14 日第三次会议上

决定免去：

赵松魁安吉县人民法院副院长、审判委员会委员职务

陈纪庚安吉县人民法院副院长职务

张志粟安吉县人民法院审判委员会委员、民事审判庭副庭长职务

叶新羽安吉县人民法院刑事审判庭庭长职务

章申观安吉县人民法院孝丰人民法庭副庭长职务

决定任命：

魏小仙、吴向明为安吉县人民法院审判委员会委员、副院长

鲁学英为安吉县人民法院经济审判庭庭长、审判委员会委员
朱为水为安吉县人民法院刑事审判庭庭长
张祖玉为安吉县人民法院良朋人民法庭庭长
邱军为安吉县人民法院审判员、森林审判庭副庭长
杨绍富为安吉县人民法院审判员、梅溪人民法庭副庭长
胡庭良、万早生、刁美华为安吉县人民法院审判员

1985 年 12 月 20 日第十次会议上

决定免去：
邱军安吉县人民法院森林审判庭副庭长职务
决定任命：
邱军为安吉县人民法院民事审判庭副庭长

1986 年 4 月 1 日第十二次会议上

决定任命：
徐礼华为安吉县人民法院审判员、梅溪人民法庭副庭长

1987 年 3 月 20 日第十八次会议上

决定免去：
徐礼华安吉县人民法院梅溪人民法庭副庭长职务
决定任命：
徐礼华为安吉县人民法院民事审判庭庭长
李根苗、胡阿来、孙庆祥、孟国英为安吉县人民法院审判员

第九届人大常委会任免的县人民法院工作人员

1987 年 8 月 13 日第二次会议上

决定免去：
魏小仙安吉县人民法院副院长、审判委员会委员职务

1988 年 5 月 20 日第七次会议上

决定免去：
路竹林、叶新羽、江正德安吉县人民法院审判委员会委员职务
鲁学英安吉县人民法院经济审判庭庭长职务
叶培昌安吉县人民法院杭垓人民法庭副庭长职务
邱军安吉县人民法院民事审判庭副庭长职务
林彩娣安吉县人民法院递铺人民法庭副庭长职务

朱品荣安吉县人民法院刑事审判庭副庭长职务

决定任命：

徐礼华、朱为水为安吉县人民法院审判委员会委员

丁强为安吉县人民法院审判员、经济审判庭庭长、审判委员会委员

鲁学英为安吉县人民法院行政审判庭庭长

邱军为安吉县人民法院刑事审判庭副庭长

林彩娣为安吉县人民法院民事审判庭副庭长

胡阿来为安吉县人民法院执行庭副庭长

朱品荣为安吉县人民法院递铺人民法庭副庭长

叶培昌为安吉县人民法院杭垓人民法庭庭长

胡庭良为安吉县人民法院白水湾人民法庭庭长

1989 年 7 月 26 日第十五次会议上

决定免去：

杨珠琪安吉县人民法院审判员职务

1989 年 9 月 28 日第十六次会议上

决定任命：

朱群、杨建军、邹建宏、卢成富为安吉县人民法院审判员

第十届人大常委会任免的县人民法院工作人员

1990 年 6 月 15 日第三次会议上

决定免去：

杨绍富安吉县人民法院梅溪人民法庭副庭长、审判员职务

1990 年 8 月 23 日第三次会议上

决定免去：

朱为水安吉县人民法院审判委员会委员、刑事审判庭庭长、审判员职务

徐礼华安吉县人民法院民事审判庭庭长职务

决定任命：

徐礼华为安吉县人民法院副院长

邱军为安吉县人民法院刑事审判庭庭长、审判委员会委员

1990 年 10 月 31 日第四次会议上

决定任命：

万兆生为安吉县人民法院经济审判庭庭长

施吉安为安吉县人民法院告诉申诉庭副庭长

邹建宏为安吉县人民法院民事审判庭副庭长

刘意春为安吉县人民法院递铺人民法庭副庭长

决定免去：

胡庭良安吉县人民法院白水湾人民法庭庭长职务

1991 年 7 月 27 日第九次会议上

决定任命：

朱品荣为安吉县人民法院行政审判庭副庭长

胡庭良为安吉县人民法院刑事审判庭副庭长

王美蓉为安吉县人民法院审判员

决定免去：

鲁学英安吉县人民法院行政审判庭庭长职务

朱品荣安吉县人民法院递铺人民法庭副庭长职务

杨建军安吉县人民法院审判员职务

第十一届人大常委会任免的县人民法院工作人员

1993 年 5 月 7 日第二次会议上

决定免去：

丁强安吉县人民法院副院长、审判委员会委员、审判员职务

1993 年 7 月 14 日第三次会议上

决定免去：

朱群安吉县人民法院刑事审判庭副庭长职务

决定任命：

朱群为安吉县人民法院民事审判庭副庭长、审判委员会委员

胡庭良为安吉县人民法院执行庭庭长

胡忠诚、李德宝、施奇、顾少白、杨卫星为安吉县人民法院审判员

1996 年 5 月 10 日第二十四次会议上

决定免去：

邱军安吉县人民法院副院长、审判委员会委员职务

1997 年 4 月 25 日第三十二次会议上

决定任命：

李德宝为安吉县人民法院审判委员会委员、副院长

1997 年 11 月 10 日第三十八次会议上

决定任命：

陆根发为安吉县人民法院副院长

决定接受：

吴向明辞去安吉县人民法院院长职务

决定：

陆根发为安吉县人民法院代理院长

第十二届人大常委会任免的县人民法院工作人员

1998 年 4 月 30 日第二次会议上

决定免去：

徐礼华安吉县人民法院副院长、审判委员会委员、审判员职务

决定任命：

鲍亚红为安吉县人民法院审判员、审判委员会委员、副院长

1998 年 6 月 24 日第三次会议上

决定免去：

陈鹤明安吉县人民法院经济审判庭副庭长职务

决定任命：

陈鹤明为安吉县人民法院行政审判庭庭长

1998 年 11 月 4 日第六次会议上

决定任命：

王国明、戴伟民、来燮元、张汉文、周卫良为安吉县人民法院审判员

决定免去：

孙庆祥安吉县人民法院审判员职务

2000 年 6 月 28 日第十九次会议上

决定任命：

林智炳、邱军、刘意春、许政平为安吉县人民法院审判委员会委员

决定免去：

张祖玉、鲁学英安吉县人民法院审判委员会委员职务

施吉安安吉县人民法院审判员职务

2000年9月28日第二十二次会议上

决定任命：

许政平为安吉县人民法院民事审判庭庭长

胡庭良为安吉县人民法院审判监督庭庭长

方雨亭为安吉县人民法院立案庭副庭长

决定免去：

胡庭良安吉县人民法院告诉申诉庭庭长职务

陈鹤明安吉县人民法院递铺人民法庭庭长职务

方雨亭安吉县人民法院递铺人民法庭副庭长职务

王国明安吉县人民法院梅溪人民法庭副庭长职务

2001年2月14日第二十五次会议上

决定任命：

王峰为安吉县人民法院审判员

2001年5月10日第二十七次会议上

决定免去：

程北方安吉县人民法院杭垓人民法庭庭长职务

胡庭良安吉县人民法院审判监督庭庭长职务

李根苗安吉县人民法院立案庭庭长职务

王孝林安吉县人民法院执行庭副庭长职务

胡忠诚安吉县人民法院民事审判庭副庭长职务

决定任命：

陈鹤明为安吉县人民法院审判监督庭庭长

胡忠诚为安吉县人民法院立案庭副庭长

沈解鸣为安吉县人民法院执行庭副庭长

王文德为安吉县人民法院审判员、执行庭副庭长

阮雁冰为安吉县人民法院民事审判庭副庭长

来燮元为安吉县人民法院梅溪人民法庭副庭长

张汉文为安吉县人民法院杭垓人民法庭副庭长

2001年7月17日第二十八次会议上

决定任命：

何勇强、毛自友为安吉县人民法院审判员

决定免去：

施琦安吉县人民法院审判员职务

2001 年 10 月 18 日第三十一次会议上

决定免去：

叶培昌、胡阿来安吉县人民法院审判员职务

2001 年 11 月 23 日第三十二次会议上

决定任命：

章军平为安吉县人民法院良朋人民法庭副庭长

2002 年 8 月 29 日第三十七次会议上

决定免去：

邱军安吉县人民法院刑事审判第一庭庭长职务

许政平安吉县人民法院民事审判庭庭长职务

刘意春安吉县人民法院经济审判庭庭长职务

胡亮安吉县人民法院刑事审判第二庭副庭长职务

阮雁冰安吉县人民法院民事审判庭副庭长职务

杨卫星安吉县人民法院经济审判庭副庭长职务

林智炳安吉县人民法院行政审判庭副庭长职务

胡忠诚安吉县人民法院立案庭副庭长职务

章军平安吉县人民法院良朋人民法庭副庭长职务

决定任命：

林智炳为安吉县人民法院执行局局长

邱军为安吉县人民法院刑事审判庭庭长

许政平为安吉县人民法院民事审判第一庭庭长

刘意春为安吉县人民法院民事审判第二庭庭长

胡忠诚为安吉县人民法院立案庭庭长

章军平为安吉县人民法院良朋人民法庭庭长

陈永祥为安吉县人民法院执行局副局长

阮雁冰为安吉县人民法院民事审判第二庭副庭长

杨卫星为安吉县人民法院民事审判第二庭副庭长

何勇强为安吉县人民法院立案庭副庭长

章爱民、王旦辉、陶世文、俞一农为安吉县人民法院审判员

2002 年 12 月 11 日第四十次会议上

决定任命：

张建乐为安吉县人民法院审判委员会委员、副院长

决定接受：

陆根发辞去安吉县人民法院院长职务

决定：

张建乐为安吉县人民法院代理院长

第十三届人大常委会任免的县人民法院工作人员

2003 年 4 月 23 日第二次会议上

决定任命：

李德宝、鲍亚红为安吉县人民法院副院长

2004 年 1 月 8 日第九次会议上

决定免去：

顾少白安吉县人民法院孝丰人民法庭庭长职务

胡忠诚安吉县人民法院立案庭庭长职务

胡亮安吉县人民法院刑事审判庭副庭长职务

张汉文安吉县人民法院杭垓人民法庭副庭长职务

来燮元安吉县人民法院梅溪人民法庭副庭长职务

阮雁冰安吉县人民法院民事审判第一庭副庭长职务

何勇强安吉县人民法院立案庭副庭长职务

陈永祥安吉县人民法院执行庭庭长职务

邱军安吉县人民法院刑事审判庭庭长职务

刘意春安吉县人民法院审判委员会委员、民事审判第二庭庭长职务

许政平安吉县人民法院审判委员会委员、民事审判第一庭庭长职务

徐季平安吉县人民法院行政审判庭庭长职务

沈解鸣安吉县人民法院执行庭副庭长职务

决定任命：

顾少白为安吉县人民法院执行庭庭长

胡忠诚为安吉县人民法院孝丰人民法庭庭长

胡亮为安吉县人民法院刑事审判庭庭长

张汉文为安吉县人民法院民事审判第一庭庭长

来燮元为安吉县人民法院民事审判第二庭庭长

程北方为安吉县人民法院行政审判庭副庭长

阮雁冰为安吉县人民法院孝丰人民法庭副庭长

陈永祥为安吉县人民法院立案庭副庭长

方雨亭为安吉县人民法院民事审判第一庭副庭长

章爱民为安吉县人民法院刑事审判庭副庭长
陶世文为安吉县人民法院执行庭副庭长

2004 年 12 月 17 日第十六次会议上

决定免去：
李德宝安吉县人民法院副院长、审判委员会委员职务
决定任命：
王国明为安吉县人民法院副院长
顾少白为安吉县人民法院审判委员会委员、副院长

第十四届人大常委会任免的县人民法院工作人员

2007 年 5 月 30 日第三次会议上

决定任命：
张汉文为安吉县人民法院审判委员会委员
冯萍为安吉县人民法院刑事审判庭副庭长
毛剑卫为安吉县人民法院孝丰人民法庭副庭长
孟黎明为安吉县人民法院梅溪人民法庭副庭长

2008 年 9 月 26 日第十三次会议上

决定免去：
邱军安吉县人民法院审判委员会委员职务
决定任命：
王峰、胡亮、来燮元、戴伟民为安吉县人民法院审判委员会委员
赵歆、彭瑞森为安吉县人民法院审判员

2009 年 5 月 27 日第十八次会议上

决定接受：
张建乐辞去安吉县人民法院院长职务
决定免去：
朱中贵安吉县人民法院审判员职务
决定任命：
王怡为安吉县人民法院审判委员会委员、副院长
决定：
王怡为安吉县人民法院代理院长

2009 年 7 月 28 日第十九次会议上

决定免去：

张汉文安吉县人民法院民事审判第一庭庭长职务

2010 年 11 月 26 日第二十八次会议上

决定免去：

王国明安吉县人民法院副院长、审判委员会委员、审判员职务

杨卫星安吉县人民法院民事审判第二庭副庭长职务

胡庭良、李根苗安吉县人民法院审判员职务

决定任命：

高峰为安吉县人民法院审判员

2011 年 2 月 14 日第三十一次会议上

决定任命：

王峰为安吉县人民法院副院长

第十五届人大常委会任免的县人民法院工作人员

2012 年 3 月 26 日第一次会议上

决定免去：

鲍亚红安吉县人民法院副院长、审判委员会委员职务

2012 年 5 月 29 日第二次会议上

决定免去：

王峰安吉县人民法院副院长、审判委员会委员职务

决定任命：

王旦晖为安吉县人民法院审判委员会委员、副院长

张汉文为安吉县人民法院副院长

孙红波、王文武、刘方、陈浩、张丹为安吉县人民法院审判员

2012 年 11 月 27 日第六次会议上

决定免去：

程北方安吉县人民法院良朋法庭庭长职务

何勇强安吉县人民法院梅溪法庭庭长职务

胡忠诚安吉县人民法院孝丰法庭庭长职务

韩丰安吉县人民法院执行庭庭长职务

孟黎明安吉县人民法院民事审判第一庭庭长职务

戴伟民安吉县人民法院行政审判庭庭长职务

章爱民安吉县人民法院审判监督庭庭长职务

毛剑卫安吉县人民法院执行庭副庭长职务
陶世文安吉县人民法院立案庭庭长职务
彭瑞森安吉县人民法院民事审判第二庭副庭长职务
俞一农安吉县人民法院民事审判第二庭副庭长职务
高峰安吉县人民法院梅溪法庭副庭长职务
赵歆安吉县人民法院刑事审判庭副庭长职务
肖建平安吉县人民法院孝丰法庭副庭长职务
章一红安吉县人民法院民事审判第一庭副庭长职务
鲍高峻安吉县人民法院执行庭副庭长职务
王德法安吉县人民法院审判员职务

决定任命：

胡忠诚为安吉县人民法院审判委员会委员、审判监督庭庭长
毛剑卫为安吉县人民法院孝丰法庭庭长
陶世文为安吉县人民法院天子湖法庭庭长
彭瑞森为安吉县人民法院梅溪法庭庭长
戴伟民为安吉县人民法院民事审判第二庭庭长
章爱民为安吉县人民法院行政审判庭庭长
俞一农为安吉县人民法院递铺法庭副庭长
高峰为安吉县人民法院民事审判第一庭副庭长
赵歆为安吉县人民法院立案庭副庭长
肖建平为安吉县人民法院执行庭副庭长
章一红为安吉县人民法院刑事审判庭副庭长
鲍高峻为安吉县人民法院孝丰法庭副庭长

2013 年 3 月 22 日第九次会议上

决定免去：

吴佩珏安吉县人民法院审判员职务

决定任命：

金铭乐、汤珊珊、梁赟为安吉县人民法院审判员

2013 年 9 月 26 日第十三次会议上

决定任命：

陈静为安吉县人民法院副院长

2014 年 4 月 2 日第十七次会议上

决定免去：

胡忠诚安吉县人民法院审判监督庭庭长职务
戴伟民安吉县人民法院民事审判第二庭庭长职务
胡亮安吉县人民法院刑事审判庭庭长职务
方雨亭安吉县人民法院刑事审判庭副庭长职务
高峰安吉县人民法院民事审判第一庭副庭长职务
俞一农安吉县人民法院递铺法庭副庭长职务
赵歆安吉县人民法院立案庭副庭长职务
肖建平安吉县人民法院执行庭副庭长职务
马琴芳安吉县人民法院执行庭副庭长职务
鲍高峻安吉县人民法院孝丰法庭副庭长职务
毛效龙安吉县人民法院天子湖法庭副庭长职务

决定任命：

戴伟民为安吉县人民法院递铺法庭庭长
胡亮为安吉县人民法院审判监督庭庭长
赵歆为安吉县人民法院审判委员会委员、刑事审判庭庭长
高峰为安吉县人民法院审判委员会委员、民事审判第一庭庭长
俞一农为安吉县人民法院立案庭庭长
肖建平为安吉县人民法院民事审判第二庭庭长
鲍高峻为安吉县人民法院执行庭庭长
方雨亭为安吉县人民法院审判监督庭副庭长
马琴芳为安吉县人民法院金融审判庭副庭长
毛效龙为安吉县人民法院递铺法庭副庭长
王文武为安吉县人民法院民事审判第一庭副庭长
刘方为安吉县人民法院刑事审判庭副庭长
陈浩为安吉县人民法院立案庭副庭长
张丹为安吉县人民法院孝丰法庭副庭长
梁赟为安吉县人民法院民事审判第二庭副庭长
汤珊珊为安吉县人民法院天子湖法庭副庭长
冯涛为安吉县人民法院执行庭副庭长、审判员
李云兰为安吉县人民法院递铺法庭副庭长、审判员
孙发国为安吉县人民法院执行庭副庭长、审判员
卞子彦为安吉县人民法院梅溪法庭副庭长、审判员

2015 年 3 月 26 日第二十五次会议上

决定免去：

陈静安吉县人民法院副院长、审判委员会委员、审判员职务

余文尧安吉县人民法院民事审判第一庭副庭长职务
陈浩安吉县人民法院立案庭副庭长职务
张永生安吉县人民法院审判员职务
黄晓海安吉县人民法院审判员职务

决定任命：
王文德为安吉县人民法院审判委员会委员
何勇强为安吉县人民法院审判委员会委员
孙红波为安吉县人民法院审判委员会委员
余文尧为安吉县人民法院立案庭副庭长
陈浩为安吉县人民法院民事审判第一庭副庭长
王洪波为安吉县人民法院审判员
包静怡为安吉县人民法院审判员
程泰寅为安吉县人民法院审判员

2016 年 3 月 24 日第三十二次会议上

决定任命：
闵海峰为安吉县人民法院审判员、审判委员会委员、副院长

2016 年 12 月 2 日第三十八次会议上

决定任命：
沈芳君为安吉县人民法院审判员、审判委员会委员、副院长

决定接受：
王怡辞去安吉县人民法院院长、审判委员会委员、审判员职务

决定：
沈芳君为安吉县人民法院代理院长

第十六届人大常委会任免的县人民法院工作人员

2017 年 9 月 15 日第六次会议上

决定免去：
王文德安吉县人民法院审判委员会委员职务
毛剑卫安吉县人民法院孝丰法庭庭长职务
戴伟民安吉县人民法院递铺法庭庭长职务
彭瑞森安吉县人民法院梅溪法庭庭长职务
章爱民安吉县人民法院行政审判庭庭长职务
赵歆安吉县人民法院刑事审判庭庭长职务
高峰安吉县人民法院民事审判第一庭庭长职务

俞一农安吉县人民法院立案庭庭长职务
肖建平安吉县人民法院民事审判第二庭庭长职务
方雨亭安吉县人民法院审判监督庭副庭长职务
余文尧安吉县人民法院立案庭副庭长职务
马琴芳安吉县人民法院金融审判庭副庭长职务
章一红安吉县人民法院刑事审判庭副庭长职务
毛效龙安吉县人民法院递铺法庭副庭长职务
王文武安吉县人民法院民事审判第一庭副庭长职务
刘方安吉县人民法院刑事审判庭副庭长职务
陈浩安吉县人民法院民事审判第一庭副庭长职务
梁赟安吉县人民法院民事审判第二庭副庭长职务
汤珊珊安吉县人民法院天子湖法庭副庭长职务
冯涛安吉县人民法院执行庭副庭长职务
李云兰安吉县人民法院递铺法庭副庭长职务
刘意春安吉县人民法院审判员职务
王孝林安吉县人民法院审判员职务
邱军安吉县人民法院审判员职务

决定任命：

戴伟民为安吉县人民法院行政审判庭庭长
孙红波为安吉县人民法院递铺法庭庭长
高峰为安吉县人民法院孝丰法庭庭长
毛效龙为安吉县人民法院民事审判第一庭庭长
刘方为安吉县人民法院民事审判第二庭庭长
陈浩为安吉县人民法院刑事审判庭庭长
肖建平为安吉县人民法院破产审判庭庭长
梁赟为安吉县人民法院立案庭庭长
赵歆为安吉县人民法院审判监督庭庭长
马琴芳为安吉县人民法院环境资源审判庭庭长
李云兰为安吉县人民法院民事审判第二庭副庭长
冯涛为安吉县人民法院天子湖法庭副庭长
王洪波为安吉县人民法院递铺法庭副庭长
包静怡为安吉县人民法院执行庭副庭长
程泰寅为安吉县人民法院环境资源审判庭副庭长
黄银霞为安吉县人民法院民事审判第一庭副庭长

2018 年 1 月 9 日第八次会议上

决定任命：

孟黎明为安吉县人民法院副院长

卢洁、徐文祥、王磊、程思瑶、方勇为安吉县人民法院审判员

决定免去：

金铭乐安吉县人民法院审判员职务

闵海峰安吉县人民法院副院长、审判委员会委员、审判员职务

王旦晖安吉县人民法院副院长、审判委员会委员、审判员职务

2018 年 7 月 23 日第十三次会议上

决定免去：

陶世文安吉县人民法院天子湖人民法庭庭长职务

肖建平安吉县人民法院破产审判庭庭长职务

梁赟安吉县人民法院立案庭庭长职务

包静怡安吉县人民法院执行庭副庭长职务

毛剑卫、徐季平安吉县人民法院审判员职务

决定任命：

潘柏强为安吉县人民法院审判员、审判委员会委员、副院长

肖建平为安吉县人民法院梅溪人民法庭庭长

梁赟为安吉县人民法院天子湖人民法庭庭长

汤珊珊、彭瑞森、毛效龙、陈浩为安吉县人民法院审判委员会委员

卢洁为安吉县人民法院刑事审判庭副庭长

方勇为安吉县人民法院民事审判第一庭副庭长

徐文祥为安吉县人民法院梅溪人民法庭副庭长

程思瑶为安吉县人民法院执行庭副庭长

王磊为安吉县人民法院立案庭副庭长

包静怡为安吉县人民法院民事审判第二庭副庭长

2018 年 10 月 31 日第十五次会议上

决定任命：

王笑、潘晶晶、陈超磊、苏娈为安吉县人民法院审判员

决定免去：

沈解鸣安吉县人民法院审判员职务

2019年3月15日第二十次会议上

决定免去：

顾少白安吉县人民法院副院长、审判委员会委员职务

陈浩安吉县人民法院刑事审判庭庭长职务

毛效龙安吉县人民法院民事审判第一庭庭长职务

刘方安吉县人民法院民事审判第二庭庭长职务

方勇、黄银霞安吉县人民法院民事审判第一庭副庭长职务

包静怡安吉县人民法院民事审判第二庭副庭长职务

卞子彦安吉县人民法院梅溪人民法庭副庭长职务

冯涛安吉县人民法院天子湖人民法庭副庭长职务

程泰寅安吉县人民法院环境资源审判庭副庭长职务

王洪波安吉县人民法院递铺人民法庭副庭长职务

程思瑶安吉县人民法院执行庭副庭长职务

决定任命：

包静怡为安吉县人民法院立案庭庭长

刘方为安吉县人民法院刑事审判庭庭长

卞子彦为安吉县人民法院民事审判第一庭庭长

程思瑶为安吉县人民法院民事审判第二庭副庭长

黄银霞为安吉县人民法院立案庭副庭长

王洪波、潘晶晶为安吉县人民法院执行庭副庭长

冯涛为安吉县人民法院环境资源审判庭副庭长

王笑为安吉县人民法院递铺人民法庭副庭长

方勇为安吉县人民法院梅溪人民法庭副庭长

程泰寅为安吉县人民法院天子湖人民法庭副庭长

2019年5月31日第二十二次会议上

决定免去：

高峰安吉县人民法院审判委员会委员、孝丰人民法庭庭长、审判员职务

徐文祥安吉县人民法院梅溪人民法庭副庭长职务

孙发国安吉县人民法院执行庭副庭长职务

决定任命：

刘方为安吉县人民法院审判委员会委员

彭瑞森为安吉县人民法院民事审判二庭（破产审判庭）庭长

孙发国为安吉县人民法院民事审判四庭庭长

2019 年 8 月 30 日第二十四次会议上

决定任命：

孙红波为安吉县人民法院副院长

沈伟为安吉县人民法院审判员、审判委员会委员、副院长

决定免去：

潘柏强安吉县人民法院副院长、审判委员会委员、审判员职务

孙红波安吉县人民法院递铺法庭庭长职务

2019 年 11 月 21 日第二十七次会议上

决定免去：

包静怡安吉县人民法院立案庭庭长职务

孙发国安吉县人民法院民事审判四庭庭长职务

王笑安吉县人民法院递铺人民法庭副庭长职务

黄银霞安吉县人民法院立案庭副庭长职务

冯萍、陈鹤明、陈永祥、徐文祥安吉县人民法院审判员职务

决定任命：

王笑为安吉县人民法院民事审判四庭庭长

黄银霞为安吉县人民法院立案庭庭长

陈超磊为安吉县人民法院刑事审判庭副庭长

苏娈为安吉县人民法院民事审判一庭副庭长

彭莎为安吉县人民法院审判员、灵峰人民法庭副庭长

金辰蕾为安吉县人民法院审判员

四、县人民检察院工作人员任免名单

县人大常委会根据县人民检察院检察长提名，任免县人民检察院副检察长、检察委员会委员、检察员；在检察长缺位时，从副检察长中决定代理检察长。

第七届人大常委会任免的县人民检察院工作人员

1982 年 7 月 5 日第五次会议上

决定任命：

邹明旺为安吉县人民检察院副检察长、检察委员会委员

朱祥生、邬荣瑞、潘工武为安吉县人民检察院检察委员会委员、检察员

施其礼为安吉县人民检察院检察委员会委员

杨永义、刘泽法、朱寿福、孙定显、杨以泉、宋新海、汪锦林、吴双龙、程有贵

韩前义为安吉县人民检察院检察员

1982 年 9 月 23 日第六次会议上

决定任命：

成云生为安吉县人民检察院检察委员会委员、检察员

吴双龙为安吉县人民检察院检察委员会委员

金再铸、黄炳光、戴学勤为安吉县人民检察院检察员

第八届人大常委会任免的县人民检察院工作人员

1984 年 12 月 14 日第三次会议上

决定任命：

韩永泉为安吉县人民检察院检察委员会委员、副检察长

倪福堂、程根根、刘有祥为安吉县人民检察院检察员

1985 年 7 月 18 日第七次会议上

决定免去：

施其礼安吉县人民检察院检察委员会委员职务

吴双龙安吉县人民检察院检察委员会委员、检察员职务

刘泽法安吉县人民检察院检察员职务

决定任命：

夏贤发为安吉县人民检察院检察委员会委员、副检察长

1986 年 4 月 1 日第十二次会议上

决定任命：

高根法、项上华、叶本强、程建明为安吉县人民检察院检察员

1987 年 3 月 20 日第十八次会议上

决定任命：

沈卫琴、伍德应、方效良为安吉县人民检察院检察员

第九届人大常委会任免的县人民检察院工作人员

1988 年 5 月 20 日第七次会议上

决定免去：

成生云安吉县人民检察院检察委员会委员职务

决定任命：

孙定显为安吉县人民检察院检察委员会委员

1988 年 12 月 24 日第十一次会议上

决定免去：

潘工武安吉县人民检察院检察委员会委员、检察员职务

1989 年 11 月 18 日第十七次会议上

决定免去：

夏贤发安吉县人民检察院副检察长职务

第十届人大常委会任免的县人民检察院工作人员

1990 年 8 月 23 日第三次会议上

决定任命：

朱为水为安吉县人民检察院副检察长、检察委员会委员

沈卫琴为安吉县人民检察院检察委员会委员

马国栋、金晓年、章宝根、吴仕品为安吉县人民检察院检察员

决定免去：

朱祥生安吉县人民检察院检察委员会委员、检察员职务

成云生、金再铸安吉县人民检察院检察员职务

1990 年 12 月 29 日第五次会议上

决定任命：

叶安、卞敏华、张英柱为安吉县人民检察院检察员

1991 年 3 月 21 日第七次会议上

决定免去：

章宝根、倪福堂安吉县人民检察院检察员职务

1991 年 9 月 26 日第十次会议上

决定任命：

史建国为安吉县人民检察院检察员

决定免去：

朱寿福安吉县人民检察院检察员职务

第十一届人大常委会任免的县人民检察院工作人员

1993 年 7 月 14 日第三次会议上

决定免去：

郏荣瑞安吉县人民检察院检察委员会委员、检察员职务

1995 年 11 月 10 日第二十一次会议上

决定任命：

崔双根为安吉县检察院副检察长

1996 年 3 月 5 日第二十三次会议上

决定接受：

邹明旺辞去安吉县人民检察院检察长职务

决定：

崔双根为安吉县人民检察院代理检察长

1997 年 12 月 18 日第三十九次会议上

决定接受：

崔双根辞去安吉县人民检察院检察长职务

决定任命：

王余庆为安吉县人民检察院副检察长

决定：

王余庆为安吉县人民检察院代理检察长

第十二届人大常委会任免的县人民检察院工作人员

1998 年 4 月 30 日第二次会议上

决定免去：

韩永泉安吉县人民检察院副检察长、检察委员会委员、检察员职务

决定任命：

黄德明为安吉县人民检察院检察员、检察委员会委员、副检察长

1998 年 7 月 17 日第四次会议上

决定任命：

叶安为安吉县人民检察院检察委员会委员、副检察长

1998 年 11 月 4 日第六次会议上

决定任命：

朱月钢、黄法荣为安吉县人民检察院检察员

2000 年 6 月 28 日第十九次会议上

决定免去：

程根根安吉县人民检察院检察员职务

2001 年 5 月 10 日第二十七次会议上

决定任命：

朱月钢为安吉县人民检察院检察委员会委员

王捷、窦丰、叶昕、蒋正平为安吉县人民检察院检察员

决定免去：

黄光炳安吉县人民检察院检察委员会委员职务

金晓年、伍德应安吉县人民检察院检察员职务

2001 年 11 月 23 日第三十二次会议上

决定免去：

朱为水、黄德明安吉县人民检察院副检察长职务

决定任命：

吴志新、杨忠义为安吉县人民检察院检察委员会委员、副检察长

2002 年 4 月 30 日第三十五次会议上

决定任命：

章儒君、高永祥、王舜源为安吉县人民检察院检察委员会委员

2002 年 12 月 11 日第四十次会议上

决定任命：

沈亮为安吉县人民检察院检察委员会委员、副检察长

决定接受：

王余庆辞去安吉县人民检察院检察长职务

决定：

沈亮为安吉县人民检察院代理检察长

第十三届人大常委会任免的县人民检察院工作人员

2003 年 4 月 23 日第二次会议上

决定任命：

叶安、吴志新、杨忠义为安吉县人民检察院副检察长

2004 年 12 月 17 日第十六次会议上

决定免去：

杨忠义安吉县人民检察院副检察长、检察委员会委员职务

决定任命：

黄益春为安吉县人民检察院副检察长

2006 年 11 月 20 日第三十三次会议上

决定免去：

吴志新安吉县人民检察院副检察长、检察委员会委员、检察员职务

决定任命：

王武良为安吉县人民检察院检察员、检察委员会委员、副检察长

决定接受：

沈亮辞去安吉县人民检察院检察长职务

决定：

王武良为安吉县人民检察院代理检察长

第十四届人大常委会任免的县人民检察院工作人员

2007 年 5 月 30 日第三次会议上

决定任命：

王捷为安吉县人民检察院副检察长

蒋正平为安吉县人民检察院检察委员会委员

决定免去：

程建明安吉县人民检察院检察委员会委员职务

2009 年 7 月 28 日第十九次会议上

决定免去：

黄德明、张英柱安吉县人民检察院检察员职务

2009 年 11 月 27 日第二十一次会议上

决定任命：

陈昌松、钱建美、李国芳为安吉县人民检察院检察员

2010 年 11 月 26 日第二十八次会议上

决定免去：

黄益春安吉县人民检察院副检察长、检察委员会委员、检察员职务

2011 年 2 月 14 日第三十一次会议上

决定任命：

蒋正平为安吉县人民检察院副检察长

2011年10月20日第三十六次会议上

决定任命：

董秀忠为安吉县人民检察院检察委员会委员

2011年11月30日第三十七次会议上

决定任命：

周晓杨为安吉县人民检察院检察员、检察委员会委员、副检察长

决定接受：

王武良辞去安吉县人民检察院检察长职务

决定：

周晓杨为安吉县人民检察院代理检察长

第十五届人大常委会任免的县人民检察院工作人员

2012年3月26日第一次会议上

决定免去：

叶安安吉县人民检察院副检察长、检察委员会委员职务

2012年5月29日第二次会议于上

决定任命：

陈昌松为安吉县人民检察院检察委员会委员、副检察长

2012年8月17日第四次会议上

决定任命：

宋丽燕、沈燕、汪波为安吉县人民检察院检察员

2013年3月22日第九次会议上

决定任命：

吴佩珏为安吉县人民检察院检察员

2013年5月28日第十一次会议上

决定免去：

窦丰安吉县人民检察院检察委员会委员、检察员职务

2014年11月20日第二十二次会议上

决定任命：

沈赟为安吉县人民检察院检察员

2015 年 3 月 26 日第二十五次会议上

决定任命：

李静波为安吉县人民检察院检察委员会委员

高永祥为安吉县人民检察院检察委员会委员

李国芳为安吉县人民检察院检察委员会委员

宋丽燕为安吉县人民检察院检察委员会委员

2015 年 7 月 23 日第二十七次会议上

决定免去：

朱月刚安吉县人民检察院检察委员会委员职务

2016 年 12 月 2 日第三十八次会议上

决定免去：

王伟民安吉县人民检察院检察委员会委员职务

梁宝富、沈赟安吉县人民检察院检察员职务

决定任命：

陈章为安吉县人民检察院检察员、检察委员会委员、副检察长

决定接受：

周晓杨辞去安吉县人民检察院检察长、检察委员会委员、检察员职务

决定：

陈章为安吉县人民检察院代理检察长

第十六届人大常委会任免的县人民检察院工作人员

2017 年 11 月 23 日第七次会议上

决定任命：

张若一、王永功为安吉县人民检察院检察员

2018 年 3 月 23 日第十次会议上

决定任命：

喻琳、张冰妍为安吉县人民检察院检察委员会委员

2018 年 10 月 31 日第十五次会议上

决定任命：

汪莹为安吉县人民检察院检察员

2019 年 5 月 10 日第二十一次会议上

决定免去：

金须丰安吉县人民检察院检察员职务

2019 年 5 月 31 日第二十二次会议上

免去：

金旭岭、刘伟栋、王舜源安吉县人民检察院检察员职务

2019 年 10 月 29 日第二十六次会议上

决定免去：

申江、汪莹安吉县人民检察院检察员职务

2019 年 11 月 21 日第二十七次会议上

决定任命：

马兰、李琳为安吉县人民检察院检察员

五、县监察委员会工作人员任免

县监察委员会由主任、副主任若干人，委员若干人组成。其中，监察委员会主任由纪委书记兼任，副主任均由纪委副书记兼任，委员主要由纪委常委兼任。县监察委员会主任由县人民代表大会选举产生；监察委员会副主任、委员，由监察委员会主任提请县人民代表大会常务委员会任免。

第十六届人大常委会任免县监察委员会工作人员

2017 年 2 月 18 日第一次会议上

决定任命：

王昌慧、余再鸣为安吉县监察委员会副主任

张永玲、郭兆东、邢立东为安吉县监察委员会委员

2018 年 3 月 23 日第十次会议上

决定任命：

姚斌、刘伟栋为安吉县监察委员会委员

决定免去：

张永玲安吉县监察委员会委员职务

2019 年 1 月 12 日第十八次会议上

决定接受：

杨新初辞去安吉县监察委员会主任职务

2019 年 3 月 15 日第二十次会议上

决定任命：

柏建华为安吉县监察委员会副主任

决定：

柏建华为安吉县监察委员会代理主任

2019 年 12 月 24 日第二十八次会议上

决定免去：

姚斌安吉县监察委员会委员职务

第三节　参与国家和省市地方立法

县人大常委会的立法参与，是根据全国人大法工委和省市人大立法部门对其所制定或修订的法律法规征求意见的要求，县人大常委会组织有关部门专家和熟悉情况的人大代表对法律法规草案进行研究讨论，将修改意见整理上报，供国家和地方立法参考。自 1981 年县人大常委会建立至 2019 年 12 月，共讨论 330 余部法律法规草案。

县七届人大常委会(1981.7—1984.8)完成对《中华人民共和国宪法修改草案》《中华人民共和国民事诉讼法》和《浙江省城乡建设用地管理办法(征求意见稿)》的征求意见工作，并及时汇总上报修改建议。

县八届人大常委会(1984.8—1987.5)先后完成全国人大常委会和省人大常委会交付讨论的《中华人民共和国土地管理法》《中华人民共和国地方各级人民代表大会和地方各级人民政府组织法》《中华人民共和国全国人民代表大会和地方各级人民代表大会选举法》《浙江省农村村民委员会暂行条例》《浙江省计划生育条例》《浙江省淡水渔业生产和资源保护暂行规定》《关于保护农村专业户合法权益的决定》等 13 部法律法规的征求意见工作，并及时汇总上报修改意见。

县九届人大常委会(1987.5—1990.4)完成全国人大、省人大交付的《工业企业法》《行政诉讼法》《浙江省保护老年人合法权益的若干规定》《浙江省劳动保护条例》《浙江省中外合资经营企业劳动人事管理条例》等 24 部法律法规的征求意见工作，并及时汇总上报修改意见。

县十届人大常委会(1990.4—1993.3)完成全国人大、省人大交付的《实施〈中华人民共和国残疾人保护法〉办法》《实施〈中华人民共和国归侨侨眷权益保护法〉办法》《中等职业技术教育条例(草案)》《禁止赌博条例》《军事设施保护法实施办法(草案)》等 22 部法律法规草案的征求意见工作，并及时汇总上报修改意见。

县十一届人大常委会(1993.3—1998.3)完成省人大交付的《浙江省查禁卖淫嫖娼活动的规定(草案)》《浙江省森林管理条例(草案)》《浙江省土地管理实施办法(草案)》《浙江省房地

产开发管理条例(草案)》《浙江省乡镇人大主席团组织条例(草案)》等50部地方性法规的征求意见工作,并及时汇总上报修改意见。

县十二届人大常委会(1998.3—2003.3)完成省人大交付的《实施〈中华人民共和国消防法〉办法》《浙江省旅游管理条例》《浙江省取缔无照经营条例》《实施〈中华人民共和国村民委员会组织法〉办法》《实施〈中华人民共和国消费者权益保护法〉办法》等30余部地方性法律法规草案的征求意见工作,并及时汇总上报修改意见。

县十三届人大常委会(2003.3—2007.1)完成省人大交付的《浙江省村民委员会选举法》《浙江省文物保护条例》《浙江省物业管理条例》《浙江省宗教事务管理条例》等8部地方性法律法规草案的征求意见工作,并及时汇总上报修改意见。

县十四届人大常委会(2007.1—2012.2)完成省人大交付的《浙江省村经济合作社条例》《浙江省森林消防条例》《浙江省全民健身条例》《浙江省爱国卫生条例》《浙江省义务教育条例》等70余部地方性法律法规征求意见工作,并及时汇总上报修改意见。

县十五届人大常委会(2012.2—2017.2)参与省人大关于"查找不适应全面深化改革要求的法律法规条文"主题活动,共收集汇总涉及86部法律法规126条修改意见,及时提交省人大作立法参考,推动相关法律法规的立、改、废工作。完成省人大交付的13部法律法规草案征求意见工作,并及时汇总上报修改意见。

县十六届人大常委会(2017.2—2019.12)完成全国人大、省人大、市人大交付的《中华人民共和国农民专业合作社法(修订草案)》《浙江省小型无人驾驶航空器安全管理条例(草案)》《湖州市禁止销售燃放烟花爆竹规定》《湖州市乡村旅游促进条例(草案)》《湖州市大气污染防治规定(草案)》等9部法律法规的征求意见工作,并及时汇总上报修改意见。

第四章　依法监督

安吉县人大常委会在县人民代表大会闭会期间，通过听取和审议县人民政府、县人民法院和县人民检察院工作报告，开展执法检查，组织视察调查和评议，督办人大代表、人民群众来信来访，督办民生实事工程，组织个案监督，设立代表监督窗等形式，对“一府两院”的行政工作、司法工作进行监督。

第一节　听取和审议报告

听取和审议“一府两院”工作报告，是县人大常委会开展监督工作的重要形式。根据报告和会议议程安排，县人大常委会对“一府两院”提交的工作报告采取“听取和审议”和“听取”两种形式进行监督。听取和审议的工作报告分综合性工作报告和专题性工作报告，综合性工作报告主要为“一府两院”半年度工作报告和年度提交县人大常委会审查的工作报告，专题性工作报告为“一府两院”有关专题工作报告。

县人大常委会听取、审议“一府两院”工作报告按计划有步骤地进行。一是根据年度工作计划，拟定提交县人大常委会听取、审议的“一府两院”工作报告，经主任会议研究后，于县人大常委会召开会议前30天通知“一府两院”做好相关准备；作报告的机关在县人大常委会会议召开前10天提供书面材料，由县人大常委会办公室分发给县人大常委会组成人员。二是在县人大常委会召开会议前，根据主任会议决定，组织有关调查组对会议要听取、审议的报告进行调查研究，采取听取汇报、实地考察、个别走访、调阅案件等形式，深入基层，深入实际，掌握材料，为审议报告作准备。三是召开县人大常委会会议，听取“一府两院”工作报告，听取调研组的调研报告，县人大常委会组成人员发表审议意见，肯定成绩，指出问题，提出建议。四是由人大常委会办公室或相关工委汇总，整理成县人大常委会的审议意见，提交县人大常委会组成人员通过后，形成书面审议意见，交“一府两院”办理。相关部门在20天内将办理意见情况书面报告县人大常委会。县人大常委会认为必要的时候，对书面报告作出决议或决定，决议或决定由主任会议提请县人大常委会会议审议通过。

县人大常委会会议听取和审议的“一府两院”工作报告一览表

表3—4—1

序号	会次	时间	报告部门	报告内容	审议结果
1	七届一次	1981.7	县政府	关于我县对有关法律执行情况的报告	

续表 3—4—1

序号	会次	时间	报告部门	报告内容	审议结果
2	七届一次	1981.7	县司法局	关于我县对有关法律执行情况的报告	
3	七届四次	1982.3	县政府	关于1981年国民经济计划执行情况和1982年经济社会发展计划安排的报告	
4	七届四次	1982.3	县政府	关于县七届人大一次会议议案办理情况的汇报	
5	七届五次	1982.7	县政府	关于贯彻执行国务院〔1982〕82号文件情况的汇报	
6	七届六次	1982.9	县政府	关于对《安吉县城镇建设征用土地和拆迁房屋规定(试行)》执行情况的汇报	
7	七届六次	1982.9	县检察院	关于我县打击经济领域严重犯罪活动情况的报告	
8	七届七次	1983.1	县司法局	关于全县法制宣传教育情况和普及法律常识规划	
9	七届十次	1983.5	县公安局	关于我县社会治安情况的汇报	作出决议
10	七届十次	1983.5	县交通局	关于交通方面议案处理和交通安全管理情况的汇报	
11	七届十次	1983.5	递铺镇政府	关于递铺镇环境卫生和饮食卫生管理情况的汇报	
12	七届十次	1983.5	县卫生局	关于1983年我县卫生事业经费计划安排情况的汇报	
13	七届十四次	1984.3	县人事局	关于我县政社分设情况的汇报	
14	七届十四次	1984.3	县公安局	关于我县打击严重刑事犯罪活动情况的汇报	
15	七届十六次	1984.7	县财税局	关于我县1983年财政决算和1984年财政预算(草案)安排的报告	
16	八届二次	1984.10	县司法局	关于我县法制宣传教育情况的汇报	
17	八届二次	1984.10	县政府	关于对县八届人大一次会议代表议案和意见办理情况的汇报	
18	八届二次	1984.10	县民政局	关于全县生产救灾情况的汇报	
19	八届二次	1984.10	县司法局	关于法制宣传工作情况和今后工作打算的汇报	
20	八届三次	1984.12	县林业局	关于《森林法(试行)》的贯彻情况和《森林法》贯彻实施的意见	

续表 3－4－1

序号	会次	时间	报告部门	报告内容	审议结果
21	八届三次	1984.12	县财税局	关于全县 1—10 月份财政预算执行情况和第二步利改税贯彻落实的情况汇报	
22	八届三次	1984.12	县公安局	关于我县社会治安和去冬今春公安工作的安排的汇报	
23	八届四次	1985.2	县政府	安吉县递铺镇总体规划	
24	八届五次	1985.4	县乡镇企业局	关于乡村企业发展情况的汇报	
25	八届五次	1985.4	县计划生育委员会	关于《浙江省计划生育条例》贯彻执行情况的汇报	
26	八届五次	1985.4	县财政局	关于 1985 年财政收支安排情况的汇报	
27	八届五次	1985.4	县政府	安吉县八届人大一次会议议案、意见办理结果的汇报	作出决议
28	八届七次	1985.7	县司法局	关于我县法制宣传教育和普及法律常识的意见汇报	作出决议
29	八届七次	1985.7	县教育局	关于贯彻实施《浙江省九年制义务教育条例》贯彻情况和意见的汇报	作出决议
30	八届八次	1985.9	县人民检察院	关于 1984 年 12 月 5 日在昆铜乡管城村发生非法拘禁案的侦查终结报告和我县检察监督方面情况的汇报	
31	八届八次	1985.9	县法院	关于我县今年一月以来经济犯罪审判工作情况的汇报	
32	八届八次	1985.9	县卫生局	关于我县药品管理和清查、处理假药情况的汇报	
33	八届八次	1985.9	县政府	关于对县八届人大二次会议代表议案、意见办理情况的汇报	
34	八届八次	1985.9	县财税局	关于我县 1985 年财政预算收支情况和意见的汇报	
35	八届九次	1985.10	县物价局	关于我县物价管理情况的汇报	作出决议
36	八届十次	1985.12	县政府	关于我县今年经济体制改革情况的汇报	
37	八届十次	1985.12	县工商局	关于贯彻国务院清理和整顿公司情况的汇报	
38	八届十次	1985.12	县政府	关于推广节柴灶情况的汇报	作出决议
39	八届十次	1985.12	县审计局	关于我县审计工作情况的汇报	

续表 3-4-1

序号	会次	时间	报告部门	报告内容	审议结果
40	八届十一次	1986.2	县政府	关于1986年国民经济和社会发展计划安排情况的汇报	
41	八届十一次	1986.2	县农业局	关于贯彻执行土地管理法规情况的汇报	
42	八届十二次	1986.3	县政府	关于县八届人大二次会议代表议案、意见和建议办理情况的汇报	
43	八届十三次	1986.5	县检察院	关于打击经济领域犯罪活动情况的汇报	
44	八届十三次	1986.5	县农业局	强化农业基础思想，搞好为农业服务工作情况的汇报	
45	八届十三次	1986.5	县水利农机局	强化农业基础思想，搞好为农业服务工作情况的汇报	
46	八届十三次	1986.5	县司法局	关于开展普法教育情况的汇报	
47	八届十四次	1986.7	县政府	1986年上半年贯彻中共中央关于"巩固、消化、补充、改善"八字方针情况的汇报	
48	八届十五次	1986.9	县公安局	关于《中华人民共和国治安管理处罚条例》贯彻实施情况的汇报	作出决议
49	八届十五次	1986.9	县政府	关于1986年财政预算情况的汇报	
50	八届十五次	1986.9	县政府	关于县委八届人大三次会议代表议案、意见办理情况的汇报	
51	八届十五次	1986.9	县政府	关于城镇建设(重点递铺镇规划)实施情况的汇报	
52	八届十六次	1986.11	县乡镇企业局	关于乡镇企业情况的汇报	
53	八届十六次	1986.11	县政府	关于县八届人大三次会议代表议案、意见办理情况的汇报	
54	八届十七次	1987.1	县政府	关于1986年工作情况的汇报	
55	八届十八次	1987.3	县政府	关于《1987年国民经济和社会发展计划安排》情况的汇报	
56	八届十九次	1987.5	县政府	关于1986年财政决算和1987年财政预算情况的汇报	
57	九届二次	1987.8	县政府	关于农业生产情况的汇报	
58	九届二次	1987.8	县物价局	关于物价工作情况的汇报	
59	九届三次	1987.10	县政府	关于执法检查情况的汇报	
60	九届三次	1987.10	县检察院	执法检查情况的汇报	

续表 3－4－1

序号	会次	时间	报告部门	报告内容	审议结果
61	九届三次	1987.10	县财税局	关于1987年财政预算执行情况和预算外资金管理情况的汇报	
62	九届四次	1987.12	县政府	关于1987年工作情况的汇报	
63	九届四次	1987.12	县政府	关于县九届人大一次代表大会议案、意见和建议办理情况的汇报	
64	九届五次	1988.2	县政府	关于认真抓紧查处执法检查中反映较大的几个问题	作出决议
65	九届五次	1988.2	县政府	关于普法教育情况的汇报	
66	九届五次	1988.2	县政府	关于1988年财政收支预算安排情况的报告	
67	九届六次	1988.3	县计划委员会	关于1988年国民经济和社会发展计划安排情况的汇报	
68	九届七次	1988.5	县政府	关于乡镇企业发展情况的汇报	
69	九届七次	1988.5	县科委	关于"星火计划"实施情况的汇报	
70	九届八次	1988.7	县计生委	关于计划生育情况的汇报	
71	九届八次	1988.7	县教育局	关于《中华人民共和国义务教育法》贯彻实施情况的汇报	
72	九届九次	1988.8	县政府	关于天荒坪抽水蓄能电站筹建情况的汇报	
73	九届十次	1988.10	县经委	关于全民、二轻企业贯彻《企业法》和深化改革情况的汇报	
74	九届十次	1988.10	县财税局	关于财政预算执行情况的汇报	
75	九届十次	1988.10	县公安局	关于当前社会治安情况的汇报	
76	九届十三次	1989.3	县政府	关于1988年财政决算和1989年财政预算安排情况的汇报	
77	九届十三次	1989.3	县计划委	关于1989年国民经济和社会发展计划安排情况的汇报	
78	九届十四次	1989.5	县水利农机局	关于贯彻《中华人民共和国水法》、河道和水利设施管理情况的汇报	
79	九届十四次	1989.5	县财贸办	关于支农物资专营情况的汇报	
80	九届十四次	1989.5	县人民银行	关于加强货币调控和支持工农业生产情况的汇报	
81	九届十四次	1989.5	县保险公司	关于社会保险事业情况的汇报	
82	九届十四次	1989.5	县教育局	关于实施《中华人民共和国义务教育法》情况的汇报	作出决议

续表 3—4—1

序号	会次	时间	报告部门	报告内容	审议结果
83	九届十五次	1989.7	县农业局	关于加强农业生产情况的汇报	
84	九届十五次	1989.7	县土管局	关于实施《中华人民共和国土地管理法》和查处非法占用土地情况的汇报	
85	九届十五次	1989.7	县检察院	关于打击经济领域犯罪、贪污受贿情况的汇报	
86	九届十五次	1989.7	县监察局	关于监察工作情况的汇报	
87	九届十六次	1989.9	县文广局	关于文化市场管理情况的汇报	作出决议
88	九届十六次	1989.9	县公安局	关于社会治安情况的汇报	
89	九届十六次	1989.9	县物价局	关于整顿不合理收费情况的汇报	
90	九届十七次	1989.9	县工业局	关于《全民工业企业法》贯彻实施情况的汇报	
91	九届十七次	1989.9	县城建局	关于《中华人民共和国环境保护法》贯彻实施情况的汇报	
92	九届十八次	1989.12	县政府	关于县九届人大三次会议议案办理情况的汇报	
93	九届十九次	1990.2	县政府	关于九件实事办理情况的汇报	
94	九届十九次	1990.2	县政府	关于财政计划执行安排情况的汇报	
95	九届二十次	1990.4	县政府	关于扫“六害”情况的汇报	
96	十届二次	1990.6	县政府	关于农业生产和科技兴农情况的汇报	
97	十届三次	1990.8	县政府	关于《中华人民共和国行政诉讼法》实施前准备工作情况的汇报	
98	十届三次	1990.8	县法院	关于《中华人民共和国行政诉讼法》实施前准备工作情况的汇报	
99	十届三次	1990.8	县计经委	关于“工业经济走出困境，抓速度，促效益”的措施落实情况的汇报	
100	十届四次	1990.10	县政府	关于1990年财政预算执行及清理小金库情况的汇报	
101	十届四次	1990.10	县检察院	关于严厉打击严重经济犯罪和反贪肃贿情况的汇报	
102	十届五次	1990.12	县政府	关于《森林法》贯彻实施情况的汇报	
103	十届五次	1990.12	县政府	关于医疗卫生改革、管理情况的汇报	

续表 3－4－1

序号	会次	时间	报告部门	报告内容	审议结果
104	十届五次	1990.12	县政府	关于县十届人大一次会议代表议案、意见和建议情况的汇报	
105	十届六次	1991.2	县政府	1990 年工作汇报	
106	十届七次	1991.3	县政府	关于发展外向型经济情况的汇报	
107	十届七次	1991.3	县政府	1991 年财政预算安排情况的汇报	
108	十届八次	1991.5	县政府	关于完善农村双层经营责任制，发展村级集体经济情况和粮食生产、科技兴农情况的汇报	
109	十届八次	1991.5	县供销社	关于供销工作与支农服务情况的汇报	
110	十届八次	1991.5	县司法局	关于“一五”普法执行情况和“二五”普法规划实施意见的报告	作出决议
111	十届九次	1991.7	县计经委	关于开展“质量、品种、效益年”活动情况的汇报	
112	十届九次	1991.7	县乡镇企业局	关于发展乡镇企业情况的汇报	
113	十届九次	1991.7	县教育局	关于贯彻实施九年制义务教育规划情况和提高教育质量情况的汇报	
114	十届十次	1991.9	县政府	关于 1991 年财政预算执行情况的汇报	
115	十届十次	1991.9	县政府	关于递铺镇城镇总体规划实施情况的汇报	
116	十届十次	1991.9	县政府	关于《浙江省计划生育条例》贯彻实施情况的汇报	
117	十届十次	1991.9	县政府	关于社会治安综合治理情况的汇报	
118	十届十一次	1991.11	县政府	关于 1991 年国民经济和社会发展计划执行情况的汇报	
119	十届十一次	1991.11	县政府	关于十二件实事落实情况的汇报	
120	十届十一次	1991.11	县政府	关于公路路政管理和建设情况的汇报	
121	十届十一次	1991.11	县政府	关于县十届人大二次会议代表议案办理情况的汇报	
122	十届十一次	1991.11	县政府	关于调整 1991 年财政预算支出情况的报告	
123	十届十二次	1992.1	县政府	关于依靠科技进步，促进经济建设情况的汇报	
124	十届十二次	1992.1	县政府	关于贯彻执行《水利法》和第二批电气化试点县进展情况的汇报	

续表 3－4－1

序号	会次	时间	报告部门	报告内容	审议结果
125	十届十四次	1992.3	县政府	关于社会治安和反盗窃斗争情况的汇报	
126	十届十四次	1992.3	县政府	关于1992年财政预算安排意见的报告	
127	十届十五次	1992.5	县政府	关于开发农业、科技兴农、提高农业整体效益情况的汇报	
128	十届十五次	1992.5	县政府	关于贯彻《村民委员会组织法》实施情况和换届选举情况的汇报	
129	十届十六次	1992.7	县政府	关于1992年上半年经济形势的汇报	
130	十届十六次	1992.7	县政府	《递铺镇城市建设总体规划》修订和《经济技术开发区规划》情况的汇报	
131	十届十六次	1992.7	县政府	关于"二五"普法实施情况的汇报	
132	十届十七次	1992.9	县政府	关于1992年度财政预算执行情况的汇报	
133	十届十七次	1992.9	县政府	关于引进外资、兴办三资企业、发展外向型经济情况的汇报	
134	十届十八次	1992.11	县政府	关于实施农村初级卫生保健和医疗卫生制度改革情况的汇报	
135	十届十八次	1992.11	县政府	关于县十届人大三次会议代表议案办理情况的汇报	
136	十届十九次	1993.1	县政府	关于1992年国民经济和社会发展计划执行情况和1993年国民经济和社会发展计划安排意见的汇报	
137	十届十九次	1993.1	县政府	关于1992年财政预算执行情况和1993年财政预算安排意见的汇报	
138	十届十九次	1993.1	县政府	关于要求调整1992年地方财政支出预算指标的议案	
139	十一届二次	1993.5	县文化局	关于文化市场执法情况和贯彻《中华人民共和国文物保护法》加强文物保护情况的汇报	
140	十一届三次	1993.7	县政府	关于发展"一优两高"农业和农业产业结构调整情况的汇报	
141	十一届三次	1993.7	县政府	关于贯彻落实《浙江省查处生产和销售假冒伪劣商品行为条例》和打假治劣情况的汇报	作出决议
142	十一届四次	1993.9	县政府	关于大力发展乡镇企业情况的汇报	
143	十一届四次	1993.9	县政府	关于个体私营经济发展情况的汇报	
144	十一届四次	1993.9	县政府	关于外向型经济发展情况的汇报	

续表 3－4－1

序号	会次	时间	报告部门	报告内容	审议结果
145	十一届五次	1993.11	县政府	关于贯彻中共中央“两个决定”精神，加强社会治安综合治理情况的汇报	
146	十一届五次	1993.11	县政府	关于贯彻党的教育方针，全面提高教育质量情况的汇报	
147	十一届五次	1993.11	县政府	关于贯彻实施《全民所有制工业企业转换经营机制条例》，落实企业自主权情况的汇报	
148	十一届六次	1993.12	县政府	关于1993年财政预算执行情况的汇报	
149	十一届六次	1993.12	县政府	关于县十一届人大一次会议代表议案、意见办理情况的汇报	
150	十一届八次	1994.3	县政府	关于1993年财政预算执行情况和1994年财政预算安排情况的汇报	
151	十一届八次	1994.3	县司法局	关于“二五”普法教育贯彻实施情况的报告	
152	十一届九次	1994.5	县农业局	加强农业基础，加快发展“优高”农业	
153	十一届九次	1994.5	县计经委	今年四个月全县工业经济运行概况的汇报	
154	十一届十次	1994.7	县公安局	正确把握治安局势，全力维护社会稳定	
155	十一届十次	1994.7	县工商局	关于今年上半年我县个体私营经济发展情况的汇报	
156	十一届十一次	1994.9	县政府	安吉县1994年度国民经济和社会发展计划执行情况的汇报	
157	十一届十一次	1994.9	县政府	关于税制改革和本年度财政预算执行情况的汇报	
158	十一届十一次	1994.9	县政府	关于县十一届人大二次会议代表议案、意见办理情况的汇报	
159	十一届十三次	1994.12	县教育局	以实际行动认真贯彻落实《中华人民共和国教师法》	
160	十一届十三次	1994.12	县科委	深入实施“科教兴县”战略，推动我县经济再上新台阶	
161	十一届十四次	1995.1	县政府	关于要求批准安吉县城（递铺）城市总体规划的议案及有关总体规划的具体说明	
162	十一届十五次	1995.3	县政府	关于1994年财政决算和1995年财政预算（草案）的汇报	
163	十一届十五次	1995.3	县卫生局	关于我县农村初级卫生保健工作的汇报	
164	十一届十六次	1995.5	县农业局	加强领导，统一思想，把农业放在经济工作首位	

续表 3－4－1

序号	会次	时间	报告部门	报告内容	审议结果
165	十一届十六次	1995.5	县土管局	关于我县划定基本农田保护区的工作情况汇报	
166	十一届十七次	1995.6	县计经委	关于1—5月份全县工业生产运行情况的汇报	
167	十一届十七次	1995.6	县政府	关于县十一届人大三次会议代表议案、意见办理情况的汇报	
168	十一届二十次	1995.9	县政府	关于我县社会治安综合治理情况的汇报	
169	十一届二十次	1995.9	县检察院	关于惩治贪污贿赂工作情况的汇报	
170	十一届二十次	1995.9	县计经委	关于1995年国民经济和社会发展情况的汇报	
171	十一届二十次	1995.9	县财政局	关于1995年1—8月财政预算执行情况、清理预算外资金和查处“小金库”情况的汇报	
172	十一届二十一次	1995.11	县工商局	关于我县个体私营经济发展情况的汇报	
173	十一届二十一次	1995.11	县劳动人事局	关于《劳动法》宣传贯彻执行情况的汇报	
174	十一届二十一次	1995.11	县政府	关于县十一届人大三次会议代表议案办理情况的汇报	
175	十一届二十二次	1996.1	县政府	关于国民经济和社会发展“九五”计划和2010年远景规划纲要(草案)的汇报	
176	十一届二十二次	1996.1	县政府	水利建设情况的汇报	
177	十一届二十三次	1996.3	县政府	关于1995年财政预算执行情况和1996年财政预算安排情况的汇报	
178	十一届二十三次	1996.3	县政府	关于安吉县与贵州省赤水市建立友好县市情况的汇报	
179	十一届二十四次	1996.5	县政府	关于建立健全农业投入机制，增加农业投入以及粮田适度规模经营，推行“双田制”情况的汇报	
180	十一届二十四次	1996.5	县政府	关于贯彻实施《浙江省基本农田保护条例》情况的汇报	
181	十一届二十四次	1996.5	县政府	关于1995年财政决算的汇报	

续表 3－4－1

序号	会次	时间	报告部门	报告内容	审议结果
182	十一届 二十四次	1996.5	县政府	关于同级财政审计和《审计法》贯彻执行情况的汇报	
183	十一届 二十五次	1996.7	县政府	关于加强管理，提高效益，努力搞好重点工业企业工作的汇报	
184	十一届 二十五次	1996.7	县政府	关于乡镇企业生产经营，转换机制情况的汇报	
185	十一届 二十五次	1996.7	县法院	关于经济案件审判和执行情况的汇报	
186	十一届 二十七次	1996.9	县政府	关于贯彻实施《森林法》，促进竹类资源培育管理，加快竹类资源开发利用情况的汇报	
187	十一届 二十七次	1996.9	县政府	关于我县“严打”斗争情况的汇报	
188	十一届 二十七次	1996.9	县政府	关于我县“二五”普法工作总结和“三五”普法工作安排的汇报	
189	十一届 二十七次	1996.9	县政府	关于 1996 年 1—7 月国民经济和社会发展计划执行情况的汇报	
190	十一届 二十七次	1996.9	县政府	关于 1996 年 1—8 月份财政预算执行情况的汇报	
191	十一届 二十七次	1996.9	县政府	关于县第十一届人民代表大会第四次会议代表议案、意见、建议办理情况的汇报	
192	十一届 二十八次	1996.11	县政府	安吉县 1996—2000 年依法治县规划（草案）	作出决议
193	十一届 二十八次	1996.11	县政府	关于 1996—2000 年依法治县规划（草案）的说明	
194	十一届 二十八次	1996.11	县政府	关于贯彻执行《中华人民共和国治安管理处罚条例》情况的汇报	
195	十一届 二十八次	1996.11	县政府	关于全县文明城镇创建工作情况的汇报	
196	十一届 二十九次	1997.1	县政府	关于《教育法》贯彻实施情况的汇报	
197	十一届 二十九次	1997.1	县政府	关于我县旅游资源开发情况的汇报	
198	十一届 三十次	1997.2	县政府	关于加强农村集体资产管理，发展壮大农村集体经济情况的汇报	

续表 3—4—1

序号	会次	时间	报告部门	报告内容	审议结果
199	十一届三十次	1997.2	县政府	关于安吉县现代农业园区试点建设情况的汇报	
200	十一届三十次	1997.2	县政府	关于良朋乡、章村乡改为建制镇的情况汇报	作出决定
201	十一届三十次	1997.2	县政府	关于1997年县财政预算安排情况的汇报	
202	十一届三十二次	1997.4	县政府	关于贯彻执行《审计法》情况的汇报和县本级1996年财政预算执行情况审计的工作报告	
203	十一届三十二次	1997.4	县政府	关于安吉县1996年财政决算的报告	
204	十一届三十二次	1997.4	县政府	关于我县绿色食品概况和开发前景的汇报	
205	十一届三十二次	1997.4	县政府	关于贯彻执行《浙江省计划生育条例》情况的汇报	
206	十一届三十三次	1997.6	县政府	关于企业经营机制转换，加强内部管理，提高经济效益情况的汇报	
207	十一届三十三次	1997.6	县政府	关于开放型经济发展情况的汇报	
208	十一届三十三次	1997.6	县政府	关于文化市场管理情况的汇报	
209	十一届三十五次	1997.8	县政府	关于依法强化水污染防治，切实保护好饮用水水源情况的汇报	作出决议
210	十一届三十五次	1997.8	县政府	关于县十一届人大五次会议代表议案、意见办理情况的汇报	
211	十一届三十七次	1997.10	县政府	关于依法治县工作情况的汇报	
212	十一届三十七次	1997.10	县政府	关于制定科教兴县战略“九五”实施纲要的说明	作出决议
213	十一届三十七次	1997.10	县政府	关于1997年1—9月国民经济和社会发展计划执行情况的汇报	
214	十一届三十七次	1997.10	县政府	关于1997年1—9月财政预算执行情况的汇报和关于我县预算外资金管理工作的情况汇报	
215	十一届三十九次	1997.12	县政府	关于我县贯彻执行《行政处罚法》情况的汇报	

续表 3－4－1

序号	会次	时间	报告部门	报告内容	审议结果
216	十一届三十九次	1997.12	县政府	关于我县“三五”普法宣传教育工作情况的汇报	
217	十一届四十次	1998.2	县政府	关于1997年财政预算执行情况和1998年财政预算安排意见的汇报	
218	十二届二次	1998.4	县政府	关于1997年全县粮食储存情况和农户家庭储粮情况的汇报	
219	十二届二次	1998.4	县政府	关于开展治理向企业乱收费乱罚款和各种摊派，减轻企业负担工作情况的汇报	
220	十二届二次	1998.4	县政府	关于安吉县1997年财政决算的报告	作出决议
221	十二届二次	1998.4	县政府	关于县本级1997年财政预算执行情况审计的工作报告	
222	十二届三次	1998.6	县政府	关于我县土地利用总体规划工作情况的汇报	
223	十二届三次	1998.6	县政府	关于我县乡镇区域规划编制工作情况的汇报	
224	十二届三次	1998.6	县政府	关于我县个体私营工业经济运行情况的汇报	
225	十二届三次	1998.6	县政府	关于我县技术监督行政执法情况的汇报	
226	十二届五次	1998.9	县政府	关于我县“三五”普法和依法治县情况的汇报	
227	十二届五次	1998.9	县法院	关于县人民法院1997年以来民事审判工作情况的汇报	
228	十二届五次	1998.9	县检察院	关于县人民检察院1996年以来法纪检察工作情况的汇报	
229	十二届五次	1998.9	县政府	关于县十二届人大一次会议代表议案、意见办理情况的汇报	
230	十二届五次	1998.9	县政府	关于我县“一竹三叶”资源开发情况的报告	
231	十二届五次	1998.9	县政府	关于1998年上半年国民经济和社会发展计划执行情况的汇报	
232	十二届五次	1998.9	县政府	关于1998年1—7月财政预算执行情况的汇报	
233	十二届五次	1998.9	县政府	关于1998年1—7月预算外资金管理情况的汇报	
234	十二届六次	1998.11	县政府	关于贯彻执行《科学技术进步法》情况的汇报	
235	十二届六次	1998.11	县政府	关于安吉县教育发展规划及优化教育资源结构情况的汇报	
236	十二届六次	1998.11	县政府	关于贯彻执行《浙江省广播电视管理条例》情况的汇报	

续表 3—4—1

序号	会次	时间	报告部门	报告内容	审议结果
237	十二届六次	1998.11	县政府	关于县十二届人大一次会议通过的《关于全面实行殡葬改革的决议》贯彻执行情况的汇报	
238	十二届六次	1998.11	县政府	关于贯彻执行《建筑法》情况的汇报	
239	十二届六次	1998.11	县政府	关于1998年八项重点工程建设情况的汇报	
240	十二届七次	1998.12	县政府	关于我县旅游业发展情况的汇报	
241	十二届七次	1998.12	县政府	关于我县企业产权制度改革工作情况的汇报	
242	十二届十次	1999.4	县政府	关于部分长期亏损、改革困难的国有、城镇集体企业生产经营管理及改制情况的汇报	
243	十二届十次	1999.4	县政府	关于《文物保护法》贯彻实施情况的汇报	
244	十二届十次	1999.4	县政府	关于安吉县1998年财政决算的汇报	作出决议
245	十二届十次	1999.4	县政府	关于县本级1999年财政预算执行情况的审计汇报	
246	十二届十一次	1999.5	县政府	关于新《土地管理法》学习宣传贯彻执行情况的汇报	
247	十二届十一次	1999.5	县政府	关于《水土保持法》贯彻执行情况的汇报	
248	十二届十二次	1999.7	县政府	关于《全县农业产业化经营发展规划》实施情况的汇报	
249	十二届十二次	1999.7	县政府	关于《浙江省计划生育条例》贯彻实施情况的汇报	
250	十二届十二次	1999.7	县政府	关于县十二届十二次会议代表议案、意见和建议办理情况的汇报	
251	十二届十三次	1999.9	县政府	关于安吉县1999年1—8月份国民经济和社会发展计划执行情况的汇报	
252	十二届十三次	1999.9	县政府	关于安吉县1999年1—8月份财政预算执行情况及预算外资金使用情况的汇报	
253	十二届十三次	1999.9	县政府	关于《税收征管法》贯彻执行情况的汇报	
254	十二届十三次	1999.9	县政府	关于实施“绿色工程”情况的汇报	
255	十二届十四次	1999.11	县政府	关于城镇建设和县城规划建设管理有关情况的汇报	
256	十二届十四次	1999.11	县政府	关于我县农村初级卫生保健工作情况的汇报	
257	十二届十四次	1999.11	县法院	关于县人大代表评议县人民法院司法工作整改情况的汇报	

续表 3—4—1

序号	会次	时间	报告部门	报告内容	审议结果
258	十二届十五次	2000.1	县政府	关于行政执法责任制实施情况的汇报	
259	十二届十五次	2000.1	县检察院	关于《人民检察院错案追究条例》执行情况的汇报	
260	十二届十五次	2000.1	县政府	关于1999年党风廉政建设和反腐败工作情况的通报	
261	十二届十八次	2000.4	县政府	关于《浙江省职工基本养老保险条例》实施情况的汇报	
262	十二届十八次	2000.4	县政府	关于县1999年财政决算的汇报	作出决定
263	十二届十八次	2000.4	县政府	关于县本级1999年财政预算执行情况的审计汇报	
264	十二届十九次	2000.6	县政府	关于农业产业结构调整及实施种子种苗工程情况的汇报	
265	十二届十九次	2000.6	县政府	关于《产品质量法》贯彻执行情况的汇报	
266	十二届二十一次	2000.8	县政府	关于县重点国有企业改革发展情况的汇报	
267	十二届二十一次	2000.8	县政府	关于县2000年1—7月份国民经济和社会发展计划执行情况的汇报	
268	十二届二十一次	2000.8	县政府	关于县2000年1—7月份财政预算执行情况的汇报	
269	十二届二十一次	2000.8	县政府	关于安吉县“三五”普法及依法治县工作情况的汇报	
270	十二届二十一次	2000.8	县政府	关于县十二届人大三次会议代表议案、意见和建议办理情况的汇报	
271	十二届二十二次	2000.9	县公安局	关于县人大代表评议县公安局执法工作整改情况的汇报	
272	十二届二十三次	2000.11	县政府	关于我县民营经济发展情况的汇报	
273	十二届二十三次	2000.11	县政府	关于《行政处罚法》《行政复议法》贯彻实施情况的汇报	
274	十二届二十三次	2000.11	县法院	关于县人大代表评议县人民法院司法工作整改回头看情况的汇报	
275	十二届二十四次	2001.1	县政府	关于2000年县财政收入预算超收部分支出安排情况的汇报	
276	十二届二十五次	2001.2	县国税局	关于2000年国税征收情况的汇报	

续表 3—4—1

序号	会次	时间	报告部门	报告内容	审议结果
277	十二届 二十五次	2001.2	县政府	关于编制县国民经济和社会发展第十个五年计划纲要情况的汇报	
278	十二届 二十五次	2001.2	县政府	关于2001年财政预算安排情况的汇报	
279	十二届 二十五次	2001.2	县政府	关于高禹乡撤乡建镇有关工作情况的汇报	作出决议
280	十二届 二十七次	2001.5	县政府	关于2001—2005年依法治县规划(草案)说明的汇报	
281	十二届 二十七次	2001.5	县政府	关于县2000年财政决算的汇报	
282	十二届 二十七次	2001.5	县政府	关于县本级2000年财政预算执行情况的审计汇报	
283	十二届 二十七次	2001.5	县政府	关于商贸流通企业改革工作情况的汇报	
284	十二届 二十七次	2001.5	县政府	关于加快广播电视通村入户,提高电视收视质量工作情况的汇报	
285	十二届 二十八次	2001.7	县政府	关于贯彻执行《建筑法》情况的汇报	
286	十二届 二十八次	2001.7	县政府	关于《药品管理法》贯彻执行情况的汇报	
287	十二届 二十九次	2001.8	县政府	关于我县贯彻农业“两法”,调整农业产业结构,发展效益农业工作情况的汇报	
288	十二届 二十九次	2001.8	县政府	关于安吉县2001年1—7月份国民经济和社会发展计划执行情况的汇报	
289	十二届 二十九次	2001.8	县政府	关于安吉县2001年1—7份财政预算执行情况的汇报	
290	十二届 二十九次	2001.8	县政府	关于县十二届人大四次会议代表议案、意见和建议办理情况的汇报	
291	十二届 三十次	2001.9	县政府	关于1—8月份全县招商引资工作情况的汇报	
292	十二届 三十一次	2001.10	县政府	关于开展法制宣传教育第四个五年计划说明的报告	作出决议
293	十二届 三十一次	2001.10	县政府	关于2001年八项重点工程实施情况的汇报	

续表 3—4—1

序号	会次	时间	报告部门	报告内容	审议结果
294	十二届三十一次	2001.10	县政府	关于《电力法》贯彻实施及农网建设与改造工作情况的汇报	
295	十二届三十一次	2001.10	县法院	关于执行工作情况的汇报	
296	十二届三十一次	2001.10	县检察院	关于查办贪污贿赂案件及法律监督工作情况的汇报	
297	十二届三十二次	2001.11	县质监局	关于行政执法评议整改工作情况的汇报	
298	十二届三十三次	2002.1	县政府	关于 2001 年县财政收入和预算超收部分支出安排情况的汇报	
299	十二届三十五次	2002.4	县政府	关于贯彻实施《浙江省城市房屋拆迁管理条例》情况的汇报	
300	十二届三十五次	2002.4	县政府	关于贯彻实施《浙江省职工基本养老保险条例》《浙江省职工失业保险条例》和城镇职工基本医疗保险制度改革工作情况的汇报	
301	十二届三十五次	2002.4	县政府	关于县本级职工基本养老保险基金和职工失业保险基金使用管理情况的审计汇报	
302	十二届三十五次	2002.4	县政府	关于安吉县 2001 年财政决算(草案)的汇报	
303	十二届三十五次	2002.4	县政府	关于县本级 2001 年财政预算执行情况的审计汇报	
304	十二届三十六次	2002.6	县政府	关于我县招商引资工作情况的汇报	
305	十二届三十六次	2002.6	县政府	关于我县贯彻执行省流动人口计划生育管理办法情况的汇报	
306	十二届三十七次	2002.8	县政府	关于安吉县 2002 年上半年国民经济和社会发展计划执行情况的汇报	
307	十二届三十七次	2002.8	县政府	关于县 2002 年上半年财政预算执行情况的汇报	
308	十二届三十七次	2002.8	县政府	关于普及“十五”教育工作情况的汇报	
309	十二届三十七次	2002.8	县政府	关于“四五”普法和依法治县情况的汇报	
310	十二届三十七次	2002.8	县政府	关于我县社会治安工作情况的汇报	

续表 3—4—1

序号	会次	时间	报告部门	报告内容	审议结果
311	十二届三十七次	2002.8	县政府	关于县十二届人大五次会议代表议案、意见和建议办理情况的汇报	
312	十二届三十九次	2002.11	县政府	关于我县农业增效、农民增收工作情况的汇报	
313	十二届三十九次	2002.11	县政府	关于2002年重点基础设施工程建设情况的汇报	
314	十二届四十一次	2003.1	县政府	关于我县创建最佳人居环境工作情况的报告	
315	十二届四十一次	2003.1	县财政局	关于2002年财政超预算部分支出安排情况的报告	
316	十三届二次	2003.4	县财政局	关于安吉县2002年财政决算(草案)的报告	作出决议
317	十三届二次	2003.4	县审计局	关于安吉县2002年财政预算执行情况的审计报告	
318	十三届二次	2003.4	县政府	关于《安吉城市总体规划》修编情况及成果的报告	
319	十三届三次	2003.6	县政府	关于“四五”普法工作和第二轮依法治县工作情况的报告	
320	十三届三次	2003.6	县政府	关于安吉县工业园区建设情况的报告	
321	十三届三次	2003.6	县政府	关于加快提升安吉生态旅游业层次工作情况的报告	
322	十三届三次	2003.6	县政府	关于我县农业标准化生产体系和农产品质量安全体系建设情况的报告	
323	十三届五次	2003.8	县政府	关于工业园区建设和农业“两个体系”建设审议意见书落实工作情况的报告	
324	十三届五次	2003.8	县政府	关于我县2003年上半年国民经济和社会发展计划执行情况的报告	
325	十三届五次	2003.8	县政府	关于我县2003年上半年财政预算执行情况的报告	
326	十三届五次	2003.8	县政府	关于县十三届人大一次会议代表议案、意见、建议办理工作情况的报告	
327	十三届五次	2003.8	县政府	关于贯彻执行《劳动法》情况的报告	
328	十三届七次	2003.10	县政府	关于实施新型农村合作医疗工作情况的报告	
329	十三届七次	2003.10	县财政局	关于乡镇财政管理工作情况的报告	

续表 3—4—1

序号	会次	时间	报告部门	报告内容	审议结果
330	十三届八次	2003.12	县政府	关于创建生态县工作情况(重点是《安吉生态县建设规划》和规划说明)的报告	
331	十三届八次	2003.12	县政府	关于城市化进程中土地被征用后农民生活保障情况的报告	
332	十三届八次	2003.12	县政府	关于经济薄弱村脱贫工作的报告	
333	十三届八次	2003.12	县政府	关于《中小企业促进法》贯彻实施情况(重点是椅业、竹业两大支柱产业发展情况)的报告	
334	十三届九次	2004.1	县财政局	关于 2003 年财政收入预算超收部分支出安排情况的报告	
335	十三届十次	2004.2	县环保局	安吉县生态县建设规划(草案)	
336	十三届十一次	2004.4	县财政局	关于 2003 年安吉县财政决算的报告	
337	十三届十一次	2004.4	县财政局	关于 2004 年度试点部门预算编制情况的报告	
338	十三届十一次	2004.4	县审计局	关于 2003 年安吉县财政预算执行情况的审计报告	
339	十三届十二次	2004.6	县政府	安吉县十三届人大一次会议确定的重点项目进展情况的报告	
340	十三届十二次	2004.6	县环保局	安吉县环保法贯彻执行情况的报告	
341	十三届次 十三次	2004.8	县政府	安吉县 2004 年上半年政府工作报告	
342	十三届次 十三次	2004.8	县发计委	安吉县 2004 年上半年国民经济和社会发展计划执行情况及下半年主要工作的报告	
343	十三届次 十三次	2004.8	县财政局	安吉县 2004 年上半年财政预算执行情况的报告	
344	十三届次 十三次	2004.8	县政府	关于县十三届人大二次会议议案、代表建议办理情况的报告	
345	十三届次 十三次	2004.8	县农办	农村劳动力培训工作报告	
346	十三届十四次	2004.10	县政府	关于《食品卫生法》贯彻实施工作情况的报告	
347	十三届十四次	2004.10	县政府	关于民营经济二次创业工作情况的报告	
348	十三届十四次	2004.10	县政府	关于接轨上海工作情况的报告	
349	十三届十五次	2004.11	县政府	关于行政执法责任制落实情况和行政许可法贯彻实施情况的报告	

续表 3－4－1

序号	会次	时间	报告部门	报告内容	审议结果
350	十三届十五次	2004.11	县政府	关于水资源保护工作情况的报告	
351	十三届十五次	2004.11	县财政局	关于我县 2004 年 1—10 月份财政预算执行情况的报告	
352	十三届十八次	2005.2	县法院	关于选任人民陪审员名额的报告	
353	十三届十九次	2005.4	县财政局	关于 2004 年安吉县财政决算的报告	
354	十三届十九次	2005.4	县审计局	关于 2004 年安吉县财政预算执行情况的审计报告	
355	十三届十九次	2005.4	县公安局	关于“平安安吉”创建工作(重点是《道路交通安全法》贯彻实施情况)的报告	
356	十三届二十次	2005.5	县公安局	关于对县人大代表钱章鸣采取取保候审强制措施的情况通报	
357	十三届二十一次	2005.6	县政府	关于工业经济发展情况的工作报告	
358	十三届二十一次	2005.6	县政府	关于科技工作情况的报告	
359	十三届二十一次	2005.6	县法院	关于民事审判工作的报告	
360	十三届二十一次	2005.6	县检察院	关于反贪污贿赂工作情况的报告	
361	十三届二十一次	2005.6	县政府	关于《道路交通安全法贯彻执行情况审议意见书》整改落实情况的汇报	
362	十三届二十二次	2005.8	县政府	安吉县 2005 年上半年经济社会发展情况的报告	
363	十三届二十二次	2005.8	县政府	生态县建设情况的报告	
364	十三届二十二次	2005.8	县发改委	安吉县“十五”计划执行情况的报告	
365	十三届二十二次	2005.8	县发改委	2005 年上半年国民经济和社会发展计划执行情况及下半年主要工作的报告	
366	十三届二十二次	2005.8	县财政局	2005 年上半年财政预算执行情况的报告	
367	十三届二十二次	2005.8	县政府	县十三届人大三次会议议案、代表建议和意见办理情况的报告	

续表 3—4—1

序号	会次	时间	报告部门	报告内容	审议结果
368	十三届二十二次	2005.8	县财政局	关于 2005 年试点单位部门预算编制报告	
369	十三届二十三次	2005.9	县政府	关于全县流动人口计划生育工作情况的报告	
370	十三届二十四次	2005.11	县政府	关于统筹城乡发展、促进农民增收情况的报告	
371	十三届二十四次	2005.11	县司法局	关于“四五”普法和依法治理情况的报告	
372	十三届二十四次	2005.11	县经贸委	关于“项目推进年”活动重点工业项目推进情况的报告	
373	十三届二十五次	2005.12	县发改委	关于“十五”计划执行情况的有关说明	
374	十三届二十五次	2005.12	县监察局	安吉县监察工作情况的报告	
375	十三届二十八次	2006.4	县财政局	关于我县 2005 年财政决算的报告	作出决议
376	十三届二十八次	2006.4	县审计局	关于 2005 年财政预算执行情况的审计报告	作出决议
377	十三届二十八次	2006.4	县政府	关于要求新建县检察院技侦及辅助用房的议案	
378	十三届二十八次	2006.4	县财政局	2005 年部门预算执行情况的报告	
379	十三届二十九次	2006.6	县政府	关于发展工业经济情况的报告	
380	十三届二十九次	2006.6	县政府	关于新农村建设情况的报告	
381	十三届二十九次	2006.6	县卫生局	关于农村公共卫生工作情况的报告	
382	十三届三十次	2006.8	县政府	2006 年上半年全县经济社会发展情况的报告	
383	十三届三十次	2006.8	县发改委	2006 年上半年国民经济和社会发展计划执行情况的报告	
384	十三届三十次	2006.8	县财政局	2006 年上半年财政预算执行情况的报告	
385	十三届三十次	2006.8	县政府	关于代表议案、建议和意见办理情况的报告	

续表 3-4-1

序号	会次	时间	报告部门	报告内容	审议结果
386	十三届三十次	2006.8	县政府	安全生产法贯彻执行情况的报告	
387	十三届三十一次	2006.10	县政府	关于"规范执法行为,促进司法公正"的工作报告	
388	十三届三十一次	2006.10	县法院	关于"规范执法行为,促进司法公正"的工作报告	
389	十三届三十一次	2006.10	县检察院	关于"规范执法行为,促进司法公正"的工作报告	
390	十三届三十四次	2006.12	县监察局	2006 年行政监察工作情况汇报	
391	十四届三次	2007.5	县财政局	关于安吉县 2006 年财政决算(草案)的报告	作出决议
392	十四届三次	2007.5	县审计局	关于安吉县 2006 年财政预算执行情况和其他财政收支情况的审计报告	
393	十四届三次	2007.5	县财政局	关于 2007 年部门预算编制情况的报告	
394	十四届四次	2007.7	县政府	关于我县农民专业合作组织建设与发展情况的报告	
395	十四届四次	2007.7	县政府	我县义务教育均衡发展情况的报告	
396	十四届五次	2007.9	县政府	关于 2007 年以来政府工作情况的报告	
397	十四届五次	2007.9	县发改委	2007 年以来国民经济和社会发展计划执行情况及下一阶段主要工作的报告	
398	十四届五次	2007.9	县财政局	2007 年以来财政预算执行情况的报告	
399	十四届五次	2007.9	县政府	关于县十四届人大一次会议议案、建议办理情况的报告	
400	十四届六次	2007.11	县经贸委	2007 年工业平台建设情况的报告	
401	十四届六次	2007.11	县法院	关于落实"三项承诺"工作情况的报告	
402	十四届六次	2007.11	县检察院	预防职务犯罪工作情况的报	
403	十四届六次	2007.11	县公安局	关于公安逮捕工作专项检查情况的报告	
404	十四届七次	2007.12	县监察局	2007 年行政监察工作情况汇报	
405	十四届九次	2008.2	县城建局	县域总体规划编制情况的报告	
406	十四届十次	2008.3	县国土局	关于闲置土地清理工作情况报告	
407	十四届十一次	2008.5	县财政局	关于 2007 年部门预算执行情况和 2008 年部门预算编制情况的报告	

续表 3－4－1

序号	会次	时间	报告部门	报告内容	审议结果
408	十四届十一次	2008.5	县政府	关于我县教育工作情况报告	
409	十四届十二次	2008.7	县财政局	关于安吉县2007年财政决算(草案)的报告	作出决议
410	十四届十二次	2008.7	县审计局	关于安吉县2007年财政预算执行情况和其他财政收支情况的审计报告	
411	十四届十二次	2008.7	县政府	关于2008年上半年政府工作情况的报告	
412	十四届十二次	2008.7	县发改委	关于2008年上半年国民经济和社会发展计划执行情况的报告	
413	十四届十二次	2008.7	县财政局	关于2008年上半年财政预算执行情况的报告	
414	十四届十三次	2008.9	县政府	关于现代家庭工业发展情况的报告	
415	十四届十三次	2008.9	县政府	关于建设运输市场整治工作情况的报告	
416	十四届十三次	2008.9	县政府	关于县十四届人大二次会议议案、建议办理情况报告	
417	十四届十三次	2008.9	县政府	关于新农村提升(中国美丽乡村建设)工作情况的报告	
418	十四届十三次	2008.9	县政府	关于人口与计划生育工作情况的报告	
419	十四届十四次	2008.11	县政府	关于“十一五”规划纲要中期评估报告的说明	
420	十四届十四次	2008.11	县政府	“十一五”规划纲要中期评估报告	
421	十四届十四次	2008.11	县政府	关于生态修复工作情况的报告	
422	十四届十四次	2008.11	县政府	关于推进我县企业自主创新工作情况的报告	
423	十四届十四次	2008.11	县法院	关于执行工作情况的报告	
424	十四届十五次	2008.12	县监察局	2008年行政监察工作情况的报告	
425	十四届十七次	2009.3	县政府	关于我县农业基础设施建设情况报告	
426	十四届十七次	2009.3	县政府	关于《安吉县人大常委会关于生态修复工作的审议意见》落实情况的报告	
427	十四届十七次	2009.3	县政府	关于《安吉县人大常委会关于国民经济和社会发展第十一个五年规划纲要中期评估报告的审议意见》落实情况的报告	
428	十四届十八次	2009.5	县财政局	关于2008年部门预算执行情况和2009年部门预算编制情况的报告	
429	十四届十八次	2009.5	县政府	关于我县休闲旅游工作情况的报告	
430	十四届十九次	2009.7	县财政	关于安吉县2008年财政决算(草案)的报告	

续表 3—4—1

序号	会次	时间	报告部门	报告内容	审议结果
431	十四届十九次	2009.7	县审计局	关于安吉县2008年财政预算执行情况和其他财政收支情况的审计报告	
432	十四届十九次	2009.7	县政府	关于2008年财政决算(草案)的初审报告	
433	十四届十九次	2009.7	县政府	关于2009年上半年工作情况的报告	
434	十四届十九次	2009.7	县发改委	关于2009年上半年国民经济和社会发展计划执行情况的报告	
435	十四届十九次	2009.7	县财政局	关于2009年上半年财政预算执行情况的报告	
436	十四届十九次	2009.7	县政府	关于优化产业结构和企业转型升级情况的报告	
437	十四届十九次	2009.7	县政府	关于我县农业法及相关法律法规贯彻落实情况的报告	
438	十四届二十次	2009.9	县政府	关于重点项目推进的报告	
439	十四届二十次	2009.9	县政府	关于县十四届人大三次会议议案、建议办理情况的报告	
440	十四届二十次	2009.9	县公安局	关于社会治安工作情况的报告	
441	十四届二十一次	2009.11	县政府	关于《安吉县人大常委会关于县重点项目进展情况的审议意见》落实情况的报告	
442	十四届二十一次	2009.11	县农业局	关于农业(局)工作情况的报告	
443	十四届二十二次	2009.12	县监察局	2009年行政监察工作情况的报告	
444	十四届二十四次	2010.3	县法院	关于县人民法院立案与涉诉信访工作情况的报告	
445	十四届二十五次	2010.5	县政府	关于安吉县水污染防治“一法一条例”贯彻实施情况的报告	
446	十四届二十五次	2010.5	县财政局	关于2009年部门预算执行情况和2010年部门预算编制情况的报告	
447	十四届二十六次	2010.7	县财政局	关于安吉县2009年财政决算(草案)的报告	
448	十四届二十六次	2010.7	县审计局	关于安吉县2009年财政预算执行情况和其他财政收支情况的审计工作报告	
449	十四届二十六次	2010.7	县政府	关于2010年上半年工作情况的报告	

续表 3—4—1

序号	会次	时间	报告部门	报告内容	审议结果
450	十四届二十六次	2010.7	县发改委	关于2010年上半年国民经济和社会发展计划执行情况的报告	
451	十四届二十六次	2010.7	县财政局	关于2010年上半年财政预算执行情况的报告	
452	十四届二十七次	2010.9	县政府	关于2010年重点项目进展情况的报告	
453	十四届二十七次	2010.9	县政府	关于县十四届人大四次会议议案、建议办理情况的报告	
454	十四届二十八次	2010.11	县政府	关于安吉县食品安全工作情况的报告	
455	十四届二十八次	2010.11	县政府	关于安吉县"十二五"规划编制情况的报告	
456	十四届二十八次	2010.11	县环保局	关于县环保局工作情况的报告	
457	十四届二十九次	2010.12	县监察局	2010年行政监察工作情况的报告	
458	十四届三十二次	2011.3	县财政局	关于2010年部门预算执行情况和2011年部门预算编制情况的报告	
459	十四届三十三次	2011.5	县政府	关于我县"中国美丽乡村"建设情况的报告	
460	十四届三十三次	2011.5	县政府	关于全县养老保险基金管理工作情况的报告	
461	十四届三十四次	2011.7	县政府	关于2011年上半年工作情况的报告	
462	十四届三十四次	2011.7	县发经委	关于2011年上半年国民经济和社会发展计划执行情况的报告	
463	十四届三十四次	2011.7	县财政局	关于2011年上半年财政预算执行情况的报告	
464	十四届三十四次	2011.7	县财政局	关于安吉县2010年财政决算(草案)的报告	作出决议
465	十四届三十四次	2011.7	县审计局	关于安吉县2010年财政预算执行情况和其他财政收支情况的审计工作报告	
466	十四届三十五次	2011.9	县政府	关于2011年县重点项目进展情况的报告	

续表 3－4－1

序号	会次	时间	报告部门	报告内容	审议结果
467	十四届三十五次	2011.9	县政府	关于安吉县医药卫生体制改革工作情况的报告	
468	十四届三十五次	2011.9	县政府	关于安吉县十四届人大五次会议议案、建议办理情况的报告	
469	十四届三十七次	2011.11	县政府	关于“五五”普法实施情况和“六五”普法规划说明的报告	
470	十四届三十七次	2011.11	县法院	关于贯彻落实《浙江省人大常委会关于加强检察机关法律监督工作的决定》情况的报告	
471	十四届三十七次	2011.11	县检察院	关于贯彻落实《浙江省人大常委会关于加强检察机关法律监督工作的决定》情况的报告	
472	十四届三十七次	2011.11	县公安局	关于贯彻落实《浙江省人大常委会关于加强检察机关法律监督工作的决定》情况的报告	
473	十四届三十七次	2011.11	县司法局	关于贯彻落实《浙江省人大常委会关于加强检察机关法律监督工作的决定》情况的报告	
474	十四届三十八次	2011.12	县政府	关于 2011 年行政监察工作情况的报告	
475	十五届二次	2012.5	县财政局	关于 2011 年部门预算执行情况和 2012 年部门预算编制情况的报告	
476	十五届二次	2012.5	县法院	关于民商事审判工作的报告	
477	十五届四次	2012.8	县政府	关于 2012 年上半年工作情况的报告	
478	十五届四次	2012.8	县发经委	2012 年上半年国民经济和社会发展计划执行情况的报告	
479	十五届四次	2012.8	县财政局	关于安吉县 2011 年财政决算(草案)的报告	作出决议
480	十五届四次	2012.8	县审计局	关于安吉县 2011 年度财政预算执行和其他财政收支的审计工作报告	
481	十五届五次	2012.9	县政府	关于引导企业专注主业工作情况的报告	
482	十五届五次	2012.9	县政府	关于 2012 年重点项目进展情况的报告	
483	十五届五次	2012.9	县政府	关于县十五届人大一次会议建议办理情况的报告	
484	十五届六次	2012.11	县政府	关于全县文化工作情况的报告	
485	十五届六次	2012.11	县政府	关于 2012 年水利建设进展情况的报告	
486	十五届七次	2012.12	县政府	关于 2012 年行政监察工作情况的报告	

续表 3—4—1

序号	会次	时间	报告部门	报告内容	审议结果
487	十五届九次	2013.3	县财政局	关于2012年部门预算执行情况和2013年部门预算编制情况的报告	
488	十五届九次	2013.3	县司法局	关于加强人民调解,化解社会矛盾工作情况的报告	
489	十五届十一次	2013.5	县政府	关于安吉县美丽乡村建设全面提升工作情况的报告	
490	十五届十一次	2013.5	县政府	关于安吉县学前教育工作情况的报告	
491	十五届十二次	2013.7	县政府	关于2013年上半年工作情况的报告	
492	十五届十二次	2013.7	县发经委	2013年上半年国民经济和社会发展计划执行情况的报告	
493	十五届十二次	2013.7	县财政局	2013年上半年财政预算执行情况的报告	
494	十五届十二次	2013.7	县财政局	关于安吉县2012年财政决算(草案)的报告	
495	十五届十二次	2013.7	县审计局	关于安吉县2012年度财政预算执行和其他财政收支的审计工作报告	
496	十五届十二次	2013.7	县政府	关于省际承接产业转移示范区建设情况的报告	
497	十五届十三次	2013.9	县政府	关于2013年重点项目进展情况的报告	
498	十五届十三次	2013.9	人社局	关于县人力资源和社会保障局工作情况的报告	
499	十五届十三次	2013.9	县食药监局	关于安吉县食品药品监督管理局工作情况的报告	
500	十五届十三次	2013.9	县政府	关于县十五届人大二次会议建议办理情况的报告	
501	十五届十四次	2013.11	县政府	关于“十二五”规划执行情况的中期评估报告	
502	十五届十四次	2013.11	县水利局	关于全县水利重点工程建设情况的报告	
503	十五届十四次	2013.11	县法院	关于贯彻执行《中华人民共和国刑事诉讼法》的工作报告	
504	十五届十四次	2013.11	县检察院	关于贯彻执行《中华人民共和国刑事诉讼法》的工作报告	
505	十五届十四次	2013.11	县公安局	关于贯彻执行《中华人民共和国刑事诉讼法》的工作报告	
506	十五届十四次	2013.11	县司法局	关于贯彻执行《中华人民共和国刑事诉讼法》的工作报告	

续表 3—4—1

序号	会次	时间	报告部门	报告内容	审议结果
507	十五届十四次	2013.11	县政府	安吉县土地利用总体规划(2013—2020 年)的报告	
508	十五届十七次	2014.4	县财政局	关于 2013 年部门预算执行情况和 2014 年部门预算编制情况的报告	
509	十五届十八次	2014.5	县政府	关于安吉县防洪排涝工作情况的报告	
510	十五届十八次	2014.5	县检察院	关于反贪污贿赂工作情况的报告	
511	十五届二十次	2014.7	县政府	关于 2014 年上半年工作情况的报告	
512	十五届二十次	2014.7	县财政局	关于安吉县 2013 年财政决算(草案)的报告	
513	十五届二十次	2014.7	县审计局	关于安吉县 2013 年度财政预算执行和其他财政收支的审计工作报告	
514	十五届二十次	2014.7	县发经委	关于 2014 年上半年国民经济和社会发展计划执行情况的报告	
515	十五届二十次	2014.7	县政府	关于 2014 年上半年财政预算执行情况的报告	
516	十五届二十一次	2014.9	县政府	关于 2014 年重点项目进展情况的报告	
517	十五届二十一次	2014.9	县政府	关于大会议案、建议办理情况的报告	
518	十五届二十二次	2014.11	县政府	关于县污水治理阶段性工作情况的报告	
519	十五届二十二次	2014.11	县政府	关于安吉县人口和计划生育工作情况的报告	
520	十五届二十二次	2014.11	县政府	关于安吉县城市管理行政执法工作情况的报告	
521	十五届二十五次	2015.3	县财政局	关于 2014 年部门预算执行情况和 2015 年部门预算编制情况的报告	
522	十六届二十六次	2015.5	县政府	关于全县普通中小学教育工作情况的报告	
523	十五届二十七次	2015.7	县政府	关于 2015 年上半年工作情况的报告	
524	十五届二十七次	2015.7	县财政局	关于安吉县 2014 年财政决算(草案)的报告	作出决议
525	十五届二十七次	2015.7	县审计局	关于安吉县 2014 年度财政预算执行的审计工作报告	

续表 3—4—1

序号	会次	时间	报告部门	报告内容	审议结果
526	十五届二十七次	2015.7	县发经委	关于2015年上半年国民经济和社会发展计划执行情况的报告	
527	十五届二十七次	2015.7	县财政局	关于2015年县级部门财政预算调整情况的报告	
528	十五届二十七次	2015.7	县政府	关于2015年上半年财政预算执行情况的报告	
529	十五届二十八次	2015.9	县政府	关于2015年重点项目进展情况的报告	
530	十五届二十八次	2015.9	县水利局	关于安吉县水利局工作情况的报告	
531	十五届二十八次	2015.9	县商务局	关于安吉县商务局工作情况的报告	
532	十五届二十八次	2015.9	县政府	关于县十五届人大四次会议建议办理情况的报告	
533	十五届二十九	2015.11	县政府	关于全县农村生活污水治理情况的报告	
534	十五届二十九	2015.11	县政府	关于我县“十三五”规划编制工作情况的报告	
535	十五届二十九	2015.11	县政府	关于环境综合治理“集中推进日”决定落实情况的报告	
536	十五届三十次	2015.12	县监察局	关于全县行政监察工作情况的报告	
537	十五届三十二次	2016.3	县政府	关于全县安全生产工作情况的报告	
538	十五届三十三次	2016.6	县政府	关于全县大气污染防治工作情况的报告	
539	十五届三十四次	2016.7	县政府	关于2016年上半年工作情况的报告	
540	十五届三十四次	2016.7	县财政局	关于2015年财政决算(草案)的报告	作出决议
541	十五届三十四次	2016.7	县审计局	关于2015年财政预算执行和其他财政收支的审计工作报告	
542	十五届三十四次	2016.7	县发经委	关于2016年上半年国民经济和社会发展计划执行情况的报告	

续表 3—4—1

序号	会次	时间	报告部门	报告内容	审议结果
543	十五届三十四次	2016.7	县政府	关于2016年上半年财政预算执行情况的报告	
544	十五届三十六次	2016.9	县政府	关于2016年全县重点项目进展情况的报告	
545	十五届三十六次	2016.9	县政府	关于县十五届人大五次会议建议办理情况的报告	
546	十五届三十八次	2016.12	县政府	关于全县卫生计生工作情况的报告	
547	十五届三十八次	2016.12	县政府	关于“六五”普法工作情况和“七五”普法规划说明的报告	作出决议
548	十六届二次	2017.3	县财政局	关于2017年部门预算编制情况的报告	
549	十六届三次	2017.5	县政府	关于全县剿灭劣Ⅴ类水工作情况的报告	
550	十六届三次	2017.5	县政府	关于全县宗教场所管理工作情况的报告	
551	十六届四次	2017.7	县政府	关于2017年上半年工作情况的报告	
552	十六届四次	2017.7	县财政局	关于2016年财政决算(草案)的报告	
553	十六届四次	2017.7	县审计局	关于2016年财政预算执行和其他财政收支的审计工作报告	
554	十六届四次	2017.7	县发改委	关于2017年上半年国民经济和社会发展计划执行情况的报告	
555	十六届四次	2017.7	县政府	关于食品安全监管工作情况的报告	
556	十六届四次	2017.7	县政府	关于2017年上半年财政预算执行情况的报告	
557	十六届四次	2017.7	县政府	土地整治“十三五”规划编制工作情况的报告	
558	十六届五次	2017.8	县政府	关于2017年全县重点项目进展情况的报告	
559	十六届六次	2017.9	县政府	关于贯彻执行《城乡规划法》工作情况的报告	
560	十六届六次	2017.9	县政府	关于县十六届人大一次会议代表议案、建议办理情况的报告	
561	十六届六次	2017.9	县投资促进局	关于县投资促进局工作情况的报告	
562	十六届六次	2017.9	县林业局	关于县林业局工作情况的报告	
563	十六届六次	2017.9	县法院	关于执行工作情况的报告	
564	十六届七次	2017.11	县政府	关于全县农村生活污水治理运维工作情况的报告	

续表 3－4－1

序号	会次	时间	报告部门	报告内容	审议结果
565	十六届七次	2017.11	县政府	关于我县职业教育工作情况的报告	
566	十六届七次	2017.11	县政府	关于中策橡胶轮胎生产基地项目专题询问意见反馈落实情况的报告	
567	十六届九次	2018.1	县政府	关于 2018 年民生实事候选项目情况的报告	
568	十六届十次	2018.3	县政府	关于贯彻执行旅游一法一条例工作情况的报告	
569	十六届十一次	2018.5	县政府县	关于《浙江省社会养老服务促进条例》执行情况的报告	
570	十六届十三次	2018.7	县政府	关于 2018 年上半年工作情况的报告	
571	十六届十三次	2018.7	县财政局	关于 2017 年财政决算(草案)的报告	作出决议
572	十六届十三次	2018.7	县审计局	关于 2017 年财政预算执行和其他财政收支的审计工作报告	
573	十六届十三次	2018.7	县发改委	关于 2018 年上半年国民经济和社会发展计划执行情况的报告	
574	十六届十三次	2018.7	县政府	关于 2018 年上半年财政预算执行情况的报告	
575	十六届十四次	2018.9	县政府	关于“十三五”规划纲要实施情况的中期评估报告	
576	十六届十四次	2018.9	县政府	关于 2018 年全县重点建设项目进展情况的报告	
577	十六届十四次	2018.9	县科技局	关于县科技局工作情况的报告	
578	十六届十四次	2018.9	县交通运输局	关于县交通运输局工作情况的报告	
579	十六届十四次	2018.9	县政府	关于县十六届人大二次会议代表议案、建议办理情况的报告	
580	十六届十四次	2018.9	县政府	关于 2017 年度财政预算执行和其他财政收支审计查出问题整改情况的报告	
581	十六届十六次	2018.11	县政府	关于全县农产品质量安全情况的报告	
582	十六届十六次	2018.11	县财政局	关于 2017 年度全县行政事业单位国有资产管理情况的专项报告	
583	十六届十六次	2018.11	县政府	关于 2017 年度全县国有资产管理情况的综合报告	
584	十六届十八次	2019.1	县政府	关于 2018 年政府民生实事项目完成情况的报告	

续表 3—4—1

序号	会次	时间	报告部门	报告内容	审议结果
585	十六届十八次	2019.1	县政府	关于2019年政府民生实事候选项目情况的报告	
586	十六届二十次	2019.3	县自然资源和规划局	关于国有自然资源资产管理情况的专项报告	
587	十六届二十一次	2019.5	县公安局	关于报请许可对县人大代表王金土依法采取刑事强制措施的报告	
588	十六届二十二次	2019.5	县政府	关于"七五"普法工作情况的报告	
589	十六届二十二次	2019.5	县政府	关于"五未"土地处置情况的报告	
590	十六届二十三次	2019.7	县政府	关于2019年上半年工作情况报告	
591	十六届二十三次	2019.7	县发改局	关于2019年上半年国民经济和社会发展计划执行情况的报告	
592	十六届二十三次	2019.7	县财政局	关于2018年财政决算(草案)的报告	
593	十六届二十三次	2019.7	县审计局	关于2018年财政预算执行和其他财政收支情况的审计工作报告	
594	十六届二十三次	2019.7	县政府	关于2019年上半年财政预算执行情况的报告	
595	十六届二十三次	2019.7	县政府	关于2018年财政专项资金管理和使用情况的工作报告	
596	十六届二十五次	2019.9	县民政局	关于县民政局接受人大评议的自查工作报告	
597	十六届二十五次	2019.9	县审计局	关于安吉县2018年度财政预算执行和其他财政收支审计查明问题整改情况的报告	
598	十六届二十五次	2019.9	县政府	关于县十六届人大三次会议代表议案、建议办理情况的报告	
599	十六届二十七次	2019.11	县文体旅游局	关于全县文化助推旅游业发展情况的工作报告	
600	十六届二十八次	2019.12	县政府	关于2019年政府民生实事项目完成情况的报告	

续表 3－4－1

序号	会次	时间	报告部门	报告内容	审议结果
601	十六届 二十八次	2019.12	县政府	关于2020年政府民生实事候选项目情况的报告	
602	十六届 二十八次	2019.12	县民政局	关于工作评议意见整改落实情况的报告	
603	十六届 三十次	2020.3	县政府	关于2019年地方企业国有资产管理情况的专项报告	

第二节　视察调查

历届县人大常委会组织人大代表深入基层、深入实际、深入现场进行视察和调查研究，广泛听取人民群众的意见和建议，了解社情民意，发现“一府两院”工作和执法过程中的问题，通过适当的方式和途径，督促有关部门处理和纠正。

一、历届县人大常委会视察调查

第七届人大常委会视察调查

1981年11月，县人大常委会组织县人大常委会委员、部分省人大代表，分别到递铺镇、报福公社、老石坎纸厂进行视察。通过召开座谈会，走访职工社员和干部，广泛听取各方面的意见和要求；视察后，向县人民政府提出加强企业管理、市场管理、社会治安和冬季生产的领导，解决城镇蔬菜供应、职工住房，制止破坏山林等建设性意见，并确定两名人大常委会副主任跟踪督查。

1982年7月，县人大常委会组织部分常委会委员，对良朋公社、南北湖公社推行农业生产责任制和监控黄沙等问题进行视察，在肯定成绩指出问题的基础上，会同社区领导商讨进一步完善农业生产责任制、保护耕地和水利设施、发展多种经营等问题，提出意见建议，研究解决办法。

1982年12月，县人大常委会组织部分常委会委员对教育、卫生系统的事业经费使用情况进行视察。视察发现，1980年至1982年，虽然全县教育、卫生事业经费平均递增12.95％和20.25％，教育、卫生条件得到较大改善，但是，教育、卫生部门事业经费总体不足，而且在管理使用上存在不同程度的挪用现象，违反财经纪律。常委会提出整改要求，并加强跟踪督查。

1983年1月，县人大常委会组织部分常委会委员，对山河、皤溪、西亩、荆湾等公社开展计划生育宣传月活动情况进行视察。

1983年7月至11月，县人大常委会组织部分常委会委员和办公室工作人员，先后开展关于建立山林责任制情况，递铺镇蔬菜生产和供应情况，梅溪、晓墅公社土地管理情况和递铺镇违章建筑清查处理的调查研究。形成调查情况报告，送交县委、县政府有关部门，督促政府及有关部门进行整改。

第八届人大常委会视察调查

1984年8月，县人大常委会针对1983年6月14日洪涝灾害如何开展生产自救工作，组织部分常委会委员、人大代表到南北湖乡进行实地视察，在听取和了解当地干部抗灾自救情况基础上，形成调查报告，及时向县委和县政府提出建设性意见和建议，会同县人民政府召开由23个部门主要负责人参加的专题会议，研究出台救灾救济、支持灾区发展的若干意见。

1984年11月，县人大常委会组织部分常委会委员、人大代表到章村、姚村、山川、港口、缫舍、昆铜等6个乡11个村就林业生产责任制落实、森林经营管理及绿化造林计划落实情况进行调查。12月，协同县人民政府召开由区、乡、村三级干部参加的贯彻实施森林法专题会议。

1985年1月，县人大与县政协联合组织由人大代表、政协委员共57人参加的视察团，分别到递铺、孝丰、梅溪、晓墅4个镇，对春节物资供应，城镇环境卫生、饮食卫生等情况进行视察，就视察发现的问题向人民政府提出意见和建议。督促县政府和有关部门采取有力措施，使一些问题得到解决。

1985年3月，县人大常委会组织部分常委会委员到章村、西亩、南北庄等3个乡3个村及章村林场、梅溪镇山货贸易市场等地，对贯彻执行森林法3个月来的情况和山林护育、采伐、经营等情况进行反馈调查，进一步督促有关问题的整改落实。

1985年3月至1986年11月，县人大常委会组织部分常委会委员、人大代表到山河、上墅、递铺等19个乡镇进行专题调研和视察，广泛听取干部群众对发展乡镇企业的意见和要求。常委会会议先后两次听取和审议县乡镇企业局关于发展乡镇企业情况的汇报，委员、代表就此进行研究和讨论，提出许多积极的意见和建议转交县人民政府，并督促落实。

1985年4月，县人大常委会组织部分常委会委员、人大代表对八届人大一次会议代表议案办理情况进行视察，分别到老石坎纸厂、大邑纸厂、安吉化肥厂、梅溪电厂、晓墅印染厂及南北湖、安城、三官等乡，对环境污染和公路桥梁方面的议案办理情况进行实地视察调查，会同相关方面的工程技术人员，商讨有关意见和办法。

1985年9月，县人大常委会就政、社分设后，如何实行党、政、企正确分工，加强乡镇基层政权建设，组织常委会委员及人大代表到三官、安城等6个乡进行调查，形成调查报告，向县委提出意见和建议。

同月，县人大常委会组织常委会委员、人大代表会同县政府、县政协联合开展全县物价大检查。10月，县人大常委会第九次会议，听取和审议县物价局《关于价格改革措施出台以来的情况和加强物价管理意见的汇报》，会议通过《关于加强物价管理监督检查的决议》。

1985年11月，县人大常委会组织常委会委员、人大代表对党政机关经商办企业情况进行专题调查。12月，县人大常委会第十次会议，听取和审议县工商行政管理局《关于清理和整顿公司情况的汇报》，委员、代表对行政管理部门办企业影响和削弱行政管理职能问题提出严肃批评，提出意见和建议。

1986 年 1 月，县人大常委会委托梅溪、晓墅、递铺、孝丰 4 个镇组织 78 名县人民代表，视察 76 个单位春节物资供应，城镇环境卫生、饮食卫生等情况，以促进春节物资供应和市场管理工作。

1986 年 4 月，县人大常委会组织常委会委员、人大代表对农村产业结构调整、粮食生产、水利建设等方面情况开展专题调查和视察。5 月，常委会第十二次会议，听取和审议县农业局《关于我县农业生产情况的汇报》和县水利农机局《关于水利农机为农业服务情况的汇报》。委员、代表就某些部门经办企业经营管理不善造成严重亏损、放松对农业生产领导等问题提出严肃批评，并就此进行跟踪督查。

1986 年 7 月，县人大常委会组织常委会委员、人大代表对全县 11 家国营工业企业进行专题调查，县人大常委会第十四次会议，听取和审议县经济工作委员会《关于上半年工业生产情况和下半年工作打算的报告》，委员们就全县工业生产情况作专题发言，提出批评和建议，要求政府采取切实有效措施，提高企业管理水平、经营效益和社会效益。

同月，县人大常委会组织常委会委员、人大代表就全县粮食生产和商业改革经营方面情况先后到 8 个基层粮管所和 10 余家商贸公司、商店开展专题调查，常委会第十四次会议，听取和审议县粮食局、县商业局有关工作情况汇报。委员、代表就粮食收购、商业体制改革等问题进行讨论，提出意见和建议。

第九届人大常委会视察调查

1987 年，县人大常委会组织常委会委员、人大代表会同县政府及有关乡镇领导对全县重点洪涝地区、部分病危水库、沿河斗堤及赋石、老石坎两大水库等地进行实地视察，对部分斗堤防汛物资仓库和防洪物资供应、储存情况进行视察。对有些群众反映较大的问题，如荆湾杨店斗煤灰渗漏，造成塘、堰、渠道淤积问题，晓墅松斗吸砂危堤以及一些影响泄洪的违章建筑工程等问题，建议县政府及有关部门认真调查加以解决。常委会加强跟踪督查，督促防汛工作进一步落实。

1988 年 4 月，县人大常委会组织人大代表分三组到梅溪、南北湖、塘浦、白水湾、赤坞、杭垓等 6 个乡镇的 7 个村进行视察，了解早稻面积落实、支农服务工作等情况，实地察看春粮、油菜、早稻秧苗生长情况，走访农户，与村队干部群众座谈，听取意见建议。在视察基础上，及时向县委、县政府提出抓好粮食生产、改善技术服务和支农物资供应等意见和建议，督促落实有关支农各项服务工作。

1988 年 5 月，县人大常委会组织财经工委委员、人大代表分别对上墅、港口两乡乡镇企业发展情况进行专题调查，总结上墅乡企业发展快、步子稳、效益好的工作经验，就乡镇企业存在的资金紧缺、污染严重、效益不佳等问题，向县委、县政府提出意见建议。常委会第七次会议，专门听取和审议县乡镇企业局《关于我县乡镇企业发展情况的汇报》。就乡镇企业在前进中步履艰难、管理人才缺乏等问题要求县人民政府、乡镇人民政府及主管部门高度重视，做好协调，解决困难。为解决港口丝厂的出路问题，县人大常委会会同港口乡、乡镇企业局有关工作人员专程到绍兴等地学习考察，帮助解决实际困难。

1988年6月，县人大常委会组织对义务教育法和计划生育条例实施情况进行专项调查。常委会第八次会议，听取和审议县教育局《关于我县贯彻实施九年制义务教育情况的汇报》和县计划生育委员会《关于我县贯彻实施〈浙江省计划生育条例〉情况的汇报》。建议县政府积极稳妥抓好九年制义务教育；加强婚姻登记管理和自理口粮进城人员的计划生育管理，切实落实计划生育工作的经费保障。

1988年7月，县人大常委会组织部分委员、人大代表对梅溪、晓墅、递铺、孝丰4个镇贯彻落实食品卫生法情况进行视察，各乡镇人大主席团组织县、乡镇人大代表对食品卫生法贯彻落实情况进行视察。对视察中发现的问题，提出批评意见，要求职能部门依法查处。

1988年10月，县人大常委会组织部分委员、人大代表就深化企业改革贯彻实施企业法进行视察，分别到县二轻系统的人造板厂、晓墅塑料厂、孝丰纸箱板厂、孝丰皮鞋厂和全县工业系统的老石坎纸厂、化肥厂等企业就企业实行承包责任制以及贯彻企业法等情况进行调查。听取和审议县经济工作委员会《关于工业企业深化改革和贯彻实施全民所有制工业企业法情况的汇报》，并就贯彻执行企业法，强化企业管理，提高企业效益，严查各类"蛀虫"，堵塞各种漏洞，提出意见和建议。

1989年8月，县人大常委会组织教科文卫委员、人大代表对全县清理"黄色"书刊、淫秽录像情况进行专项调查。常委会第十六次会议，听取和审议县文华广播电视局《关于我县文化市场管理、清理书刊及音像市场情况的汇报》，提出意见建议，要求县政府及有关部门在"扫黄"斗争和整顿清理文化市场工作中，加强疏导，态度坚决，对制作、贩卖、传播反动、淫秽书刊和音像制品的犯罪分子必须依法惩处，对无证经营的地下书摊必须坚决取缔。会议作出《关于坚决开展"扫黄"和整顿清理文化市场的决议》。会后，常委会组织和布置各代表小组对"扫黄"和整顿清理文化市场情况开展就地视察，督促和推进全县查禁"精神毒品"、清除"文化垃圾"、整顿文化市场工作的进一步深入。

第十届人大常委会视察调查

1990年5月，县人大常委会组织委员、人大代表分别到全县6个主要产粮区乡镇对农业生产、科技兴农、水利设施、春粮收购等方面情况进行视察。在广泛听取干部群众意见的基础上，常委会第二次会议就继续加强农业基础思想教育、抓好支农服务工作、稳定粮购政策等方面，向县政府及有关部门提出意见和建议。

1990年7月，针对15号台风袭击的严重灾害，县人大常委会组织各地县人大代表小组开展抗灾自救就地视察，协助抗灾工作。9月中旬，常委会组织人员到受灾严重的章村、报福等6个乡镇进行视察，走村访户，体察民情，慰问受灾干部群众，听取意见和要求，督促政府抓好抗灾自救工作。

1990年8月，县人大常委会领导带领财政经济委员会委员、人大代表分别到部分重点工业企业进行为期半个月的调查，并就全县工业生产形势、面临的困难及应采取的对策等撰写专题调查报告。常委会第三次会议，听取和审议县人民政府《关于全县工业生产情况的汇报》，委员、代表在深入分析市场形势的基础上，针对全县工业如何走出困境，提出以效益为中心加强宏观调控，解决亏损大户及提高企业应变能力等意见建议，要求县政府尽早研究制定克服困难的办法和措施。

1990年9月，县人大常委会组织在安吉的省人大代表和部分市、县人大代表，对开展严厉打击严重刑事犯罪活动专项斗争情况进行视察，视察组听取县公安局、县人民检察院、县人民法院关于"严打"斗争情况的汇报，又分别到递铺、孝丰、良朋地区及安城听取基层派出所、法庭关于开展"严打"斗争情况的介绍，征求部分人大代表、基层干部群众对"严打"斗争的意见和要求，在肯定成绩的基础上，对存在的问题和困难进行分析，提出意见建议，督促有关部门查处执法违法案件。

1990年6月，县人大常委会领导带领委员及相关工委人员，分别到9个设立常务主席的乡镇，进行乡镇人大工作专题调查。针对乡镇人大主席对人大工作不熟悉，开展乡镇人大工作缺乏经验的实际，7月，组织人大联络员和乡镇人大主席赴外地学习考察，以开拓人大工作思路。12月，常委会组织召开全县人大工作经验交流会，总结交流开展县人大代表小组活动和乡镇人大主席团工作的经验体会，以加深对人大地位、性质、作用的认识。

1991年5月，县人大常委会组织部分委员、人大代表对全县农村稳定完善双层经营体制，发展乡村集体经济情况进行视察，广泛听取人民代表和干部群众的意见要求。常委会第八次会议，听取和审议县人民政府《关于完善双层经营体制，发展壮大村级集体经济情况的汇报》，对县人民政府把深化农村改善，完善双层经营体制，发展壮大集体经济作为一项重要任务的做法及所取得的效果给予充分肯定，要求县人民政府继续抓好农村社会主义思想教育，进一步做好完善双层经营体制工作，加强村级班子建设，总结不同类型发展村级集体经济的经验，因地制宜，加以推广。

1991年7—8月，县人大常委会组织部分委员、人大代表多次就全县工业生产和财政收入问题开展视察调查，常委会第九、第十次会议，分别听取和审议县人民政府《关于开展"质量、品种、效益年"活动情况的汇报》《关于乡镇企业发展及村级集体所有制企业条例贯彻实施情况的汇报》《关于1991年财政预算执行情况的汇报》，在肯定成绩的基础上，针对全县经济基础脆弱，制约经济发展的因素并未完全改善的情况，常委会建议县政府及有关职能部门进一步加强领导，完善企业承包责任制，大力开发新产品，正确处理宏观调控与内部挖潜关系，使全县经济逐步走上依法管理的轨道。

1991年上半年至1992年1月中旬，县人大常委会先后组织委员、人大代表到荆湾、溪龙、章村、山河等乡镇，调查了解圩区治理和水毁工程修复情况。常委会第十二次会议，听取和审议县人民政府《关于贯彻水法、冬修水利和第二批电气化试点县进展情况的汇报》，委员、代表充分确定赋石渠道一期工程，荆湾联合斗圩区整治工程及章村乡自力更生修复水毁工程和山河乡拓宽河道修复标准较高的防洪堤坝等方面所取得的成绩，要求县人民政府继续抓好赋石渠道二期工程和溪龙黄草滩治理为重点，以全县大规模小型农田水利建设为基础的水利设施建设，进一步提高全县抵御自然灾害的能力，促进经济建设发展。

1991年9月，县人大常委会组织部分委员、人大代表分别对全县城镇建设和公路建设情况进行专题调查，形成专题报告。常委会先后听取和审议县人民政府《关于贯彻执行〈城市规划法〉和递铺镇总体规划实施情况的汇报》《关于公路建设和路政管理情况的汇报》，就实施

《城市规划法》的难点，如城镇规划区域行政区域不一致、环卫职工编制经费、城镇防洪工作的隶属等问题提出建设性意见。会议建议县人民政府责成公安、交通、工商、城建部门及有关乡镇对公路沿线乱停车、乱设摊，造成交通堵塞、事故频发等问题采取切实措施，妥善解决。

1992年初，邓小平南方谈话后不久，县人大常委会组织人大常委会委员、人大代表对全县经济建设和改革开放开展视察，听取和审议县人民政府及有关部门的汇报，督促县人民政府抓住有利时机，加大改革开放力度，加快经济发展速度，使全县经济再上新台阶。7月，常委会组织部分人大代表和有关工业主管部门人员对全县国有企业、乡镇企业和二轻、交通工业的主要情况作全面调查；常委会先后两次组织城建、土管部门及递铺镇领导赴外地考察建立县经济技术开发区情况。常委会第十六会议，听取和审议县人民政府《关于上半年经济形势和下半年工作安排情况的汇报》，作出《关于加速发展安吉经济的决议》；听取和审议县人民政府《关于安吉经济技术开发区规划情况的汇报》，原则同意县经济技术开发区的实施规划。

1992年5月，县人大常委会组织部分委员、人大代表分别到三官乡、山河乡和荆湾乡视察农业生产。常委会第十五次会议，听取和审议县人民政府《关于开发农业、科技兴农、提高农业整治效率情况的汇报》，要求县人民政府转变观念，提高对大农业的认识，进一步深化农村改革，依靠科技，面向市场，在确保粮食总量稳定的前提下，因地制宜地搞好农业产业结构调整，走优质、高产、高效发展农业的路子，提高农业整体效率。

1992年9月，县人大常委会分别就全县九年制义务教育实施情况和医疗制度改革问题进行督查审议，成立专门调查小组，先后对全县部分中学教育情况、全县初级卫生保健工作和公费医疗制度改革情况进行专题调查，形成调查报告。常委会第十七次、第十八次会议，分别听取县人民政府《关于全面贯彻党的教育方针，努力提高教育质量和办学效益情况的汇报》和《关于初级卫生保健和公费医疗改革情况的汇报》，提出建设性意见建议，并就公费医疗中存在的问题发出专题审议意见书。

第十一届人大常委会视察调查

1993年5月，县人大常委会组织部分委员、人大代表到递铺、孝丰和安城3个镇，就文化市场管理和文物保护工作进行调查。常委会第二次会议，听取和审议县人民政府《关于取缔非法、淫秽出版物，净化繁荣文化市场和贯彻执行〈文物法〉，加强文物保护情况的汇报》，建议县人民政府加强政策法规宣传，加大管理惩处力度，进一步繁荣文化市场，为促进安吉的改革开放和经济建设服务。

1993年6月，县人大常委会组织市、县人大代表对全县调整农业产业结构，发展“一优两高”农业情况进行视察，重点视察塘浦、安城、高禹、皈山、杭垓、上墅等6个乡镇的农村产业结构调整情况，针对部分干部群众农业基础思想不够牢固、种粮积极性不高及粮食生产形势严峻等情况，以及农业农村结构调整中存在的困难和问题，以调查报告的形式，向县委、县政府反映，提出解决问题的意见和建议。常委会第三次会议，听取和审议县人民政府《关于调整农业产业结构，发展“一优两高”农业情况的汇报》，作出《关于巩固农业基础地位，加快发展高产、优质、高效农业的决议》。

1993年7月，县人大常委会组织部分委员、人大代表对递铺镇天目北路拆迁工程进行视察，视察组对拆迁工作中存在的困难和问题，提出处理意见和建议。县人大常委会主任会议专门听取和审议县人民政府《关于13件实事办理情况的汇报》，督查政府竭力办好县人民代表大会提出的民生实事，进一步改善全县基础设施建设，促进经济发展。

1993年8月下旬，县人大常委会组织委员、人大代表分别到全县15个乡镇，对乡镇企业、外向型经济和个体私营经济发展情况进行专题调查。常委会第四次会议，听取和审议县人民政府《关于大力发展乡镇企业、外向型经济和个体私营经济情况的汇报》。肯定上述工作所取得的成绩，要求县人民政府进一步解放思想，更新观念，坚持"三个有利于"的标准，摆脱姓"资"姓"社"的束缚，加速发展"三个经济增长点"，实现全县经济"跃上新台阶"的总目标。

1993年10月，县人大常委会组织县人大代表，以代表小组为单位对所在乡镇社会治安综合治理工作开展就地视察，听取所在地政府领导和有关企事业单位负责人关于社会治安综合治理工作情况的汇报，提出建设性意见建议。全县共有25个代表小组406名代表参加视察活动，提出意见建议151条。县人大常委会在听取县人民政府及公、检、法、司等司法机关关于开展社会治安综合治理情况汇报的基础上，组织委员、人大代表分别到部门、乡镇和企事业单位开展专题视察。常委会第五次会议，听取和审议县人民政府《关于我县社会治安综合治理情况的汇报》，作出《关于加强社会治安综合治理的决议》。

1994年4月，县人大常委会组织全体委员和人大代表，采取点面结合的方法，对全县特别是重点产粮乡镇的粮食生产情况进行调查，常委会第九次会议，听取和审议县人民政府《关于加强农业基础、加快发展"优高"农业情况的汇报》，提出意见建议。7月中旬，常委会召开主任会议，对有关粮食生产审议意见的落实情况进行跟踪督查。10月下旬，常委会第十一次会议，再次向县人民政府提出"要进一步强化各级干部的农业基础地位思想和农业法制观念；切实抓好县、乡确定的粮食生产奖罚措施的兑现落实，加强粮食入库力度；及早安排1995年粮食生产计划"等意见。

1994年5月，县人大常委会组织委员、人大代表对全县15家重点工业企业进行调查视察，撰写反映全县重点工业企业生产经营情况的调查报告。5月下旬，常委会第九次会议，听取和审议县人民政府《关于1994年1—4月份全县工业经济运行概况的汇报》，要求县人民政府和有关职能部门把扶持重点工业企业工作放到重要位置，在资金调配、服务等方面实行重点倾斜，同时，加快企业经营机制转换步伐，开拓市场，狠抓管理，切实提高企业效益。

1994年7月初，县人大常委会组织委员、人大代表对全县社会治安情况进行广泛调查，常委会第十次会议，听取和审议县人民政府《关于社会治安综合治理工作情况的汇报》，在肯定成绩的同时，建议各级政府和公安司法部门要加强基层治安组织建设，落实治安责任制，抓住群众反映强调的土地纠纷、黄沙纠纷、山林纠纷和交通秩序混乱等问题，采取有效措施，化解矛盾，保持社会治安的持续稳定。

同月，县人大常委会组织委员和部分人大代表对全县个体私营经济发展情况进行调查视察。常委会第十次会议，听取和审议县人民政府《关于我县个体私营经济发展情况的汇报》，指出个体私营经济已成为全县经济发展的一个重要增长点，各级政府要根据全县个体私营经济与周边地区相比显得总量小、档次低、科技含量不高的实际，进一步解放思想，大力发展个体私营经济。

1995年3月，县人大常委会组织部分委员、人大代表分5个调查组，采取“听看”结合的方式，对17个乡镇的粮食生产、“菜篮子”基地建设和基本农田保护情况进行调查。同时，发出书面调查提纲，要求各乡镇人大主席团自行组织代表就地开展视察调查。常委会第十六次会议，听取和审议县人民政府《关于加强领导，统一思想，把农业放在经济工作首位的汇报》和《关于我县划定基本农田保护区工作情况的汇报》，在督促成绩的基础上，提出了建设性意见和建议。

1995年5月底，县人大常委会组织委员、人大代表对全县重点工业企业进行专题调查。常委会第十七次会议，听取和审议县人民政府《关于1—5月份全县工业生产运行情况的汇报》，在肯定成绩的基础上，建议县人民政府进一步确立效率观念，注重提高经济运行质量；采取措施，切实抓好重点工业企业；增强服务意识，切实帮助企业解决实际问题。

1995年10月，县人大常委会组织委员和部分人大代表对全县个体私营经济发展情况进行视察调查。常委会第二十一次会议，听取和审议县人民政府《关于我县个体私营经济发展情况的汇报》，建议县人民政府和有关部门进一步解放思想，更新观念，加强实体经济，增强服务意识；进一步强化管理职能，切实提高个人私营企业的产品质量和生产管理水平，增强个体私营者的法制观念和国家观念，使全县个体私营经济发展再上新台阶。

1996年1月，县人大常委会组织部分委员和人大代表对赋石渠道配套网络建设和农业基础设施建设情况进行视察和调查，常委会第二十二次会议听取和审议县人民政府《关于农业基础设施建设，特别是赋石渠道配套网络建设情况的汇报》，建议县人民政府切实增加农业投入，建设好赋石渠道配套网络等农业基础设施，充分发挥赋石渠道这一骨干实力工程的作用，提高农业抗击自然灾害的能力。

1996年1月，县人大常委会组织部分市、县人大代表对全县创建文明城镇活动进行视察，听取和审议县人民政府《关于创建文明城镇活动情况的汇报》，对县人民政府在城镇基础设施建设和管理方面所取得的成绩予以肯定，要求县人民政府及有关职能部门进一步加大工作力度，强化城镇管理，注重市民素质提高，动员全社会力量参与到创建文明城镇活动中来，把文明城镇建设工作推上一个新的台阶。

1996年5月，县人大常委会组织委员和人大代表对全县推行“双田制”工作进行深入细致的调查。广泛听取乡镇、村和人民群众的意见，常委会第二十四次会议，听取和审议县人民政府《关于推行“双田制”工作情况的汇报》，提出了审议意见，要求县人民政府抓紧做好推行“双田制”试点工作，在取得试点经验的基础上，加快“双田制”推行步伐，同时要因地制宜，实事求是，不搞一刀切。县人民政府及时制定出台《安吉县关于推行“双田制”建立土地流转机制的若干政策规定》和实施方案。7月，在递铺、梅溪两镇进行试点，8月中旬全面铺开，9月底前如期完成“双田制”工作。

1996年9月，县人大常委会组织人大代表对县十一届人大四次会议确立的十件实事办理情况进行视察，10月，常委会主任会议听取和审议县人民政府《关于十件实事组织实施进展情况的汇报》，对县人民政府重视实事办理工作表示满意，建议县人民政府重视工程质量，按照县人民代表大会通过的决议，加快十件实事的办理工作。

1996 年 12 月，县人大常委会组织调查组对全县旅游资源进行调查，听取和审议县人民政府《关于旅游资源开发情况的汇报》，建议县人民政府把旅游业开发作为一个重点的新的经济增长点来抓，要以天荒坪风景名胜区总体规划通过省级会审为契机，抓紧健全旅游管理机构，完善旅游开发规划；加大宣传力度，提高大都市“后花园”知名度；搞好部分景点建设的保护和开发；多方筹措资金，加快开发步伐，推动全县旅游事业大发展。

1997 年 4 月，县人大常委会组织委员和人大代表对贯彻执行《浙江省计划生育条例》情况进行调查，听取和审议县人民政府贯彻执行条例情况的汇报，认为县人民政府及主管部门对计划生育工作非常重视，成绩突出。要求进一步抓好孕前管理，加强流动人口管理。

1997 年 6 月，县人大常委会组织委员和人大代表对贯彻执行《浙江省文化市场管理条例》情况进行调查，听取和审议县人民政府贯彻执行条例情况的汇报，要求进一步加强法律宣传，加大执法力度；一手抓管理，一手抓繁荣，充分发挥文化、广电系统主渠道作用，加快培育农村文化市场，促进全县文化市场健康、有序、繁荣、安全。

同月，县人大常委会组织委员和人大代表对全县国有、城镇集体企业的改制工作进行专题调查，听取和审议县人民政府《关于企业经营制度转换，加强内部管理，提高经济效益等情况的汇报》，提出了审议意见，要求各地要根据企业实际情况决定转制形式，一厂一策，不搞一刀切，不搞形式主义；要切实依法办事，防止留下后遗症；要建立健全社会保障体系，真正建立起自主经营、自负盈亏、自我约束、自我发展的企业运行机制。

1997 年 9—11 月，县人大常委会先后组织委员和人大代表对全县依法治县工作进展情况、“三五”普法工作进展情况和行政处罚法贯彻执行情况进行调查，听取和审议县人民政府《关于依法治县工作情况汇报》《“三五”普法宣传教育工作情况的汇报》《关于贯彻执行〈行政处罚法〉情况的汇报》，提出了审议意见。要求县人民政府及有关职能部门牢固树立法治意识，坚持学法、守法、执法的有机结合，切实做到依法行政、依法决策、依法办事。

第十二届人大常委会视察调查

1998 年 3 月，县人大常委会组织委员和人大代表对全县国家粮库和农民粮食储备情况开展视察调查，听取和审议县人民政府《关于国家粮库和农民粮食储备情况的汇报》，建议继续重视粮食生产和粮库建设，强化为农服务意识，对县人民政府在新形势下大力发展粮食生产，做好粮食储备和流通工作提出要求。

同月，县人大常委会组织委员和人大代表对全县减轻企业负担工作情况进行专题调查，听取和审议县人民政府《关于减轻企业负担工作情况的报告》，针对企业减负工作力度不大、成效不明显、企业负担仍在逐年加重等问题，向县人民政府提出审议意见。县人民政府及时制定《安吉县减轻企业负担工作的实施意见》，督促各部门、各乡镇积极开展自查自纠，认真核发、注销和变更收费许可证，在三资企业率先实施企业缴费登记卡制度，一年共取消 36 项收费项目，降低 5 项收费标准，企业负担逐年加重的现象得到了遏止。

1998 年 8 月，县人大常委会组织全体委员和部分人大代表对全县“一竹三叶”资源开发情况开展专题调查，撰写了关于全县竹子、蚕桑、茶叶和烟叶生产经营情况 4 篇调查报告，听取和审议县人民政府《关于“一竹三叶”资源开发工作情况的汇报》。常委会审议认为，县人民政府把“一竹三叶”资源开发工作作为全县加快农业综合开发、推进农业产业化经营的重点来抓，决策正确，符合安吉实际。同时，针对工作不够平衡、产品质量和价格管理有待加强等问题，向人民政府提出意见和建议，并就加快竹子产业化经营步伐和白茶生产管理分别提出审议意见书。县人民政府对此专门作了研究，并加以落实。

1998年10月，针对县十二届人大一次会议作出的《关于实行殡葬改革的决议》落实情况，县人大常委会组织委员和人大代表就全县殡葬改革进展工作进行广泛深入的调查，听取和审议县人民政府工作报告。在肯定成绩的同时，针对殡仪馆体制不顺等问题，建议县人民政府进一步理顺殡仪馆体制，加强内部管理，提高服务质量和水平，切实解决殡葬改革中的一些具体问题。

同年，县人大常委会多次组织委员和人大代表对全县十家重点污染企业治理工作进行视察，主任会议听取和审议县人民政府关于污染企业治理工作报告，要求县人民政府及有关职能部门进一步增强环保意识和工作责任心，加大检查、督查力度。县人民政府明确任务，加大投入，加强督查，治污工作成效明显。在“零点行动”中，孝丰造纸厂等3家被抽查企业外排废水达到《污水综合排放标准》。

同年，针对人大常委会作出的《关于实行依法治县的决议》和《关于继续开展法制宣传教育的决议》落实情况，组织委员和人大代表先后深入到16个部门和乡镇对实施依法治县和开展“三五”普法情况进行调查，听取和审议县人民政府《关于贯彻两个“决议”情况的报告》，认为县人民政府重视依法治县和“三五”普法工作，组织健全，宣传到位，工作有序推进。建议县人民政府进一步突出重点，加强领导，加大《依法治县规划》和《“三五”普法规划》的实施力度，巩固普法成果，推进依法治县进程。

1999年4月，县人大常委会专门组织调查组，对部分长期亏损、改革困难的国有、城镇集体企业生产经营管理及政策情况进行调查。常委会第十次会议听取和审议县人民政府的工作报告，就国有和城镇集体企业降低资产负债率、活跃和开拓市场、做好下岗人员分流和再就业及企业解围、继续调整和完善所有制结构，提高企业经营管理者素质等问题提出了意见和建议。

同年，县人大常委会针对全县小城镇数量多、规模小、整体水平比较低、辐射带动作用不明显等实际情况，组织委员、人大代表对小城镇建设情况进行专题调查，听取和审议县人民政府关于小城镇建设情况的报告，要求县人民政府进一步搞好规划，以科学规划推进小城镇有序发展；进一步解放思想，更新观念，建立垄断县城规划区土地的机构，走城镇建设良性循环、自我发展的路子。会议就加快小城镇建设向县人民政府提出审议意见书。

同年，针对县十二届人大二次会议作出的《关于加快实施“绿色工程”的决议》落实情况，县人大常委会组织委员和人大代表深入基层调查研究，开展视察和检查，听取和审议县人民政府《关于实施“绿色工程”情况的报告》。审议认为，一年来，全县筹措和投入资金2000万元，建立生态公益林40万亩，植树造林2.06万亩，四旁植树53.4万株，种植草坪7万平方米，递铺港二期综合治理工程基本完成，04省道、县内主要公路和县城绿化有了突破性进展，生态环境得到改善，环保意识得到增强。常委会还听取和审议县人民政府《关于〈水土保持法〉贯彻执行情况的报告》，就加强西苕溪河道采砂管理向县人民政府提出审议意见书。县人民政府召开县长办公会议进行专题研究，采取有力措施，使西苕溪河道采砂管理更趋合理规范。

2000年，县人大常委会加大对人民群众关心的热点、政府工作难点的监督力度，组织委员和人大代表就职工基本养老保险条例的实施、民营经济发展、农业结构调整、国有企业改革等问题开展视察调查。采取邀请专业人士作法律讲座、组织赴外地考察学习、召开有关部门单位座谈会、深入基层交流座谈等形式，了解民情民意，尽量使调查报告内容丰富、翔实。听取和审议县人民政府的工作报告，就职工养老保险条例贯彻实施中存在的认识还不够统一、领导力度不够大、工作进度不够快等突出问题，提出意见和建议。县人民政府及时召开全县社保体系建设工作会议，落实常委会意见建议；就民营企业存在招商引资力度不大、部门服务意识欠强等问题，建议县人民政府抓紧有关政策落实工作，优化发展环境；就农业构建调整中存在的乡镇重视程度不平衡、农业基础思想观念亟待提高、调改资金严重不足、农林人员结构不尽合理等问题，提出意见建议。县人民政府召开相关工作会议，加大领导力度，制定扶持政策。就国有企业改革中存在的问题，常委会专门提出审议意见书，督促政府加大工作力度。

2001年7月，县人大常委会组织部分委员和人大代表对全县调整农业产业结构，发展效益农业工作开展专题调查，常委会第二十九次会议听取和审议县人民政府《关于我县贯彻农业"两法"，调整农业产业结构，发展效益农业工作情况的汇报》，针对农调缺资金、缺信息、缺技术，农产品龙头企业规模小，少数干部群众观念滞后，农调力度不大等问题，向县人民政府提出意见建议。县人民政府积极引导和扶持白茶、草食动物、高山蔬菜、水产养殖等优高产业，加快粮经比例调整进度，促进农业增效，农民增收。

2001年9月，县人大常委会组织委员和人大代表对旧城改造、生态广场、污水处理、城市防洪和04省道、11省道建设等重点工程开展视察，常委会第三十一次会议，听取和审议县人民政府及有关部门的工作报告，就重点工程既要保进度，更要保质量、保安全等提出意见建议。督促县人民政府及相关部门落实审议意见，促进重点工程建设，加快基础设施建设步伐。

2002年，县人大常委会围绕改善投资环境，提高开放水平组织委员和代表对全县"二轮"审改和审批颁证服务中心建设情况进行视察，听取和审议县人民政府《关于我县"二轮"审改及审批颁证服务中心建设情况》的报告，在肯定县办证服务中心服务经济、服务企业、服务群众、改善投资环境等方面取得成绩的同时，针对其审改上下配套不到位、中心窗口授权不到位等问题，要求县人民政府高度重视县审批办证服务中心建设，并围绕优化审批制度、减少审批环节、简化审批手续提出具体要求。

第十三届人大常委会视察调查

2003年3月，县人大常委会组织委员和人大代表对全县农业产业化进程和经济薄弱村脱贫工作开展视察调查，县人大常委会第二次会议，听取和审议县人民政府《关于农业标准化生产体系和农产品质量安全体系建设情况和经济薄弱村脱贫工作情况的报告》，提出意见建议，并就农业标准化体系和农产品质量安全体系建设向县人民政府发出审议意见书。县人民政府按照常委会要求，及时建立“两个体系”工作领导小组，明确各部门职责，制定《关于农业标准化和农产品质量安全工作的实施意见》，制定“两个体系”建设目标，制定农业产业化经营扶持政策和农业招商引资优惠政策。

2003年4月，县人大常委会组织委员和人大代表对全县矿山资源管理工作进行视察，视察组先后到天荒坪、递铺和良朋，现场察看5处矿山。县人大常委会第二次会议，听取和审议县人民政府《关于全县矿产资源管理工作情况汇报》，并就如何抓好此项工作向县人民政府提出意见建议。

2003年11月，县人大常委会围绕全县“生态立县”战略，组织委员和人大代表对全县生态乡镇、生态村创建工作开展视察，县人大常委会第八次会议，听取和审议县人民政府《关于安吉生态县建设规划的报告》，对规划提出修改意见，经县人民政府修改后，常委会听取和审议县人民政府《关于提升生态旅游业发展层次的报告》，提出加强领导，加大促销力度，加强旅游商品生产引领和更有效地开展旅游业招商引资等建议，并就创业工作缺乏具体标准和明确的政策措施，致使创建工作难以操作、难以深入，向县人民政府提出审议意见书。

2003年11月，县人大常委会组织委员和人大代表对全县失地农民生活保障工作开展专题调研，县人大常委会第八次会议，听取和审议县人民政府《关于城市化进程中土地被征用后农民生活保障情况的报告》，要求县人民政府采取切实措施，落实征地补偿政策，保护农民利益不受侵害，帮助失地农民解决就业困难和生活保障。

2004年2月，县人大常委会组织部分委员、人大代表对全县高致病性禽流感预防工作进行视察，先后到04省道安乐卡点、高禹卡点及11省道杭垓卡点的执勤情况，以及杭垓镇梅村村禽流感疫苗注射工作进行现场检查。听取县人民政府、递铺镇和孝丰镇的工作汇报，并就做好预防工作提出三点建议：一是高度重视，加大外控内防力度；二是加强防治科普知识的宣传，做好群防群提；三是加强防疫队伍建设，健全和完善公共卫生防疫网络。

2004年5月中旬至6月中旬，县人大常委会对县经济开发区发展与管理情况进行专题调研，召开7个不同层面的座谈会，走访10余位各个层面的领导干部，考察江苏吴江、湖州、德清3个经济开发区，听取县经济开发区工作报告。对开发区在发展经济，推动城市化进程中取得的成绩予以肯定，并就开发区存在的资金运转困难、土地资源缺乏、偏离职能走位、思想认识混乱、内部管理不规范等问题向县人民政府提出整改意见。一要进一步统一思想认识；二是进一步理顺体制，明确职能；三要加大扶持力度，实行政策倾斜；四要加强监管力度，促进健康发展；五是优化资源配置，优化利用土地资源。

2004年6月，县人大常委会组织部分委员和人大代表对全县重点工程建设进展情况进行视察，先后视察凤凰湖水库主体工程、县文化体育中心、昌硕高级中学、中心定点屠宰场、天子湖工业园区等重点工程建设工作，听取县人民政府及有关部门的工作汇报，对重点工程建设中存在的部分工程移民工作进度缓慢、资金缺口大、发展不平衡等问题，要求县人民政府正确对待当前遇到的问题和困难，在保吃饭的前提下，确保做大事。工业园区建设要高起点规划、高标准管理、高效能服务，举全县之力扶持园区建设。

2004年4—7月，县人大常委会组织调研组对《浙江省民族权益保障条例》贯彻实施情况进行调查，走访了2个民族村，实地察看少数民族各地群众的生产、生活情况，听取民族村和少数民族工作重点村的介绍，先后召开相关乡镇和县级机关有关部门负责人座谈会。常委会第十三次会议听取县民族宗教事务局关于条例贯彻实施情况的汇报，提出意见建议。并就少数民族发展专项资金安排，少数民族中小学生免交学杂费等问题向县人民政府提出监督意见书。

2004年6—7月，县人大常委会组织部分委员、人大代表对全县贯彻实施《物业管理条例》情况进行调查。通过走访、座谈、问卷等形式，对政府主管部门、有关乡镇、物管企业、社区居委会，以及部分业主就物业管理工作开展调研，赴大连、泰安等物业管理先进城市参观考察。听取县人民政府《关于〈物业管理条例〉贯彻实施情况的汇报》，就全县物业管理存在的业主认识误区、市场运行机制缺失、公司运作困难等问题向县人民政府提出意见建议。一要坚持宣传与教育相结合，营造良好的舆论氛围；二要坚持贯彻与完善相结合，创造良好的法治环境；三要坚持扶持与监管相结合，培育物管行业健康成长；四要进一步扩大物业管理的覆盖范围。

2004年8月，县人大常委会组织委员、人大代表对县工商局效能建设、行政许可法学习贯彻、行政许可项目清理及有关配套制度建设等情况进行视察。视察组一行视察县办证中心工商局服务窗口和12315消费者举报投诉中心，听取县工商局关于工商局述效促效综合情况的汇报，代表们对工商局机关效能建设以及行政许可法的贯彻实施所取得的成绩予以肯定，对下一步工作提出意见建议。一要注重执法程序的合作化，二要做好执法的相互协调，三要抓好执法队伍素质的提高。

2005年4月，县人大常委会组织驻会委员、部分人大代表对全县道路交通安全情况和城市防洪工程建设情况进行视察，视察组先后实地视察304省道、11省道事故多发地段设施情况，地区道路交通秩序情况，递铺大桥、凤凰湖水库下游河道、黄墅排渠、浒溪河道（范潭）等地的水利设施建设和黄沙开采情况，听取县公安局、县交通局、县水利局、县经济开发区、县建设局和递铺镇等单位的工作报告，就道路交通安全和城市防洪工程建设向县人民政府提出意见和建议。

同月，县人大常委会组织部分委员、人大代表对全县科技工作情况进行调查，召开由相关部门、科技工作人员、企业负责人和递铺镇、开发区有关人员参加的座谈会7次，走访工业企业4家。赴新昌、绍兴、长兴等地参观考察。听取县人民政府关于科技工作情况的汇报，就科技工作存在的科技意识不强、企业科技创新主体地位尚未确立、工业经济科技含量较低、科技创新体系不够健全、科技人才匮乏等问题向县人民政府提出意见建议。一要提高认识，以科学发展观统领科技工作；二要明确重点，把促进工业经济发展放在科技工作的突出位置；三要强化推动，着力营造企业科技创新良好的外部环境；四要实施人才工程，夯实科技工作基础。

2005年4—6月，县人大常委会组织委员和人大代表对全县促进工业经济发展，实现新的腾飞工作情况进行调研。调查了5个工业大镇和经济开发区10余家企业，召开有关部门负责人座谈会，考察海宁市和长兴县发展工业经济情况，听取和审议县人民政府《关于工业经济发展情况的汇报》，并就全县工业经济发展中存在的合力扶工氛围不够浓、平台建设跟不上工业经济发展要求等问题向县人民政府提出意见建议，要求县人民政府牢固树立经济主导地位，保持工业项目快速推进的良好势头，着力破解土地和资金等的瓶颈制约，全力抓好招商引资和平台建设，加大优势产业的扶持力度。

2005 年 9 月，县人大常委会组织委员和人大代表对全县供电服务质量情况进行视察，察看了 100 千伏云鸿输变电工程和递铺供电所营业窗口，听取县供电局关于企业经营、电网建设、有序用电、优质服务等情况的汇报。对供电部门加快电力建设，强化有序用电，为保障经济发展所做出的成绩予以肯定，要求供电局进一步提高工作定位，提高电力保障能力，提高队伍素质，为安吉经济发展作出更大的贡献。

2005 年 10 月，县人大常委会组织委员和人大代表对全县农村食品安全网络建设进行视察调查。实地察看了 9 家连锁超市和放心店，召开相关职能部门和部分乡镇领导参加的座谈会，听取县食品药品监督管理局《关于农村食品安全网络建设情况的汇报》。对取得的成绩予以肯定，并就此存在的流通网建设尚欠规范、食品安全监管不够有力、群众监督作用发挥不够、经费保障有待强化等问题向县人民政府和相关职能部门提出意见建议，要求加大宣传力度、监管力度、责任落实力度、资源整合力度和经费保障力度。

2005 年 10—11 月，县人大常委会组织部分委员、人大代表对全县统筹城乡发展，促进农民增收情况开展调查。调查组实地走访了递铺、孝丰、天荒坪、良朋、杭垓 5 镇和部分村及农户，听取镇政府相关工作情况的汇报，召开县政府有关部门负责人座谈会，肯定全县统筹城乡发展、促进农民增收所取得的成绩，并就此项工作存在的工作不平衡、投入力度不大、收入区域性差距大、农民总体素质不高、保障体系建设不完善等问题向县人民政府提出意见建议。

2005 年 11 月，县人大常委会组织委员和代表视察全县工业重点项目推进情况。实地视察广隆五金、新祥铝业、创新科技、博瑞医药等工业重点项目实施情况，听取县人民政府及相关部门的工作报告，对项目推进情况表示满意。要求县人民政府及有关部门在新项目引进上更加努力，在抓好服务与平台建设上更加努力，在破解征地拆迁等难题上更加努力。

2006 年 4—5 月，县人大常委会组织委员和人大代表对全县新农村建设情况进行调查，围绕农业合作组织建设和农业产业化发展等专题，深入皈山、山川、天荒坪、梅溪等乡镇和县经济开发区的有关村、部分农业专业合作社进行走访，分别召开梅溪片、杭垓片乡镇人大专职主席、副主席，分管乡镇长和部分村党支部书记参加的座谈会，组织赴温岭、嵊州等县市进行考察。听取县人民政府《关于全县新农村建设情况的汇报》，肯定全县新农村建设所取得的成绩，并就新农村建设中存在的规划滞后、发展水平不高、目标任务不明确等问题提出意见建议。要求县人民政府及相关职能部门抓紧制定实施意见，尽快完善配套政策措施，切实抓好县城总规的修编实施工作，继续突出发展农村经济的首要地位。

2006 年 5—6 月，县人大常委会围绕县委“三年冲百强”的工作目标组织部分委员、人大代表对全县工业经济发展情况开展调查。就招商引资、平台建设、项目推进和自主创新四方面情况，走访县经济开发区和各工业重点乡镇，了解有关部门和企业的意见要求。听取县人民政府有关部门关于全县工业经济发展情况的报告，肯定取得的工作成绩，就工业经济发展存在的平台建设相对滞后、项目推进难度增大、招商引资形势严峻、产业层次总体偏低、服务环境有待改善等问题提出意见建议。要求县人民政府坚定不移抓好“一号工程”，集中精力推进项目建设，创新破难打造发展平台，提升产业重视自主创新，营造环境形成发展合力。

2006 年 4—6 月，县人大常委会组织部分委员和人大代表对全县农村公共卫生工作进行调查，先后到递铺、梅溪、报福等地座谈、走访，实地察看当地卫生院，村(社区)卫生服务站(室)，征求相关人员的意见和建议，分别召开政府相关职能部门、各级卫生医疗机构、县卫生局各科室负责人等参加的座谈会，听取县人民政府及有关部门的工作报告。肯定工作成绩，就农村公共卫生工作存在的意见建议，要求县人民政府及相关职能部门进一步增强意识，强化责任，整体推进，加大投入，使农村公共卫生事业取得较快发展。

2006 年 7 月，县人大常委会组织委员和人大代表对全县饮用水水源保护工作情况进行视察，实地视察乐平寺饮用水水源保护区保护情况，听取县人民政府有关部门《关于我县饮用水水源保护工作情况的汇报》。针对部分水源保护区内无序采砂、上游山地开山种植白茶等污染水源问题向县人民政府及有关部门提出意见建议。要求明确责任，落实管理职能；形成合力，保护水源涵养区；加强巡查，加大管理力度；科学论证，完善综合利用规划。

2006 年 8 月，县人大常委会组织部分委员、人大代表对全县防汛、防台工作落实情况进行视察，先后实地视察溪龙乡新丰村西苕溪标准斗堤、上墅乡长坑坞水库、孝丰镇水家坞水库等，听取县水利局有关情况的汇报。充分肯县人民政府在防汛、防台和重点水利基础设施建设等方面所做的工作，针对存在的水土流失现象比较严重、应对灾害性天气措施比较有限、一些山塘水库存在潜在危机等问题，向县人民政府及有关部门提出要求。一要进一步增强防灾意识，二要进一步落实防灾责任，三要进一步提高防灾能力。

2006 年 10 月，县人大常委会组织委员、人大代表对全县义务教育发展改革情况开展调查，先后实地走访、察看县实验初中、晓墅中学、鄣吴中学、昌硕小学和上吴完小，先后召开由县教育局相关领导、相关科室负责人和递铺镇、鄣吴镇政府分管领导、部分中小学负责人及人大代表参加的 4 个座谈会，听取县教育局《关于我县义务教育发展改革情况的汇报》。充分肯定全县义务教育工作所取得的成绩，就存在的教育经费短缺、发展不够均衡、体制机制不完善等问题，向县人民政府及有关部门提出要求。一要注重教师队伍建设，二要科学推进教育布局调整，三要进一步完善教育管理，四要优化教育投入。

第十四届人大常委会视察调查

2007 年 3—4 月，县人大常委会组织委员、人大代表对全县家庭工业发展情况进行专题调研。走访 10 多个乡镇 20 多个村 60 多家家庭企业，召开多个层面的座谈会，同相关职能部门、乡镇党委政府以及基层干部、家庭企业主和普通农户进行广泛交流，听取各方面的意见和建议，并学习考察省内部分县区发展家庭工业的经验。针对全县家庭工业势头迅猛但区域差异较大、特色鲜明但产业层次不高、愿望迫切但发展限制较多、富裕一方但村级难以受益等实际问题，向县人民政府及有关部门提出意见建议，要求营造氛围，发动全民创业；优化环境，加大政策扶持；创新方法，改善要素供给；强化服务，搭建公共平台；规划引导，提升发展层次，促成县政府制定《关于鼓励发展现代家庭工业的若干意见》。

2007 年 4 月，县人大常委会组织委员、人大代表对全县政府性投资项目融资情况进行专题调研，到部分乡镇重点基础设施项目现场进行实地察看，召开多个座谈会，听取县人民政府及相关职能部门的有关工作汇报。针对政府融资资源配置效率不高、融资渠道不够通畅、融资管理不够到位、财政风险逐步增大等实际问题，向县人民政府及有关职能部门提出意见建议。要求组建机构，统筹政府融资事务；整合资源，做强政府融资平台；创新方法，拓宽政府融资渠道；加强管理，规范政府举债行为；研究政策，扶持乡镇融资开发。

2007 年 5—6 月，县人大常委会组织委员、人大代表对全县农民专业合作社建设与发展情况进行调研。专门视察县经济开发区、递铺镇、梅溪镇、章村镇、皈山乡 5 个乡镇(开发区)和剑山梨业、垅坝蚕桑、上赵河蟹、安吉家禽、山农绿色蔬菜、金牛水稻、天缘水栀子等 7 个专业合作社。听取乡镇人民政府(开发区)和重点农民专业合作社有关工作情况汇报，召开多个座谈会，走访部分合作社社员，针对合作社建设和发展存在的重视不够、运作不规范、缺乏发展后劲、农民入社率低等困难和问题，向县人民政府及有关职能部门提出意见建议。要求加强领导，提高认识；强化指导，规范管理；重视培训，提高素质；合力扶持，推动发展。

2007 年 6—7 月，县人大常委会组织委员、人大代表对县域内教育均衡发展情况开展调研。召开部分乡镇分管领导、中小学校长、一线教师以及县教育局中层以上干部座谈会，走访部分学生家长、人大代表，广泛听取意见和建议，并赴衢州考察，学习借鉴先进地区的办学经验。针对教育均衡发展中存在的城乡办学条件差异大，农村教师稳定性、结构性、素质性矛盾突出，择校现象严重、管理水平欠缺等突出问题，向县人民政府和有关部门提出意见建议。要求通盘考虑，战略决策；政策调节，缩短差距；加强管理，提高质量；形成合力，创优环境。

2007 年 7 月，县人大常委会组织部分委员、人大代表对全县科学有效利用土地，保障工业平台建设进行专题调研，研究国家、省市关于科学利用土地的政策精神，深入乡镇、园区进行考察，召开多个座谈会，对当前土地利用情况进行样本分析，并学习杭州、台州、绍兴、昆山等地集约用地的先进经验。针对全县工业用地存在的规划制定实施不够到位、土地利用集中程度不够高、土地挖潜增量不够用透、用地管理不够科学等突出问题提出意见建议。要求科学规划，切实强化规划对集约用地的引导；科学运作，切实提高工业平台的建设效益；科学开发，切实做好盘活存量、激活增量挖潜文章；科学考核，切实强化集约用地发展理念。

2007 年 9 月，县人大常委会组织委员、人大代表对全县毁林开垦专项整治工作开展专题视察调查。实地察看溪龙乡、昆铜乡、递铺镇部分毁林开垦种植白茶现场，听取县林业局关于制止毁林开垦专项行动情况的汇报。对愈演愈烈的毁林开垦种植白茶现象深表担忧，现状触目惊心，形势十分严峻。建议县人民政府及有关部门要以守土有责的强烈意识，高度重视，加强管理；要切实提高保护环境重要性的认识，形成合力制止毁林开垦；明确管理职责，探索和完善合理、科学的管理方法。

2007 年 11 月，县人大常委会组织委员、人大代表对开发区、城北社区、递铺镇、孝丰镇、高禹镇等地的八大县级重点平台建设情况进行调研。实地察看八大县级重点平台建设情况，召开多次专题座谈会，听取相关情况的汇报。对平台建设所取得的成绩予以肯定，并就平台建设存在的土地规划滞后、政策不统一、建筑运输市场混乱等突出问题，向县人民政府及有关职能部门和乡镇提出意见和建议。要求突出平台地位，坚持科学开发，着力破解难题，优化发展环境。

2008年1月，县人大常委会组织委员、人大代表对孝丰镇未来发展方向与定位进行专题调研。分析孝丰镇现阶段经济社会发展的比较优势和存在的问题，认为孝丰镇仍有区域中心地位优势、工业经济基础良好、城镇建设初具规模、公用事业相对完善等优势，但也存在发展空间严重受限、集聚能力逐步弱化、发展后劲相对不足、城镇形象有待提升等突出问题，就“同城”概念下的递铺、孝丰一体化发展提出创造性构想，并对放大“同城”效应，加快孝丰发展提出意见和建议。要求统一规划，推动一体发展；错位发展，增强镇域实力；创新机制，培育次级中心。

同月，县人大常委会组织委员、人大代表对东部重镇梅溪镇未来发展进行专题调研。客观分析梅溪镇经济社会发展面临的压力和重振雄风的机遇和优势，就加快梅溪地区发展，推进东部三乡镇一体化，实现东部崛起提出意见和建议。要求沿路开发，做强工业；注重特色，做精农业；争取政策，做实城镇；加快临港经济开发，增强区域中心实力。

2008年8—9月，县人大常委会组织委员、人大代表对全县新农村提升(中国美丽乡村建设)情况进行视察调研。深入皈山、孝丰、报福、章村、递铺、天荒坪等乡镇和县经济开发区、环灵峰山休闲度假区开展实地调查，召开乡镇、村干部座谈会，听取乡镇政府和有关部门相关工作情况汇报。针对中国美丽乡村建设中存在的思想认识不够、主体地位不够、管理指导不够等突出问题，提出意见建议。一要进一步加强领导，提高认识；二要进一步突出重点，强势推进；三要进一步创新载体，全员参与；四要进一步完善体制，全面提升。

2008年10月，县人大常委会围绕县委关于“转变经济增长方式，推进经济转型升级”工作，组织部分委员、人大代表对“实施品牌兴县战略，推进经济转型升级”情况进行专题调研。在为期近一个月的调研中，通过座谈走访、外出考察等形式，广泛听取各方面意见。在肯定成绩的基础上，就实施品牌建设存在的品牌认识不高、贴牌现象普遍、分布不尽合理、效应体现不足、品牌建设滞后等突出问题，提出意见和建议。要求确立“品牌兴县”战略，明确品牌建设思路；强化政府引导作用，加大政策扶持力度；加强品牌基础工作，提高企业创牌能力；发挥块状经济优势，积极培育区域品牌。

2008年10—11月，县人大常委会组织部分委员、人大代表对全县生态修复工作情况进行视察调查。先后到昆铜、溪龙、杭垓等乡镇以及04省道、11省道沿线及西苕溪沿岸进行实地调查，召开相关座谈会，听取乡镇政府和有关部门的工作情况汇报。充分肯定生态建设所取得的显著成绩，对生态修复的认识需要进一步提高、保障机制需要逐步完善和生态环境的逐步性破坏与没有得到有效治理情况有所凸现等突出问题，提出建议意见。一要进一步提高对生态修复重要性、必要性的认识；二要倡导科学理念，推进生态修复工作；三要建设有效管理体系，突出重点，逐步推进。

2008年12月，县人大常委会组织委员、县人大常委会农业环境保护工作委员会专业小组成员对鹅卵石、景观石保护、管理情况开展专题视察调研。实地察看西苕溪南溪、西溪、龙王溪、山河湾以及浒溪的鹅卵石、景观石保护、管理情况，听取孝丰、报福、上墅、天荒坪等乡镇政府的情况汇报，对鹅卵石、景观石保护、管理工作进行认真探讨。充分肯定县人民政府在保护、管理方面所取得的成绩，但由于受经济利益驱动和缺乏好的管理体制，鹅卵石、景观石非法开采未能得到根本遏制，就此，向县人民政府及有关部门、单位提出意见和建议。一要真正提高认识，二要明确管理主体，三要加大执法力度。

2009 年 2—3 月，县人大常委会组织委员、人大代表对全县农业基础设施建设情况进行调研。先后到递铺、孝丰、梅溪、高禹、天荒坪、良朋等乡镇进行实地调查，听取乡镇政府和有关部门的工作情况汇报，召开座谈会，查阅相关资料。对农业基础设施建设所取得的明显成绩予以肯定，针对存在的保障与安全能力弱、投入不足和管理缺乏、底子不清和情况不明等突出问题，提出意见建议。要求进一步加强领导，高度重视农业基础设施建设；进一步完善机制，着力推进农业基础设施建设；进一步提升标准，积极为建构“数字农业”奠定基础。

2009 年 5 月，县人大常委会组织委员、人大代表对绿色长廊建设和管理情况进行专题调研，实地察看 04 省道幽岭至马家渡段、11 省道马家渡至晓墅石龙段、04 省道马家渡至高禹段等绿色长廊实施情况，并专门考察金华、台州、绍兴等地区。充分肯定县人民政府绿色长廊建设所取得的成绩，针对建设、管理方面存在的经营性管理难以为继、色彩单一质量不高等突出问题，提出意见建议。建议县人民政府将绿色长廊明确定位为政府公益性事业项目，加快土地流转，提高绿色长廊整体品位。

2009 年 6 月，县人大常委会组织委员、人大代表对休闲旅游工作情况进行专项调查。通过座谈走访、外出考察等形式，广泛听取各方面意见，专门听取全县各旅游重点乡镇、旅游相关工作部门和企业、县旅游局各业务科室等负责人的情况介绍。对旅游业产业地位明确、发展方向明晰、规模效应明显予以充分肯定。就存在的思想认识障碍、体制机制障碍、市场拓展障碍、发展软环境障碍等突出问题，提出意见建议。要求强化主导意识，形成工作合力；整合要素资源，探索机制创新；策划品牌营销，提升旅游形象；实施项目推动，打造休闲特色；强化行业管理，提升产业环境。

2009 年 6 月，县人大常委会组织委员、人大代表对全县优化产业结构和企业转型升级情况进行调研，先后到开发区(递铺镇)、孝丰镇、高禹镇等乡镇和南方铜业等 10 家企业了解情况，召开县经贸委、县发改委、县外经贸局、县土地管理局等部门参加的座谈会，详细了解优化产业结构和企业转型升级的工作情况。肯定所取得的成绩，就存在的产业结构不够合理、企业创新能力不强、产业集中度不高、项目推进力度不大等问题，提出意见建议，要求以产业优化升级为主要内容，继续深入推进“2＋4”产业结构调整方向，突出重点，大力提升椅、竹两大特色产业，加快发展新兴产业规模，全力推进企业转型升级，优化产业结构。

2009 年 9 月，县人大常委会领导带领 3 个调研组，通过实地查看、听取汇报、查阅资料等方式，对全县 22 个重点项目建设情况开展调研。在此基础上，各调研组进行分析和梳理，找出存在的主要困难和问题，提出有针对性的意见和建议。主要问题有：项目推进不够平衡，项目建设资金缺乏，土地规划有待调整，征地拆迁问题突出，项目服务不够到位，建设环境急需整治。主要建议是：落实责任，全力推进项目建设；拓宽思路，着力解决资金瓶颈；完善机制，挖掘项目用地潜力；强化措施，破解征地拆迁难题；把握重点，优化项目建设环境；改进服务，加快项目建设进度。

同年，县人大常委会组织部分委员、人大代表对“中国美丽乡村”建设情况进行视察，开展一系列调查走访活动，提出美丽乡村建设要做好与促进城乡统筹发展相结合、与加大产业支持相结合、与带动农业休闲产业相结合、与挖掘乡土文化相结合的“四结合”文章，为美丽乡村建设注入丰富的内涵。

同年，县人大常委会组织委员、人大代表先后视察城市管理和县城中心区块、港北区块拆迁工作，要求县人民政府及有关职能部门加快市政功能建设，提升城市形象和品位，实现管理理念由“我为城市管市民”向“我为市民管城市”转变，坚持“公开、公平、公正”的拆迁工作原则和“真诚、真心、真情”的拆迁工作理念，做到依法拆迁、阳光拆迁、和谐拆迁，加快城市化建设。

2010年3月，县人大常委会对县人民法院的立案与涉诉信访工作进行调研。听取县人民法院有关工作情况汇报，召开多层面座谈会，同时，走访相关当事人，对县人民法院立案和涉诉信访工作的成效予以肯定。就其存在的立案审查工作难度大、涉诉信访量大、处访方法单一等突出问题，提出意见和建议。要求县人民法院严把立案审查关，探索建立信访工作长效机制，提高办案效果，加强法官队伍建设。

2010年9月，县人大常委会领导带领3个调研组，对全县交通能源、园区平台、社会发展、现代服务业、农林水利、城建环保、工业科技等七大类32个项目开展视察调研。通过现场察看、听取汇报、查阅资料、与项目业主和责任单位座谈等形式，对重点项目建设进度、责任及配合单位任务落实、服务到位等情况进行深入了解，对存在的问题及原因进行分析，对各项目推进情况作客观公正的评价，提出有针对性的意见和建议。要求落实责任，确保目标达成；优化服务，形成推进合力；创新思路，破解要素制约；把握重点，提升项目效能；科学规划，做好项目前期工作。

2010年10月，县人大常委会组织委员、人大代表对全县食品安全工作情况进行专项调研。其间，分别召开食品安全监管部门和食品生产经营企业座谈会，走访相关部门和部分乡镇，对食品从田间到餐桌各环节生产经营情况进行了解和现场察看。肯定了工作成效，就存在的食品安全意识不强、职能分工不明、监管保障不力、监督能力不高等突出问题，提出意见建议。要求加强宣传，形成良好社会氛围；深化改革，形成部门监管合力；强化支撑，形成有力工作保障；科学监督，形成高效执法机制。

同年，县人大常委会组织委员、人大代表就合理保护、利用、开发水资源情况进行专题调研。通过座谈走访、实地考察、听取汇报等形式，对全县水资源现状进行客观评估，针对水资源保护利用存在的利用粗放、安全隐患多、管理开发不相适应等突出问题，提出意见和建议。要求强化水资源战略地位，抢占区域水资源高地；开源和节流并重，确保水资源量足持续；严格保护和品牌经营并重，塑造高端水资源形象。

同年，县人大常委会组织委员、人大代表就打造中国优雅竹城工作开展专题调研。围绕山区新型城市样板区建设目标，基于对县城城市特色的认识和美丽乡村建设经验的启示，综合分析县域的历史与现状，提出“中国优雅竹城”城市建设形象目标定位，从五个方面打造“中国优雅竹城”。一是突出宜居目标，用生活体验优雅；二是依托山水资源，用环境书写优雅，三是凸显绿色理念，用生态诠释优雅；四是着眼历史过程，用风貌维护优雅；五是把握发展脉动，用机制保障优雅。

2011年4月，县人大常委会组织委员、人大代表按照“村村优美，家家创业，处处和谐，人人幸福”的建设目标要求，对全县三年来的中国美丽乡村建设进行专题调研。通过座谈走访、实地考察、听取汇报等形式，总结出“党政主导，农民主体，社会参与，城乡融合”的美丽乡村建设安吉经验。针对工作中存在的经营突破难、建设融资难、壮大集体经济难、建设格局不平衡、长效管理难维持等突出问题，提出意见建议。要求目标向现有大景区转型，重心向经营乡村转移，建设向城、镇、村联动，创建向薄弱地区攻坚，管理向长效巩固强化，发展向集体经济壮大。

同月，县人大常委会组织财政经济工作委员会委员、人大代表对养老保险基金管理使用情况进行调研，视察县税务大厅、县就业管理处、县社保中心，听取县财政(地税)局、县人力资源和社会保障局《关于我县养老保险基金管理情况的汇报》和县审计局《关于我县养老保险基金审计情况的汇报》。常委会审议小组对养老保险基金管理使用情况进行审议，对成绩予以肯定，就存在的扩面征缴仍有难度、基金收支明显倒挂、个人账户做实有压力、被征地农民保障水平较低等突出问题，提出意见和建议。要求加强宣传，做大基数；完善机制，强化征收；依法依规，严格监管；研究对策，破解难题。

2011年9月，县人大常委会就群众“看病难、看病贵”问题组织委员、人大代表对全县医疗卫生体制改革情况开展调研，先后到部分县级医院、乡镇卫生服务中心和村级社区卫生服务站进行实地走访视察，听取卫生、发经、财政、人力社保、食药监等部门的工作汇报，还了解了嘉兴、新昌等地的医改情况。对医改工作取得的成绩予以肯定，针对工作中存在的投入不足、制度不完善、保障不健全、队伍素质不高等突出问题，提出意见建议。要求加强正面宣传和引导，建立财政投入长效机制，建立高素质人才队伍，深化医疗保障制度。

2011年11月，县人大常委会组织委员、人大代表对县人民检察院、县人民法院、县公安局、县司法局贯彻执行《浙江省关于加强检察机关法律监督工作的决定》(以下简称《决定》)的情况进行专项调研，调研组听取相关部门贯彻执行《决定》情况的汇报，并与各部门相关负责人进行座谈。肯定了各司法机关贯彻执行《决定》取得的成效，就存在的监督理念有待深化、监督能力有待提高、监督渠道有待探索、监督重点有待强化等方面困难和问题，提出意见和建议。要求统一思想，深化认识，增强贯彻实施《决定》的自觉性；强化管理，规范队伍，提升贯彻实施《决定》的能力；完善制度，健全机制，确保贯彻实施《决定》落到实处；关注重点，解决难度，突出贯彻实施《决定》的质效。

同年，县人大常委会围绕县委“打造休闲经济先行区”发展战略目标，组织委员、代表对县域大景区构建和乡村经营管理开展专题调研。通过座谈走访、听取汇报、外出考察等形式，就明确县域大景区建设意义、构建县域大景区建设路径、创新乡村经营模式、加快推进安吉成为长三角首选乡村休闲旅游目的地和建设全国首个县域乡村旅游大景区有了新的思考，并提出意见建议。要求通过规划构置、产业支撑、文化提升、功能完善、机制保障来构建大景区。通过统筹规划，探索“一城七区”大区块经营管理；创新体制，建立“大区小镇”开发建设；管理并重，全面提升“乡”的整体基础环境质量；政策引导，充分调研乡村主体积极性，实现“景乡一体化”经营管理模式。

第十五届人大常委会视察调查

2012 年 5 月，县人大常委会组织委员、人大代表开展现代农业“两区”建设情况视察调研。实地考察 22 个园区，召开多次座谈会，查阅相关文件资料，全面了解现代农业园区和粮食生产功能区“两区”建设情况。肯定了成绩，并就“两区”建设过程中存在的技术密集特点不够明显、管理水平须进一步提高、土地流转过程存在矛盾、园区建设资金筹措困难、用房建设用地审批困难等突出问题，提出意见建议。要求制定科技扶持政策，建立经营管理协会，学习研究法规政策，依法保障用地需要，增强财政投入力度。

2012 年 6 月，县人大常委会组织委员、人大代表对全县饮用水水源地保护情况开展视察调研。先后到凤凰水库、赋石水库、杭垓镇、安吉水务公司进行实地视察，听取县发经委、县环保局、县水利局、县农业局、县卫生局、杭垓镇政府关于饮用水水源保护管理情况的汇报。充分肯定取得的成绩，就存在的水源保护区划界不科学、思想认识不到位、三大污染依然存在、水质检测有问题等突出问题，提出意见和建议。要求科学实效，清晰界址；明确责任，依法履职；突出重点，防污治污。

2012 年 7—8 月，县人大常委会组织委员、人大代表对全县村级集体经济发展情况进行专题调研。通过搜集资料、实地访谈、问卷调查、分析农经报表等方式，对全县村级集体经济发展的现状、存在的问题及下一步发展壮大村级集体经济的对策措施进行分析研究。共走访行政村 12 个，对每个乡镇选择好、中、差 3 个行政村进行问卷调查，共收回 30 个村的问卷。肯定了前期所做的工作，就存在的村级集体经济对财政依赖性越来越大、村级集体经常性稳定收入实际占比不高、村级经常性收入与支出存在严重不平衡、村级集体经济发展的制约因素越来越大、村级财务管理不规范不到位等主要问题，提出意见和建议。要求从提高思想认识、破解发展难题、选择适合路子、选强培优班子、加强教育监督、优化发展环境六个方面着手发展壮大村级集体经济。

2012 年 10 月，县人大常委会组织委员、人大代表对全县水利工程建设情况进行视察调研，通过实地查看、座谈走访、专家咨询、查阅资料等方式，了解掌握全县水利工程建设基本情况。充分肯定水利工程建设取得的显著成绩，针对存在的建设资金严重短缺、基础设施仍然薄弱、河道整治缺乏石料、城市防洪规划滞后、基层责任意识弱化、管理施工力量不足等主要问题和困难，提出意见和建议。要求突出抓好重点工程，解决工程建设中的突出问题，形成水利建设大发展的合力。

2013 年 4 月，县人大常委会组织委员、人大代表对全县农村土地综合整治工作开展专项调研，围绕项目基本情况、项目实施效果、项目资金周转等方面，实地查看农整涉及村情况。听取县农整办、县国土局、县财政局和有关乡镇的意见要求，肯定了农整工作取得的成效，对农整工作面临的因资金困难造成项目进度受阻、因时间推移造成成本大幅增加、因承担成本过高造成乡镇积极性受挫等主要困难和问题，提出意见建议。一是确保资金的支撑和保障；二是切实保障农民群众的基本利益；三是建设项目的土地出让金必须足额收取；四是由村一级作为农整主体，乡镇和县进行监管。

同月，县人大常委会组织委员、人大代表对美丽乡村“扩面提升”工作开展专题调研。本着突出重点、分责开展的原则，着重围绕美丽乡村建设和扩面提升中的“洁化、净化、美化”三方面内容，先后到安城村视察规划保留自然村提升扩面情况，到横山坞村视察该村美丽乡村展示馆建设和精品示范村创建情况，到双一村了解美丽乡村建设和长效管理情况。搜集县农办、县环保局、县城管局、县林业局、县规划局、县建设局、县卫生局等部门有关美丽乡村创建以及扩面提升情况的专题汇报材料。充分肯定中国美丽乡村建设取得的显著成绩，针对存在的环境卫生脏乱差依然存在、农村三大污染依然严重、建设雷同现象比较普遍、违章建筑现象比较严重等主要问题，提出对策建议。要求落实农村环境卫生长效管理机制，加大农村三大污染治理力度，实现美丽乡村内在美的提升。

2013 年 7 月，县人大常委会组织委员、人大代表对林地除草剂使用情况开展专项调研。到除草剂大量使用的杭垓镇实地座谈了解，踏看使用除草剂后光秃裸露的林地，召开相关部门专家座谈会，搜集分析相关资料文献，基本了解了除草剂使用情况及造成的危害。针对除草剂使用带来的负面效应，提出较为全面的对策措施。一是健全完善扩大网络，指导农民科学规范安全使用除草剂；二是加大执法力度，严格限制使用或禁用不合格除草剂；三是规范农资供应市场，充分发挥农资连锁网络的规范化优势和主渠道作用；四是制定水源保护区域禁用除草剂的政策措施；五是推广除草新技术，减少除草剂使用量。

2013 年 8 月，县人大常委会组织委员、人大代表对秸秆焚烧情况开展调研。通过座谈走访、实地察看、专家咨询、搜集资料等途径，基本摸清全县秸秆焚烧情况，客观分析秸秆焚烧造成的主要危害。一是污染空气环境，危害人体健康；二是引发火灾，威胁群众生命财产安全；三是引发交通事故，影响道路和航空安全；四是破坏土壤结构，造成耕地质量下降；五是浪费大量的宝贵资源。并就此提出综合利用和禁烧措施建议，建议大力推广秸秆还用技术，加大政策引导力度，辅以行政执法措施。

同年，县人大常委会组织委员、人大代表专题视察省际产业转移示范区建设，为示范区建设“把脉问诊”，提出意见建议。一要强化扶持政策落实；二要抓紧解决天子湖区块供水问题；三要落实债务管理规定，确保融资资金安全运行；四要全力支持临港码头列为省重点项目；五要优化投资环境。

2014 年 3 月，县人大常委会组织部分委员、人大代表对全县村级组织规范运行监管机制建设开展专题调研，通过相关部门课题调研布置会、收集材料、文献研究、座谈会、个别访谈、问卷调查、外出考察学习等方法，了解全县村级组织运行监管机制建设的基本做法、取得的成绩和存在的主要问题。充分肯定取得的显著成效，就存在的村级财务管理监督不力、执行制度不严、违法乱纪案件频发、监管制度掌握不够等主要问题，提出对策措施。要求进一步明确监管主要内容，突出解决监管薄弱环节，切实发挥好职能部门作用，明确乡镇监管主体责任，帮助和支持村级组织发展壮大集体经济。

2014 年 5 月，县人大常委会组织部分委员、人大代表对全县防洪排涝情况进行专项调研。先后到县水利局、县城管局、梅溪镇、县城建成区，通过收集资料、实地考察、专题视察、座谈访谈等方式，了解洪涝灾害成因、防洪排涝基本做法和存在问题等情况，对工程建设和措施应对取得的成效予以肯定，针对存在的水库山塘除险加固不到位、河道防洪标准普遍较低、平原圩区斗堤和排涝泵站年久失修、毁林种茶等造成涵蓄水功能严重下降和因现行体制带来的责任层层弱化等突出问题，提出意见和建议。要求保护生态，涵蓄水源，做好水库山塘除险加固；治理境内河道，提高防洪能力；实施平原圩区斗堤改造和排涝工程，加大资金投入保证；切实增强责任意识、担当意识和防范意识。

2014 年 10 月，县人大常委会组织部分委员、人大代表就全县治污水、保供水、抓节水问题开展调研。通过召开座谈会、个别访谈、实地检查、专题视察、外出考察、搜集资料等方式，着重就治污水几个重点问题进行了解。针对治污水存在的处理能力严重不足、处理设施投资运行管理模式偏复杂、农村生活污水治理任务艰巨等几个重点问题，提出意见建议。要求加快城市和集镇污水处理厂站的建设及管网维护，理顺城市和集镇污水治理投资运行管理体制，加大对农村生活污水治理的投入与管理。

同年，县人大常委会组织委员、人大代表对全县装备制造业发展情况开展专项调研，通过实地视察、走访座谈、外出考察等方式。了解掌握全县装备制造业发展情况，建议县人民政府以“夯实基础，培养特色，着眼长远”的原则，不断提升园区功能，加大产业招商和资金人才保障力度，相关建议被政府分解细化后由职能部门具体落实。

同年，县人大常委会组织委员、人大代表专题视察全县公益林保护和现代林业园区建设情况。通过实地考察、走访座谈、听取汇报等途径，了解全县公益林保护和现代林业园区建设情况，要求县人民政府围绕森林资源的保护、培育和合理利用做实文章，更好地促进农业增效、农民增收。

2015 年 5 月，县人大常委会组织部分委员、人大代表对全县粮食生产和禽畜饲养工作开展视察。实地考察天子湖美维农业发展有限公司、章湾粮食生产功能区、正新牧业、新丰村建萍水产养殖专业合作社。听取县农业局的工作汇报，提出把握好稳粮增收、提质增效、创新驱动的农业工作总要求，不断提高粮食生产能力和水平，加大对禽畜水产标准化规模养殖场建设支持力度，大力推动循环农业发展的意见建议。

2015 年 7 月，县人大常委会组织委员、人大代表专题视察全县“三改一拆”工作。实地查看凤栖花园拆违现场、“两山”论坛区域沿线违法拆改现场、白缸线整治现场和阳光大道沿线整治现场等地。听取全县“三改一拆”工作情况汇报，就进一步做好这项工作提出意见建议。要求进一步攻坚破难，持续推进，严厉打击新增违法建筑，围绕“控新违，抓利用，管长效”三大重点和“无违建县”创建，上下联动，拆改并举，进一步推动“三改一拆”出实效。

同年，县人大常委会组织省、市、县、乡镇四级人大代表对全县大气污染防治工作情况开展专项审议和调研。通过部门自查、走访座谈、实地检查和会议审查等途径，审议、调查全县大气污染防治工作情况。肯定了两年来所做的工作和成效，针对存在的集中供热项目推进困难、小开水房整治不到位、黄标车整治有难度、建筑工地整治不到位和全社会治理大气污染自觉性没有形成等突出问题，提出意见建议。要求加大对大气污染防治重点环节的治理；加大大气污染防治违法犯罪案件的查处力度；加强部门协作配合，形成全社会环保合力。

同年，县人大常委会组织委员、人大代表对全县“三重一大”制度执行情况开展专项调研。

历经两个月，走访调研县纪委（监察局）、县农业局、天子湖镇、孝丰镇等13个单位、部门和6个乡镇街道，通过收集资料、听取汇报、查阅台账、召开座谈会、个别访谈等方式对各单位、部门的“三重一大”制度执行情况进行专项调研。针对存在的事项界定不清晰、民主决策意识不强、透明公开不到位、执行程序不规范、监督不力等突出问题，提出意见建议。要求加强宣传教育，增强责任意识；规范制度建设，提升决策透明度；完善监督体系，加强监督质量；健全追究机制，落实处罚措施。

同年，县人大常委会组织委员、人大代表对全县水利重点工程开展定点视察，先后查看苕溪清水入湖安吉段、中小河流治理重点工程等建设现场，并听取专题汇报。对视察中发现的资金筹措困难、个别工程段推进任务重、乡镇压力大等问题，建议政府部门加大资金和人才保障力度，按照“轻重缓急”“量力而行”的原则，严格按照既定方案和计划推进工程项目。针对长龙山抽水蓄能电站项目在汛期等特定条件下可能导致下游水库库容压力大的问题，要求政府部门予以进一步关注和重视，切实解决项目实施的后顾之忧。

2016年3月，县人大常委会组织委员、人大代表对全县安全生产工作开展专题调研，先后走访部分乡镇街道和企业，听取乡镇和相关职能部门工作汇报，就进一步加强安全生产工作提出意见和建议。要求加强宣传教育，不断提升全社会的安全生产意识；完善体制机制，切实把责任落到实处；强化巡查督促，落实主体责任；严格刚性执法，消除安全隐患；加强队伍建设，提升综合素质。

同月，县人大常委会组织委员、人大代表专题视察全县毁林开垦专项整治、植树造林、野生动物保护、湿地保护和林业传统种质资源保护与培育发展等工作，先后走访竹溪湿地公园、西港河流湿地等地。听取县林业局工作汇报，并建议县人民政府及有关部门严格按照分工落实好岗位职责，大力宣传相关政策法规和科普知识，严格打击各类违法行为，确保生态、经济、社会效益统一。

2016年4月，县人大常委会组织委员、人大代表对县粮食生产功能区建设工作开展专题视察，先后检查鹤鹿溪等地的粮食生产功能区，走访部分农户。听取县农业局工作汇报，就进一步加强功能区建设提出意见建议。要求提升粮食生产效益，死守粮食面积红线；明确功能区管理保护主体和内容，细化管理职责，落实责任到岗；广泛宣传功能区现实意义、内容、标准和政策，取得农户的理解和支持。

同月，县人大常委会组织县乡两级人大代表对全县大气污染防治工作开展专题调查。调查组开展大气污染防治工作及执法检查，先后实地检查建筑工地扬尘整治点、餐饮油烟整治点、锅炉及VOC污染整治点、矿山扬尘整治点等地。到开发区热电厂座谈了解存在的问题，到汽车销售点了解清洁能源汽车销售情况，到城管局了解城市道路扬尘治理存在的问题。调查组充分肯定县人民政府治理大气污染所做的工作及成效，针对存在的供热用户少、运行成本高、锅炉整治难、黄标车淘汰难、油烟净化成本高、秸秆禁烧难以长效维持、道路工地扬尘监管难等问题，建议县人民政府及有关部门要加大重点环节治理，加大违法犯罪案件查处，加大部门的通力协作，加大全社会的宣传教育。

2016年8月，县人大常委会组织委员、人大代表对全县残疾人口开展专题视察，先后走访残疾人康复中心、残疾人辅助器具资源中心、残疾人电商创业服务中心、电商客服就业服务站。听取县残联关于残疾人工作情况的汇报，就重视和加强残疾人工作提出意见建议。要求加大财政投入力度，提升残疾人医疗康复和就业帮扶水平；引导社会力量投入到残疾人事业，营造扶残助残的良好参围；做好残疾人电商创业扶持工作。

2016 年 9 月，县人大常委会组织委员和代表对申嘉湖高速安吉段、商合杭高铁安吉段开展集中视察，实地查看项目建设进展情况，并对项目建设提出要求。要继续高度重视，努力打造民心工程；加强项目全程监管，努力打造放心工程；不断提升服务意识，努力打造舒心工程。

第十六届人大常委会视察调查

2017 年 3 月，县人大常委会组织委员、人大代表先后 5 次视察全县“剿灭劣 V 类水”工作，专题调研农村生活污水治理运维、城镇污水处理设施运维等工作。听取和审议“剿灭劣 V 类水”工作的报告，提出“高标准完成剿劣任务、多角度治理污染源头、全方位优化治水机制”的审议意见，促成 1064 个小微劣质水体得到整治、城北污水处理厂三期工程启动实施等成效。

2017 年 4 月，县人大常委会组织委员、人大代表对全称县“最多跑一次”改革工作开展调研督察，通过视察、明察暗访、召开座谈会等途径，了解改革推动情况。期间，县、乡镇(街道)两级开展调研督察 45 次，各级人大代表参加 944 人次，发现问题 60 余个，及时反馈政府部门落实整改。10 月，县人大常委会主任会议听取“最多跑一次”改革工作情况报告，并提出意见建议，建议政府在打破部门数据壁垒等方面先行先试，不断提升服务质量。

同月，县人大常委会组织委员、人大代表对全县宗教场所管理工作开展视察调研。通过召开座谈会，实地走访佛教、道教、基督教部分宗教场所和外出考察等方式了解情况，听取和审议民族宗教局关于全县宗教场所管理工作情况的专题汇报。建议坚持保护合法、制止非法、遏制极端、抵御渗透原则，使宗教场所健康发展；健全县乡村三级网络，在部门各司其职、宗教团体自我管理上做好文章；做好宗教场所的安全管理。

同月，县人大常委会组织委员、人大代表对全县档案工作情况进行调研。先后走访乡镇(街道)档案室，踏看县档案馆新馆库房和数字化工作室，听取档案工作情况汇报，提出意见建议。要求始终围绕中心服务大局，加强机关部门档案工作，提升依法治档力度；及时归档特色档案，加强安吉地方特色档案征集与研究；加强对档案工作的经费保障，支持场馆等软硬件设施建设。

2017 年 5 月，县人大常委会组织委员、人大代表对县开发区、示范区经济发展工作开展视察。先后走访中策橡胶、洁美电子、华丰纸业、新兴移山、永艺家具、恒林椅业等 8 家企业，实地了解有关情况。6 月，县人大常委会主任会议听取示范区经济发展工作报告，就“两区”发展提出意见建议。要求坚持正确发展思路和目标，坚持效益、实力、生态并重发展理念，注重培养高素质经济管理团队。

2017 年 5 月，县人大常委会组织委员、人大代表对“两院”司法改革工作开展视察。通过实地走访、召开座谈会、听取专题汇报等形式，了解司法改革工作成效，就进一步推进改革工作提出意见建议。要求将上级改革部署与本地实际结合起来，落实好配套工作机制和工作制度；尽快建立完善办案责任制，强化内部监督评价机制；加强员额法官、员额检察官队伍建设，努力提升司法能力。

2017年6月，县人大常委会组织委员、人大代表对全县52个重点项目开展集中视察，了解项目进度，督促项目推进。县人大常委会第五次会议，听取和审议重点项目进展情况报告，开展“双满意度”测评，发出审议意见书，要求在年度重点项目选择安排上坚持以效益、实力和生态为标准，确保安排的项目能落地，有质量；在项目推进上突出重点，抓后进，抓滞缓项目，注重具体项目、具体矛盾问题的协调解决。

2017年7月，县人大常委会组织委员、人大代表对全县科技创新工作进行调研。先后走访洁美电子、天振地板、依思味等科技型企业，听取科技创新工作汇报。8月，县人大常委会主任会议听取科技创新工作情况报告，就加强科技创新工作提出意见建议，要求加快科技创新园二期建设，抓紧谋划开发区、示范区科技创新园；坚持内培外引，扩大科技创新产业体量；坚持内建外联，完善科技创新平台；坚持扬长避短，增加科技创新投入；坚持点面结合，加大科技创新服务力度。

2017年8月，县人大常委会组织委员、人大代表对全县“民主法治村”建设工作开展专题视察调研。先后走访双一村、洛四房村，听取县司法局关于“民主法治村”建设情况汇报。8月，县人大常委会主任会议听取“民主法治村”建设工作报告，就加强“民主法治村”建设提出意见建议。要求将“民主法治村”建设与最美县域建设相结合，推动“民主法治村”提档升级；创新开展法治宣传教育，使法治理念深入人心；鼓励各村对标创建，打造全省全国样板。

2018年2月起，县人大常委会组织委员、人大代表对《中华人民共和国旅游法》《浙江省旅游条例》贯彻执行情况进行调研。分别召开由部分乡镇分管领导、旅游企业及从业人员等参加的座谈会，实地视察调研部分重点休闲旅游项目，收集部分数据材料，形成调研报告，针对县旅游资源整合力、部门统筹力、市场监管力、对外营销力等方面存在的问题，提出立足规划用好资源、紧抓统筹用好合力、依法行政管好市场、全力推广做好营销等意见建议。3月23日，关于县人民政府对“一法一条例”执行情况议题在县第十六届人大常委会第十次会议上得到充分审议，推动县域旅游产业健康有序发展。

2018年3月，县人大常委会组织委员、人大代表视察全县农家乐与民宿生活污水治理运维工作。先后走访孝丰镇、报福镇等地农家乐和民宿集聚村落，实地查看生活污水治理运维工作，听取县农办、县旅委有关工作情况汇报，就进一步做好农家乐与民宿生活污水运维工作提出意见建议。要求继续加大工程质量监管力度，加强管网和终端设备维护，重点解决好旅游旺季游客激增时段污水处理能力吃紧等问题。

2018年3—4月，县人大常委会组织委员、人大代表专题调研《浙江省台湾同胞投资保障条例》执行情况。先后走访柏腾广电、广隆五金、敏泰科技等台资企业，听取县台办关于条例执行情况的汇报，针对安吉县台资企业发展现状以及面临的问题困难，提出提高政治站位、做优服务举措、注重引导指导、深化交流互动等意见建议。4月20日，县人大常委会主任会议听取和讨论关于贯彻执行《浙江省台湾同胞投资保障条例》工作情况的报告，推动部门依法履职，保障台胞投资权益。

2018 年 4 月，县人大常委会围绕生态品牌提升创建，组织委员、人大代表对安吉小鲵国家级自然保护区建设管理工作开展视察调研。实地查看保护区内实时监控情况，听取县林业局相关工作情况汇报，并就下一步工作提出规范保护区内各类设施建设，向上对接做好管理机构设置工作，加强技术队伍建设，学习借鉴完善管理制度，探索保护与开发融合新路子的意见建议。

同月，县人大常委会组织委员、人大代表对全县贯彻执行《浙江省社会养老服务促进条例》情况开展专题调研，通过召开座谈会、实地走访养老机构、听取民政部门汇报等形式，广泛了解安吉县养老服务体系建设工作情况和老年人实际需求，针对设施建设滞后、产业发展滞后、队伍建设滞后、医养结合滞后等问题，提出意见建议。要求提高认识，高度重视养老服务体系建设；统筹规划，加快推进养老设施建设；整合资源，发展社区居家养老服务；加强管理，提升养老服务质量水平。

2018 年 5 月，县人大委员组织委员、人大代表对全县外贸工作开展专题视察，实地视察艺维新家具有限公司和跨境电商孵化园，听取县商务局外贸工作情况汇报，就进一步做好外贸工作提出意见建议。要求深入贯彻国务院《关于加快培育外贸竞争新优势的若干意见》精神，推动安吉县外贸由规模速度型向质量效益性转变；培养引进和打造更高水平的外贸人才和企业家队伍；重视和推动外贸企业转型升级；用好国家支持鼓励外贸出口的政策措施，做好外贸企业服务工作。

2018 年 6 月，县人大常委会组织委员、人大代表对全县食品安全监督管理工作情况开展调研。召开相关职能部门、部分乡镇街道和村社区三个层面的座谈会，听取县食品安全监督管理办公室关于食品安全监督管理工作的情况报告，走访县内部分食品加工企业和县市场管理局下属分局、中心所等地，了解工作情况。针对存在的监管体系不完善、监管力量不足、监管机制不完善、安全意识不强等问题，提出意见建议。要求凝聚合力，有效增强食品安全监管水平；突出重点，切实提升食品监管质效；深入宣传，不断提高食品安全共治氛围。

2018 年 8 月，县人大常委会组织委员、人大代表视察全县环境资源审判和生态检查工作。实地查看法院补植复绿教育基地、检察院检查服务中心等地，听取县人民法院和县人民检察院有关工作汇报，就进一步加强该项工作，提出意见建议。要求提高认识，推进生态司法工作；构建多方联动协作共治格局；加大打击力度，做好保护工作；加大宣传力度，增强生态环境保护意识和相互监督意识。

2018 年 10 月，县人大常委会围绕“两山”成果转化，组织委员、人大代表视察全县美丽乡村经营工作。实地走访天子湖高禹村，听取县农办、县旅委相关工作情况汇报，就扎实做好美丽乡村经营工作，提出意见建议。要求结合政府扶持和市场运作，挖掘各村特色资源，以市场为导向，优化配置资源，开发出市场需求旺盛的产业和产品；加强对各村的引导和扶持，解决好资金、土地和人才等要素问题，深入调研政策性壁垒，大力改革破难；发掘、维系、发展好各村文化习俗，完善文化设施建设，开展好文化活动，不断提升乡村文化活力。

2018 年 12 月，县人大常委会组织委员、人大代表对全县示范区经济发展工作开展专题调研。实地查看华缔生物药业集团、祖名豆制品食品有限公司、鸿泉电子等示范区所在地企业，听取示范区工作情况汇报，就加快示范区建设发展提出意见建议。要求优化环境，完善服务，加快打造高新技术成果转化集聚区和省际产城融合示范区；多措并举，高质量推动产业发展；着力招大引强，培大育强，推动企业科技创新；精准施策，着力优化营商环境，为安吉示范区加快赶超作出新的贡献。

2019年4月，县人大常委会组织委员、人大代表对全县“七五”普法工作情况开展调研。实地走访县公共法律服务中心、天子湖镇青少年维权工作站、天子湖镇高庄村等地，召开多个座谈会，听取县司法局《关于全县“七五”普法工作情况汇报》。充分肯定普法工作取得的成效，针对存在的主体责任不实、针对性不明、机制性不力等问题，提出意见建议。要求增强协同性，在责任落实上下功夫；突出针对性，在精准发力上下功夫；注重实效性，在深化创新上下功夫；着重长效性，在完善机制上下功夫。

2019年5月，县人大常委会组织委员、人大代表会同政府相关职能部门、部分乡镇，对全县“五未”（批而未供、供而未用、用而未尽、建而未投、投而未达标）土地处置情况开展专项调研。通过实地走访、座谈交流等形式，了解有关情况。充分肯定“五未”土地处置工作导向清晰，底数明确；处置精准，举措有力；机制健全，管理到位等显著成效，针对存在的未处置“五未”土地存量较大、新增“五未”土地管控压力较大和低效土地清理难度较大等问题提出意见建议。要求进一步从思想上树立土地节约集约利用的理念；进一步加强筛选审核，严把招引项目准入关；进一步加大低效企业整治、低放土地清理力度；进一步调动基层激活闲置土地的主动性。

同年，县人大常委会组织委员、人大代表对文化助推旅游业发展情况进行专题调研。实地走访山水灵峰田园嘉乐比、江南天池等旅游项目，召开由乡镇分管领导和中南百草原、中张畲寨、茂腾文化等9家文化旅游企业参加的座谈交流会，听取主管部门的工作情况报告。对安吉已初步形成全城布局、全景建设、全业融合、全季开发、全员参与的大景区、大旅游、大产业发展格局所做的工作予以充分肯定，就存在的历史文化、各人文化开发利用不足，文化内涵挖掘、融合的广度深度不够，体制机制尚未完全理顺，统筹引领水平不高等问题，提出意见建议。要求突出“做优做强”目标，优化资源配置；明确高标准发展方向，推进文旅产业价值体现。

同年，县人大常委会特定问题调查委员会组织专家委员对赋石、老石坎、凤凰三大水库污染源情况开展特定问题专题调研。深入三大水库流域走访调研，组织各层面工作座谈会7次，召开特定问题调查委员会工作会议4次，组织专家评审工作会议1次。通过一年多时间的监测、实验和分析工作，形成专项技术报告，为调查工作提供了翔实的科学数据支撑。对近年来三大水库水质治理工作所取得的显著成效予以充分肯定，针对存在的水库总氮、总磷指标偏高，富营养化隐患较为严重等问题，提出工作建议。要求突出重点，抓住改善和提升水质的牛鼻子；完善机制，严格落实水源地保护各项工作举措；立足长远，逐步推行封山育林，涵养水源；加强宣传，提高全民水源保护意识。

同年，县人大常委会组织委员、人大代表对全县物业管理工作开展专项调研。通过实地查看、走访座谈、听取报告等形式，了解相关情况。客观分析物业管理行业层次偏低、矛盾堆积和成长遇冷的基本现状，针对存在的提升服务遭遇瓶颈、矛盾纠纷难以处理、信任危机普遍存在等突出问题，提出意见建议。要求各方努力，促进主要矛盾解决，为健康发展打基础；严格督考，促进文件机制落实到位，为和谐发展强保障；管扶并举，促进企业品质提升，为规范发展树标杆；加大宣传，促进社会氛围向好，为繁荣发展增活力。

二、历届县人大常委会调查报告名录

安吉县第七届至第十六届人大常委会调查研究报告一览表

表 3—4—2

序号	届次	标　题	撰写时间
1	七	关于老石坎纸厂生产、管理情况的调查	1981.11
2	七	关于递铺镇、报福公社工作情况的调查	1981.12
3	七	关于开展计划生育宣传月活动情况的调查	1982.1
4	七	关于建立山林生产责任制情况的调查	1982.4
5	七	关于递铺镇蔬菜生产和供应情况的调查	1982.7
6	七	关于梅溪公社、梅溪镇、晓墅公社、晓墅镇土地管理情况的调查	1982.9
7	七	关于递铺镇土地管理和违章建筑清理处理情况的调查会	1982.11
8	七	关于城乡建设情况的调查	1983.8
9	七	关于社会治安情况的调查	1983.11
10	七	关于对安吉第二次“严打”斗争情况的调查	1984.10
11	八	关于贯彻执行《中华人民共和国森林法》情况的调查	1984.12
12	八	关于发展乡镇企业情况的调查	1985.3
13	八	关于贯彻执行《中华人民共和国森林法》三个月来情况的反馈调查	1985.3
14	八	关于对环境污染和交通议案办理情况的调查	1985.4
15	八	关于加强乡(镇)基层政权建设的调查	1985.10
16	八	关于中小学和职工教育情况的调查	1985.12
17	八	关于农业产业结构调整情况的调查	1986.6
18	八	关于国营工业企业情况的调查	1986.7
19	八	关于粮食生产和商业改革、经营情况的调查	1986.7
20	八	关于县级机关办公司情况的调查	1986.10
21	八	关于发展乡镇企业情况的调查	1986.11
22	八	关于我县民主与法制建设情况的调查	1986.12

续表 3—4—2

序号	届次	标　题	撰写时间
23	九	关于安吉化肥厂情况的调查	1987.8
24	九	关于老石坎纸厂情况的调查	1987.8
25	九	关于贯彻实施《全民工业企业法》情况的调查	1988.5
26	九	关于贯彻实施《中华人民共和国食品卫生法》情况的调查	1988.7
27	九	关于做好抗灾自救工作情况的调查	1988.8
28	九	关于我县二轻企业体制改革情况的调查	1988.12
29	九	关于贯彻实施《中华人民共和国义务教育法》情况的调查	1988.10
30	九	关于贯彻实施《浙江省计划生育条例》情况的调查	1988.10
31	九	关于贯彻实施《药品管理法》情况的调查	1988.12
32	九	关于贯彻实施《水法》情况的调查	1989.5
33	九	关于贯彻实施《环境保护法》情况的调查	1989.6
34	九	关于全县清理黄色书刊、淫秽录像情况的调查	1989.6
35	九	关于贯彻实施《土地法管理法》情况的调查	1989.7
36	十	关于贯彻实施《中华人民共和国行政诉讼法》准备工作情况的调查	1990.7
37	十	关于我县工业生产情况的调查	1990.8
38	十	关于贯彻实施《森林法》情况的调查	1990.12
39	十	关于医疗卫生改革和管理情况的调查	1990.12
40	十	关于全县工业经济情况的调查	1991.7
41	十	关于圩区治理和水毁工程修复情况的调查	1991.7
42	十	关于贯彻实施《中华人民共和国城市规划法》情况的调查	1991.9
43	十	关于公路建设和路政管理情况的调查	1991.9
44	十	关于《九年制义务教育》实施情况的调查委	1992.8
45	十	关于初级卫生保健和公费医疗制度改革情况的调查	1992.10
46	十一	关于文化市场管理及文物保护工作的调查	1993.5
47	十一	关于全县调整农业产业结构,发展“一优两高”农业情况的调查	1993.6
48	十一	关于外向型经济和个体私营经济发展情况的调查	1993.8
49	十一	关于我县教育工作情况的调查	1993.10
50	十一	关于农业生产情况的调查	1994.4
51	十一	关于我县重点工业企业生产经营情况的调查	1994.5

续表 3－4－2

序号	届次	标　题	撰写时间
52	十一	关于我县个体私营经济发展情况的调查	1994.7
53	十一	关于我县社会治安情况的调查	1994.7
54	十一	关于我县“科教兴县”战略实施情况的调查	1994.11
55	十一	关于我县农村初级卫生保健工作的调查	1995.2
56	十一	关于粮食生产、“菜篮子”基地建设和基本农田保护情况的调查	1995.4
57	十一	关于我县重点工业企业生产运行情况的调查	1995.5
58	十一	关于全县社会治安状况的调查	1995.8
59	十一	关于我县个体私营经济发展情况的调查	1995.10
60	十一	关于我县旅游资源开发推进旅游事业发展情况的调查	1996.12
61	十一	关于我县基本农田保护和推行“双田制”情况的调查	1996.4
62	十一	关于我县农业投入机制情况的调查	1996.4
63	十一	关于我县乡镇企业生产经营和转换机制情况的调查	1996.6
64	十一	关于我县重点工业企业情况的调查	1996.7
65	十一	关于贯彻《森林法》竹类资源培育、管理和开发、利用情况的调查	1996.9
66	十一	关于文明城镇建设情况的调查	1996.12
67	十一	关于《治安管理处罚条款》贯彻执行情况的调查	1996.10
68	十一	关于我县旅游资源开发、推进旅游事业发展情况的调查	1997.1
69	十一	关于我县重点绿色食品开发情况的调查	1996.4
70	十一	关于发展壮大农村集体经济情况的调查	1997.1
71	十一	关于开放型经济发展情况的调查	1997.6
72	十一	关于国有、城镇集体企业改制情况的调查	1997.6
73	十一	关于《浙江省计划生育条例》贯彻执行情况的调查	1997.4
74	十一	关于《浙江省文化市场管理条例》贯彻执行情况的调查	1997.7
75	十一	关于我县饮用水源保护情况的调查	1997.8
76	十一	关于我县依法治县工作进展情况的调查	1997.10
77	十二	关于我县“竹子”资源开发情况的调查	1998
78	十二	关于我县“桑蚕”资源开发情况的调查	1998
79	十二	关于我县“茶叶”资源开发情况的调查	1998
80	十二	关于我县“烟叶”资源开发情况的调查	1998

续表 3—4—2

序号	届次	标　题	撰写时间
81	十二	关于我县国家粮食库和农民粮食储备情况的调查	1998
82	十二	关于实行殡葬改革情况的调查	1998
83	十二	关于实施依法治县和开展“三五”普法情况的调查	1998
84	十二	关于国有、城镇集体企业生产经营管理及改制情况的调查	1999.4
85	十二	关于农业产业化经营情况的调查	1999.8
86	十二	关于实施“绿色工程”情况的调查	1999.6
87	十二	关于小城镇建设情况的调查	1999.8
88	十二	关于《职工基本养老保险条例》贯彻实施情况的调查	2000
89	十二	关于民营经济发展情况的调查	2000
90	十二	关于农业结构调整情况的调查	2000
91	十二	关于国有企业改革发展情况的调查	2000
92	十二	关于调整农业产业结构、发展效益农业情况的调查	2001
93	十二	关于农网建设与改造工作情况的调查	2001
94	十二	关于广播电视通村入户工程实施情况的调查	2001
95	十二	关于商贸流通企业改革工作情况的调查	2001
96	十二	关于我县贯彻执行《浙江省职工基本养老保险条例》《浙江省职工失业保险条例》和城镇职工基本医疗保险制度改革工作情况的调查	2002.4
97	十二	关于我县贯彻执行省城市房屋拆迁管理条例情况的调查	2002.4
98	十二	关于我县贯彻执行《浙江省流动人口计划生育管理办法》情况的调查	2002.6
99	十二	关于我县招商引资工作情况的调查	2002.6
100	十二	关于对我县普及十五年教育情况的调查	2002.8
101	十二	关于我县社会治安情况的调查	2002.8
102	十二	关于我县“四五”普法和依法治县情况的调查	2002.8
103	十二	关于我县农业增效、农民增收工作情况的调查	2002.11
104	十二	关于我县创建最佳人居环境工作情况的调查	2002.12
105	十三	关于安吉县工业园区建设情况的调查	2003.6
106	十三	关于加快提升安吉生态旅游层次的调查	2003.6
107	十三	关于安吉县农产品标准化生产体系和安全体系建设情况的调查	2003.6
108	十三	关于全县“四五”普法、依法治县工作情况的调查	2003.6

续表 3—4—2

序号	届次	标　题	撰写时间
109	十三	关于对全县乡镇财政管理工作情况的调查	2003.10
110	十三	关于经济薄弱村脱贫工作情况的调查	2003.12
111	十三	关于我县失地农民生活保障情况的调查	2003
112	十三	关于“安吉第一人民医院兼并安吉第二人民医院”可行性调查	2003.7
113	十四	关于我县农资价格上涨情况的调查	2004.3
114	十四	关于我县蓄电池行业污染情况的调查	2004.6
115	十四	关于我县环境保护法贯彻执行情况的调查	2004.6
116	十四	关于我县西沼溪河道采砂管理情况的调查	2004.7
117	十四	关于安吉县物业管理条例贯彻实施情况的调查	2004.6
118	十四	关于全县农村劳动力转移工作情况的调查	2004.8
119	十四	关于全县民营经济二次创业情况的调查	2004.10
120	十四	关于县经济开发区发展与管理情况的调查	2004.7
121	十四	关于促进工业经济发展实现新的腾飞工作情况的调查	2005.6
122	十四	关于安吉县科技工作情况的调查	2005.6
123	十四	关于我县创建全国生态县工作情况的调查	2005.8
124	十四	关于加强城市建设与管理的课题调查	2005.8
125	十四	关于推进城市房屋拆迁工作的课题调查	2006.7
126	十四	关于安吉县流动人口计划生育情况的调查	2005.9
127	十四	关于安吉县农村食品安全网速建设情况的调查	2005.11
128	十四	关于统筹城乡发展，促进农民增收情况的调查	2005.11
129	十四	关于完善融资机制　增强投融资能力防范财政风险的课题调查	2005.7
130	十四	关于促进财政增收、增强财政实力的课题调查	2005.7
131	十四	关于对全县新农村建设情况的调查	2006.6
132	十四	关于我县工业经济发展的调查	2006.6
133	十四	关于我县农村公共卫生工作情况的调查	2005.6
134	十四	关于我县义务教育发展改革情况的调查	2007.10
135	十四	关于规范中介组织行为、促进工业经济发展的课题调查	2006.12
136	十四	关于全民创业发展提升家庭工业打造民富县强实力安吉的课题调查	2007.4
137	十四	关于整合资源做强平台增强政府融资能力的课题调查	2007.4

续表 3－4－2

序号	届次	标　题	撰写时间
138	十四	关于科学利用土地保障工业平台建设的课题调查	2007.7
139	十四	关于我县农民专业合作社建设与发展情况的调查	2007.6
140	十四	关于均衡城乡教育发展全面提高教学质量的调查	2007.7
141	十四	关于县人民法院落实"三项承诺"、县检察院预防职务犯罪、县公安局逮捕工作专项检查工作情况的调查	2007.8
142	十四	关于对赋石水库上游板栗林地生态修复工作情况的调查	2007.8
143	十四	关于对全县毁林开垦专项整治工作情况的调查	2007.9
144	十四	关于我县工业平台建设情况的调查	2007.11
145	十四	关于放大"同城效应"坚持错位发展做强县域中心板块的课题调查	2008.1
146	十四	关于发挥优势创新体制打造工业重镇实现东部崛起的课题调查	2008.1
147	十四	关于大力实施品牌战略推进经济转型升级的课题调查	2008.1
148	十四	关于闲置土地清理工作清理的调查	2008.4
149	十四	关于我县教育(局)工作的调查	2008.4
150	十四	关于农村放心店配送中心建设情况专题调查	2008.5
151	十四	关于完善森林资源管理体系,加大林业资源保护力度的专题调查	2008.6
152	十四	关于我县建设运输市场整治情况的调查	2008.9
153	十四	关于我县现代家庭工业发展情况的调查委	2008.9
154	十四	关于我县新农村提升(中国美丽乡村建设)情况的调查	2008.9
155	十四	关于我县人口和计划生育工作情况的调查	2008.8
156	十四	关于县人民法院执行工作情况的调查	2008.11
157	十四	关于加强自主创新实现新的跨越的调查	2008.11
158	十四	关于我县生态修复工作情况的调查	2008.11
159	十四	关于我县鹅卵石、景观石保护与管理情况的调查	2008.12
160	十四	关于新形势下我县接轨上海、融入杭州的课题调查	2009.4
161	十四	关于我县农业基础设施建设情况的调查	2009.3
162	十四	关于我县绿色长廊建设和管理情况的专题调查	2009.5
163	十四	关于我县休闲旅游工作情况的调查	2009.06
164	十四	关于我县优化产业结构和企业转型升级工作情况的调查	2009.7
165	十四	关于加强我县矿产资源管理情况的专题调查	2009.7

续表 3－4－2

序号	届次	标　题	撰写时间
166	十四	关于2009年县重点项目推进情况的调查	2009.9
167	十四	关于全县社会治安工作情况的调查	2009.9
168	十四	关于我县农业(局)工作情况的调查	2009
169	十四	关于我县村级留用地安置情况的调查	2009.11
170	十四	关于加强我县农资工作的专题调查	2009.12
171	十四	关于打造高品质原生态水源地促进水资源可持续保护和利用的课题调研	2010
172	十四	关于打造中国优雅竹城的课题调研	2010
173	十四	关于立案与涉诉信访工作的调查	2010.3
174	十四	关于水资源防治“一法一条例”贯彻执行情况的检查	2010.5
175	十四	关于2010年县重点项目推进情况的调查	2010.10
176	十四	关于全县食品安全工作情况的调查	2010.11
177	十四	关于我县环保(局)工作情况的调查	2010.11
178	十四	关于县域大景区构建与乡村经营管理的课题调查	2011
179	十四	关于天荒坪镇竹产业转型升级的专题调查	2011.2
180	十四	关于安吉县“中国美丽乡村”建设情况的调查	2011.4
181	十四	关于我县养老保险基金管理情况的调查	2011.4
182	十四	关于我县财政国库集中支付制度改革情况的调查	2011
183	十四	关于我县非税收入征收管理情况的调查	2011
184	十四	关于2011年县重点项目推进情况的调查	2011.8
185	十四	关于深化医药卫生体制改革工作的调查	2011.9
186	十四	关于提高财政专项资金使用绩效的调查	2011.10
187	十四	关于我县贯彻执行《浙江省人大常委会关于加强检察机关法律监督工作的决定》情况的调查	2011.11
188	十五	关于坚持不懈,引导企业专注主业推动实体经济健康稳步发展的课题调查	2012
189	十五	关于安吉现代农业“两区”建设情况的调查	2012.5
190	十五	关于安吉县饮用水源地保护情况的调查	2012.6
191	十五	关于安吉县村级集体经济发展情况的调查	2012.8
192	十五	关于安吉县林业专业合作社情况的调查	2012.9

续表 3－4－2

序号	届次	标　题	撰写时间
193	十五	关于我县水利工程建设情况的调查	2012.11
194	十五	关于县域文化旅游资源开发情况的调查	2012
195	十五	关于我县文化工作开展情况的调查	2012
196	十五	关于法律援助工作情况的调查	2012
197	十五	关于我县美丽乡村建设扩面提升情况的调查	2013.4
198	十五	关于安吉县农村土地综合整治工作的调查	2013.4
199	十五	关于除草剂问题的调查	2013.8
200	十五	关于秸秆焚烧问题的调查	2013.9
201	十五	关于我县 2013 年水利工程建设情况的调查	2013.10
202	十五	关于我县贯彻执行《刑事诉讼法》情况的调查	2013.11
203	十五	关于我县小微企业发展情况的调查	2013
204	十五	关于加强我县保障性安居工程建设的调查	2013
205	十五	关于推进全县医务工作者队伍建设情况的调查	2013
206	十五	关于我县人力社保(局)工作情况的调查	2013
207	十五	关于我县食药监(局)工作情况的调查	2013
208	十五	关于饮用水水源地保护情况的二次调查	2013.5
209	十五	关于我县利用外资情况的调查	2014.4
210	十五	关于我县防洪排涝情况的调查	2014.5
211	十五	关于加强村级组织规范运行监管机制建设的调查	2014.6
212	十五	关于我县住房与城乡建设(局)工作情况的调查	2014.6
213	十五	关于我县文化广电新闻出版(局)工作情况的调查	2014.6
214	十五	关于我县行政服务(中心)工作情况的调查	2014.6
215	十五	关于 2014 年县重点项目推进情况的调查	2014.9
216	十五	关于工业产业转型升级情况的调查	2014.10
217	十五	关于我县污水治理几个重点问题的调查	2014.11
218	十五	关于我县装备制造业法制情况的调查	2014
219	十五	关于我县城市管理行政执法工作情况的调查	2014
220	十五	关于贯彻执行《未成年人保护法》情况的调查	2014
221	十五	关于我县“三重一大”制度执行情况的课题调查	2015.5

续表 3－4－2

序号	届次	标　题	撰写时间
222	十五	关于村规民约在法治安吉建设中作用的课题调研	2015.5
223	十五	关于我县工业平台建设情况的课题调查	2015.5
224	十五	关于安吉县农村土地综合整治工作情况的调查	2015.5
225	十五	关于我县大气污染防治工作情况的调查	2015.5
226	十五	关于我县普通中小学教育工作情况的调查	2015.6
227	十五	关于深化司法监督工作情况的调查	2015.9
228	十五	关于我县水利(局)工作情况的调查	2015.9
229	十五	关于我县商务(局)工作情况的调查	2015.9
230	十五	关于安吉县农村生活污水治理情况的调查	2015.11
231	十五	关于 2015 年县重点项目推进情况的调查	2015.9
232	十五	关于省际承接产业转移示范区(天子湖区块)供水情况的调查	2015.7
233	十五	关于我县普通中小学教育工作情况的调查	2015
234	十五	关于我县大气污染防治工作情况的调查	2016.6
235	十五	关于我县安全生产工作情况的调查	2016.4
236	十六	关于我县剿灭 V 类水工作情况的调查	2017.5
237	十六	关于我县宗教场所管理工作情况的调查	2017.5
238	十六	关于全县物业管理行业情况的课题调查	2017.7
239	十六	关于我县早教机构管理工作情况的调查	2017.7
240	十六	关于我县民主法制村建设工作情况的调查	2017.8
241	十六	关于全县食品安全监督管理工作情况的调查	2017.8
242	十六	关于 2017 年全县重点项目进展情况的调查	2017.8
243	十六	关于对县投资促进(局)工作情况的调查	2017.9
244	十六	关于对县林业(局)工作情况的调查	2017.9
245	十六	关于我县城乡规划法执行情况的调查	2017.9
246	十六	关于对县法院民事执行工作情况的调查	2017.9
247	十六	关于我县职业教育工作情况的调查	2017.11
248	十六	关于我县农村生活污水治理运维工作情况的调查	2017.11
249	十六	关于我县农产品质量安全监管工作情况的调查	2017.5
250	十六	关于我县旅游“一法一条例”贯彻执行情况的调查	2018.3

续表 3—4—2

序号	届次	标　题	撰写时间
251	十六	关于全县农产品质量安全情况的调查	2018.4
252	十六	关于对全县群众体育活动设施建设利用情况的调查	2018.8
253	十六	关于我县农产品品牌建设情况的调查	2018.11
254	十六	关于我县贯彻执行《浙江省社会养老服务促进条例》情况的调查	2018.4
255	十六	关于我县交通运输(局)工作情况的调查	2018.5
256	十六	关于我县科技(局)工作情况的调查	2018.5
257	十六	关于我县森林资源保护及涉林违法犯罪案件查处工作情况的调查	2018
258	十六	关于我县县域医疗服务共同体试点工作情况的调查	2018.10
259	十六	关于我县示范区经济发展情况的调查	2018.12
260	十六	关于安吉县“七五”普法工作情况的调查	2019.5
261	十六	关于安吉县“五未”土地处置情况的调查	2019.5
262	十六	关于我县民营经济高质量发展的课题调查	2019.8
263	十六	关于提升人大代表履职实效的课题调查	2019.5
264	十六	关于加强企业一线专业技术工作管理体制建设情况的调查	2019.10
265	十六	关于清除农村集体经济欠发达村情况的调查	2019
266	十六	关于提升我县物业管理行业发展水平的调查	2019
267	十六	关于提高普法质效助推文明城市创建的调查	2019
268	十六	关于安吉县赋石、老石坎、凤凰三大水库污染源特定问题的调查	2019.11
269	十六	关于全县文化助推旅游业发展情况的调查	2019.11
270	十六	关于我县民政(局)工作情况的调查	2019.9

注:未标明月份的为具体月份不详。

三、调查报告选载

关于老石坎纸厂视察情况的汇报

1981 年 11 月

从 1 月 21 日到 27 日,我们对老石坎纸厂的生产、管理和生活等方面进行视察,这次视察是人大常委会建立以来的第一次。21 日中午,我们视察组到达纸厂,受到厂领导的热情接待。该厂干部职工用搞好生产和工作的实际行动迎接这次视察。

通过七天的听、看、访、议，使我们参加视察的代表感受很深，也是一次很好的学习。27日上午，视察组王根富在纸厂车间主任以上干部会议上，对视察情况进行了小结，肯定了成绩，指出了不足，提出了建议。

（一）

该厂现有职工625人，其中男职工426人，女职工199人；35岁以上的133人，占21.28%；35岁以下的492人，占78.72%。党委成员8名，正副厂长5名，党支部5个，党员53名，占职工总数的8.5%。

全厂分9个科室，3个车间（动力、制浆、造纸），8个工段（机修、锅炉、切草、蒸煮、筛洗、成浆、造纸、成品）。

该厂生产发展较快，1969年建成投产，仅有1台纸机，日产5吨，至今有3台纸机，日产20吨。第四台纸机正在试车，投产后日产可达30吨，形成一个年产万吨的中型纸厂。预计：1981年总产量达6400吨，产值可达680万元，利润可达95万元。

（二）

1. 领导班子状况

该厂的领导班子基本上是团结的，干劲是大的，作风是好的。

2. 生产情况

今年是该厂扩建投资最多（投资300多万元）、生产任务最重的一年。尽管生产计划完成得不够理想，但按时完成了“1760”四号纸机的安装，并进行试车，为增加纸的品种和搞好碱回收创造了条件，在原料收购上，党委书记和厂长亲临两省三县收购第一线进行检查，发现问题，及时解决。因此原料收购达43万担，是建厂以来最多的一年，为明年生产作了准备。在销售上，根据市场需要情况，加强思想政治工作，增强干部和职工的责任感，通过多种渠道，采取各种办法，使产、供、销基本保持平衡。在挖、革、改方面也做了大量工作，改造了液氯车间，自制设备搞了喷放锅与热回收，为增加生产，提高产品质量，减少环境污染，改善劳动保护，搞好安全，节约能源奠定了基础。

3. 企业民主管理

党委领导下的职工代表大会制，从1978年7月建立以来召开了三届九次会议。三年多来，围绕企业建设的一些重大问题（职工思想政治工作、年度计划、财务预决算、管理体制、骨干配备、生活福利等方面）都发挥了职工代表大会这一权力机构的作用。职代会基本上实现了制度化、条例化。

4. 生活福利

随着生产的发展，生活设施也相应改善。已有宿舍7000平方米，还有5600平方米的宿舍竣工后能基本解决现有职工的住宿问题。1979年以来，先后购置了550张板床，替换了原来的竹床（双职工每户发给一张）。利用木柴棍、废旧包装木料做了300张凳子，150只双斗桌，同时，还买了250只方凳，编号后发给职工使用。男、女浴室和开水房进行了扩建。食堂从原来的90平方米扩大到150平方米；炊事员从13人增加到29人。为了满足职工改善生活和招待亲朋的需要，1980年10月又办了小吃部，同时千方百计解决吃菜困难，厂部派专车到孝丰或杭州等地区采购。他们还坚持办畜牧场，现在生猪存栏数有70多头。每逢节日，职工都能分到价廉质高的猪肉，同时又弥补了食堂吃油的不足，夏季还派人到外地采购鲜啤酒、汽水、水果等，供应给职工。为了使职工在偏僻山乡吃到清凉的饮料，1981年又购买了棒冰机和冷藏箱。去义乌贸易市场采购红、白糖（用作棒冰原料），购买议价黄豆，制作豆制品。因公共汽车拥挤，厂里购买了大客车，接送职工上下班。

为活跃和丰富职工业余文化生活，他们因陋就简地办起了俱乐部，设有图书借阅、报刊阅览、乒乓球、康乐球、弈棋等活动室，购置了黑白、彩色电视机各一架，8.75毫米电影放映机一架。

他们还开展职工互助互济活动，组织了互助储金会（储款达3500多元），解决了职工临时经济困难，发挥了团结互爱精神，为解决职工的后顾之忧，创办了幼儿园、托儿所及子弟小学。

5.污染处理情况

对污水的处理，上级已批准了碱回收项目，投资440.56万元。目前，正在做图纸设计和施工前的各项准备工作。

（三）

该厂取得的成绩是基本的，但也存在一些问题。主要是：思想政治工作薄弱，管理水平较低，岗位责任制不落实，专业技术岗位增多，技术素质下降。今年，因安装四号纸机，基建摊子大，领导精力分散，企业管理不严，浪费严重。结果计划完不成，成本提高，利润下降，效益不好。

1.该厂今年产量计划7000吨，1—10月只完成5100吨，估计经过努力，全年可完成6700吨，占年计划的94%。

单位承办计划吨纸是969元。1—10月每吨纸达1065元，估计经过努力，年平均吨纸可下降为1060元，比计划提高9.39%，比去年同期提高9.4%。

利润计划185万元，1—10月完成76.43万元，估计经过努力全年可完成95万元，占年计划51%，比去年减少82万元。

2.在基建问题上，没有按基建程序办事，执行财经纪律不够严肃。考虑水、电、汽的平衡，迅速形成生产能力是对的。但是，调整项目：增加3只蒸球、四号纸机的10只烘缸、建造宿舍、添置机修设备等，都没有做到事先请示，事后报告。项目调整后，砍掉厂外公路改道资金12万元，估计还要超支48万元，资金没有落实。

3.全面质量管理、全面经济核算、职工全员培训等方面都抓得不够，存在很大差距，主要表现在以下几个方面：

（1）管理松，浪费大，遍地是“黄金”。由于消耗高，今年1—10月要比去年同期增加开支53万元（价格因素不在内）。花了18000元买来的切竹机，丢在露天，没有利用。一只25立方米的蒸球，花了36000多元，只用了一年多，也丢在露天外面。由于今年雨天多，原料水分高，霉烂严重。纸浆流失浪费很大。根据取样测定，每立升废水中含有20克纸浆，以此计算，每月要流失掉20吨纸浆。每吨价值100元，每月浪费2000元。不但经济损失很大，而且直接影响其他经济指标的完成。

(2)基础工作薄弱,统计制度不健全,原始记录不完整,影响了经济责任制的推行。

(3)岗位责任制和经济责任制不落实,抓抓放放,造成事故多,损失大。今年3名职工烫伤,花去医药费11900元,至今不能上班。一次碱水放出池外达40多吨,损失6000余元。职工子女在厂内做临时工,迟到早退,上班马虎,群众意见较大。

(4)在设备管理上,责任不明确,维修不及时,完好率差,运转率低。据统计,上半年共有181个工作天,4344个工作小时。3台造纸机应运转13032个台时,但实际只运转9980台时(平均每天每台运转18小时23分),运转率只有76.6%,相当于四分之一的时间停车,按有关规定每台纸机每天运转22.5小时,依此计算,上半年3台纸机共少运转2230小时,减少产量568吨。按二号书写纸每吨1500元计算,减少收入85.2万元。

从切草到蒸球的输送机上的皮带,过去一根用一年,目前由于维修质量不高,半个月就要换一根,每根价值1500元,每年要多开支3万元,而且摇摇晃晃不安全。厂里的汽车计划差,放空多。去年盈利1万元,今年亏损2万多元。汽车配件少,自己有修理能力的也到汽修厂修理,浪费很大。由于今年取消了节油奖和安全奖,结果是干好干坏一个样。仓库领、发料手续不严,出库后用与不用心中无数。

(5)职工培训光依靠县技校是不够的,厂内技术骨干力量薄弱,出现了学徒带徒弟的现象,直接影响了产品质量的提高。

(6)对班组长、车间主任等干部的选拔、培养、使用不够慎重,各职能干部的作用发挥不够。

干部调动频繁,时用时不用,既不利于专业化,又不利于团结,更挫伤了职工的进取心和求实精神。

各职能部门对领导意图不了解,计划改变缺乏互通情报,心中无数。因此,难以发挥部门之间的主观能动性,削弱了相互间的配合与制约作用。

(7)职工代表大会虽然坚持,但对如何发挥职工代表的作用不够。上面活动多,下面活动少。由于体制多变,调动频繁,使工会小组长无法编册,其他干部也有类似情况。

4.生活福利上也存在一些问题。食堂农工多,临时工多,正式职工少。少数炊事员服务态度差,卫生有时搞得差,造成职工特别是专工与炊事员之间的对立情绪,纷纷反映:“食堂的物品让农工偷光,被干部和炊事员吃光。”还出现过打骂炊事员、抢饭菜票的现象。食堂节余,不分是否在食堂用膳,大家一律平分,不合理。

职工反映:医务室是夫妻室。人员少,水平低。晚上无人值班,职工一旦有病、伤,要广播喇叭喊医生,弄得人心惶惶。

医药用品没有进、出库手续,一个月进一次药品,发票向财务科实报实销。药品如何保管、使用及霉变、过期作废情况心中无数。

领导不但要加强思想政治工作,把业余文娱和体育活动搞得丰富多彩,也是一个很重要的课题,是促使职工安心生产,调动积极性的措施之一。

该厂文化生活虽然做了很大工作,但俱乐部场地小,活动项目少,图书种类和数量不能满足职工需要(现有图书2000多册)。纷纷反映:在厂里只是吃饭,上班,睡大觉,生活单调。全厂有30多人参加赌博。造纸车间反映:他们196个职工,大多是青年,领导没有抓好思想政治工作,只顾生产,不顾青年人的业余爱好。

托幼及子弟小学,应该提高保育和教学质量,使家长放心。目前,双职工主要担心将来孩子考不上学校,产生了调离本厂去城镇的想法。

该厂幼儿园及子弟小学因师资质量较差,所有排演的文娱节目无论在表情和动作方面都比不上山河纸厂及化肥厂。

思想政治工作上的涣散软弱现状及群众中的自由化思潮不同程度地存在着。

领导办法很多,点子不少,但没有一抓到底,虎头蛇尾(如质量管理、设备管理、经济核算、岗位责任制、为四化立功、"五讲四美"、政治学习、职工业余学校、干部值班制、值班长制等),结果是墙里开花墙外红。

(四)

视察组对纸厂的建议:

1.四号纸机上去以后,对今后的发展方向,奋斗目标,党委和厂部应认真研究。要围绕总目标考虑如何进行挖、革、改。基建项目要做到量力而行,不要急于求成。应抓重点,抓关键,抓配套平衡。当前四号纸机虽已试车,但尾巴很大。例如:液氯车间改造好了,但道路不通,车开不进去;十吨锅炉搞好了,煤渣堆放何处,都要有总体规划和合理布局。一幢四层宿舍楼已经完工,但室内没有装灯,六个电工忙忙碌碌,顾此失彼。喷放锅与热回收上去了,但液位指示器等没有安装,加之责任心不强,阀门未关,造成25日纸浆往外喷放达200多公斤。领导一定要集中力量打歼灭战,搞一个项目,完成一个项目,做到善始善终。

碱回收车间的建造,要按基建顺序办事,22米高的厂房一定要地质钻探,有科学依据,不能认为情况熟,图省力,求速度,要防止发生意外。对污水的处理不能盲目乐观,必须积极创造条件。一要产品好,二要有自制万吨浆(即要60万担原料)的目标。这就给我们收足、平衡原料及运输都带来困难。我县大小纸厂全部让路也只能收购30万担,在外县最多只能收20万担,合起来也只有50万担。

明年计划生产9000吨机制纸,需要13500吨煤,必须狠抓节能,加强煤场管理。

2.体制调整要慎重,不要机械搬用外单位经验,要从本厂实际情况出发,根据干部管理水平和职工觉悟水平,因地制宜来考虑体制的改革,干部一定要相对稳定,要重视基础工作,对车间主任和班组长要注意加强培养,对他们的看法要一分为二,不能要求十全十美。要建立调解委员会,改变目前事无大小都找厂长和保卫科的现象。

3.按照中央六条标准,搞好企业整顿,领导一定要执行"一手抓生产,一手抓生活"的方针,在发展生产的基础上逐步改善职工的物质和文化生活。

4.推行经济责任制一定要积极稳妥。有关经济政策的处理既要全面,又要慎重,不能信口开河,乱许愿,结果兑现不了。职工反映:"领导讲话不算数,白天讲'白话',夜里讲'黑话',明天变废话。"这样既降低领导威信,又影响职工的积极性。

5. 职工业余教育要狠抓，这是一项战略任务，本厂技术和机修力量相当薄弱，为了尽快改变目前技术水平低，产品质量差的局面，领导要把这项工作列入议事日程，做到思想上有位子，组织上有班子，工作上有布置，措施落到实处。

6. 要加强青年职工的教育，树立正确恋爱观，移风易俗办婚事，响应党中央“晚婚、少育”的号召，搞好计划生育工作。

7. 要加强和完善党的领导，坚持集体领导，搞好分工负责，注意工作方法。贯彻“积极慎重”的方针发展党员，要开展正确的批评和自我批评，克服涣散软弱，充分发挥支部的战斗堡垒和党员的先锋模范作用，搞好年度总结评比，表扬先进，树立标兵，振作精神，树立信心，转变作风，大胆负责，把生产和工作搞上去，为四化建设作出应有贡献。

（五）

该厂对上级领导的几点要求：

1. 要改变会议多、文件多、报表多，深入基层解决具体问题少的状况。

2. 由于纸厂扩建，与老石坎水库管理局关于调整土地的联合报告，上送县政府达半年之久，至今未批复，影响施工，要求抓紧审批。

3. 按照生产计划，1982 年需要标准煤 13500 吨，要求尽快落实，防止停工停产，影响明年生产计划的完成。

4. 二号造纸机的改造，需要资金 30 万元，已书面报告，请抓紧研究审批。

5. 本厂缺少医生，要求增派，希尽快解决。

6. 干部、职工要到离厂 18 里的孝丰镇寄信、购粮、买油，很不方便，影响上班，群众意见很大，要求增设邮电代办处，设立粮站或定期到厂供应粮油。

7. 双职工购买柴火既贵，又买不到，应该和城镇居民一视同仁，供应民用煤，解决职工烧柴难的后顾之忧。

8. 该厂地处比较偏僻，职工多，夏季没有冷饮供应，自制棒冰又不供应食糖。要求研究解决食糖供应问题。

9. 卫生部门实行奖金之后，一味追求增加收入，乱开药方，将补药、贵重药品变相给职工，造成企业医药费超支严重，希望医疗卫生部门要按病给药，严格管理制度，加强对医务人员教育，克服不正之风。

关于对我县依法治县工作进展情况的调查报告

1997 年 10 月 8 日

为全面了解我县依法治县工作进展情况，检验依法治县工作成效，进一步推动我县依法治县工作向纵深发展，根据县人大常委会工作要点的安排，我们在平时走访、了解的基础上，又于 1997 年 9 月 24 日至 9 月 29 日组织专门人员对我县依法治县工作进展情况进行了专题调查，现将调查情况报告如下：

一、基本情况

依法治县是依法治国的组成部分，是党领导人民依照宪法和法律管理国家事务和社会事务的重要法制实践，是国家管理方式的重要变革，是维护社会稳定和政治安定的重要保证。它对深化改革，扩大开放，保持稳定和保障经济发展，促进社会各项事业的全面进步具有十分重要的意义。为此，安吉县委以〔1996〕38号文件作出了依法治县的决定，县人大常委会于1996年11月27日作出了实行依法治县的决议，县人民政府制定了依法治县实施规划，并开展依法治县试点工作。从半年多的依法治县试点情况来看，我县的依法治县试点工作取得了阶段性成果，广大干部群众的法治观念和法律意识，特别是广大干部依法办事、依法管理的水平和能力得到增强，公民、法人和其他组织的合法权益得到了较好的维护，经济建设和社会各项事业有法可依，有章可循，行政执法机关执法力度得到加强，执法水平明显提高，执法监督体系日趋完善，有效地推动了我县经济和社会各项事业的发展。具体体现在：

1.统一认识加强领导

依法治县是贯彻党中央提出的“依法治国，建设社会主义法治国家”的战略方针的重要步骤，是我县人民政治生活中的一件大事，是强化各级政府依法行政，依法管理社会各项事务的重大举措。社会主义市场经济是法治经济，人们的经济及日常交往只有通过法的规范与制约才能有序进行。为切实提高广大干部群众对依法治县工作重要性的认识，在依法治县启动工作前夕，县委、县人大、县政府主要领导相继在依法治县动员大会上发表了重要讲话，充分阐述了现阶段依法治县工作的重要性，较好地将人们的工作视线引导到了依法治县这项工作上来。为切实加强对依法治县工作的领导，使依法治县工作达到预定的目的，县人民政府高度重视，成立了由县长任组长，县委副书记、常务副县长、人大常委会副主任、宣传部部长为副组长的依法治县领导小组，领导小组下设办公室，办公室主任由司法局局长担任，成员由30多个单位和部门的领导组成，真正形成了齐抓共管的良好局面。

2.大力宣传全面发动

依法治县是一项全县性、长期性、群众性的工作，只有使广大干部群众投身到依法治县工作中去，才能有效地推动依法治县工作的顺利开展。因此，县依法治县领导小组将宣传发动工作摆在工作的重中之重，全县依法治县工作序幕一拉开，首先确定依法治县宣传月，在宣传月里报纸天天有文章，广播天天有声音，电视天天有图像。县依法治县办公室主任、司法局局长曹炳达还就依法治县有关问题通过电视、广播、报纸答记者问。县级机关具有行政执法职能的17个局办分别在本单位作了依法治县工作动员，并就下一步开展执法责任制工作提出设想，有25个乡镇领导发表了电视、广播讲话，9个镇作出了依法治镇的决定，整个宣传发动过程声势浩大，气氛浓烈。全县共制作依法治县宣传固定标语10条，横幅标语220条，张贴小标语4208条，举办广播、电视讲话、黑板报、宣传窗、墙报200多期，宣传发动工作搞得有声有色，基本形成大合唱。

3.确定试点树立样板

依法治县是一项条理性、法律性很强的工作，既没有规定模式，又无现存样板，必须通过自身摸索抱着求真务实的工作态度才能将工作做好。为此，县人民政府决定以工商与物价局、土地管理局、孝丰镇为依法治县试点单位。二局一镇广大干部群众视这一决定为契机，极其严肃认真地对待这项工作。他们根据自身的工作特点相应制定了一整套依法治理办法。工商与物价管理局推行了行政执法责任制和错案追究制。整个治理方案既有健全的领导班子和工作机构，又有健全的保障制度和完备的执法程序。土地管理局也推出了行政执法责任制强化土地管理方案，全体人员根据自己的工作职责明确分工，责任到人，任务到位，依照已经制定的七项工作制度，狠抓落实，接受监督。孝丰镇根据本镇实际，注重群众反映强烈的热点、难点问题，重点以解决土管、城建、交通、计生等问题，建立健全了一整套较为完整、规范的依法管理制度，使全体镇民有法可依，有章可循。二局一镇卓有成效的试点先行工作，为依法治县的全面铺开树立了样板。

4.依法治理初见成效

二局一镇的依法治理工作不仅较系统完整地理清了工作中涉及较多的执法依据，同时又制定和建立了行政执法行为规范和一般行为准则，通过建章立制，制定制约机制及责任分解，工作力度不断增强，办事效率和文明程度明显提高。工商与物价管理局今年1—8月完成了对3889家企业（含私营企业）的年检和23910家个体工商户验照工作，办结违法违章案件1275起，其中大案55起，制裁金额64.32万元。无发现错案而被提起行政诉讼。土地管理局通过依法治理工作力度显著提高，今年以来在土地清查工作中，共查出农村宅基地违法案件15361件，面积559亩，国家集体单位违法用地74件，面积303.6亩。已处理结案农户土地违法案件14163件，国家集体违法案件68件，罚没款近400万元。孝丰镇通过依法治镇社会治安明显好转。刑事、治安案件显著下降，镇容镇貌焕然一新，同志关系、邻里关系得到进一步改善，社会环境得到净化。

二、存在问题

我县依法治县在县人民政府总体规划下取得了一定的成绩，成绩固然是主要的，但影响依法治县工作全面开展的制约因素仍然存在，具体表现为：

1.条与条、条与块之间协调不够，配合欠佳

作为隶属于县人民政府下的各行政职能部门，根据自身的工作性质履行相应的工作职责。然而社会管理、行政执法却往往是综合性的，单凭一个部门的执法活动难以完成整个工作程序，这就需要各职能部门之间的相互配合，共同完成行政执法任务。比如，在递铺开办一家娱乐场所，所要涉及的管理部门有工商、公安、文化、卫生、财税等部门。虽然各部门之间管理的内容不同，但都具有一定的管理职能。然而在这些问题的处理上，部门之间的配合却往往不尽如人意，存在着相互扯皮、推诿的现象，有的见利益就争，见责任就推。个别部门只管依法收费，不搞依法管理，不制定具体管理办法，“钞票收到手，百事都不管”的情况着实存在。这与我们依法治县的工作要求是不能相符的，我们在调查中还了解到孝丰镇实行依法治镇，各项管理都想步入规范化，为使城镇建设处于良好发展状态，成立了城管办，负责对孝丰镇的市政工程管理，然孝丰邮电支局在没有与孝丰镇政府取得任何沟通联系的情况下，在孝丰北街人行道正中竖起了几根电杆，既影响人们行走，又影响镇容，群众反响强烈，条与块之间缺乏必要的工作联系，自行一套。

2.行政执法过程中存在着行政干预现象,影响行政执法的正常进行

我们在调查中了解到,广大行政执法人员最忌讳的是执法过程中的行政干预,许多代表透彻地说:老百姓的行政违法行为好查处,工作阻力小,而涉及国家、集体、法人的行政违法案件查处难度就大,因为有许多来自领导的行政干预,虽然这些领导出面讲话不是出自私心,而是为一时的经济利益考虑,但却妨碍了行政执法的正常进行,使得法律、法规不能在本行政区域内得到贯彻畅通,要依法治县,先得依法办事,否则就达不到治理目的。如在座谈时人们一谈到坐落在南北庄乡安乐村的安吉电厂,这是一家既无营业执照,又有污染和噪声的企业,依照法律法规的规定早应关闭,但由于行政干预太多,行政执法工作无法正常实施。再如,安吉电视台和递铺人民路一度出现的香烟广告,违反了广告法,群众反响强烈,要求停播和撤除。但由于存在着行政干预,整改工作行动缓慢。还有安吉丰宝酒业公司、丰食溪膨润土厂、梅溪湖光丝绸厂、大鹿遥竹制品有限公司等单位在不同程度上存在着土地违法情况,由于行政干预,查处工作效果不佳。

3.依法治理建章立制还需进一步完善

为切实做好依法行政,依法管理,达到依法治县根本目的。作为试点单位的二局一镇相继制定了一系列的制度、规章、守则、办法。这无疑给依法治理工作带来了许多积极有益的效果。但在制定各种规定、措施、办法时,一定要以国家的宪法法律为依据,明确法律赋予自己的职权范围,不要与宪法和法律发生抵触,如孝丰镇大邑村村民自治章程第18条21条对偷砍树木、毛竹,偷摘茶叶等行为明文规定罚款数额,不符合法律规定,因为村级自治组织不具备执法主体资格,更没有行政处罚的设定权,因此无权罚款。类似的规章还需进一步推敲、摸索、修改,使其更趋合法、合理、规范。

三、几点建议

1.继续加强依法治县组织领导,推进依法治县工作全面铺开

依法治县是一项长期的系统性工程,涉及社会的方方面面,要常抓不懈。这就需要有一个坚强有力的组织领导机构将依法治县工作推向全面。依法治县是社会主义市场经济建设的需要,是依法管理各项行政事务的需要,是保证社会政治稳定和社会安定的需要,依法治县工作能否达到预定目的,直接关系到两个文明建设。因此,加强对依法治县工作的领导十分重要。建议县人民政府基于人事变动,工作调动,县依法治县领导小组成员应及时调整,同时要加强政府法制科的人员配备,切实将依法治县工作摆上重要议事日程,精心组织,精心安排,以试点为基础,以点带面,全面推开。

2.加强法制学习切实依法办事

现阶段全国人民都在紧紧围绕经济建设这个中心,经济建设能否顺利进行,需要国家的法律法规作保障,没有良好的法制环境,就不可能有健康发展的经济建设。依法治县的真正目的就是建立一个良好的法制环境。要建立良好的法制环境,客观上要求人们学法、懂法,这也是依法治县工作的基本要求,只有通过学习法律,弄懂法律,才能执法,守法,依法办事。才能将经济建设有条不紊地搞上去。否则,依法治县就会成为空话,就会图于形式,达不到真正目的,所以我们建议要进一步加强法律学习,特别是乡镇领导和有行政执法权的机关部门以

上领导干部，更应加强法律法规的学习，正确应用好法律，做到依法行政，依法决策，做依法办事的表率，切忌用行政命令代替法律，更不能避开法律另行一套。只有不断地加强自身的法制学习，牢固树立法治观念，才能有效地带领广大干部群众做好各项工作。

3.注意条块间的协调，发挥整体执法功能

加强政府条块间的工作协调，促使其发挥条与块在依法治县工作中的整体功能是县人民政府的基本工作。建议县人民政府经常检查和督促各行政职能部门以及下级人民政府，保持经常性的联系和沟通，在对社会面的管理上，要根据各自的工作职能，严格按照有关法律程序规定，采取切实有效的措施，实行“谁主管，谁负责”，分工不分家，同时又要充分发挥本部门在社会管理中的特有功能，既要依法牢牢把握审批权，又要注意经常性的依法管理，要顾全大局，齐抓共管，为创造良好的法制环境作出不懈的努力。

关于我县创建最佳人居环境工作情况的调查报告

2002年12月24日

为进一步推进城市化进程，加快实施“生态立县——生态经济强县”发展战略，实现我县经济社会跨越式发展和可持续发展，根据县人大常委会工作安排，县人大常委会调查组于2002年11月29日至12月5日，对我县创建最佳人居环境工作情况进行了一次调查。调查组重点围绕安政〔2002〕6号文件关于创建最佳人居环境建设目标完成情况，对县建设局、县环保局、县水利局、县林业局等部门，采取听取汇报、举行座谈、实地视察等形式进行深入调研。现将调查情况报告如下：

一、基本情况

自我县开展创建最佳人居环境工作以来，县政府坚持以建设生态旅游城市为重点，以提高水平和效益为中心，以争创人居环境奖为抓手，围绕加速推进城市化进程，加快实施“生态立县——生态经济强县”的发展战略目标，在生态环境、基础设施建设等方面做了卓有成效的工作，取得显著成绩。

一是围绕建设配套先进的基础设施环境，县城基础设施工程建设取得新进展。县水利局以城市防洪工程建设达到50年一遇为标准，把城市防洪工程建设列为头号重点工程，在凤凰水库建设、浒溪河道整治、递铺溪治理、石马港治理等工程上投入大量人力、财力、物力，实施高起点规划、高品位建设，使我县城市防洪工程取得明显进展。凤凰水库工程已于今年9月正式开工；递铺溪修筑橡皮坝2条，完成递铺溪河道治理2公里，石马港治理0.2公里，拆、改建桥梁2座，有效地改善了城市基础设施环境。

二是围绕建设自然优美的生态环境，城市绿化及林业建设有新突破。坚持走可持续发展道路，以建设生态旅游城市为重点，加强县城绿化和全县生态环境建设。县林业局积极贯彻执行《安吉县生态公益林建设管理办法》，通过采取人工造林、退耕还林、封山育林、良种壮苗等措施，加强生态公益林建设和保护；采取严格凭证采伐制度、征占用林地审核制度等手段，加强林政资源管理。一年来，全县续封山育林48.7万亩，完成绿化造林9395亩，建立生态公益林示范区3个，完成42公里省道绿色长廊建设任务，至2002年10月，全县绿化覆盖率已基本达到78%,灵峰山公园等主要景区植被覆盖率达90%。此外,县林业局会同县建设局等部门加强城镇绿化,2001年10月至2002年9月全县城镇扩建绿地面积10万平方米,铺草坪3万平方米,完成天目南路河滨绿化和生态广场绿化年度工作计划。至2002年10月,县城绿化覆盖率达35%,县城人均公共绿地面积达到11.9平方米,县城及周边地区生态环境明显改善。

三是围绕建设祥和舒适的生活环境,城市小区及道路建设又上新台阶。县建设局以完善城市功能,推进城市化进程为目标,做好规划、宣传、经营三篇文章,认真修编《安吉县城总体规划》,大力营造"人人参与最佳人居环境建设"的良好氛围。在此基础上,重点进行市容整治,加快旧城改造,抓好污染防治,大力实施畅通工程、安居工程、示范工程和亮化工程。一年来,县城拆迁房屋1176户约30万平方米,新增商品房面积34万平方米,新增道路面积64万平方米,规划建设的时代新城、秋芦南苑等6个现代化生态居住小区中,时代新城、秋芦南苑、锦绣家园已基本建成,市民中心等3个小区已部分建成或即将动工建设。至2002年10月,县城人均道路面积已达到17.12平方米,人均居住面积达到26.7平方米,安吉城市化进程迈上新台阶,居民生活环境得到明显改善。

四是围绕人民群众关心的工业废水污染和垃圾污染等问题,切实做好工业废水处理和垃圾无害化处理工作。县环保局坚持污染防治和生态保护并重的原则,进一步加大执法力度,严把项目审批关,有效地控制了新污染源的产生;加强对废水治理设施运行情况的监督检查和监测,对水污染重点企业实施重点管理;严肃查处各类环境污染行为;全面实施排污许可证制度,对污染物实施总量控制。一年来,依法否决废水治理不能达标和当地环境容量不允许的建设项目5个,查处水污染违法行为22起,对41家废水达标排放的工业企业发放排污许可证,有效地控制和改善了工业废水污染。县建设局加大治理污染基础设施建设力度,一期总投资额为5380万元的污水处理厂已建成并投入运行,二期工程已开工建设,县城及孝丰、天荒坪等周边地区正逐步实现污水进厂处理。县建设局投入资金1000多万元,加强垃圾处理设施建设和卫生管理,并积极规划筹建垃圾无害化处理工厂。城市的环境卫生管理走上了良性轨道。

二、存在的问题

一年来,我县创建最佳人居环境工作取得了令人瞩目的成绩,但是,对照最佳人居环境和全面实施"生态立县——生态经济强县"发展战略的要求,还存在着一些问题,主要表现在以下几方面:

一是创建最佳人居环境部分指标完成情况不理想。作为我县城市防洪工程之一的浒溪河道治理。规划按五十年一遇标准施工,但工程建设除由递铺镇负责的2.7公里已开始动工之外,其余由开发区负责实施的7.55公里河道至今未有实质性进展,拖了全县城市防洪工程的后腿,并影响了我县创建工作的整体进展。公路沿线绿化工作,目前虽然已建成42公里的绿色长廊,但主要集中于04省道、11省道等主要新建公路,大部分乡镇、村道路绿化状况仍不理想,全县公路绿化现状距离创建指标规定的95%目标存在明显差距。此外,工业废水处理和城市垃圾无害化处理也没有达到规定的指标要求。

二是创建最佳人居环境工作部分措施落实不理想。生态公益林事关人民群众切身利益，按照《安吉县生态公益林建设管理办法》的规定，县政府对因生态公益林建设给经营者造成实际经济损失的，给予一定的经济补助，并规定了补助标准。从调查情况看，近年来，我县的生态公益林补助政策没有得到有效落实，只有2000年的补助款项县政府已兑现，但不少农户没有拿到，2002年的补助资金尚在筹划之中，山区群众对此反应强烈。政策落实不到位，既直接影响到全县森林覆盖率、绿化覆盖率等指标的完成，又直接导致广大农户的合法利益受到侵害，也损害了党和政府的形象和威信。此外，我县的林地资源管理也面临着许多新情况、新问题，个别地区擅自占用林地、随意毁林现象还较为突出，林地资源流失严重，需进一步引起重视，加强执法管理。

三是创建最佳人居环境工作前紧后松。创建最佳人居环境2002年工作目标是人代会确定的工作目标之一，但自2002年11月以来，出现了"领导不问，报纸不登，部门不抓，群众不问"的局面，整个创建工作表显得前紧后松，有些部门工作只是出于应付评奖，而并非是积极主动实现人代会确定的工作目标。

根据调查情况分析，调查组认为，产生上述现象的主要原因在于：

一是思想认识不够到位。部分单位领导对于创建最佳人居环境的重要性和必要性认识不足，工作积极性不高，个别单位受自身利益影响，缺乏大局观念，部门之间的工作协调不够，影响了创建工作的全面协调进行。部分单位对创建最佳人居环境工作存在侥幸心理，产生麻痹思想，工作缺乏主动性和积极性，严重影响了我县城市化进程和招商引资工作。

二是政府有关部门的管理职能不到位，部分措施落实不理想。如我县新建城市居民小区存在着管理力度不平衡的情况。祥溪花园、白米塘小区等居民小区管理成效显著，相比之下，对于外来开发商投资兴建的居民小区和原有老居民小区的管理，则显得相形见绌，主要表现为环境脏、乱、差，服务不到位，硬件设施不配套。在环境卫生管理上，尽管环卫部门采取了严格项目审批关，发放排污许可证等措施，但是部分企业出于利益考虑，为节约成本，工业废水偷排、漏排情况时有发生，部分企业工业废水处理记录不健全或者没有记录，工业排污缺乏有力的长效管理机制。

三是政府有关部门协调配合不够。浒溪河道整治工程实施，分属递铺镇、开发区、建设局、水利局四个行政职能部门的下属单位，各单位在工程进度上缺乏统一协调，致使整个城市防洪工程进展缓慢。此外，生态公益林补助资金，也由于相关部门在执行政策上缺乏统一步调，个别单位资金没有及时到位，致使原资金拼盘方案难以落实，使得政府严重失信于民。

三、几点建议

创建最佳人居环境是我县对"生态立县——生态经济强县"发展路子的坚持和深化，是实现我县经济社会跨越式发展和可持续发展的内在要求。各级政府和各部门要把创建最佳人居环境、推进城市化进程作为政府工作的重点之一，高度重视，加强领导，全力推进。

一要统一认识，加强领导，确保创建工作顺利开展。创建最佳人居环境是我县实践"三个代表"重要思想，提高人民群众生活质量的具体行为。各级政府、各部门要通过多种形式，加大舆论监督力度，大力宣传创建最佳人居环境的重要意义和先进典型，进一步调动和凝聚各方面力量，充分挖掘资源优势，形成人人参与、共同努力的良好氛围。政府要加强领导，重点抓好项目审核，加大财政投入，深化改革，提高管理效能。县创建最佳人居环境领导小组要切实负责好创建工作的组织协调和检查指导。各部门要进一步完善和落实以责任制为核心的工作机制，将创建工作的目标任务分解落实到位，落实到人，做到一级抓一级，层层抓落实，要创新工作机制，加强部门间的协调合作，加快创建步伐；要切实加强对创建工作的督促检查，确保各项工作的进度和质量。

二要切实加强行政管理，积极探索科学有效的管理体制和长效管理机制。建设部门要加强对城市居民小区，尤其是新建小区的管理。林业部门要加强林地资源管理。环保部门要加强环境污染控制。政府及各部门要针对我县经济社会发展过程中出现的新问题，积极探索加强管理的新方法、新途径；针对长期存在的问题，如偷排、漏排工业废水等，进行认真研究，探索和建立行之有效的长效管理机制，切实解决实际问题。

三是突出重点，加大力度，切实推进最佳人居环境建设进程。要围绕最佳人居环境建设总体目标和任务，突出制约安吉经济社会跨越式发展的“瓶颈”问题，加大力度，重点解决，切实推进我县创建工作的整体进程。根据2002年创建最佳人居环境目标和任务，对照创建工作的实际情况，目前要重点解决以下问题：一是加快浒溪河道治理，推进我县城市防洪工程进度，确保2003年3月省政府验收合格。二是加紧落实生态公益林补助金兑现到户政策，维护人民群众的合法权益；加强林地资源管理，实现林业可持续发展。三是加强城市居民小区建设管理，实行统筹兼顾，建设、经营、管理齐头并进，物质文明与精神文明协调发展。

关于对全县新农村建设情况的调查报告

2006年6月18日

为推动全县新农村建设，根据县人大常委会2006年工作要点安排，我们于2006年4月5日，对全县新农村建设情况进行了调查，调查期间，分别召开了梅溪片、杭垓片乡镇人大专职主席、副主席，分管乡镇长和部分村党支部书记参加的座谈会，县级有关部门负责人座谈会，广泛听取推进新农村建设的意见和建议。围绕农村合作组织建设和农业产业化发展等专题，深入皈山、山川、天荒坪、梅溪镇等乡镇和经济开发区的有关村、部分农业专业合作社走访，同时，还到温岭、嵊州等县市进行了考察，比较全面地掌握了全县新农村建设现状和与先进地区相比存在的差距。现将调查情况报告如下：

一、我县新农村建设基本情况

1.全面贯彻《安吉县统筹城乡发展，推进城乡一体化实施纲要》，“三农”条件得到明显改善。各乡镇和各部门认真贯彻落实“纲要”，成效明显。农村工业向园区集聚，农村人口向城镇集聚，农村劳动力向非农集聚，全县城市化水平得到提高。通过下派村指导员、企业部门和村建立帮扶关系，逐步建立了以工促农、以城带乡的格局，城乡互动机制逐步形成。推动城乡一体化的政策措施得到完善和有效落实。制定和修订了包括失地农民生活保障制度在内的多项涉农政策，经过试行，逐步得到了完善。重点支持农业产业化、农村基础设施建设、经济薄弱村脱贫、农村劳动力转移等相关措施相继出台，而且得到了较好的落实，切实加快了城乡一体化进程。

2.农村面貌发生巨大变化。通过农村重点建设项目的实施、村庄环境整治、小康示范村建设、康庄工程的实施、城乡公交一体化和十万农民饮用水工程的落实，这几年成了全县农村面貌发生变化最快的时期。实施了100公里“万里清水河道治理”和“千库保安”工程，10余座中小型水库得到了除险加固。“十万农民饮用水”工程完成了梅溪一期和安城片主管道工程，新增受益人口3万多人，11省道王唐线改造项目全线启动，乡村康庄工程完成143.8公里，开通城乡公交线路85条，行政村通公交率达到99.1%，建成港湾式停靠站120座，基本实现了“村村通等级公路、村村公路硬化、村村通公交”的目标。完成标准林道建设350公里。“双十村示范、双百村整治”取得显著成效，全县已有237个行政村的892个自然村进行了村庄环境整治，受益26.1万人，占全县农村人口的72.48%。已有全国环境优美乡镇12个，8个村成为省级全面小康示范村。有垃圾中转站19个，农村生活垃圾收集率在68%以上，13个乡镇开展了集镇污水处理设施建设，58个村推行农户生活污水处理。生态公益林基金补偿制度得到完善，公益林补偿资金直接到户，较好地调动了林农保护公益林的积极性。农民生活水平得到明显提高，去年农民人均收入达到7034元，已连续三年超过全省平均水平。7873名被征地农民纳入基本生活保障，农村新兴合作医疗参保率达到85%，完成农村困难户危旧房改造136户。

3.一批新型农村发展先进典型逐步形成。经过几年的积极探索，我县农村已经形成了一批新型的发展典型，为今后带动农村快速发展树立了样板。一是工业企业带动型。昆铜乡长林垓村和递铺镇义士塔村，以发展工业经济为基础，吸纳大量农民进入企业，增加农民收入。以工业经济发展为龙头，推动包括村庄环境整治、农民合作医疗站建设在内的中心村建设。二是特色产业带动型。孝丰镇统溪村是一个花卉苗木专业村，溪龙乡黄杜村是一个白茶生产专业村，这两个村以发展特色产业为重点，致富一方百姓，同时推进农村特色园区等建设，推动面貌的变化。三是旅游项目带动型。近年来，包括旅游景点、旅游产品、“农家乐”在内的旅游项目发展，以及通过这些项目的带动，给当地老百姓带来了丰厚的收入，如天荒坪镇大溪村、报福镇洪家村等一些原先不起眼的小山村成为游客心目中的亮点，游客的纷纷进入，带动了当地三产的发展，老百姓收入明显增加。老百姓生活宽裕了，观念更新了，经济和社会发展也就更快了。四是合作经济组织带动型。据初步统计，全县已有50多个农村专业合作经济组织，它们在农业产业化发展中发挥了重要作用，特别是安吉（皈山）家禽养殖合作社，剑山黄花梨专业合作社等，章程完备，机构完善，网络完整，服务完善，起到了服务农户、架通市场、协调各方的积极作用，受到了农民的欢迎，也给农民带来了很多实惠，带动了农村相关产业的快速发展。

4.工商资本投向农业，一、二、三产结合带动了农村快速发展。在调查中我们看到，不少原先的工商企业主已把目光转向农业，有的已成为农业龙头企业业主，如皈山乡科灵磁性材料厂去年投资新建了科灵茶叶加工企业，同时成了科灵茶叶合作社，第一年就收购青茶1.2万公斤，加工茶叶3000公斤，销售收入超过180万元，同时也提高了散户的茶叶加工、经营水平。从调查情况看，我县农村形势喜人。去年全县一产增加值10.99亿元，占全县生产总值

89.29亿元的12.3%，比例更趋合理。农村劳动力转移比较充分，就业率比例较高。农民人均收入保持高位增长态势，安定团结的局面得到巩固。农村管理更加民主化、科学化，特别是村两委换届选举过程中，民主化程度增高；以村级财务为重点的村务公开度提升，透明度增强；村里的重大事项，大部分已经以"一事一议"的方式提交村民代表会议议定。特别值得一提的是，皈山乡等乡镇生产快速发展，人民生活条件得到进一步改善，村庄环境优美，精神文明建设不断加强，农村管理更趋民主化，已经初具社会主义新农村雏形。

二、当前我县新农村建设存在的主要问题

新农村建设是具有长期性、复杂性、艰巨性的系统工程，中央提出"生产发展、生活宽裕、乡风文明、村容整洁、管理民主"这一总体标准也是新农村建设一个阶段的目标。从我县实际情况分析，我们认为，安吉的新农村建设还仅仅处于一个"破题"阶段。从这个实际出发加以分析，我们认为，当前我县新农村建设存在以下几个主要问题：

1.全县新农村建设阶段性实施意见亟待出台。全县新农村建设的指导思想、工作思路、总体要求、长期目标、近期任务还都不明确，更谈不上提出什么有效措施，各乡镇、开发区以及村和社区在目前，只是在思想意识上有建设社会主义新农村的愿望、要求，但如何建，建什么样的新农村，心中没有底，目标、任务不明确，在很大程度上阻碍了我县新农村建设的进程。

2.县城总体规划滞后影响新农村建设进程。县委在2004年就提出了构建"一主三副五镇六十村"梯次辐射的开放型空间结构，但关于"六十个中心村"的总体规划尚未出台，六十个中心村如何布局？分别有什么特色要求？辐射的周边村的范围是哪些？……这些问题一直没有得到明确，导致各中心村的建设规划也未能制定，中心村建设步伐缓慢，效果不明显。同时，由于"一主三副五镇六十村"的结构早就提出，但没有具体落实，导致基层干部群众产生了一些误解。一是关于中心村的"版本"较多。有县级有关领导认为的，有县有关部门建议的，有乡镇向县有关部门提出要求的，也有村干部随口说说的，多种"版本"，同时存在，其弊大于利。二是将"中心村"与"行政村"概念混淆。一些据传未被列入"中心村"的"行政村"被认为以后一定是要被撤并的村，二者概念混淆，影响基层积极性。目前，不少行政村建设"中心村"、新农村的积极性都比较高，不少部门对支持新农村建设也充满热情，但县域总体规划未能及时出台，有可能造成新的资源浪费。

3.全县农村生产发展总体水平不高，也不够均衡。建设社会主义新农村，"生产发展"应始终放在第一位。从调查情况看，我县农村生产发展水平仍然较低，大部分农产品的生产过程还是单家独户、小规模、分散性经营，产业化、标准化、组织化程度低，增收不明显。农民人均收入虽然连续几年超过全省平均水平，但仍然还不高，同时，全县农村地区间生产发展水平不均衡，偏远山区如杭垓镇和平原斗区如梅溪镇与其他地区相比，明显存在较大的差距，全县农民人均纯收入高的村已超万元，而低的村还只有3000元上下。

4.土地利用总体规划修编调整迟缓已成为制约农村发展的重要因素之一。现在执行的土地利用总体规划是1999年修编的，随着我县经济社会的快速发展，已很不适应当前经济和社会发展的需要，而且当时修编的规划，注重了"农保"和城市发展的需要，基本没有考虑乡镇、村建设用地的需要，使得新农村建设规划根本无法实施。特别是将"农田基本保护区"从平原移向山区后，一些山冲田、“靠天田”都成了“农保区”。大部分地区没有留下建设用地，这些村一要搞建设，就要设计“农保区”，而要动用“农保区”的土地，各项手续都有严格的法律规定，很难做到，于是，面对“农保区”只得不建设。

三、对我县新农村建设的几点建议

针对我县新农村建设存在的问题，对照中央提出的目标，借鉴外地经验，我们提出以下几点建议：

1.抓紧出台安吉县新农村建设实施意见。最近，省委、省政府已经作出了《关于全面推进社会主义新农村建设的决定》，湖州市也与浙江大学开始合作攻坚社会主义新农村实验示范区，我县应当积极贯彻中共中央、国务院《关于推进社会主义新农村建设的若干意见》，在上下已经形成浓厚的新农村建设的氛围下，及时出台安吉县新农村建设实施意见，深刻认识社会主义新农村建设的重要意义，明确提出我县新农村建设的指导思想、基本原则、目标任务和具体措施。我县的新农村建设实施意见要切合安吉实际，富有安吉特色，因地制宜，量力而行，有关政策措施要向边远山区和平原斗区倾斜，努力实现全县快速、健康、均衡发展。

2.尽快制定和完善推进新农村建设的配套政策措施。新农村建设是一项系统工程，必须要有一系列配套的政策措施。我县已有不少积极推进新农村建设的政策措施，应该认真抓好落实，充分发挥其作用，同时，在此基础上，加以完善。我们认为，在新农村建设过程中，要体现五个原则，即以发展为中心，增收为核心的原则；充分调动积极性，稳定党在农村的基本政策，实现政策和体制创新的原则；尊重农民的意愿，以农民满意、农民受益为目的的原则；科学规划，分类指导，循序渐进的原则；农民主体，政府主导，社会各界积极参与的原则。同时，要正确处理好以下五个关系：

一是“生产发展”与其他四项要求的关系。“生产发展”是“生活宽裕、乡风文明、村容整治、管理民主”的基础，只有生产发展了，其他四项要求才能真正得到落实，因此，不能简单地把新农村建设理解为旧村拆迁和新村庄建设，而是要着力发展生产，把“发展生产”放在首位。

二是新农村建设速度与发展水平的关系。新农村建设具有长期性、艰巨性和复杂性的特点，因此，既要讲速度，体现我县属于经济发达地区的水平，符合率先成为生态型百强县的实际，同时又要分阶段、有步骤地有序推进，循序渐进，量力而行，兼顾区域差距，不搞“一刀切”。可以先在部分地区进行试点，形成示范点，以点带面，逐步推开。

三是民主主体与政府扶持的关系。建设新农村是农民、政府和社会各界的共同责任，但必须明确的是，新农村建设的责任主体是农民，要克服少数农民存在的“等靠要”的意思，通过广大农民的积极努力，加快新农村建设步伐。同时，各级政府要加大投入，着力从根本上解决制约“三农”发展的深层次矛盾，形成更加浓厚的全县上下统筹城乡兴“三农”的氛围，在政策上和资金投向上切实向“三农”倾斜。

四是发挥乡村作用与各方配合的关系。新农村建设，乡镇政府和村级组织是出于第一线的工作机构，直接与广大农民紧密接触，因此，必须充分发挥它们的作用。新农村建设又是一个庞大的系统工程，需要上下同心，各方合力，群策群力，密切配合，因此，各级各部门必须心往一处想，劲往一处使，相互补台，不搞拆台，在资金、技术等方面，要积极向上争取，及时用于新农村建设，县政府要切实做好统一、协调工作，要由县领导牵头，组建一个统领新农村建设的协调机构，积极整合各方力量，以实际行动推进新农村建设。

五是新农村建设与生态县建设的关系。新农村建设与生态县建设是相互促进，互为推动的关系。加快新农村建设，要以巩固生态县建设成果为基本要求，要以加快生态县建设为目标，使安吉的新农村成为生产发展、生态优良的社会主义新农村。

3.切实抓好县域总体规划的修编、实施工作。要尽快制定县域总体规划，并要将各项规划统筹考虑，使新农村建设规划与土地利用总体规划、村庄建设规划、农村产业发展规划等相一致。进一步明确“一主三副五镇六十村”县域总体结构及其特色要求，特别是要切实加强包括农村集镇在内的六十个中心村建设，六十个中心村的布局、功能、辐射范围及与周边行政村的关系，要一项一项具体明确。要采取多种形式，加大对县域总体结构以及以此为基础制定的县域总体规划的宣传力度，形成全县上下严格执行规划的浓厚氛围。

4.切实抓好土地利用总体规划的修编工作。土地利用总体规划的修编工作正在进行中，县政府要对这项工作进一步加强领导，使国土资源管理工作切实为当地经济和社会发展服务。为推动社会主义新农村建设，要抓住土地利用总体规划修编这一契机，根据不同类别不同规模行政村的实际，落实好农村建设用地。要合理调整基本农田布局，要在“十一五”发展规划的指导下，做好土地利用总体规划与村庄建设规划等的有效衔接。按照政府指导、村民意愿的原则，积极稳妥地推进行政村撤并、自然村缩并，加快推进旧村改造和中心村建设，促进农民集中居住和村庄优化布局。根据安吉的实际，我们建议选择一两个乡镇进行试点，由行政村先在中心村附近征用一定规模的土地，让需撤并的小村庄的农户先建住房，在搬入新居后，及时拆除旧房并复垦。这个做法，一方面可以解决村民跨组建房需要自己出面商量的问题；另一方面单门独户的农户拆除旧房复垦后的土地面积一般都要比新建房屋宅基地面积大，节约了土地；另一方面可以切实推进自然村缩并工作。

5.要继续突出发展农村经济的首要地位。“生产发展”是新农村建设的首要任务，发展农村经济是“三农”工作的首要任务。发展农村经济要在处理好新农村建设的几个关系的基础上，继续抓好城乡统筹工作，加快城市化进程，继续抓好劳动力转移工作，并把工作重点转移到提高劳动者素质上来，逐步形成安吉农村转移出来的劳动力向从事技术性工种集聚的格局；继续改善农村生产、生活条件，加大基础设施投入和村庄环境整治由点向线向片延伸的力度。从安吉实际情况看，发展农村经济，近期要着重抓好以下几项工作：

一是加快培育一批专业特色村，我县在前几年已经涌现出了一批特色经济发达村，以白茶为特色的溪龙黄杜村、以黄花梨为特色的开发区剑山村、以羊毛衫生产为特色的昆铜长林垓村、以制造加工业为特色的递铺义士塔村、以旅游和农家乐为特色的天荒坪大溪村等等，这些特色村的形成，增强了新农村建设的后劲，极大地提高了农民收入，而且为全县新农村建设提供了有效的借鉴经验。建议县政府组织力量，深入挖掘和总结这些特色经济发达村的成功经验，并逐步向全县推广，再培育一批专业特色村，提高农业的产业化、合作化、规模化水平，加快农村经济的发展。

二是大力支持农村专业经济合作组织建设。我县已有50多家农村专业经济合作组织，它们在推进农业产业化、专业化、规模化发展，带领社员致富中起到了积极作用，特别是安吉家禽服务社、剑山黄花梨专业合作社等，组织健全，管理完善，服务到位，产供销一条龙，社员不出门，困难全解决，同时服务社和村委会也取得了一定的经济效益。为推动农村专业经济合作组织建设，必须全面深刻学习、宣传、理解《浙江省农民专业合作社条例》，深刻认识专业合作社在农村经济发展中的重要意义和它所处在的地位，严格按照条例规定，用足用好政策，使他们更好地发挥作用。

三是要进一步重视农村工业经济的发展。要结合经济社会发展的新形势，加大对小企业的培养力度，进一步促进农村工业经济不断发展壮大。大力开展招商引资，积极调整产业结构，不断增强优势产业、龙头企业的自主创新能力。各级各部门都要提高为企业服务的水平，进一步优化企业建设和生产经营环境，创造有利条件，促使企业不断发展壮大，更好地发挥农村工作经济发展的带动作用。

四是要进一步加大对农业的投入。财政投入要进一步向农村倾斜，特别要加大对农业基础设施建设的投入，通过加强对小水利等的建设，提高防灾抗灾能力；通过对林道建设等的支持，降低农业生产成本，进一步实现降本增收；通过村庄环境卫生状况的改善，减少疾病传播途径，降低因病致贫农民的比重。

五是要抓住与浙大合作共建社会主义新农村建设试验区的契机，实现创新发展。充分利用浙江大学的各种优势，促进农村快速发展，利用其师资优势，加强培训，不断提高广大农民的整体素质；利用其技术优势，积极引进科技成果，加强科技研发的新技术作用和新品种推广工作；利用其信息优势，促进农业提档升级。

安吉县“中国美丽乡村”建设情况的调查报告

“中国美丽乡村”建设是我县新农村建设的创举。从2008年初，县委、县政府作出建设决策，县人大形成建设决议，到今年已历时三年多。按照县人大常委会的工作安排，调研组按照“村村优美、家家创业、处处和谐、人人幸福”的建设目标要求，对三年来的中国美丽乡村建设情况进行了深入的工作调研，现将调研情况报告如下：

一、“中国美丽乡村”建设取得的成果

（一）在全省、全国确立了品牌地位。从2008年创建以来，先后引起《人民日报》《浙江日报》《经济日报》等新闻媒体的高度关注。新浪网专门开设专栏，深度报道安吉美丽乡村建设。2010年10月，省委全委会确定“美丽乡村”为全省生态文明建设的载体，2011年1月，省委、省政府以安吉经验为样板，出台《浙江省美丽乡村建设五年行动纲要》，美丽乡村上升为全省发展战略，安吉美丽乡村建设被评为2010年全省十大创新案例。2009年，我县被农业部、国家旅游局联合命名为全国休闲农业与乡村旅游示范县，被民革中央授予社会主义新农村调研基地。2010年，被国家标准委员会命名为“中国美丽乡村标准化建设示范县”。“中国美丽乡村”继“中国竹乡”、全国首个生态县之后成为我县第三张国家级名片。

（二）出色创造了社会主义新农村建设的独特模式。成功探索出了规划、建设、管理和经营“四位一体”的建设模式，四者相辅相成，规划是前提，统揽全局，建设、管理是基础，经营是对规划、建设和管理的提升和成果运用，有效地指导了新农村建设工作，成果显著。我县新农村建设考核连续三年被市委、市政府评为一等奖，连续两年被省委、省政府评为优胜单位。全国“三农”工作专家将我县新农村建设经验明确为“安吉模式”。

（三）根本改变了全县农村的环境面貌。三年来，全县共有146个村开展美丽乡村创建，建设的覆盖面达75%以上，建成“中国美丽乡村”精品村108个，重点村30个，特色村4个，9个乡镇实现美丽乡村创建全覆盖，农村“脏乱差”现象得到根本扭转，农村环境得到全方位提升，我县被国家住建部评为“中国人居奖”。三年来，共实施了各类重点建设项目1713个，完成项目投资12.97亿元。共实施农村危房改造1302户，房屋整修21461户，立面粉刷382.69万平方米，实施庭院改造27474户，庭院植树132.3万株，庭院绿化46.3万平方米，庭院增设盆景58957盆，安装太阳能热水器37281台，拆除各类违章建筑2801处，占地面积75665平方米，改造围墙344390米，村庄道路两旁及中心村植树172.1万株，绿化133.4万平方米，安装路灯9295杆，新增广告宣传牌6518块；建成黄浦江源、中国大竹海、昌硕故里、白茶飘香四条精品观光带，初步形成“一环四带六区”的建设经营框架。

（四）全面加快了全县农业农村的发展。三年来，公共财政投向“三农”资金累计达到10亿元以上，引导金融资本、工商资本投向“三农”的资金总量累计达到50亿元以上。这三年是农业产业转型升级最快的三年。西苕溪源头区、中部丘陵区、平原斗区三大农业功能区，优势特色产业向现代农业园区集中，白茶、蚕桑、休闲农业、毛竹四个万亩农业园区基本建成，一批现代农业园区启动建设。农业产业体系进一步完善，主导产业优势不断放大，特色产业规模不断扩大，品牌价值明显提升。农业组织化程度显著提高，培育了一大批农业龙头企业、农民专业合作社、现代农业产学研联盟。一产“接二连三”进程加快，产业发展融合度进一步增强，三次产业结构更加优化。以农家乐为代表的乡村旅游发展迅速，2010年全年接待游客648万人次，旅游收入35.18亿元。农家乐经营户达到580户，床位数1100个，户均增收3万元。这三年，也是农村改革创新力度最大的三年，农村发展活力明显增强。林权改革走在全国前列，毛竹股份制改革全国首创。农村土地承包经营权流转服务体系基本建立。

（五）有效缩小了全县城乡发展的差距。三年来，我县城乡融合发展水平明显提升。这三年，是我县农村居民得实惠最多的三年。农民人均纯收入达到1.29万元，增幅连年居全市第一，高于全省平均水平。城乡居民收入比缩小到1.96:1，明显优于全国3.23∶1和全省2.42∶1。农村公共服务体系进一步健全，社会保障制度的普惠面不断扩大，农村基础设施更加完善，一批民生工程相继建成，农民生产生活条件显著改善。三年来，共有120个村新建了农村社区综合服务中心，建筑面积66000平方米，新建村级其他各类公共配套设施建筑22.75万平方米，实施农村饮用水工程建设4638处，新增垃圾中转设施461处，新增垃圾箱9333只，新建公厕257所，农村公路全面实现联网。农村乡土文化全面得到挖掘和繁荣。共建成郎村、上张、迂迢、尚书干村等一批不同地域特色、不同文化类型和不同展示方式的村落文化生态展示馆30个。

（六）全面提升了农村基层组织工作的水平。通过推进美丽乡村建设，农村基层干部的群众威信、办事能力、工作水平都有了很大的提高，基层组织的战斗力和公信力大幅提升。6名优秀创建村党组织书记破格提拔进入乡镇党委班子，涌现出了一大批林萍式的杰出和优秀的基层支部书记。营造了一股正气，美丽乡村建设带动了农村观念的改变，“美丽家庭”深入开展，对各种陋习产生了一次深刻的“革命”，在农村形成了一股干部创事业、百姓创家业的浩然正气。

在优异的成果面前，我们从中总结了富有成效的工作经验：一是党政主导。县委、县政府始终把“中国美丽乡村”建设作为重中之重的中心工作来抓，作为“奋战五年·再造安吉”的中心工作，充分贯彻到组织领导、政策扶持、工作部署、财力投放、干部配备和机制创新等各个方面，各级各单位职责到位、创新到位实绩突出。二是农民主体。始终坚持农民的建设主体地位，依靠农民，发动农民，充分尊重首创精神，充分调动各方面的积极性、主动性、创造性，农民主体活力大大增强。美丽乡村从规划、建设、管理到经营，始终让农民群众自主决策，自主参与，得到最广大农民的高度认同和大力支持，成为农民的自觉行动，在共建中共享品质生活。三是社会参与。注重调动全社会的力量服务“美丽乡村”建设，集聚各方面的资源支持“美丽乡村”工作。大胆改革创新，突破体制机制束缚，开辟了卓有成效的农村建设投融资体制改革，大大拓宽了渠道；广泛开展结对共建活动，为“美丽乡村”建设争取了物质和智力支持。“美丽乡村”获得全社会的普遍认可，成为全县上下的共同意志、一致目标和统一行动，形成了强大的推进合力。四是城乡融合。着眼于全县“大乡村”的整体布局，强化统筹发展意识，坚持工业化、城市化和农业现代化“三化”同步，走一、二、三产融合发展、城乡联动发展的路子，大力推进城市建设向农村延伸，公共服务向农村倾斜，社会保障向农村覆盖，现代文明向农村辐射，构建城乡一体化发展的新格局。

二、工作中存在的难点和问题

（一）经营乡村未取得实质性突破。通过三年的创建，全县基础设施建设有了较大的完善，村庄面貌进一步美化，农村群众的生活观念和精神状态有了明显的提升，但在产业发展上，虽然有一些村通过“美丽乡村”建设，努力推进现代农业发展，大力发展生态旅游，打造村级工业平台，发展家庭工业，有效地推进了建设与发展的互促共进，但还未形成全面性的示范作用，农村产业的发展没有取得质的提升。经营乡村的办法还不够多，途径还不够多，渠道还不够宽，成效还不够明显。

（二）村级集体经济壮大任重而道远。通过三年的创建，大部分行政村有效盘活了集体资产特别是土地资源，壮大了村级集体经济，2010 年一年消灭村经营性收入在 10 万元以下的村 46 个。但从全县面上来看，村级集体经济状况仍不容乐观。经营性收入在 10 万元以下的村还有 42 个之多，且总体增收空间困难；全县三分之一强的村存在不同程度的负债，个别村因历史原因负债情况尤为严重，并有负债上升的趋势，且化解困难；有相当部分的村经营手段单一，有效办法不多，收支不能平衡，影响了村级管理经营的正常开展。

（三）建设格局仍不平衡。偏远山区、平原斗区落后的面貌仍没有得到根本改变。随着创建工作的持续，两个地区的建设难度日益加大，余下的 25％的创建村大部分集中在平原斗区和西部偏远山区，接下去几年，还有一场攻坚战要打，同时，已创建村部分自然村建设不平衡，下一步还要进一步扩面。

（四）建设融资渠道瓶颈加剧。当前，美丽乡村的建设资金主要靠县、镇、村与农民的投入，虽然有一部分民间资本的项目投入和上级部门的项目补助，但所占比例还不高。尤其是如何使美丽乡村建设延伸扩面，实现村庄美丽乡村建设的全覆盖，在资金上存在严重不足。特别是国家银根持续收紧，将给农村融资平台带来重大压力。

（五）长效管理仍是薄弱环节。这几年通过创建，我县农村环境得到全方位改善，并实施了村庄环境卫生长效管理制度，落实了考核督查制度和财政专项资金。但重建轻管现象仍大量存在，乡镇和村巩固建设成果的长效管理机制尚待进一步健全和落实，卫生保洁和公共服务设施的维修缺乏资金和人员保障，平原斗区和城郊接合部环境卫生状况堪忧。

三、下步建议

（一）目标向全国首个县域大景区转型。要进一步提升建设品位，以全国首个县域大景区规划为龙头，以大景区理念建设美丽乡村，以美丽乡村建设提升大景区。要进一步提升服务功能，从满足农村公共设施向提升乡村旅游配套功能转，从点线面结合向整体联动转，实现美丽乡村的整体建设、整体转型、整体优化的重大突破，进一步在全国、全省树立建设新样板。

（二）重心向经营乡村转移。要逐步由抓美丽乡村创建向抓美丽乡村经营转。各级要积极探索乡村多元化经营的路径，坚持因地制宜，因村而异，宜工则工，宜农则农，宜旅则旅游，宜文则文，宜居则居，引导走特色化、差异化经营之路，要突出以乡村旅游为主业开展重点经营；要积极研究有效的组织经营体系，坚持大景区、大项目联动，大企业、大公司引领，强化大景区下乡村管理功能，切实提高市场化经营水平；要尽快搭建产业政策大平台，进一步丰富和完善乡村经营的扶持政策，激发经营主体的积极性。

（三）建设向城、镇、村联动。要以“优雅竹城、风情小镇、美丽乡村”为总体框架，立体推进，精心打造亮点。要进一步确立县为主导、乡镇为主体、村为基础的责任落实方针，进一步优化分工推进机制，进一步优化建设规划，进一步优化功能布局定位，实现优势互补，区域互补，功能互补，资源互补，全县域深入推进建设。

（四）创建向薄弱地区攻坚。要合力攻坚薄弱地区美丽乡村建设。进一步整合项目和政策以及行政资源，加大薄弱区域攻坚力度，重点支持平原斗区、偏远山区创建。按照《安吉县建设“中国美丽乡村”行动纲要》的总体部署，对剩下的40多个待创建村，进行重点扶持，重点攻坚，使美丽乡村建设成果向最广大农村群众普及。

（五）管理向长效巩固强化。要进一步整合部门职能，强化日常监督检查工作，特别要加大“三沿”地区的监管；要积极探索城市先进物业经验进农村，积极引进市场经营管理模式；要切实加大城区范围内城郊接合部综合环境整治力度，全面开展脏、乱、差环境治理，不留盲区，不留死角；要加强舆论宣传，特别要加大对平原斗区群众的环境卫生宣传力度，加大对长效管理落实不到位的乡镇、村以及责任人的曝光力度；要结合“美丽家庭”等有效载体，抓好长效管理的细胞工程。

（六）发展向集体经济壮大。要以发展壮大村级集体经济为美丽乡村建设的首要目标，始终咬定青山不放松。要进一步完善扶持政策，特别要在发展空间上、产业扶持上、投融资体制上给予支持和倾斜；要适度限制村级负债的额度，积极研究村级债务化解的长效机制，确保村级管理和发展有序有效开展；要积极帮助村级组织研究发展壮大村级集体经济的对策和办法，大力拓展增收渠道。

打造高品质原生态水源地 促进水资源可持续保护和利用

——安吉县水资源情况的调查报告

2020年10月

水是生命之源，水资源是人类生存发展的母体资源、战略性资源，在整个经济社会发展中的重要地位和作用不言而喻。我县作为我国最具发展活力经济体之一的长三角腹地，水资源战略地位日益凸显，是我县下一轮经济发展的重要命脉、生态环境后发优势形成的根本保障，也是未来我县发展低碳经济必备的优势资源。重视和合理保护、利用、开发水资源是当前和今后相当长一个时期县域经济社会发展体系的重要组成部分、县委县政府施政方针的重要命题。带着这一命题，我们对我县水资源利用现状进行了深入调研分析，形成专题调研报告，供参考。

一、对我县水资源现状的基本评估

(一)水资源总量丰富。多年平均水资源总量为14.98亿立方米，其中浅表水为3.45亿立方米。2008年全县水资源径流量17.54亿立方米，比多年平均多17.1%，城乡人均用水量40.7立方米。按2008年底全县人口45.51万计算，人均水资源量为3300立方米，高于全国(2200立方米)和全省(1500立方米)水平，即使在水资源丰富的长三角区域仍处于高位优势。

(二)水资源供需总体平衡。现状供水量：全县所有蓄水工程总库容是4亿立方米，其中水库总供水3亿立方米，河道水供水量1亿立方米左右。现状需水量：工业和生活用水为1亿立方米，农业用水2亿—2.4亿立方米，合计每年总需水量是3亿—3.5亿立方米。在全国、全省是自求平衡较好的县。

(三)水资源保护富有成效。上世纪末，县委、县政府下大力气开展南太湖“零点行动”，关停严重污染企业33家，对74家污染企业进行强制治理。至今，坚持“生态立县”一直是历届县委、县政府毫不动摇的根本发展战略，水资源得到了有效的保护和治理。出台了水库等饮用水水源地保护措施，加强水资源监测、保护工作。批准了六大饮用水水源保护区：赋石水库、老石坎水库、凤凰水库、天子岗水库、大河口水库、乐平水厂，对水源保护和安全供水起到了积极作用。开展了全县重要水域划定与保护工作，在饮用水水源保护区范围内禁止开办污染型企业。致力于农业面源污染和小流域治理工作，建设水源湿地系统。同时，一直积极开展污染减排、治理和监测，竹制品企业和农村生活污水实现了统一收集集中处理，县级飞行监测污染源达标率达85%以上。饮用水水质良好，各类监测指标均高于周边县市。特别是水源地的较好保护，对生态系统的保护起到了至关重要的作用，我县森林覆盖率和植被覆盖率分别达到71%和75%，这也是我县被评为全国首个生态县的重要方面。

二、水资源保护利用存在的问题

(一)水资源战略意识比较缺乏。水资源保护和利用特别是水安全意识尚未上升到全县经济社会发展的战略高度，水系规划滞后于经济社会发展规划，整体保护开发利用体系尚未形成。水资源的开发利用缺乏宏观控制，只强调水资源要满足工农业发展和生活的需求，而不注意经济发展、产业布局要充分考虑水资源条件。水资源后发优势认识还不够足，科学开发意识还不够，区域品牌竞争不强，产业化水平不高，市场化运作机制还不够健全，水资源经济效益难以显现。全民节水意识欠缺。安吉长期以来无缺水之虞，过惯了不愁水甚至浪费水的日子，节约用水意识还未在全社会形成广泛共识，缺乏应有的危机感和忧患意识。

（二）水资源利用粗放。水资源利用率低，水资源总量逐年减少。农业灌溉亩均用水（411.4立方米）及万元GDP用水（183.3立方米）均高于全省平均水平（分别是382立方米和106立方米），水资源利用率只有14.9%。水资源浪费现象比较严重。农业上，引水、提水工程等输配水系统部分老化失修，配套程度较低，田间灌水技术落后。城乡供水上，由于管网设施缺乏总体规划，造成水资源浪费。据调查，目前城西、孝丰、乐平三大供水企业，除城西水厂管网渗漏损失水量在20%左右，孝丰、乐平水厂管网渗漏水量均达到或超过50%。控制性调节工程蓄水能力较低，安吉水资源从表面看相对丰富，但由于降雨的时空分布不均衡，洪水时期的大部分水资源不能被完全拦蓄利用而流入太湖。另外，我县两大水库赋石水库和老石坎水库的库容分别是2.18亿立方米和1.15亿立方米，由于建库年久，库底淤积严重（据专家测算，两大水库库底淤泥的淤积量至少有3000万立方米），蓄水量明显降低，加上水资源在时空上分布不均，导致丰水期水库水满为患，枯水期水库没水，抵御干旱能力低，导致工程性缺水较为明显。部分乡村因缺少水库拦蓄水量而造成当地水资源的短缺，如上墅、杭垓等山区乡镇部分村在夏、秋季节存在生产、生活用水出现不能保障的情况。

（三）水安全隐患较多。主要是由于不科学的生产生活，水系流域没有得到很好保护，导致水资源质量在逐年下降。一是水库上游农业面源污染还没有得到根本性控制。农林生产中化肥、农药使用量过多、过滥，两大水库的总磷、总氮明显超标。每年春季水质有明显变坏趋势。乐平水厂和昆铜本来水质较好的地区，也出现不同程度的水质变差的情况。二是污水处理率相对较低。随着城镇规模扩大，老城镇区块下水道因没有分设雨水、污水管网，部分污水管网也未接入污水处理厂而直接向河道排放污水，超过了河流自身净化能力，导致河流水质明显变差。加上，企业为降低治污成本，偷排、暗排废污水情况时有发生，造成局部区域地表水、地下水水质恶化。三是涵养水源的林草植被仍有不同程度的破坏，水土流失的现状还没有得到根本改变。涵养水源、水土保持意识较欠缺，重视不够。特别是受经济利益驱动，近年来我县局部地区毁林开垦种植白茶等经济作物情况严重，毛竹林低产林改造全垦培育对水土流失也带来一定的影响，特别是在25度以上山坡全垦开发或建设，使大片林草植被的天然蓄水、滞水调控功能削弱加剧了雨水冲刷强度，导致了非洪即旱现象（集中反映在两大区域：一是两大库区蓄水功能降低，特别是缫舍板栗林还没有得到根本治理；二是昆铜、溪龙区域对本地特别是对梅溪的水源功能弱化，原因是植被开垦较严重，涵养水源能力差，再加上浅表水开采过量，水生态遭到一定的破坏）。四是黄沙开采过度，鹅卵石非法偷运，河道非法占用，河床破坏严重，造成河道吸水能力降低，部分河段长年无水，防洪能力减弱，水安全存在重大隐患。五是斗区塘网淤积污染，储水、净水、防洪功能日益弱化。六是小水电特别是径流型引水式梯级小水电，通过在河床上筑坝引水到下游形成落差发电，造成局部河段出现季节性断流。如果把水库比作是血库的话，那么山体植被就是造血的机体，山河溪流就是水源保障的血管。造血的机体和血管都有不同程度的损坏，加上血库自身状况不佳，血库的库存和质量当然会减小。据环境保护部门近年来地表水质监测表明，水环境质量状况呈缓慢下降趋势。赋石水库、老石坎水库、天子岗水库水质为Ⅳ类，凤凰水库水质为Ⅴ类，均超过水域功能区要求的Ⅱ类标准。递铺港芝里村以下河段为Ⅳ类水质，未达到水域功能区Ⅲ类的要求。

（四）水资源管理与开发不相适应。随着水资源功能的不断拓展，我们还缺乏超前的研究，水资源的源头控制、开发利用、水经济、水效益还缺少与发展相适应的新体制新机制。一方面水资源开发和利用的程度不完全，停留在自给角度上，缺乏经济意识。水资源开发利用仅停留在保障城乡居民生活生产用水的初始阶段，水资源经营项目不多，品牌企业不多，水资源效益不明显，往往一提水源保护，对水源开发就一棍子打死，保护和利用的关系处理不够科学。另一方面水资源统一调度和管理的职能不完全，停留在够用的标准上，缺乏效率意识。未按工农业、城市生活不同要求供水，基本上是多水多用，少水少用，一年用完，不留或少留后备，使水库仅仅起到年调节和不完全年调节的作用，未能发挥应有的调节性能。

三、对我县水资源保护、开发、利用的对策和建议

水资源总量丰富、水环境质量一流、水污染治理显著是我县生态县建设的特色和亮点，也是我县建设生态文明的重要基础。特别是随着城市化步伐的加快，经济社会的持续快速发展，人民群众对水资源的量和质的要求会更高，可以说在未来，掌握了丰富的一流的水资源，就掌握了下一轮经济社会发展的命脉。我县水资源无论在量还是在质上都有得天独厚的优势，而纵观全国，有16个省（区、市）人均水资源量低于严重缺乏线，6个省区（宁夏、河北、山东、河南、山西、江苏）人均水资源量低于500立方米；再看长三角地区，工业用水量、居民生活用水量每年都在增长，很多大中城市出现用水短缺，很多城市居民在为喝不到高品质水源而发愁。鉴于周边城市的供用水形势以及我县的水资源现状，另外，由于我县水资源属于源头可控水（我县地处天目山北麓，东南、西三面环山，境内除西面与安徽省接壤的宁国、广德有部分客水入境外，其余水系均发源于本县境内），水资源保护和利用大有可为。为此，建议县委、县政府将水资源保护、利用、开发列入县域经济社会重要发展战略，统筹规划，优化实施，用好存量，抓好增量，量质并举，开源与节流并重，社会效益与经济效益齐驱，以打造长三角高品质原生态水源地为目标，大力实施生态水源、品质水源、效益水源、品牌水源四大工程，抓好“蓄、净、用”三个环节，做优保护水源、经营水源文章。具体建议如下：

（一）强化水资源战略地位，抢占区域水资源高地

建议县委、县政府把水资源问题列为当前以及今后相当长时期重要的战略资源来考虑，宏观上确立水资源、水安全战略地位，微观上制定具体的富有成效的措施办法，在体制机制上予以保障。具体建议如下：

其一，抓紧制定水资源保护利用战略规划。要立即组织相关部门和专家开展水资源战略性研究工作，特别要着眼长三角大中城市供用水形势，积极做好未来区域水资源战略分析。要从县域总体发展规划出发，立足全县今后一个时期经济社会发展需要，科学定位全县各大水库、水系、水域经济社会基础功能，制定好县域水资源保护和利用总体规划，确定中长期保护、开发的目标。要加强上游水的分析，制定各条水系支流用水分配方案；要明确每条水系断面尺寸，用红线加以控制，特别是城市防洪渠道更要严加控制；要进行水资源承载能力分析，合理确定县城及中心城镇的最终发展规模，并对工业用水、农业用水及城市生活用水、旅游景

观用水进行预测性研究，制定长远的用水供求规划；要将水资源的有关规划纳入城市总体规划之中加强管理；要认真研究我县水资源的存量和增量，针对“蓄、净、用”三个环节，制定实施生态水源、品质水源、效益水源、品牌水源四大工程具体工作措施。

其二，要积极探索适应水战略需要的管理体制和机制。建议切实加强对水资源管理的领导，适时成立水资源管理与开发领导小组，统筹全县水资源的保护、开发和利用，抓紧研究水安全、水经济、水价值的新功能，抓紧探索建立集水资源综合管理职能部门。建议在推行水资源一体化管理过程中，重点加强对水资源保护和污水处理的统一管理，提高管理效能。同时积极探索水资源统一调度管理机制，以有效的行政手段，处理好下一轮经济发展中水资源管理和开发之间的矛盾。

其三，要大力构建全民上下重视水资源保护利用的理念和氛围。水资源保护和合理开发利用是经济社会进一步发展的必然要求，县政府要切实将水资源开发利用和保护作为全县的一个长期工程来抓，将水资源可持续保护利用的理念转化为全县45万人民自觉行为，使我县宝贵的水资源“蓄起来、净起来、用起来”，为子孙留一片净水、活水、财富水。建议宣传部门和县内新闻媒体要精心设计水资源宣传载体，进一步强化和渗透水环境、水安全、水经济、水价值理念，全员参与，全员行动，形成氛围。

（二）开源和节流并重，确保水资源量足持续

要高度重视水资源总量问题，采取开源节流并重的针对性措施，确保水资源总量在相当长时期内在区域经济社会发展中保持领先优势。

一要充分考虑水资源的供给总量问题。把培植新的水源点作为重点，列入政府的重要议事日程。一方面要做满现有工程蓄水容量，统筹规划分步实施水库清淤和加高扩容工程。建议对两大水库进行扩容可行性分析，考虑制定清淤和水坝增高扩容方案。并对全县各中小型水库研究清淤和水坝增高扩容措施。另一方面，要积极开辟新水源，规划建设新的工程蓄水工程，千方百计增加工程可供水量。建议对全县水资源分布细作分析研究，考虑新的工程蓄水项目并制定详细的规划建设方案。建议我县东部地区，对昆铜的水土涵养问题进行深入研究，切实提高其植被涵养水源的能力。南部地区对原上墅胜天水库是否再建设作充分的可行性分析。平原斗区加大塘网建设，确保其有一定的储水功能。

二要着力提高涵养水源能力。要大力实施植被保护工程，提高植被涵养水源能力。要积极研究水表和水下立体涵养水源体系，致力打造生态植被、生态河道、生态流域、生态水系。要坚决依法查处水系流域毁林开垦种植经济作物的不法行为，加强生态公益林的建设和管理，保护涵养水源的林草植被。要下定决心，有序关停低小散的小水电项目，大力打击黄沙非法开采和鹅卵石、景观石非法偷运等危害河流水系安全的不法行为。

三要大力开展全民节水运动。首先，要进一步解决思想观念问题，通过教育引导，使各级干部群众充分认识水资源在经济社会发展中的战略地位，改变安吉水源充足的传统观念，增强水资源的危机感和节约用水意识。第二，要大力开展技术节水工程。要加快农业节水灌溉的推广步伐，千方百计降低农业的总用水量；结合发展新型工业化，降低工业生产用水定额，提高工业用水的重复利用率，限制高耗水行业的发展。第三，要在城市大力推广节水器具的

使用，尽量减少生活用水消耗量。积极开展中水利用的研究工作，力争县城和中心城镇早日实现分质供水。第四，充分发挥水价对节约用水杠杆作用，积极研究水价形成、水资源配置、供求的市场调控机制。

（三）严格保护和品牌经营并重，塑造高端水源形象

要高度重视水资源的质量问题和经营问题，在确保水资源安全的同时，积极拓展水资源开发利用空间，做好品质保护和品牌水源两篇文章。

一要全力打造高品质原生态水源地。森林植被、面源污染、土壤环境是影响水资源安全的重要方面，也是原生态水源的重要影响因素，建议从以下几方面着手：一是重点加强源头保护。源头保护是确保安吉水质的重中之重。要禁止源头乡镇建设污染型企业和项目，积极探索县财政转移支付办法。要积极探索工业、农业、生活点面污染源治理的有效办法。逐步关闭搬迁饮用水水源地保护区的污染企业，暂无条件搬迁的企业必须建设高标准的污水处理设施并确保达标排放；涉农部门要运用科技手段，采取生物和工程相结合措施开展农业面源污染防治工作，引导科学种田，合理施肥用药，减少农业生产对水资源的污染。二是对六大水源保护区实行严格的分类保护。要依法划定和保护城市生活饮用水的地表水源保护区，禁止排放污水，禁止从事旅游、游泳和其他可能污染生活饮用水水体的活动，禁止新建、扩建与供水设施和保护水源无关的建设项目。在保护区已设置的排污口，限期拆除或者限期治理。三是突出水源执法。区域开发活动充分考虑水环境承载能力，建议根据我县水资源布局，全面对我县一、二、三产业布局作次系统论证，按照原生态水源地保护要求进一步合理定位产业分区。严格执行《水污染防治法》，职能部门不折不扣履行好“环境影响评价”“三同时”制度，对违法排污、干扰执法、行政不作为等行为要严肃查处，严厉打击污染水环境、破坏水生态的违法行为。建议由县政府牵头，各部门参与，形成制度，持久性地开展原生态水源地综合执法行动，切实保护安吉的特色资源“水环境”。

二要全力打响安吉原生态水源地品牌。以经营好饮用水源为突破口，积极开拓长三角高品质饮用水市场。一是打响黄浦江源头牌。以“君居江之畔，我住江之源”为主题，重点对上海饮用水开展市场营销，树立源头活水品牌形象。二是打响深水矿物质营养品牌。以浙江“西有千岛湖、北有天赋湖”为主题，重点开拓省内外饮用水市场，塑造与千岛湖齐名的深水纯净饮用水形象品牌。同时，适当规划开发高山泉水眼，建设高端矿物质营养饮用水源基地。三是面向长三角，加强与周边大中城市开展水务战略性合作。以建设“大上海水塔”为目标，积极与各地水务部门和水务公司洽谈合作开发项目，使丰富优质的水资源走出安吉，力争成为上海、杭州、湖州等大中城市居民生活用水供应基地。

三要做强做长原生态水源产业链。以提高水资源附加值为目标，跨二进三，加大水资源创意策划投入力度，使水成为安吉的产业特色、景观特色、旅游特色，努力实现社会效益和经济效益双丰收。一是开拓高端饮用水市场。打响并经营好原生态水源地金字招牌，着力包装好优质水源项目，花大力气引进境内外知名饮用水企业，培育现有山泉水品牌。二是着力打造高端水上休闲娱乐航母。继续做亮做精天荒坪水电奇观等水资源观光项目，切实加大高端、精致山水休闲大项目的引进力度，建议以县政府入股的形式，与境内外知名休闲企业合

作,以1020亿元投资为基准线,整体开发1—2个山水景观观光体验和高端娱乐项目。建议对凤凰水库进行整体包装开发。三是着力打造高端水景山地人居。改变以往传统房地产经营理念,积极利用高速公路开通和农村建设用地入市契机,面向上海、杭州等周边高收入阶层,在县城附近适宜区域,规划建设依山傍水的高档水景山地房产,打响山地人居品牌。四是着力打造高档次城市水景观。以水为脉,以水为魂,引水入城,山水相映,以大手笔经营建设贯穿县城的递铺港、浒溪、龙王溪、铜山溪四条水系水景观,突出城市休闲功能,提升城市品位,以水景观为依托,做强城市休闲产业。五是着力开发水乡池塘特色。结合中国美丽乡村建设,以打造浓厚水乡风情为目标,着手编制平原斗区水塘环境整治提升规划并启动实施,因地制宜发展水产养殖和水乡休闲体验项目。

安吉县现代农业园区建设的现状及发展对策建议

——安吉现代农业“两区”建设情况调研报告

2012年5月11日

根据县人大常委会年度工作安排,5月7日至9日,县人大常委会组织开展了现代农业“两区”建设情况的视察调研。视察调研组实地考察了22个园区,召开了多次座谈会,查阅了相关文件资料,对我县现代农业园区和粮食生产功能区“两区”建设情况有了较为全面的了解。现将情况报告如下:

一、“两区”建设呈现的特点

2010年开始,通过两年多的努力,我县已初步建成现代农业园区20个(纯农业,不含林业),现代粮食功能区7个。20个现代农业园区总面积170072亩,其中核心区53048亩,辐射区117024亩;总投入22958.18万元,其中财政投入5234万元(省财政2795万元)。7个现代粮食功能区总面积33580亩,其中核心区8395亩,辐射区25185亩;总投入595.1万元,其中财政投入460万元(省财政310万元)。“两区”建设呈现以下特点:

(一)科学规划,分步实施。按照高起点、高标准的要求和“乡镇一张图、全县一幅画构筑大景区”的构想,县政府和农业部门精心编制完成了《安吉县休闲农业与乡村旅游发展规划》《安吉县溪龙现代农业综合区规划》《安吉县省级粮食生产功能区规划》等三大规划。研究制定了“两区”建设的总体要求、申报条件和认定程序。到2011年已有44个项目建成(含林业22个),2012年计划建22个(农业8个,粮食6个,林业8个)。

(二)土地流转,规模经营。实施土地经营权流转,实现规模经营是建设现代农业“两区”的重要前提。各地积极探索整村流转、以粮计价、以租计价、先股后转等土(林)地流转模式,有效地推进了土地经营权改革创新,促进了集聚经营。全县土地流转面积12.1万亩,现代农业园区中的土(林)地流转率达到90%以上。全县新增土地股份制合作社4家,晓云、高庄、景坞等5个村通过整村流转的面积超过6000亩。通过积极协调金融机构,创新以土地流转经营权抵押进行贷款的方式,解决园区投入不足。

(三)多元主体,参与建设。白茶、蚕桑园区的经营在集中连片的前提下仍以农户个体生产经营为主,政府和村级集体组织参与农业基础设施的投入,农业适宜科学技术推广,农产品的加工与收购。如溪龙白茶主导产业示范园区、梅溪马村优质茧标准化示范园区、递铺垅坝高效蚕桑示范区、兰田高效蚕业精品园区等。甲鱼、娃娃鱼、棘胸蛙、小龙虾、太湖白鱼、黄颡鱼等特种水产园区，以引进掌握先进技术并具有雄厚经济实力的养殖大户经营为主。工商资本投入水果、蔬菜、花卉、苗木、农业观光园区建设的积极性不断加大，2010 年至 2011 年两年中，建成和在建的 40 个现代农业园区项目中有 26 个由工商企业投入，投资额为 13441.4 万元，占园区建设总投入的 54.9%。如递铺华东鹿园生态特色农业精品园区、安吉山水灵峰特色农业精品园区、章村葡萄精品园区、上墅金手指果蔬精品园区等，都由工商企业投资建设。谈竹庄、圣氏、辰邦等一批实力较强的安吉企业先后加入到现代农业“两区”建设中。

（四）政策扶持，完善设施。连续两年县政府出台了《关于加快现代农业发展的若干意见》，明确每年县财政农发金增长 20%，整合涉农资金 3000 万元，贴息资金 300 万元，用于“两区”建设，对直接投入“两区”基础设施和生产设施的园区项目按 30%比例补助，最高可达 300 万元。同时，积极争取部省级项目支持，两年整合农业综合开发、小农水、交通、科技等项目资金 4527 万元。由于政策引领，园区建设主体对基础设施和生产设施投入的积极性得到充分调动。小水库、灌井、灌渠、农用道路、供电等设施按规划普遍建成，喷滴灌设施、钢架大棚按需要建设。上墅村省级粮食功能区以生产“富硒米”为主要特色，在水稻生产上配置了机械育秧、机械化耕作、机械烘干、机械加工抛光等一系列完整装备。全县园区已新建标准钢架大棚 15 万平方米，喷滴灌设施 7200 亩。

（五）科技领先，示范带动。现代农业园区原本的定义就是：以技术密集为主要特点，以科技开发、示范、辐射和推广为主要内容，以促进区域农业结构调整和产业升级为目标。我县“两区”建设中也始终坚持和突出科技领先、示范带动。一是建立了县、乡、村三级农技推广、动植物疫病防控、农产品质量监管“三位一体”的农业公共服务体系，指导园区按标准化要求进行生产。二是推广应用测土配方施肥技术，鼓励施用有机肥，实现了化肥与有机肥、大量元素与微量元素的合理配比，园区测土配方覆盖率达 100%。三是积极推广运用病虫害物理防治技术，安装太阳能杀虫灯 95 个。建立植保专业合作社，开展专业化统防统治服务，减少农药使用量和农药残留。四是实施种子种苗工程，在园区内引进、培育和推广优质、高产、高效的农产品品种，优质良种应用率达 95%以上。建成现代化水稻育秧中心 2 个。生态甲鱼、小龙虾和安吉白茶种苗培育技术全省领先。杭垓镇棘胸蛙特种养殖生态循环精品园，由 3 位本科大学生自主创业而设立，通过艰苦摸索，解决了棘胸蛙人工饲养、产卵、蝌蚪成活率等一系列技术难题，已形成年产商品蛙 4 万只、小蛙苗 80 万只的生产能力。五是推广生态循环农业新技术。“畜禽—有机肥—作物”模式在一些园区得到推广。高禹吉成循环农业示范园区年饲养生猪 1.8 万头，将猪粪用于沼气发电、水库养鱼和竹林茶果园施肥，粪水通过泵站直接输送到林地微灌施肥。六是强化园区农产品品质提升，积极推进无公害、绿色、有机农产品“三品”认证，园区“三品”认证率达 90%以上。七是示范带动作用明显。坐落在高庄村的高禹摩天生态甲鱼养殖示范区，带动本村 70 多户农户养甲鱼，去年村里新增小轿车 30 多辆。梅溪马村优化传统蚕桑产业，种植果桑，开展桑果加工，使桑园亩产值达到近 6000 元，村民人均年收入达到 1.6 万元。

(六)规模经营,效益明显。现代农业园区实现了规模化经营,由有经济实力、科技理念、营销能力的复合型人才经营管理,不仅提高了产量质量,也给营销带来了优势。园区业主的品牌意识强,销售网络齐全,销售渠道广泛。富硒米每公斤平均价达到30元,富硒冬笋每公斤40元,娃娃鱼每公斤2000余元,棘胸蛙每公斤240元,生态甲鱼每公斤160元,小龙虾每公斤24元,高档水果系列蓝莓每公斤250元,葡萄每公斤30元,草莓每公斤40元,形成了一批亩收益超万元的农业产业。据县农业局调查,现代农业园区平均亩产值达9893元,比建成前增长52%;亩利润2355元,比建成前增长69%。

二、存在的问题及对策建议

我县现代农业"两区"建设取得了显著成绩,但也存在不足和问题,需要通过下一步的努力加以解决,以推动"两区"建设持续健康发展。

(一)存在问题分析

1.技术密集特点不够明显。绝大多数园区的经营主体和管理人员为种植养殖大户和拥有丰富经验的技术能人,但也有少数园区的经营管理人员缺乏种养技术,园区内品种单调,管理粗放。少数园区种养品种过杂,又缺乏有效管理,一旦病虫害发生控制不力而绝收,后果不堪设想。尽管有农技部门技术人员的指导,但由于人才缺乏,指导频率不够高,而且这些年乡镇农办招收的农林专业大学生数量不多,许多早年的农技专业人才已经弃农从政,或者年龄老化。在种植业上有机肥使用普遍不足,难以提高地力和农产品品质。总体上离"技术模式先进"的要求还需作出很大努力。

2.管理水平须进一步提高。园区管理运行制度还有待建立完善,靠管理人员口头要求行事还是普遍现象。所在乡镇农业公共服务体系有待健全,农产品质量监管体系显得薄弱。首席农技专家对口联系制度、农技指导员和责任农技员制度还需进一步落实到位。少数园区投资者建设观光农业和休闲农业的愿望强烈,但可供观赏的农作物品种单调,景观和休闲设施建设困难,最终有可能出现既不可能有观光收益,也降低了农产品有效产出的不利局面。在园区建设中还不排除极少数工商资本借园区建设名义行圈地之实的问题,这些园区往往种植养殖业单调,管理粗放,效益低下。

3.土地流转过程存在矛盾。在土地整村流转的地区,还有少数农户存在思想上的不情愿。村里反包土地承包权以后通过改造农田和设施建设后向园区投资主体收取适当租金,这还可以。但有的村没有对反包田进行投入,便按田亩数量向园区投资主体收取租金,这与法律相违背。整个的村级集体组织按田亩数量向园区投资者收取租金的做法都有可能存在纠纷隐患。

4.园区建设资金筹措困难。据了解,一些建设投入较大的园区主体贷款月息在1分以上,利息负担较重。贷款抵押担保难的问题也比较突出。还有经济作物商业保险尚未列入政府补贴范围,生产风险较大。

5.用房建设用地审批困难。调研中,不少园区建设主体反映农林设施(包括生产设施和附属设施)用地审批困难,尤其是一些想建设现代农业观光园的主体对此要求强烈。

(二)发展对策建议

1.出台现代农业园区科技扶持政策,提高园区科技内涵。政府要加大园区的科技扶持,建议以解决事业编制为条件逐年分批引进本科学历的农林学、植保、畜牧兽医、水产养殖等专业的大学生分配到乡镇农技站（农办）工作，将他们派驻到园区驻点服务。适当提高适宜农业机械的补助标准，提高园区机械化自动化装备水平。

2.建立现代农业园区经营管理协会，提高园区管理水平。协会以农业主管部门为依托，加大行政引导与推动，开展园区科技应用、经营管理方面的学习交流与信息互通，组团外出学习考察国内先进现代农业园区建设的经验，共同研究提出推进园区建设的政策建议。对于一些借园区建设为名借机圈地，农业产出效益低下的，要责令改正甚至解除合同。今后在园区招商过程中要更加重视园区规划、建设合同签订的工作，防止日后纠纷的发生。协会对此也要加强监督。

3.认真学习研究农业法律法规政策，确保园区合法经营。尤其是要认真学习《中华人民共和国农村土地承包法》，确保土地承包人的合法权益，任何组织和个人不得侵犯土地承包人的合法权益。村级组织和园区经营主体要加强与原土地承包人的沟通协调，帮助与带动原土地承包人共同致富，防止园区生产获益后的土地经营权纠纷。

4.依法保障现代农业设施用地需要，提高用地审批效率。土地管理法律法规的执行在当前是十分严肃的政治任务，为了“两区”建设突破法律法规显然是不可能的。县政府为加快推进农林业现代化和统筹城乡发展，依据有关法律法规，于 2011 年出台了《安吉县农林设施用地管理办法》（安政发〔2011〕83 号），对农林设施用地审批作出了规范，有利于园区建设主体了解土地管理法律政策和相关程序，应认真贯彻落实。有关部门要严格依法办事，做好宣传解释，提高办事效率。对于一些希望建设现代观光农业园的主体，在建设用地紧张，无法建设景点的情况下，还是要从增加可观赏农作物、植物、花卉的品种，采用多层栽培、立体栽培等可观赏栽培技术，运用立体图版宣传栏介绍植物知识、动物饲养参观、农业生产和果实采收体验等途径开发观光项目。其实，观光农业投入成本过大，在安吉，从观光角度，其他景区原本已有农业观光成分，要纯粹新建观光农业园有可能得不偿失。现代农业园区还是要以提高农产品产量、品质、安全水平和效益为主要目标。

5.进一步增加财政对农业园区投入，扶持规模高效农业。建设发展“设施装备优良、技术模式先进、产品优质安全、经营机制创新、管理服务到位”的现代农业园区，是实现经济社会可持续发展的重大战略，完全符合我县中国美丽乡村建设的战略目标。在工业化发展到目前水平的情况下，实现工业反哺农业，切实加大对农业的投入，是政府的责任，人民的期待。因此，对农业、现代农业园区的投入扶持政策必须再重视，再研究，再加大。

关于安吉县赋石、老石坎、凤凰三大水库污染源特定问题调查的报告

2019 年 8 月 20 日

为了更加准确了解我县赋石、老石坎、凤凰三大水库水质现状及污染来源情况，有针对性地提出三大水库污染源防治工作措施，自 2018 年 4 月特定问题调查委员会成立以来，我们制定专项工作方案，聘请专业技术人员，深入三大水库流域走访调研，组织各层面工作座谈会 7 次，召开特定问题调查委员会工作会议 4 次，组织专家评审工作会议 1 次。通过一年多时间

的监测、实验和分析工作，形成了专项技术报告，为我们调查工作提供了翔实的科学数据支撑。现将这次调查工作情况汇报如下：

一、调查缘由

安吉县赋石、老石坎和凤凰三大水库均是我县主要饮用水水源地，保障着安吉县城及周边乡镇（街道）众多居民的饮用水，供水水量占到我县现有供水规模的70%左右。随着湖州两库饮水工程的开工建设，三大水库的水质安全将直接关系我市的饮用水安全工作。

近年来，安吉县人民政府始终坚持生态立县战略，注重源头管理，在饮用水保护工作方面做了大量卓有成效的工作，出台了《安吉县集中式饮用水水源地环境保护规划》和《集中饮用水源地生态保护奖补资金管理办法》，划定了县级以上城镇集中式饮用水水源地所在的一级水源保护区和二级水源保护区的水域、陆域保护范围，规范了饮用水源地保护与管理各项工作，财政每年安排2500万元资金直接用于保护区内水质保护各项工作；开展实施水库清淤工程、库尾生态修复项目和河道整治工程，推进限药减肥工作，有效减少人为活动造成的水体污染，不断提高水库蓄水能力和自身生态净化能力。但根据近年来水库水质监测资料显示，虽然采取了一系列保护措施，但我县三大饮用水水库水质安全隐患依然存在，参照国家地表水环境质量标准Ⅱ类水标准，水库及其上游流域水体主要超标因子为总氮和总磷，且近年来总磷浓度呈现逐年升高的趋势。

由于缺乏各类污染源对水库水质污染的定量研究和分析，无法有效地从控源减排方面对水库流域进行更加有针对性的综合治理。因此对三大水库污染源开展专项的特定问题调查，科学定量解析水库污染来源，提出针对性整治措施，对有效保护、提升三大水库水质，保障我县饮用水安全工作十分必要。

二、调查过程

特定问题调查委员会成立之前，常委会农工委便牵头成立了调研工作组，研究制定三大水库水质调查工作方案，从2017年10月酝酿启动开展到特定问题调查委员会第一次工作会议讨论通过，历时半年多时间四次修订，最终确定了《安吉县三大水库污染源溯源解析工作方案》，明确了调查方向、技术路线、时间安排等具体工作内容。根据饮用水相关卫生标准以及三大水库长期以来水质监测的实际情况，明确了主要水质监测指标（pH、浊度、高锰酸盐指数、氨氮、总磷、总氮等）和污染源主要监测对象（大气湿沉降、种植业、畜禽养殖、农村生活污水〈包括农家乐污水〉、水库内源、外来水系等污染）。同时，特定问题调查委员会第一次工作会议还决定聘请以浙江大学罗安程教授为首的专业技术人员为特定问题调查委员会专业技术组。

在监测实验阶段，共设置各类监测取样点148个，分别按月按季进行采样或进行实时监测，一年多来，共采集、分析各类样本2564个。基于各类监测和实验数据，定量分析出各类污染因子来源及污染负荷贡献比例，并利用计算机建立数字模型对流域的主要污染因子负荷进行模拟，可视化显示了流域氮磷负荷的空间分布。根据大量数据及建模解析计算成果，结合各水库上游区域种植业、村民聚集区、农家乐分布、外来水系等情况，研究分析造成污染来源的主要成因，并针对性制定流域污染分区分类控制方案，形成技术报告初稿。9月，组织召开项目评审会，邀请七位教授专家及我县有关部门和乡镇(街道)对初稿进行评审，在吸收各方意见后完成技术报告。

三、调查结论及依据

(一)近年来三大水库水质治理卓有成效

近年来政府采取了一系列水源地保护措施，各大水库水质部分指标得到明显改善。以赋石水库为例，我们选取了2009—2011年上游流域设立的16个监测点的数据与本项目实施期间的同一位置的数据进行比较，发现通过多年的治理提升，各类影响水质的因素(除总磷外)下降趋势明显，其中总氮、氨氮和COD等指标改善效果尤为突出，总氮浓度下降至原先的44%，氨氮浓度下降至原先的46%，COD浓度下降至原先的25%。

(二)总氮和总磷是目前三大水库最主要的污染因子

三大水库总氮全年整体浓度在Ⅳ类水，总磷整体浓度在Ⅲ类水，其余各类污染因子整体浓度较低，基本未超过Ⅱ类水标准(Ⅱ类水标准主要适用于集中式生活饮用水地表水源一级保护区，此次调查基于Ⅱ类水标准来确定各类污染因子是否达标)。赋石水库常年总氮平均含量为1.91毫克/升(Ⅱ类水标准为0.5毫克/升)，总磷平均含量为0.23毫克/升(Ⅱ类水标准为0.1毫克/升)；老石坎水库常年总氮平均含量为1.48毫克/升，总磷平均含量为0.21毫克/升；凤凰水库常年总氮平均含量为1.94毫克/升，总磷平均含量为0.19毫克/升。在三大水库库区按季度采集的60个水样中总氮指标达到Ⅱ类水标准的只有15个样本，仅占25%；总磷指标达到Ⅱ类水标准的只有4个样本，仅占6.7%。

(三)种植业和生活污水是总氮和总磷最大贡献者

赋石水库总氮主要来源为种植业45%，降雨34%，生活污水17%(其中农村居民生活污水16%，农家乐污水1%)；总磷主要来源为种植业54%，生活污水22%(其中农村居民生活污水21%，农家乐污水1%)，畜禽养殖15%，降雨8%。种植业中板栗林产生的总氮占种植业的57%，总磷占75%，是氮磷最主要污染来源，其中杭垓镇大坑村板栗林面积较大，且距离水库较近，对水库水质产生的影响最为直接。

老石坎水库总氮主要来源为种植业49%，生活污水27%(其中农家乐污水20%，农村居民生活污水7%)，降雨18%；总磷主要来源为生活污水44%(其中农家乐污水36%，农村居民生活污水8%)，种植业39%。种植业中菜地和苗木产生的总氮占种植业的55%，总磷占50%，为最主要污染因子来源，其中报福镇菜地面积最大，影响因素最为突出。

凤凰水库上游污染构成较为单一，无养殖业，种植业以毛竹林为主且基本没有出现施肥情况，总氮主要来源为降雨73%，生活污水27%(其中农村居民生活污水17%，农家乐污水10%)；总磷主要来源为生活污水70%(其中农村居民生活污水38%、农家乐污水32%)，降雨30%，水质受降雨和生活污水影响因素明显。

在三大水库上游随机选取农村生活污水处理设施中，污水处理设施有效运行率为69.6%，有效运行的生活污水处理设施总氮去除率为41.5%，总磷去除率为38.6%；按照地表水分类标准，经污水处理设施处理过的直排污水也远超劣Ⅴ类水标准，对河流水质产生较大影响。对照地表水分类标准，我县降雨中总氮含量常年超过Ⅲ类水标准，全年一半时间(主要集中在春秋两季)总氮含量标准超过劣Ⅴ类水。对外来水系的监测发现，外来水系对三大水库水质整体影响不大，但赋石水库11月份的总磷浓度上升受外来水系影响较大。

(四)三大水库存在富营养化隐患

三大水库底泥中全磷含量远高于上游土壤(水库上游土壤平均全磷含量为0.44克/千克)，凤凰水库平均值为0.98克/千克，赋石水库为1.49克/千克，老石坎水库为1.86克/千克。水库中的总磷含量会在底泥中持续累积，积累到一定程度后会有集中爆发释放的风险，造成水库水质进一步恶化，严重威胁水库水质安全。

四、下一步工作建议

(一)突出重点，抓住改善和提升水质的牛鼻子。种植业和农村生活污水是主要污染因子的最主要来源，对于种植业，在进一步严格实行限药减肥的同时，可采取一些技术防控手段，我们在技术报告中详细提出了板栗林地氮磷及水体流失防控技术模式、菜地和苗木污染控制技术模式、“控源增绿—消能促渗—库塘滞留—自净消纳”技术模式等具体技术手段，要逐步进行试点和推广。对于农村生活污水，一是要系统性开展破损管网和故障终端的排查维修，确保各类污水处理设施的正常运作；二是抓紧落实终端移交管理，尽早实现库区上游所有终端都由专业化队伍管护；三是引入科学有效的新型污水处理技术，提高主要污染因子(特别是总磷和总氮)去除率；四是探索实施污水处理设施尾水再净化工程，通过设置尾水湿地等再净化措施，进一步改善提升排入水系水质。

(二)完善机制，严格落实水源地保护各项工作举措。依据《水污染防治法》，认真执行“在一级保护区内禁止新建、改建、扩建与供水设施和保护水源无关的建设项目，已建成的与供水设施和保护水源无关的建设项目，由县级以上人民政府责令拆除或者关闭。禁止从事网箱养殖、旅游、游泳、垂钓等可能污染水体的活动；在二级保护区内，禁止新建、改建、扩建排放污染物的建设项目，已建成的排放污染物的建设项目，由县级以上人民政府责令拆除或者关闭”的法律规定。要切实加强执法力度，对群众反映强烈的、对水质影响严重的问题要敢于动真碰硬，取消水库承包养鱼等经营性行为，对水库上游农家乐和景区的经营和建设要有严格的控制和规范，对水源地游客自发的烧烤、徒步、露营等行为要加强宣传劝导，依法严厉打击各类影响水质的违法行为；要完善水源保护区生态补偿机制，按照“谁开发，谁保护；谁破坏，谁恢复；谁受益，谁补偿；谁污染，谁付费”的原则，加大生态补偿力度，建立和完善生态补偿机制，在落实上要调整唯断面水质的补偿依据。农村自来水费和污水处理费要尽快实行收支两条线运行，按照谁治理谁获补偿的原则，确保污水处理费用到实处；要建立外来水质监测机制，动态掌握外来水质动向，做好相关预案措施，严格限制外来污染源进入；要防范三大水库总磷持续累积产生的破坏性风险隐患，聘请专业技术团队持续对三大水库总磷累积情况进行跟踪监测，科学研究分析三大水库富营养化总磷临界值，并采取有效的防范和控制手段，同时建立应急处理机制，制定我县饮用水源突发性污染应急预案。

(三)立足长远，逐步推行封山育林、涵养水源。保护好三大水库水质安全，最关键、最有效、最直接的举措是减少水库上游人类生产生活活动，在现有水源地保护的基础上，建议政府要制定长期工作方案并列入“十四五”发展规划，一是要开展生态修复工作，库区上游各类河道及其小型支流、各类山塘及水库要推行生态化工程建设，对废弃的山塘、水库要进行修复，发挥前置库作用。对已修建的砌石等非生态水利设施，要开展生态修复工程，促进原有生态系统恢复。二是积极引导推进三大水库上游土地流转工作，进一步扩大生态公益林保护范围。三是实施科学施肥用药。推广测土配方施肥，增施有机肥，逐步提高有机肥使用比例，推广有害生物综合防治技术，减少化学农药的使用。

（四）加强宣传，加强和提高全民水源保护意识。县政府要通过多种形式加强对水污染防治法、水法、环境保护法的学习和宣传，各级干部尤其是领导干部要扎实掌握法律的有关规定，树立保护水源就是对人民负责的意识，增强责任感和使命感，严格做到依法行政。要让广大群众认识到破坏水环境的严重后果以及保护好水源地的迫切性，做到知法守法，养成良好的生活习惯，形成全社会共同参与、积极行动、自觉保护水源地的良好氛围。

第三节　执法检查

执法检查是对法律实施情况进行检查监督的重要形式，安吉县人大常委会从 1985 年开始，对全县不同领域开展不同形式的执法检查。1987 年 8 月 14 日县九届人大常委会第二次会议通过《关于开展以宪法为核心的执法检查的决定》，以保障宪法和法律的有效实施。此后，县人大常委会作出一系列关于开展各类执法检查和贯彻各项法律法规的决议决定，对检查内容、重点、步骤和要求作出明确规定，使执法检查成为县人大常委会法律监督的一种基本形式。

第八届人大常委会执法检查

1985 年，县人大常委会对安吉县贯彻实施《浙江省实行九年制义务教育条例》情况开展执法检查，深入乡镇、村进行实地调查，了解教育经费筹措和教育分级管理方面的情况，听取和审议县教育局关于贯彻实施《浙江省实行九年制义务教育条例》情况的汇报，作出《关于认真贯彻执行〈浙江省实行九年制义务教育条〉的决议》。并在两次审查批准的追加财政预算支出中，建议县政府加大对教育事业经费的投入。1985 年县地方财政用于教育事业经费比 1984 年增长 32％，占全县地方财政支出的 36.85％，保证条例、决议贯彻实施，促进全县教育事业发展。

1986 年，县人大常委会组织人大代表对县人民法院、县人民检察院、县公安局、县林业局、县工商行政管理局等职能部门就宪法、刑法、经济合同法等 32 个主要法律法规的执法、依法办事情况进行执法检查，常委会专门抽调熟悉法律知识的委员、人大代表和工作人员进行实地视察调研，形成报告，收到县级机关 27 个部门和单位执法、依法办事检查情况的书面报告。常委会第十七次会议对此进行专题讨论，及时反馈意见建议，开展跟踪督查，推动上述法律法规的贯彻实施。

第九届人大常委会执法检查

1987 年，县人大常委会开展以宪法为核心的全县执法大检查，常委会事先到 15 个县级机关部门和部分乡镇了解学法、守法、执法情况，召开 16 个机关部门负责人座谈会征求意见，研究确定执法检查的指导思想、方法和步骤，会同县人民政府先后两次召开县级机关负责人会议，提出意见和要求。县人大常委会领导参加听取县级机关23个部门有关执法检查进展情况的汇报，组织省、市、县人大代表对县级机关的执法检查工作进行视察。35个县级机关部门和27个乡镇人民政府向县人大常委会提交专题报告，23个县属企事业单位也开展了执法检查。常委会第三次会议，听取和审议县人民政府、县人民法院、县人民检察院有关执法检查情况的报告，听取和审议县公安机《关于打击破坏森林资源犯罪活动专项斗争情况的汇报》和县工商局《关于查处劣质复合肥情况的汇报》，作出《关于认真抓紧查处执法检查中反映较大的几个问题的决议》。常委会第五次会议，专题听取县人民政府对执法检查中有关几个问题查处情况的报告。

1988年，县人大常委会第九次会议，组织讨论执法检查的指导思想、方法、步骤，审议通过《关于认真搞好执法检查的实施意见》。根据实施意见要求，常委会加强对执法检查的监督、检查、指导、督促工作。分别听取县级机关29个单位执法检查情况的汇报，重点检查公安、检察、法院的执法情况，配合县人民政府组织人民代表对县级机关主要执法部门和10个乡镇的执法检查情况进行重点抽查和视察。常委会第十一次会议，听取和审议县人民政府、县人民法院、县人民检察院有关执法检查情况的汇报。

1989年，县人大常委会分别对土地管理法、环境保护法、水法、矿产资源法等法律法规贯彻实施情况进行执法检查，听取和审议县人民政府及有关部门关于土地管理法、水法、环境保护法、义务教育法、全民工业企业法、河道管理条例、社会治安管理条例等法律法规贯彻执行情况的汇报。常委会在肯定工作成绩的基础上，就群众反映比较强烈的违法占地建房、水质污染、无序开矿等问题向县人民政府及有关部门提出建议和意见，并组织专题督查。

第十届人大常委会执法检查

1990年开始，县人大常委会坚持审议和执法检查相结合，使执法检查工作基本做到经常化、制度化。常委会第四次会议作出《关于开展1990年执法检查的决定》，在全县展开执法大检查；常委会第五次会议听取法制工作委员会《关于执法检查情况的汇报》，对执法实践中存在的问题和困难向上级人大作了反映。1990年4月至1993年3月，县人大常委会组织参加土地管理法、企业法、矿产资源法、城市规划法、水法、森林法、九年制义务教育法、环境保护法、食品卫生法、传染病防治法和浙江省计划生育条例等法律法规贯彻实施情况的检查活动，发现问题及时向政府或有关部门提出，推动这些法律法规的进一步实施。

第十一届人大常委会执法检查

1993年，县人大常委会通过多种形式，督促、检查有关法律法规在本行政区域的贯彻实施。一是结合工作监督，听取和审议“一府两院”关于《全民所有制工业企业转换经营机制条例》、农业法、农业技术推广法、义务教育法、文物保护法及《浙江省查处生产和经销假冒伪劣商品行为条例》等法律法规实施情况的汇报；二是配合上级及有关部门，深入基层，对土地管理法、矿山资源保护法、森林法、妇女权益保障法、计划生育条例等法律法规的执法情况进行检查监督，纠正一些执法不严的情况，推动法律法规的贯彻实施。

1995年4月，县人大常委会组织县府办、县土管局、县城建环保局、县司法局等有关单位领导人，对梅溪、孝丰、天荒坪、杭垓、凤凰山、良朋等6个乡镇的土地执法情况进行检查，并向县政府提出五点建议。5月，县人大常委会组织委员和代表对环境保护法执法情况进行检查，6月中旬，常委会召开第十七次会议，听取和审议县人民政府关于环境保护执法情况的汇报。针对执法中存在的问题，要求县人民政府进一步加大宣传力度，不断增强干部群众的环保意识，使环保成为全县人民的自觉行动；正确处理好经济发展与环境保护之间的关系，做到统一规划，统一安排，杜绝出现新的污染源，把县委提出的建设"后花园工程"目标真正落到实处。7月，县人大常委会主任会议听取县人民政府关于审计法和统计法贯彻实施情况的汇报，提出整改意见和建议。10月，常委会组织委员和代表对劳动法和工会法贯彻执行情况进行检查，常委会第二十一次会议听取和审议县人民政府关于劳动法贯彻实施情况的汇报和县总工会关于工会法贯彻实施情况的汇报，提出意见和建议。

第十二届人大常委会执法检查

1998年，县人大常委会对《中华人民共和国建筑法》贯彻实施情况进行检查，听取和审议县人民政府关于建筑法贯彻执行情况的汇报，针对建筑市场存在的问题，向县人民政府提出建议和意见。县人民政府接受常委会的审议意见，整顿建筑市场秩序，制定《关于加强建筑工程招投标管理的若干规定》，完善招投标管理办法，遏制串标、抬标、泄标现象。常委会还分别对食品卫生法、防洪法等法律的贯彻执行情况进行视察和检查，提出整改建议。适时召开宣传贯彻新土地管理法、农业"两法"、消防法等法律法规座谈会，对贯彻执行这几部法律提出要求。

1999年5月，县人大常委会对土地管理法贯彻实施情况进行执法检查，常委会第十一次会议结合调查和会前对造田造地、土地整理现场的视察，听取和审议县人民政府关于《土地管理法》学习宣传贯彻执法情况的汇报，针对造田造地、土地整理中存在的问题，向县人民政府提出建议意见，县人民政府接受常委会审议意见，进一步理顺土地管理体制，不断加大执法力度，坚决制止和严肃查处土地违法行为。4—6月，开展水土保持法及相关的森林法、防洪法的执法检查，在各地自查自纠的基础上，组织力量到重点乡镇和单位进行全面检查，就进一步贯彻落实水土保持法及相关法律提出意见和建议，并围绕这些意见和建议的落实情况，开展跟踪监督。

2000年，县人大常委会在全县开展对《中华人民共和国产品质量法》及相关法律的执法检查，在县人民政府和各乡镇自查的基础上，组织力量对重点部门和乡镇进行重点检查，审议县人民政府《关于我县产品质量法执法自查情况的报告》，常委会还对食品卫生法、水土保持法执法检查和"一控双达标"活动中提出的整改意见落实情况进行跟踪督查，推动上述法律法规的贯彻实施。

2001年4—6月，县人大常委会先后对建筑法、药品管理法等多部法律法规执行情况进行检查。常委会对建筑法及相关的招投标和工程质量等法律法规执行情况进行检查，执法检查前，邀请有关专家作专题法律讲座，为开展好执法检查作充分准备。全县共检查建筑工程项目200余个，建筑面积50万平方米。常委会第二十八次会议专门听取县人民政府工作报告，结合检查情况进行审议。会后，及时向县政府发送《关于贯彻〈建筑法〉情况的审议意见书》。整顿过程中，县政府措施得力，通过《安吉报》等新闻媒体对违法违章建筑案件公开曝光，以案说法，宣传法律；加大行政执法力度，查处53项违法违规工程项目；将建设项目审批纳入审批办证服务中心，实行过程代办服务。常委会通过对药品管理法贯彻情况的检查，针对药品监管管理体制不顺、药品市场监管不力等问题，向县人民政府提出建议。县人民政府着力落实常委会意见和建议，建立药品监管管理机构，加强行政执法工作，保证人民群众的用药安全。

2002年，县人大常委会对《浙江省职工基本养老保险条例》和《浙江省职工失业保险条例》的执行情况进行县乡镇两级联动检查，针对存在的思想认识不够到位、扩面质量不高、征缴力度不大、两项基金管理不够规范等问题，向县人民政府提出执法建议。县政府接受建议，及时完善相关政策，与乡镇签订责任状，进一步明确工作任务，突出抓好续保和清欠工作，提高了扩面质量，并拨出专款填补两项基金不足，增强了支付后劲。

第十三届人大常委会执法检查

2003年，县人大常委会结合省、市、县、乡镇四级人大联动，开展对劳动法贯彻实施情况的执法检查，结合安吉实际，常委会将社会较为关注、职工最为关心的工资支付、安全生产和劳动合同签订作为重点检查内容，将发展迅猛但问题相对较多的中小民营企业列为重点检查对象。在历时三个月的执法检查中，县乡镇两级人大对全县工矿企业进行地毯式检查。督促政府和企业及时落实整改措施，有效增强了企业的依法用工意识，大幅提高劳动合同签订率，进一步规范了企业工资支付行为，强化了企业安全生产意识，使处于弱势地位的企业劳动者，尤其是外来农民工的权益得到了有效维护。

2004年4—6月，县人大常委会配合省、市人大上下联动，开展为期两个多月的生态县建设和环保法执法检查，将生态公益林保障机制落实情况，项目环保审批和企业环保"三同时"执行情况，企业污染治理情况，行政主管部门依法行政、公正执法情况等列为重点检查内容，边检查边宣传边督促整改，推动政府建立和完善污染治理长效管理机制。常委会专门听取和审议县政府关于环保法执行情况的报告，提出切实加大工作力度、提高环保标准、建强环保队伍等要求。通过执法检查，常委会发现并督促政府解决生态县建设中的三个突出问题：一是蓄电池企业污染问题，二是矿山开采和治理问题，三是西苕溪无序采砂问题。

2005年，县人大常委会保持对生态建设和环境保护工作监督的连续性，全面落实《县人大常委会关于生态县建设的决议》，上下联动，开展环保法执法检查跟踪监督。结合执法检查中发现的情况和群众反映的问题，重点检查西苕溪黄沙无序开采、递铺镇生活污水治理、垃圾无害化处理设施建设等七大问题。听取和审议县人民政府关于生态县建设情况的报告，提出意见和建议，县政府及时对全县31家机制砂生产企业开展全面整改，并在此基础上制定长效管理制度。

第十四届人大常委会执法检查

2007年，县人大常委会针对群众反映比较强烈的教育均衡发展问题，开展专题调研和执法检查，听取县政府的专项报告，并向县政府发送审议意见书；县政府和教育行政主管部门认真落实审议意见，采取有效措施加以整改。常委会专门听取药监、工商、卫生等职能部门关于食品安全监管情况的工作汇报，对安全生产执法检查整改情况进行“回头看”，促使有关部门进一步重视安全工作，落实安全措施。

2008年，县人大常委会先后对《中华人民共和国劳动合同法》《中华人民共和国统计法》和《浙江省气象条例》的贯彻实施情况开展执法检查，听取和审议县政府及有关部门关于贯彻执行《中华人民共和国劳动合同法》《中华人民共和国统计法》和《浙江省气象条例》情况的汇报，提出审议意见，开展跟踪督查。

2009年，县人大常委会对农业法及相关法律法规的贯彻实施情况开展执法检查，5月，组织调查组到相关部门、乡镇开展调研，召开座谈会8次，听取工作情况汇报和自查报告，各乡镇人大根据实施意见要求，开展属地执法检查，报送自查报告。6月，常委会组织执法检查组对部分乡镇和有关部门进行执法检查，针对检查中发现的宣传不到位、投入不足、农技推广滞后、质量管理不严等问题提出意见建议。是年，县人大常委会组织开展“千镇连锁超市、万村放心店”工作检查，在调研视察的基础上，听取和审议县政府及有关部门关于贯彻执行食品卫生法及相关法律法规情况的汇报，建议推进“三网”建设，切实保障广大消费者权益。

2010年，县人大常委会开展水污染防治“一法一条例”贯彻实施情况执法检查，专项听取和审议县政府关于水污染防治“一法一条例”贯彻实施情况的报告，向县政府提出切实加强饮用水水源地保护等建议。常委会专题听取和审议县环保局工作情况的报告，并对县环保局工作进行满意度测评。结合执法检查，常委会举办“保护生态环境，共铸竹乡精彩”守法承诺活动，推动全县环境污染防治和生态保护工作。

2011年，县人大常委会对招投标法的贯彻实施情况开展执法检查，听取和审议县人民政府关于招投标工作情况的报告，提出意见建议，促进招投标工作的公平、公正、公开。

第十五届人大常委会执法检查

2012年，县人大常委会领导带队，分6个检查小组，深入各乡镇，通过调研座谈、查阅台账、现场察看等方式，对24个单位企业的食品安全“一法两规”执行情况进行检查，并专题审议执法检查报告和政府工作情况报告，提出意见建议。要求县政府坚持不懈地抓好食品安全工作，提升食品安全监管水平，保障广大人民群众身体健康。

2013年，县人大常委会在上一年食品安全执法检查的基础上开展“回头看”检查，针对审议意见落实、提出问题整改等情况，配合省市开展三级联动检查，以保障食品安全起到实效。对全县饮用水水源、山体保护和水质改善开展三级联动专项执法检查，督促相关部门做好执法检查意见建议的落实。在此基础上，结合全省“关心母亲河”行动，推动水源保护再拓展、再深入，组织全县四级人大代表，对县域内所有河流进行巡查，发现污染点184处，提出整改意见218条。

2014年，县人大常委会上下联动开展“五水共治”工作执法检查，组织县乡两级人大代表开展执法检查30余次，将发现的问题移交政府部门处理。连续第三年跟踪督查食品安全和饮用水改善情况，提出加大对食品安全和饮用水水源保护工作力度等建议，政府及时制定生态补偿办法，每年筹集专项资金2500万元，对全县8个饮用水水源保护地实行生态补偿。

2016年，县人大常委会先后对刑事诉讼法、行政复议法、食品安全法、城乡规划法等法律法规开展执法检查，听取和审议县政府和有关部门关于贯彻执行相关法律法规情况的汇报，常委会审议并提出意见建议，并就整改意见开展跟踪监督。

第十六届人大常委会执法检查

2017年9—10月，县人大常委会组织委员、代表在全县范围内开展《中华人民共和国建筑法》《浙江省绿色建筑条例》《浙江省房屋使用安全管理条例》贯彻实施情况执法检查，通过听、看、查、议等方式，了解情况，发现问题。针对全县建筑行业存在的难点问题，找准短板，查摆问题，分析成因，提出意见建议。各相关部门认真对照问题，加大监管力度，及时整改落实。是年，县人大常委会先后对城乡规划法、食品安全法等法律法规开展专项执法检查，通过实地视察、召开座谈会等方式，形成调研报告。听取和审议县政府相关职能部门关于贯彻执行城乡规划法、食品安全法情况的汇报，提出意见和建议，政府职能部门认真落实整改意见，保障上述法律法规的贯彻实施。

2018年，县人大常委会先后对社会养老服务促进条例、旅游一法一条例、台湾同胞投资保障条例等法律法规开展执法检查，通过视察调研、走访座谈等形式，形成相关调研报告。听取和审议县政府及相关部门关于贯彻执行社会养老服务促进条例、旅游一法一条例、台湾同胞投资保障条例情况的汇报，针对上述法规在贯彻执行中存在的问题提出意见建议。

2019年5—6月，县人大常委会组织委员、代表对全县贯彻实施《浙江省学前教育条例》开展执法检查，先后到孝丰镇中心幼儿园、孝丰城北教学点、双一教学点、安吉智博等幼儿园进项查访，听取和审议县教育局关于贯彻实施《浙江省学前教育条例》情况的汇报，就发挥安吉游戏这一本地特色的学前教育工作提出具体要求：明确政府主导责任，加快推进住宅小区配套幼儿园建设，保障高素质幼儿教师队伍建设，增加普惠性学前教育供给资源。是年，常委会对贯彻实施防洪法情况开展专项执法检查，实地踏看苕溪清水入湖等重点项目，并就大中型水库、部分危险山塘以及重点镇村防汛备汛工作提出要求。

第四节　工作评议

1991年7月27日安吉县第十届人大常委会第九次会议通过《关于安吉县人大常委会组织人民代表对基层执法单位的执法工作开展评议的决定》，当年对全县34个基层公安派出所、财税所、工商所和人民法庭的执法工作进行评议。开展走访选民活动，走访选民1629人次；召开各种座谈会，参加座谈会人员2385人次。8月19日至27日，以区为单位召开面对面的评议会议，会上共有257名县人大代表、107名在安吉的省市人大代表和人大主席团成员发言，共提出意见建议630条，其中属表扬性意见244条，批评意见254条，工作建议132条。9月8日，县人大常委会专门召开会议，就进一步落实整改，抓好基层执法队伍建设提出意见，督促有关方面落实。此次评议得到省人大常委会的肯定，并在全省人的工作会议上交流发言。

1992年，县人大常委会探索评议工作新路子，指导乡镇人大主席团，组织本乡镇县、乡镇代表对乡镇人民政府职能部门和基层有关服务单位的工作开展民主评议，共提出意见建议

658 条。这些意见建议反馈给职能部门和基层服务单位后，各单位进行了整改。

1994 年 4—7 月，县人大常委会组织人大代表对全县公安司法机关的执法工作进行评议。常委会专门成立执法评议办公室，召开代表组长、乡镇人大主席和全体公安司法干警、乡镇和有关部门党政干部 300 多人参加的动员大会，发动代表走访选民 12190 人次，收集意见和建议 210 条。在充分掌握第一手材料的基础上召开评议大会，对公安司法机关的执法情况进行客观公正的评议。对公安司法机关在打击各类犯罪，保护国家、集体利益和公民合法权益，为改革开放与经济建设保驾护航方面所做的艰苦工作和取得的显著成绩表示肯定，对他们在执法方面、廉政方面、工作作风方面存在的问题提出批评和建议。评议会议后，常委会及时召开有公、检、法、司领导参加的意见交办会议，限定在 6 月底前将交办的意见答复完毕，要求做到“事事有着落，条条有答复”。在常委会的督促下，公安司法机关对代表的意见和建议都作了认真的答复和办理，解决了一些长期得不到处理的案件和问题。评议结束时，常委会召开了总结表彰大会，4 名干警被授予荣誉称号。

1994 年 8 月 1 日至 12 月 10 日，县人大常委会开展第一批人大任命干部述职评议工作。历时百余日，经装备发动、民意调查、述职评议和整改总结四个阶段。常委会在述职评议前认真学习有关法律和上级文件，研究制定实施办法，对述职评议的对象、内容、方法作出具体规定，召开县政府组成部门副职以上领导和乡镇长参加的动员大会，统一思想，提高认识。常委会组织力量对评议对象进行广泛、深入的民意调查，力求评议工作客观公正。在充分掌握情况的基础上，常委会于 10 月 25 日至 26 日召开任命干部述职评议大会，听取和评议县水利农机局局长龚有明、县乡镇企业局局长项生達、县商业局局长杨路侠、县土地管理局局长程德、县民政局局长毛双六、县粮食局局长朗月光等 6 位局长的述职报告。充分肯定 6 位局长在贯彻执行党的方针政策、依法行政、履行职责、勤政廉政方面做出的成绩，同时对他们在依法行政、思想作风、工作方法、廉洁自律等方面存在的问题提出严肃批评。评议结束后，常委会将评议意见向 6 位局长反馈，提出整改要求。局长们对常委会的评议意见十分重视，及时认真地向常委会提交了整改报告。

1995 年 2—9 月，县人大常委会对其任命的 13 名干部组织开展述职评议活动。历时六个月，经评前准备、民意调查、述职评议和整改总结四个阶段。2 月 14 日，召开述职干部座谈会，县政府办公室主任郑伟中、县计经委主任姜国栋、县财政局局长冯越强、县林业局局长胡正坚、县劳动人事局局长黄光荣、县工业局局长戴洪贵、县科委主任潘锋、县公安局局长喻运鑫、县工商局局长余强、县教育局局长桂安心、县城建环保局局长宋晓方、县检察院副检察长韩永泉、朱为水等 13 名述职干部，逐个作三分钟电视发言。提出各自 1995 年工作目标和思路，接受常委会及全县人民监督。8 月 30 日至 9 月 1 日，13 名述职干部向常委会作述职汇报，并接受常委会评议，常委会将评议意见向 13 名干部反馈，提出整改要求。述职干部认真提出整改措施，及时落实。

1996 年 8—10 月，县人大常委会对其任命的 6 名干部组织开展评议活动，历时 3 个月，经评议准备、民意调查、述职评议和整改总结四个阶段。9 月 9 日至 10 日，县人大常委会听取县人民法院副院长徐礼华、县计生委主任喻晓鸣、县卫生局局长李国镇、县交通局局长王龙生、县文化局局长王志进、县统计局局长李齐高的述职汇报，根据民意调查情况进行评议。提出整改措施，要求及时落实。

1996年8—10月，县人大常委会组织市、县、镇人大代表评议县人民法院工作，评议分准备、调查与法院自查、评议、整改四个阶段。4月29日，县人大常委会召开动员大会，县人民法院提出自查自纠工作方案。县评议办公室向县人大代表分发意见书280份，走访乡镇、村、企事业单位236个，走访选民12362人，召开各类座谈会189次，参加座谈1679人，调查案件137件，收集意见166条。举行代表小组活动137次，195名县人大代表、680名市及乡镇人大代表参加评议。7月27日，县人大常委会召开评议会议，13名县人大代表作评议发言。根据评议情况，8月13日，县人大常委会主任会议召开评议意见交办会，对县人民法院整改工作提出四点要求。11月19日，县人大常委会听取县人民法院关于司法评议整改工作情况汇报。

1999年7—10月，县人大常委会对其任命的干部进行述职评议，历时四个月，经评前准备、民意调查、述职评议和整改总结四个阶段。7月23日，县人大常委会召开述职评议动员大会，布置述职评议工作。要求县林业局局长兰林富，县建设与环保局局长宋晓方、县文化与体育局局长王志进在常委会会议上述职，其他任命干部向常委会作书面述职。8月，县人大常委会组织人员分别对这3名局长进行民意调查。9月15日，县人大常委会召开述职评议大会，听取兰林富、宋晓方、王志进3名局长的述职汇报，根据县人大常委会民意调查情况，按照“满意、基本满意、不满意”对述职对象进行测评。述职对象根据评议情况进行整改，11月18日，县人大常委会听取3名局长述职评议整改情况的汇报。其他任命干部书面述职情况通过主任会议纪要反馈。

2000年4—9月，县人大常委会组织人大代表对县公安局执法工作开展评议，执法评议分准备、调查与公安局自查、评议、整改四个阶段。5月18日，县人大常委会召开动员大会，县公安局局长作表态发言，提出自查自纠工作方案。县评议办公室向县人大代表分发意见书267份，走访乡镇、村、企事业单位250余个，走访选民15000余人，召开各类座谈会200余次，调查案件100余件，收集意见300余条。80%以上的县人大代表及省、市、乡镇人大代表参加评议活动。7月20日，县人大常委会召开评议会议，13名县人大代表作评议发言，根据县人大代表的评议情况，县人大常委会主任会议召开评议意见交办会，对县公安局整改工作提出要求。9月28日，县人大常委会听取县公安局关于执法评议整改工作情况汇报。

2000年7—11月，县人大常委会对一年来任命的28名干部进行述职评议，历时5个月，评议分准备、调查与听取意见、述职评议和整改总结四个阶段。7月20日，县人大常委会召开述职评议动员大会，布置述职评议工作，要求县交通局局长干永福、县卫生局长吴旭在常委会会议上述职，其他任命干部向常委会书面述职。8月，县人大常委会组织人员分别对上述两名局长的工作进行民意调查。9月27日，县人大常委会召开评议会议，听取述职汇报，进行述职评议。县人民政府县长钱坤方、县人大常委会主任张锡荣、县委副书记徐永方分别讲话，述职对象根据评议情况进行整改。12月1日，县人大常委会第二十三次会议听取干永福、吴旭两名局长的述职评议整改情况汇报，干永福被县人大常委会授予“优秀局长”称号，其他任命干部书面述职情况通过主任会议纪要反馈。

2001 年 4—11 月，县人大常委会组织全县各级人大代表对"条管部门"县质量技术监督局的执法工作开展评议，执法评议分准备、调查自查、评议、整改四个阶段。4 月 10 日，县人大常委会召开动员大会，在评议过程中，各级人大代表走访选民 1 万余人次，走访企事业单位 150 余个，召开各类座谈会 100 余次。6 月 29 日，县人大常委会召开评议会议，11 名人大代表作评议发言，常委会及时梳理评议意见，将 4 个方面 14 条评议意见交受评部门逐项整改。11 月 23 日，县人大常委会听取县质量技术监督局关于行政执法评议整改工作情况的汇报，提出继续整改的要求。

同年 4—11 月，县人大常委会对其任命的干部进行述职评议，述职评议分评议和书面评议两种形式。4 月 10 日，县人大常委会召开述职评议动员大会，布置述职评议工作，要求县教委主任项乐民、县计生委主任盛迎春、县农业局局长马学定在常委会会议上述职，其他任命干部向常委会书面述职。5 月，县人大常委会组织人员分别对上述 3 名干部的工作进行民意调查。9 月 12 日，县人大常委会召开评议会议，听取 3 名主任、局长的述职汇报，进行述职评议。县人民政府县长钱坤方、县人大常委会主任张锡荣、县委副书记王勤分别讲话。常委会及时将评议意见反馈给受评干部，督促落实整改。11 月 23 日，县人大常委会听取项乐民、盛迎春、马学定述职评议整改情况的汇报。其他任命干部书面述职情况通过主任会议纪要反馈。

2003 年，县人大常委会配合省人大对省工商行政管理局执法工作开展评议，对县工商行政管理局工作提出要求。

2004 年 4—10 月，县人大常委会组织人大代表对其任命的干部进行述职评议，历时 6 个月，评议分准备、调查、评议、整改四个阶段。5 月 20 日，县人大常委会召开述职评议动员大会，布置述职评议工作，要求县劳动和社会保障局局长孟国良、县环境保护局局长徐亚良在常委会会议上述职。6—7 月，县人大常委会组织人员分别对上述两名局长的工作进行民意调查。8 月 25 日，县人大常委会召开评议会议，听取述职汇报，进行述职评议，按照"满意、基本满意、不满意"三种类型对受评干部进行投票表决。常委会及时将评议意见反馈给受评干部，督促落实整改。10 月，县人大常委会听取两名局长的述职评议整改情况汇报。

2005 年，县人大常委会对述职评议工作实行三次改进。一是扩大决策民主，述职对象确定由主任会议商定改为由各工委推荐，主任会议按 1:2 比率确定候选对象，再提交常委会投票决定；二是扩大测评范围，对为列入会议述职的其他 26 名干部首次实施了信任度测评；三是扩大知情渠道，首次要求三名受评干部所在部门的班子成员和中层干部参加，面对面听取常委会组成人员的批评，意见和建议，9 月 27 日至 28 日，常委会召开述职评议会议分别对县国土资源局局长曾庆山、县教育局局长喻晓鸣，县交通局局长任烽开展述职评议，县委书记、县人大常委会主任钱坤方，县人民政府县长唐中祥分别讲话，对如何接受监督、抓好整改、推进工作提出要求。11 月 24 日，常委会听取并审议上述三名局长的述职评议整改情况汇报。

2008 年，县人大常委会选择社会普遍关注的教育工作开展评议，进行满意度测评，常委会在肯定成绩的同时，将基层群众、教师反映的问题和常委会组成人员的评议意见，如实向县政府和教育行政主管部门作出反馈，督促政府继续加大教育投入，进一步抓好队伍建设，努力办好职业教育。

2009年，县人大常委会首次结合视察对全县重点项目进展情况进行分类定性评价，将定性评价结论纳入审议意见，及时向县人民政府发出意见书，要求集中精力、着力破解、强势推进，确保按期完成。县政府高度重视常委会意见，采取措施，改进工作，加快进度，较好地完成了目标任务，保证人民代表大会目标任务执行的严肃性。

2010年，县人大常委会首次对全县重点项目责任部门开展满意度测评，不断完善重点项目建设服务体系，要求政府继续加强与各部门、乡镇的协调，充分发挥责任部门联系项目制度的优势，增强公众合力，增强服务针对性和实效性，把工作做在前，切切实实解决问题。

2012年，县人大常委会对全县42个重点项目进行实地督查，并对25个项目责任部门及服务部门的工作进行满意度测评，将重点项目督查常态化，营造项目是发展生命线的氛围。

2013年，县人大常委会对县人力社会保障局和县食品药品监督局开展评议，在深入调研征求多层面意见后进行测评打分，评议意见书反馈部门并报送县委，受评议单位十分重视评议意见，及时向常委会提交整改报告，并认真进行整改。

2014年，县人大常委会立足推动政府职能部门更好地依法行政、服务发展，对县住建局、县文广新局和县行政服务中心开展专项工作评议。围绕部门依法行政、积极履职、勤政廉政等重点，通过测评、座谈、走访等多种形式广泛征求意见，并在常委会上进行现场测评。测评结果向县委、县政府进行反馈。3个部门根据常委会提出的关于强化职能作用、增强责任意识等建议，认真加以整改，努力提升依法行政能力。

2015年，县人大常委会组织三级人大代表结合"关注公正司法，代表一线视察"主题活动，对全县基层派出所、检察室、法庭、司法所开展全覆盖专题视察，共查找和梳理出3类46个问题，听取和审议县公检法司机关工作人员依法履职、公正司(执)法暨反馈问题整改情况的报告，开展满意度测评。首次对人大常委会任命的审判员和检察员开展履职评议，随机确定6名审判员、4名检察员，对其政治素养、业务学习、执法办案等情况进行综合测评，进一步规范法官、检察官"两官"依法履职。

2015年，县人大常委会组织人大代表对县水利局、县商务局开展工作评议。常委会专门成立两个调查组，通过基层走访、个别访谈、问卷调查等方式广泛征求意见，对被评部门进行全面调查，形成客观翔实的评议报告，在常委会上进行满意度测评，评议结果上报县委。两部门及时向常委会反馈整改情况报告，并认真加以整改。

2017年，县人大常委会组织人大代表对县投资促进局、县林业局开展部门工作评议。常委会成立专门调查组，通过基层走访、群众访谈、视察调查等方式广泛征求意见，在调查走访的基础上，形成专题评议报告，组织开展述职测评，评议结果上报县委。两部门及时向常委会反馈整改情况报告，并认真加以整改。

2018年8月，县人大常委会制定《关于开展对员额法官、员额检察官述职测评的实施方案》。方案明确将员额法官、员额检察官作为述职测评对象，对其素质能力、贯彻执行宪法法律、遵规守纪、履行职务和当年的执法办案情况等进行综合评价。

是年，县人大常委会组织人大代表对县科技局、县交通运输局开展部门工作评议，通过基层走访、个别访谈、视察调查等方式广泛征求意见，在全面调查的基础上，形成客观翔实的评议报告，组织开展述职测评，评议结果上报县委。两部门及时提交整改情况报告，并认真加以整改。

2019 年，县人大常委会继续开展员额法官、员额检察官“两官”述职测评工作，由县人大和“两院”协商确定 10 名人员为口头述职对象，其余为书面述职对象，确保述职测评对象全覆盖。在 2019 年 12 月 24 日县人大常委会议第二十八次会议上，各位述职对象分别按要求作口头、书面述职，并由常委会组成人员和部分人大代表以无记名投票的方式，按“好、较好、一般、差”四档进行测评。测评结果除书面反馈“两院”外，抄送组织部门，作为干部考核使用的参考依据。

第五节 司法监督

1981 年 7 月，安吉县第七届人大常委会第一次会议，听取和审议县人民政府和司法机关对有关法律贯彻执行情况的汇报，有针对性地向“一府两院”提出审议意见和建议。

1982 年 9 月，县七届人大常委会第六次会议听取县人民检察院检察长施其礼关于全县打击经济领域严重犯罪活动情况的汇报。会议肯定查处陈某某等影响较大的一批经济领域犯罪案件所取得的初步成果，要求各地认真贯彻执行中共中央国务院《关于打击经济领域严重犯罪活动的决定》，抓紧抓好打击经济领域和其他领域严重犯罪活动的斗争。1983 年 5 月，常委会第十次会议听取县公安局关于全县治安情况的汇报，要求公、检、法部门正确贯彻执行“从重、从快”的方针，坚决打击严重危害社会的刑事犯罪分子，加强综合治理，争取社会治安状况根本好转。常委会第十二次会议作出《坚决贯彻执行全国人大常委会〈关于严惩严重危害社会治安的犯罪分子的决定〉的决议》。

1984 年 3 月，县七届人大常委会第十四次会议听取和审议县公安局《关于我县打击严重刑事犯罪活动情况的汇报》，对打击刑事犯罪活动所取得的明显效果表示满意，要求政法部门再接再厉，在依法严厉打击严重犯罪分子的同时，注意做好失足青少年的挽救教育工作，加强法制宣传，搞好综合治理，推动斗争的深入开展。

1985 年 7 月，县八届人大常委会第七次会议听取和审议县司法局《关于加强法制宣传教育情况和法律常识规划的汇报》，会议作出《关于加强法制宣传教育普及法律常识的决议》。9 月，常委会第八次会议听取县人民检察院《关于八四年一二・五昆铜乡管城村发生的非法拘禁案侦查终结报告及县检察、监督方面情况的汇报》，要求全县司法干警学好法律知识，严格依法办事，维护法律尊严。

1986 年，县人大常委会对县人民法院、县检察院、县公安局等职能部门就宪法、刑法等 32 个主要法律法规执法、依法办事情况进行执法检查。27 个部门和单位向县人大常委会提交专项报告。常委会专门抽调人员开展执法检查工作视察调研，形成专题报告。县八届人大常委会第十七次会议对此进行专题讨论研究，及时反馈意见建议，开展跟踪督查，推动了上述法律法规的贯彻实施。

1987年8月12日，县九届人大常委会第二次会议通过《关于开展以宪法为核心的执法检查的决定》。9—10月，县人大常委会在全县县级机关和各乡镇全面开展执法检查。听取23个部门有关执法检查进展情况的汇报，组织省、市、县人大代表开展执法检查工作视察。35个县级机关和27个乡镇人民政府向县人大常委会提交了专项报告。常委会第三次会议，听取和审议县人民政府、县人民法院、县人民检察院有关执法检查情况的报告，听取和审议县公安局《关于打击破坏森林资源犯罪活动专项斗争情况的汇报》，作出《关于认真抓紧查处执法检查中反映较大的几个问题的决议》。要求加强领导，组织力量，排除干扰，查清事实，依据法律和政策作出处理。常委会第五次会议，专题听取"一府两院"对执法检查中有关几个问题查处情况的报告。

1988年8月，县九届人大常委会第九次会议通过《关于认真搞好执法检查的实施意见》。《意见》要求，常委会加强对执法检查的监督、检查、指导和督促工作。常委会听取29个单位执法情况的汇报，重点检查公安、检察、法院的执法情况。常委会第十一次会议，听取和审议县人民政府、县人民法院、县人民检察院有关执法检查情况的汇报，针对存在的一些突出问题，提出整改意见和建议。

1991年7月，县人大常委会组织人大代表对全县34个基层公安派出所、财税所、工商所和人民法庭的执法工作进行评议。通过走访选民、召开各种座谈会等方式，全面了解基层执法情况，提出意见建议630条。9月8日，县人大常委会专门召开会议，就进一步落实整改，抓好基层执法队伍建议提出意见，督促有关方面落实。

1993年10月，县人大常委会组织县人大代表，以代表小组为单位对所在乡镇贯彻落实全国人大常委会《关于加强社会治安综合治理的决定》情况开展专项就地视察，全县共有25个代表小组406名省市县和乡镇代表参加视察活动，提出意见建议151条。县十一届人大常委会第五次会议，听取县人民政府及公、检、法、司等司法机关关于开展社会治安综合治理的情况汇报，要求政府及公、检、法、司等司法机落实"谁主管、谁负责"的原则，切实做到"两手抓，两手都要硬"。会议作出《关于加强社会治安综合治理的决议》。

1994年4—5月，县人大常委会组织人大代表对全县公安司法机关执法工作开展评议。通过走访选民，收集意见和建议，在掌握情况的基础上召开评议大会，对公安司法机关执法情况进行客观公正的评议。评议会议后，常委会及时召开公、检、法、司领导参加的意见交办会，限定在6月底前将交办意见答复完毕。

1996年，县人大常委会重点开展《治安管理处罚条例》贯彻执行情况的调查和检查，采取工作汇报、召开座谈会、走访县乡人民代表和查阅治安档案等方式，比较全面地掌握《条例》贯彻执行情况。县十一届人大常委会第二十八次会议，听取和审议县人民政府关于《治安管理处罚条例》贯彻执行情况的汇报，针对存在的问题，要求公安机关及时研究，认真整改。1997年1月，主任会议专门听取县公安局关于《治安管理处理条例》审议意见整改情况的汇报。

1997年6月，县人大常委会第四十二次主任会议听取和审议县人民政府《关于1996年以来安吉县廉政建设工作情况的汇报》和县人民检察院《关于1996年以来反贪污贿赂工作情况汇报》，要求检察、监察部门做到有法必依，执法必严，杜绝徇私枉法。

同年9月，县人大常委会对1996年9月作出《关于实行依法治县的决议》以来依法治县工作进展情况进行调查，县十一届人大常委会第三十七次会议，听取和审议县人民政府《关于依法治县工作进展情况的汇报》和县人大常委会法制工作委员会《关于依法治县工作进展情况的调查报告》。

1998年，县人大常委会结合公、检、法、司系统开展队伍集中教育整顿工作，专门召开主任会议听取政法各部门关于集中整顿教育工作汇报，要求加强领导，从严治警和集中教育整顿与经常性教育相结合，将政法干警队伍建设成为一支政治坚定、作风过硬、纪律严明、保障有力的队伍。常委会还专门听取和审议县人民法院关于民事案件审判情况和县人民检察院关于法纪检察情况的报告，要求"两院"加大民事案件的审判执行力度和对贪污贿赂案件的查处力度，保障改革开放和反腐败斗争顺利进行。

2000年，县人大常委会注重从个案监督入手，加强对司法工作的监督。2000年9月15日，安吉县法院受理原告徐某诉被告盛某产品质量纠纷一案，因原告提出财产保全申请，该院两干警查封安吉转椅城48号店面，扣押店内及附近仓库价值2.2万元的财产。盛某一再表示，这些财产和店面并非盛某所有，而是台州路桥工商户林某某所有，但法院干警对此没有引起足够重视，仍然予以查封。9月28日，经济和声誉受到严重影响的林某某将此事向县人大常委会办公室反映，要求人大督促法院解除查封。县人大常委会对此十分重视，要求法制工作室予以查清，并给当事人一个明确答复。10月8日，负责此案的法院干警出差归来后，县人大常委会法制工作室干部及时到法院核实情况，查阅资料，了解处案细节，并与工商部门取得联系。调查表明，林某某所反映的情况属实，查封的财产确系经营者林某某所有，应该予以解除。县法院知错就改，于10月10日发出通知，解除对上述财产和店面的错误查封。

2001年，县人大常委会围绕进一步推进依法治县决议的实施，开展对县人民法院、人民检察院的监督活动。先后听取和审议县人民法院关于执行工作情况的报告、县人民检察院关于查办贪污贿赂案件及法律监督工作情况的报告。针对法院执行工作中存在的涉案部门、企业履行法定义务意识差，执行人员素质有待提高，执行力量与任务不相适应等问题，要求县人民法院提高对执行工作重要性的认识，改进工作方法和策略，提高执行水平和效率。同时，要求县人民检察院加大依法查处职务犯罪大案要案的工作力度，拓宽反贪工作案源的获取渠道，加强职务犯罪的预防工作和法律监督。督促解决历时5年的熊某某交通肇事致残赔偿这一"老大难"案件。

2004年4月28日，县十三届人大常委会十一次会议通过《安吉县人大常委会监督司法机关工作的规定》，强化针对司法部门的监督。县十三届人大常委会多次听取县人民法院、县人民检察院、县公安局的工作情况汇报，专门对民事审判工作、执行工作、反贪污贿赂工作、刑事诉讼法执行情况进行监督，开展刑事诉讼法执法检查和行政案件办案质量专项检查。

2005年，县人大常委会围绕建设"法治安吉"这一目标，对"四五"普法和依法治理情况进行审议，着力提高全民法制素养，努力增强政府依法行政能力。常委会分别听取和审议县人民法院民事审判工作、县人民检察院反贪污贿赂工作以及行政监察工作情况的汇报，要求司法机关和监察部门不断提高化解矛盾、预防犯罪、整治腐败的能力，维护社会公平公正。是年，常委会还开展行政案件办案质量监察和价格法、动物防疫法执法检查。

2006年，县人大常委会集中听取和审议公安机关、审判机关、检察机关关于"规范执法行为、促进司法公正"的工作报告，针对存在的问题，向政法机关提出整改要求。

2007年，县人大常委会围绕优化法治环境，重点对公、检、法三个部门的工作实施监督，对人民法院"三项承诺"落实情况进行调查和审议，要求县人民法院进一步完善便民利民措施，增强公正司法和依法执行的能力。常委会听取县人民检察院预防职务犯罪工作情况的报告，提出以建立和健全防范机制为重点，加强预防职务犯罪工作。听取和审议县公安局逮捕工作专项检查情况的报告，对如何更好地开展这项工作提出要求。

2008年，县人大常委会听取和审议县人民法院执行工作情况的专项报告，要求县人民法院充分认识执行工作是维护社会公平正义的重要防线，督促法院创新执行手段，建立联动机制，切实维护当事人的合法权益，追求法律效果和社会效果的统一。是年，常委会继续视察县人民检察院工作，对检察院查办自侦案件和预防职务犯罪工作提出要求。

2009年，县人大常委会主任会议先后听取县人民检察院侦查监督工作和县人民法院调解工作情况的汇报，要求司法机关树立"三个至上"的执法理念，围绕中心，服务大局，注重社会效果，突出公平正义，维护司法权威。县人民法院根据主任会议要求，制定相应措施认真落实整改，取得较好效果。县十四届人大常委会第二十次会议听取和审议全县社会治安工作情况汇报，要求公安机关高度重视社会治安存在的不稳定因素，大力开展矛盾纠纷排查，加大对严重暴力犯罪的打击力度，加强社会治安防控体系建设。

2010年，县人大常委会围绕"平安安吉"和"治安安吉"建设，听取和审议县人民法院立案与涉诉信访工作情况报告，提出要正确处理好社会转型进程中出现的各类矛盾，努力提升司法公信力。主任会议先后听取县人民检察院反渎职侵权工作情况社区矫正工作和《中华人民共和国看守所条例》贯彻落实情况的报告，要求县人民检察院坚持惩防并举，进一步深化反渎职侵权预防工作，维护社会公平正义，取信于民。提出社区矫正工作要加大宣传力度，建立健全管理制度，进一步提升社区矫正工作成效。建议执法部门要深入贯彻看守所条例，强化安全意识，严格规范制度管理，加强规范性文件备案条例，做好备案接收、登记、存档和审查以及对抽象行政行为的监督。

2011年，县人大常委会听取和审议县公、检、法、司贯彻《浙江省关于加强检察机关法律监督工作的决定》（以下简称《决定》）的报告，建议各部门要不断增强贯彻实施《决定》的自觉性，提升贯彻实施《决定》的能力，确保贯彻实施《决定》落到实处。

2012年，县人大常委会针对群众利益密切相关的民商事审判工作，听取和审议县人民法院专项报告，要求法院牢固树立"群众利益无小事"的观念，为保障和改善民生提供有力的司法保障。听取县人民政府关于禁毒工作情况的报告，督促公安、司法部门大力开展毒品防范教育，建立禁毒工作长效机制。组织调研法律援助工作，保障弱势群体基本权利。

2013年，县人大常委会顺应十八大后反腐倡廉的新形势，对县人民检察院驻基层检察室工作情况进行视察，要求检察室进一步前移职能，更加注重对村级职务犯罪的预防。关注公务员队伍廉政建设，听取和审议全县监察工作情况报告。通过审议公检法司关于正确实施刑事诉讼情况的报告，要求全县司法机关更新执法理念，进一步健全分工负责、互相配合、互相制约制度，把程序公正的要求落实到刑事司法活动的全过程。

2014 年，县人大常委会制定《监督司法机关工作办法（试行）》。听取和审议县人民检察院关于反贪污贿赂工作情况的报告，提出惩防并举、注重预防、防线前移等建议。听取县人民政府关于《中华人民共和国行政复议法》执行情况、行政监察工作情况等报告。开展《中华人民共和国未成年保护法》执行情况的调研。密切关注政府权力的自我约束，听取县人民政府关于部门权力清单工作情况的报告。组织开展查找不适应全面深化改革要求的法律法规条文主题活动，收集汇总涉及 86 部法律法规 126 条修改建议，及时提交省人大常委会作立法参考。制定《规范性文件备案审查办法》，对 22 件规范性文件进行备案审查。

2015 年 7 月，县人大常委会组织开展对县人民法院审判员、县人民检察院检察员进行评议活动。根据任职一年以上，各庭（科、室）限额一人和对象涵盖中层干部、业务岗位、综合部门等条件设置，通过随机抽签代表现场监督方式，民主确定 6 名审判员和 4 名检察员作为评议对象。常委会组织两个小组采取“访、征、查、听”方式进行，一是走访公检法司及其基层站所，了解被评议对象的履职状况，单位评价和相关意见建议；二是征求人大代表、人民陪审员、人民监督员、镇村干部、法律工作者、案件当事人和政法委、纪委、信访局等部门的意见建议；三是抽查被评议对象在三年内的主办案卷，查阅办案同步录像，并向内部案件仲评查部门了解办案质量情况；四是现场旁听被评议对象庭审案件。评议小组通过以上方式形成评议意见和优秀、称职、基本称职、不称职 4 个评议等次建议后，经主任会议讨论，提交县人大常委会审议，现场确定最终评议等次，评议结果向“两院”通报并抄送组织部和政法委，作为干部选拔任用的依据之一。同时，基本称职及以下等次的被评议对象，需根据评议意见在 2 个月内落实整改，并书面报县人大常委会，对整改情况仍不满意的按照法定程序作出相应处理。

2017 年，县人大常委会围绕“执行难”问题破解，组织开展对县人民法院民事执行工作调研，制定《关于进一步推进法院执行工作的意见》。密切关注司法体制改革进程，先后视察县人民法院、县人民检察院司法改革工作，针对“员额制”工作落实、内设机构改革调整、办案管理和履职绩效考核等提出意见建议，支持和督促“两院”抓好队伍建设，规范司法行为，不断提升司法公信力。

2018 年，县人大常委会对县公安局开展为期三个月的行政处罚案件办理情况专题评审。成立由县人大、县法制办、县检察院组成的评审工作组。在县公安局自查基础上，抽取 20 个案件卷宗，对办案质量、效果和严格规范公正文明执法情况等进行评查。召开座谈会 3 次，走访当事人 31 名，向代表、企业发放问卷和测评表 200 余份，收集意见建议 70 余条，形成评审意见。召开主任会议开展集中评审，听取县公安局关于行政处罚案件办理情况的报告以及评审工作组的评审意见。现场反馈前期评审中发现的问题和存在的不足，提出意见建议，梳理形成主任会议建议，交县公安局整改落实。县公安局按照主任会议意见和要求，制定整改方案和措施，2 个月期限内做好问题整改工作，结果报主任会议，评审组根据整改方案，跟踪督促整改工作达标达效。

2019年，县人大常委会制定《常委会听取和审议县监察委员会专项工作报告试行办法》，支持监察委员会依法开展工作。作出《安吉县人大常委会关于加强县人民检察院开展公益诉讼工作的决定》，要求深化法律监督职能，提升公益诉讼时效。视察扫黑除恶专项斗争、人民调解等工作，推动营造和谐社会氛围。

第六节　信访督办

县人大常委会机关专门设立人大代表和群众来信来访接待室，配置工作人员负责接待工作，做到热情接待，仔细登记，认真办理，重要信件由县人大常委会主任、副主任阅批。每季度写出信访简况，年终写出总结。县人大常委会通过信访和受理申诉，督促有关部门依法查处信访案件。

第七届人民代表大会第一次会议

受理人民来信104件，接待群众来访108人次。按照“分级负责，归口处理”的原则，转交有关部门办理。对重要的人民来信，由县人大领导亲自阅批，督促有关部门办理。

第七届人民代表大会第二次会议

受理人民来信62件，接待群众来访98人次。按照“分级负责，归口处理”的原则，转交有关部门办理。对重要的人民来信，由县人大领导亲自阅批，并亲自督促办理。如塘浦鹤鹿溪粮站占用一户私房，房主多次信访要求落实相关政策，但长期得不到解决，1983年，在县人大一名副主任的督促下，有关部门组成联合调查组，使问题得到快速妥善处理。

第七届人民代表大会第三次会议

受理人民来信178件，接待群众来访250人次。对一些重要来信，县人大领导亲自阅批。其他信访按照“分级负责，归口处理”的原则，交有关部门办理。

第八届人民代表大会第一次会议

受理人民来信73件，接待群众来访108人次。按照“分级负责，归口处理”的原则，转交有关部门办理。对信访中一些重大的政策性问题，由县人大领导阅批处理意见，会同有关部门研究处理。如1984年9月18日，收到反映三官后溪大溪因桥位确定不下来而妨碍大桥施工的来信，县人大常委会主任和县人民政府分管领导会同有关部门、单位工作人员到现场研究，及时解决该问题，使工程尽快上马。

第八届人民代表大会第二次会议

受理人民来信128件，接待群众来访138人次。按照“分级负责，归口处理”的原则，转交有关部门办理。县人大常委会办公室建立信访登记制度，经常督办，基本做到件件有落实，事事有答复。

第八届人民代表大会第三次会议

受理人民来信147件，接待群众来访244人次。按照“分级负责，归口处理”的原则，转交有关部门办理。县人大常委会办公室对来信来访及时登记，经常督办，基本做到件件有落实，事事有答复。

第九届人民代表大会第一次会议

受理人大代表和群众来信142件，接待群众来访235人次。按照“分级负责，归口处理”的原则，转交有关部门办理。凡涉及重要问题，由县人大有关领导阅批或接待，并亲自督办。

第九届人民代表大会第二次会议

受理人大代表和群众来信241件，接待群众来访245人次。涉及检举违法案件、民事纠纷、经济纠纷等9个方面，常委会件件落实，其中，县人大领导批办的82件，组织专门调查的3件，其余均转交有关部门办理。

第十届人民代表大会第一次会议

受理人大代表和群众来信207件，接待群众来访216人次。按照“分级负责，归口处理”的原则，转交有关部门办理。对涉及重大的检举、申诉，由县人大领导亲自阅批，督促有关部门办理，10件未如期完成，其余均办理结束。

第十届人民代表大会第二次会议

受理人大代表和群众来信345件，接待群众来访247人次。按照“分级负责，归口处理”的原则，转交有关部门办理。常委会坚持热情接待，耐心细致，认真处理每一件代表和群众来信来访。

第十届人民代表大会第三次会议

受理人大代表和群众来信748件，接待群众来访612人次。按照“分级负责，归口处理”的原则，转交有关部门办理。1992年8月7日，县人大常委会召开人大系统信访工作会议，总结交流信访工作经验，制定信访工作暂行办法，配备专职信访工作人员。

第十一届人民代表大会第一次会议

受理人大代表和群众来信194件，接待群众来访261人次。按照“分级负责，归口处理”的原则，转交有关部门办理，部分群众反映强烈的问题得到解决。

第十一届人民代表大会第二次会议

受理人大代表和群众来信174件，接待群众来访238人次。按照“分级负责，归口处理”的原则，转交有关部门办理，至1995年3月，来信来访全部作出处理。

第十一届人民代表大会第三次会议

受理人大代表和群众来171信件，接待群众来访282人次。按照“分级负责，归口处理”的原则，转交有关部门办理，绝大部分得到妥善处理。1995年6月，省人大办公厅专程到安吉召开人大信访工作座谈会，对安吉县人大信访工作予以肯定。

第十一届人民代表大会第四次会议

受理人大代表和群众来信223件，接待群众来访232人次，其中集体上访15批162人次。按照“分级负责，归口处理”的原则，转交有关部门办理。对群众反响较大的热点、难点问题进行实地调查核实，督促有关部门尽快解决。1996年12月9日，县人大常委会召开人大信访工作会议，总结交流人大信访工作经验，并就做好人大信访工作提出要求。

第十一届人民代表大会第五次会议

受理人大代表和群众来信 210 件，接待群众来访 227 人次。按照“分级负责，归口处理”的原则，转交有关部门办理。对一些久拖未决的信访案件，通过个案监督程序强化案件督办工作，使所有信访得到处理。

第十二届人民代表大会第一次会议

受理人大代表和群众来信 239 件，接待群众来访 229 人次。按照“分级负责，归口处理”的原则，通过调查、转办、督办、催办等途径，使所有信访得到处理。对重要来访和老上访户，常委会专门召开主任会议研究办理方案，加强督促检查，妥善处理一些久拖未决、群众反映强烈的信访案件转交有关部门办理。

第十二届人民代表大会第二次会议

受理人大代表和群众来信 314 件，接待群众来访 194 人次。按照“分级负责，归口处理”的原则，转交有关部门办理。对一些久拖未决的信访案件，通过召开座谈会、协调会和现场办理等形式加强督办，使所有信访得到处理。

第十二届人民代表大会第三次会议

受理人大代表和群众来信 342 件，接待群众来访 201 人次。按照“分级负责，归口处理”的原则，转交有关部门办理。对一些久拖未决的信访案件，通过个案监督程序强化案件督办工作，使所有信访得到处理。

第十二届人民代表大会第四次会议

受理人大代表和群众来信 423 件，接待群众来访 245 人次。按照“分级负责，归口处理”的原则，转交有关部门办理。如督促有关部门依法返还天荒坪镇横路村村民王某某因丧夫另嫁他人而被收回长达 7 年之久的山林田地承包权。

第十二届人民代表大会第五次会议

受理人大代表和群众来信 389 件，接待群众来访 232 人次。按照“分级负责，归口处理”的原则，转交有关部门办理。

第十三届人民代表大会第一次会议

受理人大代表和群众来信 442 件，接待群众来访 245 人次。按照“分级负责，归口处理”的原则，转交有关部门办理。各工作委员会协同配合，做好案件的跟踪、督办和反馈工作，使信访得到处理。

第十三届人民代表大会第二次会议

受理人大代表和群众来信 309 件，接待代表和群众来访 89 人次。按照“分级负责，归口处理”的原则，转交有关部门办理，其中 116 件信访反映的问题得到妥善解决。

第十三届人民代表大会第三次会议

受理人大代表和群众来信 243 件，接待代表和群众来访 673 人次。按照“分级负责，归口处理”的原则，转交有关部门办理。对一些重要的集体信访和典型信访案件，常委会主任、副主任主动过问，参与督办，各工作委员会协同配合，跟踪督办，并选择典型案件加强个案监督，促使许多信访案件得到妥善解决。

第十三届人民代表大会第四次会议

受理人大代表和群众来信109件，接待代表和群众来访430人次。县人大常委会将2006年定为“信访督查年”。成立以常委会分管领导为组长、各委室主任为成员的信访督办领导小组，进一步明确转、交办信访案件的审核权限，规定“一府两院”的承办责任，形成“大信访”格局。

第十四届人民代表大会第一次会议

受理人大代表和群众来信181件，接待群众来访275人次。按照“分级负责，归口处理”的原则，转交有关部门办理。建立办公室为主、各工作委员会配合、常委会领导协调的信访督办机制。

第十四届人民代表大会第二次会议

受理人大代表和群众来信131件，接待群众来访305人次。县人大常委会领导参与“县委书记大接访”活动，加大信访案件督办力度，做好案件的跟踪、督办和反馈。

第十四届人民代表大会第三次会议

受理人大代表和群众来信262件，接待群众来访417人次。加强对重点信访案件和老信访户问题的督办、会办，使一些较为复杂的信访问题得到妥善处理和解决。

第十四届人民代表大会第四次会议

受理人大代表和群众来信75件，接待群众来访396人次。县人大常委会各工作机构协同配合，做好案件的跟踪、督办和反馈。

第十四届人民代表大会第五次会议

受理人大代表和群众来信23件，接待群众来访74人次。县人大常委会热情接待，耐心倾听，详细记录，认真转办，做好案件的跟踪、督办和反馈。

第十五届人民代表大会第一次会议

受理人大代表和群众来信41件，接待群众来访263人次。县人大常委会发挥信访工作职能，对来信来访妥善受理，跟踪督办，注重落实。

第十五届人民代表大会第二次会议

受理人大代表和群众来信86件，接待群众来访237人次。县人大常委会完善信访工作机制，加大跟踪督办力度，不断提升督办水平，使一些较为复杂的信访问题得到妥善处理和解决。

第十五届人民代表大会第三次会议

受理人大代表和群众来信26件，接待群众来访275人次，接受省市人大交办的信访案件12件。按照及时受理、限时交办、工委督查、定期反馈的程序认真办理，使信访案件件件有落实，事事有回音。

第十五届人民代表大会第四次会议

受理人大代表和群众来信55件，接待群众来访240人次，接受省市人大交办的信访案件10件。按照信访制度改革的要求，不断健全及时解决群众合理诉求的机制，探索涉法涉诉信访纳入法制轨道的方式方法，促使一批群众反映的事迹问题得到依法妥善处理。

第十五届人民代表大会第五次会议

受理人大代表和群众来信28件，接待群众来访92人次。按照高效受理交办、密切跟踪督办、定期答复反馈的处理程序，在法制的轨道内办信办访，促使案件妥善处理解决。

第十六届人民代表大会第一次会议

受理人大代表和群众来信86件，接待群众来访28人次。进一步健全受理交办、跟踪督办、答复反馈机制，运用法制方式办信办访，妥善化解一批疑难复杂信访案件，使信访案件件件有结果，事事有回音。

第十六届人民代表大会第二次会议

受理人大代表和群众来信48件，接待人民代表和群众来访130人次。采取高效受理交办、全程督办、及时答复等处理机制，在法制的轨道内办信办访，推动解决信访难题30余个。

第十六届人民代表大会第三次会议

受理人大代表和群众来信53件，接待群众来访51人次。采取高效受理交办、全程督办、及时答复等处理机制，运用法制方式办信办访，促使案件妥善处理解决。

安吉县历届人大常委会受理来信来访统计表

表3－4－3 单位：件(次)

届别	会次	起讫时间	类别	数量	本届合计
七	一	1981.7—1983.3	来信	104	800
			来访	108	
	二	1983.3—1983.12	来信	62	
			来访	98	
	三	1983.12—1984.8	来信	178	
			来访	250	
八	一	1984.8—1985.5	来信	73	838
			来访	108	
	二	1985.5—1986.4	来信	128	
			来访	138	
	三	1986.4—1987.5	来信	147	
			来访	244	
九	一	1987.5—1988.4	来信	142	863
			来访	235	
	二	1988.4—1989.3	来信	241	
			来访	245	
	三	1989.3—1990.4	来信	不详	
			来访	不详	

续表 3—4—3

届别	会次	起讫时间	类别	数量	本届合计
十	一	1990.4—1991.4	来信	207	2375
			来访	216	
	二	1991.4—1992.3	来信	345	
			来访	247	
	三	1992.3—1993.3	来信	748	
			来访	612	
十一	一	1993.3—1994.3	来信	194	2212
			来访	261	
	二	1994.3—1995.3	来信	174	
			来访	238	
	三	1995.3—1996.3	来信	171	
			来访	282	
	四	1996.3—1997.3	来信	223	
			来访	232	
	五	1997.3—1998.3	来信	210	
			来访	227	
十二	一	1998.3—1999.3	来信	239	2808
			来访	229	
	二	1999.3—2000.3	来信	314	
			来访	194	
	三	2000.3—2001.2	来信	342	
			来访	201	
	四	2001.2—2002.3	来信	423	
			来访	245	
	五	2002.3—2003.3	来信	389	
			来访	232	
十三	一	2003.3—2004.3	来信	442	2540
			来访	245	

续表 3—4—3

届别	会次	起讫时间	类别	数量	本届合计
十三	二	2004.3—2005.3	来信	309	2540
			来访	89	
	三	2005.3—2006.2	来信	243	
			来访	673	
	四	2006.2—2007.1	来信	109	
			来访	430	
十四	一	2007.1—2008.1	来信	181	2139
			来访	275	
	二	2008.1—2009.1	来信	131	
			来访	305	
	三	2009.1—2010.1	来信	262	
			来访	417	
	四	2010.1—2011.1	来信	75	
			来访	396	
	五	2011.1—2012.2	来信	23	
			来访	74	
十五	一	2012.2—2013.1	来信	41	1343
			来访	263	
	二	2013.1—2014.1	来信	86	
			来访	237	
	三	2014.1—2015.1	来信	26	
			来访	275	
	四	2015.1—2016.1	来信	55	
			来访	240	
	五	2016.1—2017.2	来信	28	
			来访	92	
十六	一	2017.2—2018.2	来信	68	630
			来访	280	

续表 3-4-3

届别	会次	起讫时间	类别	数量	本届合计
十六	二	2018.2—2019.1	来信	48	630
			来访	130	
	三	2019.1—2020.1	来信	53	
			来访	51	

第七节 专题询问

2006 年 8 月 23 日第十届全国人大常委会第二十三次会议审议通过的《中华人民共和国各级人民代表大会常务委员会监督法》第六章第三十四条规定："各级人民代表大会常务委员会会议审议议案和有关报告时，本级人民政府或者有关部门、人民法院或者人民检察院应当派有关负责人到会，听取意见，回答询问。"安吉县人大常委会遵照这一法律规定，从第十五届人大开始，开展专题询问活动，以加强监督工作，保障和规范县人大常委会组成人员依法行使询问职权，促进"一府两院"依法行政、公正司法。

专题询问对象为询问议题所涉及的"一府两院"和政府有关部门。专题询问议题围绕全县工作大局、县人大常委会决定的重大事项、群众关心的重大切身利益和社会热点问题，由主任会议确定后列入常委会年度工作计划，并向社会发布。

2015 年 9 月，县十五届人大常委会针对重点项目中进度滞缓的"安吉三院迁建工程"开展首次专题询问，县人大常委会主任梁为民，副主任周小平、杨路侠、王爱民、孙松及部分驻会委员参加会议，县人民政府副县长任贵明及有关部门、乡镇负责人到会接受询问。询问采取面对面"一问一答"形式进行，县人大常委会部分组成人员和受邀县人大代表就安吉三院迁建工程推进度滞缓原因、政府下一步采取措施等问题提出询问，县政府及有关部门、乡镇负责人对相关问题逐一详细答询；县人大常委会主任梁为民就加快推进安吉三院迁建提出要求。专题询问后，县人大常委会向县人民政府发出审议意见书，要求限时 2 个月整改问题和落实建议，并将相关情况报告县人大常委会，县人大常委会教科文卫工作委员会全程跟踪督办整改落实工作。县人民政府重视落实人大常委会的审议意见，及时变更投资主体，开展施工图纸修改及消防审核等工作，有力推动了该工程的正常施工。

2016 年 10 月 27 日，县十五届人大常委会针对重点项目中进度滞缓的科技创新园二期工程，对其服务责任单位启动专题询问。县人大常委会主任梁为民，副主任周小平、杨路侠、王爱民、黄根凤及部分驻会委员、人大代表参加会议，县人民政府分管副县长及有关部门、街道负责人到会接受询问。询问采用面对面"一问一答"的形式进行，县人大常委会部分组成人员和受邀县人大代表就科技创新园二期工程推进进度滞缓原因、政府下一步采取措施等问题提出询问，县人民政府及有关部门、街道负责人对相关问题逐一答复说明；县人大常委会主任梁为民就加快推进科技创新园二期工程提出要求。专题询问后，县人大常委会向县人民政府发出书面意见，要求在2个月内作出整改，并由县人大常委会财政经济工作委员会全程跟踪落实情况，确保有关问题得以解决。

2017年8月27日，县十六届人大常委会第五次会议，对全县重点项目进度滞缓的中策橡胶轮胎生产基地项目开展专题询问。县人大常委会主任陆为民，副主任吴佩勋、王爱民、孙松、黄先国、俞立安、梁蕴伟及23名委员出席会议，县人民政府副县长任贵明及有关部门、乡镇负责人到会接受询问。询问采取“一问一答”的方式，就项目概况、合同履行差距、后期用地、何时产生效益、下一步打算等问题分别提出询问，县人民政府及有关部门、乡镇负责人对相关问题逐一答复说明。会议要求，一要对照项目年度目标任务，更加细致地梳理当前存在的问题困难，采取针对性措施予以破解，加快项目进度；二要加强与项目业主的沟通对接，主动靠前服务，采取必要的措施履行合同约定，提升该项目对县域发展的贡献；三是各项目责任单位要更加高度重视，充分履行自身工作职责，形成共同支持保障项目推进的有效合力。

2018年6月，专题询问改为代表问政会的形式，6月8日，县十六届人大常委会组织开展首次代表问政会。问政会采取“代表提部门答”的方式，5位县人大代表分别就特殊路段临时停车管理、城市行道树更新、城市内涝、毁林毁竹种茶等热点问题，面对面向县政府办、县住建（规划）局、县综合执法局、县林业局等部门提出。相关部门主要负责人从问题现状、形成原因和解决方案等方面逐一答复说明，并提出问题破解对策。会后，代表与县人大常委会代表与选举任免工作委员会及时开展问政问题办理“回头看”活动，对县人民政府有关部门的措施落实情况进行跟踪监督，先后听取县综合执法局、县住建（规划）局等部门对问题落实情况的汇报，提出有针对性的意见建议，5件问政问题均得到落实解决。

2019年，代表问政会改为电视问政，县人大常委会组织县人大代表围绕养老金年审、“五线”问题整治、开具各类证明手续繁、停车难等17项社会热点问题，举办2期电视问政。25名县人大代表事前深入开展调研，突出民需导向，现场代表直指问题，辣味十足。县人民政府相关部门主要负责人逐一答复说明代表提出的问题，其中4个问题在现场得到解决，其余问题相关部门均给出书面整改意见和应对措施，并明确整改期限。县人大常委会代表与选举任免工作委员会持续对问政问题进行跟踪监督，对相关问题工作进度进行专题报道，确保问题落实到位，办证手续进一步简化，停车车位不断增加，“五线”问题得到有效整治。

第八节　审议（监督）意见书

县人大常委会会议在审议“一府两院”工作时，对比较重大、委员意见比较集中的问题，向“一府两院”发送审议意见书，责令限期整改，要求“一府两院”在两个月内向人大常委会报告办理结果，常委会对办理结果不满意的，责成重新办理。在日常监督工作中，县人大常委会以一事一议的方式及时、灵活地对“一府两院”工作中存在的问题，采取发送监督意见书的形式进行监督，并跟踪督办。

一、审议(监督)意见书名录

《关于〈递铺镇总体规划〉的审议意见》(1985 年 2 月 1 日安吉县第八届人大常委会第四次会议通过)

《关于追加支出预算指标报告的审议意见》(1987 年 12 月 4 日安吉县第九届人大常委会第四次会议通过)

《关于追加支出预算指标议案的审议意见》(1988 年 2 月 7 日安吉县第九届人大常委会第五次会议通过)

《关于贯彻执行〈土地管理法〉〈浙江省土地管理实施办法〉情况的审议意见》(1989 年 7 月 25 日安吉县第九届人大常委会第十五次会议通过)

《关于农业生产、科技兴农情况的审议意见》(1991 年 5 月 25 日安吉县第十届人大常委会第八次会议通过)

《关于县供销社发挥主渠道作用和支农服务情况的审议意见》(1991 年 5 月 25 日安吉县第十届人大常委会第八次会议通过)

《关于初级卫生保健和公费医疗改革情况的审议意见》(1992 年 11 月 30 日安吉县第十届人大常委会第十八次会议通过)

《关于发展“一优两高”农业和农业产业结构调整情况的审议意见》(1993 年 7 月 14 日安吉县第十一届人大常委会第三次会议通过)

《关于推行“双田制”情况的审议意见》(1996 年 5 月 10 日安吉县第十一届人大常委会第二十三次会议通过)

《关于我县农业投入机制情况的审议意见》(1996 年 5 月 10 日安吉县第十一届人大常委会第二十三次会议通过)

《关于我县基本农田保护情况的审议意见》(1996 年 5 月 10 日安吉县第十一届人大常委会第二十三次会议通过)

《关于对天荒坪井村姚家大院进行保护、开发的审议意见》(1997 年 1 月 16 日安吉县第十一届人大常委会第二十九次会议通过)

《关于加强我县房屋租赁管理的审议意见》(1997 年 9 月 19 日安吉县第十一届人大常委会四十四次主任会议通过)

《关于减轻企业负担工作情况的审议意见》(1998 年 4 月 30 日安吉县第十二届人大常委会第二次会议通过)

《关于加快竹子产业化经营步伐的审议意见》(1998 年 9 月 4 日安吉县第十二届人大常委会第五次会议通过)

《关于加快白茶生产管理的审议意见》(1998 年 9 月 4 日安吉县第十二届人大常委会第五次会议通过)

《关于加强西苕溪河道采砂管理的审议意见》(1999 年 5 月 31 日安吉县第十二届人大常委会第十一次会议通过)

《关于加快发展我县农业产业化经营的审议意见》(1999 年 7 月 28 日安吉县第十二届人大常委会第十二次会议通过)

《关于加快小城镇建设的审议意见》(1999 年 11 月 19 日安吉县第十二届人大常委会第十四次会议通过)

《关于国有企业改革发展情况的审议意见》(2000 年 8 月 22 日安吉县第十二届人大常委会第二十一次会议通过)

《关于 2001 年上半年国民经济和社会发展计划执行情况、财政预算执行情况和 2000 年同级财政审计情况的审议意见》(2001 年 5 月 10 日安吉县第十二届人大常委会第二十七次会议通过)

《关于贯彻〈建筑法〉情况的审议意见》(2001 年 7 月 17 日安吉县第十二届人大常委会第二十八次会议通过)

《关于安吉县工业园区建设工作的审议意见》(2003 年 6 月 27 日安吉县第十三届人大常委会第三次会议通过)

《关于安吉县农业标准化体系和农产品质量安全体系建设情况的审议意见》(2003 年 6 月 27 日安吉县第十三届人大常委会第三次会议通过)

《关于我县〈劳动法〉执行情况报告的审议意见》(2003 年 8 月 29 日安吉县第十三届人大常委会第五次会议通过)

《关于创建生态县工作的审议意见》(2003 年 10 月 9 日安吉县第十三届人大常委会第十一次主任会议通过)

《关于〈安吉县生态县建设规划〉的审议意见》(2003 年 12 月 17 日安吉县第十三届人大常委会第八次会议通过)

《关于切实贯彻落实省少数民族权益保障条例的监督意见》(2004 年 7 月 22 日安吉县第十三届人大常委会第二十八次主任会议通过)

《关于〈道路交通安全法〉贯彻执行情况的审议意见》(2005 年 4 月 28 日安吉县第十三届人大常委会第十九次会议通过)

《关于调整县委党校迁建工程投资概算议案的审议意见》(2006 年 8 月 29 日安吉县第十三届人大常委会第三十次会议通过)

《关于我县义务教育均衡发展情况的审议意见》(2007 年 7 月 25 日安吉县第十四届人大常委会第四次会议通过)

《关于农民专业合作组织建设与发展情况的审议意见》(2007 年 7 月 25 日安吉县第十四届人大常委会第四届会议通过)

《关于〈安吉县域总体规划(2006—2020)〉的审议意见》(2008 年 2 月 1 日安吉县第十四届人大常委会第九届会议通过)

《关于贯彻落实交通安全法有关重大事故社会救助工作的监督意见》(2008 年 6 月 23 日安吉县第十四届人大常委会第二十三次主任会议通过)

《关于生态修复工作情况报告的审议意见》(2008 年 11 月 26 日安吉县第十四届人大常委

会第十四次会议通过)

《关于安吉县国民经济和社会发展第十一个五年规划纲要中期评估报告的审议意见》(2008 年 11 月 26 日安吉县第十四届人大常委会第十四次会议通过)

《关于优化产业结构推动企业转型升级的监督意见》(2009 年 7 月 28 日安吉县第十四届人大常委会第十九次会议通过)

《关于县人民法院调解工作情况的审议意见》(2009 年 10 月 23 日安吉县第十四届人大常委会第四十一次会议通过)

《关于水污染防治"一法一条例"执法检查情况的审议意见》(2010 年 5 月 25 日安吉县第十四届人大常委会第二十五次会议通过)

《关于 2010 年重点项目进展情况的审议意见》(2010 年 9 月 24 日安吉县第十四届人大常委会第二十七次会议通过)

《关于对〈安吉县水资源保护和开发利用规划〉编制报批及落实情况的监督意见》(安吉县人大常委会督字〔2011〕1 号)

《关于安吉县 2010 年财政决算及 2010 年财政预算执行情况和其他财政收支情况审计报告、2011 年上半年国民经济和社会发展计划及财政预算执行情况的审议意见》(2011 年 7 月 27 日安吉县第十四届人大常委会第三十四次会议通过)

《关于 2011 年重点项目进展情况的审议意见》(2011 年 9 月 27 日安吉县第十四届人大常委会第三十五次会议通过)

《关于我县贯彻实施食品安全一法两规执法检查的审议意见》(2012 年 8 月 17 日安吉县第十五届人大常委会第四次会议通过)

《关于 2012 年重点项目进展情况的审议意见》(2012 年 9 月 27 日安吉县第十五届人大常委会第五次会议通过)

《关于安吉县学前教育工作情况的审议意见》(2013 年 5 月 28 日安吉县第十五届人大常委会第十一次会议通过)

《关于省际承接产业转移示范区安吉分区建设情况的审议意见》(2013 年 7 月 25 日安吉县第十五届人大常委会第十二次会议通过)

《关于 2013 年重点项目进展情况的审议意见》(2013 年 9 月 26 日安吉县第十五届人大常委会第十三届会议通过)

《关于〈安吉县土地利用总体规划(2013—2020)〉的审议意见》(2013 年 11 月 22 日安吉县第十五届人大常委会第十四次会议通过)

《关于昌硕故里文化发展情况的审议意见》(安吉县人大常委会〔2014〕1 号)

《关于 2014 年重点项目进展情况的审议意见》(2014 年 9 月 22 日安吉县第十五届人大常委会第二十一次会议通过)

《关于 2015 年全县重点项目建设工作情况的审议意见》(2015 年 9 月 24 日安吉县第十五届人大常委会第二十八次会议通过)

《关于安吉三院迁建工程专题询问的审议意见》(2015 年 9 月 16 日安吉县第十五届人大

常委会专题询问会通过）

《关于2016年全县重点项目建设工作情况的审议意见》(2016年9月22日安吉县第十五届人大常委会第三十六次会议通过）

《关于安吉县科技创业园二期项目专题询问的审议意见》(2016年10月27日安吉县人大常委会专题询问会通过）

《关于全县剿灭劣Ⅴ类水工作的审议意见》(2017年5月26日安吉县第十六届人大常委会第三次会议通过）

《关于2017年全县重点建设项目进展情况的审议意见》(2017年8月25日安吉县第十六届人大常委会第五次会议通过）

《关于2018年全县重点建设(民生实事)项目进展情况的审议意见》(2018年9月27日安吉县第十六届人大常委会第十四次会议通过）

《关于浙江安吉小鲵国家自然保护区工作情况报告的审议意见》(2019年1月12日安吉县第十六届人大常委会第十八次主任会议通过）

二、审议(监督)意见书选载

关于创建生态县工作的审议意见书

（2003年10月9日安吉县第十三届人大常委会第十一次主任会议通过）

县人民政府：

安吉县第十三届人民代表大会常务委员会第十一次主任会议，听取了县人大常委会农业环境保护工作委员会关于创建生态县工作调研情况和赴黑龙江等地考察情况的汇报，会议结合我县创建生态县工作情况的实际，审议认为，县委作出《关于生态县建设的决定》，县人大常委会作出《关于生态县建设的决议》和《关于设立安吉县生态日的决定》是我县贯彻落实“三个代表”重要思想和党的十六大精神的实际行动，是我县加快全面建设小康社会，提前基本实现现代化的重要战略举措，意义重大而深远。县人民政府认真贯彻落实县委决定和县人大常委会决议，各项工作取得了一定成绩。同时，会议指出，对照县委决定和县人大常委会决议精神的要求，我县创建生态县工作总体上还是滞后的，主要表现在生态县建设规范编制没有及时完成，创建生态县工作缺乏明确的年度工作目标和具体措施，政府各部门职责不够明确，工作力度不够大等。为进一步推进我县创建生态县工作的深入开展，促进我县经济社会可持续发展，会议提出如下审议意见：

1. 抓紧制定出台《安吉县生态县建设规划》。生态县建设要坚持规划先行。结合外地的成功经验，县政府应尽快组织编制出台《安吉县生态建设规划》。《规划》的制定，要坚持高起点、高标准，既要广泛吸取外地的成功经验和好的做法，又要充分考虑安吉实际，体现安吉特色。《规划》要进行严格论证，并及时提请县人大常委会审议通过。

2. 明确目标，强化保障。《规划》在内容上要明确生态县建设的总体目标和任务、年度目标和任务，并有具体可行的措施。县人民政府及各部门要围绕《规划》确定的目标和任务开展工作，采取切实有效的保障措施，确保创建生态县工作做到机构健全，人员到位，经费到位。

3.落实责任，强化考核。《规划》确定的总体目标和任务要分解落实到具体的部门、单位和责任人，层层抓落实，实行目标责任制。各部门要切实采取措施，狠抓落实，确保各项任务按期、保质完成。创建生态县工作要实行年度目标责任制考核，从全县生态县建设总体要求出发，以各部门的年度工作计划为依据，对单位及其主要责任人进行目标责任考核，并与满意单位评比、领导干部岗位责任考核挂钩。

以上审议意见，请县人民政府认真落实，并及时向县人大常委会报告落实情况。

关于《安吉生态县建设规划》的审议意见书

（2003年12月17日安吉县第十三届人大常委会第八次会议通过）

县人民政府：

2003年12月17日，安吉县第十三届人大常委会第八次会议听取了县政府关于《安吉生态县建设规划》的报告，并对规划文本进行了认真审议。委员们认为，这一规划存在诸多问题，难以正确指导我县生态建设及经济社会发展，需认真加以修改。

委员们的意见主要集中在以下五个方面：

一、规划重于保护，忽略了发展，不符合我县“生态立县”战略和打造“生态经济强县、生态文化大县、生态人居名县”的目标。

二、规划文本内容前后矛盾之处较多，且与其他规划不相衔接，如“严格控制城区人口总量在10万左右”的提法与《安吉县城市总体规划》相抵触。

三、规划只是对原有城市、林业、农业、旅游等规划的合并和罗列，缺乏整合与统筹。

四、规划对安吉实际缺乏充分调研，对安吉的地理、气候、生物等生态系统把握不准确，错误较多，且没有体现出安吉特色。

五、规划的篇章结构、遣词造句都值得推敲。

请县人民政府认真吸纳委员们的意见，对规划文本进行认真修改，并适时将新的规划文本交县人大常委会审议。

关于切实贯彻落实省少数民族权益保障条例的监督意见

安人大督字〔2004〕1号

县人民政府：

今年4月至7月，县人大常委会组织调研组，对《浙江省少数民族权益保障条例》贯彻实施情况进行了广泛深入的调研，并听取了县民族宗教事务局关于条例贯彻实施情况的汇报。调查发现，县政府及相关部门为保障少数民族权益已经做了大量的工作，取得了较明显的成效，但对照条例要求，还存在一些问题，尤其是少数民族发展专项资金尚未安排、少数民族中小学生免交杂费的规定未得到落实。现提出如下意见：

一、县人民政府要合理安排少数民族发展专项资金。

二、要切实落实“少数民族小学生和初中生免交杂费，家庭经济困难的少数民族高中学生酌情减免学杂费”的规定。安排教育经费时应当向少数民族相对集中的地区倾斜。

以上意见请认真研究落实，并按照《〈安吉县人大常委会监督意见书〉试行办法》的规定，在两个月内书面向县人大常委会主任会议报告落实情况。

关于道路交通安全法贯彻执行情况的审议意见书

（2005年4月28日安吉县第十三届人大常委会第十九次会议通过）

县人民政府：

为推进“平安安吉”建设，构建和谐社会，2005年4月28日安吉县第十三届人大常委会第十九次会议听取了县公安局政委胡伟受县人民政府委托所作的《关于我县贯彻执行道路交通安全法情况的报告》，结合调查、视察和考察情况进行了认真审议，会议认为，《中华人民共和国道路交通安全法》颁布实施以来，我县各级政府高度重视道路交通安全管理工作，加强了道路交通安全法的宣传，逐步完善道路交通设施和安全措施，加大了管理力度，交通秩序有了明显改观。

会议认为，我县道路交通安全管理工作形势仍然十分严峻，2004年全县共受理交通事故报警8613起，当场调解3684起，立案处理4041起，死亡109人。与2003年相比，交通事故报警数上升11.54％，立案数上升13.32％，死亡总人数上升19.98％。今年截至4月20日，全县共受理交通事故报警2939起，发生交通事故144起，死亡25人，受伤176人。与去年同比，发生数上升11.63％，死亡人数上升56.25％。存在的主要问题和原因是，宣传力度不大，氛围不浓；群众的交通安全意识比较淡薄；道路交通安全设施不够规范和完善；财政投入不足，技术装备落后；交通安全管理需要进一步强化等。

会议审议认为，道路交通安全宣传要普及化，道路交通安全管理要社会化，道路交通设施要标准化，道路交通安全装备要科技化，道路交通安全执法要规范化，不断提高管理水平。主要要抓好以下几点：

一要加大宣传力度，营造浓厚氛围。在强化对执法人员和运输业主宣传教育的同时，加强对广大群众的宣传教育，增强交通安全意识，使广大人民群众知法、懂法、守法。县普法办要把道路交通安全法纳入普法教育的内容，精心组织，周密安排普法工作。新闻媒体要发挥宣传主力军作用，积极主动与公安、交通等职能部门配合，采取多种方式，面向大众，广泛宣传。《今日安吉》要在重要版面、安吉广播电视台要在黄金时段宣传道路交通安全法和相关案例。

二要构建监管网络，形成齐抓共管局面。全社会都要重视和支持道路交通安全管理工作，要形成合力，齐抓共管。有关部门要积极探索交通安全长效管理机制，构建“横向到边，纵向到底”的交通安全管理网络，将网络建设延伸到村居、社区，特别要加强源头的预防管理，努力减少事故的发生率。要根据不同阶段、不同时期及时开展专项治理，实行严管重罚。

三要加大财政投入，提高技术装备水平。要继续加大对道路交通安全管理和公共交通事业发展的投入。大力推进畅通工程建设，提高城区道路管理水平，集中力量解决影响城市道路畅通的突出问题。尽力改进道路交通安全管理装备，借助高科技装备不断提高管理水平。

四要及时研究整改，完善标准设施。新建道路一定要科学规划，道路建设和交通设施要严格执行“同设计、同施工、同验收”的“三同”方针。11省道、04省道设计不合理导致交通事故屡发的现状必须引起高度重视。仅马良线(包括马家渡岔道)有岔口162个，平均每公里14个岔口，无非机动车道和人行道，从1998年10月开通以来，已发生各类交通事故433起，死亡58人，要求县人民政府尽快聘请专家进行科学论证，拿出切实可行的整改方案，早日动工整改。11省道梅溪转盘的转弯处要进一步加宽，减缓转弯的角度，减少事故的发生。对康庄公路要尽快拟订方案，分期分批完善标识、标牌。

五要强化安全管理，提高管理水平。坚持动态管理与静态管理相结合，加大路面管控范围，要坚持日常管理与集中专项整治相结合，加大对道路交通安全违法行为的查控力度，要加大执法力度，严肃查处超载、超速、酒后驾车、无证驾驶等行为，加强执法队伍建设，公平、公正、文明执法，努力提高执法水平，创建安吉交通新秩序。

关于调整县委党校迁建工程投资概算议案的审议意见书

(2006年8月29日安吉县第十三届人大常委会第三十次会议通过)

县人民政府：

2006年8月29日，安吉县第十三届人大常委会第三十次会议结合县人大常委会调查组的调查报告，认真审议了县人民政府《关于提请调整县委党校迁建工程投资概算的议案》。

县委党校迁建工程是在2002年12月的县委书记办公会议上提出的。2003年8月19日，县委常委会议决定正式实施这一工程，并确定大致投资数额为2800万元。县发展计划委员会于2003年9月批复立项，批准投资2800万元，总占地面积120亩，建筑面积11000平方米。

2004年5月，县委党校以“当初立项时投资估算较粗，部分项目被疏漏，加之建材市场价格的变化，造成投资估算偏低”为由，对党校迁建工程投资进行重新估算，总投资约3668万元并增加了建筑面积。2004年8月，县政府第十七次常务会议对县委党校迁建工程资金概算再次进行审定，会议决定县委党校迁建工程投资规模为3400万元，并确定了资金拼盘方案，即老党校土地置换资金1500万元，县财政安排1300万元，其余600万元通过银行贷款予以解决(其中县委党校自筹200万元)，项目最终投资规模由县发计委根据省国土资源厅土地审批情况作最后核定，9月，县发计委批复，同意该工程投资规模调整为3400万元。

之后，县委党校迁建工程在建设过程中又没有严格执行县政府第十七次常务会议所审定的调整方案，仍然出现严重超概算的问题，又于2006年7月27日向县政府第三十六次常务会议提出了县委党校迁建工程投资概算再次调整方案的要求，县政府常务会议原则同意县委党校迁建工程作概算调整和相关资金拼盘方案。拟将县委党校迁建工程概算调整为4101万元，由县财政追加701万元，根据《安吉县人大常委会关于加强财政经济工作监督的规定》，提请县人大常委会审议。

会议认为，县委党校迁建工程概算不断调整，主要是缺乏政府是整体、上下一盘棋的思想，政府性投入项目执行严肃性不够，监督不到位所造成。鉴于党校迁建工程和县政府已经原则同意的实际情况，决定批准县政府提请审议的概算调整方案。针对县委党校迁建工程在具体实施过程中出现的概算执行不严和未严格按照规定程序操作，存在较大的随意性，以及有关部门对项目实施未做好监督管理等问题，县人大常委会提出如下审议意见：

一要认真总结这一工程实施工作的教训。要认真分析该工程概算不清、规模调整随意、投资失控产生的原因，并引以为戒，举一反三，杜绝类似情况的发生。要切实改变政府性投资项目盲目攀比、讲排场，随意调整建设项目、随意扩大建筑面积、随意提高设计标准的现象，在思想上要强化认真执行投资概算的观念。

二要不断规范政府性投资项目的立项、审批、调整行为。要严肃财经纪律，严格执行《县人大常委会关于加强财政经济工作监督的规定》和《安吉县政府投资项目管理办法》，严格按照规定程序进行审批，所有工程项目都必须做好估算、概算、预算、决算、结算。立项时，要对估算作进一步的审核，要在有明确具体的概算情况下方可批准立项。批准立项实施后，政府有关部门必须加强监督，确保工程严格按照立项批准的概算执行。任何新增项目都必须按原批准程序加以调整，待批准后方可实施，加强对政府性投资项目的审核、监督、管理、验收，加大调控力度。要进一步强化"过紧日子"的意识，合理确定政府投资方向，财政投入要向增加财政收入的方面倾斜，把有限的资金用在刀刃上。

三要对政府性投资项目实行效益回报制度。县委党校属于政府性投资，其受益应上缴财政，纳入预算外资金管理。

四要责成相关单位作出深刻检查。要责成建设单位县委党校就严重超概算的情况作出深刻检查并公开通报批评；对有监管不力情况的县发改委等职能部门进行批评。希望通过此事，在全县敲响警钟，强化意识，今后出现类似情况，要严肃追究有关人员的责任。

关于贯彻落实道路交通安全法有关重大事故社会救助工作的监督意见

安人大督字〔2008〕1 号

县人民政府：

今年 6 月，县人大常委会组织调研组，对《中华人民共和国道路交通安全法》有关重大事故社会救助工作落实情况的汇报。调查发现，县政府及相关部门在道路交通事故处理及伤亡人员救助方面做了大量的工作，取得了较明显的成效，但对照法律法规的要求，还存在一些不足，尤其是设立道路交通事故社会救助基金的规定未得到落实。为使道路交通事故伤亡人员依法及时得到救助，现提出如下意见：

《中华人民共和国道路交通安全法》规定："国家实行机动车第三者责任强制保险制度，设立交通事故救助基金。"《浙江省实施〈中华人民共和国道路交通安全法〉办法》规定："县级以上人民政府应当设立道路交通事故社会救助基金。"县人民政府要切实落实上述法律法规的规定，设立道路交通事故社会救助基金，建立相关机构，落实资金来源，确定救助对象及范围。资金来源按《浙江省实施〈中华人民共和国道路交通安全法〉办法》第六十条筹措。

以上意见请认真研究落实，并按照《〈安吉县人大常委会监督意见书〉实施办法》的规定，在两个月内书面向县人大常委会主任会议报告落实情况。

关于生态修复工作情况报告的审议意见

（2008年11月26日安吉县第十四届人大常委会第十四次会议通过）

县人民政府：

2008年11月25日至26日，安吉县第十四届人大常委会第十四次会议听取和审议了县人民政府关于生态修复工作情况的报告。会议充分肯定了我县生态建设所取得的显著成绩。会议认为，我县坚持“生态立县”不动摇，深入贯彻落实科学发展观，围绕增强意识，促进发展，争先创优，生态建设在全国一直处于领先地位。围绕提升生态建设水平，提出了生态修复的理念，生态修复在全国率先启动，各级政府对生态修复工作已引起重视，并积极探索生态修复途径，林业专项性修复取得了一定进展。会议针对目前我县生态建设和生态修复工作存在的困难和问题，提出如下审议意见：

一是要进一步提高对生态修复重要性、必要性的认识。生态修复是落实科学发展观，保持可持续发展的重要步骤和必然要求；加强生态管理，对生态破坏情况进行及时修复，对于保护我国主要水系之太湖流域十分必要；做好生态修复工作，有利于保持我县良好的生活环境和最佳人居环境。

二是要积极宣传和倡导科学的理念，推进生态修复工作。要树立监管是最好的修复、森林建设是生态建设的基石、保持水土是生态修复的终极目标等科学理念，积极宣传并倡导这些理念，有效推进生态修复工作，尽快制定《安吉县生态修复行动纲要》，提出阶段性实施意见，并认真贯彻执行。

三是要建立有效的管理体系，突出重点，分步推进。要建立或确定一个组织机构，赋予其生态修复管理职能，形成一个责权利为一体的、完善的、职能到位的生态修复领导和管理体系。要突出林业林地生态修复和水土保持两个重点。加大森林保护和培育力度，进一步提高生态公益林补偿标准；认真研究切实有效的林政管理体制；进一步研究治理毁林开垦种植白茶等现象的有效措施；积极鼓励提升林业科技水平，提高林业生产的科技含量。尽快建立水土保持财政保障机制；严格落实项目建设水土保持方案的立项、建设、验收“三同时”；积极支持“安吉水土保持科技示范园区”建设；对赋石水库上游板栗林生态修复工作要采取一事一议、一事一策的办法重拳出击，重点推进。

要注重两条省道及其沿线、主要道路进出口、工业平台和西苕溪河道及其沿岸的生态修复工作。对省道沿线的绿色长廊进行整体规划，力争在较短时期内实现全覆盖，积极探索建立绿色长廊有效的管理体制，积极提升整体水平和档次。对道路两旁的美化、亮化系统和中央隔离带进行高标准改造，提高公路品位。要将省道沿线广告管理融入道路、绿色长廊等一体的管理体系，使广告等信息文化与我县良好的生态环境融为一体，起到点缀生态、锦上添花的作用。幽岭隧道、晓墅、杭长高速公路出口、唐舍四大门户要通过生态修复形成自我特色。幽岭隧道附近要以“提档升级”为目标，打造“中国竹乡”门户；11省道安吉与长兴交界处（晓墅）要采取“综合整治”，与港口、航道、物流中心建设相结合，努力打造“港航经济”门户；杭长高速公路安吉北出口生态修复要高标准规划，将其打造成安吉的“现代生态”门户；11省道唐舍路段沿线的生态修复要充分利用现有的传统自然资源，将其打造成“传统原生态”门户。要加强对工业园区生态建设的引导和管理，积极推进园区的生态化改造，完善生态环境基础设施建设，加强生态环境质量监控，新的工业区作为城市的一部分，其建设和发展要与城市相协调。对西苕溪可持续开发利用制定专项性规划，加大监管力度，结合沿岸整治，严格控制采砂规模，逐年减少采砂量，明确规定禁止采砂的期限。

以上意见请县政府认真研究落实，并按照监督法的规定，于两个月内将落实情况向县人大常委会报告。

关于水污染防治“一法一条例”执法检查情况的审议意见

（2010年5月25日安吉县第十四届人大常委会第二十五次会议通过）

县人民政府：

安吉县第十四届人大常委会第二十五次会议听取和审议了县人民政府副县长张建乐所作的《关于全县水污染防治“一法一条例”贯彻实施情况报告》。常委会组成人员认为，在县委的领导下，县政府及相关部门以科学发展观为指导，以促进水资源可持续发展保护和利用为目标，以良好的生态环境和资源优势为依托，坚持预防为主、统筹规划、防治结合、综合治理的原则，优先保护饮用水水源，严格控制工业污染，积极推进生态治理工程建设，水环境质量得到全面提升。同时，常委会组成人员指出，当前全县水资源保护总体情况良好，但还存在着一些不容忽视的问题，如城镇污水处理及管网建设仍比较滞后、工业污水处理亟须加强、饮用水水源地安全存在一定隐患等等，需要引起政府高度重视。县政府及责任部门必须以人为本，深入贯彻落实科学发展观，确保水资源可持续保护利用在全县经济社会发展中的战略地位，保护好安吉一方“碧水蓝天”。为此，提出如下意见：

一、要广泛宣传，进一步提高全社会的水环境保护意识。要充分认识水污染防治工作的长期性、艰巨性，建议县政府把水污染防治“一法一条例”列入公民普法教育和国民素质教育重要内容，广泛在企事业单位中加强学习教育。要充分利用广播、电视、报刊等新闻媒体平台，开展深入人心的水污染防治宣传，不断强化群众保护水资源理念。要大力鼓励公众监督和舆论监督，进一步完善监督管理机制，营造全社会积极参与环境保护的良好氛围。

二、要加压奋进，切实加强污水配套管网及集污能力建设。城市污水配套管网建设是进一步完善城镇都市生态系统的关键所在，要按照“适度超前，合理布局，批次推进”的要求，把递铺港以东区块和孝丰镇污水配套管网及集污能力建设，作为一项重要的民生工程，尽快建立领导小组，配备专业工作班子，制定规划，组织实施。要针对企业污水未全部入网的情况，进行专项大排查，做到一企一策。要加大执法监管力度，进一步制定和完善企业集污管理制度，将企业污水集污率作为工业考核的重要指标，加大监督力度，抓好责任落实。

三、要依法依规，促进中小竹制品企业污染物减排。竹制品企业污水偷排直排是全县地下水源污染产生的主要原因。建议县政府尽快完善竹制品企业污水处理办法，建立健全竹制品污水处理保障机制，切实加大财政投入力度。要有效发挥天荒坪竹制品废水处理厂的作用，确保竹制品污水100%进厂。要进一步提高企业技术改造和工艺改进力度，淘汰落后工艺，从根本上减少水污染排放，促进竹制品产业转型升级。要进一步加大执法力度，强化执法队伍建设，对竹制品企业污水入网实行专项执法监督。

四、要创新机制，有效抓好农林业面源污染的防治工作。农林业面源污染直接影响水源地水质状况，具有分散、隐蔽、不易监测等特性。建议县政府将农林业面源污染治理工程列入重要议事日程，制定好相关治理制度和规划，分阶段、分区块组织实施，县财政要在政策上适度倾斜。逐步建立和完善农业生产标准化体系，按照有关法律法规的规定，进一步指导和帮助农民合理使用农药化肥，大力发展生态农业和有机农业，减少氮磷污染。要大力实施植被保护工程，开展封山育林和湿地保护，严禁山体坡度25°以上的林业开发，严厉打击西苕溪流域黄沙非法开采和鹅卵石、景观石非法偷运等危害河流水系安全的行为，防止水土流失。要进一步加大农林业面源污染的科普宣传力度，让农林业面源污染防治工作深入人心。

五、要以人为本，全力保证饮用水水源地安全。要切实执行水源地保护的相关法律法规，严格实行分类保护制度。制定和实施水源地上游农林水土流失治理改造工作计划，不断加大政策扶植，加大财政转移支付力度，对水源地上游的相关污染企业实行倒计时搬迁、整改，对不按规定执行的企业要严格管理，依法责令限期治理。休闲产业是安吉发展的战略性产业，在充分利用生态资源，发展休闲经济中，要制定科学合理的项目发展规划，特别是水源保护地上游开发的休闲产业，要做到严格审批，严格建设，严格监督，真正做到工程项目和后续产业开发达到污水零排放要求。

六、要千方百计，加快创新水环境管理工作机制。要抓紧建立水环境生态补偿机制，加大对生态环境保护、污染物减排乡镇的财政倾斜力度，实现对有限水资源的合理利用和有效保护。要探索研究流域性水污染联防协调机制和联动督查机制。

关于对《安吉县水资源保护和开发利用规划》编制报批及落实情况的监督意见

安人大督字〔2011〕1号

县人民政府：

安吉县第十四届人大常委会第五十七次主任会议听取和审议了县水利局局长郑伟中受县人民政府委托所作的关于《安吉县水资源保护和开发利用规划》编制报批及落实情况的汇报。

会议认为，按照安吉县第十四届人民代表大会第四次会议作出的《促进我县水资源可持续保护和利用的决议》，县政府高度重视，及时组织编制了《安吉县水资源保护和开发利用规划》。经主任会议审议，为使规划更加全面、科学，现提出如下意见：

一、关于对外供水问题。水资源事关全县未来发展全局，要及时组织有关部门和专家进行水资源战略性研究，按照县城和乡镇未来发展定位，从安吉生产生活用水需求和生态环境保护需要的长远考虑，充分论证对外供水的可能性，为安吉今后较长一个时期经济社会发展留下水资源空间，科学制定对外供水规划。

二、关于凤凰水厂拟建设问题。凤凰水库库容小，建水厂后势必难以保障递铺港的水流量，对作为县城主要景观河道的递铺港可能造成干涸，因此，是在城西水厂扩建还是拟建凤凰水厂，要做全面的可行性分析论证。

三、关于水源地保护问题。已制定的措施要真正落实到位，要切实执行水源地保护的相关法律法规，严格实行分类保护制度，对水源保护地上游的开发建设项目，要做到严格审批，严格监管。

四、要研究建设一套先进的雨洪调蓄系统，把生态环保与防洪蓄水功能相结合。

以上意见请认真研究落实，并按照《〈安吉县人大常委会监督意见书〉实施办法》的规定，在两个月内向县人大常委会主任会议报告落实情况。

关于2011年重点项目进展情况的审议意见

（2011年9月27日安吉县第十四届人大常委会第三十五次会议通过）

县人民政府：

安吉县第十四届人大常委会第三十五次会议听取和审议了县人民政府副县长黄培林所作的关于2011年重点项目进展情况的报告，并对县重点项目进展情况进行了评价，对项目责任部门和项目服务部门开展了满意度测评。常委会组成人员认为，在县委的领导下，县政府及有关部门坚持发展不动摇，紧紧围绕“奋战五年·再造安吉”的总体目标，克服宏观形势趋紧和要素制约加剧的不利因素，不断解放思想，强化齐抓共推，狠抓工作落实，大部分项目实现了预期目标，取得阶段性成果。根据评价结果，常委会组成人员认为，被评价项目推进有力的占33.20％，进展正常的占44.94％，进度滞缓的占17.95％；对被评价部门的工作满意的占70.58％，比较满意的占25.84％，不满意的占0.74％。

常委会组成人员指出，全县重点项目虽然总体进展情况良好，但是应当看到，在推进过程中还存在着项目推进不够平衡、服务水平有待提高、要素制约愈加明显、项目监管还需加强等困难和问题，个别项目要完成全年目标任务非常困难，需要引起政府高度重视。县政府及项目责任部门要以项目为抓手，坚定信心，强化措施，优化服务，着力在推进重点项目建设上取得新成效。为此，提出如下审议意见：

一、把握重点，强化措施，加快项目建设进度。列入今年重点建设的39个项目，是县人民政府郑重向县十四届人大五次会议提出，并经全体代表审议通过的，应确保目标任务的全面完成。政府要对项目进展情况进行总结和分析，对下一步如何推进作出分解和安排，督促项目业主和责任单位确保项目按计划如期完成。还未开工的5个项目要加快前期工作，排查梳理问题，积极协调，逐个攻坚，力促项目早落地、早开工、早建设。对于今年要竣工投产的项目，也要加快建设步伐，使项目早建成、早见效。

二、解放思想，创新办法，着力破解要素制约。进一步转变观念，创新思路，坚持多措并举缓解要素制约，为推进重点项目建设提供有力保障。一要进一步加大对上争取力度，全力抓好特色项目的向上争取工作，完善前期工作，加强指导服务。二要进一步挖掘用地潜力，盘活存量土地，利用好各类闲置土地，坚持节约集约用地，提高土地利用率和单位面积投资率。三要进一步多渠道筹措建设资金，除了积极向上争取资金和银行贷款，还要采取市场化运作等办法，切实解决项目建设资金短缺，尤其是配套资金短缺的问题；要加强与金融部门之间的协调沟通，积极引导金融机构对重点建设项目的资金支持力度。四要进一步重视项目推进面临的征地拆迁难题，加大宣传力度，为拆迁工作营造良好的社会氛围；建立长效管理机制，完善拆迁工作的联系和信息交流制度，加大联合执法力度，为项目建设营造一个良好的秩序和环境。

三、形成合力，改进服务，优化项目建设环境。政府应加强对重点项目推进工作的领导和统筹，明确职责分工，层层落实责任，统一协调乡镇、部门和业主的力量，形成合力建设的氛围。要进一步增强积极主动为项目建设服务的意识，树立全过程、全方位服务的观念，设身处地地为项目建设服务。要进一步加大对项目推进情况的督查力度，强化目标责任，督促责任单位和项目业主按照时限要求，强力推动项目实施，并及时协调和解决项目建设过程中出现的困难和问题。县发经委要切实担当起重点项目建设的牵头、协调和参谋作用，全面掌握情况，认真分析原因，及时为政府提供参考意见。职能部门要在各司其职的基础上，紧密配合，优化服务，营造良好的投资和建设环境。

四、落实责任，严格考核，确保工程质量安全。政府及相关部门在抓建设进度的同时，更应重视建设质量和安全的管理工作，努力提高项目管理水平，全力保障重点项目有序推进。要严格规范项目建设程序，严格落实项目相关制度，把好项目建设质量关；财政、审计部门要加强工程资金监管，建立健全工程资金的概（预）算、决算评审和绩效考评制度，确保工程资金安全有效；督促施工企业建立健全施工现场管理、文明施工、安全施工的各项制度，并严格执行到位。

五、超前谋划，科学论证，增强项目发展后劲。继续科学谋划一批牵引我县经济社会平稳较快发展的重大项目，抓紧2012年重点项目、政府性主导项目的申报组织工作，真正做到“实施一批，申报一批，储备一批”。一是突出重点，着力凸显重点项目建设的主导地位，力争通过重点项目的开发，更好地发挥重点项目建设推动经济社会发展的作用。二是优化结构，紧紧围绕国家财政政策、产业政策和货币政策的新要求，提高项目前期工作深度，深入分析我县优势，重点在基础设施、生态建设、传统产业升级改造和结构调整等领域。三是提升质量，着力选好一批“大、好、高”项目，突出科技含量高的项目，逐步减少传统型、重复性建设的项目投资。四是注重衔接，准确把握国家产业政策，紧紧围绕省重大项目行动计划，加强项目管理部门联动，协调解决好项目工作中涉及的环保、土地、节能、安全等方面的问题，努力形成项目梯次推进、有效续接的工作格局。

请县人民政府按照以上意见抓好落实。根据《中华人民共和国各级人大常委会监督法》有关规定，整改落实情况应向县人大常委会相关工委征求意见，经相关工委同意后，于两个月内向县人大常委会提交书面报告。

关于省际承接产业转移示范区安吉分区建设情况的审议意见

（2013年7月25日安吉县第十五届人大常委会第十二次会议通过）

县人民政府：

安吉县第十五届人常委会第十二次会议听取和审议了县人民政府关于省际承接产业转

移示范区(以下简称“省际示范区”)安吉分区情况的报告。会议认为自省际示范区启动实施以来,省际示范区安吉分区紧紧围绕“一年打基础,三年成规模,五年大发展”的总体目标,按照“建设大平台,承接大项目,推动大发展”的总体思路,不断完善分区管理体制,平台建设快速推进,招商引资发展迅猛,项目推进平稳有序,取得了阶段性成效。但是,目前省际示范区安吉分区建设中也存在着一些困难和问题,如示范区建设资金问题、天子湖区块的供水问题、梅溪临港码头建设问题、基础设施配套项目建设问题等等,这些问题如不能得以较好解决,将会影响省际示范区安吉分区建设步伐。为了进一步推进省际示范区安吉分区建设,会议提出如下意见:

一、强化扶持政策落实。省政府正式批准省际示范区发展总体规划后,县“两办”及时出台了《关于加快省际承接产业转移示范区开发建设实施意见》,相关职能部门也都出台了针对示范区建设的专项政策,从政策争取、服务优化、要素保障等方面加大对示范区建设的支持力度,形成了示范区建设的良好氛围。目前,各类扶持政策措施也已实施一年时间,但是这些政策实施效果如何,需要进一步跟进了解。建议县政府对《关于加快省际承接产业转移示范区开发建设实施意见》等政策措施实施情况进行跟踪评估,及时掌握政策落实情况及实施后所产生的成效,确保发挥政策的最大效益。根据省际示范区发展实际需要,抓紧完善相关配套政策措施,增强政策的针对性、连续性和可操作性,提高政策实施效果,保证政策落实到位。同时,要加大向上争取政策支持的力度,争取更多的项目能够列入省级重点项目,积极配合市管委会和市级有关部门做好省级政策的争取工作,争取省政府专项扶持政策能尽早出台。

二、抓紧解决天子湖区块供水问题。天子湖园区企业供水主要依托安吉钱江水利供水有限公司高禹水厂,高禹水厂设计供水2.0万立方米/日,目前实际供水已超过设计供水能力,处于超负荷运行状态,园区内的管道年久失修,漏损率高,区域内供水已严重不足。园区内的一些村庄已发生经常性断水,部分企业需要加装增压泵才能供水,随着园区规模的不断扩大,入园企业不断增加,供水问题将更趋严重,影响到该区域的经济发展、社会稳定和投资环境。建议县政府抓紧研究制定该区域的供水规划,确定供水扩容方案,并抓紧予以实施,切实保障供水需求。

三、确保融资资金安全运行。省际示范区成立后,县政府出台扶持政策支持天子湖和梅溪分别成立了县级融资平台,增强两个区块的融资能力,取得很好的效果。天子湖、梅溪两镇在加快推进城乡经济社会建设过程中,已形成一定的债务规模,往年举借的债务已逐步进入偿还高峰期,随着融资渠道的进一步规范,融资难题将更加突出,并将影响到接续财源的培育。县政府及相关职能部门要进一步做好对省际示范区融资的指导、协调和监管工作,整合融资服务资源,不断提高服务工作水平。省际示范区的融资平台要加大现有项目与金融机构的对接工作力度,提高融资项目包装精准度,增强项目融资的可行性和成功率,实现资金及早到位。天子湖、梅溪两镇要严格落实债务管理规定,切实加强债务管理,控制债务规模;增强风险意识,建立债务分析和预警机制,防范债务风险,确保资金安全运行。

四、加快水运物流中心建设。现代物流是省际产业示范区的重要配套和支持,内河航运资源是临港经济区独有优势，要发挥放大内河航道优势，加快推进临港码头建设和岸线的开发，尽快规划建设物流基地，抓紧启动物流仓储项目。县政府及有关部门要全力支持临港公用码头争取列入交通类省重点项目，充分享受省、市各级服务业和物流类奖励补助政策。同时要强化市场化运作方式，积极引进专业物流企业（如上港、传化等大型企业）参与规划建设，大力争取将物流仓储项目整合申报“省级现代物流区项目”。

五、推进梅溪临港码头整治。由于历史原因，造成梅溪临港西苕溪沿线的码头建设目前处于无序状态，建设和经营主体具有散、乱、弱、小特点，不仅浪费了有限的岸线资源，而且大部分码头位于居民生活区附近，噪声污染、粉尘污染和运输安全都对居民生活造成严重影响，对临港基础设施建设造成严重阻碍。建议县政府抓住下一步西苕溪航道“五改三”项目实施和苕溪清水入湖河道整治工作推进的有利时机，及时对适航段沿线整治作出专题研究和部署，确定牵头部门，组织相关职能部门参与，结合当前开展“三改一拆”“四边三化”工作要求，综合运用法律法规等多种手段，全面整治临港区块西苕溪沿线码头及适航段环境。

按照《中华人民共和国各级人大常委会监督法》的规定，对常委会审议意见的研究处理工作，县人民政府办事机构应向县人大常委会相关工委征求意见，县人民政府于两个月内向县人大常委会报告。

关于安吉县学前教育工作情况的审议意见

（2013 年 5 月 28 日安吉县第十五届人大常委会第十一次会议通过）

县人民政府：

县十五届人大常委会第十一次会议听取和审议了副县长任贵明同志代表县政府所作的《关于全县学前教育工作情况的报告》。常委会组成人员认为，近年来，县政府始终坚持以科学发展观为指导，以“办人民满意的幼儿教育”为宗旨，突出政府主导作用，坚持均衡优质发展，加大投入管理，积极创新探索，建成了具有安吉特色“一乡镇一中心辐射管理行政村”办园格局的学前教育公共服务体系，全县学前教育工作走在了全省乃至全国的前例。会议肯定了我县在推进学前教育上所作的努力，同时针对当前学前教育工作存在的一些困难和问题，会议提出以下审议意见：

一、进一步规范小区配套幼儿园的建设管理。随着城镇人口剧增，外来人口子女增加，“入园难”问题仍然存在，特别是小区配套幼儿园建设政策执行不到位，加剧了目前县城中心区域入园难矛盾。一是要建立健全住宅小区配套幼儿园建设保障机制，进一步完善《安吉县人民政府关于进一步加快学前教育改革与发展全面提升学前教育质量的实施意见》（安政发〔2009〕82 号），明确细化小区配套幼儿园建设的相关规范和操作办法，明确产权归属及相关部门的职责，对前期规划、立项审核、土地出让、建设移交、管理使用等环节制定具体明确的操作程序和要求，确保区配套幼儿园建设管理规范到位，保证优质学前教育资源的有效使用；二是要组织发改、国土、规划、财政、建设、教育等部对已建成的小区配套幼儿园进行深入调查研究，分别就现空置未作幼教使用的、虽作幼教使用但收取租金的、以及移作他用的等不同情况，依照有关规定或借鉴外地经验（协调移交、补偿移交等办法），采取积极有效措施，使已经建成的小区配套幼儿园全部正常用作幼儿教育，以缓解城镇“入园难”矛盾。

二、进一步加强幼儿园师资配备。要严格落实执行省人事厅颁发的《幼儿园编制标准》规定，保证全县幼儿园教职工编制数足额，对编制人员一时不能够到位的，可考虑下拨编制人头费，幼儿园招聘编外教师；进一步落实城乡均衡化教育，逐步增加农村幼儿园尤其是村教学点的人员配备，招聘一定服务期限的在编教师到偏远山村任教，解决山村幼儿园教师难招的问题；主管和人事部门要科学安排招聘教师时间，并尽快研究出台与师范院校建立合作办学或委托培养政策及对研究生学历和本科毕业生的优惠招录政策。积极参与农村硕士工程，定向培养农村硕士幼师，为提升幼儿教育工作提供人才保障。

三、进一步完善经费保障机制。要完善最低收入乡村幼儿园经费补助标准机制，在实行公用经费基数和人头数结合拨付办法的基础上，对生源少、运转相对困难的乡村幼儿园，确定最低财政经费专项保障标准，保证其办园质量；强化对乡镇幼儿教育配套经费落实情况的监督考核，确保乡镇对幼儿园日常经费的保障到位，保障学前教育健康可持续发展。

以上审议意见，请县人民政府按《中华人民共和国各级人大常委会监督法》有关规定，及时研究处理，县人民政府办事机构应向县人大常委会相关工委征求意见，并自审议意见送达之日起，两个月内将处理情况书面报告县人大常委会。

关于《安吉县土地利用总体规划(2013—2020年)》的审议意见

（2013年11月22日安吉县第十五届人大常委会第十四次会议通过）

县人民政府：

2013年11月22日，安吉县第十五届人大常委会召开第十四次会议，安吉县人民政府提请了关于要求审议《安吉县土地利用总体规划（2013—2020年）》的议案，会议听取和审议了《安吉县土地利用总体规划（2013－2020年）》编制情况。会议决定同意这个规划，并提出如下审议意见：

会议认为，《安吉县土地利用总体规划（2013—2020年）》的编制，认真落实新时期“资源节约、环境友好”的总体战略部署，规划内容较为合理，思路清晰，重点突出，对于进一步优化城乡空间布局，实现经济、社会、人口、空间的协调发展和可持续发展，提升县域综合竞争力，具有十分重要的意义。

会议建议，要广泛吸收各方意见，认真研究有关问题，对规划文本作出进一步的修改和完善，力求使规划能准确反映安吉实际，科学把握发展趋势，充分体现时代要求，尽力满足发展需要。

会议建议，今后一个时期，安吉要以打造“生态立县、工业强县、开放兴县”的战略为目标，着重处理好生态环境保护和开发利用，确保“规划”的科学性、前瞻性和可操作性；要高度重视土地利用总体规划与县域总体规划及其他部门相关规划的衔接，使土地利用总体规划与未来发展战略相衔接，科学高效安排用地指标；要通过优化结构，合理布局，缓解规划用地指标少、建设用地需求大的供需矛盾；要严格执行土地利用总体规划，坚决制止违法违规占用土地行为，维护土地利用总体规划的严肃性和权威性；要加大对土地管理法和土地利用总体规划的宣传，在全社会积极营造依法使用和管理土地资源的氛围。

会议要求，《安吉县土地利用总体规划（2013—2020 年）》通过市政府和省政府审批后，县人民政府要认真组织规划实施，充分发挥规划在“三个安吉”建设中的龙头作用。

关于昌硕故里文化发展情况的审议意见

安人大督字〔2014〕1 号

县人民政府：

2013 年 11 月 29 日，县人大常委会组织对我县昌硕故里文展情况进行视察，并听取和审议了鄣吴镇关于昌硕故里文化发展情况的汇报。会议认为，近年来，县人民政府及相关部门高度重视昌硕故里文化发展，通过科学规划，加强吴昌硕故居等历史文化遗产的保护和开发，尽力尽职，加大招商力度，推进项目建设，美丽乡村建设不断提升，昌硕故里文化及相关产业得到较快发展，社会经济也快速发展。

会议同时指出，虽然昌硕故里文化发展情况整体较好，但仍存在一些问题与不足。一是对吴昌硕遗址等文化遗产的保护力度不够；二是对昌硕文化及相关旅游资源的开发利用仍然较弱；三是昌硕故里文化及产业后继又好又快发展势单力薄。会议提出如下审议意见：

一、进一步加大对鄣吴历史文化遗产的保护。鄣吴作为昌硕故里和我县唯一的省级历史文化名村，文化底蕴深厚，历史建筑及文物特别丰富，拥有吴昌硕故居等历史遗存，传统格局和历史风貌保留完整，保护价值巨大，建议县财政每年单列安排“昌硕故居专项维修经费”，用于吴昌硕故居等历史文化遗产的维修、保护等，加大对昌硕文化历史遗产的保护，以进一步传承和弘扬昌硕文化的精髓。

二、进一步加大对昌硕文化及产业发展的统筹规划。全力挖掘昌硕文化的独特魅力和影响力，结合鄣吴独有的历史文化遗存，围绕“一人一城一业”发展战略，建议将鄣吴纳入全县昌硕文化及产业发展的整体规划，进行统筹布局；建议把一些文化休闲、文化创意类项目引导到鄣吴，尽早规划和打通县城直通鄣吴的主干道，畅通鄣吴镇的对外交流，提升我县昌硕文化相关产业竞争力；安吉县吴昌硕文化发展基金会已报省民政厅登记，建议在此基础上设立“吴昌硕艺术奖”，并以基金会为发起单位，定期举办全国性的书法、绘画、篆刻等大赛，进一步提升安吉昌硕文化品牌的知名度和影响力。

三、进一步加大昌硕故里文化及产业发展的政策扶持力度。鉴于鄣吴镇昌硕故里及文化休闲旅游的定位，建议定向制定相应的配套政策，在财政扶持、土地保障、基础设施建设和美丽乡村及文化休闲旅游示范点建设等方面加大扶持力度。

请县人民政府按照以上意见抓好落实。根据《中华人民共和国各级人大常委会监督法》有关规定，整改落实情况应向县人大常委会相关工委征求意见，经相关工委同意后，于两个月内向县人大常委会提交书面报告。

第九节　规范性文件备案审查

2006年8月27日第十届全国人民代表大会常务会员会第二十三次会议通过的《中华人民共和国各级人民代表大会常务委员会监督法》(以下简称《监督法》),对"规范性文件备案审查"作了法律规范。《监督法》所称的规范性文件,是指宪法和法律外,以下两类文件:一是行政法规、地方性法规、自治条例和单行条例、国务院部门规章、地方政府规章。二是上述文件之外,其他由国家机关制定的决议、决定、命令和司法解释等。《监督法》所称的备案审查,指的是上述两类规范性文件在生效后,要按法定期限报法定机关备案,由接受备案的机关进行分类、存档,在规范性文件的有效期内,依法对其决定审查活动。《监督法》第五章第三十条规定:县级以上地方各级人民代表大会常务委员会对下一级人民代表大会及其常务委员会作出的决议、决定和本级人民政府发布的决定、命令,经审查,认为有下列不适当的情形之一的,有权予以撤销:(一)超越法定权限,限制或剥夺公民、法人和其他组织的合法权利或者增加公民、法人和其他组织的义务的;(二)同法律、法规规定相抵触的;(三)有其他不适当的情形,应当予以撤销的。

2010年,县人大常委会遵照《监督法》和《浙江省各级人民代表大会常务委员会规范性文件备案审查规定》的要求,开始规范性文件备案审查工作。全年共审查县政府报送的规范性文件7件。2012年,县人大常委会认真开展规范性文件备案审查工作,全年共接收登记审查县政府报送的规范性文件7件。2013年,县人大常委会着力强化对规范性文件备案审查的力度,在应备尽备的同时,提高审查的质量和效率,全年共审查县政府报送的规范性文件7件。2014年,县人大常委会制定《规范性文件备案审查办法》,全年共备案审查县政府报送的规范性文件22件。2015年,县人大常委会进一步完善规范性文件备案审查办法,全年共备案审查县政府报送的规范性文件49件。2016年,县人大常委会扎实做好规范性文件备案审查工作,全年共备案审查县政府报送的规范性文件30件。2017年,县人大常委会加强对县政府规范性文件的备案审查,提升审查质量和效率,全年共备案审查县政府报送的规范性文件33份。2018年,县人大常委会加强规范性文件备案审查,全年共备案审查县政府报送的规范性文件33件。2019年,县人大常委会不断提升对政府规范性文件审查的质量和效率,全年共备案审查政府报送的规范性文件26件。

安吉县人大常委会2012—2019年规范性文件备案审查一览表

表3—4—4

编　号	标　题	报送文号	审查结果
(2012)1号	关于印发安吉县烟花爆竹经营安全管理实施办法的通知	安政发〔2012〕41号	无异议
(2012)2号	关于贯彻实施国有土地上房屋征收及补偿条例的通知	安政发〔2012〕42号	无异议

续表 3－4－4

编　号	标　题	报送文号	审查结果
(2012)3 号	关于加快推进现代物流业发展若干政策的意见	安政办发〔2012〕5 号	无异议
(2012)4 号	关于加快现代农业发展的若干意见	安政办发〔2012〕8 号	无异议
(2012)5 号	关于进一步明确村级安置留用地管理若干问题的通知	安政办发〔2012〕30 号	无异议
(2012)6 号	关于调整安吉县城镇土地使用税征收范围和使用税额的通知	安政发〔2012〕38 号	无异议
(2012)7 号	关于完善农村土地流转工作的意见	安政发〔2012〕30 号	无异议
(2013)1 号	安吉县城市市政基础设施配套费征收管理办法	安政办发〔2013〕9 号	无异议
(2013)2 号	安吉县人民政府关于印发安吉县小额公共资源交易办法(试行)的通知	安政办发〔2013〕24 号	无异议
(2013)3 号	安吉县人民政府关于印发《安吉县工程建设项目招标投标管理细则(试行)的通知》	安政办发〔2013〕25 号	无异议
(2013)4 号	安吉县经济适用房上市交易管理办法	安政办发〔2013〕35 号	无异议
(2013)5 号	安吉县农家乐管理办法	安政办发〔2013〕47 号	无异议
(2013)6 号	安吉县租赁经营企业工资支付保证金制度试行办法	安政办发〔2013〕106 号	无异议
(2013)7 号	安吉县村级工程建设项目管理办法(试行)	安政办发〔2013〕109 号	无异议
(2014)1 号	安吉县人民政府关于印发安吉县违法建筑认定及处置办法的通知	安政发〔2014〕35 号	无异议
(2014)2 号	安吉县招投标市场不良行为记录公告和处理暂行办法	安政办发〔2014〕52 号	无异议
(2014)3 号	安吉县人民政府关于调整完善征地补偿安置政策的通知	安政发〔2014〕43 号	无异议
(2014)4 号	安吉县人民政府办公室关于调整离退休劳动模范荣誉津贴标准的通知	安政办发〔2014〕45 号	无异议
(2014)5 号	安吉县人民政府关于印发安吉县加快科技创新若干政策(2014 年修订)的通知	安政发〔2014〕45 号	无异议
(2014)6 号	安吉县人民政府办公室关于公布行政规范性文件清理结果的通知	安政办发〔2014〕58 号	无异议
(2014)7 号	安吉县人民政府关于加快发展养老服务业的实施意见	安政发〔2014〕46 号	无异议
(2014)8 号	安吉县人民政府关于调整全县最低工资标准的通知	安政发〔2014〕48 号	无异议

续表 3—4—4

编　号	标　题	报送文号	审查结果
(2014)9 号	安吉县农村住房建设规划审批管理办法(试行)	安政办发〔2014〕68 号	无异议
(2014)10 号	安吉县人民政府关于开展工业企业资源要素市场化配置综合改革的实施意见	安政发〔2014〕50 号	无异议
(2014)11 号	安吉县人民政府关于进一步加强和改进统计工作的实施意见	安政发〔2014〕51 号	无异议
(2014)12 号	安吉县人民政府关于加快发展孤儿和困境儿童福利事业的意见的备案报告	安政办发〔2014〕67 号	无异议
(2014)13 号	安吉县人民政府办公室关于安吉县工业企业效益综合评价试行办法的通知	安政办发〔2014〕70 号	无异议
(2014)14 号	安吉县人民政府办公室关于建设工程禁止现场搅拌混凝土和砂浆的通知	安政办发〔2014〕74 号	无异议
(2015)1 号	安吉县人民政府关于安吉 2015 年度城乡居民基本医疗保险管理办法的备案报告	安政备〔2014〕23 号	无异议
(2015)2 号	安吉县人民政府关于安吉县突发公共事件预警信息发布管理办法(试行)的备案报告	安政备〔2014〕24 号	无异议
(2015)3 号	安吉县人民政府关于安吉黄标车治理淘汰工作实施方案的备案报告	安政备〔2014〕25 号	无异议
(2015)4 号	安吉县人民政府关于调整安吉县人防结建政策的备案报告	安政备〔2015〕1 号	无异议
(2015)5 号	安吉县人民政府关于安吉县财政专项资金管理办法的备案报告	安政备〔2015〕2 号	无异议
(2015)6 号	安吉县人民政府关于进一步加强行政审批终结服务管理的备案报告	安政备〔2015〕3 号	无异议
(2015)7 号	安吉县人民政府关于安吉县营业执照、组织机构代码证、税务登记证"三证合一"实施办法的备案报告	安政备〔2015〕4 号	无异议
(2015)8 号	安吉县人民政府关于安吉县集中饮用水源地生态保护奖补资金管理办法的备案报告	安政备〔2015〕5 号	无异议
(2015)9 号	安吉县人民政府关于安吉县国有产权教育管理细则(试行)的备案报告	安政备〔2015〕6 号	无异议
(2015)10 号	安吉县人民政府关于安吉县旅游标准化工作管理办法的备案报告	安政备〔2015〕7 号	无异议
(2015)11 号	安吉县人民政府关于原产地安吉白茶茶园保护区域划分的备案报告	安政备〔2015〕8 号	无异议

续表 3—4—4

编　号	标　题	报送文号	审查结果
(2015)12 号	安吉县人民政府关于进一步完善城乡居民基本养老保险制度的备案报告	安政备〔2015〕9 号	无异议
(2015)13 号	安吉县人民政府关于安吉县加快发展休闲旅游经济若干政策(2015 修订)的备案报告	安政备〔2015〕10 号	无异议
(2015)14 号	安吉县人民政府关于安吉县科技金融风险补偿基金管理办法的备案报告	安政备〔2015〕11 号	无异议
(2015)15 号	安吉县人民政府关于试行西苕溪禁渔制度的备案报告	安政备〔2015〕12 号	无异议
(2015)16 号	安吉县人民政府关于住宅房屋征收拆迁货币化安置和市场化商品房安置的实施办法(试行)的备案报告	安政备〔2015〕13 号	无异议
(2015)17 号	安吉县人民政府关于安吉县公共租赁住房保障办法的备案报告	安政备〔2015〕14 号	无异议
(2015)18 号	安吉县人民政府关于抓好 2015 年粮食生产的备案报告	安政备〔2015〕15 号	无异议
(2015)19 号	安吉县人民政府关于进一步规范工程建设项目招标投标活动的备案报告	安政备〔2015〕16 号	无异议
(2015)20 号	安吉县人民政府关于安吉县深化土地要素市场化配置意见的备案报告	安政备〔2015〕17 号	无异议
(2015)21 号	安吉县人民政府关于安吉县加快科技创新若干政策(2015 年修订)的备案报告	安政备〔2015〕18 号	无异议
(2015)22 号	安吉县人民政府关于停止执行安政办发[2010]140 号文件有关条款的备案报告	安政备〔2015〕19 号	无异议
(2015)23 号	安吉县人民政府关于安吉县临时改变房屋用途管理暂行办法的备案报告	安政备〔2015〕20 号	无异议
(2015)24 号	安吉县人民政府关于进一步加强特种设备安全监管工作的实施意见的备案报告	安政备〔2015〕21 号	无异议
(2015)25 号	安吉县人民政府关于加快推进新型建筑工业化实施意见的备案报告	安政备〔2015〕22 号	无异议
(2015)26 号	安吉县人民政府关于县政府产业基金管理暂行办法的备案报告	安政备〔2015〕23 号	无异议
(2015)27 号	安吉县人民政府关于安吉县创业投资引导基金管理办法(修订)的备案报告	安政备〔2015〕24 号	无异议

续表 3—4—4

编　号	标　题	报送文号	审查结果
(2015)28 号	安吉县人民政府关于安吉县资本市场发展专项引导基金管理暂行办法的备案报告	安政备〔2015〕25 号	无异议
(2015)29 号	安吉县人民政府关于加强全县职业病防治工作的意见的备案报告	安政备〔2015〕26 号	无异议
(2015)30 号	安吉县人民政府关于公布 2015 年房屋征收补偿标准的备案报告	安政备〔2015〕27 号	无异议
(2015)31 号	安吉县人民政府关于深入推进物业管理工作的实施意见的报告	安政备〔2015〕28 号	无异议
(2015)32 号	安吉县关于推进商事登记改革加强市场主体后续监管工作的实施意见	安政备〔2015〕29 号	无异议
(2015)33 号	安吉县人民政府关于规范设施农用地使用和管理的备案报告	安政备〔2015〕30 号	无异议
(2015)34 号	安吉县人民政府关于安吉县餐桌安全治理行动三年计划(2015—2017)的备案报告	安政备〔2015〕31 号	无异议
(2015)35 号	安吉县人民政府关于推进农村电子商务发展促进创业的实施意见(试行)的备案报告	安政备〔2015〕32 号	无异议
(2015)36 号	安吉县人民政府关于安吉县商标专用权质押贷款工作实施办法的备案报告	安政备〔2015〕33 号	无异议
(2015)37 号	安吉县人民政府关于安吉县小微企业三年成长计划(2015—2017)的备案报告	安政备〔2015〕34 号	无异议
(2015)38 号	安吉县人民政府关于安吉县固定资产投资项目联审暂行办法的备案报告	安政备〔2015〕35 号	无异议
(2015)39 号	安吉县人民政府关于安吉县基本农田保护激励资金使用管理办法(试用)的备案报告	安政备〔2015〕36 号	无异议
(2015)40 号	安吉县人民政府关于扩大县城区烟花爆竹禁放范围的通告的备案报告	安政备〔2015〕37 号	无异议
(2015)41 号	安吉县人民政府关于安吉县城镇低效能用地再开发实施细则的备案报告	安政备〔2015〕38 号	无异议
(2015)42 号	安吉县人民政府关于安吉县涉矿工程项目资源出让管理办法的备案报告	安政备〔2015〕39 号	无异议
(2015)43 号	安吉县人民政府关于安吉县农村生活污水治理设施运行维护管理办法的备案报告	安政备〔2015〕40 号	无异议
(2015)44 号	安吉县人民政府关于调整完善林地征收补偿安置标准及有关问题的通知的备案报告	安政备〔2015〕41 号	无异议

续表 3—4—4

编　号	标　题	报送文号	审查结果
(2015)45 号	安吉县人民政府关于安吉县地名管理实施细则的备案报告	安政备〔2015〕42 号	无异议
(2015)46 号	安吉县人民政府关于安吉县小餐饮整治规范工作方案的备案报告	安政备〔2015〕43 号	无异议
(2015)47 号	安吉县人民政府关于加强民间信仰事务管理的实施意见的备案报告	安政备〔2015〕44 号	无异议
(2015)48 号	安吉县人民政府关于特色小镇规划建设的实施意见的备案报告	安政备〔2015〕45 号	无异议
(2015)49	安吉县人民政府关于安吉县进一步完善医疗救助制度实施方案的备案报告	安政备〔2015〕46 号	无异议
(2016)1 号	安吉县人民政府关于安吉县临时用地管理实施办法的备案报告	安政备〔2015〕47 号	无异议
(2016)2 号	安吉县人民政府关于安吉县经济适用住房管理办法等三个文件部分条款调整的备案报告	安政备〔2015〕48 号	无异议
(2016)3 号	安吉县人民政府关于政府向社会力量购买服务的实施意见的备案报告	安政备〔2015〕49 号	无异议
(2016)4 号	安吉县人民政府关于安吉县征收集体土地房屋补偿安置暂行办法的备案报告	安政备〔2015〕50 号	无异议
(2016)5 号	安吉县人民政府关于安吉县农村宅基地管理办法的备案报告	安政备〔2015〕51 号	无异议
(2016)6 号	安吉县人民政府关于进一步加强内部审计工作的意见的备案报告	安政备〔2015〕52 号	无异议
(2016)7 号	安吉县人民政府关于安吉县城乡居民基本医疗保险暂行办法的备案报告	安政备〔2015〕53 号	无异议
(2016)8 号	安吉县人民政府关于安吉县行政事业单位公款竞争性存放管理暂行办法的备案报告	安政备〔2015〕54 号	无异议
(2016)9 号	安吉县人民政府关于安吉县政府投资项目工程变更管理办法的备案报告	安政备〔2016〕1 号	无异议
(2016)10 号	安吉县人民政府关于安吉县促进电子商务发展若干扶持政策(2015 年修订)的备案报告	安政备〔2016〕2 号	无异议
(2016)11 号	安吉县人民政府办公室关于支持大众创业促进就业的实施意见的备案报告	安政备〔2016〕3 号	无异议
(2016)12 号	安吉县人民政府关于安吉县级国有企业重大事项监督管理暂行办法的备案报告	安政备〔2016〕4 号	无异议

续表 3—4—4

编　号	标　题	报送文号	审查结果
(2016)13 号	安吉县人民政府关于促进健康产业发展的实施意见的备案报告	安政备〔2016〕5 号	无异议
(2016)14 号	安吉县人民政府关于加快科技创新创业平台建设的若干意见的备案报告	安政备〔2016〕6 号	无异议
(2016)15 号	安吉县人民政府关于加快推进游运一体化公交发展的实施意见的备案报告	安政备〔2016〕7 号	无异议
(2016)16 号	安吉县人民政府关于安吉县加快科技创新若干政策(2016 年修订)的备案报告	安政备〔2016〕8 号	无异议
(2016)17 号	安吉县人民政府关于安吉县建设工地扬尘管理办法的备案报告	安政备〔2016〕9 号	无异议
(2016)18 号	安吉县人民政府关于落实“双告知”制度加强市场主体事中事后监管工作的通知的备案报告	安政备〔2016〕10 号	无异议
(2016)19 号	安吉县人民政府关于推进安吉县再生资源回收利用体系建设的事实意见的备案报告	安政备〔2016〕11 号	无异议
(2016)20 号	安吉县人民政府关于安吉县降低企业成本优化发展环境三十七条的备案报告	安政备〔2016〕12 号	无异议
(2016)21 号	安吉县人民政府关于安吉县扶持“高技术、高成长”企业发展若干政策的备案报告	安政备〔2016〕13 号	无异议
(2016)22 号	安吉县人民政府关于加快服务业发展的若干意见(2016 年修订)的备案报告	安政备〔2016〕14 号	无异议
(2016)23 号	安吉县人民政府关于安吉县企业应急转贷专项资金实施办法的备案报告	安政备〔2016〕15 号	无异议
(2016)24 号	安吉县人民政府关于进一步规范有关征地补偿标准的通知的备案报告	安政备〔2016〕16 号	无异议
(2016)25 号	安吉县人民政府关于调整安吉县城镇土地使用税征收范围和适用税额的通知的备案报告	安政备〔2016〕17 号	无异议
(2016)26 号	安吉县人民政府关于安吉县政府投资项目全过程评价管理办法的备案报告	安政备〔2016〕18 号	无异议
(2016)27 号	安吉县人民政府关于推进安全生产社会化服务工作的实施意见的备案报告	安政备〔2016〕19 号	无异议
(2016)28 号	安吉县人民政府关于安吉县加快全域旅游发展若干政策的备案报告	安政备〔2016〕20 号	无异议
(2016)29 号	安吉县人民政府关于加强安吉县旅游市场综合监管的实施意见的备案报告	安政备〔2016〕21 号	无异议

续表 3—4—4

编　号	标　题	报送文号	审查结果
(2016)30 号	安吉县人民政府关于安吉县加快推进残疾人全面小康进程的实施办法的备案报告	安政备〔2016〕22 号	无异议
(2016)31 号	安吉县人民政府关于安吉县加快通用航空产业发展的若干政策的备案报告	安政备〔2016〕23 号	无异议
(2016)32 号	安吉县人民政府关于推进安吉县政策性融资担保公司建设运行实施意见的备案报告	安政备〔2016〕24 号	无异议
(2016)33 号	安吉县人民政府关于促进全县城乡供排水事业健康发展若干意见的备案报告	安政备〔2016〕25 号	无异议
(2016)34 号	安吉县人民政府关于切实做好安吉县地质灾害治理、避让搬迁和监测的实施意见的备案报告	安政备〔2016〕26 号	无异议
(2016)35 号	安吉县人民政府关于安吉县土地节约集约利用实施细则的备案报告	安政备〔2016〕27 号	无异议
(2016)36 号	安吉县人民政府关于分解下达“十三五”期间年森林采伐限额实施办法的通知的备案报告	安政备〔2016〕28 号	无异议
(2016)37 号	安吉县人民政府关于推进违法建筑依法没收处置工作的若干意见的备案报告	安政备〔2016〕29 号	无异议
(2017)1 号	安吉县人民政府关于安吉县支持工会开展劳动法律监督办法的备案报告	安政备〔2017〕1 号	无异议
(2017)2 号	安吉县人民政府关于划转部分行政处罚及相关职权的通告的备案报告	安政备〔2017〕2 号	无异议
(2017)3 号	安吉县人民政府关于推进责任医生签约服务工作的实施意见的备案报告	安政备〔2017〕3 号	无异议
(2017)4 号	安吉县人民政府关于安吉县城镇危旧住宅房屋治理改造实施办法的备案报告	安政备〔2017〕4 号	无异议
(2017)5 号	安吉县人民政府关于安吉县疾病应急救助制度试行办法的备案报告	安政备〔2017〕5 号	无异议
(2017)6 号	安吉县人民政府关于安吉县城乡居民基本医疗保险实施办法的备案报告	安政备〔2017〕3 号	无异议
(2017)7 号	安吉县人民政府关于安吉县加强技能人才队伍建设加快引育“两山”工匠队伍的实施办法的备案报告	安政备〔2017〕7 号	无异议
(2017)8 号	安吉县人民政府关于安吉县耕地保护补偿资金使用管理办法的备案报告	安政备〔2017〕8 号	无异议
(2017)9 号	安吉县人民政府关于安吉县人才发展新政实施细则的备案报告	安政备〔2017〕9 号	无异议

续表 3—4—4

编　号	标　题	报送文号	审查结果
(2017)10 号	安吉县人民政府关于安吉县公共资源交易管理办法的备案报告	安政备〔2017〕10 号	无异议
(2017)11 号	安吉县人民政府关于安吉县加快科技创新若干政策(2017 年修订)的备案报告	安政备〔2017〕11 号	无异议
(2017)12 号	安吉县人民政府关于县政府行政规范性文件征求意见工作实施细则的备案报告	安政备〔2017〕12 号	无异议
(2017)13 号	安吉县人民政府关于安吉县新增建设用地和耕地占补平衡指标管理办法(试行)的备案报告	安政备〔2017〕13 号	无异议
(2017)14 号	安吉县人民政府关于安吉县加快全域旅游发展若干政策(2017 年修订)的备案报告	安政备〔2017〕14 号	无异议
(2017)15 号	安吉县人民政府关于安吉县漂流旅游管理暂行办法的备案报告	安政备〔2017〕15 号	无异议
(2017)16 号	安吉县人民政府关于安吉县降低企业成本优化发展环境四十三条的通知的备案报告	安政备〔2017〕16 号	无异议
(2017)17 号	安吉县人民政府关于公布县本级行政规范性文件制定主体清单的通知的备案报告	安政备〔2017〕17 号	无异议
(2017)18 号	安吉县人民政府关于加强陆生野生动物保护、规范狩猎活动的通告的备案报告	安政备〔2017〕18 号	无异议
(2017)19 号	安吉县人民政府关于扩大安吉县高污染燃料禁燃区范围的通告的备案报告	安政备〔2017〕19 号	无异议
(2017)20 号	安吉县人民政府关于住宅房屋征收拆迁货币化安置和市场化商品房安置的实施办法的备案报告	安政备〔2017〕20 号	无异议
(2017)21 号	安吉县人民政府关于安吉县盐业体制改革实施方案的通知的备案报告	安政备〔2017〕21 号	无异议
(2017)22 号	安吉县人民政府关于安吉县新居民居住登记与居住证管理实施办法的备案报告	安政备〔2017〕22 号	无异议
(2017)23 号	安吉县人民政府关于安吉县城镇职工基本医疗保险实施办法的备案报告	安政备〔2017〕23 号	无异议
(2017)24 号	安吉县人民政府关于进一步规范政府投资项目竣工结算审计工作的通知的备案报告	安政备〔2017〕24 号	无异议
(2017)25 号	安吉县人民政府关于安吉县人民政府重大行政决策程序规定的备案报告	安政备〔2017〕25 号	无异议
(2017)26 号	安吉县人民政府关于安吉县危险化学品安全综合治理实施方案的备案报告	安政备〔2017〕26 号	无异议

续表 3－4－4

编　号	标　题	报送文号	审查结果
(2017)27 号	安吉县人民政府关于安吉县城区禁止销售燃放烟花爆竹的通告的备案报告	安政备〔2017〕27 号	无异议
(2017)28 号	安吉县人民政府关于公共停车空间实施分类管理的通告的备案报告	安政备〔2017〕28 号	无异议
(2017)29 号	安吉县人民政府关于公布行政规范性文件清理结果的通知的备案报告	安政备〔2017〕29 号	无异议
(2017)30 号	安吉县人民政府关于进一步加强政保合作推进绿色保险的实施意见的备案报告	安政备〔2017〕30 号	无异议
(2017)31 号	安吉县人民政府关于安吉县逃避拒服兵役行为处罚实施办法的备案报告	安政备〔2017〕31 号	无异议
(2017)32 号	安吉县人民政府关于安吉县深化公共资源教育监督管理体制机制改革实施方案的备案报告	安政备〔2017〕32 号	无异议
(2017)33 号	安吉县人民政府关于进一步明确征地补偿安置政策的通知的备案报告	安政备〔2017〕33 号	无异议
(2018)1 号	安吉县人民政府关于安吉县惠民殡葬政策实施办法的备案报告	安政备〔2018〕1 号	无异议
(2018)2 号	安吉县人民政府关于加快推进慈善事业发展的实施意见的备案报告	安政备〔2018〕2 号	无异议
(2018)3 号	安吉县人民政府关于安吉县加快科技创新若干政策(2018 年修订)的备案报告	安政备〔2018〕3 号	无异议
(2018)4 号	安吉县人民政府关于进一步优化大学生就业创业工作的实施意见(试行)的备案报告	安政备〔2018〕4 号	无异议
(2018)5 号	安吉县人民政府关于创新农村宅基地退出机制振兴乡村新产业新业态的实施意见的备案报告	安政备〔2018〕5 号	无异议
(2018)6 号	安吉县人民政府关于全县禁止销售燃放烟花爆竹的通告的备案报告	安政备〔2018〕3 号	无异议
(2018)7 号	安吉县人民政府关于 2018 年度房屋征收补偿有关标准的通知的备案报告	安政备〔2018〕7 号	无异议
(2018)8 号	安吉县人民政府关于安吉县环境污染责任保险工作的实施意见的备案报告	安政备〔2018〕8 号	无异议
(2018)9 号	安吉县人民政府关于安吉县加快全域旅游发展若干政策(2018 年修订)的通知的备案报告	安政备〔2018〕9 号	无异议
(2018)10 号	安吉县人民政府关于安吉县企业投资项目“一窗服务”实施方案的通知的备案报告	安政备〔2018〕10 号	无异议

续表 3—4—4

编　号	标　题	报送文号	审查结果
(2018)11 号	安吉县人民政府关于义务教育阶段学校招生工作的实施意见的备案报告	安政备〔2018〕11 号	无异议
(2018)12 号	安吉县人民政府关于安吉县企业投资项目“标准地”试点实施方案的通知的备案报告	安政备〔2018〕12 号	无异议
(2018)13 号	安吉县人民政府关于安吉县企业投资项目承诺报备制改革试点实施方案的通知的备案报告	安政备〔2018〕13 号	无异议
(2018)14 号	安吉县人民政府关于推进安吉县绿色金融产业集聚区建设的实施意见的备案报告	安政备〔2018〕14 号	无异议
(2018)15 号	安吉县人民政府关于安吉县主要污染物排污权有偿使用和交易管理办法的通知的备案报告	安政备〔2018〕15 号	无异议
(2018)16 号	安吉县人民政府关于进一步加强“地沟油”综合治理工作的实施意见的备案报告	安政备〔2018〕16 号	无异议
(2018)17 号	安吉县人民政府关于安吉县农业水价综合改革总体实施方案的通知的备案报告	安政备〔2018〕17 号	无异议
(2018)18 号	安吉县人民政府关于安吉县畜禽养殖废弃物高水平资源化利用工作方案的通知的备案报告	安政备〔2018〕18 号	无异议
(2018)19 号	安吉县人民政府关于安吉县休闲旅游项目“三未”低效用地认定标准和处置办法的通知的备案报告	安政备〔2018〕19 号	无异议
(2018)20 号	安吉县人民政府关于安吉县消防审批承诺报备制改革实施办法的通知的备案报告	安政备〔2018〕20 号	无异议
(2018)21 号	安吉县人民政府关于安吉县气象灾害预警信号发布与传播规定(2018 年修订)的通知的备案报告	安政备〔2018〕21 号	无异议
(2018)22 号	安吉县人民政府关于调整城镇土地使用税政策的通知的备案报告	安政备〔2018〕22 号	无异议
(2018)23 号	安吉县人民政府关于安吉县推动绿色金融改革创新的若干意见的备案报告	安政备〔2018〕23 号	无异议
(2018)24 号	安吉县人民政府关于安吉县道路交通事故社会救助基金管理实施细则的通知的备案报告	安政备〔2018〕24 号	无异议
(2018)25 号	安吉县人民政府关于进一步加强文物工作的实施意见的备案报告	安政备〔2018〕25 号	无异议
(2018)26 号	安吉县人民政府关于安吉县污水处理费征收使用管理实施细则(暂行)的通知的备案报告	安政备〔2018〕26 号	无异议
(2018)27 号	安吉县人民政府关于安吉县加快推进农村电子商务发展的实施意见的备案报告	安政备〔2018〕27 号	无异议

续表 3—4—4

编　号	标　题	报送文号	审查结果
(2018)28 号	安吉县人民政府关于废止部分行政规范性文件的通知的备案报告	安政备〔2018〕28 号	无异议
(2018)29 号	安吉县人民政府关于进一步加强通信基站规范建设管理办法的通知的备案报告	安政备〔2018〕29 号	无异议
(2018)30 号	安吉县人民政府关于安吉县第三期学前教育行动计划(2017——2020 年)的通知的备案报告	安政备〔2018〕30 号	无异议
(2018)31 号	安吉县人民政府关于安吉县全面推行安全生产责任保险制度工作的实施意见的备案报告	安政备〔2018〕31 号	无异议
(2018)32 号	安吉县人民政府关于安吉县推进医疗卫生与养老服务相结合的实施方案的通知的备案报告	安政备〔2018〕32 号	无异议
(2018)33 号	安吉县人民政府关于安吉县开展基层医疗卫生机构财政补偿机制改革的实施意见的备案报告	安政备〔2018〕33 号	无异议
(2019)1 号	安吉县人民政府关于安吉县促进电子商务发展若干政策的通知的备案报告	安政备〔2018〕34 号	无异议
(2019)2 号	安吉县人民政府关于进一步推进普惠型儿童福利保障体系建设的实施意见的备案报告	安政备〔2018〕35 号	无异议
(2019)3 号	安吉县人民政府关于安吉县新居民积分管理办法(试行)的通知的备案报告	安政备〔2018〕36 号	无异议
(2019)4 号	安吉县人民政府关于安吉县人才引育补贴实施办法的通知的备案报告	安政备〔2018〕37 号	无异议
(2019)5 号	安吉县人民政府关于完善征地农民参加社会保障“人地对应”工作的实施意见的备案报告	安政备〔2018〕38 号	无异议
(2019)6 号	安吉县人民政府关于安吉县消防安全责任制实施办法的通知的备案报告	安政备〔2018〕39 号	无异议
(2019)7 号	安吉县人民政府关于安吉县消防行政执法委托工作方案的通知的备案报告	安政备〔2018〕40 号	无异议
(2019)8 号	安吉县人民政府关于全面深化县域医疗卫生服务共同体建设工作的意见的备案报告	安政备〔2018〕41 号	无异议
(2019)9 号	安吉县人民政府关于对电动自行车加强交通安全管理的通告的备案报告	安政备〔2018〕42 号	无异议
(2019)10 号	安吉县人民政府关于安吉县市民卡建设工作方案的通知的备案报告	安政备〔2019〕1 号	无异议
(2019)11 号	安吉县人民政府关于安吉县政府产业基金管理暂行办法的通知的备案报告	安政备〔2019〕2 号	无异议

续表 3—4—4

编　号	标　题	报送文号	审查结果
(2019)12 号	安吉县人民政府关于安吉县全域土地综合整治与生态修复工程三年行动(2018—2020 年)实施方案的通知的备案报告	安政备〔2019〕3 号	无异议
(2019)13 号	安吉县人民政府关于完善残疾儿童康复服务制度的实施意见的备案报告	安政备〔2019〕4 号	无异议
(2019)14 号	安吉县人民政府关于安吉县加快科技创新若干政策(2019 年修订)的通知的备案报告	安政备〔2019〕5 号	无异议
(2019)15 号	安吉县人民政府关于安吉城区部分区域禁止洗澡游泳洗涤捕捞等活动的通告的备案报告	安政备〔2019〕6 号	无异议
(2019)16 号	安吉县人民政府关于安吉县公共数据管理办法(试行)的通知的备案报告	安政备〔2019〕7 号	无异议
(2019)17 号	安吉县人民政府关于安吉县信息化项目管理办法(试行)的通知的备案报告	安政备〔2019〕8 号	无异议
(2019)18 号	安吉县人民政府关于安吉县“厨房革命”实施方案的通知的备案报告	安政备〔2019〕9 号	无异议
(2019)19 号	安吉县人民政府关于实施差别化停车收费的通告的备案报告	安政备〔2019〕10 号	无异议
(2019)20 号	安吉县人民政府关于促进民办教育发展的实施意见的备案报告	安政备〔2019〕11 号	无异议
(2019)21 号	安吉县人民政府关于全面推进义务教育优质均衡发展的实施意见的备案报告	安政备〔2019〕12 号	无异议
(2019)22 号	安吉县人民政府关于加快建设椅艺产业创新服务综合体推动椅业高质量发展若干政策(试行)的通知的备案报告	安政备〔2019〕13 号	无异议
(2019)23 号	安吉县人民政府关于安吉县农村饮用水工程运行管理办法(试行)的通知的备案报告	安政备〔2019〕14 号	无异议
(2019)24 号	安吉县人民政府关于安吉县加快建筑业提升发展的实施意见的备案报告	安政备〔2019〕15 号	无异议
(2019)25 号	安吉县人民政府关于安吉县一般工业固废管理暂行办法(试行)的通知的备案报告	安政备〔2019〕16 号	无异议
(2019)26 号	安吉县人民政府关于政府购买公共交通服务办法(试行)的备案报告	安政备〔2019〕17 号	无异议
(2019)27 号	安吉县人民政府关于安吉县农村饮用水价格管理指导意见(试行)的通知的备案报告	安政备〔2019〕18 号	无异议

续表 3－4－4

编　号	标　题	报送文号	审查结果
(2019)28 号	安吉县人民政府关于安吉县巡游出租车价格改革(试点)实施方案的通知的备案报告	安政备〔2019〕19 号	无异议
(2019)29 号	安吉县人民政府关于安吉县绿色小额贷款保证保险(绿贷险)试点实施方案的通知的备案报告	安政备〔2019〕20 号	无异议
(2019)30 号	安吉县人民政府关于公布行政规范性文件清理结果的通知的备案报告	安政备〔2019〕21 号	无异议

第十节　监督普法宣传

1985 年 7 月 18 日县八届人大常委会第七次会议听取和审议县司法局《关于我县法制宣传教育情况和普及法律常识规划的汇报》，作出《关于加强法制宣传教育普及法律常识(简称“一五”普法)的决议》。《决议》要求用五年左右的时间，使全县公民了解宪法、刑法、刑事诉讼法、民事诉讼法(试行)、婚姻法、兵役法、民族区域自治法、治安管理处罚条例、经济合同法、森林法、水污染防治法(简称十法一条例)及其他重要法律法规。先行在山河、安城、三官等乡镇试点，在试点成功的基础上有计划地全面展开。1986 年第四季度，县人大常委会继续深入推进普法教育，组织开展执法、依法办事情况大检查，对县人民法院、县人民检察院、县公安局、县农业局、县林业局、县工商行政管理局等职能部门进行重点检查，收到县级机关 27 个部门和单位的执法、依法办事检查情况书面报告。1988 年 2 月 6 日县九届人大常委会第五次会议听取和审议县人民政府《关于普法教育情况的汇报》，并就解决落实普法教育经费及遇到的有关困难提出意见建议。

1991 年 5 月 25 日县十届人大常委会第八次会议听取和审议县司法局《关于“一五”普法执行情况和“二五”普法规划实施意见的报告》，作出《关于在全县实施法制宣传教育第二个五年规划的决议》。《决议》强调，要完成“二五”普法教育任务，关键在于提高各级党政领导的思想认识。坚持以宪法为核心，以专业法为重点，学法、用法相结合，注重实效的原则，把学法的成果落实在依法办事上。1992 年 7 月 29 日县十届人大常委会第十六次会议听取和审议县人民政府《关于“二五”普法规划实施情况的汇报》，强调要解决好法制教育与经济建设，“二五”普法与中心工作，法制教育与当前社会治安综合治理三者关系，提高全县人民学法用法的自觉性。1994 年 3 月 17 日县十一届人大常委会第八次会议听取和审议县人民政府《关于“二五”普法教育贯彻实施情况的汇报》，强调进一步抓好专业法的普及教育，查漏补缺，保质保量完成“二五”普法教育任务。1995 年 6 月，县人大常委会委托县电大举办 3 期环境保护法培训班，近 200 人参加学习培训，被省人大常委会评为先进单位。是年，县人大常委会通过召开座谈会，发表广播电视讲话等形式进行宣传动员，以增强广大干部群众学法、知法、守法的自觉性。

1996 年 9 月 26 日县十一届人大常委会第二十七次会议听取和审议县人民政府《关于我

县“二五”普法工作总结和“三五”普法工作安排的汇报》,作出《关于继续开展法制宣传教育的决议》。《决议》强调,要加强对“三五”普法工作的领导,认真实施“三五”普法规则,突出重点,坚持学法用法密切结合,积极推进依法治理各项工作。1997 年 11 月,常委会组织人员对“三五”普法工作进展情况进行调查,12 月 18 日县人大常委会第三十九次会议听取和审议县人民政府《关于我县“三五”普法宣传教育工作情况的汇报》及县人大常委会法制工作委员会《关于对我县“三五”普法工作进展情况的调查报告》,强调领导干部要带头学法,推动全民法制学习。1998 年,县人大常委会组织力量深入 16 个部门和乡镇对实施依法治县和开展“三五”普法情况进行调查,听取和审议县人民政府关于贯彻实施两个“决议”情况的报告。2000 年,县人大常委会听取和审议县人民政府《关于“三五”普法与依法治县工作情况的报告》,强调要进一步加大对社区和流动人口的法制宣传教育。

2001 年 10 月 17 日县十二届人大常委会第三十一次会议听取县人民政府《关于开展法制宣传教育第四个五年计划说明的报告》,审议通过《关于进一步开展法制宣传教育的决议》。2002 年,县人大常委会抓住纪念“八二”宪法颁布实施二十周年的契机,开展以“增强宪法观念,维护宪法尊严,推进依法治县进程”为主题的宪法学习宣传教育活动。2003 年 6 月 26 日,县十三届人大常委会第三次会议听取和审议县人民政府《关于“四五”普法工作和第二轮依法治县工作情况的报告》。2005 年 11 月 24 日,县人大常委会第二十四次会议听取和审议县司法局《关于“四五”普法和依法治县情况的报告》,提出要围绕建设“法制安吉”这一目标,着力提高全民法制素养,努力增强政府依法行政能力。

2006 年,县十三届人大常委会专门听取和审议县人民政府关于“四五”普法宣传教育工作情况和依法治县工作情况的报告,批准县人民政府制定的“五五”普法规划,就如何建设“平安安吉”提出要求。同年,县人大常委会举办人大干部读书会,集中学习《各级人民代表大会常务委员会监督法》等法律法规。2007 年,针对换届之后县人大常委会组成人员变动较大的实际,要求常委会组成人员学习宪法、地方组织法、选举法、代表法等法律法规。

2011 年 11 月 30 日,县十四届人大常委会第三十七次会议听取和审议县人民政府《关于“五五”普法实施情况和“六五”普法规划说明的报告》,作出《关于进一步开展法制宣传教育的决议》。2012 年,县十五届人大常委会通过调研审议民商事审判、禁毒教育、法律援助等工作,推动“六五”普法工作落实。2013 年,县人大常委会组织开展“六五”普法中期检查,要求县人民政府以高度责任感和使命感,不断探索和改进法制宣传教育方式方法,提高普法实效。2016 年,县人大常委会跟踪“六五”普法规划执行情况,积极参与各阶段的普法检查验收,助推五年普法目标任务的较好完成。

2016 年 12 月 2 日,县十五届人大常委会第三十八次会议听取和审议县人民政府《关于“六五”普法工作情况和“七五”普法规划说明的报告》,作出《关于开展第七个五年法制宣传教育的决议》。2019 年 3 月 31 日,县十六届人大常委会第二十二次会议听取和审议县人民政府《关于“七五”普法工作情况的报告》和人大常委会监察和司法(法制)委员会《关于“七五”普法工作情况的调研报告》。跟踪“七五”普法执行,督促“谁执法,谁普法”责任制落实,促进法治理念更加深入人心。

第五章 代表工作

人民代表是国家权力机关的组成人员，是人民代表大会的主体，按照宪法、法律赋予的职权，参与管理国家事务和参政议政。加强代表工作，发挥代表作用，既是人大常委会行使职权、发挥作用的基础，也是实现人民当家作主管理国家和社会事务的基本途径。县人大代表工作是县人民代表大会闭会期间的一项经常性工作，主要为代表行使代表职权、履行代表职务、发挥代表作用、开展代表活动等创造条件，提供服务。1981 年 7 月安吉县人大常委会设立以后，始终把代表工作作为县人大常委会的一项基础工作，闭会期间，经常性地开展代表工作。1990 年 5 月 26 日，县十届人大常委会第一次会议，审议通过《第十届人民代表大会代表工作办法》，从此，代表工作进入了有章、规范的轨道。

第一节 代表培训

代表培训是县人大常委会的一项基础工作，通过培训，使全体代表了解人大的性质、地位和作用，了解人民代表的权利和义务，掌握人民代表履行职责所必需的法律知识和业务知识。培训工作的形式一般采用集中和分散两种方法进行，一是在人大代表当选后，举行人大会议前对代表进行集中培训；二是以区（片）组织集中培训，扩镇并乡后则按就近原则划片组织进行；三是在县乡两级同步换届选举时，以乡镇为单位组织县乡两级人大代表进行培训；四是组织赴外地考察学习外县的人大工作方法和经验；五是组织参加有关的人大知识竞赛。

县七届人大一次会议上，选举产生安吉县人大常委会，此后，常委会始终把代表的学习培训作为一项基础工作抓紧抓好，通过代表座谈会、人大工作经验交流会等形式，推动和促进代表工作正常、有序地开展。

1985 年 4 月，县人大常委会召开人大代表小组组长培训会，40 多个代表小组组长参加会议，会上各代表小组组长交流了工作经验，探讨进一步做好代表小组工作的方式和方法，县人大常委会领导参加培训会并讲话。1986 年，县人大常委会举办人大代表法律常识专题培训班，请法律工作者讲课，以增强代表法律意识和依法监督能力。1987 年 2 月，县人大常委会召开全县人大代表联络员和代表组长会议，近 40 名代表小组组长和代表联络员参加会议。会上就人大代表联系选民、听取人民群众意见建议和发挥代表联络员作用等工作开展交流研讨，并对代表的性质、地位、作用和基本任务进行专题讲座。县人大常委会主要领导参加会议并讲话。1988 年 3 月，县人大常委会组织县人大代表小组组长交流代表小组活动情况，探讨开展人大代表小组工作经验的做法，进一步提高代表性质、地位、作用的认识。县人大常委会领导参加会议并部署下阶段代表活动工作。1990年，县人大常委会通过代表座谈会、人大工作经验交流会等形式，开展代表培训。同时，常委会还印发有关坚持和完善人民代表大会制度的重要资料，购买有关法律书籍，分送代表学习，以提高代表法律知识和参政议政水平。

1991年，县人大常委会运用《人大工作通讯》《简报》《会刊》等书面形式，总结交流各地代表小组和乡镇人大主席团活动情况，通报常委会有关活动，使代表了解全局，明确任务，同时也使常委会工作置于人民代表监督之下。1992年4月，《中华人民共和国全国人民代表大会和地方各级人民代表大会代表法》颁布实施，县人大常委会及时将代表法翻印成小册子，发至人大代表，人手一册，便于人大代表学习、执行。同时，通过《人大工作通讯》《简报》《会刊》等形式和途径，及时交流代表工作信息和经验，提高代表履职水平。1993年，县人大常委会针对部分新当选人大代表对于代表工作不够熟悉的实际，帮助各代表小组组织学习宪法、代表法等法律法规，组织代表参加《人民政权报》开展的代表法知识竞赛活动，常委会及时给人大代表寄送有关坚持和完善人民代表大会制度的资料，购买《人民代表手册》等有关法律和经济方面的书籍，还为每名代表订阅《人民政权报》，以提高人大代表的政策、法律水平和参政议政能力。

1994年1月，常委会组织召开代表工作经验交流会，总结交流代表小组的经验，并就新一年代表工作进行座谈。是年，县人大常委会组织人大代表学习宪法、代表法和《浙江省实施〈代表法〉办法》等法律法规，为人大代表订阅《人民政权报》，寄发常委会会刊和工作简报，使人大代表更好地了解学习外地人大及代表工作的经验。1995年初，选举法、地方组织法修改后，县人大常委会及时购买单行本分送到各代表手中，使广大人大代表学习掌握相关法律法规。7月，常委会召开代表工作经验交流会，部分县人大代表在会上介绍了如何当好代表的工作经验。同时，注重用《人大工作通讯》《会刊》等资料及时传递和交流代表工作的信息和经验。1996年初，县人大常委会开展多形式多层次的代表法学习宣传活动以宣传代表法为重点开展“争创优秀代表，争创优秀代表小组”为内容的“双争”活动。9月，常委会组织举办代表法知识竞赛，省、市、县、乡镇人大代表1500余人参加竞赛。年底，对32名优秀人大代表进行表彰。1998年，县人大常委会于4月和9月先后举办选举法、代表法及《浙江省〈代表法〉实施办法》知识培训会，邀请省人大领导为乡镇人大专职主席、副主席及人大工作联络员讲课，会上，有关乡镇人大和代表小组作经验介绍。常委会为人大代表订阅《人民政权报》，发送《人大工作信息》及其他学习资料，以进一步提高人大代表的专业知识水平和依法履职能力。1999年，县人大常委会通过《人大工作信息》《简报》等刊物宣传优秀人大代表好的做法和工作经验。召开代表工作经验交流会，组织乡镇人大主席及优秀人大代表参加省、市人大举办的有关培训班，不断提高人大代表的工作水平和履职能力。

2000—2002年，县人大常委会组织人大代表学习宪法、地方组织法、选举法、代表法等法律法规，参加有关法律知识竞赛，及时为人大代表提供学习资料。积极组织开展“争创先进代表小组”和“争创优秀人大代表”活动，评选出先进代表小组13个，优秀人大代表49人次。2003年开始，县人大常委会针对换届后新当选人大代表较多的实际情况，组织开展代表轮训，分期分批培训代表。当年举办第一期代表培训班，内容充实，形式新颖，深受代表欢迎。2004 年，县人大常委会举办县人大代表第二期培训，递铺、梅溪、杭垓等 11 个乡镇 60 名人大代表参加培训，听取关于“宪法修正案”和“如何当好人大代表”专题讲座；听取关于“增强代表意识，切实提高代表素质”的主题报告；会上，就如何开展和加强代表工作进行经验交流。2007 年，县人大常委会组织两期基层人大代表培训班，111 名县人大代表和乡镇人大专职干部参加培训。在培训内容上，重点帮助代表了解人大的地位、性质、作用；在培训形式上，采取专题辅导、专项视察、优秀代表介绍经验、职能部门通报工作等形式。常委会经常为代表提供学习资料，定期向代表寄送《浙江人大》《代表论坛》等刊物资料，为代表知情知政、学习法律政策、了解人大工作动态提供便利。2008 年，县人大常委会举办基层人大代表培训班，完成对本届所有人大代表的轮训任务。首次对代表中心组、代表小组和代表专业组组长进行集中培训。同时，常委会专门对担任领导干部职务的代表开展培训，以提高人大代表的综合素质和履职能力。2009 年，县人大常委会开展人大代表小组组长集中培训、异地学习和工作交流。首次组织开展部门代表联络员培训，密切部门与代表的沟通联系，为代表履职提供保障。2010—2011 年，县人大常委会继续开展代表小组组长集中培训学习和工作交流，加强对各代表中心组、代表小组日常培训学习的指导。开展争创先进代表小组和优秀人大代表活动，进一步提升代表小组和代表的履职能力。2012 年，县人大常委会举办人大代表培训班，57 名基层一线新任县人大代表参加，重点帮助代表了解人大的地位、性质、作用，明确代表的权利职责；组织代表中心组、代表小组和代表专业组组长、乡镇人大专职主席共 42 人进行集中培训。2013—2016 年，县人大常委会继续组织举办基层一线新任县人大代表培训活动；继续开展代表中心组、代表小组和代表专业组组长的集中培训；通过多种形式，指导人大代表及时登录“浙江人大代表履职服务平台”，不断拓展代表知情知政渠道，发挥好履职平台作用。2017 年，县人大常委举办初任代表培训班，组织连任代表与新任代表结对共建，推动新任代表快速融入角色。2018 年，县人大常委将人大代表综合素质提升班纳入教育主体班次，对代表中心组组长、人大干部开展集中轮训。同时，常委会还指导代表小组制定个性化学习方案，坚持小组培训与自学相结合，培养代表履职能力。2019 年，县人大常委会举办代表综合素质提升班，开展代表中心组组长集中轮训，开始实施代表“培优”工程，发挥优秀代表“传帮带”作用，不断增强履职能力。

第二节　代表小组

《中华人民共和国地方各级人民代表大会和地方各级人民政府组织法》规定，县、乡镇的人大代表要分工联系选民，有 3 人以上的居民地区或者生产单位可以组织代表小组，协助本级人民政府推行工作。代表小组既是代表大会闭会期间代表活动的基本形式，又是县人大常委会联系代表的纽带。

1981 年，县七届人大常委会第二次会议决定，对 237 名县人大代表，划为 40 个代表小组，以利代表进行活动。第四次常委会吸收代表组长列席会议，邀请小组组长在会上交流小组活动情况。1984年10月，县八届人大常委会第二次会议通过《关于建立代表小组和开展活动的暂行办法》，将全县284名代表，按照“就近、方便”开展活动的原则，重新组建40个代表小组，确定组长、副组长、联络员。并在1985年八届二次代表大会前，常委会召开代表组长会议，交流经验，讨论工作，研究方法。1987年5月，县九届人大常委会第一次会议，通过《关于代表小组和代表工作的暂行办法》，确定建立36个代表小组，各区设立代表联络员，并对代表小组活动、代表工作以及人大常委会与代表联络等方面作出规定。1988年2月，县人大常委会专门召开代表联络员和代表小组组长会议，交流开展代表小组活动的经验。1989—1992年，县人大常委会每年召开代表联络员和代表小组组长会议，交流开展代表小组活动的经验。1993年，县十一届人大常委会根据换届后的实际情况，立即着手建立健全代表中心组和代表小组等组织，指导各代表小组制定、完善各项制度，使代表活动逐步规范化、制度化。4月23日县十一届人大常委会第一次会议审议通过《关于设立县人大代表中心组的决定》。

1994年1月，县人大常委会组织召开代表工作经验交流会，总结交流代表小组和乡镇人大主席团工作经验。1995年，随着乡镇换届和区委机构的撤销，人事变动较大，县人大常委会及时对代表中心组长和县代表小组编组进行调整和充实，保证代表活动的正常开展。1996年和1997年，县人大常委会以宣传代表法为重点，开展“争创优秀代表、争创先进代表小组”为内容的“双争”活动，并进行表彰。1998年，县人大常委会在6个片区建立人民代表中心组，在乡镇及省南湖监狱设立29个县代表小组。任命代表中心组组长、代表小组组长和县代表联络员。1999年，在县人大常委会开展的争创“先进代表小组”和“优秀代表”的双争活动中，涌现出一批先进人物和事迹，经过评比，评出先进代表小组6个，优秀代表27人。2002年，评出先进代表小组13个，优秀代表49人。2003年，县十三届人大常委会在换届后及时组建递铺、梅溪、良朋、孝丰、杭垓、天荒坪6个人大代表中心小组，作出《关于加强与人大代表联系的决定》。是年开始，县人大常委会分批开展代表向选民述职接受评议活动。当年有6个代表小组60余名代表向本选区选民进行公开述职，面对面接受选民评议。2005年，县人大常委会发挥代表专业优势，组建财经、法制、教科文卫民侨和农业环保4个代表专业小组，每组分别由5—6名人大代表组成。根据人大常委会年度工作重点和阶段监督重点，定向对某一领域的工作进行专业和深度监督。当年有3个代表专业小组分别开展活动，收到较好的效果。2006年，县人大常委会在当年度人代会上，围绕“三农”、工业、司法、教育4个议题，安排4次专题审议。参加审议的人员以专业小组代表为主，因之话题集中，准备充分，大大增强了审议的针对性。2007年，县十四届人大常委会在换届后及时组建代表中心组，划分代表小组，并根据代表专业特长，组建4个代表专业小组。2008年，县人大常委会推行代表小组协助督办议案落实制度。2009年，县人大常委会针对人员变化、区划调整实际，及时健全组织网络，开展代表小组组长集中培训、异地学习和工作交流，带动闭会期间的小组工作。2010年，县人大常委会组织部分代表小组分别走进档案、民政等部门窗口进行交流。2011年，部分代表小组开通活动室便民电话，广泛听取选民意见建议。2010年至2011年，县人大常委会要求每个代表小组联系一项县重点项目、民生项目或本辖区的重点工作，强化代表小组履职意识和能力。2012 年，县十五届人大常委会针对换届后代表变动较大的实际情况，及时组建 6 个代表中心组，划分 24 个代表小组，建立 4 个代表专业小组。2013 年，以争先创优活动为载体，评出先进代表小组 8 个。2014 年，县人大常委会结合区域调整，重新划分代表中心组、代表小组，调整部分代表小组组长。2018 年，县十六届人大常委会指导代表小组制定个性化学习方案，强化小组培训与个人自学相结合的方法，提升代表小组工作能力。2019 年，县人大常委会首次对代表中心组、代表小组和代表专业组组长进行集中培训。加强代表小组建设，开展争创先进代表小组和优秀人大代表活动，进一步激发代表小组的活力和代表履职的积极性。

附：先进代表小组名录

1. 安人大委〔1994〕1 号（10 个）

丰食溪乡代表小组
递铺镇第一代表小组
溪龙乡代表小组
梅溪镇农村代表小组
西亩乡代表小组
永和乡代表小组
孝丰镇代表小组
皈山乡代表小组
天荒坪镇代表小组
南湖支队代表小组

2. 安人大委〔2000〕9 号（6 个）

递铺镇第一代表小组
孝丰镇代表小组
梅溪镇代表小组
杭垓镇代表小组
西亩乡代表小组
天荒坪镇代表小组

3. 安人大委〔2002〕5 号（7 个）

递铺镇第一代表小组
梅溪镇第二代表小组
递铺镇第三代表小组
天荒坪镇代表小组
孝丰镇代表小组
永和乡代表小组
高禹镇代表小组

4. 安人大委〔2005〕10 号(7 个)

递铺代表二组

递铺代表四组

昆铜代表小组

鄣吴代表小组

杭垓代表小组

报福代表小组

天荒坪代表小组

5. 安人大委〔2009〕3 号(9 个)

递铺中心组递铺代表三组

递铺中心组递铺代表五组

梅溪中心组梅溪代表二组

孝丰中心组孝丰代表一组

孝丰中心组皈山代表小组

良朋中心组高禹代表小组

杭垓中心组杭垓代表小组

天荒坪中心组天荒坪代表小组

人大农业环境保护专业小组

6. 安人大委〔2011〕9 号(9 个)

递铺中心组递铺代表三组

递铺中心组递铺代表五组

梅溪中心组梅溪代表一组

孝丰中心组孝丰代表二组

孝丰中心组章村代表小组

良朋中心组鄣吴小组

杭垓中心组杭垓代表小组

天荒坪中心组天荒坪代表小组

教科文卫民桥专业小组

7. 安人大委〔2014〕5 号(8 个)

递铺中心组递铺代表三组

递铺中心组递铺代表五组

梅溪中心组梅溪代表一组

天子湖中心组天子湖代表二组

杭垓中心组杭垓代表一组

孝丰中心组孝丰代表二组

孝丰中心组皈山代表小组

天荒坪中心组天荒坪代表小组

8.安人大委〔2016〕1号(7个)

递铺中心组递铺代表三组

昌硕中心组昌硕代表二组

梅溪中心组梅溪代表三组

天子湖中心组天子湖代表一组

杭垓中心组杭垓代表二组

孝丰中心组孝丰代表二组

天荒坪中心组天荒坪代表小组

9.安人大委〔2018〕37号(7个)

递铺中心组递铺代表二组

昌硕中心组昌硕代表三组

梅溪中心组梅溪代表一组

天子湖中心组天子湖代表一组

杭垓中心组杭垓代表一组

孝丰中心组孝丰代表二组

天荒坪中心组上墅代表小组

第三节　代表活动

1981年11月,县人大常委会组织委员、省人大代表朱岳年等,分别到递铺镇、报福公社、老石坎纸厂进行视察,通过召开座谈会,走访职工、社员、干部,广泛听取各方面的意见和要求,并及时向县政府提出建设性意见。1882—1983年,县人大常委会通过多次组织人大代表参加视察调研,邀请代表组长列席人大常委会会议,指导人大代表参加小组活动。1984年6月,县人大常委针对安吉发生严重洪涝灾害这一情况,及时组织委员和人大代表到受灾最重的南北湖乡北湖、凌斗两个村进行实地查看,听取干部群众对抗灾自救、恢复生产、重建家园的意见和要求,及时向县委、县政府提出建议。1984年10月,县八届人大常委会第二次会议审议通过《安吉县人大常委会关于建立代表小组和开展活动的暂行办法》。1985年4月,县人大常委会组织部分委员、人大代表对县人大八届一次会议代表议案办理情况进行视察和督办。1985年2月,县人大常委会委托递铺、孝丰、梅溪、晓墅4个镇组织县人大代表开展春节前市场贸易和城镇环境卫生视察调研。4月初,常委会组织各乡镇的县人大代表小组进行联系选民征求意见、就地开展调查等活动。1986年6月,县人大常委会会同县政协组织县人大代表、政协委员和政府有关部门工作人员共257人,对全县国营、集体、个体生产经营食品、饮食服务行业404个单位,就贯彻执行食品卫生法、冷饮制品的价格管理和卫生情况进行视察。1987年7月,县人大常委会组织部分委员、市县人大代表对我县重点洪涝、病危水库、沿河圩堤及赋石、老石坎两大水库进行实地视察,对部分斗堤的防汛物资器材仓库和防洪物资供应、储存情况进行检查，推动防汛工作进一步落实。9—10月，常委会组织开展以宪法为核心的执法检查，全县各级人大代表踊跃参与，积极支持和协助所在单位搞好执法检查，并对执法检查工作进行视察和评议。1988年7月，县人大常委会组织人大代表对梅溪、晓墅、递铺、孝丰四镇贯彻食品卫生法情况开展视察，并指导各乡镇县代表小组就地视察。8月，组织人大代表对县级机关主要执法部门和10个乡镇的执法情况进行重点抽查和视察。1989年2月，县人大常委会组织省、市、县人大代表开展评议政府工作活动，代表们献计献策，提出了有事实、有分析、有分量的批评和建议，受到县委的重视和肯定。常委会在县人民代表大会前组织县人民代表分别联系选民，广泛听取和征求选民意见，精心准备大会议案和建议。闭会期间，常委会组织代表小组开展活动，吸收人大代表参加专题调查，邀请代表列席常委会会议。

1990年，县人大常委会组织各地县人大代表开展抗灾自救就地视察，鼓励群众抗灾自救，协助和推动当地政府抓好救灾工作；组织省、市、县人大代表开展"严打斗争"情况的专题视察，提出意见和建议；组织人大代表参与对政府工作评议和执法检查。1991年5月，县人大常委会组织部分委员和代表对全县农村稳定完善双层经营体制、发展乡村集体经济情况进行视察，组织人大代表依法评议基层"三所一庭"执法工作，代表们深入走访选民，广泛征求选民对被评议单位的意见和建议，并开展面对面评议活动。是年，常委会组织人大代表庆祝县人大常委会成立十周年系列活动，大力宣传人民代表大会制度的优越性。1992年，县人大常委会多次组织人大代表参加视察和调研活动，邀请部分代表列席常委会会议，使代表有机会参与常委会审议决定有关重大事项。1993年10月，县人大常委会组织县人大代表，以代表小组为单位对所在乡镇的社会治安综合治理工作开展就地视察，组织代表参加《人民政权报》开展的代表法知识竞赛活动。是年，县人大常委会先后组织市、县人大代表对全县调整农业产业结构，发展"一优两高"农业情况、天目北路拆迁工程进行视察。1994年4—7月，县人大常委会组织人大代表对全县公安司法机关的执法工作开展评议，各级人大代表占参评议总人数的90%以上，人民代表成为执法评议活动的主体；组织部分代表对全县个体私营经济发展情况进行调查视察；组织人大代表对重大项目建设进度情况有重点地进行视察，以督促支持县人民政府切实完成人代会提出的12件实事。1995年3月，县人大常委会组织部分委员和代表组成5个调查组，采取"听看"结合的方式，对17个乡镇的粮食生产、"菜篮子"基地建设和基本农田保护情况进行调查；8月，组织代表对全县社会治安综合治理进行视察和调查；10月，常委会组织委员和代表对环境保护法、劳动法、工会法贯彻执行情况进行检查。同时，常委会分别组织代表中心组组长和乡镇人大专职主席赴外地考察学习。1996年1月，县人大常委会组织人大代表分别对赋石渠道配套网络建设、农业基础设施建设和文明城镇创建进行视察和调查。9月，省、市、县、乡镇人大代表参加常委会组织举办的代表法知识竞赛，参与代表1500余人。是年，县人大常委会组织人大代表参与以"争创优秀代表、争创先进代表小组"为内容的"双争"活动，涌现出32名优秀人大代表。1997年，县人大常委会组织代表开展视察调查和执法检查活动，共组织各级代表视察7次，参加视察130人次。同时，全体人大代表参与常委会组织开展的"双争"评比活动，涌现出一批优秀人大代表，常委会组织人大代表参与对县人大常委会任命的干部进行"述职评议"和对公安司法机关执法工作评议。1998年，县人大常委会多次组织人大代表对县域内10家重点污染企业治理工作进行视察，加强对治污工作的督查；组织代表参与殡葬改革实施情况的调查和《中华人民共和国建筑法》《中华人民共和国食品卫生法》《中华人民共和国防洪法》等法律贯彻情况的视察和检查。1999年4—10月，县人大常委会组织县人大代表对县人民法院的司法公正进行评议，175名县人大代表，680名市和乡镇人大代表参与评议活动。常委会根据省人大统一部署，上下联动，组织人大代表对《中华人民共和国水土保持法》及相关《中华人民共和国森林法》《中华人民共和国防洪法》贯彻情况的开展执法检查。2000年4—8月，县人大常委会组织人大代表对县公安局的执法工作开展评议，13名人大代表在评议会上作评议发言。7—11月，常委会组织人大代表对县人大常委会任命的干部进行述职评议。是年，县人大常委会组织人大代表对生态环境保护、城市环境建设、水利基础设施建设、浑泥港流域综合治理前期准备和凤凰湖建设前期准备等工作进行视察。

2001年4—6月，县人大常委会组织人大代表采取上下配合的方式，对建筑法等相关的招投标和工程质量等法律法规执行情况进行执法检查。4—9月，常委会组织全县各级人大代表对"条管部门"县质量技术监督局开展执法工作评议，11名人大代表作评议发言。全县各级人大代表参与庆祝安吉县人大常委会设立20周系列活动。2003年，县人大常委会推行《代表日记》，代表们密切联系选民，收集民情，反映民意，并加以记录。常委会及时将代表反映的情况交"一府两院"及有关部门办理。是年，县人大常委会组织开展代表述职试点工作，代表们按要求向选民进行述职，自觉接受选民的评议和监督。2004年，县人大常委会配合省、市人大，组织人大代表上下联动开展为期两个多月的生态县建设和环保检查。在试点基础上，4个乡镇推行了代表述职评议活动，58名县人大代表向本选区选民公开述职，接受面对面评议。首次组织县人大代表约见县人民政府及有关部门负责人，代表们就民生问题和基础设施建设向县政府问政献计。常委会还组织人大代表对工商、国土、建设等部门开展"速效促效"活动。2005年，县人大常委会在《今日安吉》开设"人大代表监督窗"专栏，代表们踊跃参与，刊登了一批有针对性的建议、意见和批评文章，如关于递铺港河水污染和加强农村电力服务两件批评意见，得到迅速整改落实。是年，全面开展代表述职评议活动，完成所有基层代表述职评议工作。常委会邀请58名代表列席常委会会议，组织代表视察、调查、检查活动12次。2006年，县人大常委会推出"人大代表论坛"履职平台，全县各级人大代表踊跃参与，在广泛调研、深入思考的基础上建言献策，有关乡镇和部门领导当面听取代表意见和建议，新闻媒体推出专版和专题，营造代表参政议政的浓厚氛围。2007年，县人大常委会按照"让代表动起来，代表工作活起来，履职效果好起来"的工作思路，通过多种形式为代表搭建履职平台。一是双向约见，政府部门首次约见人大代表，县水利局就"定胜河水利设施修复"一事与代表面对面交换意见，并达成共识。教科文卫民侨专业代表小组就"计划生育社会抚养费征收执行难"问题约见了县人民法院院长；二是代表进部门活动，部分人大代表就"农村金融网点撤并后农民缴纳电费难"问题直接到供电部门进行反馈和沟通，得到重视和解决；三是代表论坛，代表们围绕发展抓落实这一中心问题，积极建言献策，参与代表120余人；四是代表监督窗，代表们通过媒体"人大代表监督窗"专栏，对居民反映强烈的县城周边焚烧垃圾现象进行监督，促使政府采取整治行动。2008年，县人大常委会全年共邀请20名人大代表列席县人大常委会会议，近百名人大代表参与常委会组织的视察、调研、执法检查活动，30余名代表参与“一府两院”组织的听证、征询、旁听、监督等活动。针对孝丰农贸市场管理不善的问题，县人大代表约见县经贸委负责人。代表还就社区卫生服务站建设管理、开通皈山至递铺公交以及蓄电池企业污染问题，进部门进行沟通，实施监督，促成上述问题有效解决。代表们还通过“代表论坛”履职平台积极建言献策，共撰写刊发思考性文章90余篇。

2009年，县人大常委会以代表小组为单位在全体代表中深入开展“学习实践科学发展观”，进一步增强履职意识活动，通过征求意见、选民评议、履职情况交流等形式对代表履职情况进行一次“回头看”，查找存在不足，接受选民监督。代表们继续通过“代表监督窗”“代表论坛”、代表进部门、双向约见等形式，反映社情民意，提出意见和建议。代表们还通过列席常委会会议、参与视察调查等活动不断拓宽知情知政、参政议政渠道。2010年，全体人大代表参与县人大常委会组织开展的“发挥代表作用，强化代表监督，推进重点工作”主题活动，每个代表小组联系一项县重点项目、民生项目或本辖区的重点工作，积极争当宣传员、战斗员和监督员。针对非法挖砂影响生态环境问题，代表进部门开展面对面沟通交流，部分代表小组还分别走进档案、民政等部门就窗口进一步优化服务提出建议；同时，代表还利用“代表论坛”积极建言献策，57名代表撰文发表意见。2011年，县人大常委会组织人大代表开展对打造“中国优雅竹城”推进落实情况、美丽乡村建设情况、国家级文明县城创建工作进行视察和劳动合同法、道路交通安全法、土地管理法等法律法规贯彻情况的监督检查。2012年，县人大常委会组织人大代表对全县42个重点项目进行实地督查，并对25个项目责任部门及服务部门的工作进行满意度测评。组织人大代表对24个单位企业的食品安全“一法两规”执行情况进行检查，代表们还参加饮用水水源地保护情况、文化工作情况、保障性安居工程情况的视察调研。人大代表还通过“代表论坛”建言献策，38位县人大代表撰文发表意见。2013年，全体人大代表参与县人大常委会组织开展的“素质新提升、履职新作为、岗位新贡献、自身新形象”主题实践活动。常委会组织全县人大代表对“三改一拆”情况进行全方位跟踪督查和“四边三化”行动执行情况的视察督查，配合省市人大组织代表对全县饮用水水源、山体保护和水质改善开展三级联动专项执检查。常委会还组织全县四级人大代表，对县域内所有河流进行巡查，通过走一走，看一看，查一查，发现污染点184处，提出整改意见218条。代表们还通过代表履职网络平台，知情知政，互动交流，建言献策。2014年，县人大常委会组织市、县、乡镇三级人大代表开展“查找大气污染，依法履职作贡献”专项行动，共查找发现各类污染源1186个，提交政府和相关职能部门研究办理171项。上下联动组织县乡两级人大代表开展对“五水共治”工作执法检查30余次。连续第三年对科技创新工作进行视察和跟踪督查饮用水水源、山体保护和水质改善情况。代表们还集思广益为县乡两级政府提供民生实事项目线索，登录“浙江人大代表履职服务平台”建言献策。2015—2016年，县人大常委会组织全体代表开展“履职我带头，岗位争一流”主题实践活动，代表们踊跃参与，争做“四带四争”人民好代表。上下联动，组织代表开展监督“已治理河流”行动；县、乡人大联动就污水管网改造等6个方面问题开展跟踪督查，共组织代表视察和检查36次，查出问题51个，督促政府落实解决43个。县人大常委会还组织三级人大代表，结合“关注公正司法，代表一线视察”主题活动，对基层派出所、检察室、法庭、司法所开展“全覆盖”专题视察，共查找和梳理出3类46个问题。常委会首次在全体县人大代表中公开征集为民办实事项目线索，代表们共提出线索36条，其中13条线索被政府列为年度重要工作。2017年，县人大常委会组织全体代表开展“比拼履职，争做表率”主题实践活动，代表们比拼履职能力、履职成果和本职工作，努力在学习提升、监督问效和岗位贡献中争做表率，争创业绩。常委会深入开展“剿灭劣V类水，共护水更清河更美”代表主题活动，先后组织代表开展视察检查73次，排查小微水体243个，提出治水治污“金点子”和建议165条。聚焦“最多跑一次”改革，组织代表对改革落地开展45次调研督察。是年，常委会组织开展代表植树护绿、代表挂牌允诺、代表宣讲十九大等活动20余次，并首次推行人大代表票决政府民生实事项目工作。2018年，县人大常委会组织全体代表先后开展“共创文明城市从代表做起”“振兴乡村代表在行动”“我为营商环境献计出力”“履职促民生”等专项活动，共推动解决难题130余个。围绕文明城市创建，组织人大代表开展“城乡美化彩化”主题活动，各级人大代表植树种绿3000余株，参与创建宣传1200余人次。紧扣烟花爆竹禁售禁放，各级人大代表争当“双禁”倡导者、践行者和守护者，先后开展宣传劝导150余次。首次举行代表问政会，代表们就热点问题，面对面询问政府部门负责人，应询部门答复整改措施并积极落实，城区停车难、幼儿入学难等问题得到较好的解决。全面落实民生实事代表票决制，实现县乡两级人代会和街道议政会全覆盖，共票决产生民生实事130件。2019年，县人大常委会组织代表深入开展“永葆初心，履职为民”主题活动，代表们投身环境治理、乡村振兴等中心工作，促成解决难题110余个。深化五星级联络站创建，全县各级代表积极履职，接待选民，听取意见，共开展主题接待160余次，收集意见610余条，推动解决问题430余个。首次举办电视问政，代表们事前深入调研，现场直指问题，职能部门当场答复承诺，事后积极解决。组织代表检查“看听议评”百个重点项目，评出推进有力15个，推进正常60个，并督促滞缓项目提速建设。配合省市人大立法调研，90余名代表参与其中，注入了基层民意。

附：优秀代表名录

1. 安人大委〔1994〕1号（34人）

邱杏英　姚博初　吴春明　童初平　李令法　郎成西　徐伟民　何云仙　许传忠
李旺根　黄兆东　桂根娣　罗小福　陈巧林　严柏松　郑吉潮　何明星　方和云
王长明　查　卫　朱雨清　徐青芳　陈天明　陈秉良　周厚积　王惠祥　曾贵昌
李志根　周小平　英荣富　吴金钱　王建平　朱青云　马树平

2. 安人大委〔2000〕9号（27人）

邵忠宝　马友根　陈宝生　聂金友　钱卫星　蔡胜荣　唐世麟　褚明亮　王昌年
张刚星　陈彩珍　刘　飞　张孟平　赵德明　严柏松　戴春荣　赖建强　杨根法
杨步生　朱微微　俞传信　张汉夫　陈桂清　汪国顺　彭政英　徐世明　罗金寿

3. 安人大委〔2002〕5 号(22 人)

邵忠宝　潘工武　朱朝勤　聂金友　蔡胜荣　田忠根　周世定　蔡益炎　杨根法
杨步生　王光红　张刚星　赵德明　尹长根　王庆友　施安龙　张孟平　陈彩珍
王九林　王恩林　汪国顺　沈银娥

4. 安人大委〔2005〕10 号(23 人)

方连珠　李令法　梅梓华　童达吉　王水凤　郑云法　冷明贵　张明星　舒国平
林云森　方忠华　江铭新　汪国顺　方顺元　项刚华　吴聿民　竺建根　周世定
王根元　张金华　任大能　王九林　陈水木

5. 安人大委〔2009〕3 号(22 人)

汪世财　郑国顺　冷明贵　吴国仁　祝海燕　严海嫣　吴向武　任元琳　林云森
严柏松　梁瑞荣　金朝鑫　黄映红　吴烈虎　章银根　陈彩珍　张建仁　杨景来
汪国顺　王光红　王九林　陈水木

6. 安人大委〔2011〕9 号(28 人)

温兴元　方连珠　郑国顺　冷明贵　吴国仁　陈建华　陶爱英　潘永林　马友根
林云森　林炳毅　孙　颖　方忠华　周重凯　黄映红　程品良　王财华　陈彩珍
马武明　朱　琳　杨荣强　陈秀青　胡卫红　汪国顺　康洪亮　袁亚玲　沈长明
赵奔月

7. 安人大委〔2014〕5 号(24 人)

朱学星　江　斌　朱　兵　徐建荣　周和民　陶爱英　姚良才　李志能　江雅丽
黄友花　干永海　李更正　张美容　徐建国　项用明　宣加强　金朝鑫　陈秀芳
陈龙标　雷红琴　周立智　丁建生　李苗松　汪金明

8. 安人大委〔2016〕1 号(23 人)

胡美丽　彭建伟　冷明贵　朱仁斌　陈贤琴　李建华　李亚财　林　君　林炳毅
沈　渊　汪庆意　干永海　李更正　夏毓富　徐建国　潘建刚　何红明　金朝鑫
叶国平　杨忠勇　杨存贵　翁建林　朱丽英

9. 安人大委〔2018〕37 号(23 人)

李　霞　程有平　鲁健民　沈　洁　陈亚军　李建华　郑　敏　鲍高峰　张利民
章军平　王显林　黄定瑞　谢连贵　董毓芳　徐建国　程传法　魏　韦　赵森华
沈　利　周　颖　王金土　翁建林　费美红

第四节　代表联系

安吉县人大常委会把代表联系作为一项经常性的工作,列入县人大常委会议事日程。采取人大常委会主任联系代表、常委会委员联系代表和代表联系选民等多种形式,加强督办联系工作,发挥人民代表参政议政作用。

1982 年 4 月,县七届人大常委会第四次会议邀请代表小组组长列席会议,40 名代表小组组长与会,交流代表小组活动情况。1983 年,县人大常委会主任、副主任带头参加代表小组活动,听取代表对政府和有关部门的工作意见、批评和要求,进行归纳整理,书面送交县人民政府和有关部门处理整改。1986 年 3 月,县八届人大常委会确定每月 10 日为主任接待代表来访日,听取县人大代表的意见、建议和要求。1987 年,常委会组成人员分别到各代表小组听取代表意见和建议,组织部分人大代表参加评议工作。1988 年元旦前后,常委会在机关的主任、副主任、常委对县人大代表进行一次上门走访,与 244 名代表直接见面,听取和征求代表意见。是年,县人大常委会通过开展调查、组织视察、邀请代表列席常委会会议等方式联系代表,听取代表意见。1989 年 2 月,在开展评议政府工作中,常委会事先组织代表联络员和委员们一起,深入代表和选民征求意见。1991 年元旦、春节期间,县人大常委会主任、副主任、专职委员和办公室成员,从 1 月 21 日到 2 月 1 日,历时 12 天,分别到全县 32 个乡镇和南湖林场,与 36 个县代表小组中的 216 名代表直接座谈,听取意见,有的还到医院或上门看望,走访面 78.2%。1992 年元旦、春节期间,县人大常委会主任、副主任带领机关工作人员分头到乡镇走访慰问代表,听取代表意见和建议,走访面 76.8%。

1993 年,县人大常委会制定《关于加强与人民代表联系的意见》,多次组织人大代表视察和联系选民,为代表提议案和发表意见提供第一手资料,常委会邀请代表列席常委会会议,使代表有机会参与审议决策重大事项。1994 年元旦、春节期间,县人大常委会主任、副主任带领机关工作人员到各乡镇走访慰问代表,直接听取代表的意见和建议,整理成书面材料向县委、县政府反映。1995—1998 年,县人大常委会主任、副主任经常带领机关工作人员深入各乡镇看望代表,了解和关心代表的工作、生产和生活情况,倾听代表的意见和建议。1999 年,县人大常委会坚持常委会组成人员分片联系代表和常委会主任接待代表日制度;组织代表参与各类视察调查、执法检查和评议工作,动员代表参与走访选民,征求意见和建议;继续坚持邀请代表列席常委会会议制度。2000 年,县人大常委会坚持和完善代表接待日制度,采取接待代表上门反映情况、率部门负责人现场办公、下基层走访代表和了解议案办理情况等方式,督促有关部门解决代表提出的意见和建议。2001—2002 年,县人大常委会组成人员深入基层,听取代表对“一府两院”工作的意见和建议,畅通人大代表反映意见和建议的渠道。坚持常委会组成人员分片联系代表,常委会主任、副主任接待代表日,邀请人大代表列席常委会会议等制度,及时听取代表的意见和建议,督促解决代表提出的具体问题。2005 年,县人大常委会全面开展代表述职评议活动,完成所有基层代表述职评议工作,将代表接受选民监督落到实处,既保障选民的民主权利,又增强代表的履职意识和服务意识。坚持主任接待代表日活动,全年组织主任下基层接待代表 6 次,畅通代表反映民情、表达意愿的渠道。2007 年,县人大常委会坚持主任接待代表日活动,全年组织主任下基层接待代表 5 次,每次活动都根据代表征集的选民意见提前确定议题,并联系职能部门参加,现场答复。2009—2011 年,县人大常委会通过主任接待代表日,邀请人大代表列席常委会会议,组织代表参与视察调查、执法检查和评议工作等途径,不断拓宽代表知情知政渠道。2012 年,县人大常委会组织开展“进村入企”大走访活动,密切联系人大代表和人民群众,在“两院”和政府部门确立 38 名部门代表联络员,常委会明确每位驻会委员联系基层代表 10 名,并一年一调整,确保所有代表在任期内都能与委员建立密切联系。同时,做好县人大代表名录编印工作,首次建立代表图像档案,为代表联系和代表履职提供保障。2013 年,县人大常委会进一步规范人大代表列席会议和参加视察检查活动,全年共邀请 24 名人大代表列席常委会会议,首次开展"主任接待代表周"活动,常委会主任、副主任集中在一周内赴乡镇一线接待代表,对代表在活动中提出的建议,现场明确承办主题,作出办理承诺。同时,以争先创优活动为载体,评出优秀代表 24 名。2014 年,县人大常委会制定《关于进一步加强联系代表工作的制度》,继续开展"主任接待代表周"活动,收集代表意见建议 30 余条,并得到较好解决。2015—2016 年,县人大常委会严格执行驻会委员闭会期间联系走访代表制度,组织开展 2 次"主任接待代表周"活动,经常性邀请代表列席常委会会议和参加活动。试点网上联络站建设,推进两网融合,双向互动。2017 年,县人大常委会制定《关于加强联系代表工作的实施意见》,明确联系方式、联系渠道、联系数量和具体要求。坚持邀请代表列席常委会会议、参加视察活动,健全常委会联系代表制度,常委会委员分片联系代表。健全代表联系选民机制,开展代表向选民述职活动。畅通代表联系部门渠道,在政府各部门确立 36 名联络员,并在法院诉讼中心、执行局和基层法庭分别建立代表联络中心及联络站。2018 年,县人大常委会继续深化"主任接待代表周"活动,在集中接待、督办重点建议基础上,常委会主任、副主任分赴联络站,听取代表建议并督促落实。常态化邀请代表列席常委会会议、参加视察活动,每周推送学法案例,扩大代表知情知政渠道。依托代表履职"一本两表",掌握履职动态,实施全程考评督促。2019 年,县人大常委会筑好连心桥,跟踪督办履职动态,加强全程考评,实行代表述职,密切代表与选民的联系。坚持"主任接待代表周"、委员分片联系代表、邀请代表列席常委会会议、参与视察等制度,畅通代表参政议政渠道。

第五节　双向约见

2004 年 7 月 20 日,县人大常委会首次开展人大代表与政府负责人"双向约见"活动。县政府 4 位副县长和有关部门的主要负责人参加约见并现场回答县人大代表提出的问题。约见会上,王久林等 10 位代表就农村"三线杆"迁移,全县乡镇、村生活垃圾无害化集中处理,村级农业服务站办理危险化学品经营许可证收费过高,农村土地征用过城中青苗赔偿及农民安置问题向政府负责人提出意见和建议。县政府负责人在认真听取代表的发言后,对提出的问题一一作出答复,认为代表们所反映的问题是全县当前农村所普遍存在的突出问题,也是县政府当前急需解决的问题,同时表示在充分调查研究的基础上,将尽快制定解决方案,做到既依法行政,又以民为本,切实维护人民群众的合法权益。通过"双向约见"活动,基本解决了农村"三线杆"迁移、农村生活垃圾处理、村级农业服务站办理危化品经营许可证收费过高、农村土地征用有关政策等多个问题。2004 年 8 月 24 日,县十三届人大常委会第十三次会议通过《安吉县人大常委会关于组织县人大代表与"一府两院"负责人"双向约见"试行办法》,决定从这一年开始,县人大代表可根据履行代表职务的需要,要求县人大常委会组织人大代表约见"一府两院"负责人;"一府两院"因工作需要,也可以要求组织约见县人大代表。《办法》规定:

县人大代表要求县人大常委会组织约见“一府两院”负责人和“一府两院”要求组织约见县人大代表，经县人大常委会主任或副主任同意，由县人大常委会人事代表工作委员会组织实施，一般应在七天内作出约见安排。县人大常委会组织县人大代表约见县人民政府负责人，县人民政府一般应安排县长或分管副县长和相关部门主要负责人参加。“双向约见”一般一事一约。参加约见的双方按照约见的内容，加强调查研究，发表意见要有针对性，提出建议必须符合法律规定，具有可行性、可操作性。“双向约见”中县人大代表提出的建议、批评和意见，“一府两院”应当予以认真研究处理。能当场办理的，应当场办理；比较复杂或因情况不明，须会后研究处理的，有关责任部门应抓紧调查研究，提出办理意见；由于客观条件限制，一时无法解决的，应向县人大代表说明情况，做好解释。县人大代表提出的建议、批评和意见，除当场办理外，均按闭会期间代表建议、批评和意见办理办法办理。

2005年8月9日，5位县人大代表约见副县长黄培林及物价、质监、工商、建设等部门主要负责人。一名代表以大量图片、数据以及群众意见为依据，就安吉县液化气价格过高直接影响群众生活质量问题进行陈述，要求政府及有关部门加强市场监管，严厉打击不法经营行为，维护群众切身利益。约见会上，县发改委、县物价局、县质监局、县工商局、县建设局等部门表示将依法加大对液化气市场质量、价格、计量的检查和处罚力度，公开曝光欺诈行为，定期发布消费警示，让群众用得起、放心用。副县长黄培林表示，政府将加快“西气东输”项目进安吉的规划和落实，强化供电气领域的招商引资，促进竞争，防止垄断经营，从根本上解决液化气市场价高质次问题。约见会后，安吉县市场上液化气价格有所下降。不久，周边地区的液化气价格有所上升，但安吉的液化气价格仍然基本保持稳定，干部群众对此取得的实效表示赞赏。2007年9月，安吉县水利局专门就“定胜河水利设施修复”一事约见县人大代表，双方在友好、坦诚的气氛中，对这一建议的办理工作达成共识。定胜河全长8公里，是20世纪70年代人工开挖的一条排涝渠，因年久失修，沿线的水利设施及配套工程严重老化。其中梅溪镇马村一带的损毁尤为严重，给当地一千多村民的生产生活带来较大影响。2007年县人代会期间，县人大代表根据群众呼声，提交《关于要求修复定胜河水利设施的建议》。

县水利部门对这一建议极为重视，多次派技术人员到定胜河沿线踏勘，局领导也数次就修复工作与当地镇、村负责人交换意见。此次，该局又专门约见县人大代表，协商修复方案。约见会上，县水利局总工程师向人大代表汇报勘察结果和对马村段水利设施修复设想，并当面征求代表意见。人大代表对修复方案表示赞同，对建议的办理工作表示满意。双方还就工程资金配比、时间安排和技术指导等问题进行细致协商，形成一致意见。

此后“双向约见”功能逐渐由“代表进部门”活动代替。

第六节 代表监督窗

2005年4月28日，县十三届人大常委会第十九次会议通过《安吉县人大常委会关于“人大代表监督窗”的试行意见》。决定从这一年开始，县人大常委会将不定期在《今日安吉》上开设“人大代表监督窗”专栏，专门刊登县人大代表在闭会期间提出的意见、建议和批评，并由县人大常委会根据所涉事项的轻重缓急和难易程度，给承办单位设定办理时限，媒体对“一府两院”的办理情况及代表和群众的反应进行跟踪报道。《意见》提出：在“监督窗”上反映的代表建议、批评和意见，由县人大常委会或代表小组、代表专业小组向县人大常委会人事代表工委提出，人事代表工委与相关工委进行协商审查，报县人大常委会批准后，在“监督窗”刊登，同时交有关单位承办。承办单位一般在“监督窗”刊登代表建议后三个工作日内办结，报县人大常委会人事代表工委，在“监督窗”上刊登，情况比较复杂的，经县人大常委会人事代表工委同意后，在三个工作日内提出办理方案并刊登于“监督窗”。办理工作由承办单位主要负责人负总责，县人大常委会人事代表工委负责具体协调，其他相关工委做好督办工作。

代表建议的办理意见在“监督窗”刊登后，代表反馈不满意的按代表建议办理的不满意件处理。人民群众来信来电来访表示不满意的，由县人大常委会相关工委作专题调研，并提出处理意见。通过这一形式，将代表的建议、批评、意见及承办单位的办理情况公开化，为群众表达意愿增添一个新渠道，为代表履行职务搭建一个新平台，为人大加强监督构筑一个新载体。

2005年5月18日，第一期《还我一港清水》的批评意见，在安吉县新闻宣传中心编辑的《今日安吉》头版专栏刊登后，县政府迅速作出反应，分管副县长当天就召集有关部门负责人了解情况，研究整治措施，次日，上游两家违规砂石场被取缔。三天后，《今日安吉》刊登县政府办公室的办理答复，公布四条整治措施。随后县政府又组织有关部门进行全面调查、处理，使递铺港以及全县其他河道污染问题得到有效解决。此后，县政府还专门召开政府常务会议，研究制定《关于水冲机制砂石企业综合管理整治实施意见》，对全县矿产资源开采和经营进行规范，建立长效管理机制。

2006年，5名人大代表起草《灵峰南路隐患多》的批评意见，刊登在《今日安吉》“人大代表监督窗”专栏。指出，灵峰南路全长3.1公里，是县城连接04省道和11省道的一条外环线，也是安吉最繁忙、最重要的一条过境公路，沿线有3所学校和数十家企业，车流量、人流量极大，但由于道路基础设施设置不科学，近年来事故频发，群众要求改造道路的呼声十分强烈。人大代表了解情况后，到实地进行观测和调查，发现该路段主要存在四大安全隐患：一是未设人行道和非机动车道，人车混行、机动车与非机动车混行；二是隔离带太长，斑马线太少，行人过往很不方便；三是全线无限速、警示标识，十字路口无交通疏导设施；四是路灯、电缆线损毁较为严重，夜晚缺乏照明。意见见报第二天，分管副县长召集有关部门负责人，就这一问题进行专题协商，形成纪要，并在媒体上予以答复。纪要明确，将该路段列为县域“畅通工程”重要改造项目，立即恢复灯光照明，全程限速60公里/小时，在十字路口安装交通信号灯一组，其他交通安全设施如人行道设置及绿化带开口等先进行方案设计，讨论后立即组织实施，所有工程于当年10月1日前全部完成。

2007年，5名人大代表在“代表监督窗”提出《建起一个洁净的城市保护圈》的建议，要求政府及有关职能部门采取有效措施，治理擅自焚烧垃圾情况，建起一个洁净的城市保护圈。县政府及有关部门及时就治理擅自焚烧垃圾工作进行研究，出台治理措施。2009年，7名县人大代表联名起草了一条《关于加快推进铜山桥重建的建议》的意见，在县报《安吉新闻》头版专栏刊登，指出，县城东北部的铜山桥建于20世纪50年代，承载能力早已不能满足交通发展的需求，加上年久失修，给群众出行带来了安全隐患，呼吁政府及相关部门高度关注铜山桥存在的问题。意见见报后，县政府迅速作出反应，分管副县长当天召集有关部门负责人了解情况，研究解决措施。随后，县政府组织有关部门对铜山桥区块的情况进行全面调查，提出处理意见，将铜山桥建设纳入到县域整体规划中，并尽快组织铜山桥重建工作。当年年底完成铜山桥主体工程，铜山桥建设问题得到有效解决。

此后，随着“代表论坛”的完善，“代表意见窗”功能逐渐由代表论坛代替。

第七节　代表论坛

2006年4月26日，县十三届人大常委会第二十八次会议通过《安吉县人大常委会“代表论坛”暂行办法》。决定从这一年开始，县人大常委会将不定期在《今日安吉》和安吉电视台两大新闻媒体开设“代表论坛”，开辟代表在闭会期间向“一府两院”建言献策的新渠道。

“代表论坛”开始以财经、法制、教科文卫民侨、农业环境保护4个代表专业小组为主，其他县人大代表参与。县十四届人大常委会为扩大代表参与面，提升论坛影响力，又以期刊的形式组织开展论坛活动。“代表论坛”在县人大常委会领导下，由办公室综合协调，人事代表工委组织实施，各相关工作委员会指导4个专业小组具体运行。县十四届人大常委会一致通过由代表工委统一组织论坛的模式，将任务交各代表中心组和代表专业小组，每组负责一期期刊的组织、组稿。常委会根据县委、县政府重点工作由办公室初步确定每年论题，提交主任会议讨论决定。各专业小组在主题范围内确定分论题，代表可选择一个分论题发表意见，也可围绕主题自选论题展开讨论。各专业小组在相关工委指导下及时开展调研、视察等活动，并围绕本期论坛积极组稿，各代表小组结合论坛主题开展小组活动，推荐相关稿件，稿件经相关工委初审后，于媒体刊发一周前送办公室。办公室负责校稿清样，经县人大常委会分管领导签发后，分别交县新闻宣传中心和安吉广播电视台刊载、播发。当年6月30日，县人大常委会以会议形式组织举办首期“代表论坛”，12名人大代表围绕“工业强县”这一论题，分别从招商引资、园区建设、结构调整、银企合作、国企创新、人才兴企等不同侧面发表意见。县人大常委会领导、县政府分管副县长、各乡镇人大及分管领导、县经济部门负责人，以及企业界人士共100余人参加论坛。7—9月，常委会又分别以新农村建设、打造平安安吉、文化大县建设为主题在《今日安吉》举办3期代表论坛。电视台为此制作《新闻周刊》进行专题报道。媒体作为论坛主阵地，全程参与，全力配合，安排专版刊登和专题播出，不仅集中地、原汁原味地反映代表意见，而且形成较大的宣传声势。代表在论坛上发表的一些建设性意见引起政府的高度重视，较好地推动了工作。

2007年，县人大常委会以“围绕发展抓落实”为主题共组织6期书面论坛，1期会议论坛，近百名代表就有关议题发表意见，其中10名代表上台发言。代表们紧扣主题畅抒己见，从不同内容、不同角度、不同视线热议安吉经济社会发展中面临的全局性、战略性问题和基层百姓急需解决的实际问题。是年，县人大常委会编辑出版《代表论坛》7期，分送各人大代表。

2008年，县人大常委会按照“好中求快，全面协调，稳中求进，为民富民”的要求，以围绕“和谐、发展”中心议题共组织了6期书面论坛，近百名代表参与论坛，从不同角度就安吉经济社会发展和民生问题发表意见，提出建议。是年，常委会刊发代表撰写的思考性文章90多篇，并送发各人大代表。

2009年，县人大常委会按照“中心为先，特色为重，民生为本，效果为上”的总体要求，以围绕全力推动经济转型升级、着力推进农村改革发展、大力加强民主法制建设、努力维护群众根本利益等议题共组织6期书面论坛，近百名人大代表就有关议题发表意见。是年，常委会编辑出版《代表论坛》6期，送各人大代表。

2010年，县人大常委会按照“选题求准，调研求深，方式求新，效果求实”的总体要求，以全力推进产业协调发展、全力推进城乡一体化发展、全力推进社会事业发展等议题共组织书面论坛6期，57名人大代表分别从多个角度分析原因，阐明观点，提出对策。是年，常委会编辑出版《代表论坛》6期，分送各人大代表。

2011年，县人大常委会按照“在调研中提升能力，在互动中增进交流，在落实中转变作风”的总体要求，以服务发展大局、增进百姓福祉、推进法治进程等议题继续在报纸、网络开设“代表论坛”专版，组织人大代表开展论坛活动。

2012年，县人大常委会围绕县委提出的“再战五年，幸福安吉”发展战略，引导代表为全县经济社会发展建言献策，全年共编发《代表论坛》3期，38名代表撰文发表意见。

此后，随着代表联络站的建立，代表论坛的功能逐渐由代表联络站代替。

第八节　代表进部门

2007年，县人大常委会推出“代表进部门”活动，通过代表直接走进部门，让代表近距离了解部门工作和直接反映民情民意。当年9月25日，3位来自安吉偏远农村的县人大代表来到供电部门，就金融网点撤并后群众缴纳电费不方便的问题与供电部门领导进行沟通协商。这次活动的开展，标志着安吉县“代表进部门”活动正式启动。

安吉县城乡电费2005年全部实现金融机构代收，但受金融部门撤并农村信用社网点的影响(先后有6个信用社被撤并)，一些偏远地区的群众缴纳电费出现了难题。群众为缴费要跑几十公里，路费甚至超过电费，特别是农村中一些孤寡老人，留守老人和残疾人，缴费更是不变。在此次的“代表进部门”活动中，3位县人大代表当面向县供电部门负责人反映群众的意见，要求供电部门采取措施便利于民，供电部门为缴费工作给群众带来的不便表示歉意，并当场表态，将进一步加大电费预存宣传力度，进一步提高服务水平，对农村缴费困难的特殊群体进行调查摸底，建立“特殊照顾名单”，实行上门代存代缴服务。

是年，18名省、市、县三级人大代表主动“走进部门”，实地察看了检察院办案工作区，观看反贪部门办案的同步录音录像，听取县检察院反贪污贿赂工作情况报告，还就新刑事诉讼法实施后，检察院在职务犯罪查办中保障犯罪嫌疑人、律师等主体权益等提出相关问题。县检察院对人大代表关心重视检察机关工作表示感谢，根据代表提出的意见建议，进一步总结分析不同时期贪污贿赂犯罪的特点，以案释法，开展形式多样的法制宣传教育活动，加大对重点行业、重点部门职务犯罪的查处力度，特别是查办涉农、涉及民生以及工程建设领域的职务犯罪，不断优化队伍结构，建设一支高素质、职业化的反贪队伍。

2008 年，县人大代表先后就社区服务站建设管理、开通皈山至递铺公交以及蓄电池企业污染问题，“走进部门”进行沟通联系，并实施监督，促成上述问题有效解决。

2010 年，县人大代表针对非法挖砂影响生态环境建设问题，“走进部门”进行面对面沟通交流，引起政府高度重视，依法开展综合整治，较好地解决了这一热点问题。部分代表小组还分别走进县档案局、县民政局等部门窗口就进一步优化服务提出建议，部门窗口服务水平进一步提高。之后，人大代表还先后就社区卫生服务站建设管理、开通皈山至递铺公交、竹木制品行业污染治理、烟类污染专项治理以及蓄电池企业污染治理等问题，与相关部门进行沟通，并实施监督，促成上述问题有效解决。

此后，随着代表联络站的建立，代表进部门的功能逐渐由代表联络站代替。

第九节　代表联络站

2014 年 6 月，县人大常委会在乡镇(街道)人大工作会议上对推进代表联络站建设作出全面部署。会后，各乡镇(街道)人大按照“场所固定，方便选民，设施各备”的建设要求，全力开展联络站建设工作，个别乡镇不仅在乡镇一级建站，还在代表覆盖面较大的村一级设站，常委会分管领导和代表工委定期驻点，现场指导和推动联络站的规范化建设。

7 月 2 日，县人大常委会围绕省人大常委会关于人大代表联系站建设“全覆盖，制度化，常活动”目标要求，制定下发《关于“人大代表联络站”建设有关事项的通知》，通知要求，每个乡镇、街道至少设“人大代表联络站”1 个，并有固定场所，单独正规挂牌；要健全联系站的任务内容、具体形式、时间安排、活动要求、重要情况汇报、台账登记等工作制度，在站内公示联络站规则、接待群众流程图，做到站内所有代表照片(联系方式)、牌子和制度“三上墙”。

代表接待工作由乡镇(街道)人大主席团(人大工委)组织，接待活动每月开展一次，每名代表在一年内至少参加一次接待活动。接待群众只受理对于本级及以下政府、机关、部门和单位工作的意见。群众向代表反映的事项超出代表责权范围的，代表与乡镇(街道)人大主席团(人大工委)协商决定是否受理。对于能即时答复的，当场答复；不能当场解决的事项，或交给乡镇(街道)人大主席团(人大工委)按相关规定处理，或形成闭会期间的代表建议，向本级人大提出，并做好跟踪监督工作。群众反映的事项有处理结果后，代表或乡镇(街道)人大及时将结果告知反映人。是年，全县共建设联络站 25 个，乡镇(街道)代表联络站全覆盖。各联络站共接待选民 1230 人次，解决问题 90 余个。

2015 年，县人大常委会在代表联络站实现全覆盖的基础上，继续加大建设和完善力度明确保规范化、常态化运行。试点网上代表联络站建设，全力推进“两网融合”工作，实现“站内站外、线上线下”双向互动。

2016 年，县人大常委会加大网上代表联络站建设力度，专门印发《关于推进网上代表联络站建设的通知》,要求扎实推进“两网融合”工作,做好“代表履职服务平台”的推广运用,引导代表通过平台学习提升,交流互动。在2015年试点建设的基础上,采取以点带面、规范指导、统一建站的方式,实现乡镇(街道)网上联络站全覆盖。通过“四个加强”做到常态化运行:一是加强网上民意表达,组织和引导广大选民依托网上站点,随时随地向辖区代表反映社会热点难点问题,提出意见和建议;二是加强民生诉求落实,对民情民意,代表第一时间响应和答复,经核实和梳理后及时向地方党委、政府和有关部门反映并全程跟踪督办,确保加强督办履职宣传,为代表履职营造良好的社会氛围。

2017年,县人大常委会深入推进五星级联络站创建,通过规范提升和突出一站一特色,共完成9个争创点,全年市县乡三级点共进站386人次,收集意见建议238条,解决问题168个。是年,常委会在政府各部门确立36名代表联络员,并在法院诉讼服务中心、执行局和基层分别建立代表联络中心及联络站。检察院出台深化代表联络工作实施建议,向代表征集项目线索34条,并转交政府研究办理。

2018年,县人大常委会继续扎实推进五星级联络站建设,做精一站一品,建设五星级联络站10个。健全联络站意见处理等机制,收集建议800余条,解决问题630余个。市县领导带头进联络站接待群众,履行代表职责。

2019年6月26日,县人大常委会制定《关于规范五星级人大代表联络站运行的工作标准》,就代表联络站规范化运行的总体原则、基本要求、工作标准作出具体规定,使代表联络站建设更趋规范化、实效化。是年,全县五星级联络站实现全覆盖。做精一站一品,打造孝丰“智慧”联络站、上墅“五岗示范”联络站等特色联络站。制定规范五星级联络站运行标准,保障联络站制度化规范化运行。全县各级代表进联络站开展主题接待160余次,收集意见建议610余条,推动解决问题430余个。

第六章　专门委员会

安吉县人大按照《中华人民共和国地方各级人民代表大会和地方各级人民政府组织法》第三十条规定和根据《中共中央转发全国人大常委会党组关于加强县乡人大工作和建设的若干意见的通知》《中共浙江省委关于认真贯彻落实中央文件精神加强县乡人大工作的若干意见》,先后设立3个专门委员会。2017年2月,县人大设立法制(内务司法)委员会和财政经济委员会,并通过两个专门委员会的组成人员。2019年1月,设立县人大社会建设委员会。各专门委员会在本级人民代表大会及其常务委员会领导下,研究、审议和拟订有关议案;对属于本级人民代表大会及其常务委员会职权范围内同本委员会有关的问题,进行调查研究,提出建议。县人大各专门委员会围绕各自的工作,依法履职,强化监督,有效地完成了各项工作。

第一节　组织机构

2017年2月17日安吉县第十六届人大第一次会议第三次全体会议作出《关于设立安吉县十六届人民代表大会法制(内务司法)委员会和财政经济委员会的决定》。县十六届人大第一次会议依法通过安吉县第十六届人民代表大会法制(内务司法)委员会和财政经济委员会两个专门委员会组成人员名单。2019年1月22日县十六届人大第三次会议决定设立县人大社会建设委员会。

一、监察和司法(法制)委员会

2017年2月设立法制(内务司法)委员会,设主任委员1名,副主任委员1名,委员7名;9名组成人员中,有常委会组成人员2名,县人大代表7名。2019年1月,更名为县人大监察和司法(法制)委员会,原法制(内务司法)委员会组成人员转任监察和司法(法制)委员会组成人员。

主任委员:鲍亚红

副主任委员:叶　安

委　员:章军平　朱　毅　夏　旦　郑　敏　俞伟国　王秀清　翁建林

二、财政经济委员会

2017年2月设立,设主任委员1名,副主任委员1名,委员7名;9名组成人员中,有常委会组成人员2名,县人大代表7名。

主任委员:徐存林

副主任委员:韩金苗

莫　骄(2019 年 1 月任)

委　员:施　霞　施　宏　盛文明　梅明星　周盛东　陈贤琴　程益欢

三、社会建设委员会

2019 年 1 月设立,设主任委员 1 名,副主任 1 名,委员 6 名;8 名组成人员中,有常委会组成人员 2 名,县人大代表 6 名。

主任委员:吴有才

副主任委员:顾小宝

林立辉(2019 年 9 月任)

委　员:巴卫珍　张　敏　张　慧　张利民　陈秀宽　周　挺

第二节　工作职责

《地方组织法》规定:“各专门委员会在本级人民代表大会及其常务委员会领导下,研究、审议和拟定有关议案;对属于本级人民代表大会及其常务委员会职权范围内同本委员会有关的问题进行调查研究,提出建议。”安吉县人民代表大会各专门委员会遵照上级规定结合本委实际,分别制定具体工作规定,《规定》明确专门委员会具体工作职责。

安吉县人大法制(内务司法)委员会工作职责

一、向县人民代表大会及其常务委员会提出属于县人民代表大会及其常务委员会职权范围内同本委员会有关的议案。

二、承担县人民代表大会主席团或县人民代表大会常务委员会主任会议交付的议案办理工作,并按要求提出报告。

三、审议县人民代表大会主席团或县人民代表大会常务委员会主任会议交付的质询案,听取受质询机关对质询的答复,并提出审议意见。

四、拟定和审议同本委员会有关的决议、决定草案。

五、对法制内务司法方面的法律、法规和县人民代表大会及其常务委员会决议、决定的实施情况以及审议、监督意见落实情况进行监督检查,并就检查中发现的重大问题向县人民代表大会常委会委员会或主任会议提出处理意见和建议。

六、对属于县人民代表大会及其常务委员会职权范围内同本委员会有关的问题,进行调查研究,并向县人民代表大会常务委员会或主任会议提出建议。

七、协助县人民代表大会常务委员会办理听取和审议“一府一委两院”专项工作报告的有关工作。

八、负责规范性文件备案审查工作。

九、办理县人大代表提出与本委员会有关的议案、建议与意见。

十、办理省、市人民代表大会有关专门委员会的立法调研、执法检查和视察等相关工作。

十一、承办县人民代表大会及其常务委员会交付的其他事项。

安吉县人大财政经济委员会工作职责

一、向县人民代表大会或其常务委员会提出属于县人民代表大会或其常务委员会职权范围内同本委员会有关的议案。

二、审议县人民代表大会主席团或县人民代表大会常务委员会主任会议交付的议案，并提出报告。

三、审议县人民代表大会主席团或县人民代表大会常务委员会主任会议交付的质询案，听取受质询机关对质询的答复，并提出报告。

四、拟定和审议同本委员会有关的决议、决定草案。

五、办理省、市人民代表大会有关专门委员会交办的地方性法规草案的征集意见工作。

六、对财政经济方面的法律、法规和县人民代表大会及其常务委员会有关财政经济方面的决议、决定执行情况及审议、监督意见落实情况进行检查、视察和督查，并就检查中发现的重大问题向县人民代表大会常务委员会或其主任会议提出处理意见和建议。

七、对属于县人民代表大会或其常务委员会职权范围内与本委员会有关的重大问题，进行调查研究，向县人民代表大会常务委员会或其主任会议提出意见和报告。

八、审查县人民政府有关财政经济方面的规范性文件和决议、决定，对其中与宪法、法律、法规相抵触的问题，向县人民代表大会常务委员会或其主任会议提出处理意见和报告。

九、对本县国民经济和社会发展计划、预算以及它们的执行情况进行审查和监督，对本县国民经济和社会发展计划调整方案及预算调整方案和决算草案进行审查，并向县人民代表大会常务委员会提出审查报告。每年人民代表大会召开期间，负责对县人民政府关于国民经济和社会发展计划执行情况与计划草案、预算执行情况和预算草案进行审查，并向县人民代表大会主席团提出审查报告。

十、对县人民政府提交的县级部门预算草案、部门决算草案进行审查，并将审查情况向县人民代表大会常务委员会或其主任会议报告。部门预算草案，经县人民代表大会常务委员会或其主任会议同意后，在县人民代表大会召开期间，提请代表审查。

十一、承办县人民代表大会及其常务委员会和主任会议交付的其他事项。

安吉县人大社会建设委员会工作职责

一、审议县人民代表大会主席团或者县人民代表大会常委会主任会议交付的议案，并提出报告。

二、向县人民代表大会及其常委会提出属于县人民代表大会或者常委会职权范围内的与社会建设有关的议案。

三、审议县人民代表大会主席团或者县人民代表大会常委会主任会议交付的质询案，听取受质询关机对质询的答复，并提出报告。

四、审查县人民政府报备的规范性文件、决议、决定，提出初步审查意见。

五、根据县人大常委会的年度执法检查计划，具体实施执法检查工作，并提出执法检查报告。

六、对属于县人民代表大会及其常委会职权范围内的社会建设方面的重大问题和人民群众关心的热点问题，进行调查研究，提出意见和建议。

七、协助县人大常委会代表与选任工委督查相关代表议案和建议、意见的办理。

八、承办省级人民代表大会社会建设委员部署的各项工作和县人民代表大会、常委会会议及主任会议交办的其他事项。

第三节　主要工作

监察和司法(法制)委员会、财政经济委员会和社会建设委员会在安吉县人大及其常委会的领导下，围绕全县中心工作和常委会年度工作部署，依法履职，完成各项工作。

一、监察和司法(法制)委员会工作

2017 年，对县法院民事执行工作进行专题调研，实地视察法院执法局、执行指挥中心等地，与一线执行干警谈话交流，召开基层司法所和律师事务所负责人座谈会，走访部分乡镇(街道)、部门征求意见，形成《关于县法院民事执行工作情况的调查报告》。起草《关于进一步推进法院执行工作的意见》，经主任会议讨论通过发文。《意见》所提 22 条针对性意见，不仅对法院在强化举措、落实机制、执行联动、建好队伍等方面提出要求，还对相关部门与单位支持协助法院执行工作、监察机关查处有关违法违纪行为、检察机关加强法律监督、有关部门与单位做好普法宣传等提出要求。对“两院”司法改革工作开展调研，通过实地踏看，召开座谈会，听取专题汇报等形式，全面了解司法改革工作成效。并对“两院”司法改革提出建议，要求将上级改革部署与本地实际结合起来，落实好配套工作机制和工作制度；尽快建立完善办案责任制，强化内部的监督评价机制；加强员额法官、员额检察官队伍建设，努力提升司法能力。对全县道路交通安全管理情况开展调研视察，先后走访交警大队城管中队和孝丰大队、县城警大队、长运公司等单位，实地踏看交通事故易发点、存在安全隐患路段，听取县公安局工作汇报。6 月主任会议听取县政府关于全县道路交通安全管理工作情况汇报，针对存在的交通安全隐患和群众反映集中的行车难、停车难等问题，提出加大基础设施建设，优化交通组织，加强动态管理，强化安全教育的建议。推进规范性文件备案审查，对县政府报送的 33 件规范性文件进行备案审查，坚持合法性审查，注重与政府法制办的配合，加强沟通对接；兼顾合理性，切实提高审查的质量与效率。先后对全县食品安全监管工作、城镇污水处理设施运维、就业与人才工作情况等开展调研视察。听取和审议县政府关于食品安全监督管理工作、就业与人才工作和城镇污水处理设施运维情况的报告，就存在的突出问题提出整改意见和建议。对全县民主法制村建设工作开展专题调研。先后走访双一村、洛四房村等，听取县司法局相关工作汇报，针对存在的不足和问题提出意见建议；推进“民主法制示范村”创建，打造全省、全

国样板。对17个县重点项目推进情况开展调研视察，通过听取责任部门和建设单位工作汇报，现场踏看项目进展，全面了解重点项目推进情况，对17个重点项目按推进有力、进展正常、进度滞缓三类进行初步评价，为常委会听取和审议全县重点项目推进情况工作报告提供依据。对县公安局、县市场监管局、县民政局、县司法局、县人力社保局、县综合执法局、县安监局等“最多跑一次”工作情况开展调研督察，详细了解工作进展情况，查找突出问题和薄弱环节，提出工作建议，助推“最多跑一次”改革工作落实到位。配合市人大开展《湖州市禁止全省售燃放烟花爆竹规定》立法调研以及对《食品安全法》贯彻落实情况开展执法检查。配合全国人大法律委员会对《中华人民共和国农民专业合作社法(修订草案)》开展立法调研。配合省人大对《浙江省小型无人驾驶航空器安全管理条件(草案)》开展立法调研。督导村级组织换届选举。遵照县委组织部《关于成立全选村和社区组织换届工作督导组的通知》要求，4—5月，对孝源街道村级组织换届选举工作进行督导。先后多次赴孝源街道及辖区五个村开展指导督查，了解掌握动态，督查选风选纪。

2018年，制定《关于开展对员额法官、检察官述职测评的实施方案》，县人大常委会召开“两官”述职测评大会，39名员额法官、17名员额检察官参加述职评议，10名述职对象作口头述职，其余书面述职，对所有对象进行述职测评。对县法院落实县人大常委会《关于进一步推进法院执法工作的意见》情况进行监督。专题听取法院推进基本解决“执行难”工作情况汇报并进行视察，针对存在问题提出意见建议。对环境资源审判工作和生态监察工作进行视察，实地踏看县人民法院补植复绿教育基地、县人民检察院检察服务中心等地，听取法院和检察院有关工作汇报，针对部门协作机制不够健全、专业人才缺乏等问题提出意见建议。

推进规范性文件备案审查，加大专业审查和综合审查力度，对报备的规范性文件逐件进行审查，维护制定统一。全年共对县政府报送备案的33件规范性文件进行登记、备案和审查。先后对《浙江省社会养老服务促进条例》《湖州市禁止销售燃放烟花爆竹规定》等贯彻执行情况开展视察、调研和检查。通过实地走访、召开座谈会、听取汇报等方式，全面了解和梳理汇报情况，针对存在的问题提出意见建议。采取部门自查与评审组织抽查案卷相结合方式，对县公安局、县市场监管局2017年行政处罚案件办理情况进行评审。将发现的问题进行分析疏理汇总，提出意见建议。8月主任会议听取两部门专题工作汇报和评审组评审意见，形成审议意见及时反馈，督促部门进行整改。对食品安全监督工作进行跟踪专题视察，实地察看县食品药品检验检测中心和浙江民生健康科技有限公司等企业，听取县市场监管局关于全县食品安全监管工作情况汇报，针对存在问题和群众关注热点，提出意见建议。

2019年，继续开展“两官”履职评议，开展评前调研，全面了解“两官”在办案数量、办案责任制完成、所办案件是否存在重大瑕疵等方面的情况，并进行梳理汇总，为常委会开展述职测评提供依据。县十六届人大常委会28次会议，对39名员额法官、16名员额检察官开展述职评议，其中10名口头述职，45名书面述职。组织开展公益诉讼专题调研，提请十六届人大第三十七次主任会议听取检察院关于公益诉讼工作情况报告。常委会第二十七次会议审议通过《关于加强县人民检察院开展公益诉讼工作的决定》，从强化法律监督职能、推动工作有序开展、保障公益诉讼效果、营造良好舆论氛围等方面提出具体要求，进一步规范和保障检察机关依法履行提起公益诉讼的职能。开展“七五”普法专题调研，全面了解普法成效，并进行梳理分析，针对存在的问题提出意见建议。结合县委中心工作，对如何有效发挥普法在文明城市创建中的作用进行深入研究，形成《关于提高普法质效、助推文明城市创建的思考》调研报告。专题视察全县人民调解工作，先后走访孝丰司法所、县物业管理矛盾纠纷调解中心，听取县司法局工作汇报，全面了解人民调解工作现状，要求司法行政部门加强人民调解机制创新，凝聚各方力量，筑牢社会稳定的“第一道防线”。对全县扫黑除恶专项斗争工作情况开展专题调研，深入公安派出所、有关乡镇(街道)走访调研，全面了解情况，提请第三十六次主任会议听取全县扫黑除恶专项斗争工作情况的报告，提出针对性意见和建议。提请常委会制定《县人民代表大会常务委员会听取和审议县监察委员会专项工作报告办法(试行)》，对议题确定、报告形式和内容、审议流程、意见处理等进行详细规定。组织开展对餐厨垃圾处理建设项目、“虎哥”服务站、居民小区等地调研视察，对垃圾分类投放、收集、运输、处理的全过程进行实地踏看，听取县综合执法局有关工作情况汇报，针对分类知识不全、分类质量不高、部门联动不够等问题提出意见建议。协助常委会作出《关于加快推进城乡生活垃圾精准分类的决定》，制定《安吉县人大常委会关于推进城乡生活垃圾精准分类的监督方案》。对全县文明养犬工作进行视察，通过实地踏看犬类管理收容所、走访群众、听取汇报等方式，深入了解工作推进情况，提出要加强工作合力、强化执法力度、转变管理方式、加大宣传力度等建议。对 14 个县重大项目进行调研视察，通过听取责任单位工作汇报，现场踏看项目进展，全面了解项目推进情况，针对发现的问题提出工作建议，并对项目进展，部门服务作出评价，为主任会议听取重点项目推进工作提供依据开展规范性文件备案审查系统的使用，实现网上报备、审查和归档，全年做好 30 件政府规范性文件备案审查。配合市人大开展对《湖州市乡村旅游促进条例(草案)》《湖州市大气污染防治规定(草案)》的立法调研，配合浙江省环境保护科学设计研究院对生活垃圾精准分类的第三方评估工作。

二、财政经济委员会工作

2017 年，制定《安吉县人民代表大会财政经济委员会工作规则》，建立主任委员办公会议制度和委全体会议制度。全年共召开委全体会议 5 次，主任委员办公会议 9 次。研究讨论工作重点、预算初审报告、决算初审报告、政府议案初审报告、重点项目视察调研方案、乡镇预算审查和民主参与式预算审查工作布置等工作。全年开展视察调研活动 9 次。活动前制定方案，布置部门准备好书面汇报材料；活动中采取一看、二听、三议方式；活动后做好视察调研意见书面反馈。县十六届人大一次会议审查批准 2017 年财政预算草案和 57 个预算单位的部门预算。专委会对剩余 46 个预算单位的部门预算进行初步审查，3 月 29 日常委会第二次会议审查批准 46 个预算单位的部门预算，于 4 月 5 日印发《关于批准安吉县 2017 年部门预算的决议》。4 月 19 日，组织视察招商引资工作，实地视察佐力药业、天天快递物流装备产业园、信多达智能科技公司等企业。听取县投资促进局关于招商引资专项工作汇报，就进一步提高认识、营造工作氛围提出意识和建议。是年，组织开展对县投资促进局工作评议。共征集意见建议38条，222名人大代表参与测评。常委会第六次会议听取县投资促进局自查工作报告，并进行满意度测评。2017年5月10日，组织开展对开发区、示范区经济发展工作视察。实地视察中策橡胶、洁美电子、华丰纸业、新兴移山、永艺家具、恒林椅业、天振竹业、热威电热等8家企业重点建设项目，听取示范区管理委员会经济发展工作情况报告。5月26日，组织开展对全县融资工作情况调研。听取财政部门工作汇报，了解全县融资情况及存在问题，就如何贯彻落实财政部等六部委《关于进一步规范地方政府举债融资行为的通知》文件精神提出意见建议。要求确立融资工作的法治意识、政策意识、大局意识；妥善处理已形成的问题，做到底数要清，处置要实，风险要控；建立符合法律政策要求的正常融资机制；用好政府资源，勤俭办一切事业；防范和化解金融风险。6月，县人大常委会分5个组对52个重点项目进行视察、调研、评价。围绕重点建设项目的服务、建设进度、安全生产等内客，通过"看、听、议、评"方式，了解掌握重点建设项目现状和存在问题。6月16日，常委会第八次主任会议听取示范区管委会相关工作报告，针对开发区、示范区工作中存在的问题提出意见和建议。6月19日，召开中小企业发展座谈会，听取县经信委关于中小企业发展情况汇报。7月13日，下发《关于做好乡镇预算审查及乡镇民主参与式预算审查工作的通知》。是月，初步审查2016年财政决算，出具初审报告。9月11日，举办乡镇人大预算监督工作培训会，给乡镇人大主席专门作预算监督和民主参与式预算审查工作培训。10月，通过视察、明察暗访、召开座谈会等方式，分条线对"最多跑一次"改革工作开展调研督察。10月23日，常委会第12次主任会议听取行政服务中心工作汇报，提出意见和建议。11月3日，为报福镇人大代表培训预算监督工作。就乡镇民主参与式预算审查的档案整理工作发出通知。选择县卫计局开展2018年民主参与式预算审查试点，印发《安吉县卫计局民主参与式预算审查工作方案》，12月2日，召开县卫计局2018年部门预算编制民主恳读会。12月8日，召开县人大财经委第五次全体会议，对县卫计局2018年预算初步方案进行审查，提出初步审查意见，发文请县财政局研究处理。

2018年1—2月，组织人员对《关于安吉县2017年财政预算执行情况和2018年财政预算草案的报告》(含64个部门108个预算单位的预算草案)进行初步审查，书面出具初步审查报告。7月，对县财政局提出的《关于2017年财政预算(草案)的报告》进展审查，提交初审报告；7月23日常委会第十三次会议审议并批准2017年财政决算。11月，对县财政局受县政府委托提交的《安吉县2018年一般公共预算调整方案(草案)》和《安吉县2018年政府性基金预算调整方案(草案)》进行审查，提交审查报告。11月26日常委会第十六次会议批准2018年预算调整方案。4月，组织开展《加强税收征管，探索财政增收新途径》的课题调研。了解新形势下全县财政(税收)增收存在的主要问题和困难，探讨进一步财政(税收)增收的对策措施。4—5月，开展乡镇(街道、两区)债务管理情况调研，了解自2013年以来全县乡镇(街道、两区)债务规模、结构和全县债务总体情况，乡镇(街道、两区)债务资金的使用方向、形成原因，对促进乡镇经济社会发展所起作用及存在的主要问题，乡镇化解债务的主要措施、计划及建议等。7月，制定《关于做好乡镇(街道)预算监督工作的通知》。同时做好当年预算执行情况的监督工作，并做好2019年乡镇(街道)预算编制和民主参与式预算审查工作。7月23日常委会第十三次听取和审查2018年上半年国民经济和社会发展计划执行情况的报告,6—9月,对全县"十三五"规划纲要中期评估报告和教育、水利、交通、老龄事业、残疾人事业5个子规划实施情况评估报告进行调研并审议。9月27日常委会第十四次会议听取并审议县政府关于"十三五"规划纲要实施情况中期评估报告,并提出意见和建议。9月,听取县财政局《关于我县财政项目资金绩效评价情况的报告》,全面掌握县财政项目资金绩效评估工作的历史和现状,近两年财政项目资金绩效评价的主要做法,评价结果的分析,就加强财政项目资金绩效评价工作提出意见和建议。制定《关于做好国有资产管理情况报告起草工作的通知》,写出《我县国有资产管理情况报告制度建设情况及对首次报告的初步审查报告》。11月26日常委会第十六次次会议听取和审议全县行政事业单位国有资产管理情况的专项报告,书面审议全县国有资产管理情况综合报告,对进一步做好国有资产管理提出意见和建议。是年,组织开展工业经济视察调研。先后实地走访舒友、和也等20多家工业企业,听取县经信委、开发区、示范区相关工作汇报,并结合重点建设项目开展评价。组织开展招商引资工作视察调研。听取县投资促进局工作汇报,实地走访4家企业并提出意见和建议。组织开展外贸工作视察调研。实地视察艺维斯家具有限公司和跨境电商孵化园,听取县商务局关于全县外贸工作情况的汇报,就大力推动全县外贸由规模速度型向质量效益型转变提出意见和建议。

2019年2—3月,组织开展实地走访民营企业100余家,收集整理问题30余个,组织召开民营企业家座谈会和进行问卷调查,提交调研报告。制定《关于调研和审议我县突进民营经济高质量发展情况的实施方案》;3月15日常委会第二十次会议作出《关于奋力推进我县民营经济高质量发展的决议》,议听取和审议《安吉县2019年自然资源国有资产管理情况的专项报告》。5月,县财经委书面审议国有资产管理、地方企业国有资产管理、行政机关及事业单位国有资产管理等情况专项报告,汇编两年国有资产管理情况汇报;对县城投集团、文旅集团、交投集团、产投集团开展走访调研,听取相关工作汇报,提出意见建议;对26个部门109个预算单位的预算进行初步审查,提交初步审查报告;组织开展全县政法债务情况调研,掌握全县债务总量,了解2019年偿债情况和债务总量动态,提出落实中央和各级要求,切实做好金融风险防控要求。5月31日常委会第二十二次会议审议《关于安吉县上半年财政预算执行情况的报告》。7月10日,配合市人大常委会调研组开展隐性债务调研。实地考察超亚家具、浙江绿世界制药、浙江五星家具3家外贸企业,了解国际贸易摩擦背景下的企业外贸情况,听取县商务局工作汇报,就推进外贸民营经济高质量发展提出意见建议。7月22日常委会第二十三次会议审议通过《安吉县人大常委会关于加强支出预算、政策和预算绩效监督的暂行办法》。召开部门预算通报会,听取县财政局《关于2019年全县预算编制总体思路、专项资金预算和7个部门预算初步方案》,并听取26个县人大代表和部门代表的意见。10月16日,组织视察全县2019年招商引资工作。实地踏看杭州鸿泉物联网技术股份有限公司项目、卡塞尔机械(杭州)有限公司项目、养生堂有限公司项目、杭州安费诺飞凤通信产品有限公司等,听取县投资促进中心关于2019年前8个月招商引资工作汇报,对下一步招商引资工作提出意见和建议。

三、社会建设委员会工作

安吉县人大常委会社会建设委员会自2019年1月22日建立，先后制定《安吉县人大社会建设委员会工作规则》和《安吉县人大社会建设委员会组成人员守则》，明确职责和工作规则，为依法履职、规范运行奠定基础。加强与县民政局、县人才社保局等12个对口单位的密切联系，拟定社会建设委员会工作重点。

2019年6月，组织开展对县民政局工作评议。专题听取县民政局工作自查报告，召开座谈会，开展谈话20余人次；发放民主测评表348份，广泛征求人大代表和服务对象的意见建议；提交评议报告，形成评议意见，督促整改落实。是年，深入走访孝丰镇新村村，了解由于世行项目没有将该村纳入饮用水实施范围而造成村民饮水困难，多次与孝丰镇政府、县水利局、县城投公司协调对接，推动新村村民饮用水项目的实施。对县人力社保局行政处罚案件办理情况进行评审。制定工作方案，成立案件评审工作组，召开部署会，组织评审活动。针对存在问题，提出建议：明确思想，内增素质，提升司法能力；加大便民服务；认真审查，强化评查，确保案件质量；高度重视，接受监督，提高执法水平。组织开展专项执法检查。视察全县范围内重点公众聚集场所和住宅小区电梯安全状况，听取县市场监管局关于全县电梯安全工作的汇报，督促落实电梯安装维保质量安全责任；组织专委会委员先后走访安吉新新残疾人托养所、康复中心等地，听取县残联关于《浙江省残疾人保障条例》执行情况的工作汇报。要求政府及有关部门进一步提高认识，强化责任，创新有为，依法保护残疾人合法权益。牵头安吉赋石、老石坎、凤凰三大水库污染源特定问题调查工作，聘请专业技术人员，组织各层面工作座谈会，全面完成《关于县赋石、老石坎、凤凰三大水库污染源特定问题调查》专项技术报告，并对污染源防止工作提出意见和建议。先后走访湖州炜业、洁美电子科技股份有限工作、安吉职业教育中心等单位，听取企业关于一线技术工人管理工作情况汇报，召开座谈会，形成《关于加强企业一线专业技术工人管理体制建设》的调研报告。

第七章　乡镇人大工作指导

加强对乡镇(街道)人大工作的指导,是做好县人大常委会工作的一项重要内容。在县乡两级人民代表换届选举时,县人大常委会指导乡镇及时成立了乡镇选举委员会及办事机构,组织开展选举工作法律法规和文件的学习。县人大常委会主任、副主任、委员及委办负责人分片联系乡镇(街道),深入基层调查视察,指导乡镇人大开展工作。经常性地对乡镇(街道)人大干部和代表进行培训,并对乡镇人大工作进行业务指导,使乡镇(街道)人大工作逐步走上规范化、制度化轨道。

第一节　工作指导

1984年3月,遵照宪法和选举法规定和全国人大常委会、省人大常委会《关于县乡两级人民代表选举时间的决定》,安吉县县乡人民代表换届选举工作全面展开。在南北庄乡进行选举工作试点的基础上,4月,召开有800多人参加的选举工作会议,全面部署县乡两级人民代表大会代表选举工作。5月,召开各选举办事处、乡镇选举委员会主任会议,交流选举工作经验,进一步统一认识,加强指导。历时3个月,于6月底顺利结束,全县选民参选率98.1%,选举产生乡镇人民代表3663名,当选率99.4%。人大代表换届选举后,县人大常委会指导各乡镇先后召开人民代表大会,选举产生乡长、副乡长,镇长、副镇长,同时选举人民法院陪审员。结合乡镇选举,及时建立村民委员会、居民委员会,健全和加强了乡、村基层政权建设。

1985年10月,经浙江省和湖州市人民政府批准,撤销梅溪、晓墅孝丰3个乡,分别并入梅溪、晓墅、孝丰3个镇。涉及原乡镇人民代表大会代表职权确认和相关乡镇人民政府组成人员辞职手续办理以及新增人员的补选问题,县人大常委会及时组织人员到相关乡镇进行调查,征求意见,会同组织部门,加强指导督促,依法召开乡镇人民代表大会,较好地解决了撤乡并镇过程中坚持民主制度和依法办事的问题。

1990年2月,遵照选举法和《浙江省县乡两级人民代表大会代表选举实施细则》规定,安吉县乡人民代表大会代表换届选举工作全面展开。针对下届乡镇人民代表名额大幅减少(下届乡镇人民代表2085名,比上届减少1658名)的实际情况,县人大常委会组织人员多次深入乡镇调查研究。通过动员会、选民会、走访座谈、骨干培训、编写简报以及运用广播、黑板报、标语等多种形式,营造氛围,增强民主法制意识和严格依法办事的自觉性。县人大常委会成员落实责任制,分片跑乡联络,精心指导乡镇各阶段的选举工作。及时交流成功经验,指出存在问题,交代注意事项。经过共同努力,乡镇人民代表大会换届选举按要求如期顺利完成。新一届乡镇人民代表选举产生后,县人大常委会指导乡镇依法召开第一次人民代表大会。对乡镇人民代表大会的会议程序、时间安排、会议议程，选举乡镇人民政府领导人员和乡镇人大主席团及常务主席的方法、代表审议大会报告、通过大会决议、办理代表议案等方面的要求提出指导性意见。

1992 年，县人大常委会在全县范围内开展由各乡镇人大主席团组织本乡镇的县、乡镇人大代表对本级政府职能部门和基层服务单位工作民主评议活动，指导各乡镇人大主席团的评议工作。评议中，代表共提出意见建议 658 条，通过评议，提高代表参政议政的能力和水平。

1993 年，县人大常委会按照《浙江省乡镇人民代表大会主席团组织条例》的规定，指导乡镇人大主席团建立健全各项制度。指导各乡镇人大主席团采取各种形式对代表进行培训，组织代表学习代表法等有关法律法规，提高乡镇人民代表政策水平、法律水平和参政议政能力。

1994 年，县人大常委会主要从四个方面着手指导乡镇人大工作：一是指导乡镇人大主席团进一步完善各项工作，学习和活动的制度；二是吸收乡镇人大主席参加常委会重大活动，以提高乡镇人大主席团开展人大工作的能力；三是指导乡镇人大工作经验信息传递，召开全县人大代表工作经验交流会，总结交流乡镇人大主席团工作经验；四是在平时工作中加强指导，凡乡镇人大开展重大活动，常委会均派人参加，认真指导。

1995 年 10 月，常委会抽调力量指导帮助下汤乡进行换届选举试点，11 月，全县各乡镇换届选举工作铺开后，常委会领导又分别到各乡镇进行指导，保证全县乡镇换届选举工作顺利进行。指导召开新一届乡镇人民代表大会第一次会议，并选举产生新一届乡镇人大、政府领导班子，为进一步做好乡镇人大工作打下组织基础。1996 年，县人大常委会学习贯彻《中共安吉县委关于进一步加强对乡镇人大工作指导的通知》精神，采取多种形式加强对乡镇人大工作的指导，支持乡镇人大主席团依法行使职权。指导、帮助乡镇人大主席团建章立制，通过《人大工作简讯》介绍湖州市道场乡、安吉县孝丰镇人大主席团制定规章制度的做法，使乡镇人大工作逐步走上规范化、制度化轨道。

1997 年 4 月 21 日，县人大常务会举行全县乡镇人大专职正副主席会议。孝丰镇、天荒坪镇、南北湖乡、永和乡、溪龙乡、下汤乡、南北庄乡人大主席、副主席就乡镇人大开展工作监督与法律监督，积极组织代表活动等情况作交流发言。县人大常委会主任张锡荣总结全县乡镇人大工作所取得的成绩，并就进一步做好乡镇人大工作提出意见。县委副书记钱坤方就进一步加强乡镇人大工作作了讲话。常委会还就乡镇人大换届选举工作、建章立制工作加强指导与监督。

1998 年，针对乡镇领导班子调整，乡镇人大工作人员变动较多的实际情况，县人大常委会于 4 月和 9 月两次举办选举法、代表法及《浙江省〈代表法〉实施办法》知识培训，邀请省人大领导为乡镇人大专职主席、副主席及人大工作联络员讲课，赤坞乡、昆铜乡、上墅乡、南北湖乡、杭垓镇人大主席介绍工作经验，交流工作体会。常委会根据有关法律规定和县委要求，成立全县乡镇人大换届选举办公室，举办换届选举工作培训班，并在递铺镇开展试点的基础上，对全县开展乡镇人大换届选举工作作了全面部署。在乡镇换届选举过程中，常委会领导及各办事机构负责人多次深入乡镇检查指导工作，及时研究新情况，解决新问题。

至 1999 年 1 月 8 日，全县乡镇人民代表选举换届工作基本结束，并依法召开了新一届乡镇人民代表大会，选举产生了新一届乡镇人大、政府领导班子。是年，县人大常委会加强对乡镇人大工作的指导，及时通过《人大工作信息》宣传乡镇人大工作中好的做法；多次召开乡镇人大主席会议，交流工作经验和工作体会。梅溪镇人大主席团加强义务教育法执法监督，依法做好流失生工作，使部分初中流失生返校读书，这一监督效果在社会上引起强烈反响，中央电视台和多级党报等媒体都作了报道，梅溪镇人大主席团被评为省首届“优秀青少年维权岗”。

2000年，县人大常委会在深入调研的基础上，提出关于做好新建乡镇人大选举工作的意见，作出《关于新建乡镇人民代表大会换届选举及代表名额分配等决定》。同时还深入有关乡镇、选区，听取汇报，检查指导工作，强调这次乡镇选举是在“撤扩并”工作中进行的，新情况、新问题比较多，更要把坚持党的领导、充分发扬民主、严格依法办事统一起来，确保新建乡镇人大选举成功。

2001年，县人大常委会作出重大决策、开展重要活动都及时与乡镇人大取得联系，加强情况通报与交流；通过《人大工作信息》“乡乡有特色”专刊宣传乡镇人大工作经验，增强指导性。常委会加强对全县乡镇人大换届选举工作的指导，多次组织人员深入乡镇开展检查，及时研究新情况，解决新问题。全县乡镇人民代表大会代表换届选举工作圆满结束，17个乡镇新一届人民代表大会第一次会议顺利依法举行。

2002年，县人大常委会着力规范乡镇人大工作机制，进一步明确乡镇人大主席团工作职能，指导乡镇人大制定了十项工作制度。通过多种途径积极开展乡镇人大工作经验交流，以典型引路，加强指导，使乡镇人大工作更趋规范化、制度化。注重发挥乡镇人大主席团作用，邀请乡镇人大主席、副主席列席常委会会议，许多好的意见和建议被采纳。开展调查、检查、视察、考察都邀请相关乡镇人大主席、副主席参加。

2003年。县人大常委会加大县乡两级人大联动，充分调动乡镇人大的积极性，依靠乡镇人大开展工作。加强乡镇人大工作经验交流，使基层人大工作更趋规范化、制度化。针对部分乡镇行政区划调整的实际，及时向省人大常委会请示区划调整后乡镇人大工作的有关问题，为依法规范乡镇人大工作提出指导性意见。

2004年，县人大常委会注重乡镇人大干部业务素质的提高，召开乡镇人大工作会议，交流乡镇人大工作经验。指导杭垓行政区划调整后的换届选举工作，参与山川乡“三推两决”选举乡长的试点工作，有效地提高了乡镇人大工作水平。

2005年，县人大常委会遵照县委《关于进一步加强人大工作的意见》，将人大工作纳入乡镇年度考核内容。常委会对各乡镇贯彻落实《意见》情况进行检查，先后召开乡镇人大工作交流会和乡镇人大主席座谈会，加强对乡镇人大工作的指导。乡镇人大工作制度更趋规范，履职行为更趋活跃，递铺镇人大主席团组织代表对副镇长开展述职评议，梅溪镇人大代表小组组织县、乡人大代表跨地域视察。参与指导村级换届工作，保证选举的依法进行。

2006年，县乡两级同步换届选举年，县人大常委会以换届选举为契机，加强对乡镇人大工作的指导。及时组建乡镇选举工作机构，加强面上宣传发动和骨干业务培训，指导乡镇合理划分选区，及时张贴公告，依法投票选举。在常委会的周密部署和精心指导下，县、乡人大顺利实现同步换届，依法选举产生乡镇人大代表928名。

2007年，县人大常委会不断畅通和扩大基层代表表达政治诉求、参与社会管理渠道，邀请乡镇人大代表参加双向约见、视察检查等活动。继续明确乡镇人大工作为县委考核乡镇工作的重要内容，制定乡镇人大工作考核细则，推动乡镇人大工作逐步实现职责更清晰、目标更明确、工作更规范。

2008年，县人大常委会进一步加强与乡镇人大的联系，完善考核细则，加强工作指导，注重形成合力。全县乡镇人大呈现出履职更积极、工作更规范、制度更健康的良好局面。

2009年，县人大常委会更加注重乡镇人大作用的发挥，努力探索新形势下如何加强对乡镇人大工作的规范和指导，在经过认真调研多方征求意见的基础上，制定《关于加强乡镇人大工作联系和指导的办法》，为乡镇人大规范化开展提供具体指导依据。

2010年，县人大常委会严格按照《关于加强乡镇人大工作联系和指导的办法》的要求，密切县乡人大联系，用制度保证和加大对乡镇人大的指导力度。注重发现和总结乡镇人大工作的好经验、好做法，及时通过《人大工作信息》进行推广，促进乡镇人大之间的交流学习和工作整体推进，为乡镇人大工作深入开展拓宽思路。

2011年，县人大常委会以换届选举为契机，加强对乡镇人大工作的指导。从思想和组织上为乡镇换届选举精心布置谋划，及时组建乡镇选举工作机构，加强骨干业务培训，开展宣传发动。常委会建立乡镇换届选举工作联系制度，指导做好选区划分、代表名额分配、选民登记、优化、依法投票选举等具体工作，为乡镇依法做好换届选举提供坚强保证。

2012年，县人大常委会严格按照《县人大常委会加强乡镇人大工作联系和指导的办法》要求，加大对乡镇人大的指导力度，邀请乡镇人大主席、副主席列席常委会会议，参加各类学习培训、调研视察、执法检查活动。密切配合部分乡镇行政区划调整工作，及时作出相应决议，认真做好上下衔接，指导新建制镇依法开展人大代表选举工作。

2013年，县人大常委会注重加强乡镇人大的联系与指导，进一步完善乡镇人大工作考核办法，推动乡镇人大工作的规范化建设。通过邀请人大主席列席常委会，参与视察、检查等多种形式，切实加强与乡镇人大的工作联系。

2014年，县人大常委会制定《街道工作委员会工作规划（试行）》，明确街道人大工作的职责范围、组织原则和工作要求，使街道人大工作有章可循。总结乡镇人大代表民主票决民生实事的三种模式经验，选派一名乡镇人大主席参加全国人大常委会委员长张德江调研乡镇人大工作座谈会，对乡镇人大主席兼职过多的问题开展专项研究，支持乡镇人大依法行使职权，基层民主政治建设得到推进。

2015年，县人大常委会更加重视对乡镇人大工作的指导，常委会领导分组参加联系乡镇人代会。坚持召开乡镇（街道）人大工作例会，组织乡镇人大主席参加各类业务培训，邀请列席常委会会议，不断提高全镇人大工作整体水平。

2016年，县人大常委会全力推进代表联络站建设，指导各乡镇（街道）和代表较多的村（社区）建成25家代表联络站，并做到常态化和规范化运行，每月定期接待选民，部分问题得到面对面及时解决。指导各乡镇人大探索推进政府实事工程代表票决工作。常委会还周密部署和精心指导乡镇人大做好换届选举工作，及时成立乡镇选举机构和分片联系督导小组，下发指导文件，组织业务培训，保障全过程规范有序推进。共选出乡镇人大代表673名，代表的广泛性和代表性更加突出，代表结构进一步优化。

2017年，县人大常委会注重加强乡镇（街道）人大队伍建设，建立健全县乡人大联系指导、工作考核等一揽子制度。继续指导乡镇人大努力把代表联络站打造成代表之家和履职之所，深入推进五星级联络站创建，通过规范提升和突出一站一特色，共完成9个争创点。指导乡镇人大深入推进“四新”“拼比争”主题实践活动，乡镇（街道）人大和各级代表活跃在建设发展前沿，主动参与重点项目推进、招商引资、环境治理等工作。

2018年，县人大常委会继续推进联络站建设，指导乡镇人大做精一站一品，建成10个五星级联络站。建立联络站意见建议处理等机制，收集建议800余条，解决问题630余次。指导各街道在专业议政员小组建设、项目督查、履职考评等方面探索实践。指导乡镇人大落实民生实事项目代表票决制，实现全覆盖。指导督促乡镇人大深化“比拼履职，争做表率”主题实践，使乡镇人大履职更积极，工作更规范，成效更显著。

2019年，指导、督促乡镇人大巩固提升“四新”“拼比争”等主题实践成果。常委会密切与乡镇人大工作联系联动，总结推广创新经验，充分凝聚人大工作合力。推动街道议政会常态化、规范化运行，建立健全议政员调整退出、履职绩效考评机制，促进议政员更好更有效履职。

第二节　干部和代表培训

1990年，按照《浙江省乡镇人大主席团组织条例》规定，县人大常委会在全县17乡镇设立人大主席团常务主席。6月，县人大常委会组织有关人员分别到9个设立常务主席的乡镇，开展专题调研。针对多数乡镇人大主席团成员工作不熟、缺乏经验的实际，组织乡镇人大主席赴外地学习、考察。12月，召开人大工作经验交流会，总结交流乡镇人大主席团工作经验、体会，使乡镇人大主席团成员加深了对人大地位、性质、作用的认识。从17个设立常务主席，尤其2个设专职主席的乡镇人大工作来看。分别制定了活动制度和计划，并认真组织实施，较好地发挥了乡镇人大主席团及其代表的作用，开始改变了过去的“代表当三年开会三四天，开会当代表，闭会就算了”的状况。

1991年，县人大常委会在县委组织部和有关乡镇的配合下，又在13个乡镇设立乡镇人大主席团常务主席，主办了乡镇人大主席团秘书培训班。12月，常委会召开代表工作经验交流会，10个乡镇人大主席团在会上作经验介绍，总结交流乡镇人大主席团做好代表工作、行使代表职权、参政议政的经验。

1992年，代表法颁布实施后，县人大常委会及时印发代表法小册子，便于代表学习、执行。同时，常委会坚持向乡镇人大主席团代表寄送重要资料和有关法律法规书籍，加强乡镇人大干部和代表的理论业务学习，提高乡镇人大干部和代表的法律知识和参政议政水平。

1993年7月，对乡镇人大专职主席进行上岗培训，就如何开展和加强乡镇人大工作进行交流和讨论，帮助开阔思路，尽快熟悉人大工作，增强做好乡镇人大工作的信心，推动全县乡镇人大工作开展。

1994年1月，县人大常委会召开人大代表工作经验交流会，各代表中心组组长、代表小组组长、乡镇人大专职主席，常委会各委办主任参加，9名代表小组组长和2名县人大代表就如何履行代表职责，做好新时期代表工作作介绍交流。县人大常委会主任张锡荣作《如何加强督办工作，充分发挥代表作用》的专题讲座。

1995年5月，县人大常委会举办全县乡镇人大专职主席上岗培训班，开展乡镇人大工作基本理论知识《代表法》等法律法规为主要内容的培训，部分乡镇人大主席在会上进行工作交流。通过培训交流，进一步明确基层权力机关性质、地位和作用，掌握开展乡镇人大工作方法。

1996年5月，县人大常委会举办选线乡镇人大专职主席、副主席上岗培训会议，县人大常委会主任张锡荣，副主任肖金莲、洪甫岩分别就乡镇人大理论知识、代表法有关规定、人大工作如何围绕经济建设开展监督等内容作专题辅导讲座。孝丰镇、赤坞乡、上墅乡人大主席介绍人大工作和代表活动经验做法，溪龙乡、南北湖乡、昆铜乡人大主席就努力做好人大工作作表态发言。

1998年4月，县人大常委会召开全县乡镇人大专职主席会议。省人大常委会副主任孔祥有作代表法及《浙江省实施〈代表法〉办法》知识讲座。赤坞乡、上墅乡、昆铜乡、南北湖乡、杭垓镇人大主席就乡镇人大开展工作监督和法律监督、积极组织代表活动等情况作交流发言。同年9月，县人大常委会召开全县乡镇人大工作会议。省人大常委会办公室主任李志申作代表法及《浙江省实施〈代表法〉办法》知识讲座。梅溪镇人大主席介绍做好乡镇人大工作经验体会。

1999年，组织乡镇人大主席参加省、市人大举办的有关培训班，逐步健全多项规章制度，不断提高乡镇人大的工作水平。

2002年，根据各阶段工作，及时举办乡镇人大主席培训班。县人大常委会建议安排每个乡镇一名专职主席或副主席为县十三届人大代表，以利于组织乡镇的县人大代表开展活动，全县17个乡镇的人大专职主席或副主席当选为县十三届人大代表。

2003年，县人大常委会举办人大代表培训班，有关乡镇人大颁布参加培训。同时，县人大常委会通过举办读书会、组织外出考察、邀请列席常委会会议等形式，着力提高乡镇人大主席、副主席的业务素质和乡镇人大工作水平。

2004年，县人大常委会组织乡镇人大干部和人大代表参与庆祝人民代表大会成立50周年理论研讨、知识竞赛等系列活动；继续坚持乡镇人大主席、副主席列席常委会会议制度，举办全县人大干部读书会。

2005年7月，县人大常委会召开全县乡镇人大主席座谈会，孝丰、皈山、上墅、鄣吴、杭垓、良朋等13个乡镇人大主席出席。会上，乡镇人大主席通报2005年上半年乡镇人大工作，交流开展乡镇人大工作的经验和体会，以及进一步抓好乡镇人大工作的措施和打算。8月，常委会举办全县人大干部读书会。各个乡镇人大专职主席、副主席，县经济开发区人大工作联络员参加读书会。市人大常委会副主席曹会明作《关于人大与和谐社会建设》的专题讲座。

读书会传达学习全国人大常委会5个文件精神，并就如何贯彻落实文件精神展开讨论和交流。

2007年，县人大常委会组织两期培训班，参加培训的人大代表和乡镇人大专职干部共111名。在培训内容上，重点帮助代表和乡镇人大专职干部了解人大的地位、性质和作用；在培训形式上，采取专题辅导、专项视察、优秀代表介绍经验、职能部门通报工作等活泼多样的形式，收到良好的效果。

2008年，首次对代表中心组、代表小组、代表专业组组长进行集中培训。组织选送小组人大专职干部参加全国和省市人大举办的培训和研讨活动。

2009年，县人大常委会在全体代表中深入开展“学习科学发展观，进一步加强履职意识”活动，指导乡镇人大学懂弄通《关于加强乡镇人大工作联系和指导的办法》精神实质。通过开展集中培训、异地学习和交流，有效增强乡镇人大主席团履职意识，带动闭会期间的代表工作。

2010年，县人大常委会继续开展代表小组组长和乡镇人大专职干部集中培训学习和工作交流，加强对各代表中心组、代表小组和乡镇人大专职干部日常培训学习的指导。督促乡镇人大积极组织人大代表参与“代表进部门”“守法承诺”“代表论坛”等活动。

2011年，县人大常委会通过多种途径对人大代表和乡镇人大专职干部开展培训学习，定期寄送《浙江人大》《代表论坛》等刊物资料，为代表知情知政、学习法律政策、了解各级人大工作动态提供便利。

2012年，县人大常委会组织乡镇人大专职主席，代表中心组、代表小组和代表专业组组长共42人进行集中培训，提高人大代表和人大干部的依法履职水平。通过邀请乡镇人大主席、副主席列席常委会会议，参加各类调研、视察、执法检查等活动，提高乡镇人大工作的整体水平。

2013年，县人大常委会通过人大干部读书会、乡镇人大经验交流等形式，组织乡镇人大专职干部深入学习领会法律法规和人大工作业务知识，着力提高乡镇人大干部依法履职意识、工作能力和岗位服务本领。

2014年，县人大常委会组织人大代表和乡镇人大专职干部开展新标杆、新业绩、新形象、新征程“四新”主题实践活动，推动代表依法履职、创先争优，发挥在“五水共治”“三改一拆”等实践活动中的作用。

2015年，县人大常委会依托“代表履职服务平台”，每周推送学法案例，切实提高代表法律意识；组织乡镇人大专职干部参加各类业务培训，提高乡镇人大工作整体水平。

2016年，县人大常委会利用“两网融合”契机，引导代表通过平台学习提升、交流互动，不断推动人大代表知识结构与时俱进。

2017年7月13日，印发《关于做好乡镇预算审查及乡镇民主参与式预算审查工作的通知》。9月11日，举办乡镇人大预算监督工作培训会，给乡镇人大主席专门作预算监督和民主参与式预算审查工作培训。是年，举办初任代表培训班，组织连任代表与初任代表结对共建，邀请人大代表和乡镇人大主席、副主席列席常委会会议，参加视察检查活动，增强人大代表和乡镇人大专职干部依法履职能力和水平。

2018年，县人大常委会制定年度培训计划，将人大综合素质提升纳入教育主体班次，对代表中心组、人大干部集中轮训。常态化邀请人大代表和乡镇人大主席、副主席列席常委会会议，参与视察活动，每周推送学法案例，畅通人大代表知情知政渠道。

2019年，县人大常委会加大培训力度，举办综合素质培训班，开展代表中心组长集中轮训，不断加强履职能力。

第三节 街道议政会

2017年，县人大常委会在全县4个街道探索建立街道议政会制度。街道议政会成员由村(居)民代表、人数较多企事业单位代表和行业专业人士组成，并具备相应素质条件，人数一般为30至45名，不包括县级以上人大代表。街道议政会在街道党委领导下开展工作，议政会议由人大街道工委召集，一般每年举行两次。必要时，经人大街道工委提议，临时举行会议。街道议政会前，议政员广泛听取、收集反映社情民意的信息，做好调查研究；议政员定期听取、讨论街道办事处关于经济社会发展、财政预算、重点项目、民生实事等安排和推进情况报告，提出意见建议；会后参加人大街道工委组织的视察检查、建议督办、约见政府部门责任人等相关活动。

2018年，县人大常委会继续推进街道议政会工作，各街道人大工委议政员着力监督民生实事项目。昌硕街道人大工委实行议政会联系项目责任制，将55个议政员分成3个联系小组，每个小组联系2个项目，要求每季度对联系项目进行跟踪督查。孝源街道人大工委把确定的8个民生实事项目纳入街道“三色工程”体系，结合代表、议政员视察检查、科室跟踪评议等形成，听取项目推进情况报告，评估项目实施效果。递铺街道把视察监督民生实事的实施情况列为每一次议政员小组活动主要议题，一件一件抓落实。

2019年，县人大常委会强化街道议政会工作，推动街道议政会常态化、规范化运行，丰富议政员小组的活动形式，将学习、调研、视察等有机结合，围绕县政府中心工作，推动重点建设项目和重要民生实事项目的建设。同时，建立健全议政员调整退出、履职绩效考核机制，促进议政员有效履职。

第八章　自身建设

加强地方人大常委会的自身建设，是坚持和完善人民代表大会制度，促进社会主义法制建设的一个重要内容、安吉县人大常委会自 1981 年成立起，根据工作性质和工作内容，在不同的历史时期，始终抓好思想建设、组织建设、作风建设和制度建设，加强信息宣传和理论研究，逐步建立和健全县人大常委会的日常工作制度，更好地发挥国家权力机关的作用，努力为社会主义物质文明、政治文明、精神文明和生态文明建设服务，为安吉县依法治县和生态立县提供法制保障。

第一节　思想建设

常委会始终把思想理论学习作为加强自身建设的首要任务，作为政治责任和一种常态。不断建立健全学习制度，完善学习方式方法，通过集中学习、分散自学、主题研讨、专题研讨等形式，深入学习邓小平理论，江泽民“三个代表”重要思想，胡锦涛“科学发展观”和习近平新时代中国特色社会主义思想及中央、省、市重要会议精神，自觉以科学理论武装头脑、引领方向和推动工作。切实把思想和行动牢牢统一到中央和省、市、县委各项决策部署上。结合人大工作规律和特点，组织常委会组成人员和机关干部认真学习《宪法》《地方组织法》《代表法》等法律法规，注重结合审议议题，学习相关专业法律法规，使学法与审议内容有机结合起来，既增强委员和机关干部的法律知识，又提高审议质量。认真组织学习人大工作业务知识，不断推动自身知识结构的与时俱进，提升做好人大工作的意识、能力和水平，更好地适应人大工作新形势和新要求。通过学习，使常委会在学以致用、促进工作上有新的提高，在创新思路、指导实践上有新的提升。

第二节　组织建设

常委会刚设立时，除了专职主任、副主任、委员外，常委会办公室人员仅二三人。在县委的支持下，逐步调配了人员，常委会内设机构不断增加。1981 年 11 月，设立人大办公室。1984 年 10 月 11 日，县八届人大常委会第二次会议决定，设立法制组、财经组、教科文卫组和城乡建设组。1987 年 6 月 27 日，县九届人大常委会第一次会议决定设立法制、财政经济、教科文卫三个工作委员会。1990 年 5 月 26 日，县十届人大常委会第一次会议决定设立法制、财经、教科文卫、代表工作与议案督办 4 个工作委员会。同时，在各区设立人大工作联络员。1991 年 7 月 27 日，县十届人大常委会第九次会议决定，参照省、市人大常委会机构设置，将议案督办工作委员会改名为代表工作委员会。1998 年 3 月 25 日，县十届人大常委会第一次会议决定设立法治、财经、教科文卫、人事代表 4 个工作室。2000 年 4 月 29 日，县十二届人大常委会第三十五次会议决定设立法制、财经、人事代表、教科文卫民侨和农业环境保护工作委员会。2011 年 7 月，设立信访科。2016 年 7 月，撤销农业环境保护工作委员会，设立农业与农村工作委员会、城乡建设与环境资源保护工作委员会。2017 年 2 月，撤销法制工作委员会，改设法制（内务司法）委员会。2017 年 3 月，撤销人事代表工作委员会，改设代表与选举任免工作委员会。2017 年 8 月，设立研究室，下设人大工作研究中心。2019 年 1 月，撤销法制（内务司）委员会，改设监察和司法（法制）委员会，增设社会建设委员会。2019 年 12 月，县人大常委会内设机构为 1 个办公室，3 个专门委员会，4 个工作委员会，1 个信访科和 1 个研究室。

第三节　作风建设

常委会始终坚持以作风建设为重点，不断加强自身建设，树立良好形象，提高工作实效，促进依法履职能力和整体工作水平的提高。一是密切与人大代表和人民群众的联系，先后制定《常委会关于加强与代表联系的意见》《常委会组成人员联系代表制度》《常委会关于代表走访制度》和《常委会主任接待代表日制度》等，坚持"主任接待代表日""主任接待代表周"活动，切实解决代表和群众关注的民生实事和具体问题。进一步密切常委会组成人员与代表群众的联系，及时为代表和群众破难解困。人大办及各工委主动深入基层，听取代表的意见和建议，积极为代表履职提供服务。二是加强调查研究，充分发挥人大地位超脱、联系广泛、善于集民智、敢于讲真话的优势和特点，围绕县委中心课题、人大审议议题和群众关心的热点问题深入开展认真细致的调查研究，凡被列入常委会会议的议题，会前都组织开展调研或视察活动，广泛听取人大代表和各方面的意见，了解掌握人民群众的意愿，写出专题调查报告，使常委会通过的各项决议、决定和提出的审议意见切实可行。调研工作不仅为常委会议事提供可靠依据，还为县委、县政府科学决策提供参考依据。三是正确处理好与"一府两院"的关系，注重衔接与沟通，形成相互理解、相互支持、相互促进的工作氛围。制定《常委会关于加强与县人民政府、县人民法院、县人民检察院的工作联系制度》，常委会在审议议题和组织视察、检查、评议活动的安排上，加强与"一府两院"的联系，听取各方面的意见和建议。深化与上级人大的工作联系，积极配合上级人大开展各项工作。加强对乡镇街道人大的联系指导，完善乡镇（街道）人大主席（主任）联席会议制度，健全对乡镇人大工作的考核机制，提高乡镇人大的工作水平。加强与兄弟县区人大常委会的联系和交流，学习外地经验，进一步提高人大工作水平。四是严格会议纪律，不断改进会风。制定《常委会关于进一步提高常委会会议质量的意见》。要求县人大常委会组成人员和"一府两院"及有关部门的领导无特殊情况必须按时出席会议，与议题有关的工委要在审议相关议题时作中心发言。五是注重对县人大会议和县人大常委会议作出的决议、决定的跟踪督办，对县人大常委会形成的审议意见按时按要求开展检查，督促落实。

第四节 制度建设

常委会以宪法和法律为依据，依法行使职权，在总结经验的基础上，先后制定一系列规章制度，使常委会各项工作走上规范化、制度化的轨道。

县七届人大二次会议，建立主任办公会议制度，及时讨论和处理常委会日常重要工作。八届人大常委会先后通过《关于加强与县人民政府、县人民法院、县人民检察院的工作联系制度（试行）》《关于建立主任接待人民代表日制度》《关于建立代表小组和开展活动的暂行办法》等工作制度。九届人大常委会先后通过《常委会议论规则》《关于改进人事任免表决办法的决定》《法制、财经、教科卫委工作委员会工作职责》《关于代表小组和代表工作的暂行办法》等会议制度和工作制度。十届人大常委会先后通过《代表工作办法》《联络员工作职责》，修订《常委会议事规则》。十一届人大常委会先后通过《关于加强与人民代表联系的意见》《关于代表走访的制度》，修订《常委会议事规则》和《主任接待日制度》。十二届人大常委会先后通过《关于县人民政府应提请审议的"重大事项"和应通过的"重要情况"及"决议、决定、审议意见"办理落实情况反馈的规定》《评议工作规定》《关于加强对财政经济工作监督的规定》《关于公民旁听人大常委会会议的办法（试行）》等工作制度，修订《常委会议事规则》和《关于加强与县人民代表联系的意见》。十三届人大常委会先后通过《常委会组成人员守则》《讨论决定重大事项规定》《关于进一步提高常委会会议质量的意见》《监督意见书试行办法》《关于组织县人大代表与"一府两院"负责人"双向约见"试行办法》《信访工作制度》《"人大代表监督窗"试行意见》《任免国家机关工作人员暂行办法》《"代表论坛"暂行办法》等规则和工作制度，修订《常委会议事规则》《主任接待日制度》和《代表小组开展活动和加强自身建设的意见》等规则和制度。十四届人大常委会先后制定《关于加强部门预算监督的暂行办法》《关于政府性融资审批管理暂行办法》《关于设立部门代表联络员的决定》等工作制度。十五届人大常委会先后制定《规范性文件备案审查办法》《街道工作委员会工作规则（试行）》《乡镇（街道）人大工作考核细则》《关于连任县人大代表建议人选提名标准》等工作制度。十六届人大常委会先后制定《监督审计查出问题整改工作办法》《财政专项资金监督办法》《关于加强支出预算、政策和预算绩效监督的暂行办法》《关于加强县人民检察院开展公益诉讼工作的决定》《民生实事项目代表票决办法》等工作制度，修订《信访处理暂行规定》《任免国家机关工作人员办法》等规则和办法。

第五节 宣传工作

安吉县人大常委会一直致力于人民代表大会制度和社会主义民主法制建设的宣传和教育，并以此作为创新人大工作的先导。不断深化认识，努力提高信息宣传质量，充分利用资源，逐步拓宽信息宣传渠道；建立健全机制，不断加大信息宣传力度。坚持动态宣传与深度报道、传统媒体与新型媒体、上下协同与横向互动相结合，全方位、多层次、多角度展现县人大工作全貌，先后五次被省人大常委会评为信息工作先进单位。

七届人大常委会

1981 年 7 月，县人民代表大会设立常务委员会，常委会成立后，亟须了解、掌握和学习有关坚持人民代表大会制度和做好人大常委会工作的情况和信息。1982 年 3 月，初建的县人大常委会办公室，在只有两位工作人员的情况下，开始编辑《情况简报》，供领导、机关和人大代表参阅。当年共编 2 期。至 1984 年 3 月，共编发 7 期。1984 年 3 月 17 日，《情况简报》更名为《人大简讯》，更名突出人大这一主题。针对人们对人大及其常委会性质、地位和作用缺乏足够认识这一情况，县人大常委会不断加强人大工作的宣传报道。在抓好人代会和常委会例会的宣传报道外，从宣传根本制度出发，从具体生动的新闻事实入手，切实抓好闭会期间的宣传报道。涌现出一批好的新闻作品。

八届人大常委会

1984 年 10 月，县人大常委会办公室开始编辑《安吉县人民代表大会常委会会刊》，供领导、机关和人大代表参阅，至 1987 年 5 月，共编发 12 期。《人大简讯》共编发 11 期。这一时期的人大宣传工作继续围绕正确认识人大常委会的性质、地位、作用展开。着重宣传加强人大常委会工作，开创人大工作新局面，做了大量基础性工作。

九届人大常委会

县九届人大常委会主要通过“人大简讯”“会刊”“代表专用信件”等形式和渠道，报道和总结交流各地代表活动情况，并将人大常委会有关活动及时向代表通报，使人大代表了解全局，明确任务，同时也使人大常委会工作置于人民的监督之下。

十届人大常委会

7 月 12 日，县人大常委会隆重举行安吉县人大常委会设立十周年庆祝大会，县委、县政府、县政协、县纪委主要领导，历届人大常委会组成人员和机关工作人员、人大工作联络员参加会议，市人大常委会主任程彩文、副主任王家祥应邀出席。县人大常委会抓住这一契机，多角度、全方位地宣传人民代表大会制度及人大常委会十年来所取得的成绩。是年 11 月 1 日，县人大办公室和县委宣传部联合召开人大新闻宣传工作座谈会，传达贯彻省、市人大新闻宣传工作会议精神，部署县人大新闻宣传工作，为搞好人大宣传打下基础。

十一届人大常委会

1993 年 5 月、1995 年 2 月，县人大常委会先后召开人大新闻宣传工作座谈会，县委宣传部、政府有关部门和各新闻单位、以及人大常委会各委办负责人参加会议。会议回顾总结人大宣传工作所取得的成绩，并就加强人大工作的宣传和新闻报道工作进行了专题研讨。1994 年 1 月，县人大常委会举办《代表法》广播宣传周活动，宣传代表知识，介绍优秀代表的先进事迹和多地开展代表工作的经验，扩大人大常委会和广大人大代表的社会影响。1995 年 2 月，县人大常委会再次召开由县委宣传部、政府有关部门和各新闻单位，以及人大常委会各委办负责人参加的人大新闻宣传工作座谈会。1996 年、1997 年，县人大委员会先后组织举办代表法、宪法、选举法、组织法知识竞赛，全县各级人大代表和干部群众 8000 余人参加竞赛活动，这一时期，人大常委会逐步拓宽人大宣传的渠道，《人大政权报》对安吉人大工作的宣传明显增多。

十二届人大常委会

1998年，县人大常委会领导积极带头开展人大制度宣传，一年共编发《人大工作信息》48期。同时，积极向国家、省市报刊投稿，是年，县常委会办公室被省《人民政权报》评为先进集体。1999年、2000年，县人大常委会加大对外宣传力度，及时对外宣传安吉县社会主义民主法制建设进展情况和所取得的成就，反映人民群众依法行使当家作主的权利和管理国家社会事务的实践活动。2001年，县人大常委会以庆祝县人大常委会设立20周年为重点，加强人民代表大会制度宣传，通过召开座谈会、人大制度宣传周等途径，回顾总结县人大常委会二十年来所取得的成就，展现人大常委会创新与发展的历程及人大代表依法履职的崭新风貌。

十三届人大常委会

县十三届人大常委会十分重视人大信息宣传工作，每年在市级以上报刊、网站刊发稿件150篇次左右，信息宣传工作年年位居省、市前列。在当地媒体成功开设多个专题、专栏专版，中国人大网站以及省级重量级媒体多次对安吉予以关注。主要抓好三个"点"，建好三个"机制"。三个点是：把握重点，一是改进会议报道，二是突出人大主体，三是选择典型事例；关注热点，一是与群众所思所盼相一致，二是与舆论热门话题相一致，三是与阶段工作重心相一致；凸显亮点，一是大力宣传特色工作，二是大力宣传创新之举。三个机制是：建立领导重视的督促机制，建立职责明确的工作机制，建立双向互动的联络机制。

十四届人大常委会

县十四届人大常委会继续关注人大信息宣传工作，紧紧围绕县委提出的"奋战五年·再造安吉"奋斗目标，结合人大工作自身特点，积极唱响"主旋律"，融入"大合唱"，信息宣传工作继续位居省、市前列。同时，县人大常委会通过《安吉报》、安吉电视台、安吉广播中心设立"代表监督窗""代表论坛""代表风采"等专题、专栏、专版，宣传人民代表大会制度和民主法制建设的成就。

十五届人大常委会

2012年、2013年，县人大常委会通过办好人大通讯和各种宣传媒体，全方位展示人大工作动态、经验做法和代表风采。共刊发《人大工作信息》30余期，在市级以上人大刊物、网站发表论文和宣传文章60余篇。2014年，县人大常委会依托各级新闻媒体充分展示安吉人大工作面貌，全年在省、市级以上媒体刊物发布新闻报道和交流信息70余篇次，信息工作考评位列全市第一，被评为省人大信息工作先进单位。2015年，县人大常委会制定《安吉县人大信息工作考核奖励办法》，全年共编撰各类通讯、信息、代表风采230余篇，省、市级以上媒体刊物发布新闻报道和交流信息68篇次。信息工作考评继续位列全市第一，再次获评省人大信息工作先进单位。2016年，县人大常委会巩固和完善安吉人大网、《人大工作信息》、"代表论坛"、"代表风采"、"代表建设专栏"等宣传阵地，突出宣传广度深度，全方位展示县人大依法履职的生动实践，连续第三年获评省人大信息工作先进单位。

十六届人大常委会

县人大常委会充分依托微信公众号和安吉人大网、《人大工作信息》等载体，讲好人大故事，传递人大声音，广泛宣传县乡人大工作和代表风采，共在市级以上媒体登稿件360余篇。2017年，常委会助推生态文明建设的主要做法被《浙江日报》和省人大专刊报道。2019年，获评全省人大信息宣传先进集体。

专记:安吉县人大主题公园

为普及人大知识,让公众了解和知晓人大工作,2019 年底,安吉县人大常委会决定在递铺街道长乐社区营盘山建造综合性县级人大主题公园。2020 年 5 月 28 日,安吉县人大主题公园顺利开园。公园占地 200 亩,为全省首个综合性人大主题公园,全方位、立体化地展示了人大相关法律法规、发展历程、职能职权等内容。

安吉是"两山"理论诞生地,美丽乡村发源地,生态文明建设先行地。是全国首个生态县,联合国人居奖唯一获得县,也是一代艺术大师吴昌硕先生故里。"绿水青山就是金山银山"就是习总书记在浙江任省委书记期间考察安吉余村时提出的。

为彰显"两山"理论和安吉人文元素,公园入口处庄重地用印章的形式展现习总书记的"两山"理论,"安吉县人大主题公园"九字为吴昌硕先生集字。门框阳文红色刻字:中华人民共和国的一切权利属于人民,人民行使国家权利的机关是全国人民代表大会和地方各级人民代表大会。出口设立中华人民共和国国歌《义勇军进行曲》浮雕,意在告诉每一个公民不忘初心,牢记使命。

公园分人大机构、宪法与法律、宣传长廊、重要讲话、重要决议、铿锵足迹、历史见证、人大联络站等八个板块。其中,人大机构用文字形式宣传和普及人大知识,分政治制度、会议与代表、各界人民代表会议、全国人大常委会的组成与职权、安吉县人大常委会的组成与职权、县人大常委会、县人民代表大会、乡镇人民代表大会八个部分。宣传长廊用图片的形式展示全国人民代表大会和代表工作、浙江省人民代表大会和代表工作、湖州市人民代表大会和代表工作、安吉县人民代表大会和代表工作四部分内容。

联络站建在公园是人大工作的一项创举,开历史之先河,让老百姓与人大代表面对面,及时地向人大代表反映问题,更多地了解人大工作的具体内容,推动人大工作接地气,聚人气。

历代中央领导人重要讲话,用石柱树立,表示我们社会主义祖国从落后走向繁荣不同时期的里程碑。

按照习总书记的"两山"理论指示,安吉县始终坚持"聚焦两山实践,聚力赶超发展",坚持生态立县、生态强县的发展理念。安吉县人大从 1949 年 10 建立各界人民代表会议制度,到 1954 年 7 月建立县人民代表大会制度,再到 1981 年 7 月设立县人民代表大会常务委员会,至今已经历七十余年历史,走过了一段初建、曲折、完善、发展的里程。这期间,县人大在生态、民生、经济等领域作出了一系列重要决议和决定,为推动安吉生态立县、发展地方经济、促进社会和谐发展、提高人民生活质量等方面起到了积极的作用。

安吉旅游资源十分丰富,人大主题公园的建立,为美丽安吉再添一个美丽景点。

第六节　理论研究

县人大常委会在注重宣传工作的同时,重视人大理论研究工作,紧紧把握时代脉搏和人大工作特色，坚持理论联系实际原则，着眼工作的前瞻性和针对性，不断思考和探索人大工作的理论创新，为坚持和完善人民代表大会制度贡献智慧和力量。21世纪起，理论研究工作不断走向成熟，时有理论文章发表。

2002年，县人大常委会程维新发表《党的三大理论创新成果载入宪法对社会主义发展的重要贡献》理论文章，文章通过回顾“八二”宪法的三次修正充分展示科学社会主义理论在中国的实践和发展成果，也是中国社会主义建设实践对科学社会主义理论的重大贡献。一是提出和发展了社会主义初级阶段理论，这在社会主义国家史上是第一次对社会主义发展阶段问题的认识；二是突破传统观念，创立了社会主义市场经济理论，这是对马克思主义政治经济学的重大突破；三是从社会主义发展到新阶段的实际出发，提出了建设社会主义法治国家理论，这是对科学社会主义理论的又一贡献，其意义十分深远。文章结合三次宪法修正的实践，阐述它对社会主义发展所产生深远的启发作用：一是执政党必须通过法定程序，及时将理论创新成果变为国家和人民的共同意志；二是社会主义国家执政党必须坚持把马克思主义同本国实际和时代特征相结合，进行创造性地探索；三是必须在不断丰富社会主义理论的同时，不断规范社会主义国家执政党的行为。总之，理论创新是社会主义国家执政党自我完善、创新和发展的重要途径，必须永远坚持。

同年，上墅乡人大丁满英发表《试谈选举制度对人民民主权利的影响》理论文章，文章指出，我国选举制度的确立为人民行使民主权利创造了法定条件，首先是宪法的直接涉及，从根本上为人民行使民主权利开辟通道；其次是选举法的颁布使人民民主权利问题有了更具体的落实。文章就完整执行选举制度进行深入分析，第一必须完整地执行选举制度六项原则：一是选举权的普遍性原则；二是选举权的平等性原则；三是直接选举和间接选举并用的原则；四是秘密投票的原则；五是选民对代表的监督和罢免原则；六是选举的物质保障和法律保障原则。第二必须完整地执行选举法的具体条款，列举存在推荐候选人参与面不广，酝酿、协商、讨论、确定正式候选人协商面不够等现象，一定程度上侵害了公民的民主权利。文章最后就完善选举制度提出建议：一要避免行政干预，疏通民主渠道；二要完善选举法内容，优化民主环境。强调，选举法的条款内容必须具有以下适用性：一是选区划分的适用性；二是投票人数的适用性；三是另行选举的适用性；四是罢免代表“选民联名数”的适用性。

2004年，县人大常委会黄跃进发表《建设社会主义政治文明必须切实坚持民主集中制》理论文章，文章指出，社会主义政治文明就是不断保障和维护好人民群众当家作主的权利的过程，建设社会主义政治文明，就是要保证人民当家作主，建设一整套保证社会主义民主的政治思想、政治制度、政治机制和政治规范。而坚持民主集中制是建设社会主义政治文明的前提。文章客观分析了在贯彻民主集中制方面存在的一些突出问题，究其原因，一是主要领导干部缺乏民主意识和应有的责任感；二是有的干部缺乏是非标准、责任感和讲真话的勇气。文章最后就认真贯彻民主集中制，加快社会主义政治文明建设提出建议对策，一是加强对领导干部的教育；二是坚持民主集中制制度化、规范化、程序化；三是加强对干部的严格管理；四是坚持正确的用人导向。

2005年，县人大常委会程维新发表《从“强制”到“自觉”——略论依法治国向政治文明发展的历程》理论文章。文章指出，党的十五大第一次提出把“依法治国、建设社会主义法治国家”作为“党领导人民治理国家的基本方略”。这是社会主义民主法制建设新的里程碑。党的十六大把发展社会主义民主政治，建设社会主义政治文明，确立为全面建设小康社会的一个重要目标。依法治国的提出和实行，是从“人治”逐步走向“法治”的一个突破，并具有强制性、基础性、被动性三个特点。而实现社会主义政治文明与实行依法治国基本方略都具有坚持中国共产党领导，坚持人民当家作主和坚持以宪法和法律为治国权威标准三个共同点。文章最后就实现社会主义政治文明提出五点设想，一是增强全面的文明意识，提高文明程度；二是加快经济发展；三是加强基础设施建设；四是发展和繁荣中国特色社会主义文化；五是加强制度建设。

2013年，县人大常委会发表《关于推进全县医务工作者队伍建设的思考》理论文章，这是一篇从创建“幸福安吉”高度关注医疗卫生队伍建设的探索性文章。文章先对全县医疗卫生机构、人员结构状况和取得成效作简要介绍。提出存在的问题主要：人员总量严重不足，人才断档现象严重。部分专业人员紧缺，造成现状主要是：县级医院人满为患，乡镇卫生院门可罗雀，卫生服务站美丽空巢；主要原因是政府“办医”责任意识不够强、医院硬件建设还很滞后、人才引进和管理机制还不够灵活，文章最后就建设一支数量足、结构优、素质高的医疗卫生队伍提出对策建议，一是坚持政府主导，形成“办医”合力。观念上增强医疗“大民生”责任理念，责任上“政府办医”主体责任要到位，管理上要建立灵活的引人、留人机制。二是加大投入力度，优化“留人”大平台。力促县级医院上等级，以“大平台”吸引人才；整合乡镇卫生院资源，以“优环境”留住人才；倾斜村(社区)卫生服务站投入，以“好政策”关爱人才。三是创新管理制度，提升“育人”效能。强化培训，内育人才；提高待遇，激励人才；加大宣传，重奖人才。同年，县人大常委会周小平、黄跃进、朱浚氲发表《加强人大代表联系和服务选民的实践与思考》理论文章，文章从代表职责所系、人大优势所在、社会现实所需、发展大势所趋四个方面阐述加强联系和服务选民的重要性。列举通过打造四种“作用力”来增强工作效果，强化培训，提升素质，激发内动力；创设平台，畅通渠道，形成推动力；扩大宣传，弘扬先进，挖掘潜在力；完善制度，组织引导，增强约束力。文章对存在问题及成因做了客观分析，主要表现为：代表心系选民不够，选民关注代表不够，联系工作创新不够。文章最后就加强人大联系和服务选民提出对策思考，一是增强代表意识，提高联系主动性；二是明确操作程序，提高联系规范性；三是拓宽联系渠道，提高联系灵活性；四是健全监督机制，提高联系严肃性；五是党员干部带头，提高联系长效性。

2014年，县人大常委会周小平、黄跃进、卞敏峰发表《关于提高代表议案、建议办理质量的思考》理论文章，文章通过对近三年县人大代表建议办理有关数据的对比，真实反映代表议案建议办理的基本情况。从三个方面来反映其具体做法：抓载体运用，代表建议“提”的质量稳定提升；抓职责落实，代表建议“办”的效果明显增强；抓机制完善，代表建议“督”的力度不断加强。文章客观分析建议办理中存在的主要问题，一是代表综合素质参差不齐，二是会前代表活动过于单一，三是建议办理工作仍欠重视，四是建议督办力度尚有空间。文章最后就提高代表建议办理质量提出五点对策建议，一要强化宣传引导，扩大代表建议的影响和认知；

二要强化学习培训，提升人大代表的素质和能力；三是强化实践指导，注重代表建议的质量和规范；四要强化思想认识，抓好代表建议办理的跟踪和落实；五要强化载体运用，加大建议督办的力度和频次。

2015年，县人大常委会朱浚氲发表《人大评议“两官”需把握的几个问题》的理论文章，文章从对法检“两院”的审判员和检察员（以下统称“两官”）开展评议重要性与必要性作为切入点，通过科学合理确定评议对象、得当有效采取评议方法、落到实处运用评议结果三个方面介绍如何开展评议、落实整改、延伸运用，以取得评议的实际效果。认为搞好“两官”工作评议，是提升人大常委会司法监督能力，促进两院整体工作水平的重要途径。评议成绩是对他们工作的支持，评议出问题是对他们工作的警示，整改督办是对他们工作的促进。只有认识明确，才能为评议工作顺利开展奠定坚实的基础。

2017年，县人大常委会发表《对于以农产品质量安全监管为抓手，助推我县农业供给侧结构性改革的思考和建议》理论文章，文章指出，民以食为天，农产品质量安全问题已成为政府关心、社会关注和群众关切的热点问题。而以食品安全为重点，狠抓食品安全监管就成为推动新型农业发展、助推农业供给侧结构性改革的有效思路。文章从建立农产品质量安全责任体系、提升农产品标准化生产水平、实现农产品生产的全程管控三个方面总结回顾县域农产品质量安全监管的主要做法及措施。文章客观分析农产品质量安全监管中存在的问题，主要表现为：组织化程度低，监管队伍建设相对滞后，检测基础薄弱，品牌效应不明显。文章最后就加强农产品质量安全监管工作提出四点对策建议：一是加快培优新型农业主体，进一步提高农业整体水平；二是完善考评机制，进一步提高农产品安全监管能力；三是加强资源整合，进一步提高农产品专业检测水平；四是加大扶持力度，进一步提高县域农产品品牌影响力，以此促进县域农业供给侧结构性改革真正落到实处。

第四编

乡镇人民代表大会

乡镇人民代表大会是中国最基层的国家权力机关，在扩大基层民主，建设社会主义法治国家中占有重要地位。1954年至2019年，全县乡镇（人民公社）代表大会共经历18届，走过了一段初建、曲折、完善、发展的里程。1954年至1958年，乡镇人民代表大会经历第一届至第三届，依法定期举行会议。1958年下半年，全县农村普遍建立人民公社，实行政社合一体制，乡镇人民代表大会改称人民公社社员代表大会。1958年至1966年，人民公社社员代表大会经历第四届至第六届。1966年至1979年，受“文化大革命”的影响，人民公社社员代表大会停止活动。1980年至2019年，乡镇（人民公社）人民代表大会经历第七届至第十八届。其间，遵照1982年宪法和地方组织法的规定，1983年5月至1984年1月，全县重新建立乡镇，恢复建立乡镇人民代表大会和乡镇人民政府。

第一章　机构与制度

1954 年 9 月 21 日第一届全国人民代表大会第一次会议通过的《中华人民共和国地方各级人民代表大会和地方各级人民政府组织法》规定，乡镇人民代表大会每届任期 2 年，会议由乡镇人民委员会召集；正式确定了乡镇人民代表大会的法律地位，规定了乡镇人民代表大会的职权、组织机构和代表活动方式。第一届至第六届乡镇人民代表大会，各乡镇每届选举前均设立选举委员会，第七届开始设立选举领导小组，负责选举诸多事宜。除了“文化大革命”时期，安吉县(含孝丰县)各乡镇实行乡镇人民代表大会制度。

第一节　机构设置

一、职权机构

1954 年春，安吉县 27 个乡 3 个镇、孝丰县 37 个乡 1 个镇在普选的基础上相继召开第一届人民代表大会，建立乡镇国家权力机关。每个乡镇有人大代表 20—40 名。1958 年，全国农村开展人民公社化运动，实行政社合一的政治体制，安吉、孝丰两县同全国各地一样设立公社管理委员会，乡镇人民代表大会被人民公社社员代表大会代替。是年 11 月，撤销孝丰县，并入安吉县。1967 年，成立安吉县革命委员会，公社管理委员会改名为革命委员会，基层人大活动中断。1979 年 7 月 1 日，五届全国人大二次会议通过的《中华人民共和国全国人民代表大会和地方各级人民代表大会选举法》和《中华人民共和国地方各级人民代表大会和地方各级人民政府组织法》，对社、乡镇人民代表大会的选举和职权作出一些新的规定。1982 年 12 月 4 日五届全国人大五次会议通过的《中华人民共和国宪法》规定，人民公社政社分开，设立乡镇人民代表大会和乡镇人民政府，规定了乡镇人民代表大会的性质、任务、职权和任职年限。1986 年 12 月 2 日六届全国人大常委会第十八次会议通过了修订地方组织法的决定，对乡镇人民代表大会建设作出若干重要修改和补充。乡镇人民代表大会及其机构建设进入了一个新的历史阶段。1990 年 3 月起，各乡镇执行修订的地方组织法，乡镇人民代表大会举行会议的时候，选举主席团。由主席团主持会议，并负责召集下一次的本级人民代表大会会议。随后，全县各乡镇设立乡镇人大主席团。安吉县乡镇人大主席团设常务主席，未设副主席。常务主席由每届乡镇人民代表大会第一次会议选举产生的主席团推选。1995 年 2 月 28 日八届全国人大常委会第十二次会议通过的关于修订地方组织法的决定明确规定：“乡镇人民代表大会主席团主席、副主席由本级人民代表大会从代表中选出，任期与本级人民代表大会任期相同；乡镇人民代表大会主席、副主席不得担任国家行政机关的职务；如果担任国家行政机关的职务，必须向本级人民代表大会辞去主席、副主席职务。”这些规定为乡镇人民代表大会设置主席、副主席，促进人大工作的开展提供了法律依据。1996 年 1 月，全县各乡镇相继召开人民代表大会，选举主席、副主席，并开始设乡镇人大专职主席，部分乡镇设副主席。至 2019 年，乡镇人民代表大会机构设置未有变化。

二、选举机构

第一届至第六届乡镇人民代表大会代表选举，各乡镇（人民公社）设立选举委员会，负责选举工作。第七届至第十八届代表选举，设选举工作领导小组。选举委员会（选举工作领导小组）设主任 1 名，副主任 1—3 名，委员若干名。选举委员会（选举工作领导小组）的职责：一是主持乡镇（人民公社）人民代表大会代表的选举；二是贯彻执行选举的有关法律法规，保证选举工作的顺利进行；三是规定选举日期，制定选举工作方案，部署、检查选举工作；四是培训选举工作骨干，印制宣传资料、报表和证件；五是根据人口分布状况和选举代表人数划分选区，分配代表名额，任命选区工作领导小组和选举工作指导小组成员；六是进行选民登记，审查选民资格，公布选民名单；受理对选民工作不同意见的申诉，并作出决定；分发选民证；七是受理选举工作中有关违法行为和破坏活动的检举、控告，接待来信来访；八是确定和公布正式代表候选人名单；九是确定选举结果是否有效，公布当选代表名单；十是工作结束后，做好文件、资料的整理归档工作，写出选举工作总结报告。

第二节　大会制度

1954 年经过普选并召开乡镇人民代表大会，建立乡镇人民代表大会制度，开始行使基层国家权力机关的职能。各乡镇代表名额为 20—40 名。每届任期两年，每 3 个月召开一次会议，由乡人民委员会主持。

乡镇人民代表大会决定本乡镇重大事项，选举正、副乡镇长。1958 年 9 月人民公社化运动开始后，安吉、孝丰两县同全国各地一样，乡镇人民代表大会被人民公社社员大会取代，乡镇人民委员会被公社管委会取代。1968 年 3 月，全县建立人民公社革命委员会，公社社员代表大会停止活动。1980 年，撤销革命委员会，恢复人民公社管理委员会和社员代表大会。1983 年 5 月，丰食溪人民公社恢复乡人民政府。1983 年 12 月至 1984 年 1 月，全县废除人民公社体制，恢复乡镇人民政府。

乡镇人民代表大会的职权是贯彻县人民代表大会及其常务委员会的决议、决定，决定本乡镇重大事项，选举和罢免正、副乡镇长，监督本级人民政府工作。1990 年 3 月，全县各乡镇人民代表大会换届，各乡镇人大设立人民代表大会主席团常务主席，由乡镇党委书记兼任。之后，部分乡镇设专职主席。1995 年 2 月全国人大修订的地方组织法规定，乡镇人民代表大会设立主席，并可设副主席 1 至 2 名。

1996 年 1 月，安吉县各乡镇设人大主席，部分乡镇设副主席；多数乡镇设专职人大主席，少数乡镇仍由党委书记兼任。至此，乡级人民代表大会机构相对稳定，乡镇人民代表大会制度趋于完善，乡镇人大代表选举、召开人民代表大会会议及组织代表活动工作日趋规范。

第二章　代表与会议

乡镇人民代表大会代表由各乡镇划选区普选产生。乡镇人民代表大会代表任期与乡镇人民代表大会任期相同。第一届至第三届每届任期2年，第四届至第十四届每届任期3年。第十五届开始，乡镇人民代表大会的任期改为5年。每届期满进行换届选举。乡镇人民代表大会定期召开代表大会，对乡镇人民政府的决策和重大工作进行监督和决议。

第一节　代　表

一、人口普查和选民登记

1953年3月1日，中央颁布实施《中华人民共和国全国人民代表大会及地方各级人民代表大会选举法》。4月3日，中央人民政府政务院发布《为准备普选进行全国人口普查登记的指示》和《全国人口调查登记办法》，决定开展全国人口普查，并确定1953年6月30日24时为全国人口调查登记标准时间。5月19日，省委作出《关于执行中央选举委员会〈关于基层选举工作的指示〉的指示》，并决定迅速成立各级人口调查登记办公室。

安吉、孝丰两县经过土地革命、镇压反革命、抗美援朝等运动及各项社会民主改革，人民的政治觉悟和组织程度有很大提高；一至八次各界人民代表会议的召开，使人民群众的参政意识有所增强。在国民经济恢复的基础上，民主政治建设开始迈出新的步伐。遵照上级指示，两县开展第一次人口普查和选民登记工作。经省人民政府批准，两县先后成立县人口调查登记办公室，具体负责领导和协调人口调查中遇到的问题。并抽调干部组成工作队，培训人口调查和选民登记技术人员，学习上级有关人口普查的指示和具体普查的方法、步骤。

两县在人口调查登记和选民登记工作中严格执行规定，工作细致。登记准备上，开展人口调查工作重要性的宣传教育；调查方法上，采取户主到站登记、设流动站登记、个别入户访问登记三种方式，并以户主到站登记为主；调查内容上，主要包括本户地址、姓名、性别、年龄、民族、与户主关系等6项；程序上，农村以村为单位，由乡人口登记员按规定内容挨家挨户地填写人口登记表格，城镇以街道为单位，由街道主任和居民小组组长负责登记，登记完成后分别上交到乡镇人口调查登记办公室，汇总装订成册。登记完成后还进行了数次抽查和复查。按标准时间1953年6月30日24时统计，安吉县共有住户27747户，人口总数103212人，其中男58770人、女44442人；18周岁以上符合选民代表资格的有59239人，占总人口的56.68%。孝丰县共有住户27503户，人口总数108360人，其中男59073人、女49287人；18周岁以上符合选民代表资格的有61994人，占总人口的57.21%。随后，两县开展了核对选民资格、填写选民登记表、发放选民证的工作。

二、基层普选

1953年1月13日中央人民政府第二十次会议通过的《关于召开全国人民代表大会及地方各级人民代表大会的决议》，要求各地迅速召开乡、县、省(市)各级人民代表大会，代表由人民普选产生，并在此基础上召开全国人民代表大会。3月1日，中央人民政府公布实施《中华人民共和国全国人民代表大会及地方各级人民代表大会选举法》。1953年4月，中共浙江省委下达《关于县市成立选举委员会的指示》。为在中央选举委员会规定的时间内完成选举，两县分别成立选举委员会和选举办公室，制定普选工作计划草案；5月，普选工作开始进入实质性实施阶段。

普选工作采用先试点再分批进行的方法。5月7日，孝丰县选择郭孝区鹤溪乡为普选试点，到6月20日结束，历时一个半月，共分五个阶段进行。一是宣传动员，了解情况；建立乡选举委员会，组成选民资格审查小组，委员分工，拟定计划；划好选民区，确定各选区人口调查的选民登记日期及地点、时间。二是在完成全乡人口调查与人口调查登记的同时办理选民登记，能确定的当场发证；公布选民名单、普选日期、地点及时间。三是编好选民小组，讨论选民名单，再由选举委员会邀集党支部及各团体代表协商联合提出候选人名单，并公布大选日期、地点和时间。四是选举委员会按规定日期(6月15日和16日)派代表分赴各选区召开选举大会。五是召开乡人民代表大会，选举乡人民政府委员会正、副乡长。鹤溪乡经过普选，全乡共选出乡人大代表18人。其中，男12人、女6人，贫雇农10人、中农8人。选出乡长1人，副乡长3人，委员5人。

试点结束后，6月下旬开展第一批20个乡镇的普选，包括城关镇和郭孝区的塘浦、孝源、皈山、新村、赤坞5个乡，金苕区的下汤、潴溪、紫岭、报福、和塔5个乡，永太区的西圩、塘河、七管、缫舍、渔溪5个乡，以及青山区的剑山、水口、上墅、施善4个乡，8月结束。第二批16个乡，自8月开始至9月下旬结束。

安吉县乡镇人民代表大会代表选举工作分普选准备、典型试点、分批进行三个阶段。

第一阶段，普选准备阶段。建立选举机构，选举委员会由11人组成。下设办公室和人口调查登记办公室，两个办公室合并办公，共18人。4个区各设3至5人组成人民法庭，并设工作队，在区委领导下开展工作。各乡镇成立选举委员会，由5至7人组成；下设工作组，由5至10人组成。

第二阶段，典型试点阶段。5月中旬，安吉县选择乌山乡为普选试点。试点实施进程中，先进行人口登记，再宣传动员、酝酿协商提出代表候选人，最后投票选举。在总结试点工作经验的基础上，拟定全县开展普选工作计划，经县委审核批准，在10月召开的全县干部大会上传达。

第三阶段，分批进行阶段。10月下旬，第一批14个乡1个直属镇，共15个基层单位的选举工作全面展开，至12月中旬基本完成。第二批14个基层单位，因学习贯彻党在过渡时期的总路线和总任务，普选工作推迟至次年2月上旬进行，至3月下旬完成。

在中央选举委员会规定的时间(1954年3月底)前,两县64个乡4个镇共68个基层单位的普选工作全部完成,共选出乡镇人民代表2207人。按性别分,男1806人,占81.8%;女401人,占18.2%。按成分分,贫雇农1343人,占60.9%;中农674人,占30.5%;此外还有商界代表、手工业代表、机关工作人员代表、教师代表等。从选举结果来看,原有乡干部222人,当选182人,当选率81.98%。

同时,建立乡镇人民代表大会制度,民主选举正副乡长、委员,组成新的人民政府,以进一步巩固人民民主政权。随后按照代表分配方案和代表选举法,选举县人大代表。代表候选人一般由各级党组织和各人民团体提名,允许选民单独或联名提出自己的候选人,然后由选举委员会邀请各级党组织、人民团体、各界人士对提出的候选人进行协商后,确定正式代表候选人。正式代表候选人确定后,分到各选区由各选区召开选举大会选举产生人大代表。通过选举,孝丰、安吉两县共选出县人大代表243人。为保障选民行使选举权利,两县均成立了人民法庭,受理和处理有关选民资格的申诉,对保障选举工作的顺利进行起到了决定性的作用。

三、换届选举

乡镇人民代表大会由乡镇人民代表大会代表组成,是最基层的国家权力机关,是党和国家联系人民群众的桥梁和纽带,代表人民管理本乡镇的国家事务。

每届任期届满进行换届选举。在换届选举前,县人大常委会成立专门的组织领导机构,制定工作意见,任命乡镇选举委员会,并对镇乡人民代表大会的代表名额、选区划分、投票选举日等工作作出相关决议或决定。县人大常委会自成立以来,共组织领导乡镇人大代表的换届选举12次。各乡镇设立选举委员会或选举工作领导小组,确定选举委员会(选举工作领导小组)的职责。

第二节　会　议

1954年春,安吉、孝丰两县68个乡镇在普选的基础上召开第一届人民代表大会,建立乡镇国家权力机关。每个乡镇有人大代表20—40名。会议由乡镇政府召集,由乡镇党委主持会议,选举产生大会主席团,由乡镇长报告工作,以举手表决方式等额选举首届乡镇政府委员会组成人员。1956年2月,安吉、孝丰两县进行乡镇区划调整,以适应农业合作化的迅速发展和经济建设的需要。安吉县由27个乡3个镇调整为14个乡3个镇,孝丰县由37个乡1个镇调整为18个乡1个镇。同年下半年,两县各乡镇召开第二届人民代表大会第一次会议,会议由乡镇人民委员会召集,选举产生新一届乡镇人民委员会组成人员。乡镇人民委员会一般由11—13人组成。1956年第二届到1958年第三届人民代表大会,由乡镇人民委员会召集。1958年9月实行人民公社建制后,由人民公社管理委员会和镇人民委员会召集。第一届至第六届每3个月召开一次会议。“文化大革命”期间,乡镇(人民公社)人民代表大会活动停止。1980年开始恢复召开乡镇(人民公社)人民代表大会,会议由乡镇党委组织召开。1984年第八届乡镇人民代表大会开始,乡镇人民代表大会由乡镇人民政府召集。每年至少召开一次会议。1990 年起，乡镇人民代表大会会议由乡镇人民代表大会主席团召集。各届乡镇人民代表大会第一次会议议程是：听取和审查乡镇人民政府工作报告，听取和审查乡镇人民代表大会主席团工作报告，听取和审查上年度国民经济和社会发展计划执行情况和本年度财政预算报告，选举乡镇人民代表大会主席、副主席，选举乡镇长、副乡镇长。

乡镇人民代表大会在举行正式会议前，先召开预备会议，选举会议主席团，由主席团主持会议，并负责召集下一次人民代表大会预备会议。

在乡镇人民代表大会会议期间，代表依法提出的议案、建议、批评、意见，由主席团研究后交有关单位办理，并在下次会议上报告办理结果。

第三章　职能与职权

中华人民共和国建立初期，实行乡镇人民代表会议制度。以乡村农民协会为基础，推选出各村的人民代表和政府特邀代表，组成乡镇人民代表会议。宪法和地方组织法规定，乡镇是农村基层政权，乡镇人民代表大会是最基层的地方国家权力机关，由乡镇人民委员会召集，选举主席团并主持会议，同时设立代表资格审查委员会、议案审查委员会和其他需要设立的委员会，在主席团领导下开展工作。乡镇人民代表大会不设常驻机关。随着乡镇人民代表大会制度的完善，确立了明确的职能与职权。

第一节　职　能

乡镇人民代表大会由乡镇人民委员会（人民政府）召集，选举主席团并主持会议，在主席团领导下开展工作。乡镇人民代表大会不设常驻机关。乡镇人民代表大会的职能是：听取和审查乡镇人民政府工作报告；向人民政府反映人民的意见；建议和决议本乡镇重大决策等事宜；审议本乡镇人民负担和财粮收支事宜；向人民传达解释人民代表会议的决议事项，协助乡镇人民政府动员人民推行。

第二节　职　权

乡镇人民代表大会的职权是：在本行政区域内，保证宪法、法律、行政法规和上级人民代表大会及其常务委员会决议的遵守和执行；在职权范围内通过和发布决议；根据国家计划，决定本行政区域内的经济、文化事业和公共事业的建设计划；审查和批准本行政区域内的财政预算和预算执行情况报告；决定本行政区域内的民政工作的实施计划；选举本级人民代表大会主席、副主席；选举乡长、副乡长，镇长、副镇长；听取和审查乡镇人民政府的工作报告；撤销乡镇人民政府不适当的决定和命令；保护社会主义全民所有制的财产和劳动群众集体所有的财产，保护公民私有的合法财产，维护社会秩序，保障公民的人身权利、民主权利和其他权利；保护各种经济组织的合法权益；保障少数民族的权利；保障宪法和法律赋予妇女的男女平等、同工同酬和婚姻自由等各项权利。

第四章　主席团

1989年12月29日省第七届人大常委会第十三次会议通过《浙江省乡镇人民代表大会主席团组织条例》，安吉县于1990年3月各乡镇设立人民代表大会主席团，大部分乡镇设主席团常务主席。常务主席一般由同级党委书记兼任，不设副主席，其中丰食溪乡和赤坞乡设主席团专职主席，至1993年3月，全县所有乡镇均设主席团常务主席。乡镇人民代表大会主席团，由本级人民代表大会在代表中选举产生，主持本级人民代表大会会议，在会议期间行使法律规定的职权。1996年1月起，各乡镇设人大主席，部分乡镇设副主席。

第一节　主要职责

乡镇人民代表大会主席团在本级人民代表大会闭会期间负责以下工作：一是检查宪法、法律、法规以及上级人民代表大会及其常委会和本级人民代表大会的决定在本区域内的执行情况；二是检查督促本级人民政府组织实施本级人民代表大会决定的事项，并向代表通报人民政府组织实施情况；三是检查本级人民代表大会批准的财政预算执行情况；四是对本行政区域内涉及公共利益的重大问题，向本级人民政府提出意见和建议，或者提请本级人民代表大会审议；五是主持本级人民代表大会代表的补选；六是筹备召集本级人民代表大会下次会议。

乡镇人民代表大会自设立主席团常务主席后，乡镇人民代表大会和主席团的工作逐步走上制度化、规范化的道路。乡镇人民代表大会主席团制定《乡镇人民代表大会议事规则》《乡镇人民代表大会主席团学习、工作制度》《乡镇人民代表大会主席团成员联系代表制度》《乡镇人民代表大会活动制度》《乡镇人民代表大会代表联系选民制度》《乡镇人民代表大会主席团处理代表、选民来信来访工作制度》《乡镇人民代表大会代表议案和建议、批评、意见办理规定》等规章制度。乡镇人民代表大会主席团每3个月活动一次，组织代表学习交流，开展考察评议，执法检查，督促议案、建议办理等活动。自1996年开始，乡镇人民代表大会主席团在每年7至8月听取乡镇人民政府半年工作报告，检查人民代表大会确定的计划实施情况；在每年乡镇人民代表大会会议上作主席团工作报告，总结乡镇人民代表大会一年的工作，提出新一年的工作任务。

第二节　主席、副主席

一、乡镇人大主席、副主席职责

安吉县（含孝丰县）自1954年召开乡镇第一届人民代表大会以来，共经历了18届人民代表大会。1990年之前，乡镇人民代表大会由乡镇人民政府主持，未设有主持乡镇人大工作的常设机构和专职人大干部。1990年3月，丰食溪、凤凰山、梅溪等17个乡镇设立乡镇人大主席团，均设主席团常务主席1名，其中丰食溪、赤坞2个乡设专职常务主席，其余15个乡镇为兼职主席团常务主席。1991年2月23日，县委批复县人大党组《关于当前我县乡镇人大工作几点意见的报告》，在尚未设人大常务主席的15个乡镇全部设人大常务主席。至1993年3月，全县乡镇全部设人大常务主席。常务主席负责召集乡镇人民代表大会，主持乡镇人大的日常工作。1995年2月18日，八届全国人大常委会第十二次会议通过《关于修订〈地方组织法〉的决定》。修订后的地方组织法规定，乡镇人民代表大会设主席1名，并可设副主席1—2名。地方组织法规定，乡镇人民代表大会主席、副主席在乡镇人民代表大会闭会期间负责联系本级人民代表大会代表，组织代表开展活动，并反映代表和群众对本级人民政府工作的建议、批评和意见。1995年4月29日省八届人大常委会第十八次会议修订的《浙江省乡镇人民代表大会主席团组织条例》，进一步明确乡镇人大主席的工作职责，规定乡镇人民代表大会主席、副主席在本级人民代表大会闭会期间履行下列职责：一是组织代表学习宣传宪法、法律、法规；二是联系本级人民代表大会代表和在本行政区域内上级人民代表大会代表；三是组织代表进行执法检查、考察、调查等活动；四是检查督促代表提出的建议、批评、意见的办理工作；五是反映代表和群众对本级人民政府工作的建议、批评和意见；六是做好召集本级人民代表大会下次会议的准备工作；七是办理与乡镇人民代表大会工作有关的其他事项。

安吉县于1996年1月始设乡镇人大主席，部分乡镇设副主席。要求乡镇人大主席、副主席认真履行工作职责，同时对以上职责的第七条“办理与乡镇人民代表大会工作有关的其他事项”予以明确规定：(一)承办本级人民代表大会代表的来信来访，受理人民群众对本级人民政府及其工作人员的申诉和意见；(二)办理人民代表大会换届选举的有关具体工作，指导、协助选区依法办理补选、增选、罢免代表的有关事项；(三)受上一级人民代表大会常务委员会的委托，联系居住或者工作在本行政区域的上一级人民代表大会代表；(四)向本级人民代表大会下一次会议报告代表被逮捕、受刑事审判，或者被采取法律规定的其他限制人身自由措施的情况；(五)办理上一级人民代表大会常务委员会和本级人民代表大会及其主席团交办的其他事项。

二、历任乡镇人大主席、副主席

1990年3月至1996年1月设乡镇人大主席团常务主席。1996年1月开始，各乡镇设人大主席，部分乡镇设副主席。

递铺镇

人大主席团常务主席：彭阿祥(1990.3—1993.2)
崔双根(1993.2—1995.9)
童初平(1995.9—1996.1)
人大主席：童初平(1996.1—1998.2)
陆为民(1998.2—1999.2)

邵忠宝(1999.2—2001.7)
副主席:孙水娣(1996.1—1999.2)
王桂林(1999.2—2001.7)
徐友琴(1999.2—2001.7)
钟建明(2000.4—2001.7)
人大工作领导小组组长:邵忠宝(2001.7—2002.1)
副组长:钟建明(2001.7—2002.1)
张玉荣(2001.7—2002.1)
人大主席:黄先国(2002.1—2003.4)
陆为民(2003.4—2006.9)
王卓良(2006.9—2009.4)
罗绍鸿(2009.4—2013.12)
副主席:钟建明(2002.1—2006.9)
张玉荣(2002.1—2006.9)
姚海康(2007.1—2011.7)
池金豪(2007.1—2014.4)
胡美丽(2011.7—2013.12)

2014年2月撤销递铺镇,建递铺街道;同年4月设立街道工委。

递铺街道

人大工委主任:李培祥(2014.4—2016.9)
黎逢林(2016.9—2019.12)
熊国斌(2019.12—　　)
副主任:池金豪 2014.4—2018.10)
朱叶南(2014.4—2016.9)
朱　平(2016.9—2018.10)
麻江云(2018.10—　　)
王宏之(2019.5—　　)

昌硕街道

2009年2月从递铺镇析1981年前递铺镇区域设昌硕街道;2014年4月设立街道工委。

人大工委主任:夏　旦(2014.4—　　)
副主任:吴旭东(2014.4—2016.10)
干永海(2016.10—2019.1)
郁　斌(2019.1—　　)

丰食溪乡

人大主席团常务主席:陈国荣(1990.3—1992.10)
殷贤林(1992.10—1995.9)

1995年9月并入递铺镇。

塘浦乡

人大主席团常务主席：黄国兴(1990.3—1995.3)
董洪潮(1995.3—1996.1)
人大主席：董洪潮(1996.1—1998.7)
吴有才(1998.7—1999.1)
副主席：李洪根(1996.1—1999.1)

1999年1月并入递铺镇。

凤凰山乡

人大主席团常务主席：邓又新(1990.3—1996.1)
人大主席：王洪潮(1996.1—1999.1)
汪士财(1999.1—2000.4)
副主席：胡正东(1999.1—2000.4)

2000年4月并入递铺镇。

南北庄乡

人大主席团常务主席：蒋耸石(1990.3—1993.2)
胡正东(1993.2—1996.1)
人大主席：胡正东(1996.1—1999.1)
项治逵(1999.1—2000.4)
副主席：刘根法(1999.1—2000.4)

2000年4月并入递铺镇。

三官乡

人大主席团常务主席：黄培根(1990.3—1992.10)
王桂林(1992.10—1996.1)
人大主席：王桂林(1996.1—1998.7)
叶新安(1998.7—2000.4)
副主席：曹致旅(1999.1—2000.4)

2000年4月并入递铺镇。

安城镇

人大主席团常务主席：方木金(1990.3—1995.3)
方木金(1995.10—1996.1)
副主席：叶海珍(1995.3—1995.10)
人大主席：方木金(1996.1—1998.7)
梅梓华(1998.7—2001.7)
副主席：刘根法(1996.1—1999.1)
陈永安(1999.1—2001.7)

2001 年 7 月并入递铺镇。

梅溪镇

人大主席团常务主席：韩前相（1990.3—1993.2）
杨根法（1993.2—1996.1）
人大主席：杨根法（1996.1—1998.7）
朱国炎（1998.7—1999.1）
刘　志（1999.1—2001.10）
朱国炎（2001.10—2009.6）
张　慧（2009.6—2011.7）
汪钟鸣（2011.7—2014.3）
叶鸣岗（2014.3—2016.12）
章军平（2016.12—　　）
副主席：朱国炎（1999.1—2001.10）
毛金明（2000.4—2001.11）
王有根（2001.10—2004.12）
谈克霜（2001.11—2006.9）
李胜良（2009.5—2011.7）
葛关祥（2009.5—2011.7）
鲁婷君（2011.7—2016.12）
黄友花（2012.5—2014.1）
李一鸣（2014.3—　　）
吴光平（2016.12—2018.3）

昆铜乡

人大主席团常务主席：洪家信（1990.3—1991.1）
董洪潮（1992.3—1995.1）
任大江（1995.1—1996.1）
人大主席：任大江（1996.1—1997.12）
钱根良（1997.12—1998.12）
徐　勇（1998.12—2001.11）
黄　勇（2001.11—2006.9）
毛如庆（2006.9—2009.6）
徐　伟（2009.6—2010.10）
陈志文（2010.10—2012.5）
副主席：钱根良（1999.1—2002.12）
毛金明（2001.12—2007.1）
黄友花（2010.10—2012.5）

2012 年 5 月并入梅溪镇。

晓墅镇

人大主席团常务主席：黎德祥（1990.3—1993.3）

陈祥平（1993.3—1996.1）

杨步生（1996.1—1998.7）

人大主席：毛金明（1998.7—2000.4）

2000 年 1 月与梅溪镇合并。

荆湾乡

人大主席团常务主席：杨根法（1990.3—1992.9）

1992 年 9 月并入梅溪镇。

溪龙乡

人大主席团常务主席：叶树强（1990.3—1993.3）

杨步生（1993.3—1996.1）

人大主席：陈永安（1996.1—1998.12）

叶海珍（1998.12—2003.4）

徐礼明（2003.4—2005.9）

朱永桓（2005.9—2009.6）

沈卫江（2009.6—2012.7）

孙　莉（2012.7—2017.1）

黄定瑞（2017.1—　　）

副主席：赵安琴（1998.12—2001.11）

徐建初（2001.11—2004.12）

徐永安（2004.12—2006.7）

万爱梅（2007.7—2011.7）

干永海（2011.7—2016.9）

良朋镇

前身为良朋乡，1997 年 12 月撤乡建镇。

人大主席团常务主席：蒋本有（1990.3—1995.3）

梁为民（1995.3—1995.9）

曾庆山（1995.10—1996.1）

人大主席：曾庆山（1996.1—1998.5）

曹锦水（1998.5—2001.7）

俞立安（2001.7—2003.4）

洪梅芳（2003.4—2004.12）

林立辉（2004.12—2006.9）

王凌峰（2006.9—2010.10）

林天标(2011.7—2012.5)
副主席:郭小林(1995.10—2002.8)
何长发(2001.11—2006.9)
郑安全(2006.9—2012.5)

2012年5月与高禹镇合并建立天子湖镇。

高禹镇

前身为高禹乡,2001年2月撤乡建镇。

人大主席团常务主席:夏润水(1990.3—1993.2)
朱雨清(1993.2—1995.9)
戴正华(1995.9—1996.1)
人大主席:戴正华(1996.1—1998.7)
卢成宝(1998.7—2001.7)
梅梓华(2001.7—2003.4)
吴智勇(2003.4—2004.12)
陈作云(2004.12—2006.9)
孟建州(2006.9—2011.1)
姚海康(2011.7—2012.5)
副主席:胡德才(1995.9—1998.7)
刘华庆(1998.7—2000.4)
郭建民(2000.3—2001.11)
刘阶庆(2000.3—2001.11)
刘书琴(2002.4—2011.7)
吴光平(2011.7—2012.5)

2012年5月与良朋镇合并建立天子湖镇。

天子湖镇

2012年5月由高禹镇、良朋镇合并建立。

主　席:林天标(2012.5—2016.12)
王宏之(2016.12—2018.10)
施明军(2019.1—　　)
副主席:郑安全(2012.5—2016.12)
吴光平(2012.5—2016.12)
李更正(2016.12—　　)
康敏良(2017.11—2019.10)

西亩乡

人大主席团常务主席:方学庭(1990.3—1992.3)
方水根(1992.3—1993.2)

黄培林(1993.2—1995.10)
陈炎青(1995.10—1996.1)
人大主席:陈炎青(1996.1—1998.3)
陈必正(1998.3—2001.2)
副主席:忻　元(1998.1—2001.2)

2001年2月并入良朋镇。

南北湖乡

人大主席团常务主席:钱元明(1990.3—1990.4)
龚国富(1990.4—1992.12)
陈祥平(1992.12—1993.2)
蒋小龙(1993.2—1995.9)
朱国炎(1995.9—1996.1)
人大主席:朱国炎(1996.1—1998.7)
俞立安(1998.7—2000.3
副主席:刘阶庆(1999.2—2000.3)

2000年3月并入高禹乡。

郭吴镇

前身为郭吴乡,1997年12月撤乡建镇。

人大主席团常务主席:范建明(1990.3—1996.1)
人大主席:范建明(1996.1—1996.2)
干永福(1996.2—1998.5)
吴志新(1998.5—2002.1)
韩建忠(2002.1　2003.7)
周雪逵(2003.7—2007.3)
叶星贵(2007.3—2008.6)
王　勇(2008.6—2011.7)
陈旭华(2011.7—2015.4)
陈小龙(2015.4—2016.12)
戴泽万(2016.12—　　)
副主席:万爱梅(1999.1—2007.4)
韦文生(2007.4—2015.6)
戚继成(2015.7—　　)

杭垓镇

前身为杭垓乡,1994年11月撤乡建镇。

人大主席团常务主席:刘发智(1990.3—1995.9)
邵忠宝(1995.10—1996.1)

人大主席：邵忠宝（1996.1—1998.7）
张为华（1998.7—2000.8）
李德新（2000.8 — 2002.1）
唐　华（2002.1—2003.12）
王志平（2003.12—2006.9）
张传杰（2006.9—2011.7）
张　超（2011.7—2015.7）
俞兆松（2015.7—2019.1）
徐　渊（2019.5—　　）

副主席：梁发苗（1996.1—1998.7）
胡金根（1998.7—2002.1）
项刚华（2002.1—2003.12）
梁发苗（2003.12—2004.12）
程建木（2003.12—2007.1）
季玉珍（2003.12—2004.12）
吴光平（2007.1—2011.7）
李宗栓（2011.7—2019.2）
梅明星（2016.12—　　）

永和乡

1992年9月由姚村乡、皤溪乡合并建立。

人大主席团常务主席：陈天明（1992.9—1994.4）
宿卫平（1994.4—1996.1）

人大主席：徐人良（1996.1—1999.1）
王卓良（1999.1—2002.1）
楼钱荣（2002.1—2003.12）

副主席：项刚华（1996.1—2002.1）
梁发苗（2002.1—2003.12）

2003年12月并入杭垓镇。

缫舍乡

人大主席团常务主席：杜建华（1990.3—1991.3）
田桂平（1991.3—1995.9）
陈天明（1995.9—1996.1）

人大主席：陈天明（1996.1—1998.7）
李德新（1998.7—2000.8）
高启生（2000.8—2001.11）
薛生和（2001.11—2003.12）

副主席：周遂明（1999.1—2001.11）
程建木（2001.1—2003.12）

2003年12月并入杭垓镇。

姚村乡

人大主席团常务主席：王急雨（1990.3—1992.9）

1992年9月与皤溪乡合并建立永和乡。

皤溪乡

人大主席团常务主席：张建国（1990.3—1992.9）

1992年9月与姚村乡合并建立永和乡。

孝丰镇

人大主席团常务主席：蒋位超（1991.3—1993.2）
周厚积（1993.2—1996.1
人大主席：周厚积（1996.1—2002.1）
周遂明（2002.1—2011.7）
张传杰（2011.12—2015.7）
施　宏（2015.7—2017.7）
陈秀宽（2017.9—　　）
副主席：曾桂昌（1999.2—2002.1）
柳生荣（1999.2—2002.1）
田银芳（2002.1—2007.1）
龚稽仓（2007.1—2016.12）
梁跃平（2007.1—2016.12）
麻江云（2016.12—2018.10）
龚晓云（2016.12—　　）
何向华（2019.1—　　）

下汤乡

人大主席团常务主席：徐兴南（1991.3—1994.3）
曾桂昌（1994.3—1996.1）
人大主席：曾桂昌（1996.1—1999.2）
徐人良（1999.2—2000.4）
副主席：应月飞（1999.2—2000.4）

2000年4月并入孝丰镇。

赤坞乡

人大主席团常务主席：黄世平（1990.3—1996.1）
人大主席：黄世平（1996.1—1999.2）

1999年2月并入孝丰镇。

报福镇

前身为报福乡，1989 年 7 月撤乡建镇。

人大主席团常务主席：胡忠辉（1990.3—1993.3）
沈潜法 1993.3—1996.1）
人大主席：池建华（1996.1—1999.1）
胡　伟（1999.1—2002.1）
李培祥（2002.1—2004.11）
宋焕新（2004.12—2007.3）
盛迎春（2007.3—2009.6）
顾建强（2009.6—2011.7）
刘承娟（2011.7—2015.7）
高安兵（2015.7—2017.9）
戴开林（2017.9—　　）
副主席：潘炳来（1996.1—1999.1）
朱青云（1999.1—2004.12）
吴星星（2004.12—2011.7）
张世根（2011.7—　　）

章村镇

前身为章村乡，1996 年 12 月撤乡建镇。

人大主席团常务主席：章寄西（1990.3—1993.2）
卢成富（1993.2—1996.1）
人大主席：赵田庄（1996.1—1999.1）
童仁斌（1999.1—2002.1）
高启生（2002.1—2005.1）
陈文渊（2005.1—2008.7）
石一婷（2008.7—2008.9）
张孟姣（2008.9—2012.7）
戎露波（2012.7—2015.6）
王长林（2015.6—2016.12）
盛琦丽（2016.12—2019.5）
陈国庆（2019.5—　　）
副主席：王森林 1996.1—2002.1）
蒋立球（2002.1—2005.1）
吴旭东（2005.1—2011.7）
杨建超（2011.7—2016.12）
吴月成（2016.12—2018.10）

天荒坪镇

前身为山河乡，1992年7月撤乡建镇，更名为天荒坪镇。

人大主席团常务主席：李建国（1990.3—1993.2）
程年珠（1993.2—1996.1）
人大主席：程年珠（1996.1—1998.7）
胡建国（1998.7—2000.3）
赵德清（2000.3—2000.8）
孙　松（2000.8—2002.1）
任大能（2002.1—2006.9）
卢力明（2006.9—2011.7）
盛文明（2011.7—2019.5）
盛琦丽（2019.5—　　）
副主席：陈天明（1999.1—2001.11）
丁美英（2000.3—2001.11）
来熬培（2002.1—2004.12）
吴正明（2004.12—2016.7）
杜又喜（2016.7—　　）

港口乡

人大主席团常务主席：叶凡芳（1990.3—1993.10）
汪士财（1993.10—1996.1）
人大主席：汪士财（1996.1—1999.1）
李振华（1999.1—2000.1）
副主席：章志和（1996.1—1998.12）

2000年1月并入天荒坪镇。

白水湾乡

人大主席团常务主席：竺志良（1990.3—1992.9）

1992年9月并入天荒坪镇。

上墅乡

人大主席团常务主席：黄宣富（1993.3—1996.1）
人大主席：黄宣富（1996.1—1999.1）
黄先国（1999.1—2002.1）
张惠玲（2002.1—2004.11）
杨忠义（2004.11—2007.1）
戴先才（2007.1—2012.1）
祝海燕（2012.1—2012.8）
陈志文（2012.8—2015.4）

王红缨(2015.4—2016.12)
肖建忠(2016.12—)
副主席:黄宣富(1999.1—2002.1)
丁满英(2002.1—2004.12)
范水宝(2004.12—2013.12)
吴月成(2013.12—2016.12)

山川乡

人大主席团常务主席:袁世渔(1990.3—1993.10)
朱青云(1993.10—1994.3)
竺志良(1994.3—1996.1)
人大主席:竺志良(1996.1—1998.6)
周道明(1998.6—2001.11)
吴毅能(2001.11—2004.10)
王琴英(2004.10—2006.7)
陈方良(2006.7—2013.12)
邬如锦(2014.2—2016.4)
邱竞明(2016.4—2016.10)
朱　毅(2016.10—)
副主席:陈根宝(1994.3—2001.11)
刘阶庆(2001.11—2004.12)
殷志龙(2004.12—2011.7)
麻江云(2011.7—2016.12)

皈山乡

人大主席团常务主席:李佰琴(1990.3—1993.2)
李志根(1993.2—1996.1)
人大主席:李志根(1996.1—1999.1)
贺成佳(1999.1—2002.1)
赵子云(2002.1—2006.8)
罗绍鸿(2006.8—2009.4)
凌海明(2009.7—2013.3)
黄承文(2014.1—2014.4)
副主席:李雪金(1999.1—2002.1)
王金良(2002.1—2006.8)
胡美丽(2006.8—2011.7)
周立智(2011.7—2014.4)

2014 年 2 月改建孝源街道,同年 4 月设立街道工委。

孝源街道

人大工委主任：黄承文（2014.4—2019.12）
王雪尧（2019.12—　　）
副主任：周立智（2014.4—2015.7）
查道胜（2015.7—2016.9）
吴正明（2016.9—2018.10）
李锡良（2016.9—　　）
吴月成（2018.10—　　）

灵峰街道

人大工委主任：施　霞（2014.4—2019.5）
应秋平（2019.10—　　）
副主任：冯贵平（2014.4—2015.4）
王德才（2015.4—　　）

第五编

人　　物

人物分人物简介和人物名录，不设人物传记。其中，人物简介为历届县人大常委会主任简介，历届县人大常委会副主任简介，全国人大代表简介；人物名录有各界人民代表会议常务委员会主席、副主席名录，县人大常委会主任、副主任名录，县人民政府县长、副县长名录，县人民法院院长、副院长名录，县人民检察院检察长、副检察长名录，县监察委员会主任、副主任名录，全国、省、市人大代表名录。

第一章　人物简介

人物简介主要介绍性别、民族、出生年月、籍贯、文化程度、参加工作时间及入党时间，以及参加工作后至任县人大常委会主任、副主任期间的任职简历，按照任县人大常委会主任、副主任职务的先后顺序排列。

第一节　历任县人大常委会主任简介

吕济广　男，汉族，1923 年 8 月 23 日出，山东沂南人，高小文化程度。1947 年 3 月参加工作，1947 年 11 月加入中国共产党。

历任山东省沂南县葛沟区文书、副区长，浙江省安吉县三港乡乡长，安吉县递铺区区长、区委副书记，安吉县委调研组组长，安吉县委文教部部长，安吉县双建乡党总支书记，安吉县递铺公社党委第一书记，安吉县委常委、宣传部部长。

1981 年 7 月至 1984 年 8 月，任安吉县第七届人大常委会主任、党组书记。

朱长胜　男，汉族，1932 年 5 月出生，浙江安吉人，临安地委军政干校学习结业。1949 年 12 月参加工作，1951 年 6 月加入中国共产党。

历任安吉县梅溪区公所、递铺区公所、县委组织部、递铺区委干部，中共安吉县良溪乡总支书记，安吉县南湖人民公社党委书记，安吉县荆民人民公社革委会主任、党委书记，安吉县委常委、组织部部长，安吉县委副书记，安吉县委副书记、县人民政府县长。

1984 年 4 月至 1994 年 1 月，任安吉县第八届至第十届人大常委会主任、党组书记。

张锡荣　男，汉族，1946 年 12 月出生，浙江安吉人，大专学历。1964 年 9 月参加工作，1967 年 5 月加入中国共产党。

历任浙江省军区司令部战士，安吉县双建人民公社石马大队党支部委员、团支部书记，安吉县公安局民警、侦察员、预审员、预审股副股长、预审股股长、政委、党委书记，安吉县委常委、政法委书记。

1992 年 3 月至 1993 年 3 月，担任安吉县第十届人大常委会副主任、党组副书记；1993 年 3 月至 2003 年 3 月，任安吉县第十一届、第十二届人大常委会主任、党组书记。

钱坤方 男，汉族，1956年7月出生，浙江德清人，大专学历。1974年参加工作，1982年4月加入中国共产党。

历任中共德清县委组织部副部长，德清县城关乡党委副书记，德清县委宣传部副部长，德清县教育委员会书记、常务副主任，德清县筏头乡党委书记，德清县委办公室主任，安吉县委常委、组织部部长，安吉县委副书记、县委党校校长，安吉县委副书记、县人民政府县长、县人民政府党组书记，安吉县委书记、县人民武装部党委第一书记。

2003年3月至2007年1月，任安吉县第十三届人大常委会主任、党组书记。

唐中祥 男，汉族，1962年10月出生，安徽郎溪人，大学学历，高级工程师。1981年8月参加工作，1984年3月加入中国共产党。

历任共青团长兴县委书记，长兴县观音桥乡党委书记，长兴县委宣传部副部长（正科级）、常务副部长，长兴县委常委、宣传部部长，湖州市南浔区委副书记兼南浔镇党委书记，湖州日报社社长、党委书记，湖州市委副秘书长、办公室主任，安吉县委副书记、县人民政府县长、县人民政府党组书记，安吉县委书记，县人民武装部党委第一书记。

2007年1月至2011年1月，任安吉县第十四届人大常委会主任。

吴向明 男，汉族，1954年12月出生，浙江安吉人，大学学历。1970年11月参加工作，1984年6月加入中国共产党。

历任89960部队司令部气象室连级预报员，安吉县气象站干部，安吉县孝丰镇人民法庭助理审判员，安吉县人民法院副院长，安吉县人民法院院长、党组书记，安吉县人民政府副县长、党组成员，中共安吉县政法委副书记。

2003年3月至2006年11月，任安吉县第十三届人大常委会党组书记、副主任；2006年11月至2007年1月，任安吉县第十三届人大常委会代理主任、党组书记；2007年1月至2011年1月，任安吉县第十四届人大常委会党组书记、副主任；2011年1月至2012年2月，任安吉县第十四届人大常委会代理主任、主任、党组书记。

梁为民 男，汉族，1959年8月出生，浙江安吉人，大学学历。1977年3月参加工作，1984年8月加入中国共产党。

历任安吉县皈山中学教师、副校长（主持工作），安吉县第三中学副校长，安吉县安城中学校长，安吉县文广局副局长，共青团安吉县委书记，安吉县良朋区委书记兼良朋乡党委书记，安吉县委宣传部副部长，安吉县广电局局长、党委书记，安吉县委常委、宣传部部长，安吉县委常委、组织部部长，安吉县委副书记、政法委书记、县委党校校长，政协安吉县第七届委员会主席、党组书记。

2012 年 2 月至 2017 年 2 月，任安吉县第十五届人大常委会主任、党组书记。

陆为民　男，汉族，1963 年 7 月出生，浙江安吉人，大学学历。1983 年 6 月参加工作，1986 年 4 月加入中国共产党。

历任安吉县晓墅乡团委干部、团委书记，安吉县荆湾乡党委副书记、纪委书记，安吉县皈山乡党委书记，安吉县梅溪镇党委书记，安吉县递铺镇党委副书记、镇长，安吉县递铺镇党委书记，安吉县委常委，递铺镇党委书记、人大主席，安吉县委常委、县人民政府副县长、党组副书记，安吉县委常委、县人民政府副县长、党组副书记、县行政学校校长兼县发改委主任（物价局局长）党组书记，安吉县委常委、经济开发区（递铺镇）党委书记，安吉县委副书记、县委党校校长。

2017 年 2 月起，任安吉县第十六届人大常委会主任、党组书记。

第二节　历任县人大常委会副主任简介

刘玉芬　男，回族。1924 年 12 月出生，山东沂南人，高小文化程度。1940 年 5 月参加工作，1941 年 1 月加入中国共产党。

历任山东省沂南县大成村村公所青抗会会长，沂南县工作队青州市二区组长，沂南县东平区公所文书、副区长，安吉县人民政府文书、财粮科科长，安吉县财经委员会副书记兼财政科科长，安吉县供销社主任，安吉县人民委员会副县长，萧山社教工作队副队长，余杭瓶窑区工作组组长，安吉县梅溪公社党委书记，安吉县孝丰镇党委书记，安吉县商业局局长，安吉县人民检察院检察长。

1981 年 7 月至 1984 年 8 月，任安吉县人大常委会副主任、党组副书记。

王根富　男，汉族，1930 年 12 月出生，浙江安吉人，初中文化程度。1949 年 3 月参加工作，1951 年 1 月加入中国共产党。

历任孝丰县青山区委组织干事，孝丰县委统计干事，孝丰县委秘书、副书记，孝丰县山河乡党委书记，安吉县塘浦人民公社党委书记，安吉县政策研究室副主任，安吉县永太区委书记，安吉县丰城区委副书记，安吉县基建委员会副主任，安吉县老石坎水库党委政治处主任，安吉县老石坎水库革命领导小组组长、维修抢险指挥部指挥，安吉县化肥厂党委书记，安吉丝厂党支部书记，安吉县老石坎水库保护扩建指挥部副指挥，安吉县总工会主席。

1981 年 7 月至 1884 年 8 月，任安吉县第七届人大常委会副主任。

江坤寿　男，汉族，1926年7月出生，浙江临安人，小学文化程度。1949年12月参加工作，1950年6月加入中国共产党。

历任浙江省於潜县高白塘村农会青年委员，於潜县委工作人员，临安地委工作人员，孝丰县委组织部干事、副部长，孝丰县委审干委员会副书记兼办公室主任，孝丰县监察委员会副书记，孝丰县人民法院院长，孝丰县港口乡党委书记，孝丰县青山公社党委书记，安吉县递铺公社党委书记，安吉县上墅公社党委书记，安吉县物资局局长，安吉县农办副主任、农业局局长，安吉县青山区委书记。

1981年7月至1984年8月，任安吉县第七届人大常委会副主任。

谷忠林　男，汉族，1928年3月出生，浙江安吉人，初中文化程度。1951年4月参加工作，1953年4月加入中国共产党。

历任安吉县城郊区三青乡人民政府乡长，安吉县城郊区公所副区长，安吉县人民法院副院长，安吉县人民委员会副县长，安吉县三官乡党总支书记，安吉县第一钢铁厂厂长、党委书记，安吉县青山人民公社党委副书记，安吉县递铺人民公社党委书记，安吉县七一农场党委书记，安吉县林业局副局长，安吉县报福公社党委书记，安吉县知青办公室主任，安吉县丰城镇党委书记。

1981年7月至1984年8月，任安吉县人大常委会副主任、党组成员。

魏厚多　男，汉族，1926年6月出生，河南镇平人，高小文化程度。1943年4月参加工作，1948年8月加入中国共产党。

历任中国人民解放军某团九连副指导员，某师后勤部计划科副科长，某团后勤处处长，北京水泵厂“三支两军”革委会主任，北京卫戍区某团副团长，浙江省安吉县电力公司革委会主任，安吉县工业办公室副主任、主任，安吉县委常委、纪委书记。

1984年8月至1987年5月，任安吉县人大常委会副主任、党组副书记。

邹人龙　男，汉族，1928年2月出生，浙江安吉人，军政干校学习毕业。1949年9月参加工作，1953年10月加入中国共产党。

历任安吉县南湖区公所文书，安吉县委秘书处秘书，安吉县人民政府统计科副科长、科长，安吉县委办公室负责人，安吉县革委会生产指挥组副组长，安吉县计划委员会副主任、主任，安吉县人民政府副县长，安吉县人民政府顾问。

1984年8月至1988年1月，任安吉县人大常委会副主任、党组成员；1988 年 1 月至 1990 年 4 月，任安吉县人大常委会副主任、党组副书记。

黄少伟　男，汉族，1944 年 4 月生，福建泉州人，高中学历。1964 年 3 月参加工作，侨联会员。

历任安吉县灵峰寺林场职工，安吉县林工商联合公司经理，湖州市侨联副主席，安吉县侨联主席，政协安吉县第二至第四节委员会副主席。

1984 年 8 月至 1987 年 5 月，任安吉县第八届人大常委会副主任。

赵大正　男，汉族，1937 年出生，浙江诸暨人，大学学历。1959 年 8 月参加工作，1985 年 5 月加入中国共产党。

历任安吉县永太区孝丰人民医院医士、外科医生、副院长、院长、名誉院长。

1984 年 8 月至 1987 年 5 月，任安吉县人大常委会副主任。

肖金莲　女，汉族，1949 年 12 月出生，浙江安吉人，中专学历。1976 年参加工作，1972 年 3 月加入中国共产党。

历任安吉县报福人民公社、双建人民公社妇女干部，共青团安吉县委副书记、书记，中共安吉县委常委、共青团安吉县委书记，中共安吉县委常委、县妇联主任。

1987 年 5 月 2003 年 3 月，任安吉县第九届至第十二届人大常委会副主任、党组成员。

陈永新　男，汉族，1932 年 11 月出生，浙江黄岩人，大专学历。1956 年 10 月参加工作，1951 年 10 月加入中国共产党。

历任电力部三门峡测量队技术负责人，电力部西藏水电勘测设计处技术科副科长，广西水电厅第二测量队副队长，广西水电设计院工程师，浙江省安吉县农机水利局工程师、副局长，安吉县水利电力局副局长、党组书记。

1987 年 5 月至 1993 年 3 月，任安吉县人大常委会副主任、党组成员。

钱致礽　男，汉族，1935 年 12 月出生，上海（祖籍杭州）人，大学学历。1958 年 9 月参加工作，党外人士。

历任安吉县人民医院（梅溪）、安吉县第一人民医院医生，浙江省委社教工作团医务室医师，安吉县第一人民医院内科医师，安吉县第一人民医院院长，安吉县第七届人大常委会常务委员，政协安吉县第一届委员会副主席，安吉县第一人民医院名誉院长，县九届人大常委会常务委员。

1990 年 4 月至 1998 年 3 月，任安吉县第十届、第十一届人大常委会副主任。

洪甫岩 男，汉族，1938 年 10 月出生，安徽绩溪人，初中学历。1956 年 3 月参加工作，1979 年 8 月加入中国共产党。

历任孝丰县商业科、商业局办事员，安吉县煤炭局、公交局办事员，安吉县黄市煤矿、锅厂、手工业局、计委办事员，安吉县报福财税所专管员，安吉县化肥厂会计，安吉县老石坎纸厂会计、财务科长、副厂长、党委委员，安吉县财税局局长、党组书记。

1993 年 3 月至 1998 年 3 月，任安吉县第十届人大常委会副主任。

崔双根 男，汉族，1949 年 10 月出生，浙江安吉人，大专学历。1968 年 3 月参加工作，1969 年 6 月加入中国共产党。

历任部队战士、文书，营、团政治处书记、正连职干事，安吉县孝丰镇司法所助理，安吉县司法局人秘股股长、副局长，安吉县政法委委员、办公室主任，安吉县公安局副局长、副政委、党委委员、纪委书记，安吉县递铺镇党委书记、人大主席，安吉县人民检察院副检察长、党组副书记，安吉县人民检察院院长、党组书记。

1998 年 3 月至 2007 年 1 月，任安吉县第十二届、第十三届人大常委会副主任、党组成员。

胡正坚 男，汉族，1949 年 1 月出生，江苏无锡人，大专学历。1968 年 12 月参加工作，1974 年 6 月加入中国共产党。

历任黑龙江大兴安岭大杨树煤矿宣传干事、理论教员，浙江嘉兴地区康山煤矿宣传干事、组织干事，安吉县人民政府办公室秘书，安吉县林业局局长、党委书记。

1998 年 3 月至 2007 年 1 月，任安吉县第十二届、第十三届人大常委会副主任、党组成员。

陈华民 男，汉族，1951 年 8 月出生，浙江安吉人，大学学历。1969 年参加工作，1995 年加入九三学社。

历任安吉县孝丰人民医院内科医师，安吉县第一人民医院儿科医师、副主任，安吉县中医院副院长，政协安吉县委员会常务委员，安吉县妇保院院长，安吉县妇保院名誉院长，九三学社安吉支委副主委、主委。

1998 年 3 月至 2012 年 2 月，任安吉县第十二届至第十四届人大常委会副主任。

周小平 男，汉族，1957年1月出生，浙江安吉人，大专学历。1974年12月参加工作，1978年5月加入中国共产党。

历任江苏省军区某团战士、排长，苏州军分区管理科副连职管理员、作训科副连职参谋，安吉县人民武装部秘书，安吉县人武部政工科副科长、科长，安吉县人武部副部长，中共安吉县委常委、县人武部政委。

2003年3月至2017年2月，任安吉县第十三届至第十五届人大常委会副主任、党组成员。

张为华 男，汉族，1958年9月出生，浙江安吉人，大专学历。1976年9月参加工作，1985年3月加入中国共产党。

历任安吉县安城中学教师、教导主任，安吉县递铺镇中学校长、党支部书记，安吉县杭垓镇党委副书记、纪委书记，安吉县杭垓镇党委书记、人大主席，安吉县人民政府办公室主任、党组书记、县人民政府党组成员，安吉县人民政府副县长、党组成员。

2007年1月至2012年2月，任安吉县第十四届人大常委会副主任、党组成员。

陶紫正 男，汉族，1950年9月出生，浙江安吉人，高中学历。1968年3月参加工作，1968年11月加入中国共产党。

历任步兵某团通信连通信员，陆军某师作训科测绘员，步兵某团作训股排职测绘员，某连副连长、团作训股连职参谋，陆军某师作训科副营职参谋，陆军某集团军教导大队训练处正营职教员，陆军某集团军作训处副团职参谋，安吉县人民武装部部长，政协安吉县委员会三至六届副主席，县委统战部部长、党组成员。

2007年1月至2012年2月，任安吉县第十四届人大常委会副主任、党组成员。

杨路侠 男，汉族，1957年6月出生，浙江安吉人，大学学历。1974年参加工作，1978年10月加入中国共产党。

历任江苏省军区某师步兵某团战士、侦察班副班长，安吉县商业局干部、党组成员、人秘股股长，安吉县商业局副局长、党委委员，白水湾乡党委副书记、乡长，县商业局局长、党委书记，县烟草专卖局局长，县计划经济委员会主任、党委书记，县外贸局局长、党组书记，县经贸委主任(粮食局局长)、党委书记，安吉县人民政府办公室主任，党组书记、县人民政府党组成员，县人民防空办公室主任，县法制办公室主任。

2007年1月至2017年2月，任安吉县第十四届、第十五届人大常委会副主任、党组成员。

黄根凤 女，汉族，1963年7月出生，浙江安吉人，大专学历。1984年6月参加工作，1985年12月加入中国共产党。

历任安吉县皈山乡妇联专职干部、妇联主任，安吉县皈山乡副乡长，安吉县孝丰镇党委副书记、镇长，安吉县孝丰镇党委书记，安吉县计划生育局局长、党组成员，安吉县人口与计划生育局局长、党组书记，安吉县交通局局长、党委副书记。

2011年1月至2017年2月，任安吉县第十四届、第十五届人大常委会副主任、党组成员。

王爱民 女，汉族，1960年3月出生，浙江安吉人，大专学历。1980年8月参加工作，无党派人士。

历任安吉县妇幼保健所医生、副所长，安吉县卫生局防保科副科长，安吉县卫生局副局长，政协安吉县委员会常委，安吉县卫生局副局长兼县中医院院长，政协安吉县委员会副主席、县卫生局副局长，政协安吉县委员会副主席、县计划生育协会会长。

2012年2月起，先后任安吉县第十五届、第十六届人大常委会副主任。

孙 松 男，汉族，1961年5月出生，浙江安吉人，大专学历。1978年12月参加工作，1992年7月加入中国共产党。

历任安吉县物价局检查所干部、副所长、所长，安吉县物价局党组成员、价格事务所所长，安吉县天荒坪镇党委副书记、纪委书记，天荒坪镇党委副书记、镇长，天荒坪镇党委书记、人大主席，安吉县发展计划委员会主任（物价局局长）、党委书记，安吉县发展和改革委员会主任（物价局局长）、党组书记，安吉县人民政府办公室主任、党组书记兼县新居民局局长、县人民政府法制办公室主任。

2012年2月起，先后任安吉县第十五届、第十六届人大常委会党组成员、副主任。

黄先国 男，汉族，1962年4月出生，浙江安吉人，大专学历。1978年12月参加工作，1985年12加入中国共产党。

历任83424部队战士，安吉县杭垓区人武部干事，安吉县缫舍乡人武部副部长，安吉县报福镇党委委员、人武部部长，杭垓区委委员、人武部部长，安吉县下汤乡党委副书记、乡长、党委书记，安吉县上墅乡党委书记、人大主席，安吉县农业和农村办公室主任，安吉县委办公室党组成员、副主任。

2012年2月起，先后任安吉县第十五届、第十六届人大常委会党组成员、副主任。

吴佩勋 男，汉族，1964年4月出生，浙江德清人，大学学历。1985年8月参加工作，1985年6月加入中国共产党。

历任德清县公安局刑侦大队侦察员、大队长，德清县洛舍镇副书记、镇长，德清县公安局副局长、党委委员，德清县公安局常务副局长、党委副书记，德清县公安局政委、党委副书记，湖州市公安局副调研员，湖州太湖旅游度假区党委委员、公安分局局长，安吉县委常委、公安局局长、党委书记、县政法委副书记，安吉县委常委、公安局局长、督察长、县政法委副书记。

2017年2月起，任安吉县第十六届人大常委会党组副书记、副主任。

俞立安 男，汉族，1963年2月出生，浙江安吉人，大学学历。1983年8月参加工作，1985年12月加入中国共产党。

历任安吉县赤坞乡政府干部、乡经济联合社副社长，安吉县南北湖乡工办副主任、主任，安吉县递铺区区委秘书、副主任科员，安吉县三官乡党委副书记、纪委书记，安吉县南北湖乡党委书记、人大主席，安吉县良朋镇党委书记、人大主席，湖州市委宣传部党教处副处长，湖州市委宣传部宣传处处长，湖州市委宣传部办公室主任，湖州市社会科学院院长、市社会科学界联合会副主席，湖州市文化广播电视新闻出版局(文化局)副局长、党委委员。

2017年2月起，任安吉县第十六届人大常委会党组成员、副主任。

梁蕴伟 男，汉族，1965年4月出生，浙江安吉人，大专学历。1982年11月参加工作，1987年4月加入中国共产党。

历任安吉县财税局办公室副主任、主任，安吉县财税局副局长、党组成员，安吉县财税局党组副书记、副局长、纪检组长，安吉县人民政府金融办公室副主任(主持工作)，安吉县财政局局长、党组书记，安吉县委办公室主任。

2017年2月起，任安吉县第十六届人大常委会党组成员、副主任。

王　捷 女，1971年1月出生，浙江安吉人，大学学历。1990年1月参加工作，九三学社社员。

历任安吉县人民检察院书记员、助检员、审查起诉科副科长、公诉科副科长、副科级检察员、侦查监督科科长、公诉科科长、副检察长、正科级检察员，安吉县司法局局长，九三学社安吉县基层委员会主委，安吉县副县长，浙江省环保厅建设处副处长。

2020年5月起，任安吉县第十六届人大常委会副主任。

徐　勇　男，1965年6月出生，浙江安吉人，大学学历。1985年10月参加工作，1988年6月加入中国共产党。

历任安吉县委办公室机要科副科长、秘书科科长，安吉县昆铜乡党委副书记、党委书记、人大主席，安吉县审批办证服务中心主任、党组书记，安吉县人民政府办公室副主任、党组成员，安吉县委县政府信访局局长兼县委办公室副主任，安吉县审计局党组书记，安吉县财政局党组书记、局长，县国资党工委委员。

2020年5月起，任安吉县第十六届人大常委会党组成员、副主任。

王一明　男，1968年3月出生，浙江安吉人，大学学历。1986年8月参加工作，1991年7月加入中国共产党。

历任安吉县白水湾乡畜牧干部、团委副书记、团委书记，安吉县天荒坪镇团委书记、天荒坪镇大溪村党支部书记，安吉县港口乡党委委员、副乡长，安吉县天荒坪镇党委副书记、副镇长，安吉县梅溪镇党委副书记，安吉县环境保护局副局长、党组成员，天子湖工业园区副主任，安吉县天子湖工业园区管委会(筹)副主任，安吉经济开发区党委委员、副主任，安吉县高禹镇党委副书记、镇长、党委书记，安吉县卫生局局长、党委副书记、党委书记，安吉县红十字会常务副会长(兼)，安吉县计生协会常务副会长(兼)，安吉县委办公室(政研室)主任，安吉县国资党工委委员，安吉县台办主任，安吉县档案局局长，安吉县委保密办公室主任(县保密局局长)，安吉县委机要局局长(县密码局局长)。

2020年5月起，任安吉县人大常委会党组成员、副主任。

第三节　全国人大代表简介

朱岳年　男，1924年12月出生，安吉县双建乡双一村人。1953年加入中国共产党，安吉县第七届人民代表大会代表、常务委员会委员，浙江省第七届人民代表大会代表，浙江省劳动模范，第六届全国人大代表，高级农技师。

历任双一村农业生产互助组组长、合作社社长、大队长、党支部书记，安吉县科学技术协会副主席，中国科学技术协会理事，中国林学会会员。带领村级集体获得多项荣誉，先后获评省林业丰产模范合作社、全国林业模范合作社、全国林业先进集体、全国农业先进集体。1978年，中国林科院亚林所、县林科所、双一大队，三方合作的“毛竹丰产技术”“竹螟防治技术”两项科研项目获省科学大会三等奖；1982年，“毛竹丰产技术”科研项目获嘉兴地区一等奖，国家科委、国家农委三等奖。

多次出席全国性先进表彰大会。1963年3月13日、1979年6月7日、1980年6月12日，《浙江日报》3次专题报道其先进事迹。

第二章　人物名录

本章收录安吉县、孝丰县各界人民代表会议常务委员会主席、副主席名录，安吉县人大常委会主任、副主任名录，安吉县人民政府县长、副县长名录，安吉县人民法院院长、副院长名录，安吉县人民检察院检察长、副检察长名录，安吉县监察委员会主任、副主任名录，在安吉的全国、省、市人大代表名录。

第一节　县各界人民代表会议常务委员会主席、副主席名录

安吉县第三次各界人民代表会议常务委员会(始设)

主　席:翟作标

副主席:安成夫　董菊生

秘书长:刘玉芬(回族)

安吉县第四次各界人民代表会议常务委员会

主　席:翟作标

副主席:安成夫　董菊生

秘书长:刘玉芬(回族)

安吉县第五次各界人民代表会议常务委员会

副主席:安成夫　董菊生

秘书长:刘玉芬(回族)

安吉县第六次各界人民代表会议常务委员会

副主席:安成夫　董菊生

秘书长:刘玉芬(回族)

安吉县第七次各界人民代表会议常务委员会

副主席:安成夫　董菊生

秘书长:刘玉芬(回族)

安吉县第八次各界人民代表会议常务委员会

副主席:安成夫　董菊生

秘书长:刘玉芬(回族)

孝丰县第二次各界人民代表会议常务委员会(始设)

主　席:刘　坚

副主席:段基厚　程绍颐

孝丰县第三次各界人民代表会议常务委员会

主　席:谢润生

副主席:刘　坚　程绍颐

孝丰县第四次各界人民代表会议常务委员会

主　席:刘　坚

副主席:段基厚　程绍颐

孝丰县第五次各界人民代表会议常务委员会

主　席:段基厚

副主席:强世贤　程绍颐

孝丰县第六次各界人民代表会议常务委员会

主　席:段基厚

副主席:强世贤　程绍颐

孝丰县第七次各界人民代表会议常务委员会

主　席:强世贤

副主席:刘德芳　程绍颐

孝丰县第八次各界人民代表会议常务委员会

主　席:强世贤

副主席:刘德芳　程绍颐

第二节　县人大常委会主任、副主任、委员名录

县人大常委会主任、副主任、委员均由县人民代表大会选举产生。

第七届人大常委会

主　任:吕济广

副主任:刘玉芬　王根富　江坤寿　谷忠林

委　员:王云山　叶甲申　朱岳年　刘春松　杨泽中
　　　　邱正基　陈　浩　周文良　钱致礽　潘大坤

第八届人大常委会

主　任:朱长胜

副主任:魏厚多　邹人龙　黄少伟

委　员:王光奎　王继祥　卢云土　汪　云　张礼英(女)　陈伯青　杨泽中
　　　　姜柏华　章昌贵　屠雪娟(女)　雷绍林(畲族)　蔡怀英(女)

第九届人大常委会

主　任:朱长胜

副主任:邹人龙　肖金莲　赵大正　陈永新

委　员:方文龙　王金龙　王继祥　卢云土　牟月娥(女)　汪法根　吴仲华
陈伯青　洪兴林　郭远有　钱致礽　黄阿根　曾晗晖

第十届人大常委会

主　任:朱长胜

副主任:肖金莲　陈永新　钱致礽　张锡荣(1989.4选)

委　员:王允昌　王金龙　王美凤(女)　卢云土　华亚青(女)　吴仲华　张荣梅
陈伯青　邵　宝　周小平　赵家裕　洪兴林　戚才祥

第十一届人大常委会

主　任:张锡荣

副主任:肖金莲　钱致礽　洪甫岩

委　员:王乐民　王志红(女)　叶德宝　杨茂坤　吴仲华　吴岩福　应荣富
邵　宝　周小平　洪兴林　俞文斌　费罗坤　潘工武

第十二届人大常委会

主　任:张锡荣

副主任:肖金莲　崔双根　胡正坚　陈华民

委　员:丁丽枝(女)　王瑞福　毛秋华　叶德宝　李元良　李旺根　李晓明
沈新勇　张培新　周厚积　施炳良　洪兴林　姜国栋　夏贤发
徐杨坤　朱利顺　何继乔

第十三届人大常委会

主　任:钱坤方

副主任:吴向明　周小平　崔双根　胡正坚　陈华民

委　员:丁丽枝(女)　万尧平　王纯刚　方忠华　宋建平　张吉祺
张培新　周树荣　胡忠辉　夏贤发　徐兴南　黄先国
黄建勋　黄跃进　曾庆山　周遂明　侯献荣

第十四届人大常委会

主　任:唐中祥(2007.1—2011.1)
吴向明(2011.1—2012.2)

副主任:吴向明　周小平　陶紫正　陈华民　张为华　杨路侠　黄根凤

委　员:王列兵　王卓良　王振宇　杨绍军　汪秋鸿　张加勇　张惠玲(女)
陈法友　郑继农　孟国良　徐兴南　黄跃进　韩金苗　喻晓鸣
陈文渊　周遂明

第十五届人大常委会

主　任:梁为民

副主任:周小平　杨路侠　王爱民　黄根凤　孙　松　黄先国

委　员:吴国兴　汪钟鸣　张加勇　张传杰　陈文渊　罗学良　罗绍鸿(女)
周盛东　郑继农　赵德忠　胡森水　徐存林　徐树成　黄跃进

梅明星　笪百祥　韩金苗　鲍亚红　叶鸣岗　孙邦军　李培祥
吴有才　陈建华　周国平

第十六届人大常委会

主　任：陆为民

副主任：吴佩勋　王爱民　孙　松　黄先国　俞立安　梁蕴伟　王　捷
徐　勇　王一明

委　员：王　兵　叶　安　杨彩梅　肖秋萍　吴志敏　谷炳方　冷明珠
张加勇　陆卫东　林立辉　周盛东　施　霞　莫　骄　夏　旦
顾小宝　徐存林　黄承文　梅明星　盛文明　章军平　韩金苗
程益欢　楼　军　鲍亚红　鲍高峰　谭丽丽　黎逢林　陈秀宽
徐　伟

第三节　县人民政府县长、副县长名录

1949年6月1日，建立安吉、孝丰两县人民政府，县长、副县长由省委、地委任命。1955年冬，两县人民政府改称县人民委员会。1955年12月县第一届人民代表大会第四次会议起，县人民委员会委员、县长、副县长由人民代表大会选举产生，在县人民代表大会闭会期间，省委、地委任命个别县长、副县长。1958年11月，撤销孝丰县建制，孝丰县人民委员会相应撤销，安吉县人民委员会组成人员亦作调整。1967年初，受"文化大革命"影响，县人民委员会停止工作。1967年3月，建立县人民武装部生产办公室，行使县人民委员会某些职能。1968年3月，建立县革命委员会。1981年7月，县革命委员会改为县人民政府。县第七届人民代表大会第一次会议起，恢复选举制，选举产生县长、副县长。在县人民代表大会闭会期间，因工作需要或特殊情况，县人大常委会决定代理县长，以及个别副县长的任免。

安吉县人民政府(县人民委员会)历届县长、副县长一览表

表5—2—1

届次与说明	职务	姓名	性别	籍贯	任职时间
省委、地委任命	县　长	翟作标	男	山东沂水	1949.6—1951.8
	县　长	安成夫	男	山东蒙阴	1951.8—1952.12
	县　长	刘　杰	男	山东沂南	1952.12—1954.4
	县　长	张华斋	男	山东沂南	1954.4—1955.12
	副县长	谢密之	男	山东莱芜	1949.6—1950.4
	副县长	安成夫	男	山东蒙阴	1950.4—1951.8
	副县长	国守勋	男	山东沂南	1952.12—1955.12
	副县长	刘福祥	男	山东沂南	1954.4—1955.12

续表 5－2－1

届次与说明	职务	姓名	性别	籍贯	任职时间
省委、地委任命	副县长	谷忠林	男	浙江安吉	1954.10—1955.12
第一届(1955.12—1956.12)	县　长	张华斋	男	山东沂南	1955.12—1956.12
	副县长	国守勋	男	山东沂南	1955.12—1956.12
	副县长	谷忠林	男	浙江安吉	1955.12—1956.12
第二届(1956.12—1958.5)	县　长	国守勋	男	山东沂南	1956.12—1958.5
	副县长	刘玉芬	男	山东沂南	1956.12—1958.5
	副县长	王玉亭	男	江苏赣榆	1956.12—1958.5
	副县长	李进民	男	山东沂南	1956.12—1958.5
	副县长	皇甫瑞	男	浙江桐庐	1956.12—1958.5
第三届(1958.5—1961.12)(刘乃欣由省委任命,屈恒亭、王光奎由地委任命)	县　长	国守勋	男	山东沂南	1958.5—1959.2
	县　长	刘乃欣	男	山东沂南	1959.2—1961.12
	副县长	刘玉芬	男	山东沂南	1958.5—1961.12
	副县长	皇甫瑞	男	浙江桐庐	1958.5—1961.12
	副县长	屈恒亭	男	山东曲阜	1958.11—1961.12
	副县长	王光奎	男	山东蒙山	1959.12—1961.12
第四届(1961.12—1963.12)(石贞恩、孙延成由省委任命,国守勋、张瑞祥由地委任命)	县　长	刘乃欣	男	山东沂南	1961.12—1962.7
	县　长	石贞恩	男	山东沂水	1962.7—1963.6
	县　长	孙延成	男	山东商河	1963.6—1963.12
	副县长	李进民	男	山东沂南	1961.12—1963.12
	副县长	刘玉芬	男	山东沂南	1961.12—1963.10
	副县长	皇甫瑞	男	浙江桐庐	1961.12—1963.12
	副县长	屈恒亭	男	山东曲阜	1961.12—1963.12
	副县长	国守勋	男	山东沂南	1962.6—1963.12
	副县长	张瑞祥	男	山东沂水	1962.7—1963.12
第五届(1963.12—1966.5)(徐法林由省委任命,牟顺先、张健联由地委任命)	县　长	孙延成	男	山东商河	1963.12—1966.4
	县　长	徐法林	男	浙江德清	1966.4—1966.5
	副县长	张瑞祥	男	山东沂水	1963.12—1966.5
	副县长	李进民	男	山东沂南	1963.12—1966.4

续表 5—2—1

届次与说明	职务	姓名	性别	籍贯	任职时间
第五届(1963.12—1966.5)(徐法林由省委任命,牟顺先、张健联由地委任命)	副县长	国守勋	男	山东沂南	1963.12—1966.4
	副县长	屈恒亭	男	山东曲阜	1963.12—1965.6
	副县长	牟顺先	男	山东淄博	1965.6—1966.5
	副县长	张健联	女	浙江鄞县	1966.4—1966.5
第六届(1966.5—1968.3)	县　长	徐法林	男	浙江德清	1966.5—1968.3
	副县长	张瑞祥	男	山东沂水	1966.5—1968.3
	副县长	张健联	女	浙江鄞县	1966.5—1968.3
	副县长	牟顺先	男	山东淄博	1966.5—1968.3
1968年3月,建立由干部代表、军队代表和群众代表组成的县革命委员会,革委会主任、副主任均由省委任命	主　任	张洪宾(干部)	男	山东乐陵	1968.10—1978.4
	主　任	卢继荣(干部)	男	山东济阳	1978.4—1981.7
	第一副主任	孟宪嵩(干部)	男	山东沂南	1968.3—1970.9
	副主任	陶希泉(军代表)	男	山东济宁	1968.3—1973.6
	副主任	陈传邦(军代表)	男	安徽淮南	1968.3—1975.6
	副主任	徐法林(干部)	男	浙江德清	1968.3—1981.7
	副主任	胡水兵(群众)	男	浙江安吉	1968.3—1978.9
	副主任	董彩宝(群众)	女	浙江安吉	1968.3—1973.10
	副主任	宋元田(干部)	男	山东平邑	1972.3—1976.5
	副主任	万富有(干部)	男	浙江安吉	1970.9—1976.8
	副主任	孟宪斋(干部)	男	山东日照	1971.12—1973.2
	副主任	李慧斐(干部)	女	浙江嵊县	1973.5—1981.7
	副主任	张瑞祥(干部)	男	山东沂水	1977.3—1979.6

续表 5—2—1

届次与说明	职务	姓名	性别	籍贯	任职时间
第七届(1981.7—1984.8)(王明和由县人大常委会任命,叶兆旭、朱家炳、张嘉德、王以震在1984年4月县机关机构改革中任命)	县　长	朱长胜	男	浙江安吉	1981.7—1984.4
	代理县长	徐序培	男	浙江宁波	1984.4—1984.8
	副县长	邹人龙	男	浙江安吉	1981.7—1984.3
	副县长	张健联	女	浙江鄞县	1981.7—1984.3
	副县长	沈荣林	男	浙江嘉善	1981.7—1983.8
	副县长	徐法林	男	浙江德清	1981.7—1984.3
	副县长	朱家炳	男	浙江安吉	1981.7—1984.8
	副县长	王明和	男	山东泗水	1982.9—1984.4
	副县长	叶兆旭	男	浙江宁波	1984.4—1984.8
	副县长	张嘉德	男	浙江嘉兴	1984.4—1984.8
	副县长	王以震	男	江苏丰县	1984.7—1984.8
第八届(1984.8—1987.5)	县　长	徐序培	男	浙江宁波	1984.8—1987.5
	副县长	叶兆旭	男	浙江宁波	1984.8—1987.5
	副县长	朱家炳	男	浙江安吉	1984.8—1987.5
	副县长	张嘉德	男	浙江嘉兴	1984.8—1985.5
	副县长	王以震	男	江苏丰县	1984.8—1987.5
	副县长	桂安心	男	浙江安吉	1985.11—1987.5
第九届(1987.5—1990.4)	县　长	徐序培	男	浙江宁波	1987.5—1990.4
	副县长	王继祥	男	浙江平湖	1988.8—1990.4
	副县长	胡　伟	男	浙江德清	1989.10—1990.4
	副县长	叶兆旭	男	浙江宁波	1987.5—1988.8
	副县长	诸家炳	男	浙江安吉	1987.5—1990.4
	副县长	王以震	男	江苏丰县	1987.5—1990.4
	副县长	桂安心	男	浙江安吉	1987.5—1990.4
	副县长	方　华	男	浙江杭州	1988.7—1990.4
第十届(1990.4—1993.3)	县　长	胡　伟	男	浙江德清	1990.4—1992.11
	代理县长	谈月明	男	浙江湖州	1992.11—1993.3
	副县长	王继祥	男	浙江平湖	1990.4—1993.3
	副县长	王以震	男	江苏丰县	1990.4—1993.3

续表 5－2－1

届次与说明	职务	姓名	性别	籍贯	任职时间
第十届(1990.4—1993.3)	副县长	陈国强	男	山东平邑	1990.4—1993.3
	副县长	章晓梅	男	江苏溧水	1990.4—1993.3
	副县长	张志中	男	浙江新昌	1990.8—1993.1
第十一届(1993.3—1998.3)	县　长	谈月明	男	浙江湖州	1993.3—1995.1
	代理县长	戚才祥	男	浙江诸暨	1995.1—1995.3
	县　长	戚才祥	男	浙江诸暨	1995.3—1997.8
	代理县长	钱坤方	男	浙江绍兴	1997.9—1998.3
	副县长	王继祥	男	浙江平湖	1993.3—1995.7
第十一届(1993.3—1998.3)	副县长	陈国强	男	山东平邑	1993.3—1997.11
	副县长	章晓梅	男	江苏溧水	1993.3—1998.3
	副县长	胡玉明	男	浙江安吉	1993.3—1997.4
	副县长	王金龙	男	浙江余杭	1993.3—1998.3
	副县长	孟　刚	男	浙江绍兴	1993.7—1996.9
	副县长	孙觉民	男	浙江安吉	1995.6—1997.3
	副县长	宿竞平	男	山东历城	1997.7—1998.3
	副县长	胡震涛	男	江西庐山	1997.7—1998.3
	副县长	王　勤	女	浙江安吉	1997.11—1998.3
	副县长	董立新	男	浙江长兴	1997.11—1998.3
	副县长	吴向明	男	浙江安吉	1997.11—1998.3
第十二届(1998.3—2003.3)	县　长	钱坤方	男	浙江绍兴	1998.3—2002.10
	代理县长	劳红武	女	浙江余杭	2002.10—2003.2
	副县长	王　勤	女	浙江安吉	1998.3—2000.8
	副县长	宿竞平	男	山东历城	1998.3—2001.8
	副县长	胡震涛	男	江西庐山	1998.3—1999.7
	副县长	吴向明	男	浙江安吉	1998.3—2003.3
	副县长	董立新	男	浙江长兴	1998.3—2002.11
	副县长	王龙生	男	浙江桐乡	1998.3—2003.3
	副县长	李慧英	女	山东潍坊	1998.12—2001.1
	副县长	杨六顺	男	浙江安吉	2000.8—2002.1

续表 5—2—1

届次与说明	职务	姓名	性别	籍贯	任职时间
第十二届 （1998.3—2003.3）	副县长	王金龙	男	浙江余杭	2001.3—2003.3
	副县长	蓝晓光	男	浙江松阳	2001.1—2001.3
	副县长	何国华	男	浙江杭州	2001.5—2003.3
	副县长	杨新新	男	浙江长兴	2001.8—2003.3
	副县长	朱仲华	男	浙江长兴	2002.12—2003.3
	副县长	章其祥	男	浙江绍兴	2002.12—2003.3
	副县长	金　凯	男	浙江湖州	2002.12—2003.3
第十三届 （2003.3—2007.1）	县　长	劳红武	女	浙江余杭	2003.3—2005.2
	代理县长	唐中祥	男	安徽郎溪	2005.2—2005.3
	县　长	唐中祥	男	安徽郎溪	2005.3—2006.11
	代理县长	单锦炎	男	浙江桐乡	2006.11—2007.1
	副县长	朱仲华	男	浙江长兴	2003.3—2005.5
	副县长	金　凯	男	浙江湖州	2003.3—2007.1
	副县长	章其祥	男	浙江上虞	2003.3—2007.1
	副县长	黄培林	男	浙江安吉	2003.3—2006.12
	副县长	张为华	男	浙江安吉	2003.3—2007.1
	副县长	叶海珍	女	浙江安吉	2003.3—2007.1
	副县长	杨新新	男	浙江长兴	2003.3—2003.7
	副县长	任文霞	女	浙江定海	2003.9—2005.11
	副县长	徐国晟	男	浙江安吉	2005.5—2007.1
	副县长	凌建荣	男	浙江长兴	2006.11—2007.1
	副县长	王少华	男	浙江德清	2006.11—2007.1
	副县长	章春华	男	浙江余姚	2006.11—2007.1
第十四届 （2007.1—2012.2）	县　长	单锦炎	男	浙江桐乡	2007.1—2011.11
	代理县长	王　树	女	江苏盐城	2011.11—2012.2
	副县长	陆为民	男	浙江安吉	2007.1—2012.2
	副县长	徐国晟	男	浙江安吉	2007.1—2009.5
	副县长	金　凯	男	浙江湖州	2007.1—2011.6
	副县长	叶海珍	女	浙江安吉	2007.1—2008.12

续表 5－2－1

届次与说明	职务	姓名	性别	籍贯	任职时间
第十四届（2007.1—2012.2）	副县长	凌建荣	男	浙江长兴	2007.1—2011.7
	副县长	王少华	男	浙江德清	2007.1—2009.1
	副县长	章春华	男	浙江余姚	2007.1—2009.7
	副县长	邵振润	男	北京	2007.9—2008.9
	副县长	黄培林	男	浙江安吉	2009.1—2011.11
	副县长	张建乐	女	浙江长兴	2009.5—2012.2
	副县长	徐礼明	男	浙江安吉	2009.5—2012.2
	副县长	钱　波	女	浙江杭州	2009.7—2011.7
	副县长	任　烽	男	浙江安吉	2010.9—2012.2
	副县长	任贵明	男	浙江安吉	2011.7—2012.2
	副县长	钱洪文	男	浙江湖州	2011.11—2012.2
第十五届（2012.2—2017.2）	县　长	王　树	女	江苏盐城	2012.2—2014.7
	代理县长	沈铭权	男	浙江德清	2014.7—2015.1
	县　长	沈铭权	男	浙江德清	2015.1—2016.8
	代理县长	陈永华	男	浙江长兴	2016.8—2017.2
	副县长	凌建荣	男	浙江长兴	2012.2—2014.11
	副县长	徐礼明	男	浙江安吉	2012.2—2013.12
	副县长	任　烽	男	浙江安吉	2012.2—2017.2
	副县长	任贵明	男	浙江安吉	2012.2—2017.2
	副县长	钱洪文	男	浙江湖州	2012.2—2016.11
	副县长	张云威	男	浙江安吉	2012.2—2016.11
	副县长	罗林泉	男	四川武胜	2012.5—2013.5
	副县长	黄　亮	男	浙江衢州	2012.8—2014.7
	副县长	陈　江	男	浙江宁波	2013.7—2014.4
	副县长	刘艳梅	女	辽宁凤城	2014.2—2015.7
	副县长	郦　东	男	浙江诸暨	2014.7—2016.7
	副县长	陆建卫	男	浙江湖州	2014.9—2017.2
	副县长	何承明	男	浙江安吉	2015.1—2017.2
	副县长	张小莹	女	浙江绍兴	2015.7—2017.2

续表 5—2—1

届次与说明	职务	姓名	性别	籍贯	任职时间
第十五届 （2012.2—2017.2）	副县长	陈　瑶	女	浙江缙云	2016.7—2017.2
	副县长	杨建新	男	浙江湖州	2016.12—2017.2
第十六届（2017.2—）	县　长	陈永华	男	浙江长兴	2017.2—2019.10
	代理县长	宋　波	男	浙江湖州	2019.10—2020.5
	县　长	宋　波	男	浙江湖州	2020.5—
	副县长	乐叶俊	男	浙江安吉	2017.2—2018.9
	副县长	任贵明	男	浙江安吉	2017.2—
	副县长	何承明	男	浙江安吉	2017.2—2019.8
	副县长	杨建新	男	浙江湖州	2017.2—
	副县长	杨绍军	男	浙江安吉	2017.2—2019.3
	副县长	王　捷	女	浙江安吉	2017.2—
	副县长	张小莹	女	浙江绍兴	2017.2—2017.7
	副县长	王海稳	男	河南桐柏	2017.7—2019.8
	副县长	陈　瑶	女	浙江缙云	2017.2—2019.8
	副县长	潘　鸣	男	浙江湖州	2018.10—
	副县长	杜尉东	男	湖北阳新	2018.10—
	副县长	项凯文	男	浙江湖州	2019.5—
	副县长	陈小龙	男	浙江安吉	2019.3—
	副县长	管永丰	男	浙江安吉	2019.8—
	副县长	陈　悦	男	浙江长兴	2020.1—
	副县长	沈鑫钰	女	浙江德清	2020.1—

孝丰县人民政府（县人民委员会）历届县长、副县长一览表

表 5—2—2

届次与说明	职务	姓名	性别	籍贯	任职时间
省委、地委任命	县　长	刘　坚	男	山东泰安	1949.6—1950.5 1950.12—1951.6
	县　长	谢润生	男	山东博山	1950.5—1950.12
	县　长	段基厚	男	山东沂水	1951.8—1953.5
	县　长	李　坤	男	山东平邑	1953.5—1954.11

续表 5—2—2

届次与说明	职务	姓名	性别	籍贯	任职时间
省委、地委任命	副县长	刘　坚	男	山东泰安	1950.5—1950.12
	第一副县长	李　坤	男	山东平邑	1953.2—1953.5
	第二副县长 副县长	程邦贵	男	山东平邑	1953.2—1953.5 1953.5—1955.11
	副县长	宋元田	男	山东平邑	1954.4—1955.11
	副县长	张志扬	男	浙江孝丰	1954.7—1955.11
第一届(1955.11—1956.12)	县　长	刘乃欣	男	山东沂南	1955.11—1956.9
	县　长	程邦贵	男	山东平邑	1956.9—1956.12
	副县长	程邦贵	男	山东平邑	1955.11—1956.9
	副县长	宋元田	男	山东平邑	1955.11—1956.12
	副县长	张志扬	男	浙江孝丰	1955.11—1956.12
第一届(1955.11—1956.12)	副县长	石贞恩	男	山东沂水	1956.5—1956.12
	副县长	黄家安	男	山东沂中	1956.5—1956.12
第二届(1956.12—1958.6)	县　长	程邦贵	男	山东平邑	1956.12—1958.6
	副县长	张志扬	男	浙江孝丰	1956.12—1958.6
	副县长	宋元田	男	山东平邑	1956.12—1957.7
	副县长	段祥道	男	山东沂南	1956.12—1958.6
	副县长	秦树功	男	山东五莲	1957.7—1958.2
第三届(1958.6—1958.11)	县　长	程邦贵	男	山东平邑	1958.6—1958.11
	副县长	张志扬	男	浙江孝丰	1958.6—1958.11

第四节　县人民法院院长、副院长名录

1950 年 5 月，安吉、孝丰两县均建立县人民法院，院长、副院长由上级任命。安吉县自 1955 年 12 月县一届人大四次会议起，孝丰县自 1955 年 11 月县一届三次会议起，县人民法院院长经县人民代表大会选举产生后由上级任命，副院长仍由上级直接任命。1958 年 11 月，孝丰县并入安吉县，孝丰县人民法院工作人员转入安吉县人民法院。1967 年 12 月，安吉县人民法院由中国人民解放军浙江省安吉县公检法军事管制小组实行军事管制，1968 年 6 月，改称中国人民解放军浙江省安吉县公安机关军事管制组。1973 年 2 月，终止军事管制，恢复县人民法院，院长、副院长由上级任命。1981 年 7 月县七届人大一次会议开始，恢复选举制，

院长经县人民代表大会选举产生后由县人大常委会任命，代理院长、副院长由县人大常委会直接任命。

安吉县人民法院院长、代理院长、副院长：

院　　长：安成夫（1950.9—1952.12）
谷忠林（1954.10—1955.9）
邱正基（1955.9—1958.5）
郑曰文（1958.5—1968.5）
郑曰文（1973.2—1984.8）
夏家林（1984.8—1990.4）
吴向明（1990.4—1997.11）
陆根法（1998.3—2002.12）
张建乐（2003.3—2009.5）
王　怡（2010.1—2016.12）
沈芳君（2017.2—）

代理院长：陆根法（1997.11—1998.3）
张建乐（2002.12—2003.3）
王　怡（2009.5—2010.1）
沈芳君（2016.12—2017.2）

副 院 长：郑道葱（1958.11—1959.3）
赵松魁（1965.7—1968.5）
赵松魁（1976.10—1983.5）
胡德松（1977.2—1982.2）
夏家林（1979.12　1984.8，其间1984.5—1984.8主持工作）
闵彩珍（女，1980.1—1981.7）
陈纪庚（1982.9—19840.5）
张志粟（1984.5—1984.8）
魏小仙（女，1984.5—1987.8）
吴向明（1984.11—1990.4）
丁　强（1988.12—1993.5）
徐礼华（1990.8—1998.4）
邱　军（1995.1—1996.5）
李德宝（1997.4—2004.12）
顾少白（2004.12—2019.3）
王国明（2004.12—2010.11）
王　峰（2011.2—2012.4）
王旦辉（2012.5—2017.12）

张汉文(2012.5—)
陈　静(2013.9—2014.9)
孟黎明(2017.12—)
孙江波(2019.8—)
沈　伟(2019.8—)

孝丰县人民法院院长、副院长:
院　　长:宋元田(1990.5—1954.4)
孟庆华(1955.1—1958.2)
武继琢(1958.5—1958.11)
副 院 长:王德俊(女,1953.1—1953.8)
郑道葱(1958.5—1958.11)
王春英(女,1954.5—1958.1)
第二副院长:陈土根(1954.11—1956.12)

第五节　县人民检察院检察长、副检察长名录

1955年9月,建立县人民检察院;1951年7月,建立孝丰县人民检察署,1955年改称孝丰县人民检察院。两县检察长、副检察长均由上级任命。1958年11月,孝丰县并入安吉县,其人民检察院工作人员转入安吉县人民检察院。1967年12月,安吉县人民检察院由中国人民解放军浙江省安吉县公检法军事管制小组实行军事管制。1973年2月,终止军事管制。1978年5月,恢复县人民检察院。在县人民代表大会制度恢复前,检察长、副检察长由上级任命。1981年7月县七届人大一次会议开始,检察长由人民代表大会选举产生,并报市人民检察院提请市人大常委会批准。代理检察长由县人大常委会决定,副检察长由县人大常委会任命。

安吉县人民检察院检察长(负责人)、副检察长:
检察长(负责人):颜廷尧(1955.09—1956.8)
刘福祥(1957.9—1958.10)
段祥道(1958.11—1959.12)
杨永相(1964.9—1965.1)
施其礼(1981.7—1984.8)
邹明旺(1984.8—1996.2)
崔双根(1996.3—1997.12)
王余庆(1998.3—2002.12)
沈　亮(2003.3—2006.11)
王武良(2007.1—2011.11)
周晓杨(2012.2—2016.12)

陈　章(2017.2—)

代理检察长:刘玉芬(1978.7—1981.7)

崔双根(1996.2—1996.3)

王庆余(1997.12—1998.3)

沈　亮(2002.12—2003.3)

王武良(2006.11—2007.1)

周晓杨(2011.11—2012.2)

陈　章(2016.12—2017.2)

副检察长:李运荣(1956.9—1961.12)

潘正伦(1960.4—1968.5)

王国胜(1965.7—1968.5)

韩永泉(1984.5—1998.4)

夏贤发(1985.7—1989.11)

朱为水(1990.8—2001.11)

崔双根(1995.11—1996.2)

黄德明(1998.4—2001.11)

叶　安(1998.7—2012.3)

吴志新(2001.11—2006.11)

杨忠义(2001.11—2004.12)

黄益春(2004.12—2010.11)

王　捷(女,2007.4—2013.12)

蒋正平(2011.2—)

陈昌松(2012.5—)

胡秀义(2013.12—)

孝丰县人民检察院(署)检察长、副检察长:

检察长(署长):马永贵(1951.7—1953.7)

马永贵(1954.8—1956.8)

王光奎(1956.8—1956.10)

马永贵(1956.10—1957.11)

靳启民(1958.2—1958.11)

副检察长:陈土根(1956.12—1958.2)

第六节　县监察委员会主任、副主任名录

主　　任:杨新初(2017.2—2019.1)

代理主任:柏建华(2019.3—　　)

副 主 任：王昌慧（2017.2— ）
余再鸣（2017.2— ）
柏建华（2019.1—2019.3）

第七节 全国、省、市人大代表名录

全国人大代表

第六届全国人大代表（1名）
朱岳年

省人大代表

第一届省人大代表（5名）
安吉县：张桂花 张华斋
孝丰县：陈裕宝 刘乃欣 蒋和锦
第二届省人大代表（5名）
安吉县：国守勋 祝瑞香
孝丰县：程邦贵 褚德宝 蒋和锦
第三届省人大代表（4名）
孙延成 高世发 王芝英 蒋和锦
第四届省人民代表大会因“文化大革命”未召开
第五届省人大代表（7名）
应广棣 朱岳年 章鸿选 彭友珍 高世发 潘大坤 卢继荣
第六届省人大代表（8名）
王鸣遥 刘开河 朱长胜 忻士文 李茂生 周书华 钱致礽 潘大坤
第七届省人大代表（7名）
王鸣遥 王继祥 朱长胜 朱岳年 宇巧珍（女） 钱致礽 王家祥
第八届省人大代表（7名）
蒋小龙 赵小荣 叶呈基 周小平 牟月娥（女） 钱致礽 程年珠（女）
第九届省人大代表（7名）
张锡荣 陈华民 周小平 董 芹（女） 潘世珍（女） 李泽民 王培民
第十届省人大代表（6名）
劳红武（女） 陈华民 董 芹（女） 韩可一 雷绍南 沈 晖
第十一届省人大代表（3名）
唐中祥 陈华民 雷绍林
第十二届省人大代表（4名）
梁为民 雷红琴 潘阿祥 王 盛

第十三届省人大代表(4名)

陈永华　雷红琴　潘文革　王　盛

市人大代表

第一届市人大代表(65名)

肖林基　牟月娥(女)　吴飞飞(女)　陈海潮　张根生　吴志荣
林　怡(女)　沈卫伟　梁招娣(女)　陈天学　龙根荣　张惠林(女)
林　萍(女)　杨自来　赵吕凤(女)　谢正江　夏香娣(女)　郑金莲(女)
陈　根　赵　珩　卢云土　程年珠　王介庆　陆尚元
聂东荣　李汉奎　张礼英(女)　沈阶明　王绍仁　熊维国
王　明(女)　赵佩英(女)　杜奎祥　蔡少卿　王金凤(女)　俞水根
卢继荣　朱长胜　王根富　张惠成　江海安　徐序培
马苗泽　石保新　周文良　孙雪周　黄少伟　雷绍林
陈启东　周小平　张天俊　张健民　童纯性　顾银生
朱宏康　王承惠　陈　荣　于耿琪　洪克刚　史　方
陈玉璋　于建明(女)　邵水江　郭世元　姚宏宝

第二届市人大代表(56名)

于耿琪　叶兆旭　朱长胜　刘冬生　杜奎祥　吴双龙
邹人龙　张正潮　张志粟　林　江　罗信明　孟国良
洪甫岩　徐序培　张建国　张祖玉　陈　荣　陈玉章
陈柏青　龚国富　程年珠(女)　陈天学　陈春秀(女)　王荣品
王顺宝　王根芳(女)　卢云土　朱德宝　周美琴(女)　董勤珍(女)
喻亚玲(女)　程再有　杨继舜　何小凤(女)　沈冬英(女)　赵大正
姜　诚　胡灿球(女)　郭生娣(女)　曹彩娥(女)　童民乐　周树鑫
牟月娥(女)　吴仲华　邵　宝　岳可敬　林元基　金春元
周小平　方　炜(女)　史　方　刘占平　蔡少卿　程月珍(女)
兰林富　朱玉华(女)

第三届市人大代表(55名)

俞国行　夏莲英(女)　潘仕仁　叶兆旭　康永富　王培民
沈荣林　张锡荣　肖金莲(女)　洪甫岩　杜奎祥　吴向明
张正潮　胡　伟　胡正坚　姜国栋　谈月明　杜玲玲(女)
王金龙　王银芳　邵　宝　林元基　岳可敬　胡灿球(女)
姚博初(女)　郭生娣(女)　曹彩娥(女)　喻运鑫　蔡少卿　朱利顺
吴哲勇　童初平　董勤珍(女)　张荷花(女)　龚国富　李旺根
郑吉潮　严柏林　孟国良　姚越健　胡炳福　叶参生
赵海清　张光林　雷绍林　喻亚玲(女)　卞美珍(女)　邓水苗
应忆航　李建国　朱徽徽(女)　刘发智　陈天明

刘冬生(十一届人大常委会第八次会议补选)
戚才祥(十一届人大常委会第十五次会议补选)
第四届市人大代表(57名)

王金根	刘冬生	沈荣林	陈永昊	施月琴(女)	唐焕良
谈月明	黄　萌	斯鑫良	马学定	马国洲	王木法
王龙生	王庆友	王余庆	王银芳	方冬娣(女)	邓水苗
卢成宝	刘冬玖	汤学如(女)	杜玲玲(女)	杜爱香(女)	李凤来
李令法	李海青	肖金莲(女)	何士林	应忆航	汪国顺
张　明	张光林	张锡荣	陆为民	陆根发	陈永安
陈燕萍	林元基	范吉玲(女)	金　伟	金亚言	周　敏(女)
胡　炯	钱卫星	钱坤方	钱春富	徐伯成	黄世平
戚才祥	喻亚玲(女)	童初平	雷绍南	廖金海	

陈长华(安吉县第十二届人民代表大会第三次会议增选)
凌秋来(安吉县第十二届人大常委会第二十四次会议补选)
黄根凤(安吉县第十二届人大常委会第二十四次会议补选)
杨仁争(安吉县第十二届人大常委会第二十八次会议补选)
第五届市人大代表(55名)

王金根	杨仁争	吴子性	沈荣林	沈琪芳(女)	施月琴(女)
倪令妹(女)	凌秋来	谈月明	黄　萌	龚吟怡	王九林
王天伟	王光红	王财华	王贵荣	王振宇	王彩根
方　敏	方冬娣(女)	成一平	伍水荣	杨美红(女)	杨路侠
劳红武(女)	李　红(女)	李　昕	吴　洁(女)	吴向明	吴艳红(女)
汪国顺	沈　亮	张　明	张光林	张建仁	张培新
陈　江	陈勇进	陈鸿飞	陈彩珍(女)	杭建萍(女)	周　敏
周小平	项乐民	俞传信	俞建英(女)	钱卫星	钱坤方
徐佰成	高启生	黄先国	崔双根	蔡胜荣	潘永祁
戴荣法					

第六届市人大代表(45名)

唐中祥	单锦炎	吴向明	周小平	张建乐(女)	王武良
伍水荣	陈炎青	周遂明	何承明	李　红(女)	戴荣法
韦志龙	李坚华	程梅生	王振宇	吴艳红(女)	杨福友
蔡胜荣	王国梁	郑云法	方冬娣(女)	宋昌美(女)	王光红
刘苗根	陈彩珍(女)	徐生富	翁廷秀	王九林	汪金明
杭建萍(女)	陈　江	胡恒怡(女)	柳初晓(女)	张宝江	张培新
江乐琴(女)	潘永祁	顾岳炎	查德荣(女)	谷红卫	吴智敏(女)
陈勇进	吴烈虎	蓝炳和			

第七届市人大代表(51 名)

肖家青	盛文明	胡恒怡(女)	苏美娥(女)	李　钢	沈长明
张秋华(女)	陈双贵	英智威(女)	周小平	单锦炎	施志仁
夏　烈	章　慧(女)	梁瑞荣	程成龙	富岳良	潘阿祥
徐　勇	谷红卫	吴艳红(女)	王　怡	王　树(女)	王水琴(女)
方忠华	朱云飞	李和根	杨逸文	吴仕荣	吴烈虎
吴智敏(女)	沈　渊(女)	陈勇进	胡立江	贺　宁(女)	刘承娟(女)
潘永祁	杭建萍(女)	丁普杰	王秀清(女)	江乐琴(女)	吴向洁(女)
邱兴平	张　宏	张宝江	周晓杨	徐生富	徐海虹(女)
曹　勇	梁为民	操声国			

第八届市人大代表(63 名)

陈　章	施一南(女)	胡恒怡(女)	干武东	王　勤(女)	王结琴(女)
江明红(女)	孙　颖(女)	沈　斌	沈铭权	张秋华(女)	陈双贵
陈东山	郁　艳(女)	查德荣(女)	俞立安	俞仲虎	施安龙
夏　烈	翁建英(女)	程成龙	陈小龙	胡立江	吴艳红(女)
王水琴(女)	王武良	王春燕(女)	叶　军	戎露江	乔明军
江乐琴(女)	杨六顺	吴仕荣	吴继平	沈　渊(女)	张文秀(女)
张荣炳	陆为民	陈振华	徐生富	释慈满	潘　亭
沈芳君(女)	张　宏	章　慧(女)	朱坤民	汤国强	陆　丽(女)
陈永华	陈国玉	范庆瑜(女)	周建明	诸炜荣	谈立山
黄大伟	曹　勇	章　洁(女)	梁为民	喻运鑫	程　勇
鲍俞林	廖艳燕(女)	潘春华(女)			

第六编

从　　录

为使读者更全面地了解安吉，特在本编设立《政区》一章，分建制沿革、县治县境、乡镇隶属撤并及易名三部分叙述。《文献》一章收录县委关于人大工作的文件4件，大会报告13篇，庆典报告3篇，经验总结3篇，以及若干规章制度。

第一章　政　区

安吉，历史悠久，地灵人杰，《禹贡》扬州之域，为古防风国西锤。旧石器时代，境内已有人类聚居，从事农业、林业及狩猎活动。建县始于汉灵帝中平二年(185)，后几经废立。初建县，县治在天目乡，今孝丰镇，后数度迁徙。县境多有变动，现境界于北纬30°23′～30°53′、东经119°14′～119°53′之间。所辖乡镇在各个时期多有撤并和易名。2019年，辖8个镇3个乡4个街道，县治在昌硕街道。

第一节　建制沿革

黄巾起义后，东汉政权摇摇欲坠。故鄣县境广阔，为便于统治，汉灵帝中平二年(185)，因“光和末，张角乱，此乡守险助国”，析故鄣县南置安吉县以嘉之，县治天目乡，今孝丰镇，属丹阳郡。东吴宝鼎元年(266)，析吴郡、丹阳郡一部，置吴兴郡，安吉属吴兴郡。南朝陈时(557—589)属陈留郡。隋开皇九年(589)，撤安吉县，并入绥安县。绥安初属宣州，后属宣城郡。仁寿二年(602)，绥安属湖州。义宁二年(618)，复置安吉县，属吴兴郡。是年，隋朝灭亡，属湖州。唐武德四年(621)置桃州(今安徽广德)，属桃州。武德七年(624)，废桃州，撤销安吉县，并入长城县(今长兴县)，属湖州。麟德元年(664)，复置安吉县，属湖州。安吉县经七十余年撤而复置，自此稳定。

唐开元二十六年(738)，县令孔志道将县治北移至安城附近玉磐山东南。宋宝庆元年(1225)，改湖州为安吉州，领安吉县。元至元十三年(1276)，改安吉州为湖州路，属湖州路。至正二十六年(1366)，改湖州路为湖州府，属湖州府。明永乐十四年(1416)，县治由玉磐山迁至马家渡西，新建城廓(今安城)。成化二十三年(1487)，析安吉县南部孝丰、天目、鱼池、灵奕、金石、广迢、浮玉、太平、移风九乡置孝丰县；长兴县南部荆溪、顺零、晏子三乡划归安吉县，县治设于安城，两县均属湖州府。正德元年(1506)升安吉县为安吉州，次年领孝丰一县。

清顺治元年(1644)，安吉州不领孝丰县，仍属湖州府。乾隆三十九年(1774)安吉州复降为县。

民国元年(1912)，废府，实行省县二级制，安吉、孝丰两县直辖于省。民国3年(1914)，废湖州府置钱塘道，两县均隶属之。民国16年(1927)，废道制，实行省县二级制，两县复直属于省。民国21年至28年(1932—1939)先后属浙江省第三行政督察区、浙江省第六特区行政督察区、浙江省吴兴行政督察区、浙江省第一行政督察区。民国29年(1940)，属浙江省第二行政督察区。民国37年(1948)，属浙江省第九行政督察区。

1949年4月30日安吉解放，5月1日孝丰解放，两县同属浙江省第九专区，后改为临安专区。1953 年 2 月，临安专区撤销，改属嘉兴专区。1958 年 11 月，经国务院批准，撤销孝丰县建制，并入安吉县，县治递铺镇，仍属嘉兴专区。1970 年，嘉兴专区改称嘉兴地区，属嘉兴地区。1983 年 7 月，嘉兴地区撤销，分设嘉兴、湖州两市，属湖州市。

第二节　县治与县境

一、县治

安吉立县时，县治设在天目乡(今孝丰镇)。唐开元二十六年(738)，县令孔志道迁治于落石山东南。后经迁徙，于元末明初，在马家渡西定基筑城，即今安城镇址。明成化二十三年(1487)，分置孝丰时，孝丰县治设在今孝丰镇。明正德元年(1506)，升安吉为州，清乾隆三十九年(1774)降安吉为县，州治、县治仍在原地。解放初，安吉县治仍在今安城。1951 年 3 月，迁至梅溪镇。1958 年 11 月，孝丰县撤销，并入安吉县，同时迁安吉县治至递铺镇。

二、县境

明嘉靖《安吉州志》载："安吉州广七十五里，长一百三十里。东三十五里抵铜岘山，为武康县界；西四十里抵苦岘山，为广德州界；南二十里抵沿干，西南三十里抵锡干，为孝丰县界；北四十五里抵小溪桥，西北四十里抵龙潭岭，为长兴县界；东南四十五里抵独松关，为余杭县界；东北四十三里抵前赵村，为归安县界。孝丰县广一百三十里，长六十里。东三十里抵高坞岭，为武康县界；西南六十里抵孔夫关，为宁国县界；南五十里抵乌山关，为临安县界；北二十里抵沿干，东北二十五里抵穆王城，为安吉州界；东南三十里抵幽岭，为余杭县界；西南三十里抵郎采关，为于潜县界；西北三十里抵金鸡岭，为广德州界。"1955 年 2 月，临安县凤凰、山川两乡因紧邻孝丰县，划归孝丰。1958 年 11 月，随孝丰县建制撤销，并入安吉县。现境界于北纬 30°23′～30°53′、东经 119°14′～119°53′之间。西交安徽省宁国、广德，北邻长兴，东接德清、湖州市郊，南连余杭、临安，总面积 1886.34 平方公里。

第三节　乡镇隶属、撤并及易名

递铺街道　1949 年春，置递铺镇。同年秋撤乡建区，属递铺区。1950 年 4 月，并区建乡，复置递铺镇。1966 年，改称地铺镇。1981 年，复称递铺镇。1995 年 9 月，丰食溪乡并入。1999 年 1 月，塘铺乡并入。2000 年 4 月，凤凰山乡、三官乡、南北庄乡并入。2001 年 7 月，安城镇并入。2009 年 2 月，析 1981 年前递铺镇区域设昌硕街道。2014 年 2 月，撤销递铺镇，设递铺街道。

安城镇　历史上称桃城镇。1949 年，属城郊区，称城关乡。1956 年 2 月，撤区并乡，与古城乡合并称双城乡。1958 年 10 月，双城乡、三官乡合并建城郊公社，后改称安城公社。1961 年 8 月，划出三官另建公社。1984 年 1 月，称安城乡。1986 年 7 月，改建制镇，称安城镇。

2001年7月,并入递铺镇。

三官乡　解放前夕行政区域为东山、青龙两乡和桃城镇部分。1949年7月,撤乡建区,属城郊区。1950年4月,并区建乡,建三官乡和三青乡。1956年2月,撤区并乡,两乡合并称三官乡。1958年10月,属安城公社。1961年8月,从安城公社划出建三官公社。1984年1月,称三官乡。2000年4月,并入递铺镇。

南北庄乡　1949年5月,称三港乡。同年7月,撤乡建区,属递铺区。1950年4月,并区建乡,建三铜乡和双港乡。1956年2月,撤区并乡,并三铜、双港两乡和三岭乡部分称三铜乡。同年,建华南、新丰两个高级合作社。1958年10月,属递铺公社,称华南、芝村两个管理区。1961年9月,从递铺公社划出建华丰公社,以原华南、新丰两个高级社各取一字得名。1981年11月,恢复历史地名称南北庄公社。1984年1月,称南北庄乡。2000年4月,并入递铺镇。

丰食溪乡　1949年秋,属递铺区。1950年4月,并区建乡,建永安、双桥(三桥)、双河三乡。1956年2月,撤区并乡,称三合乡。1961年9月,递铺公社分为双键、华丰、递铺三个公社和递铺镇,递铺公社区域即原丰食溪乡区域。1966年,改为地铺公社。1981年11月,以驻地名更名为丰食溪公社。1983年5月,称丰食溪乡。1995年9月,并入递铺镇。

塘铺乡　1949年5月,属孝丰县永福乡。同年7月,撤乡建区,属郭孝区。1950年4月,并区建乡,建塘铺乡。1956年2月,鹤溪乡和尖山(剑山)、孝源两乡部分并入塘浦乡。1958年10月,塘浦、皈山、赤坞三乡合并建塘浦公社,原辖区称塘浦管理区。1961年8月,划出皈山、赤坞另建公社。1984年1月,称塘浦乡。1999年1月,并入递铺镇。

凤凰山乡　历史上曾称风亭乡、李戴乡、南四乡、关郎乡。1949年7月,属递铺区。1950年4月,并区建乡,建三岭、双港、双溪三乡。1956年2月,撤区并乡,双溪、双港两乡和三岭乡大部分合并建双建乡。1958年10月,属递铺公社,称双溪管理区、双港管理区和三岭管理区。1961年9月,从递铺公社划出建双建公社。1972年,所辖地第二大队划归地铺镇。1981年11月,以境内山名更名为凤凰山公社。1984年1月,称凤凰山乡。2000年4月,并入递铺镇。

孝丰镇　1949年5月,称苕源镇。同年7月,撤乡建区,属城郊区。1950年4月,称城关镇。1958年11月,孝丰县并入安吉县,改称丰城镇;1981年,称孝丰镇。1985年7月,孝丰乡并入。1999年2月,赤坞乡并入。2000年4月,下汤乡并入。

孝丰乡　1949年5月,大部分属苕源镇,同年7月,属城郊区。1950年春,属城关镇。1956年2月,城北、池溪两乡和城关镇、赤坞乡各一部分合并建城郊乡。1958年10月,与下汤乡合并称城郊公社。同年11月,孝丰县并入安吉县,因与原安吉县城郊公社同名,改称丰城公社。1961年9月,划出下汤另建公社。1981年11月,更名为孝丰公社。1984年1月,称孝丰乡。1985年7月,并入孝丰镇。

赤坞乡　1949年5月,属孝丰县太平乡。同年7月,撤乡建区,属太平区。1950年春,属郭孝区,同时建赤坞、新村两乡。1956年2月,新村乡并入。1958年10月,并入塘浦公社,称赤坞管理区。1961年9月,从塘浦公社划出建赤坞公社。1984年1月,称赤坞乡。1999年2

月，并入孝丰镇。

下汤乡　1949年5月，属孝丰县广苕乡。同年7月，属金苕区。1950年春，建下汤、池溪两乡。1956年2月，池溪、塘河两乡各一部分并入下汤乡。1958年10月，属城郊公社(11月改称丰城公社)，称下汤管理区。1961年9月，从丰城公社划出建下汤公社。1984年1月，称下汤乡。2000年4月，并入孝丰镇。

梅溪镇　解放前属梅溪区，称梅溪镇。1949年，改属昆铜区，仍称梅溪镇。1951年3月，安吉县人民政府迁入，改为直属镇。1958年11月，孝丰县并入安吉县，县人民政府迁至递铺，梅溪镇属梅溪公社第三管理区。1961年9月，社镇分开，仍称梅溪镇。1985年7月，梅溪乡并入。1992年9月，荆湾乡并入。2000年1月，与晓墅镇合并，称梅溪镇。2012年5月，昆铜乡并入。

梅溪乡　历史上曾是板桥、荆民、三义、张芝四乡的各一部分，解放前曾称浮石乡、张芝乡。1949年7月，撤乡建区，属昆铜区。1956年2月，撤区并乡，张芝一部分并入三义乡。1958年10月，张义、荆民两乡与梅溪镇合并建梅溪公社。1961年9月，分建荆民公社、梅溪镇，新河、荆民两个管理区和勤谊大队归属梅溪公社。1984年1月，称梅溪乡。1985年7月，并入梅溪镇。

昆铜乡　1949年5月，称昆铜乡。同年7月，撤乡建区，属昆铜区。1950年4月，并区建乡，建昆山乡和铜山乡。1956年2月，撤区并乡，两乡合并称昆铜乡。1958年10月，属晓墅公社，称昆铜管理区。1961年8月，从晓墅公社划出建昆铜公社。1984年1月，称昆铜乡。2012年5月，并入梅溪镇。

荆湾乡　历史上称荆溪乡。1949年，属昆铜区。1950年4月，并区建乡，建荆溪、新民两乡。1956年2月，撤区并乡，两乡合并称荆民乡。1958年10月，属梅溪公社，称荆民管理区。1961年9月，从梅溪公社划出，建荆民公社。1981年11月，以驻地名更名为荆湾公社。1984年1月，称荆湾乡。1992年9月，并入梅溪镇。

晓墅镇　历史上曾名晓市、小市、梅墅，后雅化为晓墅。1985年7月，晓墅乡并入。2000年1月，与梅溪镇合并称梅溪镇，镇址在晓墅。

晓墅乡　1949年5月，属昆铜区。1950年4月，并区建乡，撤销晓墅乡分建三社乡、板桥乡、乌山乡和晓墅镇一部分行政村。1958年10月，昆铜乡、板桥乡、溪龙乡与晓墅镇合并建晓墅公社。1961年9月，析晓墅公社建昆铜公社、溪龙公社和晓墅镇，晓墅公社改称晓市公社。1981年11月，复称晓墅公社。1984年1月，称晓墅乡。1985年7月，并入晓墅镇。

溪龙乡　1949年5月，属昆铜区。1956年2月，划城郊区徐家村、昆山村和昆铜区横山、黄杜等村建溪龙乡。1958年10月，属晓墅公社，称徐家管理区。1961年8月，从晓墅公社划出建溪龙公社。1984年1月，称溪龙乡。

天子湖镇　2012年高禹镇、良朋镇合并建天子湖镇。

高禹镇　1949年5月，属南湖乡。同年7月，撤乡建区，属南湖区。1950年4月，并区建乡，建高房乡、禹家乡，仍属南湖区。1956年2月，撤区并乡，高房、禹家两乡合并称高禹乡。1958年10月，属南湖公社，称高禹管理区。1961年8月，从南湖公社划出建高禹公社。1984

年1月，称高禹乡。2000年3月，南北湖乡并入。2001年2月，改建制镇，称高禹镇。2012年5月，与良朋镇合并建天子湖镇。

良朋镇 1949年5月，称良朋乡。同年7月撤乡建区，属南湖区。1950年4月，并区建乡，建良朋、西港两乡。1956年2月，撤区并乡，并良朋、西港两乡称良溪乡。1958年10月，并入南湖公社，称良朋管理区。1961年8月，从南湖公社划出建良溪公社。1981年11月，以驻地历史名称更名为良朋公社。1984年1月，称良朋乡。1996年12月，改建制镇，称良朋镇。2001年2月，西亩乡并入。2012年5月，与高禹镇合并建天子湖镇。

西亩乡 1949年5月，属孝丰县广安乡。同年7月，撤乡建区，属郭孝区。1950年4月，并区建乡，建民建乡和西亩乡。1956年2月，民建乡并入。1958年10月，与鄣吴乡合并建西亩公社。同年11月，并入南湖公社。1961年8月，从南湖公社划出建西亩公社。1984年1月，称西亩乡。2001年2月，并入良朋镇。

南北湖乡 1949年5月，属南湖乡。同年7月，撤乡建区，属南湖区。1950年4月，并区建乡，分建南湖、张芝、三义三乡，仍属南湖区。1956年2月，撤区并乡，并南湖、张芝、三义一部分为南湖乡。1958年10月，并南湖、良朋、高禹三乡建南湖公社。1981年11月，更名为南北湖公社。1984年1月，称南北湖乡。2000年3月，并入高禹乡。

鄣吴镇 1949年5月，属孝丰县广安乡。同年7月，撤乡建区，属孝丰县郭孝区，称鄣吴村。1950年4月，并区建乡，建鄣吴乡。1956年2月，撤区并乡，并鄣吴、民吴两乡，称鄣吴乡。1958年10月，并西亩乡、鄣吴乡建西亩公社，原辖区称鄣吴管理区。同年11月，并入南湖公社，仍称鄣吴管理区。1961年8月，从南湖公社划出建鄣吴公社。1966年，改称章吴公社。1981年11月，复称鄣吴公社。1984年1月，称鄣吴乡。1997年8月，改建制镇，称鄣吴镇。

报福镇 1949年5月，属孝丰县广苕乡。同年7月，属金苕区。1950年春，建报福、紫岭、和塔三乡。1956年2月，紫岭、和塔两乡并入。1958年10月，并报福、章村、汤口三乡建报福公社。1961年9月，划出章村、汤口另建公社。1970年，老石坎水库大坝加高，淹没区扩大，汤口公社撤销，其所属上张、中张、汤口三个大队划归报福公社。1984年1月，称报福乡。1989年7月，改建制镇，称报福镇。

章村镇 1949年5月，属孝丰县金石乡。同年7月，属金苕区。1950年春，建章村、河垓、茅山三乡。1958年10月属报福公社，称章村管理区。1961年9月从报福公社划出建章村公社。1970年茅山大队划入。1984年1月称章村乡。1996年12月，改建制镇，称章村镇。

杭垓镇 1949年5月，属孝丰县永和乡。同年7月撤乡建区，属永和区。1950年春，永和区和太平区合并称永太区，同时建杭垓、桐杭、塘河三乡。1956年2月，桐杭、塘河两乡大部分并入杭垓乡。1958年10月，杭垓、磻溪、缫舍、西圩、姚村五乡合并建永太公社，杭垓原辖区称杭垓管理区。1961年9月，划出磻溪、缫舍、西圩、姚村另建公社，杭垓称永太公社。1981年11月，以历史地名更名为杭垓公社。1983年12月，称杭垓乡。1994年11月，改建制镇，称杭垓镇。2003年12月，缫舍乡、永和乡并入。

缫舍乡 解放前称望杏乡。1949年5月，属孝丰县太平乡。1950年春，属永太区，同时建缫舍、七官两乡。1956 年 2 月,七官乡并入。1958 年 10 月,属永太公社,称缫舍管理区。1961 年 9 月,从永太公社划出建双舍公社。1981 年 11 月,恢复历史地名称缫舍公社。1984 年 1 月,称缫舍乡。2003 年 12 月,并入杭垓镇。

永和乡　1949 年 5 月,称永和乡。同年 7 月,撤乡建区,属永和区。1950 年春,属永太区,同时建磻溪、桐岭、姚村、西圩 4 乡。1992 年 9 月,磻溪、姚村两乡合并建永和乡。2003 年 12 月,并入杭垓镇。

磻溪乡　1949 年 5 月,属永和乡。同年 7 月,属永和区。1950 年春,属永太区,同时建磻溪、桐岭两乡。1955 年冬,桐岭乡并入。1956 年 2 月,并入杭垓乡。1958 年 10 月,并入永太公社,称磻溪管理区。1961 年 9 月,从永太公社划出建磻溪公社。1984 年 1 月,称磻溪乡。1992 年 9 月,磻溪、姚村两乡合并建永和乡。

姚村乡　1949 年 5 月,属永和乡。同年 7 月,属永和区。1950 年春,属永太区,同时建姚村乡。1958 年,属永太公社。1961 年 9 月,从永太公社划出建姚村公社。1983 年 12 月,称姚村乡。1992 年 9 月,姚村、磻溪两乡合并建永和乡。

西圩乡　1949 年 5 月,属永和乡。同年 7 月,属永和区。1950 年春,属永太区,同时建西圩乡。1958 年 10 月,属永太公社。1961 年 9 月,从永太公社划出建西圩公社。1976 年,建赋石水库,西圩成淹没区。

天荒坪镇　1992 年 9 月,山河乡和白水湾乡合并建天荒坪镇。2000 年 1 月,港口乡部分并入。

山河乡　历史上曾称浮玉乡。解放后属南屿乡。1949 年秋,属青山区。1950 年春,建山河、大溪两乡。1956 年 2 月,大溪乡并入。1958 年 10 月,属青山公社,称山河管理区。1961 年 9 月,从青山公社划出建山河公社。1984 年 1 月,称山河乡。1992 年 9 月,与白水湾乡合并建天荒坪镇。

白水湾乡　解放前称灵峰乡。1949 年秋,属孝丰县青山区。1950 年春,属水口乡。1958 年 10 月,并水口、山河、港口、施善四乡建青山公社,属水口管理区。1961 年 9 月,划出上墅、山河、港口、山川另建公社,剩余属地仍称青山公社。1984 年 1 月,称白水湾公社。1992 年 9 月,与山河乡合并建天荒坪镇。

港口乡　历史上属移风乡,解放前后属南屿乡。1949 年秋,属青山区。1950 年春,建港口乡。1955 年 12 月,临安县山川乡划入。1958 年 10 月,属青山公社,称港口管理区。1961 年 9 月,从青山公社划出建港口公社。1983 年 5 月,称港口乡。2000 年 1 月,一部分并入天荒坪镇,一部分并入递铺镇。

山川乡　解放前属临安横皈区。解放初曾称凤凰乡。1955 年 12 月,划归孝丰县港口乡。1958 年 10 月,属青山公社,称山河管理区。1961 年,从青山公社划出建山川公社。1984 年 1 月,称山川乡。

上墅乡　1949 年 5 月,属孝丰县南屿乡。同年 7 月,属青山区。1950 年春,在辖区建上墅、施善和尖山(剑山)三乡。1956 年 2 月,上墅乡和尖山(剑山)乡一部分并入施善乡。1958 年 10 月,属青山公社。1961 年 9 月,从青山公社划出建上墅公社,后简称上市公社。1981

年,复称上墅公社。1983 年 1 月,称上墅乡。

昌硕街道　2009 年 2 月,从递铺镇析 1981 年前递铺镇区域设昌硕街道。

孝源街道　解放前称孝子乡。1949 年 5 月,属孝丰县永福乡。同年 7 月,撤乡建区,属郭孝区。1950 年 4 月,并区建乡,建皈山乡。1956 年 2 月,撤区并乡,并皈山和孝源各一部分称皈山乡。1958 年 10 月,属塘浦公社,称皈山管理区。1961 年 8 月,从塘浦公社划出建皈山公社。1984 年,称皈山乡。2014 年 2 月,撤销皈山乡,设孝源街道。

灵峰街道　2014 年 2 月,划递铺镇霞泉、碧门、灵峰、剑山、横山坞、城南五村一社区和上墅乡大竹园村设灵峰街道。

第二章　文　献

文献资料是地方志不可或缺的内容，具有存史、资政的作用。本章选录县委关于人大工作的文件4件，大会报告13篇，庆典报告3篇，经验总结3篇，以及若干规章制度。

第一节　文件选辑

中共安吉县委在不同时期先后对县人大工作印发相关文件，以进一步加强和改进党对人大工作的领导，更好地坚持和完善人民代表大会制度。其中，2004年8月16日，印发《关于进一步加强人大工作的意见》；2009年10月28日，印发《关于加强和改进新形势下人大工作的意见》；2015年8月31日，印发《关于进一步加强人大工作和建设充分发挥人大作用的意见》；2019年11月1日，印发《关于高水平推进新时代人大工作和建设的意见》。

中共安吉县委关于进一步加强人大工作的意见

安委〔2004〕14号

（2004年8月16日）

坚持和完善人民代表大会制度，是发展社会主义民主政治，建设社会主义政治文明的根本途径，是深入贯彻依法治国方略、扎实推进依法治县的迫切需要，是落实科学发展观，促进经济社会统筹协调发展的内在要求，对我县全面建设小康社会、加快现代化生态县建设实现新跨越，必将产生积极的推动作用。为进一步加强和改进党对人大工作的领导，更好地坚持和完善人民代表大会制度，根据全省、全市人大工作会议精神和省委、市委《关于进一步加强人大工作的意见》要求，结合安吉实际，特提出如下意见：

一、进一步加强和改进党对人大工作的领导

（一）把人大工作纳入重大议事日程。县委每届至少召开一次人大工作会议，每年至少听取两次人大工作专题汇报，研究解决人大工作遇到的重大问题，及时答复人大常委会党组请示的问题。坚持主持日常工作的副主任列席县委书记办公会议和列席县委常委会会议制度。县委、县政协和县法院、县检察院召开的有关会议或组织相关重大活动，应安排人大常委会工作机构负责人参加。县委的重大决策和重要工作部署，及时向人大常委会通报，主动听取意见和建议。

（二）发挥县委"总揽全局、协调各方"的作用。进一步规范县委与人大的关系，支持人大依法履行国家权力机关的职能，积极帮助解决人大在依法行使职权中遇到的困难和问题；协调好人大与"一府两院"的关系，支持各方独立负责、协调一致地开展工作。"一府两院"要依照法律规定，主动向人大及其常委会报告工作，自觉接受监督。

（三）充分发挥县人大常委会党组的核心作用。县人大常委会党组要充分发挥其在常委会中的核心作用，及时传达县委重要会议和文件精神，根据县委工作部署，做好人大各项工作。要重视教育和引导党员代表和委员增强党性观念，坚持对党负责和对人民负责的一致性，在实施监督、决定重大事项和选举任免等工作中，保证县委意图的贯彻落实。完善人大常委会党组向县委请示汇报和报告工作制度，县人大及其常委会开展工作中的重大问题，县人大常委会党组要事先向县委报告。

（四）重视人民代表大会制度和人大工作的宣传。把人民代表大会制度和民主法制建设的宣传纳入县委宣传工作的总体部署，大力加强和改进对人民代表大会制度和人大工作的宣传。把学习贯彻《宪法》和人民代表大会制度的宣传有机结合起来，加大宣传力度，营造浓厚的民主法制氛围。各新闻宣传单位要建立和完善与人大机关的联系制度，认真做好人民代表大会会议、人大常委会会议、主任会议和代表开展执法检查、评议、视察等重要会议和活动的宣传报道。党校、行政学院要开设法律知识和人民代表大会制度课程，切实加强对党员干部，特别是领导干部进行民主法制和人民代表大会制度教育。

二、支持和保证人大及其常委会依法行使各项职权

（五）支持和保证人大及其常委会依法行使重大事项决定权。对法律明确规定应由人大及其常委会审议决定的，应依法及时提交人大及其常委会审议决定。县人大及其常委会要紧紧抓住本地区关系全局的、根本的、长远的大事，加强调查研究，认真进行审议并适时作出决议、决定。完善公民旁听人大及其常委会会议制度，提高人大讨论决定重大事项的公开性和透明度。"一府两院"必须认真贯彻实施人大及其常委会的决议、决定。

（六）支持和保证人大及其常委会依法行使监督权。把宪法和法律的正确实施、国民经济和社会发展计划及预算的执行、人民群众普遍关心的热点和难点问题作为监督重点。县人民政府应每半年向县人大常委会报告经济社会发展情况，并及时报告其他重点事项。强化对财政资金投资建设重大项目的审查监督。审计机关应每年向县人大常委会提出预算执行和其他财政收支的审计工作报告。加强对政府规章的备案审查工作。建立述职与评议相结合的工作机制，重点做好人大及其常委会选举、任命干部的述职评议，提高评议实效。本县内的垂直管理部门，也要接受县人大常委会的执法评议和执法检查。把程序性监督与实体性监督结合起来，把对人的监督与对事的监督结合起来，充分运用询问、质询、特定问题调查、撤销不适当决定和命令、罢免等手段，提高监督实效。认真办理人民群众来信来访，对群众反映强烈的重大典型案件，要督促有关部门依法严肃查处，维护法律尊严，保护群众合法权益。要加强个案监督，依法督促行政执法、司法机关纠正错案，并追究相关责任人的责任。

（七）支持和保证人大及其常委会依法行使选举权和任免权。坚持党管干部与人大依法选举、任免国家机关工作人员的有机统一，切实贯彻执行中央《党政领导干部选拔任用工作条例》的有关规定。县委向人大或常委会推荐领导干部人选时，要事先向人大或常委会党组介绍县委的推荐意见。县人大及其常委会和常委会组成人员中的党员，应当认真贯彻县委推荐意见，带头依法办事，正确履行职责。逐步建立和完善干部任前法律知识考试、供职报告和离任经济责任审计制度。加强对选举工作的领导，坚持差额选举制度和联名提名候选人制度，坚决查处违反选举法律法规、破坏选举工作的行为。县人大及其常委会选举、任命的干部在任期内要保持相对稳定，确需调整的应严格依照法定程序办理。人大常委会对“一府两院”组成人员述职评议的结果，组织部门要作为考察任用干部的重要依据之一。

（八）保障代表依法执行职务，充分发挥代表主体作用。要高度重视人大代表议案、建议、批评和意见的办理工作，建立和完善办理制度，提高办理质量。各级领导干部到基层调研，要重视听取基层人大代表的意见。要为人大代表履行职务提供保障，将人大代表活动经费列入同级财政预算，并逐年增加。依法维护和保障代表的权利，严肃查处妨碍代表履行职务、侵犯代表合法权益的行为。探索建立代表述职、选民评议、代表辞职等制度。密切代表与人民群众的联系，充分反映社情民意，自觉接受选民和选举单位的监督。各级人大代表要积极履行代表职责，支持和督促“一府两院”依法行政、公正司法。

三、切实加强县人大及其常委会建设

（九）切实关心、支持人大及其常委会加强自身建设。加强思想作风建设，强化理论武装，坚持以“三个代表”重要思想统领人大工作，牢固树立党的意识、政治意识、大局意识、群众意识和创新意识，大力弘扬求真务实精神，不断加强机关效能建设和党风廉政建设。优化县人大常委会组成人员的年龄结构、知识结构和专业结构，专职比例要按规定达到50%以上，并在此基础上逐步提高，保持人大工作的连续性、稳定性和有效性。根据条件，人大常委会可设专职主任。县人大常委会主任、副主任和专职委员不占人大机关编制。在机构改革中，健全和规范县人大及其常委会工作机构，合理设置编制。根据职能，增加经济、法律、科技、文化等方面的专业人员。要支持人大及其常委会积极开展对外交往。切实贯彻党的老干部政策，进一步做好人大机关离退休老干部工作。

（十）注重提高代表素质，建设高素质人大机关干部队伍。有计划、有步骤、全方位、多渠道地组织代表进行科学培训，开展视察、检查、评议活动，有效增强代表的职务意识和责任意识，全面提高代表的综合素质和履职能力。要在思想上、政治上、组织上重视和关心县人大机关干部队伍建设，把人大机关干部的培养、使用纳入干部队伍建设总体规划，完善人大干部教育、管理和培养的激励机制及“双向交流”制度。要通过选拔任用、轮岗培训、挂职锻炼、脱产学习等渠道，进一步提高县人大机关干部队伍的整体素质。要加大人大机关与党委、政府、司法机关和群团组织之间干部交流的力度，并形成制度，长期坚持。

（十一）逐步改善县人大及其常委会的工作条件。要保证县人大及其常委会的工作经费，人大的重要会议和活动要列专项经费。逐步改善人大机关办公条件，加强人大机关信息化建设，为县人大及其常委会的工作提供必要的保障。

四、强化基层人大工作

（十二）重视乡镇人大建设。乡镇人大主席一般由乡镇党委书记兼任，经济比较发达、人口比较多的乡镇，可设专职主席。乡镇人大主席、副主席人选安排，组织部门应事先征求县人大常委会党组的意见。乡镇人大主席、副主席应享受同级党政领导待遇。乡镇人大工作要列入乡镇年度考核内容。根据工作需要，乡镇人大可配备专职工作人员，列入乡镇干部编制，享受同级干部待遇。乡镇人大主席团的活动经费,要按规定列入同级财政预算。

(十三)加大乡镇人大监督力度。乡镇人大主席、副主席要加强工作的专业性,集中精力抓好人大工作,不得兼管政府行政工作。兼任乡镇人大主席的党委书记要切实履行职责,拿出足够的时间和精力抓人大工作,按照法律规定参加人大各项会议。乡镇人民政府要及时向人大主席团汇报重大工作和重要情况,自觉接受人大监督;乡镇人大主席团要对政府工作及时提出监督意见,并认真抓好督促落实。

(十四)拓宽乡镇人大干部知情知政渠道。县委、县政府召开全县性经济工作会议、农村工作会议等,吸收乡镇人大主席、副主席出席会议。未进党委的乡镇人大专职主席,及未设专职主席的乡镇人大负责日常工作的副主席,应列席乡镇党委会议。乡镇人民政府召开会议,应该邀请乡镇人大主席或副主席列席会议,听取人大的意见和建议。

(十五)努力改善乡镇人大工作条件。逐步改善乡镇人大办公条件,逐步建立和完善乡镇人大干部培训提高等机制。

中共安吉县委关于加强和改进新形势下人大工作的意见

安委〔2009〕18 号

(2009 年 10 月 28 日)

为全面贯彻落实党的十七大精神,进一步坚持和完善人民代表大会制度,切实加强和改进党对人大工作的领导。充分发挥县人大及其常委会在推进科学发展、建设“和谐安吉”、实现“奋战五年·再造安吉”战略目标中的重要作用,现就加强和改进新形势下人大工作提出以下意见:

一、加强党的领导,牢牢把握人大工作正确政治方向

(一)深刻认识加强和改进新形势下人大工作的重要意义。发展社会主义民主政治是我们党始终不渝的奋斗目标。人民代表大会制度是符合我国国情、体现我国国情、体现我国社会主义国家形式、保证人民当家作主的根本政治制度。随着经济社会发展和民主政治的进步,人大及其常委会在全县政治生活中的地位和作用越来越重要。当前,我县正进入全面实现“打造‘一地四区’,建设民富县强的和谐安吉”战略目标的关键时期,全县各级党委和人大要从依法保障和全面推进我县经济社会健康快速发展的政治高度,深刻认识加强和改进人大工作的重要性,进一步增强做好人大工作的政治责任心和历史使命感。

(二)牢牢把握人大工作的根本和核心。人大工作坚持正确的政治方向,最根本的是坚持党的领导、人民当家作主、依法治国有机统一,核心是坚持党的领导。党的领导是人民当家作主和依法治国的根本保证,也是坚持和完善人民代表大会制度、做好新形势下人大工作根本保证。必须自觉坚持党的领导,把党的领导贯穿于人大依法履职整个过程、落实到人大工作各个方面。要通过人大工作,确保党委的重大决策和意图经过法定程序成为全县人民的统一意志,确保党委推荐的人选经过法定程序成为国家政权机关的领导人员。

(三)健全完善党委领导人大工作制度。要按照“总揽全局、协调各方”的原则,进一步加强和改进县委对人大工作的领导,把人大工作纳入县委工作总体布局,摆上重要议事日程。

坚持和完善每届至少召开一次人大工作会议、每年至少听取两次专题汇报、通报重要情况、答复问题请示、常委会主任或主持工作的副主任列席县委常委会会议、人大工作委员会负责人参加县委和政府有关会议制度。县委在作出本行政区域重大决策时，要注意听取县人大常委会的意见。人大常委会党组要坚持重大事项、重大问题向县委请示报告等制度，及时传达县委重要会议和文件精神，在实施监督决定重大事项和选举任免等工作中，保证县委意图的贯彻落实。

（四）努力营造支持人大工作的良好环境。要加强对党员干部执行宪法、法律、法规和人大决议、决定情况的监督检查，把是否具有民主法制观念和依法行政、依法办事能力作为领导班子和领导干部综合考核评价的重要内容。切实加强各部门、各乡镇主要领导的社会主义民主政治教育。坚持和完善领导干部学法制度，县委理论学习中心组要定期学习人民代表大会制度和宪法法律知识，党校、行政学院要把人民代表大会知识作为党政干部以及公务员培训的必修课程。县委宣传部门要重视人民代表大会制度的宣传，把人大工作内容纳入宣传工作总体部署，制定相应的办法，形成宣传人大工作的长效机制。新闻单位要适应新形势下人大工作的要求，创新载体，深化报道，切实增强宣传实效。

二、支持人大依法履行职能，充分发挥权力机关作用

（五）准确把握新形势下人大工作着力点。县人大及其常委会、乡镇人大要自觉服从和服务于全县工作大局，围绕打造“一地四区”、建设民富县强和谐安吉战略目标，充分发挥人大工作特点和优势，着力推动党的路线方针政策和党委重大决策部署的贯彻落实，着力保证宪法和法律法规的正确实施，着力维护全县人民群众的根本利益。

（六）增强人大监督工作实效。深入贯彻实施监督法和省相关条例，支持人大及其常委会依法开展法律监督和工作监督，协调解决人大监督工作中的重大问题。依法应由县人大及其常委会表决通过并实施监督的重大事项，应避免党政联合发文。人大及其常委会要突出重点，准确选题，不断完善监督手段，提高监督工作的针对性和实效性。加强对人大及其常委会审议意见落实情况的督促检查。重视和加强人大信访工作，建立完善信访工作机制，及时反映社情民意，努力化解社会矛盾。“一府两院”及相关部门，对人大常委会的专项工作审议意见和执法检查的监督意见要高度重视，认真研究，并按规定及时向人大常委会报告落实情况，政府的垂直管理部门、派出机构等，要自觉接受县人大及其常委会的法律监督和工作监督。

（七）保证人大依法行使重大事项决定权。要按照科学执政、民主执政、依法执政的要求，推进决策科学化、民主化，善于把重大决策部署通过法定程序转化为国家意志。凡属人大职权范围内的重大事项，要适时提出建议，依法由人大及其常委会讨论决定。人大及其常委会要抓住事关全局性、根本性、长远性的重大问题，加强调查研究，广泛听取意见，提高讨论决定重大事项的科学性，“一府两院”应在每年初提出拟提请人大常委会讨论决定的重大事项，并认真落实人大及其常委会的决议决定，主动报告落实情况。

（八）坚持党管干部与人大依法选举任免相统一。支持和保证人大及其常委会依法行使选举任免权，依法加强对选举、任命干部的监督。加强对选举工作的领导，坚持差额选举制度和联名提名候选人制度，坚决查处违反选举法律法规、破坏选举工作的行为，切实保障选民和代表的合法权利。县委在向人大及其常委会推荐需要由人大及其常委会选举或任免干部之前，应将人事安排的意图和被推荐人选的基本情况及时向人大常委会党组或主任会议通报。尊重和维护人大及其常委会的选举、表决结果，凡依法应由人大及其常委会选举或任免的干部，必须在选举或作出任免决定后方可对外公布；选举和任命干部在法定任期内原则上要保证稳定，个别确需调整的，要按法定程序办理。人大及其常委会选举和任命的干部涉及违法违纪时，纪检监察机关、党委组织部门和司法机关因与人大常委会加强沟通协调，按法定程序办理。

（九）重视开好人代会和人大常委会会议。要加强对人民代表大会会议和人大常委会会议的领导，支持和保障人大及其常委会完善议事程序，提高审议质量和效率。合理安排县、乡镇人代会的日程，保证必要的审议和酝酿时间，充分发扬民主。人大代表和常委会组成人员要切实增强责任意识，依法出席会议，认真审议各项报告和议案。依法应当列席会议的“一府两院”人员应严格遵守会议纪律，认真听取意见，回答询问。“一府两院”向常委会作的工作报告书面材料要在规定时间提交县人大相关工作机构。坚持和完善公民旁听制度，扩大议事公开化程度，凡审议涉及人民群众切身利益的事项，根据实际情况，邀请公民参加旁听。

三、加强代表工作，保证人大代表依法执行职务

（十）着力提高代表素质和履职能力。要坚持人大代表的广泛性、代表性和先进性的统一，不断优化代表的组成结构，适当提高基层代表候选人的比例，保证一定比例的党外代表候选人。在推荐、提名人大代表候选人时，要十分重视代表的政治素质和履职能力，充分听取人大常委会党组的意见；连任的代表一般要占代表总数的三分之一以上，并把履职情况作为提名的重要条件；代表在任期内不积极履行职责、参加有关活动的，换届时不宜再提名为代表候选人。健全和完善人大代表履职培训制度，不断增强培训实效，建立代表履职评价和激励机制，强化代表职务意识，担任党政领导职务的代表要率先垂范，积极参加原选举单位组织的代表活动。要建立和完善人大代表争先创优机制，开展评选优秀人大代表和先进代表小组活动，建立代表辞职制度，领导干部因工作调动等客观原因或者因其他原因确需辞去代表职务的，可由组织部门商县人大常委会党组后，建议其辞去代表职务，经本人同意后按法定程序办理。

（十一）提高代表议案审议和建议办理质量。要高度重视代表议案及建议、批评、意见的办理工作，全面落实承办单位主要领导、分管领导和具体承办人员的承办责任。要进一步完善人大代表议案及建议、批评、意见办理工作的正常机制。要严格办理程序，提高办理质量，逐步探索将人大代表议案及建议、批评、意见的办理情况列入部门目标管理考核体系内容，对承办工作成绩突出的单位与部门，要予以表彰，人大常委会要加大对代表议案及建议、批评、意见的办理督查力度，强化跟踪问效。

（十二）为代表依法履职提供保障。县人大常委会和“一府两院”要及时为代表提供有关资料和信息，为代表知情知政、履职行权提供方便。坚持和完善邀请代表列席人大常委会会议和参与调查研究、执法检查、集中视察等制度。进一步建立和完善代表工作制度，不断加强代表小组、代表专业组建设，创新代表小组活动方式，充分发挥“代表监督窗”“代表论坛”“双向约见”“代表进部门”等履职平台的作用，切实保证代表知情权、参与权、监督权的充分行使。代表所在单位要为代表开展活动创造必要条件，代表活动经费要列入县财政预算，并逐步提高。切实维护代表权利，对妨碍、阻挠代表执行职务或侵犯代表合法权益的行为，要依法严肃查处。

（十三）密切人大代表同人民群众的联系。充分发挥人大代表的桥梁纽带作用。县人大常委会要坚持和完善联系代表的各项工作制度，健全完善深入了解民情、充分反映民意、广泛集中民智的工作机制。“一府两院”要逐步探索建立领导干部联系代表、接待代表日等制度。人大代表要密切与人民群众的联系，广泛听取和反映人民群众的意见和要求，自觉接受人民群众的监督。

四、加强自身建设，提高人大常委会的履职能力

（十四）深化学习实践科学发展观活动。全面把握科学发展观的科学内涵和精神实质，切实增强以科学发展观统领人大工作的自觉性和坚定性，把思想政治建设摆在首位，牢固树立党的观念、大局观念、群众观念和法治观念。坚持民主集中制原则，正确行使职权。坚持服务与服从工作大局，努力维护和实现人民群众的根本利益。大力弘扬求真务实精神，努力改进工作作风，提高工作效率，不断加强人大机关效能建设和党风廉政建设。

（十五）加强人大常委会组织建设。进一步优化人大常委会组成人员的年龄结构、知识结构、专业结构。组成人员中的专职委员要占委员总数的50%以上，并逐步提高；组成人员中应逐步增加经济、法律等方面的专业人员，并有一定数量的党外人士；专职的组成人员至少要有三分之一能在换届时连任，其中有部分人员能任满两届，保持人大工作的连续性。人大常委会主任、副主任和专职委员不占人大机关和原所在部门的编制，在地方总编制中单列。

（十六）加强人大机关建设。要把人大机关干部的培养使用纳入干部队伍建设的总体规划，通过选拔任用、轮岗培训、挂职锻炼、脱产学习等多种渠道，提高人大机关干部队伍整体素质。要建立人大机关干部能进能出的流动机制，采取多种形式，有计划地安排一定比例的人大机关中青年干部与党政部门双向交流，改善人大机关干部队伍结构，增强人大机关的活力。加强和改进人大对外交流，提高对外交往实效。加强服务保障，为人大及其常委会开展工作提供必要的物质保障。

五、加强乡镇人大建设，促进基层人大工作

（十七）加强乡镇党委对人大工作的领导。乡镇党委要把人大工作纳入党委工作的重要议事日程，每年定期听取和研究人大工作，人大专职主席、副主席应列席党委会议和政府重要会议，以确保乡镇人大能全面贯彻党委意图，了解、掌握乡镇的重大工作情况，更好地围绕党委的中心工作和政府的工作重点开展人大工作。乡镇人大主席、副主席人选安排，组织部门应事先征求县人大常委会党组的意见。乡镇人大工作要列入乡镇年度考核内容。

（十八）强化乡镇人大工作保障。健全完善乡镇人大工作制度，依法开好乡镇人代会，切实发挥乡镇人大主席团和乡镇人大主席的作用，推动基层民主政治建设。由党委书记兼任人大主席的乡镇，要配备专职人大副主席，负责人大的日常工作。经济比较发达或人口比较多的乡镇，可设专职主席。根据工作需要，乡镇人大可配备专职工作人员。乡镇人大主席、副主席应享受同级党政领导待遇，县委、县政府召开全县经济工作会议、农村工作会议等正科级领导干部参加的会议，应吸收乡镇人大主席出席。乡镇人大主席、副主席不得分管政府方面的工作，根据工作需要，可联系某一方面的单项工作。乡镇人大工作经费和代表活动经费要列入同级财政预算，确保专款专用。

（十九）加大对乡镇人大指导支持力度。县人大常委会要加强与乡镇人大的联系和对乡镇人大工作的指导，建立工作制度，提高工作水平，充分发挥乡镇人大在组织本辖区内人大代表开展监督活动、联系人民群众等方面的作用。要加强对乡镇人大干部培训，安排乡镇人大专职主席、副主席列席人大常委会会议。

中共安吉县委关于进一步加强人大工作和建设充分发挥人大作用的意见

安委发〔2015〕19号

（2015年8月31日）

为深入贯彻党的十八大，十八届三中、四中全会和习近平总书记系列重要讲话精神，按照省、市人大工作会议的部署和要求，进一步坚持和完善人民代表大会制度，充分发挥人大在协调推进“四个全面”战略布局、加快推进“三个安吉”建设中的重要作用，现就进一步加强人大工作和建设提出以下意见：

一、加强党的领导，牢牢把握人大工作正确政治方向

（一）进一步增强人民代表大会制度自信。人民代表大会制度是符合我国国情、体现我国社会主义国家性质、保证人民当家作主的根本政治制度。新形势下坚持和完善人民代表大会制度，对于完善和发展中国特色社会主义制度、推进国家治理体系和治理能力现代化，具有十分重要的意义。全县各级党委、政府部门和领导干部要从全局的高度，切实增强中国特色社会主义道路自信、理论自信、制度自信，深刻认识加强人大工作和建设的重要性，进一步增强做好人大工作的政治责任心和历史使命感，充分发挥人大在全县政治生活中的作用，依法保障和全面推进全县经济社会健康稳定发展。

（二）牢牢把握人大工作要求。进一步加强人大工作，必须坚持以党的领导为核心，把党的领导贯穿于人大依法履职整个过程、落实到人大工作各个方面，实现党的领导、人民当家作主、依法治国的有机统一。要通过人大工作，确保党委的重大决策经过法定程序成为全县人民的意志。必须坚持以推进民主法治建设为根本，坚持民主集中制原则，全面深化法治安吉建设，推进各项工作的法治化。必须坚持以围绕中心、服务大局为主线，紧扣党委中心工作和人民群众关注的热点问题，支持人大依法全面履行职责，切实保障县委重大决策部署的贯彻落实，切实维护全县人民的根本利益。

（三）完善党委领导人大工作制度。进一步加强和改进党委对人大工作的领导，把人大工作和建设纳入党委工作总体布局，定期研究人大工作，及时答复问题请示，建立健全党委主要负责人联系人大工作制度。坚持和完善每届至少召开一次人大工作会议、定期听取专题汇报、及时通报重要情况、人大常委会主任列席县委常委会会议、人大工作委员会负责人参加县委和政府有关会议等制度。人大常委会党组要充分发挥核心保证作用，坚持重大事项、重大问题向县委请示报告等制度，履职中涉及的重大事项，报县委同意后实施。

（四）努力营造支持人大工作的良好环境。要按照总揽全局、协调各方的原则，协调好人大与“一府两院”的监督与被监督关系，把是否具有民主法治观念和依法行政、依法办事能力作为领导班子和领导干部综合考核评价的重要内容。将宪法法律和人大制度理论学习纳入县委理论学习中心组学习的重要内容，定期组织学习。党校、行政学院要把人民代表大会知识作为党政干部以及公务员培训的必修课程。宣传部门要把人大工作宣传纳入年度工作计划，制定相应的办法，深化宣传报道，增强宣传实效，提高人大工作社会影响力。加强人大工作经费、人员编制等必要保障，改善人大工作条件。

二、支持人大依法履行职责，充分发挥权力机关作用

（五）准确把握新形势下人大工作着力点。县人大及其常委会、乡镇（街道）人大要自觉服从和服务于全县工作大局，围绕“三个安吉”建设目标，进一步突出工作重点，充分发挥人大工作特点和优势，着力推动党的路线方针政策和党委重大决策部署的贯彻落实，着力保证宪法和法律法规的正确实施，着力推进经济社会全面发展，着力维护全县人民群众的根本利益。

（六）增强人大监督工作实效。按照形成严密的法治监督体系的目标要求，支持人大及其常委会依法开展法律监督和工作监督，协调解决人大监督工作中的重大问题。人大及其常委会要把监督重点放在推动党委重大决策部署落实和促进依法行政、公正司法上，为改革发展、改善民生营造法治环境。加强对法律法规实施情况检查的力度。按照预算法要求，强化人大全口径预算审查监督和国有资产监督职能，深化计划执行、部门预决算、财政专项资金、地方政府性债务、政府重大投资项目等审查监督。严格执行人代会审查批准的预算，预算调整需经人大及其常委会批准，加强对审计查处问题整改情况的监督。加快推进财政预决算、部门预决算、“三公”经费和重点专项资金公开，扩大公开范围，细化公开内容。强化司法监督，完善法官、检察官履职评议机制。健全规范性文件备案审查制度。重视创新监督工作方式方法，支持人大深入推进部门工作评议，探索实施专题询问，健全完善常委会会议或主任会议听取审议意见落实情况报告制度，提高监督工作的针对性和实效性。重视和加强人大信访工作，健全完善信访工作机制，及时反映社情民意，努力化解社会矛盾。“一府两院”要自觉接受人大监督，依法报告工作，重视人大常委会的专项工作审议意见和执法检查的监督意见办理落实。政府垂直管理部门、派出机构等要依法接受县人大及其常委会的法律监督和工作监督。

（七）支持和保证人大依法行使重大事项决定权。县委根据年度中心任务，适时提出须经人大法定程序转变为地方国家意志的重大决策主张。依法由人大及其常委会表决通过并实施监督的重大事项，应避免党委、政府联合发文。协调“一府两院”建立提交人大及其常委会讨论决定重大事项清单，落实政府重大决策出台前向人大及其常委会报告制度，凡属人大职权范围内的重大事项，“一府两院”应在每年初提出拟提请人大常委会讨论决定的重大事项，依法由人大及其常委会讨论决定。凡人大及其常委会作出的决议决定，全县所有国家机关、社会团体、企事业单位和公民必须遵守执行。加强决议决定贯彻情况跟踪督查，“一府两院”及其部门要认真落实人大及其常委会的决议决定，实施主体要主动报告落实情况。

（八）坚持党管干部与人大依法选举任免相统一。加强对选举任免工作的领导，严格依法办事，使党组织推荐的人选经过法定程序成为国家机关领导人员。坚持和完善差额选举制度和联名提名候选人制度，严肃查处选举任免工作中的违法违纪行为。支持和保证人大及其常委会依法行使选举任免权，县委在提出需要由人大及其常委会选举或任免干部人选之前，应当及时将人事安排的意图和被推荐人选的基本情况向人大常委会党组通报，听取意见建议。凡依法应由人大及其常委会选举或任免的干部，必须在选举或作出任免决定后方可对外公布。尊重和维护人大及其常委会的选举、表决结果，选举和任命干部在法定任期内要保持稳定，原则上应当任满一届，个别因工作特殊需要确需调整的，必须严格按法定程序办理。支持人大及其常委会建立健全对选举任免干部的任前法律知识考试、任前见面、表态发言、颁发任命书、向宪法宣誓等制度，健全完善任后报告履职情况、接受审议测评等制度，提高任免工作制度化规范化水平。党委组织部门要把人大常委会对干部履职监督评议情况，作为干部考核使用的重要依据。人大及其常委会选举和任命的干部涉及违法违纪时，纪检监察机关、党委组织部门和司法机关应与人大常委会及时加强联系，按法定程序办理。

（九）重视开好人代会和人大常委会会议。要加强对人民代表大会会议和人大常委会会议的领导，支持和保障人大及其常委会完善议事程序，提高审议质量和效率。合理安排人代会的日程，保证必要的审议和酝酿时间。没有选举事项时，县人代会会议时间不少于3天，有选举事项时，按照法律规定适当增加会议时间。人大代表和常委会组成人员要切实增强责任意识，依法出席会议，认真审议各项报告和议案。依法应当列席会议的“一府两院”人员应严格遵守会议纪律，认真听取意见，回答询问。“一府两院”向常委会作的工作报告书面材料要在规定时间提交县人大相关工作机构。坚持和完善公民旁听制度，扩大议事公开化程度，凡审议涉及人民群众切身利益的事项，根据实际情况，邀请公民参加旁听。

三、加强代表工作，保证人大代表依法执行职务

（十）着力提高代表素质和履职能力。加强对代表选举工作的领导，支持人大常委会和选举工作机构依法主持代表选举工作。不断优化代表的组成结构，适当提高基层代表候选人的比例，保证一定比例的党外代表候选人。推荐、提名人大代表候选人时，要充分听取县人大常委会党组的意见。连任代表一般要占代表总数的三分之一以上，县人大常委会党组和乡镇人大主席团应根据代表政治素质和履职情况，向同级党委提出连任代表的建议人选。加强代表履职能力建设，健全和完善人大代表履职培训制度，加强以学法守法用法为重点的代表培训工作，代表任期内参加集中培训不少于两次，注重增强培训实效。建立代表履职评价和激励机制，强化代表职务意识，担任党政领导职务的代表要率先垂范，积极参加所在代表小组闭会期间的活动。

（十一）提高代表议案审议和建议办理质量。高度重视人大代表议案及建议、批评、意见的办理工作，全面落实承办单位主要领导、分管领导和具体承办人员的承办责任。进一步完善人大代表议案及建议、批评、意见办理的具体办法，严格办理程序，健全完善预交办和网上办理机制，支持代表对“一府两院”办理议案、建议工作的满意度评价，提高办理质量。加强人大代表议案及建议、批评、意见的办理工作的监督检查，健全完善县人大常委会主任、副主任和乡镇人大主席、副主席督办重点建议机制。继续将人大代表议案及建议、批评、意见的办理情况列入部门目标管理考核内容，对承办工作实施效能考核。人大常委会要加大对代表议案及建议、批评、意见的办理督查力度，强化跟踪问效。

（十二）为代表依法履职提供保障。县人大常委会和“一府两院”要及时为代表提供有关资料和信息，为代表知情知政、履职行权提供方便。坚持和完善邀请代表列席人大常委会会议和参与调查研究、执法检查、集中视察等制度。进一步建立和完善代表工作制度，不断加强代表小组、代表专业小组建设，创新代表小组活动方式，充分发挥“主任接待周（日）”“代表监督窗”“代表论坛”“双向约见”“代表进部门”等履职平台的作用，切实保证代表知情权、参与权、表达权、监督权的充分行使。代表所在单位要为代表开展活动创造必要条件，落实好时间、经济待遇和经费保障。切实维护代表权利，对妨碍、阻挠代表执行职务或侵犯代表合法权益的行为，要依法严肃查处。

（十三）密切人大代表同人民群众的联系。充分发挥人大代表的桥梁纽带作用，坚持和完善县人大常委会组成人员联系代表和代表联系选民的各项工作制度，加强代表联络站规范化、制度化建设，充分运用人大代表履职服务网络平台，畅通社情民意反映和表达渠道，加强代表与群众的密切联系。建立健全代表履职登记制度，推行代表向选区选民述职等做法，广泛听取和反映人民群众的意见和要求，自觉接受人民群众的监督。

四、加强自身建设，提高人大常委会的履职能力

（十四）加强人大常委会思想作风建设。深化巩固党的群众路线教育实践活动成果，全面落实“三严三实”要求，切实增强以科学发展观统领人大工作的自觉性和坚定性，把思想政治建设摆在首位，进一步强化政治规矩和政治纪律，牢固树立党的观念、大局观念、群众观念和法治观念。坚持民主集中制原则，正确行使职权。坚持服务与服从工作大局，努力维护和实现人民群众的根本利益。大力弘扬求真务实精神，努力改进工作作风，提高工作效率，不断加强人大常委会思想政治建设和党风廉政建设。

（十五）加强人大常委会组织建设。优化人大常委会组成人员结构，提高人大常委会专职委员比例，逐步将常委会专职委员占委员总数的比例提高到60%以上，组成人员中应逐步增加财经、科技、法律等方面的专业人员，并有一定数量的党外人士和基层代表。专职的组成人员至少要有三分之一能在换届时连任，保持人大工作的连续性。安排一定数量的乡镇（街道）人大专职主席（主任）为县级人大常委会组成人员。落实省委文件关于“人大常委会主任、副主任和专职委员不占人大机关和原所在部门的编制，在地方总编制中单列”的规定，按此规定计算县级人大机关编制。按照人大机构设置全省统一的要求，增设有关机构。县级人大常委会各工作委员会要有相应的办事机构，配备1—2名年轻的专职工作人员。

（十六）加强人大机关建设。要把人大机关干部的培养使用纳入干部队伍建设的总体规划，通过选拔任用、轮岗培训、挂职锻炼、脱产学习等多种渠道，提高人大机关干部队伍整体素质。要建立人大机关干部能进能出的流动机制，采取多种形式，有计划地安排一定比例的人大机关中青年干部与党政部门、司法部门干部之间的合理交流，改善人大机关干部队伍结构，增强人大机关的活力。加强服务保障，为人大及其常委会开展工作提供必要的物质保障。

五、加强乡镇(街道)人大建设,促进基层人大工作

(十七)加强乡镇(街道)人大建设。从加强基层政权建设的高度,把乡镇(街道)人大工作纳入党委总体工作布局,健全乡镇(街道)人大工作机制,发挥乡镇人大主席团、人大街道工作委员会作用。乡镇(街道)党委要每年定期听取和研究人大工作,主席、副主席或主任、副主任应列席党委会议和政府重要会议,确保乡镇(街道)人大更好地围绕党委的中心工作和政府的工作重点开展人大工作。加强乡镇(街道)人大组织建设,乡镇(街道)设专职人大主席(主任)1人,大的乡镇(街道)可设专职副主席(副主任)1—2人,乡镇(街道)人大主席(主任)提名为县级人大代表人选。乡镇人大主席、副主席,街道人大工委主任、副主任的人选调动安排,组织部门应事先听取县人大常委会党组的意见。

(十八)强化乡镇(街道)人大工作保障。健全完善乡镇人大工作制度,依法开好乡镇人代会,乡镇人代会每年至少举行2次,没有选举事项时,会议时间不少于1天,有选举事项时,会期可适当增加。年中乡镇人代会主要听取和审议半年度政府工作报告以及其他法定事项。切实发挥乡镇人大主席团和乡镇人大主席的作用,乡镇人大主席团或者乡镇人大主席、副主席在闭会期间,可以组织代表听取审议乡镇政府专项工作报告,对法律法规实施情况进行检查。人大街道工作委员会或者工委主任、副主任,可以根据工作需要组织代表听取审议街道专项工作报告,对法律法规实施情况进行检查。乡镇人大主席团在本级人大闭会期间,一般每三个月举行一次会议。乡镇(街道)设立人大办公室,配备专职工作人员。乡镇(街道)人大主席(主任)、副主席(副主任)应把主要时间和精力放在人大工作上。乡镇(街道)人大工作经费和代表活动经费列入同级财政预算,确保专款专用。乡镇(街道)人大工作要列入乡镇(街道)年度考核内容。

(十九)加大对乡镇(街道)人大指导支持力度。县人大常委会要加强与乡镇人大的联系和对乡镇人大工作的指导,健全完善街道人大领导机制,指导乡镇(街道)建立健全工作制度,提高工作水平,充分发挥乡镇(街道)人大在组织本辖区内人大代表开展监督活动、联系人民群众等方面的作用。指导乡镇人大强化监督尤其是财政预决算审查监督职能,探索实施参与式预算、政府实事工程代表票决制等做法。指导街道人大探索建立代表联系群众、民主议事决策等制度。加强对乡镇(街道)人大干部培训,安排乡镇(街道)人大干部列席人大常委会会议和重大调研视察、执法检查活动。

中共安吉县委关于高水平推进新时代人大工作和建设的意见

安委发〔2019〕16号

(2019年11月1日)

为深入贯彻习近平新时代中国特色社会主义思想和党的十九大精神,认真落实省市委人大工作会议的部署要求,现就高水平推进新时代我县人大工作和建设提出如下意见:

一、加强党对人大工作的全面领导

(一)坚定人民代表大会制度自信。以习近平总书记关于坚持和完善人民代表大会制度的重要思想为指导,增强"四个意识",坚定"四个自信",做到"两个维护",扎实推进人民代表大会制度在安吉的生动实践。

（二）把牢新时代人大工作和建设的总体要求。深入学习贯彻习近平总书记对地方人大及其常委会工作的重要指示精神，加强对人大工作领导，支持和保障人大依法行使职权，创造性地做好监督、决定等工作，密切同人大代表和人民群众的联系，发挥人大代表的主体作用，加强人大履职能力建设，更好地助力经济社会发展和改革攻坚，推动人大工作高质量高水平发展，继续走在前列。

（三）完善党委领导人大工作的机制。各级党委要把加强人大工作和建设摆上重要议事日程，定期研究人大工作，及时答复问题请示。健全党委主要负责人联系人大工作制度，重视解决人大工作和建设中的重大问题。在作出本行政区域内重大决策时，重视听取同级人大和人大代表的意见建议。把党委领导人大工作、党委工作部门支持人大工作、"一府一委两院"自觉接受人大监督的情况纳入领导班子和领导干部实绩考核，细化考核要求，明确考核权重。

（四）加强对人民代表大会制度和宪法的宣传教育研究。把习近平总书记关于坚持和完善人民代表大会制度的重要思想、人民代表大会制度理论、宪法法律及地方性法规、知识作为各级党委（党组）理论学习中心组学习的重要内容，纳入党校（行政学校）的主体班次教学计划，列为社会主义学校的必修课。将宪法法律学习贯彻情况纳入领导干部年度述职述法的重要内容。党委宣传部门要把人大工作的宣传纳入年度工作计划，每届召开一次人大宣传工作会议，充分利用主流媒体和新兴媒体加大宣传力度。把人民代表大会制度理论和人大工作研究纳入哲学社会科学规划，切实加强理论和实践研究。

（五）推进人大党的建设。人大常委会党组要发挥把方向、管大局、保落实的领导作用。严格执行《中国共产党党组工作条例》和《中国共产党重大事项请示报告条例》，人大工作中的重大问题、重要事项、重要情况，都要及时向同级党委请示报告。落实《中共中央关于加强党的政治建设的意见》，深入推进全面从严治党，锻造坚强有力的人大机关党组织。县纪委监委派驻第一纪检监察组要对人大机关认真履行职责。

二、支持和保证人大及其常委会依法履职

（六）推进人大正确监督有效监督。支持和保障人大及其常委会依法行使监督权，综合运用专项审议、执法检查、专题询问、质询、特定问题调查等方式，增强监督刚性和实效。要"盯住法"，改进执法检查工作，注重引入第三方评估，增强检查的针对性和有效性，发挥好执法检查"法律巡视"利剑作用。要"管好钱"，强化政府预算的全口径审查、全过程监督，深化预算联网平台的运用，建立健全"民主预算、透明预算、绩效预算"监督体系，推进人大预算审查监督重点向支出预算和政策拓展。加强对国有资产管理、政府性债务、政府重大投资项目和审计查明问题整改情况的监督。要"把牢图"，加强对本行政区域内的经济社会发展规划、国土空间规划的编制和实施情况的监督，增强规划的科学性、严肃性、有效性。支持人大常委会开展工作评议，改进审议意见形成和交办机制。推进备案审查网络系统建设和应用，加强规范性文件合法性审查。推动人大监督与党内监督有机结合，干部考察任用注重运用人大监督成果。

（七）推进讨论决定重大事项工作常态化。完善人大讨论决定重大事项制度，本行政区域内经济社会发展的重大事项，依法应由人大及其常委会讨论决定的，都须提交人大及其常委会讨论决定。人大及其常委会要及时制定讨论决定重大事项年度计划，加强对重大事项的调研论证和讨论审议，强化对决议决定贯彻执行情况的督促检查。县乡人大要善于运用重大事项决定权。各级政府要严格落实重大决策出台前向本级人大报告的规定，加快制定相关工作制度。严格落实重大行政决策责任追究制度，对违法违规决策造成重大损失、产生严重负面影响的，要严格追究相关领导人员和责任人员的纪律责任和法律责任。

（八）保障人大依法行使选举任免权。坚持党管干部原则，依法规范人大选举任免工作，保证党组织推荐的人选通过法定程序成为国家机关领导人员。需要提交人大常委会任免的领导干部人选，有关部门应及时向人大常委会党组介绍情况。对人民法院、人民检察院提请人大常委会任命的审判员、检察员，在其所在工作单位或系统内公示的同时，通过人大媒体向社会进行公示。支持人大常委会加强对任命干部的任后监督，坚持和完善政府工作部门主要负责人向人大常委会报告履职情况接受审议测评机制。认真实施宪法宣誓制度，人大及其常委会选举和任命“一府一委两院”及政府部门任命的国家工作人员，就职时要进行宪法宣誓。

三、推动人大工作实践创新

（九）进一步理顺人大监督体制机制。健全“一府一委两院”由人大产生、对人大负责、受人大监督制度。“一府一委两院”及政府工作部门负责人要依法按要求列席人民代表大会和常委会会议，认真听取意见，回答询问。“一府一委两院”要依法主动向人大及其常委会报告工作，认真研究处理人大常委会审议意见，按要求在三个月内报告研究处理情况。

（十）依法加强对机构改革后政府相关工作的监督。重视和支持人大对机构改革后归口党委职能部门领导或管理的政府部门开展监督，强化对行政权力的制约和监督。归口党委职能部门领导或管理的政府部门要主动向人大报告工作，切实增强接受人大监督的意识。政府垂直管理部门、派出机构要自觉接受所在地人大及其常委会的监督。

（十一）重视加强对监察和司法机关工作的监督。支持人大常委会依法听取和审议监察委员会的专项工作报告、组织执法检查等工作，积极稳妥推进对监察委员会的监督。支持人大深化对司法机关工作的监督，把对人民法院、人民检察院的监督与司法人员任免工作相结合，推进对员额制法官和检察官履职评议工作，注重评议结果运用。探索建立涉法涉诉信访件交办、函询机制。

（十二）深化民生实事项目人大代表票决制工作。人大及其常委会要及时总结实践经验，完善代表建议征集、集中移交、差额票决、跟踪督办、审议评价的工作闭环，推进民生实事项目落到实处。在街道党委的领导下，依托街道议政会全面开展街道民生实事项目票选工作。

（十三）加强和规范街道人大工作。各级党委要加强街道人大工委建设，支持和保证街道人大工委开展工作、发挥作用。认真贯彻落实有关街道人大工作的法律法规，运用推广街道人大试点工作成果，完善街道人大工委会议和工作制度，深化完善街道议政会制度，加强街道预算审查监督，依法推动街道人大工作。

（十四）探索推进开发区、示范区人大工作。在国家级开发区功能区探索设立人大常委会工作委员会，作为有管辖权行政区域人大常委会的工作机构，在省级开发区、示范区设立人大联络机构，协助开展监督、组织代表活动等。根据工作需要和地方编制状况，可配备专职工作人员。

（十五）支持人大加强对外交往。支持与长三角地区人大协同开展监督、决定、代表等工作，为推进长三角一体化发展国家战略实施提供法治保障。把人大对外交往纳入地方外事工作整体计划，支持人大及其常委会积极开展与“一带一路”沿线国家地方议会、友好城市的交流。

四、保障人大代表依法执行职务

（十六）增强代表履职能力。各级党委要严把代表的入口关、政治关，不断优化代表组成结构。继续实施三分之一连任代表由人大常委会党组和乡镇人大主席团向同级党委提出建议人选的做法。完善人大培训体系，人大代表和人大干部培训要纳入党委组织部门的整体培训计划，代表任期内参加集中培训不少于两次。深化人大常委会组成人员联系代表、代表联系人民群众机制，常态化邀请代表列席人大常委会和专工委会议，扩大代表对人大常委会及专工委工作的参与。

（十七）深化完善代表履职平台。全面推进“五星级”代表联络站建设，打造“一站一品”特色站点，各级人大代表每年至少进站活动两次，领导干部代表要带头进联络站开展活动，地方国家机关及其工作人员要注重通过代表联络站听取意见，推进代表建议办理，健全代表反映群众意见处理反馈机制，推动解决群众关切的问题。坚持和完善人大代表问政会制度，深化人大代表电视问政，在有条件的乡镇推行乡镇人大代表问政会制度。深化“双岗建功”“比拼履职，争做表率”代表主题活动，组织代表紧扣中心大局开展调研视察，助推党委重大决策部署落地见效。

（十八）强化代表履职管理监督和服务保障。完善代表履职监督机制，建立健全代表履职档案，实行人大代表向选民或原选举单位述职制度和代表履职积分制度，逐步向社会公开履职情况。完善代表届中调整和退出机制，对不称职或因身体等原因不能履职或因工作变动不适宜继续执行代表职务的代表由代表本人及时提出申请，按法定程序辞去代表职务。提升代表议案建议办理质量，“一府一委两院”要落实办理单位“一把手”责任制，扎实推进跨届跨年代表建议办理，提高问题解决率。加强和规范代表活动经费管理，分级完善和逐步提高代表活动经费标准，进一步明确经费的使用范围。建立健全代表联系人民群众的工作补贴制度，对无固定收入的代表执行代表职务，根据实际情况由本级财政给予适当补贴。代表所在单位要保障代表依法履职。

五、加强人大及其常委会履职能力建设

（十九）优化人大常委会组成人员结构。提高具有法律、财经、科技等专业知识背景的组成人员比例，确保县人大常委会专职组成人员比例达60%以上。专职人大常委会组成人员至少三分之一能在换届时连任，其中有部分人员能任满两届，保持人大工作的连续性稳定性。新担任人大专门委员会主任委员、工作委员会主任一般能干满一届。注重从本级人大及其常委会工作机构、办事机构负责人中考虑人大常委会组成人员人选。

（二十）加强人大及其常委会工作力量建设。继续落实“人大常委会主任、副主任、秘书长和专职委员不占人大机关和原所在部门的编制，在地方总编制中单列”的规定。加强人大专门委员会和工作委员会建设，增加专门委员会组成人员数量，提高工作委员会组成人员中的代表比例。加强预算审查和国有资产监督等工作，明确相关工作机构，并按规定配齐配强工作力量。规范人大常委会工作机构和办事机构设置，加强工作人员配备，推动解决人大常委会组成人员中离岗未退休人员占用人大机关编制问题。创造条件在乡镇人大和街道人大工委配备专职工作人员，乡镇和街道人大干部任职要保持相对稳定，乡镇和街道人大专职干部应当把主要时间和精力放在人大工作上，享受同一职务层次党政干部的同等待遇。加大人大干部交流力度，有计划有重点地安排人大机关干部对外交流任职，重点选拔培养中青年干部，不断增强人大工作的生机和活力。

(二十一)密切上下级人大之间的联系。充分发挥全县人大的整体作用，密切工作联系，加强工作指导，强化上下工作联动，推进智慧人大等建设。鼓励基层人大工作创新，总结推广创新做法和实践经验，推动全县人大工作创新发展。

第二节 大会报告

安吉县人大常委会在历届县人民代表大会第一次会议上均作上届人大常委会工作报告，本节收录安吉县第七届至第十五届人大常委会工作报告和在第十六届人大常委会第二至第四次会议上的年度工作报告，共12篇。在县人大常委会成立前，由县人民政府向县人民代表大会作政府工作报告，县人民政府向县人民代表大会所作的报告仅收录在安吉县首届一次人民代表大会上的报告1篇。

安吉县人民政府关于
过去一年(五三年下半年及五四年上半年)来工作情况和今后任务的报告

——在1954年7月16日安吉县首届一次人民代表大会上的报告

安吉县人民政府县长 张华斋

各位代表，各位同志：

我以最热烈的心情，祝贺安吉县首届一次人民代表大会的开幕，并代表安吉县人民政府，将去年5月2日召开的第八次各界人民代表会议闭幕后，一年来工作情况及今后主要任务作一简要报告，请各位代表审查和决议。

一年来工作情况

一、贯彻总路线

在去年冬季，展开了大张旗鼓的、轰轰烈烈的宣传贯彻总路线运动。首先召开了干部会、积极分子会、群众会等会议，自上而下，自内而外地向全县党团员、干部和全体人民进行宣传社会主义的运动；同时进行了粮食统购统销政策的宣传教育。由于宣传教育的广泛深入，声势浩大，这就成为自土地改革后的一次有历史意义的大规模的群众运动，这一运动的发展是正常的、健康的，成绩是巨大的。

（一）广大人民社会主义觉悟大大提高

经过这一运动，广大干部及90%左右的农民都受到了一次以上的社会主义及统购统销政策宣传教育，从而明确了党在过渡时期的总路线总任务，也明确了实行社会主义工业化是实现总路线的物质基础；只有实现国家社会主义工业化，才能使农业生产大量提高，农业社会主义改造才能顺利进行。

（二）农民的互助合作积极性及生产积极性空前高涨

总路线宣传教育后，广大农民认识到小农经济是分散落后的经济，它是不稳定的，时刻向两极分化，任其自流便会发展到资本主义道路；认识到不改造小农经济就不能增产粮食和工业原料，也摆脱不了贫困；认识到对农业必须实现社会主义改造，走合作化的道路。因此，农民的互助合作积极性大大提高，使去年抗旱中垮台的660个互助组恢复起来，还发展了53个，共有94个组要求办社。目前全县已有12个农业生产合作社，1907个互助组(常年的就有1057个)，参加户数17691户，占农户总数(以25000户计)的70.76%；参加耕地170698亩，占总耕地面积(以23.5万亩计)的72.64%。事实证明，组织起来能增加生产，增加收入，例如：城郊区三官乡丰厂农业生产合作社的前身李应财互助组，去年每亩平均产燥谷482.27斤，比一般互助组高出7%，比个体农民要高出31%。因此，使广大农民亲身体会到组织起来的无比优越性，参加互助合作组织便成为群众自己的迫切要求，这对农业实行社会主义改造事业，创造了良好的开端。

（三）打击了农村自发资本主义势力

农村中的自发资本主义势力，在土地改革后有了某些发展，这主要表现在部分乡村中互助合作运动较落后，阶级分化比较大，少数农民囤积粮食，放高利贷，剥削雇工，收买土地，这样结果使多数农民贫困破产，少数人发财走上资本主义道路。这种自发资本主义势力，在贯彻总路线后，广大农民划清了社会主义与资本主义的界限，就受到了沉重的打击，尤其在粮食统购统销后，受到打击更大。

贯彻总路线中，我们同时进行了粮食的统购统销，广大农民热烈地拥护与支持，踊跃地把余粮卖给国家，农民从而改变了长期固有的卖粮习惯，国家控制了大批粮食，基本消灭了粮食自由市场。我县至5月底止已完成了统购计划的97.37%，这就加强了社会主义经济对农民的联系与影响，推动了社会主义改造事业的前进。总路线贯彻后，对手工业也进行了社会主义改造，目前已建立铁器手工业合作社1个，社员18人，至1953年底，组织各种手工业生产小组3个，72人，这样组织起来的手工业者占手工业总数的11%强，生产了更多的生产资料与生活资料供应农民需要；使手工业生产逐步走上合作化道路，为机械化打下了基础。私营工商业生产者通过总路线学习后，提高了社会主义觉悟，接受了社会主义改造，因此大多能服从国有经济领导，一般地都减少了五毒，积极地争取利用，接受限制，积极改造，并出现了低级形式的国家资本主义经济，办好了批购商店5个，公私联购1个。

总路线的宣传贯彻后，农村面貌发生了巨大变化，社会主义思想阵地巩固了，社会主义空气浓厚了，有了农业生产合作社这样的农业合作化的榜样，使农业生产有了明确的方向。这些深刻变化，为对农业实现社会主义改造，走向合作化集体化开辟了道路和创造了条件。

二、财政经济工作

为了保证去年的丰收及争取今年的增产，我们在农业生产战线上，开展了去年的抗旱保秋及今春的一系列紧张的农业生产工作。

（一）去年抗旱保秋

去年入秋后，我县遭受到1934年以来从未有过的大旱。全县范围内均受到不同程度的灾害，有些地区连续60多天没有下雨，旱情严重时，山区水源断绝，有些乡村沟、坝、河、塘干涸，个别村吃水都已困难，平原地区亦甚严重。而在当时，水稻在孕穗扬花，正是农作物需要水的时期，因而灾害显得特别严重。但由于共产党和人民政府的正确领导，并采取了一系列的有效措施，组织大批干部帮助群众抗旱，发动全县人民贯彻了党所确定的以抗旱保秋为重点，确保水稻增产，力争农业生产丰收的方针和各项政策，依靠了广大干部和群众的积极努力，特别是依靠互助合作组织，通过组织起来的力量，因而战胜了旱灾。除了部分地区因旱象过于严重致减产外，大部分地区均略有增产。1953年我县农业生产，水稻约总计产谷70余万担，在1952年每亩349斤的基础上增产1斤；杂粮每亩平均产100斤，合计约产49000余担，比1952年每亩90斤增加11％。

从这一事实中，广大农民充分体会到只有组织起来，以集体力量，才能战胜自然灾害；证实小农经济，单家独户在生产上必然要遭遇困难，必然经不起自然灾害的侵袭。因此广大农民必须走组织起来互助合作的道路。

（二）今春农业生产

为了争取今年农业生产的大面积增产及全面丰收，今年入春以来，我县进行了一系列的备耕、春耕、播种、夏收夏种等紧张的农业生产工作，并在整个生产季节中，贯串了先进技术的推广及耕作制度的改变。水稻栽培中的深耕密耕、选用良种、培育壮秧、合理密植、中稻改种晚稻等已为广大群众所执行，并获得显著成绩：深耕密植已经得到推广，目前一般耕田深度均较解放前深1—2寸；全县有50％的稻田采用良种；合式秧田占秧田总数的70.5％；合理密植方面，5—7寸的今年达137516亩，占水田总面积的68％强；合理施肥方面，一般水稻田均做到多施基肥，尤其今年，广大农民响应了政府的号召，大力开辟了地方性肥源，基地大为增加。今年共积自然肥料5206249担，其中大部分是塘河泥、焦泥灰等有机质肥料。其他基肥还有草籽田68141亩，商品肥料达217000斤。这样每亩田可施自然肥料40担弱，商品肥料一斤一两，草籽田尚未计算在内。在改变耕作制度方面，主要是中稻改种晚稻，这是今年争取大面积增产和全面丰收的关键。今年中稻改晚稻，面积达164429亩，占水稻总面积的82％强，比1953年晚稻种植面积增加6万余亩。推广先进技术中，互助合作组织始终起着核心作用，接受与运用先进技术都较快、较深、较广，如昆铜区何士林农业合作社，全社100多亩田，今年全部小株密植。

为了保证增产指标的实现，政府今年又以大批经费投资于水利工程，数达三亿一千四百余万元，群众自筹一亿三千六百余万元，动员人工155497工，兴建工程达1565处，有122514亩农田受益，占总田亩数的61％强。因此更增加了今年抗旱防洪力量，为今年丰收打下了有力的基础。

(三)我们同时也增产了蚕丝、茶叶等主要土特产

贯彻了自采、自育、自造的三自造林方针及各项林业政策，营造了8827亩各种林木，零星植树15万株，育苗44.1亩，封山育林2600亩。积极地发展了耕牛及其他家畜，并改善饲养条件，加强预防注射。手工业生产值不断上升，为广大农民制造了大批生产资料与生活资料，帮助了农业生产，并实行了社会主义改造，已经组织起来的手工业者，已占手工业总数的11%强。在商业方面，社会主义性质的国营企业及供销合作企业得到巨大发展，已经成为私营资本主义工商业实行社会主义改造的领导力量与物质基础，并大力收购了农产品，推销了工业品；我们对私营商业实行了社会主义改造，采取了利用、限制、改造的政策，而私营工商业者在国营经济领导下，经营信心提高了，营业额增加了，并出现了低级形式的国家资本主义经济——批购商店。一年中我们继续开展了物资交流，进一步组织收购供应，把全县农副产品由滞销变成行销、畅销。财政工作上，我们完成了1953年财政收入任务的103.81%。收入中工商业税收入占总收入的55.99%，农业税收入占40.75%，其他收入占3.26%。支出上力求节约，严格贯彻财政制度，坚决反对浪费行为，1953年经济建设支出占总支出的6.21%，比1949年增加30多倍；社会文教费支出占46.2%，比1949年增加34倍多；行政管理费支出占47.41%，比1949年只增加10倍多；其他支出占总支出的0.18%。并根据需要和可能，采用经乡人民代表会议通过，报县批准的办法，筹备了经费41963200元，主要用于购置消防设备，修理渡船、桥梁等公益事业上。人民银行为了扶持生产，扩大物资交流，1953年共发放各种贷款70余亿元；为了使农村合作化，消灭高利贷剥削，我们开展了信用合作，建立信用小组8个。为了保障人民生命财产不受损失，办理了火险、运输险、牲畜险等。全县人民热烈认购经济建设公债，这是广大群众对支援国家社会主义工业化的实际行动，认购数达14亿余元。已缴款6亿余元。水上运输通过民主改革、贷款扶助、检修船只等，加强了运输安全，基本上及时完成了运输任务，并在防洪斗争中贡献出一定力量。

三、政治法律工作

(一)基层普选运动

在1952年民主建政的基础上，开展了轰轰烈烈的基层普选运动。去年5月选择乌山乡为普选试点，总结试点后即通过干部大会自上而下地订出具体进行计划，10月下旬全面展开，第一批展开14个乡，一个区直属镇，共15个基层单位，到12月中旬基本完成。第二批在1954年2月上旬前后展开，计14个基层单位，到3月下旬陆续完成。在整个运动中，我们自始至终紧紧掌握住宣传教育发动群众的关键，深入广泛地进行普选重大意义教育；并在生产前提下贯彻普选工作。因此，胜利地结束了基层普选。这一运动的基本收获：

(1)建立了30个乡镇人民政府，选出了在历年来经过考验，为人民群众所爱戴和拥护的优秀分子1068人(其中妇女198人)为乡镇人民代表大会的代表，划分了398个选区。因而纯洁与健全了基层政权，密切了政府与群众的关系，进一步巩固了人民民主专政。

(2)选民政治觉悟空前高涨，热烈地参加了政治生活，树立当家作主思想。广大选民均行使了自己庄严的选举权利，全县80%以上的选民参加了选举。如梅溪镇参加选举的选民达

90%以上，昆铜区三社乡第一选区55岁的选民汪菊花说："想不到今天穷人也能当家作主，真是毛主席领导得好。"选民对选民资格都认真地进行了审查，进一步划清了敌我界线，不使一个反革命分子盗窃了庄严的选举权利，也不使一个有选举权利的公民被错误地剥夺了庄严的选举权利，昆山乡群众提出：不让一个朋友放在外面，不让一个敌人混在里面。这不但进一步巩固了人民民主专政，而且也推动了以互助合作为中心的农业增产运动，例如：城郊区三官、三青、城关3个乡，就恢复了已垮台的互助组306个，有6个常年互助组要求办社。

(3)农村干部也在群众的鉴别下受到了一次深刻的民主教育，树立了依靠群众进行工作的民主作风。

(二)公安工作

我们的公安工作，保卫着社会主义改造事业的顺利进行，尤其在保卫统购统销工作中，发挥了巨大作用，严重地打击了敢于破坏祖国建设事业中的反革命分子；我们的司法工作，运用了人民民主法制，保护了人民的合法权益，加强了人民的内部团结，巩固了人民民主专政。为了保卫人民胜利果实，巩固社会治安，全县广泛地建立并发展了人民武装。民政工作中：我们对于社会救济工作，大力领导了群众进行生产自救，社会互济，辅之以政府救济，去年5月到今年5月一年中，政府共发放了各项社会救济事业款186290050元，计救济3557户11647人，去冬还发放了旧棉花9300斤，棉被絮130条，棉衣30套，这就有力地支持了农业生产；烈军属有598户2720.8亩田受到代耕，并由政府拨出各项优抚事业款122795900元，帮助克服生产及生活上的困难；对转业军人及复员军人均及时妥善地作了安插；继续贯彻了婚姻法，处理了一批有关婚姻问题的积案。人民监察工作中，反对贪污、浪费、官僚主义，并和一切违法乱纪现象作了不调和的斗争，受理了各种案件并重点检查了严重案件，严肃处理了有关失职人员，因此达到严明法纪、教育干部的目的。

四、文教卫生工作

中小学教育中我们正确贯彻了"整顿巩固，重点发展，提高质量，稳步前进"的方针，整顿了小学，因而在教学质量上有了提高。同时又在中小学中普遍加强了劳动教育，从而树立正确的劳动观念，以培养出热爱祖国、热爱劳动又具有一定科学知识的社会主义建设人才。在工农业余教育上，除进行经常的文化教育外，同时还配合各个时期中的中心任务进行政治宣传教育。文化工作上利用各种宣传工具配合中心并为中心服务来对广大群众进行时事政策及科学知识的宣传教育；体育运动在青年学生及少年儿童中广泛展开，体育运动大会的召开，使体育运动趋于经常化群众化。卫生工作方面，继续贯彻了爱国卫生运动，因此城镇和部分乡村的卫生情况有所改善，人民的健康水平有了提高，因而保证了生产和工作的顺利进行。执行了"以预防为主"和"卫生工作与群众运动相结合"的方针，全县普遍进行了预防注射工作，显著减少了疫病的流行。继续贯彻了医务为中心服务的方针，在防洪抗旱中，组织了大批医务人员下乡巡回医疗，并对贫困农民进行免费医疗，因而密切了卫生人员与群众的关系。妇幼卫生方面，已有60%以上的产妇接受了新法接生，并在逐步推广苏联先进经验无痛分娩法，因此使广大产妇婴儿的安全得到了保障。

以上成绩的获得，是因为我们忠实地依靠了毛主席、中国共产党和上级政府的正确领导；

是因为我们国家政权掌握在人民自己手中，并发挥它的巨大作用；是因为我们充分地发动并紧密地团结了广大群众，发挥了广大群众政治积极性和创造性，并有他们积极拥护和支持。其次，还因为我们正确地运用了领导骨干与广大群众相结合，一般号召与具体指导相结合，以及典型示范逐步推广的科学领导方法。最后，还因为我们运用了批评与自我批评的武器，时刻警觉地克服着干部中骄傲自满的情绪和官僚主义的作风，所以取得了成绩。

当然，我们总不能因为已有的成绩和经验为满足，以社会主义总纲来检查和衡量我们的工作，仍然还存在着严重的缺点，有待我们今后予以克服。

首先，我们的粮食统购统销工作做得不够彻底，反动富农在统购中囤积粮食，抢购套购，在统销中又装穷叫哭，威胁干部，骗取购粮证，套购粮食，如南湖区西港乡里沟村反动富农朱某早囤粮6000余斤，统购前夕，听说广德统购，即将稻谷先后5次砻成米20担藏起来，统销开始，即叫其年老母亲11次到村农会、乡政府去闹，哭啼哀求，威胁干部说："媳妇要离婚，儿子要上吊，全家人饿死你们要负责。"因此被骗取购粮证，抢购大米500斤。又如递铺区三铜乡反动富农庄某某，手段毒辣，在统购统销前，陆续向合作社购进大米1000余斤，后又3次叫村农会长打证明，套购大米800斤，统销时投机谎报缺粮2408斤，竟窃取了购粮证，仅在5月13日就抢购大米500斤，6月份竟敢胆大妄为欺骗供应站同志，说是贫农成分又被套购大米580斤。另外投机奸商又利用亲友，深入农村，先付钱，后抢购，如梅溪奸商李某某、吴某某在4月份先后到广德、长兴抢购黄豆831斤，利用晚间路无行人逐渐运回。递铺八村奸商杨某某又系地主阶级分子，小麦未开始收割时先将钱付给同村雇农童某某，抢购小麦8斗7升，糯米1斗。这些事实，充分暴露了反动富农的阶级本质，说明了它是在向国家进攻，向劳动农民进攻，以达到破坏社会主义经济建设和社会主义改造事业的目的。但是，我们对富农分子的狂妄进攻，没有予以及时严厉的反击，致使中农动摇，贫农不满。富农混入到了合作组织未能及时清除出去，对他们的造谣破坏未及时追究。对于上述情况必须引起警惕并须狠狠地打击富农的反动行为，力求打得准打得狠，以保证社会主义经济建设和社会主义改造事业的顺利进行。

其次，我们有不少工作，缺乏系统周密的调查研究；对广大农民及其他劳动人民的政治积极性、创造性估计不足，有些工作发展不平衡，有的还落在客观形势和广大人民群众要求的后面，有些干部尚存在着较严重的官僚主义工作作风，不够重视人民群众的要求和意见，骄傲自满，缺乏自我批评和民主作风。

我们在农业生产工作上，有时存在一般化的领导。农村工作干部缺乏农业科学知识和领导互助合作的经验，农村合作化不能适应社会主义总纲的要求，在1953年上半年曾发生急躁冒进的倾向，下半年又产生放任自流的现象，直到总路线贯彻后，这两种现象才得到克服与纠正。农村信用合作的开展也很缓慢，对山区生产也注意不够。商业工作上，国营贸易部门及合作社有个别干部对为生产服务认识不够明确，金融部门对农货的发放在个别乡村也不够适时。财政收入上，因在工商界中仍有投机奸商肆行五毒，较严重地存在着偷税漏税行为，因而影响了工商业税收入，对农村税收控制也不严，农业税尚存在有很大尾欠，乡村财政还有某些混乱现象。

对反革命分子的管制上，过去在某些地方有应管而未管或管得不严、不应管的而管制了的混乱现象。

我们的文教卫生工作，对"整顿巩固，重点发展，提高质量，稳步前进"的方针贯彻得还不够，实施劳动教育也不深不广；爱国卫生运动开展尚不够经常。

以上这些缺点，虽然是胜利中的缺点，但它是严重的，必须在今后的工作中严肃地、彻底地加以批判克服。

今后工作任务

根据上级指示及我县具体情况，我代表安吉县人民政府提出几点主要任务，请各位代表予以审议，修正。

关于我国过渡时期的总路线总任务，毛主席作了如下指示："从中华人民共和国成立，到社会主义改造基本完成，这是一个过渡时期。国家在这个过渡时期的总路线和总任务，是要在一个相当长的时期内，逐步实现国家的社会主义工业化，并逐步实现对农业、对手工业和对资本主义工商业的社会主义改造。这条总路线是照耀我们各项工作的灯塔，各项工作离开它，就要犯右倾或'左'倾的错误。"为了实现总路线总任务，我们就必须为国家的社会主义工业化而斗争。只有实现了社会主义工业化，才能使国防现代化，这就可以防止帝国主义侵略；才能有拖拉机、抽水机和其他农业机器来改造农业，大大提高农业生产；才能有机器生产更多更便宜的东西，使全国人民生活和苏联人民一样，永远好下去。

为了实现总路线总任务，就必须对农业、手工业和资本主义工商业实行社会主义改造。为了摆脱贫困，改变落后的生产方法，支援社会主义工业化，我们必须以社会主义总纲精神，来一个农村互助合作大发展，我们嘉兴专区来文：为要求在三年内达到基本合作化，对手工业要进一步组织起来，成为机器工业的助手，把私营资本主义工商业逐步改变为满足人民需要并归全体人民所有的社会主义工商业。

把我国建设成为一个伟大的社会主义国家，任务是极端复杂繁重的，我们全县人民必须动员起来，为实现国家在过渡时期的总路线而奋斗。广大农民应当发展生产，按国家需要踊跃地把应卖的粮食卖给国家，积极参加互助合作运动，争取早日达到合作化，拥护共产党和人民政府的政策，克服小生产者自发资本主义倾向，走社会主义道路；广大青年必须努力锻炼身体，学习科学知识，提高政治觉悟，准备更好地为国家的社会主义工业化服务；妇女们应提高政治觉悟，积极参加生产，积极参加社会主义改造事业；全县私营工商业者，应加强自己的爱国主义教育，遵守政府法令，在政府领导下积极经营对国计民生有利的工商业，把眼光放远些，接受政府对资本主义工商业的改造政策。

全县人民应动员一切力量，把我国建设成为一个伟大的社会主义国家而斗争！

我们必须在贯彻总路线的基础上，大张旗鼓地、广泛深入地展开宪法草案的宣传教育。像贯彻总路线一样，达到家喻户晓，深入人心，成为贯彻总路线的继续和深入，使这一运动成为推动一切工作的政治动力。

一、以互助合作为中心开展农业生产运动

为了使农村互助合作大发展，达到基本合作化的新形势要求，我们农村工作必须以互助合作为中心开展农业生产运动。以田间管理,防治自然灾害为重点,以开展宪法草案的宣传为政治动力,密切结合做好统销、派购工作及完成公债工作,做好治安保卫,量力做好其他工作。

(一)具体工作

(1)互助合作大发展

我们的社会主义总纲精神,就是把个体农民所有制改变为集体所有制,使农业合作化、集体化。我们必须明确:我们是为社会主义生产,走社会主义道路,必须依靠合作社经济来发展生产。因此,要求我们加快合作化,来一个合作大发展。我县大部分是水稻平原地区,土地肥力一般还好,产量较高,潜力很大,群众生活水平、文化水平均较高,互助合作化已有基础,已培养了一批办社干部,这就为互助合作大发展提供了良好条件。因此,我们要求在今冬明春举办158个低级农业生产合作社(含已有的社),2个高级社,参加农户3210户,占全县农户(以26450户计)的13.1%,并整理、巩固、提高现有互助组,发展新的互助组,达到组织起来的占总农户的85%,常年组占总互助组的75%。为进一步开展互助合作大发展,必须坚决贯彻党在农村中"依靠贫农,巩固地与中农联合,逐步发展互助合作,逐步由限制富农剥削到最后消灭富农剥削"的阶级路线。发展互助合作,必须掌握三个关键:第一,充分发挥合作社经济的优越性,巩固现有基础,保证增产,打下前进阵地,采取扩大老社,带动一般社,举办新社的办法;第二,加强政治工作,提高社员的政治觉悟和生产积极性;第三,认真选择社里领导骨干,要大公无私,公平合理,能干。目前必须在全县合作社、互助组内,吸收个体农民参加,进行总结夏收夏种,重点总结互助合作优越性及推广小株密植,表扬先进思想和模范人物,将互助合作组织普遍地进行一次整理,然后订出小段计划,来具体安排生产。

为了使农村全面合作化,我们还要在农村信用合作方面来个大发展,改变过去缩手缩脚现象,要求今年下半年每乡达到一个信用合作社,以切断资本主义对农民的影响与联系,逐步消灭高利贷剥削。供销合作也应大发展,逐步削弱农民与城市资本主义经济的联系。

(2)农业生产

我们要集中全力争取农业生产大面积增产和全面丰收,并保证实现增产指标。我县今年增产指标是:粮食在1953年771034担基础上增产17.94%,净增粮食138334担。其中,水稻产量在1953年701750担的基础上增产15%,净增水稻105263担;杂粮净增33121担。茶叶在1953年2524.38担基础上增产6.95%,计产2700担。鲜茧在1953年109.19担基础上增产30.5%,计产142.5担。棉花在1953年224.81担基础上增产9.09%,计产350担。麻在1953年762.39担基础上增产9.9%,计产838.29担。油料作物(包括菜籽、花生、芝麻)在1953年3945.52担基础上增产97.55%,计产7789.68担(包括扩大面积1988亩产量在内)。造林18247亩,零星植树20万株,育苗102.3亩,茶种960斤。增殖耕牛420头,增殖猪羊等家畜18538只。

为了实现以上增产指标,我们必须采取下列措施:

①中稻改种晚稻及小株密植:这是保证水稻增产的关键。小株密植应在去年基础上进一步贯彻,要求今年密植面积达到水稻总数的75%,并要求将去年进行密植的13万亩中的10万亩,提高到7寸见方,如此每亩可增产125斤(每亩增加4000丛,每丛半两计),10万亩共增

产 1250 万斤。中稻改种晚稻方面，一般晚稻均比中稻每亩高出 50 斤以上，今年把去年原有中稻中 10 多万亩改种晚稻 5 万亩，每亩增加 50 斤计，便可增产 250 万斤，这就有力保证了增产。

②田间管理：首先应及时耕耨，以消灭杂草，松软土壤，流通空气，促使生长新根。根据苏联先进经验及我县今年密植情况，耘耨次数 3 至 4 次即可，不必过多；其次应做到浅水灌溉，这样能增加水温土温，促进肥料分解，利于水稻发棵，使稻苗生长健旺，增强抵抗病虫害及风害的力量，通过浅水灌溉结合耘田并进行搁田以促进其发棵，发棵已够者则可灌溉较深的水抑制其发棵。做好这一工作，既要克服群众怕麻烦思想，也要防止缺水时期要求浅水灌溉的脱离实际的做法。再次，应适时追施肥料，因今年雨水较多，肥料已有流失，故追肥量应增多。

③向自然灾害作坚决斗争：做好一切防洪抗旱准备，应充分认识到这是保产关键，克服麻痹松懈现象。对上次洪水冲坏的斗堤应及时抢修完毕，以后对洪水袭击后冲损的斗堤也应及时组织抢修，有旱象发生时，动员组织力量利用一切抗旱工具全力投入抗旱，并应注意妥善解决水源受益等水利纠纷。同时，对可能发生的虫害，应及时扑灭，特别对二化螟蛾，必须以农业生产合作社或互助组为中心，带动全体农民，普遍组织妇女儿童投入治虫，在耘田中结合采卵捕蛾、拔除枯心苗等。只有这样，才能使 1954 年增产具有物质保证。

④增积肥料，适时适量施用追肥：肥料是增产关键，由于目前商品肥料缺乏，必须大力开辟地方性肥源。结合兴修水利多捞河泥、塘泥，结合治虫收集稻根和杂草等烧制焦泥灰、草木灰，结合农村打扫卫生工作，打扫牛棚、猪圈，清除的垃圾、沟污泥等充作肥料，广泛收集畜骨、毛发以增加磷钾质肥料；加强积肥的技术指导，改进施肥方法。这样，今年要求积自然肥料 556 万担以上，除草籽田外每亩平均施基肥 42 担。对商肥与化肥要求添购饼肥 6600 担，肥田粉 1800 担，骨粉 2185 担，过磷酸钙 1500 担，石膏 1480 担，共计 13565 担(内安吉劳改农场 6650 担，本县 6915 担)。下半年推广草籽轮作，要求种植菜籽 47500 亩。由于今年小株密植多，因此必须适时多施追肥，目前可割青草踩到中晚稻田里去及捞取新鲜河泥、塘泥施下田去，同时也应注意施肥适时适量。

进入秋季应立即动员全力进行秋收秋种，必要时突击抢收抢种，做到边黄边收，并应选留良种备明年使用。秋种时应动员多种油菜以满足国家和人民对食油的需要；对空闲田应即进行秋耕，提倡深耕以改良土壤。进入冬季应普遍开展群众性的兴修水利运动，除国家投资及贷款的冬修工程必须按照计划及时完成外，一般群众自修工程也应及时按计划完成。水利工程必须保证质量，兴修水利应贯彻合理负担政策，掌握标本兼顾、上游照顾下游的原则，保证冬修计划的胜利完成。继续冬耕，开展冬季积肥，加强耕牛的饲养管理，加强春花的培育，做好来年春耕前的一切准备。

在山区生产方面，正确贯彻山林政策，积极领导，逐步开展山区农民互助合作运动；大力领导群众开展造林、护林、育林运动；做好秋茶采制工作，提高质量；加强旱地作物及晚秋作物的培育管理，防止兽害。

（二）必须做好的几项工作

为了更好地做好以上中心工作，必须围绕中心在完成中心的前提下紧紧结合做好以下工作：

(1)统销、派购及秋征

粮食是宝中之宝，是稳定市场、巩固国防、保证经济建设和巩固工农联盟的头等重要物资，因此，必须坚决地实行粮食的派购和统销。农民应增产更多的粮食卖给国家，把早、中稻和国家订立预购，完成派购任务；划清界限，向不法富农的囤积粮食、抢购套购的反动行为展开坚决斗争；私营工商业者必须遵守法令，禁止奸商投机活动；对违法的富农分子、投机奸商定予依法严办。秋收后要搞好农业税征收工作，依照“发展经济，保障供给”的总方针，并做到连征代购一次进行。因此广大农民应努力增产，完成缴纳农业税的任务；目前应努力扫清1953年遗留下来的尾欠。

(2)手工业的社会主义改造

手工业也应该走社会主义道路，由生产小组到小生产合作社再到大生产合作社。今年要求建立手工业合作社2个(已建1个)，社员16人；各种手工业生产小组8个(加上原来的，减去转为合作社的)，组员92人。

(3)对资本主义工商业实行社会主义改造

为了使私营工商业逐步得到改造，我县今年办高级形式的国家资本主义经济——公私合营(加工工业)1个，初级形式的国家资本主义经济——公私联购3—5个(已办好1个)，批购商店10个(已办好5个)。私营工商业者应抱着“争取利用，接受限制，积极改造”的态度来进行改造。

(4)物资交流及财政金融等工作

继续开展物资交流，召开小型的初级市场的物资交流大会，组织收购与供应。保证实现财政预算，工商业者踊跃缴纳国税，广大职工加强监督，农村税收应严格控制起来，不让偷漏。农村金融工作应适时发放农贷，以支持农业生产。继续发展交通运输事业，加强运输安全，发挥运输潜力，提高运输效率，为农业生产和物资交流服务。继续开展保险事业，迅速完成公债认购和缴款工作。

(三)实现以上任务的几个措施

(1)大张旗鼓地普遍深入地在群众中宣传宪法草案，使全体人民了解制定宪法草案的重大意义及宪法与自己的切身关系，弄清公民的基本权利与义务；从而提高社会主义觉悟和生产积极性，使宪法草案的宣传成为完成以上任务的政治动力。

(2)各位代表将大家审议决议的今后任务带回去，广泛发动各种组织，通过组织力量及基层人民代表大会，动员广大群众去努力完成以上任务。

(3)加强受灾地区的生产领导，组织群众开展生产自救及互助互救，辅之以政府救济，顺利度过灾荒，争取农业全面丰收。

二、政治法律工作

加强农村治安工作，保卫互助合作大发展及派购统销的顺利进行，对破坏社会主义改造事业，破坏派购统销的不法分子、投机奸商、地主阶级分子及反革命分子给予严厉惩治；以人民民主法制来保障人民合法权益不受侵犯，这样才能保证社会主义建设和社会主义改造事业的顺利进行。在农村中应加强对反革命分子的管制工作，提高警惕，严防反革命分子造谣破坏；加强人民武装工作，以保卫生产；加强政权建设，开好乡人民代表大会，发挥乡人民代表大会的作用；继续贯彻婚姻法；加强人民监察工作。

三、文教卫生工作

继续贯彻劳动教育，应认识到这是随着总路线提出来的重要课题，是学校里政治思想教育的一个重要组成部分；继续贯彻整顿和改进小学教育，克服现有的某种程度上的混乱现象，以提高教学质量；发掘现有幼儿班、小学、中学的潜在力量，尽量招收一部分初小、高小毕业生，以适当满足学龄儿童的入学要求；加强工农业余教育；开展经常性、群众性的体育活动；开展各种文化活动，利用各种宣传工具进行时事政策及科学知识的宣传教育。继续开展爱国卫生运动，尤其夏令已到，卫生运动更须经常进行；清除垃圾以作肥料，改善环境卫生，加强防疫工作，及时防止疫病流行；卫生医疗机构应经常组织医务人员巡回医疗，以提高人民健康水平，保障生产顺利进行。

我们为了完成上述任务，就必须对前一阶段工作中所存在的问题、缺点加以克服纠正。这主要是加强对全体干部的社会主义教育，教育干部学习总路线，提高他们的社会主义觉悟；明确国家机关工作人员为实现总路线所负的光荣任务，坚定不移地朝着社会主义工业化大道前进。加强干部的民主作风教育，克服官僚主义、强迫命令的作风和骄傲自满的情绪，勇敢地进行自我批评；密切联系群众，倾听群众意见，接受群众监督，关心人民疾苦，以更好地为人民服务。必须加强干部对互助合作及农业生产科学知识的学习，克服并防止在互助合作运动中存在的踏步不前或急躁冒进的两种倾向，改变过去一般化的领导方法，达到领导生产有具体办法。

我们今后工作仍繁重紧张，不容有丝毫松懈麻痹，我们坚信：在中国共产党和毛主席的正确领导下，在省人民政府的直接领导下，在总路线光辉的照耀下，在全县人民进一步团结的基础上，我们一定能够在今后工作中取得更伟大的胜利！

以上报告请各位代表予以审查、决议。

最后，敬祝各位代表各位同志身体健康！

安吉县第七届人民代表大会常务委员会工作报告

——1984 年 8 月 23 日在安吉县第八届人民代表大会第一次会议上

吕济广

各位代表：

我受县七届人大常委会的委托，向大会报告常务委员会的工作，请予审议。

安吉县第七届人民代表大会常务委员会是 1981 年 7 月成立的。三年来，常委会在党的十一届三中全会以来的路线、方针、政策的指引下，在中共安吉县委的领导下，按照宪法和《地方组织法》的规定，认真贯彻我县各次人代大会的决议。围绕“两个文明”建设，依靠各级领导和全县人民代表的共同努力，积极开展工作。

县七届人大常委会成立以来，主持召开了两次代表大会，常委会举行了18次全体会议。听取和审议了政府及有关部门关于我县重大事项的报告，并分别作出了决议、决定或提出建议。对全县人民所关心的工业生产，农业、林业生产责任制，教育卫生事业，计划生育工作，开展文明礼貌活动，发展交通运输以及市场管理、土地管理、城乡建设、社会治安等重要问题，组织了4次视察和8次专题调查。在讨论决定本县的重大事项，监督实施国家法律、法令和地方性法规，对本级人民政府和人民法院、人民检察院工作实行监督等方面，发挥了地方国家权力机关的作用。

我们还参加了山林定权发证、政社分设、县级机关机构改革等重大活动。通过视察、调查研究和参加重大活动，听取干部群众的意见和要求，有利于人大常委会讨论和决定重大问题，及时向政府和"两院"提出建议和意见，实行正确的监督，对推动各项工作，促进改革，发展大好形势，起到了较好的作用。

县人大三次会议，共收到代表议案、意见和建议1150件，已经办理完毕并答复代表的有1138件，受理人民来信178封，接待来访250余人次。按照"分级负责，归口处理"的原则，分别转交政府和有关部门办理。有些重大问题，常委会负责同志亲自参加研究解决，大部分代表和群众比较满意。

三年来，县人大常委会依法任免了国家机关工作人员36名，检察机关和审判机关工作人员64名。

关于县人大常委会前几年的工作情况，已分别向历次代表大会作过报告。这里，我就去年12月县七届人大第三次会议以来，我们所做的几项主要工作情况，作一汇报。

一、审议政府和有关部门的工作报告，讨论决定重大事项

第三次人代大会以来，依法定期举行常务委员会5次全体会议，听取和审议了政府有关部门的3个工作报告，讨论决定了换届选举和筹备县八届人大一次会议两件大事。

健全社会主义法制，保证国家宪法、法律和地方性法规在本县的贯彻实施，是县人大常委会的一项重要职责。

为了坚决贯彻执行全国人大常委会《关于严惩严重危害社会治安的犯罪分子的决定》，县人大常委会第十二次会议作了《坚决贯彻执行全国人大常委会〈关于严惩严重危害社会治安的犯罪分子的决定〉的决议》。今年3月，第十四次会议，听取县公安局《关于我县打击严重刑事犯罪活动情况》的汇报。我县政法机关，在县委的统一领导下，在打击严重刑事犯罪活动的斗争中，认真贯彻了依法从重从快的方针，依靠广大干部群众的支持，公、检、法、司等部门密切配合，在任务繁重、时间紧迫的情况下，夜以继日，连续作战。沉重地打击了犯罪分子的嚣张气焰，维护了法律的尊严，发挥了职能机关的作用。这场斗争的胜利，对于社会风气的好转，对于"两个文明"建设，都起了积极作用。委员们对打击刑事犯罪活动取得的明显效果表示满意，对广大政法干警的积极工作，艰苦奋斗，严以执法，表示赞同。加强社会治安是一项长期的、艰巨的任务。会议提出，政法部门要再接再厉，保持清醒的头脑，在依法严厉打击严重犯罪分子的同时，要注意做好对失足青少年的挽救教育工作，加强法制宣传，搞好综合治理，推动斗争的深入发展。

在十四次常委会会议上，还听取了县有关部门《关于我县政社分设情况》的汇报。政社分设，新宪法作了明确规定，是我县机构改革的一项重要内容。会议对我县政社分设工作表示满意。委员们对人才交流、干部任免与配备等问题向有关部门提出了建议和意见。

人大常委会第十六次会议，听取和审议了县财税局《关于我县 1983 年财政决算和 1984 年财政预算(草案)安排》的报告。会议对政府和财税部门坚决贯彻国民经济“调整、整顿、改革、提高”的方针，狠抓省府《关于加强税收工作的决定》和《关于加强城乡集市贸易税收管理的布告》的宣传贯彻，开展了财务、税收大检查，圆满完成了八三年的财税收支任务，实现了七届人大三次会议决议中提出的“确保当年财政收支平衡，略有结余”的要求，表示满意。会议原则同意关于 1984 年财政预算安排，同时提出适当增加教育、卫生、交通事业经费的建议。指出财政经济工作要促进企业的改革，提高经济效益。财税部门要加强对各项事业经费使用的监督，要杜绝挪用、滥用、浪费等事件的发生，使之发挥应有的效益。

对发展我县文化教育事业，委员们十分关心。我县教育基础差，底子薄，很不适应四化建设的需要。尤其近几年来，初、高中录取分数线高，升学比例低，很多青少年升不了学，闲在家里，已成为社会的一大问题。其出路是要改革教育的管理体制和教育结构，要依靠社会力量，鼓励和支持多渠道、多层次、多形式的办学。要舍得花本钱，重视智力开发和智力投资，要尽力改善现有的教学条件和设备，调动各方面的积极性，尽快扭转青少年升学难的状况，开创安吉教育工作的新局面。

委员们要求政府和有关部门，要十分珍惜科技人才。做好人才的交流工作，充分发挥知识分子的作用，努力做到“人尽其才，各得其所”。以适应改革、创新和对外开放的新形势。

县人大常委会全体会议在听取审议以上各项工作报告时，坚持贯彻民主集中制和集体领导的原则，并采取吸收有关人员列席会议的办法，广泛听取各有关方面的意见和反映，力求使我们提出的意见和建议，作出的决议和决定更切合实际。实践证明，这样做是行之有效的。

二、主持县乡两级人民代表大会代表的换届选举工作

根据宪法和选举法的规定，按照全国人大常委会、省人大常委会《关于县乡两级人民代表大会代表选举时间的决定》，在县委的统一部署下，县人大常委会今年 3 月以来，以主要精力，抓县乡两级人民代表大会代表的换届选举工作。常委会先后召开 4 次会议，组织学习有关选举工作的法律规定和文件，研究决定有关事项。成立了县、乡镇选举委员会及办事机构。在南北庄乡进行选举工作试点的基础上，4 月下旬，召开了有 800 多人参加的选举工作会议，对全县开展选举工作，作了具体部署。指出，换届选举工作面广量大，情况复杂，要求严格，一定要层层培训好选举工作骨干，广泛深入地向选民进行民主与法制的宣传教育，行使好人民当家作主、管理国家大事的民主权利。强调在选举工作中，必须充分发扬民主，严格依法办事。为了换届选举顺利健康地开展，人大常委会分管选举的领导同志和选举工作人员，深入基层调查研究，发现问题，及时解决。5 月中旬又召开了各选举办事处、乡镇选委会主任会议，交流选举工作的经验，进一步统一认识，明确方法。办公室编印了 8 期选举工作简报和试点乡的经验，印发各地，指导选举。

由于各级党组织的重视，全县广大选民的积极参加，各级选举工作人员的共同努力，这次

换届选举工作，历时 3 个月，于 6 月底胜利结束，全县选民参选率为 98%，选举产生县代表 287 名，当选率 97.29%为，乡镇代表 3663 名，当选率 99.4%。

通过换届选举，各乡镇先后召开了人民代表大会，选举产生了乡长、副乡长，镇长、副镇长，同时还选举了人民法院陪审员。有许多乡（镇）结合选举，建立了村民委员会、居民委员会，从而健全和加强了乡、村基层政权建设。

在这届当选的县代表中，工农代表保持一定比例，妇女、知识分子、少数民族、侨眷代表的比例比上届有所提高。代表的年龄有所下降，平均年龄为 41.4 岁，其中 35 岁以下的中青年代表 92 名，占总数的 32.1%；文化程度大大提高，具有大、中专文化程度的 70 名，占代表总数的 24.39%。

代表中，有各条战线的先进模范人物，农村中的专业户、重点户，工矿企业的产业工人，商业服务行业的职工；有从事科、教、文卫工作的知识分子，既有较高声望的老干部，又有优秀的中青年干部。结构比较合理，符合代表性、先进性、广泛性的要求，体现了新的历史时期的特点。这对加强我县的政权建设，有着重要意义。必将大大调动全县工人、农民、干部、知识分子和各方面人士的积极性，激发全县人民为开创社会主义现代化建设新局面而努力奋斗。

三、认真处理人民代表的议案和意见，努力做好来信来访工作

认真处理代表的议案、意见和建议，努力做好代表和群众的来信来访工作，是人大常委会的重要任务之一；也是人民代表行使民主权利，反映群众要求，参与管理国家事务的一种重要形式。县七届人大第三次会议期间，共收到代表意见和建议 95 件。现已办理并答复代表的有 92 件，占总数的 96.84%。

对代表意见和建议的处理，县人大常委会和县人民政府都较为重视。大会后，县人大常委会办公室和县政府办公室及时将意见和建议整理好，并联合召开承办单位负责人会议，交办处理代表意见和建议的基本原则。提出了“领导分管，集体研究，专人负责，限期办理”的要求。对一些难度大、牵涉面广的议案和意见，主动帮助承办单位研究和落实措施。对办理不认真、“踢皮球”的个别单位，进行督促催办。这样，有效地推动了对代表意见和建议的办理工作。

今年以来，还收到人民来信 12 件，接待来访 50 多人次。对一些重要的来信，由人大常委会领导同志亲自阅批。其他信访都按“分级管理，负责归口处理”的原则，交有关部门办理。

通过处理代表意见、建议和来信来访，推动了政府各部门的工作，密切了干群关系。如塘浦乌象坝大桥、递铺总管桥、梅坑桥的修建，孝丰烈士墓的建造；递铺镇的市场管理，交通安全，以及增设粮站、疏通农副产品购销渠道等，都是通过代表议案和信访等渠道逐步得到落实和改善的。

四、依法审议任免国家工作人员

各级国家机关的领导人员，由本级人民代表大会选举产生或由它的常务委员会决定任免，是宪法和法律赋予各级人民代表大会和它的常务委员会的重要职权。根据地方组织法的规定，为适应机构改革的需要，县人大常委会第十五次会议，审议接受县长朱长胜的辞呈，决定徐序培同志为安吉县代理县长。第十六、十七次会议分别决定任命了三名副县长，还任免了县人民法院工作人员 6 名。在依法审议人事任免工作中，我们坚持集体行使职权，采取认

真审议、全体到会委员表决通过的方法，遵循了民主集中制的原则。

五、加强人大常委会的自身建设

今年以来，县人大常委会先后听取了六届全国人大二次会议和省六届人大二次会议以及市首届人大一次会议精神的传达，认真学习了彭真委员长有关人大常委会工作的多次重要讲话，使委员们对人大机构的性质、任务和作用，逐步加深了认识。认识到县以上地方各级人民代表大会设立常务委员会，是完善我国根本的政治制度——人民代表大会制度，加强地方政权建设的一项重要改革。人民经过自己的代表、代表大会和它的常务委员会，加强对人民政府、人民法院和人民检察院的监督，行使管理国家的权力，这对加强社会主义民主和法制，促进“两个文明”建设，具有极为重要的意义。从而加强了对搞好人大工作的信心和决心，为本届人大常委会工作作出了一定成绩。

县人大常委会坚持必要的会议制度，坚持集体领导的原则。根据地方组织法的规定，县人大常委会坚持每年召开一次人民代表大会和两个月举行一次常务委员会会议的制度。凡属全县一些重大问题，需要作出决议、决定的，都经过代表大会或常务委员会会议讨论通过。坚持贯彻民主集中制和集体领导的原则，做到集体决定问题，集体行使权力。

各位代表，我们县七届人大常委会建立以来，在县委的领导下，依靠全县人民的支持，做了一些工作，取得了一定的成绩。县七届人大代表在各自的岗位上，发挥了积极的作用。

由于人大常委会建立不久，是处于幼年学步时期，对于如何搞好人大和人大常委会的工作缺乏经验，机构还不够健全。人们对人大常委会的性质、任务、作用尚不尽了解。因此，在我们这一届的工作中，对如何正确行使好人大常委会的决定权、监督权、人事任免权，以及怎样充分发挥人民代表管理国家大事的积极作用等方面，按照宪法所赋予的使命，以及代表和人民群众所寄予我们的期望，还有相当差距，希望代表对我们这一届的工作提出批评和意见。

现在，安吉县第七届人民代表大会常务委员会的任期业已届满，新的一届人大常委会即将产生。

我们相信，通过这次代表大会，必将激励全县人民解放思想，清“左”除弊，锐意改革，勇于创新，为开创我县社会主义现代化建设新局面而努力奋斗。

安吉县第八届人民代表大会常务委员会工作报告

——1987 年 5 月 27 日在安吉县第九届人民代表大会第一次会议上

朱长胜

各位代表：

我受县第八届人大常委会的委托，向大会报告本届人大常委会的工作，请予审议。

安吉县第八届人民代表大会常务委员会自 1984 年 8 月产生以来，在中共安吉县委的领导下，坚持四项基本原则，认真贯彻党的十一届三中全会以来的路线、方针、政策，遵守和执行宪法、法律、行政法规和上级人大及其常委会的决议，按照宪法、地方组织法的规定和本届各次代表大会的决议，加强集体领导，积极开展各项工作，依靠全体代表的努力和广大干部群众的支持，为推进我县社会主义物质文明和精神文明建设，做了一定的工作，较好地发挥了地方国家权力机关的作用。

县八届人大常委会建立以来，共举行了19次常务委员会全体会议，审议了51项重要议题；听取和审议县人民政府、县人民法院、县人民检察院及有关部门工作汇报42次；通过了9个决议、13个决定，制定了“代表组活动”制度、“主任接待代表来访日”制度和“人大常委会主任、县政府县长和法院院长、检察院检察长联席会议”制度；任免了国家行政机关、审判机关、检察机关工作人员74名，补选湖州市人大代表2名；参与9个地方性法规征求意见稿的修改讨论；组织了9次视察、15次专题调查。领导和主持了1987年的县乡两级人民代表大会代表换届选举。会同政府及有关部门办理人民代表议案234件，建议和意见655件，受理代表和人民群众来信348件，来访490多人次。还先后4次到外地考察学习人大工作，接待外县人大领导来访9次。

现在，我将本届人大常委会的主要工作情况汇报如下：

一、加强民主与法制的建设，开展以宪法为核心的法制教育

宪法规定：“中华人民共和国的一切权力属于人民，人民行使国家权力的机关是全国人民代表大会和地方各级人民代表大会。”这是我国人民民主专政的社会主义国家的根本政治制度，各级人大及其常委会依法行使好职权，并要制度化、法律化，这是社会主义民主的本质内容。我们按照法律的规定，每年召集一次县人民代表大会，坚持每两个月至少召开一次常务委员会会议，由全体代表或委员按照民主集中制的原则，讨论决定本县的重大事项，审议监督“一府二院”的工作，选举、罢免或任免国家机关工作人员。同时，加强督促检查，积极指导各乡镇按期开好人民代表大会，依法行使乡镇人民代表大会的职权。为了坚持人民代表大会这个民主制度，充分尊重民主选举权力，我们对梅溪、孝丰、晓墅的撤乡并镇和安城的乡改镇所涉及的原乡镇人民代表大会和代表的履行职权，以及原选举产生的乡镇干部的职务任免问题，进行了认真的调查研究。常务委员会第九次、第十二次会议进行了认真讨论。分别就有关问题作出决定，并在他们召开改建后的镇人代会期间，帮助具体指导实施。

在开展以宪法为核心的法制教育中，常务委员会分别在第三次、第七次、第十七次会议上，听取和审议县司法局《关于全县普法教育情况的汇报》，作出了《关于加强法制宣传教育普及法律常识的决议》。人大常委会的负责同志多次深入到各乡镇和单位了解普法教育情况，督促普法教育规划的实施，帮助解决普法教育中遇到的困难和问题。为了推进普法教育的深入，去年第四季度，县人大常委会对县级机关在完成普法轮训的基础上，组织了一次执法、依法办事情况的检查。在各单位自查的基础上，抽调了十多名熟悉法律知识的常务委员、人大代表和工作人员，对县人民法院、检察院和县公安局、农业局、林业局、工商行政管理局等职能部门进行重点检查。在此期间，我们收到县级机关27个部门和单位的执法、依法办事检查情况的书面报告。常务委员会第十七次会议对此进行了讨论，委员们认为，这次在县级机关开展的对宪法、刑法、经济合同法等32个主要法律法规的执法、依法办事情况的检查，很有必要。通过普法轮训和各部门加强对法律的学习，各职能部门的执法、依法办事情况有明显进步和提高，但在不同程度上也存在一些问题。尤其是某些职能部门和个别执法人员，执法不

严、监督管理不力和业务素质不高等问题，不适应社会主义法制的要求，亟待改进。会议提出各级领导和职能部门要严格依法办事，做到有法必依，执法必严，违法必究。

今年3月，常务委员会第十八次会议，认真学习了全国人大常委会《关于加强法制教育维护安定团结的决定》和中共中央(87)6号文件，认为全国人大常委会的《决定》是对全体人民进行以宪法为核心的法制教育的重要教材，是坚持四项基本原则，反对资产阶级自由化强有力的思想武器，必须认真组织学习宣传。会议通过了《关于认真学习贯彻全国人大常委会〈关于加强法制教育维护安定团结的决定〉的决议》。要求各级组织、各部门要组织干部职工、教师、学生认真学习《决定》精神，旗帜鲜明地坚持四项基本原则，反对资产阶级自由化，保证改革、开放、搞活的健康发展，保障四化建设的顺利进行。

二、围绕经济建设中心积极开展人大工作

以经济建设为中心是新时期总任务的要求，充分体现了全国人民的共同意愿，人大工作应自觉地服从于、服务于这个中心。在工作过程中，我们一是加强对经济法规的遵守和执行的宣传教育和监督检查，依法保障改革、开放、搞活方针的贯彻；二是深入调查研究，反映情况和问题，提出意见和建议，支持和协助政府推进工作，促进经济发展。

在林业方面，针对我县是山区县的特点，把贯彻实施森林法作为依法治林，保障和促进林业生产发展的法律武器，推动进一步落实山林政策，完善山林责任制，保护山林和合理开发利用山林资源。在森林法颁布后实施前的这段时间，县人大常委会组织人员到山区的6个乡11个村，对山林责任制的落实和山林的经营、管理、营造等情况进行了专题调查，并与县级机关8个部门的负责人进行了座谈讨论。常务委员会第三次会议听取和审议了县林业局《关于〈森林法(试行)〉贯彻实施的情况和〈森林法〉贯彻实施意见的汇报》，作出了《关于认真学习贯彻〈中华人民共和国森林法〉的决议》。会后协助政府主持召开了由区、乡、村三级干部400余人参加的宣传贯彻森林法的会议，有力地促进了在全县范围内学习宣传贯彻森林法的热潮。在森林法贯彻实施过程中，我们还组织了调查和检查，对发现的问题，及时向政府和有关方面提出意见和建议，从而使森林法在我县得到较好的贯彻执行。

在农业生产方面，针对一度出现的轻视农业，忽视粮食生产的倾向，我们组织了对农村产业结构调整和粮食生产、水利建设等方面的专题调查和视察。去年5月常务委员会第十三次会议，听取和审议县农业局《关于我县农业生产情况的汇报》和县水利农机局《关于水利农机为农业服务情况的汇报》。委员们对某些部门经商办企业，经营管理不善造成严重亏损，放松对农业生产的领导等问题提出了严肃批评。要求政府加强对农业的领导，切实解决对农村经济领导不力、服务不够、管理不善等问题。并指出农业、水利农机部门必须切实担负起为农业服务的职能。去年开春以来，各地对化肥和小农具供应等问题反映强烈。在8月举行的“主任三长”联席会议上，我们向政府领导反映了基层干部和群众的呼声，要求政府督促有关部门尽快解决好农业生产方面的问题。

在工业方面，去年7月，我们组织人员到11家主要国营工业企业进行了专题调查，人大常委会第十四次会议，听取和审议县经委《关于上半年工业生产情况和下半年打算的汇报》，人大常委会调查组就全县工业生产的情况作了专题发言。委员们在审议中对山河和老石坎纸厂的合并，化肥厂停办问题和企业管理，社会效益、经济效益等问题进行了认真的客观的分析，提出了批评和建议。并要求政府及有关部门对两个纸厂合并后出现的问题，要采取措施尽快解决；对发展我县的工业要结合安吉实际，多作调查研究和科学论证；要协调好各方面的关系，采取切实有效的措施，提高企业管理水平、企业的经济效益和社会效益。

乡镇企业是农村经济的支柱，是我县经济建设的战略重点之一。我们在1985年3月和1986年11月分别两次组织对19个乡镇的部分乡镇企业进行专题调查和视察。常务委员会先后两次听取和审议县乡镇企业局有关发展乡镇企业情况的汇报。在开展调查、视察和审议工作汇报的活动中，我们大力宣传中央关于发展乡镇企业应贯彻“积极扶持、合理规划、正确引导、加强管理”的十六字方针。建议政府和有关部门加强对乡镇企业的领导，按照新形势的要求解决好我县乡镇企业在发展中存在的困难和问题，把发展乡镇企业作为振兴安吉经济的重点，抓紧抓好。

去年7月，我们还就全县的粮食生产和商业改革、经营方面的问题，组织人员到8个基层粮管所、粮站和商业系统的部分公司、商店进行调查，听取部分基层干部、职工和农民的意见。常务委员会第十四次会议，听取和审议县粮食局、商业局有关工作情况的汇报。委员们就粮食收购问题和商业体制改革，搞活商业企业，发挥主渠道作用等问题进行认真的讨论，反映了广大农民、干部职工的意见和要求，建议政府对粮食定购合同和发展商品经济等方面的问题，要按照党的政策和有关经济法规认真研究，切实解决好存在的问题。

为了正确贯彻改革、开放、搞活经济的方针，根据国务院《关于清理整顿公司的通知》和省人大常委会《关于加强清理整顿公司的决议》，我们组织人员会同工商管理部门对党政机关经商办企业的问题进行了调查。常务委员会第十次会议，听取和审议县工商行政管理局《关于清理和整顿公司情况的汇报》。委员们对行政管理部门办企业，牵涉主要负责人的精力，影响和削弱行政管理的职能等问题提出严肃的批评。建议政府及有关部门采取有力措施，把清理和整顿公司的工作抓紧抓好，支持和督促清理整顿公司工作的进一步落实。

严厉打击严重经济犯罪活动，是推进经济建设健康发展，维护社会主义经济秩序的重要保证。常务委员会分别听取了县公安局《打击盗窃、流窜作案，加强社会治安综合治理情况的汇报》、县人民法院《关于经济犯罪审判工作的汇报》和县人民检察院《关于深入开展打击严重经济犯罪的报告》。去年5月，常务委员会第十三次会议，通过了《关于打击严重经济犯罪活动，保证经济体制改革顺利进行的决议》。要求公、检、法、司各部门忠于职守，狠抓大案要案的查处，严格依法办事；各级政府及有关职能部门，必须依法行使职权，加强对经济的管理和监督；并要求在我县的各级人民代表和广大干部群众积极支持和协助职能部门，加强与经济犯罪活动作斗争，保证社会主义经济秩序和经济体制改革的健康发展，促进商品经济的发展，推进经济建设。

三、依法实施对人民政府、人民法院、人民检察院的工作监督和法律监督

依照宪法、地方组织法的规定，履行对“一府二院”实施监督的职权是地方人大常委会经常性的重要职责。

在工作监督中，除听取和审议“一府二院”的工作汇报外，我们参照外地经验，开展了一年

一次的评议政府工作活动。人大常委会第十次会议和第十七次会议，邀请县政协常委列席并吸收政府组成人员参加，听取和审议县长徐序培作的《关于1985年经济工作及经济体制改革情况的汇报》和《关于1986年政府工作情况的汇报》。委员们在评议政府工作时既充分肯定了成绩，又对存在的问题和薄弱环节，提出了意见和建议。在加强对计划和财政的监督检查方面，常务委员会每年至少一次听取和审议政府对计划的执行情况和安排意见的报告。每年至少二次审查财政收支执行情况。根据政府建议，批准部分财政预算的变更，督促财政部门合理安排和使用有限的资金。对人民法院、人民检察院的工作监督，人大常委会主要是听取和审议他们的工作情况报告和查处重大案件情况的汇报。平时注意经常的联系，检查督促提高业务素质和办案质量，改进工作作风，严格依法办案。

在法律监督方面，主要是听取和审议政府有关职能部门贯彻实施法律法规情况的汇报，使宪法、法律、法规和党的方针政策得到遵守和贯彻执行。常务委员会先后听取和审议了县审计局《关于审计机关建立以来工作情况的汇报》，县农业局《关于执行土地管理法规情况的汇报》，物价局《关于价格改革措施出台以来情况和今后物价管理意见的汇报》，县卫生局《关于〈药品管理法〉和〈食品卫生法〉贯彻实施情况的汇报》，县计划生育委员会两次《关于贯彻〈浙江省计划生育条例〉情况的汇报》。常务委员会第四次会议还审议了县城建环保局《关于递铺镇总体规划的汇报》。委员们在听取和审议这些职能部门的汇报时，充分肯定宣传学习贯彻实施法律、法规中的工作成绩，对存在的问题，提出意见和建议。并对加强物价管理监督、贯彻《浙江省计划生育条例》、推广省柴灶等方面作出了决议。去年，我们还对城镇规划的实施、物价管理、计划生育工作等组织了视察。为了认真贯彻实施教育法和《浙江省九年制义务教育条例》，常务委员会两次听取教育局的汇报，作出《关于认真学习贯彻执行〈浙江省九年制义务教育条例〉的决议》。常委会几位负责同志多次深入到乡、镇、村和中小学校，调查了解有关教育经费筹措、教育分级管理、九年制义务教育规划的实施等方面的情况，走访教师征求意见，并和政协一起组织了视察。人大常委会在历次审议财政预算和批准追加预算支出时，都把教育事业作为重点考虑，支持和协助政府努力推进我县教育事业的发展。去年9月5日，全国人大常委会第十七次会议审议颁布了修改后的《中华人民共和国治安管理处罚条例》，这是维护社会治安的重要法律，县人大常委会在第十五次会议期间，组织认真学习，并听取和审议县公安局《关于原〈条例〉贯彻执行情况和修改后的〈治安管理处罚条例〉贯彻执行意见的汇报》，经过讨论审议，一致通过《关于认真贯彻执行中〈华人民共和国治安管理处罚条例〉的决议》。要求各地认真组织对《条例》的学习和宣传贯彻，自觉遵守和执行《条例》，加强社会治安，维护社会秩序和公共安全。

四、加强与人民代表的联系，认真办理代表议案，发挥人民代表的作用

加强与人民代表的联系，发挥人民代表的作用是人大常委会开展工作的基础。为了发挥代表参政议政的作用，县八届人大代表，建立了40个代表组，制定了代表组活动制度，指导各代表组学习宪法、法律和党的方针政策，以及开展就地视察、联系选民、反映群众意见要求等活动。并利用会刊、简报等形式交流人大常委会主要工作。在组织视察和调查时吸收有关代表参加，还通过走访代表，参加代表组织活动等方式加强与代表的联系。在发挥代表作用方

面，一是在每次代表大会前，各代表组开展广泛听取和征求选民意见的活动，使代表在大会期间充分反映人民群众的意见和要求，集中大多数人民的意志，参与审议、讨论决定本县的重大问题；二是围绕人民群众普遍关心的问题，组织视察，支持和协助政府推进工作。例如1986年春节前，递铺、孝丰、梅溪、晓墅四个镇的代表组，对城镇春节物资供应、饮食和环境卫生等方面开展就地视察，对推进城镇工作起到积极作用。去年6月，我们会同政协组织了部分县人大代表、政协委员、政府和食品卫生监督部门共257人，对我县国营、集体、个体生产经营食品、饮食服务行业404个单位，就贯彻执行食品卫生法、冷饮制品的价格管理和卫生情况进行了视察。在视察活动中，代表们支持、监督执法人员依法执法，对一些卫生条件极差的单位进行严肃批评并督促限期改变面貌，直至基本符合食品卫生法规定的要求。同时对个别执法不严、监督管理不力的问题，也提出了批评和纠正意见。这对进一步贯彻执行食品卫生法，严格执行冷饮制品价格等方面，起到了较好的监督和推动作用。

认真办理大会期间代表议案和意见，受理代表和群众的来信来访，是人大常委会的一项重要工作。对历次代表大会的议案和意见以及来信来访，我们按照大会议案审查委员会的决定和"分级负责，归口办理"的原则，及时转交有关部门单位办理。对重大的问题或反映比较多的议案和意见，确定专人负责，组织人大代表和有关部门一起调查或视察，协助有关方面实事求是地解决问题。几年来，对办理代表议案、意见，大多数单位已引起重视，但还有一些不尽人如意的地方，对此，代表有意见。我们认为，通过认真办理代表议案、意见，不仅能密切国家机关与人民群众的关系，而且能使人民群众行使当家作主管理国家事务的权力，推进政府工作。

五、领导和主持县乡两级换届选举，加强基层政权建设

认真地依照法律规定搞好县乡两级人民代表大会换届选举工作，是全县人民政治生活中的一件大事。今年1—4月，县人大常委会按照中央文件精神和宪法、选举法、组织法的规定以及全国人大常委会和省人大常委会的决定，在县委的统一部署和领导下，以主要精力领导和主持了全县的县乡两级换届选举工作。为了加强对选举工作的指导，常务委员会先后3次在会上认真学习中央、省委有关选举工作的文件和新修改的选举法、地方组织法以及省实施细则。强调充分发扬民主，严格依法办事。在具体工作中抓了五个主要环节：一是多层次地培训骨干，充分发挥各级选举机构和选举骨干队伍的作用；二是认真搞好试点，采取以点带面的方法，指导全县的换届选举工作；三是用各种形式和方法广泛开展宣传发动和思想教育工作，时时注意解决各级干部的思想认识；四是切实做到充分发扬民主，保障公民行使当家作主的权利，严格依法办事；五是紧紧依靠党委的领导，做到精心组织，精心指导，深入基层，了解情况，发现问题及时纠正。由于各级领导的重视，广大基层干部的努力和全县选民以主人翁的态度积极参加选举，整个选举工作的进行是健康的，顺利的，体现了发扬民主和依法办事的要求。通过96.74%的选民无记名投票选出260名县人民代表和1742名乡镇级人民代表。新当选的人民代表政治素质、年龄结构、文化程度和参政议政能力都有不同程度的改善和提高，大多数选民比较满意。同时通过这次换届选举，对广大人民群众进行了一次较好的民主与法制教育。

全县32个乡镇，在新的一届人民代表选出后的一个月内都先后召开了第一次人民代表大会，选举产生了新一届正、副乡镇长。

通过这次换届选举，在增强民主观念和公民意识，完善地方各级人民代表大会这一根本政治制度，加强地方基层政权建设，将会起到积极作用。

六、加强人大常委会的自身建设

加强人大常委会的自身建设，是加强地方政权建设的重要内容。在县委的重视和领导下，近三年来，人大常委会在自身建设上有了新的进展。一是认真地学习党中央的方针政策和一系列重要文件，在政治上与党中央保持一致。经过学习，全体委员认识到，只有认真贯彻党的十一届三中全会以来的路线方针政策，坚持四项基本原则，加强社会主义民主与法制建设，坚持"两个文明"一起抓，才能坚定社会主义的正确方向，正确地执行改革、开发、搞活的方针，才能较好地发挥人大常委会权力机关的作用。二是重视法律知识学习，提高法律知识水平和依法监督的能力，人大常委会主任、副主任、专职常委和机关工作人员都分期参加了普法学习，在人大常委会召开的会议上有时还请一些熟悉法律知识的同志讲授法律知识，当全国人大及其常委会每颁布一个法律，我们都能及时地组织认真学习，使我们的委员和工作人员增强了法律知识，在依法监督中起到了较好的作用。三是加强了思想建设、组织建设，人大常委会在机关的领导同志和工作人员基本上能坚持机关的学习制度，参加了机关的整党，学习了中共中央《关于社会主义精神文明建设指导方针的决议》等文件，政治热情和工作积极性都比较高；近年来，工作条件也有了相应的改善。四是为了改善和提高人大常委会的工作，注意向兄弟单位学习人大工作的经验，从中也获得不少有益的经验。

总之，本届人大常委会在全体委员的共同努力和各位代表的监督支持下，做了一定的工作，取得了新的进展。但是，对照宪法和地方组织法的规定和形势发展的要求以及人民群众对我们的期望，还有一定的差距。主要表现在对"一府两院"的工作监督和法律监督方面还不够全面有力；对某些群众反映较大的问题缺乏严肃认真的监督检查；在充分发挥代表作用方面还不够；人大常委会的组织、制度还不够健全和完善；另外反映在人们思想上，对人大常委会的地位、性质和作用的认识还没有完全解决。希望各位代表和与会同志对我们的工作提出批评和意见。

各位代表，本届人大常委会经过近三年的实践，深深感到，人大常委会在人民代表大会闭会期间，要付诸实施法律赋予的各项职权和义务，担负着大量的工作。因此，必须要坚持四项基本原则，依靠党的领导，努力加强自身建设，不断提高对人大性质、地位、作用的认识，组织和发挥好人民代表的作用，才能依法履行好地方国家权力机关的职权。

现在，本届人大常委会任期届满，新的一届人大常委会将通过这次代表大会选举产生。因此，我们建议新的一届人大及其常委会，要在中共安吉县委的领导下，严格遵照《宪法》和《地方组织法》的规定，认真地贯彻执行六届全国人大五次会议精神，加强社会主义民主与法制建设，在全县公民中进行以宪法为核心的法制教育，旗帜鲜明地坚持四项基本原则，反对资产阶级自由化，贯彻改革、开放、搞活的方针，发扬艰苦奋斗、勤俭建国的精神，开展"双增双节”运动，进一步开创人大工作的新局面，更好地发挥地方国家权力机关的作用。

长江后浪推前浪。我们相信安吉县第九届人大代表及其常委会，将会以新的姿态，更好成效的工作，为振兴安吉，推进安吉的社会主义物质文明和精神文明建设作出更大的贡献。

预祝大会圆满成功。

安吉县第九届人民代表大会常务委员会工作报告

——1990 年 4 月 17 日在安吉县第十届人民代表大会第一次会议上

朱长胜

各位代表：

我受安吉县第九届人民代表大会常务委员会的委托，向县第十届人民代表大会第一次会议报告县九届人大常委会的工作，请予以审议。

安吉县第九届人民代表大会常务委员会自 1987 年 5 月选举产生以来，在中共安吉县委的领导下，坚持四项基本原则，认真贯彻党的路线、方针、政策与国家法律、法规和上级人大及其常委会的决议、决定，依据宪法和法律赋予的职权，积极开展人大工作。依靠全体委员、代表的努力和广大干部群众的支持，为推进民主与法制建设和我县的物质文明与精神文明建设，依法履行职责，发挥了地方国家权力机关的作用。

县九届人大常委会建立以来，共举行了二十次全体会议，听取和审议了县人民政府、县人民法院、县人民检察院及有关部门 55 个工作汇报，围绕“一个中心、两个基本点”，依法对全县的经济建设与各项事业的发展和行政机关、司法机关的工作实施监督。三年来，常务委员会审议通过了 6 个决议、21 个决定，任免国家行政机关工作人员 43 名，审判机关、检察机关工作人员 29 名，依法行使重大问题的决定权和人事任免权。本届人大常委会组织本级人民代表集中或就地视察 11 次，专题性调查 30 余次，直接办理和督促政府及有关部门办理人民代表议案 313 件，建议、意见 843 件，受理人民代表和群众来信 718 件，来访 691 人次，较好地发挥了人民代表的参政议政作用和人民群众的监督作用。本届人大常委会除继续坚持上届人大常委会制定的有关工作制度外，还制定了《县人大常委会议事规则》《改进人事任免表决办法》《代表组和代表工作暂行办法》《办事机构工作职责》等制度，为人大工作的规范化、制度化作了一些探索。去年第三季度以来，常务委员会还以主要精力，认真组织和主持了 1990 年县乡两级人民代表换届选举工作，为加强和完善地方人大的工作和建设作出了努力。

总的来看，县九届人大常委会三年来的工作有所进步，有所发展。工作的实践，使各级干部和人民群众对人大地位，性质和作用逐步加深认识。但是，我们的工作离宪法、法律的要求和人民群众的期望，还有很大的差距。如在敢于监督和善于监督方面、发挥人民代表作用方面还不尽如人意，在完善地方人大工作制度和建设方面还不能适应形势的需要，有法难依的情况仍然存在，地方人大的工作还有待进一步加强和完善。

各位代表，本届人大常委会前两年的工作，已分别向县九届人大历次会议作过报告，并经大会批准。现在，我着重把县九届人大三次会议以来的主要工作，报告如下：

一、坚持四项基本原则，反对资产阶级自由化

1989年是不平常的一年，春夏之交发生在北京的政治风波，对我们是一次严峻的锻炼和考验。县人大常委会坚持宪法原则，旗帜鲜明地反对资产阶级自由化，坚决拥护党中央、国务院的果断措施和重大决策，坚持在政治上、思想上、行动上与党中央保持一致。

去年《人民日报》"4.26"社论和李鹏、杨尚昆同志代表党中央发表重要讲话后，县人大常委会机关及时组织了学习讨论。以宪法、法律为准绳，统一思想认识，以坚守工作岗位、积极做好本职工作的实际行动，坚决贯彻执行党中央、国务院的重要决策。常务委员会还及时地召开主任会议、主任扩大会议、常委会全体会议，分别传达学习邓小平、江泽民、李鹏等中央领导同志的重要讲话，党的十三届四中、五中全会精神和党中央、国务院的重要决定，坚决拥护党的十三届四中、五中全会作出的各项重要决定，表示要在以江泽民同志为核心的党中央领导下，坚定不移地贯彻治理整顿、深化改革的方针，齐心协力地克服前进中的困难，努力推进我县各项事业的发展。

最近，常务委员会第二十次会议，又认真学习了党的十三届六中全会作出的《中共中央关于加强党同人民群众联系的决定》。大家认为，六中全会的决定，把党的正确决策放在重要地位，建立、健全民主的、科学的决策和决策执行程序，一切为了群众，一切依靠群众，坚持从群众中来，到群众中去的党的群众路线的优良传统，这是执政党联系群众，代表人民利益的最根本的问题。人大及其常委会是代表人民行使权力的国家权力机关，保证决策的正确性，实行决策的民主化、科学化是我们的经常性的重要任务。委员们表示，要坚决贯彻执行六中全会的《决定》，以对党负责和对人民负责的一致性，认真、严肃地正确履行好宪法和法律赋予人大及其常委会的职权，以保障改革、开放和各项事业的健康发展。在实际工作中，要密切与人民代表和人民群众的联系，听取各方面的意见，反映人民的要求，接受代表和群众的监督，更好地发挥地方国家权力机关的作用。

二、围绕治理整顿、深化改革，发挥地方人大常委会的作用

治理整顿、深化改革是我国近几年的中心任务。坚定不移地贯彻执行治理整顿、深化改革的方针，是实现国民经济持续、稳定、协调发展的根本途径。去年以来，县人大常委会按照中央、国务院的重要决策和县九届人大三次会议的决议要求，以组织视察、专题调查、听取和审议有关部门工作汇报等方式，对群众普遍关心的有关问题，提出意见、建议，依法实施监督。

在农业方面，按照县九届人大三次会议决议中提出的"切实加强农业，特别是抓好粮食生产，搞好支农服务工作"的要求，大会结束后，人大常委会立即组织人员对与农业生产密切相关的化肥、农药的计划安排，农机、水利设施的维修等问题进行了调查，并组织了在我县的部分省、市人大代表和部分县代表，分别到重点产粮区开展视案。在第十四次、十五次常委会议上，连续听取和审议了县人民政府和农业部门有关我县上半年农业生产形势与下半年农业生产安排意见的汇报，粮食生产和支农物资"三挂钩"落实情况的汇报，供销部门有关农用物资专营和化肥、农药的组织供应情况的汇报，水利农机部门有关贯彻实施《中华

人民共和国水法》《中华人民共和国河道管理条例》及防汛防旱准备工作情况的汇报，银行关于组织落实支农资金情况的汇报。委员们对县、乡镇政府及有关部门重视农业生产，采取一系列促进粮食生产措施，供销部门认真执行农用物资专营政策，积极克服困难，组织化肥、农药供应，起到稳定农民心理的明显效果等表示满意。在审议中，委员们也认真分析了粮食生产的严峻形势，针对农业生产中存在的问题和薄弱环节，提出了要继续重视和尽力解决农业生产中的迫切需要解决的关键问题，加强对农民的思想政治工作和权利与义务的教育，提高国家观念，努力完成粮食征购任务等建议和意见。会后，人大常委会的领导和财经委的同志，还多次到有关部门、单位督促支农措施的落实，为促进我县的农业生产和粮食征购任务的完成尽了努力。

在工业方面，针对国家银根抽紧、企业生产困难的严峻形势，常务委员会在第十四次会议上，听取和审议金融部门《关于加强信贷，控制货币投放情况的汇报》。要求银行、信用部门在资金短缺的情况下，既要严肃执行国务院宏观调控的方针，又要积极支持本地经济的发展，对企业的信贷要有保有压，为逐步改善和调整产品结构作出努力。在第十七次会议上，听取和审议了县工业局有关全县工业生产情况和贯彻实施《中华人民共和国全民所有制工业企业法》情况的汇报，委员们就我县工业、乡镇企业的发展提出了积极的意见和建议，要求政府及企业主管部门认真贯彻实施全民所有制工业企业法，正确处理好“厂长的中心地位”和“党组织的核心作用”的关系，加强企业管理，提高企业素质，依靠企业职工在困难中求生存、求发展。去年以来，分管经济工作的副主任和财经委的负责同志，与有关部门的领导同志一起，还分别到国营、二轻、乡镇企业的一些单位调查了解情况，分析研究存在的问题，并向政府领导和有关部门提出了建议和意见。

清理整顿公司是治理经济环境、整顿经济秩序、全面深化改革的重要内容。常务委员会第十六次会议，认真学习了中共中央、国务院《关于进一步清理整顿公司的决定》和省人大常委会《关于坚决清理整顿公司的决议》。会议认为，清理整顿公司是党中央、国务院治理经济环境、整顿经济秩序的一项重大决策，必须认真贯彻执行。要求政府必须加强领导和协调，严格执行中央、国务院的《决定》，首先要把县级机关、部门的所属公司下决心清理整顿好。同时，对群众反映较大的某些机关、团体、事业单位开办的“三部一办”，也要认真进行清理整顿。会议作出了《关于进一步清理整顿公司和开展反贪污受贿投机倒把斗争的决议》。按照决议的要求，主任会议先后多次听取政府和工商部门有关清理整顿公司进展情况的汇报。组织了部分人民代表分别到重点部门、单位进行视察。根据视察和调查的情况，向政府及有关部门提出清理整顿公司和查处大、要案件的意见和建议。我县清理整顿公司工作，总的看是有进展、有成绩的，但也有一些问题尚未处理好。如 1987 年 3 月县九届人大常委会第三次会议作出《关于认真抓紧查处执法检查中反映较大的几个问题的决议》，虽然大部分问题已经作出了处理，但尚有农工商公司的企业账目混乱和巨额亏损问题，至今未见到处理结果报告，水利农机综合经营公司的严重亏损问题也未看到清查结论和处理结果。为此，要求下届政府按照中央、国务院继续抓好清理整顿公司的要求，重视和抓紧处理好清理整顿公司的工作及有关的问题。惩治腐败、反贪肃贿是全国上下十分关心的政治问题，是党中央提出办实事的重要内容。常务委员会第十五次会议，听取和审议了县人民检察院《关于打击严重经济犯罪情况的报告》和县监察局《关于加强廉政建设方面情况的汇报》，按照最高人民法院、最高人民检察院《关于贪污、受贿、投机倒把等犯罪分子必须在限期内自首坦白的通告》和省人大常委会的有关决定精神，常务委员会第十七会议作出了相应的决议，决定授权主任会议及时听取有关部门的汇报。会后，人大常委会主任、副主任和法工委、财经委的负责同志，先后多次分别到一些重点部门、单位检查决议的贯彻实施情况，对反贪肃贿的宣传和组织查处等问题提出要求及意见，并根据省人大常委会的布置，在去年 10 月还组织了在我县的部分省、市人大代表和部分县人民代表，分别到一些重点部门、单位进行视察，听取干部群众的意见，支持、督促主管部门和司法机关依法查处重大问题，不断地把反贪肃贿斗争引向深入。

“扫黄”“除六害”是在意识形态领域里反对资产阶级自由化的斗争，是整顿社会风气、清除精神污染的一项重要工作。按照中央的部署和省人大常委会《关于进一步整顿清理书报刊和音像市场的决议》的要求，科教文卫工作委员会组织对全县清查黄色书刊、淫秽录像情况进行了调查，在第十六次人大常委会会议上，听取和审议了政府和文广部门有关我县文化市场管理和清理书报刊及音像市场情况的汇报，委员们在审议中对那些认为我县是偏僻山区，“黄货不多，黄害不大”等无所谓的错误思想提出了严肃的批评。对打着文化站、俱乐部牌子为个体经营录像放映的错误做法，责成有关部门按照有关规定认真纠正，并建议政府及有关部门要在“扫黄”“除六害”斗争中，态度坚决，加强领导，依法严肃查处违法犯罪活动。在第二十次常委会会议上听取和审议了公安部门有关开展“除六害”专项斗争情况的汇报。委员们对政府及有关机关开展查赌博，取缔嫖宿、卖淫，查处淫秽录像，打击拐卖妇女、儿童等犯罪活动所取得的成绩作了肯定，并指出要在取得初步成效的基础上，继续抓好这方面的斗争，为弘扬正气、振奋民族精神作出更大的贡献。

某些行政和事业单位的乱收费、不合理收费的情况，人民代表和群众反映强烈。主任会议根据代表和群众的意见，责成政府的物价监督部门对有关部门和单位进行清查整顿。常务委员会第十六次会议，听取和审议了物价部门有关清理行政、事业单位不合理收费情况的汇报。会议指出，政府及主管部门和物价监督机关应严格加强收费管理，严格制度与纪律，对不应收的费用要坚决取消，超标准的收费应坚决纠正。

在贯彻执行中央治理整顿方针过程中，县人大常委会还听取和审议了政府及有关部门对清理基建在建项目和压缩基本建设投资等情况的汇报，注意对财务、税收、物价检查等方面工作的监督。

三、以法律为依据，实施工作监督与法律监督，努力提高人大常委会的工作水平

在本行政区域内保证宪法、法律、行政法规和上级人大及其常委会决议的遵守和执行，监督本级人民政府和人民法院、人民检察院的工作，是《地方组织法》赋予地方人大常委会的重要职权，也是人大常委会的主要任务和重要工作内容。去年以来，常务委员会注重于从监督宪法、法律在本行政区域的贯彻实施的法律要求出发，有侧重地组织视察调查、座谈走访，征求、了解人民代表和各级干部群众的意见与要求，听取和审议县人民政府和司法机关对有关法律贯彻执行情况的汇报，有针对性地向政府、“两院”提出审议意见和建议。这样，使法律监

督与工作监督能较好地结合起来,寓支持于监督之中,既监督政府、"两院"认真贯彻实施法律,执行政策,遵守上级人大及其常委会的决定、决议,又支持政府、"两院"依法司职,努力不懈地开展工作。去年5月以来,常务委员会组织或参与了对义务教育法、环境保护法、全民所有制工业企业法、矿产资源法、食品卫生法、水法和河道管理条例等法律法规的贯彻执行情况的调查。在常务委员会第十四次会议上,就政府提出的"1986年至1992年分期分乡镇实施九年制义务教育规划"的调整方案,审议通过了《关于实施义务教育规划的决议》。第十五次会议听取和审议县土地管理部门贯彻执行《中华人民共和国土地管理法》和《浙江省土地管理实施办法》情况汇报时,会议认真分析了我县土地管理中存在的问题。指出我县土管部门在审批私人建房用地时,只计算建筑落地面积,不限制实际占地面积,而将附属用房和庭院用地不包括在用地指标内,是不符合法律规定的。会议发出审议意见书,责成土管部门依法纠正。对我县的环境保护、三废治理,是全县人民十分关心的问题,本届人大常委会也十分重视和关心。去年,县人大常委会的领导同志与环保部门的同志一起,专门检查了我县对环保法的执行情况。第十七次常务委员会会议,听取和审议了城建环保局《关于〈环境保护法(试行)〉实施情况》的汇报。委员们既肯定了政府及环保部门对环保工作所作的努力,又实事求是地分析了我县产业结构和工业布局不合理的历史状况给治理污染所带来的难度。并着重指出,我县环境治理的突出重点是老石坎、山河造纸厂的水污染问题,这是关系到广大人民健康及生态平衡的大事,要求县政府加强领导,以积极的态度实施山河纸厂停止制浆、老石坎纸厂碱回收车间投入运行的措施。建议环保部门从我县的实际出发,尽早制定和搞好全县水污染治理总体规划,从宏观上控制环境污染,造福于人民。

常务委员会第十九次会议还从检查县九届人大三次会议贯彻执行情况出发,听取和审议了县人民政府在县九届人大三次会议上提出的1989年办理九件实事情况的报告和财政执行情况的汇报,委员们对政府工作所取得的成绩作了充分肯定,同时对存在的问题提出了意见和建议。

四、认真办理代表议案,发挥人民代表参政、议政的作用

县九届人大三次会议收到人民代表议案75件,意见和建议56件。根据代表议案处理办法的规定和大会主席团有关代表议案办理意见,转交政府和有关部门办理。为了认真办理好人民代表的议案,体现人民代表参政议政的积极作用,决定将其中6件列为重要议案,10件列为比较重要议案。对列为重要和比较重要的议案,政府县长办公会议进行了逐件研究,提出办理意见,确定具体承办单位及措施。县人大常委会的分管领导和县政府的分管领导一起,专门召开了代表议案、意见承办单位负责人会议,统一思想认识,提出明确的意见与要求。在承办过程中,人大常委会的各工作委员会负责同志与政府主管部门的负责同志分别到有关部门、单位进行检查、督促,政府办公室和人大常委会办公室确定人员负责联系和催办。去年12月人大常委会的分管领导和法工委、财经委的负责同志与有关主管部门的负责同志,分别对列为重要和比较重要的议案办理情况进行了检查,到实地察看办理结果,征求代表对议案办理的意见。在第十八次人大常委会会议上,听取和审议了政府及有关部门对议案办理情况的汇报。从办理的75件议案情况看,已经解决或基本解决的有19件,占议案总数的25.2%;

正在解决或列入计划和近期规划准备解决的有23件，占总数的31.7%；因目前条件暂不具备，有待于今后研究解决的有23件，占总数的31.7%；还有10件供有关部门作今后工作决策的参考。委员们在审议中，对政府和有关部门及有关乡镇积极努力，基本解决了赋石水库移民山的山林管理等老大难议案表示满意，同时对城建环保、水利农机等部门认真听取和征求代表对议案的办理意见，在实地察看、调查研究的基础上提出办理意见并负责地答复代表的做法予于肯定，对少数单位办理代表议案不认真，借故推诿或仅仅在答复代表中做表面文章的错误做法提出了批评。

为了广泛听取代表意见，接受人民代表的监督，在今年元旦、春节期间，常务委员会分别走访了部分本级人民代表，征求代表对常务委员会的意见与要求。对代表们提出的重要或比较重要的问题，主任会议作了认真的研究，以书面形式向县委和政府进行反映，供县委政府及有关部门在今后的决策和工作中参考。为了发挥人民代表的作用，常务委员会以吸收有关方面的代表参加视察、专题调查、列席人大常委会会议等形式，加强与人民代表的联系，听取和反映人民代表的意见和建议，接受人民代表的监督。

五、履行法律赋予的职责，领导和主持县乡两级人民代表大会换届选举工作

按照全国和省人大常委会关于1990年进行县乡两级人民代表大会换届选举的决定和省委有关文件的要求，本届人大常委会从去年10月以来，依据《选举法》《地方组织法》和《浙江省选举实施细则》等有关法律的规定，以主要精力，认真准备和主持了我县1990年的县乡两级人民代表大会换届选举工作。在县委的统一部署下，各级党委加强了对这次换届选举工作的领导，县、乡镇选举委员会及其办事机构较好地发挥了职能作用。县人大常委会先后在三次会议上，认真研究并提出了换届选举的指导思想、方法步骤、工作计划及选举中的有关问题。在组织试点的基础上，由县委主持召开了有200余人参加的全县人大工作会议和换届选举工作会议。从马列主义国家学说和宪法的高度，引导到会干部加深对坚持人民代表大会制度和搞好换届选举重要意义的认识。各地在整个换届选举过程中，重视骨干的培训，坚持发扬民主，严格依法办事，广泛宣传发动群众，全县5700多名各级选举骨干，做了大量的艰苦、细致、具体的工作，在整个换届选举工作中发挥了十分重要的作用。县人大常委会和县选举委员会的组成人员、各选举办事处的领导同志及办公室的工作人员，做到明确分工，落实责任，分片检查联络，紧紧抓住发扬民主和依法办事这两个关键问题，深入调查研究，及时发现问题，及时帮助解决和纠正，对换届选举各个阶段的工作，进行了精心的指导。使我县这次换届选举顺利进行，圆满完成任务。

据统计，这次换届选举，全县人口为429025名，选民315037人，占总人口数的73.4%。共划分为133个县级选区和1015个乡镇级选区，参加投票选举的选民有302510名，参选率96.02%。按照确定的280名县人民代表名额和2085名乡镇人民代表名额，当选的县代表280名，乡镇代表2085名，当选率100%。经县九届人大常委会代表资格审查委员会审查，选举程序合法，选举结果全部有效。各乡镇新当选的人民代表资格也分别为本乡镇人民代表大会代表资格审查委员会所确认。

在这次换届选举中，县人大常委会按照法律的规定和上级人大常委会的要求，对各乡镇

依法召开新一届第一次人民代表大会进行了指导，对召开乡镇人民代表大会的有关要求，选举乡镇人大主席团常务主席和正、副乡镇长的有关法律程序、方法等提出了指导性的意见，为加强和完善乡镇人大工作进行了探索。

各位代表，本届人大常委会的工作，在县委的领导下，受到了全体代表的支持和监督，得到了政府、“两院”及机关部门和社会各方面的支持与配合，做了一些我们应该做的和能够做到的工作。在此，我代表县九届人大常委会向关心、支持、帮助、监督县人大常委会工作的人民代表和各个方面的同志们，表示衷心的感谢和敬意。

三年来，县人大常委会的工作取得了一定的成绩，地方人大的工作有所进步和发展。但依照法律赋予地方人大常委会的职责，按照县九届人大历次会议对人大常委会决议的要求，我们深感在工作中还存在不少缺点和问题。主要是，在依法实施工作监督和法律监督方面做得还不够，对在视察、调查和会议审议中提出的一些问题与意见，抓督促检查不够有力，有法难依的状况仍然存在，有些问题的解决也得不到落实；在联系代表、组织代表活动方面，虽然制定了有关制度，但未能很好坚持；在人大常委会的建设方面，办事机构的设置和人员配备还不能适应工作的需要，工作制度也不够完善；对坚持实行人民代表大会制度和人大的地位、性质、作用的宣传不够深入，地方国家权力机关作用的发挥还不够理想。这些问题既有法律制度上不够完备的客观因素，也有我们主观努力不够的原因。我们诚恳地希望到会代表和同志们对我们工作中存在的缺点与问题，提出批评和改进的意见、建议。

各位代表，同志们，本届人大常委会的任期届满，新的一届人大常委会将通过这次大会选举产生。历史的车轮已经进入九十年代。目前，国际风云变幻，国内还存在暂时困难。这次新当选的县十届人大代表和由他选举产生的人大常务委员会，肩负着全县43万人民的重托，任务艰巨而繁重。人大及其常委会的工作，必须在同级党委的领导下，坚定不移地贯彻执行党的以经济建设为中心，坚持四项基本原则，坚持改革开放的路线，依据宪法和法律赋予的职权，围绕治理整顿、深化改革，充分发挥地方国家权力机关的作用；按照党的十三届六中全会决定的要求，坚持和发扬党的群众路线的光荣传统，密切与人民代表和广大群众联系，反映和体现人民的利益和意志；遵循全心全意为人民服务的宗旨，本着对党负责和对人民负责一致性的原则，民主地、科学地决定本行政区域的重大事项；在依法实施对本级人民政府、人民法院，人民检察院监督的同时，接受人民代表和人民群众的监督，为推进我县各项事业的发展作出努力。

长江后浪推前浪，我们深信县十届人大及其常委会，在县委的领导和全体代表、全县人民的支持与监督下，将以新的姿态，开拓的精神，把我县的人大工作和建设推向一个新的台阶。为加强和完善人民代表大会制度，为实现政治、经济和社会的进一步稳定发展，促进民主与法制的建设，为振兴安吉经济作出更大的贡献。

预祝大会圆满成功。

安吉县第十届人民代表大会常务委员会工作报告

——1993年3月28日在安吉县第十一届人民代表大会第一次会议上

朱长胜

各位代表：

我受县第十届人民代表大会常务委员会的委托，向大会报告三年以来常务委员会的工作，请予审议。

县十届人大常务委员会自1990年4月选举产生以来，在中共安吉县委的领导下，按照历次人民代表大会决议的要求，紧紧围绕经济建设这个中心，认真履行宪法、法律赋予的职权，努力加强监督职能，拓宽民主渠道，密切与代表和群众的联系，在全体委员的共同努力和县十届人大代表以及全县人民的大力支持下，为坚持和完善人民代表大会制度，保障法律法规在本行政区域的贯彻实施，推进我县的社会主义民主与法制建设和两个文明建设，发挥了地方国家权力机关的作用。

——依法实施法律监督和工作监督。县十届人大常委会建立以来，共举行了30次全体会议，听取和审议了县人民政府、县人民法院、县人民检察院及有关部门50个工作汇报，组织开展视察和专题性调查30余次，就有关我县经济建设和民主与法制建设等方面的重大事项作出决定、决议32个，对支持和促进我县各方面的工作，推动宪法、法律和法规在我县的贯彻实施，起到了应有的作用。

——依法履行人事任免权。三年来，常委会依法任免国家机关工作人员101人，加强和改善了县人民政府、县人民法院和县人民检察院的领导班子和干部队伍建设。

——认真搞好人大换届选举工作。去年下半年以来，常委会在上级人大及其常委会的指导和中共安吉县委的领导下，依照选举法和省选举实施细则的规定，主持了1993年县乡（镇）两级人民代表大会代表换届选举工作，选举产生了县第十一届人民代表大会代表和各乡镇新一届人民代表大会代表，为加强和完善地方人大工作和建设作出了努力。

——认真督办代表议案、意见和建议，受理人民群众来信来访和申诉、控告。常委会及其办事机构共督促、办理代表议案404件，代表建议、意见164件；受理人民群众来信748件，来访612人次，解决了一批群众迫切要求解决的问题。去年8月，召开了全县人大信访工作会议，总结、交流信访工作经验，制定了信访工作暂行办法，配备了专职信访工作人员，使人大信访工作进一步走上规范化、制度化的轨道。

——组织开展评议工作，探索人大工作新路子。1991年初，常委会对政府工作开展评议，督促政府依法行政。1991年下半年，常委会学习外地经验，组织人民代表对“三所一庭”执法工作开展评议，取得了较好的效果。去年，常委会和有关工委又指导各乡镇人大主席团，组织本乡镇县、乡镇人民代表对乡镇人民政府职能部门和基层有关服务单位的工作开展了民主评议，督促被评议单位更好地为当地经济建设服务。评议工作的开展，较好地体现了人大及其常委会作为地方国家权力机关的监督职能。

此外，常委会还主持开展了地方人大常委会建立十周年和现行宪法颁布实施十周年纪念活动，召开了人大新闻宣传工作座谈会，加强了对人民代表大会制度的宣传工作。

各位代表，过去的三年，是我们在党的领导下沿着有中国特色的社会主义道路继续前进的三年。三年来，我县和全国各地一样，经济建设和社会各项事业都有了较大的发展，特别是邓小平同志南巡重要谈话和中共十四大召开以来，我县改革开放和经济建设的步伐进一步加快。如何适应新的形势，加强人大工作和建设，发挥地方国家权力机关的作用，这是常委会不断探索的重要课题。三年来，常委会根据党的基本路线的要求，从以下四个方面做了积极的探索。

一、紧紧围绕经济建设这个中心，积极开展审议、监督工作

三年来，常委会在向历次人民代表大会的工作报告中，在制定年度工作计划和依法行使职权过程中，始终强调人大的各项工作必须全面执行党的基本路线，服从并服务于经济建设这个中心，在提高效益的前提下，加快经济发展；加强农业基础，积极调整经济结构，大力发展乡镇企业和外向型经济；积极发展第三产业，就经济建设必须依靠科技进步，促进经济与科技密切结合等重大问题开展审议、视察和调查，提出了许多重要意见，有的作出了决议。1992年以来，常委会多次组织学习邓小平同志南方谈话和党的十四大文件精神，对建设有中国特色的社会主义理论和党的基本路线坚持一百年不动摇这一根本问题，对解放思想，实事求是，加快改革开放步伐，建立和完善社会主义市场经济体制，认识上进一步提高，从而进一步增强了地方人大工作贯彻执行党的基本路线的自觉性和坚定性。

(一)关于加强农业经济和农村工作问题。常委会每年都对农业和农村工作开展视案、调查活动，听取和审议县人民政府有关农业生产和农村经济发展情况的汇报，就强化农业基础，发展壮大农村集体经济、科技兴农、农田水利建设、粮食收购和农资供应等问题，提出了审议意见。1992年5月，常委会组织人员分别到三官乡和原山河乡、荆湾乡视察农业生产。接着在常委会第十五次会议上听取和审议了县人民政府《关于开发农业、科技兴农、提高农业整体效益情况的汇报》，要求县人民政府转变观念，提高对大农业和现代农业的认识，进一步深化农村改革，依靠科技，面向市场，在确保粮食总量稳定的前提下，因地制宜地搞好农业产业结构调整，走优质、高产、高效发展农业的路子，提高农业整体效益。要求大力发展乡村企业和外向型企业，以进一步增加我县农村经济总量。

(二)关于扩大开放，加速经济发展问题。针对我县经济基础薄弱，经济总量不大的实际，常委会把督促、支持政府深化改革扩大开放，大力发展经济作为工作重点，多次就我县的工业生产和财政收入问题开展视察调查，听取并审议政府有关部门的汇报。1990年，我县整个工业经济面临着市场疲软，企业效益下降的严峻局面，常委会组织人员分别到部分重点企业进行为期半个月的调查，就我县当时的工业生产形势，面临的困难及应采取的对策等写出了专题调查报告。常委会第三次会议，听取和审议了政府关于工业生产情况的汇报，针对我县工业如何走出困境，提出了以效益为中心，加强宏观调控，解决亏损大户及提高企业应变能力等意见。1991年，我县经济开始摆脱困境，走出低谷，常委会在调查研究的基础上，分别听取了政府有关部门《关于开展"质量、品种、效益年"活动情况的汇报》和《关于乡镇企业发展及村级

集体所有制企业条例贯彻实施情况的汇报》，建议政府及有关主管部门从全县经济的全局利益出发，加强宏观调控和行业的规划管理，继续加强企业内部管理，进一步完善企业承包责任制，以推动我县经济的进一步发展。

1992年初，邓小平同志南方谈话发表以后，常委会通过学习，集中精力，就我县经济建设和改革开放等问题开展视察，听取和审议政府有关部门的汇报，督促政府抓住有利时机，加大改革开放力度，加快经济发展速度，使我县经济在原有基础上再上一个新台阶。7月，常委会组织部分人民代表和有关工业主管部门的同志对我县国有工业、乡镇企业和二轻、交通工业的主要情况作了比较全面的调查。常委会第十六次会议听取和审议了县人民政府《关于上半年经济形势和下半年工作安排情况的报告》，在充分讨论的基础上作出了《关于加速发展安吉经济的决议》，决议要求县人民政府及全县人民要进一步解放思想，更新观念，增强加快发展经济的意识，大力发展乡镇企业、外向型企业和第三产业，建设和培育好市场；要狠抓企业技改投入，切实提高企业经济效益，增强企业发展后劲，县级机关要转变职能，为经济建设服务，促使我县经济跳跃式发展。为了进一步推进我县改革开放，常委会先后两次组织城建、土管和递铺等有关部门乡镇的领导到外地考察建立经济技术开发区的情况，常委会第十六次会议，听取和审议了县人民政府《关于安吉经济技术开发区规划情况的汇报》，原则同意县经济技术开发区的实施规划，建议县人民政府要加强对开发区建设的领导，制定优惠政策，简化审批手续，加强开发区的基础设施建设，增强开发区的吸引力。常委会第十七次会议听取了县人民政府《关于引进外资，发展外向型经济情况的汇报》，会议对我县对外经济贸易工作所取得的成绩给予充分的肯定，并希望县人民政府和外经委增强开放意识，进一步发展对外经济贸易事业，抓好外向型企业的资金到位，抓好经营和服务，使我县的对外经贸工作更上一层楼。

常委会第十七次、第十九次会议，还分别听取和审议了县人民政府关于1992年财政预算执行情况的汇报，会议要求财政部门充分发挥职能作用，支持生产，搞活流通，促进全县经济更快发展；要加强税收征管，抓好增收节支，压缩财政支出，力争减少当年财政赤字。常委会第十九次会议根据县人民政府的提请，对1992年财政支出预算作了调整。常委会第十九次会议还听取和审议了县人民政府《关于1992年国民经济和社会发展计划执行情况及1993年国民经济和社会发展计划安排情况的汇报》。建议县人民政府在新的一年里，要进一步强化农业基础思想，积极发展“一优两高”农业；千方百计增加工业投入，加快骨干企业的技改步伐；大力发展第三产业和个体、私营经济；努力改善我县经济发展的外部环境，使我县的国民经济和社会各项事业在现有基础上，跃上一个新的台阶。

（三）关于科技、教育、文化、卫生等问题。常委会在支持和推动经济建设的同时，重视抓精神文明建设的监督。常委会第十二次会议，听取和审议了县人民政府《关于依靠科技进步推动经济发展的汇报》，建议县政府及有关部门进一步加强“科学技术是第一生产力”的宣传教育，确立依靠科技进步，振兴安吉经济的观念，加强科技成果的推广运用，使科技更好地贴近工农业生产，以推动我县经济的进一步发展。

百年大计，教育为本。常委会每年都对我县的教育情况和九年制义务教育法的实施进行检查和督促。1992年，常委会组织调查小组对我县部分中学教育情况进行了调查，并写出了调查报告。常委会第十七次会议听取和审议了县人民政府《关于全面贯彻党的教育方针,努力提高教育质量和办学效益情况的汇报》。会议肯定了近年来我县在实施九年制义务教育,改善办学条件及发展各级各类教育等方面取得的成绩。建议县人民政府和教育主管部门要确立质量意识,理直气壮地抓教育质量。要进一步深化教育体制改革,合理设置教育网点,改善办学条件,加强教师队伍建设和学校领导班子建设,抓好职业教育和成人文化教育,使教育更好地直接为我县的经济建设服务。

医疗制度改革是关系到全县人民身体健康的大事,也是干部群众关心的热点问题。1990年,常委会曾对我县的医疗制度改革问题进行过审议。1992年,常委会对全县初级卫生保健工作和公费医疗制度改革情况进行了调查,广泛听取广大干部职工和部分医务工作者的意见、建议。常委会第十八次会议听取和审议了县人民政府《关于初级卫生保健和公费医疗改革情况的汇报》。会议肯定了县人民政府在加强农村初级卫生保健和公费医疗改革方面所做的工作。指出:农村初级卫生保健工作,面广量大,难度高,必须因地制宜,在巩固和扩大现有成果的基础上,把初保工作扎扎实实地开展下去。会议针对公费医疗改革以来部分职工的反映和存在的问题,建议政府及主管部门要对现行公费医疗管理办法进一步加以完善。根据会议审议意见,经主任会议研究,对公费医疗中存在的问题发了审议意见书,政府和有关部门对此作了一些改进。

二、坚持依法办事,加强法制宣传和执法监督工作

加强对法律法规在本行政区内实施的监督,是宪法赋予地方人大的重要职责,也是地方法制建设的一项长期而艰巨的任务。三年来,常委会抓住法律法规的学习宣传和执法检查这两个重点,开展了积极的工作,取得了较好的效果,为我县经济建设和改革开放创造良好的社会环境做了自己应该做的工作。

积极开展法律法规的宣传教育,增强干部群众的法制观念和法制意识。守法首先必须学法、知法。常委会始终把法制宣传教育作为工作监督的重点之一。特别是在一些新的法律法规颁布实施前,做好学习宣传工作。《中华人民共和国行政诉讼法》的颁布实施,是推进社会主义民主政治建设的重大步骤,也是我国社会主义法制建设的一件大事。常委会第三次会议,听取和审议了县人民政府和县人民法院有关行政诉讼法贯彻实施前准备情况的汇报,出台了《关于认真学习、贯彻实施〈行政诉讼法〉的决议》。1992年,代表法颁布实施,常委会第十五次会议进行了认真的学习,作出了《关于认真学习贯彻代表法的决议》,常委会领导还为此发表广播讲话,要求县、乡(镇)人民政府,法院,检察院,县级机关各部门都要认真学贯彻代表法,尊重人民代表依法履行职务,听取代表意见、建议,自觉接受人民代表的监督,同时,为人民代表执行代表职务创造条件,提供保障。通过宣传发动,各乡镇及县级机关有关部门都开展了代表法的学习活动,有效地推动了我县代表工作的深入开展。

普法教育是一项宏大的社会教育工程。常委会第八次会议听取和审议了县人民政府《关于"一五"普法执行情况和"二五"普法规划实施意见的报告》,并根据我县实际,作出了《关于在全县实施法制宣传教育第二个五年规划的决议》。常委会第十六次会议,又听取和审议了县人民政府《关于"二五"普法规划实施情况的汇报》,肯定了我县"二五"普法启动和试点工作

取得的成绩，建议县人民政府和司法行政主管部门要健全组织，加强领导，提高认识，解决好法制教育与经济建设，"二五"普法与中心工作及法制教育与当前社会治安综合治理三者关系，提高全县人民学法用法守法的自觉性，并强调要把"二五"普法的成果落实到依法办事上，在方式方法上，要因地制宜，讲求实效，使我县的"二五"普法工作取得更大的成绩。

宪法是我国的根本大法。1992 年 12 月 4 日，我国现行宪法颁布实施十周年。常委会报请县委同意，以召开座谈会、发表广播电视讲话和支持有关部门组织宪法知识竞赛等形式，在全县开展了纪念学习宪法活动，以进一步增强全县人民的宪法观念，激发全县人民高举宪法旗帜，振奋精神，扎实工作，为夺取我县两个文明建设的新胜利而努力奋斗。

加强执法监督，保证法律法规在本行政区域的贯彻实施。加强执法监督，是保证法律法规在本行政区域内贯彻实施的重要方式。三年来，常委会坚持审议和执法检查相结合，使执法检查工作基本上做到了经常化、制度化。常委会第四次会议作出《关于开展 1990 年执法检查的决定》，在全县开展了执法大检查；常委会第五次会议听取了法工委关于执法检查情况的汇报，对执法实践中存在的问题和困难，向上级人大作了反映。1990 年 9 月，常委会组织代表对全县"严打斗争"情况开展视察，肯定了广大干警为维护社会稳定，打击犯罪，为民除害所作的贡献。1991 年第三季度，常委会用 3 个月时间认真地组织全县人民代表对"三所一庭"执法工作开展评议，解决了一批久拖不决的突出问题，纠正了一些违法乱纪现象，促进了执法队伍的自身建设，推动了全县基层执法工作。三年来，常委会还组织和参加了土地管理法、企业法、矿产资源法、城市规划法、水法、森林法、九年制义务教育法、环境保护法、食品卫生法、传染病防治法和《浙江省计划生育条例》等法律法规贯彻实施情况的检查活动，发现问题及时向政府或有关部门提出，推动了这些法律法规的进一步实施。

同时，常委会还多次听取和审议县人民政府、县人民法院和县人民检察院关于法律法规贯彻实施情况的汇报。常委会第十五次会议听取和审议了县人民政府《关于〈村民委员会组织法〉贯彻实施情况的汇报》，对章村乡村民委员会换届选举试点工作给予肯定。建议县、乡镇人民政府要切实加强对村民委员会换届选举工作的领导，严格依法办事，充分尊重村民的民主意愿，使我县的村民委员会换届选举工作有领导、有计划地顺利进行。

此外，常委会还多次组织有关人员，对上级人大下发的法律法规（草案）进行讨论，提出了修改意见。

三、加强代表工作，充分发挥代表管理国家和社会事务的作用

人民代表是国家权力机关的组成人员，是人民代表大会的主体。加强代表工作，充分发挥代表作用，既是人大常委会行使职权发挥作用的基础，也是实现人民当家作主，管理国家和社会事务的基本途径。常委会第一次会议，设立了代表工作和议案督办工作委员会（后改为代表工作委员会），使代表工作从组织上得到加强。去年以来，通过代表法的学习贯彻，进一步推动了我县代表工作的深入开展。

加强联系，为代表履行职责搞好服务。一是及时向代表寄送有关坚持和完善人民代表大会制度的重要资料，购买有关法律书籍，分送代表学习，以提高代表的法律知识和履行职责水平。去年，代表法颁布实施以后，常委会及时将代表法翻印成小册子，发至代表人手一册，便

于代表学习、执行。通过学习,广大代表的精神面貌发生了变化,代表意识进一步增强,对代表的职责、权利和义务更加明确。二是运用人大工作通讯、简报、会刊,及时交流代表工作信息、经验,推动代表活动的开展。三是常委会多次组织部分代表参加视察和联系选民活动,为代表提议案和发表意见提供第一手资料;常委会还邀请部分代表列席常委会会议,使代表有机会参与常委会审议决定有关重大事项。四是召开代表工作经验交流会,总结交流县代表小组、区人大工作联络员和乡镇人大主席团做好代表工作、行使代表职权、履行代表职责的经验。五是走访代表,征求意见。1991 年春节之前,常委会正、副主任和机关的同志先后用十多天时间,深入各乡镇,对代表普遍进行了一次走访,并将走访座谈中代表反映的问题意见整理成书面材料,反馈给政府和有关部门。1992 年春节之前,常委会正、副主任和政府正、副县长又带领人大机关干部,对代表普遍进行了一次走访慰问。

指导各乡镇组织代表评议乡镇政府职能部门和基层服务单位的工作。为了在更大程度上发挥人民代表的监督作用,在 1991 年组织人大代表评议"三所一庭"执法工作的基础上,去年,经常委会主任会议研究决定,又在全县范围内,由各乡镇人大主席团组织本乡镇的县乡(镇)人民代表对本级政府职能部门和基层服务单位的工作开展民主评议。在评议中,代表共提出意见、建议 658 条。这些意见、建议反馈给职能部门和基层服务单位后,各单位进行了认真的整改。通过这次评议,增强了人民群众的法律意识,加深了人民代表和被评议单位之间的理解,解决了一些久拖不决的问题,促进了被评议单位的廉政建设,使被评议单位更好地为当地经济建设服务,为人民群众服务。同时,也是对代表履行职责能力的一次锻炼和考验。

认真督促、办理代表议案和意见。认真办理人民代表所提的议案和意见,是人民当家作主、履行职责得以实现的重要途径之一。三年来,常委会对代表议案和意见办理工作极为重视,每次大会收到代表议案和意见后,都根据代表议案处理办法的规定和大会主席团有关代表议案、意见的办理意见,落实办理单位,并及时做好催办、督办工作。各承办单位对代表议案、意见的办理工作也越来越重视,代表议案、意见的办结率、办理质量和办理速度也一年好似一年。县十届人大三次会议收到代表议案 114 件,意见 45 件。会后主任会议研究决定,将 113 件议案转交给县人民政府及其所属部门办理。各承办单位在接到代表议案后,积极开展办理工作,在比较重要和个别难度较大的议案办理过程中,常委会还派人参加,督促办理。常委会第十八次会议听取和审议了县人民政府《关于县十届人大三次会议代表议案、意见办理情况的汇报》。到目前为止,114 件议案已经全部办理完毕,其中,基本得到落实的 77 件,占总数的 67.5%;因条件不成熟或其他原因尚待以后落实的 37 件,占 32.5%。通过议案、意见的办理,解决了不少有关工农业生产、城乡建设、教育卫生、人民生活等方面的问题,进一步密切了党和人民群众的关系。

四、坚持和完善人民代表大会制度,加强地方人大建设

人民代表大会制度是我国的根本政治制度。三年来,常委会在加强自身建设,主持县乡(镇)两级人大换届选举等方面,对坚持和完善人民代表大会制度作了探索,使人大工作进一步适应新形势的需要。

加强常委会自身建设。一是加强思想建设,常委会及其办事机构建立、健全学习制度,认

真学习党的路线、方针、政策，学习有关坚持和完善人民代表大会制度的论述及法律法规，提高自身的政治、法律水平，增强了对做好人大工作重要意义的认识；去年以来，常委会多次组织驻会委员和机关全体同志学习邓小平同志南方谈话和党的十四大会议精神，进一步解放思想，坚定了贯彻执行党的基本路线的自觉性。二是坚持民主集中制，严格按照法律规定的职权和程序办事，并在实践中逐步加以完善，使常委会的工作不断地向规范化、制度化方向发展。三是坚持群众路线，重视调查研究，每次常委会前，都围绕审议议题开展调查研究，为常委会更好地行使各项职权，提高审议质量提供第一手材料。四是重视发挥常委会各办事机构的作用，各工作委员会和办公室依据常委会一年的工作要点制定工作职责，在常委会审议监督“一府两院”的工作中做出了卓有成效的工作；常委会办公室坚持为“三会”服务的工作宗旨，加强了会务、调研、宣传、信访、接待和行政管理等工作，从而保证了常委会工作的顺利开展。

履行法律赋予的职责，领导和主持了县乡两级人民代表大会换届选举工作。按照全国和省人大常委会关于 1993 年进行县乡人民代表大会换届选举的决定和省委有关文件的要求，常委会从去年 10 月以来，根据选举法、地方组织法、代表法和浙江省选举实施细则等有关法律法规的规定，以主要精力领导和主持了县乡(镇)两级人大换届选举工作。为了搞好这次换届选举，常委会依法成立了县选举委员会及其办事机构，制定了换届选举工作计划，并组织力量在港口乡进行了试点。在试点成功的基础上，召开了县换届选举工作会议，对全县的换届选举工作作了部署。常委会和选举委员会及其办事机构，分工明确，责任落实，分片检查联络，紧紧抓住发扬民主和依法办事这个关键，对换届选举各个阶段的工作，进行了精心的指导，发现问题，及时帮助解决和纠正，保证了我县换届选举工作的顺利进行。据统计，这次换届选举，全县共有选民 326627 人，占人口总数的 73.28%。共划分为 135 个县级选区和 1062 个乡镇级选区，参加投票选举的选民有 316077 名，参选率为 96.77%。共选出县人民代表 297 名，乡镇人民代表 2196 名，分别占应选代表的 99%和 99.81%。

在换届选举中，常委会还按照法律的规定，对乡镇开好新一届人民代表大会第一次会议进行了必要的指导和帮助。

各位代表，三年来，本届人大及其常委会在贯彻执行党的基本路线，推进我县的两个文明建设，保障宪法、法律、法规在我县的贯彻实施，坚持和完善人民代表大会制度，加强地方人大建设等方面做了一些工作，取得了一定的成绩，这主要是靠县委的正确领导，靠全体代表的努力、支持和监督，靠政府、“两院”及机关各部门社会各方面的支持和配合。在此，我代表县十届人大常委会向所有关心、支持、帮助人大工作的人民代表和同志们表示衷心的感谢和敬意。

回顾三年来的工作，我们深深地感到，要做好地方人大及其常委会的工作，首先必须坚持和依靠党的领导，做到在决定重大问题，作出重要的决议、决定前，先向党委请示报告，征得党委同意，这样才能使人大及其常委会的工作坚持正确的政治方向，沿着正确的轨道前进；第二，必须紧跟时代步伐，把握社会前进的脉搏，在当前来说，就是要根据邓小平同志关于建设有中国特色的社会主义理论，坚持党的基本路线，紧紧围绕经济建设这个中心来开展工作；第三，要在坚持和完善人民代表大会制度的前提下，解放思想，改革创新，努力拓宽民主渠道，不断探索地方人大工作的新路子，这样，才能给地方人大及其常委会的工作注入新的活力；第四，必须坚持走群众路线，注重调查研究，抓住群众关心的“热点”问题开展审议和监督，使人大及其常委会成为联系党和人民的桥梁，真正代表人民行使管理国家事务的职权，从而得到人民群众的拥护和支持。

当然，我们也应清楚地看到，我们的工作对照宪法、法律赋予我们的职责，以及全县人民对我们的要求和期望，还有较大的差距，在具体工作中，还存在着许多缺点和问题：常委会虽然对坚持党的“一个中心，两个基本点”的基本路线，围绕经济建设开展人大工作的指导思想是明确的，但在新形势下如何紧紧地贴近中心，更好地服务和参与经济建设，在工作方法上还有待于进一步探索；对在视察、调查和会议审议中提出的一些问题、建议和意见，抓反馈抓落实不够有力，在有的问题上，监督的效果不明显；对人民代表大会的性质、地位和作用的宣传不够深入；在加强与代表的联系，充分发挥代表作用方面还做得不够好；对人大工作中存在的一些具体困难，虽经努力，但尚未很好解决；等等。我们诚恳地希望各位代表在审议中提出批评。

各位代表，县第十届人民代表大会常务委员会已经完成了自己的使命，新一届常委会将由本次大会选举产生。党的十四大报告在阐述九十年代改革和发展任务时指出：“同经济体制改革和经济发展相适应必须按照民主化和法制化紧密相结合的要求，积极推进政治体制改革”，“没有民主和法制就没有社会主义的现代化，我们应当在发展社会主义民主，健全社会主义法制方面取得明显进展，以巩固和发展稳定的社会政治环境，保证经济建设和改革开放的顺利进行”。新的形势，对人大及其常委会的工作提出了新的、更高的要求。首先是在政治体制改革方面，我们的政治体制改革，目标是建设有中国特色的社会主义民主政治，绝不搞西方的多党制和议会制，这就必须进一步坚持和完善人民代表大会制度，加强人大及其常委会的建设；其次是随着改革开放的不断深入和社会主义市场经济的建立，需要我们进一步确立“经济建设为中心”的意识，加强法律监督和工作监督，解放思想，转变观念，更好地发挥人大的监督职能，推动和促进我县的两个文明建设，切实保证法律法规在本行区域的贯彻实施，推进决策的民主化、科学化；第三，必须适应形势和任务的要求，进一步密切同人民代表和人民群众的联系，加强常委会的自身建设。因此，人大及其常委会的工作任务将更加繁重。我们坚信，新一届县人民代表大会常务委员会将在中共安吉县委的领导下，出色地完成任务，从而把我县的社会主义民主法制建设，人大工作和建设不断推向前进，登上新的台阶。

让我们在党的基本路线指引下，更加紧密地团结在以江泽民同志为核心的党中央周围，同心同德，改革创新，为实现党的十四大提出的宏伟目标和八届全国人大一次会议提出的要求，夺取有中国特色的社会主义事业的更大胜利而努力奋斗！

安吉县人民代表大会第十一届常务委员会工作报告

——1998年3月17日在安吉县第十二届人民代表大会第一次会议上

张锡荣

各位代表：

我受安吉县第十一届人民代表大会常务委员会的委托，向大会报告五年来的工作，请予审议，并请政协委员和其他列席会议的人员提出意见。

县第十一届人大常委会自1993年3月选举产生至今已五年。这是我县改革开放、两个文明建设取得崭新成就的五年。五年来，在中共安吉县委的领导下，在县人大代表和全县人民的监督支持下，常委会坚持以邓小平理论为指针，始终不渝地遵循党的“一个中心，两个基本点”的基本路线，坚定不移地贯彻依法治国，建设社会主义法治国家的重要方针，认真履行宪法和法律赋予的职责，加大监督力度，积极推进依法治县，促进了我县经济建设和社会各项事业的发展。五年来，常委会依法举行会议41次，听取和审议“一府两院”工作报告98个，作出决议、决定39项，任免“一府两院”工作人员129人次，撤销职务1人，开展了对公安、司法机关的执法评议，述职评议干部25名。督促办理代表议案建议728条，提出书面审议意见12条。还多次组织代表和有关部门讨论上级人大交付的法律法规草案，提出修改意见和建议，为上级人大立法提供参考。

回顾五年来的工作，常委会遵照十一届人民代表大会历次会议决议，监督力度明显加大，自身建设得到进一步增强，各方面的工作都有了新的进步、新的提高。

一、围绕改革、发展、稳定，加强工作监督

五年来，常委会坚持以经济建设为中心，坚持“三个有利于”标准，始终把服务、服从于经济建设，推动经济建设和社会各项事业的发展作为工作的出发点和落脚点，依法履行职责，切实加强监督，努力提高监督水平和监督实效。

(一)重视加强对经济工作的监督。农业是国民经济的基础，常委会先后九次对全县粮食生产、“一优两高”农业基本农田保护、农业现代化园区建设、农业综合开发等进行调查、视察、审议，并提出建议和意见，作出了《关于巩固农业基础地位，加快发展高产、优质、高效农业的决议》。去年常委会组织人员对我县重点绿色食品开发情况进行了调查，听取和审议了县人民政府《关于我县绿色食品概况和开发前景的汇报》。认为近几年来县政府对绿色食品开发工作十分重视，制定了一系列优惠政策，有效地推动了我县绿色食品开发。建议县政府要进一步提高对加快绿色食品开发的认识，充分利用山区资源优势，大力发展绿色食品，促进全县经济持续、协调发展；要以科技为先导，在优质品种、信息、储存、加工、市场等方面加大服务力度，真正做到急农户所急，想农户所想；同时要注重水土保持工作，做到开发与保护相结合。为了进一步推动农村集体资产管理，壮大村级集体经济，常委会于去年年初对缫舍等乡镇、村进行了重点调查，听取和审议了县政府《关于加强农村集体资产管理，发展壮大农村集体经济情况的汇报》。提出要通过对集体资产的清理和严格管理，摸清集体资产家底，减少集体资产流失，使其保值、增值，从而促进农村集体经济进一步发展壮大。

常委会把督促、支持政府深化改革，扩大开放，大力发展工业经济作为工作重点，五年来先后对“三个经济增长点”(乡镇企业、外向型经济和个体私营经济)、全县企业运行机制、技改投入、发展后劲、内部管理、经济效益等进行了重点调查和审议，提出了意见和建议。近几年来，我县个体私营经济发展很快，对我县经济发展起着举足轻重的作用。常委会两次组织调查、审议个体私营经济发展现状。建议各级政府要高度重视个体私营经济的发展，切实抓好县委、县人民政府制定的一系列优惠政策的落实工作。要在产品质量和税收征管等方面加强管理，鼓励个体私营经济依靠科技进步，促进企业上档次、上规模。企业改革是建立社会主义市场经济体制的重要内容，也是实现“两个根本转变”的重要条件。常委会抓住这一关键，于去年6月专题调查了国有、城镇集体企业的改制情况，听取和审议了关于企业经营机制转换，加强内部管理，提高经济效益等情况的汇报，明确转制的目的是增强企业活力，提高经济效益；各地要根据企业实际情况决定转制形式，一厂一策，不搞一刀切，不搞形式主义；在转制工作中，要切实依法办事，认真处理好各种法律关系，防止留下后遗症；要建立健全社会保障体系。真正建立起自主经营、自负盈亏、自我约束、自我发展的企业运行机制。常委会还多次督促政府要重视工业经济运行质量，扶持重点企业，注重企业领导人的选择和培养。

重视对旅游事业发展的监督。我县的旅游资源比较丰富，根据“后花园”工程建设思路，常委会对我县旅游资源开发情况进行了调查，先后两次听取和审议了关于发展旅游产业和风景旅游发展总体规划的汇报，建议政府要抓紧健全旅游管理机构，完善旅游开发规划，加大宣传力度，提高大都市“后花园”知名度，多方筹措资金，加快开发步伐。同时提出了《关于对天荒坪井村姚家大院进行保护、开发的审议意见》。为了进一步推动我县开放型经济发展，常委会组织调查了我县开放型经济发展情况，并听取和审议了县政府的汇报，提出要重视开发新产品、开拓新市场、扩大招商范围，要抓住’97中国竹文化节在我县举办的契机，加快开放型经济发展步伐。

五年来，常委会加强了对国民经济和社会发展计划及财政预算执行情况的监督。每年安排三至四次听取和审议县人民政府关于国民经济和社会发展及财政预算执行情况的汇报，提出审议意见，并作出相应决议。常委会积极参与制定我县国民经济和社会发展“九五”计划和2010年远景规划纲要，对纲要草案进行了审议，并提出了许多建设性意见和建议。十一届人大四次会议依法作出了实施“纲要”的决议。去年4月，常委会分别听取了审计法贯彻执行情况、1996年县财政预算执行情况的审计报告和1996年财政决算(草案)的报告。认为我县各级政府和财税部门，进一步深化财税体制改革，加强税收征管，克服多种困难，财政收入超额完成了预算任务，实现了当年财政收支平衡，预算执行情况是好的。根据审议，常委会作出了《关于批准安吉县1996年财政决算的决议》。建议县人民政府及财税部门要切实抓好税收征管，加大财政财务监督力度，加强预算外资金管理，进一步建立健全预算外资金使用管理制度，严格按规定办事，真正做到收好、管好、用好。同时，认为县人民政府以贯彻执行审计法为核心，抓住重点，加大审计执法力度，认真搞好同级财政审计，为保障我县经济健康发展，促进廉政建设做了有益的工作。提出要进一步加强审计法的宣传、贯彻、执行工作，提高各级领导、财务人员的审计意识，对已审计出的违法行为要依法严肃处理。去年10月，常委会听取和审议了1—9月份国民经济和社会发展计划执行情况汇报。认为9个月来全县农业生产形势良好，工业经济保持了适度增长，财政、金融运行正常，各项社会事业得到了进一步发展，整个计划执行情况良好。提出要在坚持不懈地抓好农业经济的同时，狠抓工业经济的发展，要在深化改革、调整结构、加强管理方面着手，全力帮助企业克服困难。

(二)重视加强对社会事业发展的监督。常委会十分重视科技、教育、文化、卫生等社会事业的建设和发展。1993年，常委会调查审议了我县贯彻执行《中国教育改革和发展纲要》《中华人民共和国文物保护法》贯彻执行情况；1994年调查、审议了我县科教兴县”战略决策贯彻实施情况，同年常委会听取和审议了县人民政府关于农村初级卫生保健工作开展情况的汇报，提出了建议和意见，对我县顺利通过省级“达标”验收起到了促进作用；1995年对我县“两基”工作（基本普及九年制义务教育、基本扫除青壮年文盲）进行了视察，帮助乡镇查漏补缺，推动了我县“两基”工作的开展。这一年常委会还对创建文明城镇活动进行了视察、审议，对动员全社会参与创建文明城镇活动起到了促进作用。去年，常委会审议了安吉县“科教兴县”战略“九五”实施纲要，认为“科学技术是第一生产力”和“教育为本”的思想是邓小平理论的重要组成部分，要实现我县跨世纪奋斗目标，必须深入实施科教兴县战略，切实把经济建设转移到依靠科技进步和提高劳动者素质的轨道上来。常委会作出了《关于安吉县实施“科教兴县”战略“九五”实施纲要的决议》。去年4月，常委会组织人员对贯彻执行《浙江省计划生育条例》情况进行了调查，听取和审议了县人民政府贯彻执行条例情况的汇报。认为县人民政府及主管部门对计划生育工作非常重视，成绩突出。要求进一步抓好孕前型管理，加强流动人口管理。去年6月，常委会调查和审议了《浙江省文化市场管理条例》贯彻执行情况。要求进一步加强对相关法律法规的宣传，加大执法力度，要一手抓管理，一手抓繁荣，在依法加强管理的同时，积极培育和引导文化市场发展；要充分发挥文化、广电系统主渠道作用，同时加快培育农村文化市场，促进我县文化市场建设走向健康、有序、繁荣、安全。

（三）重视加强对人民群众关心的热点问题的监督。常委会一直把人民群众关注的、急需解决的“难点”“热点”问题作为监督的重要一环来抓，并力争取得实效。“菜篮子”与人民群众的生活息息相关。1995年4月，常委会对17个重点乡镇的“菜篮子”基地建设情况进行了视察，同时还发出通知，要求各乡镇人大主席团组织代表就地开展视察。听取和审议了县人民政府关于蔬菜基地建设情况汇报，提出要进一步加快蔬菜基地建设步伐，努力推广蔬菜栽培新技术，引进新品种，切实帮助农民搞好流通服务。环境保护是我国的一项基本国策。常委会三次对我县环保工作进行视察、调查、审议，督促政府采取切实措施解决污染问题。西苕溪水资源污染一直是个老大难问题，县人大代表多次提出议案，去年，常委会将代表要求制定西苕溪治理规划的议案作为重要议案提交县人民政府。县人民政府将梅溪饮用水工程列为1997年政府实事，并于当年完工，受到群众好评。去年，常委会讨论和审议了县人民政府提交的《安吉县饮用水水源保护区污染防治管理暂行办法》议案。认为依法保护好饮用水水源不受污染，是保障人民身体健康，造福于人民的大事，经过讨论和审议，同意暂行办法，并作出了《关于实施安吉县饮用水水源保护区污染防治管理暂行办法的决议》。

（四）重视加强对办理实事工作的监督。常委会每年对人代会通过的政府实事办理情况进行视察，尤其关注与人民群众生活关系密切、对社会发展影响较大的实事，多次组织市、县人民代表对天目路北段改造、“04”省道建设、引水工程等大型建设项目进行视察。听取和审议县政府关于实事办理情况的汇报，对在预定时间里保质保量完成的表示充分肯定，对在实施过程中存在的一些问题和不足，实事求是地提出意见和建议，通过人大的督促，进一步加快了办理进度，提高了办理质量。

二、强化法律监督，推进依法治县

实行和坚持依法治县，是贯彻实施依法治国方针，建设社会主义法治国家的具体体现。常委会把加强民主法制建设、推进依法治县作为根本任务来抓。根据中央依法治国的决定，结合工作实际，积极推进依法治县，使我县的社会主义民主法制建设进入了一个新的阶段。

（一）积极推进依法治县进程。根据县委关于实施依法治县的决定，常委会认真审议了《安吉县人民政府（1996—2000年）依法治县规划（草案）》，听取了县人民政府《关于依法治县规划说明（草案）的报告》，作出了《关于实行依法治县的决议》，明确了依法治县的目标和任务。去年九月，常委会对我县依法治县工作进展情况进行了调查，听取和审议了县政府关于依法治县工作情况的汇报。认为县委、县人大作出关于实行依法治县决定、决议以来，县人民政府及时在土管局、工商行政管理与物价局和孝丰镇开展部门执法责任制、依法治镇试点工作，各试点单位制定规划，狠抓落实，取得了阶段性成果。广大干部群众的法制观念和法制意识进一步增强，各级领导干部依法办事、依法管理的水平进一步提高，有效地推动了依法治县进程。同时提出要进一步统一思想认识，增强依法治县工作的自觉性，切实做到依法行政，依法决策，依法办事。

（二）加强对全民普法工作的监督。五年来常委会始终关注全民普法工作，把提高全民法制意识作为一项重要工作来抓。多次就“二五”“三五”普法工作开展调查研究，听取和审议县政府关于开展普法工作的汇报，提出建设性意见和建议，作出了《关于继续开展法制宣传教育的决议》。去年11月，常委会组织人员对我县“三五”普法工作进展情况进行了调查，听取和审议了《“三五”普法宣传教育工作情况》汇报，认为搞好“三五”普法是进一步增强全县人民的法律意识和法制观念，不断适应社会主义市场经济体制建设的需要，是“依法治县”的客观要求。经过几年的普法教育，全县广大干部群众依法维护合法权益的意识进一步增强，有法不依，执法不严现象明显减少。强调要按照国家关于在公民中开展法制宣传第三个五年规划的要求，切实加强领导，认真组织实施“三五”普法工作规划，坚持学法、守法、执法的密切结合，积极推进依法治理的各项工作。通过举办法律知识讲座、法制培训班、法律知识竞赛、电视讲话等多种形式，加强对宪法和修改后的刑法、刑事诉讼法等重要法律的宣传。领导干部要带头学法，推动全民法制学习，增强广大干部群众的宪法意识和民主法制意识。

（三）加强执法检查，保障法律法规的实施。五年来，常委会对农业法、土地管理法、环境保护法、食品卫生法、统计法、审计法、教育法、治安管理处罚条例、计划生育条例、代表法、监察条例、行政处罚法、新刑法等50余部法律法规进行了执法检查，先后听取了“一府两院”关于贯彻执行情况的汇报，指出了有关部门在执法过程中存在的问题，促进了法律法规的贯彻实施。开展社会治安综合治理，对保障改革开放和经济建设的顺利进行具有重要意义。常委会两次对治安管理处罚条例贯彻执行情况进行调查审议，并作出了《关于加强社会治安综合治理的决议》。常委会听取和审议了县人民法院关于经济案件的审判和执行情况的汇报，对改善执法环境，加大执行力度，严格依法办案等问题提出了审议建议。去年下半年，常委会对行政处罚法贯彻执行情况进行了调查，听取和审议了县人民政府关于贯彻执行行政处罚法情况的汇报，提出要加大该法的宣传力度，各级领导要带头学法执法，各行政执法部门要严格依法办事，增强公仆意识和依法办事的自觉性。去年6月，常委会召开主任会议听取和审议了县人民政府、县人民检察院关于我县廉政建设、反贪污贿赂工作情况汇报，认为廉政建设和反贪污贿赂工作十分重要。要求各级领导切实重视这项工作，积极支持检察、监察机关严格依法亦案；检察、监察部门要做到有法必依，执法必严，杜绝徇私枉法。去年9月，常委会主任会议对贯彻《浙江省房屋租赁管理条例》情况进行了审议，针对我县房屋租赁市场秩序比较混乱的现状，要求县人民政府根据有关法律法规和我县实际，尽快出台我县加强房屋租赁管理实施办法，要集中精力搞好整治，切实维护好房屋租赁市场秩序，依法征足税收。会后还向县人民政府提出了《关于加强我县房屋租赁管理的审议意见》。

(四)认真开展"述职评议"和执法评议。对人大常委会任命的干部进行"述职评议"，是强化人大常委会监督职能的重要途径。为了进一步增强对人大常委会任命的干部依法行政、公正司法的责任感、使命感，常委会从1994年到1996年，对25名人大常委会任命的干部分别进行了述职评议。通过述职评议，被评议干部进一步增强了法制意识、公仆意识和创业意识，推进了行政机关依法行政和廉政建设。1994年，常委会根据有关法律规定，组织人民代表对全县公安司法机关的执法工作进行了评议。公安司法机关对代表的意见和建议都作了认真的研究，制定了整改措施，解决了一些久拖不决的案件和问题。评议结束时，常委会召开了总结表彰大会，有4名干警被授予荣誉称号。执法评议工作对于鼓励和促进公安司法队伍秉公执法、勤政廉洁起到了积极作用。

三、加强代表工作，发挥代表作用

代表工作是坚持和完善人民代表大会制度的一项基础性工作。五年来，常委会注重研究新形势下代表工作的新情况、新问题，不断探索代表工作新路子，认真组织代表依法履行职责，充分发挥代表的作用

(一)组织代表学习法律。代表素质的高低，直接关系到代表管理国家事务的效果。常委会十分重视代表的学习，指导代表中心组和代表小组制订学习计划，为代表提供学习资料，举办培训班，组织代表学习宪法、代表法等法律法规，组织代表参加人民政权报开展的知识竞赛活动。1996年、1997年连续两年开展了宪法、代表法、选举法、地方组织法知识竞赛，全县各级代表和各级干部8000余人次参加了竞赛活动，通过这些活动，使人大代表进一步明确了人民代表大会的性质、地位、作用及代表的权利和义务，增强代表的光荣感和使命感。

(二)加强与代表的联系。一是坚持完善各项制度，如邀请代表列席常委会会议、常委会上门走访代表等制度。五年来共邀请代表列席常委会会议90人次，走访代表830余人次。二是组织代表开展视察、调查和执法检查活动，共组织各级代表视察42次，参加视察640人次。三是开展评比活动，常委会在全县开展了"先进代表小组"和"优秀人大代表"评比活动，并对评出的先进小组和优秀代表进行表彰。同时，受省、市人大常委会的委托，认真组织省、市人大代表开展各项活动。

(三)认真督办代表议案和建议。县十一届人大一至五次会议共收到代表议案540件，意见、建议170件。常委会根据议案、意见、建议内容，确定重要议案42件，根据有关规定，及时转交县人民政府及有关部门办理。为了加快办理速度，提高办理质量，常委会加强与承办单

位的联系和督办。每年常委会都要专题听取县人民政府关于议案办理结果的汇报。五年来，所有的议案、意见都得到办理答复，并符合法律规定的时限。通过议案办理解决了许多诸如建造梅溪小木桥、梅溪引水工程、乐平寺修复等长期悬而未决的问题，对办理不满意的议案，及时督促政府部门进一步调查，重新办理，直至代表满意。

（四）指导乡镇人大工作。县人大常委会切实加强了对乡镇人大工作的指导。一是指导乡镇搞好换届选举工作；二是组织乡镇人大主席学习县委〔1996〕39号文件《中共安吉县委关于进一步加强对乡镇人大工作领导的通知》精神，积极支持乡镇人大依法行使职权；三是指导乡镇建立健全各种制度；四是组织乡镇人大主席培训，帮助他们拓展视野，提高工作水平，使乡镇人大工作向制度化、规范化方向发展。

（五）重视来信来访工作。五年来，常委会共收到人民来信972件，接待群众来访1240人次。按照“分级负责，对口处理”的原则，及时作出了处理，一些群众反响较大的问题常委会直接督办，如电信大楼噪声油烟污染附近居民问题、安徽民工被殴打致残事件、递铺农贸市场欺行霸市、天荒坪马吉村土地权属纠纷、上郎小区路况等问题都得到了较好处理。从而消除了一些社会不安定因素，保障了人民群众的合法权益，维护了社会稳定。

四、加强自身建设，提高工作水平

加强常委会的自身建设，是适应形势发展的需要，也是搞好人大工作的内在要求。常委会十分重视自身及机关的思想作风建设，努力改进工作，不断提高工作水平。

（一）加强理论和法律学习。为了不断提高常委会组成人员及人大机关干部的政治理论水平及实际工作能力，常委会重点抓了三个方面的学习。一是加强政治理论学习，组织人大机关干部认真学习邓小平理论和党的十四大、十五大文件，讲政治，讲学习，讲正气，在思想上、政治上与党中央保持一致；二是加强法律学习，鉴于近几年新颁布的法律法规较多的情况，常委会除平时组织学习外，还结合审议议题，学习法律法规，使学法与审议内容有机地结合起来，既增强了委员和机关干部的法律知识，又提高了审议质量；三是加强了人大工作业务学习，提高机关工作人员理论水平和业务能力。

（二）注重调查研究。常委会始终把开展调查研究，撰写调查报告，作为提高审议质量的有效途径。常委会围绕审议议题及群众关心的热点问题，深入基层开展认真细致的调查研究，共撰写调查报告51篇，不但为常委会审议、决定问题，实施有效监督提供了依据，还给县委、县政府科学决策提供了依据。

（三）加强人大制度的宣传和研究工作。常委会建立和完善有关制度，进一步密切与各新闻单位的联系，加强人大新闻宣传工作。广泛地宣传人大的性质、地位和作用，宣传各级代表在两个文明建设中的先锋模范作用，认真办好会刊和《人大工作信息》，建立了人大信息网络，发挥两个刊物在宣传民主法制和人大工作实践等方面的积极作用。继续重视新形势下人大工作的理论研究，积极参加省市人大工作理论研讨会，不断探索做好新时期人大工作新途径。

通过五年的工作，常委会深刻体会到，做好人大工作最主要的是：第一，必须紧紧围绕经济建设中心开展工作。人大及其常委会的工作要全面贯彻执行党的基本路线，自觉地遵循宪法关于“集中力量进行社会主义现代化建设”的要求，强化“中心”意识，以邓小平“三个有利于”为根本判断标准，围绕党和国家工作大局，通过调查、视察、审议等各种监督方式，为经济建设服务，为改革、发展、稳定服务，推进经济、社会等各项事业的全面发展。第二，必须全面贯彻依法治国、建设社会主义法治国家的重要方针，大力推进依法治县进程。要把推进社会主义民主法制建设作为人大工作的根本任务，坚持有法可依，有法必依，执法必严，违法必究，严格依法办事，在“法”字上做文章、下功夫，不断推进政府机关依法行政、司法机关公正司法，增强全民的法制观念和法律意识，做到法律面前人人平等，维护宪法和法律的尊严。第三，必须坚持求真务实的工作作风。要深入实际，调查研究，一切从实际出发，实事求是，做实事，求实效，不搞形式主义，不做表面文章；要密切联系群众，时刻把人民的利益放在首位，反映人民的意愿和要求，以人民高兴不高兴、满意不满意、赞成不赞成、答应不答应作为人大工作的出发点和落脚点，体现和实现人民当家作主这一社会主义民主的本质。第四，必须坚持和依靠党的领导。党在我们国家始终发挥着总揽全局、协调各方的领导核心作用。坚持党的领导是讲政治的必然要求，只有在党的领导下，认真贯彻党的路线、方针和政策，才能使人大工作更好地从大局出发，积极地把党的主张和意图转变为国家和人民的意志，把坚持党的领导、发扬人民民主和严格依法办事统一起来，保持和发挥社会主义制度的优势。

各位代表，过去五年常委会的工作能够取得新的成绩，新的进展，首先得益于我国改革开放和社会主义现代化建设的大好形势，得益于社会主义经济体制和政治体制改革的不断深入和人民群众民主法制意识的日益提高，是县委加强领导，全县人民和乡镇人大主席团及各方面大力支持和配合，全体代表共同努力的结果。在此，我谨代表县十一届人大常委会，对关心、支持、帮助人大工作的所有同志和各界人士表示衷心的感谢和崇高的敬意！

实践已经并将继续证明，在我国实行人民民主专政的国体和人民代表大会制度的政体是人民奋斗的成果和历史的选择。坚持和完善人民代表大会制度，对于坚持党的领导和社会主义制度、实现人民民主具有决定意义。对照宪法法律和党的十五大的要求，与人民群众的期望相比，常委会的工作还存在一些差距和不足：在贯彻依法治国，建设社会主义法治国家方针，推进依法治县进程中的主导作用还没有很好发挥；监督工作还比较薄弱，监督力度不强，在实践中一些好的做法和经验还有待在认真总结的基础上进一步规范化、制度化；代表工作有待进一步加强。

各位代表，党的十五大报告指出，我国经济体制改革的深入和社会主义现代化建设跨世纪的发展，要求我们在坚持四项基本原则的前提下，继续推进政治体制改革，进一步扩大社会主义民主，健全社会主义法制，依法治国，建设社会主义法治国家。发扬社会主义民主，健全社会主义法制，坚持和完善人民代表大会制度将是长期而艰巨的任务，这对人大及其常委会的工作提出了新的更高的要求。我们建议新一届人大及其常委会要高举邓小平理论伟大旗帜，认真贯彻党的十五大精神，以经济建设为中心，切实履行宪法、法律赋予的职责，发挥代表作用，加大监督力度，积极推进依法治县，促进物质文明和精神文明协调发展，为实现我县跨世纪宏伟目标而努力奋斗。

一、加大法律监督和工作监督力度。新一届常委会要继续加强对“一府两院”的法律监督和工作监督，围绕建设中国竹乡、“都市后花园工程”，重点抓好农业和农村工作，抓好计划、财政、工业经济、旅游业、精神文明建设和人民群众普遍关心的重大事项的监督。要有重点地抓好新出台法律、法规的学习和宣传，督促实施“三五”普法规划，全面落实部门执法责任制，大力推进依法治县，促进社会主义物质文明和精神文明的协调发展。认真搞好“两项评议”（对人大常委会任命的干部进行述职评议和对行政执法机关进行执法评议）。

二、进一步做好代表工作。新一届常委会要继续坚持各项联系代表制度，根据新形势、新任务的要求，研究、探索开展代表活动的新路子，组织代表学习法律，抓好代表议案建议的督办工作，督促有关部门开展现场办理，提高议案建议的办理实效；积极为代表履行职务搞好服务；继续加强对乡镇人大工作的指导，关心乡镇人大主席团的建设，不断提高乡镇人大工作水平。

三、加强常委会自身建设。新一届常委会要继续抓好学习，首先要认真组织学习邓小平理论和党的十五大精神，学习党中央一系列方针、政策；坚持例会学法制度和机关每月学习制度，加强政治理论和法律知识学习，积极参加上级人大举办的法制培训班，并创造条件举办法制讲座，不断提高常委会组成人员和人大机关干部的思想政治素质和工作水平；要健全和完善人大工作制度，严格执行常委会议事规则，提高整体议事和决策水平；加强思想政治工作，调动干部积极性，提高工作效率；根据人大常委会每年工作要点安排，深入调查研究，改进工作作风和方法，进一步提高监督质量；要加强对人民代表大会制度的宣传和人大工作研究，努力提高人大工作水平。

各位代表，值此跨世纪的关键时刻，面对前所未有的机遇和挑战，面对改革攻坚和开创新局面的艰巨任务，新一届人大及其常委会一定要遵照党的十五大作出的战略部署，紧密团结在以江泽民同志为核心的党中央周围，在中共安吉县委的领导下，充分发挥人民代表大会制度和国家权力机关的职能作用，紧紧依靠全县人民抓住机遇，开拓进取，扎实工作，大胆创新，为全面实现跨世纪宏伟蓝图而奋斗。

安吉县第十二届人民代表大会常务委员会工作报告

——2003 年 3 月 7 日在安吉县第十三届人民代表大会第一次会议上

张锡荣

各位代表：

我受安吉县第十二届人民代表大会常务委员会委托，向大会报告五年来的工作，请予审议。

1998 年 3 月选举产生的县十二届人大常委会即将任期届满。过去的五年，是我县改革开放和现代化建设事业跨世纪发展，全县物质文明、政治文明和精神文明建设取得丰硕成果的五年，也是我县人大及其常委会解放思想、实事求是、与时俱进，各项工作取得新进展的五年。五年来，常委会在中共安吉县委的领导下，高举邓小平理论伟大旗帜，深入实践“三个代表”重要思想，坚定不移地贯彻依法治国方略，自觉服从、服务于经济建设中心，紧紧围绕县委提出的各项工作目标任务，认真履行宪法和法律赋予的职权，开展各类视察、调查、检查 70 余次，依法举行常委会会议42次，听取和审议“一府两院”工作报告101项，作出决议、决定38项；依法任命地方国家机关工作人员224名。各项工作在历届的基础上有了新的提高，取得了新的成绩，为推进依法治县进程，加强社会主义民主法制建设，促进全县经济跨越式发展和社会全面进步发挥了积极的作用。

一、切实加强工作监督，促进经济跨越式发展

常委会紧紧围绕加快发展这一主题，突出经济建设中心，抓住事关改革、发展、稳定的重大问题和广大人民群众普遍关注的热点、难点问题，选准切入点和突破口，进一步拓宽监督领域，改进监督方式，提高监督实效。

重视对农业增效、农民增收工作的监督。把加快农业产业结构调整，实现农业增效、农民增收作为监督工作的重中之重。在广泛调研的基础上，听取和审议了县人民政府关于《全县农业产业化经营发展规划》实施和调整农业产业结构、发展效益农业工作情况的报告，就加快农业产业化经营步伐和白茶生产管理分别向县人民政府提交审议意见书。针对农业产业结构调整中产生的调改资金不足、农业产业化经营总体水平不高、农业服务体系不够健全等问题，提出了完善管理体制、加大财政投入、大力扶持农业龙头企业和种养大户、发展生态效益农业。推进农村劳动力转移、多渠道增加农民收入等意见和建议，为推动农业产业化进程，加快我县农业、农村现代化建设步伐起到促进作用。

重视对企业改革工作的监督。听取和审议了县人民政府关于减轻企业负担、企业产权制度改革、国有和城镇集体企业生产经营管理及改制、个体私营经济发展情况等报告。就企业产权制度改革，建议县政府从实际出发，提高改制质量，进一步活跃和开拓市场，做好下岗人员再就业，提高企业经营管理水平。要求县政府及有关部门加强对个体私营经济的领导，加大服务力度，进一步理顺管理体制，优化发展环境，加强行业管理，提高产品质量。针对企业减负工作成效不明显的问题，向县人民政府提交了审议意见书。县人民政府及时出台了《安吉县减轻企业负担工作的实施意见》，先后取消36项收费项目，降低5项收费标准。

积极参与和督促招商引资工作。常委会组成人员积极参与招商引资，联系招商引资项目，并多次赴外商聚集地招商。针对全县招商引资工作不平衡、工业园区偏小偏多、投资规模不大、技术含量不高等问题，向县政府提出了加强领导、加大督促力度，强化服务功能、优化投资环境，进一步加快工业园区建设，构筑招商引资平台，加强专业招商人才的培养和队伍建设，多形式、多渠道开展招商引资工作和内外资并重等建议，并要求县政府坚持招商引资“一号工程”不动摇，进一步明确招商引资重点，继续完整工作机制，切实解决招商引资工作中的实际问题。围绕改善投资环境，提高开放水平，听取和审议了县政府关于我县“二轮”审改及审批办证服务中心建设情况的报告，在肯定县办证服务中心服务经济、服务企业、服务群众改善投资环境等方面取得成绩的同时，针对审改上下配套不到位、中心窗口授权不到位等问题，要求县政府高度重视县审批办证服务中心建设，并围绕优化审批制度、减少审批环节、简化审批手续提出了具体要求。

改进办法，强化对经济运行和财政预算执行情况的审查监督。不断总结经验，从本县实际出发，依法制定了《关于加强对财政经济工作监督的规定》。常委会和工作委员会每个季度

分层次听取和审议人民政府关于国民经济运行和社会发展计划、财政预算执行情况的报告，并提前介入对年度计划、国民经济和社会发展计划、财政预算的制定和执行情况的审查，重点对政府编制计划和预算的依据、指导思想、主要指标以及重大项目进行审查，提出审查意见和建议。每年都听取和审议县政府关于同级财政审计情况的报告。针对县财政收入超预算的实际情况，常委会听取县人民政府关于县财政收入预算超收部分支出安排情况的报告，要求县政府合理安排财力，提高资金使用效益。对预算外资金管理和使用工作，要求县政府进一步增强宏观调控能力，规范预算外资金收支行为，认真执行财经制度。2000年，听取和审议了县政府关于调整安吉县国民经济和社会发展"九五"计划部分主要指标的报告，并批准了调整方案。

对全县重大问题作出决定，并监督实施。为了促进我县经济社会可持续发展，本届县人民代表大会分别作出了《关于实行殡葬改革的决议》《关于加快实施"绿色工程"的决议》和《关于加快实施"生态立县——生态加强经济强县"的决议》和《关于创建最佳人居环境的决议》。为保证"决议"的贯彻落实，常委会分别听取和审议了县人民政府关于殡葬改革工作、实施"绿色工程"、创建最佳人居环境工作和污染企业治理工作情况的报告。督促县人民政府理顺了殡仪馆管理体制，切实解决殡葬改革过程中的一些实际问题。多次深入企业、乡村调查、检查治污工程实施情况，督促关停重点污染企业，为落实"零点行动"，实现"一控双达标"起到了积极的促进作用。建议县政府进一步完善绿色工程实施工作的管理体制和长效管理机制，加强检查督促，及时兑现相关政策，切实巩固"绿色工程"实施成果。长期坚持走"生态立县——生态经济强县"发展路子，保障经济社会可持续发展。突出重点，加大力度，切实推进最佳人居环境建设进程。对2000年修订的县城总体规划进行了专门审议，批准了《安吉(递铺)城市总体规划》和《安吉县生态示范区建设规划》。同时，要求县人民政府进一步重视城镇建设和农村村庄环境整治工作，科学制定和严格执行相关的规划。

着力推进社会各项事业全面进步。适时组织代表视察旧城改造、生态广场、污水治理、凤凰水库、城市防洪和04省道、11省道等重点基础设施建设工程进展情况，听取和审议县人民政府相关工作报告，要求重点工程建设项目在保证质量的前提下，加快建设进度。要求凤凰水库移民和拆迁工作，严格执行《浙江省城市房屋拆迁管理条例》及相关规定，切实维护群众利益，妥善安置搬迁群众。听取和审议了县人民政府关于普及十五年教育工作情况的报告，建议县人民政府合理调整学校布局，完善投入机制，加强校长和教师两支队伍的建设，切实改善边远山区的办学条件，积极争创教育强县。常委会还分别听取和审议了县人民政府关于《科学技术进步法》《文物保护法》《浙江省计划生育管理条例》《浙江省流动人口计划生育管理办法》实施情况和关于我县农村初级卫生保健工作、旅游业发展、社会保障和再就业工程实施情况的报告，并提出了相应的建议和意见。

职工基本养老保险条例的实施、农村电网建设与改造、广播电视通村入户、农民大病统筹等问题都关系到人民群众的切身利益，也是人民群众普遍关心的热点问题和政府工作的难点问题，常委会对这些问题都给予高度重视，深入调查研究，认真审议相关的工作报告，积极提出意见和建议。常委会还听取和审议了县政府关于残疾人按比例就业工作情况汇报，要求县政府加强宣传，加大执法力度，做好残疾人就业保障金的征收和管理工作，切实保障残疾人合法权益。

二、切实加强法律监督，积极推进依法治县

着力推进依法治县进程。常委会紧紧围绕依法治县这条主线开展各项工作，主动参与县委对依法治县的决策，根据自身职能，着眼整体推进，加强宏观指导。四次组织调查组进行调查，全面了解依法治县工作情况，及时发现新情况、新问题，在此基础上，听取和审议县政府工作报告，做出了《关于进一步实施依法治县的决议》，批准了“一府两院”制定的依法治县第二个五年工作规划。要求“一府两院”对规划的实施工作切实加强领导，突出重点，加强指导、检查、督促、考核力度，积极创新工作方法，加大依法治县规划的实施力度。

加强法制宣传教育，营造良好的法制环境。审议批准了县政府制定的“四五”普法规划，作出了关于进一步加大法制宣传力度，营造浓厚的普法工作氛围，积极探索普法教育新方法。通过举行座谈会、发表电视讲话等形式，开展了建筑法、气象法、种子法、劳动法、工会法等60余部法律法规的学习宣传。抓住纪念“八二”宪法颁布实施二十周年的契机，开展了以“增强宪法观念，维护宪法尊严，推进依法治县进程”为主题的宪法学习宣传教育活动。常委会还听取和审议了县政府关于我县社会治安工作情况的报告，要求县政府进一步重视维护社会政治稳定，创造良好的治安环境。

认真开展执法检查。为了保障法律法规在我县正确贯彻实施，有重点地对建筑法、食品卫生法、防洪法、土地管理法、水土保持法、产品质量法、省职工养老保险条例和失业保险条例及其相关的40多部法律、法规贯彻执行情况进行了深入细致地检查，督促解决了执法过程中存在的问题，进一步加强法律宣传，规范行政行为，增强相关从业人员的法制意识，整顿和规范了市场秩序，促进了相关产业的健康快速发展。如两次对建筑法及其相关法律法规的执法检查后，县政府都采取了切实有效的措施，大力整顿建筑市场秩序，加大了执法力度，出台了《关于加强建设工程招标管理的若干规定》等政策，将建设项目审批纳入了审批办证服务中心，实行全程代办服务。2002年，常委会对省职工养老保险条例、省失业保险条例的执行情况进行了县乡(镇)两级联动检查，针对我县存在的思想认识不够到位，扩面质量不高，征缴力度不大，两项基金管理不够规范等问题，向县政府提出了执法建议。县政府及时完善了相关政策，与乡镇签订了责任状，进一步明确工作任务，突出抓好续保和清欠工作，提高了扩面质量，还拨出专款填补了两项基金的不足，增强了支付后劲。常委会还组织开展了农业“两法”、消防法、行政处罚法、行政复议法、审计法、妇女权益保障法、省盐业管理条例、省城市房屋拆迁管理条例等法律、法规执行情况的检查，并对执行工作提出了要求。

从个案监督入手，加强对行政、司法工作的监督。重视对政法队伍建设的监督，要求政法部门从严治警，坚持集中教育整顿与经常教育相结合，不断提高干警素质。重视督促“一府两院”落实完善执法责任制和错案责任追究制，并有重点地选择几个群众反映强烈、影响较大的如台州路桥林某某财产无故被封案、递铺镇马鞍山村熊某某交通肇事致残赔偿案等典型案件进行个案监督。通过采取专案调查、查阅案卷、询问当事人、发送个案督办通知书、责令责任单位查处有关责任人违法行为等有效的监督途径，使一些久拖未决、群众反响强烈的热点、难点问题得到解决，保护了弱势群体的合法权益，维护了法律尊严。分别听取和审议了县人民法院关于民事案件审批情况、执行工作情况的报告，要求人民法院进一步强化队伍建设，提高“两个”素质，加大民事案件的审批和经济案件的执行力度，不断改进工作方法和策略，严格依法办案，公正司法。听取和审议了县人民检察院关于法纪监督情况、查办贪污贿赂案件工作情况和执行《人民检察院错案追究条例》情况的报告。要求县人民检察院加大对贪污、贿赂案件的查处、职务犯罪的预防、法律监督的力度，保障改革开放和反腐败斗争的顺利进行。进一步重视错案追究条例的宣传贯彻工作，做到思想上不松动，工作上更扎实；不断增强办案质量意识；进一步加强和完善执法监督机制；认真落实错案赔偿制度。

认真办理人民群众来信来访。进一步建立健全信访工作网络，认真做好信访工作。五年来收到人民群众来信1707件，接待来访422批1101人次。为加大督办力度，对部分信访案件专门召开主任会议研究办理方案。对一些久拖未决的信访案件，通过个案监督程序强化督办工作。通过有效途径，积极反映民意，妥善处理了一批群众反响强烈的问题。

积极参与上级人大立法工作。根据省人大常委会的要求，在征求广大代表和群众意见的基础上，对《浙江省实施〈中华人民共和国村民委员会组织法〉》《浙江省实施〈中华人民共和国消费者权益保护法〉办法》等30余部地方性法规草案及时提出了修改意见。

三、认真做好评议工作，切实提高依法行政、公正司法水平

结合多年来的实践，常委会依法制定了《关于评议工作的规定》，使评议工作更趋规范化、制度化。围绕提高依法行政、公正司法水平，认真组织开展两项评议工作。

提高执法评议实效。为加强司法、行政执法队伍建设，常委会连续三年组织人大代表先后对县人民法院、县公安局、县质量技术监督局的司法和行政执法工作进行了评议。通过多种途径，广泛征询人大代表和人民群众对受评部门的意见。先后三次召开评议会，有35名代表作了评议发言。常委会及时将评议意见交受评部门进行逐项整改。常委会会议和主任会议多次听取受评部门的整改情况汇报。一些反映比较强烈的问题，都有了扎实的整改行动和较好的整改结果。

创新述职评议方法。为改进和加强对任命干部的监督，提高任命干部的法制意识、公仆意识和创业意识，以执法和廉政建设为重点，每年要求所有常委会任命干部进行书面述职，对8位常委会任命干部进行了会议述职评议。不断创新监督方法，有力地增强了述职评议的实效。在深入调查、广泛听取意见的基础上，要求审计部门对受评干部进行任期经济责任专项审计，为评议提供准确的依据。在评议会上，常委会组成人员既充分肯定受评干部取得的成绩，又坦诚指出存在的问题，提出整改意见，对受评干部和其他干部都有较好的促进作用。在听取和审议述职报告的基础上，按“满意、基本满意、不满意”三个类别，对受评干部投评议票。坚持邀请公民旁听评议会议，请县委、县政府、县纪委领导参加评议会议。评议会后，及时督促受评干部落实整改，受评干部自觉接受监督，积极整改，在更大的范围内研究改进工作。常委会会议及时听取和审议他们的整改情况报告。

四、切实做好代表工作，充分发挥代表作用

注重研究新形势下代表工作的新情况、新问题，努力为代表依法履职服务，充分发挥代表

作用，自觉接受代表对常委会工作的监督。

重视提高代表履行职务的水平。组织代表学习宪法、地方组织法、选举法、代表法等法律法规，参加有关法律知识竞赛，及时为代表提供学习资料。通过学习、培训，广大代表进一步明确了人民代表大会制度的性质、地位、作用，提高了参与管理国家和社会事务的能力。积极组织开展争创先进代表小组和争创优秀人大代表活动，评出先进代表小组 13 个，优秀人大代表 49 人次，大大激发了人大代表依法履行职务的积极性。

增强服务意识，保障代表依法履行职务。常委会作出了《关于加强与人民代表联系的意见》，对建立健全代表活动网络，完善活动制度等作出了具体规定。长期坚持常委会组成人员分片联系代表、常委会领导接待代表日和走访、慰问代表等制度，及时听取代表的意见和要求，督促解决了代表反映的许多具体问题。坚持邀请人大代表列席常委会会议制度。在开展执法检查、专题调查时都坚持邀请包括在安吉的省、市人大代表在内的各级人大代表参加。在代表人身安全受到严重威胁时，常委会依法采取措施，维护代表的合法权益。

切实做好代表议案、建议和意见的督办工作。五年来，在历次人代会上，代表提交议案、意见和建议 489 件，80％以上已得到落实和正在落实。为加大督办力度，提高办理质量，常委会积极创新代表议案和意见的督办方法。突出重点坚持重点议案重点督办，五年中确定重要议案 14 件，做到件件落实；对反映人民群众普遍关心的问题的议案意见进行现场督办，并发送督办意见书，有效地解决了“要求拆除孝丰丝厂烟囱”等代表广泛关注的热点问题；对多年提交且办理难度较大的议案实行跟踪督办，解决了梅溪姚斗引水工程等长期悬而未决的问题；充分利用新闻宣传阵地和《人大工作信息》，增强议案督办的透明度。

依法开展县人大代表换届选举。常委会根据我县城镇化进程加快、流动人口大量增加等实际情况，及时向省人大常委会提出了增加县人大代表名额的要求，县人大代表名额由十二届的 224 名增加到十三届的 233 名。常委会加强领导，精心组织，并针对新情况、新问题，积极探索新的工作方法，选民参选意识增强，整个选举工作严格依法办事。

五、切实加强工作指导，努力提高乡镇人大工作水平

积极推进基层政权建设。常委会依法做好乡镇人大换届选举指导工作，五年中指导乡镇人大换届选举两次。及时提出指导性意见，强调正确处理加强党的领导，充分发扬民主，严格依法办事三者关系。五年中，我县进行了三次乡镇区划调整，常委会及时认真地做好有关工作，履行法律手续。

着力规范乡镇人大工作机制。进一步明确乡镇人大主席团工作职能，指导乡镇人大制定了十项工作制度。通过多种途径积极开展乡镇人大工作经验交流，以典型引路，加强指导，使乡镇人大的工作更趋于规范化、制度化，有效地提高了乡镇人大工作水平。

注重发挥乡镇人大主席作用。长期坚持邀请乡镇人大主席、副主席列席常委会会议，他们的许多好的意见和建议被吸纳。开展调查、检查、视察、考察都邀请相关乡镇的人大主席、副主席参加。根据各阶段工作，及时举办乡镇人大主席培训班。为了便于组织在各乡镇的县人大代表开展活动，基层代表工作有人抓，经县委同意，县人大常委会建议安排每个乡镇一名专职人大主席或副主席为县十三届人大代表。全县 17 个乡镇的人大专职主席或副主席当选

为县十三届人大代表。

六、切实加强自身建设，不断提高依法监督水平

重视加强理论学习。认真开展“三讲”教育、“双思”教育和“三个代表”重要思想学教活动，及时举办读书会，深入学习邓小平理论、“三个代表”重要思想，深入学习贯彻党的十六大精神，不断增强以“三个代表”重要思想统领人大各项工作，推进民主法制建设的自觉性。通过组织专题学习、举办法制讲座、结合审议议题学习等形式，加强宪法和法律法规知识的学习，增强常委会组成人员及机关工作人员的法律素养，提高依法监督水平。

重视加强理论研究和宣传工作。扎实开展“两个年”活动，不断转变工作作风，营造求真务实、开拓进取的工作氛围。在深入调查研究的基础上，形成了一批指导性和可行性强的调研文章，为常委会正确行使职权，推进“一府两院”工作提供了科学依据。采取理论研讨、经验交流、专题调研等形式，加强人大工作和民主法治建设重大问题的研究，在纪念地方人大常委会设立二十周年和纪念现行宪法颁布实施二十周年等活动中，常委会领导和机关干部积极撰写理论研究文章。不断健全人大宣传信息网络，加强信息宣传工作，加大对外宣传力度。及时调整人大工作信息员，认真办好《人大工作信息》。常委会办公室先后四次被《人民政权报》评为通讯报道先进集体。

重视加强制度建设，提高工作水平。从新的形势和任务出发，重新修订了安吉县人大常委会议事规则，制定了安吉县人大常委会评议工作规定等制度，进一步规范常委会的监督行为。坚持民主集中制原则，严格执行各项工作制度，重大问题集体讨论决定。

各位代表，在中共安吉县委的领导下，在全县人民和全体代表的支持、监督，各级、各有关方面的积极配合下，常委会工作取得了新成绩、新进展。我谨代表县十二届人大常委会，对所有关心、支持、帮助人大工作的同志和社会各界人士表示衷心的感谢和崇高的敬意！

在充分肯定成绩的同时，应当看到，对照宪法、法律的规定，对照“三个代表”重要思想和经济社会全面进步的要求，对照党和广大人民的期望，常委会的工作还存在一定差距和不足，主要是：依法监督的力度有待于进一步加大，代表的作用需要得到进一步发挥。这一切，都必须在认真履行宪法和法律赋予的职权的过程中，逐步加以解决。

回顾本届常委会的工作实践，我们深切的体会到，要切实履行好各项职权，必须牢牢把握以下几点：

一是坚持和依靠党的领导。坚持党的领导，是人大工作顺利开展、充分发挥作用的根本保证。人大常委会切实增强党的观念和大局意识，自觉地把人大工作置于县委的领导之下，重要工作、重要事项、重要问题及时向县委请示，依靠县委的领导加强人大工作。认真贯彻党的路线方针政策，把党的主张经过法定程序转变成为国家意志，使人大履行法定职能过程成为实现党依法执政、组织和支持人民当家作主、贯彻依法治国方略的过程。

二是紧紧围绕经济建设中心开展监督。人大开展一切工作和活动都要牢固树立以经济建设为中心的指导思想，通过依法行使职权，为经济建设服务，为改革、发展、稳定服务。突出对经济工作内容的审议，针对事关经济建设大局的问题，加强调查研究，逐步实现由程序性监督向实质性监督、事后监督向全程监督转变，增强监督实效。

三是坚持把依法治县作为人大工作的主线。正确把握加强政治文明建设与物质文明、精神文明建设的辩证关系，把贯彻依法治国基本方略，推进依法治县进程，加强民主法治建设作为根本任务，围绕中心，确定重点，切实加强监督，健全监督机制，探索监督方法，提高监督实效，着力推进国家行政机关依法行政、司法机关公正司法，促进全社会法治观念的增强，为现代化建设事业的全面发展提供有效的法制保障，创造良好的法治环境。

四是坚持与时俱进，增强人大工作的生机和活力。遵循政治文明建设和国家政权建设的一般规律，坚持与时俱进的精神，正确把握继承与创新的关系，在坚持宪法和法律精神的前提下，积极探索人大工作新的方式方法，体现时代性，把握规律性，赋予创造性。尊重人民群众的首创精神，主动适应群众对人大工作的新要求，研究把握地方人大工作的规律，勇于探索，善于总结，使人大工作更加符合实际，不断把人大工作推向前进。

五是坚持以民为本，维护人民群众的根本利益。人民代表大会是权力机关，必须密切联系群众，切实维护、保障人民的根本利益，时刻把人民高兴不高兴、满意不满意、赞成不赞成、答应不答应作为人大常委会一切工作的出发点和归宿，办实事、求实效，充分体现人民当家作主这一社会主义民主政治的本质。要创新思路、创新方法和创新机制，多渠道倾听群众意见，反映人民意愿，接受人民监督，不断提高为民服务的水平和能力。五年来，常委会通过"三讲""两个年""三个代表"等学习教育活动和积极开展批评与自我批评，增强了战斗力和凝聚力，增强了以"三个代表"重要思想统领人大工作的自觉性，增强了民主意识和大局观念，人大及其常委会必须长期坚持求真务实的工作作风，长期坚持深入调研的工作作风，长期坚持以民为本的指导思想。

各位代表，党的十六大制定了全面建设小康社会。加快推进社会主义现代化建设的宏伟蓝图。发展社会主义民主政治，建设社会主义政治文明，使社会主义民主更加完善，社会主义制度更加完备，依法治国方略得到全面落实，人民的政治、经济和文化权益得到切实尊重和保障，这是全面建设小康社会的重要目标和明确要求。县第十一次党代会结合安吉实际，提出了我县推进现代化建设"三步走"战略，着力打造建设生态经济强县、生态文化大县、生态人居名县三张名片，树立现代化生态县的新形象。新的形势、新的任务对人大工作提出了新的更高的要求，我们要深入学习领会党的十六大精神，根据县委提出的要求深刻认识和把握政治、物质和精神"三大文明"的内涵和相互关系，进一步明确新世纪新阶段不断加强社会主义民主法制建设、全面落实依法治国方略、扎实推进人大工作的重要性，努力使我县的政治文明、物质文明和精神文明建设协调发展，为全面建设小康社会，加快现代化生态县建设，提前基本实现现代化作出我们的贡献。

各位代表，新一届县人民代表大会已经组成，新一届县人大常委会也即将选举产生。我们深信，在党的十六大精神指引下，在中共安吉县委的正确领导下，在全县人民的大力支持和全体代表的共同努力下，新一届县人大及其常委会一定能继往开来，开拓奋进，在历届工作的基础上取得新的更大的成绩，开创我县人大工作的新局面。我们建议新一届人大常委会，根据党的十六大关于到2020年依法治国方略得到全面落实的要求，把保证宪法和法律、法规在我县的贯彻和执行放在首位，整体推进依法治县工作；把加强监督工作作为推进法治的中心环节，进一步加强对法律法规执行情况的监督检查，加强对“一府两院”工作和国家机关工作人员的监督，健全权力监督、制约机制，推进依法行政和公正司法，提高全社会的法治化程度和重大决策的民主化、科学化水平；深入贯彻实施代表法，进一步发挥人大代表的主体作用，尊重和保障代表的民主权利，丰富和充实代表闭会期间的活动，为代表依法履行职务服务；适应形势任务要求，进一步加强人大常委会自身的思想、组织和作风建设，改进工作作风，健全工作制度，不断提高依法履行职责的能力和水平。

各位代表，让我们更加紧密地团结在以胡锦涛同志为总书记的党中央周围，高举邓小平理论伟大旗帜，全面贯彻“三个代表”重要思想，在中共安吉县委的领导下，认真履行宪法和法律赋予的各项职权，解放思想，实事求是，与时俱进，开拓创新，同心同德，扎实工作，充分发挥地方国家权力机关的作用，积极推进依法治县进程，加强社会主义政治文明建设，为实现党的十六大确定的宏伟目标，全面推进我县社会主义现代化建设事业，作出新的更大的贡献！

安吉县第十三届人民代表大会常务委员会工作报告

——2007年1月24日在安吉县第十四届人民代表大会第一次会议上

吴向明

各位代表：

我受县十三届人民代表大会常务委员会的委托，向大会报告工作，请予审议。

县十三届人大常委会任期内的四年，是我县综合实力不断增强、各项事业协调发展、人民生活日益改善的四年，也是我县人大工作继往开来、与时俱进、开拓创新的四年。四年来，在中共安吉县委的领导下，常委会以邓小平理论和“三个代表”重要思想为指导，坚持以科学发展观统领全局，紧紧依靠全县人民和全体代表，围绕县委确定的发展目标和工作思路，牢记使命，依法履职，各项工作都有了新的进步和提高，为促进我县经济社会发展和民主法制建设发挥了重要作用。

一、围绕中心，大力推动科学发展

社会要和谐，首先要发展。常委会坚持以科学发展观为指导，围绕全县改革发展大局，积极发挥人大的职能作用，努力推动我县经济社会发展实现新跨越。

1.紧扣经济建设中心。经济建设是科学发展的核心和关键，保障和推动经济建设是人大常委会的重要职责。检视发展思路。常委会在开展有关调研、听取和审议有关报告时，提出要深刻理解“生态立县”发展战略的内涵，正确处理好经济发展与生态建设的关系，毫不动摇地把经济发展放在第一位，建议政府认真调查研究，确立符合我县实际的发展思路，加快把生态优势转化为经济优势，形成以强大经济实力为支撑的生态立县发展模式。关注经济运行。常委会每半年度听取一次全县经济社会发展情况以及国民经济和社会发展计划执行情况的报告，相关工委每季度对全县经济运行情况和运行质量进行一次分析，定期了解人代会确定的重要指标实现情况和重大项目进展情况。认真审议了“十五”计划执行情况，广泛听取了各方对“十一五”期间经济和社会发展等重大问题的意见和建议，就“十一五”规划纲要的编制提出了不少修改意见。加强预算监督。注重发挥审计监督的作用,依法审查批准上一年度财政决算。督促政府加快完善公共财政制度,保证农业、科技、教育、卫生、社会保障等支出的刚性增长。在开展调研和审议报告的过程中,要求政府高度重视我县财政收入总量偏小、后劲不足、保障乏力等突出问题,真正把力量集中到发展经济和培育财源上来,同时注重节约,量力而行,努力缓解收支矛盾。重视乡镇财政管理工作,就如何防范和化解乡镇财政风险向政府提出了建议。

2.突出工业强县重点。将促进我县工业经济的大发展、大提升作为本届常委会工作的重点内容。连年重点审议。四年来,先后就工业园区建设、椅业、竹业两大支柱产业发展、民营经济二次创业、接轨上海、项目推进等课题开展了调研,听取和审议了政府的专项报告,多次组织对工业园区建设和工业项目推进情况的视察。针对招商引资形势严峻、平台建设相对滞后、项目推进难度增大、产业层次总体偏低等问题,建议政府进一步确立工业在地方经济发展中的主导地位,使各级精力更多地向工业集中,资源配置更多地向工业倾斜。重视科技对工业发展的支撑作用,听取了关于科技工作的报告,审议通过了《安吉县可持续发展实验区总体规划》。营造发展氛围。2006年,将"工业强县"作为"人大代表论坛"的首期论题,邀请部分具有专业知识的人大代表在广泛调研、深入思考的基础上建言献策,组织各乡镇和有关部门的分管领导当面听取代表的意见和建议。新闻媒体推出了专版和专题,较好地营造了全县关注工业、全民共谋发展的舆论氛围。督促金融支持。针对工业园区和中小企业普遍反映的融资难问题,2006年专题听取了金融机构支持地方经济发展情况的汇报,希望金融机构积极参与和服务地方经济发展,保持信贷总量的稳定增长,优先支持重点项目、重点工程、重点园区,实现金融机构与地方经济的互利双赢。在监督好经济工作的同时,常委会还积极参与项目引进活动,如2006年就促成了海关办事处的设立、水务整体改革、农业面源污染治理项目落实等。

3.立足生态立县战略。保持我县生态建设和环境保护在全国的领先优势,建设人与自然和谐相处的生态安吉,一直为本届人大常委会所重点关注。作出决议决定。根据县委"生态立县"的战略和生态建设目标,常委会先后作出了《关于生态县建设的决议》和《关于设立安吉县生态日的决定》,设立了全国第一个"生态日"。常委会在决议、决定中提出,要充分发挥我县的生态优势,以生态日活动、生态县建设为载体,坚定不移地实施可持续发展战略。从源头上为生态县建设把好关,两次审查了《安吉生态县建设规划》。开展持续监督。从2004年起,配合省、市人大连续三年开展了以落实生态省建设决议、贯彻环保法为主要内容的执法检查和跟踪督查,重点督查了西苕溪无序采砂、递铺港生活污水治理、垃圾无害化处理设施建设等7大问题。两次听取生态县建设情况的报告,多次视察、检查生态乡镇、生态村创建工作,重视生态县建设长效管理机制的建立和完善,及时向县委和政府提出有关建议。人大的持续监督,对成功创建全国首个生态县起到了积极作用。督查突出问题。在生态建设和环保法执法检查中,常委会以推动整改、促进发展为目的,督促政府解决了蓄电池企业污染、小纸厂污染、矿产资源开采等一批突出问题。县政府按照人大常委会的建议,研究制订了关于蓄电池行业项目验收的两个暂行规定,将该行业列入限制类产业目录,暂停审批;优化了纸制品行业产业布局，对上墅小纸厂实施了整体搬迁，促使下汤小纸厂调整了产品结构；关停整治了一批违规开采的矿山企业，出台了依法治矿八条措施，修编了矿产资源总体规划，调整了西苕溪管理体制。

4.推动城乡统筹发展。常委会把统筹处理好城镇建设与农村发展的关系，提高城乡居民的生活质量，作为落实科学发展观的重要内容。关注城市化进程。审查了《安吉城市总体规划》，视察了城市化推进工作，听取了城市规划实施情况、社区管理工作情况以及物业管理条例贯彻实施情况的汇报，对严肃规划实施、加快城市建设、强化城市管理提出了要求。认真组织了城市建设与管理、城市房屋拆迁两大课题的调研，就新形势下如何加快推进城市化进程为县委提供了决策参考。推进新农村建设。关心农业，督促政府理顺了农资管理体制，专题听取了政府关于农业标准化体系和农产品质量安全体系建设情况的报告，并于第二年开展了跟踪督查。县政府及时出台了关于“两个体系”的实施意见，制定了一批农业标准，建设了一批无公害生产基地，加强了对上市农产品的农残监测。关注农村，将2006年作为新农村建设的破题之年，先后对统筹城乡发展、新农村建设和经济薄弱村脱贫等议题开展调研，进行审议。提出新农村建设要以经济发展为中心，以农民受益为根本。建议政府以“经济部门帮穷村”的模式，启动“低收入农民脱贫工程”。注重均衡性发展。对城乡统筹中十分重要的农村卫生和义务教育改革发展等工作予以重点关注，听取了政府的专项报告，视察了农村卫生服务站点建设情况和创建省级教育强县情况，建议政府以促进公平和均衡发展为原则，加快建立、完善农村三级公共卫生管理体制和服务网络，巩固完善新型农村合作医疗制度；量力而行，科学推进教育布局调整，进一步优化资源配置，不断提升农村教育水平。

二、顺应民心，努力促进社会和谐

常委会坚持以人为本，将改善民生、落实法治、促进公平视为构建和谐社会的基本条件，努力让人民群众利益可诉求，权益有保障，成果能共享。

1.关注民生，切实维护群众利益。注意体察群众情绪，反映群众诉求，解决关系群众切身利益的问题。精心选择议题。每年年初，在确定工作要点时，注重选择关系民生民利的议题。十分重视农民增收工作，专门对转移农村劳动力和促进农民增收工作进行调研和审议，要求政府认真抓好“十万农民素质培训工程”，加大以工哺农力度，不断拓宽农民增收渠道。四年来，常委会还先后对失地农民生活保障、农村食品安全网建设、生猪定点屠宰、流动人口计划生育管理、农民合作医疗大病统筹、困难群众救助、残疾人权益保障等十多个议题开展调研、审议或视察，督促政府落实了政策，规范了管理，改进了服务。努力体现民意。对林区群众意见较大的生态公益林补偿标准低、拨付不到位的问题，多次向政府提出建议，县政府于2005年出台了管理办法，适当提高了补偿标准，并保证了补偿资金的及时、足额发放。对群众反映的饮用水水源地遭受污染威胁的问题，两次组织了视察。针对农村土地承包纠纷日益增多的现实，常委会组织力量开展了调研，向省人大提出了有关立法建议。实施动态监督。对某一阶段群众比较关注的问题保持高度的敏感，及时调整工作部署，积极介入，动态监督。如“非典”和禽流感疫情蔓延的非常时期，及时开展了对相关防控工作的视察。高温肆虐和台汛期间，数次组织了对有序供电以及防台、防洪工作的视察。2005年，液化气价格一度飞涨，根据群众呼声，常委会立即组织人大代表与政府相关负责人“双向约见”，督促政府对液化气市场的价格、质量等进行干预和监管。

2.力行法治，着力推进依法治县。创造良好的法治环境，是人大及其常委会的重要职责。开展执法检查。本届任期内，着重对劳动法、环保法和安全生产法三部法律的贯彻实施情况开展了执法检查，每次集中检查历时都两三个月。其中，劳动法和环保法执法检查及后续的跟踪督查、“回头看”，时间分别长达三年之久。通过执法检查，大幅提高了劳动合同签订率，进一步规范了企业工资支付行为，有效保护了劳动者的利益，一定程度地减轻了区域性、行业性污染，改善了城乡居民的生产、生活条件。创造法治环境。常委会两次对“四五”普法和第二轮依法治县情况进行审议，就如何建设“平安安吉”提出了要求。为推动依法行政，常委会每年听取行政监察工作情况的报告，并先后对行政许可法贯彻实施情况、行政审批和服务工作等进行审议或视察。常委会提出的关于整顿和规范中介市场秩序的建议得到了县委、县政府的重视，在2006年底开展的机关事业单位财务大清查中，中介组织与行政部门的脱钩以及技协账户的清理成为重要内容。为保障法律法规的正确实施，常委会先后就食品卫生法、土地管理法、土地承包法、道路交通安全法、中小企业促进法、传染病防治法等二十多部法律法规的执行情况开展了监督。强化司法监督。制定了《安吉县人大常委会监督司法机关工作的规定》，按照这一制度强化了对司法部门的监督。四年来，多次听取人民法院、人民检察院、公安局工作情况汇报，专门对民事审判工作、执行工作、反贪污贿赂工作、刑事诉讼法执行情况等进行了监督，组织人大代表参与了对市中级人民法院司法工作的评议。2006年，常委会集中听取和审议了公安机关、审判机关、检察机关关于“规范执法行为，促进司法公正”的工作报告，针对存在的问题，向政法机关提出了整改要求。

3.化解矛盾，努力保障社会安定。处理人民群众的来信来访，是人大常委会了解社情民意的重要渠道，也是开展监督工作的重要内容。认真受理信访。近几年，人大受理的信访量呈大幅上升趋势。四年累计收到人民来信1103件，接待群众来访462批1437人次。常委会充分认识到人大信访工作上联国家大政方针，下系群众切身利益，对信访接待与处理提出了严格的要求。人大机关以暖人心、稳人心为出发点，认真受理群众信访，做到热情接待，耐心倾听，详细记录，认真转办。提高督办质量。从保障群众利益，化解社会矛盾的高度出发，加大信访案件的督办力度。将2006年定为“信访督查年”，成立了以常委会分管领导担任组长、各委室主任为成员的信访督查领导小组，进一步明确了转、交办信访件的审核权限，规定了“一府两院”的承办责任，形成了“大信访”的格局。各工作委员会协同配合，做好案件的跟踪、督办和反馈，使转、交办的信访案件90%都有答复。

三、维护核心，不断增强履职能力

坚持党的领导，坚持人民当家作主，不断提高人大常委会的履职水平，是适应民主执政，推进政治文明的必然要求。

1.自觉坚持党的领导。牢固树立党的观念，坚持在县委的领导下开展工作。保证方向正确。常委会强化党的领导意识，利用读书会、理论中心组学习会等形式，认真学习党的基本理论、基本路线和基本纲领，自觉用科学发展观、和谐社会理论武装头脑，指导实践。注意从全局高度准确定位，思考问题，谋划工作，使人大工作始终与县委中心工作步调一致。争取党委支持。对重大活动和重要工作的安排，提前向县委报告；对工作中遇到的困难和问题，及时向县委反映，争取县委的重视和支持。2004年，县委召开了全县人大工作会议，出台了《关于进一步加强人大工作的意见》，进一步强调了人大在国家政治生活中的地位和在民主法制建设中的作用，并将人大工作纳入乡镇年度考核内容。落实党委意图。全面贯彻落实县委的决策部署，通过法定程序及时把党委的意图上升为全县人民的意志。根据县委提议，先后作出了《关于生态县建设的决议》和《关于调整杭垓镇行政区划的决定》等。坚持把党管干部和依法任免干部有机结合起来，做好人事任免工作。四年来，共依法任免我县地方国家机关工作人员180人次。

2.充分发挥代表作用。人大代表是行使人大职权、发挥人大作用的主力军。提高履职水平。换届后及时组建了代表中心组，划分了代表小组，出台了关于加强与人大代表联系的决定。定期向代表寄送刊物资料，扩大代表知情知政渠道。加强代表业务培训，两年内完成了对所有基层县人大代表的轮训。加强代表履职监督，在试点的基础上，全面推开了人大代表述职评议工作，全县149名基层代表向选民述职，并接受了评议。丰富代表活动。坚持和完善常委会领导接待代表日、邀请代表列席常委会会议、走访慰问基层代表等制度，密切与代表的联系。届内共组织代表600多人次参与各项专题视察、定向视察、执法检查、述效促效和两项评议。创新代表活动载体，推行“代表手记”，促使代表认真收集民情；创办“人大代表监督窗”，督办了群众反映强烈的几个突出问题；开办“代表论坛”，搭建了代表反映民意、建言献策的平台；实行“双向约见”，拓宽了代表管理国家和社会事务的渠道。办好议案建议。十三届人大任期内，共收到代表提出的建议、意见和批评522件，确定大会议案6件。采取联合督办、重点督办、跟踪督办、现场督办、上门督办、发回重办等多种形式强化议案、建议的督办工作。集中力量督办大会议案，本届确定的6件大会议案均取得了较好的办理效果。如2005年“村村通公交”的议案，当年就得到了落实；2006年关于“启动低收入地区农民致富工程”的议案，分管副县长与人大代表进行面对面沟通，办理过程和结果得到了代表的较高评价。

3.不断加强自身建设。以提高谋划能力、服务水平为着眼点，不断加强常委会和人大机关自身建设。注重素质提升。努力提高人大工作者的政治素质、理论素养和业务水平。组织常委会组成人员集中学习人大制度知识、宪法法律知识和业务工作知识；每年举办一次人大干部读书会，对十六届历次全会精神、中央9号文件精神以及《中华人民共和国各级人民代表大会常务委员会监督法》等进行了集中学习；多次选送人大机关和乡镇人大干部参加全国人大以及省人大组织的培训活动。注重工作规范。加强对人大工作机制的探索，努力使人大工作实现制度化。对常委会议事规则、讨论决定重大事项的规定、提高常委会会议质量的意见以及财经监督、司法监督、人事任免等一批原有制度进行了修订完善，并结合工作实际制定出台了如“双向约见”试行办法、“代表论坛”暂行办法、监督意见书试行办法等一批新制度。认真总结本届人大常委会的创新做法和成功经验，编纂了《创新·发展——安吉人大2003至2006回顾》。注重作风建设。扎实开展了保持党的先进性教育活动，坚持开门纳言，深入查找问题，切实抓好整改。认真开展调查研究，常委会及各委室共开展了60多次比较系统的调研活动，写出了一批质量较高的调查、视察报告。不断改进工作作风，努力提高机关效能，逐步形成了积极向上、团结和谐、求真务实、干事创业的良好氛围。在历次满意单位评比中，人大机关都得到了各界的充分肯定。

4.依法搞好换届选举。2006年是宪法修改后的第一个县乡两级同步换届选举年，常委会以换届选举为契机，稳步推进基层民主。精心组织实施。常委会充分考虑了人户分离现象突出、代表选举竞争激烈等因素，及时组建了县乡两级选举工作机构，加强了面上宣传发动和骨干业务培训，指导乡镇合理划分选区，及时张贴公告，依法投票选举。在常委会的周密部署和精心指导下，县、乡人大顺利实现了同步换届。依法规范操作。将坚持党的领导、充分发扬民主、严格依法办事三条原则贯穿于换届选举工作的始终，切实尊重和保障选民的民主权利，严肃查处各种违法行为，严格按照法律规定和法定程序操作，保证了换届选举各个环节都规范有序进行。依法选举产生县人大代表232名，乡镇人大代表928名。优化代表结构。对本届所有代表的履职情况进行了全面考察，在全省率先制定了连任代表建议人选提名标准及提名程序，并依据这一标准向县委提名了21名连任代表建议人选。各乡镇认真把好候选人的提名、推荐和协商关，努力落实代表结构要求。

四、注重创新，着力提升工作水平

本届以来，常委会坚持继承好的，创造新的，在认真把握人大工作规律和特点的基础上，致力于理念创新、机制创新和方法创新，着力提高工作水平。

1.创新理念，职权行使更加到位。适应经济社会发展对人大工作提出的新要求，确定了“四心(新)”“三看”的工作理念。“四心(新)”即政治上维护核心，工作上围绕中心，监督上顺应民心，方法上讲求创新；“三看”指人大工作要退后一步看，登高一步看，望远一步看。在这一工作理念的指导下，常委会各项职权的行使更加到位，工作领域有所拓展。行使好监督权，细化预算监督。换届后，立即着手对推行部门预算工作开展调研，从2004年度起，率先在5个部门进行试点，到2006年，预算单位扩展到12个。加强对部门预算编制和执行情况的监督。针对预算编制中招待费、专项支出费用安排不平衡的问题，督促财政部门作出科学、合理的调整；根据审计结果，对超支现象提出了严肃批评，督促政府对部门之间住房公积金缴存额度失衡问题进行研究，县政府及时发文，对财政供养的机关事业单位住房公积金缴存比例作出了明确规定。行使好决定权，规范项目决策。认真执行《安吉县人大常委会关于加强财经监督的规定》，对未经人代会批准的新增政府性投资项目和预算调整项目进行认真审查，督促政府科学决策，依法决策，民主决策。县政府及时出台了《政府投资项目管理办法》，向人大常委会报告了2006年度政府投资项目安排说明，提交了有关项目建设的议案。常委会审查批准了县检察院新建技侦及辅助用房和县委党校迁建工程投资概算调整方案，并就县委党校迁建工程概算调整问题发送了审议意见书。行使好任免权，深化干部监督。按照“既任又管”的要求，常委会在依法行使任免权的同时，建立了全面述职与重点评议、述职评议与信任度测评相结合的监督机制。先后对县环保局、县劳动保障局、县国土资源局、县教育局、县交通局等五个部门的局长开展了述职评议，对26名政府其他组成部门负责人和“两院”副职领导，实施了信任度测评。进一步规范审判机关、检察机关工作人员的任命程序，建立了资格审查和任前考察制度。

2.创新机制，工作实效更加明显。充分利用各种资源，有效整合各方力量，突出体现人大工作的效果。上下联动求强度。各级人大上下联动开展工作，易于产生“规模效应”。近几年，我们配合省、市人大常委会，动员乡镇人大主席团，先后开展了劳动法、环保法、安全生产法、工会法执法检查。经过各级政府的摸排自查、乡镇人大的全面检查、县级人大的重点督查和省市人大的随机抽查，基本可以覆盖全部相关单位，摸清主要情况，解决关键问题。内外结合求力度。将新闻媒体纳入人大的工作框架，常委会制定的《关于设立“人大代表监督窗”的试行意见》和《“代表论坛”暂行办法》，都明确了地方媒体的职责和任务。利用新闻媒体的传播影响力，进一步推动了人大工作的社会化、公开化。监督窗和代表论坛开办后，都产生了较大的社会反响。专业监督求深度。整合代表专业资源，发挥代表专业特长，组建了财经、法制、教科文卫民侨和农业环境保护四个专业代表小组，实施专业的、深度的监督。专业代表小组成立以来，通过定向视察和专题审议，对一些领域的工作进行了监督。由于提出的批评和建议能讲到点子上，触到根子上，因此监督的针对性大大增强。

3.创新方法，监督手段更加灵活。常委会对如何更好地行使监督权进行了积极探索。打造社会监督新平台。在《今日安吉》上开设了“人大代表监督窗”，不定期刊登代表的意见、建议和批评，要求承办单位在三个工作日内办结或提出办理方案。“人大代表监督窗”刊登的“还我一港清水”“农村电工何以难找”“灵峰南路安全隐患多”等批评意见，很快都得到了较好解决。这一新的监督平台，实现了人大监督与舆论监督的有机结合，在县内外引起较大反响，包括新华网、人民网在内的全国数十家新闻媒体对此进行了报道。探索跟踪监督新途径。完善审议意见书制度，对常委会关注的重要事项进行跟踪监督。在审议农业“两个体系”建设、劳动法贯彻落实、生态环境保护、道路交通安全等议题时，常委会分别就相关突出问题向政府发送了审议意见书，引起了政府的高度重视，所涉及的问题也得到了较好的解决。如2005年县政府收到关于道路交通安全的审议意见书后，集中力量对一批事故黑点和危险路段进行技术改造，有效降低了我县交通事故发生率。建立日常监督新通道。创造了监督意见书这一形式，对日常工作发现的问题，以一事一议的方式及时、灵活地对“一府两院”进行监督。2005年，常委会就《浙江省少数民族权益保障条例》贯彻落实情况向政府发送了监督意见书，县财政于当年就增设了少数民族发展专项资金，并从该年度起，全面落实减免少数民族中小学生学杂费的规定。

各位代表，同志们，县十三届人大常委会四年来的工作所取得的成绩，是中共安吉县委正确领导的结果，是全体县人大代表、常委会组成人员扎实工作的结果，也是全县干部群众和各界人士关心支持的结果。在此，我谨代表县十三届人大常委会，对所有关心和支持人大工作的同志和各界人士表示衷心的感谢和崇高的敬意！

在充分肯定成绩的同时，应当看到，对照宪法、法律的规定，对照经济发展和社会全面进步的要求，对照党和人民群众的期望，常委会的工作还存在不少差距，主要是：如何根据监督法的要求，规范监督工作，提高监督实效，还需要进一步探索；密切联系乡镇人大，指导基层工作，还需要进一步加强；常委会及人大机关的总体工作水平还有待进一步提高，等等。对此，要采取积极有效的措施，在今后的实践中逐步加以解决。

本届常委会在四年的任期中，坚持在实践中探索，在探索中创新，在创新中发展。四年来的工作实践，使我们对做好人大工作有了较为深刻的认识和体会：一要把握方向。人大与党委、政府虽然工作目标一致，但实现目标的途径却不尽相同。作为权力机关和监督机关，人大必须准确定位，坚持有所为有所不为，通过行使法定职权，落实好党委意图，调整好行政行为，保证执政目标的实现，做到尽职不失职，到位不越位，用权不争权，补台不拆台。二要继承创新。在继承好历届的优良传统和工作经验的基础上，主动适应时代要求，积极探索人大行使职权的方法途径，努力使人大工作更加符合客观实际，更加富有时代气息，更加充满生机活力。特别是按照监督法的规定，着眼大局，不断拓展监督内容；探索规律，逐步完善监督机制；形成合力，着力增强监督实效。三要坚持民主。集体决策，集体行使职权，是人大议事决策的最大特点。人大常委会应该成为团结共融、民主执政的典范，做到广开言路，博采众议，从善如流，集思广益，充分尊重每个组成人员的发言权和表决权，坚持民主集中制，少数服从多数。四要依靠代表。人大代表的作用发挥得如何，直接影响着人大工作的成效。我们在思想上确立了依靠代表做好人大工作的观点，在实践中探索了代表参与人大工作的有效途径和方式，把人大代表的力量和智慧凝聚起来，发挥出来，使之成为人大工作的一支坚强有力的队伍。

各位代表，同志们，县十三届人大常委会已经完成了历史使命，现在，新的一届县人民代表大会已经组成，新的一届县人大常委会也即将选举产生。当前，我县正处在一个加快发展的关键时期。党的十六届六中全会作出了构建社会主义和谐社会的重大战略部署，围绕党中央的决策部署，县第十二次党代会提出了坚持科学发展，打造“一地四区”，建设民富县强的和谐安吉的奋斗目标。如何围绕党的工作大局，推动法律法规和“十一五”规划实施，促进经济社会协调发展，我县新一届人大常委会肩负着极其重要的历史使命。建议新一届人大常委会进一步强化中心意识、发展意识和服务意识，切实发挥人大在推进改革、扩大开放、促进发展、保障稳定中的作用；进一步加强依法治县工作，为促进地方经济社会和谐发展创造良好的法治环境；进一步抓好监督法的学习贯彻，规范监督工作，改进监督方法，增强监督实效；进一步发挥好代表的主体作用，不断丰富代表闭会期间的活动，努力提高代表的履职水平。

各位代表，同志们，我们坚信，在县委的坚强领导下，新一届人大常委会一定会以更加开拓进取的精神风貌，更加求真务实的工作作风，更加卓有成效的工作业绩，实现人大工作新的进步。让我们团结一心，奋发图强，为保障和促进我县改革开放，为实现经济社会又好又快发展，为建设民富县强的和谐安吉而努力奋斗！

安吉县人民代表大会第十四届常务委员会工作报告

——2012年2月15日在安吉县第十五届人民代表大会第一次会议上

吴向明

各位代表：

我受县第十四届人民代表大会常务委员会的委托，向大会报告工作，请予审议。

县十四届人大常委会即将任期届满。过去的五年是我县全面完成“十一五”目标任务，科学谋划“十二五”发展宏图的关键五年，也是加快推进“奋战五年·再造安吉”的决战五年。县人大常委会坚持以邓小平理论和“三个代表”重要思想为指导，深入贯彻落实科学发展观，在中共安吉县委的领导下，谋事贴近中心，选题关注民生，监督体现实效，履职依靠代表，切实履行宪法和法律赋予的各项职责，为推动全县经济社会发展和民主法制建设作出了积极贡献。

五年来，举行常委会会议40次，听取和审议有关我县改革发展稳定等方面工作报告69个，并就重大事项作出决议、决定18项，依法任免国家机关工作人员204人次。

一、贴近中心，致力推进科学发展

五年来，县人大常委会坚持以科学发展观为指导，围绕全县发展大局，积极发挥人大的职能作用，努力推动我县经济社会发展实现新跨越。

1.主动融入，助推转型升级。面对复杂的宏观形势和激烈的区域竞争，常委会立足全县发展大格局，找准人大工作着力点，提信心，聚合力，求作为，全力推进经济增长方式的转变。研究重大课题。牵头对“发展家庭工业”“土地利用”“政府性融资平台建设”“递孝同城”和“打造临港经济区”等多项事关我县经济社会发展大局和转型升级目标实现的课题进行了认真调研，形成了《全民创业，发展提升家庭工业，打造民富县强的实力安吉》《科学利用土地，保障工业平台建设》《整合资源，做强平台，增强政府融资能力》《放大“同城效应”，坚持错位发展，做强县域中心板块》等调研报告，县委对课题调研成果予以了充分肯定，得到了县政府较好研究落实。打造县域大景区是我县未来发展的战略目标，也是坚持生态立县、面向未来、走向世界的发展新型业态，2011年，常委会牵头对我县休闲产业的战略性发展进行深入专题调研，完成了《县域大景区下乡村经营管理研究》调研报告，提出把全县作为一个大景区来加以谋划、建设和管理经营，探索出“一城七区”“大区小镇”的开发体制和经营管理模式，促进我县休闲经济提档升级。为推进经济转型升级，常委会还建议政府重点加强区域品牌培育，大力发展品牌经济，提出了推进转型升级提升经济运行质量、提高决策执行力确保措施落实、重视节能减排控制能耗污染等意见建议，全力支持政府迎难而上，积极推动各项目标任务的完成。坚持重点督查。五年来，常委会加大对政府重点工作的监督和推动力度。2007年，常委会针对我县平台建设和项目推进难题，组织多次视察，建议政府将平台建设作为加快经济发展的第一工作来抓，坚持科学开发，着力破解难题，不断优化环境。2008年，常委会视察闲置土地清理和节能减排工作，重点对闲置土地清理工作开展调研和审议，通过监督，一批闲置土地被责令限期动工，或得以收回、盘活，有效推动了土地的节约和集约利用。2011年，常委会对打造中国“优雅竹城”推进落实情况进行视察并听取汇报，建议更加注重城市形象与功能，丰富城市内涵。常委会连续五年审议视察科技创新工作，提出了构建区域性科技创新体系，建设科技金融服务新机制，积极搭建科技资源共享平台等建议，在推进全县科技创新工作中发挥了积极作用。五年来，常委会把督促县重点项目推进落实作为加快发展速度、促进民生改善、推动政府工作的重要载体，紧紧盯住重点项目不放松，深入重点项目建设现场，进行跟踪监督，开展对项目责任部门和项目服务部门进行满意度测评，增强了项目责任部门的责任意识和项目服务部门的服务意识。县政府高度重视常委会审议意见，采取措施，改进工作，加快进度，较好地完成了目标任务，保证了人代会通过的年度重点建设项目的顺利完成。

2. 重点关注，推动城乡统筹。常委会始终把关注农村、关心农业、关爱农民作为人大监督的重点，集中智慧、凝聚力量推进城市化进程，积极促进全县城乡统筹协调发展。关注“美丽乡村”。建设“中国美丽乡村”是县十四届人大二次会议的重要决定，也是安吉对外打响知名度的一张名片。常委会坚持每年组织对“美丽乡村”建设情况进行视察，提出美丽乡村建设要做好与促进城乡统筹发展相结合、与加大产业支撑相结合、与带动农业休闲产业相结合、与挖掘乡土文化相结合的“四结合”文章，更加丰富美丽乡村建设内涵，并对美丽乡村建设的管理、经营开展连续几年的专题视察调研，提出了更远、更深的发展建议和意见。同时，针对农业基础地位、农村基础设施、农技基础服务以及农产品质量安全、农民增收农业增效等方面存在的问题，连年组织视察调研，切实把关注城乡统筹落到实处。与省、市人大上下联动开展了农业法及相关法律法规执法检查，促使政府更好的贯彻农业法规，推动农业基础地位进一步夯实。对省气象条例贯彻实施情况进行视察，组织开展对农业局工作评议，主任会议专题听取了县政府争取落实国家和省级支农资金情况的报告和县农村信用联社体制改革情况，要求金融改革必须在真正推动服务农村、支持农业和促进美丽乡村建设上发挥作用。推进“优雅竹城”。听取了县政府关于山区新型城市化样板区建设情况的报告，就如何在推进城市化进程中做好山水文章、体现山区特色、提升建设品位、增强城市实力提出了针对性的建议。为提高城市品位，树立城市形象，常委会专题调研安吉县城建设与管理，形成了《打造中国优雅竹城》调研报告，提出县城的发展必须把握机遇，形成特色，打响品牌。常委会还先后视察了城市管理和城市拆迁及“三沿整治”工作，要求加快市政功能建设，实现管理理念由“城市管市民”向“市民管城市”转变，加快推动城市化建设。2011 年，积极开展对国家级文明县城创建工作视察，推进项目建设，落实长效管理，督促创建目标如期实现。

3. 加强监督，规范财经运行。常委会按照监督法要求，围绕我县经济社会发展总目标，加强财经运行监督，推进经济平稳运行。听取和审议半年度国民经济和社会发展、年度财政预算执行情况与财政决算与收支审计情况的报告，结合实际，分析形势，积极向政府提出建议和意见，规范财经运行。开展对“十一五”规划中期评估情况实施监督。依法审查批准年度县财政决算和年度部门预算，深化部门预算的监督，依法监督财政收支，充分发挥公共财政支持发展、保障民生的作用。为加快推进部门预算改革，进一步规范和完善部门预算审查制度，2008 年，出台了《安吉县人大常委会关于加强部门预算监督管理暂行办法》，推动 88 个单位实行部门预算，率先在全市实现部门预算基本全覆盖。规范政府性融资审批管理和跟踪问效，加强国有资产管理，切实防范债务风险，提高财政资金使用绩效。积极支持审计部门发挥审计监督作用，督促被审计单位认真执行审计决定，保证审计建议得到全面落实。

二、贴近民生，致力促进社会和谐

五年来，常委会始终关注民生，以实现群众愿望、满足群众需求、维护群众利益为一切工作的出发点和落脚点，恪守为民之责，善谋利民之策，多办惠民之事。

1. 突出重点，加强民生监督。常委会把维护群众切身利益，推进和谐社会建设作为监督工作的重要内容。真心关注民生。常委会专题开展水污染防治“一法一条例”贯彻实施情况执法检查，有效保护饮用水水源地；连续三年跟踪监督生态修复工作，政府生态修复工作水平不断提高；举办“保护生态环境，共铸竹乡精彩”守法承诺活动，通过人大代表的倡议，部门、乡镇、企业、群众代表的积极响应，有效地推动全县生态环境建设。针对群众反映比较强烈的教育均衡发展问题，常委会开展了专题调研，提出必须抓紧制定落实有关政策措施，尽快改变资源投入、教育布局、师资配置、生源流向不平衡等问题，县政府认真落实，积极采取有效措施加以整改。常委会高度重视食品安全、生产安全和度汛安全，专门听取了药监、工商、卫生等职能部门关于食品安全监管情况的汇报，对安全生产法执法检查整改情况进行了“回头看”，组织开展了防洪防汛视察活动，促使相关部门进一步重视了安全工作，落实了安全措施。主任会议听取全县文化工作情况的报告，建议政府要继续加大文化基础设施建设投入，重点培育文化创意产业，发掘繁荣安吉地域文化，促进社会经济发展。真情倾听民意。代表在大会和闭会期间提出的建议和意见，既是民情的反映，也是群众的呼声，常委会深入基层，倾听民意。2007 年，常委会根据群众要求，及时对毁林开垦专项整治以及库区上游板栗林改造工作进行了视察，督促政府部门处理好发展生产与保护生态的关系。常委会全程监督县政府每年人代会 10 件为民办实事项目，主动深入掌握进展情况，推动实事办好，好事办实。通过人大的监督，食品安全、教育投入、学前教育、医药卫生体制改革、疾病防控、文化繁荣、体育建设、计划生育管理、重度残疾人托养、县城中心农贸市场建设管理等重点民生工作得到有效推进和落实处理。

2.突出和谐，维护群众利益。常委会始终坚持亲民为民，监督社会管理创新工作，不断增进社会和谐。认真受理信访。人民群众来信来访是人大开展监督工作的重要内容，五年来共收到群众来信 672 件，接待来访 505 批 1467 人次，常委会各工作机构协同配合，以暖人心、稳人心为出发点，认真受理群众信访，做到热情接待，耐心倾听，详细记录，认真转办，做好案件的跟踪、督办和反馈，保障了群众权益，化解了社会矛盾，维护了社会稳定。关注弱势群体。关注群众诉求，关切群众利益，特别注重维护和保障弱势群体的利益，争取让弱势群体能共享改革发展的成果。常委会对我县农村五保供养情况开展了视察，要求政府进一步扩大供养面，提高保障水平。关注残疾人就业，要求各级政府全面落实残疾人保障法，积极为残疾人提供培训和就业机会，加强残疾人劳动保护。针对我县道路交通重大事故处置过程中，部分受害者难以得到赔偿和救助的现实，常委会对道路交通事故社会救助工作进行了专题调研，提高了救助实效。2011 年，常委会还根据省人大常委会统一部署，对全县养老保险基金管理情况进行检查，听取和审议政府关于养老保险基金管理情况的报告，进一步推动覆盖城乡养老保险体系的建设，规范事业单位养老保险基金统筹支付。

3.突出公正，推进民主法治。推进社会主义民主法治建设是人大工作的一项重要任务。优化法治环境。常委会十分关注法治环境的优化，着力促进依法行政和维护司法公正，积极推动“平安安吉”和“法治安吉”建设。积极推动我县“五五”普法工作的实施，为“六五”普法的顺利开展奠定了良好的基础。2008 年，对我县建筑运输市场存在的问题开展了深入调研，督促政府依法整治，和谐推进，规范监管。2011 年，听取和审议了县政府关于招投标工作情况的报告，进一步促进了招投标工作的公平、公正、公开。同时，还认真对劳动合同法、道路交通安全法、土地管理法等20多部法律法规的贯彻执行情况开展了监督检查，并对安全生产法执法检查整改情况进行了“回头看”。通过执法检查，大幅提高了劳动合同签订率，进一步规范了土地节约利用，有效保护了公民的合法权益，促进了县域经济实力和百姓幸福指数的提升。强化司法监督。严格按照监督法的规定，切实加强工作监督和法律监督，促进公正司法。听取和审议了县人民法院立案与涉诉信访工作情况的报告，常委会提出要正确处理好社会转型进程中出现的各类矛盾，努力提升司法公信力。听取了县政府关于社区矫正工作、《中华人民共和国看守所条例》贯彻落实情况和县人民检察院反渎职侵权工作情况的报告，提出社区矫正工作要加大宣传力度，建立健全管理制度，进一步提升社区矫正工作成效；建议执法部门要深入贯彻看守所条例，强化安全意识，严格规范制度管理；要求检察院坚持惩防并举，进一步深化反渎职侵权预防工作，维护公平正义，取信于民。2011年，听取和审议了县公检法司贯彻《浙江省关于加强检察机关法律监督工作的决定》的报告，建议各部门要不断增强贯彻实施决定的自觉性，提升贯彻实施决定的能力，确保贯彻实施决定落到实处。扩大基层民主。加强民主法制宣传和制度建设，提高公民的民主意识，保障群众的知情知政权利，引导公民有序参政。本届以来，共邀请70名公民旁听了人大常委会会议。通过邀请基层群众参加双向约见、视察检查等活动，畅通和扩大了群众表达政治的诉求、参与社会管理的渠道。常委会建立了部门代表联络员制度，在38个机关部门设立了代表联络员。五年来，还邀请了74名基层人大代表列席了常委会会议，邀请参与常委会调查、视察活动共121人次，拓宽了代表知情知政渠道，扩大了代表对人大工作的参与。

三、贴近代表，致力增强工作活力

五年来，常委会不断传承和完善代表工作的好经验、好方法，坚持把激发代表履职热情作为代表工作的重中之重，积极为代表履行职务创造条件，充分发挥代表在管理国家和社会事务中的作用。

1.创新载体，完善履职平台。常委会牢固树立依靠代表开展人大工作的意识，积极探索新形势下代表工作的新办法、新路子，充分发挥代表主体作用。多途径提升代表素质。常委会通过多种途径对所有代表开展了培训学习，使代表们认识到，人大代表不仅是一项荣誉，更是一个职务，一种责任。定期向代表寄送《浙江人大》《代表论坛》等刊物资料，为代表知情知政、学习法律政策、了解各级人大工作动态提供了便利。通过代表素质的不断提升，代表的履职水平不断加强，有效地激发了代表履职的积极性，强化了代表履职的使命感和责任感。多形式搭建履职平台。按照“让代表动起来、代表工作活起来、履职效果好起来”的工作思路，常委会多形式为代表搭建履职平台。根据代表专业特长，组建了四个专业小组。在全县人大代表中深入开展“发挥代表作用，强化代表监督，推进重点工作”主题活动，每个代表小组联系一项县重点项目、民生项目或是本辖区的重点工作，发动代表争当宣传员、战斗员和监督员，通过“一联三员”活动的开展，人大代表工作与全县中心工作紧密结合，充分发挥了代表作用。组织开展双向约见、主任接待代表日、代表进部门、代表监督窗等活动，有力推动了“定胜河水利设施修复”“计划生育社会抚养费征收执行难”“递铺南路卫生保洁”“水杭线公路维护”“农村金融网点撤并后农民缴纳电费难”等一些群众反映强烈问题的解决。积极发挥代表论坛作用，引导代表积极建言献策，共编发《代表论坛》25期，直接参与论坛的市、县、乡镇三级人大代表达364人。部分代表小组还开通活动室便民电话，广泛听取选民意见建议。

2.注重实效，强化议案督办。常委会坚持“以代表满意为标准，以提高办结率为重点”，强化督办措施，力求事事有答复，件件有效果。抓办理重落实。常委会不断完善督办机制，强化督办措施，要求政府及相关部门把议案建议办理纳入本部门工作的重要内容，坚持办理工作“一把手”负总责，加强沟通，改进方法，规范办理，不断提高面商率、解决率和满意率。县十四届人大一次会议以来，代表累计提出意见建议566件，常委会都及时进行了交办，已落实解决或基本解决的394件，占总数的69.6%；正在解决或已被采纳列入计划逐步解决的114件，占总数的20.1%；因条件限制需待以后解决的47件，占总数的8.3%，切实增强了办理效果。强督办形合力。尝试大会期间现场办理，十四届人大二次会议期间，组织教育局领导约见人大代表，现场答复和办理关于提高农村教师待遇的两件建议，收到了较好效果。落实“三个百分百”要求，督促承办单位百分百按期办结、百分百与代表面商、百分百回收征求意见表。督查政府主动要求开展的连续三年建议办理“回头看”工作，进一步增强和提高了政府部门办理建议的责任意识和工作水平。加强开展常委会各工委对口督办，探索与政协联合督办的新机制，整合资源，集中精力，通过实行人大各工委对口联合督办制度和推行代表小组协助督办制度，人大内部形成了督办工作合力，政府部门办理建议的责任意识和工作水平不断增强和提高，推动了一批社会热点、难点问题的有效解决。

3.密切联系，提升服务水平。常委会把提升乡镇人大工作水平作为夯实人大基础性工作来抓，严格按照《关于加强乡镇人大工作联系和指导的办法》的要求，密切县乡人大联系，用制度保证和加大对乡镇人大的指导力度，形成上下联动、规范有序的良好工作局面。注重发现和总结基层好经验、好做法，及时通过《人大工作信息》进行推广，促进了乡镇人大之间的交流学习和工作的整体推进，为乡镇人大工作深入开展拓宽了思路，全县乡镇人大呈现出履职更积极、工作更规范、制度更健全的良好局面。

4.依法组织，搞好换届选举。2011年，常委会以换届选举为契机，稳步推进基层民主建设。精心组织实施。常委会将换届选举工作作为本年度一项重要工作，从思想和组织上精心布置谋划，全面统筹各项工作。常委会领导多次深入调研，广泛听取换届选举工作的情况和建议，注重收集新问题，了解选情，研究可能发生的问题，并积极谋划应对。组织召开了多次主任会议、人大党组会议和培训会，研究和布置换届选举工作。同时，县选举委员建立了工作联系制度，加强联系指导，促使选举工作不断推进。依法规范操作。认真学习贯彻新修改的选举法，把严格依法办事贯穿于换届选举工作的各个环节中，保证换届选举工作依法有序进行。认真做好选区划分和代表名额分配工作。认真做好选民登记与核查工作，力求做到不重登，不错登，不漏登。着重把好代表候选人素质和结构关，依法推荐、确定代表候选人。依法组织代表候选人与选民见面，增加选民对代表候选人的全面了解，保证选民正确行使自己的选举权，调动选民参选积极性，确保选举依法、公平、公正。优化代表结构。把优化代表结构作为一项重要任务，并把它贯穿于代表候选人提名推荐、酝酿协商的全过程，使选出的代表的整体素质进一步提高，进一步体现了人大代表的广泛性和代表性。全县共选出县人大代表

233名，其中来自基层一线的工人、农民代表占57.51%，比上一届上升了0.18%；妇女代表占18.88%，比上一届上升了1.65%；党政干部代表占30.90%，比上一届下降了1.43%。

四、贴近服务，致力提升自身形象

五年来，常委会不断提高自身履职能力，强化思想建设、制度建设和作风建设，不断适应新形势新要求，努力开创人大工作新局面。

1.紧扣主题，加强思想建设。深入开展科学发展观学习实践活动，坚持以科学发展观指导工作。常委会党组和人大机关通过多种途径征求意见建议，召开专题民主生活会，认真查找班子和个人存在的突出问题，解决影响和制约县人大常委会及人大机关工作的主要因素，制定整改措施，推动实际工作。常委会领导带头学习宣讲，联心结对，蹲点调研，撰写调研报告和科学发展建议书；及时组织机关干部学习党的十七大精神，深刻领会十七大提出的重大理论观点和重要战略思想，自觉以科学发展观武装头脑，指导工作，做到政治坚定，方向正确。常委会组成人员认真学习人大工作业务知识，弄清人大工作的内容和程序，熟悉宪法、地方组织法、选举法、代表法等法律法规，做到掌握特点，把握规律，深刻理解县委提出的打造"一地四区"的目标和"奋战五年·再造安吉"的行动部署，明确工作思路，突出工作重点。

2.服务大局，优化机制构建。县人大常委会以增强监督实效为根本，结合工作实际，对常委会各项工作制度予以全面梳理，完善了常委会议事规则、常委会讨论决定重大事项的规定、常委会任免国家机关工作人员办法、进一步提高常委会会议质量的意见等，制定了加强部门预算监督的暂行办法、政府性融资审批管理暂行办法、贯彻落实《浙江省各级人民代表大会常务委员会规范性文件备案审查规定》的实施意见等一批制度，确保常委会各项工作能依法、规范进行。通过健全常委会的议事制度、工作机制，提高常委会的审议质量和决策水平。人大各工委及时修订了工作细则，完善了与对口部门加强联系的办法等。县人大常委会党组和常委会领导班子成员，严格按照党章规定，依照宪法、法律和人大常委会工作制度开展工作，坚持民主集中制，严格依法办事，切实维护班子的团结和统一。重大事项都经常委会会议、主任会议或党组会议集体讨论决定，坚持少数服从多数、个人服从集体、下级服从上级的原则，集思广益，依法集体行使决定权。

3.求真务实，打造和谐机关。大力加强机关作风建设，注重发挥各委室作用，不断提高为常委会、为代表、为基层服务的水平。认真落实"作风建设年"的要求，扎实开展了"树新形象，创新业绩"主题实践活动。常委会积极要求人大干部争做创新创业的引领者和推动者，带头把精力用在落实上，把作风拧在求实上。常委会领导和人大机关干部认真领办项目，主动为联系企业搞好服务，积极开展企业"助飞"行动，到联系乡镇、村(社区)开展民情恳谈，将蹲点调研与送服务、办实事相结合，帮助解决实际问题。加强调查研究，发挥人大联系广泛、善于集民智的优势和特点，为县委、县府决策提供思路和参考。坚持开展构建"和谐机关"活动，积极营造"和谐舒心，积极进取"的工作环境，激发人大机关工作活力，编发《和谐家园》人大刊物5期。2011年，编纂出版了《创新发展——2007至2011安吉人大回顾》和《十四届人大调研报告汇编》，为下一届人大及其常委会开展工作提供了有价值的参考和依据。

各位代表，在中共安吉县委的领导下，在全县人民和人大代表的支持、监督下，在"一府两院”及有关方面的密切配合下，经过常委会全体成员的共同努力，本届人大常委会的历史使命即将完成。在此，请允许我代表县十四届人大常委会，对所有关心、支持和帮助人大工作的同志和社会各界人士表示衷心的感谢和崇高的敬意！

回顾五年来的工作，我们深切感到，做好人大工作必须做到“四个坚持”：

一、必须坚持大局为先，合心合力合拍。坚持和依靠党的领导，是人大工作始终坚持的政治原则和基本经验，是国家权力机关责任所在，更是做好人大工作的重要政治优势。常委会从自身的性质和特点出发，把人大工作融入县委促进改革发展稳定的大局中去，始终从全局的高度和发展的角度来谋划思路、开展工作，才能更加理性思考，才能更加协调协作，才能与全局工作同步、与科学发展同向、与人民群众同心，才能充满生机与活力。

二、必须坚持发展为上，有胆有识有策。发展是执政兴国的第一要务，也是人大督促落实的中心工作。凡是有利于发展的举措，人大就督促落实；凡是有利于发展的项目，人大就全力支持；决策为发展服务，视察为发展解难，监督为发展开路，调研为发展献策，执法检查为发展护航，决定人事任免为发展提供保障，以更加积极有为的姿态、更加务实创新的工作，把一切智慧和力量都凝聚到推进发展上来。

三、必须坚持以人为本，聚心聚愿聚智。坚持一切从人民群众的根本利益出发，全心全意为人民服务是我们行使一切权力的宗旨。常委会坚持充分发挥人民群众和人大代表的基础作用，不断提升人大实现民意的能力。只有依靠人民群众和人大代表开展工作，倾听群众呼声，反映群众意愿，凝聚群众智慧，维护广大群众的根本利益，才能更好地把全体代表、全县人民群众的作用发挥出来，力量凝聚起来，活力激发出来。

四、必须坚持创新为源，求真求新求为。创新是一个民族进步的灵魂，也是人大工作永葆生机与活力的源泉。开拓创新才能跟上时代步伐，顺应潮流才能拥有美好未来。只有解放思想、与时俱进、勇于探索，才能使我们始终保持思想上的敏锐、行动上的自觉、方法上的有效，切实肩负起宪法和法律规定的职责，完成好党和人民赋予的重任，不断提升人大依法履职的能力。

在充分肯定成绩的同时，应当看到，对照宪法法律的规定和形势任务的要求，对照广大人民群众的要求，常委会在全面履行各项法定职能中，还存在一些不足和差距，主要是：监督工作的实效性还需不断增强，代表作用的发挥和服务工作还需不断改进，常委会的建设还需不断完善。对这些问题，相信下一届人大常委会会采取新的措施，通过不懈努力，在坚持和完善人民代表大会制度和推进民主法制建设的实践中逐步得到解决。

各位代表，2012 年是我们进入“十二五”时期的关键之年，是我县全面建成小康社会，向着基本实现现代化迈进的重要时期。闭幕不久的中央经济工作会议指出，要加快推进经济发展方式转变和经济结构调整，着力加强自主创新，着力深化改革开放，着力保障改善民生，保持经济平稳较快发展；县十三次党代会提出，要率先全面建成中国美丽乡村和现代化山区县，争创生态文明建设全国示范，打造城乡统筹发展全国样板，建设富裕美丽幸福安吉的奋斗目标。如何围绕安吉未来发展大局，推动法律法规和“十二五”规划实施，促进经济社会协调发展，新一届人大常委会肩负着极其重要的历史使命。建议新一届人大常委会：要进一步推进基层民主政治建设。切实保障人民当家作主的权利，要着力保障人民的知情权、参与权、表达权和监督权，健全民主制度，丰富民主形式，拓宽民主渠道，要加强民主监督，推进民主管理，维护社会稳定；要进一步加强和改进人大监督工作。不断加强监督工作，依法行使监督职权，健全监督机制，增强监督实效。不断改进监督工作，促进依法行政和公正司法，切实发挥人大在推进经济发展、改善社会民生、促进文化大县建设的作用；要进一步发挥人大代表的主体作用。培训好新一届人大代表，从源头上保证代表扎根选民，从制度上保证代表密切联系选民，从机制上促进代表倾听群众意见，确保人大代表知政有为，保证代表依法履行职责，发挥作用；要进一步加强人大自身建设。加强理论武装基础，重视加强党组思想建设、组织建设、作风建设、制度建设和党风廉政建设，凝聚力量，坚定信心，形成全县人大工作的强大合力，为推进安吉社会经济发展繁荣，努力提高自身依法履行职责的能力和水平。

各位代表，同志们，县十四届人大常委会已经完成了历史使命，现在，新的一届县人民代表大会已经召开，新的一届县人大常委会也即将选举产生。我们完全相信，在中共安吉县委的正确领导下，在全县人民的大力支持下，新的一届县人大及其常委会一定能继往开来，开拓奋进，在历届工作的基础上不断开创我县人大工作的新局面，为实现县十三次党代会确定的宏伟目标，为全面推进我县社会主义现代化建设事业，加快建设富裕美丽幸福安吉作出新的更大的贡献！

安吉县人民代表大会第十五届常务委员会工作报告

——2017年2月16日在安吉县第十六届人民代表大会第一次会议上

梁为民

各位代表：

我受安吉县第十五届人民代表大会常务委员会的委托，向大会报告工作，请予以审议，并请列席会议的同志提出意见建议。

本届人大工作回顾

县十五届人大常委会即将任期届满。过去五年，是我县全面完成“十二五”目标任务、科学谋划“十三五”发展蓝图的重要五年，也是迈步“再战五年·幸福安吉”征程、加快“三个安吉”建设的关键五年。五年来，县人大常委会在县委的领导下，深入贯彻落实党的十八大和十八届三中、四中、五中、六中全会以及习近平总书记系列重要讲话精神，谋事围绕中心，选题立足民生，监督突出实效，履职依靠代表，认真履行宪法和法律赋予的各项职权，为推进全县经济社会发展和民主法治建设发挥积极作用。

五年来，共召开常委会会议41次，主任会议53次，依法作出决议、决定40项，开展执法检查、视察、调研195次，听取和审议“一府两院”专项工作报告112次，发出审议意见书17份，实施专题询问2次，依法任免国家机关工作人员393人次。

一、紧扣中心，在推动全县改革发展上取得新作为

五年来，常委会始终以服务大局为着力点，凝心聚力助发展，建言献策促改革，抓重破难

求实效,不断为推动"三个安吉"建设和加快实现赶超发展加油助力。

坚持正确方向,围绕全局谋大事。深入学习领会中央和省、市委关于加强县乡人大工作的意见精神,牢牢把握新常态下人大工作的新任务、新要求。协助县委召开人大工作会议,配合出台《关于进一步加强人大工作和建设,充分发挥人大作用的意见》指导性文件,为今后的全县人大工作指明方向。围绕县委决策部署,选准选好事关全局和长远发展的重大事项,依法行使决定权,先后作出关于部分乡镇和街道行政区划调整、关于开展第七个五年法治宣传教育、关于设立"5·26"爱路日等决议、决定,并大力推动人代会作出的关于设立环境综合治理"集中推进日"决定的贯彻执行,有效发挥地方国家权力机关的职能作用。努力完善人大监督机制,先后作出关于修改常委会议事规则、关于加强代表工作以及关于修改代表议案和建议、批评、意见办理办法等决定,保障常委会各项工作依法、规范进行,不断提升常委会的审议质量和决策水平。坚持融入中心,贴近中心,每年抓牢全县发展中的重点领域和关键环节,科学定位工作思路,精心选定监督议题,合理安排视察内容,确保人大监督始终做到因地制宜和有的放矢。

坚持主动作为,聚焦发展破难题。面对复杂的宏观经济形势和激烈的区域竞争,准确把握发展脉络,密切关注新常态下的经济运行态势。深入调研装备制造业发展、工业平台建设、国有平台公司改革、专业市场转型发展、小微企业发展等17项县委重点课题,相关调研成果被细化分解成具体任务后得到有效采纳。坚持每年听取和审议半年度国民经济和社会发展计划执行情况等报告,深入分析经济运行中的主要问题并提出意见建议,助推经济平稳健康增长。跟踪监督"十二五"规划执行情况,审查和评估规划中期报告,听取和审议"十三五"规划编制工作情况报告,有力推动规划的刚性执行和科学编制。把监督重点项目作为推动经济发展的重要手段,连续五年共对239个重点项目进行全方位督查检查,并进行"双满意度"评价,及时向政府反馈评价结果,发出审议意见书,助推项目较快较好建设。不断加大监督刚性,先后对进度滞缓的"安吉三院迁建工程""科创园二期工程"启动专题询问,有效推动项目加快建设进度。连续四年专题视察科技创新工作,进一步激发全社会的创业创新活力。跟踪督查省际承接产业转移示范区(天子湖区块)供水问题,先后促成应急供水系统工程的建设和长期供水规划的启动实施。

坚持重点突出,立足改革强监督。按照县委关于全面深化改革的部署和要求,着力推动改革措施的有效落实。持续加大对财政预算、决算的监督力度。严格执行新预算法,不断完善全口径预算编制,专题听取"三公"经费使用情况报告,督促政府规范预算行为、严格预算支出,着力提升财政资金使用绩效。听取和审议年度预算执行、财政决算、财政收支审计和部门预算调整等报告,依法审查批准年度财政预决算及各单位部门预算,更好满足地方发展和民生改善的刚性需求。积极推进财政预算信息公开,跟踪督查部门预算网上公开情况,充分保障群众知情权、监督权,推进预算管理法制化、科学化。专项督查审计查出问题整改情况,结合人大监督与审计监督,有力督促相关部门对查出问题的整改落实。规范政府性重大投资项目审批程序,听取年度政府性投资项目安排和进展情况,依法审查批准政府性投资项目调整计划。针对政府融资债务现象,听取和审议开发区及平台乡镇融资债务情况报告,要求政府严格界定举债范围，抓好债务风险防控。审查科技专项资金使用管理情况，督促政府切实提升资金使用效率。全面启动乡镇民主参与式预算监督工作，进一步扩展基层财政预算的民主参与和民主监督。紧盯政府部门对行政权力的自我约束，听取和审议部门权力清单、责任清单执行情况报告，督促推进“四张清单一张网”建设，支持政府以自身改革释放发展活力。

二、聚焦法治，在促进社会和谐进步上取得新进展

五年来，常委会牢牢把握“法治安吉”建设目标，加大监督力度，改进监督方式，努力推动“一府两院”依法行政和公正司法，不断创优公平正义的法治环境。

深化司法监督，着力维护公平公正。高度关注全面推进依法治国进程中的公正司法，出台《监督司法机关工作办法（试行）》，督促司法机关严格依法办案，提升办案质量，加强队伍建设。上下联动开展深化司法监督工作，组织市县乡三级代表对全县各基层派出所、检察室、法庭和司法所开展“全覆盖”视察检查，梳理查找问题，征询意见建议，还听取和审议公检法司机关工作人员依法履职、公正司（执）法暨反馈问题整改情况报告，开展满意度测评，并持续跟踪问题整改效果。扎实做好审判员和检察员履职评议工作，选取部分审判员和检察员，对其政治素养、业务学习以及执法办案等情况进行综合测评，并督促整改有关问题，进一步促进“两官”依法履职。先后视察调研立案登记制改革、民商事审判、人民调解、法律援助、反贪污贿赂、看守所监管和禁毒等工作，深入开展“关注公正司法，代表一线视察”等主题履职活动，并针对突出问题和不足提出意见建议，促使司（执）法机关更好地公正司法、规范执法。跟踪“六五”普法规划执行情况，积极参与各阶段的普法检查验收，助推五年普法目标任务的较好完成。

强化法治理念，着力推进依法行政。围绕法治政府建设目标，督促政府部门切实运用法治思维和方式行使职权。先后对人力社保局、食药监局、行政服务中心、住建局、文广新局、水利局、商务局开展工作评议，梳理形成评议报告并进行满意度测评，评议结果上报县委；同时，督促被评议部门认真落实评议意见、抓好整改，不断提升依法行政能力和服务水平。先后对刑事诉讼法、行政复议法、食品安全法、城乡规划法等法律法规开展执法检查，配合上级人大做好立法调研，有效保障法律法规在我县的贯彻实施。开展查找“不适应全面深化改革要求的法律法规条文”主题活动，及时向省人大提交修改建议作为立法参考。连续五年听取和审议行政监察工作情况报告，有力推进行政机关廉政效能建设。还视察调研安全生产、城管执法、遏制“四抢”等工作并提出意见建议，进一步规范行政行为。扎实做好规范性文件备案审查工作，出台《规范性文件备案审查办法》，启用网上备案系统，坚持应备尽备，有效增强备案审查质量和效率。五年来，共备案审查政府规范性文件122件，经审查，均未发现不当之处。完成县人代会电子表决系统配备，并在这次人代会上首次启用，以电子表决器的方式表决相关议题，更加突出对“一府两院”的民主监督效果。

优化任免制度，着力增强公仆意识。始终把党管干部和人大依法任免有机统一起来，坚持正确贯彻县委意图、充分发扬民主和严格依法办事，认真行使好人事任免权。严把任前考察了解、会议听取情况说明、审议表决、颁发任命书等关口，对《任免国家机关工作人员办法》进行修改和完善，不断规范各环节程序。出台《县人大常委会任命人员任前法律知识考试暂

行办法》并严格执行，进一步提升被任命干部的法治意识和自觉接受人大监督意识，先后组织法律考试9次。制定《安吉县人大常委会任命人员向宪法宣誓流程》并规范操作，促进被任命干部自觉维护宪法权威，捍卫宪法尊严，增强宪法意识，先后举行宪法宣誓仪式6次。

三、心系民生，在提高群众幸福指数上取得新成效

五年来，常委会始终恪守为民之责，多办利民之事，抓牢民生事业发展中的热点难点问题开展监督，大力助推解决广大群众关心的利益问题。

解民忧，不断回应民情关切。持续在教育、卫生等领域监督发力，实打实为民办事、为民解忧。围绕“入学难”问题，听取和审议幼儿教育、普通中小学教育等报告，专题调研适龄儿童、少年入学问题，跟踪监督教育规划落实情况，并就教育资源紧缺、规划滞后、设施老旧等问题提出意见建议，发出审议意见书，先后促成小区配套幼儿园移交使用、递铺三小迁建选址、第二初中组建、职教中心迁建以及一批学校改扩建，逐步实现教育资源增量、布局合理。针对“看病难”问题，听取和审议卫生计生工作报告，专题调研医务工作者队伍建设，多次视察城乡医疗资源发展动态，并跟踪医药卫生体制改革和卫计机构合并成效，有效促进卫计事业的健康发展。连续五年监督食品安全工作，深入检查食品安全“一法两规”执行情况并跟踪审议意见落实，督促有关问题高效整改。努力推动政府为民办实事项目更符合民意，每年年初广泛向代表征集项目线索，全体代表充分建言献策，残疾人托养、背街小巷整治等一批线索被政府吸纳，并积极指导各乡镇人大探索推进政府实事工程代表票决工作。还先后视察调研全民健身、残疾人保障、养老服务体系建设、民族宗教和“米袋子、菜篮子”建设等百姓身边实事，并在听取和审议有关报告后提出意见建议，进一步推动相关领域的民计民生改善。

谋民利，不断增进民生福祉。深入贯彻“两山”理论，坚持把生态文明建设和农业农村工作作为监督重点，着力保生态，全力惠民生。紧盯区域环境治理，深入督查“三改一拆”“四边三化”“五水共治”和治气治霾等工作，连续四年跟踪饮用水水源地保护情况，组织各级代表上下联动开展“查找大气污染源”“关心母亲河”等行动，还多次听取污水治理、水利重点工程建设等报告并发出审议意见书，督促政府部门不断健全机制，加大力度，巩固治理成效，有效推动区域环境质量提升。持续关注农林事业发展，先后视察供销社体制改革、农整、农业现代园区建设、循环农业、禽畜养殖、湿地保护、植树造林、毁林开垦专项整治、农林传统种质资源保护与培育发展等工作，深入调研秸秆焚烧、除草剂使用等课题，并在听取和审议有关报告后提出工作改进建议，不断夯实全县生态文明基础，增进农林业高产、高效与安全。围绕“美丽乡村”成果巩固和提升，先后视察调研“美丽乡村”长效管理、村级组织规范运行监管、村级集体经济发展等工作，并督促政府及时完善有关机制和措施，有效助推城乡统筹发展，提高“美丽乡村”建设水平。还对昌硕文化等地方文化保护与发展、文化旅游资源开发利用、休闲旅游产业发展等领域进行专题调研并提出意见建议，进一步推动相关工作。

听民声，不断畅通民意表达。密切与群众的血肉联系，把人大信访工作作为体察民情、知晓民意、化解民忧的重要渠道，有效维护和保障群众合法权益。按照信访制度改革要求，不断健全及时解决群众合理诉求的机制与方法，采取高效受理交办、密切跟踪督查、定期答复反馈的处理程序，努力在法治轨道内办信办访。五年来，共受理来信208件，接待群众来访292批

1107人次，均做到事事有回音，件件有结果。常委会领导还认真执行接访制度，积极参与信访件的沟通处理，协调解决一批难点问题。同时，充分发挥代表的桥梁纽带作用，通过代表建议、联络站接待选民等方式，广泛收集民情民意，并转交“一府两院”研究办理，有效化解一批群众诉求。积极引导公民有序参政，出台《公民旁听县人民代表大会会议暂行办法》等规定，先后邀请71位公民参与旁听人代会全体会议和常委会会议。

四、力促履职，在发挥代表主体作用上取得新突破

五年来，常委会紧紧围绕“代表自身动起来、代表工作活起来、履职效果好起来”的总要求，全力支持和保障代表履职，充分发挥代表在管理国家事务中的积极作用。

抓能力建设，激发代表履职热情。坚持把提升能力作为代表履职的前提和基础，努力使代表愿履职、会履职。组织代表开展素质新提升、履职新作为、岗位新贡献、自身新形象“四新”主题实践活动，并贯穿本届代表工作始终，深入推进，切实增强代表履职活力和成效。在届中开展代表履职“回头看”活动，引导代表在学习中提升自我，在走访中听取民意，在自查中找准差距，在讨论中激发干劲，在承诺中明确方向，起到查补不足，推动履职的效果。开展“履职我带头，岗位争一流”主题活动，全体代表充分践行“四带四争”要求，不断在依法履职、助推改革发展中争先创优。扎实做好代表培训，采取组长轮训、初任培训等方式，进一步增强代表履职水平。经常性邀请代表列席会议和参加活动，使其在履行职责中强化能力。加大对代表履职事迹和成果的宣传力度，以示范引领提升代表形象。开展先进代表小组和优秀代表评选，更加激发代表履职积极性。

抓服务保障，拓宽代表履职渠道。精心搭建代表履职载体和平台，并在创新、实用、长效上下功夫，切实为代表履职创优条件。出台关于加强联系代表工作的有关意见，明确每位驻会委员联系10名基层代表，并一年一调整，确保所有代表在任期内都能与驻会委员建立密切联系。在“一府两院”设立38名部门代表联络员，不断畅通代表与部门之间的沟通交流。全力推进代表联络站建设，在各乡镇(街道)和代表较多的村(社区)建成25家联络站，并做到常态化和规范化运行，每月定期接待选民，部分问题得到面对面及时解决。扎实推进“两网融合”工作，不仅做好“代表履职服务平台”的推广运用，引导代表通过平台学习提升，交流互动，还分别建立15家网上代表联络站，组织代表依托网络联系选民。不断完善“代表进部门”“代表监督窗”“双向约见”等载体。创新开展“主任接待代表周”活动，采取集中接待与分散接待相结合的方式，由常委会领导面对面接待代表，部门当场办理答复代表建议，先后促成老旧小区改造、南部集中供水等热点难点问题的解决。

抓成果转化，增强代表履职成效。始终以代表履职效果作为检验代表工作的重要标准，力促代表履职有为。高度重视代表建议办理工作，先后采取“预交办”和常委会领导督办重点建议、县领导领衔联系建议办理、人大和政府联合督办“大户”单位、重点建议“回头看”以及“背靠背”满意度评价等措施，还启用“网上办理系统”等平台，对代表建议进行全程有力督办，建议解决率逐年稳步提升。本届人大历次会议的560件建议均作了办理答复。采取上下联动的方式，先后组织各级代表开展“监督已治理的河”“查找基层群众办事审批难事项”“履职找短板，献计促发展”以及监督转型升级“十大组合拳”落实情况等主题活动，有效发挥代表在

促发展、推改革等方面的作用。在本届人大四次、五次会议上，政府充分尊重代表权利和代表审议意见，对工作报告分别作了8处和6处修改。同时，许多代表还积极践行“双岗建功”要求，既认真履职，还热心公益事业，协助地方解决残疾人安置、百姓就业等问题。安吉籍省市代表也高度关注全县发展，提出关于加快启动申嘉湖高速公路西延线建设等建议，有力助推对外交通等领域工作。

抓换届选举，保障基层民主权利。严格按照宪法、法律要求和省、市、县委关于做好换届选举工作的意见精神，依法依规开展县乡两级人大换届选举工作。常委会及时作出换届选举决定，成立县乡选举机构和分片联系督导小组，下发指导文件，设立新闻发言人，组织业务培训，保障全过程规范有序推进。广泛开展宣传发动，充分调动广大选民行使民主权利的积极性，有效提升参选率。抓牢程序节点，扎实做好选区划分、选民登记、提名推荐和投票选举等环节工作，严把代表政治关、素质关、结构关。坚持把严肃换届纪律贯穿始终，深入开展警示教育，严格监督责任落实，确保换届选举风清气正。这次换届选举，全县共选出县代表233名，乡镇代表673名。在县代表中，基层一线工人、农民和专业技术人员代表占70.81%，上升11.15个百分点；妇女代表占31.33%，上升12.45个百分点；党政干部代表占23.61%，下降7.29个百分点，代表的广泛性和代表性更加突显，代表结构进一步优化。

五、顺应形势，在加强人大自身建设上取得新提升

五年来，常委会坚持把强化自身摆在突出位置，不断深化思想、作风、素质建设，着力提高依法履职能力和监督水平，更好地适应新形势下的人大工作要求。

加强学习调研，增强素质促履职。始终把学习作为一份政治责任和一种常态，不断健全学习制度，完善学习方式方法，努力打造“学习型”机关。深入学习领会党的十八大和十八届历次全会以及习近平总书记系列重要讲话精神，自觉用科学理论武装头脑、指导实践、推动工作，切实把思想和行动牢牢统一到中央和省、市、县委各项决策部署上。结合人大工作规律和特点，认真学习人大制度、理论和宪法、法律，不断推动自身知识结构的与时俱进，进一步提升做好新形势下人大工作的意识、能力和水平。坚持把深化调查研究作为人大有效行权的基本方法，围绕全县中心工作、改革发展难点、群众关注热点等内容精选课题，做到深入基层察实情、抓住关键谋良策。五年来，先后形成大气污染防治、科技创新发展和“村规民约”在法治安吉建设中的作用等专项调研报告80余篇，为县委科学决策和政府落实有关工作提供重要参考。

加强作风转变，提升效能优服务。在常委会和人大机关持续、深入推进党风廉政建设，并作为一项全局性、长期性工作抓紧抓实，不断加强和改进人大工作作风。积极开展党的群众路线教育和“三严三实”“两学一做”等学习实践活动，认真学习党章党规党纪，对照“四风”和“不严不实”等方面问题，细致做好查摆剖析、整改提升等工作，进一步坚定理想信念，补足精神之钙。把严守纪律、严明规矩作为基本要求，严格执行中央八项规定等制度，健全公务接待管理、办文办会等内部规定，做到明底线，知敬畏，守规矩。按照“一线”工作标准，常委会领导积极参加“进村入企大走访”“千名干部下基层”“集中推进日”等专项行动，并认真执行县领导“六联”制度，密切联系对接，主动做好服务，努力为联系乡镇(街道)和企业、项目破解难题。

还在防台抗洪等突发事件中赴一线指导，积极参与招商引资协调推进等中心工作。

加强组织建设，夯实基础增活力。按照中央和省、市、县委关于加强人大工作和建设的有关要求，着力推进县乡人大组织建设。增设常委会城建环资工委，将原农环工委更名为农工委，并理清工委职责，不断完善常委会工作机构。县内区划调整之后，分别在递铺、孝源、昌硕、灵峰4个街道设立人大工作委员会，出台《安吉县人大常委会街道工作委员会工作规则(试行)》，并抓好工委建设和运行，有效推动街道人大工作的规范化开展。在这次乡镇(街道)换届时，协助县委配齐配强基层人大领导班子，在15个乡镇(街道)人大中，共配备专职主席、主任14名以及专职副主席、副主任17名，切实强化基层人大建设。还建立县乡人大联系指导机制和《乡镇(街道)人大工作考核细则》等制度，常委会领导定期赴基层走访调研，指导和推动民生实事工程代表票决、重大事项监督等有关工作，不断形成上下联动、亮点迭出的良好局面。

加强宣传引导，外扩影响塑形象。积极探索人大宣传工作的新载体、新做法，努力提升宣传质量，加大宣传力度，力求讲好人大故事，传递人大声音。巩固和完善"安吉人大网"、《人大工作信息》、"代表论坛""代表风采""代表建议专栏"等宣传阵地。一方面，始终把牢政治方向，广泛宣传人大制度和理论，不断推动人民代表大会制度深入人心。一方面，突出宣传广度深度，提炼报道县乡人大工作中的特色做法、经验成效和代表履职事迹，全方位展示我县人大依法履职的生动实践。五年来，共在国家和省市级以上媒体刊物发布各类宣传稿件300余篇，其中，安吉人大"五步工作法"办理代表建议，监督助推重点项目建设的主要做法等亮点工作被省人大专刊报道，并连续三年被评为"省人大信息工作先进单位"。

各位代表，过去五年，常委会取得的成绩，离不开县委的正确领导，离不开"一府两院"的密切配合，离不开各级人大代表和全体人大工作者的共同努力，离不开全县人民和社会各界的大力支持。在十五届人大的使命即将完成之际，我谨代表县十五届人大常委会，向所有关心、支持、帮助人大工作的同志以及社会各界人士，表示衷心的感谢！

各位代表，回眸过去，我们深切体会到，做好新常态下的人大工作：

必须当好人大制度的忠实践行者。人民代表大会制度作为我国的根本政治制度，其发展是一个长期的历史过程。我们必须以发展的眼光看待人民代表大会制度，毫不动摇地坚定制度自信，始终坚持党的领导、人民当家作主、依法治国的有机统一，真正把这项制度坚持好、完善好、发展好，不断以自身实践推动人民代表大会制度的与时俱进。

必须当好改革发展的积极推动者。发展是我党执政兴国的第一要务，也是人大履职的时代责任。我们必须不断践行五大发展理念，自觉把人大工作置于大局中来谋划和开展，做到与党委政府中心工作同频共振，与改革发展要求同向而行，与人民群众愿望同心合拍，持续发挥人大制度优势，充分行使好宪法和法律赋予的各项职权，立足新起点，找准发力点，全力支持和推动改革发展迈上新台阶。

必须当好法治尊严的坚定捍卫者。人大作为国家权力机关，处在社会主义民主政治建设的第一线，在依法治国中肩负着重要职责，其作用发挥如何，直接关系到全面推进依法治国的进程。我们必须切实维护宪法权威，捍卫法治尊严，有效保障宪法和法律的贯彻实施，不断推进“一府两院”依法行政、公正司法，努力推动形成办事依法、遇事找法、解决问题用法、化解矛盾靠法的良好局面。

必须当好民生福祉的自觉守护者。实现好、维护好、发展好群众的根本利益是人大的政治责任和光荣使命，也是人大一切工作的出发点和落脚点。我们必须坚持以人为本，保持为民情怀，尊重和保障群众的知情权、参与权、表达权、监督权，充分发挥人大代表的优势和主体作用，不断从群众最关心关注的热点难点问题着手，依法履职行权，力推民生改善，真正让群众有更多的获得感和幸福感。

当然，在充分肯定成绩的同时，我们也应当清醒地认识到，常委会工作，对照宪法和法律的规定，对照县委的要求和全县人民的期盼，还有很多差距，主要是：监督工作效果还需要提升，审议意见跟踪落实力度还需要加大，代表履职形式还需要丰富，人大自身建设还需要强化。对这些问题，相信下届常委会会认真研究，采取措施，并在未来五年的实践中不断加以改进和完善。

下届人大工作建议

各位代表，今年是实施“十三五”规划的重要一年，是进入全面建成高水平小康社会决胜阶段的关键一年。县第十四次党代会提出聚焦“两山”实践，聚力赶超发展，努力把安吉建设成为中国最美县域这一发展愿景，以及发展美丽经济、营造美丽环境、培育美丽文化、提升美丽民生、打造美丽党建这五大奋斗目标。如何围绕安吉未来蓝图，助推“美丽”事业实现，促进经济社会持续、健康、协调发展，新一届常委会肩负着极其重要的历史使命和责任，建议新一届常委会：

要进一步融入大局，服务发展注动力。立足生态立县、工业强县、开放兴县战略，围绕“两山”成果转化和实现赶超发展，积极主动融入，科学谋划新常态下的人大工作。依法行使好重大事项决定权，持续跟踪“十三五”规划实施，紧盯经济运行态势和工业发展，深化财经审查监督和重点项目监督，密切关注城乡统筹发展和生态文明建设，全力助推解决改革发展中的热点难点问题。

要进一步依法履职，深化监督添活力。不断加强和改进人大监督工作，规范监督程序，强化监督刚性，努力提升监督的精准性、实效性。正确处理好监督与支持的关系，全力推动“一府两院”依法行政和公正司法，推动监察委员会依法履职。加大对发展、改革、民生、生态等重点领域的监督力度，确保县委决策部署的全面落实。加强法律监督，保障宪法和法律在我县的有效执行。

要进一步创新务实，依靠代表聚合力。认真抓好新一届人大代表的学习培训，增强代表履职积极性，提升代表履职能力。完善代表履职机制和载体，拓宽代表知情知政渠道，努力为代表履职做好服务保障。坚持密切联系代表，广泛倾听代表意见建议，确保代表主体作用得以充分发挥。加大对代表建议的督办力度，创新督办方式方法，不断推动代表建议落到实处，切实提升解决率。

要进一步实干担当，加强自身增能力。认真贯彻落实县委《关于进一步加强人大工作和建设，充分发挥人大作用的意见》规定。不断重视和加强思想作风、组织制度、业务素质及党风廉政建设，努力提高依法履职能力和水平，更好地契合岗位需要和时代要求。大力倡导敬业勤业的工作态度、求实求新的工作作风，坚持有力履职、有效作为，一步一个脚印把人大事业不断推向前进。

各位代表，同志们，县十五届人大常委会已完成历史使命，现在，新一届人民代表大会已经召开，新一届人大常委会即将选举产生。我们完全相信，在县委的正确领导下，在全县人民的大力支持下，新一届人大及其常委会一定能继往开来，奋进有为，在历届工作的基础上不断开创我县人大工作的新局面，为实现县第十四次党代会确定的宏伟目标，为加快创建“两山”理论实践示范县，为把我县建设成为中国最美县域作出新的更大的贡献！

安吉县人民代表大会常务委员会工作报告

——2018 年 2 月 6 日在安吉县第十六届人民代表大会第二次会议上

陆为民

各位代表：

我受安吉县第十六届人民代表大会常务委员会的委托，向大会报告工作，请予审议，并请列席会议的同志提出意见建议。

2017 年工作回顾

过去一年，是我县“两聚一美”征程奋步起航、宏绘蓝图的一年，是经济社会发展提速赶超、卓见成效的一年，也是新一届人大及其常委会开创新局、砥砺前行的一年。一年来，县人大常委会在县委的坚强领导下，深入贯彻落实党的十九大精神和习近平新时代中国特色社会主义思想，坚持在政治上维护核心，在工作上围绕中心，在监督上顺应民心，团结依靠全体代表，切实履行法定职责，为服务推动“两聚一美”发展大局发挥了积极作用。

过去一年，县人大常委会共召开常委会会议 9 次，主任会议 16 次，开展执法检查和视察、调研 63 次，听取和审议“一府两院”工作报告 37 次，作出决议决定 19 项，发出审议意见书 4 份，开展专题询问 1 次。

一年来，我们不敢旁骛，着力服务改革发展大局。

常委会积极践行新发展理念，围绕最美县域建设目标和县委重大决策部署，找准工作切入点和发力点，实干奋进，担当作为，全力助推实现“美丽”事业。

为经济转型加油助力。密切关注经济运行态势，听取和审议政府上半年工作、国民经济和社会发展计划执行情况报告，深入分析经济运行难题并提出破解对策，促进经济质量和效益的不断提升。把项目监督作为推动经济的重要手段，集中视察申嘉湖高速、商合杭高铁、长龙山抽水蓄能电站等省市县重点项目；对 52 个县重点项目开展跟踪督查，并开展“双满意度”评价，发出审议意见书，要求政府选准选好项目，抓好滞缓项目推进。突出监督刚性，对滞缓的中策橡胶项目开展专题询问，破解合同履行不到位等问题，督促及时签订补充协议，提速建设进度。聚焦县域大景区建设，专题调研国家级旅游度假区创建工作，督促补齐短板，加快创建推进。紧盯重点领域监督发力，先后视察开发区和示范区经济发展、中小企业发展、招商引资、优化营商环境工作，并提出对策建议，助推实体经济的稳步壮大。

为深化改革固本添力。保障监察体制改革试点依法有序推进，完成监察委员会组建相关工作。持续推动基层民主改革，全面推进县乡两级政府民生实事项目代表票决制工作，乡镇（街道）实现全覆盖，本次大会也将首次由代表票决实事项目。在全市率先探索街道议政会制度，指导推动议政会积极履职。深化对财政预算的民主监督，推进乡镇民主参与式预算审查，并在部门开展试点。通过票决制、议政会、参与式预算审查等实践，不断扩大基层民主，丰富基层民主政治建设。聚焦“最多跑一次”改革，对改革落地开展45次调研督察，建议政府在打破部门数据壁垒等方面先行先试，不断提升服务质量。落实预算改革的要求，加强预算审查监督，跟踪审计发现问题整改情况，在全市率先启用预算及国库支付实时在线监督平台，并开展常态化线上监督。

为生态建设凝心聚力。紧盯“剿劣提标”工作，常委会先后5次视察剿劣情况，专题调研农村生活污水治理运维、城镇污水处理设施运维等工作，并2次听取剿劣工作情况报告，发出审议意见书，明确要求政府加快启动污水处理厂三期工程，推动政府在治理污染源头、优化治水机制、巩固治理成果方面落实整改。深入开展“剿灭劣V类水，共护水更清河更美”代表主题活动，先后开展视察检查73次，排查小微水体243个，提出治水治污“金点子”和建议165条。围绕“城中村”改造攻坚，及时作出《关于全力推进“城中村”改造，共促优雅竹城建设的决定》，并视察旧城改造、老旧小区改造、小城镇综合治理等工作，凝聚全社会对营造美丽环境的共识，推动城乡环境面貌的不断提升。

一年来，我们不辱使命，着力推进法治建设进程。

常委会紧扣“法治安吉”建设目标，切实保障宪法、法律的贯彻实施，督促推动“一府两院”严格依法办事、公正司法，进一步构建公平正义的法治环境。

不断促进依法行政。加强干部任后监督，对常委会任命的政府工作部门负责人开展述职测评，进一步促进人大任命干部的依法履职和自觉接受监督。深化部门工作监督，对投资促进局、林业局开展部门工作评议，并进行满意度测评，不断强化依法行政意识和能力。加大法律监督力度，先后对城乡规划法、建筑法、食品安全法等开展专项执法检查，配合上级人大做好立法调研，全力保障法律法规在我县的贯彻实施。加强对政府规范性文件的备案审查，提升审查质量和效率，共备案审查33份规范性文件。

切实维护司法公正。围绕“执行难”问题破解，深入调研法院民事执行工作，并专门出台《关于进一步推进法院执行工作的意见》，明确22条针对性意见，支持和推动法院依法抓好执行工作，维护社会公平正义。密切关注司法体制改革进程，先后视察法院、检察院司法改革工作，并针对“员额制”工作落实、内设机构改革调整、办案管理和履职绩效考评等提出意见建议，支持和督促“两院”抓好队伍建设，规范司法行为，不断提升司法公信力。

规范开展人事任免。坚持党管干部和人大依法任免的有机统一，认真行使人事任免权。进一步健全任免机制、规范任免流程，常态化开展任前法律考试、宪法宣誓、述职测评等工作，有效提升人大任命干部的法治意识和自觉接受监督意识。一年来，共任免国家机关工作人员109人次，组织法律知识考试3次和宪法宣誓5次。

一年来，我们不忘民本，着力回应美好生活向往。

常委会聚焦民生福祉提升，不断推动解决广大群众最关心最直接最现实的利益问题，力促改革发展成果普惠于民，让群众在共享中更具获得感幸福感。

助推解决百姓身边事。持续对民生热点监督问效，重视民生实事办理，督促政府抓好22件实事项目，真正把实事办好、好事办实。关注教育事业均衡发展，深入调研0—3岁婴幼儿早教机构管理工作，促成政府出台管理办法、开展行业整治等成果。专题调研职业教育工作，推动政府提出全面提升职教核心竞争力等意见。守护"舌尖"上的安全，听取和审议食品安全监管工作报告，建议政府抓源头监管和重点整治，织密筑牢食品安全网。聚焦百姓关切，先后视察就业与人才、文化、旅游、道路交通安全管理、宗教场所管理、档案等工作，推动社会民生事业取得长足进步。

密切关注"三农"发展路。按照全面建成小康社会的目标，督促政府积极破解"农业短腿"和"农村短板"，先后对美丽乡村经营管理、经济薄弱村转换、毁林毁竹种植、粮食生产功能区建设工作开展监督，推动政府加大政策引导和管理力度，加快培育农业农村发展新动能。高度重视"三农"工作，开展"以农产品质量安全监管为抓手，助推我县农业供给侧结构性改革"重点课题调研，提出"农业供给侧结构性改革"的13条具体建议。跟踪"三位一体"改革，建议政府理顺机制，提升改革成效。加强监督农整土地利用、农业面源污染防控、水利重点工程建设、地质灾害隐患治理、民主法治村建设工作，有效推动农村的改革发展。

悉心倾听群众心里话。积极回应百姓期盼，大力推动解决群众关心关注的热点难点问题，跟踪视察三小、三院迁建等教育卫计重点项目，专题督查基层卫生院建设工作，督促责任部门提速工程进度，加快破解"入学难""看病难"问题。加强人大信访工作，进一步健全受理交办、跟踪督办和答复反馈机制，运用法治方式办信办访，做到件件有结果，事事有回音。一年来，共受理群众来信68件，接待群众来访280人次，妥善化解一批疑难复杂信访件。

一年来，我们不懈追求，着力发挥代表主体作用。

常委会根据新一届代表的结构与特点，尊重代表主体地位，充分支持、保障、激励代表依法履职，合力共谋发展。

优化提升履职能力。加强代表学习培训，举办初任代表培训班，组织连任与新任代表结对共建，坚持邀请代表列席常委会会议，参加视察活动，推动代表快速融入角色，做到善履职，履好职。健全常委会联系代表制度，常委会驻会组成人员分片联系代表，指导代表更好更有效地履职。开展优秀县代表议案建议和议案建议办理先进单位评选表彰，不断激发代表履职活力，提升部门办理积极性。

深入推进主题实践。紧扣"四新双岗建功拼比争"要求，深入开展"比拼履职、争做表率"代表主题实践活动，发动代表比拼履职能力、履职成果和本职工作，努力在学习提升、监督问效和岗位贡献中争做表率、争创业绩。主题活动开展以来，各级代表积极响应，围绕"五水共治""最多跑一次"改革和民生实事项目推进等重点，先后开展视察调研活动80余次；还组织开展代表植树护绿、代表挂牌亮诺、代表宣讲十九大等特色活动 20 余次。

有效拓展履职载体。努力把代表联络站打造成代表之家和履职之所，深入推进五星级联络站创建，通过规范提升和突出一站一特色，共完成 9 个争创点。加强联络站常态化运行，发动代表积极进站履职。一年来，市县乡三级代表共进站 386 人次，收集意见建议 238 项，解决问题 168 个。健全代表联系选民机制，积极开展代表向选民述职活动。畅通代表联系部门渠道，在政府各部门确立 36 名代表联络员，并在法院诉讼服务中心、执行局和基层法庭分别建立代表联络中心及联络站，推动检察院出台深化代表联络工作的实施意见。促进政府民生实事项目更符合民意，向代表征集 34 条项目线索，并转交政府研究处理。

持续强化建议督办。高度重视代表建议办理工作，采取“预交办”和常委会领导督办重点建议、主任接待代表周督办、集中督办“大户”承办单位以及“背靠背”满意度评价等措施，对代表建议进行全程跟踪督办。县十六届人大一次会议上的 133 件建议均已答复完毕，面商率、办结率和代表满意率均达 100%，先后促成县城区全面禁售禁放烟花爆竹、上墅董岭建设大型综合避灾中心等成果，推动解决一批代表关心、百姓关注的热点难点问题。

一年来，我们不改本色，着力锻造人大铁军精神。

常委会着眼新形势对人大工作提出的新要求，进一步加强自身建设，不断提高履职意识与能力，坚持一线作为，争当践行“两山”理论的样板地模范生。

以学习调研提升素质。高度重视思想政治建设，深入学习党的十九大精神、习近平新时代中国特色社会主义思想以及各级重要会议精神，自觉用科学理论武装头脑、引领方向和推动工作，不断夯实“四个意识”。认真学习宪法、法律和人大制度理论，有效增强依法履职能力与水平。深化党风廉政建设，常态化制度化推进“两学一做”学习教育，严格执行八项规定实施细则等纪律规定，进一步坚定信念，转变作风。发挥人大汇民意、集民智等优势，立足基层察实情，谋良策，先后形成职业教育等 12 项调研成果，为常委会提高审议质量和监督实效打下坚实基础。

以一线比拼争做表率。深化一线理念，坚持用一线标准推进人大工作，在县乡人大深入推进“四新”“拼比争”主题实践。常委会领导带头奋战一线，全力落实“美丽民生”推进、余村“两山”示范区建设、申嘉湖高速推进和长龙山抽蓄项目建设等牵头领办工作。县人大机关、乡镇(街道)人大和各级代表活跃在建设发展前沿，主动参与重点项目推进、招商引资、环境治理和“城中村改造”等工作，一线作为在县乡人大和广大代表中已蔚然成风。

以整章建制夯实基础。认真落实中央和省市县委关于加强人大工作和建设的要求，优化人大机构设置，在本届人大一次会议上首次决定设立法制(内务司法)委员会和财政经济委员会。完善常委会组织制度，修订常委会党组工作规则和主任会议议事规则，制定常委会组成人员守则，并成立研究室。加强乡镇(街道)人大队伍建设，建立健全县乡人大联系指导、工作考核等一揽子制度。

以宣传展示树优形象。坚持讲好人大故事，传递人大声音，依托微信公众号和“安吉人大网”、《人大工作信息》等载体，深入宣传县乡人大工作和代表风采，共在市级以上媒体登稿 100 余篇。其中，常委会助推生态文明建设的主要做法被《浙江日报》和省人大专刊报道。

各位代表，我们深切感受到，上述成绩的取得，是在县委的坚强领导下，靠的是各级代表和全体人大工作者的共同努力，靠的是全县人民和社会各界人士的鼎力支持，靠的是“一府两院”的密切配合，靠的是历届人大奠定的良好基础和老同志们的关心帮助。在此，我谨代表县人大常委会，向大家表示崇高的敬意和衷心的感谢！

在肯定成绩的同时，我们也清醒地看到，对照宪法和法律赋予的职责，对照县委的要求和人民的期盼，常委会工作还存在差距和不足。主要是：监督精准性还不够，建议解决率还需提高，基层代表履职活力有待增强，调研新情况新问题还不够深入。这些问题，我们一定高度重视，不断改进提高，努力使人大工作更显活力，更具成效，更有影响。

各位代表，党的十九大对新时代下的人大工作提出新的要求，我们在学习贯彻和履职实践中充分认识到：

——坚持党的领导是做好人大工作的政治保证。坚持和完善人民代表大会制度，最根本的就是坚持党的领导、人民当家作主和依法治国的有机统一。常委会只有在依靠党的领导上立场坚定、旗帜鲜明，始终从思想上行动上与县委保持高度一致，坚定不移地贯彻落实县委决策部署，才能更有效地发挥人大制度优势，更与时俱进地推进人大工作，才能做到与全局同步，与发展同向，与群众同心。

——坚持服务大局是做好人大工作的时代责任。党的十九大描绘了决胜全面建成小康社会的宏伟蓝图，擘画了全面建设社会主义现代化国家的新目标、时间表、路线图。谋事创业必须顺应时势，面对新时代新要求，常委会必须贯彻新发展理念，服务县域发展不动摇，始终在大局中谋划开展人大工作，以更加一线的姿态和更加实干的作风，把一切智慧和力量都凝聚到推动“两聚一美”发展中。

——坚持履职为民是做好人大工作的根本宗旨。人民群众对美好生活的向往，就是我们的奋斗目标。面对新时代社会主要矛盾变化的新特点，常委会必须永葆为民情怀，把实现好维护好发展好群众根本利益作为工作的出发点，多体味百姓冷暖，多关注百姓实事，多反映百姓心声，对重大民生问题·件接着一件督，一项接着一项推，让群众感到人大工作就在身边，用实际行动赢得群众广泛点赞。

——坚持开拓创新是做好人大工作的动力源泉。创新是大势所趋，也是开创人大工作新局面的必然选择，只有在传承中不断创新，才能顺应时代潮流，才能紧跟发展步伐。常委会必须解放思想，与时俱进，开拓无止境，创新不停步，牢牢把握新时代下人大工作的规律特点，积极探寻更行之有效的履职机制和监督方法，推动人大制度理论和实践创新，确保人大工作始终保持蓬勃的生机与活力。

2018年指导思想和主要任务

各位代表，2018年，是推进“两聚一美”发展的关键之年，是实施“十三五”规划的攻坚之年。站在新时代的历史起点上，我们如何巩固发展来之不易的好势头，锲而不舍推进赶超发展，对实现“美丽”事业具有决定性意义。县人大常委会2018年工作的指导思想是：高举习近平新时代中国特色社会主义思想伟大旗帜，全面贯彻落实党的十九大和县委十四届三次全会精神，在县委的坚强领导下，围绕“高质量、加速度、均衡性、可持续”发展总要求，唱响改革发展主旋律，展现履职为民新作为，凝聚实干创业正能量，认真履行宪法和法律赋予的职权，为高水平推动安吉“美起来、富起来、强起来”，高质量谱写践行“两山”理论建设中国最美县域新篇章作出新的贡献。

根据指导思想，常委会今年工作的主要任务是：

一、围绕政治引领，在坚决维护核心中把牢方向

一是始终坚持党的领导。深入学习贯彻党的十九大精神和习近平新时代中国特色社会主义思想，牢固树立“四个意识”，准确把握新任务和新要求，依法履职行权，充分发挥作用。二是深入贯彻县委要求。认真学习贯彻县委十四届三次全会精神，紧紧围绕“两聚一美”发展大局，充分践行样板地模范生要求，高标准高质量谋划和开展人大工作。三是依法决定重大事项。紧扣县委重大决策部署，对事关改革发展的根本性、全局性、长远性事项，依法做好决议决定，督促推动决议决定贯彻执行。四是规范做好人事任免。开展任前法律考试、宪法宣誓、述职测评等工作，完善任后监督机制，推动人大任命干部自觉接受监督和依法有效履职。

二、围绕时代要求，在服务改革发展中强化担当

一是全力服务改革发展。紧扣高质量发展的根本要求，持续关注“两山”转化、绿色发展、实体经济壮大、新动能培育、供给侧结构性改革和“最多跑一次”改革等重点领域，充分运用重大事项决定、监督、建言献策等职能，进一步汇聚发展动力，激发改革活力。二是密切关注经济运行。聚焦美丽经济，听取和审议“十三五”规划中期评估等报告，视察工业经济发展等工作，促进经济质量、效益和水平的不断提升。投身“优化营商环境年”活动，视察招商引资和营商环境建设工作，推动政府部门优化营商举措，创优服务环境。三是着力推动项目建设。深入开展重点项目评查，督促项目又快又好推进。加强监督刚性，对滞缓项目开展专题询问。四是持续强化预算监督。加大预算审查监督力度，督促政府严格预算支出，防范和化解金融风险。专题听取财政项目资金绩效评价报告，督促政府提升资金使用绩效。

三、围绕法治精神，在促进公平正义中发挥作用

一是扎实开展法律监督。落实全面依法治国要求，加强监督旅游法一法一条例、禁止销售燃放烟花爆竹规定等执行情况，保障法律法规有效实施。二是不断深化司法监督。围绕司法体制改革和司法责任制落实，跟踪“两院”司法改革和法院破解“执行难”问题效果，开展员额法官、员额检察官述职测评，维护司法公平公正。三是切实推进依法行政。聚焦法治政府建设，深入开展政府工作部门负责人述职测评和部门工作评议，推动政府部门严格依法行政。探索案件评审监督，开展行政处罚案件评审，督促行政执法部门规范公正文明执法。四是认真做好办信办访。坚持在法治轨道内办信办访，帮助群众解决实际难题，有效维护群众合法权益。

四、围绕民心所盼，在助推民生改善中展现作为

一是助推生态文明建设提升。深入践行“两山”理论，跟踪监督“剿劣”审议意见落实、小鲵国家级自然保护区建设管理、固体废物污染防治等工作，不断创优美丽环境。二是聚焦优

雅竹城建设发展。围绕文明城市创建，密切关注城市市容管理、烟花爆竹“双禁”等工作，助推文明城市建设。紧扣县域融合发展，跟踪小城镇综合治理和“城中村”改造攻坚等工作，推动城乡统筹发展。三是力促乡村振兴战略实施。围绕乡村振兴，推动“美丽乡村”成果转化，视察调研“美丽乡村”村庄经营、农民持续增收、农产品质量安全工作，破解“三农”突出问题。四是助力民生问题有效落实。紧盯民生重点领域，跟踪督促民生实事项目办好办成，加强监督医卫体制机制改革工作，跟踪早教机构规范化管理、食品安全重点领域治理等工作，全力推动民计民生改善。

五、围绕代表主体，在深化依法履职中突出实效

一是提振代表履职干劲。深化“双岗建功”“比拼履职，争做表率”主题实践，抓好代表学习培训，服务代表知情知政，持续增强履职能力，激发履职活力。二是丰富代表履职载体。加强联络站建设运行，全面推进五星级联络站创建，实现乡镇（街道）全覆盖，并打造一站一品牌。组织开展代表问政会和“主任接待代表周”等活动，不断拓宽履职渠道。三是增强代表履职成效。强化建议督办，创新督办方式方法，进一步提升问题解决率。发动代表积极投身改革发展主战场，围绕中心大局献计出力，合力共推最美县域建设。四是夯实基层人大工作。密切县乡人大联系联动，指导和支持基层人大依法履职，进一步规范街道议政会运行。

六、围绕能力导向，在提升素质本领中铸就铁军

一是打造“活力”人大。加强学习宪法、法律和人大制度理论，不断提升履职能力。深入调研新情况新问题，探寻改革发展新路子。坚持创新实践，推动人大工作更与时俱进。二是打造“一线”人大。深化“四新”“拼比争”等主题实践，践行一线理念，强化一线作为，积极主动服务“两聚一美”发展大局。三是打造“实干”人大。落实全面从严治党要求，开展“不忘初心、牢记使命”主题教育，巩固“两学一做”成果，严格执行八项规定实施细则，推动人大干部责任担当，务实进取。四是打造“智慧”人大。加快信息化建设步伐，完善微信公众号、建议网上办理系统、预算在线监督平台等载体，探索建立人大 APP，开拓“掌上”履职新渠道。

各位代表，同志们，新时代赋予我们新的使命，让我们在县委的坚强领导下，深入贯彻落实党的十九大和县委十四届三次全会精神，开拓进取，实干担当，为高质量谱写践行“两山”理论、建设中国最美县域新篇章而努力奋斗。

安吉县人民代表大会常务委员会工作报告

——2019 年 1 月 22 日在安吉县第十六届人民代表大会第三次会议上

陆为民

各位代表：

我受安吉县人大常委会的委托，向大会报告工作，请予审议，并请列席会议的同志提出意见建议。

2018 年工作回顾

过去一年，是我县经济社会发展砥砺前行、卓有成效的一年，也是县人大及其常委会工作开拓创新、不断发展进步的一年。一年来，县人大常委会在县委的坚强领导下，高举习近平新时代中国特色社会主义思想伟大旗帜，深入贯彻落实党的十九大和省市县委全会精神，始终坚持党的领导，强化法治意识，牢记为民宗旨，弘扬实干精神，认真履行法定职权，为建设中国最美县域作出了积极贡献。

一年来，县人大常委会共召开常委会会议 12 次，主任会议 16 次，听取和审议专项工作报告 40 次，开展执法检查和视察调研 66 次，作出决议决定和审议意见 28 项，圆满完成县十六届人大二次会议确定的目标任务。

一、围绕中心，服务大局，着力推动改革发展

服务发展是人大工作的第一要务。一年来，常委会自觉践行新发展理念，牢牢把握发展新常态，充分发挥人大制度优势和作用，不断为改革发展大局加油助力。

主动作为，服务经济提速赶超。聚焦规划实施，对“十三五”规划及老龄、教育、水利、交通、残疾人 5 个专项规划实施情况开展调研，审议规划中期评估报告，要求政府补齐补好短板，高质量实施规划。围绕“优化营商环境年”行动，视察工业经济发展、对外贸易等工作，并走访 110 余家企业，为其转型发展提供指导支持。紧盯重点建设（民生实事）项目，全程跟踪 92 个项目推进进度和质量，开展“双满意度”评价。落实国有资产管理监督要求，全面建立国资管理情况报告制度，首次审议国资管理情况综合报告、行政事业单位国资管理情况专项报告。加强政府性债务监督，调研“两区”和乡镇（街道）债务管理情况，督促抓好债务化解和风险防控。调研财政征收等工作，要求主管部门在探索增收途径、落实征收举措、服务地方经济上下功夫。调研督查“最多跑一次”改革工作，梳理“跑改”涉及法律法规修改事项提交省人大，推动破解改革瓶颈制约。

持续聚焦，推动生态建设提升。落实生态环境状况报告制度，县乡两级人代会首次审议环境报告，实现全覆盖。高度关注饮水安全，首次成立特定问题调查委员会，对赋石、老石坎、凤凰三大水库污染源问题开展调查，为水库水质提升和水库流域治理提供对策依据。围绕森林城市建设，作出确定县树县花的决定，推动全民爱绿植绿护绿。紧盯城镇环境治理提升，视察优雅竹城建设发展、城中村改造及拆后利用、老旧小区改造、小城镇环境综合治理工作，推动巩固治理成效，助力文明城市创建。上下联动开展固废污染防治等执法检查，督促政府部门加强薄弱环节整改。

积极融入，助力乡村振兴发展。建立县人大联系行政村工作制度，由常委会领导、各专工委分别结对一个行政村，加强联系指导，协助破解村级发展难题。对涉农代表建议开展“回头看”督查，督促职能部门在毁竹开垦治理、竹产业发展等方面加强问题破解。聚焦农林事业发展，先后视察小鲵国家级自然保护区建设管理、笔架山农业高新园区建设、森林资源保护及涉林违法犯罪案件查处、农家乐与民宿污水治理运维等工作。助力破解“三农”突出问题，调研美丽乡村经营、农民持续增收等工作，并提出推动产业兴旺、破解要素制约、培优乡村文化等

对策建议。

精准问效，深化财政预算监督。对财政报告初稿和预算初步方案进行初步审查，相关审查意见得到重视和落实。推动预算编制工作实现5个突破性的首次，年度财政报告首次全面编列一般性公共预算支出明细，首次编制国有资本经营预算草案，首次编制政府重大投资项目资金安排及专项资金预算，首次报告经批准举借债务规模、结构、使用及偿还情况，首次向县人代会提交审查全部64个部门108个预算单位预算草案，预算编制工作规范性完整性透明性有效提升。出台《监督审计查出问题整改工作办法》，全程督促审计查出问题整改。指导乡镇做好民主参与式预算审查监督，推动乡镇预算编制工作进一步民主化规范化。

二、关注民本，汇聚民意，着力推动民生改善

人大的根基在人民。一年来，常委会坚持把满足人民美好生活需要作为人大监督的出发点落脚点，积极推进社会民生事业进步，努力让群众共享改革发展成果。

聚焦热点，回应社会关切。首次举行问政会，代表就热点问题，面对面询问政府部门负责人，应询部门答复措施并积极落实，城区停车难等问题得到较好解决。紧盯幼儿"入园难"问题，督查新建小区配套幼儿园建设移交工作，促成龙山庄园等小区明确幼儿园移交时间。对早教机构管理开展"回头看"督查，推动主管部门出台教育培训机构审批和管理规定，加强行业监管。跟踪职业教育审议意见落实，视察职教校企合作共同体建设，推动职教中心设立4个校企合作冠名班。围绕医疗体制改革，调研医共体建设工作，推动解决中医院2号住院大楼项目资金难题。持续关注"菜篮子"工程，调研食品安全管理、农产品质量安全等工作，建议政府加强源头和重点领域监管，保障舌尖安全。

督好实事，增进民生福祉。全面落实民生实事项目代表票决制，实现县乡两级人代会和街道议政会全覆盖，共票决产生130件民生实事，内容涵盖饮水安全、就业扶持、残疾人保障等多个方面。加强实事督办，建立"看听问评"全程监督机制，开展办理满意度评价，推动实事办好办实，年度所有项目均如期见效。向代表广泛征集2019年实事项目线索，组织代表开展43次接待活动，共征集建议120余条，梳理后转交各级政府，夯实民生实事民意基础。

倾听呼声，畅通民意表达。坚持将人大信访工作作为知民情、解民忧的重要渠道，采取高效受理交办、全程督办、及时答复等处理机制，努力在法治轨道办信办访，有效保障群众合法权益，共接待群众来访130人次，推动解决信访难题30余件。同时，发挥代表的桥梁纽带作用，通过联系选民、提好建议、联络站接待等方式，广泛收集民情并转交政府部门研究处理，较好化解一批群众诉求。

三、保障公平，维护正义，着力推动法治建设

法治事关正本立纲。一年来，常委会始终以加强法治为己任，充分发挥监督职能，不断推进依法行政和公正司法，切实保障"法治安吉"建设全面深入实施。

强化法治意识，促进依法行政。加强法律监督，先后对社会养老服务促进条例、旅游法一法一条例、台湾同胞投资保障条例等开展7项执法检查，推动法律法规有效实施。深化部门工作监督，评议县科技局和交通运输局工作，开展满意度测评，并督促落实评议意见，提升依法行政水平。首次启动部门案件评审，评审县公安局和市场监管局2017年已办结行政处罚

案件，并督促抓好整改。加强规范性文件备案审查，共审查 33 件，切实维护法制统一。

深化司法监督，督促公正司法。持续跟踪司法体制改革进程，专题视察法院、检察院司改效果，推动“两院”更好落实司法责任制，增强司法公信力。聚焦生态司法保护，先后视察环境资源审判和生态检察工作，要求强化恢复性司法理念，进一步推进生态司法实践。抓好“两官”履职监督，对员额法官、检察官开展述职测评，督促依法履职，公正司法。加强法院执行工作监督，跟踪《关于进一步推进法院执行工作的意见》落实情况，推动破解执行难题。

优化任免制度，规范人事任免。坚持党管干部和人大依法任免相统一，认真落实任前法律知识考试、审议表决、宪法宣誓、述职测评等制度，努力做到任前知情，任时知人，任后知行。加强干部任后监督，开展常委会任命的政府工作部门负责人述职测评，促进人大任命干部依法有效履职。全年共任免地方国家机关工作人员 97 人次。

四、激发活力，创优载体，着力推动代表履职

人大工作的主体是代表，活力靠代表。一年来，常委会不断加强和改进代表工作，全力支持和推动代表依法履职，确保代表主体作用得到充分发挥、有效发挥。

抓学习培训，增强代表履职水平。制定年度培训计划，将人大综合素质提升班纳入教育主体班次，对代表中心组组长、人大干部开展集中轮训。常态化邀请代表列席会议，参与视察活动，每周推送学法案例，扩大代表知情知政渠道。指导代表小组制定个性化学习方案，坚持小组培训与自学相结合，培养代表履职能力。依托代表履职“一本两表”，掌握履职动态，实施全程考评督促，并开展优秀县代表和先进县代表小组评选，提高代表履职积极性。

抓主题实践，激发代表履职活力。深化“比拼履职，争做表率”主题实践，先后开展“共创文明城市从代表做起”“振兴乡村代表在行动”“我为营商环境献计出力”“履职促民生”等专项活动，共推动解决难题 130 余个。围绕文明城市创建，组织“城乡美化彩化”主题活动，动员各级代表植树种绿 3000 余株，并参与创建宣传 1200 余人次。紧扣烟花爆竹禁售禁放，发动各级代表争当“双禁”倡导者、践行者和守护者，先后开展宣传劝导 150 余次。

抓载体优化，拓宽代表履职渠道。继续深化“主任接待代表周”活动，在集中接待、督办重点建议基础上，常委会领导分赴联络站，听取代表建议并督促落实。加强联络站建设，做精一站一品，建成 10 个五星级联络站。健全联络站意见建议处理等机制，收集建议 800 余条，解决问题 630 余项。市县领导带头进联络站接待群众，履行代表职责。规范议政会运行，指导各街道在专业议政员小组、项目督查、履职考评等方面探索实践，履职效果有效提升。

抓全程督办，提升建议办理质效。明确 6 件重点建议，由常委会领导牵头督办，政府领导分工领办，先后促成全县域禁售禁放烟花爆竹、凤凰农贸市场改建营运等成果。紧盯“单位临时变更、面商不充分、重答复轻落实”等现象，采取预交办、代表确认面商后再续办、督查解决效果、纳入部门考核等措施，有效破解一批老大难问题。县人代会 134 件议案建议均答复完毕，面商率、办结率和代表满意率均达到 100%，一批社会热点难点问题得到推动解决。

五、顺应形势，强化本领，着力推动自身建设

打铁必须自身硬。一年来，常委会坚持把强化自身摆在突出位置，持续深化政治、思想、作风等各项建设，切实增强履职能力，更好适应新时代人大工作要求。

加强学习研究,增强素质本领。坚持将学习融入日常、抓在经常,学深悟透习近平新时代中国特色社会主义思想和各级重要会议精神,自觉用科学理论武装头脑,推动工作。结合履职实践,深入学习习近平总书记关于坚持和完善人民代表大会制度重要思想,有效提升能力水平。深化人大调查研究,围绕发展难点、社会热点开展调研,为县委决策和政府落实工作提供重要参考。全年共开展中心组学习10次,党纪教育一刻钟13次,调研专项课题9项。

加强一线履职,展现实干作风。抓好党风廉政建设,推进"两学一做"制度化常态化,持续加强和改进工作作风。不断深化"四新""拼比争"等主题实践,以一线标准、实干要求开展人大工作。常委会领导积极投身"坚定'两山'路,奋进新时代"主题活动,全力做好领办项目推进、外贸企业问难帮困、重点扶持村帮扶等工作;县人大机关干部主动参与招商引资、文明劝导等活动;各乡镇(街道)人大和各级代表也在服务中心大局中发挥积极作用。

加强平台建设,拓宽履职保障。推进智慧人大建设,完善预算在线监督、建议网上办理、网上联络站等平台,建立人大APP。借力信息化运用,做好预算监督、建议督办、民意收集反馈等工作。依托公众号和安吉人大网等宣传阵地,广泛宣传县乡人大工作和代表事迹,共在国家和省市级以上媒体登稿100余篇,有效展示人大履职风采。

各位代表,过去一年,常委会工作取得的成绩,是在县委的坚强领导下,靠的是全体常委会组成人员和代表的共同努力,离不开"一府一委两院"的大力支持。在此,我谨代表县人大常委会,向关心、支持和帮助人大工作的同志及社会各界人士,表示崇高的敬意和衷心的感谢!

在肯定成绩的同时,常委会也清醒地看到,工作中还有一些差距和不足,主要是:监督工作实效性还需提升,议案建议督办力度还需加大,保障代表履职还需优化。对此,我们将高度重视,采取有效措施,认真改进提高。

2019年指导思想和主要任务

各位代表,栗战书委员长在浙江考察调研时指出:做好新时代人大工作,关键是把握好"三个紧扣",就是紧紧扣在贯彻落实党中央重大决策部署,紧紧扣在回应人民群众重大关切,紧紧扣在厉行法治、推进全面依法治国。这对做好人大工作提出新的要求,我们在学习贯彻中认为:

——新的一年,我们要更自觉服务发展。要全面贯彻落实中央和省市县委重大决策部署,紧扣"高质量、加速度、均衡性、可持续"发展要求,主动适应新常态,精准把握着力点,在服务发展中更重实干,在推动发展中更求实效,全力以赴助推"两聚一美"发展再上新台阶。

——新的一年,我们要更自觉助推改革。要深入学习贯彻习近平总书记在庆祝改革开放40周年大会上的重要讲话精神,围绕"改革开放再出发"部署要求和县委全面深化改革重点目标任务,以时代发展要求强化自身,以改革创新精神推进工作,不断助力各项改革深入开展。

——新的一年,我们要更自觉履职为民。要始终践行以人民为中心的发展思想,永葆为民情怀,不断回应人民美好生活向往,多推动补齐民生短板,多推动解决关键小事,用履职为民的实际行动和成效，促进改革发展成果普惠于民，努力让广大群众更有获得感幸福感安全感。

——新的一年，我们要更自觉厉行法治。要坚决贯彻执行宪法，增强宪法意识，履行宪法使命，维护宪法权威，坚持用法治思维和法治方式来谋划开展人大工作，全力保障宪法法律实施，有效推动依法行政和公正司法，以法治凝聚改革共识，规范发展行为，保障社会和谐。

2019年，县人大常委会工作的指导思想是：高举习近平新时代中国特色社会主义思想伟大旗帜，深入学习贯彻习近平总书记关于坚持和完善人民代表大会制度重要思想，坚决贯彻落实党的十九大精神和中央、省市县委重大决策部署，在县委的坚强领导下，紧紧围绕县委十四届六次全会提出的目标要求，更重实干服务发展，更显担当履职为民，依法履行宪法法律赋予的各项职权，为奋力开创中国最美县域高质量发展新局面作出更大贡献，展现更大作为。

根据指导思想，常委会今年工作的主要任务是：

一、坚持党的领导，始终把牢正确政治方向

深入学习贯彻习近平新时代中国特色社会主义思想，全面领会落实习近平总书记关于坚持和完善人民代表大会制度重要思想，进一步强化“四个意识”，坚定“四个自信”，始终把党的领导贯穿于人大依法履职的全过程。认真学习贯彻县委十四届六次全会精神，紧紧围绕全会部署要求，找准工作切入点着力点，高标准高质量谋划和推进人大工作。围绕县委重大决策部署，选准选好事关全局和长远发展事项，依法作出决议决定，大力推动贯彻执行，使县委主张转化为全县人民的共同意志和自觉行动。坚持正确贯彻县委意图，充分发扬民主和严格依法办事，认真行使人事任免权，加强人大任命干部任后监督，增强任命干部法治意识和履职绩效。

二、坚持服务发展，充分履行人大监督职责

一是加强经济运行监督。密切关注经济发展态势，深入分析经济运行情况并提好对策建议，助力经济稳健提速。重视实体经济振兴，视察调研民营经济高质量发展、工业经济发展、两化融合及外贸等工作，促进经济质效并举。聚焦营商环境建设，视察调研招商引资、“五未”土地处置、“标准地”改革等工作，问效“最多跑一次”改革，督促打造营商标杆。深化重点项目监督，视察调研及评价重点项目推进，督促其较快较好建设。二是加强生态建设监督。推动街道落实生态环境状况报告制度。继续做好对三大水库污染源特定问题调查，强化水源地保护。紧盯环境治理重点，调研城镇生活垃圾分类、大气污染防治等工作，督促巩固治理成效。紧扣“优雅竹城”建设管理，跟踪城中村拆后利用、小城镇环境综合治理等工作，推进城乡融合发展。围绕文明城市创建，督查不文明行为整治、犬类管理等工作，促进文明程度提升。三是加强预算审查监督。抓好预算全程监督，实现预算审查向支出预算和政策拓展转变。用好联网监督系统，督查审计查出问题整改，深化乡镇民主参与式预算监督，督促政府规范预算编制，严格预算执行。关注绿色金融改革，跟踪分析财政运行情况，加强金融风险防控、国资管理、专项资金管理、项目资金绩效评价等监督。四是加强法治建设监督。强化法治保障，监督文明行为促进条例等施后效果，保障法律法规有效实施。强化部门工作监督，开展政府部门负责人述职测评和部门工作评议，关注综合行政执法体制改革，视察扫黑除恶专项斗争等工作，推动严格依法行政。抓好行政处罚案件评审监督，督促规范公正执法。深化司法监督，开展"两官"述职测评，跟踪司法体制改革、破解"执行难"和生态检察工作，促进司法公信力提升。五是加强民生事业监督。围绕乡村振兴发展，助力农村产权制度改革，调研村庄经营、少数民族村振兴工作，推动解决不平衡不充分问题，促进乡村共建共营共享。紧扣农村产业发展，跟踪白茶原产地保护、笔架山农业高新园区建设等工作，激发乡村发展活力。聚焦群众所急所盼，督促办好民生实事，推动解决关键小事，开展学前教育专项执法检查，关注城乡一体化供水、治堵、医共体建设等工作，促进幸福民生实打实。

三、坚持代表主体，更好发挥代表履职优势

进一步深化"比拼履职，争做表率"等主题实践，开展代表履职"回头看"，引导代表在自查中补齐短板，在对标中推动履职。实施代表"培优"工程，抓好学习培训，发挥优秀代表"传帮带"作用，持续增强履职能力。全面完成五星级联络站建设，加强规范化实效化运行，并推进"掌上"联络站运用，构筑"实体＋网上＋掌上"三位一体联络站体系。深化民生实事项目代表票决制，督促实事办出成效。规范街道议政会运行，充分发挥议政员作用。常态化开展代表问政会，做到问准督实。加强会前代表视察，推动议案建议量质并举。抓好议案建议全程督办，进一步提高问题解决率。

四、坚持实干创新，持续推进素质能力建设

加强思想政治建设，深入开展"不忘初心、牢记使命"主题教育，常态化制度化推进"两学一做"学习教育，筑牢做好新时代人大工作的思想根基。持续推进"坚定'两山'路，奋进新时代"主题活动，以一线实干要求推进人大工作。深化党风廉政建设，健全内部管理制度，严格执纪守规，打造过硬干部队伍。结合人大规律特点，认真学习宪法法律和人大制度理论，推动知识结构与时俱进。深入调研新情况新问题，加强理论和实践研究。坚持讲好人大故事，充分展示人大履职实践。抓好信息化建设，加快履职向智慧化转变。加强县乡人大联系指导，密切上下联动，激发工作活力。

各位代表，同志们，新的时代激励我们接续前行。把美丽事业变成美好现实，需要大家共同努力。让我们在县委的坚强领导下，深入贯彻落实党的十九大和省市县委重大决策部署，牢记使命，实干争先，奋力推进人民代表大会制度的安吉实践，为高质量建设中国最美县域而努力奋斗。

安吉县人民代表大会常务委员会工作报告

——2020年5月8日在安吉县第十六届人民代表大会第四次会议上

陆为民

各位代表：

我受县人大常委会委托，向大会报告工作，请予审议，并请列席会议的同志提出意见建议。

2019年主要工作

过去一年,是新中国成立70周年、地方人大设立常委会40周年,也是我县改革发展卓见成效、新时代"两山"试验区扬帆奋进的一年。一年来,县人大常委会在县委的坚强领导下,坚决贯彻习近平总书记一系列重要讲话和重要指示,坚持不忘初心、牢记使命,创新实干,依法履职,全年共召开常委会会议11次,主任会议16次,听取和审议专项工作报告38次,开展专项执法检查和视察、调研71次,作出决议决定和审议意见25项,圆满完成了县十六届人大三次会议确定的各项目标任务,为高质量建设中国最美县域发挥了积极作用,作出了积极贡献。

一、坚持党的领导,始终把牢政治方向

常委会坚持党的全面领导,旗帜鲜明讲政治,忠诚担当干事业,推动人大工作沿着正确方向发展前行。

切实抓好理论武装。坚持学习常态化长效化,党组专题学习16次,努力在学深悟透上下功夫,在转化落实上见成效。深入学习习近平新时代中国特色社会主义思想、党的十九届四中全会和省市县委全会精神,树牢"四个意识",坚定"四个自信",做到"两个维护"。认真贯彻习近平总书记关于坚持和完善人民代表大会制度的重要思想、对地方人大及其常委会工作的重要指示,确保人大工作坚定正确的政治方向。

深入推进主题教育。抓牢学习贯彻习近平新时代中国特色社会主义思想这条主线,全面把握守初心担使命,找差距抓落实这一总要求,深入学习习近平总书记系列重要讲话精神、党的路线方针政策和党章党规等重点,形成民营经济高质量发展等7项调研成果,推动破解"三个一批"难题和"十大专项整治"问题18个,建立健全长效机制9项,落实整改问题31项,做到学懂弄通,笃行做实。

坚决贯彻县委决策。将县委领导贯穿人大工作全过程、各方面,自觉贯彻县委决定,发挥常委会党组把方向、管大局、保落实作用,确保县委主张依法转化为全县人民的共同意志,保证县委决策部署在人大工作中全面贯彻实施。协助县委召开人大工作会议,出台《关于高水平推进新时代人大工作和建设的意见》,为依法履职夯实制度保障。

自觉扛起责任担当。坚持县委有号召,人大有行动,主动投身县委中心工作,主任会议成员牵头领办余村"两山"示范区、长龙山抽水蓄能电站等19个重点项目,一线破难题,全力抓推进。深化"三服务"活动,深入企业、基层和群众身边,认真开展问难帮困稳增长、外贸企业走访、重点村帮扶、后进村党组织整转等行动,共协调解决孝丰镇大河村农民饮用水、恒林椅业用地等问题90余个。

二、围绕中心大局,全力服务改革发展

常委会始终紧扣中心,融入中心,服务中心,主动站位一线,突出实干履职,促进高质量发展再提速。

助力经济稳健运行。围绕经济发展重点领域,作出奋力推动民营经济高质量发展的决议,支持政府打好稳中求进组合拳。做好民营经济专项调研,紧盯落实"六个稳"要求,走访企业110余家,收集反馈问题50余个,助推经济稳中向好。开展稳外贸攻坚行动,调研70余家外贸企业经营状况，提振发展信心，指导应对风险，化解问题30余个，促进企业加快转型。听取和审议半年度政府工作报告、计划报告，推动提升发展质效。跟踪政府性债务情况，调研四大国企经营管理、资产负债等现状，督促抓好风险防控。

积极融入“三个年”。紧扣营商环境优化年、招大引强攻坚年、亩均改革推进年三大活动，坚持“看听议评”百个重点项目，推动其较快较好建设，评出推进有力15个，推进正常60个，并督促滞缓项目提速建设。跟踪“最多跑一次”改革，督促职能部门加快破解数据壁垒等制约。跟踪视察营商环境建设、招商引资等工作，踏看开发区、示范区项目落地情况，要求选准选优项目。调研“五未”土地处置等工作，审议专项报告，促进资源盘活和亩均提效。

主动服务创城推进。聚焦文明城市创建重点难点，督查专业市场整治、规范养犬等工作，开展文明行为促进条例、市容和环境卫生管理条例执法检查，促进社会文明不断提升。作出加快推进城乡生活垃圾精准分类的决定，推动做好“关键小事”，并打好常委会专项督、基层人大同步督、四级代表联动督组合拳，推动垃圾分类成为自觉，形成常态。领办无物业小区和责任路段，协调“五线”整治等工程，常态化巡检劝导和入户宣传，推动环境美化和居民素质提升。

强化预算审查监督。出台加强支出预算、政策和预算绩效监督暂行办法，审议预算执行、决算、审计等报告，跟踪审计查明问题整改，促进规范理财，高效用财。出台专项资金监督办法，审议专项报告，加强备案审查，督促提升使用绩效。启用预算联网监督系统，建立查阅发现问题处理等4项制度，实现监督实时高效。落实国资管理监督要求，审议综合报告和专项报告，推动管好国资“账本”。指导各乡镇(街道)人大加强预算审查监督，规范预算行为。

三、聚焦群众关切，持续推进民生事业

常委会践行以人民为中心的发展思想，着力听民意，解民忧，促民生，让人大工作切实走进群众心里。

聚焦生态文明建设。深入践行“两山”理论，作出调整“3·25”生态日为“8·15”生态文明日的决定，进一步凝聚生态文明共识。落实生态环境状况报告制度，实现全覆盖。扎实做好三大水库污染源特定问题调查，审议调查报告和技术专项报告，推动政府加大水源地保护力度。联动开展大气污染防治专项监督，督促抓好扬尘、废烟、废气等重点治理。对接宁国、广德人大，探索跨区域联合监督治水，共同做好水环境源头管控。视察小城镇环境综合整治、城中村拆后改造利用、矿资管理等工作，推动巩固治理成效。

助推乡村振兴发展。聚焦全面建成小康社会目标，实施“消薄”专项监督，积极推动相关主体落实项目嫁接、多村联创、资产资源盘活等措施，加快可持续发展。开展美丽乡村建设条例专项监督，抓牢规划实施、产业振兴发展、文化传承保护等重点，推动美丽乡村建设管理纳入法治化轨道。视察竹产业示范园区、笔架山农高区，要求做到高标准高质量建设经营。调研文化助推旅游业发展、少数民族村振兴、农村电商发展、家庭农场运营、白茶原产地保护工作，推动激发乡村发展新动能。

推动办好民生实事。全覆盖落实民生实事代表票决制，全县共产生117件民生实事，涉及旧城改造、公共卫生健康管理、农村联网公路提升等多个领域，普惠性日益加大。开展“看听问评”全程督办，现场督查40余次，审议完成情况报告，并开展满意度测评，推动实事全面落地。向代表征集市县乡实事建议，共175项转交各级政府，厚植民意基础。

关注社会公共服务。重视精神文明建设，开展正能量典型选树活动，各乡镇(街道)采取“群众推荐、党委审定、代表决定、政府实施”四步法，共选树方铁成等15名典型人物，进一步激发精神力量。聚焦“看病难”问题，视察医疗保障、医共体建设工作，推动医疗服务更优质。助力教育事业均衡发展，视察宇翔职业技术学院建设、学前教育资源供给、就业创业工作，助推办好群众满意教育。积极回应社会关切，督查电梯安全、残疾人保障等工作，促进社会建设更好发展。加强信访工作，协调解决难题29件。

四、紧扣厉行法治，切实保障公平正义

常委会坚持维护宪法权威，弘扬法治精神，以法治思维和法治方式推进工作，保障依法治县深入实施。

督促法律法规执行。配合省市人大立法调研，共90余名代表参与其中，注入基层民意。紧盯法律法规贯彻执行，开展防洪法、水污染防治法、学前教育条例等执法检查，实施专项监督30余次，推动防洪短板加固提升、小区幼儿园配套等一批工作。跟踪“七五”普法执行，督促“谁执法，谁普法”责任制落实，促进法治理念更加深入人心。

推进严格依法行政。深化部门工作监督，对县民政局开展工作评议，进行满意度测评，督促落实评议意见，推动提升依法行政能力。加强执法办案监督，对市生态环境局安吉分局、县人力社保局行政处罚案件办理情况开展专项评审，督促抓好整改，促进规范执法。做好26件政府规范性文件备案审查，提升审查质量和效率，维护法制统一。

促进社会公平公正。出台常委会听取和审议县监察委员会专项工作报告试行办法，支持监委依法开展工作。持续关注“两院”司法体制改革效果。推动法院落实“切实解决执行难”目标。作出加强检察院开展公益诉讼工作的决定，要求深化法律监督职能，提升公益诉讼时效。视察扫黑除恶专项斗争、人民调解等工作，推动营造和谐社会氛围。

依法开展人事任免。坚持党管干部原则和依法行使人事任免权相统一，全力保障深化机构改革，依法及时任免政府工作部门主要负责人。完善国家机关工作人员任免办法，优化任免程序。加强干部任后监督，开展政府工作部门主要负责人以及员额法官、员额检察官述职测评，强化任命干部法治意识和履职责任。全年任免地方国家机关工作人员97人次。

五、突出代表主体，充分发挥代表作用

常委会充分发挥代表来自人民、根植人民的优势，引导代表当好代言人，筑牢连心桥，唱响履职好声音。

加强代表履职管理。加大学习培训力度，举办综合素质提升班，开展代表中心组长集中轮训，不断增强履职能力。跟踪代表履职动态，加强全程考评，实行代表述职，进一步激发履职热情。密切常委会联系代表，邀请代表列席会议活动，加强小组活动指导，畅通知情知政渠道。深入开展“永葆初心，履职为民”等主题实践，代表积极投身环境治理、乡村振兴等中心工作，促成解决难题110余项。

深化五星级联络站。加强联络站“提标创星”，五星级联络站实现全覆盖。做精一站一品，打造孝丰“智慧”联络站、上墅“五岗示范”等特色。出台规范五星级联络站运行标准，保障联络站制度化规范化运行。全县各级代表积极进站履职，接待选民，听取意见，各联络站共开展主题接待160余次，收集意见建议610余条，推动解决问题430余项，联络站"代表之家、履职之所"的作用不断显现。

首次举办电视问政。突出民需导向，围绕养老金年审、"五线"整治、停车难等17项社会热点，共举办2期电视问政。代表们事前深入调研，现场直指问题，职能部门当场答复承诺，事后积极解决。坚持问政问而有果，以"销号清单"全程跟踪，推动省道改造、车位增设等工作落实，电视问政聚民意、集民智、惠民生的作用有效发挥。

认真督实代表建议。持续加大建议督办力度，明确11件重点建议，对其个案赋分纳入综合考核，倒逼提升办理质效。紧盯大户承办单位，通过集体面商、集中督办，促进提高问题解决率。针对"重答复轻落实"等老大难问题，综合施策，督促改进。开展115件B类建议"回头看"督办，推动73件转化为A类件。今年134件代表建议均按期办结，问题解决率和基本解决率同比提高4.7个百分点。

六、顺应时代要求，不断夯实自身建设

常委会紧抓自身建设不放松，深入贯彻新时代对人大工作和建设的新要求，切实增强履职能力和水平。

持续优化工作作风。深入贯彻"清廉安吉"建设要求，加强党风廉政建设，严格贯彻中央八项规定及其实施细则精神，修订完善办文办会、公务接待等内部管理制度。重视抓好制度执行，持之以恒转作风、提效能。力戒形式主义、官僚主义，落实密切联系群众要求，建立人大联企联村服务制度，自觉做到为民履职。深化一线理念，巩固提升"四新""拼比争"等主题实践成果。坚持党建引领，认真执行"三会一课"等制度，机关党员先锋作用进一步发挥。

深入做好调研宣传。围绕改革发展重点和民生热点，形成加强企业专技工人管理体制建设等13项调研成果，为县委决策和政府落实有关工作提供重要参考。充分运用微信公众号等载体，讲好履职故事，传递人大声音，共在市级以上媒体登稿80余篇，获评全省人大信息宣传先进集体，《安吉县人大常委会助推生态文明建设主要做法》在省委人大工作会议上交流。加强人大信息化建设，用好预算联网监督、建议网上办理等系统，为履职注入"智慧动力"。

扎实推进组织建设。认真落实省市县委意见要求，设立社会建设工委，不断优化人大组织设置。加强基层人大指导，密切工作联系联动，总结推广创新经验，充分凝聚人大工作合力。推动街道议政会常态化、规范化运行，建立健全议政员调整退出、履职绩效考核机制，促进议政员更好更有效履职。

各位代表，过去一年的成绩，是在县委的坚强领导下，全体常委会组成人员、专委会组成人员和代表共同努力的结果，是"一府一委两院"密切配合的结果，是全县人民、各乡镇(街道)人大以及社会各方面大力支持的结果。特别是年初以来，面对突如其来的新冠肺炎疫情，全县人大干部和各级人大代表积极响应县委号召，将疫情防控作为重大政治任务，以践初心、担使命的实际行动，全员上阵奋战疫情。人大机关干部亮身份，作表率，主动投身社区"三洗"、无物业小区驻守，协助管牢"关键小门"；同时，落实联企专员责任制，帮助55家企业解决口罩紧缺、产业链脱节等难题20余项，在排忧解难中助推开复工。乡镇(街道)人大干部站位镇村一线，严防输入扩散，严管重点对象，尽心尽责守好主阵地；并以“三服务”为载体，抓好民生保障，抓实联企帮扶，全力以赴打好复工复产主动仗。全县共810余名代表战疫在行动，带头当好政策宣传员、洗楼排查员、村社守门员、助企服务员，为“两战赢”共聚代表合力。在此，我谨代表县人大常委会，向各级人大代表和全体人大干部致以最崇高的敬意和最衷心的感谢。

同时，我们也清晰地看到，常委会工作还有一些差距和不足，主要是：监督刚性有待进一步增强，代表建议解决率还要进一步提高，常委会联系代表机制仍需进一步优化。我们将高度重视这些问题，认真研究，切实改进。

2020年指导思想和主要任务

3月30日，习近平总书记考察安吉，对我们而言，是具有历史性、标志性、里程碑意义的一件大事。总书记的深深关怀和谆谆嘱托，既为我们“两手硬、两战赢”坚定了信心、注入了力量，也为我们加快绿色发展、高质量发展指明了方向、提出了要求。我们在学习贯彻中认识到：

——必须要坚持党的领导不动摇。坚持党的领导，是做好人大工作的根本保证。我们要进一步增强“四个意识”，坚定“四个自信”，做到“两个维护”，自觉在思想上政治上行动上同以习近平同志为核心的党中央保持高度一致，坚决维护核心，坚守政治定力，坚定制度自信，保证人大工作在把牢正确方向中更高水平推进、更高质量发展。

——必须要坚持服务发展不动摇。坚持服务发展，是做好人大工作的第一要务。我们要深入贯彻落实习近平总书记在浙江、安吉考察时提出的新指示、新要求，围绕“两山”转化、绿色发展、乡村振兴、治理现代化等重点领域，主动站位一线，积极融入全局，切实履行职责，保证人大工作在紧贴中心大局中更有效助推中国最美县域建设。

——必须要坚持担当实干不动摇。坚持担当实干，是做好人大工作的必然要求。我们要以人民为中心，坚持民有所呼，我有所应，用实际行动为民担责，为民尽责。我们要自觉厉行法治，依法履职行权，为发展强化法治保障。我们要驰而不息加强自身建设，崇尚担当精神，突出实干导向，保证人大工作在同心合力中焕发更大生机活力。

2020年，县人大常委会工作的指导思想是：高举习近平新时代中国特色社会主义思想伟大旗帜，深入学习贯彻党的十九大、十九届四中全会和省市县委全会精神，时刻牢记和践行习近平总书记对安吉“再接再厉，顺势而为，乘胜前进”的指示要求，在县委的坚强领导下，坚持党的领导这一履职之魂，聚焦服务中心这一履职之要，牢记为民宗旨这一履职之本，强化“重要窗口”意识，扛起“县域样本”担当，依法履行人大职责，充分发挥人大作用，为全面推进新时代“两山”试验区建设，奋力夺取中国最美县域高质量发展新胜利作出新的更大的贡献。

根据指导思想，常委会今年工作的主要任务是：

一、坚持实干履职，在服务发展大局上有新作为

聚焦深化基层治理、加快“两山”转化等重大事项，依法精准做好决议决定，全力助推县域治理现代化和新时代“两山”试验区建设。开展本届决议决定“回头看”督查，确保全面有效执行。紧扣试验区建设和县委“一零三六”改革发展工作部署，聚焦高质量绿色化转型、新兴产

业培育、数字赋能、传统制造业升级等重点，用好决定和监督等职能，推动跑出高质量发展加速度。坚持“把牢图”，加强规划实施监督，督促“十四五”规划科学编制，促进多规融合。关注“疫”后经济运行，视察民营经济高质量发展、工业经济发展、产业链修复、对外贸易、风险防范化解等工作，监督落实民营企业发展促进条例，促进经济质效并举。积极助力“三大行动”，调研“亩均论英雄”改革，视察营商环境优化、信用安吉建设、招商引资等工作，问效“跑改”再深化，推动惠企政策落实落细。深化重点项目监督，跟踪重大交通设施建设和“511 行动计划”实施，推动高标准建设落地。立足全域旅游发展，视察国家级旅游度假区建设，促进文旅加快融合，激发行业新动能。切实“管好钱”，深化预算全过程审查监督，加强政府性债务防范化解、国资管理、专项资金管理、项目资金绩效评价、审计查明问题整改等监督，用好联网监督系统，推动严格规范理财和精准高效用财。

二、坚持为民履职，在促进民生改善上有新成果

围绕生态文明建设，跟踪生态文明日决定执行，督查特定问题调查意见落实，关注“无废城市”“未来社区”建设，视察资源节约集约循环利用、生活垃圾精准分类、西苕溪全域建管等工作，促进环境质量提升。紧扣文明城市创建，监督推动“走通递铺港”，督查重点领域整治，保障创城取得实效。紧扣乡村全面振兴，跟踪农村基层治理和产权制度改革，调研农高区推进、农合联建设、家庭农场发展、农村路网提升工作，督促巩固“消薄”成果，助力全面小康。重视先进文化建设，发挥正能量典型示范作用，以精神之力激发干劲，引领发展。聚焦“疫”后卫生事业发展，开展动物防疫、野生动物保护“两法、两条例和两决定”执行情况检查，调研疾病预防与健康管理、医疗服务、医养结合、居家养老服务进小区工作，视察乡镇卫生院标准化建设，推动夯实公共卫生应急管理体系。紧扣多元化民生需求，视察北部供水主管建设、市民卡落地使用、义务段学校硬件设施建设、农村饮水工程实施工作，推动筑牢民生保障网。立足加强和创新社会治理，关注“最多跑一地”改革，调研旅游特种设备安全管理、信用体系建设、应急管理、退役军人管理、矛盾纠纷多元调处等工作，促进治理效能整体提升，推动县域治理现代化。

三、坚持依法履职，在推动法治建设上有新突破

牢牢“盯住法”，配合省市人大做好数字经济促进条例等立法调研。充分发挥执法检查“法律巡视”利剑作用，跟踪文明行为促进条例、美丽乡村建设条例的实施效果，开展妇女权益保障法、乡村旅游促进条例等执法检查，保障宪法法律有效实施，推动“法治安吉”建设。强化部门工作监督，关注综合行政执法体制改革，抓好部门工作评议和案件评审监督，推动依法行政和严格规范公正文明执法。跟踪司法体制改革效果，调研禁毒、适用认罪认罚从宽制度落实、行政争议实质性化解工作，支持检察院深化公益诉讼，推动司法责任制有效落实。坚持党管干部和人大依法任免相统一，加强任命干部全程监督，规范做好述职测评，推动依法履职。抓好规范性文件备案审查，加强合宪性及合法性审查，探索信息化应用，提高审查能力。

四、坚持活力履职，在展现代表作用上有新气象

深化主题实践，推动代表动起来，履职活起来。加强代表素质建设，保障知情知政，组织基层代表集中轮训，进一步提高履职能力。优化代表履职档案，建立健全履职制度，不断完善

代表履职管理。密切常委会联系代表、代表联系群众，常态化开展代表述职。优化五星级联络站建设，创优一站一品，健全意见建议处理反馈等机制，实现高效运行。完善电视问政，做到问准督实有成效，推动乡镇（街道）探索代表（议政员）问政。加强视察调研，确保代表建议量质并举。抓好代表建议全程督办，创新监督方式方法，进一步提高问题解决率。认真贯彻街道人大工作条例，密切上下联系联动，支持基层人大实践创新，推动人大工作整体发展。

五、坚持创新履职，在加强素质能力上有新提升

深入学习贯彻习近平总书记在浙江、安吉考察时的重要讲话精神以及党的十九届四中全会和省市县委全会精神，进一步加强理论武装，提高政治站位，夯实做好新时代人大工作思想根基。认真落实省市县委人大工作会议精神和文件要求，加强能力、组织制度等建设，推进人大工作高质量发展。积极探索实践，创新履职新机制新方法，增强人大工作生机活力。用好“不忘初心、牢记使命”主题教育成果，深化“三服务”，强化制度意识，重抓制度执行，加强党风廉政建设和机关党建，锻造忠诚干净担当的高素质干部队伍。

各位代表，同志们，新时代要有新作为，接续奋斗方可不辱使命，善作善成才能无愧嘱托。让我们紧密团结在以习近平同志为核心的党中央周围，在县委的坚强领导下，以时不我待、奋发有为的精神状态，以干在实处、走在前列、勇立潮头的自我要求，全面推进新时代“两山”试验区建设，为努力打造新时代全面展示中国特色社会主义制度优越性重要窗口的县域样本，全力夺取中国最美县域高质量发展新胜利而努力奋斗。

第三节　庆典报告

安吉县人大常委会先后在县人大常委会成立10周年、20周年和人民代表大会制度建立50周年之际举行庆祝活动，县人大常委会主任在庆祝会上作庆典报告，本节收录庆典报告3篇。

1991年7月12日在安吉县人大常委会成立十周年纪念大会上的讲话

安吉县人大常委会主任　朱长胜

同志们：

今年7月14日是安吉县人民代表大会常务委员会成立十周年的日子。今天，县人大常委会历届组成人员、各区人大工作联络员，在人大机关工作过的同志和县委、“一府两院”、县政协以及县纪委的领导一起，聚集一堂，在这里举行纪念安吉县人大常委会成立十周年会议，共同回顾县人大常委会的十年历程，认真总结发挥地方国家权力机关作用的经验和体会，积极探讨新形势下开展人大工作的新路子，这对于进一步深化对人民代表大会制度的认识，推进民主与法制建设，改善和发展我县的人大工作，有着积极的意义。市人大常委会对我们这次活动很重视，程彩文主任、王家祥副主任专程前来参加我们的会议。在此，我代表本届人大常委会向前来参加会议的市人大领导，县委、县政府、县政协、县纪委、两院以及历届县人大的老同志表示热烈的欢迎。现在，我就县人大常委会成立十年来的主要工作情况作简要的

回顾。

我县人大常委会成立于1981年7月14日。当时，是在党的十一届三中全会之后，中央决定在全国县以上地方人民代表大会建立常务委员会的形势下成立的，党的十一届三中全会认真总结了建国以来的社会主义革命和建设的历史经验，特别是“文化大革命”的沉痛教训之后，确立了发展社会主义民主、健全社会主义法制的基本方针。根据党的十一届三中全会精神，1979年召开的五届全国人大二次会议，对宪法部分条款进行了修改，通过了《地方组织法》和《选举法》，对地方政权组织和民主选举制度作了重要改革，确定县级以上地方各级人民代表大会设立常务委员会。

十年前，出席安吉县第七届人民代表大会第一次会议的237名代表，根据《地方组织法》和《选举法》的规定，选举产生了县人民表大会的常设机关——常务委员会，从此揭开了我县政权建设和民主法制建设史上新的一页。十年来，县人大常委会在中共安吉县委的领导和广大人民群众的监督支持下，在“一府两院”的配合和各社会组织的支持下，我县的人大工作一年比一年进步，一届比一届有提高。历届人大常委会以经济建设为中心，坚持四项基本原则，坚持改革开放，认真行使宪法和法律赋予的各项职权，积极地开展工作，取得了较显著的成绩，为促进我县经济建设和各项事业的发展，为推进社会主义民主与法制建设，维护社会稳定，较好地发挥了地方国家权力机关的作用。

一、围绕两个文明建设，依法审议决定重大事项

县人大常委会紧紧围绕经济建设这个中心，依照法律关于每两个月至少举行一次常委会会议的规定，抓住本县全局性和人民群众普遍关心的问题，列入常委会会议议题，进行认真审议，提出切合实际的审议意见，对其中的重大事项，适时地作出决议和决定。十年来，县人大常委会共举行64次常委会，听取和审议了“一府两院”重要工作报告163次，并作出了60项决议、决定，通过对重大事项的审议、决定，把党的主张、政府的提议和人民群众的意愿，经过法定程序变为国家意志，促进了决策民主化，增强了实施的权威性和号召力，有效地推动了各项事业的发展。如县七届人大常委会作出的《关于坚决贯彻执行全国人大常委会〈关于严惩严重危害社会治安的犯罪分子的决定〉的决议》，八届人大常委会作出的《关于认真学习〈森林法〉的决议》《关于加强法制宣传教育普及法律常识的决议》，九届人大常委会作出的《关于实施九年制义务教育规划的决议》《加强物价管理和监督检查的决议》，十届人大常委会作出的《关于十届人大一次会议代表议案处理意见的决定》《关于认真学习贯彻实施〈行政诉讼法〉的决议》等决议、决定都收到了较好的实际效果，在解决一些全县人民普遍关心的重大问题，推进我县经济、社会发展中起到了权力机关的应有作用，得到了县委、县政府和人民群众的肯定和好评。

二、以经济建设为中心，实施工作监督，促进经济的稳定发展

以经济建设为中心，大力发展社会生产力，实现社会主义现代化是党的十一届三中全会确定的现阶段的根本任务。县人大常委会本着目标一致、立足支持、注重实效的精神，注意处理好敢于监督和善于监督的关系，加强对“一府两院”工作的监督，并逐步由程序性监督向实质性监督发展。十年来，县人大常委会除听取和审议“一府两院”重要的工作报告外，还组织较大型的工作视察28次，专题性调查62次，对审议和视察、调查中提出的一些重要问题，及时提交“一府两院”研究解决，对部分重大问题还发了审议意见书，并把人大及其常委会作出的决议、决定的贯彻落实情况作为监督的重点，进行督促检查，既有利于保障人民当家作主的主人翁地位，也支持和推动了“一府两院”的工作，如七届常委会组织部分委员对良朋、南北湖推行农业生产家庭联产承包责任制进行的视察，与县、区、社领导共同商讨研究推行农业生产责任制的问题，促进了农村改革的进行。1984 年“6·14”洪涝灾害后，常委会及时组织视察组到受灾最重的南北湖乡进行视察，就抗灾自救重建家园，向县政府提出建议，并会同政府召开 23 个部门的负责人会议，统一思想，落实措施。又如在九届人大常委会二次会议上，针对当时化肥农药供应数量较少、不够及时等问题，向政府提出了建议。县政府根据常委会的意见，采取有力措施在 2 天内调集 831 吨尿素，作为连作晚稻追肥，及时分配到乡镇，由于调拨及时，增产效果显著。去年 15 号台风袭击我县，在机关的同志迅速全力投入抗台抗洪斗争，为了支持和推动各地的抗灾自救工作，我们除了参加县委统一组织的救灾慰问外，主任会议决定，各地的县人民代表小组就地组织抗灾自救视察，并组织常委会组成人员分别到受灾严重的章村、报福等 6 个乡镇进行视察，进一步推动了抗灾自救工作。

三、加强法律监督，促进社会主义民主与法制建设

县人大常委会认真贯彻党中央关于加强社会主义民主与法制建设的指示，把加强对“一府两院”的法律监督作为重要工作。如八届人大常委会作出关于加强法制宣传教育、普及法律常识的决议后，常委会积极参与制定普法教育方案，督促实施普法教育规划，我县“一五”普法教育取得了显著的成绩。随着我国社会主义法律体系的逐步形成，为了保证宪法和各项法律的贯彻实施，落实“有法可依，有法必依，执法必严，违法必究”的社会主义法制建设原则，县人大常委会自 1986 年以来每年都组织执法大检查，督促“一府两院”查处违法案件，如 1987 年县人大常委会作出《关于开展以宪法为核心的执法检查的决定》，在检查中有 35 个县级机关部门和 27 个乡镇政府向县人大常委会写了专题报告，35 个县属企业也开展了执法检查。九届县人大常委会第三次会议听取了执法检查情况的汇报后，作出了认真查处执法检查中反映较大的几个重大问题的决议，要求政府加强领导，组织力量，排除干扰，查清事实，依法作出处理，县政府采取了五条措施认真进行了查处，常委会进行了多次检查督促，使这些重大问题都得到了较好的处理，另外通过执法检查，也发现和督促有关方面依法纠正了个别错案，查处了某些执法不严和个别人的违法执法行为。使执法检查取得了实质性的效果，受到了人民群众的普遍欢迎。十年来，县人大常委会还对森林法、九年制义务教育法、食品卫生法、土地管理法、水法、环境保护法以及计划生育、治安和内保条例、税收、物价等法律法规的执行情况依法行使监督权，多次组织视察、调查和检查，听取和审议汇报，促进了这些法律法规的实施。使国家的宪法、法律、行政法规、地方性法规在本行政区域内得到了较好的遵守和执行。

四、依法履行职责，加强地方政权建设

主持召开好本级人民代表大会会议，是地方人大常委会的重要职责。十年来，县人大常委会主持召开了 10 次人民代表大会。每次县人民代表大会都在会前认真做好充分准备，会中加强领导并不断地改进，八届以来人代会上的重要报告，会前一个月将草稿发给代表，保证代表有充裕的时间认真审阅，提出修改意见和建议，并反馈给起草部门，同时还在每次人代会召开之前组织人民代表就地开展小型视察和专题调查，开展走访选民活动。在广泛征求选民意见的基础上，准备好人代会上提出的议案以及建议、批评和意见，为代表更好地履行职责创造了条件。会议上还采取多种形式，保证代表认真行使职权，八届人大二次会议上部分代表对个别部门还行使了质询权和对政府个别领导人的罢免权。九届人大二次会议期间，组织到会代表与县政府组成人员的对话。今年的十届人大二次会议上还采用了分系统审议的形式，保证了代表有充分发表意见的机会，使会议收到了较好实效。另外，每次会议还注重了严格按民主的程序和法律的程序办事，注意了发扬民主，保障代表充分行使民主权利。十年来，县人大常委会还领导和主持了 3 届县、乡换届选举工作，在每次换届选举中都注重对广大干部群众进行广泛深入的社会主义民主和法制教育，增强广大干部群众的民主意识和主人翁责任感，既充分发扬民主又严格依法办事。不断健全和完善选举制度，3 届累计选出县人大代表 827 名，乡镇人大代表 7490 名，选民的参选率都在 90％以上，选出的代表和国家机关工作人员，其结构和素质逐届都有明显的改善的提高，县人大常委会正确处理党管干部与依法任免干部的关系，较好地行使了人事任免权。不断改进人事任免工作，先后任免国家机关工作人员 300 人次，为保证常委会组成人员在人事任免中真正表达意志，九届人大常委会一次会议作出了《关于改进人事任免表决办法的决定》，还两次召开了颁发任免书大会，以增强被任命人员的公仆意识。

五、加强代表工作，充分发挥人民代表当家作主的作用

代表是人大的主体，代表工作是人大工作的基础，加强代表工作是常委会的重要基础工作。县人大常委会从八届开始，每次换届后都及时组建代表小组。组织代表学习党的路线、方针、政策和有关法律法规，还多次召开了代表工作经验交流会，推动代表活动的开展，通过多种途径加强与代表的联系。及时向代表送发《会刊》和法律法规汇编等学习资料，邀请有关方面代表列席常委会会议，上门走访代表，召开代表座谈会等。通过人民代表这个纽带和桥梁，联系广大人民群众，听取群众呼声，了解民意，如 1989 年元旦期间，在机关的常委会组成人员及工作人员上门走访慰问县人民代表 224 名，占代表总数的 87.8％，今年 1 月常委会的正副主任和专职常委又以 12 天的时间分别到全县的 32 个乡镇的 36 个代表小组，与 216 名县人民代表进行了面对面的座谈，占全体代表数的 78.2％，直接听取和征求代表的意见，事后并将座谈中反映的意见整理成书面材料向县委、政府、两院通报。九届人大常委会为了加强对代表小组活动的指导和联系，决定在 6 个区设立人大工作联络员，协助常委会指导代表小组活动，搞好与代表的联系工作，从八届人大常委会开始，还建立了主任接待代表来访日制度。十届人大常委会又设立了代表工作和议案督办工作委员会，去年换届全县部分乡镇设立了人大主席团常务主席。常委会加强了对乡镇人大工作的指导，把乡镇人大工作摆上议事日程，帮助指导乡镇的人大工作，去年 7 月对已设立乡镇人大主席团的常务主席进行了上岗培训，年底召开了乡镇人大工作经验交流会，今年 6 月又对乡镇人大主席团秘书进行了学习培训。积极推进了基层民主政治和政权建设，全县各级人大代表活跃在广大人民群众之中，积极宣传党的政策、国家法律和人大的决议、决定，认真履行职责，协助政府推进各项工作，成为我县一支重要的政治力量。十年来，县人大常委会督促办理代表议案、意见和建议 2308 件，受理代表的群众来信1572件,接待来访1720人次。并从1989年开始将议案分类,列出一部分重要议案,督促政府直接办理,还向代表发了"议案办理征询意见表",十届常委会二次会议还作出关于十届人大一次会议代表议案处理意见的决定。像孝丰烈士陵园、梅溪电视差转台等都是在代表提出议案,通过政府认真办理而建成的。所有这些都加强了人大常委会与人民群众的联系,保障了人民当家作主的地位,激发了代表履行职责的积极性,提高了政府决策的民主程度,促进了国家机关工作的改善,办成了一些使人民高兴的事情。

六、加强自身建设,努力适应工作和形势的需要

历届县人大常委会都把加强自身建设放在重要位置。始终把学习马克思列宁主义、毛泽东思想,学习宪法和法律,学习党中央和中央领导同志关于加强社会主义民主与法制建设、加强人大工作的文件和论述放在首位,建立了学习制度,在八届人大期间还请懂法律的同志给常委会组成人员上法制课。通过认真学习和实践,不断提高认识,增长知识,克服各种畏难情绪,树立做好人大工作的自觉性和责任感,在工作中自觉依靠党委领导,积极争取各方支持,在宪法和法律的范围内,发扬主动精神,研究人大工作的新情况和新问题,积极探索深化人大工作的有效途径。在履行职责中,常委会还注重建立和健全各项工作制度,逐步使县人大常委会的工作走上制度化、规范化轨道,先后制定的有代表工作办法、各工作委员会职责、县人大常委会与"一府两院"工作联系制度、人大常委会会议规则、人大工作联络员职责(试行)等规则和制度。在机关建设方面逐步健全了办事机构,工作人员从初建时二三个人增加到现在7人(九届时增到11人);办事机构从七届的一室到八届一室四组又到现在的一室四委(办公室、法制、财经、科教文卫、代表与议案督办工作委员会)。建立了工作职责和岗位责任制,实行了机关工作岗位目标管理,在实践中,依照法律和有关制度的规定,既注重人大常委会的整体作用,还注意了发挥各工作委员会、办公室和人大工作联络员的作用。

同志们,县人大常委会的十年,在历史的长河中只不过是弹指一挥间,过去的十年,虽然进行了积极探索与实践,各项工作都有所进展,但离党和人民的要求,离在座同志的期望和法律赋予地方人大常委会职权的要求,还有很大距离,这些都有待于继续努力和探索。

十年来,县人大常委会的工作能取得这样的进步和发展,在社会政治生活中发挥越来越大的影响和作用,根本原因,是我国人民代表大会这一根本政治制度的正确,它体现了我们国家的性质,符合我们国家的国情,是马克思主义国家学说和我国政权建设实践相结合的产物,具有无比的优越性。我县人大工作的进步和发展,还由于历届县委的重视和加强领导,上级人大常委会的指导,"一府两院"的密切配合,县政协及各社会组织和全县人民的大力支持。同时,也是由于历届人大代表、人大常委会组成人员和所有从事人大工作的同志努力探索、开拓,做了大量富有成效的工作的结果。十年的历史是短暂的,但它为地方权力机关的工作和建设,为建设有中国特色的社会主义政治制度,为保障人民行使当家作主的民主权利作出了有益的贡献,积累了一些成功的经验,并为本届和今后常委会的工作奠定了良好的基础。在座许多已经离开人大工作岗位的老同志还在继续关心和帮助支持我们的工作。借此机会,我代表本届人大常委会,向历届来关心支持致力于人大工作的领导和同志们表示崇高的敬意和衷心的感谢,我衷心地期望,在今后的工作中,继续得到在座的领导和同志们的关心、支持和帮助，继续为坚持和完善我国的人民代表大会这一根本政治制度而努力奋斗。

今后的十年将是历史发展和现代化建设的关键时期，今年又是实施十年规划和“八五”计划的第一年，做好本届常委会的工作至关重要，本届常委会决心在前十年历届人大常委会已经奠定的坚实基础上，承前启后，继往开来，尽职尽力，开拓进取。在县委的领导下，继续深入贯彻党的基本路线和党中央关于大力推进社会主义民主与法制建设的一系列指示，认真学习江泽民总书记在庆祝建党七十周年大会上的重要讲话，高举马列主义的旗帜，紧紧依靠人民代表和广大人民群众，完善人大常委会的各项职权，改善人大常委会的各方面工作，以经济建设为中心，民主法制建设为重点，认真履行宪法和法律赋予的职权，为保障和促进政治、经济和社会的进一步稳定发展作出自己应有的贡献。

最后，要求在座的同志对常委会的工作提出批评意见，并殷切希望历届从事人大工作的领导和同志们给我们留下更多的宝贵意见。

2001年7月12日在安吉县人大常委会成立二十周座谈会上的讲话

安吉县人大常委会主任　张锡荣

同志们：

在举国欢庆中国共产党建党80周年的日子里，我们迎来了安吉县人民代表大会设立常务委员会20周年庆典。为认真做好纪念宣传活动，县人大常委会年初专门制定了系列纪念宣传活动的总体计划，并向县委作了汇报，县委对此非常重视。今天座谈会上，我们邀请了县委、政府、政协、纪委的领导，历届人大常委会的老同志，县人民法院、县人民检察院及有关部门的负责人，部分省、市人大代表和乡镇人大的同志，我们还邀请到了市人大常委会的领导。在此，我代表本届县人大常委会，对大家的到来表示热烈的欢迎。下面，我先谈三个问题。

一、县级以上地方各级人大设立常委会的重要意义

按照1954年宪法和有关法律的规定，全国人大设立常委会，地方各级人大未设立常委会。当时由人民代表大会选举产生的地方各级人民委员会，既是同级人大的常设机构，又是本级人民政府。这种做法被称为“议行合一”，即审议决定问题的机关和执行机关是合一的。为了解决地方政权体制不完善的问题，50年代、60年代曾先后两次酝酿地方各级人大设立常委会，但由于种种原因，这项工作被搁置下来了。“文化大革命”开始后，人民代表大会制度实际遭到了废弃。党的十一届三中全会认真总结了建国以来社会主义革命和建设的历史经验，特别是十年内乱的沉痛教训，确立了发展社会主义民主、健全社会主义法制的基本方针。1979年7月1日，五届全国人大二次会议根据党的十一届三中全会精神，为了加强地方政权建设，适应经济和民主法制建设的需要，对宪法部分条文作了修正，重新制定地方组织法，其中增加规定县级以上的地方各级人民代表大会设立常务委员会，这是我国政权建设中的重大突破，是我国人民代表大会制度的重要发展。

县人大常委会设立20年来，在党的十一届三中全会以来的一系列方针政策的指引下，在同级党委的重视和领导下，人大的组织建设、制度建设和队伍建设都有了很大的发展。20年来，县人大常委会从改革、发展、稳定的大局出发，紧紧围绕经济建设中心，按照宪法和法制所赋予的职责，边工作，边学习，边开拓创新。在加强人民代表大会制度和社会主义民主法制宣传教育，依法搞好换届选举开好人代会，充分发挥代表作用，开展执法检查、两项评议、监督和支持“一府两院”工作，完善人大制度，加强自身建议等方面，做了大量的工作，积累了不少的经验。为推进地方政权建设和基层民主法制建设，保证党的路线、方针、政策的贯彻执行，保证宪法和法律法规的实施，保障和促进地方改革、发展和稳定，发挥了重要的作用。

县级以上地方各级人大设立常委会20年，是加强民主法制建设和完善人民代表大会制度，不断实践、不断探索的20年。20年的实践证明，在县级以上地方各级人大设立常委会的重大决策，是完全正确的。不仅从制度上改变了行政机关和权力机关合一，自己对自己负责，自己监督自己的状况，而且还从根本上结束了建国以来地方权力机关因未设常设机构而不能很好地行使职权的状况，地方人大工作和民主法制建设从此进入了一个崭新的发展时期。

二、二十年来县人大常委会主要工作回顾

1981年的七届人大一次会议，我县依法选举产生了县人民代表大会的常委会。20年来，我县人大常委会在县委的正确领导下，坚持以马列主义、毛泽东思想、邓小平理论和党的基本路线为指导，紧紧围绕全党工作大局和经济建设这个中心，认真履行宪法和法律所赋予的各项职责，勇于实践，积极探索，不断创新，各项工作都取得了可喜的成绩，出现了年年有进展、届届有创新的良好局面。回顾20年的工作，历届常委会主要抓了以下几个方面的工作：

1.加强人民代表大会制度和社会主义民主法制的宣传教育，努力提高全社会的人大意识和民主法治意识。我国是人民当家作主的社会主义国家，人民代表大会制度是我国的根本政治制度。宪法明确规定：“地方各级人民代表大会是地方国家权力机关。”人大作为权力机关的性质和法律地位是毋庸置疑的。然而在现实社会中，特别是前几年，人们对人大及其常委会的性质、地位和作用缺乏足够的认识，“一块大牌子、几个老头子”“橡皮图章”几乎成了人大的代名词。为此，20年来，县人大常委会一直致力于人民代表大会制度和社会主义民主法制的宣传和教育，并将此作为常委会工作的重中之重来抓。一是加强人大工作的宣传报道。在抓好人代会和常委会例会的报道外，常委会从宣传根本制度出发，从具体生动的新闻事实入手，切实抓好闭会期间的宣传报道。特别是对代表评议、执法责任制推行、个案监督、执法检查、代表建议意见督办等方面的重大活动、重要工作的宣传报道，力度在加大，主题在深化，方式在改进，涌现出一批好的新闻作品。二是建立了比较稳定的宣传队伍和宣传阵地。特别是换届以来，县人大做到了工作有人抓，新闻有人报。各乡镇和相关部门分别确定宣传信息员负责人大宣传和信息提供，各新闻单位专门确定了相对固定的记者从事人大宣传工作。与此同时，宣传阵地不断巩固和发展。《人大工作信息》已成为我县民主法制和人大制度宣传及对外交流的一个重要窗口。三是重视了人大宣传工作的规范化、制度化建设。县人大办公室先后出台《关于进一步加强人大信息工作的意见》和《关于加强人大宣传工作的意见》，建立健全相关工作制度。从1997年开始，每年开展一次人大宣传信息工作先进评选活动。这都为推进民主法制和人民代表大会制度的宣传工作发挥了积极的作用。

2.认真贯彻依法治国方略，积极推进依法治县进程。党的十五大提出了依法治国、建设社会主义法治国家的基本方略，这是以江泽民同志为核心的党中央对邓小平民主法制思想的继承和发展，是我国社会主义民主法制建设的新的里程碑。1996 年，县人大常委会根据县委的决定，作出了《关于实行依法治县的决议》。此后，常委会把推进依法治县工作作为根本任务来抓。今年，又根据县委的决定，作出了《关于进一步实施依法县的决议》。常委会从加强法制宣传入手，先后多次听取政府关于普法工作和依法治理工作情况的报告，推动了普法和依法治理工作。常委会还多次对政府行政执法工作组织调查，进行审议，有力地推进了县政府依法行政。先后举办宪法、代表法、行政处罚法、行政复议法、建筑法等法律培训会，努力增强全社会特别是领导干部的法治观念。1996 年在工商、土管、供电部门和孝丰镇开展行政执法责任制试点工作后，常委会积极支持和督促“一府两院”全面推进执法责任制和错案责任追究制。支持和推动县政府以普法为先导，基层依法治理为基础，行业依法治理为支柱，区域依法治理为主体，推进依法治县进程。

3. 采取多种样式，积极探索，切实加强监督工作。监督权是宪法和法律所赋予地方人大及其常委会的一项重要职权。20 年来，县人大常委会充分运用调查、视察、执法检查、审议、两项评议等多种形式，加强对“一府两院”及常委会任命干部的监督，并在监督的广度、深度、力度等方面都有了新的进展。

一是围绕法律法规的贯彻实施，加强法律监督。几年来，常委会先后组织开展了对土地管理法、农业“两法”、环境保护法、水土保持法、城市规划法、食品卫生法、义务教育法、森林法、行政处罚法、文物保护法、产品质量法、建筑法、治安管理处罚条例等二十几部法律法规实施情况的执法检查，督促和支持执法机关依法行政，纠正各种违法行为。常委会十分重视个案监督，如今年我们抓住群众反映强烈的一个申请执行个案，组织调查，发出督办通知书，明确提出要求，维护了法律的尊严和人民群众的合法权益。

二是围绕经济建设中的重大问题和人民群众关注的热点、难点问题，加强工作监督。常委会先后就“优高”农业情况、特色农业情况、再就业工作情况、小城镇建设情况、水污染治理问题、旅游业发展情况、个体私营经济发展情况、第三产业发展情况、预算外资金管理情况、国有企业改革和发展情况等开展调查和视察。在这些调查和视察中，常委会十分重视，投入了很大精力，主要领导亲自带队，深入基层，广泛听取情况，形成了比较有分量的调查（视察）报告，为审议政府工作报告提供了真实可靠的依据，有力地推动了政府工作。常委会重视对计划、财政预决算执行情况的监督，在继续加强程序性监督的同时，努力探索加强实质性监督的途径和措施。每年组织视察重大工程、重大项目实施情况，对人代会闭会期间常委会如何有效地监督政府工作，进行了新的尝试，为常委会组成人员知情知政、依法履行职责创造条件。

三是积极探索，开展两项评议。开展两项评议工作，这是各地人大常委会加强对“一府两院”及常委会任命干部监督的一项重大探索。我县人大常委会自 1991 年组织县人大代表开展对基层执法单位进行执法评议以来，1999 年、2000 年组织全县人大代表对县人民法院司法工作、县公安局行政执法工作开展评议，今年组织代表对县质量技术监督局的行政执法工作进行评议，目前正在进行。同时，先后对建设、林业、文化和体育、交通、卫生、教育、计划生育、农业等局（委）的局长或主任进行会议述职评议。在评议的方式方法上又有所创新，十一届人大常委会对任命的所有干部进行背靠背评议，十二届人大常委会要求任命干部每年向常委会书面述职的同时，选择3个述职对象面对面述职评议。并且将评议与审计相结合，评议与调查相结合，评议与民主测评相结合。实践证明，效果是不错的，不仅增加了评议监督的力度和透明度，使受评干部普遍增强了法治意识、公仆意识和创新创业意识，增强了履行职责的使命感和责任感，而且还有力地促进了这些部门的工作，增加了“一府两院”接受人大监督的自觉性。在此基础上，通过深入学习调研、总结以往经验、借鉴外地做法，研究制定了《安吉县人民代表大会常务委员会评议工作规定》，对评议的对象和内容、方式和程序、表彰和处理等都作了具体的规定。从而使人大常委会的评议工作切实步入制度化、规范化的轨道。

4.认真搞好代表工作，充分发挥代表作用。代表工作是常委会工作的基础。多年来，常委会十分注重加强同代表的联系，积极为代表依法履行职务做好各项服务工作，充分发挥人大代表在管理国家事务中的主体作用。

一是建立健全代表活动网络。按照便于组织有利于开展活动的原则，在全县建立了若干代表中心组和代表小组。为切实加强对代表小组工作的指导，1998年专门制定了《安吉县人大代表小组开展活动加强自身建设的意见》和《安吉县人大代表联络员工作职责》，明确规定了各代表中心小组、代表小组的作用和任务，加强对代表中心组组长、代表小组组长的培训，每年还制定相应的学习、活动计划，使全县的代表工作有序地进行。

二是加强与代表的联系，为代表依法执行职务创造条件、提供服务。除了认真组织好代表会前视察外，常委会坚持重大活动邀请代表参考，走访代表，召开代表座谈会，组织代表开展专题视察、执法检查等。坚持邀请代表列席、公民旁听常委会会议。从1998年开始建立了每月一次的常委会领导接待代表制度。通过采取接待代表上门反映情况、率政府有关部门负责人现场办公、下基层走访代表等形式，先后接待代表160名，受理代表提出的意见建议200余件。

三是认真做好代表议案办理和建议、批评、意见的督办工作。近十年来，县人大代表共提出议案1292件，建议494件，常委会认真及时地做好办理和督办工作，代表满意率不断提高。常委会还认真做好代表和群众来信来访工作，对一些重要信访件，常委会领导亲自阅批、接待并提出处理意见。加强对县(区)、乡镇人大换届选举工作的指导，积极推进地方政权和基层民主政治建设。

5.加强常委会自身建设，努力提高人大工作水平。

一是加强学习，不断提高做好人大工作的自觉性。20年来，常委会始终把学习放在首要位置，坚持深入学习邓小平理论，学习党的一系列方针政策，学习中央领导同志关于坚持和完善人民代表大会制度、加强社会主义民主法制建设的重要论述，学习宪法和法律法规。通过学习，不断深化对人大性质、地位和作用的认识，进一步增强做好人大工作的光荣感、使命感和责任感。

二是建立健全各项规章制度。常委会从完善和规范权力机关议事程序和机关工作程序出发，先后修订或制定了常委会议事规则，关于决议、决定、审议意见交办和办理情况反馈规定等20多项工作制度，使人大工作逐步走上了规范化和制度化的轨道。

三是坚持求真务实的工作作风，加强调查研究。调查研究是人大的基本工作方法和工作手段。常委会在起草工作重点、工作报告，审议决定重大事项上，都十分注重调查研究工作，注意听取代表和群众的意见，从而使人大作出的决议、决定比较能反映民意、符合法律法规。

20年来，县人大常委会做了一些工作，也取得了一些成绩。人大的性质、作用正逐步为全社会所认识，人大的法律地位与现实社会认可度的距离在逐步缩小，这是一个很好的形势。这同县委切实加强对人大工作的领导，“一府两院”积极支持人大及其常委会依法行使职权也是分不开的；同历届人大常委会、广大人大代表和人大机关工作人员的辛勤工作、努力进取是分不开的；同乡镇人大和社会各界的大力支持是分不开的。在此，我代表县十二届人大常委会向大家表示衷心的感谢！

同时，我们也要清醒地看到，对照宪法和法律的规定，对照实行依法治国、建设社会主义法治国家的要求，对照人民群众的期望，我们的工作还有不少差距和不足，人大及其常委会的地位、性质和作用还未被社会所充分认识，人大及其常委会在保障和促进全县经济发展中的作用、在推进依法治县进程中的主导作用还没有充分发挥，这就需要我们在今后的工作中继续加倍努力，为坚持和完善人民代表大会制度，作出积极的贡献。

三、在党的领导下进一步做好地方人大工作

安吉县人大常委会20年的实践充分证明：人民代表大会制度同国家和人民群众的命运息息相关，人民代表大会制度是最适应我国国情的根本政治制度。20年的实践印证了设立地方人大常委会这一民主选择的正确性，同时，也预示了继续发展完善这一制度的必要性。认真总结我县20年来地方人大工作的经验，把握民主法制建设的规律，对于我们做好新世纪的人大工作，落实依法治国基本方略，推进依法治县进程，具有十分重要的意义。

必须坚持和依靠党的领导。党对国家事务实行领导是一条不可动摇的原则，同时也是做好人大工作的根本保证。党的十五大明确指出，共产党要执政就是领导和支持人民掌握管理国家的权利。江总书记在最近的“七一”讲话中要求人人“在依法进行职责范围的工作中，必须坚决贯彻党的路线方针和党委的决定”。这对人大工作提出了新的要求，我们要认真学习，深刻领会，在推进依法治国的进程中，自觉地把坚持党的领导、发扬人民民主和严格依法办事统一起来，真正从制度上和法律上保证党的基本路线和基本方针的贯彻实施，常委会要把贯彻执行党的基本路线、基本纲领、基本方针和党委的决定作为全部工作的核心，一切工作都要体现这个中心；党领导的社会主义现代化包括民主法制建设的现代化，人大要把加强社会主义法治建设、推进依法治县进程作为根本任务；必须正确处理坚持党的领导和人大依法履行职责的关系，人大工作和建设中的重大问题要及时向县委汇报；要准确地把党的主张通过法定程序变成国家意志、人民意志，动员和组织全县人民去执行。

必须坚持依法行使职权。做好人大工作，需要我们进一步增强法律意识和法治观念，严格以宪法和法律为活动准则。人大依法行使职权必须遵循法定程序原则，即必须按法律规定的法定程序来行使权力。为了提高人大议事效率和决策水平，在讨论和决定问题时，必须充分发扬民主，创造有利于代表和委员畅所欲言、发表意见的环境，在充分酝酿讨论的基础上，集中意见，作出正确的决议或决定。

必须坚持讲求实效。人大工作范围广，任务重，业务覆盖面大，如果不分轻重缓急，眉毛胡子一把抓，必然难以取得实效，这就要求我们必须以辩证唯物主义指导我们的工作，认真研究和掌握地方人大工作的特点和规律，紧紧围绕人大职能，把民主法制建设作为根本任务，把保障宪法法律实施，促进改革、发展、稳定作为首要职责，坚持“议大事，抓重点，求实效”的原则，狠抓工作落实，抓一件成一件，真正抓出成效，为我县的改革开放和经济建设作出扎扎实实的贡献。

必须坚持依靠广大代表和人民群众。人大是国家权力机关，也是人民代表机关，依靠代表，联系群众，是做好人大工作的基础和前提，人大及其常委会要把依靠人民群众作为根本工作路线。要深入了解民情，充分反映民意，广泛集中民智，以实现人民的利益为准则。各级人大代表是联系群众的纽带和桥梁，要充分发挥他们的作用，提高代表素质，密切代表与选民的联系，通过代表广泛地把人民群众团结起来，为实现宏伟的目标而努力。

同志们，随着依法治国方略的贯彻实施和依法治县战略的不断推进，人大及其常委会的任务将更重，对人大工作的要求将更高。县人大常委会要加强学习，不断充实自己，不断提高整体素质。在当前，要结合学习“三个代表”重要思想，深入学习和领会江总书记“七一”讲话，把讲话的精神贯彻到各项具体工作中去。我们相信，在县委的领导下，在大家的共同努力下，我县的人大工作一定会跃上新的台阶，在加强社会主义民主法制建设，促进我县经济和社会发展的进程中，一定会作出新的贡献。

2004年9月17日在纪念人民代表大会成立五十周年座谈会上的讲话

安吉县人大常委会主任　钱坤方

同志们：

人民代表大会制度作为根本政治制度在我国的正式确立，至今已有50年历史，安吉县一届人大一次会议召开至今，也已度过了50个春秋。今天，我们在这里举行座谈会，回顾我国、我县人民代表大会50年不平凡的发展历程，总结做好人大工作的经验，畅谈如何更好地履行人大职权，这是一件很有意义的事情。刚才，与会的老同志、老代表和“一府两院”的负责人都作了很好的发言，下面，我就如何坚持和完善人民代表大会制度，努力做好新时期人大工作也谈一些想法。

一、深刻认识坚持和完善人民代表大会制度的重要意义

宪法规定，人民代表大会制度是我国的根本政治制度，人民行使国家权力的机关是全国人民代表大会和地方各级人民代表大会，无论从历史的眼光还是从现实的需要来看，人民代表大会制度必须坚持并不断完善。

1.确立和坚持人民代表大会制度是中国近百年革命和实践的历史选择。人民代表大会制度在我国的确立，经历了一个长期的孕育、形成和发展过程。回顾鸦片战争以来的中国近代史，围绕着中国应实行什么样的政治制度和政权形式，各个阶级、各种社会势力进行了激烈较量，无数仁人志士进行了艰辛探索，都没能找到人民当家作主的正确途径和有效形式。中国共产党自成立之日起，就以领导、组织和支持人民当家作主为己任，把马克思主义国家学说同中国实际相结合，为建立新型的人民政权进行了不懈的探索和实践，终于找到并逐步形成了人民代表大会制度这一适合中国国情的、具有中国特色的政权组织形式的根本政治制度。人民代表大会制度的确立，是中国近代史发展的必然结果，是中国革命和实践的历史选择。

2.坚持和完善人民代表大会制度，是依法治国和实现国家长治久安的重要保证。上世纪五六十年代，受左倾的错误思想干扰，人大的工作受到很大冲击。“文化大革命”期间，人民代表大会制度遭到严重破坏。“文化大革命”结束后，人民代表大会制度得以恢复，全国人大和地方各级人大把发展社会主义民主、健全社会主义法制作为首要任务，国家政治生活逐步走向正轨，依法治国方略逐步得到落实，各项事业的发展进入了一个崭新的阶段。50年来正反两方面的历史经验，雄辩地证明：什么时候坚持好了人民代表大会制度，我们的国家就安定团结，我们的事业就生机盎然、蒸蒸日上；什么时候忽视甚至破坏了人民代表大会制度，我们的国家就会陷入混乱，我们的事业就会遭受严重挫折。

3.坚持和完善人民代表大会制度是中国共产党提高执政能力的现实需要。昨天，中共中央举行十六届四中全会，会议的中心议题是研究如何加强党的执政能力建设。在国际局势深刻变化、世界多极化和经济全球化不断发展的条件下，在我国进入全面建设小康社会、加快推进社会主义现代化的新的历史阶段，必须提高党的执政能力，党的执政能力建设是一项系统工程，除了加强党的自身建设以外，一个重要内容就是改革党的领导方式和执政方式，通过人民代表大会制度实现党对国家事务的管理。其中涉及很多问题，例如：如何把党的领导、人民当家作主和依法治国统一起来；如何理顺执政党与国家权力机关的关系，建立科学合理的执政体制；如何扩大党的民意基础，巩固党的执政基础等等，都将成为我们党加强执政能力建设需要一一研究的问题。而这些问题，都有赖于在坚持和完善人民代表大会制度中逐步解决。

4.坚持和完善人民代表大会制度，是加快推进现代化生态县建设的内在要求。人民代表大会制度于我县而言，在过去的50年里，尤其是设立常务委员会以来的23年间，为推进改革开放、现代化建设和依法治县进程做出了积极贡献。当前，我县的改革与发展正处在一个关键时期，人大在全面建设现代化生态县的大业中不仅责任重大，而且大有可为。只有发挥好人大作为国家权力机关的政治优势，才能更好地调动一切积极因素，动员和组织全县人民团结一心，扎实工作；只有发挥好人大作为民主法制建设主导力量的工作优势，才能为经济社会发展提供有力的法律保障；只有发挥好人大密切联系群众的组织优势，才能更好地形成了解民情、反映民意、集中民智的决策机制，提高决策的科学化和民主化水平。

二、努力做好新时期人大工作

50年来，我县人大工作在不断探索中前进，不断开拓中发展，不断创新中提高，不断总结中完善，尤其是改革开放以来，人大履行职权的广度、深度和力度，有了前所未有的拓展，人大在政治生活中发挥的作用越来越大，在群众心目中的威望也越来越高。进入新的历史时期，人大要不辱使命、不负期望，以更加昂扬的热情、更加出色的作为，在加快推进现代化生态县建设中建功立业，做好新时期人大工作，我认为必须做到以下几点：

1.必须进一步加强和改进党对人大工作的领导。人大工作是党的执政活动的重要组成部分，是党实现对国家事务领导的重要途径。今年7月，县委召开了全县人大工作会议，出台了《关于进一步加强人大工作的意见》。加强人大工作，是县委适应党的领导方式和执政方式改革的需要，是提高执政能力的基本要求。县委以制度的形式明确规定，县委每届任期内至少召开一次人大工作会议，每年至少听取县人大常委会党组两次工作汇报，主持工作的副主任列席书记办公会议和县委常委会议。县委将切实尊重并大力支持人大依法行使职权：支持人大行使重大事项决定权，凡属人大职权范围内讨论决定的重大事项，都需经人大决定，以不断推进决策的科学化、民主化和法制化；支持人大行使监督权，促进依法行政和公正司法；支持人大行使人事任免权，尊重和维护人大选举、表决结果。

2.必须以科学发展观来指导人大工作。科学发展观是我们党对市场经济条件下经济社会发展规律在认识上的升华，也是我们党执政理念的一个飞跃，科学发展观对各方面的工作都具有普遍指导意义，只有以科学发展观为指导，新时期的人大工作才能沿着正确的道路不断前进。树立和落实科学的发展观，人大工作必须坚持以人为本的根本取向，把促进经济发展，推进社会主义政治文明建设作为根本任务，努力实现人民的经济利益和当家作主的权利；树立和落实科学的发展观，人大工作必须按照全面、协调、可持续发展的要求，加大对社会发展领域、民主法制领域和生态环保领域的关注力度，为我县经济社会的发展创造一个良好的人文环境和自然环境；树立和落实科学的发展观，人大工作必须把握统筹兼顾的原则，加强调查研究，正确反映和兼顾不同方面的利益，全面规划，科学决策。

3.必须牢固树立发展意识和民本意识。发展是执政兴国的第一要务，也应该是人大工作的第一要务。要把能否推动地方经济社会发展作为衡量人大工作成效的重要标准，真正做到思路围绕发展，工作紧扣发展，监督促进发展。要抓住事关全县经济社会发展的重大问题、难点问题，通过审议、调查、视察、检查等方式，加强监督，务求人大工作更加贴近中心工作，更加贴近发展需要。人大及其常委会来自于人民，服务于人民，对人民负责，受人民监督。因此，在任何时候都必须心里装着群众，认真落实执政为民的要求，必须把群众最关心、最迫切需要解决的问题，作为重点议题纳入工作日程，努力使人大依法履职的过程，成为倾听群众呼声的过程，反映群众意愿的过程，集中群众智慧的过程，凝聚群众力量的过程。

4.必须继续在求实和求新上下功夫。人大工作之所以能取信于民，关键在于实实在在地为群众排忧解难，实实在在地为发展尽了力量。近几年来，县人大开展了不少高质量的调研活动，这些调研选题准确，分析透彻，为县委决策、为“一府两院”开展工作提供了依据和思路。人大要继续发扬求真务实的作风，做到察实情，说实话，出实招，求实效。创新是我县人大工作的一大特色，尤其是本届人大，在监督工作、代表工作、自身建设等方面进行了不少尝试和探索，在工作思路、工作方法、工作机制上进行了不少改革和创新。实践证明，创新有效地激发了人大工作的活力。时代在发展，社会在变化，人大工作要继续坚持与时俱进的思想路线，以开阔的视野和开放的思维，不断借鉴、吸收和创造，努力推动人大工作取得新的发展。

第四节　经验交流

安吉县人大常委会结合安吉实际，依法履职履责，开展一系列行之有效的工作，引起上级人大的关注和重视，多次在省市级人大工作会上交流经验。

创新监督形式　增强监督实效

吴向明

在2006年8月4日在全省人大工作经验交流会上

换届以来，安吉县人大常委会按照“政治上维护核心、工作上围绕中心、监督上顺应民心、方法上讲求创新”这一指导思想，认真行使宪法和法律赋予的各项职权，特别是把行使监督权作为常委会一项最基本的工作职能，摆在重要位置。一方面，我们坚持依法开展监督，围绕群众关注的热点、难点问题开展监督，坚持寓支持于监督之中；另一方面，我们也对如何更好地行使监督权进行了认真思考和大胆实践，探索了如代表监督窗等一些行之有效的监督形式，努力实现监督手段更灵活，操作更规范，督办更有力，效果更明显。

一、开设代表监督窗，打造社会监督的新平台

“人大代表监督窗”是我们在本地媒体开设的一个栏目，这个栏目专门刊登县人大代表在闭会期间提出的意见、建议和批评，并且对政府部门的办理情况进行跟踪报道。这种新的监督形式，将人大代表的意见、要求以及政府部门的办理情况全部公之于众，实现了人大监督与舆论监督的有机结合。“人大代表监督窗”开设以来所反映的问题全部得到了很好的解决，也得到了代表和群众的广泛好评。

去年，安吉县城的递铺港因上游非法采砂制砂，致使河水严重污染，群众多方反映均无结果。几位县人大代表联名提出了一条《还我一港清水》的批评意见，在县报《今日安吉》头版“人大代表监督窗”专栏刊登。批评意见见报后，县政府迅速作出反应：分管副县长当天就召集有关部门负责人了解情况，研究整治措施。次日，上游两家违规砂石场被取缔。三天之后，《今日安吉》刊登了县政府办公室关于这条监督意见的答复，公布了政府的四条措施。随后，县政府组织有关部门对全县31家水冲机制砂石企业的情况进行全面调查，并一一提出了处理意见。递铺港以及全县其他河道的污染问题终于得到了有效解决。此后不久，县政府还专门召开政府常务会议，研究并出台了《关于水冲机制砂石企业综合整治实施意见》，对矿产资源开采和经营行为进行了规范，建立了长效管理机制

“人大代表监督窗”之所以能被打造为社会监督的新平台，关键在于它具有四大特点：一是公开性。不仅将代表和群众反映的热点、难点问题进行公开，而且将“一府两院”的办理态度、办理力度、办理进度置于全社会的监督之下。二是快捷性。监督窗实施意见规定“承办单位一般须在3个工作日办结；情况复杂、办理难度较大的，须在3个工作日拿出办理方案”，如此一来，监督窗就成为“一府两院”办理代表建议的“特快专递”，实现了人大监督的“短、平、快”。三是强制性。代表监督窗实施意见是在《人大代表议案和建议、批评、意见办理办法》的

基础上研究制定的工作制度，对“一府两院”的办理工作具有约束力和强制性。四是可行性。常委会对刊登的内容事前进行了筛选，作了“承办单位管得了、办得到、行得通”的限定，这样既能保证问题得到顺利解决，又不过分给“一府两院”施加压力。

“人大代表监督窗”栏目推出后，在县内外引起较大反响。“人民网”“新华网”“东方网”等各大新闻媒体纷纷进行报道，新华社发了通稿，《浙江日报》还在头版以较大篇幅介绍了安吉的做法。

二、交办审议意见书，形成跟踪监督的新机制

人大常委会会议在审议“一府两院”工作时，委员们会提出许多建议和意见，但这些建议和意见往往是“说了，听了，算了”，难以得到真正落实。为改变这一状况，我们建立了审议意见书制度，规定所涉问题比较重大、委员意见比较集中的，应向“一府两院”发送审议意见书，“一府两院”必须认真办理落实审议意见书提出的要求，并在两个月内向人大常委会报告办理结果，常委会如对办理结果不满意，可以责成重新办理。

交通事故黑点马家渡岔口的改造就是一个很好的例子。马家渡岔口位于04省道和11省道平面交叉处，由于设计不合理，致使重大交通事故频繁发生，1998年以来该岔口死伤人数已达30余人，被群众称为“夺命路口”。对这一问题，安吉县两届人大常委会都曾予以关注，并组织过实地的视察，口头向政府部门提出了有关要求。之后，虽然政府也采取了一些动作，如设置警示牌、清除视障改善视线等，但由于根本问题未得到解决，死伤事故仍然频频发生。去年，我们在对道路交通安全法贯彻实施情况开展调研时，群众对改造马家渡岔路口的呼声十分强烈，同时我们发现，包括马家渡岔路口在内的事故黑点是道路交通安全的最大隐患，所引发的交通事故占了全部事故的四成左右。为彻底解决这一问题，在去年的常委会会议上，委员们形成了一致意见，决定向政府发送审议意见书，要求政府加快事故黑点整治，保障群众生命安全。县政府接到审议意见书后，立即组织交通、公安等部门对包括马家渡岔口在内的5处事故黑点进行技术改造，两个月内就完成了加阔路面、拉直弯道、增设安全标识、安装红绿灯等一系列工程。政府还计划用三年时间，在全县实施“道路安全保障工程”。马家渡岔口实施改造后，至今未发生一起交通事故，当年的黑点整治，也使全县交通事故发生率比上年下降了十多个百分点。

本届人大常委会共向政府发送了四份审议意见书，除道路交通安全外，其他分别涉及农产品质量安全、劳动保障、生态环境保护等问题。这些意见都得到了政府很好的落实，产生了良好的社会反响。

三、试行监督意见书，建立日常监督的新通道

2005年，我县教科文卫民侨工委在对《浙江省少数民族权益保障条例》贯彻实施情况开展调研时，发现县政府从未按照条例要求安排过少数民族发展专项资金，也从未落实“少数民族小学生、初中生免交杂费，家庭经济困难的少数民族高中学生酌情减免学杂费”的规定。主任会议讨论后，准备就此向政府提出整改要求。但以何种形式提出，我们感到很犯难，因为日常工作中发现的问题，无法在现有的监督形式中找到对应的手段。

经过进一步的讨论，我们发现，对于日常工作中发现的问题该如何监督，是人大监督工作的一个盲点。如主任会议听取相关工作汇报后认为有必要进行监督的问题，常委会各工委在日常的调研、检查、视察过程中发现的问题，信访接待中反映的重大问题等，人大常委会该如何实施监督，法律未作明确规定，各地的做法也不尽相同。

在实践中，我们创造了监督意见书这一形式。《安吉县人大常委会监督意见书试行办法》规定，在日常的监督工作中，人大常委会可以一事一议的方式对“一府两院”进行监督。监督意见书发送与否，由相关工委或办公室根据监督工作的需要提出由主任会议决定；主办机关应在两个月内书面向主任会议报告监督意见的落实情况。监督意见书这一形式，弥补了人大常委会日常监督的不足。

根据这一制度，我们向县人民政府发出《关于切实贯彻落实省少数民族权益保障条例的监督意见》，要求政府尽快落实有关规定。两个月后，县政府向人大常委会递交的书面报告反馈：县财政于当年增设了少数民族发展专项资金，今后视财力状况，予以适当增长；从本年度起，少数民族小学生和初中生均以教育券的形式减免杂费，家庭经济困难的高中生经主管部门审核，可酌情减免学杂费。

四、设立专业代表组，探索深化监督的新途径

整合代表专业资源，发挥代表专业特长，组建代表专业小组，实施专业的、深度的监督，是我们为增强人大监督实效采取的一项新举措。按照这一思路，2005 年，我们组建了财经、法制、教科文卫民侨和农业环境保护四个专业代表小组。

每个专业小组分别由 5—6 名人大代表组成，这些代表大多是本领域的专业人士，具有较高的文化素质和较强的履职能力，以他们为主体来开展监督，往往能抓住关键，击中要害。

专业代表组组建以来，我们主要通过三方面的活动发挥他们的作用。一是定向视察。根据人大常委会年度工作要点和各阶段监督重点，引导专业代表组对某些领域的工作开展视察。如结合安吉县“项目推进年”活动，财经代表组组织开展了对工业项目推进情况的视察。参加视察的不少人大代表本身就是企业界人士，对政府工作力度的大小、服务水平的高低有切身感受，因此提出的意见和建议能谈到点子上，触到根子上。如他们在视察中尖锐地提出，一些掌控审批大权的政府部门与中介机构脱钩不彻底，利用行政权力迫使或暗示企业接受中介机构的服务，加重了企业的负担。县政府了解情况后非常重视，开展了专项清查活动，改善了服务环境。二是专题审议。在今年的人代会上，我们围绕“三农”、工业、司法和教育四个议题，安排了四场专题审议。参加审议的人员，以专业小组代表为主，吸收了人大常委会相关工委的委员参与，县委、县政府的分管领导和有关部门负责人也分别列席。由于话题集中，准备充分，审议的针对性大大增强，县委和县府领导都认为很有深度，对工作很有指导意义。三是论坛建言。在本县的报纸和电视两大媒体上开设了“代表论坛”，论坛的主体是专业组的人大代表，常委会每年选择几个主题及分论题推荐给代表讨论。通过“代表论坛”这种形式，把代表的言论变成媒体的舆论，再把媒体的舆论变成全民关注的社会氛围，从而推动所关注问题的解决。如 6 月讨论的“工业强县”议题，代表们在论坛上分别从园区建设、项目推进、招商引资、自主创新、产业升级等多个角度，分析原因，阐明观点，提出对策。媒体作为论坛的主阵地，全程参与全力配合，安排了专版刊登和专题播出，不仅集中地、原汁原味地反映了代表的意见，而且形成了较大的宣传声势。

增强监督实效是加强和改进人大监督工作的关键所在。创新监督形式，目的就是为了增强监督实效。近几年来，虽然我们对监督的实现形式进行了一些探索，监督的实际成效也有了新的提高，但与宪法的规定和群众的期望仍有相当大的差距。我们希望与全省的兄弟人大一起，共同探讨增强监督实效的有效途径，共同推进我省的民主法制建设。

创新方式，把好“四关”，不断提升代表建议办理实效

梁为民

2014 年 7 月《湖州人大通讯》

加强和改进代表建议办理工作，提高办理的质量和实效，是尊重代表权利、支持代表履职、发挥代表作用的重要体现。近年来，安吉县人大常委会高度重视代表建议的办理工作，不断创新办理方式，修改完善了《关于代表议案和建议、批评、意见办理办法》，积极主动把好“四关”，从制度层面规范了代表建议办理机制，有效提高了代表建议的办理质量和办理实效，在维护民生民利、监督依法行政、促进社会和谐等方面取得了显著成效。

一、把好建议提出关，帮助代表提好建议

代表建议提出的质量直接影响到建议的办理实效，因此我们从提高代表综合素质入手，从重视建议数量向注重建议质量转变，严把建议提出关。一是积极培训引导提升建言能力。常委会每年组织代表参加各类培训，有计划地提升代表综合素质，特别是人代会召开前，要求各代表小组组织代表走访辖区群众，开展调研视察，了解社情民意并针对性地开展专题业务培训，着力提升代表政治理论和业务知识水平，同时要求代表在提出建议时要围绕人民群众普遍关注的热点、难点问题，要具有可行性和针对性。二是努力拓展代表知情知政渠道。通过向代表寄送文件资料、邀请代表列席常委会会议、参与视察调研、听取部门工作汇报等形式，让代表及时了解县域大事要事和部门重点工作。依托安吉人大网，专门建立代表履职等栏目公布政策和工作情况，让代表更好地知情知政，为代表建言献策提供履职保障。三是“联合审查”把关建议质量。在人代会期间，将县委办、政府办、县编委办等与建议办理关系密切的部门纳入大会议案组并联合现场办公，帮助和指导代表对建议进行修改完善，力求在格式、内容等方面符合规范，叙事清楚，同时与代表初步商定主会办单位。

二、把好建议交办关，落实建议办理责任

交办是代表建议办理的第一个环节，也是办理工作顺利开展的前提和保障，只有从交办环节就做到制度明晰、责任明细、要求明确，才能保证承办、答复、检查等后续工作的顺利进行。一是实行建议“预交办”。今年，安吉县人大首次实行“预交办”制度，在初步确定承办单位后，通过网络平台实施预交办，各承办单位在受领预交办任务后，如认为建议问题不属于本单位职责范围，需变更主办单位或增减会办单位的，要在预交办之日起 5 个工作日内加以反馈，经研究核实后再作相应调整，较好地避免了代表建议在交办过程中出现部门相互推诿、建议“回娘家”、临时变更承办单位等现象。二是实施重点建议领办制。代表每年提出的建议意见很多，抓住其中具有全局性、针对性、建设性的建议并加以重点督办，就是抓住了办理工作

的“牛鼻子”。县人大常委会每年从人代会代表提出的建议中，筛选确定一些事关全局的建议，经主任会议研究后确定为重点建议，由常委会领导分工督办、分管副县长领办，并及时向社会公开。今年，共确定4件重点建议，其中县人大常委会把《关于强化山泉自来水水质监测，确保饮用水安全》的建议确定为重点建议予以重点督办，抓住当前工作重点，将“五水共治”工作真正与促进民生结合在一起。三是探索县领导领衔联系办理制。县四套班子领导每人确定一个代表建议进行领衔联系办理，并将此纳入县领导日常联系工作之一，成为县领导“六联”之外的“第七联”。领衔联系县领导指导承办单位制定办理方案，适时听取承办单位办理情况汇报，及时了解掌握建议办理进度，牵头研究、协调、解决办理过程中的困难和问题，任务到领导，责任到人头，使办理工作责任进一步得到明确和落实。

三、把好建议督办关，保证建议得到充分落实

扎实有效的督办是保证建议最终落实的重要环节。近年来，我们在人大各工委对口督办的基础上，根据建议的办理进度，构建了环环相扣的建议办理督办体系，多举措督促办理工作，努力提高建议办理的面商率和解决率。一是常委会领导督办重点建议。对主任会议上确定的重点建议，由常委会领导牵头，有关工委配合并邀请县人大代表参与督办。特别是政府形成“初步”答复意见后，召开由人大、政府、代表参加的重点建议办理情况沟通汇报会，三方共同交流探讨答复意见。如《关于加强对我县小区物业管理工作》的重点建议，经分管常委会领导领衔重点督办后，县政府专门出台规定，形成了统一管理措施，使群众反映强烈的物业管理老难题得到了高度的重视和推进。二是集中承办“大户”联合督办。每年临近建议办理时限期满前半个月左右，会同政府召开“两会”建议督办会议，要求承办建议较多的“大户”单位(交通局、发经委等部门)一把手参加，听取办理工作汇报，督促“大户”加大办理力度。三是结合代表履职平台跟踪督办。我们结合“主任接待代表周”“代表进部门”“双向约见”等平台，加大跟踪督查力度，督促落实了一批涉及民生的重点建议，有效解决了一批人民群众普遍关注的热点问题。如去年结合“主任接待代表周”活动，通过集中开展、定点接待的方式，跟踪督办代表建议落实，促进了热点难点问题的解决，代表所提22条建议中“农村联网道路提升改造”等18条建议得到落实解决。四是实施效能考核。将人大代表建议办理工作纳入机关效能考核项目并定期考核，对无故未按期办理建议的单位实行效能扣分，倒逼承办单位进一步加强对代表建议办理的重视程度。

四、把好答复评价关，切实加强建议办理实效

县人大常委会切实加强承办单位与建议代表之间的联系、沟通、互动，坚持把问题解决作为办理工作的落脚点，把代表满意作为办理工作的评价标准，在办理工作中充分尊重代表的主体地位。一是坚持与代表“两次面商”制度。要求承办单位在办理建议过程中要做到事前、事中与代表两次“面商”。在办理前，要面对面向代表了解提出建议的缘由、目的和要求，增强办理工作的针对性。在办理中，要面对面地沟通情况，及时互动，改进办理工作。“两次面商”既准确把握代表意图，使承办单位对建议内容有清晰的了解，又充分尊重代表，深入沟通取得代表对办理工作的理解和支持。二是“背靠背”开展满意度评价。建议办理答复后，由代表“背靠背”对部门办理情况按照满意、基本满意、不满意三个等次作出评价，由乡镇(街道)人大负责建议办理工作评价表的发放、回收和统计，并将结果报县人大。避免了代表在反馈办理满意率时“碍情面”“讲人情”“被满意”等情况，使代表的真实意愿得到充分体现，把落脚点集中在了真正解决问题上。三是高度关注不满意件办理。常委会完善代表建议办理办法，明确规定代表对承办单位办理工作不满意的，承办单位要及时与代表沟通，并在1个月内重新办理。如代表对二次答复不满意，由主任会议研究决定是否再次答复。此举既可增强承办单位的责任感，又可防止少数代表对一些确实无法解决的问题长期纠缠。

通过近年来的实践，县人大常委会探索代表建议办理新机制，较好地推动了政府和相关职能部门工作态度的转变，有效地提高了代表建议办理实效。一是激发了人大代表履职热情。通过建立人大、政府、代表“三位一体”的互动模式，让代表全过程参与办理工作，从根本上改变了原先代表被动办理的状况，激发了代表履职的积极性，同时也给人大监督工作增添了新的内涵。二是拓展了人大监督体系。代表建议办理工作纳入单位年度工作计划和效能考核，成为政府部门推进各项工作的新抓手、新动力，满意度测评、考核更是切实提高了代表建议办理的严肃性。三是强化了承办单位责任意识。由县四套班子领导每人领衔联系办理，牵头研究、协调、解决办理过程中的困难和问题，任务到领导，责任到人头，进一步提高了承办单位对建议办理的重视程度。如今年县领导领衔联系的建议共17件，当前已有14件得到落实，满意率为100%。

尽管我们在建议办理工作中取得了一些成绩，但真正促进代表建议有效落实，还有很多细节、疑难需要解决和探索。今后，我们将继续秉持创新理念，以助推政府工作和民生改善为最终归宿，着力推进建议办理工作，为加快建设“三个安吉”作出应有的贡献。

坚定践行“两山”理论　持续推进绿色发展

——安吉县人大常委会助推生态文明建设

陆为民

2019年8月13日在省委人大工作会议上

2005年8月15日，时任浙江省委书记习近平在安吉余村调研时，首次提出“绿水青山就是金山银山”这一理念。十多年来，安吉全县上下始终牢记总书记的嘱托，坚定不移地举生态旗、打生态牌、走生态路，经济社会事业持续健康发展，“中国最美县域”建设迈出坚实步伐。安吉县人大常委会在县委的坚强领导下，深入贯彻落实“两山”理论，将服务推进绿色发展作为人大工作的重中之重，全力助推地方生态文明建设。

一、依法决议决定，凝聚生态文明建设共识。县人大常委会围绕县委重大决策部署，对事关生态文明建设的大事要事，依法作出决议决定。一是紧扣“生态立县”战略实施。常委会围绕“生态立县”发展战略，先后作出关于加快实施“绿色工程”、关于生态县建设等决议，使“生态立县”成为全县上下的共同意志和自觉行动，安吉也逐步建成全国首个生态县。2012年，县人代会作出《关于深入推进生态文明示范建设的决议》，推动我县加快“两山”转化、实现生态文明全国示范。二是紧扣“中国美丽乡村”建设。2008年，我县创新实施“中国美丽乡村”建设行动，县人代会及时作出《关于建设“中国美丽乡村”的决议》，推动全县188个行政村全面投身于“美丽乡村”建设大潮中。依托“美丽乡村”建设全覆盖和“美丽”成果共建共享，乡村人居环境和百姓幸福指数逐年提升，这也成为“两山”理论在我县的生动实践。三是紧扣区域环境整治。2013年，为增强全县生态文明示范建设水平，县人代会作出关于统筹区域环境综合治理的决议，推动环境治理更加制度化、规范化、常态化。2014年，县人代会作出《关于设立环境综合治理“集中推进日”的决定》，将每月第四个星期三确定为集中推进日，以点带面实现“三改一拆”“四边三化”“五水共治”的整体联动。截至2019年8月，我县开展“集中推进日”行动78次，完成“三改”2056万平方米、拆违857万平方米，被评为全省首批“无违建县”。2017年，常委会及时作出《关于全力推进“城中村”改造、共促优雅竹城建设的决定》，营造全社会对建美家园的共识共行。截至2019年8月，我县先后完成城区“攻坚清零”3379户、拆除面积98.61万平方米、整理经营性用地8000余亩，全县城乡环境焕然一新。

二、深化调查研究，探索绿色发展安吉路径。县人大常委会围绕生态文明建设重点领域，深入调查研究并提出对策和建议，有力助推绿色发展。一是立足城乡风貌提升。围绕城乡一体化建设，常委会专题调研关于打造“中国优雅竹城”课题，提出“依托山水资源，用环境书写优雅凸显绿色理念，用生态诠释优雅”等建议。县委高度重视和采纳建议，并部署实施“优雅竹城”“风情小镇”“美丽乡村”的三位一体发展。紧扣“公厕革命”，专题调研“美丽公厕助推最美县域建设”课题，推动“美丽公厕”建设成为“最美县域”建设的一项“细胞”工程。截至2019年8月，累计完成公厕提标改造406座，使公厕也成了一道美丽的风景。二是立足绿色产业发展。围绕“两山”有效转化，常委会先后调研生态工业发展、一二三产业融合、绿色家居制造等课题，提出“依托生态优势，大力发展生态产业，加快构建绿色产业体系，培育和提升绿色发展动能”等对策，并得到采纳落实。2005年以来，我县地区生产总值年均增长12.3％，万元GDP能耗近三年总计下降3％，康养休闲、绿色制造、通用航空和现代物流等一大批环境友好型项目相继落地，逐步实现生态经济化、经济生态化。三是立足生态资源转化。围绕休闲旅游产业发展，常委会专题调研“县域大景区建设”课题，从定位、发展路径和模式，提出“产业支撑大景区”等建议，推动我县加快生态旅游业发展步伐，逐步打造全域旅游目的地，灵峰街道创成国家级旅游度假区。2018年，全县共接待游客2504万人次，旅游收入324.7亿元，其中门票收入6.36亿元。紧扣资源循环利用，专题调研“农作物秸秆利用”课题，推动多个秸秆综合循环利用中心即将落地。截至2019年8月，全县秸秆综合利用率达95％以上。

三、加强重点监督，推动生态环境质量提升。县人大常委会坚持将生态环境治理作为重点，强化监督问效，全力推动解决热点难点问题。一是聚焦治水治污。常委会紧盯“五水共治”“剿灭劣Ⅴ类水”等行动，先后视察水源地保护、农村生活污水治理、剿劣提标等工作，并发出监督意见书，推动政府及时出台水源地环境保护规划和奖补管理办法，实施农村生活污水治理三年行动，启动污水处理厂三期工程，巩固治水治污成效。全县地表水、饮用水、出境水达标率均达100％。首次成立特定问题调查委员会，对我县赋石、老石坎和凤凰三大水库的污染源问题开展调查，为水库水质提升和水库流域治理提供对策依据。密切关注水环境源头治理，对接水源地上游的宁国、广德人大，探索开展跨区域联合监督治水。二是聚焦治气治霾。常委会紧盯“打赢蓝天保卫战”等行动，先后视察大气污染防治、烟花爆竹“双禁”、扬尘治理、秸秆焚烧等工作，提出“凝聚治理合力、抓牢重点领域、突出科学治气、倡导绿色低碳”等建议，推动政府深入开展建筑(道路)扬尘治理、锅炉整治、餐饮油烟整治等专项行动，持续提升大气环境质量。全县$PM_{2.5}$持续下降，空气质量优良天数比例达89%。三是聚焦农林资源保护。常委会紧盯“限药、减肥”等工作，先后视察白茶原产地保护、毁林毁竹种茶治理、农业面源污染防控等工作，并审议专项报告，发出审议意见，推动政府出台禁止毁林毁竹种茶长效管理16项举措，建立林长制，实施平原绿化、生态修复、森林抚育、生态补偿等专项行动，有效遏制各类毁林、污染现象。全县植被覆盖率和森林覆盖率常年保持75%和71%以上。四是聚焦环境报告制度落实。高标准落实生态环境状况报告制度，县乡两级人代会已连续两年审议环境报告，并于2019年在4个街道议政会全面实施，实现全覆盖。

四、发挥代表作用，合力共护地方绿水青山。县人大常委会充分发挥各级代表履职优势，推动代表助力生态文明建设。一是发挥代表监督作用。组织法律、环保以及农林水等相关专业代表，通过专业小组视察、代表进部门、暗访检查等方式，加强治水、治污、治气、治霾等生态领域的专业性监督。深入开展“监督已治理的河”“查找大气污染源依法履职作贡献”“剿灭劣Ⅴ类水共护水更清河更美”等代表主题活动，发动代表积极查找并督促解决“短板”问题。近三年，各级代表共开展相关视察检查230余次，提出对策和建议270余条，促成殡葬礼炮停用等成果130余项。二是发挥代表建言作用。全县各级代表紧扣生态文明和绿色主题，深入开展调查研究，积极提出治水、治污、治气、垃圾分类等方面的议案建议，先后促成全县烟花爆竹禁售禁放、农村生活垃圾分类、手工造纸作坊全面关闭等成果，推动解决一大批热点难点问题。三是发挥代表示范作用。广大代表在岗位履职的基础上，积极投身于“我为河道添光彩”“清除牛皮癣”“城乡彩化美化”“植树护绿”等行动。通过代表示范引领，营造全民共建生态文明浓厚氛围。

安吉县人大常委会将认真学习贯彻习近平总书记对地方人大及其常委会工作的重要指示和此次省委人大工作会议精神，继续深入践行“两山”理论，在“护美绿水青山，做大金山银山”中贡献人大力量，展现人大作为。

唱响时代主旋律　凝聚发展正能量

——安吉县人大开展正能量典型人物选树活动的主要做法

陆为民

在2019年12月4日全省人大教科文卫工作座谈会上

人民有信仰，民族有希望，国家有力量。习近平总书记指出：“实现中国梦必须弘扬中国精神。这就是以爱国主义为核心的民族精神，以改革创新为核心的时代精神。这种精神是凝心聚力的兴国之魂、强国之魂。”为深入挖掘和传承安吉各地人民奋勇争先、奋发进取的内在动力，以精神之力鼓舞斗志、凝聚共识、引领发展，今年，安吉县人大开展了正能量典型人物选树活动，现将主要做法报告如下：

一、发挥代表作用，推动地方精神传扬

在年初的溪龙乡人代会上，多位代表提出建议，希望为“白茶之父”刘益民和“安吉白茶第一人”盛振乾两位同志树立一座铜像。代表们一致认为，在他们身上，既体现了敢于探索、勇于开拓的创业精神，也饱含着带头致富、引领发展的奉献精神；对后辈而言，需要饮水思源，需要继承发扬前辈们的精神力量。党委政府对这一代表建议高度重视，会后，即广泛开展了意见征求、群众座谈和社会评价，得到了全乡人民和各界的高度认可与共鸣。铜像于3月25日安吉白茶文化年开幕式上揭幕后，广大群众、茶农、茶企纷纷驻足合影，不少人向铜像躬身行礼，取得了很大的社会反响。饮水思源谢党恩，吃水不忘挖井人，这份精神也推动了黄杜村的党员群众先富帮后富，向湖南省古丈县、四川省青川县和贵州省普安县、沿河土家族自治县等贫困县捐赠了1900万株白茶苗，为脱贫一线送去了“扶贫苗”“致富叶”。

二、借鉴票决模式，规范典型人物选树

县人大常委会专门研究了溪龙乡这一做法，认为这既是在新时代下弘扬核心价值观、传递正能量的一次有益尝试，也是充分挖掘文化积淀、发扬民族精神的一种具体体现，值得借鉴推广。而在安吉历史上，曾涌现出吴昌硕、方铁成等一批正能量代表人物，提炼传承他们身上的时代精神，对激励后人、凝聚力量、推动改革发展具有重要意义。为此，常委会专门商议后，决定在各乡镇（街道）开展正能量典型人物选树活动，并参照民生实事项目代表票决制的相关做法，采取“群众推荐，党委审定，代表决定，政府实施”四步法推进落实。群众推荐，就是要厚植群众基础，由各乡镇（街道）发动百姓寻找身边最被认可、最具正能量的典型人物。党委审定，就是将梳理后的典型人物提交各乡镇（街道）党委，由党委审定并确定候选人物。代表决定，就是提交各乡镇人代会或街道议政会，由全体代表或议政员决定并产生最终的典型人物。政府实施，就是由乡镇政府、街道办事处结合人物形象及其事迹，在辖区文化广场、绿地公园等公共场所树立雕像，并广泛宣传精神，推动全民传颂学习。

三、发动全员寻访，夯实深厚民意基础

今年6月，县人大常委会在溪龙乡召开了现场会，部署启动正能量典型人物选树活动，要求各乡镇（街道）深挖典型人物，提炼先进事迹，塑优人物形象，讲好人物故事，并严格按照“四步法”程序，规范做好选树工作。该活动得到了各地高度重视和积极响应，会后，各乡镇（街道）即组织党员、人大代表、老支书、教师等群体，广泛深入地开展“访百姓、寻人物、听意见、评事迹”等活动，并认真查阅了各类文献、档案记载等史料，全方位、多层面地查找收集典型人物。截至目前，各地均已完成了群众推荐、党委审定等前期工作，一代书画宗师吴昌硕，安吉最早的党支部建立者方铁成，著名林学家、林业教育家、树木分类学家陈嵘，力斗鬼子的徐大毛，为救村庄的飞行员童国荣等一批地方正能量典型，被推荐和选为候选人物，他们不仅有着深厚的民意基础，得到大家的公认，而他们身上所蕴含的革命精神、奉献精神、爱国精神、献身精神等，也均与时代精神相吻合，值得我们去铭记、传承和发扬光大。

四、抓好后续实施，引领全民以身践行

目前，各乡镇（街道）均已在筹备乡镇人代会和街道议政会，正能量典型人物选树也将被列入会议议程，由代表和议政员决定最终人选。之后，各乡镇政府、街道办事处将抓好落实，做好选址、人物立像、事迹宣传等工作，使正能量在各地传扬。县人大常委会还会将这批典型人物汇编成书，并联合宣传部门，通过专题报告会、事迹展览等方式，推动他们的精神在县级层面传扬，激励全县人民，以更高的奋斗姿态和更强的拼搏干劲投身于中国最美县域建设中。

在开展正能量典型人物选树活动中，我们深刻体会到：群众公认是基础。送别吕挺烈士时，安吉万名百姓聚集在高速入口的道路两侧，向英雄道别。吕挺牺牲自己救他人的精神，呈现了何谓一个人感动一座城。走访中许多群众都说：选树活动很有意义，能让后人尤其是年轻一辈铭记他们，传颂他们。在群众推荐中，有人自发送来了早期报纸和黑白照片，有人详细口述了当时场景和人物故事，正因为得到了最广大百姓的支持和响应，让我们这项工作有了扎实的民意基础和群众口碑。程序规范是重点。如何规范做好选树工作，我们在民生实事项目代表票决制中得到了启发，设计了“群众推荐，党委审定，代表决定，政府实施”四步法，其中，既遵循了坚持党的领导、充分体现民意、严格依法办事、突出效果导向的原则，也能够更好更有效地行使重大事项决定权，充分发挥代表作用，真正体现人民当家作主。后续宣教是关键。从为刘益民、盛振乾两位人物塑像以及后续宣传教育的效果来看，其对引领百姓一心创业发展、先富帮后富、助力脱贫攻坚等都起到了很好的推动作用。所以，选树的重中之重就是要将这批正能量典型宣传好，用他们的正能量，为广大群众注入更多精神力量，以此弘扬社会主义核心价值观，推动精神文明建设，引领全县人民投身改革发展。

第五节　规章制度

1954 年 7 月 16 日安吉县首届一次人民代表大会通过《安吉县人民代表大会议事规则》，之后，随着人民代表大会制度的完善，各项规章制度不断规范，特别是 1981 年 7 月县人大常委会设立后，规则、规定、办法、制度、意见等一系列规章制度不断完善，所有规章制度均由县人民代表大会或县人大常委会审议通过后生效。

一、规则

安吉县第一届人民代表大会议事规则

（1954 年 7 月 16 日安吉县首届一次人民代表大会通过）

第一条　安吉县首届一次人民代表大会（以下简称大会）依照本议事规则之规定进行会议。

第二条　大会会议之进行由大会主席团推定执行主席轮流主持之。

第三条　大会出席代表均有表决权和被选权。

第四条　大会须有二分之一以上代表出席始得开会，须有出席人数二分之一以上同意始得通过议案和通过决议，表决时如赞成与反对同数，取决于主席。

第五条　大会议事日程由主席团决定公告之。

第六条　大会讨论议案时代表须按顺序发表意见，大会议事如争论时间过长，主席得宜布暂停讨论，继续讨论与否，由主席团研究后提请大会决定之。

第七条　代表如有临时动议，经代表二人以上附议或经主席团认为必要时，可提请大会讨论之。

第八条　大会议案由议案审查委员会负责整理，并将审查整理结果向大会报告之。

第九条　会议进行中，遇必要时，主席得宣布休会或延长。

第十条　议案表决方法以举手行之，表决结果由主席当场宣布。

第十一条　代表均应准时到会，如因故不能出席者必须向主席团请假。

第十二条　本议事规则经大会通过施行，修正时同。

孝丰县第二届人民代表大会议事规则

（1956 年 12 月 13 日孝丰县第二届人民代表大会第一次会议通过）

第一条　孝丰县第二届人民代表大会第一次会议（以下简称大会）依照本规则之进行会议。

第二条　会议的进行由大会主席团领导并由主席团推定执行主席轮流主持之。

第三条　会议议程，由主席团提请大会通过后执行，主席团认为有必要变更时，得酌情变更议事日程，并向大会说明。

第四条　本会举行会议时，须有全体代表过半数出席，始得宣布开会。每次大会开始时，秘书长应报告出席人数。

第五条　大会出席代表均有发言权、表决权。列席代表，经主席团批准或邀请，就有关问题可以发言，但不得参与表决。

第六条　大会发言的代表，须事先向主席团报告，由主席团排定发言程序，依次进行。

第七条　大会议案须经出席代表二分之一以上通过，始得作为大会决议，如某一议案赞成或反对有同数时，取决于主席。

第八条　通过议案均采用举手的方式，表决结果由主席当场宣布。

第九条　大会进行中如有必要时，主席得宣布休息或延长。代表应准时到会，如因不能出席或早退，应经过秘书长向执行主席请假。

第十条　会议记录由大会秘书处指定专人担任，未经公布的报告或议案，均应保守秘密。

第十一条　本细则经孝丰县第二届人民代表大会第一次会议通过施行。

安吉县第十二届人大常委会议事规则

（2000 年 4 月 29 日安吉县第十二届人大常委会第十八次会议修订通过）

第一章　总　则

第一条　根据《中华人民共和国宪法》《中华人民共和国地方各级人民代表大会和地方各级人民政府组织法》的有关规定，结合本县实际，制定本规则。

第二条　常务委员会审议议案、决定问题，应当充分发扬民主，严格依法办事，集体行使职权,实行民主集中制原则。

第二章　会议的召开

第三条　常务委员会会议每两个月至少举行1次。必要时,经主任会议决定,可以临时召集会议。

常务委员会会议由主任召集并主持。必要时,主任可以委托副主任召集并主持会议。

第四条　常务委员会会议必须有常务委员会全体组成人员过半数出席,方可举行。

第五条　常务委员会举行会议时,常务委员会组成人员应当出席会议,依法行使职权。因病或者其他特殊原因不能出席会议的应当请假。

第六条　常务委员会开会日期由主任会议决定;会议议程草案由主任会议拟定,提请常务委员会全体会议决定。

常务委员会办公室应当在常务委员会会议举行的7日前,将主任会议决定的开会日期和拟订的议程草案及主要事项通知常务委员会组成人员和县人民政府、县人民法院、县人民检察院及有关部门,并在5日前提供有关材料,特殊情况除外。

第七条　常务委员会举行会议时,下列人员应当依法列席会议:

(一)县人民政府、县人民法院、县人民检察院负责人;

(二)常务委员会的工作部门负责人;

(三)常务委员会办公室主任、副主任;

(四)县人民政府办公室主任。

下列人员根据需要列席会议:

(一)县人民政府所属部门负责人;

(二)县人大代表中心组组长,乡镇人大主席、副主席;

(三)人大代表和有关人员。

列席常务委员会会议的人员有发言权,但无表决权。

第八条　常务委员会举行会议时,公民经审核批准,可以旁听会议。

旁听会议的公民对本县的工作有意见和建议的,不直接在会上发表。

第九条　常务委员会举行会议时,应当召开全体会议,并可以召开分组会议、联组会议。

常务委员会分组会议、联组会议对议案或者工作报告进行审议时,可以通知有关部门负责人及有关人员到会听取意见,回答询问。

第十条　常务委员会会议的内容,应当通过新闻媒介和其他途径,使全县人民及时了解。

第三章　审议议案和工作报告

第十一条　主任会议可以向常务委员会提出属于常务委员会职权范围内的议案。

县人民政府、县人民法院、县人民检察院可以依法向常务委员会提出属于常务委员会职权范围内的议案。

常务委员会组成人员3人以上联名,可以依法向常务委员会提出属于常务委员会职权范围内的议案。

议案以书面形式，写明案由，并随附有关材料。

第十二条　常务委员会应当听取和审议县人民政府及其所属部门、县人民法院、县人民检察院的工作报告。

县人民政府及其所属部门、县人民法院、县人民检察院可以建议常务委员会听取其工作报告。

第十三条　议案或工作报告由主任会议决定提请常务委员会审议，或者提交有关工作部门审议并提出报告，再决定是否提请常务委员会审议。

不提交常务委员会审议的议案和工作报告，应当向提交议案人或提建议机关说明情况。

第十四条　县人民代表大会主席团交付常务委员会审议的议案，由有关工作部门审议提出报告，再由主任会议提交常务委员会审议。

第十五条　常务委员会全体会议听取和审议议案、工作报告，必要时可召开分组会议、联组会议进行审议。

常务委员会有关工作部门受主任会议委托，可以就有关议案和工作报告进行审议，并向主任会议或者常务委员会提出审议报告。

常务委员会全体会议、分组会议、联组会议、有关工作部门会议审议议案时，提交议案人可以就议案进行补充说明。

第十六条　列入常务委员会议程的议案，在交会议表决前，提交议案人要求撤回的，经主任会议研究，并征得多数委员的同意，对该议案的审议即行终止。

第十七条　列入常务委员会审议的议案和工作报告，在审议中有重大问题需要进一步研究的，由主任会议决定，交有关工作部门审议，提出报告，提请常务委员会审议。

第十八条　列入常务委员会议程听取和审议的工作报告、主任会议决定交有关部门听取和审议的工作报告，由常务委员会办公室在会议前的 20 日告知有关机关、部门，有关机关、部门应在会议前 5 日将工作报告以书面形式按需要的份数送交常务委员会办公室。

列入常务委员会听取和审议的工作报告，原则上由县人民政府县长、副县长，县人民法院院长，县人民检察院检察长向会议报告并听取意见；委托工作部门听取和审议的工作报告，由县政府部门负责人向县人大工作部门作报告。

第十九条　常务委员会组成人员、常务委员会全体会议、分组会议、联组会议对工作报告提出的重要意见，由常务委员会办公室书面告知有关部门研究处理；必要时由主任会议决定，发送审议意见书；对工作报告需要作出决定、决议的，由主任会议拟定草案，提请常务委员会审议通过。

第二十条　常务委员会认为必要时，可以组织特定问题的调查委员会，并根据调查委员会的报告，作出相应的决定、决议。

第二十一条　常务委员会审议议案和工作报告，要提高审议质量，注意审议效果，加强督促办理工作。

对常务委员会作出的决定、决议，县人民政府、县人民法院、县人民检察院应认真研究，提出贯彻实施意见，并报告实施情况。

由主任会议决定发出的审议意见书，涉及政府工作的，应由政府或政府责成有关部门认真研究，提出处理意见，并报告办理结果；涉及法院、检察院工作的，由法院、检察院研究处理，并报告办理结果。

对常务委员会办公室书面提出的有关常务委员会全体会议、分组或联组会议、常务委员会组成人员提出重要意见，县人民政府及其所属部门或有关机关、单位、县人民法院、县人民检察院应认真研究处理，并在两个月内反馈处理情况。

常务委员会工作部门对列入常务委员会审议的议题或由主任会议决定交由有关工作部门审议的议题，会前应进行调查研究，会议期间提出有针对性的审议意见，会后负责了解有关部门的研究处理意见，并催查办理结果。

第四章　质　询

第二十二条　常务委员会会议期间，常务委员会组成人员 3 人以上联名，可以向常务委员会提出对县人民政府及其所属部门、县人民法院、县人民检察院的质询案。

质询案以书面形式，并写明质询对象、质询的问题和内容。

第二十三条　质询案由主任会议决定是否提请常务委员会审议。

工作部门审议质询案时，提质询案人可以出席会议，发表意见。

工作部门审议质询案后，应当向常务委员会或者主任会议提出报告。

第二十四条　质询案由受质询机关按照主任会议决定的答复形式和时间予以答复。

质询案以口头形式答复的，应当由受质询机关的负责人在常务委员会会议或工作部门会议上答复；以书面形式答复的，应当由受质询机关负责人签署，并印发常务委员会组成人员和有关工作部门组成人员。

提质询案人对受质询机关的答复不满意的，可以要求再作答复。是否由受质询机关再作答复，由主任会议决定。

第二十五条　主任会议决定提请常务委员会审议或者交有关工作部门审议的质询案，在受质询机关答复前，提质询案人要求撤回的，经主任会议同意，对该质询案的审议即行终止。

第五章　审议人事任免

第二十六条　县人民政府、县人民法院、县人民检察院依法提请常务委员会审议的人事任免事项，应在常务委员会会议举行前 15 天向主任会议提出，并介绍任免人选的基本情况，由主任会议决定提请常务委员会审议。

主任会议对任免人选认为需要进一步考察了解的，提请机关应进一步考察了解，并将情况报告主任会议。

主任会议中多数人对提请任免人选不同意的，提请机关可以另行推荐人选，如果提请机关认为不宜改变推荐人选的，应当作出说明，待主任会议研究意见比较一致后，再行提请。

主任会议决定提请常务委员会审议的人事任免事项，提请任免的机关应当在常务委员会会议5日前，将提请任免的议案及任免人员的基本情况，以书面按需要的份数送交常务委员会办公室。

第二十七条 常务委员会会议审议人事任免事项，提请任免机关负责人应当如实介绍任免人员的基本情况，负责答复会议上提出的询问。

常务委员会会议审议中提出足以影响任免的问题，提请机关可以建议常务委员会暂缓决定，等问题查清后，提交主任会议决定是否继续提请任免。

第二十八条 常务委员会审议人事任免，应充分酝酿，在常务委员会组成人员多数赞成的情况下，交付表决。

经常务委员会表决未获通过的任免人选，提请机关可以根据工作需要和本人条件，经主任会议同意，在下一次常务委员会会议上继续提请。

连续二次提请未获通过的，不得再推荐为同一职级人选。

第二十九条 由人民代表大会选举或者常务委员会任命的干部，请求辞职的，应按干部管理权限上报，经有关机关批准后再依法向常务委员会提出辞职报告。

因工作调动或离休、退休等原因需要免职的，由原提请机关依法向常务委员会提出报告。

辞职、免职报告，由主任会议决定提请常务委员会审议决定。

第六章 发言和表决

第三十条 常委务委员会组成人员和列席会议的人员在全体会议上发言，一般不得超过20分钟。

发言内容与议题无关的，会议主持人应当予以制止。

第三十一条 需要交付常务委员会表决的议案、决定、决议和人事任免事项，由主任会议决定是否交付常务委员会全体会议表决。

第三十二条 常务委员会全体会议的表决，由常务委员会全体组成人员的过半数通过。

第三十三条 常务委员会全体会议的表决，采用无记名投票方式、举手方式或者其他方式。

第三十四条 根据有关法律规定，需由常务委员会任免的国家工作人员，应当采取无记名投票方式。需任免的国家工作人员指

（一）县人民政府代理县长、副县长，局长、主任；

（二）县人民法院代理院长、副院长，审判委员会委员、庭长、副庭长、审判员；

（三）县人民检察院代理检察长、副检察长，检察委员会委员、检察员；

（四）县人大常委会工作部门主任、副主任。

采取无记名投票表决，应当从常务委员会组成人员中确定一名监票人员，计票工作人员由会议主持人临时确定。

第三十五条 表决结果，由会议主持人当场宣布。

第七章 主任会议和附则

第三十六条 主任会议由常务委员会主任、副主任组成。

主任会议由主任召集和主持,也可以委托副主任召集和主持。

第三十七条　主任会议至少每月举行1次,必要时可以临时召集。

第三十八条　主任会议处理常务委员会的重要日常工作

(一)决定常务委员会开会日期,拟定常务委员会会议议程及讨论的主要内容;

(二)向常务委员会提出属于常务委员会职权范围内的议案,确定常务委员会听取和审议县人民政府及其所属部门、县人民法院、县人民检察院工作报告;

(三)对依法提请常务委员会审议的议案、质询案、工作报告,决定提请常务委员会审议或者交有关工作部门审议;

(四)对依法提请的人事任免事项,决定提请常务委员会审议或者交提请任免机关查清问题;

(五)听取各工作部门重要工作安排和工作情况汇报,有关议案、质询案、工作报告的审议情况报告,指导和协调各工作部门的日常工作;

(六)根据常务委员会工作安排,组织部署全县性的执法检查、代表视察、调查研究等重要活动;

(七)处理常务委员会授权处理的事项和其他重要日常工作。

第三十九条　举行主任会议时,常务委员会工作部门主任、副主任列席会议;必要时邀请县政府领导、法院院长、检察院检察长和有关方面负责人列席。

第四十条　主任会议决定的事项,由常务委员会办公室主任负责办理,重要事项由常务委员会主任或者副主任组织实施。重要事项的组织实施情况,应当向主任会议或者常务委员会会议报告。

第四十一条　本规则自常务委员会通过之日起施行。

安吉县人民代表大会常务委员会街道工作委员会工作规则(试行)

(2014年11月20日县第十五届人大常委会第二十二次会议通过)

第一条　为加强和规范街道人大工作,推进基层民主法治建设,根据《中华人民共和国地方各级人民代表大会和地方各级人民政府组织法》《中华人民共和国全国人民代表大会和地方各级人民代表大会代表法》的有关规定,结合本县实际,制定本规则。

第二条　县人民代表大会常务委员会街道工作委员会(以下简称县人大街道工委),是县人大常委会的派出机构,在县人大常委会和街道党委领导下开展工作。县人大常委会办公室和人事代表工委负责与县人大街道工委的日常联系和工作指导。

第三条　县人大街道工委由主任1人、副主任1至2人、委员3至5人组成,并根据工作需要配备工作人员。

第四条　县人大街道工委主任、副主任和委员,由县人大常委会主任会议提名、县人大常委会任免。

第五条　县人大街道工委主任、副主任不得担任国家行政机关的职务;如担任国家行政机关的职务,须向县人大常委会辞去主任、副主任职务。

第六条　县人大街道工委主任主持街道人大工委工作。

第七条　县人大街道工委按照县人大常委会和街道党委的工作部署，结合本街道实际，依法履行以下职责：

（一）协助县人大常委会检查宪法、法律、法规和本级以上人大及其常委会的决议、决定、审议意见在辖区内的遵守和执行；

（二）听取街道办事处和有关部门派驻街道机构的工作汇报，提出建议、批评和意见；

（三）听取街道办事处年度财政预算及其执行、调整、决算情况和其他资金管理使用情况报告，提出建议、批评和意见；

（四）对辖区内经济建设、社会发展和人民群众普遍关注的问题进行调查研究，向县人大常委会和有关部门反映情况，提出意见和建议，必要时，可向县人大常委会作专题汇报；

（五）组织代表开展调研、视察、评议、执法检查等活动；

（六）联系服务代表，组织代表学习宪法、法律、法规，指导代表小组开展闭会期间的活动，为代表执行职务提供必要的条件和服务，接待和处理代表的来信来访，反映代表的意见和要求，督促街道办事处及有关单位认真办理代表提出的建议、批评和意见，协助代表联系选民，接受选民监督；

（七）办理辖区内县人大代表选举的有关工作；

（八）指导、监督辖区内居民委员会和村民委员会等基层群众性自治组织依照有关法律、法规开展自治活动；

（九）做好人民群众来信来访的接待、处理工作，及时分析信访动态，反映重要信访情况，督促办理县人大常委会交（转）办的信访事项；

（十）办理县人大常委会及其主任会议交办的其他事项。

第八条　县人大街道工委会议每三个月至少举行一次，必要时，可临时举行会议；会议由主任或受其委托的副主任召集和主持。

第九条　县人大街道工委议定事项，实行民主集中制原则，集体讨论和决定问题，并由全体组成人员的过半数通过。

第十条　县人大街道工委举行会议时，根据需要，通知街道办事处和有关部门派驻街道机构的负责人列席，邀请代表列席。

第十一条　县人大街道工委应与街道办事处和有关部门派驻街道机构建立工作联系制度，互相通报重要工作情况。

第十二条　县人大街道工委每年底应向县人大常委会报告工作。除县人大常委会统一布置的工作之外，凡属年度工作计划、阶段性重要活动安排以及视察、评议、执法检查意见建议等，均须报县人大常委会备案。

第十三条　各有关单位应当支持县人大街道工委依法履行职责，认真研究其提出的建议、批评和意见，及时反馈落实情况，并提供必要的保障。

县人大街道工委所需经费列入街道年度预算。

第十四条　本工作规则自通过之日起执行。

安吉县人民代表大会法制(内务司法)委员会工作规则

（2017年3月29日安吉县第十六届人大法制(内务司法)委员会第一次会议通过）

第一条　为进一步规范县人大法制(内务司法)委员会工作运行,更好地履行职责,根据法律和有关规定,结合实际,制定本规则。

第二条　法制(内务司法)委员会是县人民代表大会履行法制内务司法工作职责的专门委员会,受县人民代表大会的领导,在县人民代表大会闭会期间,受县人民代表大会常务委员会的领导。

第三条　法制(内务司法)委员会由主任委员、副主任委员和委员组成。主任委员主持委员会日常工作,副主任委员协助主任委员工作,委员围绕委员会的工作任务开展工作,可根据情况作适当分工。

第四条　法制(内务司法)委员会依照民主集中制原则,集体行使职权,集体讨论决定重大问题。

第五条　法制(内务司法)委员会主要承担以下职责:

(一)向县人民代表大会及其常务委员会提出属于县人民代表大会及其常务委员会职权范围内同本委员会有关的议案;

(二)承担县人民代表大会主席团或县人民代表大会常务委员会主任会议交付的议案办理工作,并按要求提出报告;

(三)审议县人民代表大会主席团或县人民代表大会常务委员会主任会议交付的质询案,听取受质询机关对质询的答复,并提出审议意见;

(四)拟定和审议同本委员会有关的决议、决定草案;

(五)对法制内务司法方面的法律、法规和县人民代表大会及其常务委员会决议、决定的实施情况以及审议、监督意见的落实情况,进行监督检查,并就检查中发现的重大问题向县人民代表大会常务委员会或主任会议提出处理意见和建议;

(六)对属于县人民代表大会及其常务委员会职权范围内同本委员会有关的问题,进行调查研究,并向县人民代表大会常务委员会或主任会议提出建议;

(七)协助县人民代表大会常务委员会办理听取和审议"一府一委两院"专项工作报告的有关工作;

(八)负责规范性文件备案审查工作;

(九)办理县人大代表提出与本委员会有关的议案、建议和意见;

(十)办理省市人民代表大会有关专门委员会的立法调研、执法检查和视察等相关工作;

(十一)承办县人民代表大会及其常务委员会交付的其他事项。

第六条　法制(内务司法)委员会会议:

委员会会议由主任委员或者受其委托的副主任委员召集和主持,全体组成人员参加。审议议题或决定问题,应经充分讨论,并由组成人员多数同意始得通过。

会议一般每年召集两次,必要时可以临时召集。会议须由组成人员过半数出席方能举行，委员因特殊情况不能出席，应事先请假。

委员会会议可以邀请人大代表、有关部门负责人和有关法律专家列席。

第七条 法制（内务司法）委员会主任委员办公会议：

委员会主任委员、副主任委员组成主任委员办公会议，由主任委员召集和主持，主任委员办公会议根据需要不定期举行。

主任委员办公会议负责研究处理委员会的重要日常工作。

第八条 法制（内务司法）委员会应加强与人大代表的联系，认真听取代表意见，发挥代表作用，为代表履职提供服务。

法制（内务司法）委员会应加强与市人民代表大会法制委员会、内务司法委员会的联系，加强同县人大其他专门委员会、常委会工作委员会、县级有关部门的联系，加强同乡镇（街道）人大的联系。

第九条 法制（内务司法）委员会组成人员应严守纪律，保守秘密，凡属不应公开的工作内容，不得以任何方式向社会传播。

第十条 法制（内务司法）委员会组成人员应自觉遵守各项廉政规定，严以律己，保持清正廉洁，杜绝各种不良行为。

第十一条 法制（内务司法）委员会组成人员应加强政治理论、法律法规和人大制度的学习，掌握履行职务所必备的知识，增强履职能力，不断提高工作质量和效率。

第十二条 本工作规则自通过之日起施行。

安吉县人大社会建设委员会工作规则

安人大社〔2019〕1号

第一条 为切实有效地履行职责，根据有关法律、法规和《安吉县人大常委会议事规则》《安吉县人大常委会主任会议议事规则》等有关规定，结合我县社会建设工作的实际，制定本工作规则。

第二条 县人大社会建设委员会(以下简称社会建设委员会)是县人民代表大会在履行社会建设方面职责的专门委员会，受县人民代表大会领导，在县人民代表大会闭会期间，受县人民代表大会常委会的领导，在市人大相关委室的指导下开展工作，对县人民代表大会及其常委会负责。

第三条 社会建设委员会由主任委员、副主任委员和委员若干人组成。主任委员主持委员会工作，副主任委员协助主任委员开展工作，委员围绕委员会的工作任务开展工作。

第四条 社会建设委员会按照民主集中制原则，集体行使职权，集体讨论和决定重大问题。

第五条 社会建设委员会的主要职责：

（一）审议县人民代表大会主席团或者县人民代表大会常委会主任会议交付的议案，并提出报告；

（二）向县人民代表大会及其常委会提出属于县人民代表大会或者常委会职权范围内的与社会建设有关的议案；

（三）审议县人民代表大会主席团或者县人民代表大会常委会主任会议交付的质询案，听取受质询机关对质询的答复，并提出报告；

（四）审查县人民政府报备的规范性文件、决议、决定，提出初步审查意见；

（五）根据县人大常委会的年度执法检查计划，具体实施执法检查工作，并提出执法检查报告；

（六）对属于县人民代表大会及其常委会职权范围内的社会建设方面的重大问题和人民群众关心的热点问题，进行调查研究，提出意见和建议；

（七）协助县人大常委会代表与选任工委督查相关代表议案和建议、意见的办理；

（八）承办上级人民代表大会社会建设委员部署的各项工作和县人民代表大会、常委会会议及主任会议交办的其他事项。

第六条　社会建设委员会会议：

（一）委员会会议形式主要为委员会成员会议和成员扩大会议；

（二）委员会成员会议（含扩大会议，下同）每季度举行一次，必要时可临时召开；

（三）委员会会议须由组成人员过半数出席方可举行，委员因特殊情况不能出席会议，应提前请假；

（四）委员会会议由主任委员或受主任委员委托的副主任委员召集和主持；

（五）委员会成员会议议题和内容在征求委员意见的基础上由主任委员确定；

（六）委员会讨论决定有关事项，需经组成人员过半数同意始得通过。

委员会会议可邀请人民代表、有关部门负责人和有关专家列席。

第七条　社会建设委员会主任委员办公会议：

（一）委员会主任委员、副主任委员组成主任委员办公会议；

（二）主任委员办公会议由主任委员召集和主持；

（三）主任委员办公会议根据需要不定期举行；

（四）主任委员办公会议负责处理本委员会的重要日常工作：

1.研究提出年度工作安排的初步意见，部署阶段性工作；

2.研究确定委员会会议的议题；

3.讨论决定委员会需专题视察和调查的有关问题，听取委员会有关调查研究的情况汇报；

4.研究县人民代表大会及其常委会和主任会议交办的事项，提出处理意见。

第八条　社会建设委员会应通过多种形式，加强同乡镇人大、街道人大工委、县人民代表的联系，及时反映代表的意见和呼声。

第九条　社会建设委员会应加强同省、市人大相关委员会和兄弟市、县（区）人大相关专委的联系，自觉接受指导，积极借鉴外地经验。

第十条　社会建设委员会成员要自觉加强思想理论、人大专业知识、法律法规的学习，始终坚持与时俱进，不断提高自身的思想素质和业务工作水平。

第十一条　本规则自委员会会议通过之日起施行。

2019年4月9日印发

二、规定

安吉县人民代表大会常务委员会评议工作规定

（2000年4月29日安吉县十二届人大常委会第十八次会议审议通过）

第一章 总 则

第一条 为加强对本县国家行政机关、审判机关、检察机关的监督，加强对县人民代表大会常务委员会（以下简称县人大常委会）任命的国家机关工作人员的监督，规范评议工作，根据宪法、法律的有关规定，结合本县实际，制定本规定。

第二条 本规定所称评议，包括行政执法评议、司法评议和述职评议。

行政执法评议和司法评议是县人大代表对本县国家行政机关、审判机关、检察机关进行的评议；述职评议是县人大常委会组成人员对常委会任命的国家机关工作人员进行的评议。

第三条 评议工作坚持以邓小平理论和党的基本路线、基本纲领、基本方针为指导，以宪法和有关法律、政策为依据，紧密联系本县实际，有计划有重点地组织实施，以增强国家机关及其工作人员的法制意识、公仆意识和创新创业意识，促进依法行政，公正司法，推进本县改革开放和社会主义现代化建设。

第四条 评议工作由县人大常委会作出决定，主任会议负责组织实施。县人大常委会可以成立评议工作机构，承担评议工作的具体事务。

第五条 评议工作必须坚持依法办事、实事求是、民主公开、讲求实效的原则。

第六条 评议对象必须接受县人大代表和常委会组成人员的评议，撰写好自查报告或述职报告，认真听取批评意见，回答询问，搞好整改，推进工作。

第七条 参加评议的县人大代表和常委会组成人员应该做到：

（一）依法履行职责，严肃认真地参加评议活动；

（二）结合评议内容，认真学习有关法律法规；

（三）深入调查研究，广泛听取意见，准确掌握情况，认真准备评议意见；

（四）依据法律法规和客观事实进行评议，真实地反映人民群众的意见和要求，提出批评和整改建议；

（五）遵守国家的保密规定。

第八条 有关国家机关和社会组织，应当为参加评议活动的县人大代表和常委会组成人员履行职责提供必要的条件和服务。

评议所需经费应当列入当年本级财政预算。

第二章 评议对象和内容

第九条 评议的对象：

行政执法评议、司法评议的对象是县人民政府的所属工作部门、县人民法院、县人民检察院。

述职评议的对象是县人民政府所属工作部门、县人民法院、县人民检察院由县人大常委会任命的国家机关工作人员。

第十条　评议的内容：

（一）执行宪法、法律、行政法规及地方性法规的情况；

（二）执行上级和县人大及其常委会决议、决定，落实县人大常委会审议意见的情况；

（三）办理县人大常委会交办的申诉、控告、检举、意见的情况；

（四）办理县人大代表提出的建议、批评和意见的情况；

（五）依法履行职责和勤政廉政的情况；

（六）县人大常委会或主任会议认为需要评议的其他事项。

第十一条　评议可以进行全面评议，也可以就某一方面进行评议，具体由县人大常委会或主任会议确定。

行政执法评议、司法评议可以单独进行，也可以结合进行。

行政执法评议、司法评议可以采取县人大常委会与乡镇人大主席团分别组织活动，上下配合的方式进行；述职采取口头或书面两种形式进行，述职的形式和对象由县人大常委决定，述职的时间由主任会议确定。

第十二条　评议方案由县人大常委会或主任会议确定。

第三章　评议的方式和程序

第十三条　评议工作一般分为准备、调研、评议、整改四个阶段。

（一）准备阶段：

1.组织县人大代表和常委会组成人员学习有关法律法规；

2.制定具体实施方案；

3.组织工作班子，明确职责和分工；

4.明确评议工作的指导思想、内容、重点和基本要求；

5.进行评议宣传发动，统一思想认识，做好评议的各项准备工作。

（二）调研阶段：

1.由县人大常委会若干组成人员参加的评议小组通过工作视察、执法检查、询问、走访、座谈等多种形式，听取人大代表、被评议机关或述职干部所在部门的干部群众及有关方面的意见，了解评议对象的执法、履行职责和廉政等情况；

2.参加行政执法评议、司法评议的县人大代表，以代表中心组和小组为单位，组织审阅被评议机关的自查报告，采取工作视察、执法检查、询问、走访、座谈等形式，广泛征集对被评议机关的意见，并由代表中心组将所征集的意见汇总，报告县人大常委会办公室或其他工作机构。

3.县审计局根据县人大常委会的要求依法对评议对象进行审计；

4.县人大常委会主任会议听取调查研究情况和审计情况汇报，拟定在评议时应着重向评议对象提出的意见和建议，为开好评议会、形成评议意见做好准备；

5.县人大常委会组成人员和有关机关通报对评议对象的调查研究情况；

6.书面述职评议对象的述职报告由县人大有关专门工作机构分别进行审阅，视情对有关问题进行座谈、走访、检查、视察。

（三）评议阶段：

1.行政执法评议、司法评议采取评议会的形式进行。由主任或副主任主持，县人大常委会组成人员、县人大代表各中心组组长、部分代表小组组长参加；可以邀请部分在安吉的省市人大代表参加，邀请社会各界的公民代表参加旁听。被评议机关负责人及有关人员应当按时到会听取评议意见和建议。

2.述职评议在县人大常委会会议上进行，由主任或副主任召集并主持。首先，听取述职报告，评议调查报告，然后分组进行评议，再举行全体会议进行评议。在此基础上，常委会组成人员按“满意、基本满意、不满意”三种类型进行投票。

述职报告和全体会议评议发言时，邀请县人大代表各中心组组长、部分县人大代表、在安吉的省市人大代表和县政府组成人员及其有关方面的负责人列席；可以邀请社会各界的公民代表参加旁听。

书面述职评议时，县人大常委会主任会议根据调查研究和评议情况，确定书面评议意见，向县人大常委会组成人员通报评议情况。

（四）整改阶段：

1.行政执法、司法评议会后，县人大常委会主任会议对评议发言形成评议意见，通知被评议机关整改。被评议机关据此认真研究，落实整改措施，按规定时间向县人大常委会报告整改情况，通报县人大代表。

2.县人大常委会会议对述职干部进行评议后，县人大常委会主任会议形成评议意见，反馈给述职干部本人，要求认真进行整改，并按规定时间向县人大常委会递交整改情况报告。

3.书面述职评议结束后，向述职干部反馈评议意见，要求认真进行整改，并按规定时间向县人大常委会递交整改情况报告。

4.县人大常委会要加强对各项评议整改情况的检查和监督，以取得改进和促进工作的效果。

第四章　表彰和处理

第十四条　县人大常委会评议工作结束后，可对严格执法、政绩突出、廉政奉公的机关和个人，给予表彰。

第十五条　对拒绝接受评议或整改不力的机关和个人、责成其作出书面检查，情节严重的，可依法撤销其职务。

第十六条　对阻碍县人大代表和常委会组成人员依法履行职责的或对参加评议的县人大代表和常委会组成人员进行威胁、恫吓、打击报复的，由有关机关严肃处理，并将处理结果向县人大常委会报告；违反治安管理的，依照治安管理处罚条例有关规定处罚；构成犯罪的，依法追究刑事责任。

第十七条　对评议中发现的重大问题，县人大常委会组成人员可依法提出质询案，组织特定问题调查委员会进行调查，常委会就该项调查情况进行审议，并作出相应的决议或决定，或由县人大常委会视情按照法律程序交有关机关处理。

第五章　附　则

第十八条　本规定由县人大常委会负责解释。

第十九条　本规定自公布之日起施行。

安吉县人民代表大会常务委员会关于加强财政经济工作监督的规定

（2007年4月安吉县第十四届人民代表大会常务委员会第六次主任会议通过）

为了履行宪法和法律赋予地方人大及其常委会的职权，加强对我县经济运行和财政预算执行情况的监督，根据宪法、监督法和有关法律法规规定，结合本县实际，制定本规定。

第一章　总　则

第一条　县人民代表大会常务委员会(以下简称常务委员会)依法对县人民政府经济、财政预算执行工作行使监督权，对计划和预算进行初审，监督国民经济和社会发展计划(规划)的执行(以下简称计划)，财政预算的执行；审查和批准计划和财政预算在执行中所必须作出的部分调整方案；审查和批准本级财政决算，撤销乡镇人民代表大会和乡镇人民政府关于预算、决算不适当的决定和决议。

第二条　对财政经济工作的监督应坚持真实、合法、合理和科学的原则。

第三条　经县人民代表大会批准的计划和预算，在执行过程中需要作部分调整的，县政府应当将调整方案提请常务委员会审查批准，非经法定程序不得改变。

第四条　县人民政府对各乡镇人民政府财政管理体制的有关规定，如发生变化，应报常务委员会备案，由上级政府确定的涉及本县财政体制的规定，县人民政府应及时向常务委员会通报。

第五条　一切组织和个人，对违反预算法律法规的行为有权向常务委员会或者其他有关国家机关进行检举、揭发和控告，任何人不得压制、打击和报复。

第二章　计划与预算(包括部门预算，下同)的初步审查

第六条　县人民代表大会会议举行前，常务委员会财政经济工作委员会应当对计划(草案)与预算(草案)进行初步审查，县人民政府有关部门主要负责人应列席会议，说明计划和预算草案的主要内容，听取意见，回答询问。

县人民政府应当在规定的期限内编制好计划和预算草案。县级各部门应当按照有关法律法规的规定，及时编制部门预算。县人民政府有关部门应当在县人民代表大会会议举行一个月前，向常务委员会财政经济工作委员会提交年度计划安排草案、年度预算的征求意见稿，

并同时提供下列材料：

（一）省、市政府关于编制计划、预算的要求，编制计划、预算的依据；

（二）预算收支总表（主要的科目列到款、重要的列到项）和政府基金预算表；

（三）有关部门收支预算总表及部门综合预算明细表、基建支出计划表、基本数字表；

（四）农业、教育、科技、文化、卫生和社会保障等资金安排情况；

（五）预算外资金收入、支出的安排；

（六）政府性投资项目及财政资金安排情况；

（七）初审所必需的其他资料。

第七条　初步审查结束后，常务委员会财政经济工作委员会应当就计划和预算草案向常务委员会主任会议（以下简称主任会议）提交初审报告，初审报告应包括以下内容：

（一）对上一年度执行情况的评价；

（二）本年度安排是否合法、恰当；

（三）县人民政府保证计划安排和预算执行的措施是否可行；

（四）关于计划与预算草案的修改意见和实现预算的建议。

第八条　主任会议应当在县人民代表大会会议举行前，对常务委员会财政经济工作委员会的初审报告进行审议，并对计划与预算的主要内容进行初步审查，重点审查以下内容：

编制的指导方针是否符合县人民代表大会批准的国民经济和社会发展五年规划以及长远规划；主要目标和指标是否符合有关法律规定和国民经济全面、协调、可持续发展的要求；主要措施是否符合加强宏观调控，优化经济结构的要求；财政预算是否体现了量入为出收支平衡原则；有无漏列、少列情况；农业、科技、教育、文化、卫生方面支出项目是否符合法律规定；是否体现了集中力量办大事，切实改善和提高人民生活水平，促进就业，做好社会保障工作的要求。常务委员会财经工作委员会应根据主任会议审议意见，对初审报告进行修改，并在县人民代表人会期间向大会财政预算审查委员会报告。

第九条　实行部门预算的单位预算草案经主任会议审议后提交常务委员会审议通过。部门预算经人大常委会审议批准后，由县政府批复有关部门。

第三章　计划与预算执行的监督

第十条　县人民代表大会审查批准的计划安排和预算安排执行情况，由常务委员会监督，财政预算年度开始后，本级预算草案在县人民代表大会批准前，县人民政府可以按上一年同期的预算支出数额安排支出。预算经县人民代表大会批准后，按照批准的预算执行。

第十一条　常务委员会对财政预算的执行进行监督的主要内容：

（一）预算收支平衡情况；

（二）重点支出的安排和资金到位情况；

（三）预算超收收入的安排和使用情况；

（四）部门预算制度建立和执行情况；

（五）向下级财政转移支付情况；

（六）按照批准的年度预算和用款计划拨付预算支出资金情况；

（七）预算收入和支出的依法管理情况，有无违法将预算内收入和支出转为预算外；有无随意将预算外收入和支出转为预算内；

（八）上级财政补助资金的安排和使用情况；

（九）预算外资金收入、支出的情况；

（十）预算执行中发生的其他重大问题。

第十二条　对未经人代会批准的政府投入500万元以上的重大建设项目，县人民政府应当向县人民代表大会或者常务委员会提出议案，由县人民代表大会或者常务委员会审议并作出相应的决议。常务委员会认为必要时，可以组织相关专家、人大代表对重大建设项目进行进一步调查、论证，为县人民代表大会或者常务委员会审议提供依据。

第十三条　常务委员会对计划执行和财政预算执行采取听取汇报、审议监督和经常性监督相结合的方式进行。

常务委员会财政经济工作委员会应当在每年4月、7月和10月中旬分别召开全体会议，听取县人民政府有关部门关于一季度、上半年、前三季度经济运行和预算执行情况及预算外资金管理和使用情况的汇报，10月中旬同时听取部门预算单位预算执行情况，并进行分析研究。

常务委员会每年8或9月份听取并审查县人民政府关于上半年财政预算执行情况的报告，听取并审查上半年国民经济和社会发展计划执行情况的报告。

常务委员会财经工作委员会每季度向县有关部门了解一次关于县经济运行情况、预算执行和部门预算执行情况，遇有重大问题，及时向常务委员会主任会议报告。

常务委员会必要时可根据需要，听取并审议县人民政府经济工作方面的专题汇报，就政府有关经济方面的重大政策、规定和重大决策等实施情况组织专题调研，加强监督；可就计划、预算执行中的重大事项或者特定的问题组织调查、视察、检查，县政府有关部门、单位和个人应如实反映情况和提供必要的资料。

常务委员会组成人员可以依照法定程序就预算、决算中的有关问题提出询问或质询，必要时就预算中的专项经费收支情况组织调研，加强监督，县政府及其职能部门必须认真研究处理并及时答复。

第十四条　在财政预算监督过程中，常务委员会主任会议认为必要时，可以要求县人民政府责成县审计局进行专项审计。

第十五条　国民经济和社会发展五年规划经县人民代表大会批准后，在实施的中期阶段，县人民政府应当将规划实施情况的中期评估报告提请常务委员会审议。规划经中期评估需要调整，县人民政府应当将调整方案提请常务委员会审查和批准。

第十六条　常务委员会听取计划、预算执行情况报告和审计工作报告及审议意见，县人民政府对审议意见研究处理情况或者执行决议情况，向县人民代表大会代表通报并向社会公布。

第四章　计划与预算调整的审查和批准

第十七条　经县人民代表大会批准的计划指标、重大建设项目需要调整的、预算安排在执行中因特殊情况需要增加支出或者减少收入3%以上(含3%)的,使原批准收支平衡的预算总支出超过总收入,县人民政府应当编制本级预算调整方案,报常务委员会审批。

第十八条　在预算执行中,需要动用超收收入追加支出时,县人民政府财政部门应当编制超收收入使用方案。及时报送常务委员会;其数额超过原批准地方财政预算支出总额的3%,县人民政府应提请常务委员会审议批准。

第十九条　县人民政府有关部门在编制调整方案时,应当征求常务委员会主任会议的意见,并于常务委员会举行会议的一个月前,将调整方案的主要内容送常务委员会财经工作委员会进行初步审查。

第二十条　县人民政府应在常务委员会举行会议的10日前,将调整方案报送常务委员会。

第二十一条　主任会议可以向常委会提出修改调整方案的议案,由常委会会议审议;常委会组成人员3人以上联名,可以向常委会提出修改调整方案的议案,由主任会议决定是否提请常委会会议审议。

主任会议决定将修改调整方案的议案提交常委会会议表决的,常委会应当先表决修改调整方案的议案,再就关于调整方案的决议草案进行表决。

第二十二条　在预算执行中,因上级政府返还或者给予补助而引起的预算收支变化,不属于预算调整,由县政府在向常务委员会报告本级预算执行情况时予以说明。

第五章　决算的审查和批准

第二十三条　常务委员会一般在每年第二季度依法审查和批准上年度本级财政决算。县人民政府提请审查和批准决算草案,应当在常务委员会举行会议的10日前,向常务委员会提交下列材料:

(一)本级财政决算草案;

(二)关于决算草案的报告;

(三)县审计机关对县本级预算执行和其他财政收支的审计工作报告。

第二十四条　县人民政府财政部门和审计部门应当在常务委员会举行会议的20日前,将决算草案的主要内容和审计工作报告的主要内容送常务委员会财经工作委员会进行初步审查。

决算草案应当按照县人民代表大会批准的预算所列科目编制,按预算数、调整数或者变更数以及实际执行数分别列出,并作出说明。

常务委员会财经工作委员会进行初步审查时,可以要求县人民政府有关部门提供决算中有关重大问题的专门材料及初步审查时所必需的其他材料。决算草案的初步审查,应当主要审查以下内容:

(一)决算草案编制是否符合法律、法规的规定;

(二)预算收支完成情况;

(三)预算执行是否出现赤字;

(四)重点支出是否得到保证。

初步审查结束后,常务委员会财经工作委员会应当向主任会议提交关于财政决算草案的初审报告。

第二十五条　常务委员会举行会议时,应当听取县人民政府关于决算草案的报告、审计工作报告和常务委员会财经工作委员会关于决算草案的初审报告,并作出是否批准上一年度财政决算的决定。县人民政府对经常务委员会批准后的决算向各部门、单位批复决算,并送常务委员会财经工作委员会。

第二十六条　常务委员会开展财政经济工作监督的情况向县人大代表通报并向社会公布,法律另有规定的除外。

第六章　预算外资金的监督

第二十七条　县人民政府应当严格执行有关预算外资金管理的法律、法规和常务委员会的决议、决定,严格实行财政专户管理和"收支两条线"管理。

第二十八条　县人民政府应按照有关规定逐步将预算外资金纳入预算管理,每年应向常务委员会报告预算外资金收支及监督管理情况。

第二十九条　县人民政府审计部门应当加强对预算外资金收支管理情况的审计监督。

第七章　撤销乡镇不适当的决定和决议

第三十条　乡镇人民代表大会和乡镇人民政府关于预算的决定和决议,应及时报送县人民政府备案,县人民政府应将乡镇预算汇总后报常务委员会备案。

第三十一条　县人民政府认为乡镇人民政府报送备案的预算有同法律、行政法规相抵触或者有其他不适当之处,需要撤销的应当提请常务委员会审议决定。

第八章　附　则

第三十二条　本规定自通过之日起执行。

三、办法

安吉县第九届人民代表大会关于处理议案和代表意见的暂行办法

(1987 年 5 月 25 日安吉县第九届人民代表大会第一次会议第一次大会通过)

根据《中华人民共和国宪法》和《地方组织法》规定,结合本县实际情况,特制定处理议案和代表意见的暂行办法。

一、议案范围和程序

1. 向县人民代表大会提出的议案,必须是属于县人民代表大会职权范围内的重大事项,主要是:

关于本行政区域内保证宪法、法律、行政法规的遵守和执行事项;

关于本行政区域内的国民经济和社会发展计划,财政预算以及执行情况事项;

关于本行政区域内的政治、经济、城乡建设、科学技术、文化、教育、卫生、民政、民族等方面工作的重大事项;

其他必须由县人民代表大会讨论、决定的重大事项。

2.县人民代表大会举行会议的时候,主席团、县人大常委会、县人民政府、县人民代表大会代表十人以上联名,可以向大会提出议案。

3.向县人民代表大会提出的议案,由主席团决定是否列入大会议程。

4.向县人民代表大会提出的议案,在交付大会表决前,提交议案人要求撤回的,对该议案的审议即行终止。

5.代表在大会期间提出的议案,于议案截止时间前,以代表团为单位集中送交大会秘书处。

二、代表意见的处理办法

1.县人民代表可以向县人民代表大会和它的常务委员会提出对本县县级国家机关所管理的各方面工作的建议、批评和意见。

2.代表的意见可以一人提出,也可以数人联名提出;可以在大会期间提出,也可以在大会闭幕以后提出。

3.代表提出的意见,由县人大常委会办公室和县人民政府办公室负责,按内容分别交有关部门和单位研究处理。

4.所有承办部门,都应根据国家有关法律、法规、方针、政策,认真负责地抓紧办理,做到件件有交代。处理结果应及时书面答复有关代表,并抄报县人大常委会和县人民政府。代表对答复如有意见,可以向承办部门提出询问,有关部门要认真答复。

5.县人大常委会办公室会同县人民政府办公室,对代表意见办理情况要进行督促和检查,对认真负责、及时办理的单位要进行表扬,对马虎敷衍拖拉推诿的单位要进行批评。

安吉县第十届人民代表大会代表工作办法

(1990年5月26日安吉县第十届人民代表大会常务委员会第一次会议通过)

第一条 为健全人民代表大会制度,保障代表依法履行职责,充分发挥代表的作用,根据《中华人民共和国地方各级人民代表大会和地方各级人民政府组织法》的有关规定,结合我县实际,制定本办法。

第二条 县人民代表大会代表,代表人民的利益和意志,依法行使宪法和法律赋予的各项职权。

第三条 根据我县行政区域划分和便于代表开展活动的原则,确定建立三十六个代表小组(见附表),各区设人大工作联络员。

第四条 代表小组设组长一人,各区设人大工作联络员,负责做好本区域范围内代表小组的联络工作。

第五条 各代表小组应建立必要的活动制度。在县人大常委会的指导下,学习和宣传宪法和法律,开展经常性的视察和调查研究,了解宪法和法律的贯彻实施情况,听取人民群众的意见和要求。代表小组活动每一季度不少于一次。

第六条　代表小组活动要结合实际，灵活多样，讲究实效。各代表小组活动时可邀请本行政区域内的上级人大代表和乡（镇）人大主席团常务主席、乡（镇）人大代表组长参加。

第七条　代表在县人民代表大会会议上，依法有权审议会议的各项报告和议案、决议、决定，发表意见，进行表决；有权选举、罢免县级国家机关主要领导人员，有权依法提出议案、罢免和质询案。

县人民代表可以列席所在乡（镇）的人民代表大会会议。

代表在县人民代表大会上的发言、表决不受法律追究。

第八条　代表有权对宪法、法律、法规以及县人民代表大会及其常务委员会的决议、决定的实施情况，实行监督；有权对县人民政府、县人民法院、县人民检察院的工作提出建议、批评、意见。

第九条　代表必须努力学习法律知识和党的方针、政策，模范地遵守宪法和法律，坚持四项基本原则，履行代表职责，积极参加议政活动，协助本级人民政府推行工作。

第十条　代表应同原选区选民保持密切联系，宣传法律和政策以及县人民代表大会及其常务委员会的各项决议、决定，并向人民代表大会及其常务委员会、人民政府反映群众的意见和要求。

第十一条　视察工作是代表开展活动的主要方式之一。代表视察可以代表小组为单位就地进行，也可由县统一组织视察。

第十二条　被视察的单位，应如实介绍有关情况，听取代表的意见。凡对代表在视察中提出的意见和建议，当地政府和单位可以处理的，应认真研究处理，需要有关部门处理的，通过县人大常委会办事机构转有关部门研究处理，各承办单位都应认真研究办理，并答复代表。

第十三条　履行代表职责参加代表小组活动，代表所在单位应为代表提供方便，其各项待遇不受影响。代表小组活动经费由各代表小组按财税局拨给的代表活动经费中列支。

代表除出席县人民代表大会及列席乡镇人民代表大会外，每年一般从现职岗位上脱产5—7天，作为日常执行代表职务工作时间。

第十四条　代表的来信来访，县人大常委会应认真负责地处理，并及时答复。代表的检举控告信件，县人大常委会及受理机关必须认真办理，不得将信件转给被检举控告人及其所在单位，并保护检举人的合法权益。代表来访，要热情接待。

县人大常委会确定每月十日为主任接待人民代表来访日。

第十五条　人大常委会的代表工作和议案督办工作委员会应负责做好对代表的走访、联络、来访接待工作，加强与县人民代表的联系，指导各代表组的活动。

第十六条　县人大常委会应通过通信，办好《会刊》《人大工作通讯》，访问代表，召开座谈会，组织代表视察、调查，邀请人大代表列席人大常委会会议等形式，加强同代表的联系，及时办理代表提出的意见和建议。

第十七条　各机关、团体、学校、企事业单位以及广大干部群众，必须尊重人民代表的民主权利，积极支持人民代表开展工作。凡对代表开展工作有意阻碍、刁难或者对代表进行打击报复的，有关部门必须严肃处理；违法的应依法追究其法律责任。

第十八条　本办法自通过之日起施行。

安吉县人民代表大会常务委员会办理代表议案和建议、批评、意见的办法

（2003年12月19日安吉县第十三届人民代表大会常务委员会第八次会议通过）

为保障县人民代表大会代表依法行使职权，做好县人民代表大会代表议案和建议、批评、意见（以下简称建议）的办理工作，根据《中华人民共和国地方各级人民代表大会和地方各级人民政府组织法》《中华人民共和国全国人民代表大会和地方各级人民代表大会代表法》，结合本县实际，制定本办法。

第一章　代表议案

第一条　县人民代表大会举行会议时，县人大代表十人以上联名可以向大会提出属于县人民代表大会职权范围的议案。

第二条　议案的范围主要是：

（一）关于在本行政区域内实施宪法、法律、法规，执行本级和上级人民代表大会及其常务委员会决议、决定的重大事项；

（二）关于本行政区域内的政治、经济、城市和乡村建设、教育、科学技术、文化、卫生、民政、民族、宗教等各方面工作的重大事项；

（三）执行国民经济、社会发展计划和财政预算中的重大事项；

（四）人事任免事项；

（五）人民群众普遍关心和迫切需要解决的有关国计民生和公民权益的重大事项。

第三条　向县人民代表大会提出的议案，应写出有案由、有解决意见的议事原案。向县人民代表大会提出的议案，要按照大会规定的时限，统一使用安吉县人民代表大会代表议案专用笺。

第四条　代表十人以上联名向县人民代表大会提出的议案，经大会秘书处报告主席团，由主席团决定是否列入大会议程，决定列入大会议程的议案由主席团提交大会审议。经大会主席团审议不列入大会议程的议案和大会会议规定的截止时间以后收到的代表议案，均作为代表建议，按本办法第二章有关规定办理。

第五条　向县人民代表大会提出的议案，在交付大会表决前，提交议案人要求撤回的，经大会主席团同意，会议对该项议案的审议即行终止。

第六条　县人民代表大会通过的议案具有法律效力，承办单位必须认真办理，并向下一次县人民代表大会或常务委员会报告办理结果。县人大常委会办事机构应掌握实施情况，负责督促检查。

第二章　代表建议

第七条　代表一人或数人联名可以向县人民代表大会及其常务委员会提出属于人大及其常委会职权范围内的建议。

第八条　建议的范围主要是：

（一）在县人民代表大会会议期间代表向县人民代表大会提出的对本行政区域内各方面工作的建议；

（二）在县人民代表大会会议期间代表十人以上联名提出的议事原案，经大会主席团决定作为建议办理的；

（三）在县人民代表大会闭会期间代表依法执行代表职务时，向县人大常委会提出的对本行政区域内各方面工作的建议。

第九条　建议应当以书面形式提出，一事一案，内容力求准确具体，表述简明扼要，字迹工整清楚。代表在县人民代表大会会议期间提出建议，统一使用安吉县人民代表大会代表建议、批评和意见专用笺；代表在县人民代表大会闭会期间提出建议，统一使用安吉县人民代表大会闭会期间代表建议、批评和意见专用笺。

第十条　县人民代表大会会议期间，代表提出的与大会议程或列入会议的审议事项有关的建议，应及时交大会秘书处处理；代表提出的其他建议和代表十人以上联名提出并经大会主席团决定作为建议处理的议案，由大会秘书处负责登记、分类。会后县人大常委会办事机构统一进行交办。代表在大会闭会期间提出的建议，由县人大常委会人事代表工作委员会转交有关机关和组织研究处理。

县人民代表大会期间，大会秘书处议案组根据需要，可以要求承办单位在会议期间当面答复代表提出的建议。

第十一条　涉及代表个人及其亲属的案件以及代表作为代理人、辩护人的案件的有关问题，不作为建议提出，可以向有关部门反映，或者依照有关法律程序上诉、申诉。群众委托代表转交的各类案件的信件和申诉状，作为来信处理。

第十二亲　向县人民代表大会及其常务委员会提出的建议，在交办过程中，代表要求撤回的，其办理工作即行终止。

第三章　交办与办理

第十三条　代表在县人民代表大会会议期间提出的议案和建议，在大会闭会之日起三十日内，由县人大常委会分别交由县人民政府、县人民法院、县人民检察院和有关机关、组织研究办理。代表在大会闭会期间提出的建议，由县人大常委会人事代表工作委员会负责在接到之日起五个工作日内交有关机关和组织办理。

承办单位接到县人大常委会及其办事机构交办的议案和建议后，如果认为该议案或建议不属于本机关、组织办理的，应当在收到议案、建议办理通知的五个工作日之内，向交办机关说明情况，经交办机关同意后退回，不得滞留、延误和自行转办。

交办机关对于承办单位退回的代表建议，应当在五个工作日内重新确定承办单位和再交办。

第十四条　承办单位应尊重代表的权利，把办理代表议案、建议工作列入重要议事日程，建立和健全办理工作制度。县人民政府、县人民法院、县人民检察院和有关机关、组织的法定代表人是办理工作的第一责任人，要确定具体科室专门负责，专人具体办理。

第十五条 承办单位对代表议案和建议，应按照有关法律、法规和政策，认真办理。对能够解决的，应当及时解决；对难度较大的，积极创造条件，尽力解决；对客观条件限制难以解决的，应向代表说明情况。

第十六条 承办单位在办理代表议案和建议工作中，应加强与代表的联系，征求代表对办理工作的意见。对涉及面广、情况复杂的重要事项，承办单位可采取走访代表、召开座谈会等方式与代表商讨解决办法。

第十七条 承办单位接到代表议案和建议后，应在三个月内将办理结果书面答复代表，承办量大的单位或少数复杂的问题，经交办机关同意，可延长至六个月内答复。

第十八条 代表议案和建议需要两个以上承办单位共同办理的，由交办机关确定主办单位和会同办理单位。会同办理单位应协同主办单位研究办理，及时提出处理意见，由主办单位书面答复代表。

第十九条 对代表议案和建议的答复，应由承办单位主要负责人审核签发，以公文（函）形式答复代表，并附寄《办理情况征询意见表》。代表对答复不满意的，交办机关应督促承办单位再次研究办理，承办单位必须在一个月内重新书面答复代表。

承办单位对代表议案和建议的答复件，应抄送县人大常委会人事代表工作委员会。

第四章 检查督办

第二十条 县人大常委会确定一位副主任分管代表议案和建议办理工作。县人大常委会主任会议应当听取关于议案和建议办理工作的情况汇报。县人大常委会各工作机构应密切配合，加强对议案和建议办理工作进行督促、检查。

第二十一条 县人大常委会人事代表工作委员会应当采取听取承办单位的汇报，走访县人大代表或召开代表座谈会，组织部分代表进行调查、检查、视察等方式，对议案和建议办理工作加强督促、检查，及时向县人大常委会主任会议和有关方面通报情况。

县人大常委会视情组织县人大代表对议案和建议办理情况进行视察、评议。

第二十二条 县人民政府所属工作部门承办的代表议案和建议，由县人民政府办公室负责督促、检查、协调。

第二十三条 在县人民代表大会举行下一次会议前，县人民政府、县人民法院、县人民检察院和县人大常委会人事代表工作委员会，应分别向县人大常委会报告办理代表议案和建议的工作情况，并书面印发代表。

第二十四条 县人大常委会对办理工作成绩显著的单位和个人，应予以表彰和奖励；对推诿责任、敷衍塞责、逾期不办理不答复的单位，应予以通报批评，情节严重的，应追究承办单位第一责任人的责任。

第五章 附 则

第二十五条 其他向县人民代表大会提出的议案，按照有关法律规定办理。

第二十六条 本办法具体应用问题，由县人大常委会人事代表工作委员会解释。

第二十七条　本办法自通过之日起施行。

安吉县人民代表大会常务委员会任免国家机关工作人员暂行办法

（2005年8月30日安吉县第十三届人民代表大会常务委员会第二十二次会议通过）

第一章　总　则

第一条　为保证安吉县人民代表大会常务委员会（以下简称县人大常委会）依法行使人事任免权，根据《中华人民共和国地方各级人民代表大会和地方各级人民政府组织法》《中华人民共和国人民法院组织法》《中华人民共和国人民检察院组织法》《浙江省人民代表大会常务委员会任免国家机关工作人员办法》等法律法规的规定，结合我县实际，制定本办法。

第二条　县人大常委会应当认真贯彻党的干部队伍建设方针和管理原则，充分发扬民主，实行民主集中制，根据有关法律、法规和本办法的规定任免本县国家机关工作人员。

第三条　县人大常委会人事代表工作委员会在县人大常委会的领导下，负责任免事项的具体工作。

第二章　任免权限

第四条　我县国家权力机关中的下列人员，由县人大常委会任免：

（一）县人大常委会主任因健康情况不能工作或者缺位时，由县人大常委会在副主任中推选一人代理主任职务，直到主任恢复健康或者人民代表大会选出新的主任为止；

（二）根据县人大常委会主任会议提名，任免县人大常委会工作机构主任、副主任、委员；

（三）根据县人大常委会主任会议提名，通过县人大常委会代表资格审查委员会主任委员、副主任委员和委员。

第五条　我县国家行政机关中的下列人员，由县人大常委会任免：

（一）在县人民代表大会闭会期间，县长因故不能担任职务时，根据县人大常委会主任会议提名，从副县长中决定代理人选；

（二）在县人民代表大会闭会期间，根据县长提名，决定副县长的个别任免；

（三）根据县长提名，决定县人民政府组成部门局长、委办主任的任免，报市人民政府备案。

第六条　我县国家审判机关中的下列人员，由县人大常委会任免：

（一）在县人民代表大会闭会期间，县人民法院院长因故不能担任职务时，根据县人大常委会主任会议提名，从县人民法院副院长中决定代理人选；

（二）根据县人民法院院长提请，任免县人民法院副院长、审判委员会委员、庭长、副庭长、审判员。

第七条　我县国家检察机关中的下列人员，由县人大常委会任免：

（一）在县人民代表大会闭会期间，县人民检察院检察长因故不能担任职务时，根据县人大常委会主任会议提名，从县人民检察院副检察长中决定代理人选，报市人民检察院和市人大常委会备案；

（二）根据县人民检察院检察长提请，任免县人民检察院副检察长、检察委员会委员、检察员。

第三章 任免程序

第八条 提请县人大常委会审议的人事任免案，应当由提请机关正职领导人签署，同时附送拟任职人员的简况、任职理由（拟任审判员、检察员的，须提交其法律职业资格证书复印件），拟免职人员的免职理由等相关材料。

人事任免案应当在县人大常委会举行会议的15日以前报送县人大常委会人事代表工作委员会。特殊情况不能按期提出的，应当向县人大常委会主任会议说明。

对拟任命人员，县人大常委会人事代表工作委员会应会同相关工委视情作必要考察。对拟任命的县人民政府组成部门局长、委办主任、县人民法院副院长、县人民检察院副检察长，县人大常委会可对其进行任前法律知识考试。

第九条 县人大常委会主任会议讨论人事任免案时，提请机关和县人大常委会人事代表工作委员会应当分别就人事任免案作有关说明。

人事任免案由县人大常委会主任会议依法决定是否提请县人大常委会会议审议。

第十条 县人大常委会会议审议人事任免案时，提请机关的正职领导人应当到会提请人事任免案、作人事任免案的说明，听取审议意见，回答询问。正职领导人因特殊情况不能到会的，应当说明原因，并委托副职领导人到会代作提请、说明，听取审议意见，回答询问。

县人大常委会会议审议任命案时，提请人应当介绍拟任人选同县人大常委会组成人员见面。

第十一条 人事任免案提出后至县人大常委会会议前，有人民群众检举、揭发拟任免人员重大问题的，提请机关应当向主任会议或县人大常委会提出书面报告。

县人大常委会在审议人事任免案过程中，发现拟任免人员有足以影响其任免的重要问题，会议期间又难以查清的，经主任会议提出，县人大常委会会议同意，可以暂不交付表决。待问题查清后，提请机关应当提出书面报告，再由主任会议决定是否提交县人大常委会下次会议审议。

列入县人大常委会会议议程的人事任免案，在交付表决前，提请机关书面要求撤回的，对该人事任免案的审议即行终止。

第十二条 对提请县人大常委会决定任命但任命未获得通过的人选，提请机关认为必要的，可以在另一次常委会会议上提请任命。经两次提名未获得通过的人选，在本届县人大常委会任期内，不得再提请任命担任同一职务。

第十三条 县人民代表大会换届后，县长应当在两个月内提请县人大常委会任命新一届县人民政府组成部门局长、委办主任。

第十四条 县人大常委会任命的人员，其所在的工作机构名称改变时，应当重新任命；在职期间去世的，其所在单位应当及时报告县人大常委会。

第十五条 县人大常委会决定人事任免事项，采用无记名投票、按表决器或其他方式进行表决。表决应当逐人进行，根据情况也可以合并表决。

采用无记名投票方式进行表决，在表决前从出席会议的县人大常委会组成人员中推选两名监票人，对发票、投票、计票进行监督。采用按表决器方式进行表决，表决器发生故障时，可以采用举手或者其他方式进行表决。

对下列人员的任免，采用无记名投票的方式进行表决：

（一）推选县人大常委会代理主任；任免县人大常委会工作机构主任、副主任；

（二）决定县人民政府代理县长；决定任免县人民政府副县长；决定任免县人民政府组成部门局长、委办主任；

（三）决定县人民法院代理院长；任免县人民法院副院长；

（四）决定县人民检察院代理检察长；任免县人民检察院副检察长。

对下列人员的任免，采用按表决器或其他方式进行表决：

（一）通过县人大常委会代表资格审查委员会主任委员、副主任委员和委员的任免；

（二）任免县人大常委会各工作委员会委员；

（三）任免县人民法院审判委员会委员、庭长、副庭长、审判员；

（四）任免县人民检察院检察委员会委员、检察员。

第十六条　人事任免案的表决，以县人大常委会全体组成人员的过半数通过。

表决结果由会议主持人当场宣布。

第十七条　县人大常委会通过的人事任免，由县人大常委会对外公告和行文通知有关机关。在县人大常委会审议通过之前，拟任免人员不得到职、离职或办理相关调动手续。

第十八条　县人大常委会通过的任命人员，由县人大常委会颁发任命书。

任命书由县人大常委会主任签署，主任或其委托的副主任颁发。县人民法院审判委员会委员、庭长、副庭长、审判员，县人民检察院检察委员会委员、检察员的任命书，可以委托县人民法院院长、县人民检察院检察长颁发

第十九条　由县人大常委会决定任命、任命的国家机关工作人员，凡受到行政处分的，作出行政处分的机关应当将处分决定及时报送县人大常委会备案。

第四章　辞职和撤职

第二十条　在县人民代表大会闭会期间，县人大常委会受理县人大常委会组成人员、县长、副县长、县人民法院院长、县人民检察院检察长提出的辞职请求，由县人大常委会决定是否接受辞职。决定接受辞职的，报县人民代表大会备案。县人民检察院检察长的辞职，须报经市人民检察院检察长提请市人大常委会批准。

县人大常委会任命的国家机关其他工作人员提出的辞职请求，由县人大常委会决定是否接受辞职。

县人大常委会组成人员不得担任国家行政机关、审判机关和检察机关的职务；如果担任上述职务的，必须向县人大常委会辞去县人大常委会组成人员的职务。

辞职请求应当以书面的形式提出。

县人大常委会对国家机关工作人员的辞职表决,依照本办法第十五条、第十六条的规定办理。

第二十一条 县人大常委会组成人员的代表职务被罢免的、代表辞职被接受的,其担任的县人大常委会组成人员的职务相应撤销或者相应终止,由县人大常委会予以公告,报县人民代表大会备案。

第二十二条 根据常委会主任会议的提请,县人大常委会可以撤销下列国家机关工作人员的职务:

(一)县人大常委会各工作机构主任、副主任、委员;

(二)县人民政府副县长,县人民政府组成部门的局长、委办主任;

(三)县人民法院副院长、审判委员会委员、庭长、副庭长、审判员;

(四)县人民检察院副检察长、检察委员会委员、检察员。

第二十三条 县人大常委会三名以上组成人员联名,可以提出撤销由常委会决定任命、任命的国家机关工作人员职务的议案,由主任会议决定是否提请常委会审议。

县长、县人民法院院长、县人民检察院检察长可以向县人大常委会提出由县人大常委会决定任命、任命的国家机关工作人员的撤职案。

提出的撤职案,应当写明撤职理由。

第二十四条 县人大常委会审议撤职案时,提撤职案人应当到会说明理由,回答问题。

被提名撤职的人员有权提出申诉意见。

县人大常委会依照本办法第十五条、第十六条的规定对撤职案进行表决。

第五章 监督和评议

第二十五条 县人大常委会应当不断改进和完善任免工作,加强对被任命人员的监督,受理公民和单位对被任命人员的检举、揭发和控告并依法认真处理。县人大常委会通过听取汇报、视察工作、执法检查、提出质询、组织评议、组织特定问题调查等方式,对被任命人员实施监督。

第二十六条 经县人大常委会决定任命的县人民政府组成人员、县人民法院副院长、县人民检察院副检察长,在本届任期内应当按照《安吉县人大常委会评议工作规定》,向县人大常委会述职并接受评议。

第六章 附 则

第二十七条 在县人民代表大会闭会期间,县人大常委会补选市人民代表大会出缺的代表、接受代表辞职、罢免个别代表,以及任免人民陪审员,按照法律、法规的有关规定执行。

第二十八条 本办法由县人大常委会负责解释。

第二十九条 本办法自通过之日起施行。

安吉县人大常委会“代表论坛”暂行办法

（2006年4月26日县十三届人大常委会第二十八次会议通过）

为进一步发挥人大代表在管理地方经济社会事务中的主体作用，促使人大工作更加紧密地服务于发展大局，根据年度工作要点安排，县人大常委会决定今年在媒体开设“代表论坛”，组织人大代表就我县改革、发展、稳定的重要话题展开讨论，建言献策。为保证“代表论坛”顺利运作，制定本办法。

一、开设“代表论坛”的指导思想

以党的十六大、十六届五中全会和中共中央(2005)9号文件精神为指导，全面落实科学发展观，围绕率先建成生态型全国百强县这一目标，体现人大“谋事贴近中心、履职依靠代表”的工作思路，发挥人大代表的主体作用和履职积极性，把全体人大代表和全县广大人民群众的精力和智慧集中到发展上来，为我县加快发展、科学发展、和谐发展打下雄厚的群众基础，营造良好的舆论氛围。

二、“代表论坛”的组织领导

“代表论坛”以财经、法制、教科文卫民侨、农业环境保护四个代表专业小组为主，其他县人大代表参与。“代表论坛”在县人大常委会领导下，由办公室综合协调，人事代表工委组织实施，各相关工作委员会指导四个代表专业小组具体运作。

三、“代表论坛”的论题安排

结合常委会年度工作要点和县委、县府重点工作，由办公室初步确定每年论题，提交主任会议讨论决定。各专业小组在主题范围内确定分论题，代表可选择一个分论题发表意见，也可围绕主题自选论题展开讨论。

四、“代表论坛”的运作实施

（一）组织形式

1.在《今日安吉》和安吉电视台两大媒体开展讨论。《今日安吉》每期安排一个版面(3000字左右)，安吉电视台每期一个专题，时间10—15分钟。

2.每年选择一期以会议论坛形式进行讨论，并由《今日安吉》和安吉电视台组稿编发。

（二）操作流程

1.每期论坛的主题、参考论题及操作方案提前一个月书面告知全体代表和各代表专业小组。

2.各专业小组在相关工委指导下及时开展调研、视察等活动，并围绕本期论坛积极组稿，各代表小组可结合论坛主题开展小组活动，推荐相关稿件，稿件经相关工委初审后，于媒体刊发一周前送办公室。以会议论坛形式讨论的专题，经相关专业小组组稿并由相关工委初审后，由办公室安排会议时间、地点。

3.办公室负责校稿清样，经县人大常委会分管领导签发后，分别交县新闻宣传中心和安吉广播电视台刊载、播发。

安吉县人民代表大会常务委员会加强乡镇人大工作联系和指导的办法(试行)

（2009年11月27日县十四届人大常委会第二十一次会议通过）

为进一步推进基层民主政治建设，加强县人大常委会对乡镇人大工作的联系和指导，使乡镇人大工作规范化、制度化，保证基层国家权力机关依法开展各项工作，根据《中华人民共和国宪法》《中华人民共和国地方各级人民代表大会和地方各级人民政府组织法》和《浙江省乡镇人民代表大会主席团组织条例》，结合我县实际，制定本办法。

第一条　县人大常委会同乡镇人大之间法律上是监督与被监督关系，工作和业务上是联系和指导关系。

第二条　乡镇人大工作是指在乡镇人民代表大会会议期间和闭会期间，乡镇人大主席团、乡镇选举委员会、乡镇人大主席或副主席主持、组织人大的工作。

第三条　县人大常委会依法对乡镇人大工作进行联系和指导，由县人大常委会人事代表工委具体负责，其他工委按照工作内容进行对口指导。

第四条　县人大常委会联系和指导乡镇人大做好以下工作：

1.依法按时主持召开乡镇人民代表大会，充分做好会前各项准备工作，合理安排大会日程，保证必要的审议和酝酿时间，会议期间行使法律规定的职权。

2.依法开展闭会期间人大主席团的日常工作，做到职责明确，制度健全，按规定召开主席团会议，检查和督促宪法、法律、法规及县人民代表大会及其常委会和本乡镇人民代表大会的决议、决定在本行政区域的执行情况。

3.坚持党的领导，积极争取乡镇党委对人大工作的支持，主动向党委汇报人大工作，兼职人大主席按规定参加主席团活动，落实人大专职主席、副主席列席党委和政府会议制度，保障人大日常工作和代表活动经费。

4.建立健全乡镇人大工作机制，进一步规范工作程序，完善各项工作制度。

5.做好乡镇人民代表大会代表议案和建议、批评、意见的交办检查，督促乡镇人民政府对代表议案和建议、批评、意见的办理。

6.做好代表和群众的来信来访，加强调查研究，及时反映人大代表和人民群众对本级人民政府工作的意见和建议。

7.组织代表培训，学习、宣传宪法和法律、法规，指导代表密切联系选民，积极反映社情民意，积极参加“代表论坛”，组织代表开展执法检查、视察、调查和政府专项工作评议等活动。

8.密切联系乡镇人大代表和在本行政区域内的县人大代表，按规定组织开展乡镇各代表小组活动、县代表小组活动。

9.按县人大常委会要求组织本区域代表和有关人员参加县人大常委会的各项活动，办理上级人大常委会交办的各项工作，及时报送乡镇人大工作信息，发生重大事项及时向县人大常委会报告，积极向县人大常委会提出工作建议和意见。

10.组织乡镇人民代表大会代表的换届选举工作和补选工作，组织本区域内县人民代表大会代表的换届选举工作和补选工作。

第五条 县人大常委会加强联系和指导乡镇人大工作的形式：

1.完善县人大常委会工作情况通报制度，县人大及其常委会通过的决议、决定和印发的一些指导性文件等及时发给乡镇人大。

2.县人大常委会起草工作报告，制定年度工作计划时，征求乡镇人大的意见。

3.县人大常委会每年召开1次乡镇人大主席、副主席读书会，每半年召开1次座谈会或工作交流会。

4.采取多种形式对乡镇人大主席、副主席进行培训，每届组织1次以上法律法规等培训班，不定期组织赴外地人大进行考察学习。

5.县人大常委会召开的常委会会议和有关会议，组织对“一府两院”工作评议和视察等活动，视情邀请乡镇人大主席或副主席参加或列席。

6.县人大常委会加强对乡镇人大工作进行指导、检查，及时答复乡镇人大提出的法律法规疑问、工作请示和提问，乡镇人大组织的重要会议和活动，视情安排县人大常委会主任、副主任、委员或相关工作人员参加。

7.其他联系指导方式。

第六条 县人大常委会按照《中共安吉县委关于加强和改进新形势下人大工作的意见》加强和支持乡镇人大的组织建设，对乡镇人大专职主席、副主席人选安排，通过县人大常委会党组向县委提出建议和意见。

第七条 县人大常委会每年对乡镇人大工作情况进行年度考核，并向县委提出乡镇人大工作情况的考核意见，对乡镇人大工作中涌现出来的先进单位和先进个人，县人大常委会予以表彰、奖励。

第八条 本办法由安吉县人大常委会人事代表工作委员会负责解释。

第九条 本办法自通过之日起实施。

安吉县人民代表大会常务委员会任命人员任前法律知识考试暂行办法

（2014年5月12日安吉县第十五届人大常委会第二十三次主任会议通过）

第一条 为进一步贯彻落实依法治国基本方略，增强县人大常委会任命干部的法治理念和法律素养，促进干部自觉学法尊法守法用法，推进依法行政和公正司法，加快“法治安吉”建设进程，根据《安吉县人民代表大会常务委员会议事规则》和《安吉县人民代表大会常务委员会任免国家机关工作人员办法》的有关规定，制定本办法。

第二条 提请县人大常委会任命的下列人员应参加任前法律知识考试：

（一）县人大常委会各委室主任、副主任；

（二）县人民政府副县长，县人民政府组成部门局长、主任；

（三）县人民法院副院长、庭长、副庭长、审判委员会委员；

（四）县人民检察院副检察长、检察委员会委员。

第三条 前条所列人员已参加并通过任前法律知识考试，在县人大常委会、县人民政府、县人民法院、县人民检察院内部平级调整职务以及换届时继续留任原职务，需要重新被提请任命的，可以不再参加任前法律知识考试。

对已经取得国家司法考试资格证书的，可以免试。

第四条　任前法律知识考试内容为国家机关工作人员依法履行职责所需掌握的法律知识。主要包括：宪法、地方组织法、选举法、代表法、监督法及有关法律法规等。

第五条　任前法律知识考试在县人大常委会主任会议领导下进行，命题、监考、阅卷等具体考务工作由县人大常委会人事代表工委会同法制工委和有关部门、工作机构承办。

第六条　考务工作人员应认真履行职责，遵循公平、公正、保密、严格的原则，不得泄露试题和试题答案，并按照试题答案和评分标准评定考试成绩。

第七条　提请任命机关应在县人大常委会会议举行十日前，将拟提请任命人员名单书面报送县人大常委会，经主任会议研究后，由县人大常委会人事代表工委于考试五日前通知拟提请任命人员做好相关准备。

第八条　拟提请任命人员应严格按照通知要求参加考试，无特殊情况未参加考试的，不予提请任命；如因特殊情况不能参加考试，或者需单独考试的，由本人提出申请，报县人大常委会主任会议决定。

考试时应严格遵守考场纪律，独立完成考试，不得有互相讨论、传阅、抄袭答卷等违反考场纪律的行为。

第九条　考试采用开卷、笔试或其他方式进行，题型一般为填空题、判断题、选择题、简答题和论述题。答题时限为120分钟，试卷总分为100分，60分以上（含60分）为合格。

第十条　考试结果经县人大常委会主任会议确认后，反馈给提请任命机关和参加考试的拟提请任命人员，并以书面形式向县人大常委会会议报告。

第十一条　参加考试的拟提请任命人员对考试成绩有异议的，可以向县人大常委会人事代表工委提出查询。

第十二条　拟提请任命人员考试合格的，方可提请县人大常委会审议任命，不合格的，可以补考一次；经补考仍不合格的，不予提请任命。

第十三条　本办法未明确的和在施行中遇到的问题，由县人大常委会主任会议决定。

第十四条　本办法由县人大常委会人事代表工委负责解释。

第十五条　本办法自通过之日起施行。

安吉县人大常委会监督司法机关工作办法（试行）

（2014年8月28日安吉县十五届人大常委会第二十六次主任会议通过）

第一条　为进一步加强和规范对司法机关工作的监督，促进公正司法与规范执法，根据《中华人民共和国各级人民代表大会常务委员会监督法》《浙江省各级人民代表大会常务委员会监督条例》等法律法规，参照《浙江省人大常委会监督司法机关工作办法（试行）》《湖州市人大常委会监督司法机关工作办法（试行）》，结合我县实际，制定本办法。

第二条　本办法所称的司法机关是指县人民法院、县人民检察院。

对县公安局、县司法局工作的监督适用本办法。

第三条　县人大常委会依法对司法机关工作开展监督。

县人大常委会法制工作委员会在县人大常委会领导下具体负责有关监督工作。

县人大常委会有关工作机构按照规定的职责共同做好有关监督工作。

第四条　县人大常委会坚持依法办事、集体行使职权的原则，监督和支持司法机关依法独立行使职权。

第五条　县人大常委会对司法机关的下列工作开展监督：

(一)遵守和执行宪法、法律、法规以及全国人大、省人大、市人大及其常委会决议、决定情况；

(二)执行县人大及其常委会决议、决定情况，办理县人大常委会审议意见以及县人大代表建议、批评、意见等情况；

(三)公正司法、规范执法情况；

(四)司法机关之间和各司法机关内部监督制约机制的建立和落实情况；

(五)依法需要监督的其他事项。

第六条　县人大常委会依法采取下列方式对司法机关工作开展监督：

(一)听取和审议专项工作报告；

(二)法律法规实施情况的检查；

(三)询问和质询；

(四)特定问题调查；

(五)撤职案的审议和决定；

(六)法律法规规定的其他方式。

对同一监督议题，可以同时采取多种方式开展监督；可以连续几年开展跟踪监督。

第七条　县人大常委会通过督促司法机关强化内部监督、健全相互监督制约机制等，对司法机关工作开展日常监督；可以针对司法机关工作中的重要内容或关键环节，开展专项监督；可以依照规定的程序，将监督司法机关工作有关议题列入常委会年度监督计划，开展重点监督。

第八条　监督司法机关工作可以采取听取汇报、组织视察、问卷调查、座谈走访、查阅有关资料和专家论证、网上征询、听证会等形式进行；可以组织县人大代表开展旁听庭审案件、参与司法开放日等活动。

第九条　县人大常委会监督司法机关工作的议题，根据下列途径反映的问题确定：

(一)县人大常委会在组织视察和执法检查时发现的突出问题；

(二)县人大代表对司法机关工作提出的建议、批评和意见集中反映的问题；

(三)县人大常委会组成人员意见比较集中的问题；

(四)县人大常委会工作机构在调查研究中发现的突出问题；

(五)人民群众反映集中、社会普遍关注的问题；

(六)司法机关要求列入监督的议题。

第十条　列入县人大常委会年度监督工作计划的议题，县人大常委会法制工作委员会应当制定实施方案，并根据方案要求，做好相关工作。

第十一条　县人大常委会对监督司法机关工作议题的审议意见，按规定交由司法机关研究处理；司法机关应当按照审议意见的要求，向县人大常委会提出研究处理情况的报告。

县人大常委会可以对司法机关研究处理审议意见的情况组织跟踪监督；可以对审议意见的落实情况，开展满意度测评。

第十二条　县人大常委会对任命的司法机关工作人员履行职责和公正司法情况进行监督。县人大常委会在监督司法机关工作中发现任命的司法机关工作人员有违法行为的，可以交由有关机关进行调查处理；发现需要依法免去、撤销职务的，通报其主管部门，按照人员管理的权限和程序办理。

第十三条　司法机关及其工作人员应当自觉接受监督，积极配合做好相关工作。

第十四条　司法机关制定的下列文件，应当及时报送县人大常委会：

（一）对全县有较大影响的司法工作举措或落实上级司法改革等制度性、政策性文件；

（二）对全县具有业务指导作用的文件；

（三）司法机关任免中层干部的相关文件；

（四）年度工作计划、总结，重要情况反映；

（五）其他需报送的文件。

文件实行一文一报。

第十五条　司法机关对下列案件，应当及时书面报告县人大常委会：

（一）县人民法院判决无罪或免予刑事处罚的公诉案件，或县人大代表、县司法机关工作人员和县管现职领导干部被追究刑事责任的案件；

（二）县人民检察院作出不起诉决定的案件或对县人大代表、县司法机关工作人员和县管现职领导干部采取强制措施的案件；

（三）县公安局办理的县人大代表、县司法机关工作人员和县管现职领导干部因涉嫌犯罪被立案侦查或被治安处罚的案件；

（四）县司法局管理的律师、公证员被追究刑事责任的案件；

（五）司法机关承担国家赔偿或过错责任的案件；

（六）其他需要报告的社会影响大、群众反映强烈的案件。

案件报告实行一案一报。

第十六条　司法机关的下列事项，应当及时书面报告县人大常委会：

（一）执法过程中发生重大暴力抗法事件及处理情况；

（二）单位和个人非法干预司法机关依法行使职权的情况；

（三）被限制人身自由人员、被羁押人员和服刑人员发生重伤、死亡、脱逃等重大事故的；

（四）其他需要报告的事项。

重大事项报告实行一事一报。

第十七条　县人大常委会不直接处理具体案件。对监督司法工作中发现的社会影响重大、群众反映强烈、可能影响公正司法的案件或事项，县人大常委会可以交由有关司法机关按照规定的职责依法处理，有关司法机关应当报告处理情况。

第十八条　县人大常委会可以邀请县人大代表和有关专家参与监督司法机关工作。

第十九条　县人大常委会开展监督司法工作的情况，依法向社会公开，接受县人大代表和社会监督。

监督司法工作中涉及国家机密、商业秘密、个人隐私和其他不宜公开的事项，应当予以保密。

第二十条　司法机关及其工作人员违反法律法规规定，不接受监督，或弄虚作假的，依法追究责任。

第二十一条　本办法自通过之日起施行。

四、制度

安吉县第九届人民代表大会常务委员会法制工作委员会工作职责

一、努力学习党的路线、方针、政策和国家法律、法规，提高政策水平和法制观念。很好地执行党的方针、政策和国家的法律、法规。

二、加强同审判机关、检察机关和行政执法机关的联系。参加上述机关召开的重要会议，掌握和了解全县执行法律、法规的情况，为人大常委会讨论、决定问题和实施法律监督提供情况。

三、对宪法、法律和法规，县人民代表大会及其常务委员会作出的有关决议、决定的贯彻执行情况进行调查了解。

四、围绕党的中心工作和县人大常委会例会议题，对本工作委员会职权范围内的工作进行调查分析，提出意见和建议，为县人大常委会审议决定重大事项提供材料或报告，做好会议的有关准备工作。

五、加强社会主义法制建设。对上级人大发出的有关法律、法规的征求意见稿，及时地组织召开座谈会进行讨论，并按时将讨论情况向上报告。

六、认真办理有关法制方面的议案、意见和来信来访，以及县人大常委会交办的其他事项。

安吉县第九届人民代表大会常务委员会财政经济工作委员会工作职责

一、加强同政府有关的工作部门保持经常的联系，参加政府召开的重要的专业性会议，经常了解和掌握有关情况，为县人大代表会和常委会正确行使职权做好参谋。

二、围绕党的中心工作和人大常委会例会议题，就本委有关的重要工作进行调查研究，提出意见和建议，为人大常委会审议、决定重大事项提供材料和报告，做好各项必要的准备工作。

三、对宪法、法律、法规、条例和县人民代表大会、县人大常委会作出的有关决议、决定的贯彻实施情况进行调查了解。

四、对省、市人大常委会下发的有关法律、法规、条例“征求意见稿(草案)”负责组织讨论座谈,并整理提出的修改意见,及时汇总书面上报。

五、对本委有关的人民代表的议案、建议和意见的办理情况进行检查和催办。

六、对本委有关的视察内容、要求和方法,提出意见和建议。

七、办理县人大常委会交办的其他事项。

安吉县第九届人民代表大会常务委员会教科文卫工作委员会职责

一、认真学习党的路线、方针、政策和宪法、法律、法规,努力提高政策水平,不断增强法制观念。

二、同政府及教科文卫部门保持经常联系,参加政府有关部门召开的会议,调查了解和掌握对宪法、法律、法规和人民代表大会及其常务委员会作出的有关决议、决定的贯彻执行情况,为人大常委会行使职权当好参谋。

三、围绕党的中心工作和人大常委会例会议题,对有关问题进行专题调查,向人大常委会提出建议和意见,为人大常委会审议、决定有关重大事项提供必要的依据。

四、对上级人大所发的法律、法规、条例“征求意见稿”,及时组织座谈讨论,汇总上报讨论情况和意见。

五、对教科文卫方面的视察内容、要求和办法,及时提出建议和意见。

六、对教科文卫方面的议案、意见办理情况,及时进行检查督促,认真处理教科文卫方面的群众来信及人大常委会交办的其他事项。

安吉县人民代表大会常务委员会组成人员守则

(2017 年 3 月 29 日安吉县第十六届人大常委会第二次会议通过)

第一条　为加强常委会思想、组织、作风和制度建设,保证常委会组成人员更好地履行职责,依照宪法和法律、法规的有关规定,结合我县实际,制定本守则。

第二条　高举中国特色社会主义伟大旗帜,以毛泽东思想、邓小平理论、“三个代表”重要思想、科学发展观为指导,深入贯彻落实习近平总书记系列重要讲话精神,坚持党的领导、人民当家作主和依法治国的有机统一,坚持人民代表大会制度,以对党和人民高度负责的精神,模范地遵守宪法和法律、法规,全心全意为人民服务,发扬民主,依法办事,严于律己,自觉接受县人大代表和人民群众的监督,维护国家和广大人民的根本利益和共同意志,积极推进依法治县进程和社会主义民主法制建设。

第三条　认真学习和贯彻党的理论、路线、方针、政策,熟悉和掌握宪法和法律、法规以及行使职务所必备的知识,坚持理论联系实际,与时俱进,求实创新,不断提高自身的政治思想水平和履职能力。

第四条　严格遵循民主集中制原则,依法集体讨论和决定问题。对于常委会集体作出的决议、决定,要认真贯彻,带头履行。

第五条　常委会组成人员必须依法履行职责，努力工作，其他社会活动要服从常委会工作需要。

第六条　按时出席常委会会议，依法行使职权。出席会议应着装整齐，准时到会。因病或其他特殊原因不能出席常委会全体会议的，应在常委会举行会议前，通过常委会办公室向常委会主任请假，不能出席常委会分组会议的应向分组会议召集人请假。一年内，出席常委会全体会议、分组审议的次数总计不足三分之二的委员，应向主任会议作出书面说明。

第七条　在常委会的各种会议上，应当遵守议事规则和其他有关程序性的规定，其发言和表决不受法律追究。

第八条　常委会会议举行前，常委会组成人员应就会议议题做好审议准备。在常委会分组会议和全体会议上的发言，应围绕会议议题进行。

第九条　依法表决会议议案，并服从表决的结果。

第十条　依照有关规定，认真参加常委会组织的视察、检查、调研等监督工作，并遵循不直接处理问题的原则，对发现的问题，交由常委会机关统一依法处理。

第十一条　坚持群众路线，不断改进工作作风，经常深入实际进行调查研究，重要情况及时向常委会反映。

常委会组成人员要加强与县人民代表大会代表的联系，积极参加代表小组活动；下基层工作，要通过走访、座谈等多种形式，直接听取和反映代表的意见和要求。

第十二条　专门委员会的常委会组成人员，应当积极从事专门委员会的工作，遵守专门委员会的工作规则和制度。

第十三条　保持清正廉洁，反对和抵制各种不正之风和腐败行为。

第十四条　严守国家机密。凡属规定不应公开的内容，不以任何方式传播。

第十五条　常委会组成人员要严格遵守本守则。如有严重违反本守则的，应向主任会议作出检查。

第十六条　本守则自常委会会议通过之日起施行。

五、意见

安吉县人大常委会关于组建代表专业小组和开展代表专业小组活动的意见

（2005年8月30日安吉县第十三届人民代表大会常务委员会第二十二次会议通过）

为更好地整合代表专业资源优势，发挥代表专业特长，拓宽代表活动渠道，增强活动实效，提高监督水平，县人大常委会决定在县人大代表中组建代表专业小组。现就组建县人大代表专业小组和开展代表专业小组活动提出以下意见：

一、代表专业小组的组建

暂时在县人大代表中组建财政经济、法制、教科文卫民侨、农业环境保护四个代表专业小组。

各代表专业小组一般由5—6名代表组成，代表专业小组在本届人大任期内相对固定，各代表专业小组成员不宜交叉。

每个代表专业小组设组长一名，具体负责本专业小组活动。

二、代表专业小组活动内容及方式

代表专业小组在县人民代表大会期间对政府和“两院”工作报告开展专题审议，提高审议质量。

代表专业小组在闭会期间的活动由县人大常委会人事代表工委负责组织，相关工委协助。

代表专业小组活动的主要内容是：根据各代表专业小组的特点，围绕本年度县人大常委会工作要点、主任会议审议议题和人民群众关心的社会热点、难点问题进行调研或开展视察，协助国家机关推行工作。

代表专业小组活动要经常化、制度化。

三、代表专业小组活动经费

代表专业小组活动经费按每人每年200元标准由县财政单独列支，由县人大常委会人事代表工委按照各代表专业小组的实际人数核定，确保专款专用。

关于开展对县人大常委会任命的政府工作部门负责人述职测评的实施意见

（2017年5月26日安吉县第十六届人大常委会第三次会议通过）

为加强对人大任命干部的监督，增强政府工作人员的政治意识、公仆意识、勤政廉政意识、人大意识，进一步规范领导干部的从政行为，提高履职水平，结合安吉实际，决定开展县人大常委会任命的政府工作部门负责人述职测评工作，现提出如下实施意见：

一、总体要求

以党的十八届三中、四中、五中、六中全会精神为指导，依照组织法、代表法、监督法以及安吉县人民代表大会常务委员会议事规则等有关规定，坚持党管干部、依法监督、民主公开、讲求实效原则，开展县人大常委会任命的政府工作部门负责人述职测评，切实加强对人大任命干部的监督，增强任命干部的法律意识、履职责任和工作绩效。

二、述职对象

县人大常委会任命的政府工作部门负责人（不含市管干部）。

三、述职内容

1.贯彻落实县委重大决策部署，助推最美县域建设情况；

2.贯彻执行宪法和法律法规，依法履行岗位职责及工作业绩情况；

3.接受人大监督，贯彻执行上级和县人大及其常委会决议、决定，研究处理县人大常委会审议意见情况；

4.办理人大代表建议、批评、意见和县人大常委会转办、交办信访件情况；

5.执行部门预算和廉洁从政情况。

四、方法程序

1.明确述职方法。在本届任期内,人大任命的政府工作部门负责人(不含市管干部)每年向县人大常委会述职一次。述职分书面述职和口头述职,所有述职人员由县人大常委会组成人员并邀请部分人大代表进行测评。

2.确定述职测评对象。每年10月前后随机抽号选取五分之一政府工作部门负责人作为口头述职测评对象,其余为书面述职测评对象。在召开县人大常委会会议前30天通知述职对象。

3.提交述职报告。书面述职和口头述职测评对象均在召开县人大常委会会议前10天提交述职报告,分别汇编成册后在召开县人大常委会会议前4天左右送人大常委会组成人员。

4.进行述职测评。每年1月前后在人大常委会会议上,口头述职对象依次在会上进行述职,书面述职对象的材料由常委会组成人员进行审阅,常委会组成人员和部分代表以无记名投票方式对述职对象分“好”“较好”“一般”和“差”四档进行测评。测评结果书面反馈给述职对象,有关情况以适当方式向人大常委会组成人员通报,并建议县委作为干部考核、使用的参考依据。

五、有关要求

1.提高认识。要充分认识到开展人大常委会任命的政府工作部门负责人述职测评是加强干部任后监督,促进依法履职的一项创新举措,是增强被任命人员“为人民服务”和“对人民负责”责任意识的需要。要切实统一思想,增强工作责任感。

2.加强领导。述职测评工作在县委领导下,县人大常委会组织实施。具体工作由县人大常委会代表与选举任免工委牵头负责,有关委室要加强沟通,密切配合,共同做好测评工作。

3.稳妥实施。要坚持党管干部和依法监督相统一,依照法定程序和实施方案,把握关键环节,严格规范操作,确保测评工作取得实效。

后　　记

在中国共产党成立100周年之际，《安吉县人大志》付梓，这是安吉县人大史上的一件大事，也是县人大常委会向建党百年的一份献礼。

2018年4月20日安吉县第十六届人大常委会第十八次主任会议通过《安吉县人大志编纂方案》，启动《安吉县人大志》编纂工作，成立《安吉县人大志》编纂委员会，设立办公室和编辑室。

《安吉县人大志》记述1949年10月至2019年12月70年的历史，时间跨度长，信息量大。本着对历史负责的态度，编纂人员广泛收集资料，深入查阅档案。为使记述内容全面、翔实、准确，县人大常委会办公室于2019年8月8日发布《关于向社会各界公开征集安吉县人大志资料的公告》，尽最大努力收集史料，力求志书再现安吉县人大及其常委会工作的真实面貌。初稿完成后，邀请有关领导、专家召开评审会，广泛征求意见。随后，对志稿内容进行反复核实、修订和完善。

《安吉县人大志》的编纂，是在县人大常委会的重视、支持和编纂委员会的关心、指导下，县人大机关离退休老干部、机关各委办工作人员的共同努力下完成的。编纂过程中得到了中共安吉县委的关心与支持，得到了县委组织部、县地方志编纂室、县档案馆等部门以及各乡镇(街道)人大的大力支持。各乡镇(街道)人大专门确定1名联络员，协助编纂人员收集整理本乡镇(街道)人大工作资料。在此，谨向关心、支持《安吉县人大志》编纂工作的各界人士和有关部门、单位一并致以诚挚的谢意。

《安吉县人大志》由主编郑濂生全面统筹各方面工作，撰写大事记，负责资料收集、图片甄别、评审会筹备等工作；执行主编朱国平拟定志书纲目，负责全书统稿，撰写大部分编章志稿及概述；副主编林天标撰写第三编四至八章志稿及人物简介，审校第四编《乡镇人民代表大会》，负责联系乡镇(街道)联络员。

县人大志的编纂，是一项十分繁重复杂的系统工程，编纂人员虽不遗余力，但因水平有限，有些早期史科又寻觅无着，粗疏遗漏和不当之处定有存在，敬请专家、读者批评指正。

编　者

2021年6月